江西省交通基本情况图

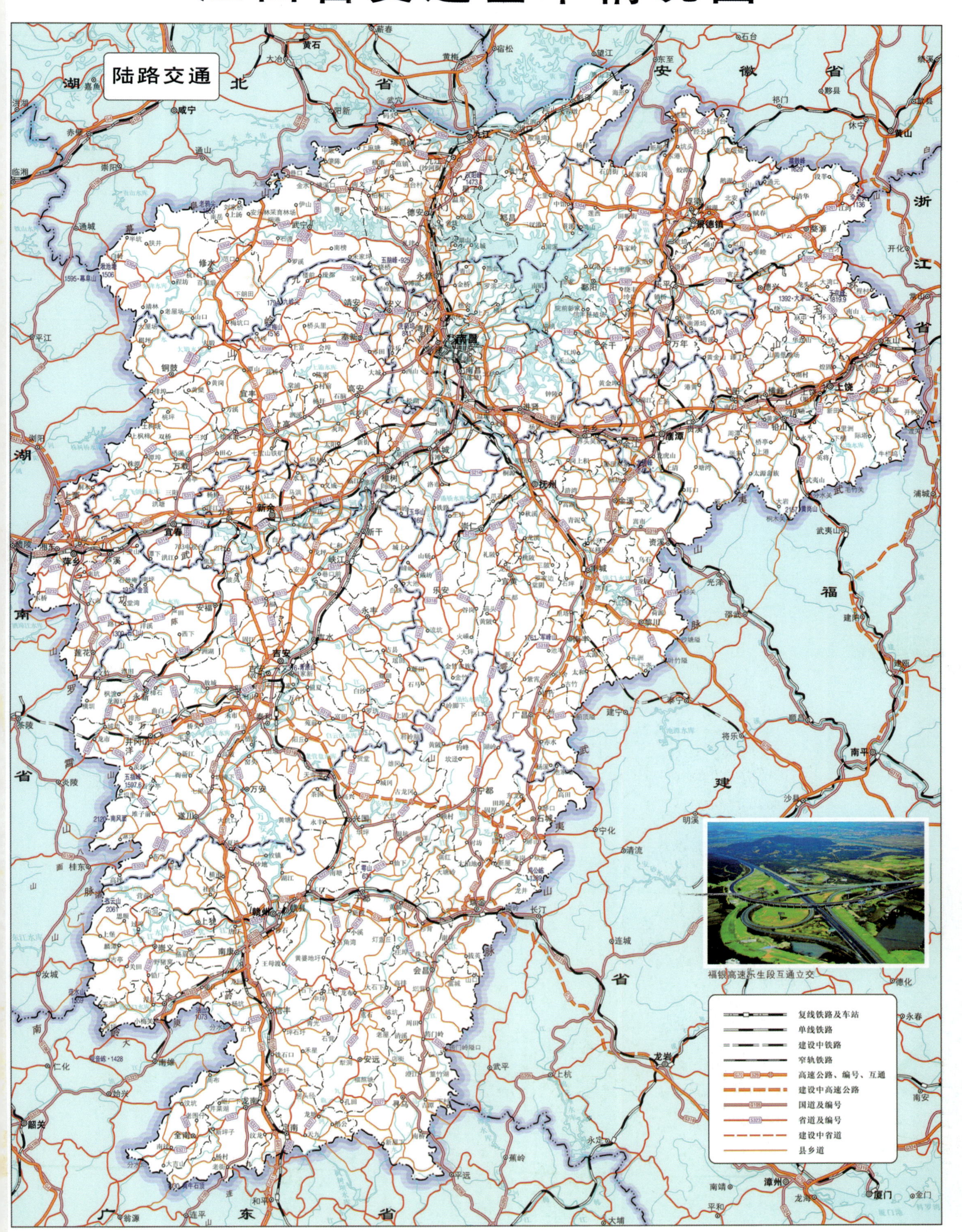

福银高速乐生段互通立交

中国年鉴全文数据库
收录年鉴

JIANGXIJIAOTONGNIANJIAN

江西交通年鉴

2013

江西省交通运输厅交通史志编审委员会

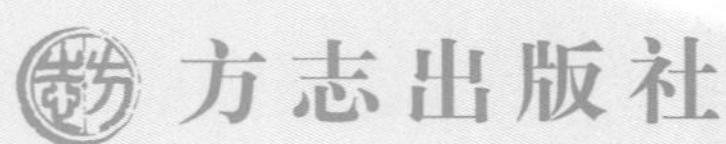

图书在版编目(CIP)数据

江西交通年鉴.2013/江西省交通运输厅交通史志编审委员会编.
—北京:方志出版社,2013.12
ISBN 978-7-5144-1156-0

Ⅰ.①江… Ⅱ.①江… Ⅲ.①交通运输业-江西省-2013-年鉴
Ⅳ.①F512.756-54

中国版本图书馆CIP数据核字(2013)第317426号

江西交通年鉴(2013)

编　　者:江西省交通运输厅交通史志编审委员会
责任编辑:刘方圆

出 版 者:方志出版社
(地址:北京市东城区夕照寺街14号院富瑞苑公寓6层)
邮编 100061
网　　址:http://www.fzph.org
发　　行:方志出版社发行中心
(010)67110500
经　　销:各地新华书店
法律顾问:北京高文律师事务所
印　　刷:江西龙莹印务有限公司

开　　本:889×1194　1/16
印　　张:38.375
字　　数:1196千字
版　　次:2013年12月第1版　2013年12月第1次印刷
印　　数:0001~1200册

ISBN 978-7-5144-1156-0/F·125　定价:200.00元

如有印、装错误,影响阅读,请及时与印刷厂联系调换
联系电话:(0791)83675530

12 月 31 日，省委书记苏荣、省长鹿心社和凌成兴、赵智勇、周泽民、朱秉发、洪礼和、刘晓庄、张忠厚、戴勇等省领导出席江西省高速公路通车里程突破 4000 千米总结大会

5 月 3 日，省委书记苏荣（中）在赵智勇、钟利贵等省领导陪同下视察九江长江二桥建设工地

7月28日，省长鹿心社（左三）和尚勇、凌成兴、朱秉发、洪礼和、汤建人等省领导出席九江绕城高速公路等五个项目开工新闻发布会

8月13日，省委副书记、省纪委书记尚勇（前左一）视察九江长江二桥建设工地

9月29日，省委常委、常务副省长凌成兴（前左二）察看九江长江二桥建设

4月12～13日，省委常委、组织部部长莫建成（中）到永丰县调研并察看公路建设

9月25日，副省长洪礼和（左二）察看德昌高速瑞洪收费站

6月15日，省政协副主席陈清华（中）察看九江长江二桥

9月12～13日，交通运输部安委会主任李盛霖（右三）到江西检查指导交通运输安全工作

6月6日，交通运输部纪检组组长李建波（左四）到昌樟高速昌西南收费所检查指导工作

3月26～27日，省交通运输厅厅长马志武（中）调研九江港港口码头规划建设情况

5月10日，省交通运输厅党委书记程受锭（左三）察看省厅在信丰的定点扶贫项目

9月7日，省交通运输厅党委书记朱希（左二）到江西交通职业技术学院检查指导工作并看望慰问教职工

9月13日，省交通运输厅副厅长万明（中）深入昌樟高速樟树服务区检查指导工作

1月，省交通运输厅党委委员曹先扬（右三）察看瑞寻高速公路

11月15日，省交通运输厅纪委书记成松（前一）察看宜春环城南路项目办廉政文化

省交通运输厅总工程师胡钊芳（左三）察看桥梁建设情况

6月20日，省交通运输厅巡视员孙茂刚（左三）到畅行公司指导协调信息化建设工作

交通建设与发展

2013 年 1 月 19 日全省交通运输工作会议召开

2012 年是国际国内经济形势复杂严峻的一年，也是江西省交通运输发展历程中具有里程碑意义的一年。在省委、省政府和交通运输部的坚强领导下，全省交通运输系统以科学发展观为指导，围绕规划抓落实，破解难题强保障，稳中求进促发展，圆满完成了各项任务，主要表现为“一个重大突破”，即全省高速公路通车里程实现了 4000 千米的重大突破；“两个历史新高”，即交通基础设施年度建设投资超过 350 亿元创历史新高、农村公路硬化里程累计超过 10 万千米创历史新高；“六个明显成效”，即综合运输发展、民生服务保障、安全应急监管和应急能力建设、行业管理、科技教育和节能减排及信息化工作、行业文明和自身建设取得明显成效。

省交通运输厅陆续与全省 11 个设区市签订《落实省政府“十二五”期间普通干线公路建设、养护管理框架协议》

7 月 28 日，九江绕城、万载至宜春、寻乌至全南、南昌至樟树高速公路和南昌至九江高速公路通远试验段改扩建项目开工新闻发布会在南昌举行

4 月 19 日，全省普通国省干线公路 20 个市级综合养护中心集体开工

全省高速公路通车里程突破 4000 千米总结大会

12 月 31 日，随着德上、吉莲、抚吉、赣崇、龙杨 5 条高速公路正式建成通车，江西高速公路通车总里程突破 4000 千米，达到 4260 千米。4000 千米项目的建成，标志着江西省高速公路通车里程跃居全国第八，全省通高速公路的县达到 98 个，打通了 20 个出省主通道，境内“三纵四横”国家高速公路网路段全面建成，在全国率先基本建成国家高速公路“7918”网。

交通管理

2012年，全省各级交通管理部门，坚持管理精细严的工作原则，加强对运政各方面的督导和管理，提高管理水平和效率。全省高速公路路政执法工作围绕“打造江西路政铁军、树立文明执法”的目标，建立健全路政执法制度体系，建立完成路产路权保护工作机制，规范开展路域环境综合整治，切实加强路政执法教育培训，试点启动路政执法规范化建设，全面提升路政执法信息化水平。进一步加强和规范公路路政管理行为。

2月13日，省政府召开全省“抓养护、迎国检”、农村“改渡建桥”、高速公路服务区综合整治三项工作总结表彰大会

10月10日，省政府在丰城市召开全省推进农村公路建管养运一体化发展现场会

12月10日，江西省公路路政系统大练兵大比武汇报演练在南昌陆军学院举行。江西省委常委、常务副省长凌成兴观看演练，副省长洪礼和、交通运输部政策法规司副司长魏东出席并讲话，省交通运输厅党委书记朱希宣读表彰通报，厅长马志武主持。汇报演练在慷慨激昂的乐曲中进行，700余名受训学员组成8个方队，身着路政服装，头戴钢盔，腰扎武装带，迈着铿锵的步伐，喊着嘹亮的口号依次通过主席台，接受领导的检阅。学员们精神饱满、斗志昂扬，依次进行了分列式、远程调度指挥、车辆驾操、交通指挥手势操、队列操等表演，他们严格按照口令一丝不苟地展现训练成果，手势、姿态、表情、动作、礼仪的表达都力求准确无误，分解动作步步到位，连贯动作一气呵成，充分展示了路政队伍朝气蓬勃、奋发向上的精神风貌。

江西省公路路政系统举行大练兵大比武汇报演练

江西省公路路政大练兵大比武省公路局分赛场

“96122”公众出行交通服务热线让人民便捷出行

公路路政实行“文明执法、高效服务”

高速集团打击冲岗逃费、维护正常缴费秩序、保障公路事业健康发展

德兴至上饶高速公路

厦蓉高速赣州至崇义段

大广高速龙南里仁至杨村段

泉南高速吉安至莲花段

奉新至铜鼓高速公路

抚州至吉安高速公路

鹰潭鹰雄一级公路

万载农村公路

2012年完成普通公路投资84.87亿元，其中干线公路升级改造完成39.78亿元、建成384千米，养护大中修工程完成15.2亿元、1551千米；农村公路完成24.89亿元、6300千米，全省农村公路硬化里程超过10万千米；路网结构改造完成5亿元，实施完成危桥改造77座/6539.5延米、安保工程1644.4千米、灾害防治工程141.3千米。

上饶农村公路

319国道瑞金省际出口路段

靖安改渡建桥

320国道宜春段

6月26日，九江新长江大桥赛湖特大桥顺利贯通

7月6日，抚吉高速全线首座特大桥全幅架通

大广高速龙杨段太平桥隧道

井睦高速大塘源特大桥施工现场

赣崇高速公路桥梁

九江新长江大桥里湖特大桥施工现场

德上高速高竹山隧道

德上高速公路南溪隧道

水路运输

2012年全省水路运输完成客运量254.8万人、旅客周转量3169万人千米、货运量7930.5万吨、货物周转量207.3亿吨千米，同比分别增长1.3%和6.2%、6.6%和2.8%。完成港口货物吞吐量2.5亿吨，集装箱吞吐量22.6万标箱，同比增长6.1%和10.8%。

5月23日，省厅对省港航局迎国检工作进行模拟检查——江西省水上搜救中心鄱阳湖分中心揭牌

7月19日，江西省港航建设投资有限公司与中油中泰燃气投资集团有限公司签订战略合作框架协议

九江港口岸扩大开放城西港区

1月10日，江西省九江市船舶检验局执行建造检验的我省最大的11500吨近海散货船顺利下水

严惩非法盗采，赣江黄金航道砂石运输减少80%

2月28日，江西首艘内河标准化集装箱船顺利下水

道路运输

省公安厅、省交通运输厅联合召开安装应用车辆行驶电子信息记读仪新闻通报会

动员部署"道路客运安全年"活动

2012年公路运输量快速增长，全省道路运输完成客运量7.8亿人、旅客周转量371.9亿人千米、货运量11.4亿吨、货物周转量2559.8亿吨千米，同比分别增长7.1%、9.1 %、15.6%和23.9%。全省营运汽车拥有量达到32.2万辆，其中营运客车1.9万辆、 49.2万座位，同比增长了2.2%、5.8%，营运载货汽车30.3万辆、182.2万吨位，同比增长了11.8%、26.8%。全省农村客运班线达到3617条，农村客运车辆增加到9175辆，行政村班车通达率达到90.5%。道路运输从业人员75.4万人，同比增长9.7 %，其中持证上岗人员66.6万人，同比增长12.0%，为社会提供新的就业岗位6.7万个。

道路运输"爱心车队"助力高考

南昌市开展创建公交服务精品线活动

江西省推进驾校规范化管理

加快推进城乡道路客运一体化发展

“善行天下、学雷锋车队”城市客运文明创建活动

创先争优

3月15日，省厅召开“四比四创、四比四争”活动总结暨创先争优推进会

2012年的创先争优活动，省交通运输厅有37个党委、17个党总支、353个党支部，5692名党员参加。活动开展后，各级党组织始终做到领导有力、组织有力、推动有力，结合工作实际，精心设计活动主题和载体，做到“规定动作”与“自选动作”有机统一，较好地实现了“推动科学发展、促进社会和谐、服务人民群众、加强基层组织”目标。

省厅深入开展深入基层、排忧解难促和谐活动

省厅召开纪念中国共产党成立90周年暨创先争优表彰大会

九江新长江大桥创先争优铸精品，高扬党旗严要求

赣崇高速项目办开展“优质高效、规范标准、求精创新、安全环保、廉洁和谐”创先争优活动

服务创新

5月，在全省范围内开展"百姓满意服务区"评选活动

2012年各级公路建设与管理部门，注重建养并重、路运并举，积极推进城乡客运一体化，有效提升农村交通运输基本公共服务水平，逐步改变人们的出行方式。同时，农村交通运输工作由以建为主向建管养运一体化发展转变，促进交通运输全面、协调、可持续发展，不断满足城乡居民"行有所乘"的基本公共服务需求。

省公路局全面推进养护、应急、服务三位一体干线综合养护基地建设

四轮齐驱、六位一体，推进农村公路建管养运一体化发展

高速公路收费管理部门保障重大节假日小型客车免费通行工作平稳有序开展

4月26日，省高速集团泰和管理中心在井冈山收费站举行“映山红”班组换装仪式

喜迎十八大

中共十八大是一次高举旗帜、继往开来、团结奋进的大会。省交通运输厅各单位、各级党委组织精心组织，周密安排，迅速掀起学习宣传贯彻中共十八大精神的热潮，使中共十八大精神深入人心。进一步凝聚全厅上下的力量，激发工作热情和干劲，加倍努力做好各项工作，努力开创交通运输科学发展、绿色崛起的新局面。

12月6日，中共十八大精神学习辅导暨全省交通运输宣传工作会议在省交通干部学院召开

省厅召开领导干部会议，迅速传达中共十八大精神

省厅举办“喜迎十八大、交通建新功”配乐诗文朗诵比赛

省公路局学习贯彻十八大精神推进公路科学发展

8月23日，省高速集团赣州管理中心举办“迎接十八大、实现新发展”的企业文化活动

江西畅行宜春中心服务区组织学习十八大会议精神

奉新公路分局下道班（工地）十八大精神宣讲会

武宁公路分局喜庆中共十八大胜利召开

精神文明建设

6～7月，省交通运输厅组织开展党风廉政知识竞赛

2012年，省交通运输厅结合交通工作的实际，以建设人文交通为目的，以培养和弘扬交通精神为核心，开展了形式多样的群众性精神文明创建活动，形成广大交通干部职工共同谋发展的强大合力。在文明行业创建工作中，积极开展系列健康向上的文体活动，认真组织多项社会公益活动，倡导互相关爱的道德风尚，营造和谐的社会环境。

省交通运输厅学习贯彻第十三次党代会精神

6月26日上午，省公路管理局举行第八套广播体操比赛

江西高速服务区特色经营展现赣风鄱韵

10月11日，江西省省直属机关团工委在九江新长江大桥B1标举行省直“青年文明号”授牌仪式

11 月 25 ～ 27 日，交通系统一批摄影作品在省第二届摄影艺术节上展出

7 月 16 ～ 17 日，《江西省志 · 交通运输志》（1991—2010）编纂工作布置会在庐山召开

《江西交通年鉴(2013)》编辑分工

特　　载	邓振胜
专　　记	何战鏖
便　　览	邓振胜　何战鏖
大事记	伍常安
交通基础设施建设	胡建国
运输生产	邓振胜
科技　教育　卫生	彭益民
交通管理	黄自强
党群工作	何战鏖
市、县交通	伍常安
交通统计资料	黄自强
人物、先进集体	彭益民
文献文件	彭益民
附　　录	何战鏖
彩色图片	王林水　巢强花(女)
索　　引	巢强花(女)
发　　行	巢强花(女)　王小旭

《江西交通年鉴（2013）》提供资料单位主审名单

（以姓氏笔画为序）

万杰兵	王江军	王继东	户才淦	邝宏柱
冯义卿	朱隆亮	吴伟明	吴步高	李　奇
李　坪	李建红	来栋萍（女）	邱雪成	陈　峰
陈玉书	邹记根	张　洪	张建明	肖伦发
余力克	易宗发	钟家毅	贺一军	胡建强
夏太胜	徐华德	栾建平	谢元银	谢赣健
聂复生	黄伟钢	黄维象	黄福初	秦玮婷（女）
秦小辉	彭　瑜（女）	曾云谋	董学煌	简少华
蔡建新	熊华武	熊昌军	糜向荣	

《江西交通年鉴（2013）》提供资料单位主笔

（以姓氏笔画为序）

万海飙	王　硕（女）	云　丽（女）	邓清华	叶　勇
刘　婷（女）	刘　晔	刘　勤	朱　革（女）	朱　熹（女）
朱　晗	朱国英	江涛达	李　丹（女）	李发淳
李青峰	陈志光	陈　菁（女）	陈均培	陈根玲
吴　欣（女）	吴泽水	余明华	杨淑芬（女）	周国祥
罗新民	赵国成	倪文权	张兆平	张曙光
荣　耀	郭　昌	饶品涵	饶梅香（女）	聂玉洁（女）
徐　珍（女）	陶光辉	涂　强	高　梅（女）	龚仁平
龚莉萍（女）	崔建林	曹祖席	鲁德彪	虞德军
鲍丽娜（女）	廖晓锋	熊晓红	颜卫民	

编 辑 说 明

一、《江西交通年鉴(2013)》是江西省交通运输厅交通史志编审委员会主持编修的第17卷省级交通年鉴。载录江西交通2012年1月1日至12月31日的资料。出版年鉴的目的是资治当今,垂范后世,为江西交通建设服务,为社会了解江西交通提供信息。

二、本年鉴以马列主义、毛泽东思想、邓小平理论、“三个代表”重要思想和科学发展观为指导,坚持实事求是的思想路线。在充分反映成绩、经验的同时,对工作中的困难、问题和缺点也作了如实记述;同时注意时代特征、地方特色、行业特点;力求全面准确地展示交通系统广大干部职工在物质文明、精神文明、政治文明和生态文明建设中的成果和风貌;充分发挥信息密集、多功能的作用,满足多方面、多层次读者的需要。

三、本年鉴的体例采用分类编辑法,以交通专业分工立目,内容由特载、专记、便览、大事记、交通基础设施建设、运输生产、科技教育卫生、交通管理、党群工作、市县交通、交通统计资料、人物及先进集体、文献文件、附录和索引构成,并附彩页。

四、本年鉴文稿由省交通运输厅机关各处室、厅直属各单位、各设区市及县交通局提供,并经领导审核。条目文后括号内的人名或单位名为撰稿者。

五、本年鉴选录的统计资料,主要依据江西省交通运输厅规划处编印的《2012年江西省交通统计年鉴》,部分由交通运输厅直属单位和设区市交通局提供,统计口径不一的以厅规划处统计数字为准。

六、本年鉴对获省、部级以上奖励的先进个人设简介;对厅级以上的先进集体、先进个人列表记述。

七、本年鉴的计量单位、数字用法、语言文字等均依照国家现行有关规定执行。

目　　录

特　　载

专　　记

便　　览

大事记

交通基础设施建设

公路建设

一般公路建设

城市道路

县乡公路

公路桥梁建设

公路养护

养护工作

公路绿化

灾害防治

港航建设

规划与勘察设计

站场(厂)房屋建设

运输生产

道路运输

运输企业

运输线路

运输站点

运输工具

道路运价

道路旅客运输

道路货物运输

城市公共交通

水路运输

水路运输企业

水路运输线路

港口码头

水路运输船舶

水路旅客运输

水路货物运输

交通附属工业

道路运输附属工业

水路运输附属工业

公路附属工业

节能环保

道路运输节能减排

水路运输节能减排

行政机关、行业单位节能减排

科技 教育 卫生

科 技

信息工程

教 育

卫　生

学术团体

交通管理

行政管理

干部作风整治活动

政务管理

组织与人事

财务审计

法治建设

交通战备

社会管理综合治理

交通建设管理

高速公路管理

公路交通管理

治理车辆超限超载

道路运输管理

城市客运管理

路政管理

交通安全管理与应急处置

水路交通安全监管

水路交通管理

水路运政管理

船舶检验

港口管理

党群工作

纪检监察工作

精神文明

工会工作

共青团工作

老龄工作

扶贫救灾工作

市、县交通运输

交通统计资料

人物　先进集体

人物简介

2012 年度全省交通运输系统先进个人

2012年度全省交通运输系统先进集体

2012年度省交通运输厅厅直单位取得高级专业技术职务任职资格人员

文件　文献

附　录

铁　路

民用航空

索　　引

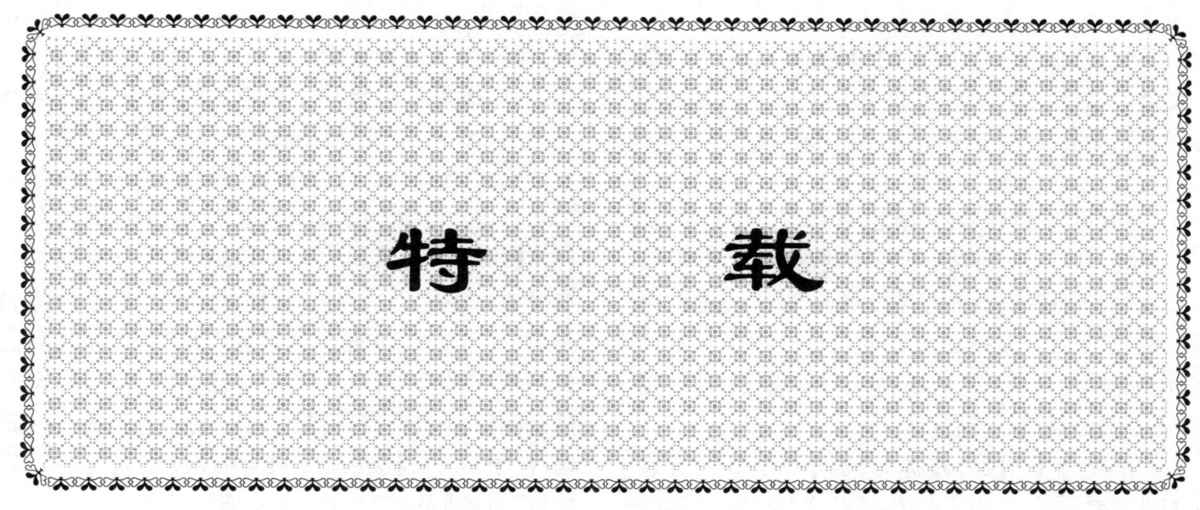

在全省交通运输工作暨廉政、安全生产工作会议上的总结讲话(摘录)

江西省交通运输厅党委书记　朱　希

(2013年1月19日)

为了认真贯彻中央政治局关于改进作风、密切联系群众的八项规定和省委、省政府的实施意见,我们从这次会议开始,对全厅性会议予以改进和规范。第一,改进和规范了会议组织。全省交通运输工作、廉政工作、安全生产工作三会套开,时间压缩到半天。第二,改进和规范了会议会风。根据要求,会议一切从简,不摆放花草、绿色植物,不配发会议用品,不安排会议宴请。第三,改进和规范了会议程序。会上不安排领导颁奖,只印发表彰文件,精简会议议程,提倡开短会、讲短话。而且讲话都没有套话、空话、客气话,直奔主题。

刚才,厅长马志武代表厅党政联席班子作了交通运输工作报告,总结了2012年及过去5年的工作成绩和经验,分析了当前面临的形势任务,明确了当前和今后一个时期发展的总体要求,安排了2013年的具体工作,这是目前全省交通运输工作的总纲。厅纪委书记成松作了廉政工作报告,总工胡钊芳作了安全生产工作报告,分别回顾了去年的廉政工作、安全生产工作,部署了2013年的廉政工作任务、安全生产工作任务。这三个报告都是经厅党政联席会议研究同意的,请大家认真学习领会。会议还表彰了2012年度全省交通运输系统目标管理先进单位、纪检监察工作先进集体和先进个人、安全生产工作先进单位,希望受到表彰的单位和个人谦虚谨慎、戒骄戒躁、再接再厉。

下面,就抓好三个报告的贯彻落实,其实也是这次会议精神的贯彻落实讲几点意见,主要是围绕完成三个报告所提出的目标任务做好六个保障。

一、做好项目保障。项目是引领,项目是支撑。围绕2015年全省高速公路突破5000千米目标,2013年全省高速公路建设项目15个、建设里程1081.3千米,其中建成项目2个,续建项目5个,开工项目7个,复工项目1个。推进项目建设,要因路施策,突出重点。

一是新开工项目,要抓好前期工作。项目启动之初就要明确前期工作目标任务,制定详尽的工作计划,安排专人紧跟前期工作每个环节,每项审批手续,倒排工期抓进展。要想方设法降低成本,常务副省长凌成兴多次指示,要想方设法降低高速公路建设成本。降低成本,关键要做好勘察,优化设计。吉莲高速公路钟家山隧道由于地质情况复杂,地质灾害频发,造成施工难度巨大,进度严重滞后,既未能如期竣工,又大幅增加成本。当前和今后新建高速公路建设项目,大部分处于山林重丘,桥梁隧道比例大。对此,总的原则是,因地制宜,优化设计,对不良地质灾害体要尽量予以绕避;做好路线方案比选,尽量避免大挖大填,减少土石方、减少桥梁、隧道数量,注重自然、环保,减少人为干扰。

二是萍洪复工项目,要积极稳妥推进。去年11月,萍洪高速公路仲裁胜诉,得到了常务副省长凌成兴表扬,成果来之不易,务必倍加珍惜。目前,萍洪项目办已经组建,项目复工技术设计文件和概算的初审工作基本完成。但由于项目已停工5年,环境影响和人为破坏等对项目已施工工程造成了非常大的影响。项目前期建设还遗留诸多问题,如拖欠工程款、拖欠农民工工资、材料款结算、逾期占用临时用地费用补偿等,给项目顺利复工建设造成很大阻力。高速集团、萍洪项目办要加强与当地政府联系,争取他们的支持,把工作做实做细,稳妥推进项目建设。

三是2013年建成和续建项目,要保证进度质量安全。坚持科学安排、精心组织、倒排工期,保证项目建设进度;坚持"质量至上,安全第一"的理念,认真落实各项举措,对建设过程中存在的质量安全隐患及时排查消除,保证项目建设质量;坚持从源头上进行预防,实行全方位、全过程安全管理,保证项目建设安全。

二、做好资金保障。根据省委省政府安排,到2020年,江西省交通运输发展要完成三大阶段任务:即力争到2015年全省高速公路通车里程超过5000千米,力争到2020年全省高速公路通车里程超过6000千米,力争到2020年全省自然村基本建成水泥路。完成三大阶段任务,资金保障是关键。当前,江西省交通运输发展主要面临高速公路收支难以平衡、普通公路撤站难以偿债、自然村水泥路资金难以筹措三大难题。为破解三大难题,1月17日,我和马厅长与财政厅胡强厅长、朱斌总会计师及省财政厅有关部门负责人进行了沟通协商,达成了初步意见。总的思路:

一是统贷统还政策。

二是公共财政支持。

三是税收政策支持。

四是土地收益支持。

五是价格政策支持。

借鉴东北三省交通建设管理养护方面的先进经验和江西省地方铁路建设有关做法,按照上述思路,我们初步拟定了进一步加快交通运输事业发展的意见,得到了常务副省长凌成兴的肯定。下一步,凌副省长将召集相关部门召开会议进行协商研究,待征求意见修改完善后,正式上报省政府审定。

三、做好科技保障。这几年,江西省交通科技水平得到很大提高,为全省交通运输事业发展提供了有力支撑。但目前江西省交通科技的总体实力仍然不够强,对交通运输发展的支撑引领能力有限。从基础设施建设领域来看,建设条件越来越复杂,建设要求越来越高,对科技的需求越来越强烈,特别是桥梁隧道、港口码头、内河航道等重大基础设施建设对关键技术的需求仍然紧迫。从养护管理领域来看,养护技术发展仍然不能满足养护工作的要求,全面提升交通运输基础设施的科学养护水平,任务还很繁重。从行业管理领域来看,防灾减灾、风险管理与应急工作等需要科技的强力支撑，前几天的雨雪天气，如果没有厅应急指挥中心的信息传输系统，是根本无法做到处置得当、指挥有力的。从运输安全领域来看，人民群众对出行的便捷性、舒适性和安全性要求越来越高，交通运输的管理越来越依赖于科技手段的帮助。为此，各地交通运输部门要准确把握交通运输行业的发展重点和建管养运各个领域的重大科技需求，把科技创新工作作为转变交通运输发展方式的中心环节，充分发挥科技创新的支撑和引领作用，为全省交通运输科学发展服务。

四、做好人才保障。这几年交通运输事业得到极大的发展，造就了一支宏大的人才队伍，年轻的高工、教高不少，有的还是中央部委的领军人才。但也要看到我们系统里，工程技术领域的人才充足，而管理型、经营型、专业型人才却相对不足，这是我们的软肋。

一方面，要引进紧缺人才。对急需紧缺的优秀人才要采取多种形式加大引进力度。鼓励用人单位以岗位聘用、项目聘用、任务聘用和人才租赁等方式进人才和智力。如，交通工程集团在申报总承包特级资质过程中，按照总承包特级资质标准规定要求，引进了一需紧缺人才，实现了人才达标。如果申报总承包特级资质成功，集团无形资产增加，发展空间更大。再比如，水运领域的船舶鉴定、危险品运输管理等急需适用的专业技术人才，要加大引进力度，满足事业发展的需要。

一方面，要用好现有人才。从一个单位的实际情况看，引进外来人才毕竟是少数，而且成本很高，大量的工作还是要靠现有人才。前不久，省编办同意给一个厅直单位增加 204 人编制，这个单位人员现状是，原来超编 150 多人，现在增加了 204 个编制，有近 50 个空编，向厅里打报告要对外招懂电脑人员。我的答复是，除非紧缺人才，否则充分利用厅系统内人才资源，我们还有很多职工在家待岗、等待就业。各单位一定要很好把握，既要引进人才，更要使用、培养好现有人才，注重发挥现有人才的作用。有一个单位写报告要招文秘人员，说是没有笔杆子，给我否掉了。因为一是可以自己培养，二是可以系统内调剂。

五、做好组织保障。党的十八大指出，形势的需要、事业的开拓、人民的期待，都要求我们以改革创新精神全面推进党的建设新的伟大工程，全面提高党的建设科学化水平。我们要按照党的十八大精神，全面提高交通运输党的建设科学化水平和干部队伍建设水平，为推动交通运输又好又快发展提供坚强政治保证和组织保证。

加强交通运输党的建设，要认真按照党的十八大精神的要求，充分认识新形势下加强党的建设的极端重要性，牢牢把握加强党的执政能力建设、先进性和纯洁性建设这条主线，全面加强交通运输党的自身建设。进一步增强各级党组织的创造力、凝聚力、战斗力，使之成为推动交通运输科学发展的坚强领导核心。要坚持求真务实的作风，不尚空谈，不搞花架子，真抓实干，按照习近平总书记的要求，讲实话、干实事、敢作为、敢担当，言必行、行必果。以推动创先争优常态化、长效化为抓手，着力加强党的基层组织建设，不断扩大党组织和党的工作覆盖面，充分发挥基层党组织推动发展、服务群众、凝聚人心、促进和谐的作用。

加强交通运输干部队伍建设，党员干部尤其是领导干部，是交通运输事业发展的骨干和中坚，要围绕建设一支政治坚定、能力过硬、作风优良、奋发有为的干部队伍的目标，坚持以坚定理想信念为重点加强思想政治建设，引导广大党员干部坚定理想信念，坚守共产党人精神追求；按照十八大作出“在全党深入开展以为民务实清廉为主要内容的党的群众路线教育实践活动”的要求，引导广大党员干部切实增强忧患意识、使命意识、大局意识，牢固树立正确的世界观、权力观、事业观；继续深化干部人事制度改革，进一步拓宽选人用人视野，提高选人用人公信度，引导广大党员干部把思想和精神凝聚到干事创业、推动发展上来。最近厅里组织了三年一次的例行考察，希望能从中总结经验，发现问题，整改完善，推动工作，也期待能发现一些先进典型、先进人才。

加强制度建设，根据中央八项规定和省委的实施意见，省厅制定下发了《江西省交通运输厅改进工作作风、密切联系群众“九规范”》，细化了中央的规定和省委的实施意见，从制度上精简会议、文件，改进会风、文风；从制度上坚持少开会、开短会，讲短话、讲实话；从制度上防止脱离群众、反对形式主义和官僚主义。各级交通运输部门要始终牢记“实干兴邦，空谈误国”的道理，深刻领会、坚决贯彻落实中央和省委关于转变工作作风、密切联系群众的有关规定，切实把所有的心思和精力都放在谋发展、干事业上。坚持实事求是、求真务实,真正放下架子、扑下身子,摸实情、出实招、办实事、求实效,坚决防止官僚主义、形式主义,努力让我们的工作经得起历史检验、经得起实践检验、经得起人民检验。

六、做好廉政保障。近5年,全厅有34人被追究刑事责任。分析这些案件,有五个特点:一是工程建设领域涉案人数多,查处的34人,有25人在担任交通建设项目相关领导职务或与交通工程建设有关职务期间,利用职务之便,权钱交易。二是涉案人员中处、科级干部人数多。34名涉案人员,处级干部10人,科级干部15人。三是涉案人员中担任单位、部门主要领导多。查处的34人中,有20人担任单位、部门的主要领导。四是涉案金额多。少则数万、数十万,多则数百万、上千万。五是犯罪手法多。除直接受贿外,有的以“打借条”的名义变相受贿,有的以亲属名义参与工程建设获取经济利益。前不久,厅党政联席会议对某高速公路建设中严重违规造成国家经济损失的13名项目办违纪人员给予了党纪、政纪处分。从暴露的案件和情况来看,尽管我们的制度在不断地完善,但仍有不健全之处,如高速公路建设项目的附属工程,不经过招投标直接发包;高速公路建设项目的特供材料代理供应不规范,一般都是由业主指定自己的单位或下属公司做;决策不够透明,程序不够规范,存在少数人说了算的现象,更甚者有的违规事项在会上集体讨论,却无一人站出来反对。近日,省纪委周泽民书记在听取交通运输工作汇报时,要求通过加强制度建设,完善体制机制,堵塞漏洞,杜绝腐败。我们要认真贯彻周书记指示精神,既要抓好廉洁自律教育,又要抓好反腐倡廉制度建设,以制度管人、管事、管权。2013年要着重在项目建设中查处三个顽症:即招标前买资质、卖资质的顽症,招标中围标、串标的顽症,中标后转包、分包的顽症,并探索和完善行之有效的办法和措施,以反腐倡廉的实际成效为全省交通运输发展提供有力保证。

全面贯彻落实党的十八大精神
不断开创全省交通运输科学发展新局面

——在2013年全省交通运输工作会议上的讲话(摘录)

江西省交通运输厅厅长 马志武

(2013年1月19日)

一、2012年和过去五年交通运输工作简要回顾

2012年是国际国内经济形势复杂严峻的一年,也是江西省交通运输发展历程中具有里程碑意义的一年。在省委、省政府和交通运输部的坚强领导下,全省交通运输系统以科学发展观为指导,围绕规划抓落实,破解难题强保障,稳中求进促发展,圆满完成了各项任务。主要表现为“一个重大突破、两个历史新高、六个明显成效”。

(一)高速公路通车里程实现了4000千米的重大突破。狠抓大项目、畅通大动脉、推进大跨越。建成奉新至铜鼓、浮梁至桃墅岭、德兴至上饶、吉安至莲花、抚州至吉安、赣州至崇义、龙南至杨村等7个项目,新增高速公路通车里程618千米,占全国新增里程的5.6%,全省高速公路通车里程达到4260千米,迈上新的历史性台阶。续建九江新长江公路大桥、井冈山(厦坪)至睦村2个项目,开工建设九江绕城、宜春至万载、寻乌至全南、昌樟高速改扩建工程、昌九高速通远段改扩建工程等5个项目。一是高速公路排名实现突破,通车里程由2011年的全国第10位跃升至全国第8位,高速公路密度由“十一五”末的1.85千米/

百平方千米提高到2.55千米/百平方千米。二是国家高速公路网项目建设实现突破，“国高网”江西境内“三纵四横”主骨架全面建成贯通。三是高速公路新增出省通道和县域通达率实现突破，增加了5个通往安徽、湖南、广东的高速通道，结束了9个县没有高速公路的历史，全省通高公路的县达到98个。四是萍洪高速公路项目复工建设实现突破，仲裁收回了萍洪项目建设经营权，迈出了复工建设的关键一步。

（二）交通基础设施建设年度投资超过350亿元创历史新高。面对巨大的资金需求，通过“两个用足用好”确保资金落实。一是用足用好中央政策争取车购税补助，全年共落实中央补助资金57.22亿元。二是用足用好融资平台，特别是省高速投资集团年度融资超过300亿元，创造了国内和同行业企业融资的多项纪录。全年完成交通建设投资352亿元，其中公路建设完成339亿元。交通重点工程占全省重点工程投资比例达17.6%。

（三）农村公路硬化里程累计超过10万千米历史新高。全省农村公路硬化总里程在2009年超过8万千米、2011年超过9万千米的基础上，2012年达到10.3万千米。其中，以建设农村客运网络化体系、县乡道升级改造、新农村道路建设为重点，2012年完成建设改造6300千米。农村公路成为农民群众最欢迎、最满意、最受益的“民心工程”和社会主义新农村建设的标志性工程。

（四）公路、水路、运输协调发展取得明显成效。不断优化交通规划布局。《江西省2020年高速公路规划（修编）》获省政府批准。编制完成交通物流基地、国省干线公路、道路运输、罗霄山集中连片区交通扶贫等规划。统筹推进公路水路和场站枢纽建设。普通国省干线公路完成升级改造384千米、路面改造等大中修工程1551千米；改造危桥77座/6540延米，实施安保工程1644千米。内河水运建设提速。年度投资同比增长78%。石虎塘航电枢纽累计完成投资19.1亿元，1～4号发电机组成功并网发电，5号机组完成安装；南昌至湖口二级航道整治工程进展顺利。开工南昌龙头岗综合码头一期工程、南昌综合客运枢纽、抚州客运综合枢纽站等项目。公路水路运输比较优势继续巩固。全省公路客运量、旅客周转量、货运量、货物周转量分别同比增长7.1%、9.1%、15.6%、23.9%；水路货运量、货物周转量同比增长6.6%、2.8%。公路水路客、货运量在各种运输方式中所占比重稳定保持在92%、94%以上并略有增长。完成港口货物吞吐量2.5亿吨，集装箱吞吐量22.6万标箱，同比增长6.1%和10.8%。

（五）民生服务保障取得明显成效。一是公路公共服务能力得到加强。在继续大规模推进公路建设与养护工程的同时，把“六位一体”乡镇农村公路综合服务站、“三位一体”普通国省干线公路养护中心建设作为加强普通公路和农村公路公共服务的重要内容，全方位提升公共服务水平。建成示范公路试点工程668千米。农村公路建设向38个原中央苏区县、特困片区县重点倾斜，提高了补助标准。二是大力统筹城乡客运发展。对设区市政府落实优先发展城市公共交通情况进行了首次联合考核。南昌市率先制定了《公交客运服务成本规制方案》，建立了财政补贴长效机制。赣州、萍乡、新余、鹰潭等地以政府购买或贴息方式购置了大批高质量公交车。建立了城市客运专家评审系统。新余市、丰城市等城乡客运一体化的模式正在全省推广。全省农村客运班线达到3617条，农村客运车辆增加到9175辆，行政村通班车率达到90.5%。三是扎实推进收费公路清理整顿。积极构建“两个公路体系”，率先全部取消了厅属12个普通公路收费站收费，年度减轻社会通行负担3亿元。认真做好鲜活农产品运输“绿色通道”、重大节假日小型客车免费通行等工作，全年减免通行费10.6亿元。四是深化和提升服务区综合服务能力。黎川、婺源服务区一期改造工程以及武吉、鹰瑞高速公路11对服务区完善工程全面完成，总投资1.6亿元的龙虎山服务区开工建设。开展了“百姓满意服务区”评选活动。启动了普通国省干线公路服务区改造建设试点工作。

（六）安全监管和应急能力建设取得明显成效。推进“一岗双责”深入落实，健全安全监管制度。按照安全生产和应急体系“十二五”发展规划，启动了交通运输企业安全生产标准化建设，积极推进渡口标准化管理。规划的20个国省道市级养护、应急、服务“三位一体”养护中心全部开工并建成9个。深入开展“安全生产年”“道路客运安全年”“平安工地”等活动，巩固和扩大“打非治违”专项行动成果。继续抓好以“两客一危”车辆、“四客一危”船舶、桥梁隧道、重点工程施工现场等为重点的安全隐患排查治理。2012 年安全生产各项指标均控制在省安委会考核指标以内,水上交通事故死亡人数连续 4 年控制在个位数,各重要时段、节假日安全形势保持稳定。完善各类应急预案和制度,组建了安全应急专家库。鄱阳湖搜救分中心全面投入使用。组织了鄱阳湖水上搜救演练。

(七)强化行业管理取得明显成效。一是体制机制改革进一步深化。厅属收费还贷高速公路整体划转省高速公路投资集团公司。开展了事业单位分类改革前期摸底。完成了省港航局、省运管局参公管理,质监站、交通工会转为全额拨款事业单位。省港航建设投资公司、交通工程集团公司机构配置得到完善。设区市城市客运管理职能全面理顺。二是养护管理得到加强。与全省 11 个设区市政府分别签订了《落实省政府“十二五”期间普通干线公路建设养护管理目标任务框架协议》,省地责任体系进一步完善。出台了《江西省“十二五”公路养护管理发展纲要》、《江西省桥梁养护管理办法》、《江西省普通干线公路养护大中修工程管理办法》等制度。普及了公路养护道班规范化管理系统。围绕解决长期困扰农村公路养护的机构、人员、资金 3 大问题,加快乡镇农村公路综合服务站建设,全年建成 39 个,农村公路“六位一体”示范工程效果显著。以迎接部航道养护技术考核检查为契机,航道养护水平大大提升,赣江主航道通航保证率保持在 95% 以上。三是规范建设和运输市场秩序。严格交通基本建设市场准入管理,加强招投标监管,创新评标方法,高速公路新开工项目全部实行网上电子招投标。深入开展建设管理标准化、“十二公开”等活动,建立了施工、监理企业信用管理考核评价体系。制定道路运输配套规章制度 14 件,开展了“先锋”“重剑”等运政稽查,完善了道路运输市场准入、考核、监管、退出机制。

(八)科技教育、节能减排和信息化工作取得明显成效。启动了厅首批 7 家行业重点实验室和工程技术研究中心组建工作。9 项新技术列入推广应用目录,温拌沥青混合料等 10 多项科技成果得到有效推广。永武高速公路通过了部科技示范工程中期评审。《高速公路服务区建设设计规范》等 4 项省地方标准通过审定,《高速公路交通机电系统维护技术规范》等 15 项标准列入省地方标准立项计划,占全省总数的一半以上。交通职业技术学院骨干(示范)院校建设扎实推进,校企合作迈出新步伐。交通干部学院新校区全面投入使用,成为全省干部教育培训的重要基地。节能减排取得新进展。新增柴油车辆 1.48 万辆、新能源汽车 390 辆、标准化船 8 艘,淘汰高耗能汽车 2215 辆、拆解老旧船舶 71 艘,综合节能效益达 4.56 万吨标准煤。“十二五”信息化发展规划正式发布。累计完成 23 条、2860 千米高速公路智能交通系统建设。新增 ETC 车道 143 条,累计达 306 条,县(市、区)覆盖率达 78%,实现了与沪苏皖闽浙五省市高速公路不停车收费系统联网。全省公路养护综合管理系统、路政远程指挥调度系统建成,公路客运联网售票、水上安全通信及视频监控系统全面开展建设。96122 热线服务、GIS 公众出行查询系统运行稳定。省交通监控指挥中心项目主体工程封顶。省交通科研院小兰基地投入使用。厅工程档案馆全面运行。江西交通信息网获省、部“优秀政府网站”称号,“赣交通厅应急指挥中心”微博排全省政务机构微博影响力前三位。

(九)行业文明和自身建设取得明显成效。加快完善法规规章体系,《江西省高速公路管理条例(修订)》等 5 个项目纳入省政府立法项目库。出台了《江西省高速公路非公路标志设置管理办法》。完成行政执法工作服装、执法标志、执法证件的统一,开展了执法场所外观形象建设统一工作。在全国率先开展了为期四个月的路政系统大练兵、大比武活动,提高了路政执法人员的政策法规水平和规范执法、文明服务水平。强化治超管理,对治超站设置进行了重新布局规划,出台了《江西省公路治超执法流动稽查办法》,防止超限车辆绕道逃避检查。提高了高速公路超载惩罚性收费标准。加大公路“三乱”治理力度。建立了行政调解工作机制。按照全省统一部署,认真开展集中整治影响发展环境的干部作风突出问题活动。开展廉政文化建设活动,建立廉政文化建设点 383 个。开展了新一轮风险岗位廉能管理工作。加大反腐倡廉机制建设,对惩防体系进行再梳理、再优化。加大举报查处力度,接受群众举报 194 件次,立案 12 件,处分违纪人员 20 人。建立了厅党政联席会议制度。深入开展工程建设领域突出问题、公务用车、“小金库”等专项治理工作。实施领导干部经济责任及基建、财务收支等审计14项。以迎接、学习、宣传党的十八大为契机，开展了“喜迎十八大，交通建新功”“四比四创、四比四争”等主题实践活动。省厅代表队获省第四届全民健身运动会暨省第三届工人运动会团体总分第1名。9个单位被评为全国交通运输行业文明单位或文明示范窗口。15个单位荣获全国交通运输系统“工人先锋号”称号。社会管理、信访、保密、交通战备、离退休干部管理及机关后勤工作也都得到了加强。

2012年全省交通运输的又好又快发展，是建立在过去五年工作成绩基础上的。2008年以来的五年，我们以科学发展观为统领，强力推进交通大建设、大改革、大发展，全省交通运输面貌发生了显著深刻的历史变化。突出显示在：交通基础设施年度投资增长强劲。交通建设投资2009年突破200亿元、2010年突破300亿元，五年累计完成投资1421亿元，是2008年前五年的1.65倍，为拉动全省固定资产投资增长发挥了重要作用。高速公路通车里程连续跨越三个历史性台阶。创造和保持了两年建成1000千米的“江西速度”，高速公路通车里程2008年跨越2000千米、2010年跨越3000千米2012年跨越4000千米，五年建成里程与前18年总和基本相当。行政村村村通水泥（油）路、建成621座渡改桥两项重大民生工程圆满完成。建设改造农村公路4.8万千米，撤销了800个农村渡口，农民群众切身感受到交通运输发展的实际成果。公路、航道养护管理显著增强。以“迎国检”为抓手，全面提高管养水平，干线公路养护管理排名全国省、区第14，高速公路排名第6；航道养护管理排名全国第3；农村公路养护机制正在形成。公路水路运输能力成倍增长。2012年公路运输客运量、旅客周转量、货运量、货物周转量、水路货运量、货物周转量分别是2007年底的2倍、1.7倍、3.8倍、10.6倍、1.8倍、2.2倍。交通运输管理服务亮点纷呈。高速公路服务区硬件设施和运营服务全国一流，高速公路通道绿化凸显江西生态特色，电子不停车联网收费走在全国前列。建设管理标准化、网上招投标、“十二公开”得到部、省肯定。体制机制改革不断深化。全面完成了行政机构改革、成品油税费改革、撤销政府收费还贷二级公路收费改革、厅属国有企业改革、取消厅属经营性普通公路收费等工作，交通运输发展活力和后劲明显增强。依法行政、科技进步、人才强交、行业文明等取得丰硕成果。

五年来全省交通运输工作取得了显著成绩，也积累了宝贵经验。一是必须坚持把推动科学发展作为交通运输工作的第一要务，围绕全省大局，用足用好中央政策，抢抓发展机遇，做大供给总量，转变发展方式，努力使建管养运协调发展。二是必须坚持把改善社会民生作为交通运输工作的落脚点，积极响应人民群众更便捷、更安全、更舒适、多元化、多层次的交通需求，强化安全，提质提效，提升公共服务水平。三是必须坚持把以规划引领项目、项目带动发展作为交通运输工作的着力点，狠抓大项目不放松，以源源不断的项目带动交通运输的整体发展。四是必须坚持把改革创新作为交通运输工作的突破点，持之以恒的深化改革，不断深入推进制度创新、管理创新、融资创新，构建适应现代交通运输业发展需要的体制机制。五是必须坚持把科技、人才保障作为交通运输工作的支撑点，提高科技创新能力，培养和造就高素质人才队伍。六是必须坚持把行业文明和廉政建设一起抓作为交通运输工作的切入点，不断增强队伍凝聚力向心力战斗力。

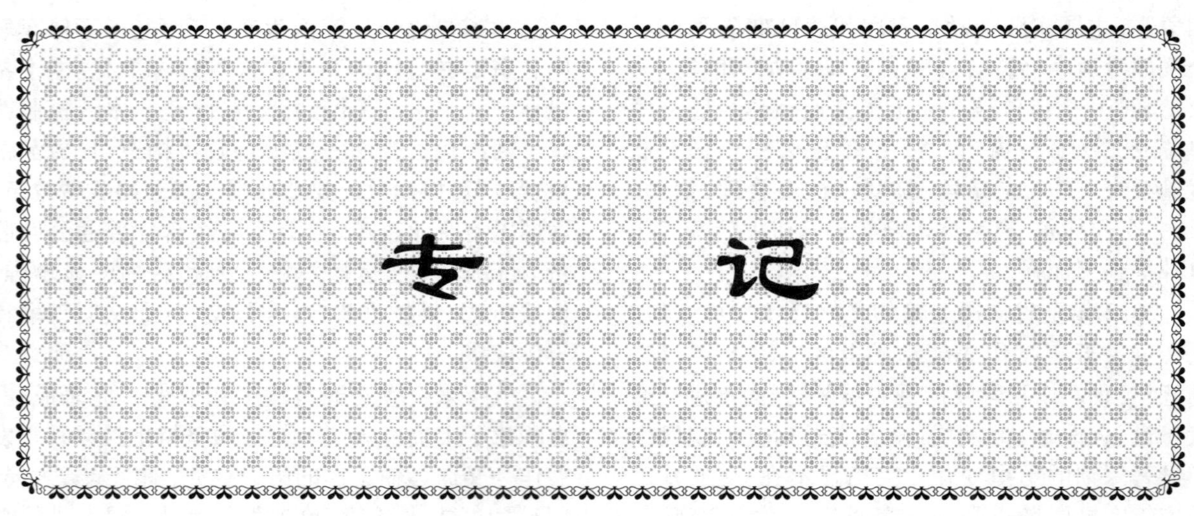

以党的十八大精神为指导 努力开创交通运输反腐倡廉建设新局面*

成 松

(2013年1月19日)

2012年,在省纪委和厅党委、厅行政的正确领导下,全省交通运输系统各级纪检监察部门坚持以邓小平理论、“三个代表”重要思想和科学发展观为指导,认真贯彻落实反腐倡廉建设各项要求,坚持标本兼治、综合治理、惩防并举、注重预防的方针,坚持突出交通运输特色,以推进惩防体系建设为主线,以交通基础设施建设领域廉政工作和交通运输行业纠风工作为重点,强化监督检查,加强作风建设,着力解决反腐倡廉建设中群众反映强烈的突出问题,党风廉政建设和反腐败工作取得了新的成效。

(一)坚持教育为先,进一步提高干部职工廉洁自律意识

一是以多样化形式丰富反腐倡廉宣传教育。

* 江西省交通运输厅纪委书记成松在全省交通运输工作暨廉政工作、安全生产工作会议上的讲话(摘录)

开展了廉政知识竞赛和形式多样的廉政电教活动；深入推进廉政宣传月活动，由厅党政主要领导带队到省党风廉政教育基地进行了廉政参观。加大宣传力度，积极在省纪委和驻部纪检组网站、刊物上宣传省交通运输厅反腐倡廉建设的经验、做法，全年累计发表各类信息20篇。二是以示范点建设引领廉政文化深度推进。根据交通运输系统点多、线长、面广和较为分散的特点，强化了廉政文化示范点建设，召开全省交通运输系统廉政文化建设现场会，总结交流了系统内开展廉政文化建设的经验做法。《中国交通报》在头版头条对省交通运输厅开展廉政文化建设情况进行了题为《江西交通廉政文化净心提力》的报道。至2012年底，全省交通运输系统已建有廉政文化建设点383个。全系统各单位不断创新廉政文化建设形式，省公路管理局出版了公路系统廉政文化建设丛书；省公路运输管理局在全省运管系统大力推动廉政文化"六进"活动；省高速公路投资集团公司开展廉政文化"三进两巡"活动。三是以课题研究的方法破解工作中的难点。厅纪委组织开展了《交通运输系统风险岗位廉能管理研究》和《科级干部涉案问题剖析》等课题研究，抚吉项目办和省高速集团景德镇管理中心分别开展了《在规范化管理中确保高速公路建设廉洁高效》和《养护工程廉政监管》课题研究，有力破解了工作中的难点。

（二）坚持突出重点，进一步深化工程建设专项治理活动

一是加强领导，加大重点工程建设项目政治监察派驻力度。完善重点工程建设项目政监处派驻制度，明确了50千米以上项目由党委书记兼任纪委书记及政监处处长，其他项目由党委副书记兼任纪委书记及政监处处长的要求，规范了派驻程序。二是完善制度，不断建立和健全工程建设及招投标相关规定。继续落实公共资源交易进入交易中心的要求，全系统招投标活动全部进入交易中心进行。完善"十二公开"制度，修订并重新印发了信息公开指导目录，建设并上网运行了"江西省交通运输厅工程建设领域项目信息和信用信息公开共享专栏"，进一步面向社会全面公开项目运行情况。三是科技支撑，强力推进公共资源网上交易系统建设工作。研制开发交通工程招投标网上交易系统，实现了全流程电子化招投标，并向市、县交通运输部门推进。创新监督方式，实现了网上监督同步进行。九江绕城项目、万载至宜春项目和昌樟改扩建项目招投标活动已实行电子化招标，招标金额达68亿元。四是强化监管，全面开展工程建设项目监督检查。落实全方位监督的要求，项目办政监处在一线对工程建设全过程实施监督，厅相关职能部门厅基建处、厅质监站与驻厅监察室按各自职责对重点工程实施专项督查和管理，加大了对工程建设项目监督检查力度。此外，省厅交通工程招投标监督小组对招投标行为严格把关，发现并处理了隧道转包出让资质和绿化招标围标串标等问题，以维护招投标行为公平公正。五是重点突破，认真进行挂靠借用资质投标、违规出借资质问题专项清理工作。全系统共排查工程建设项目351个，参建单位961家，先后处理了13起挂靠借用资质投标、违规出借资质的企业或个人，并组织有建设资质的企业法人代表签订了《严格遵守行业管理规定承诺书》。

（三）坚持纠风治乱，进一步规范交通运输市场秩序

全年共开展厅级明察暗访活动7次，受理涉及物流领域乱收费和公路"三乱"问题的投诉24起，纠正基层运管所、路政部门违规执法案件各1起，查处清障施救引起的乱收费2起。一是收费通行"关注高"的问题平稳推进。开展了收费公路专项清理，并以此为契机，继2009年在全国率先取消政府还贷二级公路收费、撤销83个收费站点之后，2012年又将省管一级公路的12个收费站全部撤销，并将于2013年底前停止市、县政府还贷一级公路和境内经营性收费公路收费，实现全省普通公路免费通行，预计每年减少社会负担超过11亿元。国庆期间实行高速公路小型客车免费通行政策，免收353.51万辆次高速公路小型客车通行费，工作推进平稳。二是运政执法"老大难"的问题重拳治理。针对群众反映强烈的城市"黑车"及出租汽车乱拼客、打车难、不打表、异地经营等"老大难"的问题，省公路运输管理局先后开展了代号为"先锋"、"重剑"等一系列运政稽查行动。全省共出动运政稽查力量67352人次，查处各类案件8303起，其中非法营运案3088起、无从业资格证案2036起、班车串线案836起、非法改装案1569起。有效遏制了全省各地黑车经

营、出租车违规等行为。三是清障施救“反映多”的问题逐步规范。进一步完善了清障施救管理暂行办法、准入及退出管理制度、履约保证金管理办法、服务监督卡使用规定、公示制度、设备配备标准等10余项管理制度,印制了清障施救管理工作手册,发放清障施救服务监督卡11万余张。四是水运行风“难规范”的问题得到改进。省港航管理局建立健全水上运输治理长效机制,派出督查组对部分乱作为情况进行了暗访督查,对督查中发现的问题进行反馈并提出明确的整改要求,共排查各类水运、港航企业267家次,查出一般问题130个,全部整改到位。2012年,省厅还专门召开全省交通运输系统纠风工作会,积极筹划工作,布置年度纠风工作任务,取得较好成效。同时,在全国交通运输系统纠风工作会议上作了题为《优化环境治乱减负促进物流业又好又快发展》的经验交流,推广了全省纠风工作经验。

(四)坚持从严治党,进一步查处交通运输违纪违法行为

全年厅纪检监察机关共接受群众来信来访电话举报194件(次),其中检控类34件(次),受理初核线索12件,立案12件,比上年增加9%,共处分违纪人员20人,比上年增加33%。继续查处工程建设领域腐败案件,全年共有5名干部受到查处。同时,严查失职渎职案件,针对发现的问题,对某项目办相关责任人员立案调查,涉及处级干部9名,并给予了相应的纪律处分。

(五)坚持风险防控,进一步完善惩治和预防腐败体系

按照省纪委、省监察厅的统一部署,省厅开展了新一轮风险岗位廉能管理工作,进一步规范和监督权力运行。针对廉政风险点和评估的风险等级,采取自上而下和自下而上相结合的方式,围绕管人、管钱、管物、管事和管工程、管项目等重点岗位,清理职权83项,查找岗位廉能风险点223个,制作了职权运行流程图和岗位职责。通过清理职权、查找岗位廉能风险、评定风险等级、制作职权'运行流程图、制定岗位职责、实施风险岗位预警等措施,将领导机关权力运行全部纳入廉能管理范围,使风险岗位廉能管理工作水平得到进一步提升,推进了交通运输系统惩治和预防腐败体系的发展。

(六)坚持作风整治,进一步加强交通运输系统机关效能建设

一是加强组织领导。认真开展集中整治影响发展环境的干部作风突出问题活动,建立活动领导及工作机构,制订实施方案,召开动员会议,确保组织领导到位。二是增强活动氛围。积极整合有效资源,形成强大的舆论宣传工作合力,为活动开展营造浓厚的氛围。三是注重特色创新。省厅开展“下基层访民情、转作风办实事、作表率创一流”主题实践活动,省高速公路投资集团公司开展“百姓满意服务区”评选活动,省公路路政管理总队开展全省路政系统大练兵大比武活动,均取得明显成效。四是狠抓整改落实。积极参与“百千万”内设机构测评活动,认真开展问卷调查,着力解决群众反映的热点难点问题。共发放问卷1974份,回收1789份,收集意见建议59条。针对查摆的问题,全部整改到位。五是改进工作作风。出台了禁酒令,下发了元旦春节期间严格遵守廉洁自律规定的有关通知,抑制了《江西省交通运输厅改进工作作风、密切联系群众“九规范”》,提出了规范考察调研、规范联系群众和规范各项会议等九类规范,细化了中央和省委的相关规定。

此外,省交通运输厅还坚持固本强基,进一步加强纪检监察队伍建设。针对基层纪检监察干部工作任务重、业务要求高的特点,举办2期基层纪检监察干部业务培训班,培训260余人。各级纪检监察机关开展以借代训活动,通过上借的方式对下属单位纪检监察干部进行轮训。

2012年,在省纪委和厅党委的正确领导下,全省交通运输系统党风廉政建设和反腐败工作不断深入,惩治和预防腐败体系建设不断完善,工作思路更加清晰、措施更加有力、成效更加明显,成绩应当充分肯定。这些成绩的取得,靠的是全系统各级党组织对反腐倡廉建设的高度重视和有力领导,靠的是各级纪检监察部门和广大纪检监察干部的精心组织和团结奋斗,靠的是全行业齐心协力所创造的宝贵经验和良好氛围。经厅党委研究,决定对省公路管理局、赣州市交通运输局等19个先进单位和65名先进个人进行表彰。在此,我代表厅纪委,向获表彰的单位和个人表示热烈的祝贺,向一年来辛勤工作的广大纪检监察干部表示衷心的感谢!

在总结工作成绩的同时,我们也要清醒地看

到，当前，全省交通运输事业仍处于大建设、大发展的重要历史机遇期，基础设施建设投资仍高位运行，工程项目集中、建设资金密集、市场竞争激烈的特点依然明显，工程建设领域腐败问题仍然易发多发；运输市场秩序不完全规范，个别领导干部以权谋私现象仍时有发生；一些执法部门以罚代管、趋利执法等不正之风仍然存在；个别单位违反财经纪律问题屡禁不止，反腐败斗争的形势依然严峻、任务依然艰巨。

着力打造“平安交通”为江西全面建成小康社会提供交通运输安全服务保障*

胡钊芳

（2013 年 1 月 19 日）

一、2012 年交通运输安全工作简要回顾

全国工业化、信息化、城镇化、农业现代化快速发展，对交通运输安全生产提出了更高的要求。2012 年以来，全省交通运输系统各级单位以科学发展观为指导，坚持“安全第一、预防为主、综合治理”的方针，深入贯彻国发 40 号文件精神，深化“安全生产年”、“道路客运安全年”、“打非治违”、“双基”建设等活动，通过一系列扎实有效的工作，保持了全省交通运输安全形势的平稳。具体表现为“一个全面下降、二个持续稳定、三个连续保持”。一个全面下降是全省道路运输、水上交通、交通重点工程建设安全事故造成的死亡人数全面下降。二个持续稳定是在党的十八大等重点时段安全形势持续稳定，各个法定节假日安全形势持续稳定。三个连续保持是水上交通事故死亡人数连续 4 年控制在个位数，连续两年控制在 5 人以下；道路旅客运输事故死亡人数连续 6 年控制在 100 人以内，连续 2 年未发生 10 人及以上重特大道路旅客运输死亡事故；省安委会下达全厅的水上交通和交通重点工程建设两项安全考核控制指标，连续多年被控制在考核范围内。

——水上交通事故造成的死亡人数下降。2012 年全省共发生水上交通事故 9 起，死亡 2 人，沉船 8 艘，直接经济损失 700 万元。事故死亡人数同比 2011 年下降了 33%，仅占 2012 年省安委会下达的水上交通安全考核控制指标的 25%。全年未发生渡运和远洋运输事故。

——道路旅客运输各项安全指标全面下降。2012 年全省共发生道路旅客运输事故 22 起，死亡 45 人，受伤 93 人，与 2011 年同比分别下降 21.4%、30.8%、17.7%。

——全省交通重点工程建设各项安全指标全面下降。2012 年全省重点工程建设项目共发生安全生产事故 3 起，死亡 2 人，与 2011 年同比分别下降 75% 和 83.3%。事故造成死亡人数仅占省安委会下达的重点工程建设安全考核控制指标的 12.5%。

回顾 2012 年工作，省交通运输厅主要抓了六个方面工作：

（一）认真部署，强化重点时段安全管理。

为保障党的十八大前夕及十八大期间全省交通运输秩序的安全稳定，根据省厅的统一部署，交通运输系统各级单位积极作为，迅速部署和落实各项安全工作。7 月，全省 11 个设区市交通运输局之间开展了安全生产交叉检查；8 月，各级交通运输部门进行安全生产自查自纠；9 月 25 日厅党政主要领导主持召开全省交通运输安全专题电视电话会议，对安全生产工作进行再部署，组成由厅

---

* 江西省交通运输厅总工程师胡钊芳在全省交通运输工作暨廉政工作、安全生产工作会议上的讲话（摘录）

领导带队的8个检查组对全省交通运输安全生产工作进行督导检查。以长途客运安全管理、水上客货运输安全管理、高速公路桥隧安全管理、交通重点工程施工安全为重点全面开展安全隐患排查整治,取得实效。并圆满完成了"十一"黄金周小型客车首次免费通行保安全、保畅通工作任务。

为了加强长途客车行车安全,省交通运输厅积极落实长途客运车辆凌晨2时至5时停车休息措施。对全省所有跨省及800千米以上长途客运班线逐线逐车清理排查,对在凌晨2点前不能到达目的地的593辆长途客车,明确四项安全行车方案,督促客运企业合理安排班次予以落实。一是419辆长途客车,通过企业自行调整发车时间,确保车辆在凌晨2时前到达目的地;二是167辆长途客车运行线路较长、具备驾驶员落地休息条件,实行凌晨2时至5时停运休息;三是1辆长途客车运行线路较长又不具备驾驶员落地休息条件,实现换车接驳运输;四是6辆长途客车进行了报停或转为动运力。同时,结合全省实际编制了《长途,客车安全管理工作手册》,初步实现了长途客车台账式监管,强化了长途客车的安全监督力度。通过一系列有力措施,确保了全省超长途连续运行的卧铺客车凌晨2时至5时临时停车休息措施落到实处,较好地完成了交通运输部统一部署的工作任务。

(二)积极应对,卓效预控处置突发事件。

2012年汛期,省交通运输厅立足保安全、防大汛、抗大灾,积极开展预防预控。突出"三早",即早部署、早准备、早检查。做到"四落实",一是落实应急预案制定,做到事事有预案,事事有安排,一旦发生突发事件,能及时根据预案组织疏散、抢修、保通,做到响应及时、措施得力、工作有序;二是落实隐患排查整改,切实开展防汛自查,及时消除隐患;三是落实应急物资储备,落实防汛应急保障队伍,储备运输车184辆、机械设备143台、麻(草)袋20余万个、安全锥6万个、标志牌2650块、砂石2560立方米、木桩4300根等,63支应急保障队伍处于随时待命状态。四是落实防汛工作责任,健全了防汛组织网络,实行专人专班负责、领导分片包干责任制,确保责任到人。保障了汛期期间全省交通运输安全秩序的稳定。此外,成功处置了九江长江大桥公路桥钢梁裂缝事件。

(三)科学规划,创新交通安全管理方式。

以科学的规划指引交通运输安全、应急工作发展的方向,编制完成了《江西省交通运输安全生产和应急体系"十二五"发展规划》。在大力宣贯落实《国务院关于坚持科学发展安全发展促进安全生产形势持续稳定好转的意见》,强化落实安全生产"两个主体"责任的同时,以创新理念开展安全管理。做到了"三个创新":一是创新安全应急管理制度。制定出台了《江西省交通运输厅交通运输突发事件信息处理程序》、《江西省交通运输厅安全生产约谈办法》、《江西省汽车客运站视频监控管理办法》、《江西省道路运输卫星定位系统监控管理办法》、《江西省高速公路恶劣天气应急管制办法》等一系列安全应急管理制度。二是创新安全应急管理方法。省厅组建了交通运输安全应急专家组,为事故调查、突发事件处置、监督检查、隐患排查治理、安全生产决策咨询等提供技术支撑。编制印发了《江西省交通运输安全应急知识手册——制度篇》口袋书,将相关法律法规、管理制度,以问答的方式并配有简明诙谐的漫画插图予以诠释,让从事安全管理的人员和一线作业人员在轻松愉悦中了解、熟悉相关业务知识。三是创新安全监督检查方式。各级交通运输部门在以往明察的基础上,将"飞行"检查、暗访等检查方式常态化,如省港航局将其作为每月必须开展的工作任务,进一步提升了安全管理水平。

(四)深化治理,扎实开展安全生产年活动。

以"打非治违"专项行动为契机,深化交通运输安全隐患排查治理,狠抓安全生产年活动各项工作的落实。

1. 深化道路客运专项整治。以道路客运安全年活动为抓手,一针对旅客运输、旅游客运企业,以客运安全隐患排查为重点,以落实"一带、一速、一平台、一防护"措施为内容,开展了"重剑行动"专项整治活动。重点查处了客运车辆违法违规经营,超速、超载、疲劳驾驶和扰乱运输市场秩序行为。出动检查组952个、执法人员8200余人次,检查客运企业2135家、客运车辆23368台次,查处非法经营2113起、查扣非法营运车辆230余台,纠正各类违法违规经营行为5560余次,责令42家企业停业整顿。此外,赣州市鼓励现有卧铺客车更新为座式客车,对8年以上的51辆卧铺客车予以下线或报废处理。

2. 深化水上交通专项整治。一是开展了为期

3个月的客渡船舶安全专项检查活动，检查渡船630艘次，客船、旅游船、旅游竹筏260艘次，查处并责令整改各类船舶缺陷187项。二是开展了船舶配员与船员证书专项检查，检查船舶11806艘次，查处违章113艘次。三是开展了船舶超载治理整治活动，检查船舶2.8万余艘次，查处超载运输船舶9605艘次，减载黄砂42.3万吨，纠正标志标识不规范船舶121艘次。四是严厉打击各类水路运输非法经营行为，出动检查组1200个、执法人员8300余人次，检查港航企业和只个体经营者1651家，查处非法违法经营行为3290起，责令整改3159起，停产停业整顿115起（处），处理责任人员26人次。南昌市地方海事部门积极参与市政府牵头的河道采砂专项整治活动，通过加大执法力度、关停沿线所有非法采砂场、切割过剩采砂船舶、落实补贴资金等疏堵结合的措施，有效地净化了赣江航道的通航运输秩序。

3.深化交通工程建设领域专项整治。突出开展了工程建设领域预防施工起重机械和支架脚手架等坍塌事故专项整治工作。加强了施工起重机械、支架脚手架使用过程和搭设拆除过程的安全监管，严把模板、支架脚手架管材质量关和搭设拆除专项施工验收关。同时在全省15条在建高速公路项目推进桥隧施工安全风险评估，九江长江公路大桥、昌樟高速改扩建药湖特大高架桥等6个项目被交通运输部作为试点项目。其次加强督促检查，出动安全督查组857个、人员3200余人次，检查企业（工地）2500余处，查处了违法行为43起，一般违规行为625起，全部处理整改到位。同时加强“平安工地”活动创建，九江长江公路大桥项目、抚吉高速公路项目和德上高速公路项目B1合同段、赣崇高速公路项目A9合同段由交通运输部提名公示为“示范工程”和“示范工地”。

4.深化公路危桥险路专项治理。一是开展了全省老旧危桥全面排查治理活动，全省共排查桥梁25075座，排查出四类危桥3323座12.1万延米，五类危桥2201座7.2万延米，建立了隐患桥梁台账，投入2.4亿元资金对77座危桥实行分阶段治理。吉安市交通运输局联合市财政部门，投入300万元资金，对全市排查出的89座1200余延米危桥，按照2500元/延米进行了维修改造补助。二是加大了公路改造和安保工程投入，全省完成国省道公路升级改造384千米、路面改造等大中修1551千米，完成农村公路改造6300千米，安保工程1644..4千米、灾害防治141.3千米。三是加大了对车货总重超过55吨的车辆查处力度。据不完全统计，2012年全省累计查处超限车1.23万辆，累计卸货2.74万吨。

（五）夯实基础，以标准化提升交通运输安全管理。

安全生产标准化建设是提升企业安全服务质量水平，建立安全生产长效机制的一条有效途径。按照国务院要求，根据交通运一输部的统一部署，2012年省交通运输厅在全省积极推动交通运输企业安全生产标准化建设工作。先后制定印发了交通运输企业安全生产标准化考评管理办法、达标考评指标以及与其相配套的标准化考评发证、考评机构管理、考评员管理三个实施细则。分别于8月和12月，组织了针对交通运输管理部门、交通运输企业的两期标准化建设培训，培训人员180余名。12月由运管部门组织培训考核全省道路运输类型考评员约200名。考评机构以及对交通运输企业的评审各项工作正在稳步推进。

进一步强化了应急基础建设。一是高速公路应急储备基地现已建成3个；“三位一体”普通国省干线公路养护中心现已建成9个；“六位一体”乡镇农村公路综合服务站现已建成37个。二是积极推进全省乡镇渡口标准化建设，在2011年13道渡口开展标准化建设的基础上，2012年又投入506万元对32道乡镇渡口实行标准化建设改造。三是为进一步巩固江西省渡口渡船安全专项整治成效，又再次落实1500多万元资金对全省乡镇渡船进行维修保养。四是投入750万元，完成两套交通移动应急通信指挥平台建设。

（六）加大宣传，提升队伍能力素质建设。

通过“安全生产月”活动，营造了交通运输安全知识宣传、学习氛围。活动期间，举办了全省交通运输职工“安康杯”安全卫生知识网上答题竞赛，共36个单位、5678名职工参加了竞赛活动。选送了32篇论文参加第七届井冈山安全发展网上论坛论文评选。全省各级交通运输部门采用多种喜闻乐见的形式，对交通运输安全知识进行宣传和培训教育，有针对性的组织了不同领域、不同科目的应急演练活动30余次。其中，2012江西省水上处置突发事件应急演练，有效整合了海事、公安、港航、环保、卫生、消防以及部队的救助力量资源,投入人员160余名,船艇30艘、专用指挥车辆3台,圆满完成了演练科目,检验了处置水上突发事件的组织、协调、指挥和应急反应能力。

2012年,是振奋人心的一年,江西交通人又续写下新的辉煌篇章,全省高速公路通车里程突破4000千米大关,通车里程由2011年的全国第10位跃升至全国第8位。过去的一年,也是极其不平凡的一年,全省交通运输安全工作战线上的职工们,用自己的辛勤劳动和汗水,顶住了压力,实现全省道路运输、水上交通、交通重点工程建设安全事故造成的死亡人数全面下降,为全省交通运输事业的发展创造了良好的安全环境。成绩来之不易。

二、当前全省交通运输安全形势

2012年,在充分肯定成绩的同时,也应清醒地看到,当前交通运输安全形势依然严峻。从全国安全形势来看,“5·19”隧道爆炸事故、“8·16”汽渡沉船事故、“8·26”特大道路交通事故损失惨重、教训深刻,引起了社会广泛关注。从全省安全形势来看,“7·25”婺源县水库沉船造成7人死亡事故,虽然事故发生在非通航水域,肇事船舶为农用船,但暴露出全省乡镇船舶的安全监管责任需进一步落实和加强;个别在建高速公路项目发生交通事故造成人员伤亡,也暴露出全省高速公路竣工通车前,对施工车辆的现场交通管控还需加强。这些事故的发生,再次给交通部门敲响了警钟,安全生产工作说不得大话、吹不得牛皮、来不得半点马虎。当前,交通运输安全工作还存在着诸多问题亟待深入研究和解决。一是随着交通运输深化改革、发展转型、进程加快,安全生产长期积累的深层次矛盾日益凸显,交通运输安全管理工作与现代交通运输业发展还存在诸多不适应。突出表现在安全管理理念的不适应,一些部门和企业没有牢固树立科学发展安全发展的理念,没有把保安全促稳定作为求发展、谋效益的根本前提,安全监管的缺位和不到位,安全管理中重治标轻治本、重事后处置轻源头预防问题依然比较突出。安全管理分工明确、运转协调、职责清晰的工作格局亟待进一步的完善。二是交通运输安全生产的基层基础仍然薄弱,安全管理法制建设滞后,安全生产责任仍需进一步落实,从业人员业务素质有待提高,安全文化建设亟待加强。三是随着经济社会快速发展,人员流动持续增加,交通运输服务和管理的需求日益增多,对交通运输安全管理带来的压力日益增大。四是交通运输企业受金融危机冲击,生产成本上升,经济效益下降,影响安全生产的问题有所增加。五是各种传统和非传统、自然和社会的不确定因素与风险交织并存,推进交通运输安全发展的任务更加繁重、更为紧迫。

2013年9月17日,交通运输厅副厅长王爱和(左1)到厅史志办调研

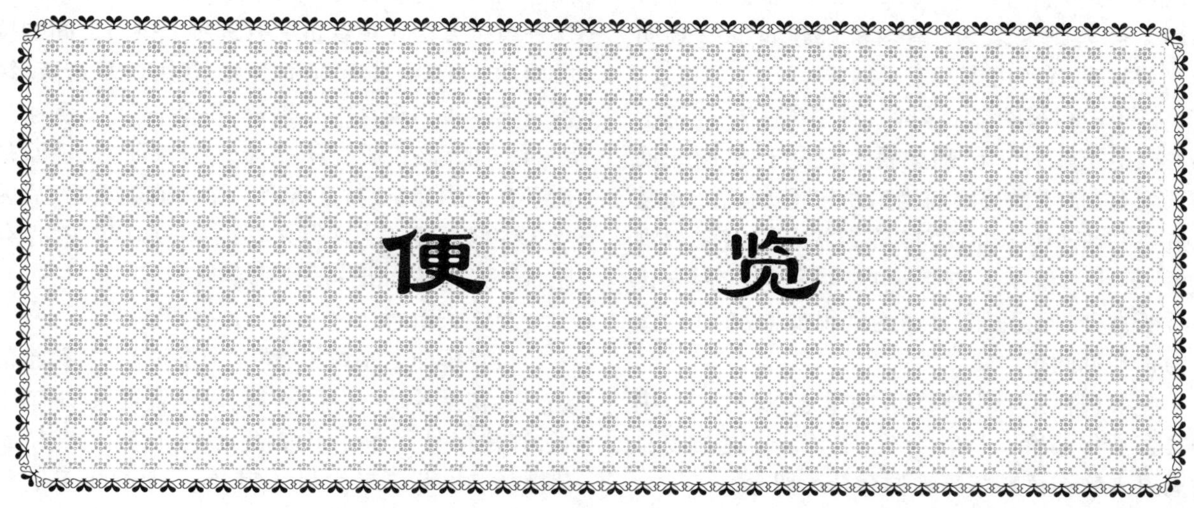

历史(江西古桥)

江西古桥的发展历程,一般是先有津渡,后为浮桥,再改建成木桥或石梁桥、石拱桥。全省石拱桥的建造,具有较高的工艺技术水平。首先是注意桥位的选择。明代分宜万年桥和清代崇仁的黄州桥,均有选择桥位的记载。根据记载,前人建桥已知道桥基必须落在岩基上。其次是认真选择石料。明代分宜万年桥建桥的石料,2/3 选自吴洲(今江苏江都县),1/3 采自分宜县西北杨江。清嘉庆年间重建抚州文昌桥,对拱石规格、质量和砌拱圈工艺程序均有严格的规定,如拱石必用崇仁县的巴山石。再次是不断改进砌筑施工方法。宋代观音桥首尾设公母榫,凹凸榫接,不用灰浆,单行成拱。而明代分宜的万年桥则改为纵向分节,一纵一横的砌筑方法,加强了横向构建。清代则采用纵联砌拱法,拱石均横向交错。拱石也逐代减薄。在基础施工方面,清嘉庆八年(1803),重建抚州文昌桥,以围堰排水挖基的“干修法”代替过去的水修法。此外,还注意桥型及附属设施的美观。宋星子观音桥的桥型如“一虹横枕翠微间”,气势宏伟。宋宜丰洞山逢渠桥,两侧翼墙各立高大的石浮雕武士一尊,体现了佛教建筑与宋代雕塑的风貌。明分宜万年桥桥面铺大青石板,两侧有座柱,柱间嵌栏板,栏板上雕刻着龙、虎、狮、象、白鹤、凤凰等珍禽异兽及海棠花瓣、缠枝牡丹等奇花异卉,刀法劲健,镂刻精细,造型生动,具有很高的艺术价值。

省内现存古桥,多数是石拱桥、石梁桥,也有相当数量的浮桥、木桥,最具特色的是石拱桥。

星子观音桥

星子观音桥原名栖贤桥,又名三峡桥,位于庐山含鄱口下(今星子县北五里乡境内),坐落在庐山五老峰与大汉阳峰夹峙的山麓洞壑中,建于北宋大中祥符七年(1014),是江西现存最古老的石拱桥。

该桥倚崖飞跨三峡涧(一名金井),单孔跨径 10 米,全长 20.45 米,宽 4.6 米,高 20 米。两岸崖陡崖峭壁。桥台用花岗石砌于天然岩基上。拱圈为园圆弧形,厚 0.95 米,用 7 行长方形条石作纵向分行排砌,每行用石 15 块,每块石重约 1200 余公斤,首尾设公母榫,凹凸榫接。不用灰浆,单行成拱,拼连严紧,再在拱背浇铁。拱上两侧墙上砌有石栏,桥面铺大石板,两端各砌阶4级。该桥历千年的风雨侵凌,仍屹立无恙,至今尚可通行汽车。古人称该桥“横绝大壑,结构伟壮,神施鬼设,非人力所能为……”(宋·黄山谷:《栖贤桥铭》)。今人则誉之为“南国桥梁建筑的一颗明珠”(吴宗慈:《庐山志》)。

桥孔中行拱圈底面刻有“维皇宋大中祥符七年岁次甲寅二月丁巳朔建桥”,两边行拱圈底面分别刻有“福州僧智朗勾当造桥”“建州僧文秀教化造桥”“江州(今九江)匠陈智福、弟智汪、智洪造桥”等字。桥拱上刻字记述建桥时间,为宋代石桥所常见,但记匠工姓名的则很少见,在江西迄今为止唯见此桥。

此桥现在是庐山旅游区的重点景观之一,中外宾客常年络绎。1961年9月17日,国务院总理周恩来曾在桥畔与当地群众合影留念。

宜丰洞山逢渠桥

逢渠桥位于宜丰县同安乡洞山,建于北宋元符元年(1098)。桥的外观和结构体现了佛教建筑与宋代雕塑的风貌,集历史性、工艺性、科学性于一体,是江西桥梁建筑的艺术珍品。该桥跨越洞山山口的葛溪之上,主孔跨径4.2米,全长10米,宽4.3米。桥台立于天然岩基上。桥孔由7行独立的拱圈组合而成,每行用石11块,每块断面呈圆弧环段,外弧长75厘米,内弧长60厘米,紧密作纵向排砌后恰成圆弧拱。从桥下看,每块拱石为边长60厘米的正方形,排列整齐,严密非常。桥面用石板铺砌,两侧原有桥栏,现已损毁。正面顶刻有“逢渠挢”3个大字。两侧翼墙上各有一尊石雕的武士像,右侧的握开山斧,左侧的执赶山鞭。浮雕的刻法和造型,具有浓厚的宋代风格。

宜丰洞山是佛教五宗之一曹洞宗的发祥地,是著名的禅林胜景,开山祖师良价禅师在此圆寂。据说这座桥是为了纪念良价禅师逢渠悟道而修建的。

清江鸣水桥

鸣水桥位于清江县东南的阁皂山,横卧阁水,为阁皂山八景之一,阁皂山,在唐代已列为天下名山,在宋代与金陵(今江苏南京)茅山、广信(今上饶)龙虎山(在今贵溪县境)齐名,为道教第三十三福地。

鸣水桥利用天然岩石为基,凿岩砌筑桥台,高仅0.094米,跨径2.6米,全长7米,桥面宽7.7米,两侧建有侧墙栏杆,桥面铺大方石板。建筑技艺与观音桥相似。17行拱圈也用纵向并列砌拱法组合而成。每行拱圈用7块长60厘米、宽45厘米、厚50厘米、重约300余公斤的石块,砌成圆弧。相邻两行拱圈之间用腰铁联接。显而易见,这种组拱方法比观音桥又有进步。拱石之间的接触面均经细琢,凿有细密斜纹,并用白灰砌筑,结构坚牢。省内现存古石拱桥,桥面宽度一般为3.5~4.5米,该桥独宽7.7米。据考证,该桥原是桥亭合一的建筑,桥上曾有一个古雅的石亭,后因年久失修而毁坏。现存之桥也是1980年按“保存原状”和“整旧如旧”的原则翻修的。

上饶长青桥

长青桥原名平政桥,位于上饶市南门,跨越信江。起初是浮桥,用船36艘,以铁索维系,上铺木板,兴建年月无考。宋淳熙元年(1174),该桥重建浮桥,由州守赵汝愚主其事。清康熙壬寅年(1662),知府蔡延辅改建石桥,易名“广安”,遭水毁,仍以浮桥维持交通。乾隆三十一年(1776),知府李瑛更新浮桥设备,置船36艘、大锁2把、大小锚36口,并易名“长青”贡生纪耀昌、汪炜、汪宁远,职司雷锦文、杨文锦,监生张焕,廪生杨祖仁等,各捐田0.8公顷;贡生郑功模、龚妇刘仁杰,生员周澍、汪光、徐云,监生郑朝抗、舒在潘、郑功楷、周帮植、郑功楫等各捐田0.4~0.46公顷或0.13公顷有奇,共计田8.97公顷,以供该桥修缮之需。嘉庆十九年(1814)桥圮,知县赖勋倡重修。1978年,信江大桥建成,长青浮桥遂废。

上宏桥

位于泰和县苏溪乡上宏村,跨蜀水,长98.8米,宽6.6米,高7米,共7孔(其中,1孔10米,6孔各10.5米),始建于南宋淳祐十年(1250),泰和县邑民郭公倾家资捐建,僧人昙发朝夕督工,文天祥著《桥说》,后遭水毁。清乾隆二十六年(1761),当地郭、刘二姓合力重建。

分宜万年桥

分宜万年桥位于县城东门外,由明代宰相严嵩捐资建造。嘉靖三十五年(1556)九月动工,嘉靖三十七年(1558)告成,共11孔,长174米,有10个桥墩和2个桥台,均用长方形的大青石垒成。石缝用石灰,拌糯米汁胶合,极为坚固。桥墩上有吸水兽嵌于桥身,桥墩的逆水面有分水金刚雁翅(裕称分水尖)。拱圈用青石砌成,采用较科学的立排一排、横摆一排的连锁式砌法，跨度最大的为14.4米。桥面铺大青石板，两侧有坐柱，柱间嵌栏板，栏板上雕刻着龙、虎、狮、象、白鹤、凤凰等珍禽异兽及海棠花瓣缠枝牡丹等奇花异卉，都是佛教故事中的名物。桥成后，严嵩撰文刻碑，记述建桥始末，并命名为万年桥。此桥结构精美，气魄宏伟，“壮丽甲于江西省”。桥建成后400年来，除部分栏杆倾移，曾在清乾隆七年（1742）整修外，其余均完好。1958年建设江口水电站时，此桥为水库所淹。

抚州文昌桥

文昌桥在抚州（今市）东门外，跨抚河（一称汝水），初名通济桥，后改今名。南宋乾道元年（1165），知州陈森在此始建浮桥，名通济桥。淳熙二年（1175）秋七月，笮断桥漂，又由临川县令江霖“联舟为梁，东西百丈，合五十四艘”再建浮桥。嘉泰中（1201～1204），知州王说始建石梁桥（石墩木梁），桥上建屋，费用甚巨，后被火毁，重建。宝庆元年（1225）又被火烧毁一半，知州薛师首捐俸钱，又遍请乡绅劝民捐输，并令僧人妙严持簿化缘，募集资金重修。此次，吸取“先是桥面平以板，遗烬透罅，江风煽之，辄不可扑”的教训，改为“敷土甃石，禁列肆燎炉其上，维舟炊炀其下，且置钥与城门同启闭”，以防火灾。桥上建三亭，“外为亭一，以备送迎，西为神祠，东为佛庐。”另置有田地，由妙严率徒守寺看桥。余资买西南门广泽庵屋50间，堆放维修材料。宝庆二年（1226）四月，桥成。“日度万履。如行康庄”。因此桥东联文昌堰，四属文昌堂，故改名为文昌桥，桥亭称文昌亭。这次重建虽仍属石墩木梁，但桥面已有改进，且对防火、守护、维修都有妥善安排，建桥费用也由公帑而变为官、民、僧合力同筹。

元至正二十四年（1364）春，该桥被屯驻在桥屋中的军卒失火烧毁。明洪武二年（1369），知府李廷桂主持重修。未成而去。洪武六年（1373）四月，知府马文璧接任续修，于次年（1374）七月建成，长214.5米，宽5.28米。桥上建屋61间。东西两岸用石砌堤，各建屋3间，与桥屋相连，仍由守桥僧看护。桥成后，“东南来乎闽浙，西北至于荆淮，商车贾舶，云踊鳞集，日夕不绝”，“冠盖邮驿之使，无虚日”。

明嘉靖年间（1522～1565），知府陆堂与临川知县林恕见此桥木梁常因桥屋店肆遗火烧毁，便“卷石为洞”。改建石拱桥。60年后抚河金堤修复，“堤岸迫使河水以全力注桥，桥败”。重建时在拆拱圈中发现“有土其中，水入而桥隳”，于是拆旧墩而加大之，再建石墩木梁桥。3年后，木梁桥又遭火毁，遂以舟为渡，但春夏间洪水暴涨，旧桥石墩兀立水中，“破船而漂流，卒不可救者，岁常百十人号哭”。明万历三十八年（1610），知府苏惠民见行旅艰难，欲重建，但苦于无钱。适有富室寡妇马杨氏抱半岁孤儿来控宗室占产事。苏劝之：“财散则孤儿可安，施半以助桥?”寡妇欣然乐捐。于是从开化、新安（均在今浙江境）请来工匠，将梁木拆除，石墩加高，缝隙填满，重建石拱桥。此桥落成后，成为一郡之名胜。

清顺治十八年（1661）洪水又将桥冲毁，剩西岸二墩。康熙元年（1662），知府刘玉瓒重修，计水门12道，长237米，高10.2米，两侧建石栏，中建一亭供人休息，严禁桥上列肆，以防火灾。

到清嘉庆八年（1803），桥已久圮，官府议重建，因地方官易人，未能兴工。嘉庆十一年（1806），新任知县秦沆与知府伊公续修，至十八年（1813）冬十一月告竣，耗银18万两。桥长233.6米，高12.16米，宽6.4米，下为水门12道，上建桥屋92间。此次重建，桥基建工改“水修法”为“干修法”，基础更为严实，提高了抗洪能力。但由于有的桥墩，挖基没有挖到石层，因此在道光十年（1830）、道光十八年（1838）、同治八年（1869）、光绪二年（1876）几次局部毁损，屡经修复后继续使用。民国时期兴修公路，此桥被用作公路桥。

南城万年桥

南城万年桥位于南城县城北5千米的武岗山麓，跨抚河中段的盱江。桥长411米，宽6米，高10米，为23孔净跨14米上下的石拱桥，是江西现存最长的一座古桥，已有300余年历史，现用作公路桥。

该桥于清光绪十七年至二十一年（1891～1895）重建时著有桥志，记载了建桥和施工组织，工艺技术，财务收支等事项。据载，宋咸淳七年（1271），始由县武学谕涂演在此处设一浮桥。后桥败，交通中断。明成化二年（1466），邑人雷显忠设舟过渡。14年后，由其子雷应春、孙雷炯再建渡船，并捐田17亩维持渡运。同时，在东岸建起待渡房舍，名曰“津馆”，供行人避风雨，受到人们的赞颂,称之为雷家义舟。明崇祯七年(1634),巡道副使吴麟瑞倡建石拱桥,由南城、南丰、广昌、新城(今黎川)和泸溪(今资溪)等5县民众捐募资金,历时14年,于清顺治四年(1647)建成。桥共二十三孔,计长一百十八丈三尺,宽一丈八尺三寸。东岸阶级五层,长六尺九寸;西岸阶级二十三层,长二丈五尺四寸,诚为江右第一之大桥也。清雍正二年(1724)和清乾隆年间,此桥迭遭水毁,均由太守李朝柱向5县捐募资金,组织修复。清光绪十七年(1891)大水,冲毁西岸3孔、东岸2孔及一些分水尖等。太守王春、知县洪汝濂与县绅谢甘棠等出面发起募捐,仍由5个县集资,于清光绪二十一年(1895)完成,共用银45650两,主要修复5孔拱圈、3个桥墩和西岸1个桥台。此次修复工程参照文昌桥,采用干修法围堰排水,西岸墩台清基至石底,齐过江梁洞眼下砌石27层,第一墩为24层,第二墩为21层,每层厚0.33米,用10部水车排水,还筑了导流坝,分流水势。东岸桥墩清基时,因流砂渗水过大,拆旧墩至梁跟下12层时,用30余部水车排水,也只能降水0.3厘米~0.4厘米水,最后只好在水中再拆数层,拆出墩中横着的一根横木用一块条石替代,但木头腐朽引起墩石松动。在砌筑桥墩时,复因渗水太大,致东岸墩石水下部分砌得参差不齐,相邻墩石之间有2厘米~3厘米的空隙。该桥附近的黄氏家谱记载说:当时水深流急,桥工无从下手,黄氏祖先黄国中拿出家藏"聚宝盆"丢入水中,才下定了桥基。这段传说虽然近似神怪,不足置信,但可想见当时下此桥基时是费了很多工料的,其负责精神十分可贵。

永丰恩江桥

永丰县自北宋仁宗至和元年(1054)拆吉水县东境地置县起,就濒水而治。县治在水北,水南居民却占全县2/3。初设舟渡,称"济川津",以通往来。嗣由"邑人王辉捐田四百亩造舟为浮桥以济人",名"济川桥"。20余年后,浮桥不修而废,仍用舟渡。由于此处"襟江负廓,为一邑之通衢,亦闽、广、吴四达之地","其车马往来之杂沓,商旅贸易之频繁,东西南北之徒跣,负任奔走者,摩连不绝。是以官斯土者,莫不以建桥为急务。元明清代,乃有建桥之举"(《永丰县志》恩江桥记)。

古代恩江桥,原为济川(一名恩江)、平政2座桥梁,分跨中隔宽50步沙洲的大小二流。清乾隆四十六年(1781),洪水冲决沙洲,二流合一,两桥联接中断。平政桥改建后,桥身延长,与济川桥联为一体,统称恩江桥。由于原两桥中轴线不在一直线上,于是此桥成为古今中外少见的折弯桥。全桥共22孔,长360米,宽4~5米,高8米,是江西现存石拱桥中第二长的古桥,后用作公路桥。

古恩江桥的修建,有不少动人的事迹流传。济川桥在清顺治十六年(1659)的一次重建过程中,有僧人智元从赣州来到永丰,得知当地官民为建桥资金发愁,"愿效死力以助"。他"苦行募化"(相传为断臂拜跪),"三月而得千金"。其中,邑令邓秉恒及其继任者张世钜皆捐俸各建一孔,合邑人民无不踊跃。3年后,终于将桥建成。清咸丰年间,修建平政桥时,永半县百里之外的桑岭地区有一农民刘理堂,决心"以石代木",于是全家节衣缩食,每年节省数百缗钱,积千金,必欲成此事。平政桥于清咸丰三年(1853)兴工,刘理堂及其父亲亲临督率工役,风雨寒暑从不间断。在当地人民协力支持下,终于在咸丰十年(1860)建成平政桥."桥长158.4米,宽4~5米,为洞凡十,与济川桥联接"。

恩江桥自宋迄清,经历舟渡、浮桥、木桥、石墩木梁和石拱桥等发展阶段,屡毁屡修,其间创建和修葺者,多为守令。董役者多为绅耆,经费则多为邑人捐输。如僧人智元苦行募化,刘家父予捐钱出力,实为江西古桥建设的突出人物,值得后人铭记。

新干惠政桥

惠政桥位于新干县城南门外的金川河上,宋元符三年(1100)由新干县官民集资兴建,是宋时江西较大的一座拱桥。据《新干县志》载:"惠政桥在向明门外,高四十七尺,阔二十八尺,长二十一丈,起三拱,上履以长亭,卫以栏槽。元符三年建,苏轼题石",相传此桥落成之日,正值苏东坡从惠州遇赦回泉,由广东梅岭入赣,乘船沿赣江北归。当船抵新千时,知县张好古迎接,城内外百姓千余人伫立两岸,请求苏东坡为新桥题写桥名。苏东坡当即在船舱挥毫写下惠政桥3字,由桥工镌刻在桥的中拱石壁上。此桥至今900余年,几经兴毁,新中国成立后也曾多次整修,已成为新干县重点保护的古建筑之一。

(凌景坡)

宜黄独一无二的南源廊庙桥

位于芙蓉山下的宜黄县南源乡夺中村南下村

小组,植被繁茂,风光旖旎,有千年银杏、红豆杉等国家一、二级保护植物。村口还有一座廊桥,叫"仁和仙桥",造型典雅、古朴、飘逸,建筑工艺精良。据宜黄旅游部门资料显示,这是该县独一无二的古廊庙桥,在抚州市也是唯一,是该县重点保护文物。

南下村是古时宜黄到临川和南城的驿道,人来车往众多,十分繁华,"仁和仙桥"便建在驿道之中。"仁和仙桥"是一座多功能的廊桥。廊桥有顶,是为起保护桥梁,同时亦可遮阳避雨、供人休憩、交流、聚会。过去廊桥中一般都没有供乡民祭祀的神龛,但面积较小,菩萨也不多。"仁和仙桥"祭祀面积巨大,几乎占据了整个廊桥,行人只是在两旁的便道上行走,这也许是廊桥下的这条河流上陆续建了多座桥梁的原因,廊桥更多地承担了祭祀的作用。廊庙祭祀对象为观世音菩萨、门神神荼和郁垒、天帝爷、文昌帝和财神爷赵公明等,除此还崇祀传说中掌管现实生活各个方面的杂神和半神。每月的初一和十五可以行祀,每年的正月是祭祀最隆重的时期。乡民从四面八方聚集廊桥,摆上一只猪头,两盘时令水果,插上几炷香,磕头作揖祈福。村民十分注重对这座廊桥的保护,有专人看护,逢年过节时,更是设立了义务消防队,唯恐香烛太旺而失火。

金溪青田桥上故事多

从金溪县陆坊乡西南行3千米左右,即是青田桥村,村东有一小路通东山岭,为陆象山墓所在地。小路旁有一老树,浓荫如盖,树下一座古朴石梁平桥静卧在青田河水之上,桥长60余米,宽2米,桥墩11个。这便是古代赣东通往福建的官马驿道上的青田万福桥,是金溪县至今保存最完好的石桥。据县志介绍,青田万福桥始建于明嘉靖十五年(1536年),名"广济桥",道光十年(1830年)由金溪知县集资重修,一色用青色厚石铺砌,桥头立有知县胡钊撰写的"青田万福桥记"石碑,碑刻清晰如故,仅有少数字迹损坏。

清代道光年间,知县胡钊任期,百姓纷纷奏陈,青田桥年久失修,过往不便,多有老人、小孩涉水被淹。胡钊有心重修青田桥,但资金十分匮乏。时有抚州兴鲁书院教授周耀龙来金溪,胡钊知其好善乐施,便领周耀龙到陆坊东山岭祭拜陆象山墓,途经青田桥时,周耀龙见乡民皆涉水,又闻胡钊欲修桥缺乏资金,便慷慨解囊,筹资3400贯将桥修好了。

桥建好后,胡钊正欲为桥取名,但一时没有想到好名字。其时,有新娘出嫁路经,修桥的工匠想一睹新娘芳容,便刁难新娘,不让花轿过桥。同行的族长恐误了佳期,便让新娘子下轿子给工匠道了一个万福,又分别向东南西北四个方向分别福了一福。胡钊看在眼里说:"青田桥已有好名字了,新娘福了万福,就叫万福桥!"

1949年5月,中国人民解放军第二野战军第四兵团第14军40师某部,沿金鹰公路追击残敌,挺进金溪,途中,得知国民党军队75师3团4营驻扎在青田桥一带。于是,兵分三路对其进行围歼,敌士兵在人民解放军强大的炮火威力下,纷纷举手投降。解放军连夜开进金溪县城。

金溪后车石桥600年无凹槽

金溪县左坊镇后车村是一个千年古村,村中保存有数十栋明清古建筑,后车大祠、材伯公祠、式六公祠、官厅、7栋品字形居民住宅造型典雅,风格独特。最令人称奇的是,村前小溪上有一古石桥,为明代初年族人何裴所建,三墩四孔,造型古朴,麻石构造,坚实浑厚,已有600多年历史,是出入该村的主要桥梁,至2012年桥面仍然平整,看不到独轮车留下的辙槽。古往今来,村民对此桥额外珍惜,古时独轮车如载物经过时,必须将物品卸下来,由人力肩挑手提过桥,不允许因载重碾伤及桥面石板。

宜黄清代石拱桥成为一方旅游胜迹

在宜黄县神岗乡党口村通往军峰山的公路上,2012年6月已经建起了一座水泥钢筋大桥,而临近的一座古石拱桥也被完整地保存下来。

党口村的这座石拱桥,当地人称为伽子石拱桥,是一座百年老桥,始建于清光绪三十二年(1906年),高9.8米,宽5米,长30.5米,为一孔单跨桥。

伽子石拱桥原为廊桥,新中国成立后,为了汽车通行,公路部门将廊侨的上部分拆去。由于建造工艺精湛,100多年来,伽子石拱桥稳如泰山。而建国后50多年来,一任中小型汽车通行、伽子石拱桥安然无恙。伽子石拱在当地还有一个传奇故事,100多年来,石桥一直未发生行人坠亡事件。近些年来,曾经有几个村民夜晚骑摩托车经过伽子石拱桥,不慎掉下近10米高的石桥,尽管桥下全是巨石块,但跌下去的村民只是负伤,最重的是跌断手脚,无一人死亡。

由于遭受近年来的洪水侵袭,伽子石拱桥桥面发生坍塌,为了避免发生意外事故,宜黄县交通部门在伽子石拱桥旁重建一座桥梁。在当地村民的恳切要求下,当地政府和有关部门宜将这座清代的伽子石拱桥维修加固,在严禁车辆通行情况下,作为一方风景名胜保存下来。

地 理

【浮梁至乐平驿道览胜】 从浮梁县城出南门约行3.5千米至纱帽图,又约4千米至黄泥岭,又12千米至柳家湾,又5千米至仙槎与乐平县境交界。从浮梁县城至乐平县城约60千米。这条驿道延伸经乐平县涌山、九墩、前岩(洪岩)至德兴县香屯铺通德兴县城,为浮梁、乐平、德兴三县古时候传递公文、驿运食盐之要道。

这条道上的冷水尖,为景德镇新开发的旅游风景区,很受景德镇市民的青睐。冷水尖风景区云雾缭绕,风景很好,这里春天漫山遍野开满杜鹃花,秋天枫叶一片金黄,冬天雪景白凯凯,路旁溪流淙淙,路随山转,溪随山行,景物和谐,百鸟争鸣。

进入冷水尖有2条道,一条是古驿道,这是古时交通要道,古时每天车水马龙。官人、商贾、游人、平民行走此道者络绎不绝。沿这条道上冷水尖比较舒坦,不觉得很累,因为沿途平缓地上升,到达山顶大约40分钟。另一条道则很陡峭,是沿千级石阶上山登顶。游人为了刺激,或检查自身实力,小试牛刀沿此道上山也很多。这千级石阶,有200余米高程。当年修建此道的民工一定十分艰苦。石阶见证了历史。绵延千百年的香客还是那样虔诚地膜拜不会说话的菩萨,祈求平安。从大悲殿拾级而上的游客,很多人不到5分钟就叫累了,尤其是老人。如果来过一次,第二次就不会选择石级上山,大多会选择驿道上山。快登上山巅时,就会听到半空寺的钟声。铜铸的观世音菩萨塑像高耸在半山腰,游人能够透过缈缈云烟看到这尊雕塑。再走几步,就可到达半空寺。每逢节假日,小小半空寺人头攒动,游客比较拥挤。半空寺旁有一泉水,终年不断。相传此泉为仙人铁拐李为救干渴众生用拐杖点化而成,又由观世音菩萨将三滴净水注入泉眼内,药王菩萨李药师在观世音菩萨之后再施舍几颗仙丹助效,故被人们视为仙水。以至长期以来许多人到半空寺烧香朝拜,求取仙水。冷水尖因此被称为神山,信徒、香客无不慕名前往。因泉水的矿物质结构有利于人体健康,人们到此用大大小小的并子、桶子、工具汲水,装满仙水下山。

当人们沿着千级石阶登上山巅时,有会当凌绝顶,一览众山小之感觉。虽然全身疲劳,汗湿衣衫,但是看着大自然的俊秀美景,尽收眼底,一阵轻松,通体舒泰,令人精神百倍,心旷神怡。养怡之福,无人能及,悠然悠哉!山风拂拂,树影重重,云腾雾绕,许多游客都对眼前景色赞叹不已。

这里供游客和香客们休息的有一个亭子,名曰醉仙亭。据史料记载,唐朝末年,黄巢举兵起义造反,曾在醉仙亭招兵买马,并以此作为据点,后兵败被官兵消灭。而醉仙亭同样遭受劫难,如原始森林、奇花异草,后山的天然瀑布都被铲为平地。直到1993年,冷水尖得到利用开发,醉仙亭才重新修建,恢复原来面貌。

冷水尖四周有古色古香的庙宇亭阁和风韵古朴的竹亭木楼,与茂盛树丛交相辉映,吸引着不少摄影爱好者,启动相机,争相拍照。农家饭的飘香、浮梁绿茶的淡雅,早在唐朝就闻名避尔,以至“商人重利轻别离”。此时于山中仔细品味更觉迥然不同。

【江西河口镇】 铅山县位于江西东北部、武夷山脉北麓,南邻福建省的武夷山市和光泽县,有“上饶的南大门”之称。

河口镇是江西古代四大名镇之一,与当时的景德镇、樟树镇、吴城镇齐名。

明清时期,河口镇是销售本地的纸、茶、竹器、铜、铁等产品的重要之地,同时也是赣闽浙等地的商品集散地,与当时的苏、杭以及东南亚等地区保持着密切的商业联系,所以有人将其与当时的九省通衢汉口相比,有“买不尽的汉口,装不尽的河口”之说。

铅山县早在商、周时期,河口古镇及其周边地区就有人类繁衍生息。

河口在明代以前称沙湾市,清朝乾隆年间的《铅山县志》上曾有记载:“河口镇,县西北三十里,即古沙湾市也。”

到宋朝时期,沙湾市已有少数店铺成为定期

的农村圩场。明万历间费元禄在《甲秀园文集》中记述:“余祖始迁时,河口仅两三家,今阅世七十余年而百而千,当成邑成都矣。”

铅山河原在汭口镇入信江,在明朝嘉靖年间(1522～1566年)洪水泛滥,在一次山洪暴发中,洪水从白沙向北冲入信江,迫使铅山河改道。从此,故道因干涸而逐渐淤塞,河口古镇的发展一度受限。

后来,由明朝首辅费宏倡议开凿,在铅山知县王瑄之的带领下开凿了一条人工河,名为惠济河(也可称作惠济渠)。该河从铅山河取水,由南向西北流,在汪子湾处分两支,一支向北经河口镇汇入信江,另一支向相西经清湖汇入信江。惠济渠对河口镇的发展至关重要。

惠济渠开成后,费宏纵观铅山河汇入信江之景观,提出将“沙湾”改名为“河口”,自此有了河口这个名字。由于这一水利工程,原来的商业集散码头从别的集镇转到了河口,这也是河口发展为镇的开端。

河口古镇面积不大,却有九弄十三街,每条街都有自己的功能,可见当时河口之繁荣。街巷悠长,券门重重.可谓“小巷修长曲叉直,券门重重呈大宅”。

九弄十三街,这是自乾隆年间起的俗称。九弄包括严家弄(青楼妓院、杂货店)、戴家弄(纸业、烟店、纸花店、轿行)、油篓弄(油篓作坊)、金家弄(贸易市场)、五福弄(海参水产店、弹棉花店)、旧弄里(典当、旧衣加工改装)、新弄里(竹制品、花篾作坊)、小桥弄(篾匠工具店)、石狗弄(车匠铺,小棺材店),十三街为一堡街、二堡街、三堡街、棋盘街、永庆街、半边街、一字街、火爆街、郑家街、工字街、天星街、新街、旗杆街。

其实,九和十三为虚指,表示数量多之意,除上述地名之外,还有黄公里、五云第、巴公里、典当边、宫山沿、金塘沿、花园背、方家楼、三角地、牛皮厂、石牌弯、油麻滩、小河沿等地名。

古镇的形成和河流关系密切。铅山县境内江河溪涧,密如织网,流域面积大于50平方千米的河流有陈坊河、杨村河、铅山河、新安埠水、福惠河、虹桥河、英将河、紫溪河、石溪河、西畈河(又称九狮河)等,其中陈坊、杨村、铅山三河为主干流.河水自南而北注入信江。

河口古镇靠着水运发展起来,沿江而建,内部有人工渠惠济渠迂回环绕。古镇北面,是著名的九狮山,为县北门户,又称龙门。山下江水深不可测,据说从这里可以直达龙宫,故名“龙门第一关”,现镌刻在峭壁上的“龙门第一关”五个大字仍清晰可见。九狮山下的明代“天乳寺”为明代佛寺,寺边有一天然水池,上书“天乳寺”,相传为康熙手迹。

在河口古镇的西郊原有不少小湖泊,分别为胡家湖、叶湖、官湖、菜叶湖、河口清湖。除了河口清湖是天然湖外,其他几处都是由明朝费宏集资开挖而成。

“门傍信江水,窗含九狮山。”这可谓是河口镇山水环绕的真实写照,也是古镇山、水、城融为一体的反映。

明清时期,河口古镇被称为江南五大手工业中心、八省码头和江西四大名镇之一,素有“江西名镇数河口,八省通衢连五洲”之说。

现在河口古镇街道两边尚存旧时店铺400余家,是当时闽、浙、赣、皖、湘鄂、苏、粤等地百货集散地。河口古镇店铺林立,沿江10多处码头泊船曾多达数千艘。信江上船只如蚁.帆樯蔽江,常有船只三日不能靠码头。

清乾隆八年(1743年),《铅山县志》记载:“(河口)货聚八闽川广,语杂两浙淮扬;舟楫夜泊,绕岸灯辉;市井晨炊,沿江雾布;斯镇胜事,实铅山巨观。”商界称河口为“八省码头”“四方商贾云屯雨集的赣东第一旺镇”。

万历年间,河口“技艺杂沓,盖期舟车四出,货镪所兴,铅山之重镇”。清代河口镇日益繁荣,发展为江西“四大名镇”之一。乾隆四十年(1775年),为了加强管理,设置更高级别的行政机构同知公署,来管理水陆交通、商务税收等事宜。

(刘 霞)

经 济

2012年,全省国民生产总值12948亿元,比上年增长11.0%,其中,第一产业1520亿元,比上年增长4.6%,第二产业6947亿元,比上年增长13.1%(其中工业5855亿元,比上年增长13.4%),第三产业增长4461亿元,比上年增长9.5%。财政总收入2046亿元,比上年增长

24.4%,地方财政1372亿元,比上年增长30.2%,财政支出3014亿元,比上年增长18.9%,农业总产值2399亿元,比上年增长4.6%。全省发电量760亿千瓦时,比上年增长2.3%,全省用电量868亿千瓦时,比上年增长3.9%。

全省货物运输量3499亿吨千米,固定资产投资11389亿元,比上年增长30.1%。全省进出口总额334.1亿美元,比上年增长6.2%,其中出口总额251.1亿美元,比上年增长14.8%。

主要工业品产量:钢材2368.89万吨,比上年增长2.2%,原煤2511.79万吨,比上年增长1.9%,化学纤维37.89万吨比上年增长32.2%,布匹92650万米,比上年增长13.5%,纸161.39万吨,比上年减少31.5%,原盐204.67万吨,比上年增长21.2%,茶叶5.52万吨,比上年增长16.9%,卷烟599.00亿支,比上年增长2.6%,汽车34.36万辆,比上年减少1%,水泥7420.94万吨,比上年增长7.0%;主要农产品产量:粮食2084.8万吨,棉花15.22万吨,油料117.08万吨,芝麻3.45万吨,苎麻0.83万吨,烤烟5.03万吨。

(凌景坡)

人　口

2012年,全省总人口4503.93万人,全年在校研究生2.5万人,普通高校在校生85.1万人,普通高中、初中、小学在校生分别达83.7万人、194.5万人和434.1万人。特殊教育在校生2.2万人,幼儿园152.1万人。全年出生人口60.5万人,出生率13.46‰;死亡人口27.6万人,死亡率6.14‰;自然增产率7.32‰。全省就业2555.95万人,其中城镇885.85万人,乡村1670.10万人。在岗职工人数360.88万人,工资总额1282.33亿元,平均工资39651元。其中城镇885.85万人,乡村1670.10万人。在岗职工人数360.88万人,工资总额1282.33亿元,平均工资39651元。其中企业职工232.62万人,在岗职工工资总额770.42亿元,平均工资39332元,事业单位在岗职工88.03万人,在岗职工工资总额347.15亿元,在岗职工平均工资39696元。机关在岗职工39.72万人,在岗职工工资总额161.29亿元,在岗职工平均工资40462元,城镇居民人均总收入21150.2元。

(凌景坡)

数字交通

2012年,全省高速公路通车里程4229千米,比上年增加626千米。

2012年,全省公路总里程150595千米,其中高速公路4229千米,一级公路1543千米,二级公路9540千米,三级公路9497千米,四级公路95523千米,等外公路30263千米,等级公路占公路总里程79.90%,等外公路占总里程20.10%。有铺装路面105944千米,其中沥青混凝土路面9907千米,水泥混凝土路面96037千米,铺装路面占总里程的74.06%。

2012年,全处公路桥梁25075座1249987米。其中,特大桥47座86891米,大桥2550座592923米,永久性桥梁23060座1206781米,半永久性桥梁1798座38024米,临时性桥梁217座5182米。

2012年,全省营运汽车拥有量322099辆,同比增长11.24%其中客车18953辆,同比增长1.88%,货车303146辆,同比增长11.88%。

2012年,全省公路运输完成客运量77650万人次,同比增长7.06%,旅客周转量371.89亿人千米,同比增长9.09%;全省公路运输完成货物运输量113703万吨,同比增长15.60%,货物周转量2559.78亿吨千米,同比增长23.85%。

2012年,全省道路客运班线6907条,平均日发班次52415个,其中高速公路客运班线560条,平均日发班次1622个,跨省线路1198条,平均日发班次1556个,跨地(市)线路1309条,平均日发班次4048个,跨县线路860条,平均日发班次9702个,县内线路3540条,平均日发班次37109个。

2012年,全省拥有客运站874个,其中一级路17个,二级路92个,三级路59个,四级路119个,五级路587个,简易站级招呼站12418个。

2012年,全省拥有水运企业340户,同比增加46户,其中企业129户,同比减少26户,个体(联)户,同比增加72户。

2012 年,全省内河拥有类运输船舶 4190 艘,同比增加 26 艘,船舶净载重量 2266471 吨位,同比增加 166592 吨位;船舶主机功率 714384 千瓦,同比增加 45325 千瓦。

2012 年,全省完成全社会水路运输货物运输量 7930.6 万吨,货物周转量 2072641 万吨千米,同比分别增加 6.5% 和 2.8%,旅客运输量 254.8 万人,旅客周转量 3169 万人千米。

(凌景坡)

交通运输机构及领导人员名录

【2012 年江西省交通运输厅党组织领导成员】

中共江西省交通运输厅委员会

党委书记:程受锭(7.3 免) 朱希(7.3 任)

党委副书记:朱希(7.3 免)

委员:程受锭(7.3 免) 万明
孙茂刚(3.21 免) 许润龙
胡琳(3.15 开除) 邓经国
曹先扬(6.25 免职退休)
成松 胡钊芳(12.10 任)
梁必康(12.11 任)

党委办公室主任:熊华武

中共江西省交通运输厅直属机关委员会(第三届)

书记:孙茂刚(11.1 免)
万明(11.1 任)

专职副书记:熊华武

副书记:秦炜婷

委员:孙茂刚(11.1 免)
万明(11.1 任) 严允
王江军
李素华(女)(11.1 免)
谢元银 娄鸿雁(11.1 任)
蔡建新 黄生平
熊华武(11.1 任)
李建红(11.1 任)
秦玮婷(11.1 任)
熊昌军(11.1 任)

中共江西省交通运输厅纪律检查委员会(省监察厅驻交通运输厅监察室)

纪委书记:成松

副书记:李建红

监察室主任:李建红

副主任:李旷(正处级纪检员、监察员)

委员:蔡建新 陈玉书 秦炜婷
娄鸿雁 李建华 肖伦发
魏炳彦 李建红

中共江西省交通运输厅直属机关纪律检查委员会(第三届)

纪委书记:贺一军 熊华武(11.1 任)

副书记:秦玮婷(11.1 任)

委员:姜健政(5.15 退休)
陈庆强(11.1 免)
王剑社(11.1 免)
熊华武(11.1 任)
李建红
李旷(11.1 任)
秦炜婷(111 任)
郭昌(11.1 任)
黄绿光(11.1 任)
邵立范(11.1 任)
高东升(11.1 任)
方汉芳(11.1 任)

【2012 年江西省交通运输厅行政领导】

一、厅级领导

厅长:马志武

副 厅 长:万　明　孙茂刚(4.13 免)
　　　　许润龙　胡　琳(3.15 开除)
　　　　邓经国　梁必康(12.27 任)
总工程师:胡钊芳
巡 视 员:孙茂刚(4.13 任)
副巡视员:王凯林(12.10 退休)
　　　　龙华明(12.10 退休)
二、处室领导
办公室主任:谢元银
副主任:梁波
政策法规处处长:张建明
副处长:鲍丽娜
规划处处长:王继东
副处长:刘维文
基本建设监管处处处长:钱志民
副处长:朱　晗
财务审计处处长:钟彦祯
副处长:陈玉书
运输处处长:秦小辉
副处长:龚爱军　唐小兵
安全监督处处长:彭　瑜
副处长:谈　勇
组织人事处处长:蔡建新
副处长:雷　毅
科技教育处处长:易宗发
副处长:邹爱华
路航管养处处长:糜向荣
副处长:蔡小秋
省交通战备办公室副主任(正处):贺一军
离退休干部管理处处长:胡建强

2012 年江西省交通运输厅直属机构及党政领导班子成员

表 1

单位类别	单位名称	单位级别	党组织名称	党组织领导成员	行政领导成员
直属单位	省公路管理局	副厅	中共江西省公路管理局委员会	党委书记:曹先扬(6.25 免职退休) 党委副书记:任东红(女)、娄鸿雁 委员:曹先扬(6.25 免职退休)、任东红(女)、邹竹民(8.7 免职退休)、吴铭汉(8.7 任)、刘　凌、娄鸿雁、冯义卿、黄伟钢、王圣义 纪委书记:娄鸿雁	局　长:任东红(女) 副局长:邹竹民(8.7 免职退休)、吴铭汉(8.7 任)、刘凌、冯义卿、黄伟钢、王圣义(保留副师级待遇)　总工程师:凌宏亿(4.6 免职退休)
直属单位	省港航管理局(省船舶检验局、省地方海事局)	副厅	中共江西省港航管理局委员会	党 委 书 记:严　允 党委副书记:于钦民、熊海清 委　员:严　允、于钦民、熊海清、胡敬党、曾云谋、杨礼生、李建华、刘水生、徐良、刘贤明、熊慎文、乔文典 纪委书记:李建华	局长:于钦民 副局长:胡敬党、曾云谋、杨礼生、乔文典
直属单位	省公路运输管理局	副厅	中共江西省公路运输管理局委员会	党委书记:王江军 党委副书记:梁必康(12.31 免) 党委委员:王江军、梁必康、宋志群(12.24 免职退休)、刘伯康、肖伦发、王赣军、唐晓鸣 纪委书记:肖伦发	局长:梁必康(12.27 免) 副局长:宋志群(12.24 免职退休)、刘伯康、唐晓鸣
直属单位	省高速公路投资集团有限责任公司(省高等级公路管理局)	副厅	中共江西省高速公路投资集团有限责任公司委员会	党委书记:李素华(女)(12.10 免省高等级公路管理局党委书记职务退休) 党委副书记:谢来发、魏炳彦(保留副师级待遇) 委员:李素华(女)、谢来发、魏炳彦、姚光南、吴克海、邝宏柱、周振华(11.22 免职退休)、颜杏生、刘　理、王昭春、傅春华、周院芳、黄　铮 纪委书记:魏炳彦	董事长:马志武 总经理:谢来发 副经理:姚光南、颜杏生、刘理、吴克海、王昭春 总工程师:邝宏柱

续表1

单位类别	单位名称	单位级别	党组织名称	党组织领导成员	行政领导成员
直属单位	江西交通职业技术学院	副厅	中共江西交通职业技术学院委员会	党委书记:高锡祥(12.26免职退休)、吴克绍(12.11任) 党委副书记:张海平 委员:高锡祥(12.26免职退休)、吴克绍(12.11任)、朱隆亮、张春晓(6.25任)、黄晓敏、舒小平、江志强、刘 勇、张海平 纪委书记:张海平	院长:朱隆亮(副厅级7.18任) 副院长:张春晓(6.25任)、黄晓敏、舒小平、江志强、刘 勇
直属单位	省交通工程质量监督站	正处	中共江西省交通工程质量监督站支部委员会	党支部书记:项 军 委员:项 军、栾建平、刘学斌、彭东领	站长:栾建平 副站长:刘学斌、彭东领
直属单位	江西省高速公路联网管理中心	正处	中共江西省高速公路联网管理中心支部委员会	党支部书记:魏和利(12.24免职退休) 委员:魏和利(12.24免职退休)、夏太胜、郭昌、刘红生 纪委书记:郭 昌	主任:夏太胜 副主任:刘红生
直属单位	规划办公室(省交通工程造价管理站)	正处	中共江西省交通厅规划办公室支部委员会	党支部书记:廖贵星 委员:廖贵星、刘维文、徐华兴、陈 强	主任(站长):刘维文 副主任(副站长):徐华兴、陈 强
直属单位	对外经济联络办公室	正处	中共江西省交通厅对外经济联系办公室支部委员会	党支部书记:傅晓驷 委员:王垒嘉、肖国华	主任: 副主任:王垒嘉
直属单位	省交通工会	正处	中共江西省交通工会支部委员会	党支部书记:刘盖群 委员:刘盖群、李 坪	主席:刘盖群 副主席:李 坪
直属单位	江西省交通干部学院	正处	中共江西省交通干部学院委员会	党委书记:李国峰 党委委员:李国峰、袁瑞春(4.26免职退休)、刘晓兰(女)、吴克绍(12.26免)	校长:吴克绍(12.26免) 副校长:袁瑞春(4.26免职退休)、刘晓兰(女)
直属企业	江西省交通设计研究院有限责任公司	正处	中共江西省交通设计研究院有限责任公司委员会(2.27改名)	党委书记:王金根 委 员:王金根、聂复生、吴相金、赵卫楚(11.26免)、陈秋华(女)、张小明、邵立范(女) 纪委书记:邵立范(女)	董事长兼总经理:聂复生 副总经理:吴相金、赵卫楚(11.26免)、陈秋华(女)、张小明 总工程师:张小明 工会主席:陈秋华(女)
直属单位	省交通科学研究院	正处	江西省交通科学研究院支部委员会(中共江西省交通科学研究院委员会4.24改设)	党支部书记:丁青(女) 党总支副书记:高东升 委员:丁 青(女)、雷茂锦、肖武光、吴伟明、江祥林、高东升 党委书记:丁 青(女)(5.2任) 党委副书记:高东升(5.2任) 委员:丁青(女)(5.2任)、雷茂锦(5.2任)、肖武光(5.2任)、吴伟明(5.2任)、江祥林(5.2任)、高东升(5.2任)	院长:雷茂锦 副院长:肖武光、吴伟明 江祥林

续表1

单位类别	单位名称	单位级别	党组织名称	党组织领导成员	行政领导成员
	江西省港航建设投资有限公司	正处		党委书记:赵建歧(11.26任) 党委副书记:赵卫楚(11.26任) 党委委员:彭韬(11.26任)、何宪威(11.26任) 纪委书记:何宪威(11.26任)	董事长兼总经理:赵建歧(11.26免总经理职务) 总经理:赵卫楚(11.26任) 副经理:彭　韬(11.26任) 董　事:杨礼生、徐　良、彭韬 监事会主席:李建华 监事:方汉芳、何金宝、胡国和
直属企业	江西远洋运输公司	正处	中共江西远洋运输公司委员会	党委副书记:方汉芳(女) 委　员:赵建歧(11.26免)、方汉芳(女)、周平科(1.11免职退休) 彭　韬、夏友南、姜志德 纪委书记:方汉芳(女)	经　理:赵建歧(11.26免) 副经理:周平科(1.11免职退休)、彭韬(11.26主持工作)、余　峥、夏友南、姜志德
直属单位	九江长江大桥(公路桥)管理局	正处	中共九江长江大桥公路桥管理局委员会	党委书记:户才淦 党委副书记:陈　峻 委员:沪才淦、陈峻、盛继国、张曙光、裴庆红 纪委书记:陈峻	局长:户才淦 副局长:张曙光、裴庆红
直属企业	江西交通工程监理公司(与省交通工程咨询监理中心合署)	正处	中共江西省交通工程咨询监理中心委员会	党委书记:刘云川 党委副书记:黄绿光 党委委员:徐重财 纪委书记:黄绿光	经理:徐重财 副经理:徐世田、徐义标、樊文胜
直属单位	厅信息中心(省交通运输厅应急指挥中心)	正处	中共江西省交通厅信息中心支部委员会	党支部书记: 委员:余力克、颜庆华、莫宇蓉	主任:余力克 副主任:颜庆华、莫宇蓉
	省公路路政管理总队	正处	中共江两省公路路政管理总队委员会	党委书记:黄生平 党委副书记:黄国标、邓江雁(女) 委员:黄生平、黄国标、郭本星、李　烨、万杰兵、邓江雁(女)、黄　炬 纪委书记:邓江雁(女)	总队长:黄国标 副队长:郭本星、李　烨、万杰兵、黄　炬
直管单位	厅机关后勤服务中心	正处	中共江西省交通厅机关后勤服务中心总支部委员会	党总支书记:杜一峰 委员:杜一峰、徐振邦、熊华山、刘玉珠、王亲勇	主　任:杜一峰 副主任:熊华山、刘玉珠
直管单位	交通医院(划归交通职业技术学院管理)	副处	中共江西省交通医院支部委员会	党支部书记:杜一峰(正处级)(9.27免)	院　长:王亲勇(9.27解聘) 副院长:李延诚
直管单位	江西省交通运输工程档案馆				副馆长:张正辉
直属企业	江西公路开发总公司	正处	中共江西公路开发总公司委员会	党委书记:傅春华 党委副书记:刘楚有 委　　员:周院芳、傅春华、刘楚有 陈书全、邝启祥、黎　明 叶香春、万保安 纪委书记:刘楚有	经理:周院芳 副经理:陈书全、邝启祥、黎明 总工程师:万保安 总会计师:叶香春 总经济师:钟家毅

(王　硕)

【市级交通机构】 全省11个市设交通运输局、公路管理局（其中赣州、上饶归交通运输局管理），归所在市人民政府领导，业务上受省交通运输厅指导。

2012年各设区市交通运输局机构与党政领导成员

表2

单位	党组织名称	党组织领导成员	行政领导成员
南昌市交通运输局	中共南昌市交通运输局委员会	书　　记:黄维象 委　　员:黄维象　吴久铭　彭孝福 闵小平　黄振珠　车小琴(女) 纪委书记:闵小平	局　　长:黄维象 副 局 长:吴久铭　彭孝福　车小琴(女) 总工程师:张　伟 调 研 员:戢才金　张大军 副调研员:严晓群　王　健
景德镇市交通运输局	中共景德镇市交通运输局委员会	委　　员:龙　骏 副 书 记:周光镇 委　　员:龙　骏　周光镇 黄福初(11.29免) 陈和平(12.23免)　叶宣民 黄兴好　陈景明　张金水 陈树生　黄　涛(7.5任) 纪委书记:周光镇	局　长:龙　骏 副局长:陈和平　叶宣民　陈景明 张金水　陈树生(1.9任) 黄　涛(7.23任)
萍乡市交通运输局	中共萍乡市交通运输局委员会	书　　记:张　洪 委　　员:张　洪　贺志勇　李小勇 朱小东　毛惠明　巴颜林 曾宪许 徐卫华(11月任) 纪委书记:朱小东(8月免) 曾宪许(8月任)	局　　长:张　洪 副 局 长:贺志勇(9月免)　李小勇 朱小东(9月任)　毛惠明　巴颜林 调 研 员:贺志勇(9月任)　吴　菊 焦凤俊(8月免)　吴耀华 江祖球 副调研员:刘安萍
九江市交通运输局	中共九江市交通运输局委员会	书　　记:黄　强(12月免) 王金初(12月任) 委　　员:黄　强　黄学煌(12月免) 吴照新　喻小明 胡梅记(12月免)　刘赛喜 朱汉练　丁芳华　黄玉桃 卢作林(5月任) 纪委书记:胡梅记(12月免)	局　　长:董学煌(12月免) 黄　强(12月任) 副 局 长:王金初(12月任)吴照新　喻小明 刘赛喜　朱汉练 总工程师:丁芳华(5月任) 副调研员:胡民礼(5月任)
新余市交通运输局	中共新余市交通运输局委员会	书　　记:张向东(7月免) 江　勇(7月任) 副 书 记:简少华　杜元生 委　　员:张向东(7月免) 江　勇(7月任)　简少华 杜元生　罗志东(12月免) 欧光宏　蔡晓颖　陈　卓 樊国华　陈仕斌 纪委书记:蔡晓颖	局　　长:简少华 副 局 长:张向东(8月免) 罗志东(12月免) 欧光宏　陈　卓 调 研 员:张向东(8月任) 罗志东(2月任) 副调研员:陈仕斌　邓茂勇
鹰潭市交通运输局	中共鹰潭市交通运输局委员会	书　　记:齐群策 委　　员:齐群策　李星勇　詹志平 陈亦彬　邱雪成　廖乡兴 张爱民　许智先(5月任) 纪委书记:邱雪成(11月任)	局　　长:齐群策 副 局 长:徐文艺　詹志平　陈亦彬 调 研 员:李星勇(5月任) 副调研员:廖乡兴　张爱民

续表4

单位	党组织名称	党组织领导成员	行政领导成员
赣州市交通运输局	中共赣州市交通运输局委员会	书　　记:严家春 副 书 记:谢赣健(4月免) 朱洪波(8月任) 委　　员:严家春　朱洪波　尹善奎 吴慧让(8月免)　陈爱东 陈建生　宋冬如　彭炎明 周小勇　郭远昌　欧阳光标 钟佩芳(10月任) 张　贝(12月任) 纪委书记:宋冬如	局　　长:谢赣健(4月免)　朱洪波(8月任) 副 局 长:吴慧让(8月免)　陈爱东 陈建生　彭炎明　郭远昌(8月任) 钟佩芳(11月任) 张　贝(12月任) 总工程师:钟成林(8月免) 调 研 员:刘昌民(12月免) 吴慧 谌(10月任) 钟成林(10月任) 副调研员:傅广仁　胡瑞龄(4月免)　章广麟 李干荣 杨北林(1月任)
吉安市交通运输局	中共吉安市交通运输局委员会	书　　记:彭贵先(11.3任) 鲍建军(11.3免) 副 书 记:邹记根 委　　员:彭贵先(11.3任) 鲍建军(11.3免)　邹记根 龙林华　王跃平　赵夫发 黄坚勇(4.10任) 刘　勇(8.10任) 纪委书记:王跃平	局　长:邹记根 副局长:黄坚勇(4.10任)　刘　勇(8.10任)
宜春市交通运输局	中共宜春市交通运输局党组	书　　记:李　奇 副 书 记:朱宜民 成　　员:曹幸军　梁　彦　陈宜林 王赣闽　曾义城　刘毅明 纪检组长:王赣闽	局　　长:朱宜民 副 局 长:曹幸军　梁　彦　陈宜林 总工程师:曾义城 副调研员:王玉洁　彭智勇 梁益海(5.16任)
抚州市交通运输局	中共抚州市交通运输局委员会	书　　记:谢克侵(7月免)　乐小红(7月任) 副 书 记:徐华德　华河辉 委　　员:谢克侵(7月免)　乐小红(7月任) 徐华德　李勃绪　陈佐光 王爱民　徐天祥(7月免) 华河辉　罗　维　陈　峰 纪委书记:徐天祥(7月免)	局　长:徐华德 副局长:陈佐光　王爱民　罗　维　陈　峰
上饶市交通运输局	中共上饶市交通运输局党组	书　记:吴步高(8月任)　吴铭汉(8月免) 副书记:吴步高(2011.12任) 徐泽民(8月任) 张晓峰 委　员:吴步高　徐泽民　张晓峰　姚佳水 刘　建　赖　勇　周全行　方　扬 刘光锌(8月任)　彭芳德　白伟民 王少波　苏卫东 纪检组长:姚佳水 市纪委驻纪检组副县级 纪检员、监察员:王淑琴	局　　长:吴步高(4.27任) 副 局 长:刘　建　赖　勇　周全行 刘光锌(9.28任) 总工程师:方　扬 调 研 员:刘秀明 副调研员:周建英　常建新

(何战鏖)

大事记

2012 年

1 月

3 日 江西远洋运输公司召开七届三次职代会。通过无记名投票方式，一致通过《江西远洋运输公司改革方案》，组建江西远洋运输有限责任公司，建立现代企业制度。

4 日 省交通运输厅总工程师胡钊芳率省公路局、省港航局、省运管局、省高速投资集团、省路政总队等单位的有关人员做客江西人民广播电台《政风行风热线》节目，就进一步加强交通运输系统政风行风建设，提升交通运输服务水平，接听解读广大群众的热线电话。

同日 省交通运输厅厅长马志武率省公路运输管理局局长梁必康、省港航管理局局长于钦民、厅办公室、规划处负责人一行，到南昌市督查2012 年春节安全生产及春运工作情况。

5～6 日 省交通运输厅党委书记程受锭率省港航局党委书记严允、省公路运输管理局党委书记王江军及有关部门负责人，到景德镇市督查指导春运和安全生产情况。

7 日 婺源县 100 余名“的哥”、“的姐”齐聚一堂，主动联合签名发出文明倡议书，争当文明驾驶员，争做优秀驾驶员的标兵。

8 日 省政府副省长洪礼和到南昌徐坊客运站出席江西 2012 年道路春运启动仪式，并在客运站检查春运工作情况。

10 日 由江西省九江市船舶检验局执行建造检验的全省最大的 11500 吨近海散货船顺利下水。该船总长 128 米，型宽 21.6 米，为江海直达船。该船的建成，填补了江西船检建造检验万吨级船舶的一项空白。

11日 交通运输部党组副书记、副部长翁孟勇到江西检查春运工作。

12日 江西省公路学会召开第八届四次理事长会议。

同日 由赣粤高速公路股份有限公司与国家开发银行江西省分行、农行、交行、邮储银行加入共同组建的银团,在南昌举行《奉新至铜鼓高速公路项目银团贷款》45亿元签订仪式。

16日 景鹰高速公路公司赣皖收费站日通行费首破百万元大关,达到107.69万元,其中,出口流量为2418辆,入口流量3950辆,绿色通车720辆,创该站自开通营运以来日收费额、日通行流量的历史新高。

17日 省交通运输厅党委书记程受锭到南昌市云塘—红星公路幸洗段,察看项目建设情况,强调要狠抓工程质量,确保工程项目优质高效、如期完成。

20日 省交通运输厅召开全省交通运输系统开展集中整治影响发展环境的干部作风突出问题动员电视电话会。

23日 省交通运输厅厅长马志武到万年检查指导综合码头建设工作,省港航局局长于钦民等陪同检查。该建设项目已列入交通运输部扶助项目,总投资8000万元。

2月

13日 省政府召开全省"抓养护、迎国检"、农村"改渡建桥"、高速公路服务区综合整治三项工作总结表彰大会。省委书记苏荣出席大会,省长鹿心社讲话,省委常委、常务副省长凌成兴主持会议。

同日 全省交通运输工作会议在南昌召开。省委常委、常务副省长凌成兴出席并讲话,副省长洪礼和主持会议,厅党委书记程受锭宣读表彰决定并作总结讲话、厅长马志武作工作报告。

同日 省高速集团2012年度第一期短期融资券30亿元成功发行。

同日 省交通运输厅在九江市主持召开九江绕城高速公路路线方案协调会。

14日 全省交通运输系统廉政工作会议在南昌召开。

18日 国家交通运输部委托省交通运输厅在南昌组织召开省部联合攻关项目"彭湖高速公路建设资源节约与保护技术研究"成果鉴定会议。

28日 省交通运输厅厅长马志武在副厅长万明、许润龙及高速集团总经理谢来发的陪同下,深入九江新长江大桥施工一线,察看工程建设情况。

同日 由江西远洋集装箱运输公司投资的150TEU(标箱)内河集装箱船"赣远36号"经7个月的精心打造,顺利下水调试。该船是全省第一艘根据江西内河集装箱船船型主尺度标准建造,并首次使用的180cet重油燃用技术的远洋货船,对全省内河航运开展燃用重油具有开创性意义。

同日 全省道路运输管理工作会在南昌召开,副省长洪礼和出席会议并讲话。

29日 九江港口码头规划修编第二次汇报会在九江市召开,省政协副主席、九江市委书记钟利贵,省交通运输厅厅长马志武、副厅长万明等出席会议。

是月 "江西省道路运政管理信息系统"升级项目验收工作会在南昌召开。

3月

1日 根据交通运输部、国家发展改革委、财政部、监察部、国务院纠风办精神,省交通运输厅所属12个普通公路收费站站点自2012年3月1日零时起停止收费。

同日 江西运政网上办事系统正式在全省范围内应用。

9日 泛长三角区域高速公路应急保障体系研究第三次会议在江西景德镇市召开。省交通运输厅副厅长、江西省公路学会理事长邓经国出席并致辞。

10日 省高速联网管理中心对所属设区市客服处废旧车辆进行公开拍卖。这次拍卖采取现场和网络同步竞价的形式,有16辆旧车拍卖成交,盘活了资产。

12日 省公路运输管理局举办2期江西省

道路运输卫星定位系统政府监管平台应用培训班。通过培训，强化了全省道路运输车辆的动态监管，提高了政府监管平台的应用水平。

15日~4月30日 省公路运输管理局在全省范围联合有关部门组织开展为期一个半月的出租车专项整治活动。

21日 第一届江西企业影响力调研评价结果媒体发布会暨江西最具影响力企业颁奖典礼在南昌举行。赣粤高速公路股份有限公司荣获第一届“江西最具影响力企业”称号。

30日 全省高速公路联网工作会议召开。省厅党委书记程受锭出席并为先进单位、先进集体颁奖，副厅长孙茂刚主持会议并讲话。

30日 交通运输部总工程师周海涛在省高速集团总工程师邝宏柱等陪同下，到泰和高速公路管理中心考察高速公路运营管理情况。

30日 省公路运输管理局在宜春召开全省枢纽站场建设工作座谈会。会议通报了“十二五”时期全省站场建设工作总体构想及重点任务，对今后枢纽站场建设政策走向进行了重点阐述。

31日 全省交通运输系统交通战备工作会议召开。省交通运输厅党委书记、省交通战备办公室主任程受锭出席会议并讲话，副厅长邓经国主持会议。各设区市交通战备办公室主任、交通运输局分管领导，以及厅直有关单位分管领导50余人出席会议。

4月

6日 全省交通运输安全生产工作会议召开。厅党委书记程受锭出席会议，厅长马志武、省安监局副巡视员朱志明到会讲话。

13日 全省机动车维修行业管理暨道路运输行业节能减排工作会议在南昌召开。

15日 随着井睦三分部全长278米的李亚高架桥最后一片T梁准确无误地架设在9#桥台上，井睦高速全线第一座大桥顺利实现全幅贯通。

同日 省委书记苏荣到赣崇高速公路施工现场调研，常务副省长凌成兴、省委秘书长赵智勇、省政府副秘书长朱希、省发改委主任许爱民、省交通运输厅厅长马志武等陪同调研。

16日 省交通运输厅厅长马志武深入大广高速龙杨段项目施现场，察看指导项目建设。

19日 省港航管理局召开全省港航安全生产会议。专题研究部署港航安全生产“打非治违”专项行动，重点布置全省“三无”船舶整治工作。

是日 全省普通国省干线公路综合养护中心开工仪式在宜春市举行。省交通运输厅厅长马志武、宜春市市长蒋斌、省副厅长邓经国等出席。该仪式的举行，标志着全省20个市级普通干线公路综合养护中心项目建设全面启动。

24~25日 2012年全国斜拉桥关键技术研讨会在江西九江召开。交通运输部原副部长、中国公路学会理事长胡希捷，副理事长周海涛，江西省交通运输厅厅长马志武，副厅长许润龙、邓经国出席会议。

26日 省交通运输厅厅长马志武、省高速集团总经理谢来发出席在井冈山市广场开展的“井冈山上杜鹃红，高速服务伴我行”主题活动。厅长马志武对江西省“映山红”高速服务品牌寄予厚望，勉励大家做好“三个服务”，把井冈山精神融入到收费服务中，不断提高“映山红”高速服务品牌的影响力和美誉度。

26日 江西交通职业技术学院与西藏天路股份有限公司举办校企合作签约仪式。省厅副厅长万明出席并讲话，他充分肯定了技术学院首届西藏天路班的培养模式和办学成效，并希望技术学院拓宽专业与西藏天路公司广泛开展订单式培养。

27日 交通运输部长江航务局检查组到宜春市与丰城市检查指导老旧船舶拆解工作。

28日 景德镇市三龙车辆超限超载检查站蝉联“全国青年文明号”称号。

同日 九江新长江大桥主塔封顶。

同日 江西高速传媒有限公司揭牌仪式在南昌举行。

30日 南昌公交总公司在红谷滩客运配套中心隆重举行南昌市首批公交精品线路开通仪式。

是月 江西省城市公共交通协会下发通知，决定在全省设区市公交企业范围内开展文明创建“公交服务精品线路”活动，以公交精品线路促进公交优秀。

是月 省公路运输管理局在全省驾培机构内加大教练员“五条禁令”的推进力度,整治教练员教学作风。

5 月

2 日 吉莲高速公路第二长隧道即高桥(一)隧道左线顺利贯通。该隧道位于吉安永新县境内,左右线全长均为1697.67米。此地因地质结构复杂,集涌水、断层等地质灾害于一体,给施工带来困难。

3 日 省委书记苏荣深入九江新长江大桥南塔施工现场考察调研。

是日 江西省港航管理局组织召开省赣江、信江航道运输船舶标准船型三尺度系列专家初审会。

7 日 由省文明办和省交通运输厅共同举办的全省高速公路“百姓满意服务区”评选活动正式启动。

9 日 省交通运输厅召开2012年度社会治安综合治理工作会议。

11 日 省政府召开九江绕城高速公路、万载至宜春高速公路新建项目和南昌至樟树高速公路,南昌至九江高速公路通远试验段改扩建项目征地拆迁动员会议,部署以上4个重点工程的征地拆迁工作。

12 日 省交通运输厅与南昌市人民政府签订昌北收费站至昌西南收费站区间路产移交协议。

14 日 副省长洪礼和在省交通运输厅厅长马志武、省高速集团总经理谢来发的陪同下,察看万年高速公路管理中心瑞洪女子收费站。

14 日 省交通运输厅、省公安厅、省安全生产监督管理局联合召开“道路客运安全年”活动动员部署电视电话会议,贯彻落实国家三部委“3·28”会议精神,全面部署全省道路客运安全年活动的工作。

15~24 日 省优先发展城市公共交通工作厅际联系会议制度成员单位抽调人员组成4个考核组,分别由省交通运输厅、省住建厅、省财政厅,省公安厅领导带队,代表省政府对各设区市人民政府2010~2011年度贯彻实施国家优先发展城市公共、交通战略情况进行联合考核。

25 日 中共江西省委、省政府在九江市召开全省深入推进九江沿江开放开发工作会议。省委书记苏荣出席并讲话,同时下达九江沿江开放开发重大项目开工令。省委副书记、省长鹿心社就进一步推进九江沿江开放开发工作作了具体部署。省委副书记、常务副省长凌成兴主持会议。

同日 全省交通运输系统纠风工作会议在南昌召开。会议传达贯彻了全国交通运输系统纠风工作会议和全省纠风工作会议精神,总结了2011年纠风工作,并部署了2012年纠风任务。

同日 省长鹿心社到九江新长江大桥和上港集装箱码头考察调研。

29 日 省高速公路联网管理中心成立十周年座谈会在南昌召开。

29~30 日 省交通运输厅厅长马志武、副厅长许润龙,省港航局党委书记严允、省高速集团总经理谢来发等一行到吉莲高速、赣江石虎塘航电枢纽察看项目建设情况,并召开座谈会。

6 月

1 日 省运管局全面开展全省等级汽车客运站服务达标专项整治工作。

3 日 交通运输部防汛抗旱检查二组在交通部安全总监刘功臣的带领下,莅临九景管理处检查指导防汛工作。

6 日 交通运输部纪检组组长李建波到江西昌樟高速西南收费所、南昌市地方海事处检查指导政务公开、廉政建设工作。

同日 赣崇高速A7标段崇义一桥,A8标段茶滩三桥左幅悬臂T梁构成合龙。

8 日 省交通运输厅召开全省交通运输系统新科技推广工作座谈会。

同日 广东省地方海事局、江西省地方海事局结对子联席会及签约仪式暨船艇援赠仪式在南昌举行。

12 日 江西远洋集装箱运输有限公司与江西中油鹰泰天然气有限公司正式签订关于船舶油改气项目的合作协议。船舶“油改气”一改以往纯柴油单一燃料模式,使之成为可使用柴油和液化天然气两种燃料的混合动力船舶,通过“油改气”项目的实施,可减少船舶燃料费用支出,有效降低经营成本。

15 日　“江西公共物流信息平台建设可行性研究”科技项目评审会在南昌召开。

17 日　全省交通运输行业汽车空调检测维修技能竞赛活动启动仪式在南昌举行。竞赛活动为期 2 天,全省共有 22 名选手参与角逐。

18 日　“江西省公路客运联网售票管理系统建设方案”通过专家组的评审。

20 日　航天科技控股集团股份有限公司常务副总经理董贵滨一行 5 人到省交通运输厅,就“北斗卫星导航系统”在交通运输行业中应用进行沟通和交流。

26 日　省运管局下发道路货物运输源头治理超限超载工作方案,由此拉开全省道路货运源头治超工作序幕。

28 日　省交通运输厅在南昌召开昌九高速改扩建工程通远试验段初步设计评审会。

29 日　全国道路运输从业资格考试工作座谈会在南昌召开。

29 日~7 月 23 日　省交通运输厅作风整治办组成 3 个督查组,采取查阅资料、实地查看、听取汇报、召开座谈会等形式对厅直单位及部分重点工程建设项目办开展自查自纠阶段工作任务落实情况进行督查。

30 日　江西方兴科技有限公司研发的“公路全路段气象检测与交通信息实时提示系统”由中国公路学会在南昌组织召开科技成果鉴定会。该系统是集气象检测、无线数据通信和太阳能供电,为高速公路不良气象和交通事件环境下的车辆安全运行,提供检测传感警示功能,并及时将气象、交通管理、应急指挥等告警信息提示发布给车辆驾驶人员。

该系统已一次性通过交通部“国家交通安全设施质量监督检测中心”的检测,并获实用新型专利。

7 月

1 日　中国公路学会秘书长刘文杰和交通部质检总站、中国公路杂志社有关人员到泰和管理中心井冈山“映山红”收费站考察“映山红”高速公路服务品牌建设情况。

4 日　省交通运输厅厅长马志武到省公路开发总公司信息中心检查指导工作。

5 日　省政府在南昌召开全省在建高速公路施工进展情况调度会,部署加快全省 9 个在建高速公路项目施工、建设工作,常务副省长凌成兴主持会议并讲话。

6 日　抚吉高速全线首座特大桥—宜黄河特大桥全面合龙。该桥全长 11481 米,基桩 164 根,其中,132 根是水中桩。30MT 梁预制架设共计 456 片,是全线的 3 座特大桥之一。

18 日　中共江西省委对省交通运输厅主要领导进行调整,决定朱希任省交通运输厅党委书记,程受锭不再担任此职。

19 日　江西远洋 150TEU(标箱)内河标准化集装箱船“赣远 36 号”举行首航仪式,并正式投入营运。

是日　省质量技术监督局主持召开了《江西省高速公路服务区建设设计规范》与《江西省高速公路收费所站管理房建设规范》2 项省地方标准审定会。

20 日　交通运输厅党委书记朱希在厅机关有关处室负责同志的陪同下,走访看望老领导、老干部。

26 日　赣崇高速公路最长的隧道——尖锋岭隧道左幅顺利贯通。

27~31 日　省交通运输厅党委书记朱希、厅长马志武以及厅机关处室副处级以上领导干部先后参观省纪委警示教育基地。

28 日　九江绕城、万载至宜春、寻乌至全南高速公路新建项目和南昌至樟树、南昌至九江高速公路通远试验段改扩建项目开工新闻发布会在南昌举行。省长鹿心社、省纪委书记尚勇、常务副省长凌成兴等人出席,省长鹿心社下达开工令。

29 日　省交通运输厅组织召开“江西省高速公路路线广告设置总体规划”审查会。

8 月

1 日　首个江西高速爱心服务站挂牌暨青年志愿者“爱心服务、清凉行动”在庐山服务区举行。

同日 省道路运输车辆卫星定位系统政府监管平台在全省正式启用。

3 日 省驾培管理工作座谈会暨驾校规范化管理现场推进会在南昌召开。会上,省公路运输管理局联合省驾培协会对全省 2011 年度质量信誉考核 AAA 级驾校和“百优教练员”进行表彰,并组织参观了在蓝天驾校举办的驾校规范化管理现场推进会。

同日 《江西省道路运输业“十二五”发展规划纲要》通过审查。

6～7 日 全省公路建设与养护工程推进会在宜春召开。

8 日 南昌至樟树高速公路改扩建项目初步设计审查会在南昌召开。

10 日 受台风“海葵”的影响,皖赣线景德镇路段被大水淹没,造成大量旅客滞留在鹰潭,鹰潭市交通运输部门积极启动应急预案,紧急输送旅客 3000 余人。

13 日 省委副书记、省纪委书记尚勇到九江新长江大桥施工现场检查指导工作。

13～20 日 省公路运输管理局在中国人民大学组织开办“2012 年江西省道路运输管理高级研修班”,全省运管系统有 48 人参加研修培训。

20 日 抚州市洋洲立交桥收费站拆除。1998 年 5 月,江西省政府经研究同意将原临川市洋洲立交桥收费权一次性转让给香港同吉投资有限公司经营。转让收费年限为 14 年,即从 1998 年 12 月 1 日起至 2012 年 11 月 30 日止。

29 日 省高速出省通道中最短的一条——祁门至浮梁高速公路良禾口(赣皖界)至桃墅店段正式通车,自此赣皖两省的高速公路省际出口增至 4 个。

31 日 省工程建设领域突出问题专项治理督查组马福震专员一行到省交通运输厅调研,详细了解省交通运输厅清理工程建设中挂靠借用资质投标、违规出借资质情况。

是月 省高速公路联网管理中心“赣通卡”商标获得国家工商管理总局商标局签发的 7 个类别的商标注册证,这标志着“赣通卡”商标正式获得国家法律上的承认和保障。

9 月

6 日 全省长途客车安全隐患集中排查整治工作会议在南昌召开。

7 日 省交通运输厅在九江召开全省高速公路新开工项目管理标准化推进会。

12～13 日 交通运输部安委会主任李盛霖一行到江西检查指导交通运输安全工作。其间,省委书记苏荣、省长鹿心社等领导会见了李盛霖一行,陪同会见的还有省交通运输厅领导朱希、马志武、总工程师胡钊芳等。

12～13 日 交通运输部对景德镇至鹰潭高速公路项目进行竣工验收。交通运输部公路局局长李华、省交通运输厅副厅长许润龙与来自全国各省的专家参加竣工验收。

13～14 日 2012 年全国高速公路服务区品牌建设与专业模式座谈会在南昌召开。会议由中国公路学会高速公路服务区工作委员会主办,江西赣粤高速股份有限公司协办,全国 20 个省、市自治区高速公路服务区管理单位近 60 名代表参加。

13～14 日 全省企业文化建设经验交流会暨省职工思想政治工作研究会第 26 次理论研讨会在鹰潭召开。会上,省高速集团被评为“江西省企业文化建设示范单位”。

17 日 2012 年江西省处理水上突发事件应急演练在鄱阳湖星子县水域首次举行。该应急演练由省交通运输厅、九江市政府主办,参演单位有 8 个,动用船舶 30 艘,共进行了人员救助、船舶消防灭火、船舶救援、水域污染 4 个科目的应急演练。

18 日 “全国职工书屋”示范点授牌仪式暨全国总工会“职工书屋”活动在泰和管理中心井冈山收费站隆重举行。井冈山收费站获“全国职工书屋”授牌。

18～19 日 赣鄂皖高速公路所(站)友好交流促进会第七次年会在赣州市举行。

19 日 省重点工程沪昆高速龙虎山中心服务区开工新闻发布会在鹰潭市举行。省交通运输厅厅长马志武出席会议并宣布项目开工。该项目占地约 19.7 公顷,总投资约 1.61 亿元。

20日 抚州客运枢纽站动工兴建。该站按部颁标准建设，是集客运、维修、检测、加油等配套设施为一体的一级综合性客运站，占地6.02公顷，总建筑面积4.3万平方米，总投资约2亿元。建成后能同时容纳旅客1500人，容纳客车400辆。

29日 中秋、国庆佳节前夕，省委书记苏荣、省长鹿心社、省纪委书记尚勇、省委政法委书记舒晓琴、常务副省长凌成兴、省委秘书长赵智勇一行到昌九高速公路昌北收费站，检查指导节日期间高速公路服务保畅工作，并向交通运输系统一线干部职工致以亲切的慰问和节日的祝福。

30日 即日是国庆长假的第一天，也是全国首次实行重大节假日免收小型客车通行费惠民政策的第一天。省交通运输厅巡视员孙茂刚到昌西南、南昌北2个收费站，考察高速公路免费通行后的交通状况。

是月 九江湖口油库码头项目通过竣工验收。九江湖口油库为国家二级油库，是中石油全额投资新建的现代化成品油仓储设施，也是全省规模最大的一座油库。

是月 江西远洋集装箱运输有限公司完成支线进出口航次数62个，完成集装箱运输量5316TEU，同比增长10.1%，刷新了单月集装箱运输量的历史新高。

10月

8日 零时，2012年度中秋国庆长假对7座及以下小客车高速公路免收通行费工作全面结束。

10日 省政府在丰城市召开全省推进农村公路建管养运一体化发展现场会，推广丰城、高安等地农村公路建管养运先进经验。常务副省长凌成兴、副省长洪礼和、省政府副秘书长王水平、省交通运输厅党委书记朱希、厅长马志武，宜春市市长蒋斌等到会。

15日 赣崇高速公路尖锋岭隧道右幅顺利贯通，它标志着尖锋岭隧道实现双幅贯通。尖锋岭隧道地处赣州上犹县与崇义县交界处，左线长4065米、右线长4105米，属目前江西省排名第4长的公路特长隧道，也是赣崇高速控制工期重点工程。

19日 全国第十届省级道路运输协会秘书长联席会议在南昌召开。

同日 应省交通运输厅邀请，中国工程院院士王梦恕莅临吉莲高速公路钟家山隧道指导工作。

23日 昌樟高速公路改扩建工程昌西南连接线项目办举行揭牌仪式暨项目开工动员会。

同日 省交通运输厅召开领导作风“假、浮、蛮”方面突出问题自查自纠整改推进会。

28日 奉新至铜鼓高速公路通车仪式在铜鼓县隆重举行。省委书记苏荣、省长鹿心社、省委副书记尚勇、省委秘书长赵智勇、省人大常务会副主任陈达恒、省政协副主席肖光明、省军区政委戴勇出席仪式。奉铜高速公路长约154.5千米，其中，新建里程133.9千米，项目投资69.5亿元，历时2年2个月。

是月 省运管局“双管齐下”强化道路运输安全管理，即将安全管理制度和安全生产条件作为运输企业准入审核的重要内容，严格运输市场准入，增强线路规划管理，落实客运企业安全生产主体责任，规范道路运输企业经营行为。

11月

1日 省公安厅、省交通运输厅联合召开安装应用车辆行驶电子信息记读仪新闻通报会。

2日 省政府在新建县召开南昌龙头岗综合码头一期工程建设动员会。常务副省长凌成兴下达开工令，副省长洪礼和致辞，省交通运输厅党委书记朱希主持会议、厅长马志武讲话。

同日 省重大项目—明月大道竣工通车仪式在宜春举行。明月大道是连接国家AAAA级旅游景区明月山温泉风景名胜区与宜春市城区的旅游观景大道。全长14.12千米，双向8车道。

8日 万载至宜春高速公路项目建设办公室举行揭牌仪式。与此同时，召开了“大干三个月全面完成中小桥下部构造、涵洞及通道施工专项活动”施工动员大会。

14日 省交通干部学院举办的青海省高等级公路建设及管理高级研修班开班，这是交通干院新校区首次承办外省干部培训。来自青海省交通运输系统从事高等级公路建设及管理工作的

40人,在此培训学习10天。

15日 昌樟高速改扩建项目办公室揭牌仪式暨大干150天劳动竞赛动员大会在项目办驻地举行。这标志着昌樟高速改扩建项目进入实质性施工阶段。省交通运输厅党委书记朱希、厅长马志武到会祝贺并揭牌。

同日 省交通运输厅在宜春市召开全省交通运输系统廉政文化建设现场会。

16日 省交通运输厅厅长马志武、副厅长邓经国率省道网规划调整工作领导小组成员,在省公路管理局就省道网规划调整工作进行调研指导。

19日 省交通运输厅召开领导干部会议,认真学习贯彻中共十八大精神,并对全省交通运输系统学习宣传贯彻中共十八大精神进行部署。

26日 永修至武宁高速公路安全绿色交通科技示范工程签约仪式在南昌举行。

27日 梨温高速公路路面维修工程全面完工。该工程于9月2日开工,重点对车辙严重、补丁密集的路段,及与冷再生路段和收费站进行维修整治。

12月

1日 省政法委综治办主任张传发在省交通运输厅副厅长邓经国等陪同下,到昌樟改扩建项目办调研民工工资支付工作,并主持召开昌樟改扩建项目民工工资支付管理研讨会。

4日 省交通运输厅在南昌举办中共十八大精神专题辅导讲座,邀请省委党校常务副校长陈春明作专题辅导。

5~7日 省交通运输厅副厅长邓经国先后深入景鹰、景婺黄、九景、昌九高速公路,对道路除冰雪应急准备工作进行检查指导。

12日 省交通运输厅在景德镇管理中心组织召开"养护工程廉政监管"课题论证会。

17日 全省交通运输系统2012年第2期基层纪检监督干部业务培训班在省交通干部学院开班。厅纪委书记成松出席开班仪式并讲话。

同日 庆祝全省高速公路通车里程突破4000千米暨江西省第五届"赣粤高速杯"摄影艺术展览在南昌开幕。

19日 全省交通运输科技创新大会在南昌召开。会议表彰了一批全省交通运输行业勇于创新的优秀科技人员和团队。省高速集团副总经理王昭春、赣粤高速公路股份有限公司谭生光、万年管理中心旷子林被评为优秀科技人员;赣粤高速沥青路面再生技术研究团队被评为优秀科技创新团队。

22日 九江新长江大桥建设标志性工程——主桥钢箱梁顺利合龙,这标志着九江新长江大桥建设取得决定性胜利。是日,省长鹿心社到现场考察并慰问建设者。

24日 上午,贵溪市滨江乡洪塘村发生一起面包车侧翻坠水事故,导致8名儿童死亡,4名儿童受伤。经查实,这是一起典型的人为责任事故。

25日 上午,时任中共中央政治局常委、国务院副总理李克强在九江市主持召开长江沿线部分省、市领导参加的区域发展与改革座谈会,并考察了九江港。中共中央书记处书记杨晶与中共中央、国务院的有关部门负责人陪同考察。

31日 省重点工程抚州至吉安高速公路,经过18个月建成通车,结束了崇仁、宜黄、乐安3县无高速公路的历史。

同日 赣崇高速公路正式通车。该公路是厦门至成都国家高速公路的组成部分,也是江西省"三纵四横"高速公路主骨架规划中第四横的重要组成部分。该路全长88.129千米,总造价68.95亿元,平均每千米概算造价7824万元。系江西省目前每千米投资多、地势落差变化大、地形地貌复杂的一条高速公路。其施工难度、投资数额均系全省已建和在建高速公路之最。

同日 全省高速公路里程突破4000千米总结大会在南昌召开。省委书记苏荣出席并为省交通运输厅颁发奖牌,省长鹿社讲话。省政府秘书长谭晓林宣读省政府对省交通运输厅和5个项目办的嘉奖令。厅党委书记朱希宣读对5个项目先进集体和先进个人的表彰决定。

是月 随着德兴至上饶、吉安至莲花、抚州至吉安、赣州至崇义、龙南至杨村等5条高速公路正式建成通车,全省高速公路通车里程突破4000千米,达到4260千米,位居全国第6位;国家高速公路网江西境内"三纵四横"主骨架全面建成贯通;并打通了20个出省通道;已有98个县(市、区)通高速公路。

交通基础设施建设

公路建设

【概况】 2012 年是国际国内经济形势复杂严峻的一年，也是全省交通运输发展历程中具有里程碑意义的一年。在省委、省政府和交通运输部的坚强领导下，全省交通运输系统以科学发展观为指导，围绕规划抓落实，破解难题强保障，稳中求进促发展，圆满完成了基础设施建设任务。

(一)高速公路通车里程实现了 4000 千米的重大突破。狠抓大项目、畅通大动脉、推进大跨越。建成奉新至铜鼓、浮梁至桃墅岭、德兴至上饶、吉安至莲花、抚州至吉安、赣州至崇义、龙南至杨村等 7 个项目，新增高速公路通车里程 618 千米，占全国新增里程的 5.6%，全省高速公路通车里程达到 4260 千米，迈上新的历史性台阶。续建九江新长江公路大桥、井冈山(厦坪)至睦村 2 个项目，开工建设九江绕城、宜春至万载、寻乌至全南、昌樟高速改扩建工程、昌九高速通远试验段改扩建工程等 5 个项目。一是高速公路排名实现突破。通车里程由 2011 年的全国第 10 位跃升至全国第 8 位。二是国家高速公路网项目建设实现突破，“国高网”江西境内“三纵四横”主骨架全面建成贯通。三是高速公路新增出省通道和县域通达率实现突破，增加了 5 个通往安徽、湖南、广东的高速通道，结束了 9 个县没有高速公路的历史，全省通高速公路的县达到 98 个。四是萍洪高速公路项目复工建设实现突破,仲裁收回了萍洪项目建设经营权,迈出了复工建设的关键一步。

(二)交通基础设施建设年度投资超过350亿元,创历史新高。面对巨大的资金需求,通过“两个用足用好”确保资金落实。一是用足用好中央政策争取车购税补助,全年共落实中央补助资金57.22亿元。二是用足用好融资平台,特别是省高速投资集团年度融资超过300亿元,创造了国内和同行业企业融资的多项纪录。全年完成交通建设投资352亿元,其中公路建设完成339亿元。交通重点工程占全省重点工程投资比例达17.6%。

(三)农村公路硬化里程累计超过10万千米,创历史新高。全省农村公路硬化总里程在2009年超过8万千米、2011年超过9万千米的基础上,2012年达到10.3万千米。其中,以建设农村客运网络化体系、县乡道升级改造、新农村道路建设为重点,2012年完成建设改造6300千米。农村公路成为农民群众最欢迎、最满意、最受益的“民心工程”和社会主义新农村建设的标志性工程。

(李 宗)

高速公路建设

【江西高速公路通车里程突破4000千米】 12月31日,德上、吉莲、抚吉、赣崇、龙杨5条高速公路正式建成通车,江西高速公路通车总里程突破4000千米,达到4260千米,境内“三纵四横”国家高速公路网路段全面建成。当日,省政府在南昌召开简短会议,总结4000千米高速公路建设成绩和经验。省委书记苏荣出席会议并为省交通运输厅颁发奖牌,省委副书记、省长鹿心社出席会议并讲话。

省委常委、常务副省长凌成兴主持大会。省委常委、省委秘书长赵智勇,省委常委、省纪委书记周泽民,省人大常委会副主任朱秉发,省政府副省长洪礼和,省政协副主席刘晓庄,省法院院长张忠厚,省军区副政委戴勇等出席会议。省政府党组成员、省政府秘书长谭晓林宣读省政府对省交通运输厅和5个项目办的嘉奖令。省交通运输厅党委书记朱希宣读对5个项目先进集体和先进个人的表彰决定,厅长马志武介绍5条高速公路建设概况。

受苏荣委托,鹿心社代表省委、省政府,对5条高速公路建成通车表示祝贺。他说,江西要崛起,交通须先行。“十一五”规划以来,省委、省政府紧紧围绕全省经济社会发展需要,大力推进高速公路建设,取得了辉煌成就。7年新增高速公路24条,新增通车里程2700多千米,创造了令人瞩目的“江西速度”。全省高速公路主骨架网络基本建成,进一步提升了江西省区位优势,优化了投资环境,有力促进了经济社会发展。

鹿心社强调,江西要实现与全国同步建成小康社会,必须坚定不移实施重大项目带动战略,切实加强高速公路等基础设施建设,为全省经济社会发展提供强有力支撑。根据新修编的全省高速公路规划,到2015年全省高速公路通车里程将突破5000千米,实现县县通高速;到2020年力争突破6000千米,建成“纵贯南北、横跨东西、覆盖全省、连接周边”的高速公路网。各地各部门围绕这一目标,采取更加有效措施,着力提高三个水平:

一是着力提高工程建设水平。对新开工建设的高速公路,要精心设计、科学施工、严格监督,大力推行管理标准化和施工精细化,落实工程建设质量终身负责制,加强资金管理和跟踪审计,真正做到优质、环保、安全、廉洁,努力打造精品工程。

二是着力提高运营管理水平。对已建成高速公路管理,要创新运营理念和管理模式,积极推进养护、路政、运营及服务工作标准化、规范化建设,扎实做好联网收费、应急处置、养护管理等工作,确保高效、安全、畅通,切实提高经济效益、社会效益。

三是着力提高服务保障水平。各级党委、政府要加大工作力度,切实做好和谐征迁、富民安置、施工协调、治安管理等工作,为高速公路建设营造良好氛围。省直有关部门要增强责任意识,在规划、用地、环评、融资等方面大力支持,为高速公路建设提供高效优质服务。

鹿心社希望,全省交通运输系统的广大干部职工和工程建设者继续发扬优良作风,保持昂扬斗志,科学建设好、管理好每一条高速公路,为推进江西科学发展、绿色崛起作出新的更大贡献。

马志武表示,建成的德上、吉莲、抚吉、赣崇、龙杨5个项目,通车里程470千米,通达全省5个设区市,20个县市区,62个乡镇,至此全省高速公路通车里程跨越了4000千米的台阶,达到4260千米。4000千米项目的建设,抢抓机遇不懈怠,罕见灾害不退缩,重重困难不动摇,狠抓效率不放松,创新机制不停步,建设成果来之不易。4000千米项目的建成,标志着江西省高速公路通车里程跃居全国第八,全省境内的三纵四横国家高速公路网路段全面建成,全省通高速公路的县达到98个,实现县县通高速公路的目标指日可待。

马志武说,4000千米是一个里程碑,更是一个新起点,全省交通运输系统要以学习贯彻中共十八大和全省经济工作会议精神为强大动力,按照省委、省政府的部署要求,突出主题主线,坚持稳中求进,继续保持昂扬斗志、拼搏作风,以交通运输的发展,增强为全省深入实施一系列重大国家战略和区域发展战略服务的能力,增强为全省新型工业化、信息化、城镇化、农业现代化服务的能力,奋力开创交通运输发展新局面,为建设富裕和谐秀美江西作出新的更大的贡献。

上饶市、吉安市、萍乡市、抚州市、赣州市等沿线地方政府、省直有关部门负责人,在家厅领导万明、邓经国、胡钊芳、孙茂刚等参加会议。

(练崇田　张永康　雷声猛)

【省委书记苏荣视察赣崇高速公路】 4月15日,省委书记苏荣深入赣崇高速公路施工现场考察调研。省委常委、常务副省长凌成兴,省委常委、省委秘书长赵智勇,省政府副秘书长朱希,省发改委主任许爱民,省交通运输厅厅长马志武、赣州市委副书记王少玄、副市长刘建萍等领导陪同调研。

苏荣一行深入高速公路摊铺现场,互通、隧道、桥梁和大梁预制场,了解工程进展,亲切慰问来自全国各地的建设者。在高速公路A1标—A2标路面基层摊铺点施工现场,苏荣一下车就与施工及管理人员一一亲切握手交谈,仔细询问施工单位资质、监理单位资质以及工程进度和难度。苏荣说:“感谢你们为江西高速公路建设所付出的辛苦劳动。”苏荣强调,施工队伍素质、原材料把关及管理,关系到高速公路建设质量,一定要规范安全施工,标准化管理,创新技术,铸造精品。同时,工程监理非常重要,要落实工程监理责任制。本着对人民群众生命财产安全高度负责的态度认真监管,把赣崇高速打造成精品工程。

在赣崇高速上犹西施工现场,苏荣与施工管理人员亲切交流,并向项目负责人了解征地拆迁情况及补偿标准。他充分肯定了江西高速公路项目建设实行公开招投标,阳光操作,营造了公平竞争的市场环境。苏荣强调,完善基础设施建设是加快经济发展、带领群众实现全面小康目标的重要前提。这几年,全省高速公路建设迅猛发展,到去年底,通车总里程突破3600千米,位居全国第9位。江西经济社会发展取得巨大成绩,交通战线功不可没。全省交通运输系统广大干部职工作出了重大贡献。当得知整个赣崇高速公路项目建设积极采用新工艺、新技术,实现“带绿施工”,有效防止了水土流失时,苏荣对他们搞好高速公路通道绿化的行为表示赞赏。苏荣勉励工程建设者再接再厉,努力打造和谐工程、绿色工程、安全工程、精品工程,为赣崇高速年底实现全线通车,为全省高速公路里程突破4000千米作出贡献。

苏荣说,赣州生态旅游资源丰富,高速公路建设对赣州乃至全省的经济社会发展具有重要意义,也将为赣南苏区的振兴发展注入新活力。希望交通系统按照优质、环保、安全、廉洁的要求,把每一条高速公路建设好、管理好、运营好,早日实现县县通高速的目标,使江西的高速公路成为致富路、幸福路、生态路、崛起路。

(赣崇项目办)

【优质高效完成吉莲、井睦、抚吉高速公路第二阶段施工任务】 4月25日,省委常委、常务副省长凌成兴到抚吉高速察看项目建设情况,并出席吉莲、井睦、抚吉高速公路第一阶段施工总结表彰暨第二阶段施工动员大会。省交通运输厅党委书记程受锭、厅长马志武,省重点办主任王前虎、省高速集团总经理谢来发、副总经理王昭春等出席大会。

凌成兴一行深入抚吉高速赣江特大桥等重点标段,详细了解了项目路基、桥梁、绿化等施工情况。动员会上,在听取吉莲、井睦、抚吉三个项目办的汇报后,凌成兴充分肯定三个项目建设的显著成绩。他说,吉莲、井睦、抚吉三个项目开工建设以来,各参建单位同舟共济、精心组织、攻坚克难,都圆满完成了第一阶段的建设任务,工程进展卓有成效,项目管理卓有成效,环境优化卓有成效。

凌成兴强调,要按照“坚定总体目标、攻克工程难点、强化质量安全、统筹推进配套、做好群众工作”的总要求,实现“吉莲项目确保今年底全线建成通车;抚吉项目力争2012底赣江特大桥以东150千米建成通车,确保2013年上半年全线建成通车;井睦项目确保2013年10月全线建成通车”的总体目标。要攻克雨季汛期不利气候、路基交验基层摊铺、桥梁隧道控制性工程三大难点,强化质量、安全、廉洁、服务、协调意识,确保优质高效按期完成项目建设任务,为全省高速公路通车里程突破4000千米,迈向5000千米作出表率,为推进科学发展、绿色崛起,建设富裕和谐秀美江西作出新的贡献,以优异的成绩迎接中共十八大胜利召开。

马志武在讲话中指出,吉莲、井睦、抚吉三个项目克服不利气候条件、技术难度高、地质条件差等困难,迎难而上,奋力攻坚,基本完成了一阶段施工任务,在项目管理、施工组织、标准化建设、路地和谐等四个方面呈现出新亮点。

马志武要求,下一阶段,要坚定“2012年底前建成吉莲高速和抚吉高速赣江大桥以东150千米路段,10月前完成井睦高速‘六个全面完成’目标任务”这个信心,推进施工顺利实施。要认真贯彻4月18日省委经济形势会议精神和省委苏荣书记视察赣崇高速公路时作出的重要指示,集中精力毫不动摇抓好高速新建、在建、竣工项目。要狠抓质量进度、安全生产、生态环保、廉政建设、和谐稳定不放松,优质高效完成第二阶段施工任务。

(张永康　龚巨鹏　吴燕华)

【4个高速公路项目启动征地拆迁工作】 5月11日,省政府在南昌召开九江绕城高速公路、万载至宜春高速公路新建项目和南昌至樟树高速高速公路、南昌至九江高速公路通远试验段改扩建项目征地拆迁动员会议,部署四个重点工程的征地拆迁工作。省委常委、常务副省长凌成兴出席并讲话。省政府副秘书长朱希宣读征地拆迁补偿及规费缴交标准,省交通运输厅厅长马志武作具体部署,南昌市副市长刘家富、九江市副市长陈和民、宜春市政府副巡视员胡芳兰、省国土资源厅副厅长张圣泽、省电力公司副总经理徐云发言,省高速集团总经理谢来发介绍项目工程概况,省重点办主任王前虎主持会议,省高速集团副总经理王昭春,集团党委委员、公路开发公司总经理周院芳出席会议。

凌成兴强调,要切实抓好征地拆迁中的各项工作。按照“严格落实补偿政策、严格规范用地报批、严格监管补偿资金”的原则,把握时间节点,即万宜高速公路新建项目和昌九通远段改扩建项目在6月份完成征地、8月份完成拆迁,九江绕城新建项目和昌樟改扩建项目在7月完成征地、9月完成拆迁,确保征地拆迁工作按时完成。要切实加强征地拆迁工作的组织领导。要充分认识征地拆迁工作的复杂性、艰巨性、紧迫性,加强领导、精心组织,兑现政策、平稳操作,做到落实机构、落实职责、落实任务,为项目建设创造良好的外部环境,确保工程顺利推进,为建设富裕和谐秀美江西作出新的贡献。

马志武强调,要紧盯征地拆迁的总任务,明确征地拆迁完成时限,精心组织,狠抓落实,确保征地拆迁工作按时按量完成。要坚持依法行政,执行政策不走样,落实政策不打折,确保各项补偿及时足额兑现;坚持负责机制,项目办与沿线地方政府要尽快完成征地拆迁合作的协商签订,尽快落实机构人员,各负其责,做好征地拆迁工作;坚持公开透明,按照“十二公开”要求,主动公开征地拆迁信息,自觉接受人民群众的监督;坚持便民利民,做到便民征迁、文明征迁、和谐征迁。做到组织领导好、宣传造势好、协调配合好、重点工作落实好、资金管理好“五个好”。

四个新建和改扩建的高速项目总里程177千米,总投资121亿元,共需征地846.67公顷,拆迁各类房屋20.15万平方米,拆迁电力、电讯线路26.77万米,涉及3个设区市、10个县(市、区)、31个乡镇。

(张永康　夏睿德　罗时善　邱志清)

【德上高速公路建设进入第三阶段施工】 5月17日,省委常委、常务副省长凌成兴到德上高速察看项目建设情况,并出席第二阶段施工总结表彰暨第三阶段施工动员大会。省政府副秘书长朱希,上饶市市委书记董仚生、市长潘东军、省发改委党组成员省重点办主任王前虎、省高速集团总经理谢来发、副总经理王昭春以及沿线地方政府相关负责人陪同察看并出席大会。

凌成兴全线察看了德上高速公路施工进展情况，充分肯定了项目开工以来取得的成绩。他指出，如期建成德上高速公路意义重大。第三阶段是项目的冲刺阶段，也是精雕细琢的阶段。各参建单位要按照“拼搏年底前，建成德上路”的目标，科学组织施工，合理调整施工组织计划，狠抓路基交验、路面摊铺、桥梁隧道单幅贯通，确保项目建设稳步推进；确保质量安全，认真解决工程质量通病，不断提高质量水平，严防各类事故的发生，努力保持自开工以来良好的安全生产态势；注重环境保护，切实保护好德上高速沿线的秀美风光；做好群众工作，抓好配套工程建设，确保优质高效按期完成德上高速公路建设任务。

会议要求，下一阶段，德上项目要认真贯彻4月18日省委经济形势会议精神和省委苏荣书记视察赣崇高速和九江新长江大桥项目时作出的重要指示，继续保持项目建设的良好态势，克服雨季施工、控制性工程较多、进展不够均衡、交叉施工四大制约因素，狠抓进度质量、安全生产、生态环保、和谐稳定和廉政建设，全面优质高效完成德上高速公路建设任务，为建设富裕和谐秀美江西作出新的更大的贡献。

（涂序东　沈宏波）

【全省在建高速公路施工进展情况调度会在南昌召开】 7月5日，省政府在南昌召开全省在建高速公路施工进展情况调度会，调度全省9个在建高速公路项目施工进展情况，部署加快项目建设工作。省委常委、常务副省长凌成兴主持会议并讲话，省政府副秘书长朱希，省交通运输厅厅长马志武，省发改委党组成员、省重点办主任王前虎，省高速集团总经理谢来发，集团副总经理、九江新长江大桥项目办主任刘理，集团副总经理吴克海，以及厅机关有关处室、省公路局、交通设计院、省交通质监站、沿线地方政府、项目办有关负责人出席会议。

凌成兴充分肯定了全省在建高速公路项目施工进展情况。他指出，2012年全省在建高速公路项目共9个，其中建成项目6个，续建项目3个。在省交通运输厅的精心指挥和省有关部门、沿线各级党委政府的大力支持下，各在建项目建设稳步推进，在工程进展、项目管理、施工环境等方面取得了显著成绩。

凌成兴要求，交通系统和各地、各有关部门要带头贯彻落实省委、省政府的决策部署，进一步增强使命感和责任感，坚决完成2012年年底前通车里程突破4000千米的总体目标。梁禾口至桃墅店项目要确保2012年8月底建成通车；奉新至铜鼓项目要确保2012年10月底建成通车；赣州至崇义、吉安至莲花、德兴至上饶、龙南至杨村项目要确保今年年底建成通车。抚州至吉安项目力争今年底赣江特大桥以东150千米建成通车，确保2013年上半年全线建成通车；井冈山至睦村项目要确保2013年10月建成通车；九江新长江大桥项目要确保2013年12月底建成通车。

凌成兴强调，要抢抓两大机遇，着力“三个推进”，全面加快高速公路建设。要抢抓国家高度重视投资拉动和全省下半年晴好天气的机遇；着力推进主体工程，狠抓路基交验、路面摊铺、路面备料，突击关键环节；着力推进配套工程，切实做好房建、交安、机电、绿化工程建设；着力推进矛盾协调，沿线各级地方政府要在7月10日前协调各项目办深入施工现场协调利益、化解矛盾，确保优质高效完成项目建设任务，为全省高速公路通车里程突破4000千米、迈向5000千米再立新功。

省交通运输厅代表表示，全省交通运输系统将举全系统之力，加强指挥调度，确保建设资金供给，强化组织实施，把握重点，攻坚克难，营造一个更好的建设环境，确保实现年底前全省高速公路通车里程突破4000千米的目标，为建设富裕和谐秀美江西作出新的更大贡献。

会上，各项目办汇报了在建项目工程进展情况，沿线各设区市相关负责人作了发言。

（夏睿德）

【全省五个高速公路项目开工】 7月28日，九江绕城、万载至宜春、寻乌至全南高速公路新建项目和南昌至樟树、南昌至九江高路公路通远试验段改扩建项目开工新闻发布会在南昌举行。省长鹿心社出席并下达开工令。省委副书记、省纪委书记尚勇出席，省委常委、常务副省长凌成兴讲话。省人大常委会副主任朱秉发、省政协副主席汤建人出席。副省长洪礼和主持新闻发布会。

省交通运输厅党委书记朱希及厅领导万明、邓经国、成松、胡钊芳、孙茂刚出席会议。省交通运输厅厅长马志武、赣州市市长冷新生、宜春市市长蒋斌、九江市市委副书记冯静等分别发言,省高速集团总经理谢来发介绍5个项目概况。

受省委书记苏荣、省长鹿心社委托,凌成兴代表省委、省政府对5个高速公路项目的开工表示热烈祝贺。他说。近年来,全省交通系统干部职工认真贯彻落实省委、省政府的重大决策部署,高速公路建设突飞猛进,2008年跨越了2000千米通车里程的大台阶、2010年跨越了3000千米通车里程大台阶,2012年又将跨越通车里程4000千米的大台阶,实现98个县(市、区)通高速公路。这次新开工的5个高速公路项目,对于完善全省"三纵四横"高速公路路网、提升高速公路畅通水平,对于攀登全省高速公路通车里程5000千米新台阶、实现县县通高速公路宏伟目标,对于构建"龙头昂起、两翼齐飞、苏区振兴、绿色崛起"的区域发展格局,都具有重要意义。

凌成兴强调,希望沿线各级党委、政府要以学习领会贯彻落实总书记胡锦涛在省部级主要领导干部专题研讨班的重要讲话精神为动力,顾全大局,搞好土地征用、搞好房屋征收、搞好施工协调,兑现补偿政策、维护群众利益、营造良好环境;希望省直有关部门主动跟进、密切配合,依法行政、提高效率,为工程建设创造有利条件;希望省交通部门加强指挥调度,优化施工组织,创新管理模式,强化资金监管,特别是强化改扩建项目的建设管理,确保工程建设和车辆通行两不误、两安全;希望项目参建单位精心管理、精心设计、严格监理、信守合同,努力把5条高速公路建设成为富民工程、优质工程、安全工程、生态工程和廉洁工程,为建设富裕和谐秀美江西作出更大贡献。

马志武在讲话中指出,开工的5个项目,既有新建项目,又有改扩建项目;既有"县县通高速"收官项目,又有围绕"龙头昂起、两翼齐飞、苏区振兴、绿色崛起"发展格局的项目。5个项目的开工建设,是省交通运输厅贯彻苏荣书记、鹿心社省长关于重大项目建设一系列重要指示的实际行动,是全省交通运输系统落实省委、省政府推进九江沿江开发、打造南昌核心增长极、支持赣南苏区振兴发展等战略部署的具体举措。省交通运输厅将坚决按照省委、省政府的部署要求,牢牢把握"稳中求进"的总基调,以鄱阳湖生态经济区建设为龙头,全力加快一批规划项目的前期推进、一批在建项目的工程调度,不断创新项目建设管理、廉洁高效的监管模式,确保2012年底全省高速公路通车里程实现4000千米的新跨越,不断提升交通运输系统抓项目、稳增长、调结构、惠民生的水平,为建设富裕和谐秀美江西作出更大贡献。

省政府有关部门负责人,5个项目沿线地方政府负责人,5个项目的建设、设计、施工、监理单位代表,新闻媒体记者共600余人参加会议。

(夏睿德　罗时善　练崇田)

【五个开工项目基本情况简介】

一、九江绕城高速公路项目

九江绕城高速是国家高速公路杭瑞线和福银线之间的地方加密线,是江西高速公路网规划中的五条"环线"之一。路线起点位于九江市庐山区新港镇,接九景高速公路,途经庐山区、庐山管理局、星子县等3个县区8个乡镇,终点位于星子县华林镇,与规划建设的都昌至九江高速公路相连。项目总长47千米,投资总额为32.62亿元。全线采用双向四车道高速公路标准,路基宽24.5米,设计行车速度为100千米/小时。

二、万载至宜春高速公路项目

万宜高速是连接国家高速公路沪昆线与万栽县的一条地方加密线,是江西省县县通高速的收官项目。路线起点位于万载县马步乡,接省道万载至上栗公路,途经万载县、袁州区等2县区5个乡镇,与沪昆高速公路昌金段相接,终于明月山机场路A线,项目总长34.7千米,投资总额为19.92亿元。全线采用双向四车道高速公路标准,路基宽21.5米,设计行车速度80千米/小时。

三、寻乌至全南高速公路项目

寻全高速是江西高速公路网规划中的一条地方加密线。是赣南东西向主要出省通道之一,与万宜高速一道成为江西省县县通高速的收官项目。路线起点位于寻鸟县罗珊乡.接福建省在建的古武高速公路,途经寻鸟县、安远县、信丰县等3个县10个乡镇,终点位于信丰县小江镇,与大广高速公路赣定段相接。项目全长112.1千米,投资总额为87.13亿元。全线采用双向四车道高速公路标准,路基宽24.5米,设计行车速度为80千米/小时。设大中桥78座共23046米,隧道20座共16279米。

四、南昌至樟树高速公路改扩建项目

昌樟高速是国家高速公路沪昆线和江西省南北高速公路主通道的重合段，是江西腹地纵贯南北、承东启西的咽喉要道．从1997年底建成通车至今，已运营近15年，交通量增长迅速，通行能力趋于饱和状态。项目起点位于昌西南枢纽互通南端，途经新建县、丰城市、高安市、樟树市等4个县市14个乡镇，终点位于昌傅镇樟树枢纽互通，项目总长86.5千米，投资总额61.4亿元。项目采用双向八车道高速公路标准，路基宽42米，其中药湖特大桥扩建为10车道，这一困扰多年的瓶颈制约将得到彻底缓解。

五、南昌至九江高速公路通远试验段改扩建项目

昌九高速是江西省最早建成通车的高速公路，目前已运营近20年。其中通远段由于路基宽度不足、技术标准偏低、局部路段纵坡偏大等问题，在冰雪、雨季、大雾天气情况下极易造成交通拥堵。本次通远试验段改扩建项目的路线起点位于九江县马回岭镇，途经九江县、庐山管理局、庐山区等3个县区3个乡镇，终点位于九瑞枢纽互通南端，项目总长10.425千米，投资总额为8.16亿元。项目采取“左幅分离新建、右幅利用老路改造”的方式扩建，采用双面八车道高速公路标准。路基宽41米，设计行车速度为100千米/小时。

【常务副省长凌成兴察看吉莲高速公路项目建设情况】 8月22日，省委常委、常务副省长凌成兴深入吉莲高速公路，察看项目建设情况。省重点办主任王前虎，省高速集团总经理谢来发，厅基建处处长钱志民，集团总工程师、吉莲项目办主任邝宏柱，副总经理王昭春以及省交通设计院、省交通工程质监站、集团项目部等有关负责人陪同。

凌成兴一行从吉莲高速起点出发，由东往西察看了吉莲高速公路全线。在钟家山隧道施工现场，凌成兴详细询问了隧道工程进展情况，他要求，参建单位要努力克服施工中遇到的各种困难，抓好施工安全生产，平稳推进工程进度，力争早日实现半幅贯通，确保吉莲高速按期建成通车。

凌成兴强调，吉莲项目能否年底建成通车，关系到2012年年底全省高速公路通车总里程能否突破4000千米，关系到全省98个县（市、区）通高速公路，意义重大。各参建单位要紧紧咬住目标任务不放松，科学组织，精心安排，克服困难，齐心协力，扎实推进各项工作；要进一步抓好工程质量、安全生产和生态环保，确保优质、高效、按期建成吉莲高速公路。

截至2012年7月，吉莲高速路基基本交验完毕；桥梁双幅或单幅贯通；4座隧道3座具备通车条件；底基层施工接近尾声，下基层、中基层、上基层、下面层摊铺全面展开；除两个服务区的北区进行基础、框架施工外，房建其余工程已开始内外装修；绿化、机电、交安工程施工全面铺开；吉莲高速公路建设已进入全面冲刺阶段。

（陈玉龙）

【祁浮高速公路工程建成通车】 8月28日，祁门至浮梁高速公路新建工程建成通车。祁浮高速公路属江西省地方加密高速公路（编号S29），是规划的江西省高速公路网的重要组成部分，是《国家高速公路网规划》“7918”方案中杭州至瑞丽高速公路的加密线，也是赣皖两省2006年6月所签协议共同建设4条省际高速公路中的一条。该项目东起自赣皖交界处良禾口，与安徽省境内的黄山至祁门高速公路相连，向西经潘溪、西湖、中亭，横穿浮梁县西湖乡中部，终于赣皖交界处桃墅店，与济南至广州高速公路相交，路线全长15.655千米，总投资6.32亿元。项目按双向四车道高速公路标准设计建设，路基宽24.5米，计算行车速度80千米/小时，全线设桥梁13座、互通式立交2处（其中枢纽式互通1处）。该项目的建设不仅是对杭（州）瑞（丽）高速公路黄山至景德镇间路网的重要补充，为江西省增加一条出省通道，加强济南至广州高速公路与济宁至祁门高速公路的联系，而且在完善赣皖两省间交通网络结构，发挥两省整体路网效益，更快更好地开发上海——杭州——黄山——景德镇——九江的黄金旅游线路，提升沿线旅游景点知名度，带动皖赣交界地区经济发展等方面均将起到重要作用。

（涂　强）

【石吉高速公路建设项目竣工决算审计进点会议召开】 9月3日，泉州至南宁国家高速公路江西境内石城至吉安段竣工决算审计进点会议在南昌召开。省委常委、常务副省长凌成兴出席会议并讲话。审计署上海特派办、省政府法制办以及省

国土资源厅、省审计厅、省环保厅、省林业厅、省水利厅等部门有关负责人参加会议。省交通运输厅厅长马志武主持会议,省高速集团总经理谢来发介绍项目建设情况,厅办公室主任谢元银、基建处处长钱志明,集团副总经理吴克海参加会议。

凌成兴指出,在推进高速公路建设过程中,江西省十分注重项目建设资金的规范使用,大力推进项目建设“十二公开”。从勘察设计到工程招投标,从质量监督到验收交付,实行全过程动态管理和实时监控,特别是狠抓项目设计、征地拆迁、招标投标、设计变更、计量支付等关键环节。在资金使用上,对建设项目实行财务集中委派制,严格履行会计监督、预算管理、资金控制职能,着力保证项目建设资金的公开透明和管理费用的程序到位。他强调,这次审计署审计组对石吉项目竣工决算进行审计,是审计机关依法依规履行职能的体现。希望省政府有关部门和单位端正认识,高度重视,密切配合,全力支持。一要认真做好协调工作。二要认真做好配合工作。三要认真做好整改工作。

谢来发在介绍项目建设情况时指出,石吉项目在建设过程中始终做到“三个规范”。一是规范建设程序。规范了前期报批程序;规范了招投标程序;规范了工程变更程序。二是规范资金管控。抓好了资金管理;抓好了计量款支付;抓好了农民工工资支付。三是规范工程管理。坚持质量为本;坚持生态为先;坚持廉洁为要。泉州至南宁国家高速公路石城至吉安段于2008年8月16日开工建设,至2010年9月16日建成通车。路线起始于石城县东南10公里处的赣闽省界五里亭,与福建境内永安至宁化段高速公路相接,途经宁都、兴国和泰和县,在宁都境内与济广(济南至广州)高速公路交汇,终于泰和县以北11公里处的石山乡,与大广(大庆至广州)高速公路交汇,并与建设中的泉南高速公路吉安至莲花段相连,路线全长190.719千米。该项目既是国家高速公路网的重要组成部分,也是江西省高速公路网第三横的重要路段,对加强沿海地区与内陆中西部地区的经济联系,改善革命老区落后的交通状况,带动沿线红色旅游资源的开发利用,促进区域经济的快速发展,乃至对中国国防建设等都具有十分重要的意义。

(陶光辉　张永康)

【全省高速公路新开工项目管理标准化活动推进会在九江召开】 9月7日,省交通运输厅在九江召开全省高速公路新开工项目管理标准化推进会。省交通运输厅、省高速集团领导以及厅直相关单位、厅机关相关处室,寻全、宜万等7个新开工项目办负责人参加了会议。会议指出,管理标准化活动是一个系统工程,是一个“学习—实践—总结—提升”的循环过程,是以“精细精心和精益求精”为核心的活动,可以有效消除工期压力,提升自身形象,实现公路建设可持续发展。九江新长江大桥项目之所以能取得现在的优异成绩,得益于“四个一”,即一次深入人心的宣传动员、一个高标准的建设定位、一种精益求精的建设态度、一套行之有效的考核办法。要求各新开工项目认真学习借鉴九江新长江大桥项目的好经验、好做法,在今后的工作中做好五项工作:一是学习调研,制定切实可行的活动方案;二是广泛动员,确保活动内涵深入人心;三是全面推进,在全方位、全过程上下功夫;四是严格考核,务求活动取得扎实效果;五是及时总结,推动活动持续深入发展。

(涂序东　曾　晨　陈陆清)

【景鹰高速项目通过交通运输部竣工验收】 9月12日~13日,交通运输部对景德镇至鹰潭高速公路项目进行竣工验收,交通运输部公路局局长李华,省交通运输厅以及来自全国各省的专家参加了此次竣工验收。省公路开发总公司相关领导以及景鹰项目办、施工、监理、设计单位有关负责人参加竣工验收会。竣工验收委员会听取了工程建设、设计、施工、监理、接养单位、质量监督单位等工作情况的汇报,查阅了工程建设有关文件和资料,对项目全线进行了现场检查,认为景德镇至鹰潭公路路线、平纵组合合理,线形顺适,排水系统完善,交通工程及沿线设施齐全,经过4年多的通车试运营,公路各项功能完善,运转正常,项目符合竣工验收条件,同意该项目通过竣工验收并评定项目综合等级为优良。景德镇至鹰潭高速公路全长202.633千米,是济南至广州国家高速公路在江两境内的北段,是江西省规划的“三纵四横”公路主骨架的组成部分,工程于2005年11月22日开工建设,2007年11月28日建成通车试运营。

(景　宣)

【省交通运输厅领导察看井睦高速公路建设】 9月20日,省交通运输厅党委书记朱希在省高速集团总经理谢来发,吉安市副市长王大胜,厅党办主任熊华武,省高速集团副总经理王昭春,交通咨询公司、井睦项目办有关负责人的陪同下,深入井睦高速公路建设一线,实地察看项目建设进展情况。

朱希充分肯定了项目建设取得的成绩,他指出,各参建单位要按照第二阶段"坚定总体目标、攻克工程难点、强化质量安全、统筹推进配套、做好维稳工作"的要求,克服交通不便、电力短缺、山区软土和雨水频繁等不利因素,抢抓晴好天气、加大投入、合理安排、科学施工,项目在路基土石方施工、桥隧施工、路面摊铺、承包模式、工程施工和工艺技术及组织管理、安全稳定和廉政建设等方面成效显著。对下一步工作要着重实现"三大目标"。一要抓好进度目标的实现。按照2013年10月通车的总体目标,充分利用天气晴好的有利时机,确保项目建设任务按期完成。二要抓好质量目标的实现。要健全质量管理制度,全面推行标准化管理,强化质量控制过程,不断提升项目建设质保体系水平。要千方百计做好生态环保工作,努力把井睦高速打造成融入井冈山风光的绿色路、生态路、环保路。三要抓好安全稳定和廉政建设目标的实现。要深入排查整改安全隐患,杜绝各类安全生产事故发生。要引导广大干部职工切实增强廉洁自律意识和拒腐防变能力,做到"工程优质、干部优秀"。要加强与沿线群众沟通,妥善处理施工中给他们生产生活造成的影响和不便;要切实做好工程款和农民工工资支付工作;要继续争取沿线地方政府对项目建设的支持,为项目建设营造一个和谐稳定的施工环境。谢来发就下一步施工安排作了具体部署。

(张永康 吴燕华 李利苹)

【省交通运输厅领导察看昌铜高速公路项目建设情况】 9月23日,省交通运输厅厅长马志武深入昌铜高速公路察看项目建设进展情况,省高速集团总经理谢来发、厅办公室主任谢元银以及赣粤公司、沿线地方政府负责人陪同。

马志武一行沿昌铜高速公路主线,先后察看了南昌西收费站大棚、会埠收费站标准化员工宿舍、省界收费大棚和省界标志性雕塑设计效果图,并亲切慰问项目一线管理人员和建设者。在南昌西收费站大棚施工现场,马志武对照施工设计图纸,就收费站大棚的施工细节、亮化工程等提出了修改意见。在省界收费站广场,当看到收费站大棚简洁大气的效果后,马志武对项目办采纳的设计方案给予了充分肯定,还现场就省界标志性雕塑形象设计提出了指导意见。察看昌铜高速公路项目建设情况结束后,针对当前项目建设扫尾阶段工作,马志武提出三点要求。一是要抓好当前的有利气候,科学组织施工,特别是西外环高速以东1.6千米路段,要精心组织人、机、料的调配,精心组织,科学安排,确保与奉新至铜鼓段高速公路同步建成通车。二是要抓好房建、交安、机电等附属工程的组织实施,确保与主体工程同步完工。三是要抓好施工安全组织,强化安全意识,强化安全教育,强化安全排查,强化交通管制,确保安全生产零事故。马志武强调,昌铜高速公路项目建设进入了倒计时的关键阶段,对扫尾阶段的项目施工要倒排工期,狠抓现场管理,紧扣时间节点,优质高效推进,确保全线竣工通车总体目标任务的顺利实现。

(赵国成 陈 峰)

【兴国至赣县、金溪至抚州、资溪花山界至里木高速公路建设项目启动】 10月26日,省政府在南昌召开兴国至赣县、金溪至抚州、资溪花山界至里木高速公路建设项目征地和房屋征收动员会,部署三个重点工程的征地和房屋征收工作。

省委常委、常务副省长凌成兴出席并作动员讲话。省交通运输厅党委书记朱希出席会议,厅长马志武做具体部署。省政府法制办副主任涂琼理宣读补偿及规费缴交标准,省发改委党组成员、省重点办主任王前虎主持会议。赣州市政府副市长刘建萍,抚州市委常委、副市长周小平,省投资集团公司总经理姚迪明作表态发言。省高速集团党委书记李素华、总经理谢来发以及省直有关部门、沿线地方政府负责人出席会议。

凌成兴强调,要切实抓好征地和房屋征收各项工作,把握好"严格落实补偿政策、严格规范用地报批、严格监管补偿资金"三个原则,按照时间节点,即兴国至赣县项目在2012年11月完成征地,2012年12月完成房屋征收,力争2012年年底开工建设;金溪至抚州项目和资溪花山界至里木项目在2012年年底完成征地和房屋征收工作。

会议听取了省交通运输厅、省财政厅、省发改委等部门的有关情况汇报。凌成兴在座谈会上指出,江西高速公路建设第一个1000千米,用了15年;第二个1000千米,用了4年;第三个1000千米,用了2年。到2011年年底,全省高速公路通车里程达到3642千米,2012年底将突破4000千米。省高速公路建设发生了三个深刻变化,即建设速度发生了深刻变化、养护管理发生了深刻变化、服务区面貌发生了深刻变化。形成了三条基本经验,即收费还贷、统贷统还的基本经验,同舟共济、人民支持的基本经验,领导重视、目标坚定的基本经验。下一步,要认真研究高速公路建设发展的重大课题,调整规划,降低造价,完善政策,力争把全省高速公路建设运营管理工作提高到一个新的水平。

马志武表示,三个项目意义重大,希望各项目办和沿线地方政府、有关部门一道,提高认识,精心组织,狠抓落实,把握任务节点,按照时间要求完成征迁任务,确保项目如期建成,以实际行动为建设富裕和谐秀美江西作出新的更大贡献。

(张永康　夏睿德)

【奉新至铜鼓高速公路建成通车】 10月28日,江西奉新至铜鼓高速公路通车仪式在铜鼓县隆重举行。省委书记、省人大常委会主任苏荣宣布通车,省委副书记、省长鹿心社讲话。省委副书记尚勇,省委常委、省委秘书长赵智勇,省人大常委会副主任陈达恒,省政协副主席肖光明,省军区副政委戴勇出席仪式。省委常委、常务副省长凌成兴主持仪式,副省长洪礼和宣读省政府对奉铜高速项目办的嘉奖令,省政府党组成员、秘书长谭晓林宣读奉铜高速公路项目建设表彰决定。

省委副秘书长、省委办公厅主任杨宪萍,省交通运输厅党委书记朱希,省发改委主任许爱民,省财政厅党组书记、厅长胡强,宜春市委书记谢亦生出席仪式。省交通运输厅厅长马志武讲话,宜春市市长蒋斌代表沿线政府发言。省交通运输厅副厅长万明、巡视员孙茂刚,省高速集团党委书记李素华及省政府有关部门、省直有关单位、沿线市、县党政负责人出席仪式。省高速集团总经理谢来发介绍项目建设情况。

受苏荣书记委托,鹿心社代表省委、省政府,对奉铜高速公路建成通车表示热烈祝贺。他指出,在党的十八大即将召开之际,奉新至铜鼓高速公路正式建成通车,这是江西省基础设施建设特别是高速公路建设的又一重大成果。奉铜高速公路是全省高速公路网18条地方加密高速公路之一,是全省又一条西出湖南的高速大通道。奉铜高速公路的竣工通车,对加快赣西地区经济社会发展,改善沿线群众生产生活条件,具有十分重要的意义。省交通运输厅要科学管理、搞好运营,真正把奉铜高速公路打造成为一条经济腾飞之路、民生发展之路。

鹿心社指出,近年来,全省高速公路建设快速发展,创造了令人瞩目的"江西速度"。奉铜高速公路建成通车,为江西省2012年实现高速公路通车里程突破4000千米的目标奠定了坚实基础。根据规划,到"十二五"期末,全省高速公路通车里程将突破5000千米,基本实现县县通高速,形成省会到设区市4小时、到周边省会城市6至8小时的快速通道。实现这一目标,责任重大,任务艰巨。希望全省各级党委、政府切实增强大局意识、服务意识,切实做好征地拆迁、施工协调、治安管理等工作,为高速公路建设营造良好氛围;希望省直有关部门加强协作,密切配合,在规划、用地、环评、融资等方面大力支持,为高速公路建设提供高效优质服务;希望全省交通运输系统的广大干部职工和工程建设者,继续发扬优良作风,保持旺盛斗志,精心组织、科学施工,优质、环保、安全、廉洁地建设好每一条高速公路,为实现全省"十二五"时期高速公路发展目标,加快推进江西科学发展、绿色崛起作出新的更大贡献。

马志武在讲话中指出,奉铜高速公路项目是省交通运输厅贯彻落实省委、省政府决策部署,抢抓机遇推动跨越发展的具体行动,是全省交通运输系统打造高速公路时代的具体实践。在建设过程中,奉铜项目全线推行标准化施工和"十二公开"制度,全面探索合格制评审招标、互通苗圃绿化模式,丰富了高速公路质量监控、进度监管、生态环保、廉洁高效的建设经验。奉铜项目通车,标志着江西又形成了一条横贯东西的交通大动脉;标志着中部地区崛起规划的杭州—南昌—长沙—重庆高速公路江西境内全线贯通,江西的区位优势和大通道作用更加突出。

马志武表示,省交通运输厅将把已取得的成绩当做新的起点,按照建设富裕和谐秀美江西的要求，加快推进重大项目，不断开创发展方式更好、发展质量更优、发展水平更高、发展形象更美的交通运输新局面，以优异成绩迎接中共十八大胜利召开。

仪式上，苏荣、鹿心社等领导亲切接见奉铜项目先进单位和先进个人代表并合影留念，主席台前排就座的领导为先进单位和先进个人颁奖。

奉铜高速公路项目建设里程长154.5千米，其中新建里程133.9千米与武吉高速公路共线20.6千米，项目投资69.5亿元，造福宜春市奉新、靖安、宜丰、铜鼓4个县近87万群众。

（练崇田　张永康　夏睿德　戴梅苓）

【昌樟高速改扩建项目进入实质性施工阶段】

11月15日，南昌至樟树高速公路改扩建项目建设办公室揭牌仪式暨“大干150天劳动竞赛动员大会”在项目办驻地举行，这标志着昌樟高速改扩建项目进入实质性施工阶段。省交通运输厅党委书记朱希、厅长马志武，宜春市市长蒋斌及厅党委办公室、厅办公室、厅基建处等主要负责人出席揭牌仪式。马志武、蒋斌共同为项目办揭牌。会议指出，要充分认识昌樟改扩建项目的重大意义：改扩建项目的实施，有利于提高大广高速昌樟段的通行能力，从根本上改变昌樟高速通行能力饱和的现状，从而更好地服务于社会经济发展；有利于锻炼一支能吃苦、能战斗、高水平、高科技的队伍，为江西省高速事业可持续发展储备力量；有利于为今后其他改扩建工程的开展积累宝贵的经验。因此，项目办要超前谋划好交通保障、施工组织、新老路衔接，桥梁通道拓宽、老资产利用、老路排水等各项工作的总体思路、实施方向、建设办法。确保实现“施工通车两不误，质量安全双确保”的总体目标。要抓住施工的有利季节，抽调精兵强将加大施工力度，全力推进项目建设进度。要确保投入及时、全面到位，快速掀起施工高潮。要推行管理标准化，全力创建昌樟高速公路改扩建运行典范工程。

昌樟高速改扩建项目采用双向八车道高速公路标准，其中药湖特大桥扩建为10车道。初步设计主线采用“两侧整体拼宽为主、局部分离”的方式进行整体扩建。

（练崇田　戴梅苓　李　丽）

【省长鹿心社考察九江新长江大桥建设情况】

12月22日，省长鹿心社驱车来到九江新长江大桥主桥施工现场，考察大桥建设情况，向大桥建设者表示亲切慰问。省委常委、常务副省长凌成兴，省政协副主席、九江市委书记钟利贵，省政府党组成员、秘书长谭晓林，副秘书长涂琼理，省交通运输厅党委书记朱希、厅长马志武，九江市委副书记、市长殷美根，省投资集团总经理姚迪明，省重点办主任王前虎，省高速集团总经理谢来发等随同考察。

时值隆冬，大桥合龙处寒风凛冽。宽阔的江面上，南北两座主塔高耸入云，216根斜拉索刚劲有力地支撑着双塔，尽显九江新长江大桥的恢宏气势。11时38分，随着最后一道工序——98厘米长的埋弧自动焊的完成，世界第六大双塔单侧混合梁斜拉桥——九江新长江大桥实现顺利合龙，现场响起热烈掌声。鹿心社与建设者们一一握手，代表省委、省政府向他们表示诚挚感谢和崇高敬意。

鹿心社说，九江新长江大桥建设，对于缓解南北跨江交通瓶颈制约，促进沿江地区开放开发，加强江西与湖北、安徽各方面的联系，推进长江中游城市集群建设，都起着十分关键的作用。九江新长江大桥技术含量高、施工难度大，对生态环保提出了很高的要求。省交通运输厅科学统筹、精心安排，各参建单位精心组织、精心施工，克服洪涝自然灾害、工程关键技术等难题，保证了大桥的施工进度和施工质量，在标准化施工方面为全国同类工程施工树立了样板。

鹿心社指出，大桥合龙之后，后续施工任务还很重。衷心希望各参建单位和全体建设者继续保持昂扬的斗志，发扬不畏艰难、团结奋战的优良作风，高标准、高效率抓好桥面铺装等后期工程建设，确保大桥2013年年底全线建成通车，为加快推进九江沿江开放开发和长江中游城市集群建设，为建设富裕和谐秀美江西作出新的更大贡献。鹿心社还考察了九江新长江大桥项目的排水和绿化情况，及九江西互通工程。

九江新长江大桥全长25.19千米，项目总投资44.78亿元。项目于2009年9月27日开工建设，2012年4月28日主塔封顶，计划于2013年年底建成通车。

（摘自《江西交通》）

【赣州市顺利完成2012年高速公路建设任务】 2012年,赣州市高等级公路管理处在市委、市政府的正确领导和市交通运输局党政的直接指挥下,紧紧抓住赣南苏区振兴发展这一重大历史机遇,锐意进取,扎实工作,推动赣州市高速公路建设事业顺利发展,基本完成了年初确定的各项目标任务。其中龙杨和赣崇两条作为实现全省高速公路通车里程突破4000千米目标的攻坚项目,顺利建成通车;寻全高速公路如期开工建设,工程施工正快速推进;兴国至赣州高速公路前期工作有序推进,征地拆迁工作已启动。全年全市高速公路建设计划完成投资70亿元。2012年,赣州境内高速公路通车里程为958.26千米。2012年,赣州市高速公路建设任务相当繁重,4条在建高速公路总长为333千米,工作压力相当大。面对高速公路建设的各种困难和不利条件,该处干部职工不等不靠,大力弘扬苏区干部优良作风,顽强拼搏,无私奉献,较为顺利地完成了年初确定的各项目标任务。2012年,该处被江西省交通建设领导小组评为大广高速公路建设先进集体。

(李发淳)

【赣州绕城高速赣县南互通通车】 12月5日,距离赣县县城最近的高速入口,赣州绕城高速公路赣县南互通高速入口建成通车。赣县南互通项目位于赣县茅店镇义源村,主线长1100米,匝道总长1543米,投资总计7065万元,是赣州绕城高速公路后续工程项目。该项目于2011年3月20日开工建设,历时20个月完工。该项目建成通车后,将进一步扩大赣县县域交通区位优势,提升赣县的城市竞争力。同时,该项目将进一步推动赣县融入主城区,提升赣州市中心城区的对外辐射能力。

(胡超星　赖锦洪)

【梨温高速公路赣浙收费处拓宽改造车道通车试运行】 1月19日,梨温高速公路赣浙收费处拓宽改造车道正式通车试运行。该处车道拓宽改造工程建设历时2个月,共增加5个车道。改造前赣浙收费站共有收费车道12条,其中超宽车道1条。自开通以来,交通量增长迅速,同时由于多条高速公路的开通与联网,过境车辆增多,经常造成主线收费站严重压车,直接影响了收费工作的正常进行和车辆畅通。改造过程中,各单位通力协作,克服了时间紧、任务重等困难,合理安排施工流程,始终坚持文明、安全施工,确保了工程优质、廉洁、高效完成。赣浙界梨园站地处江西东大门,作为沪昆高速公路主线收费站,是江西通往浙江、上海的运输大节点。该工程建成将改善窗口环境、提升社会形象,提高运营能力,有效解决省收费站高峰期车流压力,确保高速公路畅通,并为司乘人员提供安全、快捷、舒适的通行环境。

(陈培文)

【德上高速三清山连接线开工】 5月18日,德上高速公路三清山互通至枫林服务区连接线开工。该路是一级旅游公路,全长18.6千米,概算总投资3.12亿元,是三清山连接中心城区和周边县市、景区的重要快速通道,也是三清山首次列入江西省调度的重点建设项目,在三清山公路网络中具有重要地位,对加快三清山旅游产业转型升级,推动上饶建设现代化区域中心城市发挥重要作用。

(陈均培)

【德上高速童坊至玉峰连接线开工】 7月30日,德上高速公路童坊至玉峰连接线新建工程开工。该工程为上饶市重点工程项目,是一条旅游公路,起点为德上高速公路三清互通童坊镇,终于玉山县怀玉乡玉峰村,主要连接德上高速公路与玉山县怀玉山景区。该工程全长18.68千米,按三级公路标准建设,投资估算2.8亿元,计划工期23个月。该公路的开工建设,标志着怀玉山的旅游资源开发又取得了重大突破,对促进沿线乡镇经济发展,进一步提升上饶市红色、生态旅游品牌有着重要意义。

(章松青)

【福银(乐温)高速公路瑶北互通立交工程完成前期工作】 福银(乐温)高速公路瑶北互通立交工程位于南昌高新技术产业开发区(以下称:南昌高新区)昌东镇,北临赣江南支大桥,南靠福银高速公路西熊分离立交桥。该工程是南昌市道路规划“五纵三横”中东二环快速路(天祥大道)与福银高速公路连接的枢纽,是南昌高新区瑶湖组团公路路网的重要组成部分,又是南昌高新区城市道路网的有机补充。

工程分别在乐温高速公路(中心桩号 K26 + 091)、天祥大道设置 A 型喇叭和 B 型喇叭匝道,连接匝道的中段布设一个四进八出的收费站。匝道全长 4.022 千米,设计速度 40 千米/小时,沥青混凝土路面结构,单向流入、流出匝道宽 8.5 米,单向双单车道宽 10.5 米,对向四车道宽 20.5 米,路基土石方 676453 立方米,设置桥梁 2 座,涵洞 23 道。工程用地总规模 32.72 公顷,拆迁房屋 1802 平方米。工程投资估算总金额为 2.6 亿元,建设工期为 18 个月。

该项目由南昌高新区管委会为建设出资人,并委托南昌市交通运输局代建管理,该局设置的福银(乐温)高速公路瑶北互通立交工程建设项目办公室全权实施本项目的建设管理工作。5 月 25 日,江西省发改委正式对乐温高速公路瑶北互通立交工程项目建议书批复,同意立项建设。12 月 21 日已完成施工资格审查,待初步设计批复,即可启动施工招标工作。

(刘　卫　周国祥)

全省高速公路管养单位一览

(2012 年 12 月 31 日)

表 3　　单位:千米

序号	管养单位名称	管养里程
1	省高投集团公司	3647.513
2	南昌高速公路有限公司	40.989
3	瑞寻高速公路有限责任公司	123.956
4	赣州高速公路有限责任公司	187.692
5	赣州康大高速公路有限责任公司	56.645
6	诚坤国际(江西)九瑞高速有限公司	48.14
7	赣州赣康高速公路有限责任公司	43.589
8	上饶市上武高速公路管理处	52.966

(李宗摘编)

一般公路建设

国道

【105 国道南康段路面改造工程开工】 10 月,105 国道南康段路面改造工程开工。路线起于南康境内 105 线与天马山大道交接处,桩号为 K2158 + 000,终于龙回镇茶叶坳村,桩号为 K2162 + 833.714。路面改造 4.8 千米,路基宽 12 米,行车道宽 9 米,硬路肩宽 2 × 1.5 米,路肩与行车道路面结构一致。设计速度为 40 千米/小时。工程投资 1400 万元,计划工期 4 个月。

(省公路管理局)

【105 国道南昌市银三角至新村段改建工程启动】 12 月,105 国道南昌市银三角至新村段公路改建工程外业勘察工作完成。该项目位于南昌县境内,路线起于 K1729 + 007(莲武路口),途经冈上村、丁坊,终于 105 国道 K1744 + 492(沪昆高速出口),路线全长 15.485 千米。由北向南纵向贯穿南昌县,是 105 国道、316 国道的重要连接线,同时也是南昌市区通往丰城的重要经济干线。根据本项目工程可行性研究报告的路线走向,项目工作组进行了路线、桥涵水文、交叉、筑路材料、征地拆迁、工程地质、水土保持、人文景观、环保绿化、沿线设施等专业调查和勘探,并进行了必要的测量、实验等工作,同时到沿线景区规划、交通、地质、水文、气象、电力、电讯等相关部门征求意见、收集资料,以便改进、完善初步设计。

(省公路管理局)

【206 国道广昌白沙坪至赤水段路面改善工程竣工】 12 月 30 日,206 国道广昌白沙坪至赤水段路面改善工程竣工,总投资 963 万元。该项目全长 12.584 千米,是广昌通往福建、广东的交通要道,按照二级公路平原微丘标准施工,路基宽 12 米,路面宽 9 米,采用细粒式级配碎石沥青混凝土,工期 3 个月,广昌公路分局施工。它的建成大大改善江西南大门入闽、入粤行车环境和行车秩序。

(魏纪军　李水生)

【319国道五陂至安源转盘段大中修工程竣工】 11月20日,319国道五陂至安源转盘段大中修工程竣工。该路段与莲花县相通,是萍乡市一条重要出入城市道路,也是全市的重要经济动脉,由于近年来交通量骤增,超载超限严重,该线路路面破损较为严重,滞后于经济发展形势。该工程改造路线,全长5.434千米,路面宽14米,铺设双基层,双面层沥青混凝土路面,总投资1400万元。该工程于7月20日开工。

(省公路管理局)

【319国道泰和老营盘塌方地段恢复通车】 2月1日,319国道K608+400处泰和县老营盘塌方地段恢复通车。该地段于1月29日左侧上边坡山体风化石开始脱落,陆续发生塌方,塌方量达2000多立方米,使车辆通行受阻,经过泰和公路分局组织人员及机械设备日夜加班全力抢修,在3天时间内使交通得以恢复。

(省公路管理局)

【瑞金公路分局大力整治319国道塌方】 2月9日,瑞金市319国道K387+100处山体发生大面积的滑坡和塌方。滑落的山体波面宽140米,高23.5米,平均厚度25米,共有41300立方米。其中有近百立方米塌方土石堆积在公路上,占了1/2的有效路面。瑞金公路分局在发生山体滑坡和塌方后,第一时间组织人员、设备清除了堆积在公路上的土石。同时,该局还建立了山体滑坡观测点和值班制度,安排了专人24小时观测山体态势,确保公路安全畅通。

(省公路管理局)

【320国道贵溪段公路拓宽工程开始招标】 10月8日,贵溪公路分局所辖路段320国道贵溪福达至流口路段公路拓宽工程开始招标。该工程起点位于320国道k635贵溪福达花园附近,终于k631贵溪流口镇,路段全长4.239千米,总投资8000万元,工期8个月。根据交通量预测结果及沿线地形条件等因素,在利用老路的基础上进行拓宽改建,路基宽28米(原路基12米),路面采用沥青混凝土结构,路面为双向四车道。其中,绿化带3米,非机动车道左右各2米。该工程的建设对完善贵溪市的工业布局,促进贵溪地方经济发展以及城市交通网的升级完善具有重要作用。

(贵溪县公路分局)

【320国道上饶城区升级改建项目获批】 9月,上饶市320国道上饶城区段升级改建项目已获省发改委批准,投资估算15亿元。该项目起点位于信州区沙溪镇底山村(原320国道K531附近),途经水碓、跨信江河,经广丰县、信州区、上饶县、经济开发区、横峰县等5个县区终于上饶县与横峰县交界处(320国道K579附近)。路线全长59千米,计划工期24个月。

(省公路管理局)

【320国道至余江县刘家垦殖场16条国有农场水泥路改建工程竣工】 320国道至余江县刘家站垦殖场共有16条列入国有农林场通沥青(水泥)路改建项目,经鹰潭市交通运输局批准,于4月开工,至10月竣工。该工程具有单项长度短、条数多等特点,16条公路总长为28.1千米,平均每条仅长1.7千米,施工较为繁杂。鹰潭市交通运输局统一部署,首先落实工程项目资金来源,在省交通运输厅和省公路局的关怀下,鹰潭市委、市政府全力支持,共筹得工程投资款项1318.5万元,解决了施工难题。其次,制定周密施工计划,做到科学施工。由于该16路段地理分布较为集中,故可依据其位置高低,逐段施工,线连线,片成片,减少折腾,避免迂迴,真正做到高效益低成本。再次,严格把关,确保工程质量。在施工过程中,严把材料进场关,严把工序交接关,严把竣工验收关。最后,做好施工阶段总结评比。每一个施工阶段完工,都要进行总评比,表彰先进,鞭策后进,在确保质量的前提下,按计划完成施工任务。

(鹰潭市交通运输局行办)

【赣州市公路管理局召开2012年国省道路面改造工程动员会】 10月12日,赣州市公路管理局召开2012年路面改造工程开工动员会暨2011年路面改造工程总结表彰大会。会议指出,2011年路面改造工程完成了120千米国省道改造,有力地促进了赣州市公路路况上新台阶。进度符合计划,且质量较好,基层、面层平整度、宽度、弯沉、取芯厚度、横坡度等合格率在89%以上,达到合格工程标准,获得业内的充分肯定。同时,整个工程实现了安全生产零责任事故，也未发现违反廉政建设规定的人和事。

会议强调，2012 年全市国省道路面改造工程要实现四个目标，即：质量上确保合格，力争优良；进度上确保 2013 年 6 月 30 日前完工，力争 2013 年春运前完成主体工程；安全上确保零安全生产责任事故，力争不发生安全事故；廉政上确保风纪优良，不发生违反廉政建设规定的人和事。会议要求：2012 年全市国省道路面改造工程具有路线长、施工点多、地域跨度大特点，且工期紧，是一项艰巨的硬任务。要求各参建单位必须统一思想，认清形势，坚定信心，采取强有力手段和措施，做好 3 个方面工作：一是抓紧做好前期工作，迅速掀起工程建设高潮。主要是组建好一个项目经理部；选择好一支民工队伍；认真抓好驻地建设；认真抓好场站建设；全面熟悉项目建设资料。二是科学组织施工，全力以赴建设精品工程。主要是注重工程质量，打造“放心路”。要制定详细的进度安排，严格把握时间节点，确保工程在工期内完成；注重施工安全，打造“平安路”。确保“五个到位”，即制度和教育到位，责任到位，安全设施到位，维护交通通畅到位，整改落实到位；注重廉政建设，打造“阳光路”。三是全面落实责任，为工程建设提供坚强保证。做到四个加强，即加强组织领导，加强责任落实，加强检查督促，加强形象宣传。会上，表彰了 2011 年路面改造工程先进集体和先进个人。工程项目办、施工单位、监理单位、设计单位相关人员计 70 余人参加了会议。

（魏林菁）

省道

【省道 S326 小定线定南县城至老城公路改建工程竣工】 10 月 30 日，省道 S326 小定线定南县县城至老城公路改建工程竣工。该公路纵贯定南县工业带，也是一条重要的出省公路，全长 13.808 千米，项目总投资 1700 万元，建设工期 6 个月。该项目的建成对改善定南交通路网结构，提高道路通行能力，改善投资环境，带动全县经济发展具有重大意义。

（定南县交通运输局）

【省道宜丰荷舍至棠浦公路开工】 1 月 11 日，宜丰石镇线（原杨宜线）荷舍至棠浦段公路改建工程开工。公路全长 29.7 千米，是宜丰通往南昌、奉新等地的主要公路，原为三级沥青路面，因其路面狭窄、大量超限车辆通行，使路面损坏较为严重，已不能满足日益繁忙的交通运输需求，经宜春市发改委批复，决定对该路改建。改建路段起点为石镇线 K12 + 000，终点为 K46 + 930。该路根据沿线实际情况，路基宽度分别设计为 12 米、10.5 米、17.5 米，路面结构采用双基层施工，面层为 5 厘米沥青碎石，设计时速为 80 千米/小时。

（宜丰县公路分局）

【省道 S304 线修水辽源至南楼岭段改建工程开工】 5 月 16 日，省道 S304 线修水辽源至南楼岭段改建工程开工。辽南公路是《江西省 2020 年干线公路网规划》“十纵十横”干线网中第一横的支线，是修水县连通湖北省的主要通道。全长 33 千米，按二级公路标准设计。该路起于柯龙线石坳乡水门村，途径石坳、古市、路口、白岭四个乡镇，终于白岭镇南楼岭，与湖北通城县接壤，设计时速 60 千米/小时，双向两车道，路基宽 12 米，路面宽 9 米，设有隧道一座，总投资 2.9 亿元，建成后可使修水县西部 20 余万人的交通出行更加便捷。该项目预计建设工期 18 个月。

（省公路管理局）

【省道资洵线沙石路公路改建工程竣工】 7 月，资溪县至黎川县的省道资洵线砂石公路改建工程竣工。改建后路面为混凝土路面，路面宽 6.5 米，路基宽 7.5 米，投资为 3400 万元。改建路段桩号为 K22 + 000 ~ K37 + 700，共 15.7 千米。该线改建竣工，将大大改善沿线公路的通行环境，促进当地经济又好又快发展。

（资溪县公路分局）

【省道 S231 芦溪段升级改造工程全面铺开】 8 月，芦溪县 S231 升级改造工程全面铺开。该工程全长 29 千米，按二级公路标准建设，工期为 17 个月，总投资 6800 万元。为强化工程质量、进度、成本控制，芦溪县政府成立了项目指挥部，多次召开工程项目推进会，县领导现场办公，督促协调解决影响工程进度的杆线搬迁等难点问题，为工程施工创造了条件。县交通运输局和芦溪公路分局抓住当前施工黄金季节，倒计时安排拆迁协调工作、工程施工第一阶段的工作任务,并现场督导工作进度和施工质量,解决房屋拆迁、杆线搬迁问题,工程进展顺利。

(芦溪县公路分局)

【省道里崇线宜黄段竣工】 9月28日,省道里崇线宜黄棠阴镇至宜黄县城段公路竣工。该路段起于宜黄县棠阴镇,终于宜黄县城,属宜黄县主要省道之一。该工程公路设计时速为60千米/小时,路基宽12米,路面宽9米,全长12.882千米,为二级公路水泥路面。经过公路建设者近4个月的紧张施工,全线竣工通车。

(宜黄县公路分局)

【省道修万线二级公路改建工程竣工】 10月,省道修万线二级公路改建工程竣工。修万线(修铜线)是修水县连通宜春地区的一条主要出境公路,起于修万公路K6+000段,经宁州、黄沙、黄港、何市、上奉等乡镇,终于修水与铜鼓交接处,路线全长55.498千米。该项目分二期实施,本次实施一期工程,起自武吉高速连接线与湘竹平交处,终于何市郭城,总里程40.11千米,总投资2.2亿元。按二级公路标准建设,路基宽12米,路面宽9米,路面结构为水泥混凝土路面。

(省公路管理局)

【省道S208石宁线抚州市境内宜黄凤岗至二都段公路改建工程启动】 9月,省道S208石宁线宜黄凤岗至二都段公路改建工程招投标工作正式启动。该项目起点位于宜黄县凤岗镇,途经池南、马停桥、帘前等村,终于二都镇。路线桩号为K308+771~K321+255.647,路线全长12.485千米。公路等级为二级,设计速度60千米/小时;路基宽度10米,路面宽度7.5米。工程投资估算2586万元。

(欧阳琴)

【省道S215六上线抚州市境内流坑旅游公路重建工程开工】 8月26日,省道S215六上线流坑二级旅游公路重建工程开工。该路线全长37.343千米,路面设计宽度为8.5米,起于乐安县石塘,终于乐安与吉安永丰交界处的都溪凹,是上世纪90年代中期修建的三级沥青公路。原公路经多年行车碾压及2010年遭遇历史罕见的特大洪涝灾害后,致使路面破损十分严重,安全隐患极大。为保证沿线居民出行安全,促进沿线乡镇经济发展,经上级部门批准,将这条连接崇仁、乐安、永丰3个县共17个乡镇的重要旅游公路重新改建。

(廖志华)

【省道S316里崇线崇仁孤岭至巴山段公路改建工程开工】 9月18日,省道S316里崇线崇仁孤岭至巴山段公路改建工程开工。该路段起于崇仁县与宜黄县交界处孤岭,途经礼陂、郭圩两乡镇,终于崇仁县巴山镇与抚八线十字交叉口处,全长21.37千米,设计公路等级为二级,时速为60千米,路基宽10米,路面宽8.5米,其中孤岭路段设计速度为40千米/小时,路基宽8.5米,路面宽7米。计划工期15个月。该项目建设总造价4300万元,由中央、省级定额补助以及市、县两级政府配套解决。

(陈小兵 黄 德)

【省道S318厚莲线抚州市境满源至潭湖旅游公路改造工程开工】 2月10日,省道S318厚莲线抚州市境内满源至潭湖旅游公路改造工程开工。该路段设计标准为二级公路,全长8.045千米,路基宽12米,路面宽10.5米,预计总投资4000万元。该路段在南丰县境内南北走向,南接黎川,北接宜黄,其中满源至潭湖K70+700~K78+745路段为通向国家AA级旅游风景区、省级湿地公园——潭湖风景区的大通道,是1995年建成的一条三级公路,目前因使用年限过长,超期服役,沥青路面已基本破坏,急需改造升级。改造工程由南丰县政府和抚州市公路局联合投资,南丰公路分局作为项目委托业主,认真履职、精心调度、科学管理,按照基本建设程序,前期准备工作已经完成并进入实质性施工阶段。

(邓毅军)

【省道上棠线上高境内公路改建工程竣工】 2月28日,省道上高境内上棠线公路改建工程油面摊铺施工顺利完成。该工程起于上高野市乡集镇,终于泗溪镇官桥,建设标准为二级公路,全长11.49千米,路基宽10米,路面宽7米,基层采用

18 厘米 +18 厘米水泥稳定碎石双基层结构，路面结构为 5 厘米 +1 厘米厚沥青混凝土。

（张　智　李　勇）

【省道万上线路面改造工程竣工】 8 月 2 日，省道万上线大中修改造工程开工。该线途经万载双桥、株潭等多个重要乡镇，是万载通往湖南的交通要道，且车流量大。万上线改造工程，全长 49.182 千米，桩号为 K3 +800 ~4 +900、K5 +400 ~K53 +482，工程总投资 3000 万元，列入 2011 年公路建设（中央车购税）计划。该公路改造，按二级公路标准建设，路基宽 12 米，路面宽 9 米，采用双基标准、水泥稳定碎石基层，沥青混凝土路面。该工程于 11 月 20 日竣工，对繁荣地方经济和新农村建设具有重要作用，深受当地农民群众的欢迎。

（刘新权　汪小玲）

【省道修万线铜古路段大中修改造工程竣工】 9 月 30 日，由铜古公路分局施工的修万线 K97 +000 ~K104 +700 大中修改造工程竣工。该工程全长 7.7 千米，采用 18 厘米水稳碎石下基层 +18 厘米水稳碎石上基层 +5 厘米沥青混凝土面层结构形式，其中 K97 +000 ~ K97 +700 段路面宽 15.4 米，K97 +700 ~ K104 +700 段路面宽 7 米。工程总投资 1079.325 万元。

（王文臻　谌金荣）

【省道宋水线丰城梅林至隍城段大中修工程竣工】 8 月 6 日，省道宋水线丰城梅林至隍城段大中修工程全面竣工。该工程于 5 月 16 日开工，由丰城公路分局施工，工程按二级公路标准建设，路基宽 12 米，采用双基标准（18 厘米 +18 厘米），路面宽 9 米，采用沥青混凝土路面，投资 283.679 万元，路段总长 16.687 千米。该工程开工不久，即遇雨季，对施工十分不利。但广大施工人员积极设法，抓晴天，抢阴天，做到轮班作业，克服重重困难，顺利完成施工任务。

（徐　琴）

【省道石镇线上高段大中修工程开工】 8 月 20 日，由上高公路分局施工的省道石镇线上高段养护大中修工程开工。该路段起于上高境内锦江镇大塘，终于新界埠乡城陂，是宜丰、铜鼓两县通往上高、新余的主要干线公路之一，始建于 90 年代中期，路面损坏较严重。该路段按二级公路标准分为两段建设，设计行车速度 80 千米/小时。改造后的路面宽 9 米，路基宽 12 米，K111 +758 ~ K120 +118 路段采用 18 +18 厘米双水稳基层、K124 +628 ~ K140 +004 路段采用 20 厘米 +20 厘米双水稳基层，路面采用热拌沥青混凝土，工程总投资 3000 万元。

（李　勇）

【省道 S201 广丰县城至上饶火车站段改线工程获批】 10 月 9 日，广丰县城至上饶火车站段改线工程可行性研究报告经省发改委同意批复。该项目建设对于提升赣东北公路网营运效率，促进广丰县域经济社会发展，加快城镇一体化进程具有重要作用。

广丰县城至上饶火车站段新建工程路线起自广丰县芦林大道与省道 S201 线相交处，经芦林街道办事处、翁家岭、十里水库，信州区朝阳、灵溪、跨信江后，终于上饶市高新大道与国道 G320 线相交处。全长 17.2 千米，其中：广丰县境内长 4.4 千米，信州区境内长 12.8 千米；隧道 748 米/1 座，大桥 456 米/2 座，中桥 70 米/2 座。该项目具有公路和城市道路双重功能。全线采用一级公路标准建设，设计速度 60 千米/小时。项目预算总投资为 72143 万元。

（陈均培）

【省道玉山“新仙线”二期改造工程竣工通车】 7 月 28 日，玉山境内的省道“新仙线”二期路面改造工程竣工通车。省道“新仙线”是玉山县连接浙江江山市的主通道，近年来，该干线由于车流量加大，超载车辆不断增多，路面损坏程度日益严重。2011 年，玉山县将“新仙线”路面改造工程纳入全县重点建设项目，并迅速动工建设，在沿线乡镇和人民群众的大力支持与配合下，该干线一期改建工程于 2011 年 11 月全面竣工。“新仙线”二期工程于 2012 年 2 月 25 日破土动工，投资 1700 万元，总长 12.13 千米，7 月 12 日完成路面施工。

（陈均培）

【省道 S208 线余干县境内黄东段水泥路面重建工程竣工】 10 月 31 日,余干境内的省道 S208 线黄金埠至东乡段水泥路面重建工程竣工。该工程由上饶市公路管理局招标,余干分局中标承建。该工程为灾后重建项目,自黄金埠途经梅港至东乡,全长 12.7 千米,设计为二级公路,路面宽 9 米,该项目工程核算总投资 1587.5 万元。

(童志民)

城市道路

【丰城市丰厚一级公路开工建设】 7 月 25 日上午,丰城至厚田一级公路开工。该公路始于龙津大桥北桥头,经曲江、上塘、同田 3 个乡镇,最终与沪昆高速厚田枢纽相连,全长 24.39 千米,项目总投资 7.9 亿元。丰厚一级公路是丰城市采用 BT 模式,由江西省交通集团公司筹资建设的高等级公路,于 2010 年 9 月经省发改委批复立项。工程的正式开工,标志着丰城市建设现代化中等城市的步伐全面提速。项目建成后,将进一步完善该市对外联系的高等级公路路网布局,促进沿线乡镇经济社会又好又快发展,为丰城“科学发展、跨越提升”提供强大动力。

(皮晓荣)

【靖安县城环城南路二级公路建成通车】 靖安县环城南路工程建设由县政府立项,列入城南老城区改造项目,报省发改委批准,作为县重点工程。项目总投资 4000 万元,资金来源为财政投资。靖安县环城南路东接石材厂,西连县委党校,环城绕行,按城市园林景观路进行设计,四车道,道路设计总长 4264 米,宽 35 米,路基土方工程量 1.5 万立方米。该工程于 2011 年 10 月 30 日开工,历时一年,于 2012 年 11 月竣工。该工程完工,对进一步改善县城交通运输条件,提升县城形象,助推该县工业振兴,发展旅游业,加快经济发展发挥重要作用。

(刘 斌)

【奉新县天工大道建设取得新进展】 为进一步加快天工大道建设步伐,2012 年奉新县交通运输局派出 5 名科级干部和 3 位技术人员长期驻扎在工地上,具体抓好工程建设的征地拆迁协商,施工质量的现场抓管,工程进展的调度及工程施工的服务工作。通过各方不懈努力,天工大道工程建设克服天气久雨等不利影响,不断取得进展。至 12 月末,A1 路基土石方、涵洞基本完成,完成碎石垫层 6.4 千米,完成水稳基层 6 千米(21300 平方米),完成水泥混凝土路面 5.9 千米(19720 平方米),徐家中桥、舒家小桥已竣工通车。A2 标完成箱梁 133 片,接桩 66 根,盖梁 19 个,土方 8.5 万立方米,盖板涵 142 米。天工大道二期工程已开始施工。

(魏振宇)

【抚州市迎宾大道路面改造工程竣工】 8 月 26 日下午,抚州市迎宾大道(文昌大道至东临大桥桥头)路面橡胶沥青铺设施工全部完成。迎宾大道路面改造工程施工分为两段:福银高速公路出口至文昌大道(第一段)、文昌大道至东临大桥桥头(第二段)。8 月 2 日开始试验性施工,8 月 4 日第一段路面全面摊铺橡胶沥青,8 月 20 日完成。第二段路面摊铺工程于 8 月 26 日顺利完成。抚州市迎宾大道路面成为全省第一条铺设橡胶沥青的城市主干道。

(陈根玲)

【抚州市大公路路面改造工程竣工通车】 11 月 15 日,抚州市中心城区“156”惠民工程——大公路路面改造工程竣工通车。经过近 6 个月的改造,大公路面貌焕然一新,已成为老城区一条精品路。工程改造前,大公路路面损坏严重,且原有的排水设施不完善,导致雨天路面积水严重,影响道路通行,市民反映强烈。为解决这一问题,市委、市政府决定实施大公路路面改造工程。工程于 2012 年 6 月正式建设,东起文昌桥头,西至学府路,全长 1.14 千米,进行路面、人行道、下水管网建设,采用全封闭施工,总投资 560 万元。市挂点领导多次到现场指导工作,项目负责单位在人力、财力、物力的投放上给予了重点保障,建设单位围绕工程建设目标任务,统筹安排,科学施工,狠抓工程进度、质量和安全,高标准如期完成了工程建设任务。

(陈根玲)

【金溪县疏山北路拓宽改造工程建成通车】 金溪县疏山北路拓宽改造工程起于 206 国道县工业

园A区华宇香料厂,终于206国道与王金线公路交汇处,全长1.767千米,拓宽改造后的路宽50.8米。该工程总投资4000万元,2011年9月开工,2012年12月竣工。该工程建成后,使该县城区和工业园区交通更加便捷,对城区空间向北拓展,加速县域经济发展奠定了良好基础,成为该县城区又一亮点、景点工程。

(周耀辉)

【南城县河东工业大道竣工】 南城县河东工业大道是该县2012年19个城市重点工程之一,是该县河东工业园区的一条南北向交通主干道,起于济广高速公路南城互通连接线,终于工业园区内,全长4.2千米,其中含一座高速跨线桥。该大道按城市主干道一级技术标准设计,设计时速60千米,采用双向六车道,路基宽42米,路面宽27.5米。项目总投资6500万元,该项目的建成对于扩大该县工业园区规模,提升和优化投资环境,提高城市品位,促进县域经济跨越式发展具有重要作用。

(王素红)

【抚州市东乡站前南路开工建设】 5月8日,抚州市东乡站前南路开工建设,至11月18日,工程已完成路基土石方59498.08立方米,占总量的80%;路基垫层9116.48立方米,占总量的80%;水泥稳定基层163106.16立方米,占总量的80%;沥青面层完成109701.04立方米,占总量的40%;涵洞工程已全部完成;雨水、污水管铺设完成80%;两座小桥中的一座已全部完成,另一座小桥桥梁下部结构完成70%,梁片预制全部完成。该工程为东乡县重点工程,是该县城北新区路网建设的主干道。该工程为东西走向,西起东临一级公路,东至站前广场东侧。路线全长2227米,包括道路、桥梁、给排水、交通和照明等配套工程。工程技术等级为城市一级主干道,设计速度为每小时60千米,道路宽60米,双向八车道,采用沥青混凝土路面,工程计划投资4276万元。

(陈根玲)

县乡公路

【全省农村公路建设取得新成绩】 2012年,在省交通运输厅直接领导下,全省各市、县交通主管部门积极推进农村公路建设,取得好成绩,全省共完成农村公路6300千米,完成投资24.89亿元,实现了跨越式发展。在加强农村公路建设管理工作方面,省公路管理局采取的主要措施是:1. 进一步提高全省农村公路建、管、养、运综合管理水平,探索农村公路建、管、养、运新型管理模式。全省以开展为期三年的农村公路管理养护活动年为契机,在2011、2012年进行100个全省乡镇农村公路综合服务站建设试点工作,以进一步深化全省农村公路管理养护体制改革,取得较好成效。在此基础上,2012年10月10日,省政府在宜春市丰城市召开了全省推进农村公路建管养运一体化发展现场会,总结推广丰城、高安等地农村公路建管养运先进经验,研究部署推进全省农村公路建管养运一体化发展工作。通过会议,各市、县交通运输主管部门,认真学习丰城、高安等地先进经验,积极开展乡镇农村公路综合服务站建设,认真落实农村公路管理养护的各项制度,全面提高了全省农村公路养护覆盖率、改善了农村公路技术状况,推动了全省农村公路向“建养并重、均衡发展”转变,确保做到“建即有养、养即到位”。2. 进一步加强沟通与交流,不断完善农村公路管养机制。6月10日,省公路局在宜春召开全省农村公路管理座谈会。座谈会上,各设区市交通运输局汇报了2012年上半年的工作情况,提出存在的问题,对以后的农村公路工作提出了有针对性的建议,吉安县、彭泽县进行了管理养护工作交流。座谈会上省厅规划处负责人出席会议并参与答疑等活动。同时,针对丰城、高安市综合服务站农村公路管理养护制度的先进经验进行了现场讨论,并提出了建议和意见,以便进一步修改完善。3. 制定交通建设扶贫规划及农村客运网络规划,促进农村公路建设科学发展。2020年全面实现小康社会是党中央确定的战略目标任务,交通运输发展是贫困地区实现小康的重要条件。根据交通运输部对交通扶贫规划工作的统一部署,江西省在2012年已完成了《罗霄山集中连片特困地区交通建设扶贫规划》的编制并下发实施。同时,省公路局还配合省运管局完成了客运网络规划的编制工作和2012年50个乡镇农村公路综合服务站工可的评审和审批工作。该局还参与省厅对口上饶县的扶贫工作。配合省厅完成了2012年农村公路建设项目工程可行性研究报告的审查以及农村公路建设计划下达工作。4. 进一步加强专项农村公路的调研工作,有针对性地进行指导。为顺利完成全省"十二五"时期国有农林场公路项目建设工作,省公路局联合省农垦办及省森工局成立调研组于2012年4月16日至4月21日对九江、宜春等8个设区市国有农、林农场公路项目建设情况进行了调研。通过调研,摸清了国有农林场公路建设管理部门的管理情况及存在问题,对其下一步的工作进行了指导,取得了良好效果。

(省公路管理局)

【新建县抓好农村公路升级改造】 2012年,新建县交通运输局通过积极加强与省、市交通运输管理机关的沟通,争取到国家补贴资金2350万元,省厅补贴资金3000万元,用于该县7个主要通乡镇和旅游区的县、乡道升级改造项目,总里程57.2千米,至年末,7条线路按预定计划开展工作。其中,石岗——抗援三级公路已基本完工,创新桥——鲤鱼桥二级公路已正式启动,揭家——金桥、金桥——铁河二级公路已通过改造工程施工图专家评审,东岗桥——厚田三级公路进行招投标前期工作,昌邑——联圩三级公路《工可》已通过评审,105国道口——溪霞水库三级公路即将组织招投标工作。

(邹 萍 包中梅)

【南昌市湾里—小至团山旅游公路改建工程主体工程完工】 南昌市湾里—小至团山旅游公路起于湾里第一小学,途径乌井水库、招贤镇乌井村、樱花谷景点、招贤镇乌井村上堡自然村、雷公坛自然村,终于太平镇团山村,全长11.317千米(其中,新修路段2.36千米,拓宽改造路段8.957千米)。改建工程公路等级采用四级公路标准,设计行车速度为20千米/小时,路基宽6.5米,路面宽6米,工程总投资预算6561万元。工程于2011年9月1日开工,2012年11月2日完成摊铺上层沥青路面,11月底完成全部边沟、绿化、标志线、防护栏安装等附属工程。12月竣工通车。

(张国平)

【景德镇市2条农村公路列入国家红色旅游公路重点项目】 2月9日,国家交通运输部制定的《"十二五"红色旅游公路建设规划》中,景德镇市有2条农村公路列为国家红色旅游公路重点项目,项目建设里程为24千米,总投资达4800万元。江西省此次共计11个项目上榜,景德镇市取得2个项目。对于列入"十二五"红色旅游公路建设计划的项目,交通运输部将安排车购税资金予以支持,景德镇市2个项目属赣东北红色旅游系列景区,均为三级公路,上级对每千米公路建设将有100多万元的资金扶持。其中浮梁县建设规模为6千米,由程家山至盛莲塘(新四军瑶里改编及程家山旧址),总投资为1300万元。乐平市建设规模为18千米,由界首经文山至万年县神龙宫(红十军建军旧址),总投资为3500万元。这2条公路建成后,将进一步便捷连接到邻近的国道、省道或县道等干线公路及相关城镇,突破山区交通瓶颈,有力地促进景德镇市红色旅游事业蓬勃发展。

(徐小明)

【瑶里至婺源灵岩洞旅游公路列入《江西省旅游公路建设规划》】 6月下旬,省发改委、省交通运输厅、省旅游局联合下发《关于下达江西省旅游公路建设规划(2010—2012)第一批项目投资计划的通知》,景德镇市瑶里至婺源灵岩洞旅游公路项目列入其中。瑶里至婺源灵岩洞旅游公路项目起点位于浮梁县瑶里镇寺前村,线路沿正东偏南方向至婺源县灵岩洞景区,全长22千米,其中浮梁县境内12.5千米、婺源县境内9.5千米。项目全线按三级公路标准设计建设,总投资3708万元。该项目为打通景德镇市与上饶市之间"断头路"的重点工程,建成后可使瑶里风景区与婺源风景区联为一体,一改从婺源风景区到瑶里风景区需绕道景德镇市区的不便,可缩减五分之四的路程。

(涂 强)

【景德镇市县乡道改造升级及农村客运网络化连通工程建设项目获批复】 9月12日,省交通运输厅发文批复2012年度全省农村公路县乡道升级改造及农村客运网络化连通工程建设项目可行性研究报告,要求各设区市交通运输局尽快完成项目设计等前期工作,尽早开工建设,标志着上述两类项目正式启动建设。景德镇市纳入2012年度全省农村公路县乡道升级改造的项目共14个、总里程114.1千米、总投资21632万元。其中,景德镇市交通运输局负责实施的有12个、总里程89.3千米、总投资14036万元。上述14个项目中,按二级公路标准升级改造的有2个,总里程10.2千米;按三级公路标准升级改造的有12个,总里程103.9千米。全省农村客运网络化连通工程分新建公路项目、路面改造项目、路面拓宽改造项目三类实施,景德镇市纳入2012年度全省农村客运网络化连通工程的项目共26个,总里程113.9千米,总投资15095万元。其中新建公路项目16个、里程55.8千米、投资7490万元;路面改造项目8个、里程50.2千米、投资6607万元;路面拓宽改造项目2个、里程7.9千米、投资998万元。

（涂　强）

【景德镇市国有农林场通乡镇级及行政村级居民点沥青(水泥)路建设项目获批】 9月12日,省交通运输厅发文批复2012年度国有农林场通乡镇级及行政村级居民点沥青(水泥)路建设项目可行性研究报告,要求各设区市相关部门尽快完成项目设计等前期工作,尽早开工建设,标志着上述项目正式启动建设。全省国有农林场通乡镇级及行政村级居民点沥青(水泥)路建设分国有农场通乡镇级居民点、通行政村级居民点和国有林场通乡镇级居民点三类项目实施,景德镇市有17个项目列入计划,总里程35.6千米、总投资2730万元,其中15个项目列入国有农场通行政村级居民点沥青(水泥)路建设计划,总里程28.1千米、总投资2030万元;2个项目列有国有林场通乡镇级居民点沥青(水泥)路建设计划,总里程7.5千米、总投资700万元。

（涂　强）

【浮梁县交通运输局大力实施公路建设项目促旅游业发展】 2012年,浮梁县交通运输局紧紧围绕"打好三张主牌"战略和"建设富裕文明生态和谐幸福浮梁"发展目标,大力实施旅游公路建设项目,为浮梁旅游业发展提供便捷完善的交通运输条件。该局提出的旅游公路建设计划包含3个项目,即新平大桥至王港大桥村级公路项目、程家山至盛莲塘公路项目、寺前至白绛岭公路项目。其中,新平大桥至王港大桥村级公路项目全长5.7千米,按一级公路标准设计建设,总投资9670万元,建设该项目对拓宽县域空间,拉近瑶里风景区至古县衙景区空间距离,促进区域经济和旅游业发展具有重要意义;程家山至盛莲塘公路项目为红色旅游公路建设项目,全长6.4千米,按三级公路标准设计建设,总投资1350万元,建设该项目对发展红色旅游,方便群众瞻仰烈士陵园、接受革命传统教育创造便利交通条件有着积极作用;寺前至白绛岭公路项目为连接瑶里风景区至婺源风景区的旅游公路,项目全长12.5千米,按三级公路标准设计建设,总投资3708万元,项目建成后可使瑶里风景区与婺源风景区联为一体,一改目前从婺源风景区到瑶里风景区需绕道景德镇市区的不便,可缩减四分之三路程。

至年底,寺前至白绛岭公路项目完成路基土石方及垫层施工,路中5座桥梁和水泥混凝土路面铺设量过半;程家山至盛莲塘公路项目、新平大桥至王港大桥村级公路项目先后完成工可评审。

（涂　强）

【景德镇市"丽阳村—新206国道"县道升级改造项目竣工】 10月18日,景德镇市昌江区"联村一仓下"线丽阳村与新206国道路段县道升级改造项目全线建成通车。该县道升级改造项目起点位于昌江区丽阳乡丽阳村,路线经石口吴家、下穿济广高速公路、余家村、丽阳乡政府,终点与新206国道相交,建设里程为3.376千米。改造后,该路段由四级提升至三级公路,路基宽7.5米、路面宽6.5米,水泥混凝土路面,设计时速30千米/小时,总投资500万元。项目升级改造过程中,同步完善绿化和标志牌、里程桩、减速带等相关安保设施,以配合小城镇建设需要。该路的建成通车,使当地的交通状况得到明显改善,方便了沿线群众的生产生活和便捷出行,在带动沿线经济发展,促进丽阳乡商品流通、旅游业、运输业、加工业、养殖业的迅速发展有着积极的推动作用。

（洪　涛）

【萍乡市湘东区积极推进农村公路网建设】 2012年,萍乡市湘东区全年共完成农村公路连通工程128.9千米,计投资2961万元;水毁公路项目改造计划9.2千米,计投资1019.2万元;全年完成农村公路大中修工程5.6千米,完成投资380万元(其中,湘东镇泉田至高枧公路2.1千米,下埠镇下埠至二里段1.6千米,腊市镇腊市至东洲1.9千米);同时,对大江边至麻山、下埠至二里、三角池至登官及横美公路进行了大面积维修。

(萍乡市交通运输局)

【吉安市旅游公路建设三年投资超5亿元】 2010年——2012年,吉安市共立项建设旅游公路6条158.27千米,总投资5.6416亿元,目前已竣工项目有4个,分别是青原区青原大道至青原山景区旅游公路、安福县武功山风景区钱山至文家旅游公路、吉水县大东山公路、永丰县大仙岩公路,另外两个项目青原区青原至东固、永新县三湾至甑潭公路在建。在项目工程管理中,吉安市着重从以下3个方面入手:一是狠抓项目前期工作,及时督促项目县(市、区)做好项目工可报告审批、初步设计和施工图设计、落实选址、用地、环评等相关工作;二是强督项目工程质量。对在建旅游公路项目开展经常性监督检查,督促落实项目建设管理制度,推动质监体系建设;三是严格规范项目验收,严格按照交通运输部《公路工程竣(交)工验收办法》和《公路工程质量检验评定标准》组织交(竣)工验收。

(刘文权)

【九江市完成农村公路建设918.8千米】 2012年,九江市完成农村公路项目建设里程918.8千米,其中完成2012年计划808.2千米(通自然村公路项目651.3千米、县道升级改造项目31.1千米、乡道升级改造项目18.6千米、客运网络连通工程项目88.3千米、通少数民族村项目11千米、通农林垦殖场项目7.9千米),完成2011年续建项目110.6千米(续建县乡道升级改造项目39.6千米、续建连通工程项目18.5千米、续建通农林垦殖场项目52.5千米)。

(九江市交通运输局)

【省交通运输厅与新余市签订“十二五”期间普通干线公路建设与养护管理目标任务框架协议】 5月3日,省交通运输厅和新余市正式签订落实省政府“十二五”期间普通干线公路建设、养护管理目标任务框架协议。省交通运输厅厅长马志武,新余市委副书记、市长刘捷代表双方签署协议书。新余市委常委、副市长廖晓凌主持签字仪式。省公路局局长任东红,新余市政府秘书长喻国杰及省市相关单位负责人出席。

“十二五”时期是全省实现全面建设小康社会目标的关键时期,是全省加快实现科学发展、进位赶超、绿色崛起的重要阶段。省交通运输厅和新余市签订框架协议,旨在充分保护和发挥地方政府发展交通事业的积极性,发挥地方政府在公路建设和养护管理工作中的重要作用,确保“十二五”期间公路建设、养护管理总体目标实现。该框架协议分公路建设、管理目标和任务、双方职责、奖惩和附则四部分。根据框架协议,“十二五”期间,新余市规划完成普通干线公路升级改造、养护大中修里程231.6千米,其中省道改造升一级公路46.6千米,大修工程55千米,中修工程83千米,预防性养护47千米。普通干线公路技术状况指数(MQI)达到85以上,县道公路达到75以上。普通干线公路优良路率达到85%以上,消灭次、差等路。县道公路优良路率达到75%以上,基本消灭差等路。四类桥梁控制在1%以下,消灭五类危桥。实施公路绿化工程,公路绿化里程比重达到100%。

(王小军　凌厚祥)

【新余市县道干线余新公路开工建设】 10月14日,新余市县道干线余新公路开工建设。工程西起高新区水西镇丰都头与环城南路相接,途经水西镇、罗坊镇、南安乡、新干县界埠乡,止于新干县河西综合码头,全长39.5千米,按一级公路标准设计,设计时速为60千米,预算总投资6.8亿元。该项目在渝水区境内长24.5千米,其中18千米由新余市交通建设投资有限公司负责建设,6.5千米由新干县负责建设。渝水区负责境内18千米项目用地的征地拆迁和道路路基土石方、桥涵、路面垫层和边坡边沟等工程施工作业,分罗坊段和南安段两个标段建设,其中二标段(罗坊段)中标单位为新余市市政工程集团有限公司,三标段(南安段)中标单位为新余市建安工程有限公司。

(王志勇)

【新余市渝水区加强村公路建设】 2012年,新余市渝水区进一步加强村公路建设,工程进度稳步推进,成效较好。①8月28日,渝水区鹄山乡鹄棚公路开工。该工程起点位于水北镇棚子下（K33+521），在K35+772处下穿杭南长高铁，终于鹄山乡集镇（K37+058），全长3.53千米，由三级公路改造升级为二级公路，投资预算2200万元。8月24日，该项目在新余市公共资源交易中心开标，由新余市兴达公路建设有限公司中标，正式开工，计划工期7个月。②9月16日，渝水区章洋线下村至江东段公路建成通车。该工程位于县道章洋线K16+300至K21+800，全长5.5千米，为水毁重建公路项目，经省公路局赣路县字〔2011〕33号文批准建设，沿原路线走向，按四级公路标准建设，设计时速40千米，路基宽6.5米，行车道宽6米，工程总投资580万元。

（王志勇）

【新余市仙女湖区农村公路建设稳步推进】 2012年，新余市仙女湖区完成农村公路建设6千米，争取项目资金48万元；同时完成农村客运网络化公路建设6.2千米，其中环湖路至凤凰湾4.5千米，九龙山乡黄田至湖尾1.7千米，共争取项目资金214万元。该项目的建成，对于加快当地新村建设，进一步促进全区经济发展具有重要作用。

（新余市交通运输局）

【分宜县蒙山生态旅游景区公路建成通车】 2012年5月，分宜县蒙山生态旅游景区公路建成通车，该项目南村至洞村段，按三级公路标准建设，路基宽8.5米，路面宽7米，全长5.8千米，总投资2400万元。该公路的建成，对进一步促进分宜县旅游事业的发展，加速全县经济快步推进具有重要作用。

（熊细芳）

【鹰潭市圆满完成全年公路建设任务】 2012年，鹰潭市交通运输局在公路建设项目方面，实现了三大突破。一是农村公路建设再创佳绩。完成农村公路309.4千米，完成投资12064.25万元。新增通水泥路自然村139个，自然村公路硬化达1386个。行政村通达率、通畅率均达到100%，自然村通达率达41%。在抓好农村公路建设工作中，该局还着重抓好以下3项工作：1.抓好农村公路竣工验收工作。对2009年10个工程项目进行了全面验收。2.着力完成2010年水毁农村公路重建工程。修复水泥路面73.4千米，修复桥梁2座（45延米），修复涵洞65道（631延米），共投入灾后重建资金3814万元，恢复通行乡镇4个、行政村45个。3.大力完成2011年公路改造后续工程。二是沪昆高速龙虎山服务区正式开工建设。沪昆高速公路龙虎山服务区项目是该市重点工程项目之一，也是该市通过多方努力积极争取获批复的省重点工程项目，总投资1.5亿元。经过各方努力，9月19日该项目正式开工建设。三是上清至饶桥旅游公路建设全面推进。该项目在市境内总长30千米，估算总投资5亿元。省发改委以赣发改重点字〔2012〕536号文批准该项目为省重点工程，工程可行性报告编制及土地调规已完成，土地预审、环境评估、节能评估、水保、行洪、地灾、压矿等工作方案也已签订委托合同，各受托单位正加紧编制各项报批资料。融资工作进展顺利，正在准备与省国投集团签订合作投资框架协议。

（艾年宗）

【鹰潭市全力推进贵溪冶炼厂周边村庄的新农村公路建设】 推进贵溪冶炼厂周边村庄的新农村公路建设是鹰潭市整治周边环境的重要内容之一，也是改善群众生产生活环境和企业发展的重大民生工程。省委主要领导给予了高度的关注。市委、市政府积极响应，迅速跟进，全力配合，并与省交通运输厅对接。该项目涉及贵溪市3个乡镇5个村（居）委会的26个自然村，规划公路建设项目共计91.83千米，其中：通村组公路44.3千米，主干连通公路改造11.53千米，新建连通公路36千米。经过交通部门和各乡镇的共同努力，至6月，2012年度11个新农村建设试点村共23.6千米公路改建项目已全部完成。

（鹰潭市公路所）

【贵溪市完成4条农村公路的改建工程】 2012年，贵溪市交通运输局为加强农村公路建设工作，加大资金投入，落实责任制，严格质量管理，取得好成绩，完成4条农村公路的改建工程。1.河潭镇垦殖总场至王古源分场水泥路改建工程项目：全长1.8千米，四级公路标准，路基宽5.5米，路面宽4.5米，路面结构为水泥混凝土路面，设计时速为20千米。工程预算总投资66.8万元。工程于10月完工。2.河潭镇垦殖总场至齐脚山分场水泥路改建工程项目:全长3.1千米,四级公路标准,路基宽5.5米,路面宽4.5米,路面结构为水泥混凝土路面,设计时速为20千米。工程预算总投资112.5万元。工程于4月开工,10月竣工。3.塘湾至上祝公路改建工程,为2011年县乡道升级改造项目,全长2.817千米。公路标准为四级公路,设计车速:20千米/小时,K0+000~K0+980段路基宽6.5米,路面宽5.0米,K0+980~K1+781段路基宽9.5米,路面宽8米,K1+781~K2+817段路基宽6.5米,路面宽5米。该项目工程预算为160万元,于4月开工,9月竣工。4.耳口林场老桥头至总场水泥路改建工程。该项目起点位于耳口老桥头,终点为耳口林场总场,全长1.8千米,为三级公路。工程预算146.6万元,3月开工,8月竣工。

(贵溪公路所　徐才金)

【余江县完成2条农村公路的改建工程】 2012年,余江县交通运输局采取抓紧、抓细、抓实等措施加强农村公路建设工作,顺利完成2条农村公路的改扩建工程。1.塘潮源至卢家林区公路改扩建工程,起于余江县马对线K9+600处,经塘潮源,卢家,终于塘潮源全民分场,全长3.383千米,三级公路标准,路基宽7.5米,路面宽6.5米,水泥混凝土路面,设计时速30千米,汽车载荷等级:公路—Ⅱ级。工程预算为208万元。该工程于1月开工,7月竣工。2.余江县至马岗岭公路改建工程,位于余江县马岗岭林场,为2012年国有农、林场通沥青(水泥)路建设项目。项目起于邓洪线,途经场部,接马鞍岭山脚,西上经余江一中,终于韬奋桥,全长1.1千米。公路标准为三级公路,设计车速为30千米/小时,路基宽8.5米,路面宽6.5米,路面结构为水泥混凝土路面,汽车荷载为公路—Ⅱ级;设计洪水频率为1/25。预算经费128万元。该工程于10月开工,年末竣工。

(余江县公路所　徐才金)

【余江县建立农村公路专项调查数据库】 2012年余江县交通运输局为了全面掌握近几年来的农村公路变化状况,自7月份起用2个月时间,对全县县、乡、村级公路进行了全面系统的专项调查,并建立了翔实的数据库。全县农村公路共有1424.576千米,县乡村专用通道100%通乡镇和通行政村,水泥路硬化率为69.37%,其中县道为100%,乡道为78.03%,村道为74.97%。通过专项调查较为全面地掌握了农村原有公路状况和新增公路情况以及桥梁使用质量情况。这为向上级争取农村公路项目立项、取得改造资金,加快农村公路路网建设提供了有力证据和决策依据。

(汪有根)

【赣州市大力加强农村公路建设成果明显】 2012年,赣州市大力加强农村公路建设成果明显。全年共完成农村公路建设1500千米,改造危桥120座。向上争取农村公路建设规模1765千米,向上争取补助资金2.5亿元,同比分别增长16.7%、12%。全力支持全市农村危旧土坯房改造,为集中新建点安排农村公路建设166千米,提供资金1598万元。经过市局多方努力争取,市政府在财力相当紧张的情况下,给各县(市、区)新增拨付了6000万元以填补农村公路建设历年旧欠,占旧欠总额的30%,并承诺逐年还清,从而极大缓解了各县(市、区)农村公路建设资金难题,真正做到了取信于民。为了确保农村公路建设质量,赣州交通工程质量监督站对县农村公路建设加强了质量管理,取得100%的工程监督覆盖率,实施了有效的工程质量监督。2012年,该站在全省交通质监工作目标考核评比中荣获第二名。

(李发淳)

【会昌县农村公路建设取得好成绩】 2012年,会昌县集中精力加强农村公路建设,取得好成绩,1条公路已经竣工,2条公路基本竣工。1.周田镇祥福大道(彩虹大桥)新建工程于2012年1月开工,会昌公路分局本着“精干、高效、专业”的原则,选派一批具有丰富施工经验的工程技术管理人员和施工人员,精心抓好施工管理。该工程位于上坝村,全长2.006千米。按二级公路修筑,路基宽18米,路面宽15米,路面结构为沥青混凝土路面。至8月,已全面竣工。2.站塘乡至洞头乡公路升级改造工程于1月30破土动工,该路段全长25千米,按路面宽6.5米,路基宽7.5米的三级公路标准对该线路进行全面改造,工程投资6410万元,至12月末,工程已基本竣工。3.会杉线公路升级改造工程于2011年11月开工。该路是会昌县通往赣州的出口路,是该县的主要交通干线,公路升级改造工程按照平原微丘区二级公路标准规划建设,工程总投资2.6亿元,全长38千米。工程建设者抓住难得的晴好天气,合理安排工序,轮班作业,赶抢进度,至年末,已基本完工。

(刘燕红　唐晓红)

【寻乌县进一步加强农村公路建设】 2012年,寻乌县交通运输局在积极取得上级管理部门大力支持的基础上,加大了对农村公路建设的投资力度,狠抓科学管理,认真落实责任制,取得好成绩,2条公路已通过交工验收,1条公路开工建设。1.蕉子坝至桂花公路建设工程通过验收。该路全长29千米,路基宽7.5米,路面宽5米,总投资3529万元。工程于2010年7月开工建设,2011年5月建成完工,2012年4月通过赣州市交通运输局组织的工程验收。2.澄江至罗珊通乡公路建设工程通过验收,该工程全长21.2千米,建设标准为路基宽7.5米,混凝土路面宽5米,总投资2577万元。工程于2010年9月开工建设,2011年7月建成完工,2012年4月通过赣州市交通运输局组织的工程验收。3.县城至三标公路改造工程开工。该工程于5月9日开工。该公路是三标乡村民和文峰乡长溪村、长举村村民通往县城的唯一道路。该路进行重新改造,是顺应民生之举,是凝聚民心之需。公路改造后,将大大改善山区的交通条件,为生活、生产带来极大方便,也为东江源头山区带来巨大商机,为促进寻乌县经济发展作出贡献。

(钟志云　陈治忠)

【石城县丹阳至横江公路开工】 12月,石城县丹阳至横江公路改建工程开工。该路全长4.1千米,三级公路标准,路基宽8.5米,水泥混凝土路面宽7米。横市圩镇段实行改线,绕开集市而行。工程总造价为640万元,工期6个月。该公路的改建,将大大改善横江镇居民的出行条件,消除丹阳至横江段交通拥挤现象,对促进当地新农村建设和地域发展具有重要作用。

(杨大林)

【崇义县致力加强农村公路建设出成效】 2010年以来,崇义县在大力实施“工业强县、林业立县、旅游热县、生态扬县”发展战略中,把加快交通基础设施建设,积极破解交通发展“瓶颈”作为重点项目和重要工作来抓,累计投资4亿多元用于公路建设,先后完成了县城至九勾公路、赣丰线绕城公路、城北大道等三大交通民生工程,实现了乡乡村村通水泥公路。随着赣崇高速公路工程的不断推进,新春伊始,县委、县政府又决定对崇义互通连接线实施拓宽建设。该项目的建设,将充分发挥赣崇高速公路对崇义的辐射带动功能,增强通行能力,提高城市品位,必将为促进崇义经济社会快速发展产生积极的推动作用。

(崇义县交通运输局)

【宜春市超额完成农村公路建设任务】 2012年,宜春市完成农村水泥公路建设项目792个,里程821.5千米,工程总投资1.68亿元,占省下达建设任务的159%,超额完成农村公路建设任务,进一步改善了农村交通运输条件,为推动农村经济快速发展发挥重要作用。一是加强领导,成立由市县(市区)和乡镇领导为组长,交通运输、财政、国土、公安等部门主要领导为成员的农村公路建设领导小组,实行统一领导、统一组织、统一调度、统一部署、统一验收。做到任务明确,责任到人,一级抓一级,层层抓落实,在全市范围内形成政府带动,舆论推动、部门互动、上下齐动,使全市农村公路建设扎实稳步推进。二是加大筹资力度。利用各种形式,大力宣传公路建设重要意义,创造良好氛围,采取国家拨一点,地方财政补一点,通过一事一议,动员群众自愿筹一点,组织、动员、引导在外工作人员和工商老板为家乡修路捐一点的办法,确保建设资金到位。三是把工程质量放在第一位。农村公路工程建设项目一律实行公开招投标的办法,做到阳光操作,各级干部,尤其是领导干部不准违规操作,不准介绍施工队,不准介绍建设材料,发现一起,查处一起,追究责任。纪检监察部门派员驻建设工地进行督查,交通运输部门负责施工技术指导。工程所在乡镇负责聘请老村民代表3~5人组成工程质量监管小组,参与工程质量管理,进行义务旁监。工程施工上道工序须经监管小组签字合格后,方可下道工序施工。严把工程设计、施工队伍、材料进场和工程竣工验收关,使全市农村公路建设高标准、高质量推进,超额完成农村公路建设任务。

(严敬民)

【宜春市袁州区2012年通自然村公路计划全面完成】 为进一步改善农村交通路网,宜春市袁州区交通运输局根据统一部署,切实抓好交通基础设施建设工作,取得较好成绩,全年新建通自然村公路项目108个,完成路面硬化114.4千米,占计划的100%;完成工程总投资3071万元。该局严格把关,坚持在确保工程质量的前提下加快建设速度。一是认真抓好工程质量全过程监督管理。加强对勘察设计、招投标、开工审批、施工质量、安全生产、竣工验收等各个环节的监管。二是建立目标管理责任制,将目标任务落实到人。对上级部门下达的目标任务逐一进行细化,明确责任。在农村公路建设中,局领导班子成员分乡镇挂片负责,责任单位、科室每月汇报一次工程进展情况,及时掌握工程进度,下发工程进展情况通报,督促业主按工期要求完工。三是全面加强监督。严格监督手续,确保监督面达到100%。由于措施有力,建设计划不仅全面完成,也确保农村公路建设质量。

(刘良生)

【樟树市大力推进农村公路建设】 2012年,樟树市交通运输局克服工程项目点多面散,人员少、雨水多等困难,科学谋划,精心组织,认真抓好农村公路建设,成效显著,全年新建农村水泥公路43条、里程35.1千米,完成工程投资280.8万元。一是抓好建设重点转变。在全市实现"村村通"水泥基础上,把农村公路建设重点转到农场、林场、垦殖场,新农村建设点和村民小组水泥公路建设上,坚持统一规划,科学谋划,坚持标准,分期实施的原则,优先安排积极性强的建设项目。二是坚持高标准,建设水泥公路。建设一条,美化一条。把公路建设与农村植树、候车亭建设同步实施,把公路建设成为一道亮丽风景线。三是抓公路建设资金筹集。采取国家拨一点,地方财政补一点,社会捐一点,群众自愿筹一点的办法,做到群众的事群众办,动员在外机关干部为家乡修路捐款,鼓励当地群众为修路自愿筹款,开展招商引资,承包荒山植林、鱼塘等承包合同修路,解决修路资金。四是抓工程建设质量,把建设质量放在第一位。把好工程设计、建设队伍、材料进场、工程施工和工程竣工验收关,确保工程建设质量。

(杨　波)

【丰城市加强农村交通基础设施建设】 2012年,丰城市大力加强村交通基础建设,取得好成绩,开工项目多,投资数量大,工程进度快,建设质量好,全市村公路建设里程142.26千米,危桥改造工程建设为225延米/3座,建设总投资7813.4万元,其中:1.县道升级改造项目3个26.8千米,建设投资2326万元。(1)吊船尾至一干道桥15.8千米、三级公路、投资1264万元;(2)白马—九坊8.4千米、三级公路、投资672万元;(3)筱塘至白马2.6千米、三级公路、投资390万元。2.客运网络化项目2个13.9千米,建设投资2154万元。(1)曲江—建设7.9千米、二级公路、建设投资1674万元;(2)新梅路(徐家山)—云庄6千米、三级公路、建设投资480万元。3.完善路网结构其他连通工程(通自然村)项目90个,101.56千米,建设投资2860.4万元。新建乡镇客运站2个,农村候车亭7个,行政村客车通达率达到92%。

(皮晓荣)

【靖安县加快通自然村公路建设步伐】 2012年,靖安县实施农村公路通自然村公路项目45个,里程58.4千米,全年投资1706万元,其中中央投资467万元,其他投资1239万元,涉及45个自然村,项目建成后受益农村人口达4万余人。该县在加快通自然村公路建设步伐中,一是加强领导,明确责任。把项目建设作为坚持科学发展、着力改善民生、构建和谐社会的重要举措,各乡镇成立项目建设领导班子,协调处理建设中的问题。二是合理安排,确保质量。县交通部门合理安排施工计划,严把质量关,高标准、严要求,严格落实质量控制措施,确保建设工程质量。三是整合资金,提供保障。为减轻建设自然村道路配套资金筹资的压力,将具备条件的自然村公路项目和村级公益事业"一事一议"整合起来,做到项目资金专款专用。

(刘　斌)

【奉新县新增通村组公路50.5千米】 2012年,奉新县交通运输局进一步加大工作力度,提高通村组公路的硬化通达水平。通过多方争取和不懈努力,共争取到通自然村公路项目30.8千米,成品油和税费改革转移支付项目19.75千米。至年末，获上级批准立项通组公路项目70个计50.5千米，已全部完成工程施工，新增通水泥(油)路的自然村数达10%。

(魏振宇)

【高安市“村村通”架起致富路】 要致富先修路，已成为高安市各级领导和广大群众共识。该市采取统一规划，多方筹资、坚持质量，分步实施的办法，大力实施村村通水泥公路工程，至12月，全市累计完成农村水泥路建设里程170千米，工程涉及23个乡镇，311个行政村，有效地解决农民群众出行及产品运输难问题，形成汽车往农村开，工厂往农村办，促进了社会主义新农村建设和农村经济快速发展，彻底改变过去“晴天一身灰，雨天一身泥”农村泥土公路落后面貌。豇豆种植是龙潭镇洛城村的特色产业，以前因交通不便，客商不愿上门收购，农村种的豇豆运不出去，成本高、价格低，生产优势难以转化为经济优势。龙洛公路修通后，尤其是村小组水泥公路建成后，村里的代购点有20多个，豇豆卖上好价钱，产品供不应求，每吨纯利润达到4000余元。现在全村种豇豆已达66.7公顷规模，畅销上海、浙江等大中城市，让勤劳的农民收益大增。

(吴泽水)

【上高县全面完成农村公路建设任务】 2012年，在实现全县村村通水泥(油)路后，上高县交通运输局采取有效措施，加快工程进度，强化工程监管，保证建设质量，把农村公路升级改造、断头路连通、危桥改造及自然村水泥公路硬化作为新农村、农场、林场公路建设重点来抓，优质高效完成全年的建设任务，进一步改善农村公路运输条件，推动农村经济又好又快发展。一是加强领导，明确职责。重新调整农村公路建设领导小组成员，做到计划早安排、项目早招标、工程早开工，确保当年计划当年竣工验收。二是加强监理，确保监管到位。为做到对全县农村公路建设进行全过程监理，把监理小组分成三个片区，同时，每个公路建设项目都成立了理事会，对公路建设的资金筹措、招投标、资金使用等全权负责。三是做到“四严格、三把关”，确保工程质量。严格工程管理、严格质量管理、严格施工管理、严格资金管理；严把路基验收关、材料进场关和施工程序关。由于措施有力，全年该县完成农村公路建设项目65个，全长86.6千米，工程投资3000万元；完成危桥改造项目2个，全长110延米，工程投资240万元；完成水毁抢修项目27个，工程投资1042万元；完成上八线10.96千米路基建设、上蒙线11.2千米路面硬化，全县自然村农村水泥公路硬化率达60%。

(潘泓羽)

【宜丰县坚持“两个不减”推进农村公路建设】

2012年，宜丰县交通运输局按照县政府部署，大力加强农村公路基础设建设，成效明显。一是坚持工作力度不减。坚持从实际出发，因地制宜抓好交通网络规划布局，加大政策宣传力度，按照宜丰“十二五”规划确定的发展目标，启动国有农林场公路改造15.8千米，新建农村断头路、连通路、新农村建设点公路及农村组级公路60千米。切实加快危桥改造步伐。继完成天宝松溪危桥重建后，石市栏桥危桥重建项目于10月竣工。12月，石市镇凌江大桥、良头村埠头桥、黄岗村独立大桥三座危桥改造相继开工建设。组织技术人员对县本级管养的公路桥梁再次进行排查，对存在安全隐患的桥梁进行拍照和数据登记，安排人员进行养护重点监管。二是坚持资金支持力度不减。“十一五”期间，在资金十分紧张的情况下，该县财政安排近2000万元用于农村公路和渡改桥建设。“十二五”期间，县财政继续实行每千米2万元扶助政策，各乡镇场也加大地方公共财政投入，搭建好融资平台，争取更多的地方财政资金和社会资金，保持农村公路发展的良好态势。

(漆志勇)

【万载县乡道升级公路建设项目如火如荼】

2011年，省厅下达万载县县乡道升级公路项目6个计29.5千米，至2011年末，完成狮子山一长坪冲乡道升级项目一个，5.7千米，其余项目在2012年均已动工。其中县道升级项目伯公坳至潭埠于2012年12月28日开标，由江西伟涛建设工程有限公司中标承建，中标价249.8万元。乡道升级项目中，横坑至甘家坳项目至2012年经8个月的连续奋战已全面完工。军屯至白溪于2012年5月开工，造价32万元，至年末，已全面完工。茭湖至西源于2012年8月15日招投标，由万载县城市建设工程公司中标承建,中标价190.59万元,该项目正在建设当中。全年全县县乡道升级公路项目动工4个,完成2个,计6.5千米,完成投资250万元。

(辛鹏远)

【铜鼓县农村公路建设顺利推进】 2012年,铜鼓县交通运输局把农村公路建设作为交通惠民工程,抓进度、抓质量、抓资金、抓安全,使农村公路建设顺利推进,全面完成公路建设任务。全年新建农村水泥公路22条,总里程19.6千米,其中通自然村公路项目8个,全长12.8千米,新农村建设公路项目15个,全长6.8千米。一是上下联动早安排。农村公路建设项目小,点多线长,任务比较繁重,为牢牢掌握工作主动权,该局于年初召开全县农村公路建设工作会议,对全年建设任务进行分解落实,对工程建设做到早安排、早部署。二是多管齐下抓质量。随着农村公路开始由数量扩张型向质量效益型转变,更加注重工程质量,该县通过开展农村公路建设质量年活动,强化农村公路质量管理,进一步完善农村公路建设质量监控体系,每条农村公路落实1名监管人员,实行跟踪监管,以确保质量。三是建养并举重均衡。不断适应农村公路由"重建轻养"向"建养并重"转型的新形势,将农村公路管养工作列入重要议事日程,因地制宜、因路制宜,积极探索灵活多样的管养模式,加强农村公路养护,推动全县农村公路快速、科学、安全、协调发展。

(金小明)

【宜丰县交通运输局积极争取上级支持】 2012年,宜丰县交通运输局着眼于进一步完善宜丰交通运输网络,紧紧围绕服务宜丰赶超发展和科学发展,积极与上级部门对接,主动到省市汇报,注重在省、县主干道大中修、升级改造农村公路、危桥改造以及水毁灾害重建等方面精心包装、运作,共争取各类交通建设扶助资金近3000万元,对宜丰交通运输发展起到推动和促进作用。

(漆志勇)

【高安市强化建设工程监理质量】 2012年,高安市交通运输局加强工程项目建设管理工作,建立监理工序责任制,科学安排、精心组织,强化监理,对工程质量、进度、投资实施有效控制,使工程始终处于有效受控状态,总体质量、进度、安全和文明形象都比较好,受到省、市领导的认可。1.严格监理程序。强调事前控制,加强对技术方案、开工报告的审核,明确施工中的重点和难点、工艺质量要求、报验程序等,并落实各道工序责任人。2.落实首件工程认可。认真审阅首件工程作业指导书,对配套的工、料、机、模等组合配置提出管理要求,规范施工,尽量避免质量通病、缺陷的产生。3.狠抓现场控制和管理。制定精细化管理的目标措施,建立施工台账,要求施工过程按程序采用工序流程化,每道工序必须由监理把关,忙中不乱、紧中有序进行施工控制。

(周世祥)

【抚州市2012年交通基础设施建设取得新成绩】 2012年,抚州市交通运输部门认真实施"十二五"交通运输发展规划,狠抓交通基础设施建设,取得新成绩,在高速公路建设方面,抚吉高速公路建成通车,结束了崇仁、宜黄、乐安无高速公路的历史,全市11个县区实现了县县通高速,境内高速公路里程达488千米。金溪至抚州、资溪花山界至里木高速公路获准兴建,前期工作基本完成,福银高速抚北出口及连接线,已正式立项并获资金支助。与此同时,该局还争取到了南昌至宁都、东乡至昌傅、广昌至船顶隘高速公路建设项目,并列入全省规划。国省道干线公路通行能力进一步提升,拥有国道359.419千米,省道870.176千米,桥梁437座16705.08延米。在农村公路建设方面,完成农村水泥路建设787千米、改渡建桥项目3个1910延米、危桥改造2座300延米,新建乡镇客运站5个。农村公路综合服务站和标准化渡口试点工作进展顺利,基本完成标准化渡口建设2个、农村公路综合服务站4个。抚州长途客运中心开工建设。

(陈根玲)

【省交通运输厅与抚州市签订普通干线公路发展框架协议】 3月19日下午,省交通运输厅与抚州市正式签订了落实省政府"十二五"期间普通干线公路建设、养护管理目标任务框架协议。市委书记龚建华出席签字仪式;省交通运输厅厅长马志武,市委副书记、市长张和平分别代表双方签署了协议书;省公路局局长任东红,市委常委、副市长周小平等出席。

"十二五"是江西省实现全面建设小康社会目标的关键时期,也是全省加快实现科学发展、进位赶超、绿色崛起的重要阶段。为充分保护和发挥好各级地方人民政府发展交通事业的积极性,充分发挥地方政府在公路建设与养护管理工作中的重要作用,省交通运输厅与抚州市签订框架协议,确保"十二五"期间抚州公路建设、养护管理总体目标实现。

"十二五"期间,抚州市将规划完成普通干线公路升级改造、养护大中修公路里程1075.96千米,其中省级改造升二级及以上公路373.96千米,大修工程409千米,中修工程193千米,预防性养护100千米。强化实施路网结构改造工程,打造标准化危桥改造工程,重点解决现有危桥项目库内的危桥,四类桥梁控制在1%以下,消灭五类危桥。大力实施公路绿化工程,普通干线公路建设层次清晰、环境优美的公路景观通道,集中消灭公路绿化空白段,公路绿化里程比重达到100%。加强工程实施过程中的控制管理,确保工程质量。

(陈根玲)

【抚州市临川区402个行政村全通水泥公路】 抚州市临川区在加速农村公路建设进程中,全面实现公路"村村通"目标。截至2012年4月18日,该区402个行政村公路全部通水泥路。该区积极抢抓国家农村公路建设机遇,围绕"若要富、先修路,大路大富、小路小富、无路不富"的目标,按照农村公路3.5米至4.5米宽每千米补助2万元,4.5至6米宽每千米补助2.5万元,6米宽以上每千米补助3万元的建设资金配套原则,广泛调动各地兴修公路的积极性,大力破解农村公路建设资金短缺瓶颈。与此同时,强化工程质量监管,对每条在建公路统一实行项目法人制度,招、投标制度,质量举报和事故报告制度。2012年,该区完成农村公路建设180千米,共有402个行政村实现通水泥路,总里程1800千米,通村率达100%。该区共投入资金3亿元,其中社会能人志士捐款达1.4亿元。与此同时,该区还正式启动2012年村至组1205千米的公路建设项目。

(陈根玲)

【资溪县农村公路建设进一步加快】 2012年,资溪县完成农村公路建设22.3千米,新增18个村小组通水泥路,全县村小组通水泥路率达到82%,位于抚州市前列。2012年,该县开工兴建东源—港东通乡公路项目5.5千米,县道升级改造项目17千米,其他连通工程4.5千米,完成法水旅游公路改造工程3.5千米。总投资4000万元兴建的九龙湖旅游公路,工程进展顺利,已完成投资2600万元,占总投资的65%。全年还投资130万元对县道路面进行维修,进一步改善了县内干线公路的行车条件。此外,县交通运输局还积极配合有关部门完成了山地自行车越野赛道的测量设计和施工管理,确保赛道建设工程提前完工,从而保证了该县生态旅游节期间的交通畅通。

(吴绍文)

【崇仁县完成交通基础设施建设投资7832万元】 2012年,崇仁县共完成交通基础设施建设投资7832.33万元,其中公路建设投资完成7482.33余万元。抚吉高速公路境内段43.426千米建成通车,结束了崇仁县境内无高速公路的历史。实施了抚吉高速公路崇仁连接线、里崇线改造、生态公园环路等3个市级重点和1个县级重点公路建设项目,以及东城路1.4千米改造工程。农村公路完成14.9千米。建成马鞍汤溪温泉旅游公路2.54千米。修复沙堤至罗陂岗8千米和崇丰线1千米水毁公路。

(余家军)

【南城县大力加强农村公路网络化连通工程建设】 2012年,南城县交通运输局高瞻远瞩,统筹规划,大力加强农村公路网络化连通工程建设,取得较好成绩,已开工的2项连通工程进展顺利。1.大竺至小竺连通工程是南城县重要县道——长兴至竺由公路中的一段,也是该县循环公路网中的重要一环,起于南城浔乡大竺村,经严坑、下村终于龙湖镇小竺村,路线总长7.4千米,项目总投资775.89万元。该项目建设业主是龙湖镇人民政府,公路按四级公路进行建设,由抚州市公路设计所设计,路面宽5米,路基宽7米,该工程于2012年11月开工,已完成总工程量的40%。2.南城官庄前至厚田农村客运网络化工程。该工程是南城县里塔镇通往南丰县原港乡出境通道的主干道,也是该公路沿线的里塔、廖坊、鲲塘及水南4个村5000多村民对外联络的唯一通道。路线起于省道里崇线上的官庄前村,经长岭、田南等村镇,终于里塔镇厚田行政村,路线总长11.4千米,路面宽5米,路基宽7米,公路按四级公路进行建设,项目总投资1118.19万元。该项目建设业主是里塔镇人民政府,工程于2012年11月开工,至年末已完成工程总量的35%。

(王素红)

【广昌县农村公路建设快速推进】 2012年,广昌县农村公路建设快速向乡村发展,大大改善了当地出行条件,便捷了乡村人民生产生活,促进了经济社会的和谐发展。1. 全县完成农村公路建设工程项目46条计54.8千米,总投资1794万元。其中2012年新农村建设水泥路项目5条,计5千米,投资150万元;通自然村9条,计12.3千米,投资369万元。新增农村公路项目37条,计42.5千米,投资1275万元。2. 完成县乡道升级项目3条,计14.3千米,投资715万元。分别为昌厦公路一头陂公路工程,长5千米,投资250万元;高洲一双港公路工程,长3.6千米,投资180万元;广昌至盱江林场专用公路工程,长5.7千米,投资285万元。3. 完成通自然村水泥硬化项目累计38个项目,计50.1千米,投资1522万元。

(袁晓艳)

【宜黄县通行政村公路全部实现路面硬化】 宜黄县交通部门不断加快农村公路基础设施建设。"十一五"期间,县财政共投入6785万元修建农村水泥路96条,总长310千米。在此基础上,该县继续努力,常抓不懈,至2012年12月,全县12个乡镇138个行政村全部通水泥路,公路硬化率达100%,1032个自然村中已有620个修通了水泥路,农村水泥路建设总里程达900千米。

(陈根玲)

【乐安县42个国贫村通上水泥路】 4月15日,乐安县湖溪乡梅溪村至郭岭村小组路段水泥路建成通车。该路段全长4.6千米,路宽3.5米,是由社会人士黄圣文出资86万元修建而成。梅溪村是国家级贫困村,以往村民出行仅仅依靠一条羊肠路。该路段的修成,贯通了6个村小组,解决了1000多村民的出行难问题。乐安县共有国贫村42个,现已全部通上水泥路。近年来,该县采取"政府主导、社会各界捐助、群众投工投劳"的形式组织修建国贫村村级水泥公路,总长达110千米。这些公路的建成从根本上解决了该县公路沿线的农民群众出行难问题,改善了他们的生产及生活条件,也为农产品的流通、旅游资源的开发奠定坚实基础。

(陈根玲)

【南丰县满源至潭湖旅游公路改造工程开工】 2月10日,南丰满源至潭湖旅游公路改造工程开工。该工程全长8.045千米,路基宽12米,路面宽10.5米,设计标准为二级公路,总投资4000万元。该路段是通向国家AA级旅游风景区、省级湿地公园——潭湖风景区的大通道,于1995年建成,是一条三级公路。因使用年限过长,超期服役,沥青路面已基本破坏,每年投入大量养护资金仅能维持通车,为适应当地旅游发展需要,公路部门决定对其改造升级。

潭湖水库风景区距县城18千米,景区总面积1134公顷,景区大部分的山场处于原始森林状态,山中蕴藏许多珍贵树种,如罗汉松、红豆杉、银杏等,良好的生态环境吸引了众多野生动物来此栖息繁衍。潭湖水库风景区分别被国家旅游局、国家水利部批准为"国家AA级旅游风景区""国家水利风景区"。该公路的建设,对于完善区域路网,促进南丰风景区旅游资源开发,促进地方经济发展具有重要意义。

(陈根玲)

【宜黄县注重农村公路安保工程建设】 2012年,宜黄县政府挤出资金300万元用于农村公路安保工程建设。该县交通部门针对自身地处山区的特点,以创建平安公路为目标,不断提高路容路貌整治标准,全县在农村公路两旁安装警示标志牌4200多块,安装广角镜730块,增加了农村公路的行车视距,确保了车辆安全行驶。此外,县里还拨出资金200万元用于农村公路重建与养护,全县农村公路硬化路面里程达900多千米,农村公路好路率保持在98%以上。

(李华荣)

【资溪县林区公路成百姓致富通道】 资溪县地处山区，森林资源十分丰富，但由于山高路远且偏僻，靠山吃山的林农，以前进山劳动，出门就爬坡，毛竹砍伐时更发愁，肩扛背驮，忙了一天，也背不回几根。为破解林区交通“瓶颈”，2008 年以来，该县先后筹资千万元，新建和维修进出林道 390 千米，辐射山场 11.06 万公顷，惠及行政村 70 个、林农 2 万余人。随着林区交通环境的改善，该县先后引进竹木精深加工企业 23 家，年消化毛竹 700 万根以上，林区群众创办养鸡、养蜂、养鹿、养蛙、养花等实体 130 多家。

（陈根玲）

【黎川县 77 岁老人冯国金义务修路八载】 “修路积善”是一项美德。在黎川县，一位 77 岁的老人用自己的行动再一次向人们诠释了这种美德。8 年来，他坚持不懈修补黎川县德胜镇石口村前 4 千米长的路面。他就是石口村村民冯国金。石口村位于黎泰公路边，看着公路上来来往往的车辆和破损的路面，冯国金心里十分着急，决定尽自己所能修补破损的路面。2004 年，冯国金拿起了锄头，开始修路。刚开始时，家人对此不理解，子女没少说他：“都这么一把年纪了，还干这么重的体力活，万一累坏了或不慎被车碰着，怎么办？”冯国金听后只是笑笑，第二天依旧上路。冯国金老人不但义务修路，碰到哪里修桥修路，他也是慷慨解囊。村里修石口新村到李家村小组的道路时，他一下子就捐了 300 元。村里哪家人遇到难处，他都会尽力帮助。8 年来，冯国金老人用自己的行动感染着别人，带动着更多的人参与到做好事的行列中。

（陈根玲）

【抚州市临川区余家村民自筹 18 万元修通进村路】 6 月 24 日，荣山镇至余家村的村级公路竣工通车，使该村告别了无水泥路的历史，解决了 100 多人出行的难题。临川区荣山镇余家村现有住户 40 多户，人口 180 多人，耕地面积 26.67 公顷，主要种植水稻和灯芯草。该村离镇政府所在地虽然仅 1.5 千米，但受泥泞路面的影响，水稻出售运输价格不仅贵，有时还不能及时运出去，村民种粮的积极性受到一定的影响。该村小组一班人看在眼里，急在心上，积极挨家挨户上门做村民的思想工作，说明修路的重要性，半年多的努力没有白费，全村终于达成一致意见，全村每人出资 1000 元专门用于修路。经过一个月时间的紧张施工，一条长 800 米，宽 3.5 米，厚 20 厘米，耗资 18 万元的水泥路终于竣工通车了。

（陈根玲）

【黎川县交通基础设施建设稳步推进】 2012 年，黎川县积极抓好农村公路建设。全年完成通村小组公路建设项目 31 个 35.4 千米，新农村建设点公路建设项目 43 个 15 千米，修复水毁桥梁 60 座 1209 延米，完成桃宜线水毁项目建设和陈家村水毁项目建设，西城水毁路面维修工程开工建设。农村客运站场建设，共完成厚村、湖坊两个乡镇五级客运站建设，新建农村候车亭 15 个，熊村综合服务站主体工程封顶。

（黄建国）

【上饶市公路升级、客运网络连通工程建设投入大增】 9 月 13 日，省交通运输厅以赣交规划字〔2012〕189 号文批复，上饶市县、乡道升级、农村客运网络建设连通工程总投入 90989 万元，资金来源申请中央投资 12308 万元，地方自筹’78681 万元。其中市属公路升为三级公路标准的 38.1 千米，投资 11990 万元，申请中央投资 1524 万元，自筹资金 10466 万元。乡道升为四级的 30.4 千米，投资 2736 万元，申请中央投资 760 万元，自筹资金 1976 万元。县、乡道路升级改造工程 112.8 千米，升为二级标准的 4.5 千米，升为三级标准的 108.3 千米，总投资 23297 万元，申请中央投资 4512 万元，地方自筹 18785 万元。农村客运网络化建设连通工程新建项目 62.5 千米，其中二级公路标准 7.5 千米，三级标准 18 千米，四级 17 千米；新建桥梁 1 座 30 延米，总投资 17426 万元，申请中央投资 1760 万元，地方自筹 15666 万元。农村客运网络建设连通工程路面改造项目 168.8 千米，其中三级标准 102.4 千米，四级标准 66.4 千米，总投资 32261 万元，申请中央投资 3376 万元，地方自筹 28885 万元；路面拓宽改造工程 18.8 千米，其中三级标准 7.6 千米，四级标准 11.2 千米，总投资 3279 万元，申请中央投资 437.6 万元，地方自筹 2903 万元。

（陈均培）

【上饶市实施旅游公路建设205千米】 上饶市在实施大交通、大旅游战略中,积极实施省2010—2012年旅游公路建设规划,全市共有6条公路列入该规划,总长205.7千米,总投资53752万元,其中争取省统筹安排补助资金9916.5万元,安排地方配套资金43835.5万元。这6条旅游公路分别是婺源灵岩洞公路,三级标准,9.5千米,将于2013年建成,省补资金480万元,婺源县配套资金1236万元;万年神龙源风景区珠曹公路,二级标准,35千米,已于2011年建成通车,总投资15529万元,其中省补资金5235万元,地方配套资金10294万元;余干县康山公路,二级标准,24.1千米,总投资5998万元,其中省补资金1648万元,地方配套资金4350万元,于2012年动工,2013年建成;弋阳龟峰风景区公路8.6千米,其中二级公路标准2.3千米,三级标准6.3千米,于2012年12月建成,总投资1642万元,其中省补资金241万元,地方配套资金1401万元;婺源县锦绣画廊村休闲健身自行车公路,四级公路标准,120千米,于2012年动工,2013年建成,总投资4000万元,其中省补资金1632.5万元,地方配套资金2367.5万元。

(陈均培)

【上饶市国有农场通乡、村居民点水泥路建设237.3千米】 2012年,上饶市对符合“十二五”农村公路建设规划要求的国有农场通乡镇及行政村水泥路建设项目69个,经省交通运输厅批准开工建设,总里程达237.3千米,总投资20370万元,其中中央投资8359.5万元,农垦系统自筹资金10729万元。这些项目分布在鄱阳县22个,68.8千米,投资5898万元,其中中央投资2268万元,农垦自筹2793.5万元;横峰县4个,15.9千米,投资1628万元,其中中央投资655万元,农垦自筹861万元;婺源县3个,21.9千米,投资2272万元,其中中央投资917.5万元,农垦自筹1213.5万元;余干县12个,28.9千米,投资3125万元,其中中央投资1282万元,农垦自筹1756万元;铅山县1个,2.7千米,投资324万元,其中中央投资135万元,农垦自筹189万元;德兴市6个,25.9千米,投资2064万元,其中中央投资810万元,农垦自筹1254万元;上饶县7个,34.9千米,投资2788万元,其中中央投资1045万元,农垦自筹1183万元;广丰县5个,12.4千米,投资1108万元,其中中央投资430万元,农垦自筹526万元;三清山管委会4个,11.7千米,投资1079万元,其中中央投资422万元,农垦自筹526.5万元;弋阳县2个,3.4千米,投资318万元,其中中央投资125万元,农垦自筹157万元;玉山县3个,10.8千米,投资756万元,其中中央投资269.5万元,农垦自筹269.5万元。

(陈均培)

【上饶市第二批农村公路建设项目省补资金发放到位】 9月11日,上饶市2010年度第二批交通运输部农村公路通达和国家农村公路改造工程建设验收项目里程906.73千米,省以奖代补里程889.3千米,桥梁2座190.7延米,新增通油(水泥混凝土)路行政村199个,省以奖代补资金692.1万元,剩余20%中央补助资金1703.7万元已发放到位。其中2010年预算内项目69.76千米,第一批车购税建设项目317.313千米,第二批车购税建设项目35.766千米;2009年国家农村公路改造工程项目148.177千米,桥梁1座72延米,2008年国改工程项目104.579千米,通达工程1.037千米;2007年国改工程项目56.185千米,通达工程3.637千米,2006年国改工程62.586千米;2009年新增工程85.663千米。

(陈均培)

【上饶市完成成品油价格和税费改革转移支付资金通自然村公路233千米】 2012年,上饶市完成由中央成品油价格和税费改革转移支付资金建设项目214个,建设规模233.2千米,建设公路技术标准为四级,总投资达6198.65万元,其中中央成品油价格和税费改革转移支付资金2048万元,地方自筹投入4150.65万元。

(陈均培)

【上饶县建公路助农增收】 上饶县22个乡镇183个行政村的1645千米乡村道路中,县乡公路硬化率达100%,行政村公路通达率达100%,平坦的乡村公路已成为引领全县农民奔小康的牵引机和助推器。该县抓住国家投资农村公路建设的历史机遇,科学编制全县农村公路建设规划,加大农村公路建设的投入,全力推进乡村道路建设,掀起了一个接一个的修路高潮。三年来,共实施县乡村道路建设项目 134 个,完成乡村道路改造 536 千米,投入资金达 3.78 亿元。如今,全县乡村道路硬化已达 1645 千米,形成了以 320 国道、沪瑞高速公路与上乐公路、上分公路等为主的"长十字形"公路网络框架,在全县内实现了 1 小时经济圈。

距离县城 50 多千米的国家级森林公园五府山,自进山的公路修通之后,省级龙头企业益精蜂业、府山实业、百花洲等纷纷入驻。目前,益精蜂蜜堂而皇之地登上了家乐福、联华等超市的货架,府山竹地板漂洋过海到美国、德国、日本等国安家落户。农业龙头企业的发展,为该镇转移农村劳动力 1800 余人,人均增收 1300 余元。该镇船坑村村民彭联海敏感地捕捉住道路修通后五府山的旅游业将会极大地发展的优势,投资 20 余万元办起了农家乐,年收入达七八万元。煌固、郑坊、皂头等乡镇充分利用便利的交通优势,加快城镇化建设进程,新建辐射功能强的商贸大市场,拉动近万农民"洗脚上岸",携资数亿元到城镇从事三产业。一条条平坦的乡村道路,不仅改善了该县农民生产、生活条件,给农民带来了实惠,还拉近了城乡距离,促进农村经济发展。

(陈均培　祝勇光)

公路桥梁建设

【概况】 至 2012 年末,全省公路桥梁累计 1249987.09 延米/25075 座(含危桥 192952.54 延米/5524 座),共计有永久性桥梁 1206780.85 延米/23060 座。其中:特大桥 86891.48 延米/47 座、大桥 593218.44 延米/2550 座、中桥 335769 延米/6338 座、小桥 234108.17 延米/16140 座;一类桥 682284.38 延米/5937 座、二类桥 205180.26 延米/6055 座、三类桥 169569.92 延米/7559 座,一、二类桥所占比例为 47.8%,2012 年度新建桥梁为 119515.46 延米/605 座。各设区市公路局管养的桥梁 210946.6 延米/4719 座(含危桥 38387.65 延米/695 座),其中:永久化桥梁 210946.6 延米/4719 座,永久化程度 100%;一类桥 78410.48 延米/1801 座、二类桥 85004.18 延米/1959 座、三类桥 9149.29 延米/265 座、四类桥 34320.18 延米/653 座、五类桥 4067.47 延米/42 座,一、二类桥所占比例为 79.7%。省养公路渡口 1 处为机动渡。各地市交通局管养的桥梁 542818 延米/16967 座(危桥 153272.89 延米/4778 座),其中:永久性桥梁 499626.76 延米/14953 座。

(省公路管理局)

【南昌县新武大桥维修工程顺利竣工】 新武大桥位于南昌县武阳镇、八一乡和市郊区罗家镇的谢埠街交界处,全长 336 延米,2000 年 7 月 1 日竣工通车,是南昌县武阳、塔城、渡头、幽兰、泾口等乡镇连接南昌市和县城莲塘的重要桥梁,对地区的经济发展和防洪抢险起着重要作用。新武大桥维修工程于 2011 年 10 月 31 日开工,主要内容包括:桥面铺装及搭板凿除重铺、支座和伸缩缝更换、人行道板及栏杆凿除重筑、箱梁隔板的修复、桥台(墩)修复、锥护坡修补勾缝、标志标线、减速带、引道护坡及护栏等。维修工程总投资约 540 万元。工程在预定的工期之内圆满完成维修任务。2012 年 9 月 20 日,新武大桥维修工程通过县交通运输局、财政局、县发改委、县审计局、县监察局、省交通设计院等单位的竣工验收。

(骆海亮)

【省、市交通质监站联合对南昌市渡改桥项目进行交工检测】 2012 年,南昌市渡改桥建设项目进入全面收尾。5 月 10 日至 11 日,由省交通质监站高级工程师程菊花带队,组织省、市交通质监站技术人员联合对南昌市已完工的单桥 500 米以上渡改桥项目进行交工检测,分别为进贤县架桥镇土坊大桥、南昌县黄马乡东文大桥、蒋巷镇北旺大桥、滁北大桥共4座达2565.08延米。四座大桥上部构造均采用预应力简支梁，下部构造采用柱式墩、台，钻孔灌注桩基础。交工检测主要检测桥梁外观、几何尺寸、桥面平整度、横坡度、结构混凝土强度、混凝土钢筋布置间距、保护层厚度等。为期两天的渡改桥项目交工检测工作在项目单位及管理部门的共同配合下顺利完成。项目单位整理好内业资料上报后再统一安排时间对内业资料进行审查。该市其他渡改桥项目也陆续安排检测。

（郑枭骁）

【景德镇市飞虹大桥建设工程正式启动】 11月16日，景德镇市飞虹大桥建设工程可行性研究报告通过评估，标志着该桥建设工程正式启动。该桥是景市在昌江市区段建设的第8座永久性桥梁。桥址位于景德镇市高新技术开发区兰田村附近，距上游吕蒙大桥约4.1千米、距下游鲇鱼山船闸约3.4千米，桥长478米，同时建设东、西引道（暂定名称为飞虹大道），其中大桥东侧引道长2.84千米，经昌江区鲇鱼山镇凤岗村接老206国道；大桥西侧引道自昌江区鲇鱼山镇金桥村附近接新206国道，向东横穿市高新技术开发区中部，长2.87千米。路、桥项目总长6.19千米，按一级公路标准兼顾城市道路功能设计，设计行车速度为60千米/小时，投资概算3.4亿元。飞虹大桥及飞虹大道建成后，在改善航空科技城及市高新技术开发区的交通条件，缓解城区交通拥堵状况，推动该桥区域的城镇化进程，拓宽城市发展空间等方面有着重要影响。

（汪卫民　涂　强）

【景德镇市2座城市桥梁维修工程完工】 9月20日，经过一个月的紧张施工，位于景德镇市区陶阳南路南端的湖田桥以及位于景德镇市区银曙路上的天宝二桥维修加固工程完工。受8月10日超强台风“海葵”影响，湖田桥、天宝二桥均被洪水淹没，桥梁护栏受到不同程度的损毁；天宝二桥因长期受到超限车辆碾压，致使桥面出现沉降，水泥混凝土面板破损严重。为满足沿线居民及过往车辆正常通行及安全出行需要，景德镇市政府决定对这2座桥梁进行维修加固。

（涂　强）

【景德镇市浮梁大桥完成维修工程恢复通行】 1月6日，横跨昌江的浮梁大桥在经历近3个月的封闭维修后恢复通行。浮梁大桥是浮梁县城通往景德镇市区及浮梁县东部地区的主要通道。2010年7月，该大桥桥面出现破损，经专家鉴定，大桥存在一定的安全隐患，浮梁县政府决定对浮梁大桥进行维修。此后，大桥维修工程在处于限制车辆通行的状态下进行。2011年9月28日，景北大桥建成通车后，浮梁县城至景德镇市区有了一条更加便捷的通道，也给浮梁大桥封闭维修创造了条件。自2011年10月10日起，大桥封闭维修期间，除大桥维修施工车辆外，禁止所有机动车和非机动车通行，只允许行人步行通过大桥且通行时间控制在6:30—22:30分。至2012年1月5日，浮梁大桥维修工程全面完工。

（涂　强）

【景德镇市交通运输局全面排查农村公路桥梁安全隐患】 8月13日至9月12日，景德镇市交通运输局组织开展为期一个月的农村公路桥梁安全隐患集中排查工作。在排查过程中，该市市、县两级交通运输部门对全市农村公路上的36座大桥、114座中桥、244座小桥共计394座桥梁进行了细致排查。经检查检测，其中四类、五类危桥有46座。

这次农村公路桥梁安全隐患集中排查活动，主要是由于8月10日第11号强台风“海葵”影响致使景德镇辖区遭遇两百年一遇特大暴雨侵袭，导致全市农村公路多处山体滑坡、地基下陷，桥梁损毁。为保障农村公路安全畅通，景德镇市交通运输局按照分级管理、分级负责的原则，组织农村公路管理部门对全市农村公路上394座桥梁进行全面检查，并依据排查情况及时更新农村公路桥梁数据库，建立农村公路桥梁档案，进一步明确责任单位和责任人员。排查中还对农村公路四类、五类危桥采取具体的管理措施，一方面派人值班看守，实施24小时不间断巡查；一方面对危桥设置限载、限高、限行或禁止通行等警示标志和栏杆，避免次生事故发生，会同所在地政府积极筹集资金抢修临时便道方便群众出行。

（徐小明）

【浮梁县交通运输局全面启动农村公路危桥维修

加固工程】 为全面推进农村公路危桥维修加固工程建设，保障公路畅通和桥梁运行安全，浮梁县交通运输局组织实施的危桥维修加固工程于8月29日正式开标。此次维修加固的工程为庄湾大桥、王港大桥、北安大桥、小屋坂大桥4座桥梁，总投资380余万元。10月，上述4个项目先后开工。

（郑卫华）

【景德镇市9座城市桥梁接受"体检"】 景德镇市交通运输局十分重视城市桥梁安全管理工作，决定自4月6日起，对景德镇市城区内的昌江大桥、珠山大桥、珠山中路过街天桥、中渡口浮桥、西河桥、新村北横路桥、湖田桥、新桥、瓷都大桥共9座城市桥梁开始进行为期一个月的全面安全检测，为确保城市桥梁安全奠定基础。

（涂　强）

【萍乡市湘东区交通运输局获全省改渡建桥工作先进单位荣誉称号】 为从根本上解决水上安全隐患和居民出行难题，萍乡市湘东区累计投资近亿元先后完成湘东镇昌盛大桥、大江边桥、浏市桥、江口桥、仙人桥、麻山镇桃源桥、老关镇仁村桥和东桥镇黄沙洞桥等8个改渡建桥任务，惠及全区6个乡镇共17个行政村，受益群众达10余万人。2012年2月，江西省政府授予湘东区交通运输局"全省农村改渡建桥工作先进单位"荣誉称号。

（湘东区交通运输局）

【吉安市危桥改造项目扎实推进】 2012年吉安市共有县乡公路危桥改造项目9座，分别是泰和县灌溪大桥、遂川县五斗江大桥、南江中桥、青原区龙民桥、吉安县泉溪桥、峡江县湖州桥、永新县合田桥、吉水县井头桥、永丰县坪上桥。截至12月30日，所有项目已开工建设，永丰县坪上桥、青原区龙民桥已完工。

（刘文权）

【九江新长江大桥主塔封顶】 4月28日，九江新长江大桥举行主塔封顶仪式，并召开第二阶段施工总结表彰暨第三阶段施工动员会。省委常委、常务副省长凌成兴出席仪式并下达主塔封顶指令。省政协副主席、九江市委书记钟利贵，省政府副秘书长朱希，省交通运输厅党委书记程受锭，省交通运输厅厅长马志武，九江市市长殷美根，省重点办主任王前虎，省高速集团总经理谢来发，省投资集团副总经理陈云，省重点办副主任傅江斌，省高速集团副总经理、九江长江公路大桥项目办主任刘理，以及部分省直部门、沿线地方政府的有关负人、参建单位代表出席。

在实地观摩了大桥主塔后，凌成兴表示，主塔雄伟壮观，看后令人振奋，令人鼓舞，令人自豪。九江新长江大桥自2009年10月开工建设以来，参建各方克服了施工难度大、建设任务重、安全风险高等种种困难，全面完成了第一阶段和第二阶段的目标任务，主塔工程取得了决定性的胜利，在标准化建设、科技创新、施工环境三方面体现出特色。

凌成兴强调，要切实抓好第三阶段各项工作，紧紧围绕主桥合拢这个中心任务，抓住重点，统筹安排，协调推进各个节点的工作，确保大桥建设在今年年底顺利合拢。要统筹推进引桥建设、房建绿化工程和路面中下层摊铺三项任务，咬住大桥创新创优任务，继续加强质量管理，继续开展"平安工地"建设，继续抓好廉政工作，把好大桥建设的每一个环节，努力把九江新长江大桥建设成为中国桥梁乃至世界桥梁史上的又一座丰碑。

马志武在讲话中充分肯定了项目前阶段工作。他指出，自开工以来，全体参建单位紧紧围绕"一个重要标志、一个基本完成、一个基本到位"的阶段目标任务，努力克服雨季施工、深水作业等困难，高效优质美观地完成了大桥主塔的施工任务，取得大桥建设的阶段性胜利，为大桥按时保质建成奠定了坚实的基础。马志武要求，全体建设单位要认真贯彻落实省委经济形势分析会议精神和苏荣书记视察赣崇高速公路重要讲话精神，牢牢把握"今年年底实现主桥合拢"这个重点，坚定目标不动摇，采取有力措施，推进工程建设。统筹推进项目创新创优、建设管理标准化活动以及房建、绿化、交安、机电、通讯等附属工程施工，强化工程质量不放松，强化安全管理、廉政建设、协调不放松，早日实现大桥合龙，努力将九江新长江大桥建设成国内领先世界一流的精品桥梁，向全省人民交上满意答卷。

（张永康　涂序东　曾　晨　陈陆清）

【九江市交通运输局完成新建独立桥梁9座】 2012年,九江市完成路网改善工程新建独立桥梁建设计划项目9座,724.9延米。其中修水县西坪大桥145.08延米,修水县黄溪村大桥126.08延米,修水县全龙大桥111.04延米,武宁县大坡段中桥38延米,湖口县流苏中桥34.04延米,修水县长源里中桥45.54延米,修水县莲花桥94.04延米,修水县下篷中桥74.04延米,修水县黄沙段桥57.04延米。

(九江市交通运输局)

【九江市交通运输局完成危桥改造5座】 2012年,九江市共完成路网结构改造工程危桥改造5座,327.8延米。其中武宁县廒厦桥重建项目38延米,武宁县观音阁桥重建项目48.8延米,修水县塔桥重建项目105延米,瑞昌市三眼桥重建项目51延米,瑞昌市光明桥重建项目85延米。

(九江市交通运输局)

【新余市渝水区加强农村公路桥梁建设】 2012年,新余市渝水区紧紧抓住全省大力建设农村公路的好机遇,采取上项目、抓落实、严把关等措,积极加强农村公路桥梁建设,取得好成效,全年新开工建设3座农村公路桥。①8月20日,渝水区水北镇龙骨桥开工。工程位于水北镇村道龙骨至柘坑路上,跨农田灌溉水渠,全长48延米,总投资80万元,计划工期9个月。②2011年12月,渝水区水北镇伍塘桥开工。工程位于水北镇伍塘村委,横跨蒙河,连接伍塘、楼山、金星等村委,上部采用4孔20米预应力混凝土空心板,下部构造墩、台采用桩柱接盖梁形式,全长85延米,总投资300万元,计划工期16个月。③2011年12月,渝水区水北镇黄坑桥开工。工程位于水北镇黄坑村委,横跨蒙河,连接黄坑、陈家等村委,上部采用4孔20米预应力混凝土空心板,下部构造墩、台采用桩柱接盖梁形式,全长85延米,总投资300万元,计划工期16个月。

(王志勇)

【分宜县建成2座农村公路桥】 2012年,分宜县交通运输局大力加强农村公路桥梁建设,建成2座公路桥。①3月,分宜县洞村乡楼下桥建成通车,该桥全长48.54延米,总投资107万元。②5月,分宜县洋江镇纽村二桥建成通车,该桥全长32.2延米,总投资70万元。以上两座桥梁均位于村镇交通要道交叉点上,附近村庄稠密,人口众多,经济发展较快。该两桥建成通车,为进一步加快新农村建设,促进县域经济发展具有重要作用。

(熊细芳)

【鹰潭市4座农村公路桥立项开工】 2012年,鹰潭市交通运输局统筹规划,科学安排,精心调配,决定4座农村公路桥立项开工。1.贵溪市文坊镇天华山大桥。桥长128米,引道长786.88米,设计荷载等级为公路一Ⅰ级,桥面横向布置为8米+2×0.75米(人行道)。引道工程按二级公路标准建设,路基宽10米,路面宽8米。预算总投资为460万元。2.贵溪市泗沥镇雷家大桥。桥长165.1米,引道长100米,设计荷载等级为公路—Ⅱ级,桥面横向布置为6.5米+2×0.25米(安全带)+2×0.25米(护栏)。引道工程按三级公路标准建设,路基宽7.5米,路面宽6.5米。预算总投资为440万元。3.龙虎山景区姜家桥。桥长31.08米,桥台搭板10米,设计荷载为公路一Ⅱ级,预算投资46.77万元。4.余江县春涛乡七脑桥。桥长58米,设计荷载等级为公路—Ⅱ级,设计洪水频率1/50,桥面横向布置为净5.8米+2×0.5米(护栏)。预算总投资84.47万元。

(艾年宗)

【鹰潭市危桥改造重点工程冷水大桥竣工通车】 4月8日,鹰潭市危桥改造重点工程冷水大桥竣工通车。新冷水大桥全长126米,总投资583万元,是鹰潭市2010年度重点水毁危桥重建工程。原冷水桥在2010年“6·19”洪灾时,遭到了严重水毁,桥面破损露筋,引桥出现不同程度下沉移位,已处于危桥状态。通过鹰潭市交通运输局和冷水镇党委、政府共同积极争取,在省公路局的大力关心支持下,冷水大桥危桥重建项目被列为全省危桥改造项目。自2011年3月项目开工建设以来,各级交通运输部门和建设单位、施工单位以严谨细致的工作态度和满腔的工作热情,克服困难,密切配合,全力协作,规范施工,严把质量关,确保了工程顺利竣工。大桥的建成通车,对于进一步改善冷水镇的交通状况,建设冷水集镇一江两岸格局、拓展集镇发展空间,带动冷水镇及周边地区的经济发展，将起到积极的促进作用。

（鹰潭市交通运输局）

【余江县完成3座农村公路大桥】 2012年，余江县交通运输局认真贯彻落实鹰潭市委、市政府关于加强农村公路桥梁建设的指示精神，狠抓责任制的落实，做到分工负责，落实到人，把好施工队伍进场、质量检测和竣工验收关，取得好成绩，全年完成农村公路大桥3座。

1.塔洲大桥竣工。3月15日，余江县交通运输局对余江县潢溪镇塔洲大桥组织了交工验收。会议认为，该工程符合设计要求，总体质量良好，外形美观，线型流畅，具备通车条件。塔洲大桥桥长170千米，桥面总宽7米。2.潢溪大桥建成通车。该桥位于该县潢溪镇，横跨白塔河，连通了被白塔河阻隔的该县潢溪镇和春涛乡两个乡镇。过去两岸乡镇百姓来往常常依靠“渡口”通行，车辆通行也是绕道经县城邓埠镇或锦江镇，百姓的生产、生活极为不便。9月5日，该桥通过交工验收。桥长457米，桥面总宽9米，项目总投资1387万元。该桥对两岸乡镇的经济发展、集镇建设和群众安全出行起着积极深远的意义。3.张公大桥竣工通车。该桥原是一座古桥。桥址位于县道319龙界线上，横跨青田港，是该县经龙界通往马荃镇、龙虎山的一座主桥。由于建造历史较长，桥面已腐蚀老化，特别是被2010年特大洪水冲损，已属危桥，不能通行。针对这种情况，余江县交通运输局尽力争取省、市交通运输部门的高度重视和大力支持，投资573.69万元。新桥于2010年11月15日开工，2012年12月交工验收。大桥长166.04米，引道长398.49米，桥面净宽9.5米。

（周洁华　汪有根　金光华）

【赣州市4座公路桥梁通过交工验收】 2012年，赣州市公路管理部门进一步加强对已竣工通车的公路桥梁交工验收工作，共有4座公路桥梁通过交工验收。1.4月19日，寻乌县吉潭桥重建工程通过交工验收，工程质量等级评定为合格。桥梁全长85.04米，引道长52.976米，为2009年危桥改造工程。工程于2009年8月开工建设，2011年4月完工试运行。2.6月8日，宁都县松山大桥通过交工验收。3.8月9日，宁都县潭丘大桥通过交工验收。潭丘大桥位于该县水东工业园区，横跨梅江河，大桥全长306.04米，总投资1250万元。4.8月14日，赣县义源大桥通过交工验收。桥梁全长1039米，总投资8959万元，桥面宽度18米，双向四车道。大桥引道按一级公路设计，兼城市主干道功能，设计行车速度为60千米/小时。

（钟志文　邱勇伟　韩清山）

【赣州市4座桥梁竣工通车】 2012年，赣州市公路管理部门采取加大督促检查、进一步落实责任制、做好阶段性总结评比工作等措施，加强对在建公路桥梁的管理，成效明显，全年有4座桥梁竣工通车。1.5月底，石城县兴隆大桥工程完工。该桥为双幅桥梁设计，全长185米，桥净宽7米+2米。总投资1500万元。该桥是石城县城重要交通纽带，是连接城东、城西的重要交通要道。大桥通车后，将大大缓解县城交通拥堵现象，对完善城市功能、提升城市形象有重要意义。2.6月15日，兴国县最长的跨江大桥——兴国大桥竣工通车。兴国大桥位于埠头乡程水村横石组，正桥长577米，两端引路分别为600米。正桥主跨19跨，高8米，桥面总宽21.5米，桥面行车道净宽18米，两侧各设1.5米人行道及0.25米栏杆，按双向4车道设计，设计时速80千米。3.5月23日，南康市唐江大桥加固维修工程竣工通车。工程投资100万元。在广大程技术人员和职工经过2个多月的精心维修下，唐江大桥又重新恢复了交通。该桥建于1981年，被列为危桥。南康市政府高度重视，设法投资加固维修，受到广大群众赞誉。4.定南老城西江桥竣工。12月30日，定南老城西江桥竣工通车。该桥工程由崇仁县智达路桥工程有限公司施工，监理单位是赣州市中韵工程咨询监理有限公司。该桥结构是3×16米预应力空心板，全长62.04米。总投资153万元，计划工期180天。

（李建鹏　黄信坚　刘经富）

【赣州市3座旧桥维修工程开工】 2012年，赣州市在抓紧新桥建设的同时，还加强了旧桥维修工程的施工，以确保危桥安全，全年共有3座旧桥维修工程开工。1.11月28日，于都县红军大桥桥面修复工程开工。该工程是一项民生工程、德政工程,关系该县对外形象和群众切实利益。县政府要求施工单位要制定科学合理施工计划,加派人员、增调设备,确保工程进度,要设置防护设施,确保施工期间过往行人和施工人员的安全检查。2.石城县坝口桥和琴口桥修复工程同时开工。12月5日,石城县坝口桥和琴口桥修复工程同时开工。坝口桥和琴口桥是县道县城至高田公路上的两座重要桥梁,分别建于1974年和1976年。近年来,随着经济社会的快速发展,交通流量剧增,超载、超限车辆大量通行,两桥桥面、栏杆等严重损坏,存在较大的安全隐患。为确保安全畅通,石城县委、县政府高度重视,县交通运输局迅速行动,通过现场勘测等前期工作,及时开工。计划工期两个月。

(赵 兴 黄加旺)

【赣州市兴国公路分局加强高兴大桥便桥管理保畅通】 随时着兴国G319国道高兴大桥危桥重建工程的实施,原桥已被拆除,便桥就成了319线高兴段的主要通道。为确保过往车辆和行人顺利、安全通行,赣州市兴国公路分局采取了多项管理措施。一是加宽便桥桥面。由当初设计的2.7米加宽到了3.1米。二是实施限载。规定车货总重在30吨以下的车辆方可通行,超过限制总重的,必须绕道通行。三是对过往车辆放行时间进行灵活掌握,随时掌握便桥通行状况,采取紧急措施。6月23日端午节,兴国县连降暴雨,山河洪水暴涨。下午3时,便桥被洪水淹没,严重危及交通和行人安全。值班人员发现险情立即向分局领导报告,分局领导接到险情报告后,立即向市局领导汇报,同时启动险情应急预案,安排人员在319国道旁兴林加油站及丁坵路段两地设置交通提示牌,指导过往车辆绕行。分局领导立即冒雨赶赴现场指挥抢险,疏导便桥两端滞留车辆和行人,并在便桥两端设立安全警示设施,确保了便桥安全。

(肖士斌 龚海英 曾永平)

【樟树市四特大桥建成通车】 经过广大工程建设者2年零3个月的紧张施工,8月23日,樟树市四特大桥建成正式通车。新桥建在老桥上游,与老桥相隔1.0米,大桥全长1989米,宽14.0米,新桥上部结构为:29孔16米先简支后连续预应力混凝土空心板+10孔40米先简支后连续预应力小箱梁+(70米+4孔100米+70米)变截面预应力混凝土连续箱梁+15孔40米先简支后连续预应力混凝土小箱梁。下部结构:主孔桥段采用钢筋混凝土空心墩配承台桩基础;跨径40米副孔小箱梁段采用钢筋混凝土柱式墩配基础;跨径16米副孔段采用钢筋混凝土薄壁墩配承台桩基础;0#台采用U形桥台,60#采用肋式桥台。四特大桥于2010年5月正式动工,工程总投资5.5亿元。设计行车速度为每小时60千米;桥梁结构设计基准期为100年;设计安全等级为一级;最高通航水位32.28米,可以满足20年一遇防洪要求。新桥建成通车后,将与老桥实现双向6车道通车结构,对构筑良好交通区域环境、加快樟树经济社会发展起到积极作用。

(杨 波)

【铜鼓县新建迎宾公路大桥】 迎宾大桥位于奉铜高速公路铜鼓县城连接线迎宾大道上,连接定江河两岸,全长80米,宽42米(含人行道),3孔,各孔净跨25米,桥梁上部结构为钢筋混凝土空心板,下部结构为薄壁墩,扩大基础,U形台。荷载设计为公路桥梁一级,总投资1062万元。铜鼓县政府对该公路大桥建设非常重视,列入县重点工程,加强工程领导,制定举措,成立以县长任总指挥,分管交通运输工作副县长任副总指挥,交通运输、城建、国土、财政、公安等部门负责人为成员的迎宾公路大桥指挥部,抓协调、抓管理、抓服务、抓督查、抓安全,及时解决工程施工中的困难和问题,使工程建设进度快、质量优,仅用7个月完成大桥建设任务,于2012年年末竣工通车,创新铜鼓建桥速度。大桥建成后,对改善县城交通运输条件,提高城市品位,振兴全县经济将发挥重要作用。

(李德斌)

【铜鼓县县城立交桥开工建设】 为进一步缓解县城交通压力,改善城市居民出行条件,铜鼓县人民政府自筹资金就地新建立交桥。该桥在起点为县城三八路和定江东路的交叉口,终点接县城南中路。该项目于11月28日招标,中标单位为万载路桥有限公司,中标价为826万元,建设工期10个月。该工程全长238.5米,其中桥长96.08米,宽26.8米,引道长152.5米,宽26米。桥梁上部结构为预应力混凝土空心板,下部构造为柱式墩,墩基础采用扩大基础,桥台采用桩接盖梁轻型桥台,采用钻孔灌注桩基础。汽车荷载等级公路Ⅰ线/城市一A级。行车道数:4行车道+2非机动车道。设计行车速度40千米/小时。设计洪水频率为1/100,跨径4×20米,斜度0,设计安全等级为二级,环境类别为Ⅱ类。

(李德斌)

【万载县新建锦江大桥全面启动】 2012年,根据万载县委、县政府统一规划,县锦江南(长江村)为现有工业园,锦江北田江村至石蛇村为绿色食品工业园区,为加快万载县工业园区的发展,拟新建1条连接南北工业园的锦江大道,新建1座锦江大桥。该路设计宽度达42米,在南昌至上栗高速建成后,该路还将是主要的高速连接线。在横跨锦江处需新建一座锦江大桥,经县政府决定该桥的设计、实施由交通部门负责。6月,锦江大桥的工程可行性研究报告编制及设计工作完成。该桥设计宽度19米,全长246.06米,为30米预应力小箱梁结构。锦江大桥新建工程于2012年11月30日招投标,由江西中盛建筑工程有限公司中标承建,中标价1345万元. 至2012年年末,施工单位已进场,并完成场地建设及部分便道工程,完成投资30万元。

(辛鹏远)

【宜春市加快农村公路危桥改造建设】 宜春市在实现村村通水泥公路和完成农村渡改侨之后,全市各地把农村公路建设重点放在危桥改造上,着力提高农村公路网络质量,以适应农村交通运输快速发展需求,推动交通安全稳定发展。全年全市新建和改造农村公路桥梁23座,全长1869延米,投资4479.7万元,其中:大桥6座,全长799延米,投资2196.1万元,中桥17座,全长1070延米,投资2283.4万元。这是农村公路危桥建设最好的一年,有力地推动了全市农村经济大发展。一是加强农村公路危桥建设领导。农村公路桥梁大部分是上个世纪六七十年修建起来的,因投资少,加之又未经科学勘察设计,相当一部分桥梁成了危桥,严重制约农村交通运输发展。各级政府对农村公路危桥改造建设高度重视,列入议事日程,组织公路技术人员对农村公路桥梁进行普查,坚持"全面规划,分批实施"的原则,成立以县(市区)长任组长,交通运输、财政、土地、公安等部门主要领导和有关乡镇长为成员的农村公路危桥改造领导小组,科学调度,及时解决建桥的工作问题,实行县(市区)领导包乡镇,乡镇领导包村,村干部包建桥项目,做到组织、领导、工作、经费、责任五落实,形成政府带动,舆论推动,部门互动,上下联动建桥良好局面,切实加强建桥工作领导。二是多方筹集建桥资金。为确保农村公路危桥改建资金需求,各地依靠群众,采取国家拨一点,地方财政补一点,通过一事一议,群众自愿筹一点,动员在外工作人员和经商老板自愿为家乡建桥捐一点的办法,全年为农村公路危桥改建自筹资金达2408.3万元,占国家拨款116.26%。为加强资金管理,对建桥资金做到专账、专户、专款,经费公开,接受群众监督,并组织交通运输、财政、审计等部门财务人员对建桥经费使用情况进行审计,保证经费专款专用,合理使用。三是把建桥质量放在第一位。各地高度重视建桥质量,严格把好工程设计、工程招投标、施工队伍、工程开工、材料进场、工程施工验收关。举办工程法人、施工和监理单位负责人培训班,组织学习建桥基本知识和法律知识,增强质量和责任意识,牢固树立工程第一的思想,搞好工程管理和施工安全管理,实行工程质量终身追究制。经过努力,工程建设进度快、质量好。经组织专家对逐个工程进行竣工验收,所有工程项目为合格工程,许多工程质量评为优良工程。

(吴泽水)

【宜春市袁州区谗塘桥危桥改造项目工程进度快】 宜春市袁州区谗塘桥主桥上部结构采用5孔16米预应力钢筋混凝土空心板,下部结构采用柱式墩扩大基础;桥台采用轻型台飞桩基础。桥长92米,桥面宽8.0米,即:0.5米(栏杆+安全带)+7米(行车道)+0.5米(栏杆+安全带),引道长0.2千米;主要技术标准:设计荷载公路II级,设计洪水频率为1/50,核定工程总概(预)算217万元;建设单位:袁州区西村镇政府,9月通过公开招投标,确定施工单位是江西际洲建设工程集团有限公司,监理单位是江西新大地建设监理有限公司,项目于10月开工,至年末下部结构及基础全部完成,梁板全部预制完工。

(李　庆)

【樟树市加固危桥保畅通】“十二五”期间,樟树市进一步加大危桥改造工作力度,特别是农村公路危桥的改造力度。市交通运输局已对全市范围内的县乡公路桥梁进行逐一排查,共排查桥梁105座,发现存在安全隐患的桥梁66座。为打造幸福樟树,推进平安建设,切实保障广大人民群众生命财产安全,彻底解决由危桥造成的安全隐患,该市出台《樟树市人民政府办公室关于印发樟树市农村公路危桥改造工程管理办法的通知》,用三年时间对全市范围内的四、五类危桥进行全面改造。

(杨　波)

【丰城市加快农村公路危桥建设】随着丰城市农村公路等级和质量不断提高,原有的桥梁中有一部分出现与公路等级不相适应的情况。针对这一现状,该市交通运输局及时组织有关工程技术人员对全市公路桥梁进行全面勘察摸底,并积极争取上级的计划指标,2012年全市农村公路危桥改造工程建设争取到3座225延米,在建的丰城市孙渡街道三溪桥,桥梁长150米,桥面宽6米,总投资330万元,其中上级补助金额180万元,合同金额287万元。丰城市孙渡街道兴无石拱桥在进行施工图设计,桥梁长30米,桥面宽7米,总投资53万元,其中上级补助金额32万元。丰城市铁路镇陂上桥正在招投标,桥梁长45米,桥面宽6.5米,总投资90万元,其中上级补助金额54万元。

(皮晓荣)

【靖安县交通运输局加快危桥改造步伐】靖安县交通运输局紧紧围绕县委、县政府的决策部署,把农村公路危桥改造建设任务纳入民生工程,精心谋划,强化保障,扎实推进。在全面摸排基础上,确定分批实施计划,实行每个项目领导牵头负责制,建立“一桥一档”,严格落实设计、施工、监理的三大责任制,全程跟踪监管。一是组织专业人员加强桥梁安全巡查,不定期组织有关工程技术人员对桥梁安全状况进行排查,建立公路桥涵档案,做到一桥一档。在调查研究的基础上对农村公路危桥加固改造任务进行细化分解,分轻重缓急对危桥进行逐步改造。二是积极筹措资金,着力解决群众出行难问题。采取“向上级争项目,向财政争资金,群众一事一议筹”的办法,有效推进农村公路危桥加固改造工程,截至年末,已安排资金284万元,对水口乡罗家咀桥、仁首镇象湖大桥等农村公路危桥2座进行改造。三是对尚未开工的危桥采取加大巡查、交通管制等方式,严禁超载超限车辆通行,确保人民群众出行安全。

(刘　斌)

【高安市筠州大桥维修加固工程完工】高安筠州大桥建于2000年4月,全长546.42米。随着通过大桥车流量和重型车辆的骤增,该大桥构造局部出现较大裂缝,严重危及桥梁安全。针对此情况,市交通运输局多次组织专家和检测机构对桥梁进行检查,综合评定为3类桥梁,急需进行维修。10月上旬,市投资447万元,通过科学安排,规范施工,对桥梁从5个方面进行维修,通过100多个工日顺利完成该危桥维修工程。维修加固后的筠州大桥焕然一新,大大提高公路的通行能力,保障车辆安全畅通。

(周世祥)

【上高县芦洲大垣桥危桥改造工程完工】上高县芦洲大垣桥位于县道芦徐公路上,距芦洲集镇3.4千米。该桥始建于1973年,桥长24米,宽4米,拱桥,块砌结构,经过数十年运行,该桥桥墩、桥面多处开裂、下沉,虽多次采取修补、限载通行等措施,都无济于事。经检测及专家鉴定属于重度级危桥。该桥于2012年4月动工改造,同年9月完工。桥梁全长34.04米,桥宽6米,项目总投资42万元。该项目由宜春市交通规划勘察设计院设计,江西申威装饰工程公司承建,该桥的竣工通车,给两岸沿线一万多村民通行带来方便。

(潘泓羽)

【万载县加强汛期桥梁监管】万载县交通运输局坚持“生命至上,安全第一”的管理理念,全力做好汛期桥梁监督管理工作,让人民群众出行更安全、更放心、更满意。一是加强对各类危桥的管控和改造。1.对已在实施危桥改造计划项目,加快建设进度,采取有效措施确保桥梁结构安全、施工及通行安全;2.对于已评定为危桥的,立即实施交通管制,在桥头设置限载、限速标志,严防超限超载车辆通行,并通过电视、报纸等媒体向社会进行公告,做好车辆绕行组织工作;3.对未批复或未下达计划的危桥,及时组织开展危桥加固改造检测、设计等前期工作,消除桥梁安全隐患。二是加强公路桥梁日常养护和巡查。三是加强桥梁水域安全管理。禁止采砂船在桥梁水域进行采掘爆破等作业。四是加强桥梁安全督导检查。经常对辖区桥梁安全管理工作进行督查,发现问题,迅速整改落实。

(胡爱仙)

【抚州市赣东大桥竣工通车】 赣东大桥于2009年9月16日开工建设,南岸与赣东大道连接,北岸与316国道(昌抚公路)连接,大桥长558米,宽23.5米,双向四车道,引桥路基宽33米,双向四车道。总投资2.1亿元。大桥为人字形单塔斜拉桥,主塔形似人字,代表以人为本。该桥的通车对改善抚州市交通拥挤状况,优化投资环境,加快抚州发展具有重大意义。

(陈根玲)

【崇仁县农村公路桥梁建设取得好成绩】 2012年,崇仁县进一步加强农村公路桥梁建设工作,取得好成绩,2座竣工通车,2座开工建设。1.1月12日,崇仁县光明大桥竣工通车。光明大桥横跨崇仁县城宝水河,全长277米,引道长563米,路基宽18米,路面宽15米,桥梁上部构造为9×30米预应力混凝土小箱梁、下部构造为柱式墩、肋式台,钻孔灌注桩基础。2.崇仁三山桥建成通车。桥长68米,宽7米+2×0.25米,3×20m后张预应力空心板。总投资147万元。三山乡人民政府为建设单位。该工程于2012年5月31日完工,10月20日正式通车。3.崇仁贯下大桥动工兴建。大桥长126.08米,桥头引道长273.92米。桥面净宽为6米+2×0.25米安全带,荷载等级为公路—Ⅱ级,该桥造价306.307万元,于2012年12月30日开工,计划工期7个月。4.崇仁桥头大桥开工建设。大桥全长451.495米,其中主桥长127.08米,引道长324.415米。主桥造价371.617万元,工程于9月10日开工,计划工期9个月。

(余家军　陈根玲)

【宜黄县加快桥梁工程建设进度】 2012年,宜黄县进一步加快农村公路桥梁建设步伐,一座大桥竣工,2座危桥改造工程完成进度计划。1.宜黄县凤冈镇水北大桥竣工。该项目起于凤冈镇凤凰大道,连接世纪大道可直通省道林崇线,跨抚河支流宜黄河,终于桥东凤冈镇水北村小组,接村道河东至水北公路可接临宁线。桥长217米,引道长573.52米,桥面宽15.5米,总投资1000万元。工程于2012年7月竣工。2.宜黄县廖坊关桥危桥改造工程完成进度计划。该桥位于新丰乡李坊村县道X937K34+020处,连接新丰至神岗乡路线,全长33米,桥宽7米,单跨20米、造价90万元,10月15日开工,至年末已完成空心板梁吊装及桥面铺装。3.党口桥危桥改造工程完成进度计划。该桥位于县道圳口至新丰(神岗党口段)县道X937K18+900处,于2012年7月下旬开工。该桥长62米,宽7米,总造价158万元。至年末已完成上部空心板梁工程,开始桥面铺装工程施工。

(李华荣)

【南城县加快桥梁建设步伐】 2012年,南城县加快农村公路建设进度的同时,也加快了桥梁建设步伐,1座大型跨线桥竣工,1座大桥开工。1.南城县福银高速跨线桥竣工。该桥位于南城县河东工业大道福银高速公路处,桥长161米,桥宽15米,采用上部构造43米+66米+43米预应力混凝土变截面连续箱梁,下部为薄壁桥墩,埋置式肋台,桩基础,与福银高速交角120°,是该县乃至抚州市地方自行筹资建设的第一座技术含量高的跨越高速公路桥梁工程,总投资1600万元。该工程于2012年2月开工建设,当年12月完工。2.南城周安堡大桥动工兴建。该桥是南城县"十二五"重点工程之一,于2012年7月动工兴建。该桥位于天井源乡周家堡渡口,起于昌厦公路K1661+400处,由西向东跨越盱江,经郑家沅、长岗上村小组北侧,与建成的河东工业大道平交,全长2.633千米,其中:桥梁长698米、桥宽12米,引道长1.935千米(西岸引道长1128米、东岸引道长807)。总投资5500万元。计划工期16个月。

(王素红)

【广昌县两座大桥建设工程进展顺利】 2012年,广昌县交通运输管理部门积极抓好桥梁工程建设,一座大桥已经竣工,另一座大桥工程进展顺利。①广昌赤水枫岭姚家陂大桥重建工程竣工。该桥位于广昌县赤水镇枫岭姚家,是80年代初修建的一座拱桥,桥长200米,宽3.5米。该桥当初设计荷载标准低,随着经济的发展,交通量剧增,造成拱圈多处出现裂缝,2003年被有关技术部门定为危桥,禁止车辆通行,给群众的出行带来极大不便,群众热切希望重建该桥。经广昌县政府研究,决定在原址处重建该桥。新桥为单跨T梁桥,设计桥长30米,宽6.5米,项目总投资50万元。重建工程于2012年7月开工,12月末竣工。②广昌顺化大桥重建工程进展顺利。该桥位于广昌县城东沿河路旁,是70年代初修建的一座7孔(孔距28米)双曲拱桥,桥长200米,宽9米,水泥混凝土桥面。因该桥设计荷载标准低,随着经济的发展,交通量剧增,造成桥面破烂不堪,2003年被有关技术部门定为危桥,禁止车辆通行,给群众的出行带来极大不便,群众热切希望重建该桥。广昌县委、县政府顺应民心,决定在原址处重建该桥。重建顺化大桥工程于2012年4月开工,至12月末,该工程已完成投资1450万元,占总工程投资量的40%。该桥长206米,宽23米。

(袁晓艳)

【资溪县加强农村公路桥梁工程建设】 2012年,资溪县交通运输局大力加强农村公路桥梁工程建设,取得较好成绩,2座桥梁已经竣工,即:梅园洲大桥重建工程全面完成,该桥长124米,桥面净宽4.5米;高阜务农桥竣工通车,该桥长36米,桥面净宽5米。同时,该县还争取到3座独立桥建设计划,总长226延米,分别为:嵩市镇高陂独立桥,桥长36米;高阜镇高阜泸溪桥,桥长85米;马头山镇走马洲独立桥,桥长96米。

(吴绍文)

【苏宁集团为乐安县建10座爱心桥】 在中国扶贫基金会的牵线下,苏宁电器集团捐赠54万元,在乐安县贫困山区援建10座便民桥,每座桥援助资金5.4万元。2012年12月4日,受援建的10座便民桥已全部竣工,大大方便了当地村民的生产生活,尤其是方便了小孩安全上学,受益村民上万名。

(陈根玲)

【余干县河埠信江大桥建成通车】 9月16日,余干县河埠信江大桥建成通车。河埠信江大桥工程,是2009年省渡改桥项目,大桥主桥桥长477米,全桥采用30米+(45米+2×70米+45米)+3×30米+4×30米变截面预应力混凝土连接箱梁+先简支后连续预应力混凝土小箱梁(第一跨为简支小箱梁)。桥面宽9米(7+2×1),设计荷载为公路—Ⅱ级。下部构造中,主墩采用薄壁墩,引桥采用桩柱式墩。0号桥台采用柱式桥台,13号桥台采用肋式桥台。上部构造中,主桥梁体系采用单箱室直腹板变截面箱梁,引桥采用先简支后连续小箱梁。引道长985米,按平原微丘区三级公路标准设计,路基宽8.5米,路面宽7米。工程总投资3187万元。

河埠信江大桥建成通车,彻底消除了余干县西南地区三乡二场20多万名群众往来县城的交通瓶颈制约,对统筹城乡发展、推进新型城镇化、促进地方经济快速发展都具有重要意义。

(程琳先)

【玉山县十里山大桥通车】 9月19日,玉山县十里山大桥建成通车。十里山大桥位于县道X652会英亭至花屋公路K14+080处,跨越信江支流玉琊溪河,距县城5千米。由于近年来交通量急剧增长,大桥损坏严重,年久失修,2008年大桥被鉴定为危桥。为确保人民群众生命财产安全,随后对该桥采取了限制通行措施。为解决当地群众出行不便问题,玉山县委、县政府决定对该桥进行拆除重建,于2011年10月9日动工。新建桥梁全长为138.06米,宽9.5米,跨径为6×20米,桥梁上部构造采用20米预应力混凝土空心板,桥面连续,下部构造桥墩采用双柱式墩,扩大基础,受地形限制,桥台采用桩基桥台,工程总投资501.87万元。

(雷 钟)

公路养护

【概况】 2012年,全省公路管理部门以狠抓落实为基础进一步加强公路养护工作,成效很好,一方面公路好路率稳步增加,另一方面公路绿化、美化面貌日新。

1.高速公路养护。高速公路养护在2011年实行四个责任主体取得巨大成绩的基础上,新年又有新收获。“三级管理模式,四个责任主体”的管理机制,确实卓有成效,公路养护工作做到了时时有人抓,处处有人管,事事有人做。同时,在抗击公路灾害侵袭方面,全省高速公路管理部门采取的措施更加完备、更加科学。在普遍制定《抗击灾害应对预案》的前提下,认真执行预案,效果很好。6月3日,交通运输部防汛抗旱检查组至九江市九景管理处应急物资储备仓库进行检查,看到抢险设备和物资品种全、数量足,应急队伍组建到位,检查组非常满意,竖起大拇指说:“咱们交通人干事就是实在。”高速公路绿化工作是公路养护工作中的重要组成部分,江西高速公路绿化工作一直做得很好,2012年8月,一位记者在中国交通报发表了一篇报道,题目是《江西高速公路美如画》。

2.国省道干线公路养护。2012年,省公路管理局进一步夯实公路养护管理基础,切实提高公路基础设施网络使用效率和服务水平,取得好成绩。全年完成干线公路养护大中修工程1511千米,完成投资15.2亿元。主要措施是:(1)早安排、早部署、早落实,确保全年全省路面养护大中修工程计划能按时完成。(2)继续抓好路网结构改造重点工作,根据“先重点,后一般,先干线,后支线”的原则安排计划,2012年路网结构改造计划项目主要有危桥61座,共计5886延米;安保工程隐患里程2230千米;灾害防治工程隐患里程288千米。(3)积极推进干线公路养护、应急、服务三位一体化综合养护中心管理工作。4月19日,全省20个市级普通干线公路综合养护中心项目建设全面启动。本次先行建设20个市级综合养护中心,建设面积共计66.3公顷,投资预算5.03亿元。(4)开展养护示范工程创建活动,构建“畅、安、舒、美”公路。省公路局编制并下达了《江西省普通国省干线公路养护示范工程建设实施意见(试行)》,要求每个设区市公路局建成10~20千米、每个县(市、区)分局建成一条不少于5千米的养护示范工程路段。至12月末,全年已实施养护示范工程668.5千米,为全面提升公路养护质量、规范养护管理积累了经验,发挥了示范作用。(5)完善公路养护管理制度、规范标准。省公路局根据国家有关规定,制定出台《江西省普通干线公路日常养护管理考核办法(试行)》,于7月份已正式下发。

3.农村公路养护。2012年,全省农村公路养护工作,取得新的成绩。一是思想更重视公路养护工作。各级政府组织,明确了公路养护工作重要意义。刚进入1月,景德镇立即在全市开展农村公路养护年活动,要求各级政府和公路管理部门建立和落实农村公路养护的各项制度,有力地推动了农村公路养护工作。二是狠抓农村公路养护制度的落实。2月初,南昌市湾里区人民政府出台了《湾里区农村公路养护管理实施意见》,计划每年投入资金62.3万元用于全区农村公路养护工作。经严格竞聘选出60个养路工。三是积极推进养护工作科学化,提高养护效率。鹰潭市交通运输局在公路养护实践中,勇于创新,把农村公路养护管理工作向纵深发展,全力打造“护路、护村、保洁”三位一体的农村公路养护新模式,取得好成绩,好路率和公路绿化均大大提高。

(省高速集团　省公路管理局)

养护工作

【全省普通国省干线公路20个市级综合养护中心集中开工】 4月19日,全省普通国省干线公路综合养护中心开工仪式在宜春市公路管理局高安公路综合养护中心举行,标志着全省20个市级普通干线公路综合养护中心项目建设全面启动。省交通运输厅厅长马志武宣布综合养护中心正式集中开工,宜春市市长蒋斌出席,省交通运输厅副厅长邓经国、宜春市政府副巡视员胡芳兰讲话,省公路管理局局长任东红主持仪式。参加开工仪式的领导为工程奠基培土。

邓经国指出,按照发展方式更好、发展质量更优、发展水平更高、发展形象更美的要求,全省交通运输"十二五"规划提出在普通国省干线公路建设50个集养护、应急和服务"三位一体"的综合养护中心,其中市级20个、县级30个。全省20个市级综合养护中心建成后,将构建起集养护、应急、服务为一体,覆盖全省普通国省干支线、层次明晰、规模适当、配置合理、运转高效、保障有力的公路综合养护体系,对实现全省普通公路干线和支线的养护网络化管理,提升公路养护质量效率,增强公路应急反应处置能力,为广大人民群众提供更优质、更便捷的出行服务都具有重大意义。

邓经国强调,各设区市公路局要按照《江西省普通干线公路综合养护中心建设意见》和建设指南的要求,精心设计,精心组织,精心施工,努力打造精品工程。一是确保按时完成建设任务,确保20个市级综合养护中心在今年底前建成并投入使用。二是加强项目建设管理,把综合养护中心打造成兼具地方建筑特色和公路行业特色的优质工程、亮点工程。三是严格资金监管,防止和杜绝挤占、滞留、截留、挪用等违纪违法行为。四是加强设施配套和功能完善,使养护中心真正发挥"养护基地、应急中心、服务驿站"三位一体的功能,使之成为普通干线公路上彰显江西公路交通负责任行业、负责任部门的一道风景。

"十一五"规划以来,江西交通公路部门认真贯彻落实科学发展观,努力实践交通运输部提出"三个服务"重要理念,在加快公路建设的同时强化公路养护管理,完善应急保通机制,拓展公共服务领域。提出了干线公路道班要逐步实现以养护为主向突出养护机械化、强化应急处治能力和为公众服务职能"三位一体"综合基地的发展思路,并在宜春市开展了综合养护中心建设试点工作,建设的G320国道上高养护中心初步达到了集养护、应急抢险、服务等功能。为全省建设综合养护中心提供了借鉴的经验。

"十二五"期间,为完善全省普通干线公路养护管理设施,建立健全养护应急处置机制,形成功能齐全、科学合理的公路管养体系,构建更安全、更畅通、更绿色、更高效的公路交通网络,更好地满足全省经济社会发展和人民群众出行需求,全省将建成集"养护、应急、服务"三位一体的50个普通干线综合养护中心(其中市级20个、县级30个)。这次先行建设的20个市级综合养护中心,分布于全省11个设区市,设置于普通干线或重要支线附近,建设面积共计66.3公顷,投资预算5.03亿元,所有项目将于2012年底前完工。其余30个县级综合养护中心要求在"十二五"期间逐年安排实施,到2015年基本形成科学规范,集养护、应急、服务为一体的养护体系,保障全省干支线公路网的安全畅通,为公众提供更优质、便捷的出行服务。

(练崇田　王林水　涂　琳　彭　磊)

【德昌高速公路标志牌改造工作高效完成】 经过连续作战19天,至1月20日,德昌高速公路标志牌改造工作全部完成。此次德昌高速标志牌改造共31处,其中新增15处(门架式2处),调整牌面信息16处。在改造工作中,德昌高速交通设施维修队精心组织,规范管理,针对春运交通量不断增加的情况,维修队在施工中特别加强了安全防范措施,严格遵守高速公路安全作业规程,真正做到生产无事故。同时,德昌高速维修队克服了时间紧、任务重、人员少等困难,党员干部率先垂范,带领全体职工,不畏低温严寒,连续奋战19天,高效率、高质量、高标准完成了标志牌改造工作。

(德昌维修队)

【梨温高速公路路面维修检测工作全面展开】 5月15日,梨温高速公路路面维修前期路面检测工作正式开始。此次检测工作由江西省交通科研院负责,检测项目主要由省交通科研院交通工程检测中心执行。检测将通过采用落锤式弯沉仪、探地雷达、现场钻芯取样室内试验、现场回收材料室内试验的方法采集路面弯沉值、路面结构层厚度、路基含水率、沥青路面材料(PAP)评价指标等数据,为后续的路面维修整治施工方案的制订提供理论依据。本次检测路段为K668+800~K678+800左幅,为确保检测数据不受交通行车影响,将封闭半幅交通进行,预计检测时间5天。(鄢梅珏　陈玉英)

【梨温高速公路路面维修工程全面完工】 11月27日，梨温高速公路路面维修工程全面完工。进一步提高了梨温高速公路的整体形象，改善了道路的通行能力。该工程于9月2日开工，施工主要针对车辙严重、补丁密集的路段、冷再生路段和收费站进行维修整治。累计完成路面铣刨重铺33.480千米，完成贵溪、弋阳、玉山等收费站维修及冷再生路段基层维修处理5637.15平方米，完成盲沟维修121.93米。

（邓艳冬）

【景德镇市开展农村公路管养年活动】 景德镇市为期3年的农村公路管理养护年活动自2012年1月起正式进入组织实施阶段，并将持续至2014年。

为深化全市农村公路管理养护体制改革，认真落实农村公路管理养护的各项制度，景德镇市按照"以县为主、分级负责，因地制宜、注重实效，全面管养、保障畅通"的原则，推动全市农村公路向"建养并重、均衡发展"转变，确保"建即有养、养即到位"，使农村公路更好地为推进全市农业现代化服务、为社会主义新农村建设服务。

通过农村公路管养年活动，建立健全全市农村公路管理养护的规章制度、技术规范与标准体系，逐步提高全市农村公路管理养护水平，做到"五个到位"，即管养责任落实到位、机构人员配备到位、制度制定执行到位、资金筹措管理到位、监督检查考核到位；实现"四个提高"，即提高管养能力、提高路况水平、提高服务质量、提高群众满意度。

通过农村公路管养年活动，取得良好成效，到2014年底全市农村公路列养率从2010年的95%提高到100%；县道经常性养护率达到100%，乡道经常性养护率达80%以上，村道经常性养护率达60%以上。使全市农村公路技术状况（MQI），优良路率稳步提高，次差路率大幅下降。全市农村公路路面技术状况（PQI）得到较大改善，路面（PQI）平均中等路以上的比例由2010年底的73%提高至78%。全市农村公路县道、乡道和村道的路基、桥隧构造物、沿线设施等技术状况基本达到相关技术标准要求，并在现有技术状况上逐年有所提高。全市农村公路平均绿化率将提高到60%以上。其中县道平均绿化率提高到85%以上、乡道平均绿化率提高到70%以上，村道平均绿化率提高到50%以上。

（徐小明）

【景德镇市春运前加强农村公路维修工作确保春运期间安全畅通】 2012年春运期间，景德镇市农村公路未发生交通中断情况，完美实现了全天候安全畅通。

为切实保障春运期间农村公路的安全畅通，景德镇市市、县（市、区）两级交通运输部门未雨绸缪，在春运之前共投入1000多万元对农村公路水毁路段进行大、中、小修施工；投入近500万元对部分农村公路危险桥梁进行维修改造；投入160余万元对部分农村公路标志标线、防护墩等安保工程进行建设完善；从而大大提高了农村公路的通行能力，为农村公路安全畅通奠定了坚实的基础。

春运期间，景德镇市市、县（市、区）两级交通运输部门加强对农村公路的安全巡查和路政管理，认真做好农村公路、桥梁、涵洞等设施的检查和维护，强化农村公路的日常养护保洁工作，制定农村公路应急预案，确保一旦出现农村公路因地质灾害、恶劣天气等导致中断的情况下，能及时抢修以便在最短的时间内恢复通车。

（徐小明）

【南昌市湾里区聘请常年代表工养护农村公路】 2012年2月，南昌市湾里区人民政府出台《湾里区农村公路养护管理实施意见》，计划每年投入资金62.312万元用于全区农村公路养护管理工作。由此，该区交通运输局按照"四定、一考核"（定线路、定标准、定资金、定时间，按季度考核）原则，在个人自我推荐、村委会初审、镇政府把关的基础上，采取公开、择优、竞聘形式确定60名常年代表工，自6月1日起，在全区农村公路一线，负责对全区187条210.14千米农村公路进行日常养护。区交通运输部门采取举办农村公路养护管理知识讲座、分期分批组织参加农村公路养护管理培训班等形式，对常年代表工进行业务知识培训，提高常年代表工综合素质，提高农村公路养护管理水平。自此，该区农村公路养护管理工作迈入制度化、规范化、常态化轨道，从根本上改变农村公路"重建轻养"的现状，实现"建养并重"

的转变,为全区广大人民群众和游客出行提供便捷、优质、高效的服务。

(孙祥武)

【南昌市各县(区)公路站积极申报公路养护工程资质】 为建立健全全市农村公路养护管理的长效机制,逐步推进农村公路养护市场化,在南昌市交通运输局的指导下,各县区交通主管部门根据交通运输部《公路养护工程市场准入暂行规定》及市政府办公厅《南昌市人民政府办公厅转发市交通运输局关于南昌市农村公路管理养护体制改革实施方案的通知》文件的要求,结合各地养护政策尝试探索新的养护模式,打破传统的养护包干做法,改变养护工作基础薄弱的现状,逐步实现管养分离,积极申报公路养护工程资质,促使农村公路养护真正走向专业化、合法化、市场化的道路,推动全市农村公路养护工作迈向一个新的台阶。到年底,南昌县公路养护中心获得公路养护二类乙级资质,进贤县和南昌市交通工程建设咨询管理公司完成申报公路养护二类乙级和三类甲乙级资质的报批工作。

(南昌市农路所)

【南昌市农村公路管理所组织召开农村公路管理工作征求意见座谈会】 根据南昌市交通运输局关于加强农村公路管理工作安排,市农村公路管理所党支部于4月11日组织召开农村公路和渡口工作征求意见座谈会。特别邀请了南昌地区的省、市、县(区)人大代表、政协委员共15人和部分县区交通运输局及乡镇政府分管领导,公路站长、渡口站长。市农路所、市质监站、市渡口所中层以上干部到会听取意见。会议由所党支部书记潜立江主持,市农村公路所所长刘卫和市渡口所所长尹中分别介绍全市农村公路建设、工程质量监督和渡口管理工作情况。部分人大代表、政协委员,县区交通运输局和乡镇政府分管领导,公路站长,渡口站长发言,表示这次座谈会体现了上级主管部门想干好事、干实事的决心,希望能多开此类座谈会,听民声、解难题。大家就全市农村公路建设、交通工程质量监督和改渡建桥工作,特别是针对农村公路建设计划指标分配、农村公路养护管理及资金下拨问题提出了很好的意见和建议。

(南昌市农路所)

【萍乡市交通运输局启动“农村公路管理养护年”活动】 2月,萍乡市交通运输局结合全市农村公路管理养护实际,正式启动“农村公路管理养护年”活动。该活动旨在进一步推动全市农村公路向“建养并重、均衡发展”转变,确保“建即有养、养即到位”。通过“管养年”活动,构建责任明确、运转高效的农村公路管理体制和养护运行机制,建立以公共财政投入为主的长期稳定的农村公路管理养护资金渠道,健全县、乡两级农村公路管养机构,实现农村公路管理养护工作全覆盖,推进全市农村公路管养工作常态化、规范化,逐步提高全市农村公路管养水平。活动开展时间为3年,至2014年9月结束。

(宋庆辉)

【泰和县认真做好农村公路养护工作】 2012年,泰和县认真做好农村公路养护工作,一是县政府已同意县公路管理站纳入全额拨款事业单位管理,有效地解决了一线养护人员的后顾之忧,进一步增强了其工作积极性;通过出台“十二五”期间公路养护实施意见,进一步明确了管养主体和养护目标;通过建设农村公路综合服务站,为农村公路管养标准化建设奠定了基础;通过明确全县农村公路建设占地补偿标准,使全县公路建设和养护顺利进行。二是加强日常养护管理,积极做好安保工作,全年清理枫边至沙村、沙村至浪川、敖城至三峰、文陂至永昌等公路塌方11300立方米,增设防撞墩540多个,防撞柱200多根,安装反光镜25面,警示牌1527块,安装橡胶减速垄2317米,铸铁减速垄415.5米,加宽硬化路面280米,沥青补板800平方米,开展了公路桥梁安全检查,创建了万合至石山文明样板路。确保了全县农村公路安全畅通。

(吉安市交通运输局)

【赣州市公路管理局召开2012年全市所属公路养护工作会】 6月25日,赣州市公路管理局在瑞金召开2012年全市所属公路养护工作会议。会议充分肯定了上半年全市国省道和县道公路养护工作取得的成绩,各单位紧紧围绕打造“畅通、平安、舒适、亮丽”公路目标,科学合理开展各项养护工作,取得了良好成效。一是水毁抢修及时主动。二是创建示范路活动全面展开。三是养护大中修、路网改造工程稳步实施。全年共完成:油砂封面21.78万平方米,水泥路灌缝1365.2千米,清挖水沟1725千米,处治桥头与路面跳车378处,铲除高路肩782千米。2012年,该局管养公路共62条,2639.891千米,其中,市养公路优良率81.4%,国省道干线优良率88.6%。同时会议也指出了各单位在养护工作中存在的主动性不够,水毁抢修、坑槽修补不及时,作业安排缺乏指导等方面的问题。要求各单位对存在问题务必引起高度重视,并在今后的工作中加以改进和解决。会议强调,下半年,全局要注重养护的及时性、预防性、有效性和示范性,全面加强日常管理,推进全局养护水平上新台阶。一是要进一步加大日常养护管理力度。科学合理制定道班月度作业计划以及定额标准,严格小修保养操作规程,及时消除路面病害;落实桥梁养护工程师制度,加强桥梁涵洞养护;不断完善养护内业资料,确保月度、年度各项资料完整;确保一线养护职工定额到位;加大路政为养护保驾护航的工作力度,切实维护路产路权。二是全面创建示范路。三是抓好水毁抢修和大中修工程建设。四是启动三个养护应急中心建设。宁都、兴国、龙南三个分局要指定专人负责,按照“十二五”期末达标的总进度要求,提出每年的工作目标任务,确保工作落实到位。五是强化安全生产。切实加强安全生产领导,分级抓好落实。加强职工安全知识教育,及时添置安全生产用品,处置安全隐患,一时处理不了的要设置规范醒目的安全标志。

(魏林青 张小平)

【鹰潭市交通运输局不断探索创新推动农村公路养护健康发展】 鹰潭市交通运输局在公路养护实践中,解放思想,勇于创新,积极推动农村公路管理养护工作向纵深发展,全力打造护路、护村、保洁“三位一体”的农村公路养护新模式。主要表现在以下方面:

一是农村公路管养的市场化扎实推进。按照“择优录用、绩效挂钩、依法解聘”的原则,与农村保洁工作有机结合,招聘和优先录用家庭生活困难、责任心强、身体健康的农村公路养护保洁员,经过培训后上岗作业,具体实施农村公路的保洁、清障及绿化维护等日常管护工作。

二是农村公路管养资金基本有保障。农村公路养护资金的筹集遵循“县乡自筹、省市补助、多元筹资”、按养护分工、分级负担的原则,县(市、区)级按县道1000元/千米、乡道400元/千米、村道250元/千米补助养护保洁经费,在县级财政中统筹安排。市级实行以奖代补,按照目标任务完成情况给予奖励,以奖代补标准为县道600元/千米、乡道300元/千米、村道150元/千米。

三是日常管养监督考核机制日趋完善。市交通运输局作为行业主管部门负责编制全市农村公路的养护生产计划,检查考核和经费拨付,县(市、区)交通运输局依据与各乡镇签订的养护生产责任状,负责本县范围内的农村公路管理养护工作的检查指导、考核评比和经费拨付。交通部门对农村公路养护工作实行“四检”,即月检、季检、半年检、年终检。通过考评促进养护质量、兑现劳动报酬、兑现奖惩承诺,从而调动了各乡镇和养路工的积极性,提高了公路好路率。

(鹰潭市交通运输局)

【贵溪市交通运输局着力抓好农村公路管养工作】 贵溪市交通运输局贯彻建、养、管并重的原则,牢固树立“建设是发展,养护也是发展”的思路,着力抓好公路管养工作,实现好路率达90%。该局担负着全市16条、里程达173.3千米的县乡公路的养护与管理工作,其中一类养护线路4条计41.2千米,二类养护线12条计135.1千米。在公路管养中该局着重抓了4项工作:一是抓年度养护计划的落实,制订切实可行的县乡公路养护实施方案,把任务具体落实到各条线路和各个班(组),层层签订养护生产责任状。二是逐步推广养护合同承包和季节养护相结合的方式,实行养护季节投入及养护督导制度。三是积极抓好雨季公路养护前期准备工作,做到路基无缺口、边沟无积水、路肩无杂草,有效地增强了公路抗灾害能力。四是做好水毁公路的抢修工作,及时掌握灾情并做好上报工作争取上级支持,确保公路安全畅通。

(姜享梅)

【龙虎山景区全面推行农村公路养护新体制】 为充分保障农村公路建设成果,真正体现建管养运并重的原则,以适应新时期农村工作的需要,龙虎山景区交通局2012年对全区农村公路加强了养护管理。一是明确养护体制,按照“县道县管,乡道乡管,村道村管”的基本要求,景区的县、乡道路由交通部门养护,村道由镇村养护。二是规范了农村公路养护,景区交通与卫生清洁办联合制定了《农村公路“三责一体”养护管理办法》,景区交通局农村公路养护中心对所管养的农村公路落实了专职养护人员,镇村通村公路养护与农村卫生清洁工程相结合,由各村保洁员对通村公路进行养护,完成了“有路必管、有路必养”的目标。三是确保了公路养护的投入。2012 年该局在资金紧张的情况下拿出一部分资金投入到公路养护之中,景区财政也拿出相应的配套资金,基本解决了农村公路养护资金的瓶颈制约,使景区农村公路养护上了一个新平台,适应了景区旅游和卫生清洁工作的需要。

(龙虎山景区交通局)

【兴国县公路养护站出台农村公路管理养护年活动实施方案】 为进一步深化全县农村公路管理养护体制改革,认真落实农村公路管理养护的各项制度,促进农村公路养护的标准化常态化规范化;坚持“以县为主、分级负责,因地制宜、注重实效,全面管养、保障畅通”的原则。6 月,兴国县公路养护站出台农村公路管理养护年活动实施方案。通过农村公路管理养护年活动,建立健全全县农村公路管理养护的规章制度、技术规范与标准体系,逐步提高全县农村公路管理养护水平,实现“四个提高”“五个到位”。“四个提高”,即:提高管养能力、提高路况水平、提高服务质量、提高群众满意度。“五个到位”,即:管养责任落实到位、机构人员配备到位、制度制定执行到位、资金筹措管理到位、监督检查考核到位。构建责任明确、运转高效的农村公路管理体制和养护运行机制。建立以公共财政投入为主的长期稳定的农村公路管理养护资金渠道,健全县、乡级农村公路管养机构,使农村公路管理养护工作全覆盖,推动全县农村公路管养工作常态化、规范化。

(朱贤浩)

【南康公路分局认真实施公路预防性养护】 为有效延长公路使用寿命,降低养护成本,南康公路分局切实做好公路预防性养护工作。8 月底,南康分局抓住有利时机,组织人员、机械设备,顶高温、战酷暑,对社唐线沥青路面网状裂缝、龟裂、麻面、松散等病害,采用了热沥青油砂封层方法进行处治。完成油砂封层 18900 平方米,投入经费 16 万余元。南康分局坚持推行预防性养护,通过对公路早期病害进行预防和治理,使油路龟裂、网裂、水泥路唧泥、断板等前期病害得到控制,有效预防和减少了路面大坑大槽,延长了公路使用周期和寿命。

(黄兰香)

【宜春市农村公路养护好路率持续增长】 宜春市交通运输部门通过创新公路养护体制,加大养护工作力度,增加养护经费投入,农村公路养护取得较好效果,2012 年好路率 63. 15%,同比增长 3. 25%,保证农村公路交通运输畅通,为农业增产和农民增收发挥了重要作用。主要措施为:一是创新公路养护体制。在村村通水泥公路和农村交通运输快速发展新形势下,该局组织人员,对搞好公路养护进行深入调查研究,召开座谈会,广泛听取各方面意见,写出专题报告,引起领导高度重视,县(市、区)政府先后制发《关于进一步加强农村公路养护意见的通知》,通知规定农村公路养护坚持县路县养,乡(镇)路乡养,村路村养的原则,并对经费来源、补贴标准、养路工配备等提出明确要求,采取先行试点,取得经验,全面推广的办法,变公路养护由交通运输部门行为改为政府行为,极大地调动公路养护积极性。二是实行“五定”的养护办法。为搞好农村公路养护,确保农村公路交通畅通,以适应交通运输快速发展需求,提高广大农民群众交通幸福指数。县(市区)交通局成立公路养护科(所),乡镇成立养护队。根据养护任务配备养护工,采取招投标的办法,统一领导、统一组织、统一管理、统一补贴标准,对养路队和养护工实行定人员、定里程、定标准、定补贴、定报酬,对公路养护做到一日一自查、一月乡镇一检查,一季度县里一督查,年终统一考核评比,对完成任务好的给予适当奖励,对没有完成任务的,扣发养护补贴和养护工报酬,并进行通报,极大地调动公路养护人员的积极性。三是增加经费投入。除增加对农村公路养护补贴资金外,还按照政府通知要求,地方财政应安排专项补贴资金,如今公路养护经费比以前成倍增加,确保养路工工资,购买养护材料和购置养护工具等合理开支，为搞好公路养护创造良好条件。

（吴泽水）

【樟树市进一步加大农村公路养护力度】 2012年，樟树市进一步加大农村公路养护力度：一是多方筹集资金，加大投入，重点抓好安保工程、大中修工程、危桥改造、水毁修复工程，提高公路的抗灾能力和行车安全性，特别是加大农村公路危桥改造的力度，力争在两年内完成四、五类的危桥改造工作，确保人民的生命财产安全；二是纵深推进农村公路养护体制改革，进一步完善管养模式，推行专业养护与群众养护、常年养护与季节养护、包干养护与群众投工养护相结合的养护方式，确保农村公路"有路必管、有路必养"；三是严厉打击一切侵占和蚕食公路路产路权的行为，确保县乡公路畅通。该市2012年农村公路好路率为80%，同比上升3%。

（肖留华）

【丰城市在全省率先实现农村公路建管养运一体化】 为创新农村公路管养体制，丰城市抓住被列为全省农村公路综合服务站建设试点的契机，加快推进农村公路综合服务站建设，探索农村公路建管养运一体化发展新模式。该市全年建农村公路服务站6个，在全省率先实现农村公路建管养运一体化服务全覆盖。曲江站是该市建成6个综合服务站之一，该站投资700万元，管辖服务曲江、上塘等5个乡镇，辐射面积418平方千米，管养农村公路里程423.74千米，设有公路建养队、运政队、路政队等服务机构，具有农村公路建设、养护、管理、运输、应急、服务六位一体综合服务功能。为顺利推进农村公路综合服务站建设，积极破解征地、资金等难题，按照每个设站乡镇提1.33公顷建站用地，认真落实征地补偿优惠政策，走村串户宣传，采取市、乡联动，两级筹措专项资金3000万元，解决建站所需资金。服务站这一惠民工程建成后，实现由管理型向服务型转变，改变农村公路无机构管事、无人干事、无钱办事的现象，如今全市农村公路建管养运出现勃勃生机。

（吴泽水）

【靖安县管养并重迎接旅游运输旺季】 5月以来，靖安县交通运输部门结合路域整治活动，加大公路养护和管理力度，全面应对旅游车流高峰，确保车辆通行能力。一是制定保障方案，进一步明确部门责任，强化责任落实。对于前期路面出现的病害，按照"快速反应、快速维修、快速通车和精细化养护"的"三快一精"要求，及时用冷补料进行修补处治，完成路面病害处治680余平方米。二是加强路政管理，不断出动宣传车辆在城区和公路沿线特别是镇区驻地等重点位置进行公路法律法规宣传，提高沿线群众守法意识。借路政宣传之力，对沿线占路经营、乱堆乱占现象开展综合整治，自5月3日以来，已发放宣传材料1800余份，制止各类违法行为10余起。

（刘　斌）

【奉新县"五定法"使农村公路养护步入正常轨道】 奉新县交通运输局坚持科学发展，以人为本，在抓农村公路建设的同时，确保公路畅通，加大全县农村公路养护力度。坚持县路县养、乡路乡养、村路村养的原则，加大养护经费投入，实行"五定法"，即对养路工实行定线路、定里程、定人员、定标准、定报酬管理，做到乡镇每月检查一次，县局每季度检查，全年进行总结评比，并对公路养护情况通报全县，表彰先进，极大地调动了养路工积极性，从而做到"四个一线"，即：工作在一线完成，尽责做好每天的养护任务；问题在一线处理，消除所养护路段安全隐患；管理在一线落实，确保交通设施完好无损；预防养护在一线治理，根据不同季节，搞好精细化养护。从而引导公路养护工作步入规范化轨道，不断提升公路质量，确保全县农村公路安全畅通；为加快农村经济社会发展，进一步改善农村交通条件发挥了较好作用。

（魏振宇）

【高安市"两个坚持"提高农村公路管养水平】 高安市交通运输局把科学发展观贯穿于农村公路管理工作，在认真抓好农村公路建设的同时，坚持"修路是基础，管养是关键"的工作理念，加强农村公路养护管理，推进农村公路建管养运一体化发展，使全市农村公路的养护管理工作逐步走向规范化。1.坚持创新模式，提高管养水平。按照"统一领导、分级管理、以乡（镇）为主"的原则，以农村公路综合服务站为依托，大力推进农村公路建管养运一体化发展，按照"定里程、定人员、定路况”进行责任分工,签订目标责任书,确保道路管养形成有人抓、有人管的良好局面。2.坚持健全机制,确保科学养护。根据农村公路不同的路面状况,坚持“预防为主,防治结合”的方针,逐步完善“查、治、督结合”的工作机制,做到农村公路管养“三到位”:即“查”到位,通过日常巡查、定期检查和特殊巡查相结合,确保管养到位;“治”到位,坚持每日巡查、日日保洁、定时保修,坚决把病害消灭在萌芽状态;“督”到位,坚持定期、不定期对各养护巡查的真实性、病害处治的及时性进行检查督导,并作为落实奖惩的重要依据。2012年,高安市村公路好路率高达82%,同比上升7%。 (周世祥)

【上高县加强农村公路养护取得实效】 上高县交通运输局积极贯彻落实上级部门有关农村公路管理养护体制改革精神,把公路养护工作作为公路建设重要内容,采取一系列有效措施强化公路养护。一是形成主要领导负总责,分管领导具体抓,乡镇养路队全力抓的工作机制,年初制定年度养护计划,并层层签订责任状,做到养护人员、养护里程、养护标准和养护经费四落实。二是为使养护更加规范,使公民认识到养路、护路的重要性,研究制定《全县农村公路管理养护体制改革实施方案》、《全县农村公路养护管理实施方案》、《全县农村公路养护考核办法》,并在各乡镇加强养护的宣传,共悬挂横幅56条、张贴标语80条。三是采取定期与不定期相结合的办法对各乡道养护情况进行检查,每半年对县道和主要乡道进行一次考核,考核结果全县通报。四是养护资金和奖惩落实到位。全年市拨付公路养护补助13.76万元外、县财政补助公路养护资金147.08万元,改“重建轻养”现象。年末根据考核情况进行评比,对全面完成养护管理任务,公路路况等级稳定提高的给予队长1000元责任奖,对未完成养护任务,全年路况质量无明显提高的,按比例扣除该养路队队长责任兑现奖。由于养护措施到位,促进了该县农村公路养护水平的提升,2012年全县好路率达50%,同比增长2%。

(潘泓羽)

【宜丰县积极推进农村公路管理养护年活动】 4月,宜丰县在全县范围内开展为期三年的农村公路管理养护年活动,截至12月,县乡级公路好路率达到72%;村道好路率达到45%;乡村公路绿化70.4千米,已取得阶段性成果。为切实把管养年活动实施好,该县成立以主管县长为组长,各相关部门为成员的活动领导小组,制订下发活动实施方案,落实财政配套资金,全面启动农村公路管理养护年活动。同时本着“乡镇为主、行业指导、分级负责、全面养护、提高质量”的原则,通过强化乡镇的主体责任,完善机制,落实制度,将农村公路养护管理工作形成目标化、规范化、标准化、制度化。交通部门制定管养年活动目标和标准,加强技术指导,使全县乡村公路养护质量不断提高,确保管养年活动扎实、稳步地进行。

(漆志勇)

【铜鼓县全方位抓好农村公路养护】 2012年,铜鼓县农村公路总里程220.95千米,其中,省通县养11千米,县道87.55千米,乡道99.7千米,村道22.7千米。该县紧紧围绕“预防为主、防治结合”方针,加强农村公路养护管理工作。一是建立农村公路养护管理资金。建立专用账户,做到专款专用,专人管理。对县道公路实行经费包干养护,根据养护里程确定养护经费,再根据养护质量考核结果按期支付养护经费。二是加大乡道下放养护管理力度。将部分进村公路直接下放到村委会管养,与村委会签订协议,制定养护里程和养护经费,确定养护标准,并开展经常性的检查和抽查,促使受益群众自觉爱护和管养好与自己密切相关的公路。三是制定完善严格的考评制度和工资分配制度,实行工资与工作实绩挂钩,每月下达养护任务,不定期进行抽查,对养护任务完成好的全额发放当月工资外,进行适当的奖励;对不能按要求完成养护任务的,扣除未完成任务部分的工资。四是加强农村公路养护队伍建设,对养护工进行技能培训,使其掌握处理公路病害的技能,提高公路养护水平。通过以上措施的实施,该县公路养护质量得到提高,有效地延长农村公路的使用年限,提高农村公路的使用率,2012年好路率78%,同比上升5%。

(黄祖芳)

【宜春市袁州区北门口至天台安保工程项目全部完工】 宜春市袁州区北门口至天台公路是贯穿

湖田镇、新田镇、辽市乡、飞剑潭乡、天台镇的一条重要县道，该县道所经过路段存在明显的安全隐患、有多处急弯路段和村庄集散出入口，急需加强保安工程建设。该项目建设的内容包括路线前方的警示牌、防止冲出路缘的水泥护栏、下坡路段的减速带和通视条件差路段的反光镜等。处置隐患里程 44.865 千米，总投资 420 万元，其中中央投资 179 万元。2012 年 3 月，北门口至天台公路安保工程项目在宜春市袁州区公共资源交易中心公开招投标，项目分四个标段同时进行招投标，最后确定中标人，工程严格按照设计进行施工，于 9 月全部完成安保设施项目。

（李　庆）

【樟树市加强农村公路安保工程建设】 樟树市交通运输局为确保广大群众乘车安全，提升农村公路质量，打造交通惠民工程，采取筹资的办法，分批实施农村公路安保工程。全年完成张家山—麓隔、双金—光华山、三桥—冷水坑 3 条县道“安保工程”建设任务。共设置交通指示标志及警示标志 242 块，公路里程桩 56 根，安装减速带 566.5 米，波形护栏 660 米，公路标线 5500 平方米，工程投资 200 万元。为确保工程建设质量，由该局主要领导和分管领导带领公路技术人员到施工现场，按照工程设计要求，检查工程质量，发现问题及时处理。工程竣工后，组织专家验收组对工程逐个验收，发现不合格工程项目进行返工，保证工程质量。该工程对进一步完善农村公路交通安全设施，保障人民群众生命财产安全，有重要意义。

（杨　波）

【奉新县农村公路安保工程全面完成】 奉新县交通运输主管部门 2012 年加大农村公路安保工程建设的工作力度。新年伊始，该局即制定全年农村公路安保工程建设计划，对山区、旅游公路及境内省县道上的急弯、陡坡及危险地进行安全治理，增设公路交通安全设施。通过努力，冯石线（冯田—宋埠—石鼻）19 千米，奉高线（沿里—高安）7 千米安保工程争取到上级的安保工程建设计划，并在 6 月 26 日完成工程招投标工作，上述安保工程已完成施工并交付使用。

（魏振宇）

【南城县乡公路养护管理力度进一步加大】 2012 年，南城县把农村公路建设的重心转移到公路管护工作上来，采取有效措施确保公路畅通。一是积极修复县城至上唐、新丰大桥至池门口、南城至丹霞、路东至睦安等水毁公路工程，共计维修病害水泥路面 7400 平方米、护坡和挡土墙 2150 立方米，完成投资 420 余万元；二是加大农村公路安保工程建设力度，完成了南城至麻姑山及黎城线到洪门醉仙湖公路的安保工程建设，并新建了一批减速带、标志警示牌等设施；三是加快绿色公路建设，全年实现公路植绿 120 千米，该县农村公路沿线生态环境进一步改善；四是在认真抓好县乡公路的日常养护工作基础上，突出做好雨季、夏季高温和冬季冰冻时期的公路养护工作，县乡公路路况技术质量指标优良率进一步提高，为广大群众安全、舒适出行提供了保障；五是增加县道养护力量，严格落实养护责任制，完善考核评比办法，加强公路巡查与督查等举措，实现了农村公路的绿、洁、美、畅，确保群众出行由“走得了”向“走得好”转变。

（王素红）

【广昌县狠抓农村公路管养保畅通】 2012 年，广昌县大力加强农村公路养护工作，认真落实养护责任制，保障了日常公路养护顺利进行，全年增设改建排水涵洞 50 余道，清除中小塌方 10 余处、清除土石 300 立方米，公路桥梁新增各种安全标志 60 多处，对雨季防洪进行全程巡视。同时对全县 18 座危桥进行定期检查，（每 15 天检查一次）发现问题，及时处理。全年上路巡查达 70 多天，查处路政违章建筑案件 23 起。该县有县乡道路 28 千米，2012 年，在道路两旁栽种行道树 2.6 万株，树苗成活率达 95%，起到了绿化公路，美化农民田园的良好效果。

（袁晓艳）

【宜黄县农村公路养护好路率达 98% 以上】 宜黄县交通运输局坚持按照“县道县养、乡道乡养、村道村养”的原则，把公路养护任务分解到各乡（镇）、村，实行公路养护责任制，做到公路养护常态化，使全县农村公路好路率保持在 98% 以上。2012 年，该局投入资金 200 多万元用于农村公路养护和安全整治管理。注重公路两侧的除草、培土、排水等工作,并加强日常巡查制度,发现问题及时处理,对危桥做了安全检查,对有问题的桥两端设立标志牌及警示牌。

(李华荣)

【乐安县建立公路长效养护机制】 为了确保农村公路长期处于良好的养护状态,2012年2月,乐安县做出决定,要求各乡镇在公路建设前必须与有养护能力的单位签订公路竣工后养护管理的协议。协议书明确了甲、乙双方的权利和责任、养护管理经费的支付方式等;公路常年保养费按公路等级、公路里程计算,公路维修费按双方认可的实际工程量另行结算。同时对县(乡)道的路政管理、标志标线设置、公路绿化等也作出了明确规定。该项措施的实施,将使县通乡、乡通村公路建立稳定、长效的养护机制,有利于农村公路的健康发展。

(陈根玲)

【万年县优化养护目标抓好农村公路养护】 万年县交通运输局重视农村公路养护工作,优化养护目标,确保农村公路养护管理出成效。一是以安全好为目标,抓好农村公路安保工作。该县注册成立了昌盛交通发展有限公司,专门负责农村公路养护。实行养护市场化、规范化、专业化。二是以质量好为目标,抓农村公路建设质量。该县专门成立了交通质监站,保证落实人员、办公场所、经费,专门负责农村公路建设质量监管。三是以节约为目标,狠抓农村公路增效节能。通过市场机制、招投标机制确保建设质量好、建设成本最低。施工设计、原料选定、成本控制都严格审核,确保节约,避免浪费。

(万年县交通运输局)

公路绿化

【景鹰高速浮梁管理处积极开展植树活动】 又是一年植树节,浮梁管理处抓住植树的好时节,于3月12日组织员工开展了“植树节,我们在进行”活动,全处30多人参加了此次植树活动。一大早,员工们来到管理处院区,有的挥锹铲土,有的为树苗培土浇水,有的肩挑树木,虽然天气有些寒冷,大家却热情高涨,个个干劲十足。通过此次植树活动,培养了员工们的劳动观念,增强了员工们的环保意识,进一步提升了院区的绿化品位,在全处掀起了一个“爱绿、植绿、护绿”的高潮,为打造和谐秀美浮梁处创造了有利条件。

(吴红兰　龚婷婷)

【景鹰高速项目房建绿化工程顺利通过专项竣工验收】 3月30日上午,省交通运输厅组织召开景鹰高速公路房建、绿化工程竣工验收会。验收会由省交通运输厅基建处副处长朱晗主持,质监站副站长彭东岭通报了景鹰项目房建、绿化工程质量鉴定情况。公路开发总公司相关领导及厅相关处室、省质监站、景鹰项目办、万年管理中心有关人员参加会议。

经评议,竣工验收组一致认为,景鹰高速公路经过四年多的通车试运营,房建、绿化工程均满足设计要求;房建外形美观、结构安全、设施齐全;绿化总体效果良好;档案资料完整、规范;交工验收报告中提出的问题、建议和通车试运营期间出现的问题得到了及时有效地处理,并得出了景鹰高速公路房建、绿化工程竣工验收鉴定结论,各合同段验收合格。

(肖新春　殷妮芳)

【德昌高速万年养护所“四项举措”做好高温期间苗木管护】 持续高温干旱天气给高速公路绿化管护工作带来了严峻的考验。德昌高速万年养护所高度重视高温期间的绿化管养工作,通过检修设备、合理安排时间、科学洒水作业等措施,扎实做好了高温期间的苗木管护工作。一是认真做好机械设备检查维修。为了保障作业安全,养护所对抗旱机械设备进行了一次全面的检查和维修,杜绝机械设施出现跑、冒、滴、漏等现象,提高了机械操作效率。二是合理安排苗木洒水时间。根据植物自然生长规律,高温期间尽量在早、晚对苗木进行洒水作业,尽量避开高温时段,既保障了植物能够充分吸收水分,同时也保障了养护人员的安全。三是科学进行洒水作业。养护所根据天气及植物生长习性进行洒水作业。四是切实加强苗木高温维护工作。及时对中分带、互通、庭院及服务区等苗木的枯枝、死株进行清理,为实现“畅、洁、绿、美”的高速公路管养目标打下坚实的基础。

(戴　茜)

【德昌高速泾口养护所冬季绿化养护未雨绸缪】 为了确保苗木温暖过冬,德昌高速泾口养护所未雨绸缪,积极做好高速绿化过冬防护工作,为来年苗木健康生长和保持沿线靓丽的绿化风景打好了基础。养护所积极采取多项措施做好高速沿线互通、服务区、庭院绿化冬季基础性养护工作,一是对高速沿线的互通、服务区、庭院绿化进行修剪,对歪倒树木进行扶正,清除枯枝死树杂草。二是对高速沿线的所有乔木(包括互通、服务区、庭院)按1.2米的高度进行刷白工作,确保树木温暖过冬。三是对所有名贵的新植苗木进行草袋包扎防冻工作,并且对路损造成的空白路段进行了苗木补植工作。

(余 笑)

【赣州市公路管理局积极抓好国、省道公路绿化工作】 2012年,赣州市公路管理局在落实公路绿化工作责任制的基础上,进一步加大投入,保障经费、人员、设备三落实,并加强检查、督察工作,使全市国、省道公路绿化工作,取得好成绩,全年共完成种植景观常绿树789155株,灌木261123株,经济林433798株;新增或补植路树达1000余千米,市养公路绿化率达92%,国省道达95%以上。

(赣州市公路管理局)

【新干县认真抓好农村公路绿化工作】 2012年,新干县交通运输局认真抓好农村公路绿化建设工作。为确保植树质量,采取政府采购方式,严把质量关,斥资近10万元新栽、补植杨树1.5万株、泡桐5215株,同时,加大管护力度,要求养护承揽人及时培土、扶正树苗,并在11月初对管养县道路树全程进行整枝刷白工作,以确保苗木成活率。现各管养县道上已基本达到"有路必有树,两侧树成荫"效果。

(吉安市交通运输局)

【宜春市袁州区加强农村公路绿化监管】 为进一步加强公路绿化"一大四小"工程建设,确保"路通绿化通,路好环境好",袁州区公路绿化工作在区委、区政府的指导下,在区级有关部门的大力配合下,绿化工作取得可喜的成绩,为该区"创建省级森林城市"的目标作出交通人的贡献。2012年全区新增公路绿化14.4千米,绿化管养里程987.36千米。一是强化领导,健全机构。为确保绿化工作顺利进行,区政府成立公路绿化领导小组和督查小组,对公路绿化进行指导督查;交通运输局和公路直属分局建立相关科室,负责绿化工作的规划、实施和日常检查,各乡镇街道也成立相应的工作组,将公路绿化工作真正落到实处,确保全区公路绿化任务全面完成。三是科学管理,强化效果。制定公路绿化职责,公路段负责全区公路绿化的日常管养工作,建立一支专业绿化队伍,指定人员分段管理,坚持巡查制度,随时观察分析预报绿化情况,掌握公路绿化动态,做到心中有数,对发现的病虫害和绿化环境损坏情况及时修复治理,对影响行车安全的树枝进行全部修剪,通过整治,全区公路绿化指标达到规定要求。

(李 庆)

【丰城市大力提升主要通道绿化水平】 2012年,丰城市政府按照宜春市政府的统一部署,切实抓好"森林丰城"创建工作,取得显著成绩。在对历年建设森林通道进行提升的基础上,着力打造新梅连接线、丰源四路、紫云大道三条通道景观林带。全力抓好重点国省道4千米、紫云大道9千米、丰源四路10千米、丰源大道0.8千米、兰丰水泥厂至赣江大桥、丰矿大道2.5千米的绿化。该市的主要措施是:一.加强领导,落实责任。将绿化工程建设任务落实到具体单位、具体人员。二.科学规划,精心操作。确保2012年2月底以前基本完成苗木栽植,3月20日前全面完成造林任务。三.加大投入,保障经费。市、乡两级把造林绿化的经费纳入财政预算。根据绿化工程量大小,由市财政以奖代补的形式给予一定的苗木补助。四.加强督查,强化考核。市委、市政府成立专门督查组,对全市造林绿化"一大四小"工程建设进行督查,将督查结果进行定期通报,滚动排位。造林绿化"一大四小"工程任务完成情况将列入市委、市政府对乡镇(街道)和市部门及其主要领导年度考核的重要内容。

(皮晓荣)

【靖安县公路绿化出新招】 靖安县高标准实施公路绿化工作,2012年共投入200余万元植树9万余株,打造3条精品线路。为确保公路路树的质量和成活率,该县采取多种新举措管护路树。

一是该县对樟树、桂花树等价值高的树种进行编号并登记造册,建立名贵树种的档案卡,目前已登记编号4000多棵。二是县政府与各乡镇签订《公路绿化责任状》,把公路绿化管护落实到具体养护路段,真正使公路绿化工作落到实处。三是路政人员加大管理、巡查力度,发现损坏或不良路树积极补种,管养路段人员精心养护,确保树苗成活率在95%以上。

(刘 斌)

【高安市农村公路绿化立足抓早】 高安市交通运输局积极抢抓春季栽植树苗的有利时机,早协调、早计划、早安排,三措并举,全力抓好农村公路绿化工作,2012年,绿化农村公路86.7千米。1.加大宣传,发动群众。大力宣传农村公路绿化工作的重大意义和作用,同时,积极与各乡镇办、各绿化路段村组联系沟通,争取支持,激励和引导广大群众积极参与农村公路绿化工作,努力营造全社会关心、支持农村公路绿化工作的良好氛围。2.制订方案,扎实开展。为确保农村公路绿化工作顺利开展,该局制定“100千米农村公路绿化工程”工作方案,积极协调林业部门解决树苗问题,科学分解任务,明确绿化路段,确保农村公路绿化工作有人抓、抓得紧、抓得实、抓出成效。3.强化质量,确保实效。为保证栽植质量,在路树栽植上,该局严把“六关”,即路基关、时间关、树洞关、苗木关、栽植关、浇水关,提高路树栽植质量和成活率,并认真做到“栽、管、护”有机结合,全面提高农村公路通行能力、抗灾能力和安全保障能力。

(周世祥)

【上高县积极推进农村公路绿化建设】 根据上高县政府统一部署,将农村公路建设成环保公路,提升公路运输条件,县交通运输局加强领导,制定举措,加大工作力度,采取农村公路植树,财政部门拨款,林业部门出树苗,交通运输部门负责,分村组织植树的办法,实行统一领导,统一部署,统一组织、统一标准、统一时间,统一验收。抢抓春季栽植苗木的有利时机,大力开展农村公路绿化工作,力求把每条农村公路打造成一道道靓丽的风景线,为广大农村群众营造“畅、洁、绿、美”的通行环境。一是制订绿化实施方案,明确责任人员、责任目标、资金筹措方式;二是严把质量关,做好苗木的选择、起苗运输、苗木线路等各个环节,做到苗木高矮整齐、粗度一致,提高公路绿化科技含量;三是强化跟踪管理,坚持谁植树、谁管理、谁受益的原则,把责任落实到人,确保苗木成活率。全年,该县共植白杨树树苗1.5万株,成活率达95%,全县农村公路绿化率达到80%以上。

(潘泓羽)

【铜鼓县切实抓好农村公路绿化】 铜鼓县交通运输局在农村公路建设改造中,采取多种形式、多种办法,切实加强农村公路绿化生态建设,2012年举全局之力,在农村公路共植树4万余株,里程64千米。一是落实人员。该局成立主要领导任组长,班子成员任副组长的县乡公路绿化工作领导小组.抽调一批业务素质高,工作责任心强负责人为成员,实行领导包片、干部包路,将责任层层分解,落实到人。二是落实经费。在养护经费中挤出一定资金为绿化经费,对县乡公路绿化工作完成好的给予奖励。三是落实考核制度。将农村公路绿化列入农村公路建设考核内容,对完成任务较好的乡镇(林场),优先安排农村公路建设计划,对没有完成任务的乡镇(林场),原则上不安排农村公路建设计划。四是明确职责。县林业局提供树苗,各乡镇(林场)负责各辖区内栽树和管理。

(黄祖芳)

【万载县交通运输局公路绿化17.4公顷】 根据省、市、县进一步推进造林绿化“一大四小”工程,保护绿色生态优势,促进农村增收的有关精神,万载县交通运输局遵照县委、县政府要求,以建设“生态万载”为目标,大力推进公路绿化。对2012年农村公路建设并已完成项目,要求全部进行道路绿化,并将绿化作为公路验收项目之一。要求绿化区域为边沟外3.5米,绿化树种以杨树、湿地松、苦楝、喜树为主。全年共绿化公路22千米,绿化面积达17.4公顷。

(辛鹏远)

【抚州市公路绿化工作稳步推进】 2012年抚州市境内公路部门管养公路里程为1563.784千米,可绿化1488.196千米,已绿化868.539,绿化率达58.362%,总投入237.16万元。其中:国道

359.419千米,可绿化359.419千米,已绿化253.733千米,绿化率70.595%,投入87.7万元;省道870.176千米,可绿化794.588千米,已绿化467.038千米,绿化率58.777%,投入135.36万元;县道281.05千米,可绿化281.05千米,已绿化147.168千米,绿化率52.577%,投入8万元;乡道53.139千米,可绿化53.139千米,投入6.1万元。2012年,抚州市农村公路里程达到11920.467千米,养护里程11710.575千米,可绿化公路里程11857.703千米,全市投入绿化资金5257.617万元,绿化里程7011.403千米,农村公路绿化率达59.13%。

(陈根玲)

【省道抚八线乐安段10万丹桂齐开放】 9月中旬以来,省道抚八线乐安段两旁的绿化带中,10万余株桂花竞相开放,香味沁人心脾。抚八线是乐安出县、出市的主要交通干道。自绿化"一大四小"工程实施以来,该县按照"巩固、完善、提高"的原则,把通道绿化作为"改善生态环境、夯实产业基础、塑造城市形象、促进农民增收"的重要举措来抓,采取"苗林一体化"模式,将抚八线乐安段打造成"处处是风景,四季有景观"的通道绿化精品工程。该县累计投资6800余万元,在抚八线两旁共栽植樱花、桂花、银杏等10多个树种30多万株,其中桂花10万余株。

(陈根玲)

【南丰县打造精品绿化工程】 2012年,南丰县高起点定位,高标准投入,高质量施工,全力打造精品绿化工程。该县从突出特色、注重品位入手,集中人力、物力和财力,周密部署,打造通道绿化精品。1.在鹰瑞高速南丰县境内的洽湾镇汤坑、白舍与广昌县交界处实施2个绿化精品点工程,栽植湿地松、樟树、紫薇、枫香、红叶石楠8万株;2.在南建公路南丰与建宁交界处往南丰方向两侧5千米,栽植湿地松、杨树和夹竹桃4万株;3.在罗里石生态园的旅游公路及戈镰石旅游公路栽植樟树、红叶石楠、湿地松、法国梧桐、垂柳、枫香、红枫、樱花、桃树、红花继木等苗木6万株;4.在国家级傩湖湿地公园和省级琴湖城市公园栽植了广玉兰、含笑、樟树、杜英、枫香、湿地松等绿化大苗3万株;5.在傩湖旅游公路两侧以"苗林一体化"模式对33.3公顷土地进行各类苗木培植;6.因境内丰杉公路改造,对沿线两旁1000余棵直径30—70厘米的樟树、重阳木、红花继木进行抢救性移栽,全部移栽在罗里石园艺场和白舍料场。

(陈根玲)

灾害防治

【交通运输部检查组检查指导江西高速公路防汛工作】 6月3日,交通运输部防汛抗旱检查二组在交通运输部安全总监刘功臣的带领下,到九景管理处检查指导防汛工作,省交通运输厅副巡视员王凯林、集团调研员林传阳及赣粤公司、九景管理处等相关负责人陪同检查。检查组一行到九景管理处应急物资储备仓库,听取了该处防汛工作情况汇报,对该处围绕"四个到位、两个结合、一个确保"做好防汛工作的做法,给予了充分肯定和高度评价。随后检查组详细查看了应急物资储备仓库防汛设备和物资的储备、使用、补充等情况。当看到抢险设备摆放整齐、物资筹备齐全充足、应急队伍组建到位时,检查组一行对该处的防汛工作竖起了大拇指,并用了一句"咱们交通人干事就是实在"的话给予了高度赞扬。检查组指出,要按照防汛安全工作有关要求,结合交通防汛工作实际,落实好防汛各项工作,加强防汛设备、物资管理,保持设备完好,保证物资充足,确保在关键时刻运得出、用得上。检查组强调,2012年汛期来得早,防汛形势严峻,要做好防大汛的思想准备,尤其是长江、鄱阳湖是落实防汛工作的重中之重,各单位各部门要高度重视,分析形势,正视问题,突出重点,切实落实防汛预案、落实防汛责任制、落实防汛物资,切实加强对天气的预警预报、加强对水情的监测、加强对防汛隐患的排查,全力做好2012年的防汛工作,为老百姓提供安全的出行环境。

(高 莉)

【景德镇市交通运输部门紧急抢修水毁农村公路和桥梁】 8月9日至10日,受第11号强台风"海葵"影响,景德镇市遭遇两百年一遇特大暴雨侵袭,致使全市农村公路多处山体滑坡、地基下陷,桥梁损毁。共冲毁县乡村道56条计264千米,冲毁桥涵31座计517延米,塌方345336立方米/245处,损毁国、省干线公路路基30.11千米、路面73.76千米、桥涵2座计24延米、塌方24764立方米/46处,直接经济损失共计13121万元。灾情发生后,市、县两级交通运输部门采取紧急措施,首先对危桥、险段设置警示标志,对水毁严重路段派人值班看守,实施24小时不间断巡查,避免出现洪灾事故。同时不等不靠,积极组织工程技术人员及机械设备,全面清理公路塌方、加固危桥、路基,尽快恢复应急交通。组织专人分赴各乡(镇)统计灾情,核实灾况,及时向上级汇报受灾情况,申请重建项目计划。

(徐小明 涂 强)

【省交通运输厅领导检查指导万年管理中心防冰抗雪应急工作】 12月5日上午,省交通运输厅副厅长邓经国在省高速集团副总经理颜杏生等陪同下,到万年管理中心指导工作,重点察看了桥隧管理处的通路养护设备和防冰抗雪的应急物资储备情况,邓经国认真听取万年管理中心总经理陈立新关于防抗冰雪应急工作的汇报后,对万年管理中心积极预防冰雪灾害的准备工作表示肯定。邓经国指出,近期中国北方出现了冰冻雨雪天气以及强冷空气逐渐南下的势头,我们要从思想上做好准备,积极应对冰冻雨雪,总结有效的经验。随着德昌高速的并入,防冰抗雪等恶劣天气的应急形势发生了变化,要进一步完善应急方案,形成有效的应急预警机制。邓经国强调,景鹰高速途经赣北山区,桥梁隧道众多;德昌高速贯穿鄱阳湖、赣东山区,有会溪湖特大桥、德兴隧道。这些路段在冬季容易结冰,务必要抓紧建立应急管理中心,准备好充分的应急保障物资,保障道路安全畅通。

12月6日,邓经国一行来到景鹰高速桥隧管理处察看道路养护设备和防抗冰雪的应急物资储备情况。针对桥隧管理处桥梁和隧道养护工作,邓经国提出了殷切期望和要求,一是要精确计算养护成本。养护工作作为高速公路单位的主要业务之工,要充分结合市场经济,存保证养护质量的前提下,尽可能降低养护成本。二是要全面提升养护水平。高速公路行业代表着先进生产力的发展方向,要保持与新工艺、新技术的同步,做到用科技武装高速公路。三是要逐步提高养护效率。要建立机械清扫示范点,逐步取代人工清扫方式,从而打造安全畅通的精品公路。 (省高速集团行办)

【景鹰高速桥隧管理处隧道夏季防雷工作落到实处】 近期,雷雨天气频繁,为保证隧道机电设备正常,确保隧道安全运营,景鹰高速桥隧管理处狠抓隧道机电设备防雷隐患排查工作,采取多项措施提前做好夏季防雷工作。该处组织了机电管理员对隧道用电线路、配电箱、漏电保护开关等容易出现问题的地方进行了认真检查,重点对隧道系统控制中心、隧道变电箱防雷保护器、避雷针等进行全面摸排,同时对易发生雷击的隧道配电间设备进行防雷测试,积极做好隧道系统设备的防雷电措施,发现问题迅速报告并及时与电力部门取得联系,及时组织抢修,切实做好隧道防雷工作,确保隧道安全畅通。

(程静岚)

【德昌高速泾口养护所举行首次雨雪天气应急处置演练】 1月5日,德昌高速泾口养护所协同省高速交警一支队二大队、路政等有关单位,在德昌高速K168~K193路段举行了高速雨雪天气应急处置演练。当日晚上20时许,泾口养护所负责人宣布雨雪天气应急处置演练开始并启动应急预案。该养护所首先对应急程序作了安排,对应急物资数量、质量再次进行了确认,对应急物资的性能及使用做了说明;同时与路政、交警等联动部门取得联系,进行沟通和协调。21时,天空下起了雨夹雪,该所立即对应急物资进行装车,输送至易结冰的路段。然后在金溪湖特大桥、信江特大桥、抚河特大桥等易出险位置进行堆放融雪剂,摆放安全锥、放置麻袋等。22时,联动部门都已到位。交警、路政人员立即按照变通管制流程对过往车辆进行疏导分流。23时30分,天气好转,雨雪渐停,23时45分,泾口养护所首次雨雪天气应急处置演练圆满完成。此次演练共使用反光锥328个,融雪剂98包、麻袋4785个、标志牌22块等。演练结束后,泾口管理处领导要求养护所提交演练报告,详细说明演练过程中发现的问题。该所将对演练过程中的不足进行整改,形成长效机制。

(龚海燕)

【梨温高速千方百计保雨季安全畅通】 2012年入春以来,持续阴雨极端天气频繁侵袭我省,造成高速公路路面坑槽、破坏反复等灾害状况,针对雨季灾害严重影响高速畅通及行车安全特殊情况,梨温高速迅速启动恶劣天气及突发性事件处置应急预案，全高速人员进入一级备战状态，再掀“战雨季保畅通保安全”工作热潮，多方联动、多措并举，千方百计做好雨季高速公路养护应急工作。一方面，不断健全雨雪冰冻天气道路养护应急机制和指挥体系建设，实施24小时密切的气象信息监控，根据气象变化制定应急施工方案，在人员调配、物流联动及组织协调上科学应对，周密部署。另一方面，主动启动24小时联勤联动机制，主动加强与交警、路政等有关部门的通力协作，做好施工安全维护及进度通报。3月份以来，保障雨季梨温高速畅通安全，维护司乘人员行车安全已成为该公司“头等大事”，付诸积极有效的行动，保障了道路通行安全。

（胡　丹）

【梨温高速东乡管理处挑灯夜战修坑槽】 持续低温阴雨天气，该处所辖路段路面因雨水浸泡、大车碾压，局部出现大面积坑槽，影响行车安全。为消除安全隐患，该处贯彻落实雨季保畅工作会议精神，养护人员放弃休假时间，抓住晴好天气有利时机，加班加点，连夜施工，对较大坑槽进行热补，做好了安全保畅工作。一是保障人、机、料充足。截至3月14日共完成修补坑槽1500余个，投入沥青冷补料90余吨，运输车辆80台班，压路机40台班、人工300工日，是上年同期的5倍，保证了路面坑槽尽快修补填平。二是严格控制养护质量。养护人员现场跟进督促，严格按养护技术规范操作，采取对症下药，杜绝重复修补、返工浪费。三是及时启动抢修应急预案，提高管养公路应急保障能力。启动雨季道路养护应急预案，保证能及时高效有序地开展抢修工作，最大限度地减少损失，上路作业时穿好安全服、设置施工安全标志牌，危桥险路地段设立警示标志，没有发生安全生产事故。

（刘惠芳）

【梨温高速贵溪站汛期保畅和服务两不误】 春季，随着雨季的到来，贵溪站积极采取措施，防患未然，努力做好保畅和服务工作，确保汛期道路通行安全。一是落实防汛责任。该站成立了防汛工作小组，结合收费工作实际，完善防汛工作预案，严格执行24小时领导值班制度。二是加强防汛安全常识教育，切实提高职工的防汛安全意识和自救、互救技能，特别是汛期内地质灾害的防范知识。三是切实消除隐患。结合近期降雨情况，对收费岗亭、站内供电线路，特别是防雷设备及发电机房进行一次全面隐患排查整治工作，清除防汛隐患。四是确保应急物资到位。充实了应急灯、雨衣、雨鞋、手电筒、警示标志牌等防汛物资，切实保证所有物资能及时投入使用。五是做好便民服务工作。在防汛期间，强化收费站信息服务工作，及时上报路况信息，加强便民服务工作，遇雨天或有事故，收费员增加文明提示用语，并在便民服务柜中提供应急雨伞以及将传达室临时改为“候车室”供司乘人员避雨。

（陈海燕）

【景鹰高速黄金埠站全面做好安全防汛工作】 为应对暴雨天气，景鹰高速黄金埠收费站在8月3日召开“防汛保安全保畅通”紧急会议，全面做好防汛工作，确保道路的安全畅通。一是加强领导。该站成立了防汛领导小组，落实安全责任，并根据实际情况，提前部署各项安全措施，切实提高应对公路突发事件的应急处置能力。二是提高员工安全认识。召开专题会议，将安全生产意识灌输到每一位职工的心中，让员工认识到安全工作的重要性，确保安全生产，无责任事故发生。三是对设备进行全面检查。组织人员对重点场所的电器设备等进行一次安全检查，排除安全隐患，并对站区内外的边沟、排水沟进行彻底检查清理，保证排水系统的畅通。四是做好后勤保障工作。站内配足防汛器材，铁锹，雨鞋等物品，同时备足发电机燃油，确保在停电状态下，发电机组能够正常运行。五是确保信息畅通。实行领导24小时带班制，值班人员24小时在岗，保持通信畅通。六是优化文明服务。坚持做好微笑服务、手势服务和便民服务，把“收费站”变为“服务站”。

（刘　坚）

【梨温高速余江处多措并举确保安全度汛】 近期，针对雨水量大和暴雨密集的情况，万年管理中心余江管理处按照防汛抢险工作的有关要求，关口前移，多措并举，全力做好防汛抢险各项工作。一是注重防患未然，确保安全畅通。各收费站在醒目位置利用标志牌、提示牌等提醒司乘人员在恶劣天气谨慎驾驶、安全行车。二是加强对收费大棚、岗亭、院区等重点部位开展自查,并及时修复安全隐患;养护所加大对高边坡、桥梁、涵洞等重点部位的巡查力度,根据实际情况,密切注重雨情和水情变化。三是坚持24小时值班制度,提前做好防汛抢险人员、物资、设备的投入准备工作。四是进一步加强与交警、路政、地方政府、派出所、消防、安监、医院等部门的联系,保证信息的准确性和及时性。五是进一步更新完善应急预案,备足应急物资,以及铲车、吊车、拖车等应急抢险设备,加强了队伍应急演练,全面做好应急处置准备工作。六是加强宣传力度,确保传达到位。召开专题防汛工作会议,强化干部员工防汛责任意识,进一步增强做好防汛工作的自觉性和责任感。

(廖业旗 周 磊 查 阳 刘 宁)

【景鹰高速万年北收费站“四个加强”备战严冬】 冬季到来,为切实做好冬季安全生产工作,该站早动手、早准备、早行动、早预防,采取有效防范措施,切实保障收费站安全运营。一是加强隐患排查,确保收费安全。将站区收费设备、通讯设施、发电机组、票管室等部位作为重点,做好防冻措施,将安全隐患遏制在源头。二是加强应急演练,提高处置能力。组织员工针对雾、雪天气开展应急预案内容学习,掌握各项应急措施,加强实际操作的预案演练,切实提高应对突发事件的能力。三是加强领导值班,提高预警能力。坚持24小时值班制度,及时处置各类突发事件,防止发生收费车道拥堵,提高各部位预警能力,全力为司乘营造安全、通畅的行车环境。四是加强后勤保障,确保安全过冬。对办公生活区等处空调、电暖器进行全面检查维修;排查大功率电器使用情况,职工宿舍严禁使用电热毯、电炉等大负荷电器;确保供水泵、供水管正常运转,防止意外情况发生。

(肖丹丹)

【贵溪公路部门多管齐下力保汛期公路安全畅通】 2012年春夏季,连续不断的强降雨给公路建养工作带来了严峻的考验,为消除汛期可能带来的危害,贵溪市公路部门多管齐下确保公路安全畅通。一是迅速成立了防汛抢险队伍,制定了防汛抢险预案,筹备抢险物资,做到发生险情能及时处置,确保公路安全度过汛期;二是加强了对公路的管护力度,对所辖区域水毁易发生路段以及桥涵进行一次全面检查,及时修复路面坑槽,做好边沟涵洞的疏通和清淤工作,防止雨水浸泡路基,以免造成路基的沉陷、塌方;三是对危险桥梁、路段,妥善设置防护措施和警告标志,加固不稳定的交通警示标志、安全设施;四是督促养路队保持器械设备完好状态,一旦汛情发生以便人员器械同时到位;五是制定了防汛值班制度,执行雨前雨后24小时上路巡查和24小时手机开机联络制度。由于措施得力,全县公路安全度汛。

(姜享梅)

【余江县未雨绸缪抓防汛】 2012年进入四月份雨水季节以来,余江县交通运输局就把防汛工作作为防汛指挥部成员单位的一项重要职责和任务,立足防大汛、战大险、救大灾,尽早做好防汛工作。为保证组织上的有力指挥和措施上的严密实施,该局成立了由局长任组长,分管领导为副组长,职能站、所负责人为成员的防汛工作领导小组,制定了《防汛抢险工作实施方案》。积极履行部门管理职能,做好用于防汛抢险的车、船,准备好了75吨位、15辆货运车辆,200吨位、15艘货运船,200吨位、20艘客运船。组织安排了局干部职工组成的40余名民兵抢险突击队,并将他们组成4个职能小分队,随时应对不同险情。在防汛期间,公路管理部门加强了对乡、镇公路危险地段路面、桥梁、涵洞的巡查,发现险情,及时组织人员突击抢险,发生桥断、路阻现象立即向有关部门报告并及时设置显著标志,尽量将损失减少到最低限度,确保道路畅通。同时,该局还做好了防汛期间人员的值班安排,确保24小时有人值班,24小时通讯畅通。通过这些措施的落实,全县公路安全度汛。

(汪有根)

【赣州市公路管理局召开国省道公路水毁抢修工作布置会】 4月25日,该局召开公路水毁抢修工作布置会。会议指出,3月份以来,全市降雨明显多于往年,并提前进入了汛期。持续降雨致使市养公路油路坑槽、水泥路面翻浆、板块破碎沉陷、排水不畅等问题不时发生,造成行人车辆出行不便。市领导对此高度重视,多次过问国省道养护工作。为切实防治水毁灾害,各单位要统一思想,加大抢修力度,全力保障雨季公路安全畅通。要求做到“五个加强”:一是加强组织领导。各单位主要领导必须高度重视路面修补工作,养护科和项目办还要加强监督。对不作为和工作不力,造成不良影响的将追究主要领导和相关人员的责任。二是加强工作调度。要密切关注天气变化,切实做好巡路、备料、设备调度、抢修及报告等各项工作,并科学安排职工轮休,保证足够的养路工上路应对水毁抢修工作。三是加强抢修力度。及时清除路面积水,适时清疏排水系统;第一时间清除塌方等公路障碍物,对沥青路面大坑槽及时采用基层料补平;及时修补水泥路面破碎下沉板块;施工路段坑槽和施工便道用砂石料及时修补,并在路况差的路段张挂施工宣传横幅,争取社会理解和支持;准备施工路段按照正常养护要求及时修补路面坑槽,不得弃养。四是加强巡查和监控力度。密切关注易滑坡、易坍塌、危桥险涵、高边坡、高挡墙等重点部位,加强监控,发现险情,及时处置。一时无法处置的,要在第一时间报告当地政府和该局,并设立醒目的安全标志。五是加强汛期值班和信息报送。认真做好处置突发事件各项工作,落实值班制度,保持通讯畅通,发生紧急情况及时上报并立即组织力量积极应对,必要时采取分流、封闭交通等应急措施。截至 4 月 30 日,全局累计投入抢修资金 2092 余万元,清理塌方 22.6 万立方米,修补路面 32.8 万平方米。

(魏林菁)

【联兴高速公路养护公司夜间冒雨排险保畅通】 受持续暴雨天气影响,3 月 6 日 19 时 30 分左右,大广高速公路 K3074 +500 右幅二级边坡出现塌方,造成该路段车辆安全通行受到很大影响。得知险情后,联兴养护公司领导紧急率养护部工程技术人员和龙回、信丰养护所、养护中心人员,调集机械设备赶赴现场抢险。抢险人员不顾大雨,立即摆放好交通安全设施,清理片石、泥土等,并用准备好的沙袋对行车道进行部分封闭,筑起临时挡墙,以防止石块滚落至超车道。经过抢险人员奋力拼搏,至 7 日凌晨 3 时 30 分,所有应急维护工程全部完成。为防止再次出现塌方,联兴公司还安排了 8 名员工和巡查车辆在现场进行夜间观测。由于抢险及时,措施得力,有力地保障了该路段的通行安全。 (李金平)

【上犹公路分局多项举措确保雨季公路安全畅通】 3 月 5 日以来,上犹县连降大到暴雨,造成上犹分局所管养路段水毁严重,给公路安全畅通带来较大影响。上犹公路分局全面启动《雨季水毁抢修预案》,积极投入到水毁抢修工作中,有效确保了雨季公路安全畅通。一是强化组织领导和雨季值班制度。分局机关和各基层养护中心坚持 24 小时值班,保持信息畅通。一旦发生水毁,及时向上级报告和投入抢修,把水毁对公路的影响降到最低程度。二是加大了公路巡查力度。养护和路政人员加强公路巡查,密切关注易滑坡、易坍塌、危险桥涵、高边坡、高挡墙等重要部位,发现险情及时报告和处置。三是及时修补路面坑槽和清理公路塌方。组织人员利用沥青冷补料修补路面坑槽,对发生的小塌方由养护中心进行清除,大面积塌方由分局统一调度机械设备进行清理。同时,做好安全隐患排查和治理工作,有效确保公路安全畅通。通过抢修,该分局 3 月份共修复水毁公路 64 处,清理塌方 52 处/3890 立方米,修复路基缺口 12 处,所管养路段未发生一处因水毁造成的交通中断现象。

(曾珍辉　熊　旭)

【信丰公路分局抢抓晴好天气修复水毁路面】 3 月,连续近一个月的阴雨天气,使信丰各条线路路况造成不同程度的损坏,造成巨大的经济损失,给养护工作带来很大的工作压力。信丰公路分局利用晴好天气,积极奋战抢修路面病害,确保公路安全畅通。该局集中人力、物力,积极配齐路面修补材料,调配机械设备,并加强现场督查指导。各养护中心自我加压,发扬连续作战风格,主动放弃双休日,加班加点,通力协作,采取协作作战和科学修补方法优先消灭大坑大槽,极大地提高了工效,共修复路面病害达 8650 平方米,清理塌方 1200 余立方米。

(陈建华)

【上犹公路分局职工放弃“五一”休假力保畅通】 4 月 29 日是“五一”小长假的第一天,上犹公路分局管养的上江线 K34 +400 处由于山体松散并受雨水长期浸泡,出现路基塌方近万立方米,塌方的土石将路面全都覆盖,导致交通中断。上犹分局及时启动《公路水毁抢修保通应急预案》,放弃

“五一”休假,分局领导随即带领养护、路政人员和水岩养护中心职工赶赴现场,全力投入抢修。经过8小时的奋战,塌方清理工作基本完成,过往车辆恢复正常通行。

(曾珍辉)

【定南公路分局快速抢险保畅通】 5月10日,定南县降雨量特大,导致大定线、里英线、寻茅线出现了不同程度的塌方,其中大定线K11+430处的塌方最为严重。上边坡塌方造成半边路面被堵,只能单向通车。下边坡出现滑坡,路面出现小裂缝。获悉灾情后,该分局主要领导立即带领养护科、路政科等业务科室人员赶往一线查看,同时安排就近的老城道班养护人员立即设置好安全标志,并组织人员、设备、车辆赶往现场进行清理,快速清理出便于单向通车的道路,共清理塌方2000余立方米。

(魏秀萍 曾文茜)

【南康公路分局抢抓晴好天气修补路面】 2月份以来,连绵不断的雨水,给公路路面造成了相当严重的损害。从3月26日开始,天气转晴,南康公路分局抢抓晴好天气,认真做好公路路面修补工作。一是对水泥路面破碎板、断角、沥青路面坑槽进行修补,并对损坏严重及严重沉陷路段进行局部罩面;二是对大面积损坏的路面进行重建。截至3月末,共完成路面重建基层1420.8平方米/148米,面层1332平方米/148米,修补路面坑槽2656平方米,累计投入资金28.96万元。

(黄兰香)

【宜春市袁州区大力抢修水毁道路】 5月至7月,宜春市袁州区普降暴雨,河水猛涨,出现严重的洪水灾害。据统计:全区共有21座、547米桥梁受损,直接经济损失达820.5万元;冲毁路基28.25千米、111910立方米,经济损失447.64万元;被毁水泥路面25.1千米、71780平方米,经济损失1076.7万元;被毁砂石路面5千米、17500平方米,经济损失140万元;其他如涵洞、护坡、挡墙、锥坡、塌方等经济损失400万元。为尽快修复全区农村公路,该区交通运输局在上级部门的大力支持下,积极抗洪救灾。局干部职工组成抗洪救灾工作组,分别到各乡镇察看实情,制定具体的处理办法。交通运输系统安排10辆货车、10辆客车和6台挖机组成防汛应急车辆组,并安排3部货车、1部客车、3台挖机24小时待命。在雨中及时组织抢险人员数百人次,运送抢险砂石材料近2万立方米,清理塌方10万立方米,修复中断的公路103处,对出险的桥梁制定除险加固方案,并采取措施保证通行安全,对山区地质灾害逐一清理,采取措施清除安全隐患,使农村公路水毁设施及时得到修复,确保道路畅通。

(李 庆)

【樟树市积极组织抢修农村水毁公路】 5月暴雨持续时间长,雨量集中,造成全市农村公路塌方12处,路基冲毁23.5千米,路面毁损22千米,直接经济损失上千万元。其中樟芦线、店阁线、店梓线、店感线、张麓线等县道严重受灾,农村公路中断交通,人民群众生命、出行安全、国家财产受到严重威胁。该市交通运输局及时抢通水毁公路,保障交通运输畅通,按照樟树市政府部署,积极组织人力、机械设备抢修水毁公路,全市共清除道路塌方3万余立方米,清理公路10多千米,投入救灾资金100万元,参加抢修人员800多人次,运填沙石1万余立方米,使用装载车、自卸汽车、挖掘机等机械设备400台次,确保了道路运输安全畅通。该局的主要措施为:一是行动迅速。灾情发生后市交通运输管理局第一时间启动公路水毁抢险应急预案,组织全局人力、物力、财力,以最快的速度在最短时间内奔赴各交通要道,奋力抢修公路。二是领导重视。三是积极组织村民抢险救灾。四是实行24小时值班制度,随时报告险情,确保人民群众生命财产安全。

(杨 波)

【副省长胡幼桃称赞靖安县交通部门特别能战斗】 5月9日上午,副省长胡幼桃一行到扶贫点靖安罗湾乡调研工作时,由于连降大暴雨,当乘坐车辆行至万黄公路铁门坎路段,突然出现大型山体塌方,致使公路交通一度中断。胡幼桃副省长在现场要求在确保安全的基础上尽快清理塌方,抢修公路,恢复交通。靖安县交通运输局接到县政府抢修公路命令后,迅速启动应急预案,从局里抽调干部和公路工程技术人员组成公路抢修小组,由局主要领导带队迅速赶往塌方现场,竖起交通警示牌，与乡政府领导一起研究抢修方案，组织抢修队伍，调动3台装载机和10多辆货车等参加抢修，清理塌方土石。参加抢修人员发扬不怕苦、不怕累和连续作战精神，在工地激战10多个小时。局领导在抢修现场参加战斗，指挥抢修，维护现场秩序。经过10多个小时的奋战，截至当天下午5点，终于疏通道路。共清理公路塌方3000余立方米，保证水毁公路安全畅通，确保4个乡镇人民群众生产生活安全，受到县委、县政府领导高度赞扬和广大群众好评。在抢修现场的胡幼桃副省长被抢修道路人员忘我精神所感动说："靖安县交通部门特别能战斗。"

（刘　斌）

【奉新县及时抢修农村水毁公路】 为确保县、乡公路雨季畅通无阻，奉新县交通运输局根据县政府抗洪救灾统一部署，早在汛期到来之前，采取多项举措，积极做好农村水毁公路预防，确保全县道路运输畅通。一是县公路所组织工程技术人员下到各养护路线上，对可能被毁坏的路段，认真做好预防准备工作；二是督促各乡镇、村加强雨季防护工作，认真做好公路的开沟排水，涵洞水管的清堵；三是积极配备沙石材料，做好水毁公路的及时抢修和恢复工作。由于水毁公路工作预防措施得力，水毁公路比往年明显减少，全年水毁公路6千米，水毁桥梁1座全长110米，均得到及时修复。

（魏振宇）

【高安市水毁农村公路抢修进度快】 5月连降暴雨，造成山洪暴发，形成"5·12"洪灾，全市乡、村公路遭受严重破坏。灾情发生后，市交通运输局高度重视，立即启动《高安市交通运输局汛期公路水毁应急预案》，召开紧急会议，部署公路水毁抢险救灾工作，做到水到那里，公路抢通到那里。至7月末，93千米水毁公路、13座水毁桥梁、49道涵洞抢修全面完成。工程总投资2500余万元，共投入人力600多人次，沙袋1000条，挖掘机16台次。一、局领导班子成员分别带领技术人员深入水毁现场协同乡镇指导搞好公路抢修，恢复保畅工作，对公路水毁工程量较小的路段及时组织人员进行抢修和恢复。二、针对水毁造成路基垮塌、边坡失稳等严重危及公路通行安全的路段都按规定和要求设置车辆限载、警示标识，提示车辆绕行等措施。三、积极争取公路水毁恢复资金。一方面积极向市政府汇报争取资金支持，另一方面专题向宜春市交通运输局汇报，力争解决部分水毁恢复补助资金。

（周世祥）

【上高县全力抢修水毁农村公路】 5—6月，上高县境内大雨、暴雨偏多，导致农村公路桥涵水毁严重，给该县造成巨大的经济损失，共造成农村公路路基损坏12.67万立方米、17.24千米，水泥（沥青）路面损毁11.34万平方米、19.8千米等。全县农村公路水毁损失1988.34万元。该县交通运输局及时启动交通应急抢险预案，先后调集装载机90台次、运输车辆210台次和400余人次的抢险队伍，参与道路桥涵抢修工作，确保水毁公路灾情降到最低限度。经过全县交通运输部门及相关乡镇精心组织和广大干部群众奋力抢修，于8月10日下午，所有塌方路段均陆续清通，各水毁桥梁也相继抢修完毕，恢复通车。2012年全年共完成水毁抢修工程27个，工程投资1042万元，全县未发生一起因农村公路水毁造成车辆滞留引发的交通安全事故。

（潘泓羽）

【宜丰县交通运输局及时修复农村公路水毁工程】 4、5月期间，宜丰县遭受多轮强暴雨袭击，尤其是5月12日，出现历史罕见的特大强降雨，日降雨量达到244毫米，为全省降雨量之最，大部分地区发生严重洪涝灾害，造成大面积公路桥梁毁坏，直接经济损失达3567万元。该县交通运输局迅速成立党员先锋队，全力以赴投入抢险救灾，迅速组织人员、车辆、机械抢通道路，水毁工程在一个多月时间内得到修复。累计清理各类塌方210处、5000多立方米，修复桥梁2座、水泥公路2.6千米、各类护坡30处、500余米。

（漆志勇）

【万载县通乡水毁修建项目进展顺利】 2012年，万年县有通乡水毁项目3个计16.5千米在建。1.伯公坳至潭埠（K13+500～K17+500）为2011年项目，约定工期2个月。经施工队伍及县固力混凝土公司的大力配合，该项目4千米路面施工仅在不到一个月的时间就全部抢通。2.伯公坳至潭埠(K5+500~K8+000)通乡水毁项目,中标价126.32万元。至年末,该项目2.5千米已全部完工。3.研陂至双桥通乡水毁计划里程10千米,经该县局设计,划分为两个标段:A标(白良段),长5千米,其中改线新建路段1.4千米;B标长5千米(双桥段)。A标合同价309.97万元。B标合同价292.4万元。考虑到该项目的重要性及交通量多等客观原因,该项目要求采用预拌混凝土施工。至年末,通乡水毁建设项目共完成6.5千米,完成投资350万元。

(辛鹏远)

【宜黄县积极做好雨季路桥防灾救灾工作】 2012年6月下旬,宜黄县遭遇强降暴雨达几十个小时,导致大部分乡镇出现山体滑坡、公路浸泡、路基垮塌、桥梁中断等水毁灾情,甚至导致中断交通,严重影响了人民群众的生产、生活。当时,共冲毁路基12.1千米,冲毁路面3500平方米,毁坏挡土墙105处3万立方米,直接经济损失达850余万元。面对汛情,县交通运输局迅速组织力量及时清理道路落石、淤泥,投入人员、机械设备和物资,抢修水毁公路,首先保证路通。对中断交通路段开设便道,设置警示标志,再加大投入,集中力量攻坚克难,确保畅通。同时,密切关注雨情变化,对危险路段、桥涵和易滑坡地段进行实地监察,制定预案,防患未然,有效保障了农村公路的畅通。

(李华荣)

港航建设

【概况】 2012年,省发改委、省交通运输厅下达港航部门基本建设项目投资计划64132万元,款源为:交通运输部补助资金11000万元,省交通运输厅统筹资金2200万元,项目法人贷款12574万元,国外贷款20958万元,地方自筹或单位自筹资金17400万元。所建项目包括:赣江石虎塘航电枢纽工程(续建)243764万元;赣江(南昌一湖口)II级航道整治工程(续建)18296万元;新干河西货运码头工程(续建)9504万元;万年港综合码头工程(续建)7819万元;南昌港龙头岗综合码头工程一期工程(续建)65755万元;上饶龙潭旅游客运码头(续建)199万元;永丰县龙蟠客运码头(续建)50万元;吉安县敖城货运码头(续建)50万元;弋阳圭峰旅游客运码头(续建)50万元。

至年末,按照省发改委、省交通运输厅要求已完成年度投资计划的基本建设项目为:赣江石虎塘航电枢纽1~4号发电机组成功并网发电,5号机组安装完毕,船闸已建成并投入试运行;防护工程等完成年度施工任务;赣江(南昌—湖口)II级航道整治工程完成筑坝、护岸、疏浚等施工任务,工程进展顺利;南昌港龙头岗综合码头工程一期工程(4个2000吨级泊位)正式启动;新干河西货运码头工程(3个500吨级泊位)、万年港综合码头工程(500吨位级泊位2个)等一批重点项目建设进展顺利;上饶龙潭旅游客运码头(10万人次/年)完成码头水工等施工任务;永丰县龙蟠客运码头(5万人次/年)通过竣工验收;吉安县敖城货运码头(8万吨/年)通过竣工验收;弋阳圭峰旅游客运码头(15万人次/年)通过竣工验收;会昌地方海事处等一批工作用房开工建设。

(罗淑青)

【国务院副总理李克强考察九江港】 12月28日,中共中央政治局常委、国务院副总理李克强在九江市主持召开长江沿线部分省、市领导参加的区域发展与改革座谈会并考察九江港。中共中央书记处书记杨晶及中共中央、国务院有关部门负责人陪同调研。

在九江港城西港区集装箱码头,李克强详细了解港航企业促进沿江物资流通和产业转移情况。他强调:要用好长江这条连接东西的黄金水道,推动沿江特别是内陆腹地梯度开发、开放发展，培育新的增长极。

李克强指出："九江的'九'字，在中国字里是多的意思，她不仅仅是多江之地，是众江汇合之地，而且是四省交界。"保持国民经济持续健康发展，出路在转方式调结构，而最大的结构调整就是扩大内需。内需潜力东部有，中西部回旋余地和发展空间更大，沿江地带则是重要的战略支点。先沿海兴旺起来，再沿江加快发展，梯度推进，这符合经济发展规律。

李克强强调：国民经济发展的目的是人民富裕、国家强盛，而发展最大的差距是城、乡差距和区域差距，这也是现代化建设最大的难题。缩小区域差距，要做好中、西部开发开放这篇大文章。中部地区、长江流域是缩小区域差距的突破之地，就像下围棋，既要抢金角银边，又要在中间谋势布局。长江东部地区已经率先走在全国的前面，长江的中游乃至于上游也已呈现发展较快的态势。为此，中部地区要立足于扩大内需、有所突破，一个重要的战略支点就是在中部沿江地带。打开江西地图，九江得天独厚的长江岸线，资源稀缺金贵，优势非常明显。九江是江西省唯一临江港口城市，是赣、鄂、皖、湘四省的重要物流中心和中转枢纽，区位条件优越。沿江临港是九江发展的核心优势，九江 152 千米的沿江岸线，多为深水良港，岸线腹地广阔平坦，可利用空间巨大，被誉为"黄金水道"中的"黄金岸线"。九江港是长江 5 个主枢纽港之一，是江西省唯一通江达海的对外开放国家一类水路口岸，是一个水陆联运的国家级主枢纽港和长江中下游重要港口，在江西省参与全国乃至世界经济大循环、发展外向型经济中都具有不可替代的地位和作用。

李克强希望：加快长江黄金水道开放开发，充分依托和发挥沿江地区临江达海的独特区位优势和良好产业基础，再接再厉，乘势而上，贯彻落实好中共十八大精神，在以习近平为总书记的党中央领导下，团结奋斗，再创佳绩。

（王凌云　陈明中）

【中共江西省委、省政府深入推进九江沿江开放开发会议在九江召开】 5 月 25 日上午，江西省委、省政府在九江市召开全省深入推进九江沿江开放开发工作会议。省委书记苏荣出席会议作了重要讲话并下达了沿江开放开发重大项目开工令。省委副书记、省长鹿心社就进一步推进九江沿江开放开发作了具体部署。省委常委、常务副省长凌成兴主持会议。

苏荣在讲话中指出，省委、省政府历来高度重视九江沿江开放开发，明确提出要充分利用长江岸线资源，大力推进沿江开放开发。这是推动全省经济社会更好更快发展的重大战略部署。全省上下尤其是九江市一定要站在战略和全局的高度，充分认识进一步推进九江沿江开放开发的重大意义；充分利用长江岸线资源，大力推进沿江开放开发，是加快鄱阳湖生态经济区建设的重要抓手，是促进全省经济更好更快发展的重大战略；九江沿长江 152 千米岸线是全省加快发展、加速崛起的宝贵资源；九江沿江地区是全省唯一具有通江达海优势的地区。昂起鄱阳湖生态经济区这一引领全省发展的龙头，就是要发挥九江沿江地区的独特区位和产业优势，大力推进沿江开放开发，加快构建以九江沿江地区和昌九工业走廊的 T 字形发展格局，形成支撑鄱阳湖生态经济区发展的核心经济带。

苏荣强调，九江新一轮沿江开放开发，必须充分借鉴发达地区流域开发的先进经验，努力探索出一条符合科学发展观要求和本地实际的沿江开放开发新路；要坚持统筹规划、整体开发，带动全省产业整体竞争力的提升。更加注重项目带动，坚持基础设施先行，为沿江开放开发提供有力保障；要坚持节约资源、集约开发，增强沿江开发的辐射带动效应；要坚持保护生态、持续开发，促进经济与生态的协调发展。要通盘考虑，统筹布局，强化经济区域联系，大力发展沿江"飞地经济"，形成市场主导、产业协作、互利共赢的区域合作新模式。

苏荣强调，大力推进九江沿江开放开发，是关系全省整体发展、长远发展的一项重大战略，是全省人民的共同事业，各地各部门要加强协作，从各个方面给予强力支持。各级领导班子和领导干部要把所有的心思和精力都放在谋发展、干事业上，以更加扎实的作风做好各项工作。特别是看准了的事要抓紧干、全力干，一抓到底、抓出成效。要敢于负责、勇于担当，着力破解沿江开放开发中的难题瓶颈。会上，省发改委主任许爱民代表省政府发布了《九江沿江开放开发总体规划》《九江沿江港口码头规划》《九江沿江交通综合运输体系规划》等相关规划。

（黄海源）

【石虎塘航电枢纽工程进展顺利】 2012年,石虎塘航电枢纽项目办围绕工程建设的总体工期计划,坚持以“严格抓好工程施工招标、认真组织工程施工、狠抓工程质量、力促工程进度、严控工程投资、确保施工安全”为目标,不断强化管理,科学安排,精心组织,狠抓落实,确保了工程建设的有条不紊和不断向前平稳推进,基本上实现了全年的节点工期计划目标要求。

截至12月20日,石虎塘工程土石方开挖总量838万立方米,已完成817万立方米,占计划97%;混凝土浇筑总量81万立方米,累计完成80.66万立方米,占总量99%;金属结构制造安装总量9417吨,累计完成8223吨,占总量61%(其中主体工程7601吨,占86%,库区工程622吨,占100%)。主要工程建设进展情况:1.电站机组安装。电站1#～4#机组已完成安装调试以及所有试验工作;1#～4#机组的涉网安全检查、质量监督检查以及发电许可手续工作也已完成;临时电价已落实;《电站并网调度协议》和《电站购售电协议》已签署。电站5#机组安装已基本完成;6#机组正在紧张安装调试过程之中。2.防护工程。所建防护堤43千米、导排渠51千米、节制自排闸4座、电排站8座、桥梁80座(10座公路桥、51座机耕桥、19座人行桥)均已完成,具备挡排水条件,并于10月20日通过了交工验收。3.附属工程。枢纽办公楼、职工活动中心、值班楼、职工值班房和生产用房(总建筑面积8290平方米)、渔业增殖站已完成,于10月20日通过了交工验收。

截至12月底,累计完成总投资191000万元,其中:建筑安装工程投资109157万元;设备投资44657万元;其他投资37186万元。

（罗淑青）

【赣江东河航道整治工程交工验收】 3月30日,赣江东河(南昌—瓢山)航道整治工程交工验收会在南昌召开。省港航局副局长杨礼生、省交通运输厅财审处副研调员彭嵘出席会议。省局基建处、南昌分局、上饶分局、路港局及航道局负责人及省厅、交通工程质监站相关人员,工程设计单位、施工单位和监理单位的相关人员参加会议。

与会人员察看了工程现场,认真听取了工程参建各方的情况汇报,经认真研究,一致认为工程达到设计要求,符合交工验收条件。省交通工程质监站对本工程的质量检验评定为合格。

赣江东河(南昌一瓢山)航道整治工程上起南昌八一大桥,下至鄱阳湖瓢山江佳尾,在此与信江航道工程的湖区航道相连,全长87千米。全河段按Ⅳ—(4)级航道标准建设,航道设计尺度为:水深1.6米,航宽50米,最小弯曲半径330米。通航的主要代表船型船队尺度为:货船500吨级(67.5米×10.8米×1.6米);双挑单列顶推船队(110米×10.8米×1.6米)。整个工程由疏浚工程、筑坝工程、护岸工程、航标工程及配套设施工程、环保工程组成。该工程已于2007年11月28日正式启动,2010年年末竣工。

（曾万荣　陈明中）

【九江城西港区九鼎公司多用途码头使用港口岸线获部批复】 1月10日,九江港城西港区九鼎物流有限公司多用途码头工程申请使用的长江港口深水岸线获交通运输部批复。该项目是自2011年以来九江港第三个获部批的项目。码头工程位于城西港区九江公路大桥下游540米处,建设规模为1个5000吨级多用途泊位和1个5000吨级件杂泊位,使用港口深水岸线245米,设计年通过能力198万吨,工程总投资概算为43256.16万元。

该项目的立项,既为九江港城西港区九鼎物流有限公司多用途码头工程的建设提供了有力的保障,又缓解了九江港城西港区杂件码头通过能力不足的问题,将会进一步推动沿江产业发展。

（汪兰香　黄海源）

【副省长洪礼和调研九江港煤炭储备中心码头项目】 6月20日,副省长洪礼和到九江港城东港区江西煤炭储备中心九江码头项目进行专题调研。陪同调研的有:省政府副秘书长王水平,省国资委巡视员张启元,省工信委副主任张小平,九江市委常委、常务副市长占勇等。

洪礼和深入项目建设现场,实地查看码头引桥陆上和水上嵌岩桩施工情况,详细了解项目建设的总体规划和推进情况,对项目建设的快速推进给予充分肯定,对施工单位战高温、斗酷暑精心组织施工和九江市委、市政府大力提升服务项目建设水平给予高度评价。他说,江西煤炭储备中心九江码头项目既是江西省煤炭集团公司战略转型的重要举措之一,也事关江西未来能源安全,事关鄱阳湖生态经济区建设,事关建设富裕和谐秀美江西目标的实现,有关部门要立足工作实际,克服一切困难、不负众望,按期、保质、保量完成项目建设任务。

对此,他要求在项目建设过程中要做到三个齐头并进:一是项目建设与相应配套设施建设齐头并进。为了保证码头建成后功能得到充分发挥,不断拓展市场,大力组织货源,要跟进建设铁路专用线、储运仓库和物流中心等配套设施。二是项目建设与周边煤炭市场拓展工作齐头并进。要立足江西,辐射湖北、湖南、安徽等省份,抓住码头建设开工早、进度快等优势,抢占周边省份煤炭市场。三是项目建设与一些创新活动齐头并进。在项目建设过程中要大胆应用新技术、引进新型人才,全方位开展“向十八大献礼”系列活动等,实现项目建设新突破。并强调,江西煤炭储备中心九江码头项目也是沿江开放开发战略中的重大产业项目之一。参战各方要站在全局发展的战略高度,切实增强对项目建设重要意义的认识,充分认识沿江产业带对江西崛起的重要意义,达成共识,形成合力,进一步优化九江沿江产业布局。

(王凌云　丁本领　黄海源)

【省交通运输厅航养专家组赴上饶进行专项检查】 3月16日,由省交通运输厅路航管养处、省港航管理局航道处等部门组成的航道、航标管养专家组赴上饶地区进行专项检查。

专家组一行乘赣道政403艇从鄱阳港出发,就上饶港航分局所辖的饶河航道(鄱阳—龙口)、湖区航道(龙口—瓢山)航道养护、航标维护和发光率沿途进行详细检查。分局航道科负责人向专家组详细介绍了辖区航道里程、航道等级、航道现状和远期规划,并就航道养护工作、航标设置配布和维护工作、战枯水保畅通、堵航应急抢通工作以及局属鄱阳机修所研制新型的PE材料4M双船标项目进展作了汇报。沿途,专家组对其恢复的2011年水毁航标逐一的进行检查验收,中途在鄱阳至龙口4#过河标和三江口至瓢山1#沿岸标等2座新建钢结构灯塔岸标现场实地查看灯塔混凝土基础浇注、灯塔钢结构的施工质量。通过查看航标养护日记、道政巡航检查记录和亲历现场检查后认为:辖区航道、航标的管养配布科学合理,做到了标位准确、颜色鲜明、灯光明亮,可确保船舶安全航行和水上交通安全。

专家组要求航道管理部门进一步优化航道航标管养工作。

(付知拾　赖普文　陈明中)

【南昌龙头岗综合码头一期工程建设启动】 11月2日,省政府在新建县召开南昌龙头岗综合码头一期工程建设动员会。常务副省长凌成兴下达开工令,副省长洪礼和致辞。省交通运输厅党委书记朱希主持会议,厅长马志武讲话。省政府副秘书长王水平、省政府法制办副主任涂琼理及省直有关部门负责人出席。省公安厅副厅长、南昌市副市长王国强代表地方政府发言。省交通运输厅、省公路局、省港航局、省运管局、江西交通职业技术学院及省厅有关处室、沿线地方政府部门负责人等参加动员会。

洪礼和在致辞中指出:建设南昌龙头岗综合码头工程,是江西省水运发展史上值得纪念的一件大事。龙头岗综合码头是南昌新港物流园建设的核心工程,一期工程投资规模大、建设规模大,建成以后将形成420万吨的年吞吐能力,这是全省迄今为止最大的现代化综合码头。它的建成,将与现有的国际集装箱码头形成优势互补,有利于把南昌市港口打造成为运转高效、功能完善的现代化港口,也有利于发挥赣江黄金水道的作用,形成全省集公路、铁路、水路和航空于一体的综合物流经济。省委、省政府历来高度重视水运事业的发展,不断加大水运基础设施建设投入。2010年,省政府出台《关于策应长江“黄金水道”建设提升水运发展水平的若干意见》,提出到2020年要把江西内河航运打造成为一个现代化运输体系,现开工建设的龙头岗综合码头一期工程正是朝着这一目标迈出的最扎实的一步。希望省、市、县有关部门,参建单位要围绕目标,同心协力,把龙头岗建设成一流码头,为打造南昌核心增长极,推进九江沿江开放开发作出应有的贡献。

马志武在讲话中表示,南昌龙头岗综合码头一期工程项目对于充分发挥江西水运资源优势,降低大宗货物物流成本,加快南昌国家级综合运输枢纽建设,服务南昌打造带动全省发展的核心增长极都具有重要意义。希望全省港航管理部门、企事业单位抢抓机遇,着眼大局,通力协作,破解难题,围绕两年建成的总体目标,抓质量、促进度、重安全、保廉洁,优质高效地完成各项建设任务。

南昌龙头岗综合码头一期工程项目,是中华人民共和国成立以来全省建设最大的现代化综合码头,是《"十二五"时期长江黄金水道建设总体推进方案》和"十二五"时期交通运输发展规划实施的港口重点项目。该项目位于南昌市新建县樵舍镇龙头岗,赣江之滨,距南昌市区约30千米,与赣江二级主航道、105国道、京九铁路及昌九、福银高速公路交汇,毗邻南昌昌北国际机场,连接规划中的临港工业园、临港综合交通物流园,形成南昌市铁路、公路、航空与水路综合交通物流基地。

该项目建设工期2年,计划2014年年底竣工。总投资6.57亿元,设计年吞吐量420万吨,其中,散货150万吨,件杂货270万吨。新建4个2000吨级泊位,其中,散货泊位1个,件杂货泊位8个,配备8台门座式起重机、4台轨道式龙门吊以及其他辅助装卸设备。泊位岸线长408米,陆域纵深800余米,码头占地面积38.74公顷,港区堆场6.8万平方米,港区道路8.1万平方米,生产及生产辅助建筑总面积9.9万平方米。

(张永康 许海远 倪 磊 陈明中)

【江西赣江海螺水泥专用码头工程通过竣工验收】 江西赣江海螺水泥专用码头位于赣江西支左岸,在龙头岗港区内,使用岸线380米,建设1000吨级货运泊位4个,设计年通过能力450万吨,工程概算6234.39万元。2009年7月开工建设,2010年8月建成三个泊位投入试运行。4月11日,南昌市港航管理处主持召开江西赣江海螺水泥专用码头工程竣工验收会。参加会议的有省港航管理局、省质监站、省安监局、南昌市地方海事局、市环保局、新建县消防大队等相关部门的负责人。竣工验收小组听取该码头建设、设计、施工、监理单位的工作报告,审核竣工验收的各项资料,并现场查看工程实体质量。验收小组认为码头各项手续基本完善,设计先进合理,工程质量优良,符合港口工程竣工验收的有关规定,同意该工程通过竣工验收。

(刘 敏 吴 琪 陈明中)

【世行对赣江石虎塘航电枢纽工程进行第八次监督检查】 4月23日至25日,以世行赣江石虎塘项目经理张文来为团长,环境、水电、土建、移民、财务等专家为成员的世行代表团一行,对石虎塘航电枢纽工程半年来项目实施情况进行第八次监督检查。

通过为期3天的实地考察、会议座谈交流和分组讨论,世行代表团对石虎塘项目半年来的工程进度、质量、安全、移民、环境、防洪度汛和各参建单位机构能力建设等方面的实施情况进行详细了解,对该项目整体实施情况表示满意,尤其对项目办在半年中,团结一致,奋力拼搏,顺利攻克一系列难关,成功实现下闸蓄水、船闸试通航、首台机组并网发电的阶段性目标,给予高度评价和诚挚祝贺。通过与项目办及参建各方进行了充分沟通和交流,代表团就下一步工程实施对项目办提出了新的要求和良好建议:一是要进一步规范化、制度化地解决工程建设过程中发生的变更、索赔,为项目顺利实施提供资金保障;二是要充分认识安全生产的重要意义,认真总结经验教训,强化安全管理的各个环节,做到防患于未然;三是进一步加大与地方政府的沟通协调力度,推动本项目剩余征地拆迁和移民安置的妥善处理,确保不影响发电和保障工程验收通过。

(吕一琦 陈明中)

【省港航局全面部署航道养护技术迎国检】 5月4日,省港航局在南昌召开全省航道养护技术迎国检工作动员大会,就做好迎检准备工作进行动员部署。省港航局局长于钦民作动员讲话,副局长胡敬党传达了交通运输部《关于开展2011年度航道养护技术考核抽查工作的通知》以及省交通运输厅5月2日召开的航道养护技术迎检专题会议精神。

于钦民在讲话中指出,航道养护技术迎国检工作是本年度港航工作的重点,同时也是全面展示全省水运建设及航道养护技术水平的极好机会,要求各级港航管理机构高度重视,精心组织,迅速集中人力、物力、财力,按照迎国检工作方案做好安排部署;要抽调人员,组建机构,调配精兵强将,从维护大局出发全力以赴抓好该项工作;要全面铺开,突出重点,按照检查项目,从突出展示全省水运建设方面的亮点特色出发,收集归纳补充完善相关资料；要分解任务，落实责任，对照具体项目，将具体任务落实到个人；要做好宣传，营造氛围，利用多种形式、多种渠道，集中深入地宣传迎国检工作的重要意义，营造浓厚氛围；要加强协调，做好服务，确保各项迎国检服务保障工作落实到位。

会上，南昌、九江、景德镇港航分局和界牌航电枢纽管理处行政主要领导就做好迎国检各项工作进行了表态发言。局机关相关处室负责人就迎国检工作的各项具体细节进行了重点说明。

为进一步推进全国航道养护工作开展，提高航道养护管理水平，保障航道畅通和航行安全，根据《航道养护管理规定》有关要求，在各省、自治区、直辖市和部属单位自查的基础上，交通运输部决定于5月至6月对2011年度航道养护情况进行技术考核抽查工作，这是交通运输部有史以来第一次就航道养护技术进行考核。

（倪　磊　黄海源）

【赣江永泰航电枢纽工程项目建议书获国家发改委批复】 《赣江永泰航电枢纽工程项目建议书》于2012年5月通过了国家发改委的审批，标志着该项目前期工作取得了关键性进展。

赣江永泰航电枢纽为《江西省赣江流域规划报告》中规划的赣江赣州以下6个梯级之一，是一座以航运为主、兼顾发电的水资源综合利用工程。项目坝址位于新干县三湖镇上游1.5千米，上距正在建设的峡江水利枢纽56千米。主要建设内容包括两岸挡水坝、船闸、电站、泄水闸、鱼道及相应配套设施，其中电站总装机容量112兆瓦，船闸等级Ⅲ级（预留二线船闸位置），改善通航里程5千米，工程投资估算约35.4亿元。

赣江永泰航电枢纽工程的建设有利于引导和优化沿江地区产业布局，带动腹地社会经济发展；有利于改善赣江航道通航条件，适应水运量快速增长和船舶大型化的发展要求，尽早实现赣江高等级航道规划目标；同时，也有利于改善区域能源结构，促进水资源综合利用。

（倪　磊　黄海源）

【国家发改委综运研究所至九江港调研】 5月8日，国家发改委综合运输研究所郭小碚所长一行4人到九江港，就城市群区域交通运输发展、群港口功能分工情况、港口在城际货运交通中的地位与作用及港口规划和发展中的主要问题等进行了交流与沟通。

2月10日，湖北省、江西省、湖南省在武汉共同签署了《加快构建长江中游城市集群战略合作框架协议》。赣湘鄂三省以环鄱阳湖城市群、长株潭城市群和武汉城市圈为依托，打造长江中游城市群，共襄城市一体化发展。长江中游城市集群是跨越东中西部的重要平台，打造长江中游城市群正面临政策机遇、恰逢其时，其发展关系到整个长江经济带发展的后劲与未来。长江中游城市群区域交通运输的发展，有利于区域综合交通网的建设，有利于区域交通运输的协调与统一，促进长江流域开发和区域协调发展，必将推动九江沿江开放开发和九江港的快速发展。

在赣期间，郭小碚一行还专程到南昌与省交通运输厅、省港航管理局进行了交流与沟通。

（丁本领　黄海源）

【九江港瑞昌港区长江公用港口码头项目签约落户】 5月8日，由香港华轩投资有限公司投资约2亿美元的九江港瑞昌港区公用港口码头项目签约仪式在瑞昌市举行。该项目符合九江港总体规划，在瑞昌长江梁公堤450米长江岸线建设4个泊位的公用港口码头，并紧邻公用码头规划约23公顷仓储用地建设物流仓储和货场。

此为加快推进九江沿江大开发的一个重大的基础设施项目，建成后将是省内目前沿江吞吐量最大的公共码头，对提升瑞昌对外开放水平，推进沿江大开发、城市大建设，加快建设鄱阳湖生态经济区中等城市步伐产生重大影响。

（吴瑞武　黄海源）

【上饶港航分局添置新型航标】 5月18日，上饶港航分局筹资购置了一批新型材料航标，包括700#浮鼓160只、1400#浮鼓、1000#浮鼓各2只，为补充因强降雨造成流失的桥前引标和湖区季节性航道需要添设的引航标志。

新型浮鼓系采用韩国进口的PE材料与先进的滚塑工艺模具一次成型，具有耐低温性能、耐腐蚀、绝缘性能好、机械强度大等特性。用其材料制作的航标重量轻、不易移位和流失，收放设置便捷，在一定程度上可降低工作人员的劳动强度；航标在受到船舶碰撞后,可自然弹开,不易毁损,特别适合用于山区河流激流航道和桥区航道。

(付知拾)

【省交通运输厅领导察看石虎塘航电枢纽项目建设】 5月30日,省交通运输厅厅长马志武到赣江石虎塘航电枢纽工地,察看项目建设情况。省港航局党委书记严允,吉安市委常委、宣传部长李庐琦,厅机关相关处室、厅直属相关单位负责人等陪同。

马志武一行察看了石虎塘航电枢纽船闸工程坝顶公路桥及相关水利设施建设情况。他表示,在各参建单位的共同努力下,工程建设取得了令人满意的成果,如今已然成为赣江河畔的一道亮丽风景线。

座谈会上,马志武指出,石虎塘航电枢纽工程的建设,将成为当地工业基础建设的支撑,对提升当地经济发展战略地位,扩大经济发展空间起到积极的作用;对于实现赣江三级航道贯通,重现赣江黄金水道辉煌,起着至关重要的作用;同时,也对下一步永泰、龙头港两个梯级项目的开工建设起到积极的示范作用。因此,全方位做好石虎塘工程建设,任重道远,意义重大。马志武要求,要充分利用好相关政策,在政策允许范围内,对征地拆迁和移民安置工作给予最大的支持,促进工作顺利开展。要把握时间节点,加强项目规划建设,做好库区运行管理工作。要积极加强与地方政府沟通协调,落实管理机构的相关事宜,确保库区维护管理工作的正常运转,力争将石虎塘打造成"绿色、生态、环保"工程。

(吕一琦　黄海源)

【湖口港区龙达差别化化纤公司码头工程试运行获批】 湖口港区龙达(江西)差别化化学纤维有限公司码头工程于5月通过九江市港口管理局审查备案,正式投入试运行。

该项目投资18亿元,建设2个5000吨级的件杂货泊位,1个500吨级的散货泊位(煤炭专用泊位)和1个1000吨级的化学品泊位,设计年吞吐量150万吨。九江港口管理部门将继续协助企业报批其他相关手续,早日取得正式的经营证书。

(罗　平　黄海源)

【交通运输部航养考核组至赣考核航道养护情况】 6月14日至16日,以黑龙江省航务管理局局长张延中为组长的交通运输部航道养护技术考核组一行11人,对江西2011年度航道养护情况进行考核。此次考核是《航道养护管理规定》出台以来,部组织的首次全国范围的航道养护技术抽查考核。江西省政府、交通运输部水运局、省交通运输厅对考核高度重视,省府副秘书长朱希、省厅厅长马志武先后会见考核组一行。省厅副厅长邓经国代表省厅作航道养护管理工作汇报。部水运局局长助理谢春林专程赴赣就航道养护管理工作参与调研。

在赣期间,考核组一行先后听取了有关航道养护管理工作汇报,查阅了相关内业资料,视察了南昌航道处并乘船察看赣江(南昌至星子)航道情况。在航道养护管理工作汇报会上,邓经国用立足"六个基点"、实现"六个提升"对2011年全省航道养护管理工作进行了概括,即:以统筹协调为基点,实现航道养护管理整体能力明显提升;以系统维护为基点,实现航道基础设施供给能力明显提升;以依法行政为基点,实现航道安全保障服务水平明显提升;以科技创新为基点,实现航道管养科学化水平明显提升;以科学调度为基点,实现船闸及枢纽运行管理效能明显提升;以后勤保障为基点,实现船艇维护管理水平明显提升。

考核组充分肯定了江西的航道养护管理工作,认为航道养护管理领导重视、体制顺畅、基础扎实、保障到位、建养并举。希望在今后的航道养护管理工作中,进一步完善航道养护日常记录,加强航标配布的优化调整。对反映的航道养护管理工作中普遍存在的问题,考核组表示将向部水运局提交专题调研报告认真进行研究。

在意见反馈会上,省港航局局长于钦民表示,将以此次检查为契机,认真贯彻落实《航道养护管理规定》,充分学习吸收兄弟省市在航道管养方面的好经验、好做法,研究改进航道管养及其他工作方面存在的不足和差距,积极探索航道管养方面的新路子新办法,为江西水运事业的发展尽心尽力尽责。党委书记严允就桥梁碍航及职工教育等方面向考核组提出建议,希望部水运局能够进一步加强与铁路等部门的协调,帮助解决铁路桥等桥梁碍航问题,同时在职工培训教育方面进一步加大力度,帮助促进港航职工整体素质提升。

目前江西省航道维护里程达5560千米，航道设标里程1825千米。航标总数量2364座。

（倪　磊　黄海源）

【中石油湖口油库码头项目通过竣工验收】　由九江市政府组织有关部门、单位和专家组成的中国石油江西九江湖口油库码头竣工验收委员会于7月15日对该工程进行了竣工验收。竣工验收委员会成员深入工程现场进行了踏勘，并听取了工程建设、设计、施工、监理等单位关于该工程的情况汇报以及质量监督部门的工作报告、建设单位的试运行情况报告，审查了工程竣工验收资料。经讨论，验收委员会认为竣工验收资料齐全，设备安全运行，各项工程质量符合设计要求，经使用单位试运行，满足使用要求，具备竣工验收条件，建设项目工程质量评定为合格，同意该项目通过竣工验收，标志着该码头正式投入使用。

中石油湖口油库码头工程于2010年9月开工，2011年2月完工，同年5月进入试运行。工程建设3000吨级（水工建筑物兼顾5000DwT船舶），成品油泊位1个，设计年成品油吞吐量91万吨，设计年通过能力102万吨。该码头正式投入使用后，将发挥销售主渠道作用，较好地解决全省成品油销售周转仓储库容不足的瓶颈问题，为江西特别是九江区域经济的可持续发展提供强有力的保障。

（周阳泽　陈明中）

【财政部对石虎塘项目进行综合绩效评价】　8月16日至18日，由财政部、省财政厅委托的华泰会计事务所对石虎塘项目进行了为期3天的综合绩效评价。综合评价重点是该项目未完成部分对赣江航运规划及现状的影响、项目执行效率、项目风险识别与控制、地区经济发展等方面进行综合评价。

16日上午，在项目办召开了由省交通运输厅、厅质监站、省港航局与地方政府、项目参建单位及运行管理方等代表参加的座谈会。会上，各位代表积极发言，会后，绩效考评小组通过检查施工计划安排、实地查看现场、听取汇报等方式，重点对石虎塘主体土建工程W4标、设备安装工程W10标，C4监理办进行了详细调查评价。17日上午，在泰和县城召开座谈会，邀请各乡（镇）、村及群众代表参加。会议主要针对本项目建设对当地经济、民生、生态、群众权益等与所涉及的征地拆迁问题，进行座谈和访谈调查。18日，考评小组还深入移民现场、村民家中，详细了解情况。

此次综合评价得到了评价小组充分肯定和高度评价，认为该项目质量、外观及综合效益等，在全国同类项目中均属先进行列。通过此次活动，更加坚定了参建各方建设全国一流水平航电枢组精品工程的决心，也为全面如期完成该项工程建设增添了信心。

（吕一琦　涂序龙　陈明中）

【上饶港航分局积极推进数字化航道建设】　8月17日，湖北荆州蓝宇航标公司技术人员来到上饶港航分局，对鄱阳—瓢山、三江口—瓢山航道进行实地考察。在随船实地考察过程中，公司技术人员就该局现有航标安装遥测遥控装置、电子航道图的制作、监控中心的布置提出初步的建议，并表示将为航标遥测遥控技术及数字化航道建设制作出一套完整可行性方案。

数字化航道是综合运用遥感、遥测、地理信息系统、宽带网络、通讯、计算机模拟等多种技术对航道实时动态监测管理和辅助决策服务的技术系统。实现电子航道图的数字化、航标监测的自动化和信息服务的网络化，将明显提高航标的定位精度，降低航标维护的工作强度和维护成本，进而为航道的安全畅通和地方水运经济的发展提供有力保障。

（潘向阳　赖普文　陈明中）

【《南昌港国际集装箱码头综合扩能改造工可报告》评估会在南昌召开】　2月17日，江西省工程咨询中心在南昌市主持召开了《南昌港国际集装箱码头综合扩能改造工程可行性研究报告》评估会。参加会议的有省发改委、省交通运输厅、省港航管理局、省港航建设投资有限公司、江西国际集装箱码头有限公司等相关单位和设计单位、江西省港航设计院的代表及特邀专家。

与会代表和专家现场查看并听取了设计单位关于《南昌港国际集装箱码头综合扩能工程可行性研究报告》的汇报。代表和专家经过认真评审，基本同意了《报告》中的结论，肯定了升级改造集装箱码头对带动当地经济发展的促进作用及项目建设的必要性和可行性,一致认为《报告》编制内容全面、符合要求,设计方案合理,同时对码头的升级、改造方案提出了宝贵意见。

南昌港国际集装箱码头综合扩能改造工程拟对现南昌港国际集装箱码头2个1900吨级泊位进行改造升级,升级为2个2000吨级泊位,设计吞吐量12万标准箱/年。

(黄　勇　魏　涛　黄海源)

【《新干航电枢纽工程可行性研究报告》评估会召开】 8月20日至22日,受国家发展和改革委员会委托,中国国际工程咨询公司组织专家组,在南昌市组织召开了《江西赣江新干航电枢纽工程可行性研究报告》评估会。

会议期间,专家组听取了报告编制单位的详细介绍,实地踏勘了现场,认真审阅了报告及相关文件,并分组进行讨论,与相关部门及编制单位进行了充分交流和沟通。

评估认为:新干枢纽是以航运为主,兼有发电等水资源综合利用的枢纽工程,该项目将新干枢纽与峡江枢纽间56千米航道提高到III级航道标准。在赣江已建、在建枢纽的基础上,建设新干航电枢纽,将促进赣江高等级航道的贯通,对于提高航运竞争力,促进沿江经济的发展具有重要意义。该项目所处的自然环境和外部配套条件较好,具备枢纽建设的良好条件。项目建设符合《全国内河航道和港口布局规划》《长江流域综合规划》和《赣江流域综合规划》等相关规划要求。报告提出的建设规模合理,建设标准符合规定与规范,建设方案切实可行。项目建成营运后,电站的发电收益可以维持枢纽的正常运转,经济效益较好。与此同时,专家组还对报告的进一步完善提出了意见和建议。

(刘　勇　陈明中)

【交通运输部水运建设市场检查组至赣检查指导工作】 9月10日至15日,由河北省交通运输厅副厅长刘广海带队的交通运输部2012年水运建设市场检查组一行10人到江西检查指导工作。

9月10日,省交通运输厅在省港航局组织召开了全省水运基建管理职能履行情况检查会,省港航局局长于钦民,厅质监站,厅有关处室负责人参加了汇报会。省厅代表从全省水路交通运输概况、水路建设市场自查工作、本年度水运建设市场情况、存在的问题与打算四个方面作了汇报。汇报指出,在交通运输部的关心厚爱、大力支持下,在省委、省政府的坚强领导下,江西水运建设克服了汛期过长、自然灾害增多等不利影响,克服了经济欠发达、地方财政吃紧等客观困难,水运建设与管理规范化、科学化水平得到全面提升,为服务全省经济社会发展大局做出了积极的贡献。同时表示,将以此次检查为契机,认真总结经验,着力规范市场主体行为,强化工作质量和安全监管,完善管理体制机制建设,不断提升建设管理水平,不负重托,不辱使命,推进全省水运建设市场健康、有序、科学发展。

在赣期间,检查组先后深入赣江石虎塘航电枢纽工程和赣江南昌—湖口II级航道整治工程现场进行查看和考评。检查组对江西水运建设市场平稳有序的发展给予了充分的肯定,并对进一步高质、高效、有序地加强和完善水运建设市场管理工作提出了要求。

(倪　磊)

【九江港口岸扩大开放获国务院批准】 11月30日,《国务院关于同意江西九江港口岸扩大开放的批复》(国函〔2012〕189号)正式下达,同意九江港口岸扩大开放城西港区。自此,九江港城西港区正式纳入到国家政策给予的开放开发区域,将可享受到系列"绿色通道"外贸优惠。

口岸是国家(或地区)对外开放重要基础设施,具有国家对外开放门户之称。地处内陆的江西,既不沿边,又不靠海,九江港作为省内唯一的国家水运口岸,每年与世界157个国家和地区保持贸易往来,具有其他设区市不可替代的地位优势。历届省委、省政府均把九江港口岸发展和扩大开放,放在非常重要的位置,分别写进"环鄱阳湖生态发展战略"和"沿江开放开发战略",列为省长督办重大项目。

原城西港属于内贸码头,一些通过港口需要转外贸的货物或者外籍轮船停靠,需通过多种渠道疏通代检,既增加了人力物力和资金,也给九江市的开放开发增加诸多不便。2008年10月,省政府上报国务院恳请批准将九江港城西港区列入九江港口岸扩大开放。历经4年多的努力和积极争取,经过13个部、委的规划、审批,终于获得国务院批准。九江港口岸扩大开放后，一是有利于提升九江强工兴城和沿江开发的对外开放水平；二是有利于进一步带动九江乃至江西省外向型经济发展；三是有利于九江和全省提高利用外资水平；四是有利于加快九江沿江临港外向型产业的发展；五是有利于九江建设成中部区域物流中心和推进九江综合保税港区建设。

（王凌云　陈明中）

【袁河水资源综合分析研证会在新余召开】 12月6日，新余市港航管理处和武汉长江航道规划设计研究院共同组织召开袁河航运水资源综合分析研究论证会。参加论证会的有省交通运输厅、省港航管理局、省航务勘察设计院、新余市交通运输局、新余市水务局、新余港航分局等单位代表和特邀专家。

参会代表和专家听取了长江航道规划设计研究院就袁河航运水资源综合分析的报告，并对袁河在枯水期是否可以满足Ⅳ级通航进行了认真辩论和审查。最后，与会专家对袁河水资源在几种最为不利的枯水情况下，依然能满足Ⅳ级通航标准要求给予了肯定。袁河航运水资源综合分析评审报告的通过，将为其下一步开发提供了可行的依据。

（吴晨波　陈明中）

【界牌航电枢纽管理处水电厂1#机组改造项目顺利竣工】 12月31日，界牌航电枢纽管理处水电厂1#机组改造项目顺利竣工。该工程委托湖南省慈利县水利水电建设公司对1#机组的导叶套筒进行改造，从10月22日开始进厂检修，于11月15日工作结束，共计24天时间。经1个多月运行，基本满足使用要求。

该处水电厂的水轮发电机组是上世纪90年代中期由原天津发电设备厂生产的贯流式机组，由于当时的技术条件决定了该机组的设计上存在许多不合理之处，导叶套筒的设计存在摩擦力大、漏水严重的缺陷。经过长期运行，已造成导叶轴失圆、锈蚀。经过这次改造，有效地解决了轴套失油和漏水问题，确保了界牌电厂安全运行。

（董　彤　陈明中）

【九江港煤炭码头工程项目获国家发改委核准】

为促进九江港集约化和专业化发展，适应江西省煤炭运输需要，提高能源供应保障能力，九江港煤炭码头工程项目于2月获国家发改委核准。

该项目位于九江港城西港区，由中国电力投资集团公司和上港集团九江港务有限公司共同投资，总投资额约13亿元，拟建设3个5000DWT煤炭接卸泊位、2个1000DWT煤炭装船泊位（水工结构兼顾5000DWT船舶靠泊）及相应配套设施，设计年通过能力1200万吨（其中接卸能力870万吨，装船能力330万吨），码头长度560米。

（张燕斌　黄海源）

【江西首个港口码头工程岸线使用专家评审会在南昌召开】 11月16日，受省交通运输厅委托，省港航管理局在南昌组织召开了《九江港瑞昌港区梁公堤作业区理文公用码头工程港口岸线使用》专家评审会。这是自本年度交通运输部、国家发改委颁布施行《港口岸线使用审批管理办法》以来，江两省首个港口码头工程港口岸线使用专家评审会。省交通运输厅、九江市港口管理局、瑞昌市人民政府、九江市码头工业城管委会、九江市港口管理局瑞昌分局、瑞昌理文物流有限公司（业主单位）、长江航道规划设计研究院（报告编制单位）等单位代表及特邀专家参加会议。

与会代表和专家听取了项目业主关于项目情况的介绍和报告编制单位关于工可报告的汇报，并对拟建工程岸线使用的必要性、港口规划的符合性、建设方案的合理性等进行了认真讨论和审查。会议认为本工程拟建7个5000吨级泊位、近期兼顾3000吨级的规划，符合《九江港总体规划》要求，亦符合国家产业政策。

拟建工程作为九江市码头工业城公用码头，除满足理文造纸、理文化工两大企业所需原料进口和产品出口需求外，还将承担工业城内其他企业的货运量运输，是码头工业城发展的重要依托和保障，与其他货主码头相比，将更加广泛地为社会客户服务，特别是在近期水运需求与通过能力出现矛盾时，为保证地区运输格局的平衡发展、缓解量能矛盾方面将发挥重要作用。

（丁本领　陈明中）

【江西大唐化学有限公司货运码头顺利通过竣工验收】 12月21日，江西大唐化学有限公司货运码头竣工验收会在九江召开。参加会议的有九江市港航局、地方海事局、水利局、交通质量监督所等单位组成的竣工验收委员会及相关参建单位。

会议首先对工程进行现场勘验,随后听取建设、监理、施工以及设计四家单位的情况介绍。通过评议,形成如下专项验收意见:工程环境保护、消防、劳动安全卫生、档案、航标等均已按国家规定要求与主体工程同步设计、同步建设完成,并已通过相关主管部门专项验收;工程竣工档案资料基本齐全、完整、准确,符合归档要求;工程质量等级核定为合格。

江西大唐化学有限公司货运码头工程项目于2008年1月开工,2011年4月完工,12月进入试运行阶段。试运行期间,码头结构稳固,位移、沉降量均在控制范围之内,符合设计要求。码头的机械设备安全有效,运行正常。码头管理机构及现场操作人员设置合适,配备齐全,符合操作规程。没有发生安全事故,试运行总体情况良好,达到了预期的效果。

(李　磊　陈明中)

【丰城港曲江码头新建一期项目通过竣工验收】 12月26日,江西丰城港曲江码头新建一期项目顺利通过竣工验收。省港航局、安监等部门相关领导,设计单位、施工单位、监理单位代表等30人参加了验收会。

曲江码头新建一期项目开工日期为2009年1月1日,交工日期为当年9月9日。码头前沿长99.38米,设计年吞吐量50万吨,装有40吨、16吨固定吊机各1台,试运期为1年。验收委员会通过审阅项目核准文件,察看现场,一致同意曲江码头新建一期项目竣工验收并交付使用。

(万建兴　陈明中)

【南昌港国际集装箱码头升级扩能改造工程初设成果沟通会在昌召开】 12月28日,南昌港国际集装箱码头升级扩能改造工程初步设计成果沟通会在南昌顺利召开。参加会议的单位有:江西省港航建设投资有限公司,江西国际集装箱码头有限责任公司,中交第二航务工程勘察设计院有限公司,江西省港航设计院等。会上,各有关单位对南昌港国际集装箱码头升级扩能改造工程初步设计成果进行了有效的沟通,对工程设计中提出了一些建设性的意见。

南昌港国际集装箱码头是全省集水路、公路、铁路、航空于一体的中转联运的重要枢纽,也是全省内外贸集装箱运输的主要集散地之一,升级扩能改造工程的建设将为促进江西对外物资交流和经济发展起到了巨大作用。

(李　传　陈明中)

【《吉安市港口总体规划》审查会在昌召开】 4月27日,省发改委、省交通运输厅在南昌市召开《吉安市港口总体规划》审查会议。省环境保护厅、省国土资源厅、省住房和城乡建设厅、省水利厅、省港航管理局、吉安市发改委、交通运输局、港航管理处等相关单位及规划编制单位广东省综合交通勘察设计院有限公司的代表和特邀专家参加会议。

会上,规划编制单位汇报了规划的主要内容。会议认为,为了促进吉安更好适应腹地内经济社会发展、吉安中心城市发展与港口结构调整功能拓展的需要,编制该规划十分必要。会议代表和专家对《吉安市港口总体规划》进行了认真审查,并提出具体意见和建议。

(刘　畅　陈明中)

【庐山区港口码头斜坡道改造工程通过竣工验收】 3月29日,庐山区港口码头斜坡道改造工程通过竣工验收。作为九江港航管理局2012年重点工作之一的蛤蟆石基地建设的主体工程项目—庐山区港口码头改造项目,严格按照招投标规定及施工要求,自1月12日开工建设以来,工程技术人员在确保工程质量和过程监管的同时,及时处置因春季旱汛给工程带来的不利影响,科学地调整施工档期,加快工程建设进度,改造工程超进度计划,提前1个月完成工程施工任务。

该主体工程建成后,将有效地消除原有斜坡道破损、狭窄及坡陡带来的安全隐患及不利影响。蛤蟆石基地建设的另一项工程—钢引桥建设正在紧张施工建设中,整个工程预计6月份全部竣工。

(江运华　陈明中)

【交通部规划研究院专家到湖口港区调研】 3月13日,交通运输部规划研究院专家组一行抵九江港湖口港区,就湖口港口码头规划修编工作进行调研。

专家组一行实地了察看各企业码头规划布局、岸线利用情况，召开了市、县相关职能部门座谈会。专家组听取湖口县工业园区管委会对沿江工业布局、港口码头功能分布、公用码头建设、预留岸线使用、通用码头建设、区域开发保护等情况汇报和九江港口局湖口分局就推进《九江港口码头规划》修编情况汇报后，对湖口港区码头规划修编方案提出了指导性意见和要求：省、市沿江开放开发战略的实施，将给湖口经济带来新的发展机遇，湖口港区规划修编中应充分考虑政府的发展意愿。同时，要从长远角度出发，坚持科学规划，合理布局，要对现有码头进行整合，使湖口有限的港口岸线资源发挥最大的作用，从而实现港口的可持续发展，助力沿江经济发展。

（周阳泽　陈明中）

【《九江港口码头规划》修编第二次汇报会在九江召开】 2月29日，《九江港口码头规划》修编第二次汇报会在九江召开。本次会议是按照省交通运输厅与九江市人民政府关于沿江开发工作推进会议提出的要求，对规划修编方案的进一步修改完善和提高。省政协副主席、九江市委书记钟利贵，省交通运输厅厅长马志武、副厅长万明、厅总工程师胡钊芳，九江市长殷美根、省港航局局长于钦民、九江市副市长杨健及省推进规划修编领导小组成员及市规划修编领导小组成员参加会议。

会上，钟利贵表示，省委、省政府高度重视沿江开发开放，把它作为构建江西区域经济发展格局的重大决策部署，九江港口码头规划修编工作要用发展的眼光，高起点布局，要做到未来有目标，当前有活干，对近期能产生效益的区域，优先开发。马志武指出，九江港作为全省重要交通运输枢纽，九江港口码头规划修编工作，要站在全省的高度，从长远发展的角度来综合考虑江西省发展战略和工业布局要求，港口岸线利用要与后方的工业用地及物流园区相结合，充分体现现代化港口的特点。要立足本区，面向全省，按照大规划、大思路、大手笔、大交通、大衔接的原则进行。其间，编制单位交通运输部规划研究院汇报了九江港口码头规划修编初步方案，九江市港口管理局、九江市交通运输局以及沿江各县(市)区和相关部门负责人对初步方案提出了修改意见。

（陈华平　黄海酒）

续志庐山会议

规划与勘察设计

【概况】 2012年,是江西省加快发展现代交通运输业、着力转变发展方式、调整结构、做大发展总量、提升发展质量的重要时期,也是全省公路水运交通服务鄱阳湖生态经济区发展战略和实施赣南等原中央苏区振兴发展战略的重要时期。一年来,省交通运输厅组织编制完成了《江西省2020年高速公路网规划修编》《江西省高速公路养护应急综合基地布局规划》《江西省国省干线应急储备养护与服务中心布局规划》《罗霄山区江西省集中连片交通扶贫规划》《南昌港集疏运系统规划》《江西省"十二五"交通安全应急规划》《江西省高速公路广告设置规划》《江西省高速公路广告规划管理办法》《江西省交通物流基地布局规划(含甩挂运输布点研究)》《萍乡市综合交通运输规划》《万年港集疏运规划》《万年县物流发展规划》等12项重大行业规划和管理办法。并且完成了《南昌至上栗高速公路路线规划》和《环鄱阳湖东岸旅游公路路线规划》等2条省级干线公路的线路规划,为科学引导全省交通运输事业合理有序地发展起到了积极作用。

2012年,省厅编制的《江西省2020年高速公路网规划修编》,通过了省政府常务会议的批复,到2015年全省高速公路里程将突破5000千米,到2020年年底力争突破6000千米,将形成"四纵六横八射"加14条联络线网络布局,高速公路网络将覆盖全省所有的县(市、区),实现全省所有县(市、区)30分钟上高速。为扎实推进交通运输业向现代服务业转型,逐步形成规模适度、结构合理、功能清楚、衔接顺畅、技术先进的交通物流基地网络,《江西省交通物流基地规划》已由省交通运输厅正式颁布实施,将更好地指导全省综合交通物流基地、大型客货运输枢纽和小型乡镇农村公路综合服务站配送点建设,提升全省交通运输保障水平。

(龚莉萍)

【《江西省交通物流基地布局规划(2011-2020)》概要】 为扎实推进交通运输业向现代服务业的转型、加快发展现代交通运输业,主动适应并引领现代物流发展的需求;及为推进全省新型工业化、城镇化和农业现代化进程,实现经济社会科学发展、进位赶超提供坚实支撑,省交通运输厅规划办于2012年编制完成了《江西省交通物流基地布局规划(2011—2020)》(以下简称《规划》),规划期限为2011—2020年,规划基年为2010年,近期到2015年,远期到2020年。

《规划》的总体目标是:至"十二五"期末,全省将基本建立起"布局合理、层次匹配、功能完善、运转高效"的全省交通物流基地网络主骨架,实现对运输枢纽、产业基地、城镇群落、口岸网络的有效覆盖,为构建全省物流服务体系提供基础支撑。到2020年,全面建设"省、市、县"三级物流基地网络,以物流基地为依托的现代化交通物流服务体系逐步成熟,运输组织效率显著提高,有力支撑全省经济社会发展进位赶超、绿色发展。

《规划》布局方案为:全省最终形成22个物流园区、22个依托中心城市的物流中心、41个重点县级物流中心和307个农村物流站点的交通物流基地布局,并依托11个地市的18园区和中心开展甩挂运输试点工作。在政策措施方面,提出七个方面:一是建立并完善交通物流基地管理体制和运行机制;二是加大政府资金投入,拓宽资金来源渠道;三是进一步规范货运市场,出台交通物流基地运营优惠政策;四是完善基地建设相关配套设施,优化运营环境;五是推进交通物流基地信息化建设;六是创新交通物流基地建设管理和运营模式;七是加快交通物流基地开展集装箱运输及甩挂运输等先进运输组织方式的推广和应用。

《规划》总投资估算为515.31亿元,用地规模4923.46公顷,其中"十二五"期间投资约228.99亿元,用地规模2033.86公顷。具体分为以下几方面:

1. 建成22个物流园区，其中南昌、赣州各3个，九江、宜春、吉安、鹰潭、上饶、抚州、萍乡各2个，新余、景德镇各1个，总占地规模2659.33公顷，总投资约398.9亿元。其中“十二五”时期开工建设项目17个，建设完成项目10个，总占地面1072.67公顷，投资规模约160.9亿元。

2. 建成22个依托中心城市的物流中心，占地面积560.8公顷，总投资约42.06亿元。其中“十二五”时期建成物流中心17个，总占地面积255.87公顷，总投资约19.19亿元；建成41个重点县级物流中心，占地面积868.67公顷，总投资约65.15亿元。其中“十二五”时期建成项目27个，占地面积572公顷，总投资约42.9亿元。

3. 建成307个农村物流站点（农村公路综合服务站），占地规模204.67公顷，总投资约需9.21亿元。其中“十二五”建成200个，总占地面积133.3公顷，总投资约为6亿元。

（龚莉萍）

【《江西省交通运输安全应急总体预案》编制】 依据交通运输部编制的《交通运输安全生产和应急体系“十二五”发展规划》及省人民政府颁布的《江西省“十二五”期间突发事件应急体系建设规划》相关要求，省交通运输厅规划办在总结“十一五”时期全省交通运输安全和应急体系建设的基础上，分析当前全省交通运输安全存在的问题和“十二五”时期发展面临的形势，根据建设现代交通运输业、转变交通运输发展方式的总体要求，明确了“十二五”时期间全省交通运输安全生产和应急体系的发展目标和建设重点，提出了相关措施和建议，编制了《江西省交通运输安全应急总体预案》，据此，省交通运输厅于2012年6月颁布了《江西省交通运输安全生产和应急体系“十二五”发展规划》（赣交安监字〔2012〕23号），该规划从指导“十二五”江西省交通运输全行业安全生产和应急体系建设发展的角度，提出了重点加强该法规与预案、体制机制、信息化、装备设施、安全保障和人员队伍等5个方面的建设内容。

该规划的总体目标：到2015年，全省交通运输安全生产和应急发展更加完善，体制机制更加健全，装备手段更加先进，队伍素质整体提升，安全形势总体稳定，安全监管水平明显提高，应急能力显著增强，基本建成适应江西省现代交通运输业发展需要的安全生产管理与应急体系。

（龚莉萍）

【《南昌新港集疏运系统规划》编制】 为认真贯彻落实“加快内河航运发展”、“推进鄱阳湖生态经济区建设”，抓住内河水运建设的大好时机，把南昌市建成国内一流的现代化综合运输枢纽和现代化物流产业基地，江西省交通运输厅在《南昌港总体规划》（2008年批复）新建六大货运港区的基础上提出了建设“南昌新港”的重大设想。

南昌新港位于赣江西支主航道的西岸、南昌市乐化组团地界，是以龙头岗港区为主体联合鸡山集装箱港区、樵舍化工港区共同构成的规模化、专业化的综合性大港。

为了适应南昌新港不断增长的集疏运需求，江西省交通运输厅委托省交通规划办与南昌市城市规划设计研究总院共同编制《南昌新港集疏运系统规划》。规划期限为2011—2020年，规划基年2011年。南昌新港2020年预测货运吞吐量将达到2087万吨，其中龙头岗港区吞吐量将达到1845万吨。新港2020年集疏运总量将达到4174万吨（公路1662万吨，铁路425万吨，水路2087万吨），其中龙头岗港区集疏运总量将达到3690万吨（公路1420万吨，铁路425万吨，水路1845万吨）。经规划研究后，得出与南昌新港相配套的集疏运系统由公路、铁路、和水路集疏运系统共同组成，具体如下：

（一）公路集疏运系统

1. 公路网

集疏运公路网以高速公路、国省干道为主骨架、辅之周边县乡公路共同构成，其主要路线有南昌西绕城高速、福银高速、国道105和国道316、新樵公路、昌永公路等。

2. 城市道路

规划参与南昌新港港区集疏运主要城市道路有：乐港大道、龙港大道、105国道城内段，英雄大道（北二环）、梅林大道、志敏大道、昌西大道等。

3. 专用道路

规划疏港大道、盐田路为港区专用道路，分别承担樵舍港区与产业物流园（化工）之间，龙头岗港区与公路物流园之间的集疏运交通。

（二）铁路集疏运系统

新建港区铁路专用线，利用新昌铁路专用线

连接点,与京九铁路等国家铁路干线衔接。

(三)水路集疏运系统

1. 航道

实施航道整治工程,赣江南昌—湖口175千米段航道等级达到Ⅱ级。

2. 锚地

规划设置三处锚地,总水域面积17万平方米,分别为:鸡山港区锚地(设在港区对岸水域,面积6万平方米)、龙头岗港区锚地(设在港区对岸鹭洲头滩—侧水域,面积6万平方米)、樵舍港区锚地(设在港区对岸,面积5万平方米)。

(四)集疏运网络节点

规划与南昌新港直接配套的货运站包括:龙头岗港区公路综合枢纽物流园、乐化铁路物流园区。

(龚莉萍)

【《江西省2020年高速公路网规划》修编】 《江西省2020年高速公路网规划》于2006年省人民政府批复,规划实施以来,全省高速公路实现了超常规跨越式发展,为全省经济社会快速发展起到了重要的促进和推动作用,高速公路通车里程至2011年年底达3642千米,至2012年年底突破4000千米,预计至2015年年底将提前完成原批复的4650千米的建设目标,从现有的高速公路建设进展来看,高速公路项目储备剩余不多,部分路段的交通"瓶颈"制约尚未完全缓解。基于对已批复的《江西省2020年高速公路网规划》实际执行情况,着眼于新的经济发展形势,根据省政府相关会议精神,依据2009年交通运输部开展的国家高速公路网调整工作方案,以及《鄱阳湖经济生态经济区规划》和省委、省政府《关于贯彻落实(国务院关于支持赣南等原中央苏区振兴发展的若干意见)的实施意见》等相关文件的精神,2012年省厅启动了《江西省2020年高速公路网规划》修编工作,对确保全省高速公路持续、有序发展,处理好全局与局部利益、近期与长远发展、行业与社会经济可持续发展的关系,提高高速公路建设决策的科学性,防止重复建设,提高交通资源利用效率等均具有十分重要而深远的意义。规划修编期限为2012年—2020年。基年为2011年。规划修编特征年为2015年、2020年。

《规划修编》的布局原则是:

1. 进一步强化与周边省市的经济联系,增加出省高速公路通道,实现省会南昌到周边省省会城市8小时内到达。

2. 实现省会南昌至其他10个设区市以高速公路连接,形成以南昌为中心的覆盖全省的4小时交通圈。

3. 实现相邻设区市之间基本有高速公路直接连通。

4. 实现全省所有县(市、区)政府所在地均可在30分钟内便捷上高速公路,促进县域经济发展,推进城镇化进程。

5. 实现高速公路连接省内重要公路、铁路、内河港口和机场等交通枢纽,以满足现代物流发展需要,完善便捷的公路集疏运网络,构筑现代综合运输体系。

6. 实现高速公路连接省内重要旅游景点,满足安全、舒适、便捷的旅游公路功能,促进旅游业发展。

江西省2020年高速公路网(修编)布局初步方案:"4纵6横8射"为主骨架,14条联络线为补充的高速公路网络,总规模约5730千米,其中4条纵向主线1478千米,6条横向主线1773千米,8条射线1791千米,14条联络线774千米(共线86千米)。高速公路路线具体如下:

Ⅰ.4条纵向线路

一纵:德兴至上饶至铅山至赣闽界高速公路。全长133千米,主要控制点:德兴、上饶市、上饶县、铅山。

二纵:济南至广州国家高速公路江西段。全长636千米,主要控制点:浮梁、景德镇、乐平、鄱阳、万年、余干、鹰潭、余江、金溪、资溪、南城、南丰、广昌、宁都、石城、瑞金、会昌、寻乌。

三纵:大庆至广州国家高速公路江西段。全长598千米,主要控制点:武宁、修水、铜鼓、宜丰、上高、分宜、新余、安福、吉安、泰和、万安、遂川、赣州、南康、信丰、龙南。

四纵;上栗至莲花高速公路。全长111千米,主要控制点:上栗、萍乡、莲花。

Ⅱ.6条横向线路

一横:彭泽至瑞昌高速公路。全长173千米,主要控制点:彭泽、湖口、九江市、九江县、瑞昌。

二横:婺源至修水高速公路。全长432千米,主要控制点:德兴、婺源、景德镇、浮梁、鄱阳、都昌、德安、永修、武宁、修水。

三横:资溪至井冈山高速公路。全长450千米,主要控制点:资溪、金溪、抚州、宜黄、崇仁、乐安、永丰、吉水、吉安市、吉安县、泰和、井冈山。

四横:泉州至南宁国家高速公路江西段。全长298千米,主要控制点:石城、宁都、兴国、泰和、吉安、永新、安福、莲花。

五横:厦门至成都国家高速公路江西段。全长247千米主要控制点:瑞金、会昌、于都、赣县、赣州、南康、上犹、崇义。

六横:寻乌至龙南高速公路。全长173千米,主要控制点:寻乌、安远、龙南。

Ⅲ.8射线路(以南昌环线为起点)

一射:南昌到德兴高速公路。全长215千米,主要控制点:南昌、余干、万年、乐平、德兴。

二射:南昌至玉山高速公路。全长245千米,主要控制点:南昌、进贤、东乡、余江、鹰潭、贵溪、弋阳、横峰、铅山、上饶、广丰、玉山。

三射:南昌至黎川高速公路。全长178千米,主要控制点:南昌、进贤、抚州、南城、黎川。

四射:南昌至大余高速公路。全长411千米,主要控制点:南昌、宁都、兴国、赣县、赣州、南康、大余。

五射:南昌至萍乡高速公路。全长244千米,主要控制点:南昌、丰城、樟树、新余、分宜、宜春、芦溪、萍乡。

六射:南昌至上栗高速公路。全长216千米,主要控制点:南昌、高安、上高、万载、上栗。

七射:南昌至铜鼓高速公路。全长172千米,主要控制点:南昌、奉新、宜丰、铜鼓。

八射:南昌至九江高速公路。全长110千米,主要控制点:南昌、新建、永修、德安、九江。

Ⅳ.14条联络线

(1)龙河高速公路(大广高速联络线),全长32千米。

(2)浮梁(良禾口)至浮梁(桃墅店)高速公路,全长16千米。

(3)九江绕城高速公路,全长47千米。

(4)德兴(白沙关)至婺源高速公路,全长23千米。

(5)都昌(蔡岭)至湖口(马影镇)高速公路,全长26千米。

(6)景德镇绕城高速公路,全长29千米。

(7)南昌绕城高速公路,全长149千米。

(8)上饶至万年高速公路,全长77千米。

(9)万载至宜春高速公路,全长34千米。

(10)樟树(昌傅)至吉安高速公路,全长106千米。

(11)昌傅至东乡高速公路,全长152千米。

(12)吉安绕城高速公路,全长33千米。

(13)广昌至建宁(赣闽界)高速公路,全长22千米。

(14)兴国联络线,全长28千米。

(二)规划研究路线

未来江西省高速公路将根据鄱阳湖生态经济区对交通的要求,结合江西区位发展内部因素与外部条件,适应全省经济社会发展的需求,构建现代综合运输体系。统筹考虑已建和在建高速公路线路布局及自然环境条件,进一步完善高速公路的网络布局,该规划修编新增规划研究路线以提高路网的可靠性。具体路线如下:1.铜鼓至万载,46千米;2.宜春至井冈山至遂川,213千米;3.上饶至广丰(赣闽界),55千米。

(龚莉萍)

【《江西省高速公路收费所站管理用房设计规范》修编】 随着全省高速公路网建设的快速发展,作为高速公路重要组成部分的交通管理服务设施——高速公路收费所站管理用房的设计,越来越引起建设部门的高度重视。收费所站作为沿线设施的重要组成部分已成为支持高速公路正常运行的必要手段,收费所站点多量大,耗资较高,因此很有必要对其建设标准进行深入研究。

现有《高速公路交通工程及沿线设施设计通用规范》(JTGD80—2006)中有关管理设施的规定已经不完全适应指导全省高速公路收费所站管理用房建设,因此,省交通运输厅于2009年5月完成了《江西省高速公路收费所站管理用房建设指南》编制工作,并以试行版方式颁布实施(赣交科教字〔2009〕14号)。为适应形势发展,同时为了符合2011年12月1日起执行的《公路工程项目建设用地指标》相关规定,因此有必要制定地方标准《江西省高速公路收费所站管理用房设计规范》(以下简称《规范》),用以指导全省高速公路收费所站管理用房的建设。

2011年12月由省交通运输厅科教处组织了

《规范》修编专家评审会，征求了有关专家和相关部门的意见，课题组按照征求的意见对《规范》初稿进行了系统的修改，最终形成《规范》(送审稿)。2012 年 6 月 29 日由江西省质量技术监督局组织《规范》专家审定会，经过有关专家和相关部门的审定，课题组根据意见对修编文件进行了适当调整，最终形成《规范》的正式文件，并于 2012 年 11 月提交省质监局审定，2013 年 1 月省质监局批准了《规范》(2013 年第 1 号)，并于 2013 年 3 月 1 日在全省实施。

《规范》主要研究了以下内容：高速公路收费所站管理用房的运营模式及功能配置、规划选址、建设规模、总体布局、建筑设计、建筑设备、建筑节能和环境保护。

在以收费车道数为计算值的基础上，提出以人均用地和建筑面积规模进行深化控制。同时“以人为本”深入研究员工宿舍居室的建设标准，提出其功能主要分为休息、学习、储存的三大部分，科学地划分其类型标准并提供参考单元模式，为员工创造舒适、合理工作休息空间。

(龚莉萍)

【《江西省高速公路服务区设计规范》修编】 截至 2011 年全省已建成 3642 千米的高速公路，基本形成了以“三纵四横”为主骨架的高速公路网，高速公路服务区建设也进入快速发展阶段，全省已建成了 70 对高速公路服务区，高速公路服务区建设对促进高速公路发展发挥了重要作用。

长期以来，由于缺乏一个完整的高速公路服务区建设设计规范用来指导，造成全省实际建设的服务区存在规模不合理、布局不科学、功能设施不完善等问题。早在“十一五”初期，省交通运输厅就已意识到发展高速公路服务区重要性，在 2008 年省厅启动了高速公路服务区整治工作，同时开展了《江西省高速公路服务区建设设计指南》研编工作，在征求各方意见基础上，省厅于 2009 年 5 月完成了《江西省高速公路服务区建设设计指南》编制工作，并以试行版方式颁布实施(赣交科教字〔2009〕17 号)。

《江西省高速公路服务区建设设计指南》试行三年来，对促进全省高速公路服务区发展发挥了重要指导作用，此时间段内，全省高速公路服务区的建设也进入大发展时期，涌现出三清山、庐山、石钟山、峡江、鄱阳等服务区改造样板，服务区建设取得显著成效。但从目前全省高速公路服务区在新建、改扩建的过程中执行《江西省高速公路服务区建设设计指南》的情况来看，仍然存在一定的局限性。为了减少服务区的二次建设，完善服务区服务功能，最大限度地满足社会出行车辆、人员对服务区的要求，因此有必要对《江西省高速公路服务区建设设计指南》进行修改，形成省地方标准《江西省高速公路服务区设计规范》(以下简称《规范》)。

2011 年 11 月，省厅启动了《规范》修编工作，经过对现有典型服务区的调研，征求相关部门意见并咨询专家意见基础上形成了《规范》送审稿；2012 年 6 月，省质监局在南昌市组织了《江西省高速公路服务区设计规范》(以下简称《规范》)审定会，课题组按照审定会的要求对《规范》进行了修改完善，并于 2012 年 11 月提交省质监局审定，2013 年 1 月省质监局批准了《规范》(2013 年第 1 号)，并于 2013 年 3 月 1 日在全省实施。

《规范》遵照相关编制要求，主要内容包括十二章和条文说明：范围、规范性引用文件、术语和定义、选址、建设规模、总体布局、场地设计、建筑设施、建筑设备、消防疏散、建筑节能、环境保护。

(龚莉萍)

【交通运输部综合规划司调研江西水运规划建设情况】 5 月 16 日，交通运输部综合规划司蔡玉贺副司长一行在省交通运输厅巡视员孙茂刚、省港航局局长于钦民、局党委书记严允、省运管局局长梁必康陪同下就江西水运规划建设情况进行实地调研。蔡玉贺一行乘船视察了赣江南昌部分航段航道和南昌新港龙头岗港区、南昌港国际集装箱码头。视察中，蔡玉贺认真听取了省港航局水运建设发展情况的汇报，详细询问了近年来赣江航道运输量、港口吞吐量以及水路货物运输、货源结构等情况。调研期间，蔡玉贺一行还到省港航局，就南昌新港发展规划及江西省水上搜救信息化建设情况进行了考察。此次交通运输部综合规划司调研江西水运规划建设情况，旨在贯彻落实国务院《关于加快长江等内河水运发展的意见》，保障“十二五”规划顺利实施，通过调研重大建设项目，为推进水运规划建设奠定基础。

(倪　磊　黄海源)

【《九江港口码头规划》修编方案交流汇报会在南昌召开】 5月11日,《九江港口码头规划》修编方案第四次汇报会在南昌召开。省交通运输厅厅长马志武、总工程师胡钊芳、省港航管理局局长于钦民、局党委书记严允以及交通运输部规划研究院、九江市港口管理局等相关单位及部门负责人参加了汇报会。会议由于钦民主持。

会上,规划编制单位交通运输部规划研究院就第三次会议提出的对《九江港口码头规划》修编方案意见的修改完善情况进行了汇报。与会领导和代表就各港区的功能定位、集疏运通道、岸线利用、港区陆域、港口物流园等方面进行了交流与探讨,并提出了的意见和建议。

马志武指出,九江港作为全省重要交通运输枢纽,省委、省政府高度重视,作出了举全省之力加快九江沿江开放开发的战略决策,《九江港口码头规划》修编一定要站在全省的高度,从长远发展的角度来综合考虑全省发展战略和工业布局要求,明确九江港核心港区,举全省合力将九江的核心港区打造好。同时要求在规划方案中的举措方面就加强组织领导、严格岸线管理、拓展公用港区功能、发挥政府引导作用等方面提出了要求,要充分借鉴外省在沿江开发的先进经验与做法,为省委、省政府对《九江港口码头规划》实施决策提供翔实科学的依据。

于钦民要求九江市港口管理局将马厅长的意见和建议及时与地方政府进行汇报,及时沟通,保证上下一盘棋,加快推进《九江港口码头规划》修编的审批步伐并早日步入实施。

(何金宝　倪　磊　黄海源)

【《赣州市水运发展规划》座谈会在赣州召开】 5月14日,《赣州市水运发展规划》座谈会在赣州市锦江国际酒店举行。省交通运输厅副厅长万明,省港航局局长于钦民,赣州市政府副巡视员刘琮出席会议。省交通运输厅、省港航局,赣州市直、驻市有关单位、有关县(市、区)的分管副县长及交通运输局长参加了会议。会议由赣州市政府秘书长薛有长主持。

会上,省港航局就《赣州水运发展规划》的基本框架进行了介绍。与会领导和代表就赣州水运的近期、中期、远期规划建设进行了交流与探讨,并为更好地落实水运规划建设的内容提出了意见和建议。

万明在会上表示,这次研究《赣州水运发展规划》,对赣州水运发展进行科学合理的布局安排,省交通运输厅将对“水运规划”的修编工作给予大力的支持。他指出,赣州必须发展港口综合物流,提高港口竞争力,要加强岸线资源的保护,维护水运规划的严肃性,并严格按规划执行。同时,当地政府应对水运发展给予相应的政策扶持。最后,他希望大家共同努力,加强交流,深入探讨问题,为赣州水运发展作出积极贡献。

刘琮在会上指出,赣州作为赣江水运主通道的起点,近年来,由于种种原因,赣州水运未得到应有的发展,至今港口设施落后,吞吐能力低,已成为综合交通运输中最薄弱的环节,已远远不能适应赣州市社会经济发展的需要。他指出,“水运规划”的编制实施工作必须尽快拿出切实可行的方案,并由市交通运输局牵头,各有关部门积极支持和配合,推进“水运规划”修编的步伐,争取早日步入实施。

(胡　明　刘　岚　陈慧玲)

【《九江沿江港口码头规划》通过省专家论证】 5月21日,省发改委在南昌组织召开了《九江沿江港口码头规划》论证会。专家组一致同意《九江沿江港口码头规划》并通过论证。

专家先听取了《九江沿江港口码头规划》编制单位交通运输部规划研究院的编制情况汇报,审议了《九江沿江港口码头规划》文本,认为《九江沿江港口码头规划》根据江西省委、省政府关于进一步推进九江沿江开放开发的战略部署,依据《鄱阳湖生态经济区规划》《江西省国民经济和社会发展第十二个五年规划纲要》编制,并与《九江市国民经济和社会发展第十二个五年规划纲要》等相衔接,思路清晰,编制方法科学;根据长江港口岸线资源特点,对九江沿江港口码头的发展进行了科学规划,适应沿江开放开发的的需要;岸线开发布局清晰,港口功能定位明确,重点突出,前瞻性、针对性和操作性强。

22日,省长鹿心社主持召开第65次省政府常务会议,原则通过了《关于进一步推进九江沿江开放开发的若干意见》《关于推进九江沿江地区“飞地经济”发展的指导意见》《九江沿江开放开发总体规划(修编)》《九江沿江港口码头规划》

等专项规划。

(丁本领　王凌云　黄海源)

【《宜春市公交线网优化及近期规划》通过专家评审】 7月10日,《宜春市公交线网优化及近期规划(2011—2015)》通过专家组评审。与会专家原则上同意《宜春市公交线网优化及近期规划》并提出修改意见和建议。一是针对2012年以来城区交通拥堵较为严重,民众出行不便的情况,公交线网布局调整应充分考虑人民群众的出行需求,适当调增运行线路与加密运行班次。二是优化设置应充分考虑乘客出行方便,尽量做到有路就通公交车,减少覆盖盲区和换乘系数,做到科学合理布局,充分考虑城乡一体化衔接。三是场站建设、车辆购置规划应符合需求。作出合理车辆购置规划,并拿出分析报告,避免资源浪费。四是公交专用道设置、信号有限通行、BRT建设等发展城市公共交通保障措施,以便具体工作能够落到实处。

(晏慧峰)

【省发改委批复瑞赣高速赣县北(储潭)互通及连接线工程初步设计】 4月16日,省发改委批复同意瑞赣高速赣县北(储潭)互通及连接线工程的初步设计。该项目的互通位于瑞赣高速公路K128+65处(赣县茅店镇境内),主线长1180米,匝道总长2730米,工程总概算7852.48万元,连接线起自赣县北互通A匝道终点,经高岭村、涂屋村,终于已建赣南大道东坑互通立交处与赣南大道相接,全长2.27千米,工程总概算1.21亿元。

(刘堂鑫)

【宜春市交通规划勘察设计院工作取得新成果】 2012年,宜春市交通规划勘察设计院采取开放性方式引进人才,广泛寻求区域合作、劳务和技术合作,加大投入等办法,扩大了生产设计能力,确保设计了质量。同时,该院克服市场竞争激烈等困难,依靠科技,以科研设计为主,以优秀设计开拓市场,转变服务观念,使全年测设工作取得新成绩。完成工程可行性研究报告20份,完成桥梁设计60座,完成农村公路水泥路面设计920千米。

(戴颖娟)

【奉新县对全县农村公路建设项目的勘察设计统一把关】 2012年,奉新农村公路项目70个,计50.6千米,其中通自然村项目48个,计30.8千米,成品油和税费改革转移支付项目22个,计19.75千米。鉴于农村公路项目建设点多、线长、面广的情况及施工队伍良莠不齐的现状,县交通运输局从严把关,加强农村公路项目建设的指导和监管。2012年2—3月,该局就派出公路所5名技术人员深入基层,用1个月的时间对全县所有拟建设的原始数据进行审核,在完成工程勘察测量后,该局又组织人员和力量对有关建设项目统一进行工程设计和施工图设计。从而,牢牢地抓住农村公路建设的工程质量监管的主动权,确保后续各项监管工作的有序推进。

(魏振宇)

【万载县交通运输发展规划逐步推进】 2011年至2015年"十二五"期间《万载交通运输发展规划》已经制定,主要涉及县内客运班线的新开或延伸及客运站、候车亭等项建设。规划坚持农村客运发展与农村公路建设、小城镇建设、农业产业结构调整等有机结合,实现路、站、运同步规划,同步实施。按照政府主导、部门主管、社会主办的思路,充分发挥各方面的积极性,加快基础设施建设,实现便民惠民的农村客运一体化格局,为促进社会主义新农村建设提供优质运输服务。总体目标:一是实现已通水泥路或油路的行政村班车通达率为100%。实现农村客运车辆100%为公司化经营。二是达到文明、规范的服务水平。三是全县17个乡镇都必须建有客运站,已经建成6个,还要建10个。全县181个行政村凡是修通水泥路或油路的都必须建有候车亭。至"十一五"期末,已经建成159个。计划"十二五"期间建设274个。2011年和2012先后建成9个和7个,今后3年还需要再建258个。

(朱林生)

【宜春市袁州区积极做好农村公路建设的前期工作】 2012年,宜春市袁州区交通运输局抓住地区经济快速发展的大好机遇,加强农村公路建设的前期工作,在认真组织、计划安排、狠抓落实的基础上,取得较好成绩,全年共完成7个工程项目前期工作:1.袁州区庄里至田湾公路工可报告通过评审。该路按单车道四级公路标准设计,路基宽6.5米,路面宽5米,全长4千米,设计时速20千米。2.袁州区花段至牛西岭四级公路改建工程可行性研究报告通过评审。该路全长6.3千米,按四级公路标准设计。3.袁州区亭子至竹亭县道升级工程可行性研究报告通过评审。该路采用三级公路标准设计,路基宽7.5米,路面宽6.5米,水泥混凝土路面,设计行车速度30千米/小时,全长12.4千米,是该区内一条重要通道。4.袁州区新田至西村县道升级工程可行性研究报告通过评审。该路按山岭重丘三级公路标准进行设计,路基宽7.5米,路面宽6.5米,水泥混凝土路面,全长12.17千米。5.袁州区双江至长乐客运网络四级公路可行性研究报告通过评审。该路按平原微丘四级公路标准进行设计,路基宽6.5米,路面宽5米,水泥混凝土路面,全长5.4千米。6.袁州区八角至杨桥三级公路勘察设计工作结束。该路按三级公路技术标准设计,全长18.97千米。投资概算为2850万元,建设工期1年。7.袁州区南庙镇中村桥施工图设计结束。该桥设计荷载Ⅱ级,桥面宽8米,长83米,引道长0.2千米。

(李　庆　戴颖娟)

【樟树市加强农村公路建设前期工作】 2012年,樟树市交通运输局设法改善全市县乡公路路况,进一步加强了农村公路建设前期工作,取得较好成效,全年共4项工程可行性研究报告:1.樟树市临江至拖船公路工程可行性研究报告获省发改委批复。该路按三级公路标准建设,路基宽8.5米,路面宽7米,行车时速40千米,全长34千米。项目估算总投资8427万元。2.樟树市阁皂山旅游公路改造工程可行性研究报告完成。该路按二级公路标准进行改造,路基宽12米,路面宽10.5米,沥青混凝土路面,设计时速80千米,全长12千米,项目概算6847.6万元。3.樟树市让山至石城庵工程项目可行性研究报告完成。该路按三级公路标准设计,路基宽7.5米,路面宽6.5米,水泥混凝土路面,设计行车时速40千米,路线全长14.8千米。项目总投资概算为7691万元。4.樟树市梦湖旅游公路完成初步设计。该路分两段,阁山镇至店下镇按二级公路标准设计,路基宽12米,路面宽10.5米;店下镇至上新村按三级公路标准设计,路基宽8.5米,路面宽7米。线路全长8.83千米,全部采用沥青混凝土路面。工程投资概算为6397万元。

(温伦平　杨　波)

【省交通设计研究院有限责任公司设计任务完成良好】 2012年,省内高速公路开工项目数量和总里程明显减少,邻省的建设形势也不乐观。为应对严峻的局面,省交通设计研究院领导班子年初就进行专题研究,提出"强化省内地方项目市场力度"的经营策略,及时出台《勘察设计业务经营管理办法》,以树立全员经营理念为导向,构建院、分院(所)两级经营主体框架及其激励机制,提高分院(所)自揽项目承包费用的比重。为把经营工作落到实处,明确院生产经营处与生产部门的责任对象,并将省内各县(区)分配给了各生产部门对口经营。该措施的实施,明显地提高了生产部门主动经营的积极性。全年,该院及其分院共承揽省内非高速公路的地方项目59个,合同额2821万元,其中,各分院自揽项目53个,合同额1683万元;自揽项目个数和产值创历史新高。

全年完成高速公路工可项目总里程82千米;初步设计项目总里程290千米。基本完成高速公路施工图设计项目(九江绕城、昌九拓宽试验段、寻乌至全南、兴国至赣县和都昌至九江一期)总里程183千米。基本完成城市主干道施工图设计(南昌九龙大道)9.8千米。完成了高速公路咨询审查项目总里程218千米。

2012年,该院承揽安徽淮北S101一级公路设计50千米,实现省外项目合同额1100万元;承揽赞比亚4座桥梁设计,实现国外项目合同额80万元。进行了昌九高速拓宽试验段10千米老路的检测,为该院首次高速公路检测业务。2012年,该院继续做好在建项目的施工服务工作,全年派出常驻设计代表62人、非常驻设计代表102人,全方位及时主动地提供技术服务。院业务领导亦经常深入工地现场解决问题,将优良的质量意识延伸到工程建设的全过程。

2012年,该院顺利完成企业改革工作,于6月正式更名为江西省交通设计研究院有限责任公司。全年完成勘察设计产值1.58亿元,监理产值0.2亿元,营收2.77亿元,上缴企业利税2520余万元。

(张晓菁)

【龙头岗综合码头一期工程施工图设计通过省交通运输厅审查】 9月4日,省交通运输厅在南昌主持召开龙头岗综合码头一期工程施工图设计审查会。

与会人员和专家们听取了设计单位和审查单位关于码头施工图设计内容的详细汇报,经过讨论形成了审查意见,认为:龙头岗综合码头一期工程施工图设计文件基础资料丰富、翔实,编制内容齐全,符合《内河航运工程施工图设计文件编制办法》的要求;设计工程建设规模、标准和内容总体上符合江西省发改委文件对该工程的初步设计的批复;码头总体设计合理,施工图纸完整,表述清晰,满足规范要求。同时对施工图设计单位和业主单位提出了一些建议和要求,并希望设计和咨询审查单位根据专家组的意见抓紧时间修改、完善,尽快上报批复。

龙头岗综合码头一期工程共建设4个泊位,其中3个2000吨级件杂货泊位,1个2000吨级散货泊位,年吞吐量420万吨。

(江 斌 黄海源)

【省港航设计院扎实推进泰和县沿溪货运码头项目前期工作】 11月7日,省港航设计院扎实推进泰和县沿溪货运码头项目,已完成编制工程可行性研究报告,码头地形图测绘,编制水文资料和码头建设项目货源调查工作。与此同时,协同县沿溪货运码头建设前期工作小组,向上级有关部门递交了《要求将泰和县沿溪货运码头列入省"十二五"重点项目计划的请示》与《关于泰和县沿溪货运码头建设前期工作有关事宜的请示》,完成规划选址、用地预审、环境评价、地质灾害评价、水土保持和防洪影响评价、工程可行性研究报告等6个主要环节的审批任务。

泰和沿溪货运码头位于即将建成的石虎塘航电枢纽库区的中段泰和县城下游4.5千米处,比邻泰和工业园区,江面宽阔,水深条件良好,拥有长1300米、陆域纵深500米适建码头的自然岸线。该项目设计年吞吐量200万吨,拟建1000吨级泊位4个,3000平方米的钢结构仓库2个,占用岸线260米,工程投资估算9800万元。

(邱永军 陈明中)

【《九江工业城公用港口一期码头工程初设》审查会在浔召开】 8月31日,九江市港口管理局在九江组织召开了《九江市码头工业城公用港口一期码头工程初步设计》审查会。省港航管理局、瑞昌市政府、九江市发改委、九江海事局、长江九江航道管理处、业主单位瑞昌市沿江开发建设投资有限公司、设计单位长江航道规划设计研究院、技术审查咨询单位中交武汉港湾工程设计研究院有限公司的代表与特邀专家参加了会议。

与会专家和代表听取了设计单位关于《初步设计》与技术审查咨询单位关于《技术审查咨询报告》的汇报,本着科学求实的精神,对《初步设计》和《技术审查咨询报告》进行了认真审查并提出了完善初步设计文件的建议和意见。

该码头拟建设2个3000吨级散货泊位和2个3000吨级件杂货泊位(水工结构均兼顾5000吨级船舶靠泊)及相应配套设施,设计年通行能力为280万吨。

(张燕斌 陈明中)

【省道宋水线S222广昌县柯树至县城段改建工程初步设计通过评审】 11月18日,由省公路局、省公路科研设计院有关成员组成的专家组一行深入广昌,就宋水线断头路——广昌柯树至县城段公路改建工程项目进行技术审查,抚州市公路局,广昌县人民政府、县交通局、县公路分局等有关负责人参与评审。当天,专家组一行前往改建路段进行了实地考察,随后召开评审会议。会上,省公路科研院的设计师就该工程设计的2套方案进行图文并茂的解说。专家组成员针对工程的科学性、设计工可、可行性、生态环保等进行了多方认证,并结合地方经济发展要求,通过评审会表决同意,确定实施方案(二),该项目路线为东西走向,与国道G206、省道S216、省道S222入闽段构成县域普通公路网的主骨架,形成广昌县周边的综合运输网。按二级公路标准建设,路基宽10米、8.5米,路面宽7米,全长23.507千米。路线起于广昌县柯树,基本沿现有农村公路走向,呈西南至东北走向,途径塘背水库、荆林、青桐,终于广昌县城(K1743+300),预计投资21612.501万元。

(王华金)

站场(厂)房屋建设

【**概况**】 2012年,省交通运输厅共下达汽运场站基本建设计划补助资金5700万元(其中:部车购税2280万元),全部用于补助农村公路综合服务站建设。

全年累计完成投资47695万元,同比增长145%。其中,三级以上客运站场完成投资16870万元(其中国家公路客运枢纽完成投资15600万元),农村客运站完成投资12825万元,物流园区完成投资18000万元,三级以上客运站和农村客运站与上年同期相比分别增加77.30%,69.24%。物流园区更是实现突破,成为全年工作的一大亮点。

2012年度,全省汽车客货运站场建设累计新增固定资产1710万元,竣工房屋建筑面积5346平方米,其中:农村客运站项目新增固定资产1579万元,新增房屋建筑面积5082平方米;农村候车亭新增固定资产131万元。2012年度,新开工项目93个,其中综合客运枢纽项目3个,普通客运枢纽1个,综合货运枢纽项目2个,农村客运站项目73个,农村候车亭14个。

(袁　科)

【**全省推进农村公路建管养运一体化发展现场会在丰城召开**】 10月10日,全省推进农村公路建管养运一体化发展现场会在丰城市召开。省委常委、常务副省长凌成兴到会讲话。副省长洪礼和主持会议。省政府副秘书长王水平、省政府法制办副主任涂琼理、省交通运输厅党委书记朱希出席会议。省交通运输厅厅长马志武部署工作。宜春市市长蒋斌致欢迎辞。省交通运输厅(运管局、公路局)、省发改委、省公安厅、省交警总队、省财政厅、省住建厅、省国土厅、省地税局、省安监局等省直有关单位领导,全省各设区市分管领导出席会议。与会人员参观丰城市曲江农村公路综合服务站、梅林农村公路综合服务站、隍城镇塘头候车亭和高安市的公路服务站点。凌成兴在讲话中指出,近年来,全省农村公路建设发生翻天覆地的变化,特别是在推进农村客运发展过程中,各地领导重视、加大投入、创新思路,积极推进城乡客运一体化和农村客运公交化,探索总结许多好思路、好做法、好经验。尤其是这次参观的丰城、高安两地农村公路建设现场,涵盖农村公路建设、管理、养护、客运各个方面,很有代表性、示范性和创造性,各地要大力学习和推广这些先进经验。凌成兴充分肯定各地农村公路建设、农村客运发展、农村公路管理养护取得的显著成绩。并强调下一步要认真落实交通运输部确定的"扩大成果、完善设施、提升能力、突出重点、统筹城乡"的20字工作方针和省委、省政府的总体要求,加快推进农村公路建管养运一体化发展,促进农村公路发展由"建设型"向"服务型"转变。重点是"主攻一项建设、提高三个水平",即主攻农村公路综合服务站建设,将农村公路客运、货运、运政、路政、建设、养护六项职能有效整合为一体,为推进农村公路建管养运一体化发展奠定坚实基础;提高农村公路的建设水平、提高农村公路管理养护水平、提高城乡客运一体化发展水平。

(皮晓荣)

【**江西长运综合物流中心一期工程开工建设**】江西长运综合物流中心一期工程于6月19日开工。该物流中心由长运大通物流公司负责筹建,是南昌国家公路货运主枢纽总体规划的重要货运站场,也是2012年南昌市十大城建项目之一。项目位于青云谱区南莲路691～693号,占地面积3.7公顷,总投资额9000万元,新建仓库建筑总面积32438平方米。工程计划分两期建设,其中一期工程建设两幢双层仓库,面积1.06万平方米,6月开工建设,计划工期8个月。

该项目设计功能包括:仓储、配送、装卸搬运、流通加工等综合化物流服务,设计年物流量为43万吨。该项目建成后将既为公司发展"仓储+配送”物流业务模式提供了良好的业务操作平台,也是公司现有物流业务实施“退城进郊”的承接基地。项目运营后,将进一步改善城南地区物流基础设施状况,为广大市民和工商企业提供便捷、安全、高效的生活用品和生产资料的仓储、配送服务。

(李 幸)

【南昌综合运输枢纽公路物流园投资项目正式启动】 南昌综合运输枢纽公路物流园是《南昌国家公路货运枢纽总体规划》中建设规模最大的重要货运枢纽项目,由江西长运股份有限公司投资建设。该项目位于赣江西支的左岸新建县樵舍镇,总规划用地面积120公顷,其中一期工程规划用地面积33.3公顷。项目用地紧邻南昌城北外环高速,东临龙头岗码头,向西通过绕城高速与昌北机场对接,物流园区旁有铁路专线通过,具有便捷的交通条件。项目建成后将形成公、水、空、铁四种运输方式衔接的国内一流的现代化综合运输枢纽,为南昌的制造业和商贸业发展提供优质、高效、低成本的物流服务,同时能大幅减轻城内交通压力。

10月,江西长运股份有限公司与新建县人民政府签订项目投资框架协议;12月12日项目工程可行性研究报告通过了江西省交通运输厅预审;12月,江西长运股份有限公司在项目所在地新建县注册成立了项目公司——“江西长运龙头岗综合枢纽物流基地有限公司”,公司注册资金为5000万元。

(李 幸)

【南昌市公交营运中心及立体车库项目建设正式启动】 南昌公交营运中心项目是南昌公交总公司有史以来投资最大的工程,被列入南昌市2012年六十大重大重点工程项目,也是2012年开工接受南昌市委、市政府督查督办的二十个重大重点项目之一。该项目位于南昌市红谷滩新区庐山南大道、碟子湖大道交汇处,项目占地面积3.67公顷。项目总建筑面积87000平方米,建筑高度99.6米,其中地下建筑面积约16928.64平方米,投资概算为3.2亿元。项目建筑内容包括南昌公交营运中心主楼、裙楼及公交立体停车库。其中,公交立体车库为全省首座公交立体停车库,设计停车位300辆。此外,该项目是公司引进城市公交综合体概念实施建设的首个综合体项目,在具有调度功能的同时,还具有公交结算、公交对外展示、办公、会议等多项功能,将与已建成的红谷客运配套中心的维修、保养、始发等功能相配合,较大地提高公交指挥、办公、管理、对外宣传的效率,为缓解公交车辆马路停放和进一步优化红谷滩地区的公交线网创造重要基础条件。

7月2日上午,南昌公交营运中心及立体车库项目在红谷滩区举行启动仪式。整个项目工期为两年半。公交营运中心建成后,将进一步方便市民群众出行,进一步提升公交形象。

(南昌市交通运输局党办、基建处)

【景德镇长运物流园奠基】 9月28日,景德镇市长运物流园动工建设。该园坐落于景德镇市政府统一规划的杭(州)瑞(丽)高速公路景西收费站出口罗家滩互通立交与206国道交汇处的赣东北综合物流园区光伏大道北侧,总规划用地面积128964.92平方米,建筑面积243572.58平方米.该项目由景德镇长运有限公司投资5亿人民币倾力打造。该项目分两期实施,一期工程至2014年8月,主要工程为园区内道路、供水、供电、通信等基础设施及货运中心、服务中心、汽车物流区等;二期工程自2014年8月至2015年底,主要工程为陶瓷物流区、农副产品物流区、商贸物流区等。

作为景德镇市首个完全由企业自主投资建设的大型物流园项目,该项目建成后,将形成年完成货运量700万吨的能力,集物流管理、信息传递、联合库存、海关检疫、市场交易、维修检测和餐饮住宿等多功能为一体,成为该市重要的生产要素集散地和陶瓷、汽车、农副产品等第三方物流服务商,可为该市经济发展提供强有力的物流保障。

(张顺发 涂 强)

【新余市渝水区2座农村公路综合服务站开工建设】 2012年,新余市渝水区进一步加强农村公路综合服务站建设,有2座服务站开工。①11月15日,水北农村公路综合服务站正式开工。该项目为全省开展乡镇农村公路综合服务站建设的试点项目,是渝水区首个集农村公路建、管、养、运于一体的综合服务站,项目总占地面积6069.72平方米,建筑面积1463.34平方米,总投资200万元。②11 月 30 日，分宜县双林农村公路综合服务站开工建设，该项目共争取省里资金 100 万元。

（王志勇　熊细芽）

【鹰潭市着力加快农村公路综合服务站建设】 农村公路综合服务站建设是 2012 年省交通运输厅布置的重要工作之一。2012 年鹰潭市有 3 个农村公路综合服务站被列为全省试点，根据上级要求，市交通运输局积极协调各县（市、区）按照时间要求，抓紧实施建站工作。8 月，龙虎山上清镇、余江县潢溪镇 2 个农村公路综合服务站主体工程已封顶，年底前可建成使用；贵溪市文坊镇农村公路综合服务站，预计农历春节前可建成使用。3 个综合服务站的规模较大，详情如下：

①上清农村公路综合服务站占地面积 6722 平方米，主要由综合主楼和附属用房组成，其中综合楼主体建筑高 11.550 米，地上 3 层，建筑面积 1989 平方米；工程预算 380 万元。

②潢溪综合服务站位于潢溪镇新建镇政府旁，占地面积 9413.43 平方米，主要由综合楼和附属房组成，其中综合楼主体建筑高 13.7 米，地上 3 层，建筑面积 1271.1 平方米；工程预算 300 万元。

③文坊综合服务站位于文坊镇文冷线公路与贵西线国防公路交会处，占地面积 6800 平方米，主要由综合楼、宿舍楼、汽车检修间和设备仓库组成，其中综合楼主体建筑高 7.8 米，地上 2 层，建筑面积 1112 平方米；工程预算 400 万元。

（鹰潭市交通局）

【沪昆高速龙虎山服务区开工兴建】 9 月 19 日，沪昆高速龙虎山中心服务区开工建设。该项目列入 2011 年度省重点工程项目之一，项目业主为江西省公路开发总公司。该项目建设地址在沪昆高速公路鹰潭西出口往西 500 米 K619 公桩处，占地面积 19.67 公顷、总投资 1.61 亿元。项目选址在沪昆高速与济广高速相交的鹰潭枢纽互通附近，靠近鹰西大道和中童国际眼镜园。该服务区的建成，对鹰潭市大框架城区发展有着积极的推进作用。

（钟　斐）

【赣州市公路管理局积极抓好站场房建工作】 2012 年，赣州市公路管理局从两个方面抓好站场房建工作。一是抓治超站房建设。针对超限车辆绕道高速公路逃避治超检查的情况，根据《公路超限检测站管理办法》相关规定，在全市范围内增设了两个流动治超点。即：瑞金流动治超点，位于 206 国道 K1888 + 200M 处，投资 10 万元；寻乌流动治超点，位于 G206 国道南桥路段，投资 17 万元。同时，做好龙南治超站迁址重建工作，投资 42 万元，主要开展了工作场所和生活场所建设。二是抓好养护道班房建设。将全市分成三个片区，分别组建了宁都、兴国、龙南三个市级“三位一体”综合养护中心。截至 2012 年年底，共完成投资 2168 万元，其中：龙南、兴国完成了场地平整和主体工程，附属工程正在建设之中，并购买了装载机、压路机、小型混凝土拌和楼等部分机械设备；宁都完成了平整场地工作，主体工程正在规划建设，并已完成 40% 工程量。5 个县级养护中心正在筹备建设中，其余各县正在积极争取有利条件，做好土地征用、方案编制等前期准备工作。

（魏林菁　李发淳）

【高安市新街镇农村公路综合服务站建设投入使用】 9 月 28 日，高安市新街镇农村公路综合服务站建成。服务站按四级客运站规模标准建设，总占地面积 6537 平方米；建筑面积 1510 平方米，场地面积 4167 平方米；绿地面积 860 平方米，整体绿化率 25%。工程总投资 460 万元。该站集农村客运、货运、运政、路政、公路建设与养护综合管理服务功能，成为全省推进农村公路综合服务站建设工作的一个典范，得到省委常委、副省长凌成兴，省交通运输厅厅长马志武等领导的高度评价和肯定。省政府在高安、丰城召开现场会，推广该站建设经验。1. 加强组织领导。高安市交通运输局明确一名局领导具体负责，抽调专人，加强对工程的组织实施。2. 强化项目管理。该局严格执行基本建设程序，聘请南昌大学专家进行设计。组织专门人员赴婺源实地考察，从数家企业中选聘出信誉好、技术力量强的连城建筑工程公司负责工程施工。3. 确保工程质量。该局成立工程监督小组，在施工现场派驻监管人员，对施工的全过程实行旁站监督，对出现的施工不到位、用料不合格，工程进度延误等情况及时纠正，确保各项技术指标达到设计要求。

(周世祥)

【宜春市建成农村候车亭 50 个】 宜春市交通运输部门本着“美观实用、便民利民”的原则,加大工作力度,全年建设农村候车亭 50 个,建筑面积 140 平方米,工程投资 200 万元,进一步改善了农村广大群众乘车条件。该市主管部门采取的主要措施是:一是把农村候车亭建成交通惠民工程,突出一个好字,狠抓一个早字,争取当地政府重视,争取部门支持,在土地征用、办证等方面获得优惠政策。二是坚持高标准建设。大力推广该市 2011 年新设计的美观、大方、实用新式候车亭。树立质量第一的思想,严把质量关。工程实行公开招投标,择优选定施工队伍,把好施工队伍和材料进场关、把好施工和工程竣工验收关。三是加强候车亭管理。采取租赁或与当地乡镇签订维护管理责任协议等办法,每个候车亭都由乡村委派专人管理,负责打扫,做到整洁卫生,环境优美,并派稽查人员不定期进行检查。从而有效地解决了以往农村候车亭只管建无人养、卫生环境差等问题。

(李　明)

【万载县公路客运站建设取得新进展】 万载县交通运输局把加强农村客运网络化基础设施建设,作为一项民生工程来抓,认真组织实施,2012 年取得好成绩,完成农村候车亭 7 个。同时,动工新建万载汽车西站。该站位于城西荷花塘,占地 1.65 公顷,主站房建筑面积 6000 平方米,停车场 7000 平方米,已完成主体工程。

(丁发扬)

【上高县农村候车亭建设工程顺利通过验收】 5 月 24 日,宜春市农村候车亭竣工验收小组对上高县 11 个新建农村候车亭建设工程进行竣工验收。经现场验收,全部为合格工程。候车亭建筑总面积 110 平方米,工程总投资 24.2 万元,受到验收组好评。该县交通运输局实行统一领导,坚持建设标准、以人为本和实用节约的原则,结合该县村级公路线路分布、客流情况及乡镇发展趋势,选用合理的建设方案,从严要求,严把安全设计,招投标、建设队伍、材料进场、施工质量和工程竣工验收关。在县、市政府和有关部门大力支持下,实行土地征用,办证等优惠政策。全年该县共建设候车亭 95 个,被当地群众纷纷赞誉为“不移动的雨伞,风雨中的家”。农村候车亭建设,为广大群众提供方便快捷出行的优越环境,进一步提升农村公路运输条件,助推农村经济大发展。

(潘泓羽)

【宜丰县积极建设具有竹乡文化特色的候车亭】 宜丰县交通局精心开展农村候车亭建设工作。该局积极与当地乡、镇、村联系,征求意见,根据不同乡镇特色文化、地理环境、人员流量,设计凉亭式、店铺式、长亭式、客厅式等多款大小不一的农村候车亭,使农村候车亭与所在乡镇特色风格融为一体。车上镇的长廊式候车亭以其新颖的设计为当地基础设施建设增添一道绚丽风景,并获得省市相关部门的好评。8 月 13 日,《信息日报》、宜春电视台记者专门采访该县候车亭建设情况,8 月 21 日,《信息日报》对车上林场、车上村候车亭建设进行报道。在 10 月省政府召开的全省推进农村公路建管养运一体化发展现场会上,该县就农村公路候车亭建设情况在会上作了书面发言。

(漆志勇)

【樟树市启动农村综合服务站建设】 根据省交通运输厅安排,樟树市中洲乡综合服务站列入全省综合服务站建设计划。该综合服务站是一个大型综合服务站建设项目,计划投资 200 万元,项目占地面积 7285 平方米,综合楼面积 730 平方米,车辆检修间、养护设备仓库 165 平方米、养护区域 913 平方米、硬化场地 5979 平方米。该站主要负责中洲乡、义成镇、黄土岗镇、昌傅镇 4 个乡镇的 338.092 千米公路的养护管理工作,同时负责中洲乡的旅客运输、货运物流管理工作。该站建成后,集客运、货运和农村公路建、管、养为一体的综合性服务网点,对完善农村公路路网养护,方便农民群众出行起到重要作用。该项目从 4 月动工,至年底已全部竣工。

(王志勇)

【九江市港航管理系统加大房建基础设施建设力度】 2012 年,九江市港航管理局加大港航基础设施建设的投资,全年完成基础建设投资 4207 万元,竣工房屋面积 7093 平方米。主要项目有:一是投资3614乃元的九江市水运信息服务交易中心综合楼进展顺利。该项目将整合现有的水运物流资源,优化和完善现代水路物流发展体系,增强信息化服务,推进公共信息共享,建设功能齐全的水运公共信息服务系统。二是投资450万元,完成了建筑面积1429平方米的彭泽分局水运综合楼项目。三是完成局属各单位年度设备修购改造项目19项,完成投资143万元。

(九江市港航管理局)

【江西水上搜救中心鄱阳湖分中心基地建设工程竣工】 1月18日,江西省水上搜救中心鄱阳湖分中心建设项目通过竣工验收,标志着鄱阳湖区水上搜救基地和应急救援能力建设又迈上了新台阶。

鄱阳湖是中国最大的淡水湖,是江西省重要的水路出省主通道。近几年来,随着鄱阳湖生态经济区的快速发展,湖区船舶流量、货物运输量、旅客运输量逐年增加。由于鄱阳湖水域宽阔、航行条件复杂,气候变化较大,导致水上交通安全压力增大,被列为高风险水域。

基于此,省地方海事局按照巡航救助一体化的建设要求,为加强鄱阳湖水域的海事监管能力和快速应急处置能力,于2008年9月在星子县开工建设鄱阳湖水上搜救分中心基地。工程分为码头和辅助建筑工程,包括救助、管理船舶专用泊位、钢质泵船及沿岸护坡、综合办公楼、值班用房、仓库等,2010年9月完工。该基地的建成,将为鄱阳湖水上搜救分中心更好地履行搜救管理职能,迅速响应上级搜救命令,及时启动联动机制,保证搜救效率,提供了有利条件。

(许海远　龚　欢　黄海源)

【南昌西河水路运政检查站附属工程通过竣工验收】 7月25日,省港航管理局主持召开了南昌西河水路运政检查站附属工程竣工验收会,省局相关部门负责人及项目设计、监理、施工、质监单位代表对该工程进行认真的验收。

竣工验收委员会听取了该项目建设、设计、施工、监理、质监单位的工作报告,审核了站房竣工验收的各项资料,并现场查看了工程实体质量。通过现场查看和资料审核,竣工验收委员会核定本项目为合格工程,同意通过竣工验收。

南昌西河水路运政检查站附属工程位于洪城监狱以东赣江左岸滩地处,为短桩基础7层框架结构的办公用房1栋,面积1750平方米。

(刘　敏　吴　琪　陈明中)

【抚州客运枢纽站动工兴建】 12月20日,抚州客运枢纽站开工建设。该站地处崇岗镇,新火车站旁,紧临抚八线,东靠东临公路,西临京福高速公路。

抚州客运枢纽站按部颁标准建设,是集客运、维修、检测、加油等配套设施为一体的一级综合性客运站。占地6公顷,总建筑面积4.3万平方米,站场面积3.3公顷,其中主站房为3层,综合楼为7层,修理厂、检测车间等附属用房为一层,站前广场1.33公顷,总投资2亿元。投资来源为企业自筹。主要建设项目有:主站房内设普通候车厅、重点候车厅、母婴候车室、售票大厅、餐饮、超市、金融、服务、监控、指挥、维修、检测中心、洗车、停车场等,并配有全方位的监控、指挥中心及全自动汽车清洗车间和汽车检测车间。建成后能同时容纳旅客1500人,同时容纳客车400辆。

(抚州长运公司)

【金溪县陆坊农村公路综合站竣工】 金溪县陆坊农村公路服务站是江西省交通运输厅安排建设试点站,坐落在陆坊村,206国道旁,其组成分为综合服务区、车辆作业区、养护生产区、附属生活区四大功能区。占地面积7000平方米,建筑面积1210平方米,总投资300万元,2012年6月中旬动工,2012年底竣工。按照省交通厅审定的"十二五"期间农村公路综合服务站建设规划,该站建成后,除具备附近乡镇客(货)运、运政、路政、农村公路服务和应急处置功能外,最主要担负陆坊、双塘、合市、对桥、何源、黄通两乡4镇的县、乡、村道建设与养护任务,为提高该片区农村公路养护质量及其经济效益提供新的平台。

(周耀辉)

【崇仁县兴建河上农村公路综合服务站】 2012年10月,崇仁县河上农村公路综合服务站开工建设。该站位于崇仁县河上镇新街区南部——河上镇甘坊村委会黄家村小组荒山背上,占地面积6803平方米、建筑总面积1139平方米。建设内容主要是:综合服务楼、附属用房、养护设备仓库和检修车间等各1栋房屋,同时建设站前广场、道路、停车场、养护材料堆场、绿地和围墙等配套工程;其中:综合服务楼建筑3层,面积671平方米。项目总投资281.72万元。该站集农村客运、货运、路政、公路建设与养护综合管理服务功能于一体,系交通运输基础设施综合工程。

(余家军)

【丰城市地方海事处喜迁新办公楼】 11月2日,丰城市地方海事处举行新办公楼乔迁仪式,正式迁新楼办公。新楼位于老城区治赣路学府花园旁,建筑面积1600余平方米,办公设施配套齐全,服务功能一流。新办公楼的建成投入使用,大大改善了基层海事职工的办公条件,并进一步方便了辖区船员,为人民群众的安全便捷出行提供了更加优质高效的服务。

(雷 辉 杨天友 陈明中)

【宜黄县新客运站竣工投入运营】 宜黄县新客运站位于县城河东开发区,于2008年11月动工兴建,占地面积1.08万平方米,造价2000万元。新客运站分为车站和综合大楼两部分,车站高3层,综合大楼高9层。该项目由开发商投资兴建,由抚州金巢建筑公司兴建,抚州大地建设监理公司监理。工程于2012年12月竣工,12月24日通过验收,12月28日新客运站投入运营。

(李华荣)

【上饶市召开农村公路综合服务站建设推进会】 8月6日,上饶市交通运输局召开全市农村公路服务站第一批试点项目建设推进会。

会议指出,农村公路综合服务站建设,是推进农村公路建、管、养、运统筹发展,构建客运、货运、运政、路政、建设与养护六位一体化服务发展的重要举措,是一件打基础、建平台、管长远发展的大事,是一项民生工程、惠民工程。项目建设能不能按要求及时完成,是交通运输部门领导干部领导水平和能力的体现,是事业心和责任心强不强的体现。县交通运输局“一把手”要对项目负总责。二要打破常规,抢抓进度。要认清形势,增强紧迫感和责任感,全力以赴抓项目进度,第一批试点的所有项目必须要在10月底前完成土建工程,在12月底前交付使用并投入试运营。涉及施工图设计变更的项目和招投标未完成的项目必须在8月20日前全部完成。三要坚持标准,确保质量。规范程序施工,狠抓工程质量,把项目建成文明工程、廉洁工程、优质工程和安全工程。四要想方设法,解决难题。要对影响项目进展的问题进行梳理,要积极争取当地政府的政策和资金支持,加大项目资金筹措力度。要对照项目申报时的各项承诺和配套,确保机构、人员、经费等到位,做好项目的各项功能交付使用的筹备工作。五要加强调度,强化督察。市局综合服务站试点办要加强督查和调度,对所有项目每月调度二次、督查一次、通报一次。各地、各单位要建立健全项目调度制度,及时上报工程进度,对进展缓慢的项目进行专门督导,协调解决推进中的问题和困难。

(上饶市交通运输局办公室)

【万年县兴建道路运输综合服务驿站】 8月,万年县交通运输局坚持以服务经济发展与服务公众出行相结合,加紧建设汪家农村公路综合服务站。该站是全省50个服务站试点之一,占地9998.4平方米,总投资635.08万元,可辐射“三镇三乡”服务区域。该站建成后,集农村公路建设、养护、路政管理及司乘人员综合服务为一体,不仅能为过境车辆提供综合运输服务,而且能够拉动地方经济发展。

(万年县交通运输局)

【上饶汽运集团加大对客运设施投入】 6月下旬以来,上饶汽运集团所属各汽车客运站对客运站硬件设施、客运站工作秩序、客运站服务质量展开服务达标专项整治,目前已初见成效。为做好汽车客运站服务达标专项整治方案,同时投资近200万元,按标准用于汽车客运站的停车场、发车库的地面硬化,候车室、售票处、卫生间等处改造,兴建发车钢棚和自行车停放处,增设无障碍通道、大屏幕显示等服务功能,受到广大旅客的欢迎。

(李长乐)

【金溪县璜汰渡口标准化工程建设竣工投入营运】 金溪县璜汰渡标准化建设项目,是江西省渡口标准化建设试点项目之一。于2012年3月中旬开工建设,年末竣工投入运营。该项目总投资26万元,主要是对渡口风雨亭、斜坡道、防护工程、系船设施及码头进行修建完善。项目的建成大大改善了该县璜汰渡口的乘渡条件，完善了渡口设施，提高了渡船安全，为全县水上安全创造了良好的示范工程。

（周耀辉）

【抚州市临川区完成两个渡口标准化建设工程】

根据省交通运输厅要求，今后农村渡口均需按标准化要求进行建设。2012 年，抚州市临川区交通运输局通过精心策划，合理安排，全力运作，完成 2 个农村渡口标准化建设工程：①青泥镇岭下渡口标准化建设工程，该工程位于青泥镇岭下渡口处，于 2012 年 7 月开工建设，9 月竣工。由江西宏平建设有限公司承建，建设内容为：1 个 18 平方米风雨亭、1 条斜坡道，总投资 10 万元。②罗针镇周渡渡口标准化建设工程。该工程位于罗针镇周渡渡口处，于 2012 年 6 月开工建设，2012 年 8 月竣工。由江西宏平建设有限公司承建，建设内容为 2 个 18 平方米风雨亭及 2 条斜坡道，总投资 20 万元。

（汤　铭）

【萍乡市交通运输局加强农村公路服务站建设】

2012 年，萍乡市交通运输局进一步加强农村公路综合服务站建设，全年在建项目 7 个，其中，湘东区 2 个，湘东服务站已完成主体工程，老关服务站完成征地、工勘及施工图纸设计、工程招标等前期工作。上栗县 3 个，其中，观泉和彭高客运汽车站竣工，完成投资 125 万元；金山农村公路综合服务站完成投资 450 万元，完成 95% 工程量。莲花县 2 个，其中，湖上农村公路综合服务站已完成建设前期工作，坊楼农村公路综合服务站主体工程年底完工。

（萍乡市交通运输局）

续志庐山会议

道路运输

【概况】 (一)道路运输生产稳步增长。 2012年,江西公路运输完成客运量77650万人、旅客周转量3718895万人千米、货运量113703万吨、货物周转量25597786万吨千米,同比分别增长7.06%、9.09%、15.6%、23.85%。客运平均运距48千米,货运平均运距225千米,日均运送旅客212.7万人、货物311.5万吨;公路运输四大指标在综合运输体系中所占比重分别为92.0%、38.1%、90.5%、74.8%,公路运输在综合运输体系中将继续保持主导地位。

随着江西省公路建设的飞速发展,公路交通基础设施逐步完善,公路总里程已达到146618千米,其中高速公路3603千米,居全国前列,"三纵四横"的主骨架网基本建成,12个出省高速通道全部打通,省内直通高速公路的县(市、区)达到89个,所占比例达到了89%,为客、货运输生产提供了重要保障,道路运输在全省综合运输体系中的地位优势日趋明显。同时,在应对元旦、春节、清明、"五一"、端午、中秋、"十一"等节假期客流高峰的运输中,道路运输也发挥着越来越重要的作用。

农村客运网络得到明显优化,进一步促进了客运量和客运周转量的增长,运输需求基本满足。投入到农村客运的车辆达到9175辆,开通农村客运班线3617条,同比分别减少3%和增长0.2%。

公路货运逐步形成以普通货物运输,特种专项货物运输,货运服务,物流服务为主的多种服务方式相结合共同发展的新格局。

（二）道路运输业结构调整成效明显。 全省营运汽车拥有量达到32.21万辆，同比增长了11.2%，其中营运客车1.90万辆、49.2万座位，同比增长了2.2%、5.8%，营运载货汽车30.3万辆、182.2万吨位，同比增长了11.8%、26.8%。道路运输装备总量持续增加，运力结构得到进一步调整，较好地满足了日益增长的不同层次运输需求。

拥有100辆客车以上的班车客运企业达到34户，50辆客车以上的企业101户，班车客运经营业户户均拥有车辆20.18辆，同比增加了近4辆，班车客运经营业户的平均规模继续扩大。货物运输经营户数达16.0万户，同比增长了14.5%，户均拥有货车2.8辆。农村公交、城际快货、现代物流等新型服务方式应运而生。

运力结构不断优化，高中级营运客车快速增长，全省营运客车更新速度进一步加快，标准化程度高、舒适性能好、安全性能强、能耗低的营运汽车所占比例逐年提高。高级营运客车已达4851辆、185290座，同比分别增长4.0%、3.2%，中级营运客车已达4822辆，127179座，同比分别增长23.4%、35.0%，车型结构不断优化，运输装备明显改善。全省中、高级客车共9673辆，占整个运力结构的51.04%。

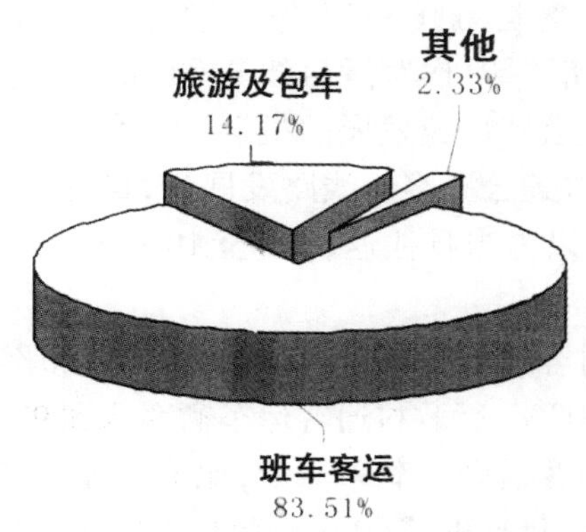

图1 全省运营载客汽车构成及比例

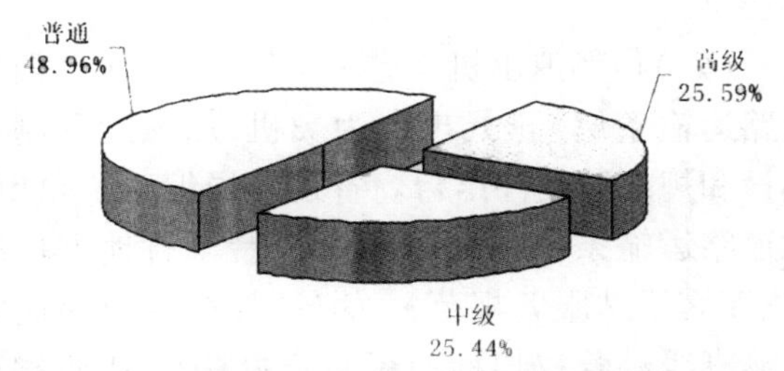

图2 全省运营载客汽车按等级分构成及比例

大型货车和小型货车发展较快，大吨位、高效率的大型货车和轻便灵活的小型货车均得到了较快发展。大型载货汽车达12.8万辆、152.3万吨位，小型载货汽车达14.1万辆、18.63万吨位，同比分别增长21.5%、30.3%、4.9%、9.8%。运力结构不断优化，行业竞争力进一步加强。

2012年营运载货汽车运力结构

表4

年度	载货汽车按车型划分所占比例				按经营范围分所占比例	
	大型	其中：重型	中型	小型	普通载货	专用载货
2012	42.06%	(24.06)	11.46	46.46%	95.6%	4.4

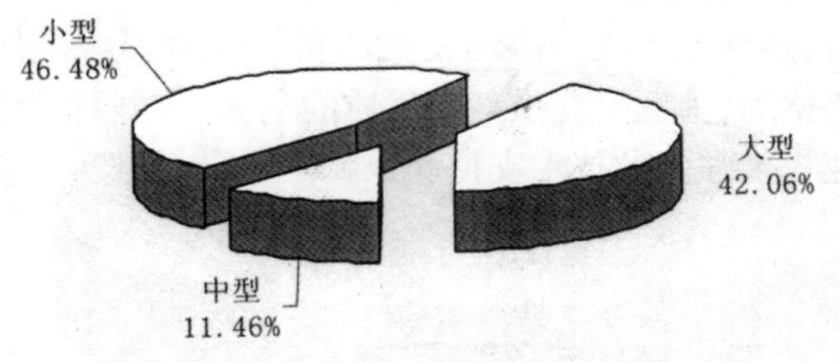

图3 2012年，营运载货汽车结构

积极推进危货企业集约化经营，提高市场竞争力。危险货物运输经营业户达244户，拥有危险货物运输车辆10098辆，户均拥有车辆数为41.4辆，明显高于普通货运。危险货物运输向规模化、集约化发展。

（三）行业发展为社会提供了更多的就业机会。 截至2012年年底，全省道路运输经营许可证在册数达到16.97万张，较2011年增加1.05万张，同比增长6.6%；道路运输从业人员75.4万人，同比增长9.7%，其中持证上岗人员66.6万人，同比增长12.0%；为社会提供新的就业岗位6.7万个。

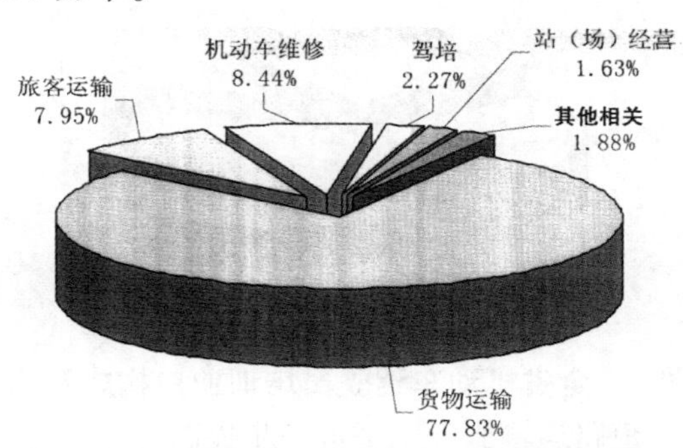

图4 全省道路运输从业人员构成及比例

（四）道路运输相关业务发展迅速。 截至

2012年年底,全省累计建成等级客运站874个,货运站57个,建成候车亭12418个,其中一级站17个、二级站92个、三级站59个、四级站119个、五级站587个,初步形成了以一、二、三级站为主骨架,区乡级站为节点,辐射乡镇、延伸农村、信息联通的道路运输站场服务体系。

机动车维修业户10179户,其中一类维修企业292户,二类维修企业1422户,三类维修企业6312户,完成主要工作量333.8万辆(台)次,同比增长4.7%,汽车综合性能检测站68家,完成检测量38.1万辆次,同比增长0.5%,初步形成了以一类维修企业为骨干,二类维修企业为基础,三类维修企业为补充,综合性能检测站为技术支持,多种经济成分协调发展的机动车维修服务网络格局,为社会提供高效优质的服务,为道路运输业提供强大的技术支持和保障。

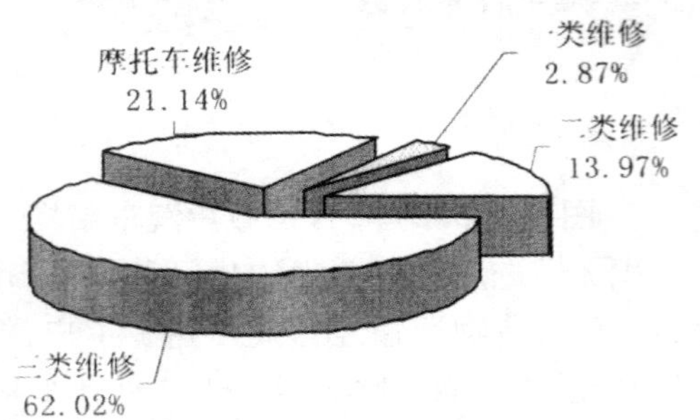

图5　全省机动车维修业户构成及比例

机动车驾驶员培训学校433所,同比增长13.5%,其中一级驾校39所,二级驾校301所,三级驾校93所,培训了62.5万人次,同比增长24.7%,驾校网点布局合理,实现了现代化教学与管理,汽车驾驶员培训能力和培训质量适应社会发展的要求。

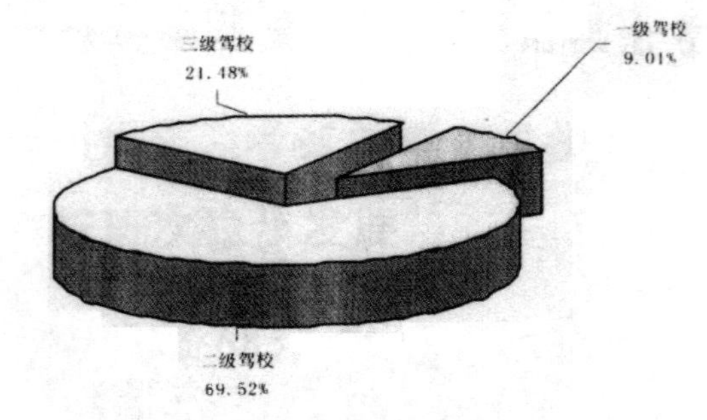

图6　全省机动车驾驶员培训业户构成及比例

道路运输服务水平进一步提高

创新了农村客运站建设模式,积极推行农村公路综合服务站建设。农村公路综合服务站是集农村客运、农村物流、路政、运政、农村公路养护一体的交通基础设施,是交通服务于"三农"的一种创新。江西省提出了农村公路综合服务站建设初步意见,编制了工程可行性研究编制方案和规划建设指南,结合《"十二五"农村客运网络发展规划》,将综合服务站纳入规划中,完成了57个农村公路综合服务站的前期配套工作。

加快培育和发展汽车快修连锁网络,加大了"江西快修"品牌的推广力度,对汽车维修快修连锁业贯彻"扶植品牌、改善环境、培育市场、有序推进"的思路,并组织开展了"江西快修"品牌创建活动,全省评审了3批共计116户"江西快修"品牌企业,并对"江西快修"品牌企业进行了授牌,提升了汽车维修行业的公共服务能力。同时,加大宣传力度,推介"连锁快修"的理念,引导车主消费观念改变和车辆消费群体流向。

全省11个设区市已全部建成2个道路运输从业资格考试考点,即专业知识应用能力考点和无纸化理论考点,正式启用无纸化理论考试系统开考了道路运输从业资格无纸化理论考试。考试环境明显优化,考务管理明显规范,考试效率明显提升,考试质量明显提高。

(五)客运班线班次稳步发展　全省共开通客运线路6855条,平均日发班次达到5.24万个,其中跨省客运班线1177条,跨市(县)客运班线1278条,市(县)内客运班线4400条。紧紧抓住全省高速公路快速发展的机遇,大力发展高速直达客运,高速公路客运线路发展到560条,400至500千米以内当日往返、800至1000千米以内当日到达。

农村客运网络化程度继续提高,乡镇客车通达率为100%,行政村通客运车辆率达到92.2%,行政村通客运班车率91.4%,比上年提高了1个百分点,一年解决了60个行政村农民群众的出行问题,使更多的农村群众共享了现代交通改革发展成果。

(六)市场退出机制进一步健全　以《江西省道路运输条例》正式出台为契机,加强配套制度建设和规范性文件出台。省运管局编印了《江西省道路运输条例条文释义》,出台了省地方标准《汽车客运站服务规范》,发布《江西省道路旅客运输班线经营权招标投标暂行办法》《江西省道路运输从业人员资格考试考核员管理办法》《江西省机动车综合性能检测机构管理规定(试行)》等规范性文件26件,加大了道路运输市场退出机制的健全完善力度。首次举办听证会,坚决吊销多次违章经营的鹰潭至珠海班线的经营许可;对9条到期而考核评估不合格的省际班线坚决收回原经营者班线经营权,并通过公开招投标重新确定经营主体。2012年,全省报废和检验不合格退出车辆3662辆,吊销(注销)经营许可证业801户。对各项安全管理工作不达标、存在重大隐患的3家汽车站实行降级处理;对87所资格条件不达标的驾校下达了限期整改通知书,17所驾校责令停业整顿,9所驾校强制降级,1所驾校被吊销行政许可;吊销了不合格的32名教练员和912名客货运输驾驶员的从业资格证;对机动车维修企业进行了专项整治,对390家企业下达了限期整改通知书,26户企业被强制降级。

(省运管局)

2012年全省公路客货运输量完成情况

表5

单位名称	旅客运输量		货物运输量	
	客运量(人)	旅客周转量(万人千米)	货运量(万吨)	货物周转量(万吨千米)
江西省	77650	3718895	113703	25597786
南昌市	9003	742109	8510	2616075
景德镇市	1773	85395	1980	298266
萍乡市	6819	172791	9831	1051992
九江市	11147	437163	9819	2089139
新余市	1816	65904	10921	2041890
鹰潭市	5204	94169	5808	1518357
赣州市	9153	789525	17253	2312541
吉安市	3860	194655	7945	2903709
宜春市	8264	407556	12989	3759761
抚州市	4599	281553	11754	3871683
上饶市	16012	448075	16893	3134373

运输企业

2012 年江西省道路运输经营业户数(一)

表 6

单位名称	道路运输经营许可证在册数	道路旅客运输经营业户数合计	班车客运	旅游客运	包车客运
	张	户	户	户	户
全省合计	169735	939	880	57	28
南昌市	14625	316	305	11	0
景德镇市	8887	11	9	2	0
萍乡市	15172	70	69	2	9
九江市	11583	95	86	14	0
新余市	11119	26	23	1	2
鹰潭市	4149	39	38	2	1
赣州市	32394	114	104	10	1
吉安市	24950	87	79	6	2
宜春市	9232	13	13	1	0
抚州市	12568	48	47	1	—
上饶市	25056	120	107	7	13

2012 年江西省道路运输经营业户数(二)

表 7 计量单位:户

单位名称	道路货物运输经营业户数合计	其中					道路客货运输兼营业户数
		普通货运	货物专用运输	集装箱运输	大型物件运输	危险货物运输	
全省合计	159766	155521	254	3	71	244	13
南昌市	12761	12741	18	0	11	14	0
景德镇市	8876	8866	0	0	0	10	0
萍乡市	14294	14283	0	0	0	15	0
九江市	10865	10838	2	2	0	32	2
新余市	11087	11077	0	0	0	12	1
鹰潭市	4110	4098	0	0	0	12	0
赣州市	32275	32259	0	0	0	18	5
吉安市	23990	23959	61	0	44	24	1
宜春市	6906	6688	156	0	13	49	0
抚州市	11425	8882	15	0	3	35	4
上饶市	23177	21830	2	1	0	23	0

2012 年江西省道路运输相关业务经营业户数

表 8

单位:户

单位名称	道路运输相关业务经营业户	站场	其中		机动车维修	汽车综合性能检测	机动车驾驶员培训	汽车租赁	其他				
			客运站	货运站(场)						客运代理	物流服务	货运代办	信息配载
全省合计	13681	931	874	57	10179	68	436	61	2066	11	723	813	514
南昌市	1548	55	55	0	677	4	44	0	774	4	15	531	224
景德镇市	302	15	15	0	277	3	7	—	—	—	—	—	—
萍乡市	808	51	50	1	690	3	15	0	49	0	13	13	36
九江市	974	109	109	0	774	10	52	3	26	0	25	0	1
新余市	323	26	26	0	321	2	12	0	0	0	0	0	0
鹰潭市	224	46	46	0	163	1	14	—	—	—	—	—	—
赣州市	2849	185	151	34	2216	14	106	39	289	3	266	13	7
吉安市	2006	114	111	3	1704	9	37	0	147	1	69	17	60
宜春市	2313	123	112	11	1747	7	70		366		45	167	136
抚州市	1041	67	59	8	660	4	23	11	287	3	162	72	50
上饶市	1293	140	140	0	950	11	56	8	128	0	128	0	0

2012 年江西省道路运输从业人员数

表 9

单位:人

单位名称	从业人员数合计	道路旅客运输	客运驾驶员	乘务员	道路货物运输	道路货物运输驾驶员	危险货物运输驾驶员	危险货物运输押运员	危险货物运输装卸管理员	站(场)经营	客运站经营	货运站场经营	机动车维修经营	技术负责人	质量检验员	其他维修技术人员	汽车综合性能检测站	机动车驾驶员培训	汽车租赁	其他相关业务经营
全省合计	753619	59921	36453	16458	586525	508772	16184	12161	2891	12291	11823	468	63641	6379	4349	38849	1288	17071	218	—
南昌市	135134	8521	6251	1258	95631	60495	1483	1376	78	2644	2644	—	15632	619	365	9989	109	2721	0	9876
景德镇市	41026	2345	1159	—	31406	21526	580	446	—	641	641	—	5977	161	141	253	26	631	—	—
萍乡市	41681	3389	2119	1270	34288	29567	1185	1028	179	410	410	—	2746	86	208	1966	36	762	—	50
九江市	66741	8379	5995	2003	50828	48436	2379	1512	313	1165	1165	0	4113	576	553	2733	132	1988	16	120
新余市	11361	983	611	290	37385	36818	184	230	30	308	308	0	2260	440	193	1572	14	414	0	0
鹰潭市	26586	889	543	346	23978	23582	359	236	61	93	93	—	1251	69	65	1117	16	359	—	—
赣州市	96915	12820	6507	2948	68846	66947	1414	783	158	2291	2057	234	8477	1299	467	5378	235	3090	125	1031
吉安市	71816	53R6	3010	1872	57252	54498	2237	2114	271	1069	952	117	6441	807	521	4803	99	1172	0	397
宜春市	77131	1825	3150	1675	61332	54142	3800	2214	1176	1514	1413	101	7267	1021	897	5349	105	2164		224
抚州市	71113	4362	2752	1610	60334	56377	1599	1360	543	613	597	16	3626	527	345	2359	374	798	40	966
上饶市	83812	8022	4356	3186	65245	56384	964	862	82	1543	1543	0	5851	774	594	3330	142	2972	37	0

【南昌市成立道路货物运输应急保障车队】 2012 年,为提高交通运输系统应对突发事件应急运输保障能力,建立和完善道路运输应急保障车队管理机制和运行机制,及时有效地处置突发公共事件,南昌市交通运输局组织成立了“道路货物运输应急保障车队”。应急保障车队由该市道路运输骨干企业组建,其中油品应急保障运输车队由中国石油天然气运输公司江西分公司承担,预备应急保障油品运输车辆 30 辆;集装箱运输应急保障车队由南昌新港集装箱码头物流有限公司和南昌万强实业有限公司组成,预备应急保障集装箱运输车辆 20 辆;普通货运应急保障运输车队由南昌万强实业有限公司和江西志信实业有限公司组成,预备应急保障运输车辆 50 辆。

(市运管处)

【江西长运检测中心取得在用机动车排放污染物检测资质】 2012年8月,江西长运机动车检测中心有限公司取得了由江西省环保厅现场评审许可的在用机动车排放污染物检测资质,从而使江西长运机动车检测中心有限公司的检测类型及范围得到了拓展,标志着检测中心的业务范围又有新的突破。

(刘晓玫)

【江西长兴物流公司新购10辆商品车运输专用车辆当年见效】 江西长兴物流有限公司在2011年投入6台商品车运输专用车辆基础上,2012年5月,抢抓机遇在景德镇分公司再投资450万元购置了10台商品车运输专用车辆,实行责任承包经营。车辆投入运营后,实现每月增收100万元的项目预期目标,为公司顺利实现年度经营目标提供了坚实的保障。

(卢少华)

【江西长运五种售票方式满足旅客】 江西长运股份有限公司南昌公司春运期间实行五种售票方式满足旅客出行。一是窗口售票。为满足旅客需要,各车站都将增设窗口;二是网络订票,2012年春运首次创新购票方式。旅客可通过"旅途100网站(WWW.1vu100.com)"进行网上订票。网络售票业务在南昌七个站实现全网覆盖,徐坊客运站、洪城客运站、青山客运站、昌南客运站、长安客运公司、进贤汽车站、安义汽车站均设立电子汽车票取票处,旅客可更加方便、快捷地订购汽车票。三是联网售票。公司重新改造联网售票系统,实现南昌与景德镇、新余、抚州、吉安、乐平往返车票互售。通过一站式服务,方便旅客出行。预售10天车票。四是实行电话订票,徐坊客运站电话为0791—85238017,青山客运站电话为0791—88650421。洪城客运站服务咨询电话:0791—86599801、86599802。五是免费上门售票。公司派出人员深入大中专院校、农民工等客源集中地开展免费上门售票服务。

(江西长运)

【江西长运新增高级车辆缓解运输压力】 江西长运股份有限公司投入5000万元用于老旧车辆技术改造。新增安全性能好的高级车辆103辆,使公司2012年春运投入的营运车辆达621辆,18258个座位,同比分别增加1.6%和12.59%,以缓解运输压力。对所有三类以上客车全部安装了安全带,这些车辆的改造给广大旅客提供新的体验和新的享受。同时,公司抽调了30辆车作为机动运力,可随时在春运加班时使用;准备在徐坊、洪城两客运站站前广场搭建近700平方米临时应急帐篷;通过加强江西长运内部各个兄弟子公司的联系,发挥"集团作战"优势,相互协作、相互支援。制定了春运恶劣天气的应急预案。

(江西长运)

【江西长运两项成果获"2012全国交通行业管理现代化创新成果"三等奖】 由中国交通企业管理协会组织,有公路、水路、铁路、民航、城交、物流、邮政等行业所属企业参加的第十九届(2012年度)"全国交通行业管理现代化创新成果"评选揭晓,共有162项成果入围,其中52项成果获得一等奖、67项成果获二等奖,43项成果获得三等奖。江西长运股份有限公司报送的《以重点节能减排项目为抓手策应国家级生态经济区建设》获二等奖;江西吉安长运有限公司报送的《基于平衡记分卡的道路客运企业创新绩效考核体系构建》获三等奖。

(江兴智)

【高级道路运输经理人资格申报人参加全国统一测试】 10月21日,南昌市高级道路运输经理人资格申报人在江西交通职业技术学院参加全国统一测试。高级道路运输经理人资格考核认定统一测试工作,由交通运输部组织,省公路运输管理局负责实施。参加统一测试的申报人资格条件必须经省运管局、交通运输部两级审核,资格条件符合要求的方可参加统一测试。此次,南昌市有49人通过交通运输部的资格条件审核,涉及客运及客运站、货运及货运站、检测维修、驾培等4个专业。

(南昌市运管处)

【景德镇市两企业纳入全国第八批试点物流企业名单】 7月12日,国家税务总局发布经国家发展和改革委员会、国家税务总局确认的第8批试点物流企业名单,全国共有397户物流企业被纳入名单,其中江西省有7户,景德镇市又在这7户中独占2户，分别是江西景德镇长运有限公司、江西金三角物流中心有限公司。自2012年8月1日起，纳入试点的物流企业可享受营业税差额纳税等税收优惠政策，有利于这些骨干物流企业降低经营成本，积累发展能量，做大产业规模，并带动当地物流产业的整体发展。

（涂　强）

【萍乡市道路运输】 2012年，萍乡市完成客运量6819万人次、周转量172791万人千米，完成货运量9831吨、周转量1051992吨千米，较上年有所增长。城市公交继续保持整体提升态势，全年完成客运量8800万人次；完成营运里程2397.9万千米；城区公营车辆实现营收5021.74万元，增长率为8.6%，城郊社会车辆完成营收2775.82万元，总计营收8030.4万元（含广告、物业等副业收入），上缴国家营业税165万元。

（萍乡市公交总公司）

【萍乡市运管处抓好农村物流试点工作】 由萍乡市运管处牵头引进的上海永玉景物流有限公司与萍乡市达金物流有限公司合作建设的江西烟花鞭炮物流中心，已在建设过程，是江西省物流业最耀眼的一颗明星。为进一步推进农村物流试点工作，上栗公路运输管理所找准上栗货运的发展定位，谋划上栗货运的发展方向，着手筹建江西四顺现代综合物流中心为物流业发展企业，以上栗货运的发展对应萍乡经济、对接并融入“长株潭”经济圈，有效推动萍乡上栗县物流业的发展。在2012年2月底召开的全省道路运输管理工作会上，上栗县运管所被授予2011年度全省道路运输行业“夺杯争先”活动中“货运优胜杯”。

（萍乡市公路运输管理处）

【莲花县公路运输稳步发展】 到2012年底，莲花县通车总里程达1350千米，密度达127千米/百平方千米，实现了乡乡通油（水泥）路，100%的行政村、75%的自然村通水泥路，县际公路和乡际公路都已打通，初步形成以县城为中心、以319国道与省道吉莲线构架的“人”字形干线主骨架、农村公路为支脉的城乡交通运输网络。该县按照“路站运一体化”的发展思路，充分发挥全县通车里程增长和通行能力增强的优势，不断放开搞活运输市场，积极引导和扶持客货运发展，实行货运个体私营自由竞争，客运“经营主体公司化、客运班线网络化、运营模式公交化、动力投放合理化、管理服务规范化”，促进了客货运输市场的繁荣发展。至2012年底，该县有客车138辆3150座位、小车（含面包车、出租车）860辆。全县累计开通普客班线22条，实现了100%的乡镇、90%的行政村通直达班车；开通跨省班线12条，可直达广州、深圳、珠海等沿海发达城市，全县年运输旅客量480万人次；开通城市公交线路3条，结束了莲花县无公交车的历史。全县共有营运货车1800多辆，其中普货货车920多辆3680多吨位、农用机动车800余辆1570多吨位，遍布全县各乡村。

（莲花县交通运输局）

【上栗运管所强化运输管理服务企业发展】 该所本着“预防为主、安全第一、综合治理”的原则：一方面强化危险货物运输源头安全监管，另一方面运用科技手段加强对危运车辆的动态监管。在保障货运市场安全的前提下，该所加大对物流企业发展的扶持力度，使上栗道路货物运输业朝着规模化、集约化发展。辖区内萍乡市达金物流有限公司获得由交通运输部、财政部共同授予的全国公路甩挂运输第二批试点企业，成为萍乡市获得国家级政策与财政扶持的第一家道路运输企业。经过积极协调与帮扶的江西省强泰仓储物流有限公司取得危险货物经营许可，该公司与江西烟花爆竹物流中心有限公司形成上栗支柱产业烟花鞭炮的内销与外贸相对应的两个平台。

（上栗运管所）

【九江市公交集团公司】 6月26日，九江市公交集团公司浔东综合停车场举行正式启用仪式，市政府副市长陈和民出席仪式。浔东综合停车场是市公交集团公司自筹资金在原公交总站基础上建设而成，场地面积10000余平方米，具有收银、洗车、加油（气）、保养维修和可供150辆公交车夜间停放等功能，是九江公交有史以来功能最全、设施最新、布局最优的综合场站。启用后，所有营运公交车全部入场停放，公交车夜间“睡马路”现象将成为历史。

6月26日，市公交集团公司新购的36辆国内一线品牌的大金龙牌大容量环保型公交车正式投入17、18、25、103等4条线路营运。

7月23日,九江市公交集团公司引进的全市首台公交车自动洗车机在浔东综合停车场投入使用。

12月18日,九江市公交集团公司召开第七届第一次职工代表大会,选举产生了新一届工会委员会委员、副主席(曹德生、焦海燕)、主席(王友维)。审议通过了集团公司《2013年员工工资方案》《驾驶员星级服务等级评定实施方案》《服务稽查工作制度》《营运服务工作规范》《营运安全管理办法》等5项规章制度。

(九江市交通运输局、公交集团公司)

【分宜县物流企业发展迅速】 2012年,分宜县共发展各类物流企业15户,其中,公路运输型企业14户,在建仓储型物流企业1户(冷链产品)。达国家AAA级物流资质企业1户,AA级1户。

(熊细芽)

【鹰潭市交通运输汽车综合性能检测站改制】 根据国家、省、市“关于分类推进事业单位改革的指导意见”文件精神,为解决该局汽车综合性能检测站与鸿远公司事企脱钩不彻底的问题,经局党委研究,对局属自收自支事业单位市交通运输汽车综合性能检测站进行改制。

鹰潭市交通运输汽车综合性能检测站以下简称检测站属局下属自收自支事业单位,编制16人,退休1人。10年前主要承担营运货运车辆的综合性能检测。2002年,根据交通部公路发〔2002〕587号文件规定,“将凡系交通主管部门或道路运政管理机构兴办的并属非企业性质的汽车综合性能检测站转为企业”,将综合性能检测费由行政事业性收费改为经营服务性收费。由此,检测站行政事业管理职能随之消失。根据这一现状,考虑到检测站干部职工的出路问题,原市交通局党委研究决定对检测站进行改制,由原检测站在职人员入股,成立鹰潭市鸿远汽车技术服务有限公司(以下简称鸿远公司),作为民营企业面向社会承担汽车综合性能检测,原检测站业务随之停止,人员工资随之停发。因当时没有事业单位改制,故保留了14名自收自支事业单位干部职工身份和单位名称。至此,检测站名存实亡。局检测站在该公司占有10.64%股权,该股权市局当时研究用于支付全站职工的“三金”。

为保证所分流职工的“三金”到位,根据2002年该单位改制时确定的“国有股收益主要用于支付该单位职工的“三金”的基本原则,可将检测站在鸿远公司持有的10.64%的国有股权转让给鸿远公司持有,鸿远公司必须在2020年全国事业单位改制结束前确保全站原13位分流职工的“三金”支付到位(含个人部分),由市鸿远公司每年12月、6月分期支付全年“三金。”若在2020年前被分流人员所在单位参公或改为全额拨款事业单位到位,每提前一年鸿远公司须向市局缴纳5万元国有股转让金,鸿远公司需按市局要求出具承诺书。

(鹰潭交通运输局行办)

【鹰潭市道路运输】 2012年,全市(含贵溪市、余江县)共有公路运输企业17户,班线98条,车辆总数269辆(其中高级客车6辆,中级客车56辆,普通客车207辆)。已经通班车的建制村通车344个,占建制村总数的89%。

2012年,全市共完成客运量5290万人、客运周转量95580万人千米、货运量5910万吨、货物周转量1569805万吨千米,同比分别增长-14%、-20%、28%和35%。另外,还对5户客运企业、1户客运站、5户城客企业、6户危货企业、7所驾校、41户维修企业进行了质量信誉考核,考核率均达100%,优良率达80%。

(鹰潭市运管处)

【宜春市道路运输能力进一步提升】 宜春市交通运输部门注重惠民利民、服务为本,努力优化线网质量、大力整顿秩序、全力整治安全隐患,努力为社会提供“安全、快捷、舒适”的出行环境。2012年共完成客运量8248万人,旅客周转量40.6亿人千米,与上年相比,分别增长9.88%、9.86%,无一例重大服务质量事件,无一起旅客滞留车现象。新增货运企业8户,新增营运货车14131辆、14.2万吨;全市拥有营运货车53000辆,总吨位51万吨;全年完成货运量1.3亿吨,货物周转量376亿吨千米,与上年相比,分别增长19.65%、230.1%。

(晏小宜)

【宜春市围绕兴工强市推动货运产业】 宜春市

交通运输部门围绕兴工强市，大力发展现代物流，推动货运产业转型升级。樟树市坚持“买全国药、卖向全国”的方向，通过标准化搭建引资平台，集约化整合企业资源，23户医药流通企业通过GSP认证，数量居全省县（市、区）第一，其中7户跻身全省医药流通行业10强；高安、丰城也立足服务当地建筑陶瓷、资源再生利用、电子等产业，大力发展集装箱道路运输；此外，上海华洋物流集团公司投资8亿元的花炮物流项目落户万载，投资2亿元的华正道（樟树）物流项目和投资5亿元的赣西（宜春）物流区中心项目正在建设中，全年全市发展现代物流企业30户，新增货运企业8户，新增营运货车14131辆、141741吨；全市拥有营运货车53000辆，总吨位51000吨；货运量12989万吨，货物周转量3759761万吨千米，同比分别增长19.65%和20.1%。

（李　明）

【宜春市公交发展辅业】　宜春市公交公司大力发展第三产业，做大做强公交事业。2012年12月经市政府采购中心招标，取得宜春中心城区100辆出租车运力指标，为油气混合动力的上海大众畅达和北京现代名驭两款车型，比现有出租车的档次更高。新增出租车将全部安装GPS，采用科技手段进行管理。与中心城区现有出租车经营方式不同的是，新增出租车营运证与运输权利都是由公司购买，经营权严禁私自转让，实行公司化经营、员工化管理。

（何　清）

【樟树市汽车运输产业】　该市政府出台《关于加快汽车运输产业发展的实施意见》，对推动交通物流，促进全市经济大发展，增加财政收入具有重要意义。该实施意见明确发展汽运产业的指导思想、工作目标、主要措施，建立考评机制和支持产业发展的网络体系和长效机制。并成立汽车运输产业发展领导小组和办公室。为支持汽车货运产业发展，成立樟树物流园，让达到规模的物流企业入园，为物流企业发展提供良好的平台。每年将从货运车辆上缴税费（主要指车辆营运税、车船税）地方实得增收部分中提取30%设立运输产业发展基金，主要用于支持物流重大项目建设和信息网络建设，扶持规模以上汽车运输企业做大做强。对在汽车货运产业发展中作出重大贡献的乡镇、街道、部门、企业和个人给予表彰和奖励。

（邹金洪）

【袁州区道路运输业】　该区交通运输局以科学发展观指导，以人为本，坚持“安全第一、和谐发展”的理念，转变经济增长方式，推动该区道路运输业健康稳定快速发展。全年共完成客运量1231万人次，完成客运周转量30414万人千米，与上年同比分别增长3.5%和2.8%；完成货运量2109万吨，完成货运周转量106021万吨千米，与上年同比增长2.5%和3.1%。一是高度重视，加强组织领导。分别成立客运与货运工作领导小组，加强对运输企业的监管和指导，积极引导现有运输业向现代大物流发展。二是开拓服务区域，完善交通运输网络。大力发展城乡交通，推进城乡客运一体化建设；延伸农村班线，新增农村客运班线1条，加强城乡之间人员与物资交流；加快发展高速，提高物流速度与周转率，促进道路运输渠道的多样化；建设对外旅游专线，扩大道路运输服务区域，增加服务群众。三是加大资金投入，完善配套设施。新建农村公路综合服务站1个，候车亭20个；新增客车10辆，新增营运货车218辆。四是提升服务水平，加强安全监管，提高道路运输安全指数。做好服务工作，建立绿色服务通道，开展交通窗口和基层站所评比活动。做好安全检查，每月定期不定期组织人员下到各个企业排查安全，对发现的隐患及时督促相关企业整改并跟踪整改落实情况，做到企业安全不留安全死角。该区道路运输生产的稳定发展为区域经济实现赶超发展提供强大支持。

（李　庆）

【丰城市道路运输产业】　该市道路运输，新增货运企业36户，新增货车1204辆，净增吨位9056吨，截至12月，全市共有营运货车4647辆43208吨，营运客车219辆，座位5475座，出租车200辆。年完成客运量969.7万人次，客运周转量36850.6万人千米，同比增长8.4%、8.4%；完成出租客运量756万人次，出租客运周转量2587.5万人千米；完成货运量952.5万吨，货运周转量45720万吨千米．同比增长4.9%、4.9%；新增维修企业11户。新建乡镇客运站2个，农村候车亭

7个,行政村客车通达率达到92%。一是道路客运管理加强监管,采取日常巡查和不定期抽查相结合,加强城区2个汽车站的监管力度。继续落实农村客运扶持政策,因地制宜稳步推进农村客运公交发展,农村客运公交车享受燃油补贴297.87万元;强化运输组织,圆满完成“元旦”、春运等节日期间的旅客运输工作,全年共计发放加班、包车线路牌29块。二是货运行业加大政策扶持和指导力度,引导企业重点发展大吨位、集装箱、大件货物等专用运输车型,鼓励个体运输业户踊跃购置货运汽车参加社会运输,逐步完善全市货运有形市场。积极发展现代物流,加紧构建长距离快速运输通道,开展综合运输,做大做强。三是抓好机动车维修企业安全管理,大力开展维修企业环境综合治理工作,开展机动车维修行业质量信誉考核、积极调解汽车维修纠纷;严格执行营运客车、危险品运输车辆二级维护;严格车辆技术管理,认真对营运车辆进行技术审查,对营运客车进行类型划分评定。

(皮晓荣)

【奉新县道路货运业】 该县以优惠政策招商引资,发展物流业,简化道路运输办证手续,缩短办证时间,为发展提供优质服务等举措,进一步助推全县货运产业稳步发展。通过努力,货运业发展实现稳中求进、稳中有进的态势。货运产业运力结构的调整步伐进一步加快,全县新增货车376辆,计4295吨,淘汰老旧高能耗货车150辆,计1050吨,货运运力发展进一步朝着大型化、专业化、集装箱式方向发展。至2012年底,全县拥有运输企业35户,拥有货车1509辆,计16273吨,安全运输货物192.49万吨,实现货运周转量34590.39万吨千米,同比增长4.9%和5.5%。

(魏振宇)

【高安市汽运产业】 2012年,有解放、欧曼、华菱、玉柴等全国知名汽车制造企业与高安货运专用车产业基地签订投资意向。江西新振兴集团、高安桃源汽运公司、高安新瑞汽运公司等3户企业先后获批AAAA资质认证。全市有货运企业398户,营运货车保有量20556辆,新增营运货运车4144辆4.8万吨,产业税收达3亿元。这昭示着高安这个昔日的“汽运之都”正巧妙地“升档提速”,实现由运输大市向货运产业强市的转变。①建立专门机构,打造产业发展基石。该市成立货运专用车产业基地建设指挥部,加强对货运专用车产业发展的组织协调,并组织人员先后多次奔赴山东梁山、辽宁铁岭、长春一汽、北汽福田、广西玉柴等汽车厂家考察学习。建设江西货运专用车产业基地,致力打造一个集加工制造、汽车贸易、仓储物流于一体,产业链条完整、产业体系完备,在全国有影响力的货运专用车产业基地。②整合各方资源,大力实施“兴车战略”。加快推进江西货运专用车产业基地建设,已完成环评、设计等工作,水、电、路等基础设施建设正全力推进。把申请国家AAAA级物流企业资质,作为该市物流实现自身跨越式发展,扩大物流市场的重要内容之一,有3家公司通过AAAA物流认证。③延伸产业链条,打响“高安车”品牌。该市出台政策,鼓励群众列全国大中城市发展“的士军团”、兴办驾校、建设大型汽车维修企业。该市的“的士军团”抢滩全国市场,在厦门、杭州、深圳、南昌等全国20多个大中城市独办或联办各类出租车公司260多家,发展自主经营的小汽车5600多辆,成为继领跑全国货运产业后的又一靓丽风景。此外,以农机、职业、瑞通、和平、昌兴等五大驾校为主的民办驾校,呈蓬勃发展之势,每年培训合格驾驶员3400余人,全市各类机动车驾驶员超过7万名。

(周世祥)

【上高县道路运输产业】 该县交通运输局重视道路货运产业的发展,一是大力扶持现有货运企业和引导个体运输走联合经营之路,形成“公司加车主”的经营模式,全县85%以上的货运个体户加入货运公司,促进企业做大做强。二是提升服务水平和质量,强化服务意识。大力推行交通行政许可项目告知制度,并制作办事指南、办证流程图张贴在醒目的墙面上。对符合条件开业的,随到随批,节假日实行预约办证,极大的方便业户办事。对有些车主因车祸事故或其他原因没能及时办理年审的,在了解实情后,尽量给予年审,促进货运车辆的发展。三是积极打造宽松环境,开展“走进企业、服务到户”活动。运政人员常常深入企业了解情况,帮助企业解决发展货运产业的实际困难,协助向银行等地筹措资金和贷款;四是定期召开运输企业负责人会议，宣传发展货运产业的方针政策，相互探讨企业发展的经验，听取企业的意见和建议，从政策上给予扶持发展。全年该县新增货运（物流）公司11家，新增货运车辆448辆1986吨，其他机动车202辆，比上年同期增长62.8%。

（潘泓羽）

【铜鼓县道路运输产业】 该县交通运输局积极调整道路运输产业结构和经济增长方式，争取道路运输生产又好又快发展，全年完成客运量87.6万人，客运周转量3942万人千米，同比分别增长8%和6%；完成货运量56.4万吨，货运周转量17376万吨千米，同比分别增长4%和7%。主要做法是：大力推进城乡客运一体化建设进程，整合农村客运班线4条，全县90个行政村通达班车，通车率91.80%。大力发展货运产业，新增营运货车260辆、5100吨位，新增货运公司10家，全县营运货车总数达2116辆、16967吨位，同比分别增长32%和28%。

（吴繁荣）

【抚州市运输服务能力进一步提升】 2012年，抚州市交通运输部门在全市范围内开展客货运输企业、客运站、机动车维修企业及驾校质量信誉考核，开展“先锋”“重剑”等活动，有力打击了违规经营行为，运输市场秩序进一步好转，服务功能大幅提升。圆满完成了春节、“十一”黄金周等重点时段的旅客运输任务。全市拥有客运等级站59个，其中一级站1个，二级站15个，三级站2个，四级站1个，五级站40个。拥有简易及招呼站962个。抚州长途客运中心开工建设。全市拥有客运业户48户，客运车辆1504辆，31322客位，客运线路794条，其中跨省线路82条，跨地（市）线路129条，跨县线路92条，县内线路491条。客运线路平均日发送旅客66430班次/日。全年完成客运量4600万人、客运周转量28亿人千米。全市拥有货运站8个，均为四级站，拥有货运车47558辆，413174吨位，全年完成货运量1.2亿吨、货运周转量387亿吨千米，分别较上年增长3.2%、2.6%、21%和20%。新建乡镇客运站5个，农村公路综合服务站4个，新开通农村客运班线2条，新增客车7辆，行政村通车率达90%。拥有农村客运站974个，客运线路491条，49100班次/日，151个乡镇全部通班车，1806个建制村有1618个通班车，拥有农村客运车837辆，14511客位，农村年客运量达205400万人次，客运周转量8509600万人千米。全市拥有驾驶员培训学校23所，其中一级驾校5所，二级驾校17所，三级驾校1所，年培训学员31000人次，其中培训出合格学员29000人次。全市拥有汽车维修企业451户，汽车综合性能检测站4户。

（陈根玲）

【南城县运输生产能力提升】 2012年，南城县道路运输客运站场设施和运输服务保障体系进一步完善，运输生产能力大幅提升。全县共有等级客运站10个，其中二级站2个，五级站7个，候车亭60座，新建五级站3个，候车亭15座，日发班次862次。全县共有汽车维修企业35户，其中一类维修企业2户，二类维修企业7户，三类维修企业26户，机动车综合性能检测站1户。全县拥有营运客货运车8974辆，与上年同比递增39%。客运车152辆，3448座位，道路旅客运输营运线路106条，客运量390万人次，周转量7718万人千米。出租汽车100辆，年客运量65万人次。公交车32辆，客运量390万人次。货运车8690辆，货物运量3285万吨，货运周转量97.2亿吨千米。

（王素红）

【广昌县公路运输业】 广昌县工业基础薄弱，资金短缺，发展运输业相对困难，但在该县县委、县政府的大力支持下，出台了一系列发展公路运输业的方针政策和优惠措施，通过招商引资，鼓励外商在该县投资发展运输业；交通运输部门对运输企业跟踪服务，大批有驾驶技术的人员踊跃购车，客运及货运物流业务得到繁荣发展。2012年，全县道路运输经营业783户，其中普通货物运输业738户，危险货物运输业7户，旅客运输业8户；汽车租赁业1户；汽车维修业29户；营运车辆共计3841辆，其中，营运客车98辆，农客50辆，共2301座；出租汽车业1户，出租车30辆，共150座；城市公交业户1户，公交车14辆；危险货物运输车辆88辆，共882吨；普通货物运输车辆3612辆，共30208吨。全年更新客车6辆，新增货车604辆，7051吨；全县物流公司（货运公司）1500

多家,分布在上海、无锡、深圳、宁波、长沙、北京、南京、南昌等32个大中城市,年总产值达240亿元之多。在广东省珠海九川、上海利丰、广州鑫泽等物流企业脱颖而出。莲乡、广顺、鑫泽3家物流公司(货运公司)在该县相继组建成立。全县共完成客运量419万人,客运周转量9301万人千米;完成货运量545万吨,货运周转量129744万吨千米。

(袁晓艳)

【临川区物流业】 2012年,临川区充分发挥区位优势,培育和完善“结构合理、设施配套、技术先进、运转高效”的现代物流体系,强力打造一个以信息技术为支撑,以物流信息的共享和交换为手段的物流服务平台,以此连接物流企业、工商企业、政府部门、行业协会、金融机构、物流设备供应商等各类物流主体,并及时为其提供所需服务,有力促进了物流业的快速发展。至2012年年底,该区有各类物流企业152户,物流信息货运部30户,货车运力4.5万吨,船舶运力1.2万吨,从业人员2.6万人,全区实现物流税收1.3亿元。2012年,全区新引进物流企业20户,企业所属货车310辆。全区134户企业办理工商登记、年检、变更、纳税,物流业实现税收1.3亿元。2012年,该区物流企业不仅承接了抚北工业园区90%以上企业的货物外运业务,还承接了包括金巢经济开发区、江西轻纺城、抚州贸易广场在内的抚州市周边工商企业60%以上的货物外运业务,在江苏、浙江、上海、福建、广东、广西、重庆、四川等地建立物流服务点300余个。至年底,该区物流企业总营业额达29亿元。

(陈根玲)

【宜黄县公路运输业】 2012年,由于交通基础设施的长足发展,宜黄县境内形成了四通八达的公路运输网络,公路通车里程达1000多千米,为该县公路运输业的快速发展提供了扎实基础。全县共有客运企业6户,拥有客车118辆,客运线路53条,平均日发班车225班次,年客运量142.5万人次,客运周转量4404万人千米。开通农村客运线路49条,营运客车60辆,日发班次138车次。乡镇通客车率100%,138个行政村有120个行政村已通班车,占行政村总数的86.9%。全县共有货物运输企业54户,各类货物运输车辆1246辆,其中货车831辆,5068吨位;农用车415辆、469吨位,境内综合货物运输能力达到106万吨/年。出租汽车公司1家,50车辆出租汽车。拥有县旺安城市公交公司1家,开辟公交车线路5条,公交车辆达21辆,392座位,里程延伸至85.5千米,年客运量达20万人次。全县共有二类维修厂5家,三类厂48家。

(李华荣)

【南城县交通运输业】 2012年南城县公路货物营运车辆8690辆(客、货、出租、公交),年递增39%。其中营运客车152辆,3448座位,道路旅客运输营运线路106条,年客运量346万人次;出租汽车100辆,年客运量65万人次;公交车辆32辆,线路总长度52千米,年客运量390万人次,周转量7718万人千米。2012年,该县新增道路货物运力588辆,12634吨位,年终全县拥有货车4100辆,6100吨位,全年完成货运量3285万吨,货运周转量97.2亿吨千米。汽车维修和车辆技术检测网络日趋完善。全县共有汽车维修企业35户,其中一类维修企业2户,二类维修企业7户,三类维修企业26户,机动车综合性能检测站1家。道路运输客运站场设施和运输服务保障体系进一步完善。2012年,全县共有等级客运站10个,其中二级站2个,五级站7个,日发班次862次。候车亭60座。

(王素红)

【资溪运输生产稳步发展】 2012年,资溪县拥有客货运输车辆1601辆,其中客车64辆,货车1537辆。完成客运量124.7万人,客运周转量748万人千米。完成货运量674万吨,货运周转量134800万吨千米。拥有公交公司1家,车辆8台、线路4条、站台64个、人员7人,完成客运量17.56万人,客运周转量105.3486万人千米。拥有出租车公司1家,车辆32辆,完成客运量47.2万人。

(吴绍文)

【乐安县道路运输业】 2012年底,乐安县乡镇客运站已达7个,候车亭95个。全县乡镇、行政村通客车通达率分别达到100%和94%。维修厂家二类6户,三类52家。客运车辆121辆,货运车辆175辆。全年客运量120万人次,客运周转量13864万人千米,货运量88万吨,货运周转量14263万吨千米。专业搬运装卸工人95人,装卸量126万吨。

(袁财生)

【崇仁县公路运输业】 2012年,崇仁县公路运输以强化道路运输市场监督管理为重点,狠抓道路运输生产安全,积极引导运输企业规范营运和做强做大,服务水平不断提高,客货运输取得新突破。

旅客运输安全有序。2012年崇仁经济快速发展,农村道路设施的不断完善,城乡间人员和农产品流动加快,这些因素继续支撑道路旅客运输快速发展。全年完成道路客运量218万人,旅客周转量2200万人千米。

货物运输稳中有升。全县货物运输企业达63户,新增3户,其中普货运输企业60户,新增2户;危货运输企业3户,新增1户。全年新增货运车辆106辆,当年转出车辆27辆。货物运输企业的车辆主要是以箱式车、牵引车、挂车为主,其中箱式车37辆、牵引车403辆、挂车510辆。危货运输主要是以罐式和平板车为主,其中罐式22辆、平板车29辆。道路运输以其灵活、快捷、方便、舒适的特点,为全县人民的生产、生活提供了强有力的保障。

行业发展为社会提供了更多的就业机会。截至2012年底,全县道路运输行业共有从业人员4621人,其中货运3812人,危货102人,客运210人,站场经营从业人员72人,机动车维修经营从业人员343人,机动车驾驶员培训82人,为社会提供新的就业岗位321个。

(余家军)

【黎川道路运输业】 全县中、高级客车占营运客车总量比例为40.5%(客车总数79辆1449座,其中:高级7辆259座,中级25辆567座),出租车45辆225座。营运货车总数达1542辆12844个吨位。圆满完成了2012年春运、国庆、元旦道路运输任务。全年共完成客运量157万人次、客运周转量12661万人千米、货运量284万吨、货运周转量79804万吨千米,全县道路运输安全生产继续保持"零事故"的好势头。

(周建国)

续志庐山会议

运输线路

2012 年江西省道路客运线路班次

表 10

单位名称	道路客运线路班次合计		高速公路客运线路		跨省线路		跨地(市)线路		跨县线路		县内线路	
	条	平均日发班次	条	平均日发班次	条	平均日发班次	条	平均日发班次	条	平均日发班次	条	平均日发班次
全省合计	6907	52415	560	1622	1198	1556	1309	4048	860	9702	3540	37109
南昌市	504	4358	23	130	113	138	227	1023	39	681	125	2516
景德镇市	222	1359	12	46	65	83	89	150	9	31	59	1095
萍乡市	258	5529	46	48	53	88	38	70	103	3233	64	2138
九江市	734	6863	187	1010	118	261	148	304	91	996	377	5302
新余市	204	1005	7	15	18	20	64	193	5	20	117	772
鹰潭市	178	2210	1	9	15	13	67	132	22	690	74	1375
赣州市	1298	7959	118	160	353	454	63	105	166	1500	716	5901
吉安市	867	4523	20	27	112	109	104	237	127	683	524	3494
宜春市	676	4288	60	41	87	83	152	542	77	424	360	3239
抚州市	793	6643	58	87	80	126	130	819	92	788	491	4910
上饶市	1173	7679	28	50	184	183	227	473	129	656	633	6367

2012 年江西省客运班车通达情况

表 11

单位名称	客运站站务人员合计	客运站平均日发班次	一级站	二级站	客运站平均日旅客发送量	一级站	二级站	乡镇总数	通班车	建制村总数	通班车
	(人)	(班次)	(班次)	(班次)	(人次)	(人次)	(人次)	(个)	(个)	(个)	(个)
全省合计	8792	43786	5433	22663	1010203	174738	439039	1446	1446	17015	15547
南昌市	734	3655	1516	750	53550	18929	7543	71	71	960	899
景德镇市	641	1359	343	—	43445	22441	—	43	43	505	420
萍乡市	338	5280	280	166	98662	10001	5001	46	46	625	621
九江市	1158	4852	786	2221	72349	15510	37924	186	186	1882	1724
新余市	256	2139	120	1660	25361	980	18771	27	27	364	361
鹰潭市	93	140	120	—	200155	2540	—	31	31	332	306
赣州市	1471	6666	385	5013	148387	15059	129709	280	280	3387	2971
吉安市	862	4294	163	3151	77912	3000	66063	218	218	2556	2362
宜春市	1091	4263	1321	2942	1001057	26025	75032	184	184	2243	2041
抚州市	581	4212	229	2851	80765	40110	40655	151	151	1806	1618
上饶市	1567	6926	170	3909	108560	20143	58341	209	209	2355	2224

【2012 年班线新增情况】 2012 年,省运管局新增客运班线 22 条,其中省际班线 11 条,市际班线

11条。省运管局制定了《江西省省际、市际客运班线年度发展计划编制和实施暂行办法》，并对2013年度省际、市际客运班线拟发展计划进行了公示，该计划包括已发函征求起讫地运管机构意见的客运班线，共35条；各地市级运管机构根据《江西省省际、市际客运班线年度发展计划编制和实施暂行办法》编制后报省局，并经省运管局审核确定的新增客运班线（未正式征求起讫地运管机构意见），共55条。此后，省际、市际客运班线的新增、调整均按照班线年度发展计划进行许可，未纳入发展计划的班线不进行审批。

（章华平）

【景德镇至天津货运零担班线开通运营】 6月25日，景德镇至天津货运零担班线正式开通运营。该货运零担班线为景德镇长运有限公司开通的首条货运零担班线，由其所属货运分公司执行运输任务，以陶瓷物流运输为主。该条货运零担班线的开通运营，标志着景德镇市道路客运领军企业——景德镇长运有限公司开始进军货运零担市场，有力促进景德镇陶瓷产品开拓和发展北方市场。

天津是北方的一个重要港口城市，对西北和东北地区市场辐射能力强。景德镇至天津货运零担班线运输的重点货物是陶瓷，在方便景德镇市工矿企业将货物发送到西北和东北地区，或由西北和东北地区采购的原材料运送回景德镇的同时，更为陶瓷生产、销售企业培育和发展北方市场提供了便利条件。根据景德镇长运有限公司的发展规划，物流产业将成为该公司未来主导产业之一。为推进规划的实施，景德镇长运有限公司以开通景德镇至天津货运零担业务为契机，做大做强货运零担业务。为确保该货运零担班线开通运营获得成功并在今后取得预期效益，景德镇长运有限公司购置了2台核定载货量为36吨的集装箱货运车辆，为景德镇市货运零担运输车辆中最大吨位车辆，希望通过一年左右的市场培育，使该班线业务占到全市同线路业务量的三成左右。景德镇至天津货运零担班线双向对开，4天一班。

（涂　强）

【景德镇至上海客运班线发车时间调整】 自9月16日起，景德镇长运有限公司对景德镇至上海道路客运班线发车时间作出调整，景德镇汽车东站始发时间由20:10、20:40分别调整至19:10、20:00，在景德镇汽车站发车时间由20:30、21:00分别调整至19:40、20:00，每日2个班次保持不变。此次对景德镇至上海客运班线发车时间作出调整，是为了贯彻落实交通运输部关于推行卧铺客车凌晨2时至5时临时停车休息的管理制度。考虑到乘客出行方便及住宿问题，景德镇长运有限公司逐对该班线发车时间作出调整。

（涂　强）

【景德镇至福州高客班线开通】 10月11日，景德镇至福州高客班线正式开通运营。该班线每日一班，9:40由景德镇汽车东站始发，经客运中心站（景德镇汽车站，10:10发车），途经武夷山、政和、宁德，途中运行8小时，到达福州市时间为18:00左右。该班车票价为180元/人，车型为高二级座位车。景德镇至福州高客班线的开通运营，极大地方便了两地人员及经贸往来，在改善景德镇及赣东北地区交通条件，促进沿海地区产业转移等方面发挥积极作用。

（涂　强）

2012年景德镇市高速直达客运班线一览

表12

班线	去程乘车地点（发班时间）	回程乘车车站（发班时间）	在途（时间）	去程票价	车型
景德镇—南昌	客运中心站6:50～19:30每50分钟一班	井冈山大道850号徐坊客运站6:50～19:30每50分钟一班	2小时50	79元	高二级座位车
景德镇—九江	客运中心站7:30－18:30每小时一班	九江长途汽车站7:30～18:30每小时一班	约2小时	56元	高二级座位车

续表 12

班线	去程乘车地点（发班时间）	回程乘车车站（发班时间）	在途（时间）	去程票价	车型
景德镇—武汉	客运中心站 7:30、9:30、15:00、17:00	汉口金家墩汽车站 14:30、16:30 武昌宏基汽车站 15:00、17:00 武昌付家坡汽车站 15:30、17:30	约 5 小时	155 元，往返 220 元	高二级座位车
景德镇—南昌(快客)	汽车东站 7:30，10:30，13:50，16:30 汽车南站 7:50，10:50，14:10，16:50	南昌长安汽车站(火车站旁边) 7:00，10:40，13:10，17:30	约 3.5 小时	55 元	中型高一级座位车
景德镇—上海	客运中心站 19:40，20:00 汽车东站 19:10，20:00	沪太路中山北路交叉口 605 号 (15:45，17:00) 上海南站(16:45，17:58)	约 8 小时	220 元	高二级卧铺车
景德镇—杭州	客运中心站 8:10，14:30，16:30 汽车北站:8:30 汽车东站 14:30	汽车西站：杭州天目山路 357 号 (9:00，11:00，15:20)	约 5 小时	164 元	高二级座位车
景德镇—宁波	客运中心站 12:20	宁波客运中心站(宁波新站)12:10	约 6 小时	175 元	高二级座位车
景德镇—赣州(吉安)	汽车东站 8:10 客运中心站 8:40	赣州新车站 10:10	约 9 小时	185 元 吉安 155 元	中型高一级座位车
景德镇—长沙(萍乡)	客运中心站 10:10	长沙东站 10:10	约 8 小时	180 元 萍乡 160 元	高二级座位车
景德镇—新余	客运中心站 9:00 汽车东站 8:30	新余新汽车站 9:00	约 5 小时	118 元	中型高一级座位车
景德镇—上饶	客运中心站 7:40，14:00 东站 7:10	信州区带湖路客运中心站 8:40，12:45	约 3 小时 20 分	70 元	中型高二级座位车
景德镇—婺源	客运中心站 7:40，13:40 东站 8:00，14:00	婺源北站 10:00，17:00	约 1 小时	33 元	中型高二级座位车
景德镇—福州	东站 9:40，客运中心站 9:10:10		8 小时	180 元	高二级座位车
景德镇—苏州	客运中心站 10:00 东站 9:30	苏州北站 9:30 苏州南站 10:00	约 7 小时	196 元	中型高二级座位车
杭州夜行	东站 20:10，客运中心站 20:30	四季青服装城 12:00	4 小时 30 分	164 元 往返 230 元	高二级卧铺车

【萍乡市运管处加快推进“微巴进村”、“公交进郊”工程建设】 萍乡市运管处围绕农村客运班线“开得通、坐得起、留得住”的目标，加快农村客运网络化建设，大力推进“微巴进村”、“公交进郊”工程。通过组织人员深入每个乡、镇、村实地查看，对各乡、镇、村的人口分布、现有通行客运车辆等情况进行调查摸底后，采取新增班线、延伸班线等方式做好“村村通”工作。2012 年完成全市农村客运行政村“村村通”班车工作任务，除莲花的大沙村、邑田村、白沙村和上栗县的枣木村由于

存在道路通行隐患未开通班车外，全市其余行政村都以不同形式（早晚班、周末班、赶集班）开通客运班车。共开通班线60条，基本实现行政村通客运班车率100%的目标。

（萍乡市公路运输管理处）

【九江长运集团公司开通九江市区至庐山机场旅客专线】 2月25日上午，九江长运集团公司与九江机场分公司在九江宾馆举行九江市区至庐山机场旅客专线运输交接签约仪式。按照协议，原来由机场方面开通的市区至庐山机场旅客专线运输业务，3月1日起，由九江长运集团公司接管经营。该线路全程53千米，以设在九龙宾馆的民航售票处为始发站，途径九江汽车总站，沿105国道直至庐山机场。

（九江市交通运输局、长运集团公司）

【九江长运运业公司打造“九江至昌北机场”精品班线】 11月1日起，九江长运运业公司将“九江至昌北机场”客运班线列为“精品班线”创建，每日班由8班增至9班，并为旅客免费提供办理登机牌、机场订房等延伸服务。10月29日晚，运业公司组织召开了创建“九江至昌北机场精品班线”动员大会。

（九江市交通运输局、长运集团公司）

【新余市开通高新公交循环线路】 4月，为进一步满足高新区渝东大道沿线百姓和厂矿企业员工乘车需求，全力解决高新区企业员工出行难的问题，新余市公交公司开通高新循环线路。

（肖光生）

【靖安县大力发展农村客运服务网络】 该县大力改善农村客运服务网络，加快发展集高速专线、包车、旅游、商务为一体客运服务。积极完成农村候车亭建设任务，延伸农村班线，努力促成城镇公交运行。同时对现有农村客运班线进行补充和延伸，整合农村客运班线5条，全县11个乡镇中的100个行政村通达班车，通达率达91%。淘汰老旧客运车辆8辆，新增中高档班车8辆，群众乘车出行更加安全、舒适、便捷。

（刘　斌）

【万载县行政村客运通车率达93%】 11月1日，万载至兴源客车班线开通。该县交通运输部门积极服务新农村建设，加快推进城乡公交一体化，努力提高农村客运班线的通达广度和深度，对全县各行政村的开班情况和道路状况进行深入的调查摸底，只要路面已经硬化且道路通行状况符合客运车辆开班条件的，争取开通客运班线。万载至兴源客运班线开通后，全年全县共新开（延伸）农村客运线班线共有11条，涉及24个行政村和多个自然村。全县181个行政村客运通车率达93%。

（丁发扬）

【上高县实现农村公交“村村通”】 4月23日，随着县工业园实现公交运营全覆盖、降低企业综合商务成本活动仪式的启动。该县又新开通公交线路15条，共投放公交车160余辆。至此，工业园区至全县168个村委会实现公交运营全覆盖，全县真正实现农村公交“村村通”。县局把农村公交“村村通”列为民生工程，工业园区服务工程，在县政府高度重视下，加大财政购买公交车补贴力度，着力推进农村公路、农村客运站场等农村客运网络建设，实现城市公交与城乡公交客运无缝对接。

（潘泓羽）

【宜丰县推进农村客运公司化经营】 该县按照“车头向下”的原则，积极推广新农村巴士，实行公交化运营。截至12月，全县已开通城乡公交线路13条，覆盖全县10个乡镇，63个行政村，全县28万人口有21万人受惠，基本形成一个以城区为中心，连接城镇，辐射乡村，方便快捷的城乡客运网络一体化局面，实现农村道路运输公共资源的共享，偏远地区农民出行更加方便快捷。

（漆志勇）

【万载县公交跨县境营运赢民心】 袁州区寨下镇塘下村是毗邻万载县的一个小山村，从塘下开车至万载县城只要10分钟左右，而从塘下开车至宜春城区却要40分钟。平时塘下村民的生产、生活因与万载城区近在咫尺，联系更为密切。可是万载公交车只到万载县管辖区内的周家市，距塘下村还有1.5千米左右。这1.5千米，对公交车来说,仅一步之遥,但对塘下村民来讲,却要费点劲,特别是带点农副产品的时候就更是不方便。为此,塘下村村民十分期盼开通塘下至万载县城的公交车。7 月中旬,塘下村群众带着一份要求将运行周家市的 8 路公交车延伸至塘下的申请来到万载运管所,恳请运管部门满足塘下村民多年来的心愿。同时,村民主动对进村的 1.5 千米公路进行整修。市县运管部门高度重视,迅速开展调查研究,同意将 8 路公交车延伸至塘下。7 月 24 日上午 9 时,袁州区寨下镇塘下村村民近千人欢聚一起,点燃烟花爆竹,欢庆万载至塘下村的公交车通车。

(钟春梅)

【金溪县客车实现"村村通"】 2 月 29 日,金溪县陈坊积乡最偏远的行政村——西桥村正式开通客运班车。至此,该县 149 个行政村全部实现通客车。金溪县农村人口 20 余万,分布于 13 个乡镇 149 个行政村。该县将新增财力的 80% 用于修路、架桥等民生事业,全县所有行政村均修通了水泥公路。公路建成后,该县按照"路、站、运、车、亭"一体化的工作思路,制定了农村客运线路规划,鼓励社会各界投资农村客运市场。为确保群众出行安全,该县在每个行政村村口均修建了候车亭,实行定点候车;同时加大了对黑车和农用车载客的查处力度,有力地维护了该县农村客运市场的秩序。

(张　敏)

运输站点

2012 年江西省道路客运站

表 13

单位名称	客运站数量合计	配备危险品安全检测仪	一级站	二级站	配备危险品安全检测仪	三级站	配备危险品安全检测仪	四级站	五级站	简易站及招呼站
全省合计	874	106	17	92	86	59	3	119	587	12418
南昌市	55	4	3	3	1	0	0	0	49	971
景德镇市	15	3	2	—	—	1	1	—	12	360
萍乡市	50	2	1	1	1	5	—	—	43	560
九江市	109	13	2	12	11	5	0	6	84	1170
新余市	26	4	1	3	3	0	0	0	22	421
鹰潭市	46	3	1	—	—	5	2		40	480
赣州市	151	20	1	19	19	28	—	52	51	1850
吉安市	111	16	1	16	15	4	0	10	80	1460
宜春市	112	14	2	12	12	—	—	—	98	2175
抚州市	59	14	1	15	13	2	0	1	40	1130
上饶市	140	13	2	11	11	9	0	50	68	1841

2012 年江西省道路货运站

表 14 单位:个

单位名称	货运站数量				
	合计	一级站	二级站	三级站	四级站
	(个)	(个)	(个)	(个)	(个)
全省合计	57	0	3	11	43
南昌市	0	—	—	—	—
景德镇市	0	—	—	—	—
萍乡市	1	—	1	—	—
九江市	0	0	0	0	0
新余市	0	0	0	0	0
鹰潭市	0	—	—	—	—
赣州市	34	—	2	—	32
吉安市	3	0	0	1	2
宜春市	11	—	—	10	1
抚州市	8	0	0	0	8
上饶市	0	0	0	0	0

【德安新汽车站通过二级汽车站站级评定验收】

11 月 2 日,新建落成的德安新汽车站顺利通过省公路运输管理局组织的站级评定验收,认定符合二级汽车站标准。德安新汽车站建设项目于 2010 年 7 月底开工,2012 年上半年完成土建任务,整个车站规划用地面积 2 公顷,项目总投资约 2000 万元。

(九江市交通运输局、长运集团公司)

【新余 2 个农村公路综合服务站列入省级试点】

10 月,通过试点申报,新余市渝水区水北农村公路综合服务站和分宜县双林农村公路综合服务站被省交通运输厅列入省级试点范围。列入试点范围的乡镇农村公路综合服务站的主要任务是做好所属乡镇区域内的农村公路建、管、养、运综合服务工作,建立并完善农村客运、货运、运政、路政、公路建设与养护综合管理服务功能,真正做到农村公路修到哪里、客运班线就通到哪里、养护工程就跟进到哪里、农村公路管理服务就延伸到哪里,切实将农村公路打造成惠民、便民的致富发展路。

(廖晓宇　邓清华)

【赣西万商红国际商贸物流中心二期工程启动】

3 月 18 日,赣西万商红国际商贸物流中心举行二期启动仪式,新余市委常委、常务副市长胡高平讲话,副市长贺为华主持仪式。全国各地的相关行业协会、商会代表等 3000 余客商云集万商红广场。赣西万商红(国际)商贸物流中心是赣西中心物流园区重点建设项目,是新余市“1020”重点工程,也是江西省重点项目。该项目一、二期共计 68 万平方米,市场年交易额逾百亿元,成为全国各地厂商抢占赣西乃至江西市场的重要平台和窗口。赣西万商红作为中国第五代专业市场,代表着中国未来专业市场规模化、物流化、现代化发展趋势,受到全国各地商会、协会、商界的广泛认同。全国建材、家具、五金、农副产品、小商品、服装鞋包等八大领域的 50 余家行业协会、商会力捧万商红,形成战略联盟。本次活动,义乌、温州、晋江、龙岩、石狮、南安、南昌、赣州、九江、宜春等全国原产地和江西地区千余家实力厂商,乘坐 28 辆大巴莅临新余,本地 800 余商家同时出席了启动仪式。

(刘振明)

【新余长运增设 7 个汽车售票点】 为方便广大

市民购票,6月,新余长运公司在市劳动北路梦想宾馆、广场悦华宾馆、新余学院内、江西冶金学院、渝工学院、新钢苗圃小区、市公交公司旁分别增设售票点。这些售票点的开设,将更加便民,附近的市民可以就近选择购票,节约了时间成本和费用成本。在一定程度上,提升了车站的服务水平,还能为车站扩大客源,缓解新余汽车站“场面大人气少”的窘态。

(王　敏　吴梦君　谢　丹)

【赣州汽车站迎客流高峰】 2012年1月17日下午4时,赣州汽车站候车大厅内座无虚席,售票窗口和检票处排起了长队。据悉,当日凌晨5时左右,已有旅客在候车大厅等候,大多是在赣州汽车站转车前往于都、崇义、大余、上犹、安远等地的旅客。为应对客流高峰的到来开放了临时候车室,以减轻汽车站高客流量带来的压力。赣州汽车站的客流量比上年同期高出至少10%,单日售票量突破25万张,客流高峰期一直持续到过农历大年。

(李发淳)

【虔城将新建3个公交枢纽中心】 赣州中心城区将新建3个公交枢纽中心和100座候车亭。2010年以来,公交企业土地划拨、购车资金、场站建设和企业改革等重大事项得到解决,公交场站和站台建设纳入财政预算,收回了部分公车私营承包线路,加大了对公交车辆购置的投入,部分路段实行公交“路权优先”。在城市建设中,该市将公交场站建设和候车亭建设纳入城市建设范畴,力求公共交通场站建设作为项目的配套设施,做到同步设计、同步施工、同步使用。2010年以来采取政府划拨土地,财政支持、公交企业自筹资金的模式,建设公交枢纽中心、综合停车场、加油站,在中心城区更新建设了300余座港湾式候车亭。2012年,该市还在中心城区新建3个公交枢纽中心和100座候车亭。

(李发淳)

运输工具

2012年江西省营运载客汽车(合计一)

表15

单位名称	合　计				其中:卧铺车		小计		班车客运客车					
			汽油车	柴油车					大型		中型		小型	
	辆	客位	辆	辆	辆	客位	辆	客位	辆	客位	辆	客位	辆	客位
江西省	18953	492156	471	18482	454	18217	15828	390416	3623	147696	9749	210618	2456	32102
南昌市	2450	69132	18	2432	33	639	1556	37313	430	17479	690	14857	436	4977
景德镇市	608	17425	—	608	15	617	474	12093	85	4034	205	5481	184	2578
萍乡市	1067	24778	16	1051	29	1233	990	21633	144	5526	753	14943	93	1164
九江市	3170	78568	128	3042	77	3177	2346	53039	450	18403	1376	27879	520	6757
新余市	324	8376	0	324	9	369	265	6047	48	1573	216	4462	1	12
鹰潭市	461	10892		461	0	0	409	9049	50	2050	359	6999	—	—
赣州市	3062	82938	231	2831	106	4482	2676	74495	923	38860	1289	28999	464	6636
吉安市	1845	52894	0	1845	55	2368	1558	41067	387	16663	1096	23424	75	980
宜春市	1610	47473		1610	72	2736	1529	44636	464	17213	1065	27423	—	—
抚州市	1504	31322	48	1456	50	2201	1425	29908	224	8753	833	15891	368	5261
上饶市	2852	68358	30	2822	8	395	2600	61136	418	17142	1867	40260	315	3734

(省运管局)

2012 年江西省营运载客汽车(合计二)

表 16

单位名称	旅游客车		包车客车		其他客车		租赁客车	
	(辆)	(客位)	(辆)	(客位)	(辆)	(客位)	(辆)	(客位)
全省合计	2581	93347	104	4187	440	4206	398	2341
南昌市	894	31819	0	0	0	0	0	0
景德镇市	134	5332	0	0	0	0	0	0
萍乡市	63	2476	14	669	0	0	0	0
九江市	752	24263	0	0	72	1266	72	706
新余市	38	1390	21	939	0	0	0	0
鹰潭市	47	1629	5	214	0	0	0	0
赣州市	123	5543	13	530	250	2370	208	1065
吉安市	261	10737	26	1090	0	0	0	0
宜春市	81	2837	0	0	0	0	0	0
抚州市	31	1194	0	0	48	220	48	220
上饶市	157	6127	25	745	70	350	70	350

(省运管局)

2012 年江西省营运载货汽车(合计)

表 17

单位名称	货运车辆总计		营运载货汽车		汽油车	柴油车	其他载货机动车		轮胎式拖拉机		牵引车	挂车	
	(辆)	(吨位)	(辆)	(吨位)	(辆)	(辆)	(辆)	(吨位)	(辆)	(吨位)	(辆)	(辆)	(吨位)
全省合计	445103	2996859	303146	1821929	4562	298584	79149	85396	707	904	22413	39688	1088630
南昌市	50967	198840	46489	186707	0	46489	3212	2991	0	0	915	351	9142
景德镇市	13600	75389	10602	44276	3019	7583	109	149	55	107	1301	1533	30857
萍乡市	28766	88300	17318	71009	438	16880	10624	9934	—	—	528	296	7357
九江市	47281	265601	32796	170922	0	32796	9123	10443	0	0	2293	3069	84236
新余市	36909	400571	20353	133601	0	20353	3406	2366	—	—	3794	9356	264604
鹰潭市	22999	331819	8874	71789	—	8874	1169	1169	—	—	4259	8697	258861
赣州市	50139	127389	34778	111466	—	34778	15219	15447	—	—	114	28	476
吉安市	46683	268814	24297	148392	323	23974	15567	16653	255	357	2775	3789	103412
宜春市	53012	510013	46761	434999	—	46761	2286	3199	—	—	795	3170	71815
抚州市	47558	413174	26872	203284	30	26842	7738	8998	273	273	5639	7036	200619
上饶市	47189	316949	34006	245484	752	33254	10696	14047	124	167	—	2363	57251

(省运管局)

【景德镇市民购买本地产汽车可享政府补贴】自 1 月 1 日起到 12 月 31 日止,景德镇市政府延续 2011 年的财政补贴政策,对购买昌河汽车的景德镇户口的居民,给予一次性政策补贴,但 2009

年、2010年、2011年已经享受补贴政策的购车者则不再享受此项政策。

为进一步促进汽车工业更快更好发展，根据全国经济工作会议和国家汽车产业振兴计划的精神，结合经济发展实际，景德镇市政府决定继续实行促进昌河汽车发展的相关措施，以拉动内需，促进消费。列入该市财政补贴政策的车型包括江西昌河汽车有限责任公司和昌河铃木汽车有限公司销售的北斗星、浪迪和爱迪尔车型。补贴对象为持有景德镇身份证的本地人，每人限购一辆享受补贴的汽车，购车后两年内不得转让。

景德镇市拥有城市户口的购车者，凭身份证和户口本到指定的直销点（江西昌河汽车有限责任公司景德镇销售分公司）购车，市财政凭购车发票按销售价格的5%给予财政补贴，对持有农村户口的景德镇市购车者，在享受上述5%财政补贴的基础上，再增加5%的财政补贴，补贴为一次性给予。

（涂　强）

【景德镇市首家二手车鉴定评估公司成立】 2月10日，景德镇市四方二手车鉴定评估公司挂牌成立。该公司为景德镇市首家二手车鉴定评估公司。该公司的成立，对进一步规范景德镇市二手车交易行为，维护买卖双方合法权益，打击非法车辆交易，净化二手车市场起到积极作用。

（涂　强）

【省集装箱道路运输发展现状专题调研组到景德镇市调研】 8月10日，全省集装箱道路运输发展现状专题调研组组长、省公路运输管理局纪检书记姜健政率省交通运输厅运输管理处、规划处和省公路运输管理局等有关领导来景德镇市调研。

此次调研的内容主要包括，货运场站和集装箱运输场站的建设情况；集装箱运输企业的运力结构、运输组织情况，长期固定在本地进行集装箱运输的车辆数，包括外省籍的车辆数，承担本地集装箱运输的本地企业数量和外地企业数量，及各占的比例；2011年度货运量和集装箱运输的货运量（吨位、箱数），进出江西省集装箱运输货运量和流向九江港、南昌港的货运量，内贸箱与外贸箱的比例；集装箱运输的货物流向，流进货物来源来地、流出货物目的地，跨省集装箱运输采用的运输方式（公路、水路、铁路或金工联运），各种运输方式的比重，集装箱运输通过普通公路的比例；货物种类等方面的内容。

自改革开放以来，景德镇市集装箱道路运输市场得到了长足的发展，但在发展的同时也遇到当前市场经济发展的“尴尬”局面，大量货运企业和货配企业仍处于一辆车或一张桌子、一台电话、一块牌子的“散户”状态，呈现出“杂”（经营主体杂）、“小”（企业规模小）、“散”（市场散乱，组织化、有形化程度低）、“弱”（行业实力和竞争能力弱）的特点，集装箱运输规模化程度低、道路货运市场信息化程度低、货运站场乱等诸多问题较为突出。

景德镇市交通运输局向调研组提出4条建议，一是切实提高思想认识，增强工作责任感，认真依法履职履责，加强对道路货物运输市场的准入与监管，维护道路货物运输市场经济秩序；二是大力宣传、鼓励和发展公路集装箱运输和甩挂运输，运用各种媒体扩大宣传，提高人们对集装箱运输和甩挂运输先进性、经济性的认识，为发展汽车集装箱货运和甩挂运输开道；三是合理规划物流园区建设，尽快出台货运站场建设和经营管理政策，引导建设集货运站、仓储、信息交流、货运交易、停车等功能为一体的道路货运枢纽；四是建立多渠道道路货运站场投资融资体制，加快规划建设物流园区，形成产业规模经济。

调研组对景德镇市发展集装箱道路运输工作给予较高评价，认为要改造传统货运业、推进货运集约化、发展现代物流业才是道路货运业发展的大方向，希望景德镇市各级政府要高度重视，各相关部门的积极支持及强力推动才能有所作为，相信景德镇市的集装箱运输和甩挂运输会有更大的发展。

（李青松）

【萍乡市百辆公车公营模式新能源出租车投入营运】 随着城市规范不断扩大，根据城市道路交通规划设计规范，按照城市人口数量，2012年初，萍乡市在原有600辆出租车的基础上新投入100辆新能源出租车，满足城市出租客运市场的运力需求。该批出租车全部实行公车公营经营模式，萍乡汽车运输有限公司、深圳市运发出租小汽车有限公司分别通过招投标方式取得50辆出租汽车经营权。本次投放的100辆出租车为大众畅达双燃料出租车,燃料以天然气为主,出租车外观颜色为黄色,车顶灯加装了LED电子液动显示屏。新型出租车的投入运营,将大大提升该市客运交通基础设施配套水平,方便市民出行。

(晏卫东)

【九江道路运输运力发展迅速】 2012年,九江市拥有道路客运企业75户,客运班线874条,其中省际班线118条、市际班线145条、县际班线217条、县内班线394条。共有营运客车2894辆,71091个座位,其中班线客车2281辆(三类以上班线客车919辆),53039个座位,旅游客车613辆,18052个座位。拥有道路货运企业10865户,货运车辆47281辆,载重量265601吨。其中危险货运企业32户,危险货运车辆1541辆,载重量18732吨;普通货运企业10833户,货运车辆45740辆,载重量246869吨。

(九江市交通运输局)

【江西省首批液化天然气公交车新余发车】 6月29日,新余市乃至江西省首批20台1NG(液化天然气)公交车在新余发车运行。市委常委、副市长廖晓凌出席发车仪式并宣布发车。这标志着该市城市公交事业在改善城市空气质量、建设文明城市、构建和谐社会、营造绿色家园等方面又向前迈进了一大步,必将在改善广大群众出行条件、加快城市建设步伐起到积极的推动作用,必将为提升城市形象、促进社会经济持续发展注入新的活力。

(李佩文　彭　剑)

【定南县购进三部豪华客车投入运营】 定南县为了规范客运秩序、整合客运市场,提升服务水平,通过服务质量招投标,确定了由赣南鸿达运输定南分公司经营定南至深圳宝安线路。该公司从5月12日正式运营,至年底已资390多万元购进了三部高三级豪华客车投入运营。

(肖　琼)

【宜春市汽车首次纯天然气客车首度亮相春节运输】 元月10日,4辆天然客车在宜春汽车北站,投入营运。这是宜春汽运第一次采用天然气客车运行客运班次,成为今年春运的一个新亮点。此次使用的宇通牌天然气客车,车长分别为9.08米、9.38米;车宽分别为3.25米、3.5米。一次充气可跑800千米,最高时速可达130千米,百千米耗气约120元左右,而同等型号的柴油客车需耗柴油约180元左右。经测算对比,每百千米燃料消耗成本可降低成本30%左右。这些天然气客车的冷气动性能好,运转平稳,较普通燃油客车噪音降低40%以上,天然气还不含铅、苯等致癌的有毒物质,经提纯净化后的天然气无色、无味、特别是对一些因汽油、柴油气味感到不适的旅客乘坐更为舒适和方便。由于天然气主要成分是甲烷,甲烷燃烧后生成二氧化碳和水,基本无污染,它可以使一氧化碳排放量减少97%,碳氧化合物减少72%,二氧化碳减少24%,二氧化硫减少90%,氮氢化合物减少39%,同时天然气不含汽、柴油中存在的胶质、硫和其他杂质,燃烧不会产生积碳,对气缸、活塞、气门等部件的损害较小,发动机寿命可延长20%左右,维修费用显著降低。在安全性方面天然气客车更为"抢眼"。天然气易燃范围比其他燃料窄,而且是无毒、无腐蚀性和非致癌的。即使泄露也不会对土地或水形成威胁,使用安全性优于汽油等大多数燃料。

(徐　炜)

【宜丰县增加营运货车和出租车】 该县按照"先放活后规范,先繁荣后理顺,先扶持后受益"的思路,完善网上审批和"一站式"办证服务,全面落实延期服务、预约服务、上门服务等便民服务措施,进一步提高办事效率和服务质量,截至2012年12月底,营运货车达到4486辆58877吨位,顺利实现"两年翻番"。近年来,该县一直保持70辆出租车总量未变,社会各界和群众反映"打车难"。为给广大市民提供安全、便捷交通条件,4月,在全县投入30辆北斗星城区出租车,并逐步更换部分老旧的出租车,制定出租车运营区域,规定出租车的经营路线,确保广大市民出行方便。

(漆志勇)

【上高县工业园区新增公交车20辆】 该县交通运输局把完善公交运营机制,帮助企业降低综合成本,解决企业发展与公交运力不足的矛盾,作为转变作风、优化环境、安商服务的重要工作举措来抓,举全局之力抓好该项工作。一是调整线路,完善公交运营网络。按照工业园“一园三区”的布局,在现有公交网络的基础上,采取班次加密、线路延伸、新开公交线路等方式,加大和完善公交线路的覆盖面。以包含园区内小循环,新老城区大循环,园区至乡镇城乡公交直达等完善公交线路,在园区及周边新建候车亭40个,全面改善园区员工候车条件。二是加大投入,缓解公交运力不足。8月由城市公交公司城乡公交公司各新购大型公交车20辆投入运营,每趟次新增运力3000人次。三是科学调度,缓解高峰运行压力。在高峰时段,加密班线,全力保障企业员工上下班需求。其他时段运力降低园区内公交线路密度,均衡城区线路的运行,为园区员工提供优质的公交服务。

(潘泓羽)

【袁州区货运新增汽车2211辆】 为适应锂电等工业快速崛起运输需求,区交通运输局把道路运输产业发展作为经济发展新亮点,工作重中之重,加强领导,制订方案,强化服务,加大工作力度,全力推动道路运输产业发展,全年新增货运企业133户,营运汽车3644辆,吨位11723.49吨,其中危车辆为368辆,吨位3545.1吨,上缴税收4000万元。该区还鼓励企业以资产为纽带,各货运公司和个体经营户,按照“自愿联合,资产入股,提升实力,共担风险”的原则,进行重组、兼并等股份制改造,进一步做大做强货运企业。延伸产业发展链,进一步发展现代化物流企业。大力引进关联企业投资落户,逐步形成完整产业链,为促进该区货运产业跨越式发展提供良好的政策和市场环境。全区共引进物流企业14户,极大促进经济社会全面有序发展。

(李　庆)

【樟树市购置新车备战春运】 为改善市民出行条件,优化城乡交通环境,该市城乡公交有限责任公司加大投入,共筹措400余万元资金一次购置10台豪华型客车投入春节运输。新车的投入使用进一步方便群众出行、缓解春运交通压力。春运期间,市城乡公交公司以此为契机,进一步提升服务质量,严格落实行业服务规范,加强科学调度管理,完善社会承诺服务机制,做到硬件上档次,软件上水平,为市民出行创造更好的乘车环境。

(杨　波)

道路运价

【南昌到上饶投入全新豪华大巴票价更优惠】 2月13日开始,南昌长运新购四辆全新更舒适、更安全的德国尼奥普兰大客车投入南昌至上饶快客运输,票价还更优惠,票价由90元/人优惠到58元/人。南昌发班站为徐坊客运站,发班时间为7:00~19:30分,每小时一班。此外,南昌长运公司从2月13日起,对从南昌徐坊客运站发班的高速客运班线汽车票价进行下调,把实惠让利给广大旅客。其中,新余50元、宜春50元、萍乡55元、上饶58元、抚州28元、吉安42元。

(江西长运)

【景德镇长运公司“一元票价”回馈大学新生】 景德镇长运有限公司共开通景德镇至南昌、九江、武汉、上海、杭州、宁波、赣州、长沙。(萍乡)、新余(宜春)、上饶、婺源、苏州(昆山、常熟)共16条高速直达.客运班线,票价最高的为上海班线,每票220元。暑运期间,景德镇长运有限公司面向全市大学新生推出“一元票价”活动,景德镇市籍学生凭2012年大学录取通知书,只需花一元钱,就可购买该公司高速直达客运班线任何班次的去程车票。

(涂　强)

【鹰潭客运调整运价】 2012年,贵溪市客运企业在执行运价规定中作了新的调整:身高1.2米以下不单独占用座位的儿童免费;身高1.2米~1.5米的儿童可购买儿童票;革命伤残军人、因公致残的人民警察乘车凭伤残证件可购买优待票。儿童票和优待票为单程票价的50%计算。

鹰潭市至各主要城市汽车标价一览:鹰潭至上海:运距712千米,大型高一卧铺245元/人;大型高二卧铺293元/人。

鹰潭至福州:运距572千米,大型高一卧铺194元/人;大型高二卧铺231元/人。

鹰潭至石狮:运距788千米,大型高一264元/人;大型高二卧铺316元/人。

鹰潭至宁波:运距640千米,大型高一卧铺

220 元/人;大型高二卧铺 262 元/人。

鹰潭至南昌:运距 168 千米,大型高一卧铺 54 元/人;大型高二卧铺 66 元/人。

(艾年宗)

【赣州市调整公路客运班线里程票价】 7 月,该市物价部门根据省交通运输厅等五部门《关于印发全省收费公路专项清理暨取消普通公路收费实施意见的通知》文件精神,及时对相关班线的路桥费进行核减,同时相应调整全市 16 个县(市)93 条班线省际省内班线的客运票价。

(赣州市运管处)

【抚州市城区空调公交车票价调至 2 元】 6 月 1 日起,抚州市城区 2 路、22 路空调公交车实行季节性票价调整,票价调至 2 元。此次票价调整涉及 45 辆空调公交车。

抚州市公交公司考虑到市民的经济能力和城市公交车辆规范管理,按照季节性票价规定,市公交公司对市城区空调公交车实行季节票价制度,具体做法是:每年 6 月至 9 月的四个月时间里,运营车辆一律开冷气,票价 2 元;12 月至下一年 3 月的四个月时间里、运营车辆一律开暖气,票价 2 元;其余四个月时间里,运营车辆一律关闭空调,票价 1 元。

市城区 2 路公交线路现有 33 辆公交车,全部为空调车;22 路公交线路现有 23 辆公交车,其中 12 辆为空调车。

(陈根玲)

【铅山县调整农村客运票价】 铅山县物价局、交通运输局联合下发了《关于调整铅山县农村客运票价的通知》,从 2012 年 6 月 1 日起,该县农村道路客运票价全面调整。

该县物价局、县交通运输管理所通过市场调查、成本监审、价格审议、召开座谈会、上报政府同意等程序,核定农村客运班车运价为 0.23 元/人千米。在 26 条线路票价中,新核定的票价标准比原标准略微上调的占 42.3%,持平的占 53.8%,下调的占 3.8%,充分考虑了消费者的承受能力和运输经营企业的合理利润,切实维护该县农村客运市场的健康发展。

(陈均培)

道路旅客运输

【全省春节运输】 2012 年,春节运输于 1 月 8 日开始,至 2 月 16 日结束,为期 40 天。春运期间,全省道路客运量首次突破 5000 万人次,为 5054.08 万人次,与上年春运相比增长 3.1%。全省道路运输企业共投入客车 18542 辆,其中班线客车 15352 辆,旅游客车 1923 辆,日均投入运力 17494 辆,同比增长 0.7%;全省加班达 14653 班次,同比增长 4.2%;包车达 23052 趟次,同比下降 4.5%。

整个春运期间,全省共收到运政执法投诉 2 起,与上年春运相比下降了 10 余起。

春运期间,全省各级道路运输管理机构和道路运输企业始终坚持“安全第一,预防为主”的方针,按照“抓好源头、抓好预防、抓好监督”的指导思想开展春运安全生产和安全管理工作。尽管春运期间天气状况较差,但春运安全形势进一步好转。据统计,2012 年春运期间,全省共发生道路运输安全事故 5 起,死亡 14 人,受伤 31 人。与上年春运相比,道路运输安全事故起数下降了 4 起,死亡人数基本持平,受伤人数上升较多。

(省运管局:章华平)

【全省“十一”黄金周运输】 2012 年“十一”黄金周期间全省共完成客运量 1025.97 万人次,同比增长 6.1%。全省道路运输企业共投入客车 123423 辆,日均投放客车 18308 辆,完成客运量 1025.97 万人次,继续保持了多年来黄金周期间客流持续增长的态势,日均客运量再创历史新高。同时,全省未发生一起旅客滞留事件。

(省运管局:章华平)

【景德镇市公路春运】 2 月 16 日,为期 40 天的 2012 年春节运输工作于 2 月 16 日结束,景德镇市各汽车站共发班 52947 班次,其中加班 1834 班次、包车 912 班次,运送旅客 210.91 万人次,发班总数、运送旅客人次同比分别增长 5.2% 和 5.6%。2012 年公路春运客流量呈现出波峰不高但波峰长的特点,说明公众出行更加理性,注重避开客流高峰出行。自1月27日(正月初五)起至2月8日(正月十七),全市公路客流维持在日均运送旅客6万人次以上,其中1月29日达到峰值为6.7万人次。

为让旅客走得了、走得好、走得满意,景德镇市交通运输局精心组织调度,科学安排班次,加强安全监督,完善服务举措,完善执法人员驻站制度。及时审批车站加班、包车等申请,做到快速调集运力。监督"三不进站"(危险物品不进站,无关人员不进站,无关车辆不进站)、"五不出站"(车辆证件不全或不符合规定不出站,车辆安全例检不合格不出站,驾驶员资质不符合要求不出站,超载车辆不出站,车辆出站登记表未经审核签字不出站)制度的落实。强化路面稽查,严处客车超载、超速行驶和车辆"带病"运营,落实道路客运安全告知制度。客车执行凌晨2时至5时强制停车休息制度。汽车客运站增设售票窗口,延长客票预售期,增加电话预约、送票上门等服务措施,保持车站、车辆整洁,为旅客营造温馨舒适的乘(候)车环境。整个春运期间,景德镇市籍营运客车未发生致人死亡的交通运输生产事故,顺利实现"安全、优质、满意、舒适"目标。

(涂　强)

【"爱心送考"暖瓷都】 6月6日,景德镇市启动"爱在路上情暖瓷都2012爱心送考"活动。此次"爱心送考"活动由景德镇市公安局交警支队、城市客运管理处、瓷都交通音乐广播台联合主办。"爱心送考"活动得到了社会各界的大力支持,共有100多辆出租车和私家车、企业主参与,其中30%是私家车。全市共设三个爱心送考点和三个爱心接考点,三个爱心送考点为金昌利陶瓷市场大门东侧、昌南大道东端路口、里村街心花园,三个爱心接考点为景德镇一中、景德镇二中、昌江中学。高考期间,爱心车张贴统一标识,为高考学子提供方便、快捷、准时的送考服务,考生凡遇到张贴有"爱心送考"字样的车辆,均可出示准考证免费乘车去往市区任一考点。这是该市自2003年以来,连续10年举办的"爱心送考"活动。

(涂　强)

【景德镇市交通运输部门紧急疏运滞留旅客】 8月13日,受第11号台风"海葵"影响,8月9日至10日,景德镇市区域内平均降雨量达306毫米,加之上游地区也普降暴雨,导致境内山洪暴发、河水猛涨,该市遭遇有史以来特大洪涝灾害,城区多条道路被淹,积水最深处近2米。

受城市内涝影响,9日,景德镇市城区共35条公交线路全部停运,至10日中午采取绕行、接驳运行等方式维持部分线路运行,自11日清晨全部恢复运行。10日,景德镇长运公司所属汽车南站16条班线全部停运,至11日全部恢复;景德镇汽车站发往上海方向的班车停运,11日恢复发班;景德镇汽车东站发往婺源的班车停运,11日恢复发班。

特大洪涝灾害导致途径景德镇市的7趟列车滞留,共滞留旅客近6000人。景德镇市交通运输局从公交公司、长运公司及江南旅游公司调集大型客车,将旅客疏散到其他车站、旅馆。但到10日晚,仍有500余名长途旅客滞留。在得到省交通运输厅应急办的支持下,又从周边地市调集11辆大客车将滞留旅客分别送往厦门、鹰潭等地。此次共调集大客车53辆,疏散旅客近6000人;景德镇汽运集团调集大货车3台,转移重要物资60余吨。

(涂　强)

【景德镇市交通运输局为瓷博会提供完善交通运输保障】 9月初,2012中国景德镇国际陶瓷博会动员大会召开后,景德镇市交通运输局迅速调集精干力量进驻瓷博览会组委会,在执委会的统一指挥下,积极高效地完成各项工作任务,保障了瓷博会各项活动的用车需求,圆满完成交通接待任务。瓷博会期间,共接送来宾5000余人,运送来宾30000余人次,运送学生志愿者2000余人次。

至10月22日瓷博会结束时的13天时间里,景德镇市交通运输局派出人员组成的交通接待组共调集大巴车70余辆,同时储备30余辆应急用车;调集轿车20辆、考斯特9辆交由市委接待处调度使用;制定相关的应急预案,确保了开幕式当天及瓷博会期间大型活动的用车需求;协调市公交公司开通免费公交专线1条(从10月17日开始,每天早7点至晚9点开行,每20分钟一班,免费公交专线运行时间比往年延长1个半小时),方便本市市民参观游览瓷博会;协调市城市客运管理处调集20辆爱心出租汽车以备应急使用，方便外地来宾的用车需求。

针对往届瓷博会市直各单位公务用车调度不畅的情况，交通接待组对车辆调集和管理进行了改革，采用调集和租用相结合的新方式，从景德镇长运旅游汽车公司租用了15台高档商务车和轿车，采用全天租用形式，随叫随到，保证了瓷博会各类贵宾的用车需求。为便于乘飞机来景参加瓷博会的省外、国外来宾快捷出站，交通接待组在昌北机场设立接站点，协调该机场开辟了瓷博会接机专用快速通道。虽然未在九江设置接站点，但交通接待组仍安排专人负责九江接站事宜。除九江和南昌外，交通接待组还派人负责黄山机场的外宾接待工作。

瓷博会期间，交通接待组向各接待宾馆派出车辆调度专员共12人，负责入住各宾馆来宾参加活动的用车调度，并为来宾提供预订返程车票、机票等服务，用“热情、周到、快捷”服务国内外宾客参加瓷博盛会。

（胡耀仁　涂　强）

【新余公交春运】 2012年春运，新余公交运载人次472.16万人次，比上年同期增长2.56%；行驶里程100.17万千米，发行班次1.73万班次，比上年同期增长6.79%；发车准点率96%，站点准点率95%；交通事故大幅减少。为缓解2012年春运期间客流量大、恶劣天气多和运力紧张的局面，满足市民的出行需求，春运期间，新余公交公司加强安全管理，定期进行检查，重点检查行车情况，并加强对一线驾驶员的安全教育；杜绝易燃、易爆、危险品上车，安排安全稽查员在胜利路、劳动南路、仙来大道等主城区各站台站点进行检查；针对学生客流、务工客流、节前购物高峰的乘车需求，有重点地安排加班车补充运力，增加班次密度，延长末班车时间，最大限度满足出行需求；加强对营运车辆头、腰、尾牌和车身广告的全面检查，发现问题及时整改，保持车厢整洁，为乘客提供舒适的乘车环境。

（彭　剑　战　亮）

【分宜县旅客运输】 2012年，全县营运客车拥有量为127辆（班线客车29辆、农村班线客车98辆），公交车75辆，其中城乡公交15辆，出租车105辆；全县客运班线76条（其中农村客运班线57条）。其中，新增农村客运班线4条，新增客车4台28座，完成投资110万元。新增公交车19辆．209座，完成投资485元。更新出租车54辆，占总数的511.4%，完成投资1020.6万元。全年完成客运量548.959万人次，完成客运周转量3947.95万人千米。

（熊细芽）

【新余市渝水区旅客运输】 截至2012年年底，全区共拥有客运公司3个，城乡公交公司3个，个体客运业户2户，拥有客运车辆125辆（其中农村客运车辆37辆，城乡公交车88辆），班线48条，日发班次476班；拥有乡镇客运站9个，客运招呼站187个。全年完成客运量837.13万人次，客运周转量18285.05万人千米。

（王志勇）

【鹰潭市2012年春运】 2012年春运期间，鹰潭市交通运输局根据省运管局和市交通运输局关于认真做好2012年春节运输工作的要求，认真落实《江西省道路春运工作规范（试行）》各项工作，按照“和谐有序、安全为先、科学组织、优质便捷”的指导原则，加强领导，周密部署，通力协调，狠抓安全。春运期间，该市投入客运运力945辆（含出租车），安全运送旅客128.7万人次，未发生一起旅客滞留现象和道路运输重大事故，圆满完成春运任务。

（鹰潭市交通运输局）

【鹰潭市交通运输局启动应急预案分流旅客】 2012年8月10日，受台风“海葵”的影响，皖赣线景德镇路段被水淹没，造成大量旅客滞留，根据省应急办和市委、市政府指示精神，市交通运输局迅速作出反应，成立临时指挥部，全力以赴做好分流滞留旅客工作：一是迅速把道路运输应急预案三级响应提升为二级响应；二是要求鹰潭境内所有客运企业的客运车辆原地待命，随时听从调遣；三是要求各客运公司选派优秀驾驶员参与疏散旅客运输工作；四是组织局机关、运管处、城区所干部，由局领导带队现场调度指挥车辆；五是协调沿途运管部门开辟绿色通道并安排专人给应急车辆发放包车牌；六是确保票价稳定在市发改委和市交通运输局规定的范围内;七是安排工作人员在高速公路出口迎接景德镇方向分流过来的旅客;八是积极协调火车站做好滞留旅客的分流工作。截至8月11日10时左右,鹰潭市交通运输局共调度旅游大巴37辆,中长途客运车辆22辆,用于疏散滞留旅客,发送到景德镇方向,总计发送100余班次,输送旅客近3000余人。此后,鹰潭市交通运输局还在紧张的调度车辆疏散旅客,没有发生一起旅客滞留现场情况。

(艾年宗)

【赣州高考爱心车队第八次发车276辆车免费接送考生】 6月6日上午9时,2012年赣州市“高考爱心车队”在赣州市体育中心正式发车。由192辆出租车、80辆私家车、4辆公交车组成的“高考爱心车队”在6月7日至8日高考期间,为高考考生提供免费接送服务。高考期间,赣州市中心城区所有参加高考的考生只要凭“高考爱心车队免费乘车卡”’就可以免费乘坐贴有“高考爱心车队”标志的车辆前往考点赶考或回家。为了方便河套外的考生赶考,2012年高考期间还有创纪录的36辆爱心车辆为居住偏远的考生提供“一对一”的免费定点送考服务。在现场,参与了全部八次“高考爱心车队”助考活动的出租司机肖岳告诉记者,他7年前第一次参加时刚买了第一辆车,如今他已经买了第二辆车,还将继续为高考献出自己的爱心与力量。参与爱心车队的私家车数量正在逐年递增,这表明市民参与公益活动的意识和热情在不断提高,2012年80辆私家车也是历次数量最多。此次公益活动还组织了20名共产党员出租车司机组成爱心车队,除了高考助考之外,还将不定期开展社会公益活动。

(李发淳)

【赣州市道路春运完成客运量586万人次】 通过广大交通运输系统干部职工的共同努力,为期40天的春运工作已安全稳定的落下了帷幕。在2012年春运工作中,该市道路运输参与春运工作的运政管理部门、汽运企业、汽车站等单位认真地坚持“以人为本、安全第一、”未发生重大安全事故,已安全输送旅客586万人次,与上年同比客运量上升6.5%。春运期间,在保证正班发车的基础上还组织包车2705辆次、加班包车10099辆次,较好地满足了旅客出行的需要。

(李发淳)

【奉新县春运】 该县交通运输局为确保2012年春运工作顺利完成,成立春运工作领导小组,由局长亲任组长,领导小组设立春运工作办公室,投诉中心,实行24小时值班,节假日不休。履行“三关一监督”安全监管职能,对客运站严格执行“三不进站、五不出站”管理,对旅客上车严查危险三品。整个春运期间,切实严把车辆技术状况关。凡投入春运的车辆全部进行春运综合性能检测,同时投保客运车辆承运人责任险。春运期间,共安全运送旅客61.262万人次,日均投入客运力192辆,圆满完成春运工作任务。

(魏振宇)

【奉新县协力做好中高考学生运输】 为确保2012年度普通高校招生统考和中考考生运输,在县教育、公安等部门积极配合下,县交通运输局围绕“安全、快速、优质”的运输目标,精心组织,统筹安排,全力以赴从三方面切实做好高考生的运输工作。一是成立工作领导小组,由局长孙乐平任组长,分管副局长、运管所长赵建中任副组长,做到组织到位,举措到位,服务到位,责任到位,安全生产到位。二是制订方案,合理安排时间、线路、车次,调最好客车和技术最好驾驶员,负责考生运输。三是严格落实“三把关一监督”的要求,对车辆和驾驶员进行严格审查,凡车辆技术性能不达标的一律不准参加高考运输,实现零投诉、零事故。四是做好突发事件的应对预案,确保考试运输工作万无一失。通过努力,2012年高考、中考,共安全运送考生3600人次。圆满完成考生运输任务,受到考生和家长好评。

(魏振宇)

【奉新县“五一”“十一”节日旅客运输】 “五一”是客流高峰,县运管所突出“四个强化”,做好“五一”“十一”期间的道路运输。一是强化安全监管,杜绝安全隐患。在“五一”“十一”等节日前组织一次对各客、货运输企业、汽车站的安全检查,尤其是客运企业和危货运输业,对检查中出现的隐患及时进行处理和整改,做到防患于未然。并要求运输企业进一步加强驾驶从业人员的安全教育，客运站切实落实安全生产责任制，加强安全生产管理。二是强化组织领导，抓好驻站管理。加强驻站值班制度，做到值班人员到岗到位，充分发挥运管驻站职能，并要求各车站严格执行“三不进站，五不出站”制度，杜绝“三品”进站上车，确保道路运输安全。三是强化车辆动态监管，确保行车安全。要求企业GPS实行24小时监控，尤其要加强从事跨省超长班线、夜间班线车辆和农村客车途中超载的动态监管，及时提醒驾驶员不超速、不超载、不疲劳驾驶，遇到恶劣天气，提前做好安全防范措施，确保行车安全。四是强化值班值守，确保信息畅通。要求企业做好“五一”“十一”等节日期间的值班工作，实行领导带班，认真做好启动相关应急预案和处置突发事件的各项准备工作，一旦发生突发事件和事故险情立即采取有效措施进行处置，并及时上报。

（魏振宇）

【高安市道路运输】 2012年末，高安市共有营运客车268辆、出租车180辆、营运货车20556辆，汽车综合性能检测站1个、机动车驾驶培训学校5所。共完成道路客运量536万人次，旅客周转量12.9亿人千米，分别比上年增长3.8%和6.2%；完成道路货运量406.3万吨，货运周转量51.2亿吨千米，分别比上年增长5%和5.3%，有力促进全市经济和社会的发展。为扎实开展春运工作，市交通运输局不断提高思想认识，强化工作措施，落实工作责任，凝心聚力，突出抓好春运动员、宣传、安全、服务四个方面的工作，圆满完成2012年春运任务。春运期间，共运送旅客70.56万人次，做到站不留客，疏送及时，运送无事故。

（高交局）

【抚州长运年度各项生产经营任务圆满完成】 2012年，抚州长运有限公司完成营业收入17025万元，比上年同期增长13.5%；实现利润1668万元，比上年同期增长14.5%；实现权益报酬率15.9%，比上年同期增长1.92个百分点；全司16个分公司有12个分公司完成或超额完成公司下达的利润计划。占单位总数的75%，比上年同期上升12.5个百分点。全司与上年同期相比利润滚动增长10%以上的单位有10个。全司共完成客运量673.72万人、客运周转量80894.27万人千米，站务营业收入22135.48万元，分别比上年同期增长0.2%、5.32%、9.2%；全司班线效益费同比净增长115万元，增幅11.61%；小件快运收入365.2万元，配水业务收入263.12万元，分别比去年同期增长3.29%、7.24%。全司物业出租收入626.18万元，同比增长9%；培训鉴定业务发展迅速，全年收入241.23万元，同比增长126%；净利润40.19万元，同比增长28%。机动车检测收入128.7万元，同比增长10.6%。

（抚州长运公司）

【上饶汽车客运中心站安全输送旅客】 上饶汽车客运中心站在“五一”期间共发送车辆980班次，发送旅客10000人次，未发生一起交通事故，为群众出行创造安全畅通的交通环境。

结合“安全隐患整改年”活动，上饶客运中心站在“五一”前对所辖营运客车进行一次全面检查，不符合营运技术标准的车辆停运检修，重新检测合格后方可上线营运，防止车辆带病运行；同时对GPS车载终端、车内灭火器、安全带、安全锤等安全设施进行检查，对设备失效或没有相应设施的，责令立即保修或补齐。对发现的安全隐患及时整治，下发安全隐患整改通知书10份，整改后组织人员进行了复查，切实把安全隐患消灭在萌芽中。对客运车辆及其驾驶人的从业资质进行一次全面排查，确保驾驶人员资质无问题，驾驶无问题；摸排调查营运驾驶人的吸食、注射毒品及长期服用依赖性精神药品情况，消除“毒驾”隐患，坚持发现一起，处理一起，绝不姑息手软。同时，进一步加大了GPS监控平台落实安全措施、对车辆实行动态监管，确保营运安全。

（李长乐）

【上饶市2012年春运】 2012年道路春运于1月8日开始，2月16同结束，为期40天，上饶市的公路客运量为786.61万人次、同比增长5.73%；铁路方面共输送旅客104.75万人次、同比下降5.7%；水路客运量仅有1.41万人次、逐年递减，均为水库、湖区短途客运；市中心城区客运量超780万人次，同比有较大增幅。

（上饶市交通运输局）

道路货物运输

【新余市现代物流业】 近年来,新余市坚持主攻工业不动摇,大力实施工业立市、工业强市战略。在着力做大做强"钢铁、新能源、新材料"三大支柱产业的同时,积极推进现代物流业发展,全市物流业发展良好。截至年底,全市拥有各类物流企业348户,其中公路运输物流企业133户,公路货运车辆3.2万辆,总吨位35万吨;铁路运输物流企业7户,水路运输物流企业2户,物流仓储企业75户,物流信息服务等其他企业131户。2012年,全市共完成货运量约1.22亿吨,同比增长11.9%。全市有8户物流企业上缴利税突破千万元,有2户物流企业通过全国货运企业质量信誉考核,获国家3A级货运资质企业。"十二五"期间新余市重点规划建设"一个物流园、六个物流中心",即赣西中心物流园区和天润、分宜、新余经济开发区、罗坊、穗东、下村工业基地等6个物流中心,其中天润和穗东物流中心已完成一期项目建设,赣西中心物流园区正在建设中,其他4个物流中心正在筹建中。

(沈欢欢 姜正义)

【新余商贸物流业举行战略发展高峰论坛】 4月28日,新余商贸物流业战略发展高峰论坛暨赣西万商红(国际)商贸物流中心招商推介会在新余市会展中心举行,这标志着新余商贸物流业发展史上的又一个里程碑。与会专家、学者立足新起点,站在新高度,围绕着推动新余市商贸物流业发展的战略部署,深入浅出,进行智慧碰撞、观点交锋,赢得了与会人员的喝彩。整个活动历时2个多小时,高潮起伏,掌声不断。此次活动由新余市政府主办,新余市仙女湖区管委会、万商红商贸物流开发有限公司承办。赣西万商红(国际)商贸物流中心占地1平方千米,建筑面积100万平方米,汇集建材、家具、五金机电、汽车等八大市场,雄踞仙女湖物流园区,是商贸物流业长远发展的战略要地。同时它不仅具有得天独厚的时间、空间和地理优势,而且自身还具有规模化、物流化、城郊化和现代化。与会专家、学者认为商贸物流西进,是新余城市规划的战略性选择,具有可持续性发展的空间,赣西中心物流园区的开发建设,既充分发挥新余市工业集聚优势的现实作用,也是今后一个时期新余市全面提升第三产业发展的重中之重。赣西中心物流园区是集多种物流服务功能于一体的综合物流园区,是新余重点建设项目,成为新余市现代物流发展的基础平台与运作基地,已纳入《江西省现代物流业"十二五"发展专项规划》和《新余市现代物流业发展规划》。发展大商贸、搞活大流通,打造一批具有较强聚集力和辐射力的大型商贸物流企业或市场,倾力打造赣西一流商贸物流强势中心可以有效改变新余市物流批发市场"多、小、散、弱"局面,增强新余市对周边地区的影响力,形成强大的区域中心经济圈。会议期间,有关成员汇报了赣西万商红全国招商成果。同时仍有来自全国各地的客商代表纷纷前来进驻签约。

(陈冰花)

【新余市渝水区货物运输】 2012年,全区新增货运企业23户,新增货运车辆2264辆,新增运力吨位21643.5吨,全区货运企业总数达107户,货运车辆总数11418辆,总吨位98770.9吨,全年完成货运量1351.79万吨,货运周转量40369.84万吨千米。

(王志勇)

【分宜县货物运输】 截至2012年年底,分宜县拥有货物运输车辆5086辆,25337.48吨位。其中新增、引进货运车辆518辆,4359.92吨位,货车512辆,4356.56吨位;新增农用车6辆,3.36吨位。

(熊细芽)

【鹰潭市物流投资新增长】 2012年,鹰潭全市物流企业共计405户,营运车16891辆,282227吨位。作为服务物流企业的职能部门,鹰潭市交通运输局以最简化、最便捷、最高效为目标,不断提高服务水平,优化发展环境,相继出台了多项针对物流企业的优惠政策。一是简化办事程序。物流企业在办理货运车辆营运手续时,对于新购车辆或市外转籍落户本市的车辆,采取能减免的程序和手续尽量予以减免。二是实行就近检测。货运汽车的二级维护检测实行就地、就近检测的原则，凭合法的汽车综合性能检测机构出具的上线检测报告单办理车辆相关手续。三是降低收费标准。进一步核算营运车辆检测成本，在保证车辆检测机构合理利润的情况下，经物价部门核准，在原收费标准的基础上下降35%的收费，以最低收费标准收取有关费用，有效减轻了物流企业负担。四是开展甩挂工作。积极贯彻落实交通运输部《关于促进甩挂运输发展的通知》(交运发〔2009〕808号)文件要求，在确保符合国家规定的安全运行条件及相关技术的前提下，该局积极贯彻实施交通运输部甩挂文件要求，对全市8170辆挂车实行免予综合性能检测的优惠政策。

（综合科）

【鹰潭市招商引车显成效】 2012年，市交通运输局在完成40名招工任务及3条有效招商信息的同时，引进了12户物流企业510台车辆，约1.8亿物流资产，为市财政税收增加380万元。全市物流产业迅猛发展，共有物流企业405户，营运车16891辆282227吨位。

（运管处）

【吉安市河西综合物流园区公路货运枢纽项目前期工作进展顺利】 该项目位于吉安市城南专业市场规划用地的南侧，樟吉高速以西、武吉高速以东两高速交汇处，设有仓储、货物运输、货物分拨及甩挂等功能区。建成后为吉安市及周边省、市提供商贸流通商品仓储、信息处理交易及物流等服务。项目法人，吉安市城南市场投资发展有限公司。该项目总投资48000万元。总建筑面积293970平方米，另建设露天堆场23000平方米，停车场52000平方米，绿地47620平方米；购置设备243台(套)。已完成该项目资金申请编制初稿，项目初步设计已经省发改委评审，呈报国家交通运输部立项。

（吉安交通运输局）

【江西峡江公路物流港获批兴建】 规划100公顷位于大广高速峡江入口处的江西峡江公路物流港，4月份列入省重点项目，一期建设面积33.3公顷于8月份获批，第二期公路港主要配套功能设施建设用地66.7公顷，总投资12亿元，将其打造成“赣中第一、全国一流、功能最全、最具规模”的公路物流运输港口。

（峡江交通运输局）

【峡江县物流税收再创历史新高】 2012年，峡江县围绕打造全省物流强县，建立国内一流物流商务区这个目标，进一步加快物流基础建设，整合货运物流资源，保持运力优势，拓展物流市场，优化产业环境，做大企业规模，促进产业总量不断做大，产业结构明显优化，集聚水平显著提高，产业层次逐步提升。全县共实现货运税收14878.87万元，与去年同期相比增长了44%，占全县地方税收的49%，年上千万元税收的共有5家，再创历史新高。

【宜春市积极探索农村物流发展】 宜春汽运公司发挥自身优势，以“开通宜运超市直通店”的方式，将农村客运、商品销售、农村物流和农民旅游四项工作有机结合，为农民的生产生活提供全方位服务，5月至12月，已在全市开通乡村直通店10多家。此外，袁州区在19个乡镇设立“三农”服务站40家，利用宜汽公司客运网络优势、资金优势及在当地的人脉优势服务“三农”，以连锁经营方式实现配送资源共享。该区农村物流已实现工业品下乡和农产品和进城双向流通，覆盖辖区80%乡镇和60%行政区，受益农民达20多万人。

（李　明）

【赣西投资五亿元建设物流区中心项目】 在宜春经济开发区投资5亿元人民币的赣西(宜春)物流区中心建设项目，进入图纸设计阶段，2013年6月建成投产。项目建成后将有效提升宜春物流现代化、规模化、专业化水平，实现宜春城区产业经济和物流业的有效对接，对宜春市本级经济的发展起到重要助推作用。该物流项目由赣西物流园投资发展有限公司投资兴建，占地面积20公顷，总建筑面积14万平方米，主要包括物流配送区、仓储分拣区、综合服务区及其他配套服务设施，预计项目竣工后，物流营业额达16亿元，年实现利税2.3亿元。

（何文斌）

【宜春市袁州区推动城区道路物流业发展】 袁

州区中心城区个体运输户货运车辆拥有量及其吨位数占有率分别为93%和60%，是物流业的主力军。针对这一实际情况，该区在加快发展“大房产、大商贸、大总部”的机遇面前，立足区位交通优势，积极培育现代物流龙头企业。第一，加快建设物流基地。该区正在建设赣西物流园投资有限公司，该园为一个大型物流站场区占地面积13.3公顷，建设面积18万平方米，总投资3亿元。另有小型物流站场26家。第二，整合物流资源，大力发展第三方物流。积极引导专业市场选择第三方物流企业为其提供快捷高效的供应链。第三，整合运输资源，鼓励城乡居民投资货运产业。该区鼓励物流企业根据业务需要，吸纳社会个体及闲散车辆加盟经营，同时支持与指导业主兴办货运企业。全年新增货运车辆2211辆，新办货运企业2户。第四，转变职能，提高服务水平。简化行政审批程序，辖区内在车辆登记、年检、办理营运证照等方面建立绿色通道。第五，加强招商引资，充分利用外资。全区引进货运企业11户，物流协会1家，其中引进的“宜春特威尔物流园”项目总投资20亿元，达到年处理能力2500万吨，日停车能力6000辆，上缴税收约2亿元，可解决就业2.6万人。该区道路货物运输业逐步由传统的粗放经营模式向发展现代大物流转变，为完整物流产业链的建设起到促进作用。

(李　庆)

【樟树市引导现代物流企业发展】 樟树市积极推广现代物流企业经营发展服务理念，推动物流企业做强做大。江西康力药品物流有限公司是一家创建手于2003年由国家药监局批准的第三方物流业务试点企业，该公司占地总而积压2.3万平方米，已建成5068平方米GSP标准化的高架仓库，5000米的现代钢化架结构的展示交易厅，拥有物流配送车11辆，冷链专用车2辆，实现以商流带物流，以物流促商流的良性发展，在全国27省区、全省97%市、县(区)、乡有销售业务。为促进现代物流发展试点工作，樟树市运管所加强对此企业的跟踪调研和帮助服务工作，并将先进经验向货运服务公司推广。积极引导现代物流企业来该市投资发展。华正道(物流)集团经推介将在该市设立物流服务基地，计划占地18.89公顷，建筑面积15万平方米，投资6.2亿元。

(殷早红)

【丰城市启动商贸物流中心建设】 6月22日，丰城市举行商贸物流城路网建设工程开工奠基仪式，标志着该市商贸物流中心建设全面启动。建设17条道路，总投资4.9亿元，将全面拉开商贸物流城总体路网框架，构建纵横交错的交通体系。奠基的还有盛世同创良品大市场、林安物流大市场、中业广场和豪翰装饰大市场四大项目，由国内同行龙头企业投资建设，投资规模均在10亿元以上。项目的开工，标志着该市向打造区域性商贸物流中心的目标迈出实质性步伐，将大大提升城市品位，提高物流产业的配套水平。按照产城结合的思路，为建设区域性高标准商贸物流中心，聘请浙江省城乡规划设计研究院进行规划。优越的区位、高端的规划、便捷的交通，吸引全国商贸物流精英的目光。通过招商选资，已有5个商贸物流项目先后落户该市，总投资达122亿元。商贸物流城的建设，带来更多的人流、资金流、信息流，解决劳动就业，进一步推动全市加快产业转型，加速产业集聚，实现经济又好又快发展。

(孙圭臣　聂骊晓)

【靖安县做足物流产业文章】 该县交通运输局抓住昌靖高速公路建成通车这个历史机遇，为该县物流业做足、做好发展文章，推动县物流产业健康发展。一是编制发展规划。根据靖安区域经济的特点，科学编制《靖安县物流产业发展总体规划》，为靖安县的物流产业的发展描绘一个美好的蓝图。从政策、措施上提出“高速公路通靖安，靖安发展上高速”的定位，引导运输企业加强自身建设，把靖安的物流业做大做强。二是建立物流基地。以两个工业基地为依托，以江西恒威投资集团有限公司投资的恒源科技物流外包连锁基地为重点，牵手中储粮、蒙牛、美的、金龙鱼等国内知名企业，形成食用油第三方物流外包电子商务园、粮食储存物流外包加工销售园、奶制品物流外包销售园以及电器物流外包销售园等门类多样、在中部地区有一定影响力的物流外包连锁基地。三是提升力事效能和服务水平。对符合条件的企业，鼓励进入物流行业，在法律许可的范围内，从税费减免等方面给予支持，简化程序，实行一站式服务，引导企业整合现有物流资源，重点向快速货运、专业运输、集装箱运输及特种运输方向发展，帮助货运企业形成科学化、规范化、数字化的管理模式。全年新增物流企业7户,现有货运企业达到27户(其中大规模的货运企业有3户,三友货运公司拥有车辆300辆,吨位为5696吨;平安货运公司拥有车辆201辆,吨位为4580吨;运通货运公司拥有车辆77辆,吨位为2010吨)。快递站点有13户,全县新增营运货车193辆2329吨位,全县营运货车总数达到902辆,总吨位15279吨,同比分别增长13.9%和16.5%。使物流产业步入高速快车道。

(刘 斌)

【奉新县物流业步入高速时代】 奉新县物流产业虽然起步较晚,仍然存在散、小、软、弱等诸多不足,但发展势头强劲。网上购物,从下单到收货,物流行程一般为3天(72小时)左右。至年底,全县共有物流运输服务企业35户,专业物流企业18户,其中全国性物流企业配送点有顺丰、圆通、邮政、申通、韵达、中通等,物流业整合做强的趋势日渐明显。尽管奉新物流业的发展仍需政府出台有关措施和政策进行规范,但物流业的发展势头迅猛是毋庸置疑的。

(魏振宇)

【高安市规范危货运输企业发展】 该市交通运输局规范危货运输行业行为,破解行业发展瓶颈,促进危货运输行业有序发展。全市有危货运输企业11家,危货运输车辆358辆。严把市场准入关口。对于申请危货运输经营企业,运管所严格按照相关法规、标准,对企业经营危质进行严格审查,达不到要求的企业不予报批。对危货运输车辆严格执行车辆技术等级评定制度,加强危货运输车辆定期维护和综合性能检测,确保车辆技术状况良好,减少因车辆机械故障原因造成的事故。要求从事危险货物运输的车辆技术状况必须达到一级,凡达不到一级的车辆立即停止营运。引导集约化经营发展。针对道路危货运输企业存在着多、小、散、弱,不利于行业健康发展的情况,要求从事营业性道路危货运输企业必须具有5辆以上专用车辆的经营规模。通过这种形式组织危运货运输企业走集约化经营发展的道路,以增强企业参与市场竞争和抵御风险的能力。同时,运管所加强危货运输企业管理,建立车辆、运输、调度等7种台账,督促指导企业根据危货运输种类的不同制定驾驶员、押运员安全操作规程。并组织全市危运企业,进行“标准化管理”观摩学习,促进全市危货运输企业的规范化管理。鼓励有条件的危货运输企业提升资质,通过多方协调,新振兴投资有限公司取得大吨位车辆可上户办理经营范围内一类4项危险品道路运输资质。加强危货运输从业人员培训。严格把好危货运输从业人员的资格关,同时加强对从业人员的职业技能、职业道德、政策法规、安全管理等方面的培训和教育。累计培训从业人员6批300人次。采用先进科技,实现动态监控。交通运政部门建立健全与《道路运输管理条例》相配套的规章制度,运用现代化高科技手段,实现动态监控。全市358辆危运车辆全部安装GPS。

(周世祥)

【高安市3户企业获得国家AAAA级物流企业资质】 继8月26日江西振兴投资集团有限公司、江西桃园物流有限公司2户企业被中国物流和采购联合协会授AAAA级物流企业之后,12月28日,高安新瑞物流有限公司顺利通过中国物流与产业联合会现场评估,成为2012年该市第三家成功申请国家AAAA级物流企业。新瑞物流有限公司自2010年组建集团公司以来,下设新瑞物流、瑞星汽贸、瑞星陶瓷废料环保再利用、瑞星汽车修理等子公司,拥有各类普通载货汽车400辆,总吨位4700吨,年营业额达3亿元,上缴税收1000万元。评估组对照国家标准《物流企业分类与评估指标》,对公司经营状况、设备设施、管理制度、信息化水平、人员素质、物流服务方案设计及实施等方面进行了综合评定,对公司企业发展定位、安全管理、企业文化等方面的工作给予高度评价,认为新瑞物流达到AAAA级运输型物流企业的标准要求,并希望公司利用物流服务资质健全的优势,提高社会物流的比例,提升服务能力。

(周世祥)

【上高县物流产业】 上高县交通运输局努力推进物流产业,在政策助推发展的同时,还积极鼓励引导和支持货运企业向现代物流企业转变,帮助运输企业优化经营方式,加速引导运输企业向现代物流企业转型,大力推进物流企业间信息资源共享,为物流企业发展搭建更加优质的服务平台。

徐家渡、田心农村公路综合服务站已申报立项,基本形成以县城为中心,辐射乡镇的现代物流网络体系。截至年底,已为上高千里马物流有限公司、上高县万盛物流有限公司、上高县和达天下物流有限公司等12户物流企业颁发许可。

(潘泓羽)

【铜鼓县物流产业】 铜鼓县交通运输局围绕打造赣西北物流强县这个目标,始终把货运物流产业当做县域经济发展的重要产业来抓,年年拉高工作目标,加大产业发展力度。坚持内外并重,采取“走出去、引进来”的方法,在大力发展本地物流企业的基础上,鼓励本地企业与外地有实力的企业联手,注册新的物流企业。借助这些企业的信息网络、货运配载能力等优势,使货与车有效对接,促进县内货运企业向货运物流企业转型。全县货运物流产业持续保持增长态势,物流企业新增12户,同比增长30%。

(吴繁荣)

【万载县物流产业】 2012年,该县围绕做大做强物流产业,在夯实物流基础,加强路网改造,积极推进村公路和大运量地面公交系统及快速通道建设的同时,进一步优化发展环境,大力引进外商,加快物流项目建设,推动物流资源的整合利用,助推货运产业上规模,不断提升发展后劲。县交通运输局计划在宜万路旁新建物流中心大楼,以促进全县物流产业健康、有序、快速发展的管理平台。规划用地0.89公顷,总建筑面积5900平方米,总投资1500万元。2012年在上年快速发展的基础上,全县又新增25家货运公司,货运车辆和车辆吨位,分别比上年增长55%和58%。全社会完成货运量3047万吨,货物周转量302304万吨千米,同比增长17%。年创税收5141万元。2012年,对原入户的货运公司,特别是如广州郑铁物流、上海华洋国际物流公司等继续做好跟踪服务。广州郑铁物流总部又拟在万载投资3亿元建设物流大厦及物流城,可容纳100多家企业落户,并建立相应的物流信息、写字楼、仓储、车辆检修等大型平台。6月,又瞄准万载烟花爆竹这一地方特色产品物流,促使上海华洋国际物流有限公司下决心投资12亿元建设一个标准化、规模化、信息化的现代花炮物流产业基地。基地规划设计占地40公顷,地面建筑10万平方米,在县城中心地段建设占地4公顷的联检办公大楼,实行从生产工厂到终端客户的“点对点、门对门”业务运行模式。物流基地具备“海关监管、商检监装、海事监督”的全方位功能,打造全方位的物联网产业。同时努力开通经沪昆高速至江西九江港转运上海港出口的全新通道,大大缩短产品出口运输距离,降低物流成本,提升竞争能力,并彻底改变江西省烟花爆竹无本省出口通道的局面,带动万载地区相关外贸产品出口,成为江西最具规模的物流产业基地之一。

(陈世铭　王松州)

【抚州市加快农村现代物流网络建设】 为满足城乡经济发展需要,抚州市交通运输部门在构建物流体系、降低运输成本上寻求突破,积极发展农村现代物流,加快形成以乡镇为主体、以村组为网点、以信息平台为支撑,连接货源、采购、运输、仓储、加工、配送为一体的农村现代物流网络。2012年,抚州市交通运输局积极扶持、科学引导,大力发展农村现代物流业,按照“先试点、后推广”的思路,引导货运业向现代物流业转型。根据各县农工产品的特点,广昌县以白莲、南丰县以蜜橘、南城县以农禽水产品、金溪县以香料加工业、东乡县以畜禽养殖为纽带,以农资农贸市场、货运站、客运站、综合服务站等为依托,建立货源集散中心,通过客运车辆结构调整,积极推行连锁经营、快速配送和专用运输,加快形成以乡镇为主体、以村组为网点、以信息平台为支撑,连接货源、采购、运输、仓储、加工、配送为一体的农村现代物流网络,惠农便民,助农增收。这些举措不仅有效拉动了农村消费需求,还促进了经济增长和农民增收。2012年,以农村班线为资源,小件快运为主要形式的农村物流在全市各县(区)得到蓬勃发展,实现产值500多万元。

(张　敏)

【东乡县物流运输业】 2012年,东乡县交通运输部门从税收政策、部门服务、奖励措施等方面扶持物流运输产业,促进其迅猛发展。至12月底,该县拥有货运企业90户、货运车辆6000辆、吨位66500吨,货运车辆与吨位分别比2005年增加5480辆、63600吨。该县全年共完成货运量980

万吨,货运周转量150800万吨千米,实现物流税收1.6亿元。该县物流运输产业从2006年始步入发展“快车道”。之前,由于当时货运车辆税费负担较重,缺少优惠条件,造成企业大量车辆外挂浙江及江西省的鹰潭、上饶等地。2005年该县在征集各部门意见后,出台了《关于做大做强东乡县汽车运输业的意见》,从税收政策、部门服务、奖励措施等方面均做了详细规定,形成扶持物流运输产业的合力。各涉运部门建立窗口一站式服务模式,公布办事流程,简化办事程序,提高办事效率,并与规模以上汽车货运企业建立长期联系和对话制度,发放联系卡,征求企业意见,倾听企业呼声并予以重点扶持;财政部门对物流税收奖励确保每月拨付到位;地税部门对企业达到800吨位,申请自开票的积极审批,为货运企业发展创造条件;建设部门加快配套设施建设,完善物流园内各项服务功能。通过几年的快速发展,物流运输产业已成为该县支柱产业之一。

(占建伟)

【南丰县汽车物流业】 南丰县汽运物流业管理中心成立3年来,该县汽运物流业得到蓬勃发展,汽运物流企业由2009年初的20户增加到42户,汽运物流公司车辆(吨位)数也从2009年初的1000辆(11000吨)猛增到如今的2600辆34840吨,物流税收三年来增长了2倍,2012年达到10000万元。2012年,由于南丰县委、县政府的各项优惠政策逐步加大及兑现及时,极大地刺激了该县汽运物流业的发展,仅2012年就新增车辆400辆(4840吨),三家代开票公司在达到一定规模后变更为自开票公司,有力地促进了财政增长和群众致富。

(邓俊平)

城市公共交通

【南昌开通市区至进贤县首条公交线路】 5月1日上午,南昌至进贤县首条公交线路(158路)正式开通,南昌市终于实现“四县五区”公交线路的全覆盖,有利推动城乡公交一体化进程。该线路共配置50辆高品质空调大巴,分别有30座、37座、45座三类车型,行李放置空间大,乘坐安全舒适,能够充分满足乘客的需求。

南昌至进贤县城全程63.5千米,采取两头对发的运营模式,线路走向为:江电停车场—井冈山大道—何坊西路—迎宾大道—银三角—316国道—320国道—云桥南路—公交进贤停车场;途经站点为:江电停车场、昌南客运站、泉岭、温圳、高桥、罗溪、进贤大道、公交进贤停车场,运行始末站约80分钟。为方便市民转乘158路公交,进贤县公交调整延伸4条公交线路。

该线路实行“定人定时定班定价”制度,车票定为十元一票制(月票及各类免费乘车证无效)始终坚持不涨价,让乘客享受到公交的实惠与廉价。据测算,南昌至进贤公交班线开通后,一年可为老百姓节约出行成本近千万元。同时严格发班制度,高峰平均间隔4~6分钟一班,如遇节假日高峰期间,还将视客源需求增加班次;开收班时间为:南昌6:00~19:30,进贤5:30~19:00。总公司选拔100名安全行驶十万千米以上的驾驶员,并在每辆公交车内安装GPS定位和3G实时监控系统,控制驾驶员的超速和违章现象,通过科技手段和提升驾驶员的整体素质确保行车安全。

4月24日,公交总公司投巨资(5230万元)溢价收购江西长运及其控股南昌港汽车运输有限公司45辆南昌至进贤长途班线营运车辆,三方签署《资产转让协议》,转让相关客运班线资产。至此,江西长运已完全退出南昌市范围内的短途班线,而南昌公交总公司则退出南昌长途客运站场的运营。

(陈丽丽 熊佐宇 胡四维)

【南昌市首批公交精品线路开通】 4月30日,南昌市全新打造、精心推出的两条精品线(2/22路和5路)正式亮相南昌。并以此作为标杆示范,发挥以点带面作用,使之成为南昌公交未来线路的基本标准。

此次2条精品线路投入的车辆共有120辆,其中5路和2路分别配备60辆和35辆均为最新购置的国内一流的豪华空调车,22路配备的则为2011年新购置的25辆新车。精品线公交车车身长11.3米,车厢更宽敞,空间更大,采用自动变速箱装置,其他内部设施及配置档次比现有线路车辆有所提高,车辆运行安全方面有了不小的进步,乘坐舒适度得到有力提升。精品公交车内装有3G监控摄像头,公交调度中心可根据监控装置实时全方位了解车辆运行情况、路况、车内乘客情况,对班次进行科学调整,使市民能够走得及时,始终保持车辆运行通畅。此外,智能公交系统对精品线车辆还进行了限速管理,利用卫星定位技术,根据行驶道路的不同状况和交通环境,在精品线车辆上预设了不同速度的限速标准,车上的智能终端设备会打铃温馨提醒驾驶员控制车速,以科技手段确保驾驶员规范行车。

精品线路的200余名驾驶员是在全司范围内的4000余名驾驶员中精挑细选出来的。把服务星级、身高、体重、普通话、文化程度都纳入了评选标准范畴,其中最重要的是必须具备累计安全行驶10万千米以上,五年内无重大安全事故等条件。南昌公交在高标准进行选拔的基础上,将5路打造成纯男子驾驶员线路,2路/22路为纯女子驾驶员线路,精品线路驾驶员建立了“淘汰制”,进行月度考核,如果出现考核不达标的情况将立即被淘汰,随后将从前期赁选的后备驾驶员中进行选拔,充分保证精品线路驾驶员的整体素质,为乘客提供优质服务。

南昌公交在打造精品线过程中,以每5~10辆为一组,分别推出国学文化、雷锋故事、文明出行、低碳生活、风景观光为主题的车厢文化,各具特色,内涵丰富。南昌公交试图通过精心打造车厢文化,使小小的十米车厢成为流动的文化传播地和引领时尚的风向标,让市民在享受舒适的乘车体验时,也能通过车厢文化,在快乐的乘坐途中品尝别样的车厢文化大餐。多样化主题车厢文化彰显时代主旋律,引领时代新风尚。

(谢　芳　熊佐宇)

【南昌市开通首条双语精品线】　10月10日,南昌市首条双语公交精品线(10/11路)开通,同时实现城区内空调公交车全覆盖。

随着南昌城市经济社会快速发展,国际交往和对外开放日益增长,为顺应城市改革开放发展需要,南昌公交总公司投资3500余万元,更新62辆高品质新型空调公交车,把10/11路打造成首条公交双语精品线,通过中英文语音报站和驾驶员英语对话服务,为国际友人和国外游客提供更优质的服务,提高现代都市品位,扩大南昌英雄城市的国际影响。同时,南昌公交在短短四、五年时间内,特别自2011年以来,在市委、市政府和有关部门的大力支持下,企业自筹资金近10亿元,新增和更新高品质空调公交车、新能源公交车1459辆,使南昌市空调公交车达到1800余辆,占南昌市营运车辆数的70%以上,为广大乘客创造一个冬暖夏凉的舒适环境,而且实行1元低票价,让市民真正享受政府的关怀和经济的实惠。全市空调公交车覆盖了四县五区和红谷滩新区、经开区、高新区及各高校园区通往城区的公交线路,公交车品质和档次达到南昌历史最高水平,大大缩小了与其他省会城市的差距,进而增强了广大市民对公交的信心和满意度,提高了公交吸引力和出行分担率,必将为有效缓解城市道路拥堵发挥重要作用。

(南昌市党办办公室)

【南昌双层巴士已退出公交市场】　2012年5月1日起,南昌公交公司对602路双层巴士的运行进行了调整,将6路单层空调大巴取代602路双层巴士,票价1元(一票制)。此次的调整意味着经历6年的运行,南昌两条双层巴士线共24辆双层巴士退出公交市场。2006年1月1日,南昌首条双层空调巴士线601路正式投入运行。线路为昌南客运站——火车站,票价为2元。同月26日,南昌公交公司再次开辟了一条双层巴士线602路,该线路则是从公交高新停车场出发至洪城客运站。乘坐601、602路只能使用IC卡A卡,月票。免费乘车证、员工IC卡均无效。

2011年,南昌公交公司为配合火车站交通开展了调整工作,考虑到道路拥堵及调整后601路双层公交车在解放西路匝道转弯时极易发生侧翻事故的安全隐患,于8月31日取消601路公交线路。

双层巴士取消的原因,主要是因为票价高致乘坐人数不多,再加上运营成本较高、车辆老旧、维修费过高。加上南昌没有适合观光车运行的景区,而用于城区中心进行观光存在一定的安全隐患。南昌城区客流量大的线路并不便于双层巴士的行驶,效仿其他城市一样用于观光的可能性不大。

(余志群)

【南昌市出租汽车停收出租车燃油附加费】　7月

11日,南昌市城市客运管理处收到市物价局下发的紧急通知,因93号汽油下调至6.92元/升。按《南昌出租车燃料附加联动机制(当93#汽油价格为7.05元/升以下时,取消燃料附加收费;当93#汽油价格为7.06元/升~8.25元/升之间时,南昌城市出租车每趟向乘客加收1元燃料附加费)》要求,从7月12日起,各出租汽车经营单位、驾驶员停止向每趟乘客加收1元燃油附加费。这是南昌市从2011年5月1日开始实施《南昌市城市出租车燃油附加联动机制》,对每趟乘客加收1元燃油附加费以来,第一次停止加收燃油附加费。

为保证信息及时传递,市客管处通过两种手段进行传达。一是将该文件转发给各出租汽车企业,要求各出租车企业通知所属驾驶员司机,从12日起停止向乘客加收1元燃油附加费,并清除车内所张贴的1元燃油附加费物价标贴。二是通过语音播报、省市交通广播进行播报等。客管处公布了出租汽车投诉电话0791-86506001,加强对乘客投诉的受理,扩大社会监管面。对违反规定继续收取1元燃油附加费的行为,一经查实,将依据《南昌市城市出租汽车管理条例》严肃处理,一经核实,将对司机处以200元~1000元的罚款。12日,客管处联合各出租汽车企业管理人员,在各营运站点以及市区客流量较大的地点开始对出租汽车执行情况进行检查。同时对未及时清除附加费物价标贴的车辆进行现场整改。

8月10日凌晨起,93#汽油零售价上调为7.23元/升。根据出租车燃料附加联动机制,从8月11日起,出租车恢复收取燃料附加费,每趟向乘客加收1元燃料附加费。市客管处将南昌物价局关于出租车收取燃油附加费的通知传发给市28家出租车经营单位,并通过GPS语音播报系统向每位出租车驾驶员传达。从8月11日起,启动每趟向乘客加收1元燃料附加费。按照要求,出租车驾驶员要在车内张贴1元燃料附加公示标贴后方可收费。

(南昌市客管处)

【南昌微博预约出租车第一人】 6月23日,一微博名为"的哥小万2X571"的出租车司机在自己的个人微博上发布信息:"微博预约车服务:三租雷锋车队、赣A2X571、服务时间为6:30~18:30,可微博预约。"成为南昌微博预约出租车第一人。

在南昌首推微博约车的这名的哥叫万国明,为南昌市第三汽车出租车公司雷锋车队的一名司机。他说,他虽是70后,但却是一个微博控,已经拥有1200余名粉丝的"微博达人"。"一个多月前,我看到新闻说郑州等城市有很多出租车司机都开通了微博约车服务,效果很好,有些司机月收入上万元。"万国明说,由此他也想到这种微博约车的方式。空闲的时候他总喜欢刷刷微博,如果能够把刷微博跟工作结合起来,岂不是一举两得,于是,万师傅酝酿许久后也开通了微博约车服务。

"开通微博约车服务还没到一个月,我已经成功预约了多起叫车服务了。"万国明认为微博预约叫车能够实现驾乘之间的双赢。推行这项服务,最重要的是要讲信用。他说,有时候,乘客约车地点位置较远,但他还是会开车过去接送,以兑现承诺。

万国明说道,由于他推出的"微博约车"这项服务知名度还不够高,因此还不如所愿。"慢慢来吧,等知名度提高了,乘客自然就会多起来的,我还是充满信心的。"

(南昌市客管处)

【南昌开行"临"字号公交】 春节长假结束后,南昌市区各大客运场站开始进入返程高峰,省内出外务工人员开始由南昌中转,向外省流动。长运搬迁以后,洪城客运站、徐坊客运站分摊了原来进昌旅客的中转工作,其中又以洪城客运站为主要接纳点,运力需求跟不上乘客的需要。大批返程务工人员及时分流、疏散,仅仅依靠出租车是很难完成的,洪城客运站常常出现供车空档。

为了缓解春运期间的供求矛盾,从1月31日起,南昌客运管理部门组织公交公司在客流量较大、出租车运力紧缺的洪城客运站与火车站之间临时开行一趟点对点公交专线,增开了6辆由洪城客站至火车站的专线公交车,方便乘客在汽车站与火车站之间接驳。这是南昌首次临时增加专线公交,得到了南昌市公交总公司的大力支持,并承诺不计较成本,确保洪城客运站的返程务工人员能顺利、平安分流。如遇客流高峰,这条专线还将抽调车辆进行补充,最高达到14辆车,一天发车近120班次,运送乘客达6000余人次。客流走得快,部分出租车再想"漫天要价"就难了。此举得到返程务工人员的赞许和欢迎。

(市客管处)

【南昌新增出租车408辆招投标】 6月6日,南昌市新增408辆出租车指标在南昌公共资源交易中心进行招投标。此前,南昌市交通运输局已向出租车企业发放标书。参与竞标共有27户企业,其中21户老企业、6户新企业,共有13户企业中标。

新增出租车的运价以起步价8元、每千米2.1元的中高栏出租车为主,车内须安装2路(含2路)以上24小时3G音频监控摄像录音设备,并且与出租车智能调度系统联网,录音录像必须保留7天以上。

这批新增出租车上路之后,可以在一定程度上缓解打车难问题,方便市民出行。多数市民表示欢迎。

(刘良昌)

【南昌市客运管理处开展火车站出租汽车春运专项整治】 春运开始初期,因火车站人流量剧增,火车站实施交通管制,禁止出租汽车驶入地表广场。原来拟定的站前路出租汽车专用道被临时撤销,同时将火车站北地下停车场暂时关闭,下火车的乘客必须由火车站地下南停车场乘坐出租汽车,这样在火车站地表出现没有出租汽车的空当。部分司机认为这片空档区域"奇货可居",在进入夜晚以后,闯禁行,拉客、拼客现象时有发生。在执法人员进入区域检查时,强行冲卡,逃避监管。

针对这类情况,南昌市客管处进行了集中查处。为了避免违规驾驶员蛮干,危及司乘人员生命安全,客管处组织4个小组在不同的站点联合整治,采取机动摄像和现场查处相结合的手段,查处4辆违规出租汽车。30日9时,这4辆车被客管处责令停业整顿。

从除夕开始至农历初六,客管处将所有具有执法资格的人员全部派上路面和各个场站,查处违章84起,查处非法运营13辆。截至2月上旬,在现场查处了违规出租汽车20辆,停业整顿扣车12辆。整治工作延续至春运结束。

(南昌市客管处)

【江西首条"的哥""的姐"法律咨询专门热线开通】 5月13日,南昌市城市客运管理处和江西电台绿色之声联合推出的江西首条为出租车司机服务的法律咨询专线在大众出租车公司举行开通仪式。省运管局、省律师协会、省电台、南昌市交通局、南昌市城市客运管理处等相关单位领导出席了开通仪式。此次活动分四个地点同时进行,分别是大众出租车公司主会场、机场候车点分会场、洪城客运站候车点分会场、火车站候车点分会场。

江西电台绿色之声的主持人、记者以及来自于江西联创律师事务所、江西中山律师事务所和江西明实律师事务所的优秀律师在各个地点进行现场宣传并为出租车司机解答法律问题。FM98.5江西电台绿色之声还策划了特别节目,贯穿整个活动,各路记者的精彩连线,让活动现场与直播间完美互动,也把这条的哥的姐法律服务专线广泛推荐给全省的听众。

在咨询现场,绿色之声带去的宣传资料十分受欢迎,的哥的姐们也纷纷就自己关心的问题向法律专业人士进行了咨询,问题集中在劳动纠纷、交通事故、车辆保险、人身损害等方面。出租车司机遇到法律问题,每周一下午3点半至4点,锁定FM98.5江西电台绿色之声"985法律服务热线",0791—88333985,发发声,声声就帮我。

(南昌市客管处)

【景德镇市开通高新区公交专线】 1月30日,一条往返运行于景德镇市高新技术开发区的公交专线开通运营。

该公交专线的起点站位于景德镇市高新技术开发区内的新都民营陶瓷工业园路口,经兴园路、古城路、梧桐大道、嘉和路、正佳路、长虹路、梧桐大道,终点站位于景德半导体新材料有限公司办公楼门口,发车时间为8:00、9:00、11:00、13:30、14:30、15:30、17:30。该公交专线实行免费乘坐,开通后有效解决了园区企业员工及周边群众的"出行难"问题,改善了园区投资环境。

(涂 强)

【景德镇市为70岁以上老年人提供乘坐公交车意外伤害保险】 自1月1日起,景德镇市政府为全市70岁以上老年人购买乘坐公交车意外伤害保险,保险费标准为每年12元/人,当年满70周岁以上老年人在免费乘坐公交车时遭到意外伤害,最高可获得9万元/人的保险补偿。 (涂 强)

【景德镇市一批新型空调公交车正式投入运营】 7月26日，景德镇市政府举行新型空调公交车投放剪彩仪式。景德镇市委常委、常务副市长于秀明，市委常委、副市长黄康明，市人大常委会副主任戴启文，市政协副主席、市政府秘书长刘朝阳出席。于秀明宣布27辆新型空调公交车正式投入运营。黄康明讲话。刘朝阳主持仪式。市交通运输局、市发改委、市财政局、市国资委、市公安局、市建设局、市民政局、市人保局、市文广局、市审计局、市环保局、市创建办等市直有关部门负责人及市公共交通公司干部职工代表参加。

此次投入运营的27台空调公交车均装有车载电视，车身喷有海鸥、帆船图案，除分别投放到1路、103路、303路、108路已有空调公交车运行的公交线路上外，还将投放到4路、16路、35路公交线路上运行。

（涂　强）

【景德镇市公共交通服务水平显著提升】 2012年，景德镇市公共交通公司按照年初确定的“调整经营思路、创新管理机制、落实公交优先、实现适度发展”的工作目标，以更新公交运力、提高服务质量为重点，以安全管理、节能降耗为着力点，形成了生产经营与社会效益相互促进、共同提高的良好局面，公交车运营里程、城区万人拥有公交车数量，主营收入等主要指标均列全省中上游水平。

为贯彻落实公交优先发展战略，不断提升公交服务水平，满足全国文明城市创建需要，进一步方便市民出行，有效缓解中心城区交通拥堵问题，景德镇市政府继2011年投入近1300万元购置27辆空调公交车后，2012年又购置27辆装有车载电视设备的空调公交车。这空调车的投入运营，提高了乘车舒适度，成为彰显该市交通运输行业文明程度的一个“窗口”。

运力的不断增加给新公交线路的开通创造了条件。为满足城市建成区不断扩展形势下的市民出行需求，景德镇市公交公司继年初开通新都民营陶瓷园至多晶硅的高新区公交专线、将4路公交线路部分班次延伸至洪源镇鸣山村后，又于5月初将1路区间公交线路部分班次延伸至鲇鱼镇凤岗村。自4月29日起，实行空调公交车季节性票价，即每年1月、2月、6月、7月、8月、9月开启空调季节每人次收取2元，其他时间每人次收取1元。至年底，景德镇市公交公司拥有公交车495标台，开通公交线路35条、公交营运里程810千米，公交服务网络覆盖面积逾70平方千米。

为提升公交车安全运营能力，保障广大市民的人身安全，景德镇市公交公司不惜花巨资搭建GPS监控平台，在每辆公交车上安装车载GPS监控设备，实现了公交车辆适时调度、超速行驶控制、故障及时抢修等全天候同步监控，成为防控安全事故的有力手段。与此同时，该公司坚持管理人员上线上站稽查制度，一方面查纠驾驶人员违章行为，一方面疏导维护站点候车及上、下车秩序。该公司全年完成公交班次79万趟（次）、营运里程2470万千米，未发生致人伤亡事故。

（涂　强）

【莲花县开通革命老区首条城市公交】 随着交通部支持革命老区农村公路建设项目的完成，莲花县公路路网结构得到切实改善。2012年，莲花县投资70余万元购置6辆新车，采取无人售票方式开通首条城市公交，正式告别该县无公交车历史。莲花县首条公交线路由迎宾广场开往莲花县工业园，由莲花县长兴运输公司承担运输任务。

（晏卫东）

【萍乡市交通运输局加快建设公交优先工程】 在生活节奏日益加快、城市化水平不断提高的今天，城市交通拥堵问题已经成为现代城市面临的重大课题。公交优先是解决城区交通拥堵问题的主要途径和出路之一。为此，萍乡市交通运输局大力实施公交优先战略，全力缓解萍乡城区交通拥堵和人们出行难。一是出台优先发展城市公交的实施意见，争取市政府将公交优先写进《萍乡市政府工作报告》和《萍乡市“十二五”发展规划纲要》，推进公共交通设施建设和“公交进郊”工程；二是解决公交站场建设存在的用地不足、设施相对滞后等问题，以市场化运作模式，对一些发展滞后的公交基础设施实行整体置换，建成萍乡市四大门户公交站；三是加快公交车辆淘汰更换力度，打造绿色公交、环保公交、节能公交；四是加快公交车辆淘汰更换力度，打造绿色公交、环保公交、节能公交；五是争取市政府加大对城市公交事业的资金投入力度；六是普惠广大乘客，对70岁以上老年人、残疾人、革命伤残军人、现役军人、中小学生等群体提供免费或优惠乘车,实行低票价营运;七是提高公交车辆舒适度和公交的方便快捷性,提升公交从业人员的服务技能、服务意识和服务水平,让人民群众享受公交高质量的温馨服务,让公交更优秀。

(晏卫东)

【新余市城乡公交一体化提速】 随着城市规模不断扩大,城乡居民出行需求日益增长,方便、安全、快捷又经济的公交车,已成为广大百姓出行的首选交通工具。近年来,新余市将开通城乡公交车列入“实施十大民生工程,建立十大惠民体系”,制定公交优先政策,使公交优惠政策惠及城乡居民,公交发展取得实效。截至2012年年底,该市已开通分宜至主城区的城际公交线路1条,城乡公交7条,分宜县开通城乡公交线路6条,共投入城乡(际)公交营运车辆近100辆。市、区两级财政每年补贴公交企业1000余万元,公交线路票价降幅在50%至70%,全市受益百姓近70%。

(赖伟勇)

【新余市开通4条冬至祭扫公交专线】 12月21日(农历十一月初九)是二十四节气中的冬至,是民间传统的祭扫日子。为确保冬至期间祭扫平安、文明、有序,新余市开通4条冬至祭扫公交专线,并对部分路段实行交通管制,确保祭扫期间安全、有序、零事故。

(李佩文)

【新余公交开通清明节祭扫专线】 为方便市民清明前往长安陵园祭扫,4月2日~4日,新余公交从部分公交线路抽调30余辆公交车投入清明节祭扫客运服务工作,开通清明节祭扫专线。

(彭 剑 赖娇健)

【新余城市公交线路全部实现公车公营】 为加强城市公交市场监管,净化城市交通环境,维护正常的营运秩序,在新余市委、市政府的高度重视和新余市交通运输局的支持协调下,新余公交有限公司根据新余市政府整合城市公共交通资源的总体要求和指示精神,11月,新余公交有限公司收购新余市顺发客运有限公司一机修至抱石公园私营公交线路,至此新余市城市公交线路全部实现公车公营。

(彭 剑 赖娇健)

【新余在全省率先做到65周岁以上老年人乘坐公交车全部免费】 2012年,新余市继2006年实行65周岁以上老年人免费乘车政策后又有新举措:65周岁以上老年人在免乘车费的基础上,再免24元保险费和16元首次办卡费,真正做到了65周岁以上老年人乘坐公交车全部免费。

(姚 群)

【新余钢城出租车分公司爱心出租车连续开行9年】 2012年高考期间,新余长运有限公司钢城出租车分公司出租车队,为莘莘考生赴考出行提供温馨免费的接送服务。钢城出租车分公司这是第九次组建“爱心送考”出租车队。本次参加“爱心送考”的出租车共90辆。经分公司挑选的驾驶员都是责任心强、服务态度好、驾驶经验丰富的驾驶员。有的车主已经连续9年参加了“爱心送考”活动。高考期间,考生只要凭“准考证”就可免费乘坐钢城出租车分公司贴有“爱心送考”标志的出租车。

(肖志勇 姜正义)

【鹰潭市公交公司圆满完成年度营运任务】 市公交公司现有车辆158辆,经营线路19条。2012年继“公交服务年”活动之后,又积极开展“公交服务提升年”活动,各项工作稳步推进,圆满完成年度营运任务。全年完成客运量2560万人次;总行驶里程达900万千米;实现营运收入2400万元,上缴税金85万元。同时,年内还新增公交线路3条,新增公交车辆12辆。

(鹰潭市公交公司)

【鹰潭市公交公司开通新一中公交线路】 2012年10月间,市公交公司为配合鹰潭市第一中学新校区搬迁工作,方便广大一中师生的出行,公司自筹资金330万元,购入12台28座宇通大巴投入到新公交线路进行营运。2012年10月29日正式开通了信江1路、信江2路线。同时,对市内5路、15路线路进行部分调整。新线路的开通,满足了市一中全体师生的出行需求,促进了信江新区的经济发展，为沿线居民提供了经济、安全、便捷、舒适的出行。

（鹰潭市公交公司）

【鹰潭市清明期间开通公交临时线路】 为方便市民清明扫墓，4月2日至4月4日，鹰潭市公交公司对市内两条线路进行调整，临时开通火车站至殡仪馆、火车站至东川专线。

火车站至殡仪馆专线，放入3台车专线营运，沿途停靠火车站、老火车站、财苑宾馆、大观园、正大南路、双水坑、仪表厂、建设路口、东湖路口、东一村、东二村、东三村、邮电所、机修厂、东四村、殡仪馆。营运时间为7:3 — 12:30，票价一元。

火车站至东川专线沿16路车线运营，沿途停靠火车站、华侨饭店、时代广场、银座广场、大观园、正大南路、三角线、阳光酒楼、干鲜果市场、五金市场、邮电所、地质队、交警支队、320国道、四青加油站、职院、东川占家。营运时间为7:30—12:00，票价一元。

（彭　霞）

【鹰潭市筹建公交调度中心】 2012年5月市政府同意将鹰南公交枢纽站、首末站场选址于龙虎山大道与工业一路交叉口东北角块，用地性质为公共设施用地，用地面积2公顷。2012年11月，鹰南公交枢纽站已经开工平整，2013年投入使用。同时，公交调度中心建设工作也在筹备当中。

（彭　霞）

【鹰潭城市公交实现平稳发展】 2012年，市公交公司认真贯彻市委、市政府公交优先发展战略，围绕构建"群众满意、政府放心"的城市公共交通目标，持续城际公交一体化，开通了"市区至市应用工程学校（农校）"19路和至市一中新校区的信江1路、信江2路线（其中至一中新校区为自筹资金330万元，购入12台宇通大巴开通），并对市内5路、15路线路进行了调整。持续推进了公交基础设施建设，加快了公交调度指挥中心项目建设，土地挂牌出让基本结束，同时，完成鹰南公交枢纽站、首末站场选址工作，选址于龙虎山大道与工业一路交叉口东北角块，用地面积2公顷；鹰南公交枢纽站已经开工平整，预计2013年可投入使用。

（彭　霞）

【配合"一江两岸"战略，适时调整公交线路】 2012年，鹰潭市公交公司自筹资金330万元，购入12台28座宇通大巴投入到新开通的信江1路、信江2路及调整后的5路公交线路中进行营运。

信江1路的具体走向为一中—信江一号—邮政所—机修厂—东四村—265队—老干所—公安局—四中—912大队—城管局—防腐厂—一中（大循环）。信江2路的具体走向为一中后门—夏埠乡政府—百盛名仕府—人民医院—沃尔玛—东方宾馆—财苑宾馆—邮政局—银座广场—人民医院—百盛名仕府—夏埠乡政府—一中后门（大循环）。

原5路调整后的具体走向为雅典城—佳诚美丽园—万福新城—汽车站—露江小区—皇冠酒店—火车站—月湖区招待所—公交广告公司—胜利西路路口—莲花路菜场—农行—银座广场—大观园—中医院—教育局—联通—184医院—一中（原路返回）。

原15路调整后的具体走向为体育馆—奥林山水—三医院—汽车站——露江小区—火车站—财苑宾馆—公园—鹰潭宾馆—建设路口—东湖—浪淘沙—花园国际—食品研究所—清波雅苑—海事局—晨宇云轩—滨江明珠（原路返回）。

（彭　霞）

【鹰潭公交十九路车开通】 2012年3月28日，鹰潭市区至市应用工程学校（农校）公交班线车开通。

该线路贯穿胡塘黄家、周家、双凤街、严家等16个行政村，线距长15.5千米，共设置站台16个。线路的开通将进一步推动城乡公交一体化，帮助月湖区周边16个行政村，共4万余名群众解决了日常出行问题，对促进月湖区周边乡镇经济发展将有较好的推动意义。

（彭　霞）

【赣州市积极发展城市公共交通】 赣州中心城区经营城市公共交通的企业——赣州市公共交通总公司，有公交车530标台，公交线路43条，公交场站5个，从业人员1235人，公交线路总长1134.7千米，中心城区基本构建了"一纵一横一环"为主线、四个区域公交线路均衡分布的线网格局,公交班次得到加密,公交线网的覆盖率得到提高。2012年客运量达5630.70万人次,日均客运量15万人次,全年完成营运收入7431万元。赣州公交站点遍布市区主要街道及周边县/镇,主要枢纽站点包括火车站站前广场、南门文化广场和公交枢纽中心等,市区公交采用自动投币,票价一元(县/镇除外)。此外,市区有出租车公司多家,共运营着792辆出租车,市区出租车一律打表计费,起步价为5元/2千米,2千米后1.6元/千米。

(李发淳)

【赣州市拥有四条快速公交线路】 江西首条快速公交线路(11路)赣州公交公司现已开通快速公交K1、K2、K3"环城快线"及K6"机场快线"共4条快速公交线路,其中K1、K2"快速公交"线路贯穿赣州中心城区东西、南北两条主线,快速公交票价一元(K6两元)。赣州是江西首个开通快速公交的城市。

(李发淳)

【宜春城区清明节公交运送旅客创新高】 2012年清明假期间天气晴好,宜春市民出门扫墓祭、踏青旅游较往年明显增多,中心城区公交车在清明节期间平安运送乘客42万人次,创历史新高,三天平均客流量11.8万人次。宜春中心城区的2路、5路、8路三条线路的客流相对集中。前往温汤、明月山风景区的116、18路,游客大量增加,三天共派出24辆加班车,末班车收班时间由原来的17:40延迟到20:00,确保了清明假期间市民的方便出行。市公交公司根据节日期间客流规律和交通环境,提早制定详细周密的营运安排。从线路设置、车辆准备、人员安排、秩序维护、维修保障等方面进行周密安排、抓好落实。对途经明山公墓等线路、郊区线路、旅游景点的线路根据客流情况、相应的增配运力、增加班次、保证广大乘客乘车方便。密切关注火车站,汽车站等重要客流集散地,适时调整运力,满足乘客的出行需求,并根据实际情况,在客流量较大的站点安排行政管理人员适时根据客流动态维持秩序,引导乘客排队上车,确保广大乘客享受到优质的出行服务。

(何 琼)

【宜春城区公交春节运送乘客70余万人次】 春节假期宜春公交已平安发送乘客70余万人次,实现无重大安全事故,无投诉、无旅客滞留,全面完成春节期间公交营运乘客任务。确保广大群众过一个愉快、吉祥、和谐的春节。由于2012年春节期间天气不佳,前期客流量不大,正月初一客流量仅6万余人次,受天气回暖影响,初四开始客流量明显增多。为应对宜春袁州公路大桥维护期间禁止公交车出行,调整公交线造成市民出行不便,市公交公司一方面调整公交运行线路,另一方面在客流高峰期调配车辆,及时针对突发客流,加密车辆、班次。根据客流、道路及车辆实际周转状况,以应对旅游景点、商场附近以及城区两座公路大侨维护,线路调整可能发生的客流聚集等突发情况;为保障乘车秩序和运行安全,公司制定执勤方案,安排机关行政人员和车队管理人员在假日期间到火车站、贸易广场等客流量较大的交通枢纽站点加班执勤,维护乘车秩序,为市民欢度新春佳节提供出行方便、班次准点、行车安全、优质文明服务,全面完成运送乘客任务。

(何 洁 余继清)

【宜春城区首批35辆天然气空调公交车正式运营】 2012年,宜春公交公司加快车辆升级换代速度。对车况差、污染大、车型旧的公交车加快淘汰力度,进一步提高车辆档次,首批35辆液化天然气(1NG)空调公交车正式投入2路和6路运营。这批天然气公交车车长11.6米,配有大功率冷热空调、GPS定位系统和自动报站系统、3G视频监控系统、集中自动润滑系统与制动缓速器等高新技术设备。首批车分别于10月20日、10月21日投入到6路(15辆)、2路(20辆)线运营,并将原运营车辆调整到其他公交线路。

(付文成)

【樟树市城乡客运公交一体化正式通车】 12月26日,樟树市城乡公交一体化正式开通。城乡公交客运一体化采取"公车公营"模式,全面下调票价,最高票价不超过3元,切实让利百姓,让利群众,真正实现让改革发展的成果由百姓共享。为稳妥推进城乡客运一体化这项重大的民生工程,市交通运输、财政、审计、物价、监察等部门围绕运距、运价、运力、班次,特别是一体化的企业盈亏测算等方面做了大量的工作。城乡客运(原农村班线)开通前运力78辆,开通后新增运力10辆、班次112个。开通后实施低票价运行,政府财政补贴。樟树城区到临江、洲上、经楼、永泰、店下(含梦湖山)、阁山、观上等乡镇集镇班线个程票价为2元/人,超过集镇班线全程票价为3元/人;樟树到昌付、黄岗、中洲、义城、吴城(洪溪)、刘公庙等乡镇集镇班线全程票价为3元/人,超过集镇全程仍为3元/人。

(杨　波)

【靖安县交通运输局推进城乡公交一体化】 城乡公交一体化是县政府2012年“十件实事”之一,是全县群众期盼已久的大好事。县交通运输局高度重视,精心实施,工作稳妥有序推进。一是大造声势营造氛围。在年初,深入乡镇、社区、企业,以电视、标语、条幅、座谈会等形式开展声势浩大的宣传发动工作,重点宣传开通城乡公交的重要意义和目的,使之家喻户晓、人人皆知,统一思想,争取全县人民群众的支持和参与。二是积极做好思想稳控。该局从大局出发,把思想稳控作为压倒一切的政治任务,多方协调,分片定责,及时走访40辆出租车、343辆人力三轮车车主和部分农客业户,做好政策解释、法规咨询和资讯提供等服务,尽最大努力预防和化解矛盾纠纷,从而得到他们的支持和配合。三是启动工作稳步推进。工作方案反复调研、征求意见,数次修改完善并经县政府常务会、县委常委会研究通过;成本测算关系到县财政补贴,多次联合财政、物价部门和公交企业,提出多套测算方案,为县领导作决策参考;公交运作模式和站点布局的设计,该局先后在丰城、樟树、奉新、南昌、苏州等地考察学习,借鉴经验,反复酝酿,确定公交车的车型,试运行票价、公交线路、公交站点和公交候车亭建设方案,启动工作稳步实施。

(刘　斌)

【抚州市区新增36路公交线路】 4月17日,为配合市第一人民医院新院区搬迁,方便市民就医,市区新开通36路公交线路,往返于市城区与市一医院新院区之间。36路公交班线每日6时30分首发,18时10分停开,每10分钟至15分钟一班。具体营运线路为:洪客隆(抚州)购物广场—市新华书店—曾家花园—市一医院(老院区)—市长途汽车站—抚州电信—体育休闲广场—临川九小—王安石纪念馆—市审计局—市中心血站—迎宾大道—市财政局—市一医院(新院区)。该条公交线路安排6辆公交车,确保运力。

(陈根玲)

【抚州市公交总公司多举措提升服务质量】 2012年以来,抚州市公交总公司从完善线路、基础设施等方面,建立长效服务管理机制,实行管理统一化、服务标准化、经营规范化。强化安全运营管理,合理调配运力,妥善处置高峰客流的疏运工作,在每辆公交车上公布并张贴服务监督电话。成立服务质量督查小组,严肃查处驾驶员违纪行为,确保行车安全,总公司安排工作人员每天上路巡查,发现问题立即予以纠正。整治车容车貌,强化车身和车内设施的维修保养,加快车辆更新改造力度,推动公交硬件设施上档次,让乘客坐得舒心、快乐出行。

(陈根玲)

【抚州城市客运呈现新面貌】 2012年,抚州交通运输部门重视发展城市客运服务,积极开展以打击“黑的”为主要内容的“百日专项治理”,实行公车公营经营模式,服务水平大幅提升,有力维护了行业稳定,城市客运呈现新面貌。该局及时完善出台了《抚州市出租汽车管理办法》,适时完成了第三轮出租车经营权过渡,新增出租车运力80辆,抚州市城区出租车达409辆,并按照“四统一”要求,全部完成了车身喷色、语音提示、智能计价器的安装。与此同时,认真落实公交优先发展战略,淘汰老旧、高耗能、高排放的公交车11辆,停驶58辆排放不达标、污染严重,超期服役的破旧公交车,新增(更新)环保公交车66辆,其中欧4排放标准公交车19辆(每辆37万元,共703万元)、47辆天然气公交车(每辆30万元,共1420万元),城区公交车保有量为277标台。公交线路20条,长度达290千米,公交站点267座,全年完成客运量5600万人次,营业收入1117.5万元。所有公交线路全部实现无人售票,并开通了公交智能IC卡,卫星定位报站系统,电子自动考勤系统。往日的那种浓烟滚滚、外观破烂、车内脏乱差的公交车全部销声匿迹,取而代之的是环保节能、整洁干净、新颖美观的车辆。这些新增车辆的闪亮登场,成为抚州城区一道靓丽的风景线。

(陈根玲)

【抚州市调整9路公交线路】 6月10日,备受抚州市民瞩目的大公路改造工程正式动工。受此影响,1、2、7、9、10、11、16、17、18等九路公交线进行调整。

1路:发车点从原来的山水人家改为赣东大道北延伸段(以下简称赣北)。2路:分两条线路运行,其中一路从新剪子口发车,经河滨路到汽车站,再按原线路运行;另一路则从赣北发车,沿赣东大道原线路运行。7路:分两路运行,其中一路还是从西门口公交站场发车,沿学府路到长途汽车站,再经赣东大道原线运行;另一路则改为赣北发车,经赣东大道原线运行。9路:改为赣北发车,沿赣东大道原线运行。10路:改为赣北发车,经曾家园、六中,再沿河滨路到文昌桥、剪子口后,原线运行。11路:发车点从原来的新剪子口改为赣北。16、17、18这三路改为赣北发车,经曾家园、六中,再沿河滨路到文昌桥、剪子口后,原线运行。

(陈根玲)

【南城县年公交运量达390万人】 2012年年底,南城县拥有公交公司1个:南城恒顺公共客运有限责任公司。该公司成立于2001年9月,属民营企业,公司现有员工11人,驾驶员72人,售票员26人。公交线路4条,公交站台10个,站点120余个,公交车32辆,营运总里程达到52千米。2012年新增线路2条(3路、5路),新增加公交车10辆。其中:1路公交线路从水上餐厅至株良镇的毛家坪村,营运车10辆,全程13千米;2路公交线路从新万年桥小学到黄家围村,营运车10辆,全程15千米;3路公交线路从金山口江南汽车城至山水佳园,营运车6辆,全程12千米;5路公交线路从京福高速路口至山水佳园,营运车6辆,全程12千米。2012年完成客运量390万人次,周转量4900万人千米,年营运额380万元。

(王素红)

【崇仁县城市公共交通发展顺利】 崇仁县城市公共交通由崇仁县市内公共汽车有限公司经营。从1998年7月份至2012年有营运线路6条,投入车辆33辆。公交车辆均配备了各项监控、自动投币、语音报站、IC刷卡等设备,共有座位675座。自营业以来,营运车辆已实现载客3000余万人次,缓解了城区群众出行坐车难问题,为提升城市品位和文明程度作出了贡献,特别是在县城到工业园区另设线路1条,投入车辆9辆,解决了县工业园区大部分工人上下班交通难的状况,为园区企业招工和发展提供了极大的便利条件。

(余家军)

【南城县城乡客运一体化进程加快】 该县立足当地实际,合理设置和延伸班线,科学调配运力,并督促客运企业及时更新车辆,加强从业人员的教育和管理,不断提升客运服务质量和水平,努力使公共交通均衡化、服务效能最大化惠及群众。2012年,全县共新增城市公交车2辆,更新客车2辆,更换公交车18辆,城市公交车达32辆,出租车100辆。至12月底,全县跨省(市)县际班线达15条、拥有客车47辆,92%的行政村通班车,拥有农村客车107辆,城市公交32辆、出租车100辆,极大地便捷了城乡人民生产生活。

(王素红)

【上饶市城市公共交通】 2012年,上饶市拥有城市公交企业14户,公交车613辆,开通线路73条;出租企业13户,轿车1374辆。其中,市中心城区拥有公交企业4户,股份制企业1户为上饶市公共交通有限责任公司,国有资产占51%;私营企业3户为上饶县远华客运有限公司、上饶县东江汽车运输有限公司、上饶县鸿远有限公用。投入以柴油为燃料的公交车228辆,换算为236.1标台;开通公交线路18条,总里程达238.4千米。建有1个停车场和5个露天临时停放点,分别在市老公交公司停车场(庆丰路北公交公司内)。新火年站广场车、佳丽商城温州街、三清大道平安检测站内、上饶县旭光大道广场北远华客运公司门口、信州区陵园路32号上饶县鸿运客运公司内。中心城区主干道已建成并投入使用公交站台184个(港湾式候乍亭68个、一般候车亭52个、临时招呼站64个)。 (陈均培)

【上饶市城市交通坚持以人为本,确保市民出行便捷】 2012年春运期间,上饶市中心城区共投入春运客车739辆,其中公交车228辆,出租车

511 辆;安全输送旅客 783.9 万人次,其中公交车 462.1 万人次,出租车 321.8 万人次,未发生一起源头安全管理责任事故,圆满完成丁 2012 年度春运工作任务;为了方便广大市民在清明节期间祭祀扫墓,自 2012 年 4 月 3 日至 2012 年 4 月 7 日止即清明期间,抽调运力,增开前往福山陵园的扫墓公交专线;在高考期间,组建公交、出租、人力三轮车高考爱心车队,免费运送考生 2 万余人次。新开通经开线,形成开发区南边以上三路为起点至上饶县城旭日大道中心广场的公交大循环线路,方便了企业职工出行;对 12 路公交车部分线路进行调整,解决龙潭湖宾馆人员出行问题。

(陈均培　王　涛)

【上饶市城区公共客运惠民政策落实到位】 上饶市客管处切实做好城区公共客运燃油消耗申报、核查工作,及时、定额发放出租、公交燃油补贴。第一批出租车燃油补贴 660.28 万元、公交车燃油补贴 580.58 万元,已全部发放到位;第二批公交车燃油补贴 531.68 万元也已发放到位,出租车燃油补贴 607.08 万元正在发放中,让国家的惠民政策真正落实,让业户得到实惠。

(陈均培　王　涛)

【玉山县新增 3 条城市公交线路 31 台车辆】 7 月 26 日上午,玉山县举行城市公交车辆更新及新增线路启动仪式,新增的 31 辆崭新公交车正式投入使用,新增的殿口至新汽车站、会交至小徐、火车站至洋岩 3 条公交线路开通城市公交车。通过本轮新增,该县公交运力达 62 辆,公交线路达 7 条。

(雷　钟)

【铅山县黄岗山出租车公司成立】 5 月 28 日上午,铅山县黄岗山出租汽车有限公司成立。该公司以公车公营的模式投入运营,投放市场的出租车辆 10 辆。之后该公司将根据市场的需求,分批次增加运营车辆,以不断完善城市交通功能建设,提升城市化水平,为百姓出行创造更加舒适、便捷、安全的乘车条件。

(刘步彬)

【万年县公交新车投放市民行有所乘】 10 月,万年县由华茂公交公司投资 160 多万元购置的 10 辆新车正式投放运营,至使该县共有公交车 28 辆运营,开通的公交线路有水泥厂—上坊乡、排楼—水泥厂、马塘路口—永安新村、汽车站一火车站共 4 条线路,途经 60 多个站点。

(万年县交通运输局)

【上饶市公共交通有限责任公司】 上饶市公共交通有限责任公司被江西省地方税务局评为“2010—2011 年度地税信用等级 A 级纳税信用企业”荣誉称号。近年来. 该公司坚持严格会计核算,及时申报缴纳税款,税收业务管理工作规范、有序,得到了税务机关的充分肯定。

(市公交有限责任公司)

【上饶市中心城区开通“经开线”】 为方便上饶经济开发区企业职工上下班和安置小区市民出行,形成开发区南边以上三路为起点至上饶县旭日中心广场为终点的公交大循环线路,自 3 月 6 日起上饶市中心城区投放 6 辆公交车,增开一条公交线,该线路冠名为“经开线”。新开通的公交线路具体走向为:上三路—饶二路—龙大路—工业四路南—七六路—武夷山大道(途经开发区)—凤凰西大道—建安南路—信美路—旭日大道(途经旭日广场)—吉阳西路—(途经县政府)—樟树路—工业四路北—凤凰西大道—工业大道上三路;线路全程约 15.2 千米;运行方式为双向循环。

(杨　辉)

【上饶市政府安排年度公共交通财政补贴 200 万元】 2012 年,上饶市人民政府为实大开放、大产业、大城市、大交通、大物流、大旅游、大民生、大稳定“八大战略”,着力保障和改善民生,促进经济平稳较快发展和社会和谐稳定,对公共交通公司补贴 100 万元,对老年人免费乘车保险补贴新增 100 万元。

(陈均培)

水路运输

【概况】 2012年,全省完成全社会水路货物运输量7930.6万吨,货物周转量2072641万吨千米,同比分别增长6.6%和2.8%;旅客运输量254.8万人,旅客周转量3169万人千米。内河完成货物运量7426.2万吨,货物周转量1329992万吨千米。其中:进入长江干流的货物运量1191.77万吨,货物周转量563499万吨千米;沿海完成货物运量489.4万吨,货物周转量686569万吨千米,同比分别增长1.8%和下降1.2%。

至年底,全省内河拥有各类运输船舶4190艘,同比增加26艘;船舶净载重量总计2266471吨位,同比增加166592吨位;载客量总计10967客位,同比减少647客位;船舶总功率714384千瓦,同比增加45325千瓦。沿海运输船舶51艘,与上年持平。总载重量为221974吨位,比上年末增加5851吨位,功率为62771千瓦,比上年减少262千瓦。全省水运经营业户根据市场的变化和需求,依据航道条件的改善,着力更新改造老旧的运输船舶,大力进行经营结构和船舶运力结构的调整,更新改造和新增船舶向"大型化、标准化"方向发展。全省货物运输船舶平均吨位由2006年的257吨上升至2007年290吨,2008年322吨,2009年455吨,至2010年509吨,2011年达到548吨,2012年达到585吨。旅客运输的格局还是长途旅客运输呈萎缩趋势,短途的特别是库区内和旅游景点的旅客运输量保持上年同期水平,客运船舶向安全化和标准化方向发展。

(周国强)

水路运输企业

【全省水路运输(服务)业核查工作圆满完成】 截至5月31日,全省水路运输(服务)业年度核查工作已全面结束。全省应核查的水路运输企业和个体经营户共399户,实际通过核查共340户。其中,通过核查企业129户,限期整改50户,未通过核查企业1户,未参加核查企业8户;通过核查的个体经营户211户。参加年度核查的营运船舶共计2682艘、2079199载重吨、9136客位、2312箱位、1130127千瓦。其中,拖推船2艘、275千瓦;货船2087艘、1762089载重吨、514826千瓦;客船364艘、11220客位、14646千瓦;高速客船3艘、135客位、713千瓦;化学品船127艘、93525载重吨、32270千瓦;油船70艘、171330载重吨、53523千瓦;集装箱船29艘、2312箱位、52255载重吨、12462千瓦。

核查数据显示,全省水路运输经营业户和船舶运力变化情况呈现以下特点:一是进一步淘汰老旧船舶,船舶逐渐向大型化发展。2011年全省继续加快推进老旧船舶拆解工作,鼓励企业逐步发展大吨位、标准型船舶。2012年全省船舶平均吨位由2011年的676吨增加至775吨,增幅为14.6%。二是水路危险品运输企业资源整合取得实效。依照"扶优扶强、减弱减小"的原则,积极推进液货危险品运输企业资源整合工作,引导和鼓励企业采取并购、联盟、重组、优化组合等方式实行经营资源整合,成功实现7户弱小水路危险品运输企业被省重点发展企业兼并收购,使危险品船舶重点发展企业拥有的标准化船舶比例不断提高。三是水路集装箱运输发展迅速,截至2012年5月,较上年增加集装箱船增加9艘、1086箱位、23454载重吨,增幅分别高达45%、88.6%和99%。

(吴萃萃 黄海源)

【全省首家水运企业被认定为诚信水运企业】 8月7日,经省港航管理局研究认定,江西东港航运有限公司被评为"江西省AAA级诚信水运企业",这是继2010年3月九江湖口恒驰物流有限公司之后,江西省第二户被省级水运行业主管部门认定的诚信水运企业。

为有效推进全省水运企业诚信经营，营造良好的水运经营环境，不断提高水运企业经营诚信度，从而提高水运企业市场竞争能力，省港航管理局根据交通运输部关于建立水路运输业诚信体系的要求，于2011年10月印发了《江西省水运企业诚信评价办法》，按照该办法规定，各地港航管理部门对提出申请的水运企业进行日常诚信经营行为审核，符合条件的上报省港航管理局，经组织诚信水运企业评审小组评审后，最后由省局研究被评水运企业可认定为江西省A级至AAA级诚信水运企业（最高为AAA级）。

（涂春如　陈明中）

【省港航局开展水运企业年度核查工作】 为加强全省水路运输市场监管，打击非法经营，保护合法经营，规范经营行为，维护市场秩序，省港航局组成检查组于4月26日至5月4日，对南昌、宜春、九江市具有代表性的10户企业进行了走访检查。

检查组在现场听取了企业汇报，对企业高管人员、海务、机务主管任职资格、在岗情况，安全管理规章制度、船舶档案信息等相关资料的建立、落实情况以及经营资质和核查表格填报逐项进行了检查。检查发现，全省水路运输企业经营资质保持情况总体良好，企业年度核查多数合格：存在的问题：一是有个别企业高层管理人员，如海务、机务主管未在岗；二是有的企业办公地址已变更，水路运输许可及企业法人营业执照未按要求及时变更；三是个别企业部分船舶未办理营运证；四是企业高层管理人员对公司基本情况，尤其是船舶情况掌握不全；五是个别企业无自有船舶或自有运力未达标。检查组对发现的问题，形成了书面结论和整改意见，及时反馈并要求当地港航部门针对问题择期再次复查，确保按期整改到位。

此次检查，对及时了解水路运输（服务）业现况和进一步规范从业者经营行为、促进水运企业健康、有序发展起到了积极的推动作用。

（涂春如　熊　芬）

【江西省岛际和农村水路客运成品油价格补助专项资金发放】 为了使全省岛际和农村水路客运成品油价格补助专项资金及时、准确、安全地发放到水路客运经营业户手中，省港航局依据各客运经营业户从事旅客运输使用燃油核定的补助用油量，及时计算出2011年度（清算）和2012年度（预拨）油价补助标准，确定各经营业户的补助金额，并于年底全部发放到位。

2011年度（清算）和2012年度（预拨）岛际和农村水路客运成品油价格补助专项资金共计1991万元，其中，2011年清算资金643万元（渡运453.35万元，客运189.65万元），2012年预拨资金1348万元（渡运950.39万元，客运397.61万元）。自2012年12月13日起，全省954艘持有效《营业运输证》的农村水路客运船舶和经县级人民政府批准符合标准的渡口渡运船舶，即可到当地县级财政部门办理领款手续。

（熊　芬　刘　祥　陈明中）

【南昌市港口和水路运输情况】 2012年，南昌水路运输仍然保持货运增长，客运停止的总态势；港口吞吐量增长，集装箱吞吐量达到6.6万标准箱；港口建设在《南昌港总体规划》的统筹安排下发展速度快，最大的现代化综合码头龙头岗综合码头正式开工建设。

一、港口吞吐量：2012年，南昌港完成货物吞吐量2268.1万吨，同比增长7%。根据统计数据显示，虽然在第二、三季度港口吞吐量持续下滑，但是受四季度进出口货物激增影响，全年港口吞吐量仍出现逆势上扬的态势，仅四季度南昌市港口吞吐量就比上年同期增长37%，直接带动全港吞吐量的放量拉升。水泥、非金属矿石、粮食、木材等货物吞吐量分别完成281.0万吨、122.8万吨、60.4万吨、22.4万吨，分别比上年同期增长27%、46%、175%、48%。

二、集装箱吞吐量：2012年南昌港共完成集装箱吞吐量66134标准箱（TEU），比上年增长7%，其中空箱完成18960标准箱，比上年增长19%；重箱完成47174标准箱，比上年增长3%。集装箱的货种涵盖汽车配件、粮食、蓄电池、瓷砖、纸制品等多个品种。随着越来越多的企业选择具有运量大、能耗低、成本低、占地少和环保安全等优点的水路运输方式，南昌港的集装箱吞吐量呈现逐年快速增长。

三、水路运输：全年完成水路货运量715.8万吨，比上年增长5%；货物周转量完成108248万吨千米,比上年增长7%。其中市属交通部门货运量完成9.8万吨,比上年下降42%,主要原因仍然是在本年的水路运输经营者年度核查中,南昌县航运公司及新建县航运公司均无自有船舶运力,即这两家水运企业(交通部门)的水路运输工具拥有量为零,导致交通部门货运量骤降。受上半年南昌无合法采砂区影响,大多数航运公司(非交通部门)的运砂船存在数月停航的状态,导致货运量下滑明显;但从下半年开始,赣江南昌段确定了合法采砂区,加上第四季度赣江水位一直处于丰水位,砂石运输明显好转,而化工类、集装箱运输及一些普通货物运输亦较稳定。

(张科文)

【九江市开展省际液货危险品运输企业清整专项行动】 自2011年12月1日至2012年4月20日止,九江市港航管理局认真组织开展长江水系省际液货危险品运输企业清理整顿专项行动检查。

九江市现有中国石化集团江西九江石油分公司、星子县新池航运公司、星子县神灵航运公司、九江振兴轮船有限公司和永修县航运有限公司等5户液货危险品运输企业,共有危险品营运船舶45艘,其中,油船42艘,化学品船3艘,84224总吨,13.36万载重吨。港航管理人员逐一对各企业的经营范围、经营业务、适航船舶、运力规模、组织机构、管理制度、管理人员配备、特种资质培训、企业法人资格、主要管理人员聘用合同有效期限、专职管理人员在岗在位及安全和防污染管理体系等10余项逐项进行细致检查。对检查中发现的问题,已向中国石化集团江西九江石油分公司、星子县神灵航运公司下达停业整改通知书,并按照相关规定责令限期整改,实施跟踪管理,确保整改到位。

(孟宪中 陈明中)

【九江市湖口恒驰物流有限公司荣获首批“江西省AAA级诚信水运企业”称号】 湖口恒驰物流有限公司于2009年8月申报筹建,2010年3月获准开业经营。该公司现有散杂货船舶运力5514载重吨,系湖口县最大的水运企业,主要依托江西萍钢九江钢厂原材料和成品进出口,从事长江流域及支流省际普通货物运输。经该公司申报,省诚信水运企业评审小组集中评审,省港航管理局研究决定,授予该公司“江西省AAA级诚信水运企业”称号。

(九江市交通运输局、港航管理局)

【鹰潭市水路运输】 2012年,鹰潭市共有船舶245艘,净载重量7583吨,载客量730客位,船舶功率3561千瓦,线路1条。2012年,全市水路运输完成客运量44.3万人;旅客周转量310.1万人千米;货运量388万吨,货物周转量3477.9万吨千米。同比分别增长2%、2%、2%和减少2.4%。

2012年鹰潭市港口吞吐量

表18

港口	货物吞吐量(万吨)			集装箱吞吐量				滚装汽车吞吐量(万辆)	旅客吞吐量		利用自然岸坡完成船舶货物装卸量(万吨)
	合计	外贸	出港	外贸	箱数(万吨)	重量(万吨)	货重		合计(万人)	出港	
合计	3855000	—	—	—	—	—	—	—	—	—	—
鹰潭	1273000	—	—	—	—	—	—	—	—	—	—
余江	892000	—	—	—	—	—	—	—	—	—	—
贵溪	1690000	—	—	—	—	—	—	—	—	—	—

【赣州水路运输】 全市15个县(市、区)设有港口,即:赣州港、赣县港、瑞金港、兴国港、于都港、上犹港、南康港、信丰港、龙南港、石城港、宁都港、会昌港、寻乌港、崇义港、定南港。港口码头399座,泊位数509个。运输船舶429艘,其中客运船舶91艘,客位2521个;货运船舶338艘,总净载

吨位52303吨。全年共实现港口吞吐量1305吨，其中出口7.8万吨，进口1297.2万吨；货运量1305.1万吨，其中包括沿海28万吨，货运周转量49587万吨千米，客运量129.8万人，客运周转量945万人千米。

（李发淳）

【上饶市水路运输】 上饶市从事国内水路运输和服务企业总数12户。其中从事内河客货运船舶运输的企业11户；从事内河客运船舶运输的企业1户。全市共有运输船舶530艘、运力13.37万吨，载客量783客位，其中客运船舶26艘、1172.3千瓦。常年通航客运航线主要有：鄱阳—南昌、瑞洪—南昌、鄱阳—鹰潭、鄱阳—九江、鄱阳—乐平、鄱阳—景德镇、鄱阳—莲湖、鄱阳—珠湖山。季节性通航客运航线主要有：凰岗—景德镇、余干—鹰潭等。全年完成内河客运量77.8万人次，旅客周转量1860万人千米。主要是信江、饶河（昌江、乐安河）、鄱阳湖流域，货物主要是赣东北各地的粮食、农副产品、矿产、煤、木材等。拥有机动货船504艘、133700吨位、53755千瓦；拖（推）轮2艘、380千瓦；驳船7艘、1840吨位。全年完成货运量为635.6万吨，货物周转量151040万吨千米。

（陈均培　吴立新）

水路运输线路

2012年江西省水路客运主要航线

表19

序号	设区市	航线
1	上饶	鄱阳—莲湖
2		鄱阳—昌州
3		玉山县“七一”水库
4		龟峰景区
5	九江	湖口—鞋山
6		柘林湖景区
7		武宁—巾口
8		武宁—罗坪大桥河
9		武宁—上埠东红
10		武宁—大坪
11		武宁—茶棋
12		武宁—东山
13		武宁风景区
14		修水县城—抱子石
15		修水县城—双井
16		码头镇—武穴

续表 19

序号	设区市	航线
17	赣州	赣州至万安旅游客运水域旅游客运
18		大埠乡金田村至大埠乡圩镇
19		大埠乡金田村至大埠乡夏汶村
20		赣县大埠乡三江至大埠圩
21		王母渡镇立濑村至王母渡圩镇
22		古田乡中芙村至湖江乡圩
23		古田管理区牛岭村至湖江圩
24		湖江乡夏府村至湖江乡圩
25		古田联育村至湖江圩
26		攸镇里堡村至攸镇圩
27		湖江乡高道村至湖江乡
28		五云镇日红村至湖江乡
29		湖江乡新增村至湖江圩
30		攸镇西山村至攸镇圩
31		攸镇岗上村至攸镇圩
32		古田乡联育村至沙地攸镇圩
33		古田乡荛口村至攸镇村
34		湖江乡石伍村至攸镇圩
35		古田乡小良村至攸镇圩
36		大田乡信江村至茅店圩
37		古田乡石伍村至沙地攸镇圩
38		古田乡联育村至沙地攸镇圩
39		江口镇圩至江口储洲村
40		江口镇龙石村至茅店镇
41		五云镇至湖江圩
42		水口码头—七星望月—赣南树木—陆水码头
43		石门子至陡水湖码头
44		长潭—水口—石门子—窟下—陡水
45		坝面—鬼城—树木园—民俗风情苑—七星望月—水口—过埠
46		水口、石门子—讨埠—七星望月—树太同
47	吉安	万安—龙尾
48		大坝—棉津
49		陇洲—吉水
50		上优田—大坝
新余	51	仙女湖风景区
鹰潭	52	龙虎山风景区

2012年江西省船舶从事水路货物运输主要航线

表20

序号	货运类型	货运航线
1	集装箱班轮运输航线	南昌—上海
2		九江—上海
3	散装水泥运输航线	瑞昌—南昌—武汉
4	化学品（油品）运输航线	南昌—武汉—重庆
5	液化危险品运输航线	宜昌—南通
6		京杭运河沿线
7	短途沙石运输	丰城－蛤蟆石－南京－上海
8	散装干货运输航线	宁波—广州
9		上海—大连
10		南通—上海—广州—青岛

（省港航运输管理处）

【南昌航道处185座航标全部刷新】 11月1日，南昌航道处对辖区所有航标进行了全面的维修体检和除锈打漆，使之标位准确、标鲜灯明，确保了航道的安全畅通。

该处辖区市汊至吴城主航道水域共设置航标185座，设标里程106千米。赣江南昌河段由于船舶过往频繁，船舶排泄的大量黑色尾气给航标标体表面蒙上了一层“黑色的膜”，加之航标长期在江水中浸泡易生锈，船舶与航标碰擦时有发生，致使航标标体多处损坏。为使航标能够更好地发挥导航、助航作用，该处将一线人员分为3个班组，分段作业，齐心协力，对航标进行除锈打漆，对损坏的航标进行加固、维修。

（汪　莹　朱闵翔　陈明中）

【《鄱阳湖大桥通航技术要求论证研究报告》通过专家评审】 4月1日，省港航管理局在南昌主持召开了《都昌至九江高速公路鄱阳湖大桥通航净空尺度和技术要求论证研究报告》评审会。参加会议的有省交通运输厅、都九高速公路项目办、九江港航分局、省交通设计院、河海大学等单位的代表和特邀专家。

与会代表和专家听取了《报告》编制单位江西省航务勘察设计院对《报告》的介绍和相关单位的情况说明，经过认真讨论，形成专家组评审意见：对桥区河段通航条件进行的论证，所采用资料基本齐全可靠，技术路线正确，成果可信；通过加大通航孔跨径、优化通航孔布置、增加引航浮标配布等措施确保通航安全，桥位方案基本可行；桥梁通航孔设计均能满足规范要求的通航净宽尺度和净高尺度同时专家建议，补充桥区河段的货运量、船舶流量密度及船型现状资料及鄱阳湖水利枢纽船闸的相关资料。

（省航务勘察设计院　陈明中）

【湖口通航管理处对桥区航标进行技术改造】 为确保桥区水域航道畅通，提高过往船舶的安全性。自4月1日起，湖口通航管理处对鄱阳湖公路大桥桥前引标进行技术改造。

此次技术改造主要针对移位频繁的1、3、5、7、9号标志及年久失修的8、12、16号等8座航行标志，逐一进行上坡、除锈、修理、油漆维护、复位，并有选择性的把引标锚改为水泥沉石，以解决因河段河床地质不利于锚泊而出现标志频繁移位等问题。同时，对年久失修的标志全部进行起吊增加马鞍链。经过12天的抢修，8座航标达到标位准确、颜色鲜明，全部改造完毕。为正确引导船舶安全通过大桥水域，确保船舶航行安全及大桥安全提供了保障。

（余　燕　陈明中）

【赣州贡江、新世纪大桥航标工程顺利通过竣工验收】 4月8日,省港航局航道管理处在赣州组织召开贡江、新世纪大桥的航标工程验收会,赣南大道指挥部项目办、赣州港航分局以及航标设计、监理、施工单位的代表和专家参加会议。

贡江大桥和新世纪大桥位于赣州市赣南大道,连接赣县至南康,是赣州构建特大城市重要通道中的关键环节。2座大桥的航标工程均由赣州市富水航务工程处承建,各设置桥涵标牌2块,桥涵灯2盏,爬梯4座。贡江大桥设置桥柱灯12盏,桥前引标8座。新世纪大桥设置了桥柱灯8盏,桥前引标10座。

会上,航标工程竣工验收委员会详细听取了业主、施工、设计、监理单位的工作汇报以及专家的意见和建议,对施工单位的施工资料进行了详细审查。会后,省港航局航道管理处还组织专家查看了现场。参会专家对施工单位的工程质量、材料和焊接工艺表示充分肯定,同时,也提出了适当改善的建议。经竣工验收委员会的认真讨论和评审,一致同意通过验收。

(李素霞 陈明中)

【杭长铁路跨河桥梁航标工程图设计审查会在宜春召开】 为进一步优化大桥航标工程施工图纸设计,促使航标选型、桥前引标配布等科学规范,4月13日,省港航局在宜春组织召开杭长铁路客运专线跨渌水河、锦江、袁河、信江等7座特大桥航标工程施工图设计审查会。沪昆铁路客运专线江西有限责任公司(业主)、施工单位、设计单位、大桥所处航道管理单位及特邀专家10余人出席会议。

会上,审查组听取省航务勘察设计院对大桥航标工程施工图设计介绍,组织与会专家对各大桥航标工程施工图设计进行逐一审查。各相关单位和特邀专家一致认为:该设计方案符合中华人民共和国国家标准《内河助航标志 GB5863—93》和《内河助航标志外形尺寸 GB5864—93》的有关规定,大桥上、下通航孔的选择及桥前引标配布的设计基本符合航道现状,方案设计切实可行。同时,也指出了相关问题并提出了建设性意见和建议。

(王水生 喻 龙 陈明中)

【上犹江二座大桥航标工程通过竣工验收】 12月20日,省港航局航道管理处在赣州组织召开了对赣崇高速公路跨上犹江二座大桥的航标工程竣工验收会。省交通运输厅路航管养处、赣崇高速项目办、赣州港航分局及航标设计、监理、施工等单位分别派出代表和专家参加了本次验收会。

会议首先由有关专家、单位领导组成的竣工验收委员会全体成员深入工程现场进行了踏勘,并听取了大桥航标工程建设、设计、施工、监理单位的有关汇报,认真审查了工程竣工验收资料。经讨论研究,验收委员会认为该工程施工规范、资料齐全,各项工程质量符合设计要求,具备竣工验收条件。同时,竣工验收委员会强调了航标维护保养的重要性,要求大桥管理部门认真落实好航标维护相关工作,加强航标的日常维护保养,确保航标良好的技术状态,以充分发挥航标的导向作用。竣工验收委员会同意通过航标竣工验收。

(杨兰庆 陈明中)

【南昌地方海事为朝阳大桥全面施工保驾护航】 11月23日,南昌市连接朝阳新城区九州大道与红谷滩的朝阳大桥水上水下作业进入全面施工阶段。为确保施工顺利和过往船舶的航行安全,南昌市地方海事局高度重视,多措并举,倾尽全力落实大桥水上施工安全监督工作,为大桥建设保驾护航。

朝阳大桥是南昌市干线路网规划"五横三纵"中"南环快速路"跨越赣江的重要节点工程,位于生米大桥下游约3.5千米、南昌大桥上游2.5千米处。由于该桥所处水域船舶过往较多,地质、水文情况复杂,工程安全隐患十分突出。为此,该局一是在《中国水运报》上发布了航行通告,要求施工单位作业船舶,进入施工水域作业时应按《内河避碰规则》显示号灯、号型,并全面落实水上施工安全各项工作;二是通过高频、发放宣传单、短信等形式向船员发出航行通告,通知过往船舶通过朝阳大桥施工水域时,缓速行驶,加强了望,谨慎操作,严格按照航道部门设置的引航标志行驶,听从上、下游担任警戒任务的现场指挥人员的指挥;三是对施工水域进行水上交通管制,未经许可,禁止一切船舶在交通管制施工水域停泊、抛锚、追越和并列行驶,禁止其他影响交通管制施工水域及通航安全的各种水上水下施工作业,在施工需要时,将进行间歇性封航;四是施工期间,该局将派出巡艇和人员24小时在桥区施二水域进行安全维护和航行标志的设置,确保施工的顺利进行。

(汪　莹　段　鑫　陈明中)

【跨信江大桥航标工程通过竣工验收】 10月18日,省港航局航道管理处在余干县组织召开了河埠、中洲2座跨信江大桥的航标工程竣工验收会。省厅规划处、省公路局、大桥所在地上饶市和余干县交通运输局、上饶和鹰潭港航分局以及航标设计、监理、施工等单位参加了验收会。

会议首先审议通过了由有关专家、单位领导组成的竣工验收委员会,听取了大桥航标工程建设、设计、施工、监理单位的有关汇报,认真审阅了工程资料,结合现场验收检查,认为工程施工规范、资料齐全,设置的航标各项技术指标符合设计和相关技术规范要求,一致同意通过竣工验收。

(付知拾　赖普文　黄海源)

【南昌航道处加强汛期航标管理】 2012年6月入汛以来,江西大部地区特别是赣南地区连续遭受大暴雨,赣江南昌段水位猛涨。为确保通航安全,南昌航道处对辖区内所有航标进行了一次全面检查,根据水位变化情况及时调整辖区航标,及时更换电池;组织人员清理碍航漂浮物,清除锚链缠绕物;增加巡航次数,勤瞭望勤探水深;抢修和补充水毁标志,保证航标标位准确、颜色鲜明、灯光明亮;加强对辖区内桥梁航标的管理力度,确保航道汛期安全。

(朱闵翔　汪　莹)

【赣州市西河等5座大桥航标工程通过竣工验收】 7月13日至14日,省港航局航道管理处在赣州分别组织召开了对西河大桥改建工程、西河人行桥、南河大桥、全球通大桥和武龙大桥的航标工程验收会。该市市政工程管理处(业主)、赣州港航分局以及航标设计、监理、施工单位的代表和专家参加了会议。

西河大桥等5座大桥均位于赣州市章江出口10千米的范围内,连接北南2个城区,是新老城区重要的交通要道。在航标的配布中,设计和施工单位尽量做到与章江两岸的景观、绿化相匹配。5座大桥的航标工程均由赣州市富水航务工程处承建,其中,西河大桥按施工图设计文件要求,共完成制作安装桥涵标牌2块、桥涵灯2盏、桥柱灯8盏、桥前引标10座、爬梯4座;武龙等4座大桥设置了桥涵标牌8块、桥涵灯8盏、桥柱灯32盏、桥前引标32座。

会议代表察看了工程现场,并认真听取工程参建各方的情况汇报以及专家的意见和建议,对施工单位的施工资料进行了详细审查,对工程质量、材料和焊接工艺表示充分肯定。同时,也提出了适当改善的建议。经过认真研究,竣工验收委员会认为工程达到设计要求,一致同意通过验收。

(李素霞　陈明中)

【湖口通航管理处及时恢复移位标志】 受长江中上游降雨影响,7月15日,鄱阳湖出现2012年首次江水倒灌情况,至7月16日8时,倒灌流量达5000立方米/秒。倒灌的湖水导致桥区标志移位、漂浮物堆积,严重影响过往船舶的安全通航。湖口通航管理处紧急调动工作人员7人、快艇1艘、道政挺1艘,在辖区航道进行拉网式排查。经过连续7小时、12艘次作业,15座移位航标得到及时复位,标身缠绕物及水面漂浮物得到清除,保障辖区航道的安全畅通。

(吴乐茂　陈明中)

【上饶市航道情况】 1. 饶河总长540.5千米。乐安河(饶河的南支,长312.5干米),通航总里程235.5千米。上游:河源—德兴香屯130千米;中游:香屯—乐平67.5千米;下游:乐平—鄱阳龙口105.5千米。龙口—姚公渡34千米,现状等级Ⅵ级;姚公渡—鸣山55.5千米,现状等级Ⅶ级:鸣山—铜埠112千米(其中鸣山至乐平,现状等到级Ⅵ级,乐平至铜埠95千米现状等级八级);张家—新农村为景德镇市行政管辖;铜埠—婺源36千米,现状等级等外。昌江河(饶河的北支,长228千米)。通航总罩程172千米。上游:安徽省祁门县砺石镇—浮梁县浯溪口47千米;中上游:浯溪口—旧城22千米;中游:旧城—景德镇—凰岗53千米;下游:凰岗—姚公渡51千米。姚公渡——凰岗51千米,现状等级Ⅴ级。

2. 信江(总长448.5千米),通航罩程328千米。上游:张岭—双明22千米;中游:上饶—鹰潭

144.5千米;下游:鹰潭—新渡万家—梅溪(三江口)117.5千米,新渡万家—乐安村44千米(东支)。乐安河口——坪上鲁家75.5千米,现状等级Ⅶ级;流口—上饶111千米现状等级为等外;信江东河:珠湖山—齐埠15千米,现状等外;铅山河:河口—永平20.5千米,现状等外;七—水库;大坝—张岭22千米,现状等级为等外;信江西支三江口——新渡万家55千米,现状等外。

3.鄱阳湖,龙口—瓢山13千米现状等级为Ⅵ级;瓢山—三江口3I千米,现状等级为七级,实施Ⅳ级;尧山—独山41千米,现状等级为等外;鄱阳湖东河,车门—永滩39.5千米现状为等外;鄱阳湖西河:漳田渡—尧山53千米、独山—谢家滩39.5千米,现状等外;鄱阳湖西河西支:漳田渡—响水滩14千米;棠荫—洪家叶20千米、江家—纽丝林13千米、龙口—康山15千米、车门—四十里街18千米、锣鼓山—甘泉洲18千米,现状均为等外。全市通航河流21条,内河网络连通全市70%的县(市、区),现有III级178千米,V级360千米,VI级41千米,Ⅶ级114.5千米,Ⅶ1级156千米,总里程849.5千米。

(陈均培)

港口码头

【概况】 2012年,全省拥有港口59个,港区73个,港口管理部门66个,港口经营人1071户,船厂19户。其中生产性码头泊位1721个,泊位总长度63361米;非生产用泊位75个,泊位总长3765米;最大靠泊能力5000吨级;拥有千吨级以上泊位116个。港口生产性仓库面积252703平方米,生产用仓库容积430605立方米,堆场面积1119665平方米。铁路专用线总长10327米,其中装卸线3336米。港口装卸机械2906台(套),其中起重机械1440台(套),装卸搬运机械729台(套),输送机械526台(套),专用作业机械19台(套),其他装卸机械192台,最大起重能力800吨。

本年度,全省港口完成货物吞吐量25270.8万吨,其中出口17079.4万吨,进口8191.4万吨,分别比上年同期增幅为7.3%、5.6%、10.9%;旅客吞吐量为467.4万人次,比上年同期减幅为1.7%,其中出港233.3万人次,进港234.1人次,分别比上年同期增1.4%、减4.7%;集装箱吞吐量为22.6万标准箱、256.1万吨,与上年分别增长10.8%、7.7%。

全年完成基本建设投资95175万元。其中:建筑工程42393万元,设备购置32776万元,其他费用20006万元,累计新增固定资产199万元。施工项目17个,其中:本年新开工2个,建成项目1个。新增生产能力:新建客运码头泊位4个,泊位岸线长度160米,新增旅客通过能力10万人/年。

重点港口建设项目方面,总投资243764万元的石虎塘航电枢纽工程2012年完成投资80612万元,整个工程正在紧张进行,完成电站1号2号3号4号机组已并网发电,5号机组安装已基本完成,2013年1月上旬可具备上网发电,6号机组正在安装中。工程船闸与左侧闸坝、库区防护及枢纽管理区房建工程已于10月20日交工验收。

赣江(南昌—湖口)航道整治(改善二级航道)工程计划总投资18296万元,整个工程正紧张进行,完成建筑安装工程费10466万元,完成总计划的57%,预计2013年12月底可全部完工。

南昌龙头岗综合码头—期工程,该项目开工建设动员会已于2012年11月2日召开,2012年12月27日省委常委、常务副省长凌成兴下达开工令,南昌龙头岗综合码头一期工程正式开工。万年港综合码头工程:整个工程正在紧张进行,水工部分及道路堆场及大型土石方工程已基本完工,完成基槽土方开挖261560立方米,完成基床抛石、夯实及整平17636立方米,完成现浇C20片石混凝土挡墙17715.5立方米,完成回填中粗砂31000立方米,正在进行机械设备购置招标工作,现已完成投资4650万元,占总投资的59%。

中小港站建设有序进行,完成了永丰县龙蟠客运码头工程、吉安县敖城货运码头工程、弋阳龟峰旅游客运码头工程的竣工验收。上饶龙潭湖旅游客运码头工程的浮码头设备正在进行招标工作中小港站建设的工程质量合格率继续保持100%,未发生工程质量和安全事故。

(周国强)

2012 港口吞吐量(按港口分)

表 21

港口	货物吞吐量				集装箱吞吐量			滚装船汽车吞吐量			旅客吞吐量		利用自然岸坡完成船舶货物装卸量(吨)
	合计	其中:外贸	出港		箱数	重量		自然数	标辆数	重量		出港	
	(吨)			其中:外贸	(TEU)	(吨)	货重	(辆)	(标辆)	(吨)	(人)		
全省总计	252708120	1906724	170784406	1420882	226194	2560890	2108502	0	0	0	4586604	2289009	7313420
长江干流小计	48274174	1420557	26240253	1043658	160060	1763702	1443582	0	0	0	619916	313822	0
九江港	48274174	1420557	26240253	1043658	160060	1763702	1443582	0	0	0	619916	313822	0
其中:瑞昌港区	12120199	—	10619173	—	—	—	—	—	—	—	217916	115822	—
城西港区	14760545	1420557	4996155	1043658	160060	1763702	1443582	—	—	—	—	—	—
城区港区	2921590	—	677245	—	—	—	—	—	—	—	—	—	—
湖口港区	15031840		6937680	—	—	—	—	—	—	—	—	—	—
彭泽港区	3440000	—	3010000	—	—	—	—	—	—	—	402000	198000	—
长江支流小计	204433946	486167	144544153	377224	66134	797188	664920	0	0	0	3966688	1975187	7313420
九江市	113132076	0	111330336	0	0	0	0	0	0	0	550818	275757	463700
都昌	14438091	0	14160091	0	0	0	0	0	0	0	0	0	0
星子	5170600	0	5165430	0	0	0	0	0	0	0	0	0	0
庐山区	40285901	0	38887201	0	0	0	0	0	0	0	0	0	0
湖口	5310646	0	5190776	0	0	0	0	0	0	0	255324	127882	0
修水	360500	0	360500	0	0	0	0	0	0	0	5199	2600	360500
武宁	908100	0	908100	0	0	0	0	0	0	0	41427	20841	103200
永修	46658238	0	46658238	0	0	0	0	0	0	0	248868	124434	0
赣州市	13050442	0	78651	0	0	0	0	0	0	0	1298000	649000	0
赣州	3142442	0	78651	0	0	0	0	0	0	0	32000	16000	0
崇义	70000	0	0	0	0	0	0	0	0	0	154000	77000	0
上犹	358000	0	0	0	0	0	0	0	0	0	436000	218000	0
寻乌	100000	0	0	0	0	0	0	0	0	0	0	0	0
龙南	500000	0	0	0	0	0	0	0	0	0	0	0	0
信丰	1200000	0	0	0	0	0	0	0	0	0	0	0	0
南康	1020000	0	0	0	0	0	0	0	0	0	0	0	0
石城	1250000	0	0	0	0	0	0	0	0	0	0	0	0
瑞金	510000	0	0	0	0	0	0	0	0	0	6000	3000	0
会昌	610000	0	0	0	0	0	0	0	0	0	66000	33000	0
宁都	1280000	0	0	0	0	0	0	0	0	0	0	0	0
于都	1450000	0	0	0	0	0	0	0	0	0	0	0	0
兴国	570000	0	0	0	0	0	0	0	0	0	0	0	0
赣县	990000	0	0	0	0	0	0	0	0	0	604000	302000	0

续表 21

港口	货物吞吐量				集装箱吞吐量			滚装船汽车吞吐量			旅客吞吐量		利用自然岸坡完成船舶货物装卸量
	合计	其中:外贸	出港		箱数	重量		自然数	标辆数	重量		出港	
	(吨)			其中:外贸	(TEU)	(吨)	货重	(辆)	(标辆)	(吨)	(人)		(吨)
吉安市	12046398	0	18568	0	0	0	0	0	0	0	93000	48000	0
万安	1090000	0	0	0	0	0	0	0	0	0	80000	41000	0
泰和	1950000	0	0	0	0	0	0	0	0	0	0	0	0
吉安	1806090	0	6090	0	0	0	0	0	0	0	0	0	0
吉水	1209690	0	9690	0	0	0	0	0	0	0	13000	7000	0
峡江	867364	0	450	0	0	0	0	0	0	0	0	0	0
新干	3290916	0	0	0	0	0	0	0	0	0	0	0	0
吉安县	1232338	0	2338	0	0	0	0	0	0	0	0	0	0
永丰	600000	0	0	0	0	0	0	0	0	0	0	0	0
宜春市	18410174	0	12116441	0	0	0	0	0	0	0	3550	1775	0
樟树	1351100	0	51100	0	0	0	0	0	0	0	0	0	0
丰城	15421474	0	12065341	0	0	0	0	0	0	0	0	0	0
高安	775000	0	0	0	0	0	0	0	0	0	3550	1775	0
上高	179000	0	0	0	0	0	0	0	0	0	0	0	0
袁州	60000	0	0	0	0	0	0	0	0	0	0	0	0
万载	176000	0	0	0	0	0	0	0	0	0	0	0	0
宜丰	120000	0		0	0	0	0	0	0	0	0	0	0
奉新	327600	0	0	0	0	0	0	0	0	0	0	0	0
新余市	824000	0	0	0	0	0	0	0	0	0	714000	357000	0
新余	647000	0	0	0	0	0	0	0	0	0	714000	357000	0
分宜	177000	0	0	0	0	0	0	0	0	0	0	0	0
抚州市	5249000	0	0	0	0	0	0	0	0	0	0	0	0
临川	3330000	0	0	0	0	0	0	0	0	0	0	0	0
南城	1090000	0	0	0	0	0	0	0	0	0	0	0	0
金溪	829000	0	0	0	0	0	0	0	0	0	0	0	0
南昌市	22680646	486167	10180372	377224	66134	797188	664920	0	0	0	0	0	4984720
南昌县	2860740	0	2860740	0	0	0	0	0	0	0	0	0	215000
南昌	18649906	486167	7319632	377224	66134	797188	664920	0	0	0	0	0	4469720
进贤县	1170000	0	0	0	0	0	0	0	0	0	0	0	300000
上饶市	14936210	0	10049760	0	0	0	0	0	0	0	421320	200655	1865000
玉山	17400	0	0	0	0	0	0	0	0	0	36810	18405	27000
上饶县	134000		0	0	0	0	0	0	0	0	0	0	76000
铅山	368500		0	0	0	0	0	0	0	0	0	0	166000

续表 21

港口	货物吞吐量				集装箱吞吐量			滚装船汽车吞吐量			旅客吞吐量		利用自然岸坡完成船舶货物装卸量（吨）
	合计（吨）	其中：外贸	出港	其中：外贸	箱数（TEU）	重量（吨）	货重	自然数（辆）	标辆数（标辆）	重量（吨）	（人）	出港	
横峰	36000		0	0	0	0	0	0	0	0	0	0	16000
弋阳	704780	0	0	0	0	0	0	0	0	0	169680	84840	291000
余干	8622410	0	7363410	0	0	0	0	0	0	0	0	0	404000
万年	970600	0	196600	0	0	0	0	0	0	0	16000	8000	209000
鄱阳	4082520	0	2489750	0	0	0	0	0	0	0	198830	89410	676000
鹰潭市	1778000	0	0	0	0	0	0	0	0	0	886000	443000	0
鹰潭	1778000	0	0	0	0	0	0	0	0	0	886000	443000	0
景德镇市	2327000	0	779344	0	0	0	0	0	0	0	0	0	0
景德镇	1547656	0	0	0	0	0	0	0	0	0	0	0	0
乐平	779344	0	779344	0	0	0	0	0	0	0	0	0	0

（全省）港口吞吐量（按货物形态、包装及货分类）

表 22 单位：吨

货物分类	序号	合计	外贸	出口	外贸	进口	外贸
A	B	1	2	3	4	5	6
货物吞吐量合计	1	252708120	1906724	170793725	1420882	81914395	485842
1. 液体散货	2	2723182	0	899280	0	1823902	0
其中：原油	3	39220	0		0	39220	0
成品油	4	1868696	0	651550	0	1217146	0
液化气、天然气及制品	5	368137	0	177230	0	190907	0
2. 干散货	6	236837432	0	161886012	0	74951420	0
其中：煤炭及制品	7	10274740	0	214391	0	10060349	0
金属矿石	8	11391156	0	312891	0	11078265	0
散水泥	9	10354744	0	7625846	0	2728898	0
散粮	10	529572	0		0	529572	0
散化肥	11	0	0		0		0
3. 件杂货	13	10586616	3821	6319155	3821	4267461	0
其中：木材	14	407237	0	190227	0	217010	0
粮食	15	241993	0	92746	0	149247	0
化肥	16	218239	0	340	0	217899	0
水泥	17	1058425	0	484137	0	574288	0
4. 集装箱（TEU）	18	226194	168775	112818	94392	113376	74383
重量	19	2560890	1902903	1689278	1417061	871612	485842
其中：货重	20	2108502	1346302	1463642	1009226	644860	337076
5. 滚装汽车数（标准车）	21	0			0		0
重　量	22	0			0		0

说明：1. 进出港旅客 4586604 人，其中：离港旅客 2289009 人

2. 利用自然岸坡完成的船舶装卸量 7313420 吨

【南昌港集装箱吞吐量再创历史新高】 2012年，在国家转变经济增长方式，经济增速趋缓的形势下，南昌港2012年集装箱年吞吐量和月吞吐量分别再次刷新历史纪录，集装箱年吞吐量达到66134标箱，比上一年增长7%。其中重箱47174标箱，比上年增长3%；空箱18960标箱，比上年增长19%。据了解，南昌港2012年二、三季度受宏观经济增速下滑影响，集装箱运输船舶进出港减少，导致港口吞吐量下降。在此不利局面下，通过勤练内功，狠抓管理，加强服务，挖掘潜力，在三季度末的九月份单月完成集装箱吞吐量6680标箱，创月度新高，再加上四季度赣江、鄱阳湖出现丰水位，使集装箱年吞吐量保持了稳步上升的态势，再度创下历史新高。

（平关正　罗淑青）

【星子县货运码头工程使用港口岸线获部批复】 8月上旬，星子县神灵湖东货运码头工程使用港口岸线获交通运输部批准，标志着九江东毅港口建设发展有限公司获得了星子县东郊鄱阳湖500米深水岸线使用权，同时标志着星子县整合港区深水岸线资源取得了新突破。

星子县神灵湖东货运码头工程位于县东郊鄱1j日湖岸边，距县城中心2千米。该项目建设用地9.08公顷，总投资1.9亿元，将新建2000吨级散货泊位2个和2000吨级件杂货泊位3个，设计年通过能力523万吨，项目建设符合九江港总体规划和星子港总体规划要求。该项目使用港口岸线的顺利获批，将为环鄱阳湖地区港口规划建设和腹地社会经济发展起到积极的推动作用。

（黄友坚　陈明中）

【九江港最大公用码头项目工可报告通过审查】 8月8日，受省交通运输厅的委托，省港航管理局在瑞昌市组织召开了《九江港瑞昌港区九江市码头工业城公用港口一期码头工程可行性研究报告》审查会。参加会议的有省交通运输厅、省港航管理局、九江市港口管理局、瑞昌市政府、瑞昌市码头工业城、九江市港口管理局瑞昌分局、瑞昌市交通运输局、建设单位和工程可行性研究报告编制单位中交武汉港湾工程设计研究院有限公司等共23人。会议审议通过了该工程的可行性研究报告。

该工程由瑞昌市沿江开发投资有限公司投资建设，工程建设位于瑞昌港区梁公堤作业区，为九江港公用码头项目泊位数最多、规模最大，拟建4个3000吨级(水工兼顾5000吨级)泊位，其中件杂货泊位2个、散货泊位2个，设计年通过能力280万吨。本工程水工结构为高桩梁板式结构，工程总投资3.47亿元，工程建成后，将大大提高九江港瑞昌港区的通过能力，为工业城园区提供有力的公共服务保障能力。

（丁本领　陈明中）

【九江集装箱码头一期工程通过竣工初步验收】 6月下旬，九江市港口管理局组织召开港城西港区集装箱码头一期工程竣工初步验收会议。参加会议的有省港航管理局、九江市发改委、市城西港区管理局、市环保局、市安监局、市水利局、市卫生局、市人保局、九江海事局，长江九江航道管理处、长航公安局九江分局水上消防支队、长江航务工程质量监督中心站及参建单位代表和特邀专家。会议组成的竣工初步验收委员会对工程现场进行了踏勘，听取了工程建设、设计、施工、监理等单位关于工程的情况汇报、质监部门报告以及试运行情况报告，审查了工程竣工验收资料，并进行了认真讨论，形成了竣工验收初步意见。

验收委员会认为：该工程建设内容符合批准文件。建设单位能严格按照建设程序实施工程建设；工程投入试运行期间各项管理制度和措施到位，运行良好，并已通过环保、消防、安全、档案等专项验收，竣工资料基本齐全；工程质量符合设计和有关规范的要求，工程质量核定为合格，同意该项目通过竣工初步验收。

该工程规模为：建设2个5000吨级集装箱泊位，泊位总长295米，结构形式为高桩梁板结构，年设计通过能力30万标箱；工程总投资443，720226.91元。

（陈华平　黄海源）

【最大船舶舾装码头项目档案通过验收】 10月30日，江西省江州联合造船有限公司舾装作业码头及配套工程项目档案，顺利通过九江市港口管理局组织的水运建设项目档案的专项验收。

该码头工程项目是江西省重大建设项目，总投资为6233万元，2009年2月开工建设，2010年

江西省交通干部学院

室内羽毛球场

420 人会议厅

江西省交通干部学院系江西省交通运输厅直属正处级事业单位，成立于1984 年 5 月，原名江西省交通干部学校，2010 年 12 月正式更名为江西省交通干部学院，成为全国交通运输行业第一家更名的省级干部学院。与中共江西省交通运输厅委员会党校、北京交通大学远程教育江西交通教学中心、武汉理工大学网络教育学院南昌学习中心、江西省交通职工中专合署办公。

学院位于南昌市红谷滩新区凤凰洲，占地面积 3.33 公顷，由教学楼、学术交流中心 A、学术交流中心 B、学员公寓 A、学员公寓 B、食堂等六栋单体建筑组成。学院设施完善，功能齐全，配有 420 人会议厅 1 个，120 人会议室 1 个，100 人会议室 1 个，70 人会议室 2 个，40 人会议室 2 个，会议接待能力 800 人；168 人阶梯教室 1 个，普通教室 10 个，图书室 1 个，40 人计算机室 2 个，教学接待能力 800 人；室内恒温游泳池 1 个，室内羽毛球场 1 个，网球场 2 个，篮球场 1 个。配有按三星级标准建设的单人间 122 个，标间 88 个，套间 12 个，可容纳 500 人就餐食堂 1 个。学院是一个集教学、培训、会议、住宿、餐饮、健身等功能为一体的现代化干部教育培训基地。

100 人会议厅

120 人会议室

服务团队

标准间

餐厅

学院大门

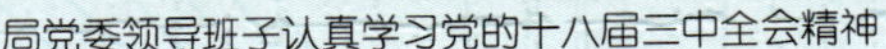

局党委领导班子认真学习党的十八届三中全会精神

打造便民利民的局行政服务中心

一年来，在省委、省政府和省交通运输厅的正确领导下，全省道路运输工作围绕主题主线、目标任务，坚持稳中求进、好中求快，加强行业管理，提升服务水平，全省道路运输经济实现稳步上扬，集中表现为“三项新举措、三大新突破、六大新成效 ”。

三项新举措：

一是便民利民有了新举措。省局成立了行政服务中心，将直接面向群众的班线客运、教练员从业资格等相关审批项目移交至行政服务中心办理，实现了“一窗式受理、一站式审批、一条龙服务”。

二是简政放权有了新举措。修订了道路客运行政许可议事规则，改进了省际、市际客运班线车辆更新审批方式，梳理了局机关各部门职权，取消了驾培机构专家评审组织工作，并对梳理出的 25 项对外职能和 9 项对内职能完成了业务流程再造。

三是转变作风有了新举措。扎实开展党的群众路线教育实践活动，开展了 9 个方面的专项治理，修订完善了 9 项制度，采取不搞陪同、乘坐班车、直奔现场的方式，组织全省道路运输安全生产督查活动，严厉查处安全隐患并责令整改落实，使作风转变收到了实实在在的效果。

建设农村公路综合服务站，改善基础设施

驾培规范化发展，涌现了“蓝天驾校”等一批全国一流的文明诚信驾校

三大新突破：

一是城乡客运发展有了新突破。争取省人民政府出台了《关于城市优先发展公共交通的实施意见》，参与指导南昌市申报第二批国家“公交都市”建设示范城市，争取省交通运输厅出台了《关于推进城乡道路客运一体化发展的实施意见》。

二是货运转型升级有了新突破。2013 年江西鸿海物流有限公司被列为全国第三批公路甩挂运输试点项目，并以甩挂运输为契机，以物流园区建设为突破口，培育龙头货运企业，引导货运企业向现代物流企业转型。

三是运管队伍建设有了新突破。省局在事业单位分类改革中被列入“承担行政职能”类别，赣州市全市运管机构统一列为全额拨款事业单位，为运管机构改革发挥了引领示范作用。为加强队伍建设，对全省 1639 名执法人员进行培训。为提升队伍形象，开展基层所站外观标准化建设，目前已完成 86 家，在建的有 17 家。

六大新成效：

一是站场建设取得了新成效。全年站场建设完成投资 9.7 亿元，同比增长 102%。启动了 22 个客货运枢纽站场建设项目前期工作，新开工 4 个项目，续推建 4 个项目建成 81 个农村公路综合服务站建设。

二是市场监管取得了新成效。继续加强法律法规的配套规章制度建设，出台了规范性文件 10 件。强化市场监管，协调落实运管部门进入高速公路服务区进行执法，先后组织了 29 个检查组和 16 个暗访组，发现安全隐患 438 起并全部整改到位。加大执法力度，分别开展了代号为“猎击”、“追踪”、“追踪 2 号”的三次运政稽查行动。

10月竣工。码头全长360米,宽20米,可同时满足5万吨级散货船舶和一艘2万吨级散货船靠泊进行舾装作业。码头后方设一条引桥与陆域连接,引桥长度54延米,宽度10米。九江市港口管理局依据交通运输部《水运建设项目文件材料立卷归档管理办法》等规定,组成项目档案专项验收组。验收组通过听汇报,提问题,看资料,逐卷检查档案的方式,对其档案管理情况进行了实地检查,认为档案文件材料收集和归档基本符合相关规定,档案管理规范有序,符合相关标准,经过审议同意该档案通过专项验收。

(李金玲　陈明中)

【江西大唐化学有限公司货运码头顺利通过竣工验收】 江西大唐化学有限公司位于庐山区蛤蟆石港区,货运码头工程项目于2008年1月开工建设,2011年4月建设完工,2011年12月份进入试运行阶段。2012年12月13日,九江市港航管理局、地方海事局、水利局、交通质量监督所等单位组成的竣工验收委员会,对工程进行现场勘验,随后听取建设、监理、施工以及设计四家单位的情况介绍。通过评议,委员会认为江西大唐化学有限公司货运码头工程质量合格,可以投入运营。

(九江市交通运输局、港航管理局)

【宜春市袁州区飞剑潭水库码头建成并通过省厅验收】 2011年飞剑潭水库码头建设资金通过省厅立项解决。通过公开招投标,确定中标单位,由飞剑潭乡政府及水库管理局具体负责项目的质量监督和资金拨付。2012年6月,所有码头靠泊点均已完工。2013年1月22日,省交通运输厅组织人员,对该码头竣工验收。

(张小平)

【丰城市曲江码头一期工程通过全面验收】 12月11日,曲江码头新建一期项目顺利通过竣工验收。省港航局组织专家组进行验收,参加会议的有港航、安监等部门相关领导,工程技术人员、设计单位、施工单位、监理单位、业主单位代表等30人。曲江码头新建一期项目开工日期为2009年1月1日,码头前沿长99.38米,设计年吞吐量50万吨,装有40吨、16吨固定吊机各一台。验收委员会通过审阅项目核准文件,察看现场,专家评论后,形成验收意见,同意曲江码头新建一期项目竣工验收交付使用。码头的硬设施方面成为丰城市乃至宜春市港口码头之最:泊位长100米,吞吐能力500万吨,起重机起重能力为40吨,库场面积35000平方米,生活面积2万多平方米。

(万建兴　喻雪英)

【丰城市曲江码头吞吐量取得好成绩】 2012年丰城曲江码头逆水行舟,在总体经济下行的不利情况下,丰城港曲江码头公司团结一致,齐心协力,努力开拓,在艰难中寻找商机,终于在电煤运输市场上谋得部分份额,加上天公作美,水位较良好,全年共完成102万吨吞吐量,比上年增加1倍,比前年增加3.2倍,取得较好的经济效益和社会效益,为丰城港的发展作出了贡献。

(喻雪英)

【高安市高邮、祥符等码头修复完成】 高安市加大水上基础设施建设力度,投入资金80多万元,先后对高邮、祥符等5处货运码头和散货泊位进行修复,对上游湖水域餐饮、休闲等趸船泊位锚泊设施进行完善,提高港口承载力。①加强建设规划。上世纪七八十年代建造的交通码头,当时由于资金的限制,设施简陋,仅仅从低层次上解决市民的进出和货物吞吐,随着经济的发展,原来的码头规模和结构已不能适应靠泊的需要,该市统筹规划,按照轻重缓急的原则,对这些码头进行分批改造。同时,加强对已有建设成果的保护,提高码头的使用寿命和水上交通设施建设投资效益。②加大资金投入。该市把水上交通设施建设作为全市的一项公共基础性工作来抓,在政策和资金上给予大力支持和投入。③确保建设质量。该市港航部门加强工程建设质量监督力度,认真落实监督责任,从建设程序、制度的执行、资质的审核上加强对建设单位、施工单位、监理单位、检测单位的监督,加快工程建设进度。

(周世祥)

【铜鼓县大塅库区客运码头建设稳步推进】 该县大段库区大坝码头位于县城东大段镇,属修河源头,是该县唯一的水路客运。库区位于江西、湖南、湖北三省交界处。随着天柱峰森林公园的开发,武吉高速、昌铜高速公路的贯通,该县“红色”、“绿色”、“客家文化”旅游资源交相辉映,形成一条亮丽的风光带,吸引着众多省会南昌和湖南长沙、浏阳、湖北武陵等地的游客。全年运送游客10万余人次,实现旅游综合收入1000余万元。随着游客的逐步增多,原有码头已不能满足需求。2011年浙江乐门旅游开发有限公司与大段镇签订投资协议书,对该水库进行综合开发利用。2012年一期投资1500万元已到位,主要用于办公场所建设及码头建设。大段库区客运码头已完成填土及码头埋设水管等基础设施建设。码头建设成固定式,斜坡式泊位。其直立式岸线长20.2米,斜坡长45米,设船泊系固定3个,码头工程预计总投资165万元。该码头现拥有14艘机动船,快艇4艘,承载着大段镇九龙村及天柱峰景区游客的来往。公司计划码头全部竣工后新购几艘大型高档船泊,满足旅游日益增多需求。库区客运码头建设对加快旅游事业的快速发展发挥重要作用。

(黄祖芳)

【宜春市交通运输局调研万载县烟花爆竹水运出口通道】 2012年3月28日,在万载重点项目现场推进工作会上,市政府市长蒋斌提出“在宜春市通航水域建设花炮出口储运装卸码头”。万载素有“中国花炮之乡”,但多年来江西出口烟花爆竹水路运输绕道通行。在确保运输安全的前提下,为支持传统产业发展,4月6日,市交通运输局副调研员王玉洁,与市港航处人员,分别在丰城、樟树市、万载县交通运输局调研。通过调研,了解丰城、樟树赣江航道运输情况、在赣江边建造或改造已有码头的可行性,同时了解万载业主对烟花爆竹出口的打算。由于码头建设审批时间长、投资大、周转多,业主考虑到经济实惠,还是要求尽快开通九江危货运输码头。经咨询省港航局等部门,上港集团九江港务有限公司新建的危货码头,由于受到花爆集装箱堆场和仓库限制,还未取得危货装卸作业证书。调研完成后九江港烟花爆竹出口水运通道于2012年12月25日正式开通。

(张小平)

【上饶港口码头】 以优化港口布局和调整泊位结构为主线,合理利用岸线资源;以专用码头建设为重点,结合资源环境、产业功能定位,有计划、分层次地建设环鄱阳湖生态经济大港区,形成布局合理、大中小结合的港口体系。现有码头133座、港口12个;完成新建上饶县龙潭湖游客300吨级泊位1个、弋阳县龟峰游客码头300吨级泊位2个、万年港综合码头500吨级泊位3个,待验收。“十二五”期间,计划完成港口基础设施建设21.693亿元,全市港航建设规划投资32.893亿元。2012年,万年港综合码头500吨级泊位3个已开工建设;鄱阳港新区建设已完成规划文本;鄱阳港综合码头选址、拆迁工作加紧进行。船舶修造企业现有高门的上饶航运公司造船厂3级,固定资产80万元;义仓的鄱阳县江海船舶造船厂2级,固定资产478万元:螺丝咀的鄱刚县航运公司吕江船厂3级,固定资产20万元:杨家嘴的振兴船厂4级,固定资产20万元,螺丝嘴的航运船厂4级,固定资产20万元,生产能力都在30米以下港航。

水路运输船舶

【九江振兴86号油船顺利下水】 2012年5月28日11时,九江振兴轮船公司的振兴86号油船顺利下水,油轮长105.89米,宽15.8米,设计载重5400吨。该轮是振兴轮船公司第十艘油船,也是一艘完全按照交通运输部船舶标准化要求建造的标准化双底双壳船型。振兴轮船公司是一家国有企业改制后的股份制私营企业,公司主要经营水路普通货物及成品油、化学品运输。该公司目前拥有船舶23艘,载重吨位72320吨,年利税1000万元,公司计划在振兴86号顺利运营后,继续打造第二艘该类标准化船型,以扩大在水上成品油运输市场竞争能力。

(九江市交通运输局、省港航管理局)

【九江全年新增船舶运力8.5万载重吨】 2012年,九江市新增船舶84艘,8.5万载重吨。其中永修县港航分局新增运力4.61万载重吨,占全市新增数的54%。至2012年年底,九江市实有船舶652艘,

57.5 万载重吨,船舶运力较上年同期增长 17.3%。

（九江市交通运输局）

【积极推进长江干线船舶标准化】 九江市港航管理局城区分局加大工作力度,积极推进船型标准化进程,鼓励现有水运企业淘汰老旧船舶,大力发展新型标准化船舶。九江市安信航运有限公司淘汰 4 艘总计 1600 吨的驳船后,新建一艘 1400 载重吨双底双壳船舶参与市场营运,船舶载重吨位虽稍有减少,但效益却明显增加。在通过标准化船型的更新而获得的经济效益后,该公司拟再淘汰两组 8 艘 3200 载重吨单底单壳驳船,还新建一艘 1400 载重吨船舶。

（九江市交通运输局）

【九江市老旧运输船舶拆解补贴资金 421.3 万元】 为进一步促进该市水运行业健康持续发展,深入贯彻交通运输部《推进长江干线船型标准化实施方案》,九江市港航管理局加快全市船舶运力更新,鼓励现有老旧船舶退出航运市场。2012 年拆解老旧船舶 35 艘 7387 载重吨,向拆解船主发放政府补贴资金 421.3 万元。

（九江市交通运输局）

【“仙女一号”游艇成功首航】 3 月 16 日,“仙女一号”游艇交接仪式在仙女湖举行,并成功首航。中国国际投资促进会会长苗耕书,新余市委副书记丛文景,中国长江航运集团副总经理沈光汉,河北省剧协副主席苗文华,副市长李新华等出席“仙女一号”游艇交接仪式,并参加了首航之旅。“仙女一号”游艇是由厦门毅宏集团旗下的子公司漳州毅宏游艇工业有限公司生产的毅宏 sEA-STE11A38“无界之星”。该游艇是国内唯一为内陆湖泊设计的船体,整合了帆船及游艇各自的优势,能很好地避免船体在水位净高低的情况下搁浅现象发生,适合内湖、内河、水库甚至人工湖或旅游景区。该游艇超大空间规划,超大观景舷窗,合理功能配置,拥有水上餐厅、水上宾馆、水上休闲屋等多种用途。

（宋　涛）

【仙女湖游船公司新增游船 6 艘】 2012 年,仙女湖游船公司投资 500 多万元,新增游船 6 艘,运力 280 个客位。

（宋　涛）

【宜春市船舶运力创历史新高】 2012 年,宜春市拥有营运船舶 1178 艘 771047 载重吨,比上年增加 21647 载重吨,增长 2.8%,船舶运力再创历史新高;货运量 2251.3 万吨,比上年 2388 万吨减少 5.7%。货运周转量 30.37 亿吨千米,比上年 32.6 亿吨千米减少 6.8%。完成港口吞吐量 1800 万吨,比上年 1683.5 万吨增加 7%。随着国家经济大发展,拉动建材的销售,长江支线的赣江航道通畅,赣江的砂石资源储量丰富、品质好,远销江浙、上海等地。位于赣江的丰城、樟树市沿江市民,抓住机遇,贷款建造船舶,从事干散货运输,干散货船舶占全部运力的 87%。液货危险品运输船舶主要从事长江干线跨省运输,约占全部运力的 12%。经过几年发展,小船改大船,单船吨位达 2000 吨。每年有 3700 多人直接从事船舶运输,解决从事搬运、理货等工作的 1000 多人就业,每年为国家创造各项税费 2000 多万元。

（张小平）

【宜春市调整船舶运输发展结构初具成效】 2012 年以来,宜春市港航处按照“强化监控、规范运行、健康发展”的原则,不断调整水运结构、优化船舶运力、规范船舶发展,引导企业船舶向标准化、大型化发展,鼓励水运企业做大做强,努力拓展业务,向长江干线纵深发展。江西东港航运有限公司近年来发展迅速,是宜春市长江干线专业油、化运输的龙头企业,是交通运输部的定点联系扶持企业。该公司 2012 年被省港航局评为全省首家 AAA 级诚信水运企业。该公司 20 艘标准化化学品船,为国家年创税 300 余万元,是丰城市明星纳税企业。公司计划 2013 年建造 6 艘 3500 吨级油化两用标准船型,投入长江干线运输。

（张小平）

【宜春市水运及港口核查工作顺利完成】 根据省港航局文件要求,为加强水运市场监管,规范从业者经营行为,市港航处下发《关于开展 2012 年水路运输(服务)业年度核查工作的通知》《关于开展 2012 年全市港口经营资质核查工作的通知》,2012 年 2 月 1 日至 4 月 30 日,宜春市集中开展水路运输业及服务业年度核查工作;4 月 1 日至6 月 30 日开展港口作业核查工作。核查对象为已经取得船舶营业运输证的船舶、取得水路运输许可证的运输企业、取得港口经营许可证或危险货物港口作业认可证的港口作业企业及业户。核查内容是主要管理人员的配备、船舶运力、船舶档案、安全管理制度的落实、相关证照等方面规定。明确对未落实安全管理责任、"挂而不管"的船舶不发证。通过各县(市、区)的认真核查,2012 年全市共核查水运企业 15 户,核查水路运输服务业企业 1 户;核查已办证的营运船舶 535 艘 669502 载重吨,核查率 100%;核查港口经营业户 110 户,核查率 100%。通过核查,建立"一船一档"及港口码头资料库,为全市港航管理提供信息资料。

(张小平)

【**樟树港船舶运力稳中有增**】 2012 年,宜春市港航处核查樟树港有营运船舶共计 139 艘,载货吨 74689 吨,功率 23164 千瓦,总吨位 43290 吨。省际运输船舶 47 艘,载货吨 36585 吨,功率 13824 千瓦,总吨位 25055 吨。其中:普通货船 31 艘,载货吨 28460 吨,功率 8839. 1 千瓦,总吨位 19394 吨;化学品船 16 艘,载货吨 8125 吨,功率 4984. 9 千瓦,总吨位 5661 吨。区内运输船舶 92 艘,载货吨 38104 吨,功率 9340 千瓦。并且重点对全市 3 户水运企业,1 户水运服务企业资质进行审核、审查,核查通过率 100%。2012 年樟树港船舶运力稳中有增主要有以下方面:一是积极向上争取政策,为港航企业落户樟树提供宽松的政策环境。二是樟树港口码头建设稳步推进,加大港口码头基础设施建设力度,修缮现有的港口码头。三是樟树港是赣江三大重要港口之一,港口位置得天独厚,为增大船舶运力提供先天的资源禀赋。

(朱金祥)

【**东港航运有限公司兼并 2 家公司船舶**】 江西东港航运有限公司,由 2006 年丰城市第三航运公司改制组建而成,已拥有员工 150 余人,固定资产近亿元,年营运收入 6000 万元,与国内外大型石油化工企业签订长期运输合同。公司正朝着良好的方向稳步健康发展。2012 年该公司已兼并赣州的"江西中海水路运输有限责任公司"、九江的"江西九江市航运总公司"散装化学品运输船舶 12 艘,2013 年将兼并的船舶进行更新改造,从事长江干线及支流省际油船、散装化学品船运输。

(张小平)

【**抚州水上运力达 22 万吨**】 抚州港航局认真贯彻落实科学发展观,"稳中求进",努力提高依法履职能力,不断促进抚州港航事业科学发展、安全发展,全市水运运力得到全面提升。截至 2012 年年底,该局共检验船舶 218 艘次,船舶总吨位 145217,主机总功率 61255 千瓦,检验到位率、发证合格率、发证及时率达到 100%。辖区注册水运企业达 23 户,注册船员 1182 名,登记船舶 287 艘,运力达 22 万余吨,船舶运输由内河向沿海发展,单一种类普通货船向多种类船舶发展,"抚州船帮"蜚声省内外。

(杨伟欣)

【**江西省首艘柴油—LNG 双燃料动力船舶试点成功**】 2011 年南城县航运公司与江西中油鹰泰天然气有限责任公司合作,投资 40 万元,以"赣抚州货 0608 船"进行"柴油—LNG"双燃料动力船舶改装试点。在海事部门的大力支持下,通过一年多的测试和常态运营验证,整个改装试点符合国家相关规范要求,也收到了明显的成效。①改装技术可行。柴油—LNG 双燃料混合动力在技术上是可行的,使用混合燃料与使用单一柴油切换自如,主机启停与原机一样,双燃料动力性能完全可满足船舶推进主机的需要。②节约能源可观。赣抚州货 0608 船,载重量 1200 吨,使用双燃料动力,可比经柴油动力每年节省柴油 20 吨左右,降低成本 20% 左右,达到了预期效果。③减排明显。在柴油—LNG 混燃状态下看不到排烟;噪音比经柴油推动状态下大大降低。④安全可靠。燃用双燃料时自然报警,联锁动作符合设计要求,能切断供气,互锁阀自动透气,主机可自动转换为经柴油模式运行;在充装、检修等操作过程中未发生任何安全隐患。

说明:LNG 是液化天然气的英文(Liquefied-NaturalGas)首个字母的缩写,是在常压下对气态的天然气冷却至 - 162℃,使之凝结成液体,主要组分是甲烷(CH_4),并含有少量的乙烷、丙烷、氮或常见的其他组分,燃烧后的排放气体以水为主,不含什么颗粒污染物,所以被称为“清洁能源”。

(王素红)

水路旅客运输

【春运期间水路旅客运输平稳有序】 2012年春运40天期间,全省共投入各类客船10057艘次,与上年同期相比增长4.2%;共投入342664客位,与上年同期相比增长4.4%;累计完成客运量250568人次,与上年同期相比减少6.9%。水路旅客运输没有发生安全事故,无旅客滞留和旅客投诉,港航局圆满地完成了全省水路春运工作任务,荣获江西省“2012年春运工作先进单位”。

较之上年,水路旅客运输量有所减少的主要原因:①由于受雨雪低温天气影响,部分水上旅游景点休闲度假的客流量明显减少,如鹰潭旅游景点春运期间累计完成客运量与上年同期相比锐减38.4%。②随着全省“渡改桥”的相继完成,部分农民工和返校学生等旅客弃水走陆,导致水路短途运输量大幅度减少,尤其是吉安、九江地区(含九江港),分别减少了26.1%、79.7%。③因受雨雪、大风等恶劣天气影响,1月22日(除夕),吉安、上饶地区因无旅客出行,水路客运航线全线停航;2月7日,九江地区多条客运航线停航;自2月8日起停航至春运结束,吉安市万安库区客运航线也因天气原因无客源。

春运期间,各级海事、港航管理部门加大安全监管力度,严格春运准运制度,严格客班船和旅游客船签证管理,并加强现场值守和巡航检查,对客运码头、客运港站、渡口渡船实施严格地安全监督检查,严防“三品”进站上船,严厉打击客船超载、非客船载客等各种违法经营行为。此外,各级海事、港航管理部门还督促辖区内客运企业按照水路客运行业服务质量标准要求,强化服务意识,大力推行优质规范服务,提高客运服务质量,营造了畅通和谐、安全文明的春运氛围。

(熊　芬)

【九江市水路中秋、“十一”期间安全运送旅客】 2012年中秋及“十一”黄金周期间,九江市调配客运船舶127艘、4886客位。节日期间实际投入客运船舶460艘次、14598客位,运送旅l客38340人次,为上年的229.32%,实现营运收入121.63万元,为上年的244.71%。

(九江市交通运输局)

【高安市上游湖水上客运持续增长】 2012年,高安市水运客运量实现大幅度回斗,同比上年增加5%。政府全力打造旅游品牌,促进水上客运的发展。该市以打造“南昌旅游休闲后花园”为目标,重点发展休闲度假旅游,在引入江西省水上运动中心在上游湖建设训练基地的基础上,投资建设了400米标准塑胶田径运动场以及网球场、室内乒乓球、羽毛球馆,将旅游主题由过去单一的山水风光游升级为运动休闲游,把上游湖打造成融休闲观光、会展会务于一体的旅游文化综合功能区,吸引大批境外游客到来。部门统筹游客个性需求,拉动水上客运的发展。该市交通运输部门在采取积极有效措施,确保水上旅游安全的基础上,综合考虑快速性、舒适性、经济性,大力发展轻便、快速、操纵方便的小型游艇,为旅客出游提供个性化服务。加大旅游品牌推介力度,带动水上客运的发展。上游湖景区是省首家国家水利风景区,随着人民生活水平的提高和娱乐消闲的需求,该市把上游湖景区作为对外开放的大窗口,整合旅游资源,打造特色水上旅游品牌,重点推介,扩大景区知名度,景区旅游业的兴旺,带动了水上客运的发展。

(周世祥　张　淼)

【奉新县水上漂流客运形势喜人】 由于居民生活水平的提高,旅游成为人们生活的重要组成部分。奉新县水上漂流成为该县旅游发展的一个重要品牌和项目。仰天峡水上漂流位于奉新县城西北,距县城约35.9千米,起点位于仰山乡塅上村,终点位于罗市镇港下村,属个私企业。仰天峡漂流,总投资200万元,营运总里程近2.5千米。沿途林荫蔽天,瀑布、深潭、急流险滩;有的地段又平静如镜,沙滩、怪石、飞鸟惊鸿,风景迷人,整个漂流过程有张有弛,让人有惊险刺激、跌宕起伏,而最终又归于平静悠闲的感觉。漂流区总共拥有橡皮船200只,安全防护设施设备和器具齐全。该公司还聘请有40名具有丰富水上安全施救知识和技能的安全救护员,在漂流区每隔100米配备1名救护员。从而,确保水上安全救护工作的万无一失。仰天峡漂流自2011年5月份正式投入市场运营以来,社会反响良好,来自县外、省内及省外的旅客日渐增多,已成为奉新休闲游的一张名片。据统计,该项目每年接待游客3.5万人,每年经营收入近1000万元。

(魏振宇)

【上高县交通运输局助推白云峰景区漂流发展】 白云峄漂流景区位于该县南港镇南部,与新余市渝水区,分宜县交界,海拔1004米,被誉为"上高屋脊"。登临白云峰,能"一山看五县",新余渝水区、分宜、高安、宜丰、上高尽收眼底。白云峰大峡谷,悠长荫幽,云雾缠绕,茂林修竹,奇石挺立,飞瀑流泉,潭碧水清,鸟语花香,进入此境,如同仙境一般。这些丰富的自然资源为开发江南立体第一漂提供"硬实力"。围绕蒙山自南宋始历经宋、元、明三朝先后开采达160多年,被誉为"亚洲第一、世界第三"的蒙山古银矿遗址,兴建于唐朝的"圣济寺";兴建于元朝且享誉江南的"正德书院";兴建于宋朝,隐庵于白云峰大峡谷之中的"天主堂",具有美丽传奇色彩的"太子壁"、"仙姑寨""金子头""桑子园"等等,这些具有悠久历史和丰富人文底蕴的资源,为开发白云峰大峡谷漂流提供"软实力"。白云峰大峡谷旅游漂流景区地理环境优越,"上分公路""三二〇国道""武吉高速公路"穿境而过。景区漂流全长3千米,漂流落差189米,有46个滑道漂流,整个漂流会使你沉浸在"人在水中漂,山在画中流"的诗情画意中。该漂流点有皮筏500只,一次可接待游客2000多人。于2011年6月开始营业,总投资1500万元,由曹义才、曹金才、曹文才共同投资开发兴建。县交通运输局组织执法人员,维护漂流客运秩序,为景区保驾护航。

(潘泓羽)

【铜鼓县大塅库区客运量大幅度增长】 大塅库区地处江西、湖南、湖北三省交界处,库区总面积1.15亿平方米,水质为国家一级,航道III级,全长23千米,水质为国家一级标准,库区有天柱峰、灵石庵、九龙瀑布、观音晒鞋、顺告石、岸目一线天、水上一线天、河国山庄等景区,风景独特。随着武吉、昌铜高速贯通,铜鼓温泉开发,宜春、南昌、长沙、武汉等地游客到库区旅游俱增。该区拥有客运船舶14艘,快艇4艘,座位400个。2012年运送游客达8万余人,同比增长222.2%,力推库区旅游事业发展取得较好效果。一是县政府对库区旅游开发高度重视,把库区打造成赣西北地区度假、休闲、会展、旅游胜地,县财政拨款整治航道,修建码头等。二是码头设施条件进一步改善。全年投资80万元,修建水泥码头面积600平方米,新增停靠旅游船25艘和300名游客候船。三是大力开展招商引资。库区、交通运输等部门,组织人员由县领导带队,先后赴广东、福建、浙江等地推介库区发展旅游项目和优惠政策。浙江省乐门集团看好库区旅游开展项目,投资8亿元建设旅游码头,生态停车场、游客集散中心、休闲度假中心、疗养中心、旅游商品展示中心、美食街、水上乐园、客家文化村等。四是强化服务。县交通运输局,在海事等部门大力支持下,把发展库区客运作为第一要务,每周组织人员,由局领导带队到库区调研客运情况,协调解决客运存在问题,整治客运秩序,开展船员培训,搞好安全监管,实行办证,处理客运纠纷等一条龙服务,使库区客运沿着开放、有序、安全、畅通方向发展。

(吴泽水)

水路货物运输

【高安市水路货运呈现喜人态势】 高安市大力推进水运基础设础施建设,着力水运结构调整、强化行业监管,促进全市水路货运业的发展。全市完成水路货物运输量77.5万吨,货物周转量775万吨千米,同比上年增长4.6%。全力推进水运基础设施建设。加入基础设施建设,投入80多万元,对高邮、祥符等5处货运码头和散货泊位进行修复,完善上游湖水域餐饮、休闲等趸船泊位锚泊设施。切实加大水运结构调整。整合市内水运企业,扶持有条件的水运企业做大做强,增强抗风险的能力。搭建融资平台,帮助水运企业做好船舶建造融资担保贷款工作。全市有省际普通货船1艘700载重吨,368千瓦;短途砂、石运输船278艘、10258载重吨、9393.6千瓦,从事水路运输人员554人,营业收入1380万元;拥有个体沙石吊装码头114个,从事港口经营人员235人,营业收入940万元。大力拓展货源。由于锦河沙石资源逐年减少,已不能满足运输船舶需求,该市部分运输船主和新建县船主从新建县境内装运沙石卖到高安港,增加高安市的货运量,改善高安市和新建县沙石的供需平衡。同时积极与建陶企业建立运输关系,拓展货源。加大水运市场监管力度。推进水运企业安全管理达标建设,集中开展吸沙船专项整治行动,努力提升水上安全监管和应急保障能力。

(周世祥)

【奉新县河沙采掘运输业】 奉新县境内有南潦河、北潦河两条河流,河沙资源非常丰富,具有发展沙石采掘和运输的优越条件。近10年来,由于该县城镇化的快速推进,特别是城市房地产业发展和公路建设及新农村建设步伐的加快,刺激了对沙石的需求量的持续增长。过去,由于利益驱动,沿河的不少乡镇村都存在乱挖滥采,大挖大采,遍地开花,导致潦河两岸满目疮痍,坑坑洼洼,防洪堤坝附近也是千疮百孔,既不利资源的有序开采、永续利用,又影响环境整洁,更威胁到防洪行洪的安全。面对此景,2012年6~7月,该县在广泛调查、深入研究的基础上,组织县水利、交通运输、国土资源等部门及有关乡镇联合行动,对全县所有采挖砂石的场所进行全面清查和整治。通过清查和整治,使全县河沙资源乱挖滥采的情形得到根本的遏制,全县河沙资源采掘纳入统一管理,昕有采砂场(点)都已办理采挖砂石许可证。为进一步加强对全县采砂业的管理,该县政府成立了采砂办公室。截至年底,奉新全县拥有采沙(石)场20个,拥有挖沙(石)船30艘,吸砂泵30台,运输船舶近40艘,全年出产运输河沙25万立方米,建筑用砂石6万立方米。

(魏振字)

【丰城市水路货运量持续增长】 2012年,该市水路运输货运量持续增长,全年水路完成货运量1815.5万吨,货物周转量32318.5万吨千米,同比分别增长9.4%和1.2%,实现多年连续增长的好势头。一是加大港航基础设施建设。国家投资1.3亿余元对樟树至丰城同田赣江航道进行疏竣,建成Ⅲ级航道,通航能力由几十吨增加到1000吨以上。广东客商投资4亿余元建10个泊位曲江码头,第一期工程已建成,码头已投入使用。全市群众自筹资金1000万余元,建河沙码头几十个,为水运发展创造良好条件。二是采取借鸡生蛋的办法。组织、动员和鼓励沿江广大群众筹资户办和联办水运业。同田、袁渡等乡镇富裕起来的群众纷纷筹资,建造几百艘大吨位船舶到长江跑运输,长江70%以上化学品危货运输由该市水运专业户承运,每艘船创利润多的一两百万元,少的几十万元,既搞活水运,又使广大群众致富。三是大力发展河沙运输。该市地处赣江中下游,又有锦河、抚河等河流,优质河沙资源丰富,利用河沙优势变为发展水运优势,同田乡群众筹集资金造大吨位船舶从事河沙运输,每天200多艘大吨位船舶将河沙运往南昌、南京、上海等大城市销售,既支援国家建设,又搞活水运。四是强化服务。为水运持续发展,该市在坚持自愿前提下,组织、引导个体水运业户进行联合,以乡(镇)为单位,分别成立航运公司,民主选举经理、副经理和管委会委员,并配备财务、业务、安管等人员,实行统一办证、统一组货、统一价格、统一结算、统一处理运输纠纷,较好克服和纠正河沙销售相互杀价,保护运输业户合法利益,推动水运业发展。

(吴泽水)

【靖安县崛起带来采砂运输的繁荣】 随着“128”重点项目上马,该县进入高速崛起期。城区改造工程、县城一河两岸的动工、教育园区的建设和新农村建设、中央投资百亿的洪屏抽水蓄能电站的开工等众多工程用砂的需求,带来河道采砂运输的繁荣。该县境内主要河流是属修水水系的北潦河的南北两条支流,惯称为南河和北河。南河长130千米,流域面积663.67平方千米,北河长119千米,流域面积751.44平方千米。砂石储量丰富,以卵石为多。在改革开放前,本地只是靠人力到河道采砂,生产效率十分低下,当时大部分建筑用砂是从安义、奉新等地调运,运输成本较高,在一定程度上制约靖安的经济,直到上世纪90年代中期才开始出现零星的采砂船。随着碎石制砂设备的进步,该县采砂运输得到快速发展。至2012年12月,位于本县境内的北潦河的南北两条支流已有采砂点16个。拥有挖砂船20余条,吸砂泵运输的油机运输船30余艘,年运量15万吨,年周转量36万吨千米。河道采砂运输的发展为靖安的高速崛起正在发挥巨大的作用。

(刘 斌)

交通附属工业

道路运输附属工业

【概况】 2012年,江西省机动车维修业共有10179户,比上年增长3.11%,其中,一类机动车维修292户,二类机动车维修1422户,三类机动车维修6312户,摩托车维修2153户。全省机动车维修从业人员63641人,比上年增长了4.62%,其中技术负责人6379人,质量检验员4349人,其他维修技术人员38849人。全省完成主要工作量3337761辆(台次),比上年增长了4.72%,其中,整车维修46415辆次,总成修理198365台次,二级维护1008638辆次,专项修理2031589辆次,维修救援42664辆次。全省汽车综合性能检测站共有68个,其中南昌市4个,景德镇3个,萍乡市3个,九江市10个,新余市2个,鹰潭市1个,赣州市14个,吉安市9个,宜春市7个,抚州市4个,上饶市11个。全省完成检测量合计381044辆次,比上年增长了0.48%,其中,维修竣工检测163072辆次,等级评定检测196296辆次,维修质量监督检测9853辆次,其他检测8745辆次。机动车维修业的发展不仅保证了全省机动车正常行驶,而且是道路运输安全的有力保障。全省顺利完成了2011年度机动车维修质量信誉考核工作,共有103户维修企业被评为"质量信誉AAA级企业"。开展全省机动车维修企业服务规范达标创建工作,全省共106户维修企业达标。组织全国机动车检测维修职称考试,全省共有45人参加考试,此项工作在全国走在了前列。

(蔡宣灿)

2012年江西省机动车维修业一览

表23

单位名称	机动车维修业户						完成主要工作量					
	合计	一类汽车维修	危险货物运输车辆维修	二类汽车维修	三类汽车维修	摩托车维修	合计	整车修理	总成修理	二级维修	专项修理	维修救援
	(户)	(户)	(户)	(户)	(户)	(户)	(辆/台/次)	(辆次)	(台次)	(辆次)	(辆次)	(辆次)
全省合计	10179	292	46	1422	6312	2152	3337761	46415	198365	1008638	2031589	42664
南昌市	677	75	2	226	372	4	178391	6545	42006	101163	28060	617
景德镇市	277	25	—	73	170	9	32543	1079	1047	23394	6996	27
萍乡市	690	38	10	49	561	42	341143	2058	20360	36480	278575	3670
九江市	774	17	4	218	409	130	200391	4945	11670	71867	108145	3871
新余市	321	18	4	67	207	29	151122	6267	14384	61984	50884	3760
鹰潭市	163	5	3	61	59	38	111388	1656	12420	29360	69640	3312

续表 23

单位名称	机动车维修业户						完成主要工作量					
	合计	一类汽车维修	危险货物运输车辆维修	二类汽车维修	三类汽车维修	摩托车维修	合计	整车修理	总成修理	二级维修	专项修理	维修救援
	(户)	(户)	(户)	(户)	(户)	(户)	(辆/台/次)	(辆次)	(台次)	(辆次)	(辆次)	(辆次)
赣州市	2216	20	1	185	1497	514	1025306	3805	10925	239408	759363	11805
吉安市	1704	22	4	149	1060	472	506467	3548	21312	144513	330677	6417
宜春市	1747	44	11	145	933	625	132317	7902	7124	90098	24289	2904
抚州市	660	10	4	96	345	209	246644	3396	10109	135087	94500	2552
上饶市	950	18	3	153	699	80	412049	5214	47008	75284	280460	3729

（省运管局）

2012年江西省汽车综合性能检测站一览

表 24

单位名称	数量合计	完成检测量合计	维修竣工检测	等级评定检测	维修质量监督检测	其他检测	排放检测	质量促裁检测
	(个)	(辆次)	(辆次)	(辆次)	(辆次)	(辆次)	(辆次)	(辆次)
全省合计	68	381044	163072	196296	9853	8745	4189	532
南昌市	4	35296	7127	28095	58	16	0	16
景德镇市	3	41935	31524	10411	—	—	—	—
萍乡市	3	10950	—	10810	—	140	—	—
九江市	10	36106	17489	18013	0	604	0	0
新余市	2	15711	7300	8411	0	0	0	0
鹰潭市	1	8123	2016	6017	—	—	—	—
赣州市	14	72792	35804	27451	4876	4661	4189	472
吉安市	9	47845	27349	23371	2552	1027	0	0
宜春市	7	35817	4523	29672	1124	498	—	—
抚州市	4	22171	0	14552	0	0	0	0
上饶市	11	54298	29940	19493	1243	1799	0	44

（蔡宣灿）

【全省交通运输行业汽车空调检测维修竞赛活动在南昌举行】 6月17日，全省交通运输行业汽车空调检测维修技能竞赛活动在南昌举行，竞赛活动由江西省交通运输厅主办，江西省公路运输管理局承办，南昌汽车机电学校、安莱（北京）汽车技术研究院协办。大赛赛期为两天，共有来自各设区市汽车维修企业的选手22名参与角逐。竞赛由理论知识考试和实际操作技能考核两部分组成，这两部分考核分别占总成绩的20%和80%。经过紧张激烈的角逐，上饶、九江和新余市代表队分别荣获团体第一、二、三名。陈明华（九江市广汽丰田销售服务有限公司）荣获一等奖，黄雷（上饶市富源丰田汽车销售服务有限公司）、余忠华（上饶市富源丰田汽车销售服务有限公司）荣获二等奖，刘礼骏（景德镇市一帆汽修厂）、唐全良（九江市德众汽车销售服务中心）、华欢

(新余市新田汽车有限公司)荣获三等奖。

(蔡宣灿)

【省运管局举办机动车维修节能减排专题知识讲座】 6月15日,省运管局依托视频系统举办了第五期道路运输知识讲坛,交通运输部职业技能考评专家委员会委员、国家质检总局缺陷产品管理中心专家、北京安莱汽车技术研究院院长、北京理工大学汽车学院客座教授阚有波作了题为《机动车维修企业如何通过节能减排提高企业发展能力》的知识讲座,倡导"绿色维修"理念。讲座中,阚教授从汽车空调维修存在的不良现象、汽车空调误区、汽车空调服务新模式和汽车空调节能减排新方案等方面详细阐述了汽车空调维修对节能减排的重要意义,并分析了节能减排与发动机维修、汽车安全的现状与建议。该讲座是省局落实节能宣传周活动的一项重要举措,目的是为了推广"科学修车,科学养车"的维修理念,推进江西省汽车维修行业节能减排工作。

(蔡宣灿)

【省运管局开展高速公路服务区维修市场专项整治】 为进一步规范高速公路服务区汽车维修经营行为,充分发挥高速公路服务区汽车维修服务功能,省运管局从经营资质、组织管理、公示信息、质量管理和经营行为等方面开展长达6个月的整治活动,重点解决在高速公路服务区汽车维修市场存在的无证无照、乱收费、超范围经营、维修质量差等突出问题。所有的高速公路服务区汽车维修厂点都按照相关规定,办理了道路运输经营许可证,统一纳入了行业管理。

(蔡宣灿)

【汽车销售维修服务示范单位评选】 省运管局与省消费者协会、省汽车流通行业协会联合举办南昌地区汽车销售维修服务示范单位评选活动,围绕"消费与安全年"为主题,结合消费者评议活动,在南昌地区的4S店中评选出20家汽车销售维修服务示范单位。评选活动从经营资质、硬件设施、服务质量、管理水平和综合实力等方面对4S店进行考核,发现和培育一批优秀企业,进一步增强行业发展的后劲。

(蔡宣灿)

【机动车检测维修职称考试取得重大突破】 11月4日至11月13日,全国机动车检测维修专业技术人员职业水平江西考区理论考试及操作考试,在省交通职业技术学院举行,江西省共有45人参加了此次考试。考试严格按照交通运输部统一部署,在省交通运输厅的领导和监督下,由江西省运管局具体组织实施。这是国家对机动车检测维修专业技术人员实行职业水平评价制度以来全国首次举办的统一考试。江西省此项工作走在全国前列,对于规范机动车检测维修行业管理,提高机动车检测维修专业技术人员素质,确保机动车检测维修质量和车辆安全运行有着积极的意义。

(蔡宣灿)

【全省机动车检测维修专家库建立】 为着力加强机动车维修检测行业政策研究,传播先进技术和管理理念,强化行业管理工作,推进全省机动车维修和综合性能检测行业健康发展,省运管局制定了《江西省机动车维修和综合性能检测行业专家库管理和使用办法(试行)》。经各单位推荐,按照优选原则进行审核,建立了第一批全省机动车维修和综合性能检测行业专家库。这有利于各级运管部门发挥专家提供决策咨询服务和技术支持的作用,为机动车维修和车辆技术管理提供智力支持。

(蔡宣灿)

【省运管局建立机动车维修服务规范达标良性互动工作机制】 结合行业标准《机动车维修服务规范》宣贯,省运管局以培育"服务龙头企业"为载体,以点带面,发挥示范效应,大力推进服务规范达标工作,并将服务规范达标创建与质量信誉考核和企业品牌建设紧密结合,努力形成"企业达标作为质量信誉等级基础,信誉等级作为品牌建设依据"的互动机制。为稳步推进全省维修企业服务规范达标创建工作,省运管局先行在AAA级企业开展达标工作,截至2012年年底共有106户维修企业达标。

(蔡宣灿)

【2012 年江西交通印刷厂经营状况】 2012 年，江西交通印刷厂围绕“加强管理、保证质量、降低成本、提高效益”的经营方针，进一步提高产品质量、产品合格率，减少材料消耗，实现了稳产增利。全年累计实现了总产值 500 万元，销售收入 500 多万元，完成利税达 63 万元。全年未发生财产设备、人身、火灾、交通等重大安全事故，实现了安全生产。2012 年年底经厂长办公会决议，投资 40 多万元更新、添置设备，加强数码印刷设备技术改造，为扩大再生产提供条件。

（江西交通印刷厂）

【九江市对高速公路服务区维修点进行全面清理】 2012 年按省运管局《关于高速公路服务区汽车维修管理工作的通知》要求，对全市高速公路服务区的维修点进行了全面清理，修水、庐山、湖口石钟山服务区三处有维修点，经审查核查，核发了三类维修经营许可证。

（九江市交通运输局）

【宜春市开展“3·15”汽车维修质量服务月活动】 为推动市汽车维修行业诚信体系建设，维护广大汽车用户的合法权益，3 月份，宜春市运管局在全市组织开展“3·15”汽车维修质量服务月活动，取得良好社会效益。丰城市专门召开维修行业工作会议，会上企业代表宣读“活动”倡议书，10 户二类以上企业自愿申请参与本次活动，并精心挑选 10 位维修行业优秀技术人员分别参加 3 月 15 日在汽车站、修理厂组织的现场义务咨询活动，发放宣传资料 2000 余份，咨询 200 余人次。各维修企业在企业门口、主要道路口等处悬挂宣传标语，有些企业还在厂区内制作汽车维护和维修救援等常识的宣传图纸，营造“汽车维修优质服务”活动的氛围。高安市自 3 月份以来，利用电视、手机短信、网络媒体就《机动车维修服务规范》向社会进行广泛宣传。13 日，交通运输、工商、质监等部门在汽车城开展为期三天的“3·15”汽车维修质量服务月活动，参加活动的汽车维修企业 55 户，企业法人代表一致承诺，转变服务理念，规范服务行为，进一步增强维修质量透明度，让汽车用户明白消费。活动现场出动宣传车 2 台次，发放《机动车维修服务规范手册》1000 余份，悬挂标语、横幅 55 条，设立宣传咨询点 2 个和维修投诉中心 1 个，提供咨询 3000 余人次，解答汽车用户在使用过程中遇到的疑难问题 20 条、免费诊断车辆 7 辆。局主要负责人亲临活动现场与维修企业法人代表、广大汽车用户交流，听取意见与建议，掌握第一手资料，查找存在问题，谋划管理新举措。15 日，袁州区维修协会在宜春中心城区汽车服务广场举办“汽车维修质量服务月”现场咨询服务活动。工作人员热情接待前来咨询的群众，对提出的问题做到耐心细致的解释，并对有关汽车维修方面的法律、法规和服务规范做解答，现场接受车主投诉，并向社会发放宣传资料和汽车“绿色”驾驶手册 500 余份。

（杨立顺）

【赣州市有 17 户机动车维修企业获得 AAA 级资质】 赣州市有 17 户机动车维修企业，荣获了 2012 年度江西省机动车维修资质信誉考核 AAA 级企业资质。汽车维修行业诚信企业创建活动，是国务院同意交通运输部唯一保留的道路运输行业评比表彰项目。在 2012 年度江西省开展的机动车维修行业诚信企业活动中，该市公路运输主管部门积极组织全市机动车维修企业踊跃参加活动。经江西省汽车维修行业协会审定，该市有 17 户机动车维修企业获得机动车维修资质信誉考核 AAA 级企业资质。名单如下：赣州德隆汽车贸易有限公司、赣州市宾联汽车修配有限公司、信丰县方圆汽车销售服务有限公司、会昌县顺通汽车服务有限公司、蓝天汽车维修厂、兴国县心田汽车服务有限公司、瑞金市新泰汽车修理有限公司、宁都县永盛汽车服务有限公司、龙南县保利汽车维修中心、江西新世纪汽运集团有限公司汽车服务分公司、赣州宝泽汽车销售服务有限公司、赣州现代交通汽车修理厂、赣州运通汽车技术服务有限公司、赣州同益汽车销售服务有限公司、赣州通驰丰田汽车销售服务有限公司、赣州江铃汽车销售服务有限公司、赣州兴达利汽车贸易有限公司。

（李发淳）

【宜春市运管局五措并举提升汽修管理水平】 一是认真做好质量信誉考核工作。采取听、查、看的方法对全市机动车维修企业进行现场考核，当场将考核情况反馈给企业，提出存在的问题，明确整改期限。全市 2011 年度被评为 AAA 级、AA 级、

A 级、B 级的企业分别为 11 户、61 户、100 户、2 户。另外新增企业 15 户(一类 6 户、二类 9 户),撤销 6 户(二类户),一类降二类 3 户。二是积极开展汽车维修诚信服务月活动。结合“3·15”国际消费者权益日,3 月份在全市开展“3·15”汽车维修质量服务月活动,号召全市汽车维修企业通过各种优质便民服务,营造良好的消费环境,树立良好的社会形象,提升宜春机动车维修行业的社会美誉度。三是开展机动车维修服务质量规范达标示范创建活动。认真组织开展全市机动车维修服务质量规范达标示范创建活动。经各维修企业自查自评,县所推荐后市运管局报省运管局复核,全市共有 l0 户机动车维修企业被评为首批“江西省机动车服务质量规范达标企业”。四是开展高速公路服务区汽车维修市场专项整治工作。着重整治高速公路服务区汽车维修市场企业经营资质、工时定额和收费价格的报备、企业是否在醒目位置公示经营许可证,是否公示维修质量保证期、维修人员信息、和企业的监督投诉电话等。另外,对群众和车主反映的相关问题进行调查,对查实的问题要求经营者进行整改。全市 5 个服务区的维修企业都顺利通过省局的验收。五是开展机动车维修质量检验员从业资格培训工作。举办全市首期机动车维修质量检验员从业资格培训班。共有 323 人经培训合格后取得汽车维修质量检验员从业资格证,为宜春市机动车维修行业注入一大批技术过硬的专业人员。

(李　明)

【宜春和丰——汽修市场拓荒牛】 宜春市和丰汽车销售服务有限公司是和丰集团旗下的 4S 店,地处宜春市经济开发区。公司自 2006 年 4 月创立以来,积极倡导“诚信、拼搏、创新、自强”的企业精神,秉承北京现代品牌“真心伴全程”服务理念。在经营实践中,坚持标准化、规范化的企业管理。企业员工人数达 100 余人,80% 经过专业培训。是宜春汽修市场的有力支撑,有良好的社会效益和经济效益。2008 年开始,该公司先后荣获“江西省下岗再就业基地”,北京现代有限公司“优秀特约店奖”、“最佳市场开拓奖”、“中国农业银行 AA + 级信用客户”、“江西省机动车维修质量信誉等级 AAA 单位”、“江西省汽车维修行业诚信企业”以及“直春市消费维护诚信承诺先进单位”等荣誉。企业建立 1 家新余卫星店和 6 家二级销售网点,形成完整的网络辐射,总资产达 8000 万元,年收入 2.8 亿元,年上缴国家税收 350 万元。

(李　明)

【袁州区汽车维修业】 随着经济的快速发展和人民生活水平的提高,对汽车的需求迅猛增加,该区汽车维修企业也得到迅速发展。相比 2011 年,该区汽车维修企业既有量的增加,又有质的提升。到 2012 年共有汽车维修企业 276 户,同比增加 13 户。其中一类维修企业 28 户,同比增加 7 户,包括 4S 店 18 户,修理厂 10 户;二类维修企业 43 户,同比增加 6 户,包括 4S 店 10 家,修理厂 33 家;三类维修企业 50 户。该区的汽车维修企业基本满足营运车辆和社会车辆的维修需求。区交通运输局加强对维修企业进行质量信誉考核,全年组织企业维修人员进行从业资格培训 430 人次,进一步促进汽车维修从业人员素质和技术的提高,为汽车维修企业健康有序发展发挥积极促进作用。

(李　庆)

【樟树市维修行业】 樟树市运管所结合维管工作实际,抓住重点、破解难点、突出亮点,着力培养维修企业诚信经营理念,不断加大监管力度,推进维修行业健康发展。一是严格执行开业条件,督促企业达标。认真贯彻实行国标《汽车维修开业条件》严把维修市场准入关。全市城区内共有维修业 80 户,其中一类汽车维修企业 1 户,二类汽车维修企业 17 户,三类汽车维修业户 62 户,持证上岗人员达到 87% 以上。二是规范维修市场经营行为。该市运管所继续坚持“整顿秩序、规范市场、综合治理、标本兼治”的原则,通过信誉考核,积极开展维修市场治理整顿工作,进一步加大维修市场的监管力度,规范维修市场的经营行为,对未经许可的维修企业进行清理,督促维修企业严格按照《规定》的要求从事机动车维修经营,提升企业内部管理水平。三是强化信誉考核,促进维修业健康发展。根据市局信誉质量考核的内容和文件精神,及时组织企业主要负责人开会,不断强化企业服务意识和服务水准,全面提升整体素质。全年共评出 9 户 A 级信誉维修企业,6 户 AA

级信誉维修企业,1 户 AAA 级信誉维修企业。对城区内三类维修业户不定期的抽查和信誉质量考核相结合,积极规范诚信经营,让运输业户满意度进一步提高。

(肖　锋)

【丰城市加强维修市场管理】 为进一步加强机动车维修市场的管理,市运管局以维修质量信誉考核为契机,对全市二类维修企业的经营主体、从业人员、维修质量保证,进行一次完全清理,通过对维修企业提出不足,下达整改通知书,强化营运车辆的二级维护管理,进一步规范三类维修企业经营行为,从业人员素质有所提高,企业诚信经营、优质服务得到保障。2012 年,全市许可审批三类维修企业 169 户。

(皮晓荣)

【靖安县推行诚信维修规范服务】 随着交通和汽车业的迅猛发展,该县汽车维修业在改革开放中崛起、在市场竞争中快速发展,已成为一个相对独立的、社会化的、资金技术密集型的行业。截至年底,全县共有汽车摩托车维修业户近 70 户。其中一类汽车维修企业 1 户,二类企业 3 户,三类企业 60 余户,年汽车维修量首次突破 8 千辆次,年维修产值达 3000 多万元。一个以一类企业为骨干、二类企业为基础、三类业户为补充,各种经济成分协调发展的汽车维修网络和市场格局已基本形成。该县把建立维修行业"诚信维修,规范服务"机制作为提升行业文明的大事来抓,切实加强市场监管,促进企业通过完善基础设施,引导和促进企业向着依法经营、诚实守信、公平竞争的方向发展。一是进一步规范机动车维修许可和市场行为,完善车辆技术信息化管理网络和推广应用机动车维修汽车配件追溯制度管理网络,实现机动车维修的准入、经营、服务、管理的全面标准化;二是从业人员培训包括企业负责人、技术、质量管理人员和工人的全员培训,建立汽修人才库。三是对维修企业从业人员素质、服务质量、维修质量、经营业绩以及安全生产、环境保护、经营行为和管理水平等方面进行全面考核。引导和促进企业向着依法经营、诚实守信、公平竞争的道路发展。四是推行"三明汽修"的服务理念,即"明码标价、明档修车、明白消费"。维修企业要公示维修价格,维修报备程序,使用维修合同、维修记录和维修结算清单,确保车辆维修质量。五是建立健全行业管理内部监督和社会监督体系,提高行业管理效能。整治机动车维修市场非法经营行为,对监督检查中发现的违法行为,进行严格依法查处,净化市场环境,规范市场行为,保护广大消费者的合法权益。

(刘　斌)

【奉新县加大维修市场监管力度】 2012 年 6 月,奉新县运管所大力开展机动车维修质量督查活动,组织运管执法人员深入机动车维修企业,对经营情况和诚信建设情况进行检查。定期公布检查结果。积极引导维修企业做强做优。加强从业人员的培训教育,加大维修市场监管力度,开展维修市场的综合整治,共查处机动车维修违章经营行为 15 起,取缔无证经营户 2 户。不诚信经营得到有效解决,净化维修市场秩序,促进了维修业健康发展。

(魏振宇)

【高安市"三加强"力促汽车维修市场健康发展】 高安市交通运输局采取"三加强",力促市场健康发展。年底全市有一类维修企业 9 户,二类维修企业 53 户,三类维修企业 460 户。①加强维修企业安全监督管理。一方面加强对检测站维修质量管理监督抽查工作,定期与不定期对维修企业送检车辆进行抽查;另一方面加强营运车辆维护的监督管理,通过二维车辆备案对超期维护车辆进行处罚,确保车辆性能安全完好。②加强维修企业记分考核。开展一、二、三类汽车维修企业质量信誉考核和机动车维修行业"放心消费"创建活动,促进维修企业加强诚信经营的认识,树立诚信企业的信念,弘杨诚信维修。③加强对维修企业违法行为处罚力度。严厉打击维修企业无证经营、超范围经营、使用假冒伪劣配件、价格欺诈、维修作业不规范、倒卖维修竣工出厂合格证等不法行为,净化维修市场环境,推进全市维修市场健康有序发展。

(周世祥)

【上高县开展汽车维修行业检查】 8 月至 9 月,县交通运输局组织运管人员对全县 130 户维修企业进行一次检查,发整改通知书16份。通过检查,净化维修环境,推动维修行业有序发展。一是进行五讲。检查人员深入企业讲政策、讲法规、讲诚信、讲服务、讲质量,进一步提高经营业户法律意识、服务意识、质量意识和安全意识。二是开展五查。检查人员对逐个维修企业查越级维修、查证件、查维修质量、查配件真伪、查乱收费,对查出的问题,提出整改意见,督促企业整改到位。三是五上墙。检查人员与维修企业一起研究,协助企业做到证件上墙、经营范围上墙、收费标准上墙、服务承诺上墙、安全举措上墙。做到五不准:不准超越经营范围、不准配件以次充好、不准随意提价、不准刁难客户、不准乱收费,实行公开承诺,自觉接受群众监督。

(潘泓羽)

【铜鼓县维修服务行业保持增长态势】 随着经济快速发展和人们群众生活水平的提高,铜鼓县汽车保有量持续增长,对汽车维修行业的需求也日益增大,2012年新增机动车维修企业25户,其中二类2户,三类15户,摩托车维修业户8户。较好的适应和满足了各类车辆的维修需求。由宜春汽运总公司投资一亿多元以上兴建的铜鼓县汽车服务广场已于2010年9月开工,2012年12月份基本完成第一期工程建设。汽车服务广场占地面积25000平方米,总建筑面积42600平方米,将汽车和摩托车修理、销售、美容、物流、仓储、车辆检测和大型停车场等运输服务行业集中为一体。铜鼓汽车服务广场的建成,进一步推动该县维修行业快速发展。

(吴繁荣)

【万载县汽车维修管理取得新进展】 该县运管坚持"整顿秩序、规范市场"为宗旨,严厉打击只收钱不维护、以各种手段欺诈维修用户、劣质高价、以次充好等违法经营行为。积极创造条件,引导鼓励维修企业做大做强,提高维修行业的整体服务水平。根据该县运输特点,积极扶持大型货车维修企业。重点将县永诚商业汽车修理厂打造成诚信、服务、高效的大型维修厂家。为进一步业加快全县机动车维修市场诚信体系建设,引导和促进机动车维修企业依法经营、诚实守信、公平竞争、优质服务,营造透明、和谐的汽修消费环境,建立和完善优胜劣汰的市场竞争机制,5月份对全县13户二类以上机动车维修企业进行质量信誉考核。本着公开、公平、公正的原则,评出了AAA级企业1户,AA级企业3户,A级企业8户,注销1户二类维修企业。全年汽车服务广场又新增三类汽车维修企业4户,全县汽车维修业户已发展到425户,其中一类企业4户(含2户快修企业,1户维修救援企业),二类企业8户,三类企业137户,摩托车维修业276户。

(王薪霏)

【崇仁县汽车行业维修稳步发展】 2012年,该县交通运输部门以进一步规范业户经营行为为重点,以提高服务质量和维修市场秩序为目标,进一步强化维修企业的质量信誉考核,促进维修企业的发展。全年有维修企业86户,其中二类企业3户,三类企业70户,摩托车维修企业13户,总量比上年增加6户。新增6户维修企业均为三类维修企业,即:崇仁县车保姆汽车美容养护中心、崇仁县弘实汽车修理部、崇仁县西西汽车美容服务中心、崇仁县来泉汽车维修服务中心、崇仁县保仁汽车销售有限公司、崇仁县鑫众汽车修理厂。维修主要项目分别是:发动机修理、车身清洁维护、轮胎动平衡及修补、汽车装潢,(篷布、坐垫及内装饰)、四轮定位检测调整、车身维修、电气系统维修、空调维修等。

(余家军)

水路运输附属工业

【江海船厂通过质量管理体系认证】 12月10日,鄱阳县江海船舶修造厂顺利通过GB/T19001—2008/ISO9001:2008质量管理体系认证。

质量认证机构5位审核专家在认证过程中,对江海船厂质量管理体系进行了全面、严格的审核。一致认为:船厂自建立质量管理体系以来,导入管理体系标准与建立质量管理体系目的明确;领导管理思路清晰,体系策划总体要求目标明确;能够坚持"以用户为关注焦点"的理念,密切关注顾客需求;坚持管理创新、质量安全,建立起高起点的文件化体系:在质量管理体系的建立和实施过程中,船厂的质量方针与质量目标得以保持,持续改进的机制已基本形成,管理体系满足审核准则的要求,并对企业的发展起到促进作用。

(付知拾　陈明中)

【65米钢质趸船开工建造】 7月31日,全省交通运输系统单船投资规模最大的65米钢质趸船开工暨2艘700马力海事指挥艇首航、1艘150TEIJ/5000吨集装箱船下水庆典仪式在鄱阳县江海船舶修造厂隆重举行。省港航局局长于钦民出席开工庆典并宣布700马力海事指挥艇首航、150TEIJ/5000吨集装箱船下水暨65米钢质趸船开工。上饶市委常委、组织部长吴井勇,上饶市委常委、鄱阳县委书记张之良携全体班子成员出席庆典仪式并剪彩。省港航局副局长胡敬党讲话。

由江海船厂中标承接建造的九江65米钢质趸船长65米、宽15米、上下3层,计划投资1100万元,计划于2013年"春节"前出厂交付。该船建成后将用于鄱阳湖蛤蟆石水域海事行政执法现场办公及生活场所,为鄱阳湖区的水上交通安全监管提供一个强有力的综合保障平台。

(付知拾　邓文俊　陈明中)

【7艘省内最大水上加油船通过检验】 5月3日,由九江海航船舶技术咨询有限公司设计,九江船厂有限公司和都昌造船总厂有限公司为九江佳衡船务有限公司建造的"永康号"等7艘85米储油趸船,通过九江市船舶检验局监督检验合格,将陆续出厂投入使用。

这批船是江西省经贸委批复的为18个水上加油站建造的首批船舶,定位于长江瑞昌至彭泽段及鄱阳湖星子、都昌水域,由中石油和中石化经营管理。货油舱区域全部采用双底、双舷,主船体采用纵骨架结构,加油控制和消防灭火设备等都采用了国内先进技术,其安全性能和防止水域污染能力大幅提高。整个货油舱区设置了不小于9米宽的钢结构遮雨棚,四周设置0.9米高栏杆。船上有活动室、学习室、休息室和超市,工作和生活环境良好,是全省最大的水上加油船。

(李　越　陈影彬)

【仙女湖区"龙凤号"旅游客船顺利下水】 5月11日,由宜春市船舶检验局负责建造检验的120客位旅游客船"龙凤号"在新余市仙女湖区顺利下水。该船由江西造船有限责任公司设计、江西丰城造船总厂负责承建、宜春市船舶检验局受省局委托跨辖区负责建造检验。宜春市船检局根据新建船舶阶段检验程序多次组织验船师赴现场进行规范检验和把关,并提供有关技术方面的支持。

(贺晓峰)

【振兴86号油轮下水】 5月28日,九江振兴轮船公司建造的振兴86号油轮在马鞍山市当涂县的中远造船厂顺利下水。

振兴轮船公司是一家国有企业改制后的股份制私营企业,公司主要经营水路普通货物及成品油、化学品运输,该公司拥有船舶23艘,载重吨位72320吨,年利税1000万元。2011年获中国船东协会长江分会常任理事单位,交通运输行业安全管理规范化达标单位,长江水系液货危险品运输十佳企业,九江市百强民营企业,九江市十佳纳税大户等荣誉。

此次下水投入运营的振兴86号油轮,是一艘完全按照交通运输部船舶标准化要求建造的标准化双底双壳船型,该船型在中国沿海的成品油运输市场具有很强的竞争力。

(郭庆锋　黄海源)

【宜春市造船工业市场急需进行整顿】 该市辖区有赣江、抚河、袁河、锦河、潦河等河流,水系较为发达,具有良好的水运条件,是全省水路运输运力最多的设区市之一。为推动全市水路运输发展发挥重要作用。由于造船工业管理体制等原因,致使港航管理部门管不到,专业船厂无船造,造船价格混乱,四无造船点在河两岸遍地开花,船舶质量得不到保证,造船市场混乱,严重制约水路运输事业发展,也对水路运输带来不安全因素。广大水运专业户反映强烈,并要求对造船秩序进行整顿,进一步净化水路运输造船市场。一是大力开展宣传。利用广播、电视、政府网、会议、板报等多形式,大力宣传国家造船有关规定,大讲四无船厂的危害,进一步提高认识,开展自查自纠,广大水运业户,不要图造船价格便宜,任意到四无造船业主建造技术不合格、安全无保证的营运船舶。非专业造船业主要对广大水运业户生命财产高度负责精神,自觉遵守国家法规,主动停止违规造船,退出造船市场,如不停止的,港航、海事部门报呈司法部门追究造船业主的法律责任。二是开展排查,要以县(市区)为单位,组织港航、海事、水上公安等部门的执法人员对造船市场进行整治,对四无造船点进行全面排查,大力宣讲国家有关造船有关政策和法规,全面清理违规造船点,下发整改通知书,限期取缔,做到排查一个,取缔一个,做过细的思想工作,坚决刹住四无造船这股歪风,边查边改,制定管理办法,进一步营造造船良好的环境。三是严格把关。各级港航、海事等部门要认真执行国家有关造船政策和规定,进一步强化水路运输管理,在接待水运专业户申请造船参加营运时,既要热情服务,更要坚持原则,不讲私情,把水运安全生产:放在第一位,保护水运专业户合法利益,要从严审查,凡是无造船资质、无造船设计图纸等四无船舶,一律不准参加水路运输,港航管理部门一律不准办理运输证,海事部门不准办理船舶合格证,营造良好的造船市场,确保水路运输生产安全。

(吴泽水)

【樟树市港航工作趸船竣工等待验收】 樟树港航工作趸船主体工程已经完成,对趸船整体装修也已经基本完毕,办公设备的采购工作已经结束,趸船已经全部竣工,正在等待验收。樟树港航管理处港航工作趸船项目是由江西省航运局(赣交航局计基字〔2008〕第66号)《关于下达2008年航运基本建设项目投资计划的通知》文件批准建设,项目总投资190万元,项目主体于2009年6月3日开工,于2009年9月完工,由于当时水位情况不允许,趸船主体完工后,一直停放在岸上。2010年5月,由于连续降雨,赣江水位上升,该处积极联系造船单位,才将趸船顺利拖下水。2010年12月,在省局领导的指示下,对趸船装饰工程进行招投标,趸船装饰工程于2011年2月完成,项目靠泊工程于2011年10月开工建设,至2011年12月完成。该项目已全部建设充成,正在整理竣工验收资料准备申请上报验收。

(朱金详)

【樟树市船运公司造船厂生产下滑】 樟树市船运公司船舶修造厂成立于1963年,为三级三类船舶生产企业,主要产品有:化工船、油船、钢质散货船、趸船、快艇、旅游船、挖沙船、皮带自卸驳船等。全年该厂共造3艘皮带机,共500余吨,而该厂年正常生产能力在20艘左右,由于业务量大幅下滑,企业专业技术人才纷纷另谋出路。主要原因:一是国家对内河运输船舶实施标准化船型,按标准图纸,规范程序申报造船舶成本增加,大部分业主难以接受。二是对非法造船厂整治不力。一些无资质非法船厂以低成本为诱惑隐蔽生产,给监管整治带来很大难度。三是内河运输业务萎缩,赣江黄金水道已成为历史,大部分运输业务都以道路运输或管道运输为主,对货运船舶需求量锐减,主要业务以河道挖沙机为主。

(杨 波)

【丰城市造船厂完成旧船拆解任务】 2012年丰城市造船厂共计拆解老旧船舶5艘,拆解老旧船舶达1600吨。丰城市造船厂属长航局指定的老旧船舶定点拆解厂家,能够确保老旧船舶拆解目标按质、按量、按时完成,为推进长江干线船型标准化建设,发展低碳经济,促进节能减排作出了贡献。

(皮晓荣)

公路附属工业

【萍乡市公路局企业经营获得长足进步】 局属企业以保稳定、谋发展为主题,于逆境中求突破,在宏观环境不利的大背景下,仍取得了良好的经营业绩。路桥工程处充分发挥国家公路工程施工总承包一级资质的优势,积极拓展对外业务,全年中标项目27个,中标金额9.8亿元。机械工程处全年完成工程产值约3000余万元。勘察设计、工程监理、试验检测等也取得了新的业绩。

【高安公路分局自制沥青冷补料保公路畅通】 为积极应对冬季及雨季破损路面的维修,高安公路分局于2011年年底引进了沥青冷补料生产技术,还购置了相应的生产机械,并投入运作,日生产量能达10吨。春节过后,由于持续的阴雨天气,高安分局管养的干线公路出现了坑槽、沉陷等不同程度的损毁,严重危及到出行安全。为确保公路安全畅通，该分局及时组织各道班开展修复工作，并要求抢修队抓时抢刻地生产沥青冷补料，以供应路面维修的需求。至2012年年底，公路抢修工作进展顺利，公路通行能力逐渐提升。自制沥青冷补料，不仅能满足日常养护的需要，而且能及时供应公路抢修的需求，有效地缩短了抢修时间，提高了工作效率，既解决了冬季养护的难题，又确保了公路安全畅通。

（朱足平　王糯梅）

【铜鼓分局"两个双向"加强机械设备管理】 铜鼓公路分局针对机务管理现状，采取两大管理措施，加强机械设备管理。

一是工地与机务（科）双向考核。机械单台实现每月一考核，工地负责工程量、台班、油耗等指标的考核，机务（科）负责机械的维修保养、操作手考核，同时机务管理渗透于工地管理之中，月终机务统计员根据双方考核数据制作统计报表；

二是工地与机务（科）双向控制，工地负责机械的管理和使用，避免跑、冒、漏现象，机务（科）负责监督和机械维修保养，根据工地需要统筹安排调度机械，并备案登记。通过两个双向管理，截至8月底，机务产值已完成年计划的78.7%，经济效益较往年有大幅提高。

（何剑辉　戴建阳）

节能环保

道路运输节能减排

【省运管局建立道路运输车辆燃料耗量核查工作机制】 为把好营运车辆准入的技术关，加强节能减排的源头监管，省运管局建立了《道路运输证》配发与车辆燃料消耗量核查、车辆综合性能检测紧密结合的工作机制，健全道路运输车辆监督管理责任追究制度和《道路运输证》发放责任制度，对不符合燃料消耗量达标车型要求和达不到道路运输车辆综合性能技术要求的车辆，不得进入道路运输市场。同时，将燃料核查工作列入年度道路运输管理目标考核内容，签订目标责任状。通过运管机构一级抓一级，层层抓落实，确保进入道路运输市场的车辆达到燃料消耗量标准限值要求。

（蔡宣灿）

【省运管局推进重点运输企业节能联系制度】 为进一步强化道路运输行业能源统计业务能力建设，加强节能减排的监测考核，实施能源消耗动态管理，省运管局要求各设区市运管部门从地市辖区内各选择客、货运企业1户作为能耗重点联系企业，建立健全燃油消耗季度报表制度，通过对重点耗能企业燃油消耗统计数据分析，从中找出规律和经验，并及时将成功经验上升为行业实用技术和先进管理方法加以推广，为全省道路运输业逐步建立并完善节能减排统计、计量、监督考核体系奠定基础。

（蔡宣灿）

【景德镇市开展道路客运企业"长运杯"节能减排竞赛活动】 3月1日至4月19日，景德镇市开展全市道路客运企业"长运杯"节能减排竞赛活动。该项竞赛活动由景德镇市交通运输局主办，市公路运输管理处协办，景德镇长运公司承办，旨在认真贯彻落实省、市政府关于节能减排工作的部署和要求，完善全市公路水路交通运输"十二五"节能减排规划，积极倡导"绿色驾驶"的理念，提高全市道路客运企业驾驶员的节能意识和驾驶技能，大力推行节能减排示范项目，实现"低碳生活，交通先行"的目标，使全市道路客运企业节能减排工作稳步推进。

在经过为期一个半月的宣传教育、理论学习、实践操作训练后,来自景德镇长运有限公司、乐平长运有限公司、乐平市汽车运输公司、乐平新世纪汽车运输公司、浮梁长运有限公司、市江南旅游汽车运输公司、市平安运输有限公司等7家道路客运企业的20名参赛选手,在4月17日至18日进行了为期2天的理论知识利和客车驶技能操作网部分竞赛。理论知识和客车驾驶技能操作竞赛采用百分制,其中理论知识考试采取无纸化计算机考试方式进行,占总分的25%,竞赛答题内容为驾驶员职业道德和道路交通安全法规、道路运输及节能减排法律法规、节油驾驶知识和技能等;客车驾驶技能操作竞赛主要考核参赛选手的操作技能和节约油料水平,占总分的75%,分规范驾驶和40千米耗油量考核两部分。客车驾驶技能竞赛分车身长12米客车组和车身长9米客车组,竞赛着力突出技术、技能和从业人员主体意识的和谐统一,以普遍提高道路客运驾驶人员节能的职业水准为目的,总结参赛选手的节油驾驶经验并加以理论化后在全市道路客运企业中推广。来自景德镇长运公司的曹军华以总成绩94.25分获得12米车小组第一名,来自景德镇长运公司的傅润平以总成绩93分获得9米车小组第一名;来自浮梁长运有限公司的李江海、景德镇长运公司的江新平、乐平新世纪汽车运输公司的邹汉民、江南旅游汽车公司的曹小丘分别获得12米车小组和9米车小组第二名。

(涂　强)

【崇仁县运输行业节能降耗达到新标准】　2012年崇仁县拥有汽车2519辆,新增柴油车179辆,淘汰高耗能汽车8辆,实现综合节能425吨标准煤;安装电子不停车收煤,禁止、淘汰实载率低于7%的客车,减少耗油9.97万升,综合节能125吨标准煤;加强机动车驾驶员培训工作,全年培训4160人次,实现节油37.04万升,综合节能效益达339吨标准煤。运输行业全年共计实现节能达1145吨标准煤。

(余家军)

【上饶市组织出租车节油比赛】　为推广使用LPG清洁能源,提高城市空气质量,充分调动市中心城区出租车公司及驾驶员节能减排工作的积极性,上饶市客管处组织举行了“城区出租车油、气比拼活动”。

活动中分汽油组、LPG,两个组市客管处工作人员及公司派出人员分别跟车到油站及气站监督各参加活动车辆加满油和气,并填好出租车油、气比拼活动登记表,之后,比拼活动正式开始。比拼活动结束,由工作人员分别到油站及气站将参加活动的车辆加满油和气,并填好出租车油、气比拼活动登记表,经过统计得出,参加比拼的车辆平均车日行驶千米数为420千米/天;三辆燃油出租车总行驶里程为1345千米,油耗119.85升,计809元,平均油耗0.60元/千米;参加比拼的三辆燃气出租车总行驶里程为1176千米,气耗142.13升,计554元,平均气耗0.47元/千米。因此,比拼结果是:气与油价差0.13元/千米;每天加注燃气的出租车比加注汽油的出租车平均每天节约54.6元。

(陈均培　李月煌)

【上饶公交鼓励发展高效低耗车辆】　2012年,上饶市客管处积极推广节能型、环保型车辆,鼓励使用经济适用型车辆、环保型车辆。在2011年购置更新64辆排放达到国Ⅲ以上公交车的基础上,2012年更新22台苏州金龙客车,及时淘汰了老旧高油耗的公交车2辆。同时,组织节能减排宣传周活动,利用公交和出租车车身广告、标语、LED屏飞字等多种形式,2011年推广油改气出租车52辆,节能效果明显。2012年已有55辆出租车进行油改气,使油改气出租车达107辆,占出租车总数21%。

(陈均培　王　涛)

【上饶市维修技工勇夺全省交通运输行业汽车空调检测维修节能竞赛团体桂冠】　6月17日,上饶市运管处选派的空调检测维修技工黄雷、余忠华在全省交通运输行业汽车空调检测维修技能竞赛活动中力挫群雄,勇夺团体第一名并双双获得个人二等奖。此次活动是为了贯彻执行2012年“节能低碳、绿色发展”节能宣传周的重要举措,倡导推广应用汽车维修新技术、新工艺、新设备和新材料,建立绿色汽车维修机制,引领汽车维修行业新发展,实现科学生产和绿色消费。

(陈均培)

水路运输节能减排

【世行对石虎塘水电项目进行碳融资预核查】 1月30日至2月1日，世界银行官员及外聘顾问一行4人对石虎塘水电项目进行碳融资预核查。

根据CDM(清洁发展机制)项目流程，石虎塘项目投产后，需由联合国指定的经营实体定期独立审评和事后确定已登记的CDM项目在核实期内产生的、经监测的温室气体源人为减排量，从而确定可交易的减排量，通过减排量交易给项目带来经济效益。此次碳融资预核查的目的即是在联合国指定的经营实体首次核查前，做好相关准备工作。在为期三天的预核查过程中，世界银行石虎塘项目组组长、碳融资交易经理及两名外聘专家到电站进行了实地考察，尤其关注了电站电表安装是否规范、1号机组安装调试及送出工程施工进展情况。专家们还积极帮助项目业主核对关键技术参数，并就后续监测工作给予了相关负责人员充分指导。

预核查的圆满成功，为不久后的正式核查奠定基础，同时为项目办提供了一次全面的培训机会，提升了项目办监测和管理CDM项目的水平。

（朱　咏　黄海源）

【南昌市地方海事局加强赣江饮用水源保护】 为确保全市人民的饮水安全，3月6日，南昌地方海事局启动水源保护区船舶乱停乱靠专项整治活动。该局组织海事执法人员对辖区水域的5个水厂取水口进行了一次全面的隐患排查，重点检查了饮用水取水口单位的标识和警示标志设立情况、防止船舶碰撞设施设置情况、防污应急设备和器材配备情况等。对取水口上游1000米下游100米范围内违规停泊的船只，海事执法人员耐心向船主宣传船舶污染防治有关法律、法规和规定，并劝其驶离。对无人值班的船舶，执法人员将宣传单张贴在船舶显著位置，要求其尽快离开水厂取水口范围。与此同时，该局还进一步完善并更新与取水口单位及其他相关职能部门的联系方式，确保一旦发生威胁取水口安全的事件，能够在第一时间将处置的信息和要求发布到各取水口责任联系人，保障取水口单位的应急预案启动及时得当，取水口单位在发生任何异常情况时也能及时有效的向海事部门反映和沟通。

（汪　莹　夏　亮　陈明中）

【九江地方海事率先将航运公司安全与防污染纳入日常监管】 九江市地方海事局，自5月20日起，在全省率先将辖区航运公司安全与防污染情况纳入日常监管。为有效推进此项工作，建立了安全管理联络机制，指定专人负责并对各航运公司及相关企业联系人联络方式进行登记，定期向辖区各航运公司及相关企业发布安全管理信息；实行备案制，要求辖区各航运公司按时间节点向海事部门提交营业执照、水路运输许可证、航运公司信息登记表、公司安全与防污染管理制度、公司管理船舶清单、公司管理船员名单等报备材料；加强日常监督，所属各海事处不定期对辖区航运公司开展检查，频率不少于1次/年/公司；开展全面安全检查，重点检查管理机构是否健全、安全与防污染管理制度建立与执行情况、船岸与船舶应急预案制定情况等9项内容。针对检查发现的问题，要求相关航运公司9月30日前整改到位。

（闵熙民　夏　露）

【上饶市港航局节能工作成绩斐然】 2012年，上饶市港航局不断优化运输船舶的结构，积极推进老旧船舶的更新改造和淘汰工作，全年节能减排船舶周转量83214.17万吨千米，同比结构性节能减排0.42万吨标准煤(折算0.00179万吨柴油)、待业管理性节能减排0.0769万吨标准煤(折0.05821万吨柴油)。同时在夏季室内空调温度设置不低于26摄氏度，冬季室内空调温度设置不高于18摄氏度。并将空调开机时间每天缩短成6个小时，节电10000千瓦时左右。

（吴立新）

【省港航局参与撰写水上运输节能丛书】 2012年，省港航局与武汉理工大学合作撰写出版了水路运输节能研究丛书——《水上运输业能源消耗统计、监测和考核体系的构建与实施》。该书重点介绍了水上运输业能源消耗统计、监测和考核体系构建与实施的总体思路，体现了以指标体系为核心，贯穿统计、监测和考核各个环节，实现了

“三位一体”的功能。以耗能设备为切入点,从航运企业和港口码头装卸企业两个层面,提出了包括基础数据、营运指标和能耗指标在内的统计体系。数据监测方法采用第三方实时监测和技术指标对比分析的方法,确定企业能耗数据的真实性,提出了能耗管理分级考核体系。航运管理部门从能源管理机构、统计机制、监测机制、考核机制、节能宣传和推广等五个方面进行考核;水运企业则从管理性指标、结构性指标、技术性指标和节能目标等几个方面进行考核,并设计了四层考核指标体系,提出了评分标准,设计了能源消耗管理考核报表,提出了具体的考核实施方案。

该书调查分析了江西省水上交通企业节能减排的现状及存在的问题,借鉴国内外节能减排的经验,深入剖析影响能源资源消耗的因素,是水上运输节能减排相关工作的重要参考工具书。

(廖慧清　黄海源)

行政机关、行业单位节能减排

【景德镇市交通运输局出实招促节能】　6月15日,景德镇市交通运输局确定局机关及所属事业单位等公共机构的节能目标。即以2011年为基数,实现2012年用电量、用水量、公务用车燃油消耗3项指标分别下降5%以上的节能任务。

该局采取多项硬性措施,以确保系统公共机构节能目标的实现。在减少用电需求方面,一是规定办公室空调开启的条件,当夏季室外气温低于32℃、冬季室外气温高于10℃时,不得开启空调,夏季使用空调时温度设置不得低于26℃、冬季使用空调时温度设置不得高于20℃。二是办公场所尽量采用自然光,采用市节能办提供的高效节能照明灯具,工作人员在办公时间要充分利用自然光照,做到室内亮度足够时不开灯、离开办公室时随手关灯。三是计算机、打印机、复印机及传真机等办公设备不用应随时关闭电源,减少待机消耗,工作人员下班后自觉关闭各类电器电源,严禁使用大功率耗电材料。在降低用水量方面,培养干部职工节约用水意识,形成随手关水龙头的好习惯,杜绝“长流水”,切实减少耗水量。在节约办公耗材方面,规范办公用品的定点采购、配备和领取。推行无纸化办公,降低纸张消耗,尽量在电脑上修改文稿,减少重复打印次数,提倡双面用纸,严格控制文件印刷数量。在抑制公务用车燃油消耗方面,一是规定集体活动尽量合乘公务用车,夜间及节假日、“双休日”无公务活动时车辆一律入库保管,严禁任何人使用公车办私事;二是严格执行车辆燃油管理办法,根据车型和排气量确定每辆公务用车的油耗标准,超出标准的油量由驾驶人或使用人承担;三是单车油耗控制在核定标准内;四是在机关工作人员中倡导“135”出行方案,即1千米内步行,3千米内骑自行车,5千米内乘公共交通工具,以绿色低碳的出行方式支持节能减排。

(涂　强)

【景德镇市交通运输局节能宣传周活动】　6月10日至16日的全国第22个节能宣传周期间,景德镇市交通运输局结合行业实际,紧紧紧围绕“节能低碳、绿色发展”主题,组织开展一系列活动,取得较好效果。

活动中,该局组织基层交通运输主管部门、企(事)业单位按照各自工作性质和分工,有针对性地开展形式多样、内容丰富、从业人员广泛参与的节能活动。通过各种方式宣传交通运输节能形势和节能工作方针政策、法规,鼓励交通运输企业发展节能生产方式,大力推广交通节能示范技术,大力倡导公众绿色出行和节能型交通消费模式;积极引导企业利用自身的宣传平台,加强对从业人员的节能意识宣传教育,倡导驾驶员节能驾驶和操作。在各客运站场、高速公路服务区、货源集散地人流量大的区域、道路主干道和主要桥梁栏杆醒目位置悬挂以节能减排为内容的横幅,进行节能公益宣传,让节能宣传普及广大驾驶员、旅客和社会群众,有效扩大宣传的影响面。印发《汽车节能驾驶手册》等节能宣传材料,向道路运输行业从业人员积极推行节能驾驶和操作。举办道路运输节能减排培训班、燃气动力汽车新技术交流会等,积极引导企业使用节能技术和产品;在6月14日的“低碳体验日”,倡导低碳出行,上下班乘坐公共交通工具、骑自行车或步行,公务出行尽量乘坐公共交通或拼车出行,各部门、各单位除信息机房等特殊场外,停开办公区域空调一天,停开公共场所(如门厅、走廊、卫生间等)照明一天,所有景观照明灯、装饰用灯关闭一天;开展主题为“抵制过度包装,引领绿色消费”的专项活动,倡议使用环保购物袋,减少使用塑料袋和一次性餐具及洗漱用品,自觉抵制商品过度包装。

(涂　强)

【德昌高速军山湖收费站节约用电出实招】 为节约用电,杜绝浪费,军山湖收费站结合实际出实招,在保证安全用电的同时,用五项措施抓好节约用电的管理,收到良好成效。具体做法,一是抓思想教育,提高节约意识,规定夏季室内调温度设置不得低于26摄氏度,冬季室内空调温度设置不得高于20摄氏度。二是根据全年用电计划制定节约用电指标,分解到班组和部门,以此激励节约用电的责任感和责任心。三是制定节约用电工作纪律,对违反纪律的给予必要的经济处罚,如宿舍、走廊、食堂以及办公室的空调、照明灯等设施必须按规定使用或关闭。四是对所有用电设施均实行责任到人的管理方法。五是合理控制收费车道照明灯及收费广场高杆灯的使用。

(张　婕)

【景鹰高速浮梁管理处探索节能减耗新举措】 为积极配合万年管理中心精细化管理要求,浮梁管理处从细微处做好节能减耗工作。一是在办公楼、宿舍楼走廊统一更换声控开关,避免长明灯现象;二是经实验后,将食堂蒸饭箱时间由原先的40分钟设定为30分钟,有效地节约了食堂用电;三是从3月份起停封除监控室、岗亭、机房外的所有办公用空调。

(谭润华)

【景鹰高速余江管理处开展“地球一小时”节能活动】 3月31日,为积极响应低碳环保工作生活理念,余江管理处开展“地球一小时”活动,为可持续环保事业做出自己应有的努力。当晚20时30分至21时30分,该处辖区内除保持收费岗亭正常工作外,办公楼、宿舍等其他区域全部拉下了水、电闸,以自己的实际行动为环保工作做出贡献。据悉,该处2012年以来,以开展精细化管理活动为契机,着力从用电、用水、公务用车、接待费开支、办公能耗等方面入手,确立了节能降耗重点,取得了明显成效。

(叶伟燕)

【江西恒辉物业公司“低碳畅游”迎“五四”】 4月27日上午,江西恒辉物业公司工会、团支部在南昌市红谷滩新区联合开展“低碳畅游”山地车健身比赛活动。公司25名员工通过骑山地车的方式倡导低碳生活、绿色出行。此次活动,不仅提升了员工倡导低碳环保健康生活的理念,还充分展示了公司员工健康向上的青春活力。

【景鹰高速余江管理处节能降耗工作有成效】 2012年,余江管理处以开展精细化管理活动为契机,以“节能降耗,从我做起”活动为载体,整体谋划,细化措施,着力从用电、用水、公务接待费开支、办公能耗等方面入手,确立了节能降耗重点,取得了明显成效。一是建立健全节能降耗工作制度。该处根据实际情况,建立健全了物资集中采购制度、空调使用规定、员工宿舍用电管理办法等一系列制度,为节能降耗工作打下了坚实基础。二是着力细化节能降耗管理措施。在办公管理方面,规范办公耗材管理,提高办公耗材经费使用效率;压缩会议时间和规模,提倡开短会;加强车辆使用管理,外出办事合并用车,提升车辆管理效益。在后勤管理方面,食堂在节假日和双休日时停用大功率蒸饭箱,使用电饭锅蒸饭;开水器根据季节性和各站实际情况定时开启和关闭;落实责任人,对公共区域进行照明管理,杜绝长明灯等浪费现象。在公务接待方面,严格控制接待费用,统一接待标准,接待用餐尽量安排在食堂内部就餐。三是狠抓教育学习和督查落实工作。该处组织全体员工认真学习节能降耗工作制度,并通过制作张贴温馨提示牌进一步提高员工思想意识;成立督查小组,定期通过明察、暗访等形式对各单位节能降耗措施的落实情况开展督查,并进行通报。

(刘　宁　叶伟燕)

科技 教育 卫生

科　　技

【概况】 2012年,江西交通运输科技工作坚持以科学发展观为统领,以现代交通运输业发展需求为导向,以“科技强交”战略实施为主线,着力解决制约交通运输科学发展的关键技术和难题,全面推进创新型行业建设,加快了现代交通运输事业的发展。

全年共确定交通运输科技计划项目79项(详见表26),2个科技项目被列入省部级科技计划,获得交通运输科研成果49项(详见表25),其中,获得省部级科技进步奖9项,取得11项知识产权。全省交通运输行业开展一系列技术交流活动,创新科技管理手段,行业技术创新能力建设取得明显成效,培养了高层次技术人才,实现了科研成果的标准化,为全省交通运输事业的又好又快发展提供了强有力的支撑和引领作用。

一、强化手段创新,提升科技项目管理水平

交通科技管理新机制继续实行。一方面,继续实行科技项目网上申报、网上评审机制,确定一般性科技项目计划50项。另一方面,继续实行重大科技项目招投标工作,依托九江长江公路大桥建设工程,确定《超大跨度复杂体系斜拉桥施工全过程非线性控制理论及应用研究》《全寿命周期内提高大跨度混合梁斜拉桥耐久性理论与方法研究》等2个重大科技项目的承担单位和合作单位。

加强重点工程科技创新,积极组织技术攻关。根据“随时申报、随时受理、及时立项评审”要求,为赣州高速(龙杨段)、井睦高速、抚吉高速、赣崇高速公路、九江滨湖公路等重点工程建设，安排科技计划项目29个。

积极组织申报江西交通职业技术学院承担的《于无线数据传输技术的桥梁安全快速检测车应用研究》等年度省部级科技计划项目。截至年底，全行业在研科技项目达262项。

经组织申报和省科技厅批准，俞文生成为省科技支撑计划项目和青年科学家培养对象（井冈之星）。

二、彰显奖励效应，提高科技成果水平

2012年，全省交通运输系统鉴定并登记各类科技成果有49项，其中，钢桁拱桥组合结构与关键节点受力性能、高填路堤稳定性非均匀沉降控制、大跨径公铁两用桥结构安全监测、公路隧道TSP综合超前地质预报等11项研究成果达到国际先进水平。

2012年，全省交通运输系统一批科技成果获得省部级科技进步奖励，其中，省交通科研院完成的“大跨径公铁两用桥结构安全监测关键技术与方法”、武宁至吉安高速公路建设项目办公室与省公路桥梁工程局完成的“高填路堤稳定性及非均匀沉降控制技术”等2项科技成果获省科学技术进步奖；省交通科研院完成的“大跨径公铁两用桥结构安全监测关键技术与方法”、江西方兴科技有限公司完成的“高速公路全路段气象检测与交通信息实时提示系统”、赣粤高速公路股份有限公司完成了“彭湖高速公路建设资源节约与保护技术研究”等7项科技成果获中国公路学会科学技术进步奖，其中：“大跨径公铁两用桥结构安全监测关键技术与方法”获中国公路学会科学技术进步一等奖，获奖项目的数量与质量较上一年又有了进一步提高。

三、加强知识产权登记，促进科技成果产权保护

2012年，省交通设计院申报的“一种公路三维选线方法”“一种采用军用桁架移模分块浇筑混凝土连续梁桥的方法”和省交通科研院申报的“一种测量铰接缝剪切变形的传感器”“一种新型预应力碳纤维锚固装置”“加固混凝土盖梁的体外预应力结构”“一种功能分区的水泥混凝土路面板”等7项技术取得了国家发明和实用新型专利；赣粤高速公路股份有限公司申报的“基于地理数字平台的高速公路路产路赔管理系统、资源管理系统、应急救援系统”等4项技术获得了国家软件著作权证书；此外，还有9项技术获得了专利申请受理；出版了《水上运输业能源消耗统计监测和考核体系的构建与实施》与《隧道稳定性评价与塌方预警》等专著9部。

四、加大科技持续投入，保障科研基地及到点科技工程建设

全面启动了全省交通运输行业重点实验室和工程技术研究中心组建工作。与此同时，机动车检测与诊断工程等6家工程技术研究中心和现代交通运输物流重点实验室开始筹建；依托省桥梁加固检（监）重点实验室和高速公路养护工程研究中心，积极做好全国交通运输行业工程技术研究中心创建准备工作；交通科研院试验检测基地基本建成。

根据交通运输部建设全国交通运输科技信息资源共享平台的统一部署，江西交通运输科技信息资源共享平台基本建设完成。

启动了行业科技创新团队培养计划。赣州高速公路公司、省公路局信息数据中心、交通科研院、高速集团等11个单位分别从桥梁养护、公路信息、路面结构与材料、长大公路隧道等研究方向组织已完成申报工作。

拓展了科技合作交流深度和广度，组织技术人员参加科技大讲掌听课4次，举办各类技术讲座6场，参加对外科技交流活动3次。

五、突出科技生产力作用，推广转化一批成熟科技成果

2012年，全省交通运输科技成果推广应用力度持续加大。庐山西海高速公路安全绿色交通科技示范工程顺利通过了交通运输部科技司组织的中期检查评估，依托示范工程，33项科技成果已得到实施应用。召开了全省高速公路甲级勘察设计单位的科技成果推广应用研讨会；水泥混凝土路面复合材料传力杆等9项新技术列入2012年度全省公路水路交通运输行业新技术推广应用目录。温拌沥青混合料、高速公路路肩震鸣带、高速公路面层粗集料水洗、废旧轮胎橡胶粉改性沥青等10多项科技成果得到有效推广。

六、强化行业标准编制和应用，提升行业技术水平

2012年，全省交通运输行业标准化建设持续推进。按照省质监局的工作部署和要求，召开交通运输标准化技术委员会成立大会。在编省地方标准16项,安排标准编制补助经费20万元。《道路运输车辆卫星定位系统车载终端安装与维护技术要求》、《高速公路沥青路面集料水洗施工技术规范》、《高速公路服务区建设设计规范》、《高速公路收费所站管理用房建设规范》等4项省地方标准已通过审定并颁布实施;《高速公路交通机电系统维护技术规范》、《高速公路施工质量控制技术要求》、《公路隧道LED灯》、《高速公路红砂岩路基施工技术规范》、《轮胎橡胶粉改性沥青混合料设计施工技术规范》等15项行业标准列入了2012年度省地方标准立项计划,占全省立项计划总数的一半以上。《江西省乡镇农村公路综合服务站建设规划指南》地方行业标准由厅发布实施。

12月20日,全省交通运输科技创新大会在南昌市顺利召开,省政府副省长洪礼和出席并讲话。交通运输部科技可副司长洪晓枫、省科技厅副厅长赵金城在会上致辞。会上,还表彰了16名科技创新人才和7个创新团队。

(朱国英)

2012年全省交通运输行业科技成果一览

表25

项目编号	项目名称	承担单位	负责人	成果鉴定编号
2009C0002	彭湖高速公路路基沉降观测与变形规律研究	赣粤高速公路股份有限公司、华东交通大学	刘辉明	赣交科鉴字〔2012〕第01号
200700012	公路线形安全性评价系统	江西省交通设计院	赵新华	赣交科鉴字〔2012〕第02号
200700003	改性乳化沥青在江西公路建设和养护中推广应用研究	江西省公路管理局物资储运总站	赖文华	赣交科鉴字〔2012〕第03号
2005800015	山区高速公路高填方暗桥设计研究	江西省交通设计院	吴刚	赣交科鉴字〔2012〕第04号
200800008	地震作用下斜拉桥主副孔间防碰撞措施研究	江西省交通设计院	李程华	赣交科鉴字〔2012〕第05号
200700015	加肋钢管混凝土在桥墩中的应用研究	江西省交通设计院、华东交通大学	李维徽	赣交科鉴字〔2012〕第06号
200800014	高速公路冷再生沥青混合料设计性能研究	赣粤高速公路工程有限公司、南昌工程学院	朱明元	赣交科鉴字〔2012〕第07号
2009H0033	江西省公路水泥混凝土路面耐久性研究	江西省交通科学研究院	雷茂锦	
2010C0015	钢桁拱桥组合结构与关键节点受力性能研究	赣州市交通运输局赣县—南康连接线建设项目办公室、同济大学	何德福	赣交科鉴字〔2012〕第09号
2010X0041	集装箱码头集卡车无线调度技术研发	江西国际集装箱码头有限责任公司、江西众诚信息产业有限公司	黄舒	赣交科验字〔2012〕第10号
2010T0050	江西省水上运输和港口码头能源资源消耗统计监测和考核体系	江西省港航管理局、武汉理工大学	于钦民	赣交科软评字〔2012〕第11号
200700032	高填路堤稳定性及非均匀沉降控制技术研究	武宁至吉安高速公路建设项目办公室、长沙理工大学、江西省公路桥梁工程局	俞文生	赣交科鉴字〔2012〕第12号

续表 25

项目编号	项目名称	承担单位	负责人	成果鉴定编号
200800015	江西交通科技经费投入对策研究	江西交通职业技术学院	徐昭	赣交科验字〔2012〕第13号
2011H0046	江西省乡镇农村公路综合服务站规划建设指南	江西省交通运输厅规划办公室	刘维文	赣交科软评字〔2012〕第14号
2009T0057	压电石英称重传感器的开发及其在动态稳重系统中的应用研究	江西省交通科学研究院	李晓宝	赣交科验字〔2012〕第15号
200800010	大跨径公铁两用桥结构安全监测关键技术与方法研究	江西省交通科学研究院	江祥林	赣科鉴字〔2012〕第28号
2009C0003	彭湖高速公路建设资源节约与保护技术研究	赣粤高速公路股份有限公司、交通运输部科学研究院、江西省交通设计院	孙斌	
2010T0052	道路运输车辆卫星定位系统车载终端安装及维护技术要求	江西省公路运输管理局	刘文革	赣交科软评字〔2012〕第18号
2011X0030	江西省高速集团景德镇管理中心区域应急指挥调度系统	江西省高速集团景德镇管理中心	江期绪	赣交科验字〔2012〕第19号
2009T0053	汽车制动性能检测方法比较与评价研究	江西交通职业技术学院、华东交通大学、江西长运机动车检测中心有限公司	舒小平	赣交科验字〔2012〕第20号
计划外	江西省高速公路沥青路面粗集料水洗技术规程	江西省交通科学研究院、赣粤高速公路股份有限公司、江西省交通工程集团公司	雷茂锦	赣交科鉴字〔2012〕第21号
200700020	基于GIS的高速公路机电设备维护管理系统研究与开发	赣粤高速公路股份有限公司、江西方兴科技有限公司	邹国平	赣交科鉴字〔2012〕第22号
2010X0040	江西公共物流信息平台建设可行性研究	江西省公路运输管理局	刘文革	赣交科软评字〔2012〕第23号
200800032	安全环保降噪型沥青混合料在隧道路面中的应用研究	江西省公路机械工程局、鹰瑞高速公路项目建设办公室	王国强	赣交科鉴字〔2012〕第24号
200800034	江西高速公路生态经济景观结合型路域生态恢复技术与模式研究	江西省公路机械工程局、鹰瑞高速公路项目建设办公室、江西农业大学	张诚	
200700033	山区高速公路沥青路面结构及材料组成设计研究	武宁至吉安高速公路建设项目办公室、东南大学交通学院	俞文生	
计划外	基于实景影像GIS定位的高速公路综合管理信息系统	赣粤高速公路股份有限公司、江西方兴科技有限公司	黄铮	赣交科鉴字〔2012〕第27号
2009H0021	江西省路用乳化沥青技术指标与标准研究	江西省交通工程质量监督站	吴幸华	赣交科鉴字〔2012〕第28号
2011C0051	江西省高速公路收费所站管理用房建设指南研编	吉安至莲花高速公路项目建设办公室、南昌大学城市规划研究所	邝宏柱	赣交科软评字〔2012〕第29号

续表 25

项目编号	项目名称	承担单位	负责人	成果鉴定编号
2011C10052	江西省高速公路服务区建设设计指南研编	吉安至莲花高速公路项目建设办公室、江西省交通运输厅规划办公室、南昌大学城市规划研究所	邝宏柱	赣交科软评字〔2012〕第30号
2010T0060	高职院校思想政治教育工作实效性对策研究	江西交通职业技术学院	高锡祥	赣交科验字〔2012〕第31号
200700039	特长隧道的通风防灾关键技术研究	武宁至吉安高速公路建设项目办公室、重庆交通科研设计院	王运金	赣交科鉴字〔2012〕第32号
200700034	复杂公路隧道TSP综合超前地质预报理论与技术研究	武宁至吉安高速公路建设项目办公室、石家庄铁道大学	凌宏亿	赣交科鉴字〔2012〕第33号
200700037	中小跨径混凝土连续梁桥上部结构性能比较研究	武宁至吉安高速公路建设项目办公室、同济大学	程继顺	
2010X0044	ERP技术在项目核算管理中的应用研究	江西省交通科学研究院、长安大学	徐春红	赣交科验字〔2012〕第35号
2010X0043	公路工程竣工决算管理系统软件开发	江西省公路机械工程局、江西顶点科技公司	周建文	赣交科验字〔2012〕第36号
2009X0050	公路工程施工企业工程结算管理系统软件开发	江西省公路机械工程局、江西顶点科技公司	周建文	赣交科验字〔2012〕第37号
2010C0035	基于开裂试验的混凝土梁结构性能研究	九江长江公路大桥项目建设办公室、江西省公路科研设计院、武汉理工大学	胡钊芳	赣交科鉴字〔2012〕第38号
2011T0042	江西省交通运输行业创先争优理论研究	江西省交通运输厅直属机关党委、江西省交通干部学院	孙茂刚	赣交科验字〔2012〕第39号
计划外	温热山区高速公路沥青路面建设关键技术及示范	瑞金至寻乌高速公路项目建设办公室、江西省交通科学研究院、南昌工程学院	钱志民	赣交科鉴字〔2012〕第40号
2010C0016	填方路基压实质量的波电场耦合快速检测技术研究	赣州高速公路有限责任公司、重庆交通大学、江西农业大学	周军平	赣交科鉴字〔2012〕第41号
2010C0013	高速公路软基智能光纤监测技术研究与应用	江西公路开发总公司、南昌工程学院	周院芳	赣交科鉴字〔2012〕第42号
2010C0014	高速公路CFG桩复合地基沉降特性与设计方法研究	江西公路开发总公司、南昌工程学院	陈书全	赣交科鉴字〔2012〕第43号
2009H0026	山区高速公路特殊小桥涵设计集成系统	江西省交通设计院	陈国	赣交科验字〔2012〕第44号
2010C0063	温热山区高速公路沥青路面抗水损害技术研究	瑞金至寻乌高速公路项目建设办公室、江西省交通科学研究院、南昌工程学院	朱能维	赣交科验字〔2012〕第45号
2010C0065	红砂岩顺层滑坡防治技术研究	瑞寻乌高速公路项目]办、江西省交通科学研究院、南昌工程学院	许守标	赣交科验字〔2012〕第46号

续表 25

项目编号	项目名称	承担单位	负责人	成果鉴定编号
2010C0064	温热山区高速公路路面层间结合技术研究	瑞金至寻乌高速公路项目建设办公室、江西省交通科学研究院、南昌工程学院	童毅涛	赣交科验字〔2012〕第47号
2010C0066	温热山区高速公路红砂岩路基评价体系研究	瑞金至寻乌高速公路项目建设办公室、江西省交通科学研究院、南昌工程学院	吴文清	赣交科验字〔2012〕第48号
2010T0054	江西省公路水路交通运输“十二五”科技发展规划研究	江西省交通运输技术创新中心	雷茂锦	赣交科验字〔2012〕第49号

2012 年全省交通运输行业科技计划项目一览

表 26

项目编号	项目名称	承担单位	合作单位	备注
2012C0001	九江长江公路大桥超大跨度复杂体系斜拉桥施工全过程非线性控制理论及应用研究	江西省通运输厅福银高速九江长江公路大桥项目建设办公室、江西省高速公路投资集团有限责任公司	长沙理工大学	招投标项目
2012C0002	九江长江公路大桥在全寿命周期内提高大跨度混合梁斜拉桥耐久性理论与方法研究	江西省通运输厅福银高速九江长江公路大桥项目建设办公室、江西省高速公路投资集团有限责任公司	同济大学	招投标项目
2012C0003	生态防护条件下边坡浅层稳定性及对整体稳定性效应的研究与实践	赣州高速公路有限责任公司、大广高速公路龙南里仁至杨村（赣粤界）段建设项目办公室	江西理工大学	
2012C0004	花岗岩地区山间软七工程特性及地基处理技术研究	井冈山厦坪至睦村高速公路项目建设办公室、江西交通咨询公司	江西理工大学	
2012C0005	高速公路中小跨径桥梁结构安全监测方法、设备研究	井冈山厦坪至睦村高速公路项目建设办公室、江西交通咨询公司	江西省桥梁检（监）测及加固重点实验室、江西省交通科学研究院	
2012C0006	路基回弹模量快速检测技术在井睦高速公路中的应用研究	井冈山厦坪至睦村高速公路项目建设办公室、江西交通咨询公司	江西省交通工程质量监督站、长沙理工大学	
2012C0007	高路堤钢波纹管涵协同变形研究	井冈山厦坪至睦村高速公路项目建设办公室、江西交通咨询公司	中交第一公路勘察设计研究院、重庆交通大学、西安工业大学	
2012C0008	高速公路代建与监理合并管理模式（即监管一体化）的研究	井冈山厦坪至睦村高速公路项目建设办公室、江西交通咨询公司	中国公路学会	
2012C0009	旧混凝土路面面板材料再生利用关键技术及其应用	九江市公路管理局	长沙理工大学	

续表26

项目编号	项目名称	承担单位	合作单位	备注
2012C0010	公路建设安全生产胁迫因子及胁迫效应研究	赣州到崇义高速公路项目建设办公室、江西省公路桥梁工程局	江西省交通工程质量监督站、长沙理工大学	
2012C0011	滑坡落石对陡坡山体处桥梁高墩的破坏机理及防护对策研究	赣州到崇义高速公路项目建设办公室、江西省公路桥梁工程局	东南大学	
2012C0012	连续刚构三向预应力孔道压浆性能实验及施工控制研究	赣州到崇义高速公路项目建设办公室、江西省公路桥梁工程局	东南大学	
2012C0013	混凝土结构全寿命可靠度随机过程演化研究	赣州到崇义高速公路项目建设办公室、江西省公路桥梁工程局	武汉理工大学	
2012C0014	沥青路面结构动力响应研究	赣州到崇义高速公路项目建设办公室、江西省公路桥梁工程局	长安大学	
2012C0020	深厚湖积淤泥质土地基抛石填方路基关键技术研究	九江市公路管理局	同济大学	
2012C0015	基于振动压实的基层材料设计方法及力学强度标准研究	江西交通咨询公司、抚州至吉安高速公路项目建设办公室	江西省交通科学研究院、长安大学	
2012C0016	高速公路低碳交通系统构建与预控技术研究	江西交通咨询公司、抚州至吉安高速公路项目建设办公室	江西交通科学研究院	
2012C0017	基于车—路耦合的沥青路面力学性能研究	江西交通咨询公司、抚州至吉安高速公路项目建设办公室	江西交通科学研究院	
2012C0018	基于光纤光栅传感器的沥青路面检测技术研究	江西交通咨询公司、抚州至吉安高速公路项目建设办公室	江西交通科学研究院	
2012C0019	路基路面压实度自动连续检测新技术研究	江西交通咨询公司、抚州至吉安高速公路项目建设办公室	重庆交通大学、江西交通咨询公司	
2012C0021	江西省高速公路工程电子化招投标研究	江西交通咨询公司、抚州至吉安高速公路项目建设办公室	江西省高速公路投资集团有限责任公司	
2012C0022	基于CT技术的沥青路面施工质量数字化控制	江西交通咨询公司、抚州至吉安高速公路项目建设办公室	江西省公路学会、南昌工程学院、华南理工大学	
2012C0023	沥青路面双层连续摊铺技术在抚吉高速公路中的应用研究	江西交通咨询公司、抚州至吉安高速公路项目建设办公室	重庆交通大学	
2012C0024	高韧性与优良耐久性混凝土桥面铺装技术研究	江西交通咨询公司、抚州至吉安高速公路项目建设办公室	重庆交通大学	
2012C0025	高模量耐久性沥青路面应用技术研究	江西交通咨询公司、抚州至吉安高速公路项目建设办公室	重庆交通大学	

续表 26

项目编号	项目名称	承担单位	合作单位	备注
2012C0026	干法改性沥青在江西抚吉高速公路路面的应用研究与示范	江西交通咨询公司、抚州至吉安高速公路项目建设办公室	江西交通科学研究院	
2012C0027	环氧乳化沥青在桥面黏结层中的应用研究	江西交通咨询公司、抚州至吉安高速公路项目建设办公室	长安大学、江两省交通运输技术创新中心	
2012C0028	预制 T 型梁桥结构损伤识别方法研究	江西交通咨询公司、抚州至吉安高速公路项目建设办公室	江西交通科学研究院	
2012C0029	江西省高速公路监控平台前端设备控制与访问接口技术规范研究	江西交通咨询公司、抚州至吉安高速公路项目建设办公室	江西省交通运输厅应急指挥中心、长安大学交通系统工程研究所	
2012C0030	山区等外公路升级改扩建项目设计及建设关键技术研究	抚州赣东公路设计院	南昌工程学院、华南理工大学	
2012C0031	橡胶沥青应力吸收层在公路与城市道路的应用研究	抚州赣东公路设计院	长沙理工大学、四川正中路面科技有限公司	
2012C0032	超薄磨耗层路面快速维修技术研发与应用	江西赣粤高速公路工程有限责任公司	东南大学交通学院	
2012C0033	沥青路面坑槽高性能快速修补技术研究	江西赣粤高速公路工程有限责任公司	东南大学交通学院	
2012C0034	水性环氧沥青路面防渗固沙抗滑封层技术研究	江西赣粤高速公路工程有限责任公司		
2012C0035	高速公路防薄冰沥青涂料及技术研究	江西赣粤高速公路工程有限责任公司	南昌航空大学	
2012C0036	高速公路沥青路面现场冷再生使用性能评价研究	江西省交通科学研究院	江西梨温高速公路公司	
2012C0037	梨温高速公路路面水泥稳定碎石基层结构性能评价研究	江西省交通科学研究院	江西梨温高速公路公司	
2012C0038	预应力混凝土桥梁开裂后的力学性能研究与工程应用	江西省交通科学研究院	武汉理工大学	
2012C0039	波形钢腹板预应力混凝土部分斜拉桥关键技术研究	江西省交通设计院	河南海威工程咨询有限公司	
2012C0040	高速公路互通式立交约束型出口交通事故机理与安全设计研究	江西省交通设计院	长安大学	
2012C0041	公路隧道地下水限排标准与措施	江西省交通设计院	中南大学	
2012C0042	节地型路基设计理论及关键技术研究	江西省交通设计院	西南交通大学	
2012C0043	先张与后张相结合方法在桥梁设计中应用研究	江西省交通设计院		
2012C0044	小半径梁桥地震反应及抗震措施关键技术研究	江西省交通设计院		

续表 26

项目编号	项目名称	承担单位	合作单位	备注
2012C0045	省县道公路预防性养护技术研究	吉安市公路局永丰分局	重庆交通大学	
2012C0046	高速公路全路段及时提示系统的研究与应用	江西方兴科技有限公司		
2012C0047	高速公路计重收费动态计量衡校正方法研究	江西赣粤高速公路股份有限公司	北京市中山新技术设备研究所	
2012C0048	基于分布式传感网技术的集装箱码头靠岸船舶供电管理系统研发	江西国际集装箱码头有限责任公司	华东交通大学无线传感器网络技术研究所	
2012C0049	南昌保税物流中心场站信息管理系统应用研究	江西交远物流有限公司	南昌海关、昆山华东信息科技有限公司	
2012C0050	数字路政业务综合管理系统开发	江西省公路路政管理总队		
2012C0051	江西省道路运输行业诚信信息系统研究与开发	江西省公路运输管理局		
2012C0052	汽车客运站场智能指挥调度系统集成与示范	江西吉安长运有限公司	江西财经大学软件与通信工程学院	
2012C0053	基于GIS高速公路应急指挥系统研发	江西省交通运输厅应急指挥中心	北京四通智能交通系统集成有限公司	
2012C0054	江西省高速公路智能交通系统监控管理平台在安卓系统上的设计与应用	江西省交通运输厅应急指挥中心	江西明日科技有限公司	
2012C0055	公路安全保障技术在国省道中的应用研究	吉安市公路勘察设计院	总参南京科技创新工作站	
2012C0056	运营隧道病害检测及健康诊断技术研究	江西省天驰高速科技发展有限公司	华东交通大学	
2012C0057	江西省道路运输行政执法模式研究	江西省公路运输管理局	南昌大学法学院	
2012C0058	交通运输行政执法证据体系研究	江西省交通干部学院	江西省交通运输厅政策法规处、江西科技师范大学	
2012C0059	江西省城乡道路客运一体化发展研究	江西省交通运输技术创新中心	交通运输部管理干部学院	
2012C0060	江西省交通运输市场监管体系研究	江西省交通运输技术创新中心	交通运输部管理干部学院	
2012C0061	等级公路减速设施设置技术要求研究	江西省公路管理局	重庆交通大学、泰和县交通局	
2012C0062	江西交通运输科技信息编制	江西省交通科学研究院		
2012C0063	江西省高速公路景观化人工湿地污水处理技术指南	江西省高速公路投资集团有限公司		
2012C0064	乡镇渡口标准化建设要求	江西省港航设计院	江西省交通运输厅安全监督处	

续表 26

项目编号	项目名称	承担单位	合作单位	备注
2012C0065	江西省农村候车亭新建、改造规划指南	江西省公路运输管理局	南昌大学建筑工程学院	
2012C0066	江西省公路水路交通运输标准体系研究	江西省交通科学研究院	江西省交通运输厅科技教育处	
2012C0067	昌金高速公路岩溶塌陷地质灾害处治成套技术指南	江西省交通设计院		
2012C0068	江西省高速公路服务区标准化建设研究	江西省交通运输厅规划办公室、江西省交通运输厅后勤服务中心		
2012C0069	旧水泥混凝土路面多锤头及门板式破碎再生利用关键技术推广应用及示范	赣州市公路管理局	交通运输部公路科学研究院、赣州华晨路桥工程有限公司	2011 年度交通运输建设科技成果推广目录
2012C0070	交通科技信息资源共享平台省域推广应用	江西省公路学会	交通运输部科学研究院	
2012C0071	SBS 沥青改性剂含量测定技术推广应用	江西交通工程质量监督站	交通运输部公路科学研究院	2011 年厅成果推广目录
2012C0072	节能环保型聚烯烃/乙烯共聚物功能材料在公路中的推广应用	江西省交通科学研究院	广东银禧科技股份有限公司	2012 年厅成果推广目录
2012C0073	汽车节能技术在交通运输中的应用研究	江西省交通科学研究院		
2012C0074	纯电动和油电混合动力教练车改装技术推广	新余市道路运输管理处		
2012C0075	基于无线数据传输技术的桥梁安全快速检测车应用研究	江西交通职业技术学院	交通运输部公路交通安全工程研究中心、江西交苑公路工程试验检测中心	2012 年科技厅计划项目配套
2012C0076	江西省交通运输行业科技成果推广	江西省交通运输厅科技推广中心		
2012C0077	2008 ~ 2012 江西交通运输科技总结	江西省交通运输厅规划办公室		
2012C0078	江西省桥梁检(监)测及加固重点实验室	江西省交通科学研究院		省科技条件平台建设配套
2012C0079	江西省高速公路养护工程技术研究中心	江西省高速公路投资集团有限责任公司		省科技条件平台建设配套

【省交通设计研究院有限责任公司科技成果丰硕】 2012 年,省交通设计研究院责任有限公司科技工作扎实推进,成绩斐然。

1. 积极组织课题申报。全年共有 7 项课题通过立项评审,列入 2012 年度江西省交通科技计划项目。全年共完成科技计划 5 项,其中,“地震作用下斜拉桥主副孔间防撞措施研究”成果被鉴定为部分国际先进、总体达到国内领先水平。

2. 全年获得优秀项目奖项多项,其中,武吉高速公路九岭山隧道荣获国家优质工程银质奖;“基于零弯矩的连续梁桥移动模架分块、逐孔设计施工成套技术”获中国公路学会科学技术三等奖;全年获江西省优秀工程咨询成果奖2项;全国交通行业优秀QC成果奖1项。

3. 全年通过自主研发取得的知识产权有4项,其中,发明专利2项;软件著作权2项。

4. 成功申报企业科技创新平台。2012年省交通运输厅启动了行业科技创新平台的建设,全厅共有七个团队获准提升为厅级工程技术研究中心,其中,该院占2个,分别为公路地质灾害防治和交通地理信息研究。该平台的建立为相关研究的深入开展奠定了基础。

5. 优秀人才脱颖而出,其中,全年获得全国交通行业科技英才荣誉称号者1人;在全省交通运输科技创新大会上受表彰的科技创新团队1个,先进个人3人。

(朱　革)

【九岭山隧道获国家优质工程银奖】 省交通设计研究院有限责任公司勘察设计的九岭山隧道于2009年建成通车,隧道长5.41千米,是江西省目前建成通车最长的双线公路隧道。隧道勘察设计过程中勇于创新,在隧道选址、总体设计,隧道防排水、监控、通讯、电力保障、施工方案等多方面采用了多项先进技术,是中国首个网络通风试验隧道。该项目组为隧道的勘察设计创新,精益求精的职业精神等为该院的特长隧道勘察设计积累了经验。

2012年,该公司勘察设计的大庆至广州高速公路(江西境内)武宁至吉安段九岭山隧道荣获2011~2012年度国家优质工程银奖。潘伟辉荣获“2011~2012年度国家优质工程奖先进个人”称号。

(省交通设计研究院有限责任公司)

【省交通设计研究院有限责任公司多项资质升级】 2012年,省交通设计研究院有限责任公司积极开展和推进相关资质的申报和升级工作,并作为一项重点工作来抓,取得实质性成效。申报和升级成功的资质有:(1)海外勘察设计特许经营权;(2)地质灾害评估及其勘察设计乙级资质;(3)园林景观设计乙级资质;(4)港航工程咨询由乙级升为甲级;(5)市政道路咨询由丙级升为乙级。与此同时,申报房建设计乙级、市政给排水设计乙级和桥隧专项检测甲级资质的工作也正在进行之中。单位企业改革后,其更名所涉及到的资质换证工作也基本到位。

(朱　革)

【彭湖高速公路建设资源节约与保护技术研究项目研究成果达到国际先进水平】 2月18日,交通运输部委托省交通运输厅在南昌组织召开省部联合攻关项目“彭湖高速公路建设资源节约与保护技术研究”成果鉴定会议。会议邀请了中国公路行业资深专家、省交通运输厅相关领导及项目承担单位赣粤股份公司、交通运输部科学研究院的相关人员参加会议。经认真审议,鉴定委员会专家认为项目研究成果在彭湖高速公路等工程中得到成功应用,取得了明显的土地资源节约和环境生态保护效果,一致同意该项目通过验收。专家们一致反映该项目成果总体达到国际先进水平。

(黎　凯　江　涛)

【永修至武宁(庐山西海)项目举行安全绿色交通科技示范工程签约仪式】 11月26同,永修至武宁(庐山西海)高速公路安全绿色交通科技示范工程签约仪式在昌举行。

永武高速公路被交通运输部列为全国“十二五”计划时期第一个科技示范工程,是部里大力支持江西交通建设的结果,也是江西交通人不断努力研究创新的结果。

该项目研究创新成果丰硕。据统计,永武项目安全绿色交通科技示范工程共取得各类成果36项,其中,交通安全技术类16项、绿色交通技术类20项。与此同时,通过科技攻关与成果推广应用,取得专利1项、软件著作权3项,发表论文15篇,其中,EI检索论文8篇,中文核心期刊7篇。先后创造了全国和全省多个第一,起到了榜样、引领和标杆作用。会议要求,相关单位要认真做好科技示范工程的总结和推广工作,建立示范技术介绍与指引系统,形成安全绿色交通科技示范与宣传基地,成为宣传江西交通科技成果的窗口,推动江西交通科技发展再上新的台阶,为全省实施“龙头昂起，两翼齐飞，苏区振兴，绿色崛起”战略，建设富裕和谐秀美江西作出更大的贡献。

（邱志清）

【省交通设计研究院有限责任公司出台科技研发管理制度】　2012 年，省交通设计研究院有限责任公司进一步加强科技工作，增强企业技术创新能力，成立了科技教育处，出台了一系列科技研发管理制度，主要是：一是依据该院科技工作具体需求和特点，制定和发布了具有该院特点的科技项目管理制度，以期将科技研发工作纳入规范有序轨道。二是制定和发布了科技研发投入和绩效考核奖罚的相应制度，以使自主创新能力的增强能有制度化的资金保障，同时通过绩效考核奖罚的激励机制健全，包括扩大奖励项目范围和提高奖额标准等，努力调动科研人员的工作积极性和创造性。三是制定和发布了科技研发项目经费核算管理的办法，以加强科技研发经费的管理，保证科技研发投入得到安全规范使用，并能取得应有效益。

（罗贤虎）

【江海船舶修造厂与湖南航标器材企业合作研发制造新型 PE 材料 4M 双船船体浮标】　3 月 22 日，鄱阳县江海船舶修造厂根据市场调研和前期技术分析，与湖南一航标器材生产厂家签订合作协议，共同开展内河新型 PE 材料（高分子聚乙烯）4M 双船体浮标项目研发制造。

长期以来，江西内河航道水上航标使用的都是钢质航标（浮鼓、双船标），不但制作成本高，而且标体沉重，易腐蚀，每年均需铲锈油漆进行维护，遇到船舶碰撞后容易进水沉没或毁损，在激流航道内的水上浮标经常移位或流失，从而给过往船舶的航行带来安全隐患。

该厂研制的 PE 材料 4M 双船标，系根据 4M 双船标的结构特点，整体流线型设计，将各单船标体分解成若干组合块体，拆卸与组装方便，各组成块体采用韩国进口 PE（高分子聚乙烯）材料与先进的滚塑工艺经制作的模具一次成型，标体空间采用液体泡沫填充，使其保持自浮。新型 PE 材料航标具有重量轻、免维护、低碳环保、可回收循环利用等优点。由于 PE 材料浮标自身重量轻且采用底部单点系泊锚固方法，船型标船首水下增设拦草设置，杂草杂物不会直接缠绕在锚链上，锚泊重心下移，使防倾覆性更好，特别适合用于山区河流激流航道和桥前引标，不易移位和流失，并在一定程度上可降低航标管理工作人员的劳动强度，收放设置便捷，在受到船舶碰撞后，可自然弹开，不易毁损。PE 材料航标颜色均为材料本色，色泽鲜艳均匀，无需每年铲锈油漆保养，标体部分破损后，只需更换损坏构件块体，且损坏部分经清洗粉碎熔化浇注、可重复利用。水上浮标标体及岸标的标牌采用 PE 材料制作和使用安装相应的太阳能一体化航标灯具，既可解决钢质标因锈蚀而需铲锈油漆的维护保养问题，又可节省以航标灯发光所用的干电池购置费用及废弃的干电池带来的环境污染问题，也可大大减少航道维护管理部门日常巡航查标的次数，从而可大幅度节约船艇燃油、人员等日常维护费用，真正达到节能减排的目的。

（傅知拾　陈明中）

【“江西水运和港口码头能源消耗统计、监测和考核体系”通过评审】　4 月 18 日，省交通运输厅在南昌市主持召开了“江西省水上运输和港口码头能源资源消耗统计、监测和考核体系”课题研究成果评审会。特邀交通运输部科学研究院、省发改委、省统计局及省交通运输厅专家共 8 人。专家评审委员会一致认为，该课题研究成果达到国内领先水平，顺利通过评审。

该课题由省港航局和武汉理工大学共同完成，历时 3 年。经过评审，与会专家一致认为该项科技成果在对江西省水运行业能源消耗进行全面调查的基础上，分析了水运行业节能工作现状及问题，提出了“三位一体”的水运行业能源资源消耗统计、监测和考核体系，符合江西水运发展实际，具有较强的可操作性。形成了以下创新成果：基于企业和运输装卸设备两个层面，提出了包括基础数据、营运指标和能耗指标在内的统计体系；提出了基于第三方实时监测和技术指标对比分析方法的监测体系；从航运管理部门和企业角度提出了能耗管理分级考核体系。江西省水上运输和港口码头能源资源消耗统计、监测和考核三个方案的实施，对于交通运输管理部门引导企业节能增效具有决策参考价值，经济效益和社会效益良好。

（张南平　陈明中）

【省交通设计研究院有限责任公司深入开展质量年活动】 2012年,省交通设计研究院有限责任公司以"质量是责任、质量是效益"为工作理念,按照质量体系要求,编制了《2012年质量年实施方案》。认真进行每个勘察设计项目的事前指导、中间检查、外业验收和设计评审、校审等工作。要求2012年须继续深化质量年活动,形成浓厚的质量改进氛围。总工办依照全员参与的原则,所有技术人员结合自身工作情况和施工现场暴露的问题进行了质量剖析。各职能部门认真组织质量剖析,提炼部门质量剖析材料,提出具体的改进措施和制度完善的建设性意见。总工办将各部门的质量剖析材料进行汇编,提供给大家学习交流,进一步提高和确保了工程勘察设计质量。

(朱　革)

【"湿热山区高速公路沥青路面建设关键技术及示范"科研项目通过验收】 2012年,由省交通运输厅瑞金至寻乌高速公路项目建设办公室、省交通科学研究院、南昌工程学院共同完成的科研项目"湿热山区高速公路沥青路面建设关键技术及示范"通过技术鉴定和验收。

该科研项目由"湿热山区高速公路沥青路面搞水损害技术研究"、"温热山区高速公路路面层间结合技术研究"、"红砂岩顺层滑坡防治技术研究"、"湿热山区高速公路红砂岩路基评价体系研究"等4个科研项目组成,分别针对江西省高温多雨的气候特点和特殊地质条件,采用了工程调查、试验研究和理论分析,研究了沥青路面抗水损害技术、路面层间结合技术、红砂岩顺层滑坡防治技术和红砂岩路基评价体系,取得了创新性成果。验收专家组及鉴定委员会专家听取了项目组成果汇报,审阅了相关技术资料,经研讨、审定,一致认为:该项目研究成果具有先进性和实用性,并应用于瑞寻高速公路等工程,社会效益和经济效益显著,项目研究成果总体达到国际先进水平。

(龚仁平)

【"江西省公路水泥混凝土路面耐久性研究"科研项目通过验收】 2012年,由江西省交通科学研究院完成的科研项目"江西省公路水泥混凝土路面耐久性研究"通过验收。

该科研项目以水泥混凝土路面耐久性为研究对象,通过调查及室内外试验,分析了影响水泥混凝土路面耐久性的因素,提出了路面混凝土耐久性指标评价体系,确定了提高水泥混凝土耐久性的掺和料较优组合及最佳掺量,从路面结构、基层性能、外加剂的使用和施工工艺等方面提出了提高江西省公路水泥混凝土路面耐久性的改善措施。

(龚仁平)

【"压电石英称重传感器的开发及其在动态称重系统中的应用研究"通过验收】 2012年,由省交通科学研究院完成的"压电石英称重传感器的开发及其在动念称重系统中的应用研究"科研项目通过验收。

该科研项目全面调研和分析研究了国内外计重收费现状,提出了采用压电石英传感器应用于计重收费系统,并进行了传感器、仪表及算法的设计和研制,在整套系统得以整合后,进行了整体效果评价。提出了利用小波原理对原始称重信号进行降噪处理等思路并进行相关测试试验,初步形成了相关研究理论,同时取得两项实用新型专利,具有较高的应用价值。该项目研究成果能更加精准和稳定的测量车重,对治理超限超载、减少社会矛盾均具有重要作用。

(龚仁平)

【"大跨径公铁两用桥结构安全监测关键技术与方法研究"科研项目通过鉴定】 2012年,由省交通科学研究院、九江长江大桥公路桥管理局、宁波杉结构物监测中心、武汉理工大学、东南大学共同完成的"大跨径公铁两用桥结构安全监测关键技术与方法研究"科研项目通过鉴定。

该科研项目在研究总结现有桥梁健康与安全监测系统的基础上,建立了江西省区域桥梁群的健康监测集成平台,并以九江长江大桥监测系统为背景,对监测系统设计与集成、基于监测数据的损伤评估和安全预警方法等方面的关键技术进行研究与开发。课题中设计并制作了相似结构模型建立试验验证平台,验证应用于桥梁健康监测系统中的结构损伤识别、传感器优化布置等理论和方法;构建基于Web—GIS架构的省级区域桥梁群监测集成平台,设计和建立九江长江大桥健康监测系统,实现了监测数据的在线分析及结构安全预警,并进一步研究了基于监测数据的结构可靠度及结构特性参数识别和安全评估方法。

该课题研究成果总体上达到国际领先水平。

（龚仁平）

【抚州赣东公路设计院引进激光测距测高仪】 1月4日,抚州赣东公路设计院引进由美国激光技术有限公司生产的专业激光测距测高仪——图帕斯200,以此取代以往传统测量方法,提高外业测量精度。

该激光测距测高仪体积小、重量轻(220克),外形类似小型手持摄像机或单筒望远镜,具有便携性好、操作简单、精度较高等特点,其主要技术参数为:可测距范围一般为0~1000米,最远可达2000米(反射性目标);可测倾角为±90度;测距误差仅±0.3米,测角误差0.25度。通过该院多次野外实践证明,该激光测距测高仪对难以靠近作业的横断面、危旧桥、危险路基、路堑以及防护工程等,不再需要靠人工拉皮测距、抬杆法或用水准仪、经纬仪测横断等进行传统测量,更为有效地测距测高,并确保有效精度,提高了工作效率,减小了劳动强度。

（杨智强　尧　芳）

【赣东路桥集团公司通过2012年ISO体系年检审核】 1月5~6日,中国质量论证中心江西评审中心审核组对赣东路桥集团公司进行为期两天的ISO 9001质量管理体系、ISO 14001环境管理体系和GB/T28001职业健康安全管理体系运行情况年检审核。

2003年初,该公司通过了ISO 9001质量管理体系的认证后,始终把获得认证作为质量工作的起点,不断优化了公司管理体系,大力提升员工综合素质和环保意识,有效塑造企业经营良好形象,连续8年顺利通过年度监督审核。中国质量论证中心江西评审中心审核组在本次年检审核中,审核组专家采取查阅文件资料、现场调查走访、召开沟通会等形式,对该公司管理层、经营部、工程部、行政部等相关部门进行了认真细致的审核。经审核,审核组专家们认为该公司的质量方针、目标实施情况良好,管理体系运行有效,一致通过赣东路桥集团公司2012年ISO管理体系的复审。

（刘　媛　封亚妹）

【九江振兴轮船公司九江振兴油86号油船顺利下水】 5月28日11时,九江振兴轮船公司的振兴油86号油船在安徽省马鞍山市当涂县中远造船厂顺利下水。该油轮长105.89米、宽15.8米,设计载重5400吨。该轮是振兴轮船公司第十艘油船,也是一艘完全按照交通运输部船舶标准化要求建造的标准化双底双壳船型船舶。振兴轮船公司是一家国有企业改制后的股份制企业,拥有船舶23艘,载重吨位72320吨。该公司主要经营水路普通货物及成品油、化学品运输,年利税1000万元。公司计划在振兴油86号顺利运营后,继续打造第二艘该类标准化船型,以扩大在水上成品油运输市场竞争能力。

（九江市交通运输局、港航管理局）

【九江市公交集团公司新购36辆环保公交车投入运营】 6月26日,九江市公交集团公司新购的36辆国内一流品牌的大金龙牌大容量环保型公交车正式投入17、18、25、103等4条线路营运。

（九江市交通运输局、公交集团公司）

【九江市港航管理局城区分局加速推进船型标准化进程】 2012年,九江市港航管理局城区分局加大工作力度,积极推进船型标准化进程,鼓励现有水运企业淘汰老旧船舶,大力发展新型标准化船舶。九江市安信航运有限公司淘汰一组4艘总计1600吨的驳船后,新建一艘1400载重吨双底双壳船舶参与市场营运,船舶载重吨位虽稍有减少,但效益却明显增加。在通过标准化船型的更新而获得的经济效益后,该公司拟再淘汰两组8艘3200载重吨单底单壳驳船,还新建一艘1400载重吨船舶。

（九江市交通运输局、港航管理局）

【奉铜高速BPI标路面基层采用铣刨工艺确保工程质量】 2月28日,抚州赣东路桥公司在奉铜高速BPI标K42+110~K42+700长度为590米路段进行铣刨。由于此路段上基层施工结束后,随着混合料中水分的散失而产生干缩和温缩出现横向裂缝,为不影响到下面层施工,对该路段采取双侧道路全封闭分段施工方式进行铣刨。首先利用铣刨机将水稳上基层约20公分的基层铣刨,铣刨后的水稳混合料由铣刨机通过输送带直接打包,然后输送到运料车上运离现场。此次铣刨节省了人工清扫基层的人力,回收的水稳混合料可以运用于便道基层的铺筑、工程硬路肩的填筑等,经过铣刨处理技术后的基层显得更加平整、美观。此项工艺的应用对改善路面平整度、回收处理废旧水稳混合料有着重要的意义。

(刘 媛 封亚妹)

【抚吉项目办组织隔离栅标准化施工现场观摩】 3月17日上午,抚吉高速公路项目办在抚州博信公路工程监理有限公司抚吉高速公路AR4驻地办所管辖的A9合同段组织召开了隔离栅标准化施工现场观摩会。70余人参加了现场观摩。

会上,该驻地办与各施工单位就隔离栅施工监理措施与各施工单位进行了交流。该驻地办在施工监理过程中,严格落实"标准成为习惯,习惯符合标准,结果达到标准"的要求,抓好标准化施工。在隔离栅施工中,严格抓好报验关,特别是隔离栅混凝土基础施工时,施工班组按照图纸要求放出基础中心线,并对场地进行必要的平整、清理。现场监理对基础的尺寸、基坑的间距进行检验认可后,进行混凝土浇筑,埋设立柱。经过施工单位和监理单位的共同努力,在隔离栅施工中,保证隔离栅混凝土基础的尺寸、强度已经成为习惯,杜绝了以往隔离栅施工中的常见质量问题,圆满完成目标任务,为建设好抚吉高速公路交上了一份满意答卷。

(抚州博信监理抚吉高速AR4驻地办)

【抚州赣东路桥建设集团举办测量技能大赛】 4月18日,赣东路桥建设集团在抚州市名人园广场举办测量技能实践大赛。本次大赛主要在水准仪、全站仪测量两项专业性很强的技能考核方面展开,理论考试结束后,接着进行现场实际操作,无论是从选址、安置、观测、记录,还是数据处理、计算,都有严格的评审标准。参赛的29名选手分小组进行,由专业老师担任评委。经过角逐和评委老师的现场打分,本次大赛共评选出一等奖1名、二等奖2名、三等奖3名。公司对比赛成绩优秀者给予奖励,并在选拔人才和岗位评定中优先考虑。

(刘 媛 李 华)

【勘察设计院两个项目荣获省优秀工程设计奖】 5月10日,江西省第十四次勘察设计"四优"评选结果揭晓,由宜春市勘察设计院承担的320国道大城至万载段一级公路改造工程两阶段设计项目荣获二等奖、武宁至吉安高速公路铜鼓互通连接线工程设计项目荣获三等奖。

320国道大城至万载段一级公路是国家规划的"五纵七横"国道主干线之一,是江西干线公路网的重要组成部分,路线全长129.4799千米。该路线起点位于高安市大城开发区,终点位于万载县城东巢家,沿线经过4个县(市)12个乡(镇),参照一级公路等级设计,计算行车速度80Km/h,路基宽度24.5米,中央不设分隔带,路面结构为沥青混凝土路面,2008年1月建成通车。

武吉高速公路铜鼓互通连接线全长37.04千米,是铜鼓县的物质交流与对外运输的主要的通道,路线参照二级公路等级设计,计算行车速度60Km/h,路基宽度为12米,路面结构采用沥青混凝土路面,2008年9月建成通车。

(徐文文 陈玉麟)

【抚州赣东公路设计院甲级勘察、甲级设计资质申报成功】 6月18日,经过交通运输部、建设部联合审核,抚州赣东公路设计院甲级勘察、甲级设计资质申报成功。取得"双甲"资质,标志着该院具备参与高速公路、一级公路等高等级公路建设项目勘测设计的资质和实力。多年来,抚州赣东公路设计院改革创新,锐意进取,以发展为己任,坚韧不拔,自强不息,走在赣东交通建设的最前沿,以品牌建设为核心,以人才队伍建设为突破,以体制机制创新为动力,坚定勘察、设计、咨询、监理宽领域、多环节优化的战略方向,精心设计,把抚州赣东公路设计院打造成综合优势明显,专业配置齐全,在公路设计、咨询领域具有较强技术实力和品牌影响力的综合设计院,并达到甲级勘察、甲级设计资质。

(范文发)

【抚州市交通运输局科技工作成效好】 2012年,抚州市交通运输局进一步重视交通科技成果的实际应用,全市交通科教迈出新步伐,取得新成效。一是淘汰老旧、高耗能、高排放的客运车辆28辆、公交车11辆、船舶2艘,节能减排和绿色发展向前推进。二是依托运政视频监控指挥中心，建立客运、货运、维修、驾培、运政稽查、票据管理数据库实现了网络化管理的纵向连通，运输行业信息化程度明显提高。全市客运企业、旅游企业、危货企业均安装了GPS。三是全面实行道路客货运输从业资格证无纸化考试，启用机动车驾驶培训IC卡定位计时管理系统，机动车驾驶员培训质量明显提升。四是牢固树立"发展交通，教育先行"的观念，全面落实"科技兴交""人才强交"战略，通过干部教育培训、专业技术人员知识更新、技能型人才培养，不断为交通运输事业又好又快发展提供智力支持和人才保障。

（陈根玲）

【广昌首个机动车检测中心开业】 4月23日上午，广昌县首个机动车检测中心——广昌县创威机动车检测有限公司正式开业。该中心的成立，使得该县客、货运汽运公司车辆不必再前往邻县检测，实现了车辆保养检测在家门口、服务在家门口的愿望，为该县物流企业、驾驶员提供了便捷服务。

广昌县创威机动车检测有限公司坐落于广昌县沙子岭，占地面积达6000余平方米，总投资600余万元，其中，设备投资90万元，包括内部检测车间设施与外部设施投资。内部检测车间设施包括：废气检测台设备一套，前照灯检测台设备一套，制动检测台设备一套，测速检测台设备一套，汽车轴重检测台设备一套，转角检测台设备一套，测公检测台设备一套，底盘地沟检测台设备一套，汽车测滑检测台设备一套，远程监控系统一套；外部设施包括：路试车道一条，驻坡车道两条，业务大厅，待检区，外检区，已检区。此外，该中心还配有软件系统，即内部电子操作系统设施一套。检测车辆从进入中心检测到检测打印证件出中心，均为"一条龙"服务，整个检测流程只需20分钟，大大节约了驾驶员受检时间，真正体现了"服务于民、方便于民"。

（陈根玲）

【新余市加大科技治超含量】 2012年5月，新余市采用完善的电脑自动化办公系统和称重、检测、电子文书制作系统及执法现场图文传输系统和国内较为先进的DCS—HL、HL—DXA型检测系统，并在厂方提供的配置上进行了改进，使设备运行更科学、规范、便捷。车内还配备了便携式称重仪以及数码照相机、摄像机、监控仪、GPS定位、复印机、传真机、扫描仪等仪器，进行公路治超工作。至此，在治超工作中，执法人员针对违法超限超载车辆逃避检查、绕道行驶的现象，可坚持原则性与灵活性相结合的方法，固定检查和流动治超相结合的方式，化被动为主动，有力地打击违法超限超载车辆，有效扩大了全市治超执法覆盖面。

（省公路局）

【鹰潭公路工程公司晋升为一级资质企业】 5月25日~6月，交通运输部审查核准鹰潭市公路工程公司施工总承包二级企业资质升为一级资质企业。

鹰潭公路工程公司成立于1994年，隶属于鹰潭市公路管理局。多年来，先后承建了京福高速公路建设项目、昌厦一级公路新建工程、鹰潭市胜利西路延伸工程及五道口改造工程、鹰西大道等省内外和一大批拉动全市经济快速发展的重点建设项目，所承建的工程合格率达100%，多次在工程建设评比中位居前例，在公路建设市场赢得了良好的信誉，创建了一大批优质工程，先后多次被授予"全国质量万里行荣誉企业""鹰潭市先进施工企业""鹰潭市青年文明号"等荣誉称号。

（省公路局）

【宜春市勘察设计院获市政行业（道路工程）工程设计丙级资质证书】 9月4同，勘察设计院从江西省城乡和住房建设厅顺利领取市政行业（道路工程）工程设计丙级资质证书。该证书专业为市政行业（道路工程），服务范围包括从事资质证书许可范围内相应的建设工程总承包业务以及项目管理和相关技术与管理服务。

市政行业工程设计丙级资质的成功申报，是该院继成功申报公路行业工程设计甲级资质、工程勘察专业类工程测量甲级资质、公路工程综合类试验检测乙级资质、工程咨询丙级资质后又一重大成果。

（邹　军）

【省公路科研设计院通过高新技术企业认证】 2012年11月，江西省公路科研设计院由国家高新技术企业委员会官网和省科技厅官网公示为高新技术企业。

2012年5月,省公路科研设计院获得6项国家版权局授予的计算机软件著作权专利,2009至2011年相关财务指标均达到高新技术企业申请的标准。该院于2012年8月向江西省科技厅递交了高新技术企业认证申请材料。申请材料及单位财务账簿分别通过了省高新企业技术企业认定管理工作办公室和省地方税务局的审核、认证。

江西省公路科研设计院获得“高新技术企业”称号后,企业所得税税率从25%降至15%,提高了该院的核心竞争力,进一步助推企业快速、稳定、健康发展。

(省公路局)

【赣州市公路管理局注重应用新材料、新工艺】 2012年,赣州市公路管理局加强与科技公司合作,积极应用新材料、新工艺。

该局在2011年路面改造工程中,与广东银禧科技公司合作,在石镇线上选取7千米路段在路面铺筑中试用“筑路王”新材料,以提高路面抗车辙、抗水损、耐高温性能,延长路面使用寿命。该局在2012年路面改造工程中,选定16.6千米路段继续试用“筑路王”,并针对105国道交通繁忙的情况,与交通运输部公路科研院合作,选定10.1千米试验路段,引进“重载交通旧水泥混凝土路面多锤头碲石化后重复利用”技术,通过破碎并压实、利用原混凝土路面,为HMA罩面提供更高的结构强度,达到了施工简便迅速、综合造价较低、节约材料、无污染目的。

(魏林菁)

【江西交通职技学院承担省建工建材类实验室基桩检测能力验证考核】 5月16日至6月底,江西省建工建材类实验室基桩检测能力验证考核工作在江西交通职业技术学院路桥园基桩检测实训基地开展。该次能力验证活动由江西省质量技术监督局主办,江西省认证认可协会承办,江西交通职业技术学院产学研结合经济实体——江西交苑公路工程试验检测中心协办。省内取得实验室资质认定的50多家建工建材类实验室参加本次能力验证考核。该院路桥园基桩检测实训基地具有全省最完善最先进的设施条件,建设有不同类型的建筑基桩和桥梁基桩,涵盖建筑基桩和桥梁基桩施工过程中的所有缺陷类型,具有专门的内业数据处理分析场所。该基桩检测实训基地不光为校内外学生检测实训提供场所,也为技术培训、技术比武、行业考核等提供了条件。

(刘 婷)

【省运管局积极开展科技课题评审工作】 2012年上半年,省运管局积极开展科技课题评审工作,完成了“江西省公共物流信息平台可行性研究”、“江西省道路运输车辆卫星定位系统车载终端安装及维护技术要求”的课题评审,其中,“江西省道路运输车辆卫星定位系统车载终端安装及维护技术要求”经省质监局和省交通运输厅共同审定,同时作为江西省地方标准,获省质监局批准,于2012年9月1日正式实施。本标准的出台,填补了全国道路运输车辆卫星定位系统车载终端设备安装与维护技术要求地方标准的空白,该标准的实施将规范江西道路运输车辆卫星定位系统车载终端设备的安装和维护工作,有力推进了江西省道路运输车辆卫星定位系统科学应用的快速规范发展,为保障江西省道路运输安全提供了技术支撑。

(胡保安)

【上饶电动客车驶进宝岛台湾】 2012年6月,由江西鑫新实业股份有限公司上饶客车厂生产的2辆价值19万美元的纯电动客车卖到宝岛台湾。

此次卖到宝岛台湾的电动客车,采用先进的汽车制造工艺开发车身,机械传动机构、驱动装置由蓄电池供给电动机电流,轻过变频调整控制器,转换操纵后车轮实现运行,一次充电可续行200千米以上。该车设有17个座位,内饰豪华高雅,乘坐舒适,噪音极低。该车对环境保护、解决未来的能源危机具有重要意义,是城市道路、机场、码头等短途运营较理想的交通工具,具有良好的经济效益和发展前景。

(陈均培)

【上饶市公路局应用沥青复原剂修复公路效果好】 5月8日,上饶市公路局在320国道灵溪路段开展应用新型材料沥青复原剂修复老化沥青路面施工演练,初见成效。使用沥青复原剂对公路路面进行早期维护,可有效降低公路养护成本,提高公路养护的经济效益和社会效益。修复后的公路路面就像新浇筑的一样,有效改善了路面使用品质和外观效果。该局已在预防性养护中,推广应用此种新型材料修复老化沥青路面,大幅度降低公路养护成本,提高沥青路面的使用年限。

（章松青）

【新余市新增20辆液化天然气公交车】 10月1日,新余市20台崭新的液化天然气公交车正式投入运营,该批20台公交车造型新颖、外形美观、线条流畅、庄重大方,节能环保,完全符合各项环保指标要求。车内前半部分为单排座位,可以容纳更多的乘客,后半部分为双排座位,乘坐非常舒适,同时配有老弱病残孕专座。同时,车辆设计的前后大开度车门,让乘客上下更加方便,大幅侧窗玻璃具有更开阔的视野,同时车内配有灭火器、安全锤等配套的安全设施,使乘客乘车更加安全,运行稳定可靠。

新余市此批20台液化天然气公交车投入运营,是继6月29日首次引进20辆液化天然气公交车后新增的又一批环保型公交车,至此,该市液化天然气公交车已达40辆,占公交车总数的15%。

（宁茂吕　王若刚）

【上饶市港航局节能工作成绩斐然】 2012年,上饶市港航局不断优化运输船舶的结构,积极推进老旧船舶的更新改造和淘汰工作,全年节能减排船舶周转量为183214.17万吨千米,同比结构性节能减排0.42万吨标准煤(折算0.28万吨柴油)、技术性节能减排0.0072万吨标准煤(折算0.00179万吨柴油)、行业管理性节能减排0.0769万吨标准煤(折算0.05821万吨柴油)。同时在夏季室内空调温度设置不低于26摄氏度,冬季室内空调温度设置不高于18摄氏度。并将空调开机时间每天缩短为6个小时,节电10000千瓦时左右。

（吴立新）

【萍乡市交通运输局切实推进节能减排工作】 2012年,萍乡市运输市场切实推进节能减排工作,美化城市环境。全市已拥有新能源汽车共418辆,其中,天然气公交车90辆,双燃料出租车328辆(含技术改造85辆)。

萍乡市交通运输局申报的“智能调度系统在城市公交中的应用”项目,被评为交通运输部2012年度交通运输节能减排专项资金第一批支持项目,获得了节能减排以奖代补资金162万元,这在萍乡市尚属首次。其指导帮助萍乡市达金物流有限公司实施“重型货车替代中、轻型货车创新现代运输组织新模式”节能项目获得补助资金50万元,萍乡市也尚属首次。

（萍乡市交通运输局）

【萍乡市环保公交车数量质量领先全省】 萍乡市交通运输局继2011年融资4000万元购置90辆新型环保天然气豪华空调公交车上线运营后,2012年,萍乡市公共交通总公司斥资1000多万元,新购30辆气电混合动力环保公交车,使公司燃气车辆总数达到120辆,基本实现萍乡主城区公交车总量的一半为环保公交车的目标。

（徐勇新）

信息工程

【概况】 2012年,江西省交通信息化工作紧紧围绕江西交通发展战略和信息化建设发展规划,以科学发展观为统领,以创新发展为理念、以交通信息化带动交通现代化为目标,以需求为导向、以应用促发展,以科技进步创新为动力,以重点项目建设为龙头,积极搭建信息化政民互动新桥梁,不断推进交通运输信息化事业的建设进程,交通运输信息化建设快速发展,各项工作取得显著成效。

一、突出重点,强化电子政务便民服务体系建设,确保应用效果

（一）全省交通运输系统便民网络体系初步建成

2012年,江西省交通运输厅电子政务应用服务系统从建设伊始,就把目标放在逐步实现“四化”上,即:政务服务网络化、网站建设体系化、办公自动信息化和信息安全管理一体化。全省交通运输系统网站体系已初步建成。省交通运输厅以门户网站建设为抓手,指导厅直属单位和地市交通运输局建立门户网站,全省交通运输系统网站群的建设已全面铺开,并初步建成高效规范、为民便民的电子政务网络服务体系。

(二)全省交通系统OA办公应用系统取得明显成效

2012年,省交通运输厅在港航局、高速集团、路政总队、高速公路联网中心等单位逐步开展0A办公应用系统的升级改造,已逐步形成全省交通运输行业电子政务0A系统的全面协同。省厅2012年通过0A办公完成发文3089件,利用多媒体协同办公系统召开电视视频会议近10次;通过江西交通信息网和OA办公自动化系统为社会公众提供各种交通政务服务高达10万余人次。

(三)进一步强化电子政务公共服务水平

2012年,省交通运输厅信息中心通过“江西交通信息网”公布现行行政审批事项、办事流程及结果公示,增强了省厅网络互动和网上办事功能。全厅40多项行政许可事项全部纳入“网上审批与电子监察系统”,实现了对所有事项全过程的实时监控和预警。江西交通信息网已发布各类政务信息36000余条,总访问量超过1200万次,网上审批的办理总数已达379件。省厅信息网站多次获得省、部级“优秀政务网站”称号。省厅建设的“十二五”专栏荣获中国电子政务理事会颁发的“2012年度电子政务创新应用奖”。

二、整合资源,科学推动信息化项目建设管理

(一)统筹安排、科学推进信息化项目建设

2012年,江西省交通运输厅正式发布了《江西省公路水路“十二五”信息化发展规划》。规划建设的信息化项目总投资超过6亿元,其中,按照江西省发改委批复的《江西省交通信息化(2010~2012)信息化工程可行性研究报告》,近期将完成或即将开展建设的项目为31个,总建设资金为2.69亿。按照“规划先行、统筹安排、突出重点、择优选择”的原则,江西省交通运输厅立足江西省信息化建设的实际情况,着眼于长远发展,专门下发了2012年全厅交通运输信息化工作要点,分层次、分步骤推进信息化项目建设。已累计完成23条、2860千米高速公智能交通系统建设。新增ETC车道23条、累计达306条,县(市、区)覆盖率达78%。全省公路养护综合管理系统、路政远程指挥调度等信息化系统顺利建成,公路客运联网售票、水上安全通信及视频监控等信息化系统全面开展建设。“96122”热线服务、GIS公众出行查询系统运行稳定。省交通监控指挥中心项目主体工程顺利封顶。

(二)积极推进交通运输部信息化重大工程项目建设

2012年,交通运输部大力推进四个重大工程项目建设。江西省交通运输厅按照交通运输部要求的时间节点制订工作计划,整合厅“十二五”信息化规划项目融入“四个重大工程”,及时完成了“公路水路安全畅通与应急处置系统”“江西省公路水路建设与运输市场信用信息服务系统工程”“江西省交通运输统计分析监测和投资计划管理信息系统工程”等顿目的现场调研、前期论证、工可编制和报交通运输部审批工作,已有两个项目获交通运输部审批通过,第三个项目也即将审批完成。

(三)进一步加强信息化项目建设过程管理

“十二五”计划期间,全省交通运输系统待建的信息化项目较多。为了加强对信息化项目的管理,规范项目建设过程行为,提高信息化项目的建设质量和投资效益,省交通运输厅进一步强化了厅信息中心在信息化项目建设过程中的协调管理作用。本年度下达信息化项目计划一次,安排项目15个;安排信息中心对厅直单位报送的信息化项目建设方案进行初步审查,并配合组织专家评审,并对信息化专项经费的拨付进行不定期审查,保障经费拨付与项目进度一致,提高投资效益。

三、以百姓需求为核心,创新开展应急指挥与公众出行服务工作

江西省交通运输厅为进一步提高全省交通运输应急处置能力,将信息中心与厅应急指挥中心合并,将重点放在了强化指挥调度职能、提高应急事件处置能力上来。2012年,信息化与应急指挥、公众出行服务的有机结合成为了省厅创新开展信息化工作的新亮点。省厅利用应急指挥系统、数据采集平台系统、公众出行服务系统等工具分析和报送信息,并充分通过广播、电视、网络等媒体扩大出行信息传播范围。已利用公众出行服务网发布出行信息9500条,短信平台4000条,公众出行服务网访问量达1200万人次,官方微博达8000余条。

(一)坚持应急值守,强化指挥调度

2012年,在等各类应急事件的处置中,省交通运输厅利用信息化成果，及时做好应急处置工作，确保了应急事件的成功处置。2012 年 5 月 15 日，省交通运输厅对“南昌市新建县石岗大桥卡船事故”的处置响应得到江西省省领导的肯定。

（二）规范应急值班培训文档，建立专业化信息报送队伍

信息报送工作的质量直接影响领导对应急事件的指挥决策。2012 年，省厅建立了一支专业的信息报送队伍，充分利用信息化成果，应用应急指挥系统、数据采集平台系统、公众出行服务系统等辅助信息报送工作。《江西交通运输应急信息》月报经过对数据的细化分类，在数据中最大程度上挖掘出有效信息，为指挥决策提供了更好的依据。

（三）积极利用外部资源，打造交通运输出行信息特色服务模式

省交通运输厅与江西交通广播在应急指挥大厅合建了江西交通广播直播室，并签订合作协议，利用电台这一有效媒体及时发布路况信息。在雨雪、大雾等特殊天气时期以及其他特殊时期，省厅还多次与江西二套、江西五套等地方频道开展连线直播节目。省交通运输厅还与包括央视、东方卫视、江西卫视在内的数家全国知名媒体开展了连线路况直播，得到了全社会和广大人民群众的高度赞扬。

（四）开通出行官方微博，创新渠道开展服务工作

2011 年 1 月，江西省交通运输厅在新浪网开通了官方微博——“赣交通厅应急指挥中心”。微博由专人维护管理，全天 24 小时实时发布。在国庆长假、雨雪灾害等特殊时期，配合各项信息化监控手段，利用微博及时告知相关单位，保畅保通。2012 年，该微博名列江西十大政务微博第三位，微博粉丝数 30 万。

（省交通运输厅信息中心）

【德昌高速项目办两项信息科研成果达国际领先水平】　12 月 2 日，省交通运输厅在南昌组织召开了“高速公路软基智能光纤监测技术研究与应用”（项目编号：2010C00013）、“高速公路 CFG 桩复合地基沉降特性与设计方法研究”（项目编号：2010C00014）成果鉴定会。

中国科学院院士孙钧担任项目鉴定委员会主任。与会专家在认真听取了项目研究总报告、工作报告、应用推广报告并审阅了鉴定文件后，经过质询和讨论，一致认为：“高速公路软基智能光纤监测技术研究与应用”课题研究注重创新，取得一系列重大创新成果，推广应用前景广阔，该成果总体达到国际先进水平，其中，大变形光纤光栅传感器研究成果达到国际领先水平；“高速公路 CFG 桩复合地基沉降特性与设计方法研究”成果已应用于德昌高速公路软土地基处理中。它通过采用高密度电法进行检测，证明 CFG 桩复合地基加固效果良好。现金传输系统，是通过气动物流管道传输系统将各收费岗亭与驻地收款室金库连接起来，收费员在亭内可以自行完成现金筒的传输，及时将所收现金传到收款室金库，经济效益显著。

（熊茂东）

【高速公路手持收费系统“VIO 软件”获国家版权局正式授权】　2012 年，由江西方兴科技有限公司研发的“高速公路手持收费系统 VIO”软件获国家版权局正式授权。该软件主要应用于高速公路手持收费系统。系统由手持收费机、便携式蓝牙打印机以及现有收费站服务器组成。依据江西省现行高速公路联网收费的规范流程、原有收费站车道收费系统数据库，以及实际使用环境而开发。该软件为解决高速公路收费站出口车辆拥堵问题提供了科技成果转化应用，进一步提升了江西省高速公路收费管理水平。

（杨新华）

【江西公路开发总公司信息中心应急指挥系统正式启动】　4 月 9 日上午，江西公路开发总公司信息中心举行应急指挥系统启动仪式，标志着该公司应急指挥系统正式开始运行。该信息中心为进一步充分发挥好、运用好应急指挥系统的功能和作用，加强了员工培训，完善了制度，明确了各部门和每个员工的职责，以确保完成公司下达的机电系统维护、恒泰花苑弱电建设等工作任务。

（张　维　黎洪龙）

【上饶市道路运输监控指挥中心投入运行】　2012 年春运前夕，上饶市道路运输监控中心在市运管处正式投入运行，24 小时全天候监控全市各县（市、区）汽车站、车辆综合性能检测站、驾校等

道路运输企业及901辆客车和530辆危货车辆的运行动态,保障了广大旅客安全、有序出行,预防和减少了交通事故的发生,开创了全市道路运输行业高科技管理的新局面。该中心是目前全省第一个市级道路运输管理部门功能齐全、覆盖面广的监控中心。

在监控中心,通过大屏幕视频“足不出户”就能全面清晰地掌握百里之外的鄱阳、婺源等汽车站“三品”安检仪检查、客车安检、客车出站等重要安全岗位工作状况;GPS监控客车运行动态,对客车超速、超载、超员及疲劳驾驶等违章驾驶行为及时监控、及时通报所属企业,责令严肃按章处罚,有效遏制了违章行为、清除安全隐患,规范了驾驶员文明驾驶的行为。

(赖建中)

【抚州市公路系统网络专线升级改造工程圆满完成】 7月18日,抚州市公路系统的网络专线升级改造工程圆满完工。

为改变以往公路系统网络专网由于网络情况复杂,存在移动、联通、广电和电信等4家网络供应商给日常工作带来许多不便和因网络设备陈旧原因造成网络缓慢、局部断网等严重影响日常工作的现象,抚州市公路局通信站选择移动作为唯一指定的网络供应商,提供整个公路系统的内网和外网网络服务,由移动对该局的机房网络设备进行升级。通过市局通信站和移动电信部门经过近一个月的努力,全市公路系统网络专线改造工程基本完成,为公路信息化建设提供了一个良好的网络平台,推进了公路建管养科学发展。

(邹国厚 左艳华)

【全省港航信息交流工作会议在九江召开】 12月17日,全省港航信息交流工作会在九江庐山西海召开。会议传达了交通运输部《关于完善管理促进国内航运业健康平衡发展的意见》,学习贯彻《国内水路运输管理条例》,重点学习了新《条例》的修改部分,并制定下发了《江西省水运企业联系制度》,加强了走访企业联系。

(九江市港航管理局)

【新余长运公司顺利完成售票系统升级改造】 4月,新余长运公司顺利完成售票系统升级改造工作。新版售票系统已在该市新余车站、客运南站、客运东站、火车站代售点、分宜汽车站5个售票点全面启动运行。实现了站站互联、网上订票,为旅客提供轻轻松松购车票的一站式服务。

(邓清华)

【新余汽车站网上售票业务开通】 8月,江西新余长运有限公司新余汽车站正式网上售票业务开通。市民足不出户,只要轻轻点击鼠标,就可以购买到新余汽车站发往各地的车票。这是开通114订票、增设汽车售票点之后,该公司推出的又一项便民服务。旅客须登录旅途100网站,点击“旅途100”——中国领先的长途客运汽车二维码电子票在线订购服务,即可进入网上售票系统。根据网站订票流程图,正确操作,系统就会显示购票成功,并将购票信息反馈到旅客手机中。旅客只要在该班次发班前10分钟凭手机购票信息到新余汽车站任意一售票窗口取票即可。

(王 敏)

【新余公交全面启用公众一卡通】 8月18日,新余公交有限公司、市城市公众一卡通工作小组和武汉公用电子公司三方签署了《新余公交行业会融IC卡应用合作协议》。该协议的签订,标志着公众一卡通走进公交,并宣告该市公交迈入全新方便快捷的金融IC卡(公众一卡通)刷卡消费时代。公交运行管理智能化、人性化是提高公交服务水平的基础,也是体现一个城市的现代化交通管理水平。随着“公众一卡通”技术的完善和推广,该市公交IC卡系统完成了一次完美的嬗变。

(章丽萍 王若刚)

【新余市长运公司18台长运公营车辆有了“电子眼”】 2012年8月,新余长运公司投资3万元安装18套车载录像监控录像,从此公司公营车辆有了“电子眼”,司乘人员的违规行为将无处遁形,公司的稽查工作也将借助科技力量稳步推进。

(谢 丹)

【新余市扩大建设物流公共信息平台】 9月11日,新余市赣鑫物流公司与春宇长青物流公司决定合作共建及运营新余市物流公共信息平台。此举有力地推进了新余市物流公共信息平台的建设。双方合作建设市物流公共信息平台,有利于实现优势互补、强强联手,进一步加强资金、技术、人才、市场和信息等资源的有效整合。平台扩建后,各项服务功能不断完善,包括平台网站、物流信息发布交易、GPS 车辆监控等 10 多项信息管理系统,并建立了可容纳千人的信息交易大厅,大大方便了广大客户开展信息交易与查询活动。目前平台已吸纳企业会员 300 余家,另有 400 余家正在洽谈,日均信息交易量达 500 余条,同时实现了与省物流公共信息平台的成功对接。平台的合作建设为减少新余市货运车辆空驶、提高实载率、降低社会物流成本发挥了重要作用。

（郭　晖　邓清华）

【GPS 系统首次在抚州市城区公交车上“服役”】 2 月 14 日,抚州市中心城区 2 路、11 路线路的 2 辆公交车上均安装了一套 GPS(卫星定位)系统,每辆车上还安装有 3 个“电子眼”。在进行调试后,2 路、11 路线路的其他公交车将陆续安装 GPS 系统,然后逐步在抚州市城区公交车上全部安装。

GPS 系统是高精度、全天候和全球性的无线电导航定位、定时的多功能系统,是“智能交通”和“智能公交”的核心系统。在公交车上安装 GPS 系统,是抚州市公交总公司继启用公交车语音报站系统之后的又一次科技管理投入,此举对营运车辆的动态监控、规范管理、保障安全具有重要作用。安装 GPS 系统后,监控中心可对公交车实行自动排班、调度,并可获取客流数据,根据客流状况进行分析,适时调整发车数量和时间。监控中心还可全程监控车辆的行车路线和速度,如果驾驶员开得太快,监控中心将会向其发出指令,控制车速,确保行车安全。如果车辆在途中出现故障,监控中心也会收到信息,并可及时调整发车间隔,保障乘客有车可乘。同时,GPS 还可以调控公交车超载的情况,监视扒窃行为,防范相关治安事件的发生。

（张　敏）

【省港航局召开第一次全省港航信息化工作视频会议】 4 月 28 日 9 时,省港航局第一次通过视频会议的方式,召开 2012 年全省港航信息化工作会议。此次视频会议以省局为主会场,共设 11 个分会场,是一次构建覆盖全省港航管理系统的高质量、高清晰度的双流视频会议系统。

会议总结了前一阶段的工作,部署了下一阶段工作的目标任务:一是提升改善水上安全监管手段,实现以信息化带动水上安全监管现代化的目标;二是强化基层执法能力,推动电子政务进程,初步实现港航管理的自动化、业务流程数字化;三是完善基础信息,整合港航业务数据库,深度挖掘数据资源;四是强化制度,加强培训,保障信息化稳步向前。会议强调,信息化建设是改善和优化发展环境的重要途径,也是提高管理能力和执法水平的重要抓手,要建设一支高素质信息化人才队伍,为全省港航信息化建设提供强有力的组织领导和人才保障,确保全省视频会议系统的良好运作,大力推进全省港航信息化建设。

（刘宁钰　陈明中　黄海源）

【省港航局开展办公自动化(OA)系统视频培训】 5 月 15 日,省港航局举办了港航办公自动化(OA)系统培训。培训以视频会议的形式进行。局属各单位机关人员,九江市港口局、各设区市港航处(局)办公室主任、信息专业技术人员在各分会场参加了培训。

此次培训内容主要有:办公自动化系统应用、电子政务建设等。

通过培训,对全省港航系统进一步梳理、优化、改造机关业务流程,简化办事程序,提高办事效率和依托办公自动化系统平台整合各种业务信息资源,形成综合应用平台,实现信息的集中管理,确保信息共享,不再形成新的信息“孤岛”,以及采用统一的平台、统一的数据库结构、统一的界面风格,确保系统运行高效、规范和安全,加强网上保密等工作具有较大地推动和促进作用。

（港航局　刘宁钰　黄海源）

【省港航管理局“统一数据交换平台建设方案”通过评审】 12 月 10 日,省港航局在南昌召开了“统一数据交换平台建设方案”评审会。评审专家组由交通运输部海事局、江西省信息中心、省交通运输厅信息中心、南昌大学、省计算机用户协会的相关专家组成。

评审会上,专家组认真听取了设计单位关于总体设计思路及设计内容的汇报,审阅了“方案”,经质询和讨论,与会专家一致认为:该统一数据交换平台建设对全省港航业务数据整合和共享,提升管理与服务水平具有积极的促进作用;“方案”总体思路清晰,定位准确,重点突出,目标明确,资料翔实,技术路线合理;“方案”部署策略切合上级和用户的实际需求,具有较强的指导性、针对性和可操作性。

通过江西港航统一数据交换平台的建设,已打造出具有权威性、一致性、全局统一的数据库,彻底解决了原系统内部船检系统、海事系统、船舶动态系统、港口运政系统数据库由于不统一而造成严重的信息孤岛及数据冲突的问题。原来在某一范围内的离散、多元、异构、分布的信息资源,成了方便用户查找相关业务信息,实现了不同系统之间数据准确、统现通过逻辑或物理的方式组织成一个整体间的交换与共享。信息化集成框架的初步搭建,有效提升了全省水运监管信息化建设的规范性和一致性,为未来港航管理信息系统全面集成和数据中心建设奠定了坚实的基础。与会专家表示,统一数据交换平台建设很有必要,一致通过了省港航局《统一数据交换平台建设方案》。

(王鹿江　刘宁钰　陈明中)

【上饶港航分局启动 OA 系统告别纸质“红头文件”】 12 月 11 日,上饶港航分局办公自动化系统(简称 OA 系统)正式启用,由此基本步入办公自动化。

上饶分局为推动 OA 系统顺利上线,认真按照省局的统一部署,把启用 OA 系统作为提升机关效能,推进港航信息化建设的一项重要工作来抓,切实加强领导,明确岗位职责,软硬件并进启动 OA 系统。系统运行第 1 天,共处理各类公文业务 7 件,其中,办结有 5 件。与启动前相比,公文流转速度大幅提升。

上饶港航分局办公自动化系统正式启用后,除特殊情况外,分局所有收发文均在 OA 系统流转(即使出差在外也可照样处理公文),延续多年的传统纸质文件传送方式已成为历史。

(邓文俊　陈明中)

【九江港航分局在全省率先推进航标数字化】 4 月中旬起,九江港航分局利用半个月的时间,对湖区水域重要助航标志进行了数字化升级。

此次航标改造重点推进远程遥控遥测和同步闪两项技术,旨在提升航道管养的科技化水平和改善通航质量。从 4 月 17 日起,该局为湖区姑塘、屏峰、寡妇矶、老爷庙、褚溪河口、朱袍山及星子水位观测井等 7 座灯塔的航标,统一安装一体化遥控遥测航标灯。改造后的一体化航标灯实行电脑远程控制,实现了对航标灯的全天候监控监测,特别是复杂天气下对航标灯的检测,降低了检查工作强度和高空作业风险。4 月 19 日,对铜九铁路鄱阳湖特大桥段 14 ~ 25 号航标灯采用先进的“同步闪”技术。“同步闪”技术的应用使桥区航标按照规定节律同时闪光,能更加清晰地显示航行界限,实现船舶安全过桥。截至 4 月 20 日,上述两项技术项目的调试安装工作圆满完成。经过一个星期的运行,效果明显。九江湖区也成为全省首个实现航标数字化的区域。

(夏　露　束立新　陈明中)

【省港航局为 120 艘船舶免费安装 AIS 自动识别系统】 为提升内河船舶航行安全系数,保障船舶及船员生命财产安全,省港航局根据部海事局的部署,根据本省水上安全监管特点,结合一期 AIS 岸台基站信号覆盖情况,自 5 月始,为宜春、南昌、上饶、九江船籍港的 120 艘“四客一危”重点船舶和具备安装条件的渡船免费安装了 AIS 船载终端。

为实施此项信息化建设工程,省港航局专设了船舶安装船载自动识别系统补助方案实施小组,由省水上搜救中心牵头具体负责日常工作指导和管理;对各设区市港航分局的配备项目进行协调和联络;设备厂家或其代理免费统一上船安装,并进行一对一的业务培训;及时建立起专门的工作档案,做到一船一档备查,统一上报备案;杜绝设备补助工作过程中的不规范行为,确保将好事办好、实事办实。

(傅　勇　刘宁钰　黄海源)

【梨温高速公路公司率先使用现金传输系统缴款成效好】 2012 年,梨温高速公路公司为提高收费效群,确保通行费保存及运送安全,在全省收费量最大的赣浙收费处率先使用现金传输系统缴款方式,安装现金传输系统。该系统已通过验收并在部分车道正式投入使用。此系统与传统的现金缴款模式相比，避免了现金在运送途中的风险，节省了交接时间，提高了工作效率，改变了以往高速公路的现金缴款模式，进一步提高了收费站运营管理信息化水平和工作效率。

（宋　凯）

【抚州路政试装车载3G无线视频监控系统】 7月28日，抚州市公路局路政管理支队和崇仁公路分局两辆路政执法车通过安装调试，开始试运行车载30无线视频监控系统，通过无线上网方式，以确保路政工作高效、准确。

安装在路政执法车上的车载3G无线视屏监控系统分为4个部分，即车顶的车载摄像机、副驾位置上的遮阳板式液晶显示屏、驾驶台上的操作台以及后备箱里的车载硬盘记录设备；主要功能为车辆运行监控、录像、无线数据传输。该系统使用简单方便，通过指导培训，路政执法人员已熟练运用。

路政巡查车与指挥中心之间全方位、全过程的通过无线视频传输系统覆盖，能实时准确地将路面情况传输到指挥中心。该系统启用后可依托3G无线互联网和公路信息网络实时传送信息，为公路系统安全畅通动态巡查、公路突发事件、治理超限、服务群众、应急指挥、执法监督提供有力保障。

（邹国厚）

【"感知航道"项目成果江西座谈会在南昌召开】 3月7日，"感知航道"项目成果江西座谈会在省港航局召开。

"感知航道"是运用"感知"技术作为触角，实现对各类设施与航行船舶实现24小时全天候、全区域、全过程无间断的及时、动态、准确的监测，并将"感知"到的航道水下部分、航道水文信息、航行船舶、航道设施、航道运行状态、航道健康维护状态等航道基础信息数据，通过近岸的无线传感网和有线光纤构成的基干网络，汇聚至指挥调度中心的系统平台，建立一套集数据采集、传输和智能分析为一体的业务应用系统，形成一个综合信息服务平台和数字化、智能化、可视化的决策支撑体系。

会上，南京思创信息技术有限公司人员现场展示和演示了一段航道流量观测视频。与会人员可以看见，当运河上一艘船舶从桥底下经过后，系统会即时计算出船舶的主次度如：长、宽、高、吨位、船舶吃水情况、空重载及速度，免除了以前光凭经验估算的不确定性，并利用感知数据对航道状态进行综合分析，全天候、全方位、全过程自动生成分析报告，有效地提高了监管效率与降低监管成本。

省港航局副局长曾云谋，省搜救中心、海辛处、港口处、航道处相关负责人，思创公司副总裁沈明、总经理王迅及公司技术人员，出席会议并开展讨论交流。大家还就感兴趣的水下障碍物巡查、航道水深测量、江西属天然航道如何与感知航道对接等问题与思创公司专家进行交流与探讨。

（刘宁钰　陈明中）

【全省港航视频会议系统操作培训班在南昌举办】 3月12日，省港航局在南昌举办了全省11个设区、市分会场的视频会议系统操作管理人员培训班，共有26人参加培训。

此次培训班的主要内容和任务是：使学员掌握全省港航视频会议系统的调试、维护与使用管理，熟悉掌握视频会议系统终端使用方法。

培训班邀请银江股份有限公司（视频会议系统施工方）和华迪计算机集团有限公司（视频会议联调方）的专业技术人员授课。授课教师围绕全省视频会议系统业务详细讲解了各个分会场设备清单、结构拓扑图及各种设备的配置、使用和日常维护，同时指导大家现场操作实践。培训期间，学员们踊跃提出问题，互学互动，并针对各分局实际情况，获得了专业技术人员的指导帮助。

通过培训，学员们一致反映收获匪浅，要学以致用，以进一步促进江西港航系统之间的交流、提高工作效率，节约经费，不断提高社会效益和经济效益。

（王鹿江　刘宁钰　陈明中）

【省高速联网管理中心与中国建设银行省分行举行ETCIC卡项目合作签约仪式】 11月16日，省高速公路联网管理中心与中国建设银行股份有限公司江西省分行举行高速公路电子不停车收费（ETC）IC卡项目合作签约仪式。省交通运输厅巡视员孙茂刚，建行江西省分行长长万国华、副行长喻金龙出席仪式。

（周绍芹　邓　涛）

【南昌港航分局举办办公信息化应用培训】 11月20～22日,南昌港航分局组织机关各科室、各基层处所40余名工作人员开展为期3天的计算机应用软件与网络技术培训。

南昌港航分局为加强信息化建设与管理,提升干部、职工信息化应用技能和水平,随着港航事业的不断发展,尤其是网上审批的应用,对港航职工的信息技术和操作技能提出了更高的要求。为做好此项工作、搞好本次培训,该局精心设计课程,统筹安排时间,并请南昌市经济信息中心网络专业工程师和专业培训老师上门授课。通过系统化的讲解及实际操作训练,进一步提高了该局干部、职工的计算机应用能力和办公自动化水平,进一步加快了全局信息化建设的进程。

(汪　莹　余　菲　邹　琳　陈明中)

【省运管局信息系统安全等级保护测评工作有序开展】 2012年12月,省运管局开展了道路运输信息系统的信息安全等级保护测评工作。通过开展测评工作,切实提高了信息系统的安全保护能力,保障和促进了道路运输信息化科学健康有序发展。

(胡保安)

【省运管局积极开展运政信息系统数据清理工作】 2012年,省运管局为了切实推进运政信息系统数据清理工作的开展。通过系统后台定期生成的运政信息系统数据报表,并就存在的问题进行了分析和通报:针对在运政信息系统内存在的数据问题,一方面通过加大对系统应用单位的年度考核,积极推动运政信息系统的推广应用,确保新的业务数据及时录入到系统当中;另一方面积极组织省运管局相关业务处室和各级运管机构制定数据清理的规则、确定数据清理工作的时间节点、指定数据清理工作的数据维护人员,积极开展对系统现有问题数据的补充、修改和删除工作,推进运政信息系统数据清理工作深入开展。

(胡保安)

【省运管局举办江西省道路运输卫星定位系统政府监管平台应用培训班】 为认真贯彻落实交通运输部、公安部、国家安监总局及工业和信息化部关于加强道路运输车辆动态监管以及交通运输部重点营运车辆全国联网联控的工作要求,强化全省道路运输车辆的动态监管,提高政府监管平台的应用水平,自3月12日起,省运管局在南昌举办了2期江西省道路运输卫星定位系统政府监管平台应用培训班,全省运管系统的130余名工作人员参加了培训。

培训班邀请平台开发单位北京中交兴路的专家进行现场授课,结合日常应用实例,对监管平台的各功能模块进行了逐一讲解、演示并现场答疑。培训取得了预期的效果,参训学员表示对政府监管平台建设的意义和运管机构切实履行行业监管的重大责任有了进一步的认识,在今后工作中将认真履职,通过政府监管平台的推广应用,实现道路运输安全监管的信息化;要进一步转变观念,适应要求,充分利用“政府监管平台”做好全省道路运输行业的安全监管工作,以发挥好监管平台应有的效果。

(李　成)

【省公路客运联网售票系统建设正式启动】 2012年,省交通厅和省运管局依据《江西省公路水路交通运输信息化“十二五”发展规划》,将“江西省公路客运联网售票系统”列为重点信息化建设项目。在前期深入地市开展充分调研和比较国内相关系统建设经验的基础上,系统建设工作已于当年全面展开,整个系统于2013年年底前正式上线运行。全省公路客运联网售票系统的建设有着十分重大的意义,项目的建成既可以服务民生,为公众选择道路客运方式出行提供优质便捷的服务,也可以发挥道路客运行业比较优势、提高道路客运行业的竞争能力,还可以提高行业管理部门科学决策、科学管理的水平。

(胡保安)

【省运管局开展省、市两级运管机构备份线路的建设工作】 2012年4月,省、市两级运管机构备份线路的建设工作顺利完成。通过建设覆盖省、市两级运管机构的备份网络专线,与现有的依托省政府信息中心的政务外网建设的运政专网互为备份,进一步提高了全省运管系统网络的连接速度和稳定性,保障了全省信息系统的正常应用。

(胡保安)

【省运管局积极开展信息应用培训工作】　2012年上半年，省运管局举办了二期“江西省道路运输卫星定位系统政府监管平台”应用培训班和二期新版“OA”系统应用培训班。培训对象涵盖了省、市、县三级运管机构的系统管理员、系统操作员和系统监控管理员等，参训人员超过了400人次。通过组织开展信息系统的应用培训工作，提高了系统的应用水平，也为系统的深入应用奠定了基础。

（胡保安）

【省运管局出台多项信息管理制度和办法】　2012年，省运管局为强化全省道路运输科技信息管理、规范信息系统的应用，制定了《江西省道路运政管理信息系统管理办法》《江西省道路运输协同办公系统管理办法》《江西省道路运输视频会议系统管理办法》《江西省道路运输信息安全管理制度》等多个管理办法和管理制度，进一步加快了全省运管系统信息工程建设进程。

（胡保安）

【省道路运输卫星定位系统政府监管平台正式启用】　2012年，省运管局贯彻落实《关于加强道路运输车辆动态监管工作的通知》精神，结合江西省卫星定位系统应用的现实情况，积极开展了“江西省道路运输卫星定位系统政府监管平台”（简称政府监管平台）的建设工作。经过2012年上半年的试运行，系统稳定并于2012年8月1日正式启用。政府监管平台的建设完成，实现了政府监管平台与企业监控平台的分离，保证政府监管平台的独立性、公益型和服务性，使政府监管平台的管理职能充分发挥出来，进一步提升了全省道路运输安全监管工作能力和水平。

（胡保安）

【省运管局新中心机房正式投入运行】　9～10月，江西省公路运输管理局为适应全省道路运输信息化建设和应用的需要，利用局机关办公大楼改造的机会，加强局中心机房建设，将原有的昌北机房和象山路机房进行了整合改造，建成了一个硬件配置更高、环境条件更优、安全性能更强的集中管理新中心机房。该局新中心机房正式投入运行后，进一步提高了全省运管系统信息化管理和应用水平。

（胡保安）

【江西全面推广应用计时培训管理系统】　为加强培训学时监管，提高机动车驾驶员培训质量，省运管局按照公安部与一交通运输部联合下发的《关于进一步加强客货运驾驶人安全管理工作的意见》（公通字〔2012〕5号）要求和“省运管局提要求、定标准、抓督导，市处招投标、促推进、抓落实”的工作思路，认真开展了计算机计时培训管理系统的推广应用工作，全省11个设区市均已完成了系统安装工作并已投入使用。

（张　玮）

【江西运政网上办事系统正式投入使用】　2012年3月1日，江西运政网上办事系统正式投入使用。

“网上办事系统”集成客运业户、客运班线、驾培业户、普通货运业户、危险货运业户、维修业户、公交业户和汽车租赁业户9项许可申请，以及网上许可公示、业户许可查询、客运票证真伪网上查询、道路运输行业及从业人员黑名单查询等四大模块。同时，还实现了行政许可的“外网申请、内网受理、外网发布”的网上审批模式和实时在线的信息查询等重点要功能。

省运管局网上办事系统网的应用，为广大道路运输业户和社会公众办理相关业务、查询相关信息提供了高效便捷的通道，实现了网上一站式服务，降低了业务办理过程的时间和费用成本，既便于社会公众对道路运输行业进行监督，提高行业公众服务水平和行政许可工作效率，同时也进一步规范了运管部门的行政许可为，提高了运政管理工作的透明度。

（黄　金　胡保安）

【鹰潭市建立智能化出租运行与调度体系】　2012年，鹰潭市交通运输系统把建立智能化出租车运行与调度体系视为交通运输信息化建设的重要组成部分，当做破解交通运输业发展难题、促进交通运输行业发展方式转变、全面提升交通运输管理能力和服务水平的重要抓手，建立健全了智能化出租运行与调度体系，进一步提高了出租汽车行业管理水平，通过先进信息化技术改造、提升了传统的出租管理模式，尤其是构建了出租汽车信息化发展的框架体系。提升了出租汽车管理部门的监管能力、应急处置能力与公众出行服务水平,为社会公众提供了更安全、更便利、更优质的服务,促进出租汽车行业快速、健康发展。

(鹰潭市交通运输局)

【景德镇全市“两客一危”货运车辆交通管理智能化】 2012年,景德镇市全市“两客一危”(行驶三级及以上公路的道路客运班车、道路旅游运班车、道路危险货物运输车辆)”全部安装了车辆行驶电子信息记读仪。景德镇全市“两客一危”货运车辆安装了车辆行驶电子信息记读仪后,进一步实现交通管理智能化,能够将监控范围内的车辆交通违法行为记录下来,并自动报警,实现动态监管。交通警察可通过手持平板电脑读取仪器记录的相关数据,获取车辆相关信息和行驶状态。该仪器能够让交警实时掌握车辆是否超速、超载、超时行驶等,为客运车辆、危险货物运输车辆监管提供了新的模式。当车辆超速时,车内安装的仪器会进行语音提醒。如果驾驶员在10秒钟内没有采取降速措施,仪器就会对超速行为进行记录。此外,该仪器在驾驶员连续驾驶3小时后就会连续提醒司机停车休息,当驾驶员连续驾驶超过4小时就会被仪器记录一次违法行为。此外,该仪器还能够对驾驶员长期占用快车道行驶等违法行为进行提醒。交通管理部门只要在中央路段设置电子新标,就能够通过该仪器实现交通诱导功能,而驾驶员也可以利用该仪器随时了解交通管理部门发布的路况信息、天气信息等,提醒驾驶员根据情况作出相应措施,交警部门还可以通过该仪器实现网上远程巡逻。

(景德镇市交通运输局)

【景德镇市交通运输局率先在全省开通道路危险货物运输从业资格人员网上免费查询】 景德镇市交通运输局为给全市道路危险货物运输企业和从业资格人员提供方便、快捷、高效服务,由局重金打造的“景德镇市交通运输局网站”(网址为:www. jdzjtys. gov. cn)正式上线运行后,该局合理利用新建网站资源,于9月3日率先在全省开通道路危险货物运输从业资格人员网上免费查询服务业务。

该局在网站上增设了“道路危险品运输从业人员资格信息查询”专栏,目的是为全国各地的交通运输主管部门及道路运输管理机构、公安交警等部门查验景德镇市道路危险品运输从业资格证件的真伪提供方便。只要用户输入该从业资格证件号,便能辨别证件真伪。查询操作流程是,打开“景德镇市交通运输局网站”网址,找到“道路危险品运输从业人员资格信息查询”专栏,输入从业资格证件号码,点击查询后,如果无此证件号,便出现“无记录”字样;如果有此证件号,再点击蓝体字样的“(道路危险品运输从业人员)＊＊＊公司危品运输驾驶员(押运员)从业证名单”,就可以查询到从业人员的详细情况。显示详情包括:姓名、性别、身份证号、初次培训时间、原从业证号码、换证日期、现危险品运输证号码和备注等。凡是经过该局培训合格后申办的“道路危险品运输驾驶员(含押运员)”从业资格证均可在网上查询到。随着该网站的网上查询业务的开通,已成为该局推进政务公开、优化管理服务、方便群众办事的又一重要举措。

(李青松)

【景德镇市推广应用车辆行驶电子信息记读仪】 11月20日,景德镇市交通运输局与市公安局联合召开景德镇市安装应用车辆行驶电子信息记读仪部署会,要求全市“两客一危”,即行驶三级及以上公路的道路客运班车、道路旅游客运班车、道路危险货物运输车辆,在2013年全部安装、投入使用车辆行驶电子信息记读仪。

此次推广使用的车辆行驶电子信息记读仪能够将监控范围内的车辆交通违法行为记录下来,并自动报警,有利对车辆实行动态监管。交通警察可通过手持平板电脑读取仪器记录的相关数据,获取车辆相关信息和行驶状态。该仪器能够让交警实时掌握车辆是否超速、超载、超时行驶等,为客运车辆、危险货物运输车辆监管提供了新的模式。当车辆超速时,车内安装的仪器会进行语音提醒。如果驾驶员在10秒钟内没有采取降速措施,仪器就会对超速行为进行记录。该仪器在驾驶员连续驾驶3小时后就会连续提醒司机停车休息,当驾驶员连续驾驶超过4小时就会被仪器记录一次违法行为。此外,该仪器还能够对驾驶员长期占用快车道行驶等违法行为进行提醒。交通管理部门只要在中央路段设置电子新标,就能够通过该仪器实现交通诱导功能。与此同时，驾驶员也可以利用该仪器随时了解交通管理部门发布的路况信息、天气信息等，提醒驾驶员根据情况作出相应措施。交警部门还可以通过该仪器实现网上远程巡逻。

安装应用“记读仪”对于该市预防道路交通事故、保护人民群众生命财产安全，确保道路交通安全形势平稳，切实加强道路运输营运车辆的安全监督管理，有效预防道路交通事故，维护安全、畅通、和谐的交通秩序将发挥重要作用。

（王成国）

【景德镇市交通运输局新建网站正式上线运行】 8 月 31 日，景德镇市交通运输局重金打造的“景德镇市交通运输局网站”（网址为：www. jdzjtys. gov. cn），经过近半个月的试运行后，正式上线运行，成为该局加强政策宣传、推进政务公开、优化管理服务、方便群众办事的重要渠道。

该局新建网站较此前所建互联网站委托《景德镇在线》网站管理不同之处是：此网站由景德镇市交通运输局自行设计、自行建设、自行运行、自行管护。同时，该网站共设交通概况、组织机构、政务公开、交通新闻、行业管理、行政执法、出行信息等 22 个一级栏目和 31 个二级栏目，突出和强化了公众服务、信息查询等功能。

与此同时，景德镇市交通运输局出台了《景德镇市交通运输局互联网站管理办法》，从制度入手，以向社会公众提供全面、高效、便捷的管理服务为目标，切实加强自办互联网站建设。《办法》明确了网站的组织管理、构架建设、内容保障、安全管理、评估考核等措施，落实网站建设管理、日常运维、栏目设置、信息发布、开发应用等责任及工作流程。规定网站信息发布以有利于政务公开、接受社会监督、方便从业人员和群众办理事务为原则，并将网站建设和运营情况纳入各科（室）年度考核指标体系，以切实提高网站建设、管理、运营水平，增强网站服务能力，使之成为服务便捷佳、互动交流好的电子服务平台。

（涂　强）

【吉安市交通运输局强化科技信息应用】 2012 年，吉安市交通运输局强化科技信息应用工作。一是根据省局新版道路运输管理信息系统培训应用的要求，对机关全体人员进行了新版“信息系统”知识的培训，对用户权限进行了清理和重新分配，进一步规范了道路运输业务各项办理流程。二是有效开展了“信息系统”数据清理工作，修改无效业户数据 92 户，删除无效车辆数据 5446 条，删除无效从业人员数据 109 条，提高了运政数据的录入率、完整率和有效率。三是坚持月通报制度，切实提高“两客一危”平台接入率、周在线率，以及运管机构平台工作日上线率；四是进一步规范了中心城区二级维护视频监控平台。

（吉安市交通运输局）

【江西新世纪汽运集团站务分公司开通网上订票】 2012 年 11 月，江西新世纪汽运集团站务分公司开通网上订票。其所辖赣州汽车站、东站、南站所有班次（除儿章票、残废车人票等优惠票外）均可在网上订票。此举极大方便了公众出行。

（李发淳）

教　育

【概况】 2012 年,全省交通教育培训工作服务于交通运输发展全局,围绕交通运输建设、改革和发展对人才的需求,进一步强化了管理干部教育培训、专业技术人员知识更新和技能型人才培养,健全了交通运输人力资源支持保障体系,教育与培养各项工作取得明显成效。全年全省交通运输系统共举办培训班 848 个,培训项目 396 个,培训天数 2552 天,培训人数 44446 人,全省交通运输教育培训工作成果丰硕。

一、干部教育培训工作实现新跨越

2012 年继续坚持选送学与培训学相结合,组织五个设区市交通运输局 24 名领导干部免费参加全国交通运输局长班培训;选送 100 名市、县公路局长到交通运输部党校培训;选送 100 名运管干部到中国人民大学培训;与省委组织部共同举办全省地方交通运输发展专题研讨班 2 期,培训人员达 230 人次;组织厅直属单位相关人员收听收看交通运输部科技大讲堂 4 期;全年,省交通运输厅共举办处级领导干部、科级干部(企业中层)、地方交通管理干部、党务工作者、新党员、入党积极分子等各类别各层次培训班 23 期,培训人员 3224 人次,其中,全省水上交通行政执法、道路运输运政执法、高速公路路政执法人员培训班学员达 1567 人次。

二、职工继续再教育工作取得新进展

根据交通运输部支持西部地区教育培训的相关政策,2012 年省交通运输厅继续依托长沙理工大学,面向全省交通运输行业招收工程硕士学员 30 名,每位学员获得交通运输部学费补助 1 万元。交通干部学院、交通职业技术学院继续与其他高校联合举办大专、本科、硕士学历教育。职工远程教育取得快速发展。为抓好从业人员的知识更新与培训,省交通运输厅制定并下发了《江西公路水路交通运输“十二五”教育与培训规划》,推进职工教育培训工作朝规范化、制度化方向发展。

三、职业教育办学水平迈上新台阶

2012 年 4 月,交通职业技术学院顺利通过了省示范性高等职业院校项目建设的验收,7 月正式启动国家骨干高职院校建设工作。该校汽车维修技术和建筑工程技术 2 个专业被确定为国家技能型紧缺人才培养培训专业,汽车运用技术、道路桥梁工程技术被评为省级示范专业,物流管理、汽车技术服务与营销、交通安全与智能控制等 6 个专业被评为省级特色专业。道路桥梁工程技术等 2 个专业被确定为江西省人才培养模式改革实验区。“汽车底盘电控系统检修”等 2 门课程被列为国家级精品课程,“道路材料”、“高速公路通信系统集成”等 12 门课程被列为省部级精品课程。学院双师素质教师占专任专业教师总数的 78.5%。现有交通高等职业教育专业带头人 4 名、省级高校优秀教学团队 3 个、省高校教学名师 4 名、省高校中青年学科带头人 3 名、省高校中青年骨干教师 22 名、教授及教授级高级工程师 32 名,另外聘有一批行业企业技术骨干。

四、江西交通干院平台作用实现新突破

2012 年,是江西交通干部学院新校区全面建成投入使用的第一年。一年来,依托学院新校区的区位优势、环境优势、硬件优势、管理优势和价格优势,通过积极运作、有效组织、科学管理、优化服务,全年学院新校区先后完成培训 54 期、会议 16 次、评标 28 次、评审 2 次、命题 1 次、考试 5 次、阅卷 1 次,全年共完成接待 107 期次。先后接待省部级领导干部 10 人次、厅局级领导干部 100 余人次、县处级领导干部 1000 余人次,总接待人数达 10564 人次。先后承接了 12 个省委部门及省直厅局的会议、培训共 48 期次,接待人数达 4179 人次。新校区集培训、会议、教学、评标、住宿、餐饮、健身等为一体的功能得到初步释放,取得了较好的社会效益和经济效益,赢得了较高的知名度和美誉度,进一步扩大了江西省交通干部学院的影响力,为把学院新校区打造成全国省级交通运输行业一流干部教育培训基地迈出了坚实的一步。与此同时,交通技工学校和各设区市交通职工培训机构的建设也得到了加强。

（邹爱华）

【江西交通职业技术学院2012年快速发展】2012年,江西交通职业技术学院招收新生2400余人,毕业生2600余人,毕业生初次就业率87.77%。目前,该院占地面积587亩,建筑面积31万平方米,图书馆藏书51万册,教学科研仪器设备总值6100万元。拥有全日制在校生7731人,教职工519人,教师364人,外聘行业企业技术专家171人。拥有全国交通高等职业教育专业带头人4人、省级高校教学团队3个、省高校教学名师4人、省级学科带头人3人、省高校中青年骨干教师19人、吴福一振华奖3人。11月,该院获批2013年度新增高职高专教育专业7个,即城市轨道交通运行管理、公路运输与管理、会计与审计、工程造价、工程测量技术、采购供应管理和公路工程检测技术专业。该院设有汽车工程系、路桥工程系、建筑工程系、管理工程系、机电工程系、信息工程系和基础课部,开设汽车运用技术、道路桥梁工程技术、物流管理等交通运输类及相关专业34个。

该院建有国家级精品课程"汽车底盘电控系统检修"等2门,省部级精品课程有"道路材料"、"高速公路通信系统集成"等12门。拥有中央财政支持的专业1个,紧缺人才培养培训基地2个,省级人才培养模式创新实验区2个,省高校特色专业3个,高等职业学校提升专业服务产业发展能力项目2个,省教育体制改革试点项目1个,省交通运输厅优秀科技创新团队1个。1月,该院"江西省航运技能型人才培养的内河船员培训基地项目建设方案"获批,项目总投资2100万。3月,该院被批准为省级高技能人才培养示范基地合格单位,并入选第一批高等职业学校骨干教师国家级培训项目(交通运输方向)。12月,该院申报的江西省交通运输行业现代交通运输物流重点实验室和江西省交通运输行业机动车检测与诊断工程技术研究中心通过专家组评审。

2012年,该院学生和教师在各类竞赛中屡创佳绩。9月,在江西省第二届大学生电视歌舞大赛中,该院节目表演唱"那一片红"获声乐类声乐演唱第一名;12月,在第四届江西省大学生物流设计与模拟经营大赛中,该院代表队获一等奖;在2012年全国大学生数学建模竞赛中,该院代表队获3个省级一等奖,2个省级二等奖,5个省级三等奖;在2012年全国职业院校技能大赛中,该院代表队获现代物流存储与配送作业优化设计和实施竞赛项目二等奖;在全国第三届大学生艺术展演中,该院戏剧作品《选择》获二等奖。10月,在第十二届全国多媒体课件大赛中,该院教师宋金博参与的《产品设计流程》获二等奖;11月,在江西省高校思想政治理论课优秀教案中,该院教师宋庆的教案"对社会主义本质的新认识"获二等奖;12月,在2012年全国职业院校信息化教学大赛中,该院教师易群、邓勇、刘勇、何世松报送的"轮机维护与修理多媒体教学软件"获高职组三等奖。

（刘　婷）

2012年全省机动车驾驶员培训一览

表27

单位名称（设区市）	机动车驾驶员培训业户					教练员人数（人）	管理人员人数（人）	培训人次（人次）	教学车辆（辆）	机动车驾驶模拟器(台)	教学场地（含租赁场地）面积(平方米)
	总计（户）	其中:普通机动车驾驶员培训									
		合计（户）	一级（户）	二级（户）	三级（户）						
全省合计	436	433	39	301	93	13785	3285	625192	12656	4495	8287181
南昌市	44	44	7	34	3	2545	176	138870	2351	735	1208613
景德镇市	7	7	1	6		465	166	11000	440	110	220371
萍乡市	15	15	3	11	1	660	102	25606	665	132	437958

续表27

单位名称(设区市)	机动车驾驶员培训业户					教练员人数(人)	管理人员人数(人)	培训人次(人次)	教学车辆(辆)	机动车驾驶模拟器(台)	教学场地(含租赁场地)面积(平方米)
	总计(户)	其中:普通机动车驾驶员培训									
		合计(户)	一级(户)	二级(户)	三级(户)						
九江市	52	52	1	31	20	1634	354	71156	1370	404	774620
新余市	12	10	0	8	2	347	67	22429	506	165	385923
鹰潭市	14	14		5	9	247	112	9745	224	119	171748
赣州市	106	106	4	82	20	2348	742	78165	2204	858	1548888
吉安市	37	37	5	19	13	894	277	37299	1063	278	846674
宜春市	70	70	7	49	14	1721	443	99065	1659	595	1205120
抚州市	23	23	5	17	1	614	184	31000	738	179	573766
上饶市	56	55	6	39	10	2310	662	100857	1436	920	913500

【省交通设计研究院有限责任公司开创科技教育新局面】 2012年,省交通设计研究院有限责任公司进一步强化“人才兴院、科技强院”方针的贯彻力度,重新恢复了科技教育处,扎实推进各项科技教育工作:重新修订和颁发了院科技管理办法。新办法提高了对获得各类科技奖的有功人员的奖励标准;新增了对专利和著作权的奖励;构建了院级课题机制;对在上级立项的科研课题增加了经费补贴;开展了学术交流培训教育工作。全年平均每2个月组织院外专家走进来进行一次学术交流讲座,组织职工走出去的学术培训交流活动有24次。全年参加了学术培训交流活动的职工人数达250余人次;继续加大生产仪器设备和计算机软件的投入。全年投入200多万元新购试验检测、钻探以及电脑等仪器设备,添置了设备144台(套);引进全数字化测量系统以及桥梁计算、桥梁绘图等勘察设计软件63套,投入资金140.152万元。通过采取多项举措,该院科技教育工作揭开了崭新一页,使该院进一步适应了高新技术企业的发展需要。

(朱 革)

【江西交通职业技术学院入选中德职业教育机电合作项目院校】 2012年9月,江西交通职业技术学院成功入选中德职业教育汽车机电合作项目第二批试点院校,成为全省唯一一所入选该项目的院校。

中德职业教育汽车机电合作项目是由教育部与德国国际合作协会(GIZ)共同举办的项目,是以中国汽车工业和服务市场迅猛发展过程中德系高档汽车在维护维修领域培养专业人才的迫切需求为出发点,充分利用德国在该领域的技术和经验储备,通过实施跨国校企合作项目,共同开发德系汽车机电技能型人员培养培训标准,联合开展示范性培训和证书体系建设,培养社会需要、企业满意的汽车一体化技能型人才,以满足中国本土德系汽车维修和维护行业的现实需求。

根据该项目工作进程,该院于已派遣教师4名先后赴上海同济大学和德国学习培训,学习德国先进的职教理念、职教方法和汽车新技术、新理论。并从2012级600余名汽车专业学生中,经初试、综合能力测试、面试等几轮筛选,选拔30名学生组成实验班,通过“订单培养”的方式,按照中德合作开发的汽车机电技术人才培养方案进行为期3年的学习,毕业后将就职于德五大汽车生产企业售后服务体系。

该项目的实施对职教理念改革、师资培训及内涵建设等方面都给予了极大地支持与拉动,既有利于借鉴德国职业教育领域的先进经验,培养国内一流的汽车专业人才,也有望借此深化中国职业教育改革,使中国职业教育与国际标准对接。

(刘 婷)

【省交通干部学院干部教育培训成果丰硕】

2012 年，省交通干院干部学院全年圆满完成 54 期、共 5521 人次的干部教育培训任务，同比增长 465%，其中，承接省交通运输系统内部干部培训共 2256 人次，同比增长 131%；承接省委部门、省直厅局等交通运输系统外的干部培训共 3265 人次。

（钟恢万）

【省交通干部学院在职学历、学位教育再上新台阶】 2012 年，省交通干部学院继续加强与北京交通大学、武汉理工大学两所高校联合举办大专、本科、在职工程硕士等学历、学位教育的办学力度。全年在职大专、本拉学历教育招生数达 414 人，同比增长 2.5%；大专、本科在校注册人数达 1209 人，同比增长 4.9%；全年招收报考在职工程硕士生 51 人，在读工程硕士 97 人，同比增长 26%。学院大专、本科、在职工程硕士生在校总注册人数达 1306 人，同比增长 6.2%。

（钟恢万）

【省交通干部学院举办学术报告会】 11 月 7 日，省交通干部学院举办学术报告会。邀请省交通运输厅总工程师胡钊芳到该院作题为“江西省公路水路交通运输发展“十二五”形势与对策”的专题报告。省交通运输厅第八期青干班学员、省高投集团抚州管理中心安全干部培训班学员等参加报告会。

（钟恢万）

【省交通干部学院成为全省重要培训场所】 2012 年，省交通干部学院成为全省许多重要培训场所，为江西干部教育做出了积极贡献。

6 月 19～21 日，全省县级机关工委书记培训班在省交通干部学院举行。省委常委、省委秘书长、省直机关工委书记赵智勇出席开班式并作“有容乃大”专题辅导报告。全省设区市直机关工委办公室主任、县直机关工委书记共 100 余人参加本次培训。为期 3 天的培训，内容丰富，针对性强，培训形式多样，既安排专家学者专题授课，又安排赴外地考察基层党建工作。

10 月 16～18 日，全省组织系统新闻宣传工作暨业务培训会在省交通干部学院新校区举行。此次培训为期三天，开设有“如何做好网宣工作”等专题课程。全省各设区市、县组织人事部门从事新闻宣传工作的负责人等共 151 人参加培训。

10 月 25～26 日，2012 年全省领导干部“推进新型城镇化”专题培训班在省交通干院开班。此次培训班为期两天，全省各设区市市委书记、市长、分管副市长，各县（市、区）委书记、县（市、区）长等 200 余人参加培训。本次培训是交通干部院有史以来承办的最高级别的培训。

11 月 13 日，全省领导干部质量发展战略专题研修班在交通干院举行，副省长朱虹出席开班式并作动员讲话。国务院参事张纲，省政府副秘书长蔡玉峰，省质监局党组书记、局长王詠，省交通运输厅纪委书记成松等出席开班式。此次专题研修班为期 2 天，主要开设有“《质量发展纲要》解读”、“质量发展战略”、“食品安全监管”、“特种设备安全监管”等专题课程，全省各设区市分管副市长、各县（区、市）分管领导共 100 余人参加培训。

与此同时，省交通干部学院还成为外省兄弟交通部门教育培训的场所之一。11 月 14 日，青海省高等级公路建设及管理高级研修班在省交通干院开班。这是交通干院新校区投入使用以来，首次承办外省干部培训班。

（钟恢万）

【省直企业政工职称人员岗前培训班在交通干院举办】 5 月 7～9 日，省直企业政工职称人员岗前培训班在交通干院举办。省直机关工委书记陈永华、副书记邓剑锋分别看望了全体学员并作专题报告。省直机关工委委员、宣传部部长李跃进出席开班式并作动员讲话，省直机关工委宣传部副部长罗卫东，厅机关有关处室、交通干院负责人出席。

（钟恢万）

【省交通运输厅第七期青年科级干部培训班结业仪式举行】 1 月 18 日，省交通运输厅第七期青年科级干部培训班在交通干院举行结业典礼。厅党委委员、副厅长孙茂刚出席结业典礼并讲话。厅机关有关处室、交通干院负责人出席典礼。本期培训班为期 2 个月。培训内容有：中国特色社会主义理论、江西经济社会发展形势、青年干部能力培养与人文素养、党的建设与党性修养等方面的专题知识。并组织学员到赣崇高速公路实地学习考察和赴革命圣地延安接受革命传统教育。在结业典礼上,副厅长孙茂刚向受表彰的学员颁发了荣誉证书,向51位顺利结业的学员颁发了《结业证书》。

(钟恢万)

【省交通运输厅第八期青年科级干部培训班开班】 10月16日,省交通运输厅第八期青年科级干部培训班在交通干部学院开班。副厅长万明出席开班式并讲话。厅机关有关处室、交通干院负责同志参加开班式。本次培训班为期2个月。参加培训的学员为2010年第一次在厅直属单位范围内以差额的方式,通过民主推荐、组织推荐、理论考试、组织考察“双推双考”后公开选拔的191名厅直单位副处级后备干部的部分人员。

(钟恢万)

【省交通运输厅基层纪检监察干部业务培训班在交通干院举办】 省交通运输厅分别于3月26日与12月18日,在交通干部学院举办2期基层纪检监察干部业务培训班。厅党委委员、纪委书记成松出席2期培训班开班式并讲话。厅机关有关处室和交通干院负责人出席。

(钟恢万)

【石虎塘项目办举办档案管理培训班】 7月11日,石虎塘项目办石为提高石虎塘航电枢纽工程建设的档案管理水平,举办档案管理培训班。项目各参建单位的主要负责人和档案管理人员等40余人参加培训。

培训班邀请交通运输部档案馆副馆长任秋良、省厅档案馆副馆长张正辉等4名业内专家,就工程建设档案的收集、整理、归档,以及验收工作进行授课和现场答疑。

通过培训,大家受益匪浅,为该项目档案管理工作的规范化打下扎实基础。

(吕一琦　陈明中)

【省公路桥梁养护工程师培训班在南昌举办】 11月19日,由省交通运输厅组织、省公路学会承办的2012年公路桥梁养护工程师培训班在南昌开班。此次培训是对全省从事公路桥梁养护技术人员的一次岗位资格培训。全省各地市交通运输局、公路管理局等单位共计250余名公路桥梁养护工程师参加培训。

本次培训的目的:一是要增强大家的桥梁管理养护知识;二是增强大家的桥梁安全管理的责任意识和紧迫感;三是在管理桥梁养护工作中丰富知识,精细管理,注重方法,监管到位。

本次培训邀请厅规划办副主任徐华兴、交通运输部公路科研院韩帅、江西中煤建设工程有限公司副总经理兼总工程师谌润水为大家授课。

(省公路学会秘书处)

【吉安市船检局举办验船师培训】 自2012年5月起,吉安市船舶检验局为提高验船师的专业技术和管理水平,推进船检工作规范化、程序化和标准化建设,用了4个月的时间对局属验船师进行业务轮训。轮训以分批抽调各处验船师到市局跟班作业的方式进行。每人为期两周,由市局指定经验丰富、专业水平高的验船师从船检受理开始直至案卷制作、归档全过程进行培训。采取学习理论与实践操作相结合的方法,进行传、帮、带。

通过培训,使参训的人员熟悉了《江西省船舶检验质量管理体系》的各种流程、规定,能正确使用《江西省船舶检验质量管理信息系统》(VIMS5.0)发证系统能独立胜任现场检验、制档归档等工作。

(周昌华)

【全省第二期船员适任统考(机考)结束】 8月14日~15日,全省第二期船员(适任)统考(机考)结束。此次二类船员考试共有70人参加,其中,驾驶部51人,轮机部91人。驾驶考试科目为:避碰与信号、船舶驾驶与管理、船舶动力装置、轮机管理等。适任统考由上机笔试和实际操作组成,其中,上机笔试按照部、局要求,由计算机随机抽题;实际操作要求驾驶人员分别进行靠、离码头实际操作、航行与调头作业,并就应急应变、助航仪器、事故案例分析等内容进行口试。轮机人员则要进行机电设备故障判断分析与排除、船舶电气设备操作、机电设备(零部件)拆装调试与工件测量、机电设备操作管理与应急应变措施4个方面的实际操作,口试穿插其中。整个统考工作严格按省港航管理局规定进行，保证了考试的公开、公正和公平。

（陈雪峰　蒋艳华　陈明中）

【广东省地方海事局与江西地方海事局结对子培训班在南昌举办】　10月30日，交通运输部海事局广东培训中心在南昌举办第一期广东海事局、江西省地方海事局结对子培训班。全省各设区市地方海事局共有海事部门一般执法人员54人参加这次培训。

培训班实行半军事化封闭式管理，聘请全国海事系统经验丰富的专家授课，采取理论学习和现场实操相结合、集中授课与专题研讨相结合的方式进行培训。

通过培训，江西地方海事部门执法人员拓展了视野，业务能力、适岗适任水平和和安全管理水平与事故应急能力得到了大幅度提高。对进一步提升全省地方海事执法人员的专业技能、强化法律意识和安全意识，提高水上交通安全监管能力有较大推动和促进作用。

（黄海源　张　浔　倪　磊　陈明中）

【九江市地方海事局举办首期采砂工程船安全知识培训班】　12月18日，九江市地方海事局驻采砂办海事监管组举办首期采砂工程船安全员、消防员安全知识培训班，共有27艘采砂工程船的近50名学员参加培训。

自2011年起，九江市鄱阳湖可采区采砂工程船必须配备专职安全员、消防员方可进入采区生产。自2013年1月1日起，采砂工程船安全员、消防员必须经安全培训考试合格后，方允许进入采区生产。本次培训旨在进一步增强采砂工程船从业人员安全意识，提高安全作业应知应会能力，维护鄱阳湖水域可采区采砂安全作业秩序。培训结束后进行了统一闭卷考试，学员考试合格率为98%。

（汪河志　陈明中）

【省港航局举办全省水路运政管理人员业务培训班】　12月2～27日，省港航局在南昌市举办全省水路运输行政管理人员业务培训班。各设区市（县）港航管理部门水路运输行政管理人员、行政服务中心相关人员共44人参加了此次培训。

培训主要内容有：组织学习和讲解《国内水路运输管理条例》、水路运输行政许可基础知识、水路运输经营资质动态监管规定（含水运企业经营资质年度核查、不定期检查，经营资质评估管理和预警管理）、当前水路运输宏观调控政策、水路运输安全管理及水路运输行政审批受理、审核、发证工作流程、要点等。

通过培训，参训人员熟悉了《国内水路运输管理条例》的相关规定，强化了水路运输行政管理人员的政策意识、安全意识、监管意识、职责意识和服务意识，提升了水路运输经营资质监管能力，为进一步提高其公共服务能力和行政管理水平，规范水路运输行政管理和行政许可行为，准确高效完成水路运输行政审批和水运市场监管工作任务奠定了良好基础。

（熊　芬　陈明中）

【吉安港航分局举办计算机基础应用培训】　12月28日，吉安港航分局为进一步加快信息化建设步伐，积极推广计算机技术在港航工作中的应用，提高干部职工的工作质量和工作效率，举办了计算机基础应用培训。

这次培训采用送学上门的方式进行。由分局信息办组织人员带设备到各个海事处（航道处）对管理岗位和专技岗位上的人员进行授课培训。通过课堂教学和实操指导相结合的方式，授课老师从计算机基础知识、windowsXP操作系统、office办公软件、因特网应用、港航系统三级网络维护、船舶动态管理2.0系统、船检收费系统、船检5.0系统等几个方面向参训人员作了讲解。为使培训取得实效，对参加培训的人员进行了一次理论和实际操作的考核，对考核取得优异成绩的学员给予奖励，对考核不合格的补考1次，补考仍不合格的按待岗学习处理。

通过这种模式的培训，使更多的干部、职工有机会参加学习，为进一步了解了计算机及港航系统业务应用程序的操作和使用，以及提高工作效率、工作水平、全面推进港航信息化、建设数字海事奠定了基础。

（郭路远　陈明中）

【省交通设计研究院有限责任公司举办企业管理

培训班】 2012 年,省交通设计研究院有限责任公司联合江西财经大学 MBA 学院举办了 3 期“企业管理干部培训”培训班,共计 340 余人次参加培训。

培训的主要内容有:一是企业战略管理;二是企业内部管理;三是企业经营管理。授课导师分别为孙中一、翟新兵、刘红松等大学的知名教授。通过培训学员们对所学内容运用自如,并结合该院实际撰写了心得体会,提高了管理水平和综合素质。学员们一致反映受益匪浅。

(聂淑贞)

【省交通设计研究院有限责任公司举办退役士兵入职培训班】 11 月 14 ~16 日,省交通设计研究院有限责任公司人力资源处、科技教育处、工程地质勘探分院联合举办了为期 3 天的对新近入院的退役军人入职培训班。

培训的主要内容有:一是职业道德讲座;二是国家《劳动法》、单位发展历程、企业文化、核心理念、院制度讲解学习;三是院质量体系文件宣贯;四是岗位技术培训;五是交流培训学习体会。

通过短短 3 天的入职培训,新员工每人都写了一篇培训心得进行交流,表示今后要加强学习、服从分配、努力工作,牢固树立培养良好的职业道德与团队意识,自强不息、甘于奉献、吃苦耐劳,做好本职工作。

(周良焜)

【省交通设计研究院有限责任公司对会计人员进行继续教育培训】 2012 年 10 月,省交通设计研究院有限责任公司为进一步提高会计人员业务素质,组织全院会计人员参加《企业内部控制基本规范以及“小金库”分析计与治理》继续教育培训,每人培训不少于是 24 小时。共有 33 人、分 4 个小组参加培训。

通过培训,提高了会计人员的政治及业务水平和实践能力,增强了原则性、系统性、预见性和创造性,提高了会计人员的综合素质,培养了财会人员忠于职守、爱岗敬业、廉洁奉公,团结协作精神,为进一步搞好企业财务管理工作奠定了基础、创造了条件。

(余慧君)

【省交通设计研究院有限责任公司举办 AutoCAD-Civil 3D 技术培训】 2 月 16 日,省交通设计研究院有限责任公司为使工程技术人员更好的使用 AutoCAD 平台,使 AutoCAD 软件能更好地服务于该院生产,经与 AutoCAD 公司驻公司办事处联系,在该院举办了一期 AutoCADCivil 3D 技术培训。

此次培训内容有:AUTOCAD 新功能介绍;AutoCADCivil3D 培训;初步设计与 GoogleEarth、GIS 集成。三维地形模型,放坡与土方施工图,土方调配图,三维道路设计,地块规划等。

该院自“八五”计划期间“甩掉图板”开始使用 AutoCAD。AutoCAD 也在不断更新和完善,从 AutoCAD2. 18 到当前 AutoCAD2012 已经有很多变化,AutoCAD 与三维、GOOGLE 联系更加密切了,有许多知识需要学习、人员需要“充电”。此次培训,院各部门积极响应,合理安排工作,组织人员积极参加了技术培训。通过培训,一致反映“受益匪浅”。

(宋云飞)

【全省交通运输行业信息化建设与管理培训班举办】 11 月 14 ~15 日,全省交通运输行业信息化建设与管理培训班在南昌举办。中国软件测评中心副主任评测工程师张连夺作了题为“交通运输系统政府门户网站建设与管理”的讲座;交通运输部科学研究院信息中心张夕珂高工作了题为“交通运输信息化顶层设计”的讲座;交通运输部科学研究院陶圣博士作了题为“物联网技术在交通运输中的应用”的讲座。全省交道运输行业的 150 余名相关从业者参加了培训。

(省公路学会秘书处)

【全省交通行业汽车空调检修技能竞赛在南昌举办】 6 月 17 日,全省交通运输行业汽车空调检测维修技能竞赛活动在南昌举行,赛期为 2 天。各设区市汽车维修企业的 22 名选手参与角逐。

竞赛由理论知识考试和实际操作技能考核两部分组成,分别占总成绩的 20% 和 80%。经过紧张激烈的角逐,上饶、九江和新余市代表队分别荣获团体第一、二、三名。陈明华(九江市广汽丰田销售服务有限公司)荣获一等奖,黄雷(上饶市富源丰田汽车销售服务有限公司)、余忠华(上饶市富源丰田汽车销售服务有限公司)荣获二等奖,刘礼骏(景德镇市一帆汽修厂)、唐全良(九江市德众汽车销售服务中心)、华欢(新余市新田汽车有限公司)荣获三等奖。

(蔡宣灿)

【省运管局与省交警总队联合开展驾校培训能力核定】 2012年,省运管局与省公安厅交警总队联合在全省范围内开展驾校培训能力核定工作。一是由各设区市运管部门联合当地公安交警支队共同对辖区内各驾校教练场的使用面积进行了实地测定,对不符合场地面积要求的教练场进行了取缔。二是根据两部门共同核定的驾校教练场面积,参照单车训练使用面积标准(一级驾校教练车单车训练使用面积要求为408平方米,二、三级驾校教练车单车训练使用面积要求为438平方米),并按照每台教练车必须配备一名教练员的要求,核定出驾校可配备教练车的上限数量。三是在核定教练车上限数的基础上,按每辆小型教练车每月配6~8名学员,每辆大型教练车每月配8~10名学员的标准核定出驾校的培训、考试数量额度。四是由两部门根据驾校的等级对其培训培训范围进行了全面清理,发现超越范围培训的坚决予以取缔。4月,在各设区市完成驾校培训能力核定工作后,省运管局、省公安厅交警总队分别将汇总后核定结果放在各自的网站上进行了公示,接受社会监督。公示结束后,两家单位又将有关核定数据(包括驾校培训范围、培训能力、教练员、教练车等)分别录入运政管理系统和公安考试系统。此举有效地遏制了驾校无序招生、超越培训能力和范围开展培训等现象,并有力地打击了挂靠经营、倒卖培训指标等不法行为。

(省运管局　张　玮)

【省运管局举办全省驾校校长经营管理高级论坛】 12月4~6日,省运管局联合省驾培协会在庐山西海组织举办了全省驾校校长经营管理高级论坛。全省各地市部分驾校校长代表及分管领导、驾培科长等共计150余人参加了此次论坛。

此次论坛以高层次、高水平、高平台的标准,邀请了中国道路运输协会驾驶员工作委员会专家南新华和清华、北大客座教授张耀升,全球品牌网、中国营销传播网专栏作家王山分别从驾校经营管理、企业创新思维、驾校实战营销等方面进行了精彩授课,让大家享受了一次知识的盛宴。

(省运管局　张　玮)

【省运管局举办道路运输业务知识大讲坛】 4月6日开始,省运管局为进一步加强运管队伍能力建设,提升运管干部业务水平,更好地服务道路运输发展,依托视频系统在全省运管系统举办"道路运输业务知识大讲坛"。邀请部、省专家学者、省局领导、处室负责人,每月进行一次集中授课。内容涵盖政治、经济、文化、历史,使广大运管干部职工进一步拓宽视野、提高素质、转变作风,营造出创建"学习型"运管队伍的有利氛围。

(省运管局　胡　晨)

【省道路运输管理高级研修班圆满结束】 7~8月,省运管局首次组织2期全省处级以上领导干部和科级干部分赴北京中国人民大学和交通干部学院研修、培训、学习,这是该局坚持打造学习型领导干部、培养高素质队伍的创新举措,为省运管局教育培训工作提供了新思路。学员们普遍反映,研修时间虽然不长,但收获颇多,为做好道路运输管理培训工作提供了宝贵经验。

(胡　晨)

【省运管局加大驾培市场宏观调控力度】 2012年,省运管局为改变全省驾校"多、小、散、弱"状况,不断优化全省驾培行业结构,从三个方面进一步强化市场准入调控力度:一是抓规划,按照"优先发展一级驾校、适度发展二级驾校、严格控制三级驾校"的原则,科学编制了《江西省驾培行业"十二五"发展规划》,明确新增驾校必须符合规划要求;在驾校布局上推行"一个限制,两个鼓励"政策,即限制在驾校数量相对集中的地区发展新驾校,鼓励在城乡结合部位和偏远乡镇布点。二是严把关,结合全省实际,在颁布行业标准的基础上对新增驾校土地使用性质、教练车技术等级、训练场面积以及立项标准等方面进行了细化,提高了准入门槛,进一步完善了新增驾校预审报备制度和资格条件专家评审制度。三是重引导,在培训和考试计划下达及信誉考核结果运用上出台政策按照驾校类别实行差额化管理,在全省统一建立了驾培市场投资风险预警发布机制,有效防范了驾校无序增长。全年全省共有驾校434所,其中,一级驾校42所,二级驾校281所,三级驾校111所,教练车12656辆,教练员19953人,年培训能力约80万人。

(张 玮)

【宜春市公路局举办危桥鉴定、预防、加固处理讲座】 1月3日,宜春市公路局举办危桥鉴定、预审及加固处理专题讲座。全市交通系统的技术骨干90余人参加讲座。

讲座由省交通运输厅总工程师胡钊芳授课。他通过近年来大量危桥垮塌的事实,就如何鉴定、预防及加固进行了深入阐述,并结合自己多年的工作经验,同与会的专业人员进行了交流。

通过讲座,进一步提高了学员对桥鉴定、预防及加固处理重大意义的认识和专业技术水平。

(戴宪华)

【抚州市公路管理局南城分局举行养护理论知识竞赛】 4月16~26日,南城公路分局举行为期10天的养护理论知识竞赛活动。该局一贯重视养路工的养护理论教育,认识到养护技能就是养护生产力。为了进一步提高全分局养路工的养护技能和理论水平,掌握养护知识,提高养护职工的公路养护技能,举办此次知识竞赛,并以问卷的形式进行培训。该局成立了以局长为组长的评比领导小组,确保竞赛公开、公平、公正。同时设立了一、二、三等奖项,对成绩优秀者给予奖励,进一步激发了职工学习热情和工作的主动性、积极性和创造性。

(李永灵)

【抚州公路管理局金溪分局公开选拔技师】 5月29日,金溪公路分局举行公开选拔技师考试。该局晋升技师岗位等级符合晋升人数有27人,但实际晋升职数只有1个。为体现公开、公平、公正,分局领导班子决定公开考试方式选拔,符合晋升人员全部参加笔试,择优录取,考试采取临时出题,以防泄密。

(张万延)

【抚州市公路系统开展首届职业技能竞赛】 9月8~9日,抚州市公路系统首届职业技能竞赛在局培训中心举行。

各公路分局、直属各单位共有23支队伍参赛。此次竞赛活动项目包括试验检测、计量及内业资料和工程测量以及投标报价技能竞赛。比赛采取理论考试与现场技能操作相结合的方式进行。理论考试由参赛队员闭卷完成,现场技能实际操作由裁判老师以现场打分的方式进行。然后,以理论考试、现场技能操作各乘比例系数得出各参赛人员的最终成绩,并评出一等奖1名,二等奖2名,三等奖3名。

通过此次比赛,全面检验了全市系统公路职工职业技能水平,进一步提高了广大公路职工职业技能水平,推动了公路建养管征科学化、规范化水平登上台阶,促进了全行业掀起学技术、比技能、争贡献的新高潮。

(左艳华)

【宜春公路建设成就摄影展览成功举办】 2012年,宜春市公路管理局联合宜春市摄影家协会共同举办庆中共十八大宜春公路建设成就摄影艺术展览。

本次展览共收到宜春市广大摄影工作者和摄影爱好者作品1518幅。展品中有反映公路建设面貌的作品684幅,反映社会生活、自然风光的作品834幅。经过评审委员会认真评选,共评出金银铜奖作品20幅,优秀作品60幅,其中,宜春市公路管理局李锋祥作品《洪水无情,人有情》荣获社会生活、自然风光类金奖;李清泉作品《除冰铲雪保畅通》获公路建设面貌类金奖。

本次展览获奖作品于11月20日在宜春市艺术中心展出,成为全社会了解宜春市公路建设成就的又一窗口。

(易 娟)

【宜春市公路局组织开展幸福观大讨论】 4月12日,宜春市公路局组织班子成员、机关全体职工和直属单位党政负责人开展幸福观学习讨论会。

讨论会围绕围投身"幸福宜春建设"展开。与会者就树立正确观的意义、丰富内涵和实现途径提出了自己的看法和见解。普遍认为幸福是指使人们心情舒畅的境遇和生活。随着当代经济、社会的跨越式发展,尤其是改革开放以来国强民富全国为人民境遇和生活称心如意、倍感幸福。但是,由于种种原因,也尚有不尽如人意的地方,尚有不少需要努力加以克服和解决的困难、问题和矛盾,这就要求我们必须立正确幸福观,指导我们的工作和生活,推动幸福宜春建设。

大家纷纷表示,要以“一切为了人民幸福”的理念为引领,以“为宜春经济社会发展提供良好的道路条件”为己任,积极、主动地投身“幸福宜春建设”。从身边小事做起,勤于学习,不断提高综合素质;勤奋工作,回报社会,常怀感之心,清廉奉公,踏实做人,严于律己;全局上下团结一致干事业,拼搏进取,一心一意谋发展,建设好、管理好、养护好宜春公路,提升人民群众出行“幸福感”,为社会、经济发展作出更大贡献,这就是我们公路人的幸福观。此次讨论会各抒己见,气氛热烈,成了公路人为“建设幸福宜春”的誓师大会。

（易　娟）

【赣州市公路管理局注重提升职工素质】 2012年,赣州市公路管理局围绕提高干部职工队伍综合素质,积极开展各项专业技术理论、技术考核,以及职工实际技能的培训。一是结合专业技术人员业务和专业技术等级晋升,进行定期的专业技术人员公共科目和专业技术科目的教学培训和考试。同时,结合工勤人员岗位晋升,提高他们的专业业务水平。二是积极支持职工参加成人继续教育,组织工勤人员岗位晋升等级培训和考试习,改善职工队伍知识结构,提高学历层次,满足公路发展需要。一年来完成在职职工学历教育47人次,38人取得了大专及以上学历。

（赣州市公路管理局）

【景鹰高速赣皖收费站开展打击逃费车辆专题培训】 2月22日,公路开发总公司赣皖收费站组织全站人员开展常见车辆逃费方式及预防措施专题培训。

此次专题培训主要内容是:结合打击逃费车辆工作实践,就如何强化全员打逃意识、提升打逃能力、掌握甄别偷逃技巧、建立稽查机制、强化案例分析、摸索查处方法、提升沟通技巧等方面进行探讨、交流技能培训。与此同时,针对各类常见偷逃通行费的方式逐一进行剖析、总结。从通行卡人为调换、跳磅、刹磅、虚轴、“S”形行驶、千斤顶减重、强行执意闯关、及借助辅助性工具等多方面详细阐述各类可能出现的逃费现象,提出和借鉴各类实效性预防措施。

通过培训,全站员工进一步掌握了常见车辆逃费方式及预防措施,收到了显著效果。

（胡清兰）

【德昌高速鹰潭南收费站开展禁毒宣教活动】 3月5日,江西公路开发总公司德昌高速鹰潭南站为提高鹰潭南站员工对毒品的防范意识和识别能力,开展禁毒宣教活动。组织全体员工观看了禁毒教育宣传影片。影片从娱乐场所涉毒问题切入,以新型毒品为专题,深入刻画了几名年轻人沾染毒品后经历的身心磨难,集中反映了当前新型毒品对人体的严重危害。该站通过观看寓教于乐的电教片后,该站员工充分认识到了毒品对人、家庭、亲情和社会的危害,提高了自我防范意识和识别能力,全体员工表示要教育家庭和他人关爱生命,珍惜生命,永远拒绝毒品,远离毒品,并积极与贩毒、吸毒行为作斗争。

（余淑华）

【景鹰高速桥隧管理处员工学习国学经典文化】 3月7日,江西公路开发总公司万年管理中心桥隧管理处一行16人赴江西四大书院之一的白鹿洞书院“开展国学经典文化学习活动”。该处员工先后参观了白鹿洞书院的历史陈列展、东西碑廊、御书阁、朱子祠、礼圣殿、独对亭、枕流桥、状元亭、江西进士榜等文化遗产,聆听了书院党支部书记黎华的精彩讲学,了解了颜真卿、朱熹、白居易、李渤、周敦颐等历代名人在白鹿洞书院的文化故事,感受到白鹿洞书院环境的清幽和书院教育的博大精深。此次学习活动不仅对员工在思想上是一次修炼,而且在心灵上也是一次洗礼,受益匪浅。

（项　坚）

【景鹰高速公路公司万年收费站开展系列培训】 2012年,江西公路开发总公司万年收费站制定了“培训计划表”,针对员工日常工作中需要的各项技能进行系统、科学的培训,组织全站人员开展了系列培训活动:一是组该站织员工观看万年管理中心制作的“岗位、规范、形象”——收费管理与服务学习电教片,重点学习微笑服务标准,提高了对微笑服务具体要求的认识;二是该站按照规范队列的要求,由从部队退伍不久的收费员任教员,对全体员工进行严格的队列训练,从而提高队列整齐度,优化员工整体形象;三是组织员工进行交通引导手势培训,全站人员认真学习,注意要领,紧扣动作,抓好每个手势的摆放,通过规范交通指挥手势,提升收费人员的形象素质。3月21~27日,万年收费站在开展“我在微笑,扮靓万年”主题活动中,提高收费人员微笑服务水平,提升整体文明服务形象,打造“微笑万年”服务品牌。

通过培训,进一步提升了万年收费站整体服务水平,创优了收费站发展环境,提升了收费服务良好形象。

(张学武)

【德昌高速公路泾口管理处全面开展轮岗大练兵活动】 4月1日起,江西公路开发总公司德昌高速公路泾口管理处全面开展了为期1个月的“行政人员轮岗大练兵”活动。

泾口管理处以整治影响环境干部作风问题活动为契机,结合实际,制定了行政人员轮岗大练兵活动实施方案和日程安排表(方案)。明确了行政人员轮岗大练兵行政人员轮岗大练兵内容、时间、人员等。行政人员分批轮流到收费一线学习、掌握收费业务技能,每天分2班,每班4小时。

通过为期1个月的行政人员轮岗大练兵活动,进一步提升了泾口管理处员工的责任意识、服务意识和业务技能与综合服务水平,为进一步全面提升该处业务素质奠定了基础。

(万　茜)

【梨温高速公路公司鹰东收费站开展普通话培训】 4月9日,梨温高速鹰东收费站为进一步提升服务水平,增强员工语言表达能力,组织开展全站员工普通话培训。

培训的主要内容是:声母、韵母、声调,并针对该站员工普通话运用的现状与在服务广大司乘过程中容易出现的语法错误,培训教员采用“课堂互动与现场实践”相结合的方式,从语音、语法、语气、语速和发音方法等几个部分进行了具体细致的讲解,全体员工受益匪浅。

通过培训,该站员工掀起了人人学好普通话、讲好普通话、用好普通话的热潮,在工作中以更加文明规范的语言服务司乘队员,展示了良好的精神风貌,提高了全站员工的整体服务水平,受到过往司乘的一致赞许。

(万柏林)

【梨温高速公路公司鹰东收费站开展“微笑服务”培训】 4月16日,梨温高速鹰东收费站组织全站员工举办微笑服务培训。此次培训由该站2011年度“服务之星”周春兰授课。

培训的内容涵盖了微笑服务在收费工作中的意义、微笑服务的基本方法、技巧,以及如何调整心态保持和展示真诚的微笑。该站在组织全站员工举办微笑服务培训中,开展了人人讲课活动。本着相互交流学习的原则,员工们争先恐后地主动讲课,力求把自己擅长的一面展示给大家,达到了员工与员工之间相互取长补短的目的。

通过培训,该站员工详细了解了微笑服务的相关知识,树立了微笑服务意识,掌握了微笑服务的基本方法与技巧,懂得了如何调整心态不把个人情绪带到岗位上,为该站进一步打造岗位形象规范化、服务语言标准化、微笑服务亲情化的服务团队奠定了基础。

(万柏林)

【鹰潭西收费站开展创优争优、提升品牌形象活动】 自2012年4月起,梨温高速公路公司鹰潭西站开展了为期限1个月的争先创优、提升品牌形象活动。先后分别开展了“蒲公英课堂”“蒲公英特训营”2项活动。4月16日,“蒲公英课堂”在鹰西站开讲。该站“蒲公英课堂”以收费班长轮流授课的方式,分别对“打击逃费”“廉政教育”等方面进行讲解。“蒲公英特训营”活动则分批对收费员业务、礼仪、办公自动化等多个方面进行完善和提高。通过这2项活动,促进了员工各项素质的全面发展,为建设一支业务专业化、服务优质化的员工队伍和进一步巩固鹰西服务品牌形象、提升服务水平奠定了坚实的基础。

(冯晓辉)

【梨温高速公路公司东乡管理处岗位练兵塑形象】 5月~11月,东乡管理处组织开展为期半年的以堵漏增收为抓手、加强队伍建设为目的的岗位大练兵活动。

此次练兵活动内容主要是:围绕“四个一”展开,即一次培训活动,采取授课加座谈会的形式,邀请工作经验丰富的人员对打击逃费、数据稽核、业务操作进行一次培训;一日“值班站长”活动,各站选一个适宜的岗亭为值班站长室,每天选一名收费员或监控员为站长,票款、监控,系管、稽核、收费等岗位人员通过不同的换岗体验活动来增强责任意识;一次业务知识大比武,票款、监控、系管、稽核等岗位人员通过应试来提高业务技能;争当一名“打逃”标兵活动,在现有表彰文明服务标兵、优秀班组的基础上增设打逃标兵专栏,通过典型案例的示范带动大家一起堵漏增收。

通过岗位练兵塑形象活动,进一步全面整治了收费环境,提升了服务水平,加强了收费管理和队伍建设,塑造了良好的窗口形象。

(叶美蓉)

【德昌高速公路泾口收费站全员读书忙】 2012年5月份开始,德昌高速公路泾口收费站开展了“四个一”读书活动。一是全站员工每人推荐一本好书。经过筛选后,确定要读的书,将好书在员工之间进行交换阅读。二是全站员工每天读书一小时。利用休息时间见缝插针,保证读书时间。三是全站员工每两个月读完一本书。并将读书感受、体会形成读书笔记。四是每月组织一次读书交流活动。大家畅所欲言,互相交流,并从推出好的读书笔记在公示栏上予以张贴。为确保读书活动不走过场,不搞形式,泾口站将读书活动纳入了千分制考核。

通过扎实开展读书活动,该站初步形成了读好书、好读书的良好氛围,对进一步打造学习型所站,践行万年管理中心开展的精细化管理活动,丰富员工的业余文化生活,提高员工的综合素质具有重要地推动和促进作用。

(卢 霞)

【景鹰高速万年收费站“员工讲堂”有声有色】 4月初~5月中旬,景鹰高速万年收费站开展的“员工讲堂”活动有声有色,已经举行6次员工讲课。讲课内容都由员工制作成PPT课件,内容涉及微笑服务标准、逃费车辆识别与应对、特情车辆通行费减免操作、免费车操作、审带业务流程、监控系统故障应急处理等业务知识,既有通用业务知识,也有员工自己实践经验总结。在员工讲课的同时,还穿插了互动交流,充分体现了全站员工勇于展示自我自信、敢于竞争的决心和自主学习的热情。

通过开展“员工讲堂”活动,进一步完善了各岗位工作流程,统一了操作程序,使实际工作中存在的分歧、疑虑等问题得到有效解决,营造了“比、学、赶、帮”的竞争互助的工作氛围。有效提升了员工的业务水平。

(张学武 汪卫星)

【景鹰高速三龙收费站掀起岗位大练兵热潮】 2012年,景鹰高速三龙收费站从强化收费管理、提高文明服务入手,积极开展创“优质服务、优质形象”岗位大练兵活动。

该站在大练兵活动期间,以“三加”“四一”(加强内部管理,不断完善各项规章制度,认真推行责任目标工作;加强职工理论学习、业务学习,把职工队伍建设作为长期工作常抓不懈;加强“收、监、稽”管理制约机制,虚心学习各站先进经验,提高工作效率;一张笑脸来相迎,一声问候暖人心,一次服务快准清,一句回答无厌情)为目标,提高职工的综合素质。通过岗位大练兵活动,全站员工提高了职工的综合素质,进一步以优质的服务和娴熟的业务技能服务广大司乘人员,提升了收费站窗口服务形象,受到全社会的好评。

(管珊珊)

【省高速集团举办职工“安康杯”安全生产知识竞赛】 8月20日,省高速集团在南昌举办2012年职工“安康杯”安全生产知识竞赛。集团直属4个公司6个管理中心的30名选手参加竞赛。经过五轮角逐,上高管理中心获一等奖,宜春管理中心、抚州管理中心获二等奖,赣粤公司、公路开发公司、泰和管理中心获三等奖,赣州管理中心、景德镇管理中心、畅行公司、交通咨询公司获优胜奖。

(省高速集团工会)

【梨温高速玉山管理处开展警民交流学习活动】 6月20日,梨温高速公路公司玉山管理处组织员工走进武警玉山县中队开展警民交流学习活动。武警玉山中队整洁的警营环境,充满活力的年轻战士,练武的劲头,学习的热情,团结的氛围,深深地吸引了同样是年轻人的高速公路员工。员工们先后参观了武警玉山县中队的学习室、监控室、警备室、理发室、训练场、宿舍和食堂等,详细了解部队的建设和管理。员工们对警营中的日常管理、内务务设置、组织纪律、学习制度、训练要求及警营文化等非常羡慕又深受鼓舞。员工们在参观后都很有感慨,纷纷表示要像武警战士一样,严格要求自己,自觉遵守纪律,勤奋努力,做到技术过硬,作风过硬,服务过硬,成为真正合格的新时代高速人。武警战士们也表示,许多年轻的员工身上充满了爱业、敬业精神,员工的良好品质、工作作风值得他们好好学习。参观结束后,员工们还与武警玉山中队举行了篮球友谊比赛。玉山管理处通过市展警民交流学习活动强化了作风建设,提高了管理水平,进一步树立了高速人良好的新形象。

(熊娅萍)

【江西获全国航道养护技术考核第三名】 2012年,交通运输部通报2011年全国航道养护技术考核情况,江西省获考核第三名。

根据《航道养护管理规定》,交通运输部于2012年首次组织开展全国航道养护技术考核工作,在各省级交通运输主管部门和部属单位对2011年航道养护自查的基础上,组织对云南、广东、福建、安徽、江西、湖南、江苏、河南和山东等9个省的航道养护工作进行检查。综合本次检查情况和日常掌握的情况,评定前三名,依次为广东省、江苏省、江西省。

(雷声猛)

【梨温高速培训一线干部　提升实践能力】 11月2日,梨温公司为期4天的站级干部培训班在省交通干部学院圆满结束,共有65名来自基层一线的站级干部参加了培训。

培训班结合管理实际安排了企业管理、收费管理、财务知识、公文写作、廉政教育、劳动合同法等课程。特邀省委办公厅秘书处处长刘新明,江西师范大学胡礼文、王从容等专家教授及本系统本公司领导等授课。培训期间,该公司领导先后看望和鼓励培训班学员,要求学员以干部的“五能三化”,即提高科学谋划、推动发展的能力;提高服务社会、保障畅通的能力;提高维护稳定、构建和谐的能力;提高应急处置、贯彻执行的能力以及强化执行,培育雷行风行工作作风;强化决策,提高队伍管理水平;强化境界,铸造拒腐防变底线,进一步增强责任感和使命感,提高和促进公司科学发展的水平,努力在本职岗位上做出一流业绩。

通过此次培训,学员们表示视野更加开阔,业务实践能力有所提高,受益匪浅。

(龚淑霞　胡　丹)

【省路政总队组织路政管理业务法律法规知识考试】 7月31日,省路政总队为进一步加强路政执法规范化建设,提高高速路政执法队伍依法行政能力,抽取全系统各单位部分路政人员进行业务法律法规知识考试。

此次考试由总队按照各支队机关及所属大队在职在编人员的执法证号,随机抽取部分路政人员进行闭卷考试,共计290余人参加考试。

考试内容以行政强制法为主,范围涵盖《中华人民共和国行政强制法》《公路安全保护条例》《江西省高速公路管理条例》和《路政文明执法管理工作规范》等。考试由总队统一出题,题型为选择题、简答题和案例分析题。此次考试由各支队行政执法评议考核小组交叉进行监考。

这次考试拉开了高速路政系统岗位“大练兵、大比武”活动的序幕,以考促学,敦促全体干部职工利用业余时间学习路政业务法律法规知识,温故知新,查缺补漏,不断提升执法素质、执法理念和业务水平,着力打造路政执法铁军,保障高速公路安全畅通。

(叶小燕)

【上饶市运管处组织出租车节油比赛】 2012年,上饶市客管处组织举办了“城区出租车油、气比拼活动”。在此次活动中,由处工作人员及公司派出人员组成以汽油组、LPG组2个组,分别跟车到油站及气站监督各参加活动车辆加满油和气,并填好出租车油、气比拼活动登记表,比拼活动由此正式拉开序幕。比拼活动结束后,经过统计得出参加比拼的车辆平均车日行驶千米数为420千米/天;3辆烧油出租车总行驶里程为1345千米,油耗119.85升,计809元,平均油耗0.60元/千米;参加比拼的3辆烧气出租车总行驶里程为11176千米,气耗142.13升,计554元,平均气耗0.47元/千米。比拼结果是:气与油价差0.13元/千米;每天加注燃气的出租车比加注汽油的出租车平均每天节约54.6元。

通过比赛,充分调动市中心城区出租车公司及驾驶员运用LPG清洁能源,提高城市空气质量和节能减排工作的积极性。

(李月煌)

【上饶市运管处在全省汽车空调检测维修节能竞赛中创佳绩】 2012年1~6月,上饶市运管处将参加全省汽车空调检测维修节能竞赛活动作为贯彻执行2012年"节能低碳、绿色发展"节能宣传周的重要举措来抓,在汽车空调检测维修行业中倡导推广应用汽车维修新技术、新工艺、新设备和新材料,建立绿色汽车维修机制,引领汽车维修行业实现科学生产和绿色消费,为在全省汽车空调检测维修节能竞赛中创佳绩奠定了基础。

6月17日,上饶市运管处选派的空调检测维修技工黄雷、余忠华在全省交通运输行业汽车空调检测维修技能竞赛活动中力挫群雄,取得团体第一名和双双获得个人二等奖殊荣。

(上饶市运管处)

【上饶市汽运集团举办首期员工演讲比赛】 7月30日,上饶市汽运集团工会在上饶举办了首期全公司员工演讲比赛。

参加演讲比赛的有司属8个单位的8名演讲员。比赛内容是演讲"面对面,心贴心,实打实为职工服务在基层"的典型事例,"心系汽运,爱岗敬业"的好人好事,有强烈的敬业精神和责任心等。5位评委对演讲者进行评分,评分标准分为主题内容、普通话标准、演讲技能和演讲效果。经过激烈的角逐,上饶汽运集团余干公司演讲员苏芳芳获得第一名,公司机关行政办公室余超琼获得第二名,上饶汽运集团德兴公司熊伟杰获得第三名。

通过演讲比赛,促进了上饶市汽运集团"面对面,心贴心,实打实为职工服务在基层"活动向纵深发展,培养了广大员工的敬业精神,宣扬了好人好事,推动了公司文化建设和企业发展。

(李长乐)

【上饶市运管局开展客运站负责人培训】 10月中旬,上饶市运管局举办道路运输管理机构驻客运站负责人和客运站负责人培训班。培训围绕进一步规范道路运输管理机构驻客运站监督管理工作,强化安全监管,保护客运站、旅客和进站经营者的合法权益等内容进行。

通过培训,统一了道路运输管理机构驻客运站负责人和客运站负责人道路运输管理机构驻客运站负责人和客运站负责人的思想认识,使他们明白了肩负的责任及责、权、利三者的关系。与会者纷纷表示要在今后的道路运输安全中秉承"安全责任重于泰山"的理念,恪尽职守,为全市道路运输安全筑起新的安全墙,竭力做好各项工作,为司乘人员和广大旅客提供最佳服务。

(殷国祥)

【上饶市公路局举办桥梁安全技术培训班】 5月9~10日,上饶市公路管理局举办桥梁安全技术培训班。该局所辖基层单位近80余人参加了培训。

此次培训,该局特邀请公路桥梁专家江西省土木建筑学会教育工作委员会副理事吴继锋、江西中煤建设集团有限公司总工谌润水为大家授课。受邀专家用丰富的知识,直观的图片就常见的公路危旧桥的检查、检测、评定和公路桥梁的常见病害、公路危旧桥梁维修加固技术等内容进行了认真分析和讲解,具有针对性、实效性强的特点。

培训期间,学员们以所学得的知识就公路桥梁养护方面常见病害与技术对策展开探讨,与授课专家交流互动,收到了良好的效果,为进一步做好桥梁养护工作奠定了坚实的基础。

(章松青)

【上饶市交通运输局举办职工子女国防知识讲座】 8月12日,上饶市交通运输局关心下一代委员会组织职工在校中学生子女进行"认识国防"教育讲座,局属各单位职工中学在校生参加了讲座。通过讲座,使每位在校生增强了国防意识、激发了学习国防知识和文化知识的热情,丰富了他们的暑期生活。

(上饶市交通运输局交通战备办)

【信州区交通运输局举办交通职工技能竞赛】 5月3日,信州区交通运输局举办全系统职工技能大赛。全区交通运输系统的60余位选手分别参加了安全知识比赛、交通执法规范指挥手势比赛、公路测量技能比赛、出租车安全技能比赛。

(黄和顺)

【上饶市港航管理处举办行政执法知识讲座】 4月11日,上饶市港航管理处举办行政执法知识讲座。邀请鄱阳县法院行政庭法官胡春华上门授课。授课内容包括行政处罚法、行政许可法、行政强制法的法律效力、法律程序等重要内容,并结合港航执法工作实际和典型案例进行分析。

通过讲座,进一步增强了上饶市港航系统干部职工学习行政执法知识的责任感和紧迫感,以及以理论指导实践的积极性,对提升一线人员公正执法、文明执法水平有较大的帮助和促进作用。

(上饶市港航管理处)

【上饶市交通运输局注重交通执法人员培训】 2012年,上饶市交通运输局围绕《行政强制法》与依法行政、文明执法、优质服务和该局交通行政执法工作中存在的突出问题及解决的方法等内容,举办了5期交通执法人员培训班。

培训班采取由领导干部带头、法制骨干推动、职工群众铺开的三级实施机制进行。邀请了上饶市法制办专家、上饶市运管局领导授课。每期培训班结束时均进行了闭卷考试。全系统共有566名执法人员参加培训。执法岗位培训覆盖率达100%。

(王淑琴)

【瑞金市举办从业人员安全教育培训班】 5月9日,瑞金市运管所举办从业人员安全教育培训班。全市272个客运从业人员参加培训。

培训班邀请该市安监督局、交管大队专家授课。培训内容结合本市客运安全生产总任务、总目标,讲解道路运输安全生产法律、法规,安全生产标准化建设,事故隐患排查,重、特大事故预防和典型事故案例分析等内容。

通过学习培训,增强了学员们的安全意识,对遏制与减少道路运输事故起了重要作用。

(陈娟屏)

【上饶市公路局开展路政人员大练兵大比武活动】 9月初,上饶市公路局分4个片区对全市158名路政执法人员组织开展了大练兵大比武活动。

此次活动以该局提出的“五新”,即队伍素质要有新的提高、服务质量要有新的改善、办事效率要有新的改进、业务技能要有新的增强、群众满意度要有新的提升为主要内容,旨在造就一支文明、高效、快捷、规范的路政执法队伍。此次活动分为宣传动员、练兵、考核验收、成果展示4个阶段进行。考核的内容主要有综合知识竞赛、业务技能展示、队列、交通手势操竞赛等。活动达到了预期的目的。

(章松青)

【吉安市港航管理处开展港航执法人员培训】 9月12日,吉安市港航管理处举行了全市执法人员培训。培训对象是各县所所长、港政执法人员(1~2名)。培训的内容有《中华人民共和国安全生产法》、《中华人民共和国港口法》、《江西省交通行政处罚自由裁量权细化标准(试行)》、《港口经营管理规定》、《港口建设管理规定》、《港口岸线使用申请审批程序》、港口项目申报立项程序、《国内水路运输经营资质管理规定》、《中华人民共和国行政强制法》等。

此次培训方式是:采取先让参培对象分散自学的方式,学习各自岗位上的有关培训资料,然后采取以闭卷的形式进行统一考试以检验自学效果,最后集中解答参培对象提出的疑难问题。

通过培训,参培人员进一步知法懂法,为依法行政,做好港口经营业户及水运企业审(核)报批工作奠定了扎实基础。

(吉安市港航管理处)

【吉安市举办港口经营培训班】 吉安市交通运输局为加大港口经营管理力度,使广大港口经营业户熟悉、了解《中华人民共和国港口法》有关港口经营管理的主要内容,切实落实港口经营人经营资质,结合全市港口行业管理实际,吉安市港航管理处于10月26日召集全市港口经营人举办了一期全市港口经营培训班,共有29人参加此次培训。

【吉安市公路处举办公路知识竞赛】　7月18日，吉安市公路处举办公路知识竞赛，全市13个县(市、区)公路站参加了此次竞赛。竞赛分预赛和决赛两场，分别评出一、二、三等奖各一名，优秀奖三名。所有竞赛题目均从各县(市、区)按公路桥梁基础知识、公路工程质量管理、公路桥涵养护、路政管理等八项内容上报汇编的《吉安市公路知识竞赛五百题》中抽取。经过一天的紧张角逐，安福县公路站代表队获一等奖，新干县公路站代表队获二等奖，吉安县公路站代表队获三等奖，泰和县、遂川县、万安县公路站代表队获优秀奖。

通过开展此次公路知识竞赛激发了广大县乡公路系统干部职工立足岗位、扎实工作、建功立业的工作热情，活跃了县乡公路系统广大干部职工文化生活。

(廖琼妮　刘文权)

【弋阳、横峰和铅山县公路分局开展路政大练兵活动】　9月14日，上饶市公路局所辖上饶、弋阳、横峰和铅山4个县公路分局的21名路政员聚集在铅山公路分局，开始了为期一个星期的大练兵活动。

这次大练兵是据全省公路路政系统大练兵大比武活动要求，进一步加强路政执法队伍建设，全面规范路政文明执法行为而开展的一项重要活动。活动分为综合知识(包括政治理论、法规知识、公文写作、业务知识)、业务技能(包括案卷制作、事故现场勘查和车辆驾操)、队列及交通手势操3个科目进行。大练兵活动邀请了当地武警与交警教官授课和进行队列和交通手势操作示范。通过大练兵大比武活动，学员们依法行政、文明执法、优质服务水平明显提升。

(陈精华)

【仙女湖景区多部门联合开展交通遇险应急救援演练】　7月3日，仙女湖区交通运输局、安监局、旅游局、仙女湖游船公司联合消防大队、地方海事处共同开展水上交通遇险应急救援演练。

演练模拟游客在仙女湖突发的大风大浪同落水遇险的危局中，指挥部接到事故报告后迅急启动应急预案，各应急小组紧急集合，救援船在10分钟内赶赴事故现场，组织实施事故水域水上交通管制和现场救援，安全救出落水人员的施救全程。

通过此次演练，提高了仙女湖景区对水上交通安全突发事故的预防和应急救援能力，达到了了预期效果。

(龚青林)

【新余市开展道路运输法律法规知识竞赛活动】　10月12日，新余市运管处开展了一次全市道路运输法律法规知识竞赛暨选拔赛活动。此次竞赛共有来自市处及县(区)所6支队伍18人参赛。

经过认真答卷，最终决出团体奖3名，个人优秀奖1名，并从中选拔出6名优秀选手参加全省道路运输法律法规知识竞赛。

此次竞赛加强了道路运输法律法规的宣传，检验了全市道路运政执法人员的业务知识水平，提高了交通运输运政人员学法、执法、守法和依法行政意识和水平。

(张　芳)

【全省处置水上突发事件应急演练在星子举行】　9月17日，省交通运输厅、九江市人民政府联合主办的处置水上突发事件应急演练在鄱阳湖星子水域举行。这是首次在鄱阳湖水域开展处置水上突发事件应急演练。参加演练的单位有：江西省地方海事局、江西省水上搜救中心、驻江西省航务军代处、九江市地方海事局、江西省水上搜救中心鄱阳湖分中心、九江市交通运输局、九江市水上公安分局和星子县人民政府。

演练分人员救助、船舶消防灭火、船舶救援、水域污染控制4个科目进行。参加演练的船舶共30艘，历时40分钟。

通过本次处置水上突发事件应急演练，检验了有关部门应对水上突发事件应急处置能力，对有效预防及时控制和减少突发事件造成的危害，确保鄱阳湖一湖清水有一定的推动、促进作用。

(九江市交通运输局、港航管理局)

【九江市港航管理局举办科级干部培训班】　4月21～22日，为进一步提高港航科级干部整体素质，加强干部作风建设，提升港航管理工作水平，九江市港航管理局在交通宾馆举办科级干部培训班。九江市港航局副科级以上干部和局机关全体人员共计69人参加培训。

(九江市交通运输局、港航管理局)

【**抚州市交通运输局举行中共十八大精神专题辅导会**】 12月26日,抚州市交通运输局邀请江西省委党校党史党建教研部副主任、教授杨会清作“高举旗帜,继往开来”十八大精神专题辅导报告。局机关、直属各单位及港航分局、公交总公司干部职工100余队参加专题报告会。

杨会清在专题辅导报告中详细介绍了中共十八大召开的历史背景、地位、意义,深刻阐释了中共十八大主题,并围绕中共十八大报告,用生动的语言、鲜活的事例、翔实的数据,结合当前国内外出现的新形势、新情况、新问题,对中共十八大的新思想、新观点、新要求作了透彻分析和详细解读,对科学发展观的内涵和实质、全面建成小康社会的战略任务作了系统辅导。

通过专题辅导,与会人员对中共十八大召开的重大现实意义和深远的历史意义有了更加深刻的理解和认识,进一步提高了干部职工学好、用好十八大精神的热情和全局人员加速建设现代化、实现中国梦的自觉性和积极性。

(陈根玲)

【**抚州市举行公路养护技能竞赛**】 9月26日,抚州市公路系统举行养护技能竞赛,全市各县(区)公路分局12支代表队的72名一线公路职工参加比赛活动。

此次公路养护技能比赛分养护理论知识和现场技能技术操作2项内容进行。养护理论知识有公路养护技术规范、公路桥涵洞养护规范、雨季公路防汛要点等;现场技能技术操作主要是实施整治50米路容路貌。通过此次技能竞赛,进一步激发了全市广大公路养护职工学知识、比技能、立志岗位成才的热情,对提高养护管理科学化、规范化水平,推动抚州市公路养护事业健康发展有着积极的意义。

(陈根玲)

【**抚州长运公司特色企业文化活动有声有色**】 2012年,抚州长运公司坚持企业文化建设与生产经营相结合的方针,以员工喜闻乐见的方式营造健康、文明、和谐的文化氛围;以竞赛的方式营造积极、主动、快乐的劳动氛围,取得了较好的效果。先后举办了“七·一诗歌朗诵会”,并与市交通运输局联合举办学雷锋活动,以及“企业文化专题讲座”、“公文写作比赛”、庆“五一”登山活动。与此同时,开展了以“我与抚州长运”为主题的征文等一系列活动。通过活动,加速了企业文化建设步伐,进一步增强了员工的归属感和凝聚力,促进了抚州长运各项工作的发展。

(抚州长运公司)

【**抚州长运公司开展安全知识竞赛推进安全工作全员化**】 8月18日,江西抚州长运有限公司举办了“2012年安全知识竞赛”。抚州市交通运输局、市安监局、市运管处的领导亲临比赛现场指导。抚州长运公司及其所属单位的19支代表队、共57名选手参加了本次竞赛。

本次竞赛采取预赛和决赛形式进行。经过书面闭卷预赛,6个表队进入决赛。决赛分必答、抢答、风险竞答3个环节,内容紧扣安全生产主题,在轻松的氛围中传播了安全文化,博得了观众和评委的一致好评。经过激烈的角逐,南丰分公司代表队摘得桂冠,客运总站1队、客运总站2队获得二等奖,机关代表队、南城代表队、培鉴中心代表队获三等奖。

(抚州长运公司)

【**宜黄县交通运输局重视职工教育培训**】 2012年,宜黄县交通运输局针对单位人员来自四面八方、文化程度档次高低不一的情况,通过采取多形式、多层次、多渠道的培训方式,多措并举,开展职工教育培训。

一年来,该局根据工作需要,既接收大中专毕业生,也鼓励在职人员自学成才,既有高、中等教育,也有继续教育,使各个层次的职工在高、中等教育中保持一定的比例。在配合局职工教育全面开展的同时,还鼓励广大职工走自学成才之路,突显以人为本精神。与此同时,有计划、有目的的在职工中选送一批工作表现好,文化水平较低的员工上电教中专、函授大学,让他们边学边工作,做到学以致用。通过教育培训,提高了员工的文化和业务知识水平,提升了全局职工整体素质,保障了全局各项工作任务的顺利实现。

(李华荣)

【**浮梁县举办交通运输业务知识培训班**】 10月9日,浮梁县交通运输局举办交通运输业务知识培训班,旨在推动交通运输工作科学规范高效地向前发展。该县18个乡(镇)分管交通工作的负责人及交通运输管理站站长参加培训。

培训班主要围绕道路运输管理、农村公路建设与管理、农村公路项目申报及相关政策等知识进行讲解,并特邀江西卫视金牌调解主持人胡剑云老师讲授人际交流与沟通课程,使学员们深受启发。

通过此次培训,该县交通运输管理人员的业务知识水平和能力得到进一步提高,为全面做好交通运输各项工作打下了坚实基础。

(郑卫华)

【景德镇市公路运输管理处举办行政执法知识竞赛】 9月27日,景德镇市公路运输管理处举办全市道路运输行政执法知识竞赛。

景德镇市公路运输管理处为开展好此项活动,专门成立知识竞赛领导小组,并制订实施方案。景德镇市公路运输管理处和县(市、区)公路运输管理所及城市客运管理处以此次活动为契机,掀起学习运政法律法规和业务知识的高潮。通过层层选拔,最后确定参加本次竞赛活动的有景德镇市公路运输管理处、市城城市客运管理处、乐平市公路运输管理所、浮梁县公路运输管理所、昌江区公路运输管理所等5个代表队参加,每队各有3名队员参赛。

竞赛分为笔试和现场答题2部分内容。现场答题阶段分个人必答题、团队共答题、抢答题、观众互答题和风险题5个题型。经过激烈角逐,景德镇市公路运输管理处代表队最终获冠军。比赛中排名前两名的队将选送至省公路运输管理局参加比赛。

通过全市道路运输行政执法知识竞赛活动,进一步提升了运管人员对运政去律规章的掌握和运用法规解决实际问题的能力与全市运管队伍综合素养,丰富了单位职工的文化生活,增强执政为民理念和依法治运与优质服务能力。

(刘巧英)

【景德镇汽车运输集团公司举办消防知识培训班】 4月24日,景德镇汽车运输集团公司举办消防知识培训班。邀请武警消防警官讲授运输及仓储企业消防工作特点及初期火灾捕灭常识。公司所辖金三角物流中心、"零千米"商品车汽车运输公司、交通战备车队、通达出租汽车公司、机动车综合性能检测站、交通汽车修理厂、捷腾汽车运输有限公司等单位的管理人员和安全管理人员共30余人参加培训。理论授课结束后,消防警官现场演示了手推式粉灭火器、手提式干粉灭火器等消防器材的使用操作要领,受训学员逐个进行了利用手提式干粉灭火器捕灭火灾的演练,提高了消防理论水平、安全意识与实际操作技艺。

(涂　强)

【景德镇市公路运输管理处举办消防演练】 9月29日,景德镇市公路运输管理处邀请消防武警教官对全处干部职工进行消防知识培训。

消防武警教官为大家现场讲解了常见灭火设施性能、灭火基本原理及基本操作方法、正确报警方法、消防器材详细使用方法、火场自救与救人的方法等各类消防安全知识,并结合系实际,进行消防灭火实战演练。大家学习认真,并提出各类问题请教教官。

通过培训和实战演练,使该处干部职工对消防安全常识有了进一步了解,增强了运政干部的消防安全意识,提高了运政干部扑救初期火灾能力及应急反应能力与技能。

(刘巧英)

【景德镇市交通运输局开展党纪政纪条规教育月活动】 2012年8月,景德镇市交通运输局党委在全系统组织开展党纪政纪条规教育月活动。

其间,该局党委先后举办党员干部廉政知识讲座,加强廉政准则、公务员法等法律法规的学习;组织110名党员干部观看了重大历史题材教育片《忠诚和背叛》和警示教育片《苏共亡党亡国十年祭》;组织副县级以上领导干部党纪政纪知识测试;组织党员干部认真查找各自岗位廉政风险点,并制定相应的防范措施。

通过系列教育活动,全系统党员干部的党性观念得到进一步加强,进一步熟知了党纪政纪条规知识,进一步提高了依法行政、廉洁自律水平。

(吴小红)

【德昌高速泾口处举行"爱岗敬业、我为德昌添光彩"朗诵比赛】 4月17日,德昌高速泾口管理处举行以"率岗敬业、我为德昌添光彩"为主题的朗诵比赛,全处共有8名员工参加。参赛市工以饱满的热情,或慷慨激昂,深情款款,发自肺腑地表达了对高速事业、对中心、对本职工作的无限热爱和赞美之情。比赛中,高潮迭起,掌声不断。精彩的表现展示着每位参赛员工扎实的基本功和独特的个人魅力。同时感染了在座的每个人,让每个人都真切地感受到了该处员工蓬勃向上的精神风貌和对未来生活的美好向往。此次朗诵比赛不仅丰富了员工的业余文化生活,经历了一次身心陶冶,拉近了员工彼此的心灵距离,还发掘出了一批有才艺的人才。

(邹岳华)

【景鹰高速余江管理处举办"爱岗敬业"朗诵比赛】 4月24日,景鹰高速余江管理处举办了"爱岗敬业,展景鹰人风采"朗诵比赛。

此次朗诵比赛共有12名选手参加。演讲内容由参赛者自己撰写,围绕主题可以是散文,也可以是诗歌。比赛中,选手们没有任何拘束,情绪饱满,表现出色。经过激烈的角逐,最终养护所熊文劫演讲的"养护战线上的女人花"获得此次朗诵比赛第一名,鹰潭南站春风岗的胡静和方小艳分别获得第二名和第三名。

(余江处)

【江西公路开发总公司开设"道德讲堂"弘扬传统美德】 6月12日~12月,江西公路开发总公司为引导全体干部职工投身道德实践活动,营造浓厚的道德文明氛围,开设了"道德阱堂",26名干部职工参加了学习。"道德讲堂"每堂课共设"唱歌曲、学模范、诵经典、发善心、送吉祥"5个内容,以社会公德、职业道德、家庭美德和个人品德"四德"为弘扬传统美德的基本讲学范围。"道德讲堂"组织学习了章金媛爱心奉献团的模范事迹,学习了扬传统美德经典50则等内容,营造了浓厚的道德文明氛围。大家纷纷表示受益匪浅,要以实际行动投身公司和社会道德文明建设。

(陈碧娟)

【江西公路开发总公司举办廉政教育专题讲座】 7月13日,江西公路开发总公司为深入开展反腐倡廉教育,筑牢拒腐防变思想防线,举办了廉政教育专题讲座。总公司各单位领导班子,总公司副科级以上干部,总公司机关及恒辉公司全体员工,共计200余人参加讲座。

本次讲座邀请了江西省纪委常委李泉新授课,作题为"加强党性修养,树立和弘扬优良作风,筑牢拒腐防变的思想道德防线"近3个小时的精彩讲座。他剖析了腐败堕落的典型案例及产生的根源,深刻阐述筑牢拒腐防变思想道德防线的重要性,谆谆告诫党员干部要常修为政之德,常思贪欲之害,常怀律己之心。李泉新从典型案例中总结出六个方面的经验教训:一是要坚定理想信念,不能丧失灵魂;二是要坚持执政为民,不能淡忘责任;三是要严格自律,绝不能放纵欲望;四是要防微杜渐,绝不能轻视小节;五是要坚持原则,不能为情所累;六是要自觉接受监督,不能为所欲为,要筑牢拒腐防变思想道德防线。此次讲座主题鲜明、立意深远、论述精辟,事例具体、内容丰富,具有很强的政治性、思想性和指导性。

通过讲座,全公司干部员工纷纷表示,收获很多、启迪很大,进一步提高了党风廉政建设重大意义的认识,增强了贯彻落实党风廉政建设的积极性和自觉性。

(缪德良)

【德昌高速泾口养护所举行首次雨雪天气应急处置演练】 1月5日,德昌高速泾口养护所协同省高速交警一支队二大队、路政等有关单位,在德昌高速K168~K193路段举行了高速公路雨雪天气应急处置演练。当日晚上20时许,泾口养护所负责人宣布雨雪天气应急处置演练开始并启动应急预案。该养护所首先对应急程序作了安排,对应急物资数量、质量再次进行了确认,对应急物资的性能及使用做了说明;同时与路政、交警等联动部门取得联系,进行沟通和协调。21时,天空下起了雨夹雪,该所立即对应急物资进行装车,输送至易结冰的路段。然后在金溪湖特大桥、信江特大桥、抚河特大桥等易出险位置进行堆放融雪剂,摆放安全锥、放置麻袋等。22时,联动部门都已到位。交警、路政人员立即按照交通管制流程对过往车辆进行疏导分流。23时30分,天气好转,雨雪渐停,23时45分,泾口养护所首次雨雪天气应急处置演练圆满完成。

此次演练共使用反光锥328个,融雪剂98包、麻袋4785个、标志牌22块等。演练结束后,泾口管理处养护所提交了演练报告，详细说明演练过程中发现的问题。该所将对演练过程中的不足进行了整改，已经形成高速公路雨雪天气应应急处置长效机制。

（龚海燕）

【兴国县举办机动车驾驶员继续教育培训班】 4月24日，兴国县交通运输局驾培协会举办为期1天的机动车驾驶员继续教育培训班。全县各驾校负责人、机动车教练员等共90余人参加培训。

培训内容有：道路运输法律、法规，交通运输安全知识，教练员基本素质、能力、水平、服务方式与创新发展等。

通过培训，学员的法律意识、安全与服务意识和职业道德意识明显增强。

（杨仁林　肖　斌）

【赣州市高管处开展寻全高速公路征地拆迁工作培训】 3月8日，为顺利推进成寻全高速公路征地工作，营造良好的公路建设氛围，赣州市高管处召集寻全高速公路的三个县等有关部门和乡镇负责人、寻全高速公路征地拆迁工作组成员召开征地拆迁工作培训会。赣州市高管处书记、处长、寻乌县分管副县长、安远县分管副县长、信丰县分管副县长、寻全高速公路有限公司总经理，出席培训会。培训会上，赣州市高管处征地拆迁办就各县就土地征收、农房拆迁、林地和等相关政策和明确补偿标准等一一作了详细讲解，并就成寻全高速公路征地拆迁工作提出要求，主要是：各相关单位要进一步提高认识，高度重视，加强领导，采取有力措施，扎实有效推进高速公路征地拆迁工作：一是加大政策宣传力度。要充分利用广播、电视、报刊、网络等各种舆论宣传工具，并通过座谈、板报、标语、宣传栏等多种形式，广泛宣传高速公路建设的重要意义，宣传征地拆迁安置补偿等相关法律法规政策，动员和号召群众积极行动起来，全力支持配合高速公路建设。二是在执行标准上要坚持“一个口径”“一把尺子”。三是从快从速、扎实工作抓好落实，确保寻全高速按时动工。培训会议达到了预期效果。

（钟洪青）

【赣州市公路管理局举办养护道班规范化管理系统培训班】 5月18日，赣州市公路管理局举办养护道班规范化管理系统培训班，帮助各分局和道班相关工作人员熟练掌握《养护道班规范化管理系统》的操作方法，各分局道班管理系统管理员、各道班具体操作员共30余人参加了培训。此次培训由省公路局养护处工作人员进行授课，主要是对道班规范化管理系统中路段管理、员工考勤、生产实绩、经费记录等基本操作以及其他实际应用中的要点、难点进行了重点讲解，并现场解答参训人员在道班管理工作中遇到的具体问题。推广应用道班规范化管理系统是2012年养护工作的一项重点任务。

通过培训，该全局47个道班将全面实现电脑文档取代手写报表，进一步促进道班内业资料系统化、规范化、电子化管理，从而大幅度减轻了道班统计员的劳动强度，建高了工作效率。

（朱江华）

【赣州市城客处举办全市宣传贯彻“两规”培训班】 5月24日，赣州市城客处举办全市宣传贯彻“两规”，即出租车服务质量信整考核办法（试行）、出租汽车驾驶员从业资格管理规定培训班。各县（市）运管所分管出租车及从业人员管理的负责人、出租车汽车企业代表等50余人参加培训。此次培训由交通运输部道路运输司通过道路运输业务知识大讲坛平台和省运管局视频系统对全省车管理人员进行的一次出租专题视频讲座。主要内容是宣传贯彻《两规》，即出租车服务质量信誉考核办法（试行）、出租汽车驾驶员从业资格管理规定。通过培训，对加强出租车加强出租车驾驶员的从业资格管理和出租车服务质量信誉考核工作奠定了坚实基础。

（汪剑锋）

【赣州市举办机动车维修质量检验员从业资格培训班】 7月26～30日，赣州市运管处、机动车维修检测行业协会联合举办全市机动车维修质量检验员从业资格培训班。各汽车客运站、机动车维修企业的学员共120余人参加培训。培训班采取理论与实践相结合的方式进行。培训内容有职业道德与法律、维修检验技术、发动机与底盘检修技术等。经过理论和实际操作考核，95%的学员获得了从业资格证书。（李发淳）

【**瑞金市举办客运从业人员安全教育培训班**】 j5月10日,瑞金市举办客运从业人员安全到育培训班。全市72名客运从业人员参加培训。培训班邀请该市政安监局、市交通大队专家授课。培训内容涵盖安全运输法律法规、事故隐患排查、事故预防、典型案例分析、安全生产标准化建设等。通过培训,学员们进一步增强了安全意识,对有效遏制与减少道路运输安交全事故有较大地推动和促进作用。

(陈娟屏)

【**心存感恩 励志进取——江西交通职业技术学院举办"感恩励志"演讲比赛**】 4月12日,江西交通职业技术学院以举办"心存感恩、励志进取"为主题的演讲比赛在图书馆报告厅举办,经预赛选拔的10位选手参加了决赛。

比赛中,10位参加决赛的选手结合个人的生活情感经历从不同的角色分别阐述了对"感恩、励志"这两个词的理解和人生感悟。欧阳捷演讲的《感恩自然》;龚宽宽演讲的《感恩父母心》、谢心怡演讲的《常怀感恩之心共创人间美好》、黄娇演讲的《感谢你,那如山般的男人》等感情真挚,质朴感人,结合自己亲身经历,给大家带来了一场震撼灵魂的精神洗礼。

经过激烈角逐和评委们的认真评判,谢心怡获得一等奖;龚宽宽、肖雄荣获二等奖,赵乐丹等荣获三等奖。路桥工程系凭借3位选手的出色发挥,荣获团体一等奖,管理工程系和建筑工程系分别荣获团体二等奖和三等奖。

(江西交通职业技术学院)

【**萍乡市运管处强化干部职工素质打造过硬队伍**】 萍乡市运管处为进一步深化"创建学习型运管,争当知识性运管人"活动,坚持用"五个一"活动,即每天学习1个字、每天自学1小时、每月看1本好书、每月组织1次考试、所科长以上干部每半年撰写1篇工作调研文章活动。以此进一步来督促全体干部职工不断调整知识结构,拓宽文化视野,提高思想高度,提升内在素质。与此同时,成立了书法、摄影、冬泳、乒乓球、棋牌等兴趣小组,组织干部职工参观特色文化基地,组织名人讲座,开展书画摄影展、棋类球类比赛、趣味运动会、文艺表演、歌咏比赛、专题演讲、有奖征文等活动,促进干部职工文化生活健康发展。

(萍乡市交通运输局)

【**湘东区交通运输局加强理论学习全面提升员工整体素质**】 湘东区交通运输局历来十分重视强化干职工的理论学习,坚持以科学的理论武装干职工头脑,提高理论素养,先后制定和完善了局中心学习组学习制度、领导干部民主生活会学习制度、党日学习和机关每周一次的政治业务学习制度、交通系统干职工学习培训办法等。该局领导班子成员模范遵守学习制度,带头并督促检查职工学习情况。2012年,该局组织干部职工认真学习十八大精神,并结合行风评议,使干部职工的素质不断得到提高,领导班子的整体能力得到进一步加强。

(萍乡市交通运输局)

【**芦溪县交通运输局积极开展"全民读书、书香交通"活动**】 2012年,芦溪县交通运输局按照上级要求,制订"全民读书、书香交通"活动实施方案和学习计划,每月开展了政治理论学习、业务知识培训、书法作品展、朗诵比赛、心得体会交流、撰写读书笔记等一系列活动。全年机关干部共撰写学习心得45万字,创作书画作品245篇。多年来,芦溪县交通运输局一直高度重视提升干部职工的文化素质和业务素质。一是利用学习日组织干部职工学习有关文件精神、会议精神和相关业务知识;二是不定期组织工地驻地技术员、监理人员学习有关文件及相关技术规范,以提高各工程项目部和施工人员的工程管理水平和业务技能;三是不断加强党员干部的政治思想和勤政廉政教育,努力提高党员干部的综合素质和服务意识;四是积极鼓励职工参加各种学习及上级部门举办的业务知识培训。通过多种学习方式相结合,全局干部职工的思想认识、专业技术水平和业务素质均有明显的提高。

(芦溪县交通运输局)

【**萍乡市交通运输局举行运政执法人员法规知识竞赛**】 10月11日,萍乡市交通运输局为加强道路运输法制宣传,普及道路运输法律法规知识,提高执法人员专业水平,举行了运政执法人员法规知识竞赛。竞赛的内容主要为:1. 行政处罚法、行政许可法、行政强制法、江西省行政处罚听证程序规定、江西省规范行政处罚自由裁量权规定等综合性法律法规;2.《道路运输条例》《公路安全保护条例》《危险化学品安全管理条》《道路运输从业人员管理规定》《江西省道路运输条例》等道路运输专业法规规章;3.《道路运输管理工作规范》、《交通行政执法规范》等道路运输行政执法规范。全市7个运管所和萍乡市运管处机关组队参加了竞赛,经过个人必答、团队共答、抢答和观众互动题、风险题、互选题等多轮角逐,莲花县运管所获第一名,萍乡市运管处机关获第二名,萍乡市运管处直属所获第三名。

（晏卫东）

【萍乡市交通运输局举办公文处理培训班】 10月19日,萍乡市交通运输局为提升萍乡市交通运输系统各单位公文处理能力,举办了公文处理培训班,局属各单位办公室主任、文秘和局机关工作人员共30余人参加培训。培训针对新颁发的《党政机关公文格式》中的变化部分和要求进行了详细的讲解说明,讲课内容丰富,通俗易懂,可操作性强,参加培训人员普遍反映培训效果较好,受益匪浅。

（李襟远）

卫　生

【江西省交通医院在改革中推进各项工作】 2012年,江西省交通医院整划转江西交通职业技术学院管辖后,除了做好厅里干部职工的医疗保健工作外,扎实做好交接后的工作。

1. 保医院的平稳移交。医院这么多年都由省交通运输厅直管,群众也都习惯了这种方式,有困难找厅里解决。医院整体划转学院管理后,很多人不理解,也不放心,担心以后没保障,待遇会降低,也担心融入不到一起去。据此,该院和学院领导加强思想政治工作,反复对医院员工做好耐心细致地解释工作,还保证医院职工的待遇不会比原来差。从而使医院全体在职和退休员工安心、放心,确保了医院的平稳过渡,顺利移交。

2. 做好业务的拓展工作。多年来医院虽然每届领导都想过很多办法,但业务开展都不是很理想。主要原因是:位置偏、设施陈旧、技术力量跟不上,专业技术人员、特别是优秀的专业技术人员缺乏,没有特色科室,最主要的是体制问题,这么多年都是吃大锅饭,干好干坏一个样,做事不做事也一个样,不做事的人比做事的人拿的钱还多,反正什么都是论资排辈。没有竞争的机制,也就没有上进的员工。2012年,医院针对上述实况,以改革为动力,强化管理、拓展业务,想了很多办法,虽然业务收入整体还不能让人满意,但推进了医院各项工作向前发展。2012年医院收入与支出情况是,全年总收入为453万元,其中,业务收入约200万元,90%以上是药品收入(药品收入的利润非常薄,国家规定加价不能超过15%。同时厅里医药费报账的那块是没利润的。);财政补助收入253万元。截至2012年11月30号支出448万元,其中,医疗支出(含离退休人员生活补贴、外聘人员工资、在职人员“五险一金”、工资及绩效)287万元、药品支出148万元、其他支出(办公费用、招待费、水电费用等)13万元。下一步医院计划与别的单位合作开办体检中心,这既不要医院多少投入,又可以增添部分新设备,还可以每年给医院带来几十万的纯收入。

3. 做好法人代表变更工作。2012年10月,江西交通职业技术学院任命由李延诚任医院副院长、法人代表,主持医院工作。该院积极做好法人代表变更工作。该院原属南昌市卫生局管辖,现因医院病床数及医务人员数都达不到市管医院的规模要求,市卫生局已多次要求该院降级下放至西湖区卫生局管理。江西省交通医院考虑到医院的实际情况及方便管理,已按市局要求,向西湖区卫生局申请由区管辖该医院,经营场地不变。并已向区卫生局申请办理法人代表变更事宜以及相关工作。

4. 申请省级医保定点医院工作。省交通运输厅机关及江西交通职业技术学院等交通系统许多兄弟单位,自2013年开始都要参加医保。为更好地为厅机关及学院和其他兄弟单位干部职工及家属开展医疗服务,该院已经向省医保处积极申请省级医保定点医院资格。针对该院以前未申请医保定点医院的情况,已抓紧做好各项相关工作,待新的营业执照批下来后尽快办理申报手续。

5. 确保医院和谐稳定。江西省交通医院人员结构呈老龄化。在职在编的员工24人,外聘员工10人,而退休的职工占全院职工的绝对多数,达到74人。医院多年来都处于一种经费偏紧的状态,但离退休人员的生活补贴又要医院来承担,这个费用占到全部人员经费开支的40%以上。做好离退休人员的稳定工作,成了医院工作的重中之重。医院首先得确保他们的经费。因为之前的经费预算是没有几乎每年新增的补贴政策经费,医院请求省交通运输厅协调追加经费时,得到厅领导的理解、支持,确保了医院和谐稳定。

(王　芳)

【梨温高速赣浙管理处以人为本　关心员工身体健康】 2012年3月以来,赣浙管理处进一步坚持以人为本,关爱员工身心健康,采取多项措施,增强员工的保健养生意识和做好确保员工健康的相关工作。一是开辟健康知识专栏。宣传保健养生知识,教育员工养成良好的卫生习惯,保持门窗通风、空气畅通,勤洗手、勤洗晒衣物,不随地吐痰,预防传染病的发生。同时,教育引导四班三运转倒班的收费一线员工摒弃不良生活方式,确保充足的睡眠和休息时间。二是开展群众性的业余文体活动,倡导健康向上、高雅脱俗的生活情趣。赣浙管理处利用现有的文体器材设施,开展羽毛球、乒乓球、台球、跳绳、体操等体育运动,结合工休时间,合理安排体育运动。三是配备温馨小药箱。日常备足常用药品,员工出现不适时能够及时予以提供必要药品。当出现重感冒、发高烧等病情时,该处立即组织安排人员和车辆送往医院医治,并安排食堂做好面条、稀饭等病号膳食,并给予多方面的无微不至的关心和照顾,使全处员工倍感大家庭的温暖、增强了归属感,促进了所站的和谐发展和员工的身心健康。

(陈培文)

【赣州市公路管理局关注重员工健康　强化劳动保护】 2012年,赣州市公路管理局进一步关注职工心身健康,扎实做好劳动保护工作。定期按规定发放劳保防护用品。一线职工每两年一套夏季和冬季服装;每年发放安全T恤、安全背心、安全帽各2件;发放毛巾4条,手套12双,口罩12只,雨衣、雨鞋每三年1套。职工尘肿职业病检查每三年1次。患病职工按照国家有关政策给予工作照顾和医疗保健津贴。在医疗卫生方面,全市公路系统干部职工均依照全市的统一标准交纳医疗保险,缴纳基数为:单位8%、个人2%。如职工生病,则到定点医院进行医治,费用按城镇职工医保比例进行报销,对于尘肺职业病,给予一定的补助。

(曾新民)

【德昌高速公路乐平南收费站开展内务卫生月活动】 2012年,德昌高速公路乐平南站开展了为期30天的"内务卫生管理月"活动。在活动月期间,该站利用业余时间组织全体职工认真学习内务管理制度,提高广大职工搞好内务卫生的思想认识;成立了由值班站长、行政办事员、审带、票管、收费班长、收费员组成的考核小组,负责对全站内务卫生进行督促、检查,发现问题及时通报、督促整改;抓考核评比。将职工的日常内务检查情况与月度千分制相结合,评比优秀内务宿舍,兑现奖励,并把它作为职工月度考核的一项内容。

通过该项活动的开展,进一步提升了该站内务卫生规范化管理水平,创建了整洁、优雅、舒适、和谐的休息环境,培养了职工良好的生活作息,提升了全站内务科学管理水平。

(万华琴　吴　娟)

【景鹰高速黄金埠收费站成立膳食委员会保障膳食卫生】 4月6日,黄金埠收费站成立黄金埠站膳食委员会。该站全体员工以及食堂工作人员共

20余人参加了成立大会。会议总结了后勤工作经验,制订了膳食计划。

该站膳食委员会实行每月例会制度,强化伙食管理监督力度,促进提高食堂服务质量,营造良好就餐环境,成为食堂与职工沟通的桥梁。职工食堂认真履行工作职责,在日常后勤管理工作中突出加强食品安全、卫生管理,严把采购、验收、检验关,全心全意为职工服务,确保职工吃的满意、吃的放心。

该站每周、每月账目公开,及时公开食品采购和经费使用情况,并加大对职工食堂的检查力度。与此同时,在食堂内设置意见本,及时搜集职工对食堂、膳食委的意见和建议,并定期开展向职工发放"职工食堂意见反馈表",广泛征求职工意见,不断改进膳食委工作,提高食堂管理水平,受到全站员工的一致好评。

（刘　坚　杨小虎　于午强）

【梨温高速赣浙收费处把好五道食品安全关】 2012年,梨温高速赣浙收费处针对春季是传染病多发期、食物中毒易发期实况,进一步狠抓食品安全,严格把好五道食品安全关,确保员工身心健康。

一是严把食品进货关,确保食品质量与安全。抓好食品原材料进货渠道,实行定点采购,认真填写购货记录,保证食品原材料的质量安全可靠。二是严把食品入口关,确保员工身心健康。针对气温忽高忽低,生熟食品不便于保存等情况,坚持不定期抽查食堂生熟食存放情况,以及规范操作实况,确保物资存储、加工及保存过程规范、干净。三是严把食堂从业人员操作关。定期对食堂从业人员进行培训,开设食品安全讲座,规范操作,提高安全意识,严防"病从口入",确保食品安全,让员工吃得放心。四是严把环境卫生关,确保舒适用餐环境。坚持每日对所有餐饮器具、操作台、地面进行集中清洗;五是定期对食堂进行全面消毒喷洒,并放置灭蚊蝇设备,为员工提供舒适、干净的用餐环境。

（杨　霞）

【乐平收费南站以"四个第一"管理食堂　保障员工健康】 2012年,德昌高速乐平南站成立膳食委员会,并召开由站食堂管理员召集的值班站长、膳食委员会成员、食堂工作人员参加的食堂膳食委员会议,研究员工膳食和食堂管理事宜。会议就食堂管理工作作出了"四个第一"规定:一是"安全第一"。要从源头抓起,食品、蔬菜的采购过程落实专人负责和监督机制;炊事器械的使用严格执行操作规程;厨房和操作间严格执行消毒制度。二是"卫生第一"。严格执行公司食堂卫生管理制度,打造优美的公共环境,共同维护好员工的"家"。三是"服务第一"。要从"家人"的角度,为员工提供最优质、最贴心的服务。四是"员工满意第一"。膳食委员会成员和食堂管理员要在日常工作中多动脑筋,并及时将食堂满意度调查情况汇总反馈给食堂。食堂膳食要做到营养搭配、荤素合理,让员工吃得舒心、吃出健康。"四个第一"推行后,强化了食堂管理,进一步改善了员工生活,保障了员工健康,受到广大员工的欢迎与赞许。

（万华琴）

【梨温高速杨梅岭处强化卫生管理出实招、讲实效】 2012年,梨温高速杨梅岭处为彻底转变办公场所环境卫生面貌,创新思路,出实招、讲实效。该处成立了环境卫生督导小组,实行卫生责任承包制等多项新举措:一是加大卫生检查力度。将办公场所卫生区分区划分至每个责任人,要求每个责任人加大对卫生责任区的卫生监督检查,责任区的卫生状况纳入责任人每月考核。二是加大卫生检查频率。对办公场所卫生实行每小时检查制,要求卫生责任人每小时对卫生责任区进行一次卫生检查,并做好检查记录。三是突出重点卫生区域。将厨房、卫生间纳入重点卫生管理区,由各部门负责人直接负责重点卫生管理区的卫生督导与检查。并将此卫生管理模式推广至车道岗亭的卫生管理,取得显著成效。该处各部门办公场所和所辖车道岗亭卫生质量得到了明显改善和提升,使全体员工有了一个良好的生活和工作环境。

（毕研伟）

【梨温高速贵溪站做好岗亭卫生工作　提高员工健康水平】 2012年入夏以来,梨温高速贵溪站针对潮湿、高温以及夜间大灯的作用使得岗亭蚊虫、蟑螂、蜘蛛逐渐增多,且消灭虫蚁的一些药物,如灭蚁的粉剂、杀虫的喷剂等对身体有害的实况,利用生活小常识,将爽身粉倒在饮料瓶盖,或自制的小纸盒,放在岗亭的地板上的角落边、收费台面上,或是撒一些在地板下的线槽旁,有效地驱赶在岗亭内的蟑螂、蜘蛛等,使得岗亭的环境卫生大有改观,优化了岗亭工作环境,提高员工健康水平。

(陈海燕)

【江西公路开发总公司各单位热心为员工与司乘人员送清凉】 2012 年盛夏,梨温公司与万年管理中心通过合理安排员工饮食、调整作息时间、购置防暑物品等多项措施积极应对高温天气,给员工和司乘朋友在高温下带来一丝凉意。在给员工送去清凉的同时,梨温公司、万年管理中心也把清凉送给了司乘朋友。为了消除长途货车司机朋友疲劳,减少司机因高温出现中暑现象,景鹰高速浮梁管理处和梨温高速余江收费站开展了"夏季送清凉"活动,为过往司乘朋友精心准备了绿豆汤、西瓜、藿香正气液、风油精、人丹等防暑降温物品和急救药品,并在进出收费站醒目位置安放了"高温天气小心驾驶"警示标语,提醒过往司乘人员注意防暑降温,把丝丝清凉送给了夏日奔忙的司乘朋友。

(淦 农)

【新余长运公司多措并举 强化环卫管理】 8 月 9 日,新余长运公司召开创建文明城市动员大会,对创建工作和服务质量作出具体安排、提出相应要求,强调责任单位必须落实到位。积极投入人力、物力、财力,全面整治站容站貌、车容车貌,打造良好的卫生环境。公司总经理带领相关分管领导和职能部门人员到城东汽车站、城南汽车站检查环境卫生状况,大力宣传创省级文明城市的意义、方法和举措。全站干部职工全力以赴,打造优美、卫生环境,为新余市创建省级文明城市做出了应有贡献。

(廖晓宇 赖红霞)

【分宜县交通运输局打造文明整洁卫生交通环境】 分宜县交通运输局为促进省级文明城市创建,组织党员开展集中搞卫生活动,对局机关、汽车站、公交车站台等进行卫生大扫除。同时,对全县运营的公交车、的士车内外卫生情况进行了抽查,对发现的问题及时进行了整改,以实际行动践行"文明分宜、交通先行"承诺,为公众创建了文明整洁、优美舒适的出行和交通环境。

(刘茶云 熊细芽)

【宜春市交通运输局通过"四强化"打好"护卫"攻坚战】 2012 年,宜春市交通运输局组建专门机构,抽调专职人员,出台过硬举措,通过"四强化",打好"护卫"攻坚战。

一是强化宣传发动。宜春中心城区所有客车站、公交站都制作复审迎检宣传标语,电子显示屏滚动播放宣传标语,每名出租车驾驶员发放一份"护卫须知"。动员干部职工参与"护卫"工作。二是强化设施更新。为每辆出租车制作脚垫一套、座套两套,并对所出租车进行整车喷漆,凡是破烂的脚挚、轮股全部进行更换;52 辆车身破损的公交车和 20 多个损坏公交候车亭全部进行整改,3 个汽车站的厕所也全部进行改造或修缮。三是强化卫生保洁。落实到专门的保洁公司,做到出租车、公交车、客车每天至少对车内外进行一次冲洗,出租车坐垫至少每三天更换一次,特殊情况即脏即洗,即脏即换。四是强化监督检查。在火车站、深燃公司加气点等出租车交通流量大的区域驻点。市运管局实行领导带班,对出租车卫生状况进行检查。公交公司和汽运公司也分别加大公交车、客车保洁工作检查。要求出租车驾驶员做到"五不准",即:不准拉客喊客、不准拒载旅客、不准载客不打表、不准车内卫生不整洁、不准乱停乱靠。对违反要求的视情扣证整改或扣车停业进行学习教育。全年共查处出租车车容车貌不合格现象 600 余起。交通运输行业卫生状况明显改观。

4 月 17 日,宜春市交通运输局与团市委、袁州区交通运输局、区团委等联创联建单位,由局领导带领工作人员到挂点的湛郎桥社区共同研究制定四项措施,即强化宣传,浓厚氛围全力做好自查整改阶段工作;完善机制,落实责任;加强督查,强化指导;突出重点,完善设施。突出抓好辖区内两所学校,一个市场的环境卫生。4 月 23 日,宜春市交通运输局干部职工 120 多人到联创联建社区开展卫生大清扫活动,重点抓好卫生死角和薄弱环节,对需要整改的水沟、路面、围墙等情况进行彻底摸底,及时安排人力、物力完善社区基础设施,彻底清理原宜春酒厂、化工一厂、电杆厂等地的卫生死角，清扫生活垃圾20余车，清理“牛皮癣”广告100多处，使社区卫生环境得到明显好转。同时，还向周边居民发放宜春市委书记谢亦森、市政府市长蒋斌致“全体市民的一封公开信”2000余份，悬挂4条横幅，设立卫生知识宣传栏，营造浓厚的氛围，促进全社区居民参与到复审迎检工作中来，共同建设洁净社区。从4月18日起，宜春市运管局提前部署，在中心城区大力开展道路运输卫生整治行动。以出租车、公交车、公交站台、汽车客运站四个为重点制订整治方案。形成一级抓一级，层层抓落实工作机制，把任务落实到责任科室、所所属运输企业。利用各种舆论工具，大力宣传国家卫生城复检重大意义，做到家喻户晓，人人皆知，上下一心，形成合力主动参与。采取运管与运输企业签订责任状，企业与从业人员签订责任书，明确和落实管理部门的督查责任、企业的主体责任和个人的行为责任，各司其职，各负其责。为推动卫生整治工作有序推进，宜春市交通运输局派出四个小组，由局领导带队，组织人员分别到汽车北站、贸易广场汽车站、汽车西站、火车站旁四个重点区域驻点，每周安排至少2次以上督查，了解工作进展情况，发现典型，总结经验，对问题及时协调解决，切实做好宜春中心城区卫生复审迎检工作，受到人民群众和宜春市政府的赞赏与好评。

（李　烜　梁益海　邹方强
李　明　李小艳）

【宜春公交系统“五提升”扮靓卫生城】　2012年，宜春公交系统精心组织、多措并举，着力提升城市窗口形象，提高城市公交管理水平。一是抓好“护卫”宣传工作。在所有公交车上加入创卫语音提示，制作车身公益广告13条、公益广告站牌148块，并在城区候车亭展板上悬挂创卫宣传画，对车身广告画面卷边、划伤及时平整、修护，营造出浓厚的创卫氛围。二是提升车容车貌整洁度。一方面，聘请专业保洁公司每天对公交车辆进行保洁；另一方面，修理厂加班加点维修运营车辆，对运行中的小刮小碰做到及时修复，截止9月上旬，共大修车辆13辆，全车钣金喷漆68辆，投入资金50多万元。三是提升站台维护水平。聘请专人定期对候车亭进行清洁护理，聘请专业维修队伍，对城区内所有公交站台进行逐一排查，及时维修破损候车亭、线路牌，半年来，共维修站台44块，候车亭178座，投入资金近10万元。此外，在明月大道开工建设系列新型港湾式站台、候车亭，确保乘客候车舒适、安全。四是提升驾驶员服务水平。公司星级考核小组和稽查工作人员分别采取定期与不定期上路检查的方法，加大稽查力度，对检查中发现的违规违纪行为按公司相关制度予以处罚，努力提升服务水平。五是提升硬件设施水平。为响应政府“建设幸福宜春、幸福交通”的号召，在资金紧缺，营运亏损的境况下，公司仍多方筹措资金2000多万元，新购50辆公交车投入运营，替换部分老旧公交车辆下线、新开公交线路和加密部分运行线路，为乘客出行提供了舒适、便捷的公交服务。

（付文成　晏慧锋）

【江西交通体育代表团获省第四届全民健身运动会暨省第三届工人运动会游泳比赛总成绩第一】　8月29日至30日，江西省第四届全民健身运动会暨江西省第三届工人运动会游泳比赛在新余市举行，江西交通体育代表团共获得9枚金牌、7枚银牌、2枚铜牌，以191分的总成绩位居系统组榜首，总成绩第一。

本次游泳比赛分设区市组和系统组进行比赛，系统组共有9支代表队参赛，江西交通体育代表团共派出9名男女运动员参加了17个比赛项目。

（高　梅）

【江西交通体育代表团获江西省第三届工人运动会系统组团体总分第一名】　11月6日，江西省第三届工人运动会在昌闭幕，交通体育代表团共获得奖牌40枚，其中金牌17枚，银牌14枚，铜牌9枚，团体总分445分，在系统组参赛单位中列团体总分第一名，并获得了第三届工人运动会优秀组织奖和体育道德风尚奖，圆满完成了省交通运输厅提出的“保二争一”的目标任务。

本届工人运动会共设游泳、广播体操、趣味项目、跳绳、爬山、扑克牌、象棋、围棋、拔河、乒乓球、羽毛球、排舞、舞剑等共13个比赛项目，系统组共有19个厅局组参交通体育代表团派出103名运动员的参加了全部13个比赛项目竞赛。

（胡　莎）

学术团体

【南昌市港航运输行业协会成立】 8月28日,南昌市港航运输行业协会召开第一次会员代表大会暨成立大会。江西省港航管理局、南昌市交通运输局、南昌市港航管理处、南昌市民政局社团管理部门、南昌市地方海事局、南昌水上公安分局等单位的负责人出席大会。

会议全票通过了《南昌市港航运输行业协会章程》,选举产生了协会会长1名、秘书长1名、常务理事8名、理事6名、监事2名。

南昌市港航运输行业协会的成立,对加强港航运输经营企业之间的联系,为会员与港航运输行业服务、加强行业自律、建立企业与政府之间的沟通协商渠道、维护会员合法权益、促进行业的公平竞争和健康发展等方面将起到重要的作用。

会议总结了南昌市港航运输行业南昌市港航运输行行业工作,部署了今后的工作目标任务。与会的港航经营企业代表和会员代表纷纷表示,要充分利用协会平台,统一思想、凝聚共识、加强团结、真抓实干,使港航运输行业为南昌打造带动全省发展的核心增长极助推加力,共同促进南昌港航运输行业的繁荣和科学健康发展。

(平关正　陈明中)

【九江道路运输协会成立】 12月5日,九江市交通运输局在星河大酒店召开九江市道路运输协会第一次会员代表大会暨九江市道路运输协会成立大会。143名会员参加会议。大会通过了《九江市道路运输协会章程》,选举产生了新一届理事会成员,选举产生了理事94名,常务理事22名,以及协会领导人。九江市道路运输协会由九江市民政局批准复成立,审批了会员收费标准,并颁发了社会团体法人登记证书。2013年1月,九江市道路运输协会开始开展各项工作。

(九江市交通运输局)

【省公路学会创新发展模式取得丰硕成果】 2012年,江西省公路学会坚持“三服务一加强”的工作理念,创新发展模式,提升科技品牌和服务能力。强化整体效能,充分发挥学会在推动行业创新中的作用,团结依靠广大的公路科技工作者,积极创新发展模式。发挥学会交流平台作用,服务行业大局和广大公路科技人员,各项工作取得了新的进展,为促进全省公路交通事业的发展发挥了积极作用。

一、学术交流形式凸显多样化,交流质量和水平进一步提升

该会结合行业发展需要,积极组织搭建形式多样的交流平台,进一步深化和提高学术交流质量和水平。全省公路学会全年共组织举办学术活动16次,组织技术人员参加全国高层学术交流活动25次。充分发挥了学会交流平台作用,有力的促进全省公路行业科技进步与创新发展。

1. 积极组织举办学会学术年会。2012年12月,举办了以低碳交通运输体系建设为主题的学术年会,同时也是省科协学术年会分会场之一,组织行业近百位科技人员共同研究探讨江西低碳交通运输体系的建设与发展。

2. 积极开展形式多样的学术交流活动。该会紧密与行业与广大会员结合在一起积极与基层的项目业主、会员单位、企业会员共同举办了多次学术活动。5月份,学会与昌铜高速公路项目办共同举办了“2012年中美公路建设与养护新技术发展交流会”;8月份,与会员单位江西公路开发总公司联合举办“公路养护新技术新工艺新材料技术研讨会”;9月份,与一家民营企业会员单位共同举办“交通基础设施结构安全监测技术及预应力张拉系统在路桥建设中的应用专题研讨会”。

3. 广泛开展对外学术交流活动。2012年,该会通过中国公路学会和各史弟学会搭建的各种交流平台,共组织赴省外交流25次,其中,参加中国公路学会及其分会的活动18次、省际兄弟学会交流3次、中国科协活动2次。地市学会组织赴外省学会交流活动2次。全年对外报送学术论文65篇,发表36篇,其中,参加具有较大影响的活动有:2012年北京国际道路建设养护技术与设备展、中国公路学会学术年会、首届两岸公路交通发展论坛以及上海市公路学会组织的智能交通发展论坛、安徽省公路学会组织的第七届华东公路发展研讨会等。与此同时,充分利用中国公路学会、科协等上级单位的渠道,组织全省的科技人员赴国外学习考察和学术交流活动。

4. 积极承办或协办全国性、区域性的学术交流活动。3月份，该会在景德镇承办了泛长三角区域高速公路应急保障体系第三次会议；4月份，在九江协办了由中国公路学会、江西省交通运输厅共同举办的全国斜拉桥关键技术研讨会。这些活动在江西举办，对全省公路科技人员提供了便利的学习交流机会。

二、服务手段呈现多元化，学会服务能力和水平进一步增强

1. 加大科技奖励和人才举荐工作力度。该会努力跟踪督促全省相关课题研究的进一步结题工作，为2013年该会科学技术奖评审工作的全面完成做好提前部署。推荐报送了10个项目参加2012年中国公路学会科学技术奖的评选。上半年该会向中国科协推荐了1名专家作为“全国优秀科技工作者”候选人，并已通过公示。下半年，推荐1名专家荣获了中国公路学会青年科技奖，推荐了8名专家成为首批江西省注册咨询专家。同时，还经常与主管领导汇报沟通，为部分青年科技人员的职称评定工作，为行业优秀科技人才成长畅通渠道，有效地增强学会人才的凝聚优势。

2. 办好学会期刊，服务广大科技人员。该学会内刊《江西公路科技》是全省广大公路科技工作者在省内唯一的学术交流、发表平台。因刊物出版流程规范严谨，行业专家、领导对该刊物高度认可，是省内评定副高及以下职称的主要学术参考依据，连续多年被省新闻出版局评为“全省优秀连续性内部刊物”。办好该内刊，对行业人才学术水平的提升、对他们的职称鉴定具有很重要的意义。该会2012年出版《江西公路科技》5期，免费印发给广大科技人员5000册，收到年度投稿155篇，已登载刊用77篇。

3. 加强科普宣传力度，抓好教育培训作。2012年，省公路学会科普工作委员会组织了大学生校园科普活动，并与省科协共同出版一期春运科普知识宣传册，为广大出行的农民工提供出行参考。

4. 主动承接课题研究，发挥学会人才优势。学会每年都积极向厅科教主管部门申报课题研究项目。2012年，省公路学会自身承担的课题有5项，其中，已完成2项，1项正在审批中，1项“江西省公路绿化景观设计与应用研究”已进入结题阶段，尚与华东五省市公路学会共同研究的课题1项。

5. 大力加强培训工作。2012年，省公路学会共举办或承办了4期培训班，培训人数700余人。4月，举办了“公路工程基本建设项目投资估算编制办法”及“公路工程估算指标”应用培训班；9月，承办了江西省交通运输厅综合治理干部培训班；11月，举办了2012年全省交通运输行业信息化建设与管理培训班和2012年江西省公路桥梁养护技术培训班。

三、自身建设得到进一步加强，学会整体效能进一步提升

1. 加强与主管部门的联系沟通，争取更大支持。2012年1月，该会与赣粤高速公路公司联合举办老领导老专家迎新春联谊会，加强了沟通，扩大了学会影响。8月份，召开了八届三次常务理事扩大会，会上集中学习了省委省政府下发的《关手新时期加强科协工作的意见》，传达学习了《中国公路学会关于加强学会工作的若干意见》，集中讨论研究讨论了学会的下一步发展目标，得到了广大学会理事、学会会员单位的鼎力支持。

2. 加强学会办事机构职业化建设。该会积极向中国公路学会以及部分省级兄弟学会取经学习，加强学会人才队伍建设，加大干部教育培训力度，着力提高了学会办事机构的工作能力和服务水平。7月份，该会在上饶举办了全省公路学会信息联络秘书工作交流会，对全省的学会干部进行了一次集中业务培训，并对2010～2011年度表现突出的10名优秀信息员和60名先进个人进行表彰。

3. 加强学会分支机构的指导和管理。指导新余、赣州、吉安3个地市学会完成了换届工作。督促各地市学会相应独立开展或积极组织人员参加上级学会组织的活动。对八届二次理事会以来部分专业委员会、工作委员会的主要任职领导予以了变更调整。

4. 夯实会员基础，提升会员管理和服务水平。2012年，省公路学会新吸纳发展团体会员7个，个人会员47人，其中，高级会员10人。团体会费收取工作，情况良好，会费收取率超过90%；学会网站已委托厅信息中心，进一步完成改版工作，进一步适应了行业发展需求；与此同时，印制并赠阅发送《学会通讯》6期，登载行业和学会信息百余条,扩大了学会宣传力度,加强与会员之间的联系和沟通,受到会员的肯定和好评。

四、学会的整体实力、服务能力和水平不断提升,成效显著

2012 年,省公路学会创新发展思路,扎扎实实推进各项工作,学会的整体实力、服务能力和水平明显增强,得到了全国科协等上级单位与省交通运输系统有关领导的高度评价和广大会员与会员单位的一致好评。2012 年,该会先后被中国科协与人力资源和社会保障部共同授予的"全国科协系统先进集体"称号。已连续 21 年被《学会》杂志评为"全国省级学会之星",连续 23 年被省科协评为"先进省级学会"。

(厅史志办摘编)

【江西交通会计(审计)学会坚持"三个服务"扎实推进各项工作】 2012 年,江西交通会计(审计)学会深入贯彻落实科学发展观,团结和依靠广大会员、坚持以"三个服务"为宗旨,积极推动学会各项活动全面展开,组织财会(审计)人员开展学术交流活动和财会人员继续教育工作,努力提高《江西交通财会》会刊质量,各项工作扎实推进,成果丰硕。

(一)成功召开会计学会第五届会员代表大会暨审计学会第六届二次理事会议

2012 年 5 月 24 日,江西交通会计(审计)学辞在九江市隆重召开会计学会第五届会员代表大会暨审计学会第六届二次理事会议。江西交通会计学会会员代表、江西省交通审计学会理事共 146 名代表参加会议,共商江西交通会计学会、江西省交通审计学会发展大计。

会上,江西交通审计学会总结了 2011 年以及 2007 年第四届理事会成立以来五年的工作,部署了 2012 年学会工作目标任务。进行了学术专题交流。会议选举产生了江西省交通会计学会第五届理事会,学会会长、副会长、秘书长、副秘书长,共选出会计学会理事 153 名,常务理事 44 名。

会议根据国家社团清理的有关规定,并经厅研究决定,厅财务审计处处长不再兼任学会会长、机关处室负责人不再担任社团领导。经厅领导批准同意,厅财审处推荐刘长根为会计、审计学会会长。2010 年 9 月在景德镇召开的会计、审计理事会议已经确认。2012 年会计学会换届,仍推荐和确认刘长根为江西交通会计学会会长。

(二)《江西交通财会》会刊越办越好,会刊质量进一步提高

《江西交通财会》会刊,是全省交通财会人员学术理论研究和工作经验的交流园地。2012 年学会秘书处坚持理论联系实际,立足交通财会(审计)工作,努力提高会刊质量:一是紧紧围绕交通运输财会中心工作,发挥舆论主渠道作用。二是坚持理论联系实际和双百方针,针对当前行业面临的难点和热点问题进行重点组稿;栏目内容紧扣行业改革和发展实际,不断发挥财会(审计)学术和财会(审计)信息服务交通改革的作用,为广大交通财会(审计)人员提供交流学习平台。全省交通财会(审计)工作者踊跃投稿,2012 年《江西交通财会》出版二期,登载文章(论文)31 篇,共 14.5 万字,其中,会计理论探讨 3 篇、财务管理 8 篇、工作研院 14 篇、交通财务审计 5 篇、学会文稿 1 篇。论文的实用性和质量进一步提高。《会刊》由邮局直接寄送各单位,使读者能及时拿到会刊,提高了发行的时效性和准确性。

(三)积极开展学会活动,广泛进行学术交流

5 月 24 日,会议收到论文 10 篇,在会上交流了 5 篇。赣粤高速公路龚春芳在会上交流了"高速公路企业全面预算管理的组织工作问题探讨",畅行公路韩玉兰作了"浅淡汇率波动时公路企业如何规避外汇风险"的交流,上饶路政管理支队彭明哲交流了"加强事业单位财务管理的思考"宜春市公路管理局直属分局廖赖交流了"浅淡公路施工企业内部会计控制的完善"的论文,宜春高速袁招兰交流了"我国经营性高速公路财务管理问题及对策探析"的论文等。

(四)做好中国交通会计学会会刊《交通财会》的组织订工作

《交通财会》是全国优秀期刊之一,按照学会领导的要求,学会秘书处认真抓好 2013 年《交通财会》的征订工作。2012 年 11 月 5 日,该学会与厅财审处联合转发"中国交通会计学会关于做好《交通财会》杂志 2013 年征订工作的通知",学会秘书处采取电话催办、加强联系沟通等多项举措,保证了征订工作落到实处,据不完全统计 2013 年《交通财会》订阅数达 160 余份。

(五)组织财会(审计)人员参加财会(审计)专业培训,提高全省交通财会(审计)人员素质和

业务技能

4月20日，该学会会同厅财审处于转发了中国交通会计学会“关于举办2012年交通系统财会人员培训班的通知”，并督促各单位积极组织财会（审计）人员参加中国交通会计学会会同省级交通会计学会在全国十一个省市开办财会知识培训班接受培训，开阔视野、增长财会（审计）专业知识。据不完全统计，2012年该会组织江西交通系统赴外省参加不同类型的学习班达141人次，其中，赴北京学习培训20人，新疆2人，山东37人，四川14人，福建28人，云南4人，西安1人，湖南1人，河北4人，重庆30人。

（六）完成行政委托的任务

2012年2月，江西交通会计（审计）学会参与厅财审处组织的厅规划办公室主任冯义卿离任经济责任审计；同年3月参与省公路运输管理局交通运政中心竣工财务审计；同年4月，参与省交通干部学院党委书记李国峰任期经济责任审计；同年7月，参与赣江南昌至樟树航道整治项目审计；同年9月参与高投集团宜春管理中心“9.2”地质灾害工程审计；同年10月，参与省港航管理局界牌航电枢纽管理处主任祝南胜离任经济责任审计；2012年11月，参与新余海事局财务收支审计；同月，参与厅纪检组赣州寻全项目办调查事宜；同年12月，参与高投集团宜春管理中心、抚州管理中心迎国检维修项目审计。在各项审计工作中学会审计人员，按照政策规定、审计要求、实事求是、认真负责，提供了审计报告初稿较好地完成了行政委托的各项工作任务。

（厅史志办摘编）

【九江市召开第七届汽车维修行业协会会员大会】　2012年，九江市汽车维修行业协会召开了第七届会员大会。会议改选了理事会，提高了维修企业负责人进入理事会的人数比例。理事会共有成员49人，常务理事19人，监事2人。调整了各专业工作小组，设立有教育培训、技术质量、市场监督、车辆检测、协作交流五个专业小组。该协会已实施营运车辆二级维护监控、维修技术人员培训等各项具体工作，为进一步促进和加快九江市机动车维修行业发展创造了条件。

（九江市交通运输局）

【新余公路学会组织开展技术交流活动】　11月29日，新余公路学会组织专家委员、道桥委员会会员共19人到清宜公路货运通道（全长11.87千米，二级公路、沥青混凝土路面）、仙女湖环湖公路（全长34.739千米、三级公路、沥青混凝土路面）观摩学习，并主持这2个项目设计会员介绍设计理念及心得体会，与大家进行了互动交流。

（康建华）

【2011年度江西3个项目获中国公路学会科学技术奖】　2012年，经中国公路学会理事长办公会议审定核准、并经社会公示，“中国公路学会科学技术奖”评审结果已公布。共评出特等奖5项，一等奖27项，二等奖52项，三等奖73项。由江西省公路学会推荐的，全省公路交通运输系统共有10个项目参加了此次评审，其中，有3个项目获奖。

（省公路学会秘书处）

【赣州市公路学会评审2011年度优秀论文】　1月11日，赣州市公路学会学术专业委员会组织专家对2011年会员单位报送的36篇论文进行了逐篇认真评选，共评出优秀论文17篇，其中，一等奖2篇，二等奖5篇，三等奖10篇。论文内容涵盖公路路基、路面、桥隧建设、工程管理、公路养护、老桥提载加固、绿色生态公路、交通运输、交通管理、工程机械等。通过学术论文评审表彰和交流，对推广普及新材料、新工艺、新施工方法，推动工程技术人员学术研究和创新科研成果有着积极作用。

（省公路学会秘书处）

【省公路学会召开八届四次理事长会议】　1月12日，省公路学会组织召开八届四次理事长会议。会议传达了中国公路学会相关会议精神，部署了2012年工作目标任务。经会议研究通过，新增了江西畅行高速服务区开发经营有限公司等7家会员单位，新增了饶幸福等10名高级会员，新增了刘昆等47名一般会员，并对学会理事会组成人员的调整方案进行了详细研究。

（省公路学会秘书处）

【省公路学会召开老会员迎新春联谊会】　1月17日，省公路学会与会员单位江西赣粤高速公路股份有限公司联合召开老会员2012年迎新春联谊会。学会理事长、省交通运输厅副厅长邓经国、省公路学会副理事长兼秘书长刘鹭英等领导与30余名学会老会员欢聚一堂,共谋学会发展大计,共话学会美好明天。

老会员活动是省公路学会长期坚持的一项常规性活动,得到了广大会员高度的欢迎和肯定。会上,老会员们发言积极,感情真挚,对学会的建设发展给予了高度的肯定和极大期望,同时又积极建言献策,为学会的发展和提升出谋划策,提出了许多很好的合理化建议和宝贵意见。

(省公路学会秘书处)

【省公路学会召开2011年度论文评审会】 2月17日,省公路学会2011年度优秀论文评审会召开。此次学术论文评审工作,学会从收集论文中经过初选,共推荐141篇参加年度论文评选,分为道路工程、桥隧岩土工程、养护工程、交通信息工程和综合5大类评审。通过学会学术工作委员会组织专家认真评审,并经过学会核定,获得2011年度优秀学术论文有28篇,其中,二等奖8篇,三等奖20篇,交流论文59篇,一等奖空缺。

(省公路学会秘书处)

【省公路学会被授予2011年度"全国科协系统先进集体"和"先进省级学会"称号】 2月29日,全省科协工作会议在南昌召开。大会宣读了人力资源和社会保障部、中国科协技术协会联合发布的《关于表彰全国科协系统先进集体和先进工作者的决定》,江西省共有6个单位获得"全国科协系统先进集体"称号,省公路学会名列其中;同时,省公路学会被授予2011年度江西省科协"先进省级学会"称号,副理事长兼秘书长刘鹭英被评为学会工作先进个人。

(省公路学会秘书处)

【省公路学会连续21年被授予"全国省级学会之星"称号】 中国科协主办的《学会》杂志2012年第一期公布了2011年全国300名省级"学会之星"名单。省公路学会再次被授予"全国省级学会之星"荣誉称号。这已是省公路学会连续21年获此殊荣。

与此同时,全省被授予"学会之星"称号的省级学会还有8家,分别是:江西省气象学会、江西省医学会、江西省煤炭学会、江西省图书馆学会、江西省标准化协会、江西省林学会、江西省药学会和江西省地理学会;在全国省级公路学会中获得"学会之星"称号的还有8家,分别是:安徽省公路学会、湖北省公路学会、湖南省公路学会、重庆市公路学会、云南省公路学会、陕西省公路学会、青海省公路学会和宁夏回族自治区公路学会。

(省公路学会秘书处)

【新余市公路学会召开第四次会员代表大会】 2月28日,新余市公路学会在市交通局召开第四届代表大会。省路学会副理事长兼秘书长刘鹭英,新余市科防、市交通运输局、市公路局、市民政局相关领导到会指导,会员代表70余人参加会议。

大会选举产生了新一届理事会成员,选举产生了第四届理事会理事长陈仕斌,副理事长廖根宝、刘国华、邓茂勇、陈九芽、黄瑜,秘书长龚军保。第四届一次理事会全面总结了三届理事会的各项工作,部署了第四届理事会的总体要求和2012年度学会的工作任务。

(省公路学会秘书处)

【省公路学会与中国交通报社培训中心联合举办培训班】 4月14日,省公路学会与中国交通报社培训中心联合举办"公路工程基本建设项目投资估算编制办法"及"公路工程估算指标"应用培训班。全国60余名一线公路科技人员参加了此次培训。

本次培训邀请了交通部公路工程定额站总工程师方申到赣讲学,方申围绕《公路工程基本建设项目投资估算编制办法》(JTGM20~2011)《公路工程估算指标》(JTG/TM21~2011)制定的背景与重大意义及主要变化、公路工程项目建议书、工程可行性研究与估算的关系、新指标的具体内容、条文说明、工程量计量规则、新指标应用重点注意的问题及其造价水平变化情况等,结合工程实例,进行了深入浅出地分析,同时就新办法、新指标在实施过程中的注意事项及公路建设项目投资估算中常见问题与现场人员进行了互动交流,讲课得到了参会人员的一致好评。

(省公路学会秘书处)

【全国斜拉桥关键技术研讨会在江西召开】 4月24日，由中国公路学会、江西省交通运输厅主办，江西省公路学会等多家单位协办的“2012年全国斜拉桥关键技术研讨会”在江西省九江市召开。全国189名行业代表参加研讨会。

交通运输部原副部长、中国公路学会理事长胡希捷，交通运输部总工程师、中国公路学会副理事长周海涛，江西省交通运输厅厅长马志武，美国国家工程院院士、中国工程院外籍院士邓文中，中铁大桥局集团有限公司总工程师、中国工程院院士秦顺全，江西省交通运输厅副厅长许润龙，江西省交通运输厅副厅长、江西省公路学会理事长邓经国，九江长江公路大桥项目办主任刘理等出席研讨会。中国公路学会副秘书长乔云主持会议，部总工周海涛和理事长胡希捷分别讲话，厅长马志武在大会致辞。

会议指出，改革开放以来，全国公路桥梁建设快速发展，取得了世人瞩目的辉煌成就，同时，全国公路桥梁建设面临着新的挑战，一方面，公路建设进一步向中西部发展，跨越高山峡谷的高墩大跨桥梁建设任务很重。另一方面，现有公路桥梁的检测维修加固的任务日益繁重。

会议强调，一要认真总结公路桥梁的建设经验。在桥梁建设快速发展时期，很多桥梁建设经验得不到及时总结，一座桥中的不足被另一座桥所延续，应在桥梁的建设方案、结构体系与构造、基础理论与手段、施工工艺与设备等多方面入手，纵向、横向两个角度同行业自身进行对比，同国内其他行业对比，也同国外同行对比，为全国桥梁建设的进一步发展定好位，掌好舵。二要不断推进公路桥梁建设养护水平的发展。中国虽是桥梁大国，但不是桥梁强国，同发达国家在建设养护等方面存在着差距，为此，桥梁工作者要在今后工作中科学合理地按照环境和条件的要求选择合适方案，提倡建设的精细化、标准化，提倡养护的信息化、科学化，加大桥梁创新人才的培养力度，推动我国公路桥梁的进一步发展。中国公路学会今后要组织广大桥梁科技工作者，研究总结梳理基层多年来大跨径深基础桥梁建设创新机制。要利用这次机会，交流探讨各自的创新技术，总结研究多年来桥梁建设的经验和教训，建设高质量的大桥。

研讨会上，邓文中、秦顺全、刘理，以及同济大学桥梁工程系大跨度桥梁研究室主任肖汝诚，中交公路规划设计院有限公司副总工程师崔冰，湖北省交通运输厅巡视员徐建，江西省交通设计院调研员吴宝诗，中交二航局副总工程师李宗平，招商局重庆交通科研设计院有限公司副总经理王福敏分别在标准化管理、大桥设计以及施工的关键技术等方面同与会代表进行了交流研讨。

（省公路学会秘书处）

【中美公路建设与养护新技术发展交流会在赣召开】 5月30日，由省公路学会主办的2012年中美公路建设与养护新技术发展交流会在江西省奉新县召开。此次交流活动邀请了美国肯塔基大学终身教授、国际著名路面专家苛米亚.马罕勃、美国阿肯色州立大学副教授、东南大学博士后白安众等两位知名学者到赣讲学。省公路学会副理事长、省交通运输厅总工程师胡钊芳，学会副理事长、省交通运输厅科教处处长易宗发，学会副理事长兼秘书长刘鹭英，学会常务理事、省公路管理局副局长冯义卿，省公路学会理事、昌铜高速公路建设项目办常务副主任王德山以及会议代表共130余人参加会议。

胡钊芳总工程师在会议开幕式上致辞，他向中外来宾介绍了江西交通的发展现状以及江西经济发展状况。

美国专家苛米亚·马罕勃、白安众两位教授分别作了主题为“路面工程的最新进展”、“高性能沥青混合料”的学术报告，外国专家幽默风趣的演讲，得到了与会代表的普遍欢迎。省公路学会选派陈祥峰、钟德浩、付凯敏等省内3位青年专家在会上作了学术交流。会议期间，美国专家考察了昌铜高速公路路面施工现场，并与项目办技术人员进行了交流座谈。美国专家对昌铜项目的路面施工管理、料场质量管理及桥面防水处理等技术的运用表示赞赏。

（省公路学会秘书处）

【泛长三角五省市公路学会举办第一次联席会议】 6月3日，由上海市公路学会牵头组织的第一次泛长三角五省市公路学会联席会议在青岛召开，江西、浙江、江苏、安徽四省公路学会均组织人员参加了会议。会议交流了各省公路学会办会的工作经验，总结了长三角高速公路应急保障体系研究课题的进展情况，进一步讨论了长三角公路学会工作联合发展事宜,会议初步确定了下一次联席会议的承办单位和相长议题。

第一次五省市公路学会联席会议为五省市公路学会工作的开展,与五省市公路交通发展建立紧密合作关系搭建了一个较好的沟通和信息平台。会后组织考察学习了山东公路交通的发展情况。

(省公路学会秘书处)

【省公路学会召开八届三次常务理事扩大会】 8月10日,省公路学会在昌召开八届三次常务理事扩大会,省交通运输厅副厅长、省公路学会理事长邓经国出席会议并讲话,省交通运输厅总工程师、省公路学会副理事长胡钊芳主持会议,学会常务理事、11个设区市公路学会理事长、秘书长共55人参加会议。

会上,省交通运输厅科教处处长、学会副理事长易宗发传达学习了全国公路学会工作会议精神;省交通设计院院长、学会副理事长聂复生传达学习了《中国公路学会关于加强学会工作的若干意见》,会议审议通过了学会理事会调整若干任职人员的方案。理事长邓经国在会上作了主题为《充分发挥学术交流平台作用精心打造学会品牌促进行业创新发展》的工作报告,报告从六个方面客观全面地总结了学会自八届二次理事会召开以来的各项工作,肯定了学会工作成绩的同时,也提出了发展中遇见的问题和不足。

会议提出了下一阶段工作要求和主要任务,一是要围绕行业发展中心任务,突出发挥公路学会组织的学术特色服务;二是要努力提升学会的科技品牌,组织开展较高水平的学术交流活动;三是要积极拓宽国际和区域间的学术交流、科技合作活动;四是要加强自身建设,提高服务能力,把学会打造成具有较强实力的现代科技社团;五是要坚持以会员为本,继续做好科技评价、人才举荐等各项工作。

(省公路学会秘书处)

【省公路学会会员俞文生获第七届中国公路学会青年科技奖】 2012年9月,中国公路学会青年专家委员会公布"第七届中国公路学会青年科技奖"获奖名单,有10名优秀青年科技工作者获此奖项,其中,经江西省公路学会推荐的省公路学会会员、江西省高速公路投资集团有限责任公司项目管理部部长、教授级高工俞文生(现年36岁)获此殊荣,也是10名获奖者中最年轻的一名。

俞文生先后负责了3条400余千米高速公路工程科技攻关工作,主持完成或正在主持的省部级重点交通科技项目8项。作为主要研究人员,他参与完成或在研的省部级重点交通科技项目15项,在高速公路建设管理模式创新和隧道建设关键技术方面取得显著成效,获得省部科技进步奖2项、专利1项,被授予"第五届中国公路百名优秀工程师"称号。

(省公路学会秘书处)

【省公路学会组团参加华东公路发展研讨会】 9月17~18日,第七届华东公路发展研讨会在贵阳召开。省公路学会组织有关会员由学会副理事长兼秘书长刘鹭英带队参加研讨会。参加本届研讨会的有来自安徽、江苏、浙江、山东、江西和上海的公路科技人员约150人。会上,江西省交通设计院调研员、九江长江二桥项目办吴宝诗作了题为"九江长江二桥的方案设计"的学术交流;会后,与会代表考察了主跨1088米"国内第一,世界第六"的大跨径钢桁梁悬索桥——坝陵河大桥。

本届研讨会,江西省公路学会会员共有26篇论文入选论文集。

(省公路学会秘书处)

【省公路学会参加"首届两岸公路交通发展论坛"】 10月24日,中国公路学会、台湾中华道路协会、香港公路学会、澳门工程师学会联合主办的"首届两岸公路交通发展论坛"在苏州召开。论坛的主题为:共融·共享·共赢——低碳、安全、环保的公路交通发展模式。

中国内地、台湾、香港、澳门公路界专家学者及科技作者和交通运输部有关司局负责人约150余人参加会议。会上,两岸的公路科技专家们分别作了学术报告,交流了公路桥梁隧道建设的先进经验。

论坛期间,两岸代表还参观考察了世界首座千米级斜拉桥——苏通长江大桥。

(省公路学会秘书处)

【全省7个项目获2012年度中国公路学会科学技术奖】 1月5日,2012年度"中国公路学会科学技术奖”经中国公路学会理事长办公会议审定核准和并经社会公示，评审结果公布。2012 年度“中国公路学会科学技术奖”共评出特等奖 3 项，一等奖 36 项，二等奖 56 项，三等奖 98 项。由江西省公路学会推荐，全省公路交通系统共有 7 个项目获奖。

（省公路学会秘书处）

【九江市港口协会会长会议在九江召开】 6 月 27 日，九江市港口协会五届理事会第六次会长会议在长江九江航道管理处召开。九江市港口管理局、九江海事局、九江市港航管理局、长江九江航道处、长航公安九江分局以及中石化九江分公司、国电九江电厂等单位的九江市港口协会的 17 位副会长（秘书长）出席会议。

会议传达学习了《江西省人民政府关于进一步推进九江沿江开放开发的若干意见》和交通运输部与国家发改委颁发的《港口岸线使用审批管理办法》。为进一步落实省政府“推进九江沿江开放开发”专题会议精神，该协会起草了《九江沿江港口新建码头使用岸线管理的建议》。与会者分别从港口“管”“用”的不同角度提出了为使这一宝贵资源得到有效利用和管理的意见与建议，探索了岸线使用的新途径和新方法，会议取得了预期效果。

（张燕斌　黄海源）

【上饶市召开道协客运会员单位负责人座谈会】 4 月 17 日，上饶市运管处为进一步深入开展集中整治影响发展环境的干部作风突出问题，召开了全市道协客运会员单位主要负责人座谈会。市交通运输局、市运管处、局监察室部分领导出席会议，全市道协客运会员单位主要负责人及一线长途驾驶员和乘务员代表参加会议。

会议就市、县运管机构如何转变工作作风、提高办事效率、规范客运行业管理、落实车站规范化建设、落实“人盯人，队盯车”安全监管制度等 12 个问题展开讨论。与会代表纷纷根据自身长期从事道路运输行业的实践经验，结合本企业的运行情况，提出意见和建议。会上，上饶市交通运输局与上饶市运管处领导就道路运输法律法规和专业知识的相关要求与规定，现场解答了与会者提出的有关问题。

参加座谈会的代表对市处行风、效率、行政等方面的情况填写了民意测评表，进行了现场测评。

（上饶市运管处）

【泛“长三角”区域高速公路应急保障体系研究项目会议召开】 3 月 9 日，泛“长三角"区域高速公路应急保障体系研究项目第三次会在景德镇市召开。江西省交通运输厅副厅长邓经国到会讲话，江西省公路学会秘书长刘鹭英主持会议。上海市公路学会理事长张蕴杰、安徽省公路学会理事长王水，及上海市、江苏省、浙江省、安徽省、江西省四省一市公路学会的专家、学者与会。

泛“长三角”区域高速公路应急保障体系项目研究，是一项依托五省（市）高速公路已有的信息系统和应急保障资源，以“互通信息、共享资源、协同处置、有效保障”为目标，强化“长三角”高速公路区域应急协作机制，完善区域高速公路信息互通运行、进一步拓展跨省（市）公众出行信息服务，为实现跨省（市）高速公路应急保障体系提供可靠的科技支撑的科研项目。旨在通过省（市）际协同，加强应急资源的互通有无和资源共享，增强应对重大突发事件的快速响应和协同处置能力，减少突发事件的影响范围和危害程度，保护公众的生命和财产安全，保障高速公路网的安全、畅通、高效运行和优质服务。

会上，上海市公路学会介绍了高速公路应急保障体系试验平台方案，江苏省公路学会介绍了高速公路应急保障体系信息互通接口标准，与会专家、学者还就区域内高速公路应急保障体系建设及省际的协同配合等问题进行了广泛的交流探讨。五省一市公路学会的专家、学者就泛“长三角”区域高速公路应急保障体系项目的有关问题进行广泛的讨论研究，对建设好、管理好泛“长三角”区域高速公路应急保障体系奠定了一定的基础。

（涂　强）

【省公路学会在三清山召开信息联络秘书工作交流会】 7 月 26 日，省公路学会在三清山召开信息联络秘书工作交流会。全省各设区市公路学会秘书长、各专业（工作）委员会联络秘书、会员单位信息联络秘书 70 余人参加会议。

会议总结了上年度学会工作，部署了本年度工作目标任务，并对学会下半年的工作作出具体安排。

会议期间,上饶、赣州市公路学会就如何搞好学会信息、联络工作和开展学会工作分别进行了大会交流;对60名学会工作先进个人、10名优秀信息联络秘书进行了表彰;还特邀专家进行了新闻写作、摄影知识的授课,并组织实地考察。

(陈均培)

【中交教研会航道职工分会年会在井冈山召开】 4月25日,中国交通教育研究会航道职工分会第27次年会在革命摇篮井冈山召开。省港航局局长于钦民,中国交通教育研究会副秘书长周祥菊,航道职工分会会长、长江航道局副局长郭晓浩,航道职工分会副会长、安徽省港航管理局党委副书记李成春及航道职工分会、省港肮局、长江航道局等会员单位代表共计36人出席会议。

会议就联合编写培训教材组织培训班议案进行了讨论。会上相关会员单位介绍了职教工作经验。本次会议增补江西省港航管理局副局长乔文典为航道职工分会副会长、长江航道局人事劳动处胡晓刚为航道职工分会秘书长,并增设了10个单位为副秘书长单位。

中国交通教育研究会(简称中交教研会)成立于1993年3月15同,是经民政部登记注册的全国性一级社会团体,是具有独立法人资格的社团法人,业务主管部门是交通部,同时接受教育部的业务指导。本会的英文译名是CHINANSTITUTEOFCOMgUNICATIONSEDUCATION(缩写为CICE)。

(曾万荣 张 浔 陈明中)

【吉安市公路学会第六次会员代表大会召开】 10月26日,吉安市公路学会第六次会员代表大会召开。全市公路学会会员单位参加了此次会议。会议审议了学会第五届理事会工作报告,选举产生了学会第六届理事会、常务理事及领导机构。市政府副市长王大胜出席会议并讲话。会议指出,近年来市公路学会紧紧围绕市委、市政府中心工作,切实使挥桥梁纽带作用,积极开展技术交流、技术培训、科技咨询、成果推广和科哲矗传等活动,不断增强服务能力,在促进吉安市公路交通事业持续健康发展,提升服务交通公路的能力等方面做了大量卓有成效的工作。会议强调新一届理事会要进一步提高认识、抢抓机遇,以强化服务为抓手,进一步加快学会的发展;发挥优势、拓展空间,以科技进步为抓手,进一步扩大学会的影响;创新机制、营造环境,以自身建设为抓手,进一步促进学会健康有序发展。

(刘文权)

【赣州客运站被中道协评为先进单位】 中国道路运输协会通报表彰了2012年交是运输部道路旅客运输经济运行动态监测机制信息报送工作先进单位和先进个人。江西新世纪汽运集团有限公司赣州客运站被评为报送工作先进单位,张晓被评为先进个人。按照交通运输部办公厅“关于建立道路旅客运输经济动态监测机制的通知”要求,中国道协对各道路旅客运输经济运行动态监测网成员单位填报2012年1月1日~12月31日期间及2013年春运期间是否报时按要求填报道路旅客运输经济运行动态监测信息周报、国庆黄金周日报和春运日报情况进行考核评比,有76家监测网成员单位和个人填报及时规范、数据准确合理,质量符合要求受到表彰,江西赣州客运站榜上有名。

(周淑芳)

交通管理

行政管理

干部作风整治活动

【省厅启动集中整治影响发展环境的干部作风突出问题活动】 2012 年 1 月 20 日，省厅召开全省交通运输系统开展集中整治影响发展环境的干部作风突出问题动员电视电话会。

会议指出，经过多年的不懈努力，交通运输系统在干部作风建设方面取得了明显成效，逐步形成了“想干事、敢干事、会干事、干成事、不出事”的浓厚氛围，干部职工的执行能力和服务意识显著增强，人民群众和服务对象对干部工作作风和服务效能的满意度不断提高。开展集中整治影响发展环境的干部作风突出问题，就是在推进交通运输又好又快发展的过程中，必须高度重视干部队伍建设，必须有好的作风、好的纪律作为保证和基础；就是要把全系统上下的心思和力量集中到抓建设、稳发展、促和谐上来，推动交通运输又好又快发展。各级交通运输党组织和领导干部要高度重视、高位推动整治活动，要通过抓精神鼓士气，抓学习提能力，抓效能优环境，抓作风严纪律，进一步强化党员干部能力危机意识、责任意识、服务意识和奋发有为意识，形成解放思想、勇于担当、敢抓敢管、真抓真管的良好氛围，促进广大干部精神面貌大改观，工作作风大转变，服务效能大提升，发展环境大改善，为江西交通运输跨越式发展提供强有力的组织保证和作风保障。

交通运输系统集中整治影响发展环境的干部作风突出问题活动重点包括五个方面:一是深化“建设五型机关、提高服务水平”主题实践活动,着力解决工作作风上的“庸、懒、散”问题;二是切实加强干部教育管理工作,不断提高领导干部推动和服务科学发展的能力和水平,着力解决领导作风上的“假、浮、蛮”问题;三是加强监督和严明纪律,着力解决为政不廉的“私、奢、贪”问题;四是继续改进和规范行政审批方式,提高行政审批效率和服务水平,着力解决行政审批中的低效率问题;五是严格规范和监管交通运输行业中介服务,着力解决中介机构及交通运输市场从业人员的乱作为问题。

集中整治活动从1月开始,12月底结束,分学习动员(1月4日—2月29日)、自查自纠(3月1日—5月31日)、督查整改(6月1日~11月30日)、总结提高(12月1日—12月31日)4个阶段进行。

(张永康)

【省直机关工委督查干部作风整治】 5月29日,省直机关工委副书记邓剑锋一行三人到省交通运输厅,反馈“万名群众评机关”意见建议,对干部作风整治活动自查自纠阶段工作任务落实情况进行督查,同时对申报的省直创先争优活动先进集体和个人进行考核。厅党委书记程受锭出席汇报会,副厅长万明和厅纪委书记成松分别汇报创先争优和干部作风整治活动开展情况。

根据省作风整治办有关要求,干部作风整治督查的主要内容为自查自纠情况,重点工作推进情况,解决群众反映干部作风方面突出问题的投诉情况,开展作风整治活动的有效措施和做法,工作中存在的薄弱环节和问题,以及对下一阶段工作的意见和建议。

督查组认真听取工作汇报并查看相关材料后,对省交通运输厅干部作风整治活动和创先争优工作取得的成绩给予肯定,并对下一步的工作提出要求。汇报结束后,督查组来到厅应急指挥中心,“96122”服务热线进行现场考察,并对交通工程公共资源网上交易系统进行详细了解。

(练崇田)

【省厅获全省干部作风集中整治活动先进单位】

省集中整治影响发展环境的干部作风突出问题活动领导小组发出表彰通报,省交通运输厅被授予“2012年度全省集中整治影响发展环境的干部作风突出问题活动先进单位”荣誉称号。

2012年,省厅围绕省委、省政府提出的作风整治活动要求,着力解决五个方面、24种突出问题,以推进全省交通运输事业发展实现新跨越为中心,分学习动员、自查自纠、督查整改、总结提高四个阶段,组织全系统开展干部作风集中整治活动。各单位紧紧围绕作风整治活动方案要求,把思想教育、督促整改、严格问责、完善制度贯穿始终,认真解决干部作风中存在的各类影响发展环境的突出问题,实现干部作风进一步转变,服务质量进一步提高,服务效能进一步提升。

(黄 金 刘伯庭)

政务管理

【概况】 2012年,厅办公室紧紧围绕交通运输科学发展安全发展的中心任务,不断提高服务发展、服务决策、服务落实的能力和水平,较好地完成了各项工作任务。

切实抓好重大活动和会议的组织协调。圆满完成了全省交通运输工作会议、全省交通运输三项工作总结表彰大会、全省高速公路通车里程突破4000千米总结大会等一大批会议和活动,服务好奉铜项目建成、龙头岗综合码头工程建设动员、路政大练兵大比武、省领导视察重点建设项目、在建项目阶段动员等,做好组织协调,做到严谨细致、衔接顺畅。

切实提高抓落实的能力和水平。围绕厅重大决策部署,围绕部、省、厅领导批示和交办事项,围绕工作重心,做好省政府工作报告、交通运输工作报告等的分解和落实,对厅党政联席会议纪要、各级领导批件落实专人督办,确保各项工作落到实处。

切实做好文稿起草、公文运转、档案、政务信息、信息公开、保密、信访、人大建议、政协委员提案办理等工作。全年收文3467件,审核发文1588件;厅工程档案馆建成投入使用,制订出台

《江西省交通运输工程档案馆收集档案范围及档案移交接收工作规定》,武吉高速公路项目通过档案专项验收,对瑞赣、鹰瑞、石吉、彭湖、九瑞、永武、德昌等高速公路项目建设后期档案整理工作开展督查;向省委、省政府、交通运输部报送信息600余条;厅门户网站新增政务公开信息8697条,向江西省政府信息公开平台报送信息651条;组织开展了保密工作检查和保密警示教育,全年未发生失泄密事件;受理信访案件903件次,初信初访办结率达98%以上;承办省人大代表建议89件,省政协委员提案32件。

2012年,厅办公室先后获得全省政府督查工作先进单位、全省政务信息报送工作先进单位、交通运输政务信息工作先进单位等荣誉称号。

(崔建林)

【厅地共推普通公路建管养】 为推进普通干线公路建管养,充分发挥地方政府在公路建设与养护、管理工作中的重要作用,江西省交通运输厅采取"厅地共建"模式,先后与全省11个设区市签订框架协议,确保实现"十二五"期间普通干线公路建设、养护、管理总体目标。

根据协议,江西将按照相关政策对国省干线公路养护建设予以补助。各设区市将全面加强公路建设、养护、管理,实现普通干线公路技术状况指数达85以上,优良路率达90%以上。消灭次、差等级公路;强化路网结构改造,打造标准化干线公路;加快实施危桥改造工程,重点解决现有危桥项目库内的危桥;大力实施安保工程,始终保持干线公路标线齐全完整,指路标志及重要警告、禁令标志设置齐全完善,重点建设山岭、重丘区急弯、陡坡、临江、临崖路段路侧护栏;结合水毁恢复重建,实施灾害防治工程,提高普通干线公路抗灾、减灾能力;实施公路绿,普通干线公路建设层次清晰、环境优美的公路景观通道,集中消灭公路绿化化空白段,公路绿化里程比重达100%。

协议还对公路工程管理、公路路政管理、收费公路管理、公路计划和资金管理,公路科技进步以及双方的职责、奖惩等方面内容作出了明确规定和要求。

(张永康)

【省厅与南昌市签订普通干线公路建设、养护管理框架协议】 5月12日,省交通运输厅与南昌市人民政府就落实省政府"十二五"期间普通干线公路建设、养护管理目标任务签订框架协议,同时就昌北收费站至昌西南收费站区间路产签移交协议。省交通运输厅厅长马志武与南昌市委副书记、市长陈俊卿代表双方签署协议书。

普通干线公路建设、养护管理框架协议规定,"十二五"期间,南昌市规划完成普通干线公路升级改造、养护大中修里程816.20千米。同时,公路生产建设所涉及的征地拆迁工作由南昌市政府负责完成。根据协议,加强公路全面养护,加快实施危桥改造工程,大力实施安保工程. 大力实施公路绿化工程。

协议还对公路工程管理、公路路政管理、收费公路管理、公路计划和资金管理、公路科技进步以及双方的职责、奖惩等方面的内容也作了明确规定和要求。

根据昌北收费站至昌西南收费站区间路产移交协议,省交通运输厅将上述区间路产(不含房建设施及用地、机电设施)及其他附属设施一并无偿移交给南昌市人民政府。移交后上述区间路段的收费经营权归属、收费期限及收费标准保持不变。移交后上述区间路段的建、管、养由南昌市人民政府承担。

(雷声猛)

【江西创建农村公路建管养运"六位一体"综合服务站】 启动农村公路综合服务站建设是江西积极构建农村公路建管养运新型管理服务模式的创新之举,是全省交通运输事业科学发展、转型发展的迫切需要。

近年米,全省各级交通部门积极推进公路建设、管理和运输工作,农村交通运输发展取得了重大突破:公路修到农民家门口,村村通水泥路梦想成真;乡镇通班车条件大大改善;农村公路"重建设、轻管理""只建不养"的思想仍然存在,农村公路养护管理长效机制尚未健全,管、养、运等方面还比较薄弱,与农民的实际需求还存在差距。"十二五"时期,是交通运输转型发展的关键时期,推动农村公路发展由数量型向质量型转变,由建设向建管养运一体化发展转变,由增加基本供给能力向全面提升服务水平转变,是江西省农村交通运输转型发展的迫切需要,也是新阶段交通工作面临的一道新课题。

为了让广人农村群众走上安全路,乘上放心车,尽快享受和城里人同等的出行条件,省交通运输厅以全新的思路,积极探索实现城乡交通运输基本公共均等化新途径。2011年7月,省交通运输厅在全省启动农村公路综合服务站为载体,推动农村公路建管养运一体化发展。省公路运输管理局作为全省农村公路综合服务站试点工作具体责任部门,深入进行调研,制订工作方案,编制规划,储备项目,从众多项目中筛选出150个项目进行首批试点。

一亿元资金撬动100个省级试点。按照省交通运输厅工作方案,用两年时间在全省开展农村公路综合服务站建设试点工作,每年选择确定50个,2年共100个农村公路综合服务站作为省试点,以点带面,推进全省农村公路建成、管、养、运一体化服务发展。

为顺利推进试点工作,省交通运输厅专门成立了农村公路综合服务站建设试点工作推进领导小组,并出台优惠政策。首先在资金上,对省级试点项目,给予每个站100万元建设补助资金;二是对省级试点所在乡镇区域内的县、乡、村公路,按照每年每千米县道7000元、乡道3500元、村道1000元的标准,安排下达养护工程省级补助资金。三是对省级试点所在的县(市、区),省交通运输厅将在"十二五"农村公路建设计划安排中给予重点倾斜支持。省厅的优惠政策,起剑"四两拨千斤"的作用,激发了各地建站的积极性。丰城市积极争取,使规划的6个农村综合服务站一次性全部纳入省级试点。市交通运输局迅速行动,半个月就提出了6个项目的工可报告。市政府在机构、人员、土地划拨等方面给予大力支持,除每个站划拨1.3公顷土地外,还采取措施解决2400万元的建站配套资金问题。高安、遂川等地把农村公路综合服务站作为当地政府重点民生工程来抓,领导亲自协调,现场指挥,加大推进力度,并在配套资金、土地划拨等方面全力支持。

在试点的基础上,江西省将有计划、有步骤地建立健全农村公路建、管、养、运综合服务体系,规划建立307个。其中,"十二五"期间,计划安排200个农村公路综合服务站建设,每年建成50个。

(李　明)

【公路部门建设公路综合养护中心】 "十一五"时期以来,江西交通部门强化公路养护管理,提出了干线公路道班要逐步从养护为主向突出养护机械化,提升应急处置能力和为公众服务"三位一体"综合基地转变的发展思路。并在宜春先行开展综合养护中心建设试点工作。"十二五"期间,江西将建成养护、应急、服务"三位一体"的50个普通干线综合养护中心。这次先行建设的20个市级综合养护中心,分布全省11个设区市,设置于普通干线或重要支线附近,所有项目于2012年底前完工,其余30个县级综合养护中心在"十二五"期间逐年安排实施。规划原则上每个县城范围内布设一个县级综合养护中心,形成覆盖全省普通公路干线和支线、层次明晰、规模适当、反应灵敏、运转高效、配置合理、保障有力的公路综合养护体系,实现全省普通公路干线和支线的养护网络化管理,保障全省干支线公路网的安全畅通,为公众提供更优质、便捷的出行服务。

市级综合养护中心的基本功能有养护、应急和服务三个方面。其中养护方面能承担辐射范围内的大中修养护工程,对管辖范围内所有干支线公路、桥梁、隧道及其附属设施等进行维修保养,兼顾一定的日常养护。应急方面能处置在辐射范围内的应急保障任务,对管辖范围内的所有干线公路、桥梁、隧道及其附属设施在严重损毁或阻碍正常通行时进行迅速抢修、恢复和加固,初步实现发生自然灾害两小时内赶到现场进行应急处置。服务方面具有为司乘人员提供加油、停车、加水等功能。

综合养护中心建设是2012年全省交通运输工作的重要内容。各设区市公路局按照《江西省普通干线公路综合养护中心建设意见》和建设指南的要求,精心设计、精心组织、精心施工,努力打造精品工程。组织精干的管理团队和优质的施工队伍抓紧施工。

在建站中突出抓好出行服务设施的配套完善,特别是要通过实物储备与商业储备相结合的方式提升应急物资储备能力,通过购置与社会租赁相结合的方式配置养护、应急抢险队伍的储备,整合强化养护、应急处置能力,把综合养护中心建成养护作业的"坚强阵地"、应急管理的"运转中心"、公众出行的"温馨驿站"和交通行业的"亮丽窗口"。

(李　明)

【全省交通运输信访秩序基本稳定】 2012年,省交通运输厅信访总量为903件(人)次,与上年相比下降2.9%。其中:受理群众来信248件(包括省长手机、政府信箱、省投诉中心网上信访转办件,厅长信箱、厅网上信箱来信);接待群众来访99批次、655人次。信访案件呈以下特点:一是群众来信数量呈大幅下降趋势,同比下降26.6%,但重复信件特别是一信多投现象增多,重信48件,占来信总数的19.4%;二是来访人次数却有所上升,同比上升5.9%,其中集体访41批次和529人次与上年基本持平,但个访与上年同期相比却大幅上升,个访58批次、126人次与上年同期相比分别是上升114.8%和88.0%,另外不属于厅受理范围的情况较突出。

综合分析上述信访案件,群众来信来访反映的问题主要集中在以下四个方面:一是公路建设中拖欠农民工工资和工程款以及经济合同纠纷而引发的;二是道路运输管理中对客运车辆实行公司公经营中有关车辆收购补偿发生纠纷,以及对客运线路审批和出租车经营管理等方面不满而引发的;三是撤销普通公路收费站后,部分职工(大部分为合同工)就涉及有关人员安置问题而引发的;四是厅直三级单位部分职工因交通国企改革而引发的。

主要做法:

1. 推进交通运输信访工作制度规范化。省厅积极畅通信访渠道,进一步依法建立健全和规范了交通运输信访各项工作制度。一是健全和规范了首办负责制,坚持重心下移,努力把问题解决在首办环节,解决在基层和当地;二是健全和规范了对重大信访隐患定期进行排查,及时上报制度;三是健全和规范了快速信息反馈沟通机制,确保了信访信息沟通渠道的畅通;四是健全和规范了信访工作的有关程序、制度,并要求作为政务公开的内容向社会公示,给上访群众提供了便利;五是健全和规范了信访事项办理、复查、复核的有关规定,严格信访事项三级终结机制;六是健全和规范了应对机制,加大了突发性群体事件的处置力度。

2. 提高领导干部接访下访工作成效。厅对领导干部接访工作高度重视,实现了领导干部接访下访工作的常态化、制度化、规范化。一是领导示范引领。省厅领导干部坚持在岗接访、值班接访的做法。除此之外,按照省信访局要求,厅领导还定期按时参加了省政府(省人民接访中心)接访工作。厅领导特别是主要领导自觉履责,身体力行,带头接大访、攻难访,带动了“厅直属单位领导每月接访一次”制度的落实。2012年,省厅各级党政领导参加接访238人次,包案处理信访问题265个,其中:厅领导参加省人民接访中心接访和厅信访接待室接访22人次,包案处理信访问题33个。二是创新接访形式。通过分类接访,科学合理分流,增强了接访工作的针对性;通过联合接访、重点约访、带案下访,把厅直单位党政领导接访与部门领导接访相结合,实现了上下联动;通过包(带)案下访,化解了大批疑难复杂信访事项。据不完全统计,全年厅及厅属单位领导接待上访群众3500余人次,解决信访问题300多个。另外,厅领导带案下访9次,妥善处理群众信访问题18个。三是完善考评制度。省厅把深入推进领导干部接访,列为领导班子和领导干部政绩考核的重要内容。厅不定期重点抽查厅直属单位领导干部接访工作情况,并适时进行通报。

3. 加大矛盾纠纷排查化解力度。坚持工作重心下移、关口前移,健全矛盾纠纷排查调处机制,努力从源头上减少信访问题的发生。①全面排查。建立厅、厅直属单位和基层单位三级矛盾纠纷排调机构,形成纵向到底、横向到边的排调网络。2012年,厅及厅直属单位和基层单位共排查化解矛盾纠纷6000多件(人)次。②集中化解。在推进矛盾纠纷排查化解过程中,注意突出重点,紧紧盯住重点人员和重点群体,逐个落实化解稳定措施,尤其是对重点领域的问题,有针对性进行集中排查化解。全年在开展拖欠农民工工资、道路运输管理和国企改革三类信访问题集中治理活动中,共办结三类信访问题26个,办结率100%;停访息诉25个,停访息诉率96.2%。③决策预防。厅在制定有关交通运输政策措施过程中,充分发扬民主,特别是关系民生的重大决策事先征求群众意见。建立重大工程项目建设和重大政策制定社会稳定风险评估机制,凡未经风险评估或经评估认为风险不可控的,不得审批和实施,从决策层面预防矛盾纠纷和信访问题的发生。

4. 推动交通运输信访积案、疑难案化解。

为妥善化解交通运输信访积案,逐步消化问题积累,减少反复上访、缠访闹访和非正常上访。2012年,省厅深入开展了交通运输信访积案化解工作。全厅共清理出信访积案、疑难案5件,化解了5件,停访息诉5件,其中协调解决“三跨三分离”信访案件1件。

(罗安生)

【省交通设计院完成改制工作】 根据省委、省政府《关于深化七个系统国有企业改革的指导意见》及省交通运输厅《关于明确省交通设计院改革有关问题的批复》(赣交运输字〔2011〕47号)文件精神,江西省交通设计院于2012年8月17日正式完成了由非公司制企业变更为有限责任公司的工商注册手续,从而标志着企业改革工作已基本完成,“江西省交通设计院”也由此更名为“江西省交通设计研究院有限责任公司”。同日,该院举行了挂牌仪式。伴随着新公司的挂牌,一个“产权清晰、权责明确、政企分开、管理科学”的现代企业的雏形已基本形成。

(朱　革)

【江西水运集团有限公司基本完成企业改革】 江西水运集团有限公司是南昌市第二批七个系统国企改革之一,涉及该司3626职工。经过市交通运输局和公司的努力,企业改革工作基本完成。同时也是矛盾的聚焦期,上访的高发期。公司采取积极的应对措施,一是统一思想,形成合力。班子成员分头下去蹲点调研、指导工作,实时解决企业改革收尾当中遇到的问题;二是广泛宣传,形成氛围。采取和职工谈心等多种形式广泛收集职工反映的问题,及时掌握职工的思想动态。向职工宣传政府有关改制文件精神和企业改制的重要性、必要性;三是建立维稳网络,制订应急预案。排查国有企业改革过程中可能影响企业改革和社会稳定的问题,及时发现苗头,及时采取措施,就地化解矛盾。明确各级领导的维稳责任,重点维稳对象由基层主要领导实行责任包干。通过耐心细致的工作,到年底,职工签约达到98%。

(江西水运集团)

【吉安市交通运输局对接中央苏区振兴发展成效明显】 2012年,吉安市交通运输局积极开展中央苏区振兴发展政策对接工作,取得较好成效。一是向上级争取项目共1057个,争取中央、省补助资金2.74亿元,比上年多争取资金6473.6万元;二是已编制完成《吉泰走廊基础设施建设规划》初稿,全市原中央苏区交通建设发展规划项目库已上报省交通运输厅;三是原中央苏区人口集中的自然村道路硬化工作已正式启动,前期摸底调查工作正在有序开展;四是原中央苏区的农村公路建设上级资金补助标准得到提高,比原有标准提高10万元/千米,有效缓解了地方配套资金压力。

(龙　翔)

【吉安市交通运输局提高行政审批效率】 吉安市交通运输局在干部作风整治活动中,以出租车罢运事件为突破口和切入点,从强化管理入手,通过提升队伍素质、细化工作标准、优化审批流程、简化办事程序等方式,提高行政审批服务质量和效率。

一是突出窗口建设。加强人员配备和窗口工作人员、业务部门负责人、分管领导业务培训,积极落实经费,配备网络办公设备,做好联动项目接口工作,主动适应全程式网上审批工作。二是规范行政执法行为。举办行政执法人员培训班,对全市千余名交通运输执法人员分期分批进行了行政执法培训,进一步提高行政执法人员综合素质和执法水平。三是清理审批事项。全面清理行政审批服务事项,对原有24项行政许可项目进行重新梳理、清理,调整缩减保留12项,下放12项,共梳理办事流程21个,所有审批项目实行“一站式”审批服务。四是提高审批速度。加强审批制度建设,行政许可时限由原21项法定工作日533天,缩减为21项法定工作日213天,缩减60%。五是完善网上审批。将交通运输行政审批和服务事项全部挂网公开,正在积极推行全程式网上审批,逐步实现事项受理、材料报送、材料核对、行政审批、办结送达等环节网上办理。六是规范建档工作。按规定建立台账,做好网上审批纸质档案与电子档案数据、受理及办理时限、设置审批条件与实际办理条件核对工作,确保行政审批档案规范。

(刘小琴)

【抚州市政协督办城乡公交通道建设提案】 7月26日上午,抚州市政协教文卫体委员会、民盟抚州市委组织部分政协委员到市交通运输局,就

“整合城乡客运线路，打造四通八达的城乡公交通道”提案进行督办。督办中，政协委员们认真听取了市交通运输局办理该案的思路和具体做法、存在的问题以及今后努力的方向。政协委员们一致认为，市交通运输局十分重视提案的办理，做了大量卓有成效的工作，完善实现城乡公交一体化的基础性条件。同时委员建议，市交通运输局及有关部门要站在全局的高度，充分认识打造四通八达的公交通道，不仅是城镇化、工业化、社会化的需要，而且是老百姓迫切的需求；要充分发挥部门作用，积极成为市政府解决城乡公交一体化的参谋助手；要创新方法，积极协调各方利益，在“十二五”期间开通抚州市城区至周边乡镇公交线路，开通城际公交线路和旅游专线公交。

（陈根玲）

组织与人事

【概况】 2012年在厅党政的正确领导下，在各单位的大力支持和各级组织人事部门共同努力下，厅组织人事各项工作取得较好成绩。

1. 厅属单位领导班子和干部队伍建设稳步加强。进一步优化厅属领导班子结构。全年厅共进行了四批次干部考察工作，共提任处级干部14人（其中正处级6人，副处级8人）；对16名试用期一年期满的处级干部进行了考察，办理了正式任职手续；办理处级干部退休15人，厅属单位领导班子的年龄、学历、专业结构得到优化。二是进一步加强领导干部作风建设。以“机关作风整顿年”为契机，制定并下发了《江西省交通运输厅大力提高领导干部推动和服务科学发展的能力和水平工作实施方案》，着力解决领导作风上的“假、浮、蛮”问题，对自查和抽查中发现的问题，及时进行整改，加强干部作风建设。三是积极推进竞争性选拔工作。先后组织指导省公路管理局、省港航管理局、省高速公路集团等厅属单位开展竞争选拔工作，选拔处级干部3名，科级以上干部140余人。四是集中开展厅管领导班子及成员考察。五是加强干部日常管理。严格执行领导干部报告个人有关事项，完成厅18名厅级干部、354名厅管处级干部个人有关事项报告。坚持干部谈心谈话制度，对涉及提任、调整交流、退休的40余名干部均进行了集体谈话或个别谈话。加大厅直单位党委中心组学习记录、干部学习笔记检查力度，推动干部学习常态化。六是强化干部监督管理。及时转发并认真执行干部选拔任用监督“一条例八制度”，加强干部选拔任用工作的事前、事中、事后的监督管理，对新提任干部严格实行一人一表、一事一记。对任期内办理调任、转任、免职手续的7名单位的行政正职，下发了审计通知书。

2. 机构改革和人才管理工作成效明显。一是优化了事业单位管理结构。完成交通医院的划转，省港航管理局吉安分局石虎塘船闸所的设立，高速公路联网管理中心客户服务机构职责的变更，完成了部分新增高速公路路政大队的设立和增编。配合省编办完成厅事业单位清理规范工作，对江西省通茂会计事务所、亚行贷款项目九景公路建设办公室、深圳江西客货运输服务部、江西省公路运输管理局设计所等四家承担的特定工作任务已完成或履行职责的法定依据已消失的事业单位报批撤销，按规定对港航管理局所属事业单位进行编制核减工作。二是较好完成各项改革任务。推进国有交通施工企业的改革工作。完成省公路机械工程局42名人员划转工作。配合完成全省普通收费公路清理工作中厅承担12个收费站撤站以及撤站后684名人员的安置工作，完成接收国家指令性下达省厅的退伍军人的安置计划65人，安置军转干部2人。推进厅直机关事业单位公费医疗与城镇职工基本医疗保险衔接实施工作。三是加强人才规划和人才更新工程建设。经厅党委讨论通过，印发了具有交通运输特色的“十二五人才发展规划纲要”，完成了厅专业技术人才一、二、三级人才库建设，实现对副高以上的专业技术人才动态管理。落实了交通运输部《关于公路水路交通运输行业落实五部委专业技术人才知识更新实施方案的意见》的任务分解表，对未来五年全省落实交通运输部人才知识更新工作做了专项部署。推选了10名副高以上优秀技术干部参加国家人社部在上海、黑龙江、杭州等地组织的现代交通、物流、隧道管理等知识更新研修班。四是加大高层次引进和推荐力度。全年通过人保厅高层次人才通道引进博士4人，引进研究生8人。推荐2名同志分别获得交通运输部科技英才人选专项学习经费支持和人保厅博士后日常经费支持,推荐1名同志享受省级特殊津贴,推荐12名同志获得教授级高级工程师专业技术资格、推荐15名同志入选商务部对外援助成套项目、交通运输部高级道路运输经理人资格审查专家库,推荐1名优秀年轻人才申报省创新领军人才计划。五是推进职业资格工作。2012年,厅共接收交通运输工程系列高中级申报材料455份,评审通过高级人员139人,通过中级专业技术人员145名。高中级评审通过率分别为54.1%和73.2%,均比上一年度下降了5~10百分点,评审质量得到进一步提升。联合省人保厅完成首次全国机动车检测维修专业技术人员职业水平考试工作,推动监理工程师、试验检测工程师、道路运输驾驶员考试等从业资格考试工作,完成全国道路运输驾驶员从业资格考试改革试点工作,并就此项工作在全国交通运输行业职业资格工作会议上作了典型发言。

3. 组织人事专项工作进一步增强。2012年,在认真做好出国人员政审、定点扶贫、年度考核、档案管理等组织人事基础工作的同时,突出重点,抓好了五项人事专项工作。一是加强干部教育培训。通过坚持突出党政干部这个重点,全年选送各类领导干部和干部到各级党校、行政学院和专业院校培训、研讨学习7批次,培训各类干部180人。在交通干部学院举办厅第八期青年科级干部培训班,共有60名学员参加为期两个月的学习培训。还与省委组织部举办两期地方交通运输发展专题研讨班,培训全省县(市)政府分管交通领导干部近100人。二是加大工资审查力度。在完成好厅直单位年度各类人员的正常调资、增资审批工作的同时,结合事业单位岗位设置,推行"一岗一薪、岗变薪变"的薪酬分配制度。完成高速公路集团、交通设计院、远洋公司等厅属企业2011年经营业绩考核和2012年绩效工资标准的确定工作,完成厅直事业单位绩效工资方案的实施工作。加大审查的力度,及时纠正个别单位出现的违规发放津补贴、福利等突出问题,进一步规范厅属企事业单位工资的发放。三是加强重点工程表彰工作。2012年,坚持服务好交通运输发展大局,突出抓住新建高速公路建成通车这个重点,及时完成对奉铜、赣崇、吉莲、德上、抚吉、大广、祁浮等七个高速公路项目审核报批工作,共表彰先进单位135个,优秀项目经理64名,劳动模范196名,先进个人1376名。协助交通工会、厅直机关党委等部门和处室,完成省五一劳动奖章、工人先锋号、为民服务十佳示范岗等表彰工作。四是推进人事信息化工作。着力推进组织人事基础数据的收集整理工作,先后完成全厅机构编制管理信息库、事业单位岗位设置及聘用数据库、公务员数据库、专业技术人才库等信息系统,积极推进文书档案的电子化管理工作,加大干部人事档案归类整理力度。五是增强组织工作透明度。2012年7月,省委组织部向厅通报了2012年省直党政机关组织(人事)工作总体综合评价满意度调查的情况,针对通报中出现的问题,及时查找原因分析不足,并召开厅直单位党政主要负责人及组织人事部门负责人会议,将满意度测评结果和近两年厅选拔任用干部工作方面的情况作了通报。

(王 硕)

【省港航局机关处室副职岗位竞聘上岗】 10月24日,省港航局召开局机关各处室副职岗位竞聘上岗动员大会,以深化干部人事制度改革,优化干部结构,促使优秀人才脱颖而出。省港航局党委研究决定,对局机关中层副职岗位实行公开竞聘。

(倪 磊 陈长荣)

【省交通设计研究院有限责任公司严格程序选拔干部】 该院根据现有干部配备的实际情况,制订《江西省交通设计院部分缺额正科职位竞争上岗实施方案》在经院党委会讨论通过,并上报厅组织人事处备案后,严格按照《党政领导干部选拔任用工作条例》程序,于2012年6月6日,在全院143名干部职工和专业技术人员的积极参与和共同关注下,公开、公平、公正地顺利完成了2名正科级干部职位的竞聘演讲、民主测评工作。经过资格审查,共有8人参加竞聘。

(周良焜)

【省交通设计研究院有限责任公司调整生产机构】 2012年省交通设计研究院有限责任公司对原有生产机构进行调整。成立了8个设计分院和4个研究(监理)所,即公路第一至四设计分院、市政设计分院、交通工程设计分院、港航房建设计分院、工程地质勘察分院、桥隧设计研究所、道路试验检测研究所、交通地理信息研究所、交通建设监理所。明确了各自主要生产业务和工作职责。为适应拓展产业和海外市场需要，成立和重组了工程公司和咨询中心(海外事业部)。机构调整后，按照干部选拔的原则和程序，公开竞聘选拔了一批中层干部，充实相应的领导班子。围绕现代企业制度需要，全面修改了对生产部门的目标管理系列实施办法，对生产部门的管理模式，由传统的目标管理转化为更为科学的绩效管理。

(朱　革)

【吉安市公路局公开选拔科级干部】 1月下旬，吉安市公路局24名科级领导干部通过公开选拔上岗。2月1日至2月7日是领导干部的公示期。经过民主推荐、竞岗演讲、组织考察后入闱的8名正科级、18名副科级人选进行了差额票决，票决结果网上公示，接受群众对干部选任工作的知情权、参与权、选择权和监督权。此次公开选拔科级领导干部正科级7名、副科级17名。

(吉安市公路局)

财务审计

【概况】 厅财务审计部门紧紧围绕本年度全省交通运输各项重点工作，落实各项目标任务，多渠道筹措资金，进一步深化预算管理，积极清理银行账户，规范资产管理，不断加大审计力度，强化审计监督，较好地履行了工作职责。

一、创新融资机制

2012年，厅财审部门立足大局、灵活应对采取了一系列比较有效的筹融资措施，全年筹集资金491亿元，完成基本建设投资352亿元，为实现交通年度发展目标提供资金保障。

1. 支持省高速公路投资集团公司投融资平台建设，充分发挥企业融资优势筹集交通建设资金。厅进一步盘活厅属存量资产，对该集团进行大规模的资产注入，将其打造成一个资产超过千亿的集融资、投资、资产管理和资本运营为一体、兼具“造血”功能完善的平台。2012年该集团全年融资超300亿元。

2. 积极争取交通运输部和地方财政支持。厅财务审计部门通过各种渠道积极向交通运输部、财政部等中央部委反映江西省交通运输行业有关情况和问题，争取部委政策和资金支持，全年共落实中央补助资金57.22亿元。全省各级交通部门也积极争取地方财政配套，促使各级地方政府对交通运输事业的更多投入。

二、加强风险防范

全省交通建设性负债按照“谁举债，谁偿还”的原则，确定厅为偿债责任单位，全面负责交通政府性债务的收支计划管理、项目资金管理、使用管理、偿还和风险管理、预警和监督管理工作。一是建立了债务计划管理机制；二是建立债务监督管理机制；三是完善债务偿还机制。

三、加强预算管理

一是加强预算编制工作，提高预算编制的规范性。二是改变资金拨付方式，提高预算资金使用安全性和效益。三是开展预算执行、专项资金使用的专项检查。四是扎实推进部门预算信息公开。五是开展厅属单位和项目办银行账户清理工作。2012年对厅所属53个预算单位、14个项目办及临时机构的458个银行账户进行了一次全面、彻底地清理，根据规定撤销、变更、归并银行账户169个。

四、加强国有资产管理

实施成品油价格和税费改革、普通公路取消收费后，原稽征部门存量资产使用状态发生了很大变化。通过统一管理统一报送，实施报财政审批的方式加强资产管理，确保国有资产处于正常监管和有效利用。规范国有资产对外出租、出借行为，开展了厅属各行政事业单位国有资产管理专项调查，全面摸清厅直各行政事业单位利用固定资产出租、出借情况和资产管理情况。

五、加强审计监督

各级交通财务审计部门坚持一手抓资金筹措，一手抓资金监管，加大了对财务审计的监管力度，进一步促进各方面用好、管好交通资金，确保资金的安全和高效。

1. 进一步强化建设资金和建设项目审计。2012年，厅财务审计处完成宜春至安福公路等10个工程项目的决算审计，核减投资3148.87万元，查处了不按规定履行基本建设程序，规避招投标和转包分包等问题27个，提出审计整改意见19条。

2. 继续深化领导干部经济责任审计。2012

年,厅财务审计处组织完成对景德镇管理中心原总经理等6位领导干部离任经济责任审计,确保行政“一把手”离任经济责任审计覆盖面达到100%。

3. 积极组织开展行业资金审计。2012年,积极组织厅属行业管理单位开展行业性资金审计。委托省公路管理局对渡改桥资金进行审计,委托省公路运输管理局对集装箱中转场站建设资金情况进行审计,委托省港航管理局局对港口码头建设资金进行审计,摸清了情况,查处了问题,提出了意见和建议。省厅及时将审计结果通报各市,各地有关单位按照审计要求积极整改,并建立健全有关管理制度。

4. 较好完成交通运输部委托的审计调查工作。省厅组织对普通国省干线公路养护资金和取消政府还贷二级公路收费中央补助资金管理使用情况进行了审计调查,全面了解了基本情况,据此向中央部委提出了进一步向江西省给予政策、资金扶持的建议;查处截留、挤占挪用专项资金等违规问题,向省政府上报专题报告,并根据省领导批示对部分市(县)进行督查。

5. 积极配合国家审计机关对省厅的审计。2012年,积极配合审计署、财政部、省审计厅等外部审计监督单位对省厅石吉高速公路竣工决算、取消政府还贷二级公路收费中央补助资金管理使用情况、景婺黄等7条高速公路尾工财务收支情况厅预算执行情况的审计。

六、积极做好全省取消政府还贷二级公路收费工作和收费公路专项清理工作。

1. 及时拨付取消政府还贷二级公路省级补助资金,截至2012年年底79.70万元。

2. 积极开展收费公路清理工作。根据深入贯彻落实交通运输部等五部委和省政府的各项要求,积极稳妥地组织开展了收费公路专项清理摸底调查、自查自纠、检查复核和总结完善等工作,对收费公路专项清理整顿工作中发现的问题进行坚决整改,并牵头制定“关于全省收费公路专项清理暨取消普通公路收费的实施意见”,决定以收费公路专项清理为契机,于2013年底前分步有序取消全省所有普通公路收费,积极探索全面取消普通公路收费,构建“两个公路体系”的尝试。2012年3月1日零时起,厅属12个普通公路收费站全部停止收费。

3. 做好绿色通道和政府重大活动收费公路保畅通工作。为泛珠三角区域合作与发展论坛、全国第七届城市运动会、景德镇国际陶瓷博览会、赣台经贸合作研讨会、华侨华人赣鄱投资创业洽谈会等重大活动用车提供安全、便捷、免费的通行车道。继续支持国家关于鲜活农产品运输车辆高速公路免费通行的有关规定。

2012年中秋国庆假日期间,积极组织,狠抓落实,较好地完成了全省2012年中秋国庆假日免收小型客车通行费工作。9月30日零时至10月7日24时,全省高速公路车流量417.56万辆,其中小型客车车流量353.51万辆,同比增143.2%,小型客车免费额19769.27万元;普通收费公路车流量112.11万辆,其中小型客车车流量85.63万辆,同比增长171.9%,小型客车免费额1045.79万元,全省收费公路未发生重大伤亡事故,未出现大面积拥堵。

4. 调整高速公路收费标准。为筹集取消普通公路收费省级补助资金和农村公路建设资金,经省人民政府批准,江西省分别于2012年7月1日和2013年4月1日调整了高速公路通行费收费标准。有效缓解了相关资金紧张的局面。

(沈国华)

【省公路管理局开展全省公路养护资金审计调查】 该局召开专门会议研究并制订了《全省普通干线公路养护资金审计调查实施方案》,在各设区市公路局限期开展自查的基础上,2012年9月10至25日由局领导带队,组织检查组分赴各地进行重点检查,分析普通国省干线公路养护资金使用情况及存在的问题并提出审计意见和建议。

(罗 钧)

【省公路管理局开展全省农村渡口改渡建桥建设项目资金审计调查】 2012年9月10至25日,由局领导带队,组织检查组分赴各地进行全省农村渡口改渡建桥建设项目资金审计调查(检查),并将检查情况上报省厅,省厅将检查情况进行全省通报。

(罗 钧)

【江西撤销一批普通公路收费站点】 从2012年

3月1日零时起,江西省交通运输厅所属12个普通公路收费站点停止收费。此外,江西省今后不再审批新的普通公路收费项目。根据交通运输部、国家发展改革委、财政部、监察部、国务院纠风办“关于开展收费公路专项清理工作的通知”(交公路发〔2011〕283号)精神,决定以贯彻落实五部委部署收费公路专项清理工作为契机,逐步有序取消江西省境内一级公路和经营性二级公路收费站点。江西省交通运输厅所属12个,从2012年3月1日零时起将停止收费,其中峡江收费站已于2011年11月25日停止收费。同时,庐山环南山公路威家、隘口收费站将合并,改为一站两设,一票通行。对于各地方政府所属收费还贷一级公路11个收费站点和境内经营性收费普通公路12个收费站,于2013年底前停止收费。此外,从2012年3月1日零时起,高速公路收费站停止代收南昌城市收费桥梁(八一大桥、南昌大桥、生米大桥)通行费。

普通公路取消收费后,路产路权移交给地方公路部门,由地方公路部门负责养护管理。鉴于普通公路取消收费后车流量将大幅增加,有关部门将加大治超力度,在取消收费的普通公路适当增设治超站。其中,大万公路和昌夏公路取消收费后,及时分别在上高县墨山收费站和抚州广昌收费站设公路治超站,由地方政府按程序报准后由地方政府管理。对取消收费的普通公路,将由省审计厅全面审计,核实投资、结余等情况,锁定债务余额,并向省政府上报审计报告。各级政府采取有力措施,积极筹集资金,用5至8年时间偿还政府还贷项目债务,补偿经营性收费公路项目。地方经营性普通收费公路,按照收回投资并有合理回报或比照该项目现收费水平和剩余收费期限的原则,由项目属地市、县人民政府与经营业主协商,研究确定补偿方式和补偿金额,并报省人民政府批准。

省交通运输厅所属普通公路收费站名单(共12个):206国道昌厦公路南城收费站、南丰收费站、广昌收费站,319国道瑞金收费站,217省道新安至宁都昌厦公路宁都收费站,320国道上高墨山收费站、高安祥符收费站、高安杨墟收费站,105国道南康收费站、信丰收费站、峡江收费站,三清山环山公路收费站。

(李 明)

【南昌市公路局推进省大撤站取消收费】 2012年,根据省交通运输厅、省发改委、省财政厅、省监察厅、省政府纠风办《关于印发全省收费公路专项清理暨取消普通公路收费实施意见的通知》(赣交财审字〔2012〕24号)要求,南昌市省大(南安)公路收费管理处将于2013年底前取消征收通行费。为全面稳妥开展好撤站取消收费工作,在市政府领导关心指导下,该局拟定了有关撤站方案上报市政府待批。同时,为有效保护路产路权,积极争取省里支持在省大设立治超检测站。目前,省治超办已提出对全省治超站点进行重新规划设置方案,现规划方案正在省交通运输厅审查,待上报省政府批准后实施。

(南昌市公路局)

【萍乡市公路局收费站收费管理迎难而上】 受撤站大环境影响,2012年320国道萍乡段公路收费工作面临前所未有压力。为稳定收费秩序、保持收费平稳,该局通过进一步加强内部管理,认真组织开展以比学习、比出勤、比优质服务、比安全生产为主要内容的“岗位竞赛”,以比费收收入、比文明程度、比创建特色为主要内容的“班组竞赛”,不断提高收费队伍素质和窗口服务质量。加大宣传力度,争取社会各界和司乘人员对收费工作的理解和支持,全年收取车辆通行费3612万元。

(萍乡市公路局)

【临川大桥收费站做好公路收费站政策宣传】 自2012年3月1日全省取消12个省交通运输厅所属普通公路收费站以来,诸多过往司乘人员误认为临川大桥收费站也属取消范围,尤其是该站的附站设在二级公路上,更是让过往司乘人员不理解。为了维护正常的收费秩序,该站积极做好取消省属普通公路收费站政策宣传保稳定工作。一是积极主动与当地政府和公安机关取得联系,赢得他们的大力支持;二是加大取消12个厅所属普通公路收费站相关政策的宣传力度,赢得过往司乘人员的理解;三是召开全站干部职工动员大会,要求收费工作人员文明收费,遇到不理解的司乘人员要出示相关文件资料并做好解释工作,坚决杜绝生、冷、硬、蛮等行为;四是加强领导,及时处理突发事件,确保收费工作有条不紊地进行。

(李 滨)

【省运管局认真做好专项审计调查】 根据省交通运输厅《关于印发2012年江西省交通运输厅审计工作指导意见的通知》,省运管局开展了全省道路运输集装箱中转站项目专项审计调查工作。下发了《关于开展"江西省道路运输集装箱中转站项目建设资金专项审计"工作的通知》,对调查的目的、意义、调查范围和内容、组织实施方式等进行了明确,并设计了《江西省道路运输集装箱中转站建设资金审计调查表》收集详细数据。针对全省道路运输集装箱中转站项目建设规模大、时间跨度长、规划及权属多有变更的现状,在通知下发后,财务审计处采取了企业自查摸底与省局调查相结合的方式,在收集了9个集装箱中转站建管情况的自查数据、基本情况、存在问题和管理建议等书面材料后,省局调查组亲赴各地市现场进行实地审计调研,了解并掌握了相关情况和信息。财务审计处在有关地市运输企业及运管处(局)的大力支持配合下,较好地完成了此次专项审计调查工作,翔实、全面地提出了初步审计报告,为管好用好道路运输专项建设资金,促进全省物流产业健康、稳定发展提供了充分的依据和参考。

(吴　刚)

【省运管局加强全省客运企业客票管理】 为规范道路运输运输企业行业票证的印制、领购、发放、使用、保管和核销工作,根据票证管理要求,省运管局财务审计处实行不定期检查制度。2012年度对江西抚州长运股份公司、九江长途运输集团、上饶鄱阳长运公司等地的一、二级票库进行检查,检查各单位是否配备专人保管;是否建立单位票证管理制度;是否配置票证库房(或铁皮柜);是否建立票证领发台账;是否有防火、防盗、防霉烂、防虫蛀等防范措施,以保证票证的安全。

(王丽新)

【省运管局做好银行账户清理】 省运管局按照《江西省人民政府办公厅转发省财政厅等四部门关于开展省级预算单位银行账户清理工作的通知》要求,于4月下旬,组织开展机关及局属单位银行账户的清理工作。在全面查清各单位的银行账户相关信息的基础上,10天内按规定完成了账户撤并和资料上报。

(刘春艳)

【九江市交通运输局连续五年获招商引资先进单位】 2012年,九江市交通运输局按照市委、市政府的要求和部署,制定《九江市交通运输局2012年招商引资工作方案》,充分调动各单位招商引资工作积极性,形成合力"抓项目、促赶超、争进位",为决战工业6000亿元提供强大的项目保障,由于领导重视,思想统一,措施得力,引进2个招商项目,引资1.427亿元,在全市经济社会发展目标考评中,连续五年获得了招商引资先进单位。

(九江市交通运输局)

【九江港航规费征收突破亿元】 面对全市辖区港口岸线使用的逐步增加,港区规费征收任务加重等情况,为确保港区规费应征不漏,各基层分局增加巡查频率,加大港查力度,全年征收规费1.2亿元,较上年同比增长4%。其中蛤蟆石联合执法点实现港区征费640万元。星子县港航分局实现港区规费征收230万元,比上年同期增长八成。

(九江市交通运输局)

【宜春市交通运输局开展全市港航经费审计】 为进一步加强港航管理部门规费征收、使用管理。2012年8月至11月,市交通运输局组织财务人员,在分管财务工作的副局长梁彦及港航处领导的带领下,先后到县(市、区)港航管理部门,采取听情况介绍、查账目、召开座谈会等方法对港航规费征收、使用情况进行审计,从审计情况来看,各地财务管理制度比较健全,经费使用比较合理,会计核算比较清楚,账目比较清晰,规费收入按照国家规定,全额缴入当地财政专户。但也存在有的使用票据不当,有的拖欠港航规费等,并对问题提出整改意见,限期改正。各地港航管理部门对这次审计高度重视,对审计的问题及时召开有关会议进行专题研究,制定整改措施,建立和完善财务管理制度,组织人员开展规费查拖欠补交专项治理,进一步加强港航部门财务管理。

(喻美红)

【宜春市交通运输局本级工资统发纳入财政应用支撑平台】 从1月份开始,市局本级工资统发正式纳入财政应用支撑平台内,规范化管理实现四大提升:一、数据集中管理,安全储存进一步提升。原有统发工资软件"游离"于技术支撑平台之外，技术故障多，安全系数低，将工资统发系统统一纳入财政应用支撑大平台后，避免数据导入导出可能出现的误差，实现财政数据的一体化集中管理，消除财政“信息孤岛”的存在。二、信息分散录入，办事效率进一步提升。由原来的财政局一家负责录入和审核，改进为由预算单位负责录入并初步审核，使数据录入的准确性和时效性得到进一步提高。三、多家汇总把关，审核力度进一步提升。预算单位在录入信息后，由财政各业务科进行全面核对，层层审核，各职能部门共同把关，确保工资统发工作的有序运行。四、查询简单明了，信息透明度进一步提升。预算单位可以及时、准确查询掌握本单位职工的基本信息和工资发放情况，逐步实现信息的公开、透明。

（喻美红）

【宜春市开展农村公路建设专项资金审计】 随着农村公路部补、省补等通达工程及“村村通”水泥路工程的完工，市农村公路总里程达到15053千米，每年需投入工程资金近2亿元。为进一步确保公路资金专款专用，市交通运输局组织4名财务人员，由分管财务工作的副局长梁彦带队，于7月26日至12月24日，先后对10个县（市、区）2011年县通乡复通项目、2011年水毁车购税项目、公路养护、改渡建桥等专项资金管理、使用情况进行审计。此次审计对2011年度农村公路建设资金管理使用全过程进行四个方面的检查或抽查：一是查建设资金筹措及到位情况。二是查资金管理及使用情况。三是抽查项目计划的执行情况。四是抽查项目建设及管理情况。此次审计发现个别县市区有的工程款拨付不及时，有的拖欠民工工资；有的截留养护资金，乡道、村道日常养护机制和队伍未健全等现象；有的资金拨付、支付审批程序不规范。“审计重在整改”，及时制定三条整改意见。通过审计，各地对审计的问题高度重视，专门召开会议进行研究，制定整改措施，进一步加强建设资金管理，确保工程款专款专用。

（喻美红）

【省公路管理局对宜春市渡口改渡建桥项目建设资金重点审计】 9月21—22日，省公路局副调研员颜林高率局有关处室工作人员赴宜春市检查指导渡口改渡建桥工作。市交通运输局梁彦副局长陪同，颜林高一行深入上高、奉新四个乡镇，实地察看四座改渡建桥项目，并对项目的资金使用进行重点审计。在宜春市交通运输局，检查组一行听取该市渡口改渡建桥工作完成情况和资金使用情况汇报，颜林高对宜春市改渡建桥项目建设予以充分肯定，他说，市交通运输局领导班子对改渡建桥工作非常重视，多次到渡改桥现场办公，监督检查。宜春市改渡建桥工作克服地形复杂、技术力量缺乏、本级财力紧张等困难，改渡建桥工作仍名列全省前茅，成绩来之不易。2012年11月30日省交通运输厅通报市政府此次审计结果，从审计通报中，宜春市渡改桥建设资金除会计账务核算方面一点问题外，未出现任何违纪违规问题，资金使用和项目管理规范。

（喻美红）

【上饶市直补财政补贴近7000万元】 5月23日，上饶市交通运输局及时把省交通运输厅下达的第一批成品油价格改革财政补贴资金6844.43万元拨付到位，其中城市公交1444.43万元，农村道路客运3670.82万元，农村水路客运245.41万元，城市出租车1483.77万元。

（陈均培）

法治建设

【概况】 2012年，厅认真贯彻落实国务院《全面推进依法行政实施纲要》和《江西省人民政府关于加强法治政府建设实施意见》，紧紧围绕《江西省2012年推进依法行政工作要点》提出的工作任务，大力开展法治政府部门建设，努力把交通运输建设、改革、发展各项工作纳入法治化轨道，全系统依法行政工作取得明显的成效。

1. 加强领导，完善工作机制。成立领导机构。根据省政府关于贯彻实施国务院《全面推进依法行政实施纲要》的部署，建立主要领导负责的依法行政工作机制。成立了由厅长任组长、分管副厅长任副组长的全面推进依法行政、建设法治交通的领导小组，明确由法规处、监察室负责具体组织协调。全省各级交通运输管理部门也相应建立了主要领导亲自抓，分管领导直接抓，法制和监察部门具体抓,职能部门共同参与的齐抓共管工作机制。

健全工作制度。一是建立依法行政工作会议制度,每年年初厅制定依法行政工作要点,指导全年全省交通运输依法行政工作,厅主要领导每半年听取一次依法行政工作汇报。年初省厅专题部署全省交通运输依法行政工作,制定《2012年交通运输法制工作要点》。二是建立了领导班子会议前学法制度和法治讲座制度。厅党委会议前安排半小时学法,每年通过厅理论中心组学习安排领导干部集体学法4次。拟任副处级以上领导职务的干部,任职前要考察其掌握相关法律知识和依法行政情况。三是建立依法行政报告制度。明确将行政决策、制度建设、行政执法、行政审批等有关情况作为依法行政报告的内容,规定了每半年报送一次。四是建立法律知识考试制度。厅组织全省统一的普法考试,将考试成绩与机关干部考核联系起来,作为干部考核的一项指标。五是建立依法行政工作考核制度。将交通运输系统各单位依法行政工作开展情况纳入厅年度工作目标考核之中。

2. 加大立法研究,建立厅立法项目库。5月厅建立立法项目库,将《江西省公路条例》《江西省水路交通管理条例》《江西省航道管理条例》《江西省公路水运工程质量安全监督管理办法》《江西省高速公路车辆通行费收费管理办法》《九江长江大桥公路桥管理办法》《江西省国防公路建设项目管理办法》等纳入了立法项目库,其中前五项被纳入了省政府立法项目库。《江西省公路水运工程质量安全监督管理办法》和《江西省高速公路车辆通行费收费管理办法》已被纳入2013年省政府规章的调研项目。

出台相关配套制度。厅制定《江西省高速公路非公路标志设置管理办法》;《江西省道路运输条例》出台后,结合道路运输实际,制定《江西省道路客运线路经营权招标投标办法》《关于进一步推进全省道路客运企业公司化经营的意见》等配套制度。

开展法律法规汇编工作。厅组织编写各执法门类的实用法律法规汇编,分别编写了《道路运输法规政策实用手册》《水路交通管理实用法规汇编》《公路路政管理法律法规汇编》及《治理超限超载法律法规政策汇编》等。

3. 进一步完善交通行政决策机制。厅把规范行政决策作为依法行政工作的大事来抓,逐步建立了重大行政决策的各项制度:一是进一步建立健全了厅重大行政决策公众参与、专家论证、风险评估、合法性审查、集体讨论决定的行政决策机制。制定了《江西省交通厅行政工作规则》,完善了内部工作规则和领导班子议事细则、会议制度、内部决策规则。二是建立和完善有关配套制度。落实了专家论证和咨询、公众参与、专业机构测评相结合的决策风险评估制度,建立健全了厅重大行政决策社情民意反馈制度。建立了交通发展规划、重点工程建设、重大交通立法和执法决策、社会涉及面广、与群众利益密切相关的重大决策等重大事项集体决策制度,专家论证制度和社会公示制度。三是建立健全决策责任追究制度。进一步明确了监督主体、监督内容、监督对象和监督方式。四是创新工程建设领域决策模式。制定出台了《江西省交通运输厅关于推行高速公路建设项目"十二公开"的规定》,通过对规划、设计、招标、征地拆迁、参建单位管理、变更费用、质量监督、安全生产监督、竣(交)工验收、资金使用、奖罚结果及投诉受理等十二方面的公开,进一步规范了全省高速公路建设从业行为,推进了工程建设管理运行透明。

4. 大力开展行业学法和执法培训工作。一是坚持领导干部法制讲座和理论中心组学法制度。2012年组织副处级以上干部参加法制讲座三次,厅理论中心组集中学法四次。组织了全省统一的普法考试,将考试成绩与机关干部考核联系起来,作为干部考核的一项指标。二是组织行政执法专题培训。以交通运输行政执法证件换发为契机,牵头组织了运管部门、港航部门、路政部门、治超站执法人员对行政执法进行了专题知识培训。《中华人民共和国行政强制法》出台后,为让执法人员及时掌握法律法规的内容,共举办了12期专题培训班,培训人数2356人次。《国内水路运输管理条例》出台后,组织了两期水路运输管理人员参加交通运输部组织的培训。省交通运输厅开展了6期针对全省交通运输有关法制分管领导、法制科、所、队长的依法行政专题培训班。

5. 加强执法队伍和形象建设。强化证件管理。厅规定了获取交通运输行政执法证件的资格与条件、证件管理措施、证件年审制度、证件暂扣及吊销制度。新的交通运输行政执法人员和执法证件管理系统建设2012年已全部完成,全省交通运输系统从2013年1月1日起,正式启用新式IC卡交通运输行政执法证。

开展全省公路路政大练兵大比武活动。为认真贯彻落实交通运输部《关于加强交通运输行政执法形象建设指导方案》和《路政文明执法管理工作规范》精神,7月30日下发了《江西省公路路政大练兵大比武活动方案》,在全国率先开展了为期四个月的“内强素质、外树形象”的全省公路路政大练兵大比武活动。在12月10日举行的汇报演练中,汇报演练人员以昂扬的斗志、精湛的技能、顽强的作风、严整的仪容,充分展示了新时期江西公路路政队伍“素质优良、行为规范、纪律严明、作风过硬”的精神风貌,受到在场的省领导和交通运输部政策法规司领导的高度赞扬。

组织行政强制法等法律的专题考试。省厅组织了法律专业人员和交通行政执法业务骨干组成出题小组,2012年8月在全省高速公路路政、普通公路路政、道路运政、港航管理的执法队伍中分别抽取50名执法人员共计200人参加全省统一的闭卷考试。

6. 严格规范行政执法行为。一是认真开展案卷评查活动。厅成立专门的检查组,各检查组严格按照《交通运输行政许可案卷评查标准》和《交通运输行政处罚案卷评查标准》进行案卷评查,采取随机抽查的方式,对每个受检单位抽取的执法案卷不得少于10份,抽取案卷要涵盖道路运政、公路路政、航道行政、水路运政等交通运输执法门类。厅选送了7份交通运输行政执法案卷参加省政府法制办组织的优秀执法案卷评选活动,被省政府法制办评为优秀组织单位奖,其中有两卷案卷获奖。8月下旬专门召开了全省交通运输行政执法案卷评查会,组织了案卷评查小组对各设区市交通运输局、厅直属有关单位选送上来的56份案卷进行了评查,遴选出了十份优秀案卷进行全省表彰,并将此十卷案卷参加部组织的全国交通运输行政执法优秀案卷的评选。二是规范各类执法文书。针对公路路政执法文书和运政执法程序以及执法文书的制作存在不统一、不规范的情况,制定了《江西省道路运输行政许可和行政处罚执法文书式样》《江西省高速公路行政许可和路产路赔案件执法文书范本》等一系列文书范本和规定。在行政强制法出台后,为了规范全省交通运输行政强制执法行为,印发了《江西省交通运输厅行政强制法律文书样式(试行)》,制定了二十五类行政强制法律文书样式,统一了行政强制文书。

7. 大力开展行政执法评议考核工作。根据交通运输部的部署,制定了《2012年全省交通运输行政执法评议考核评估标准》,将行政许可、行政处罚、行政强制等执法工作、行政强制法的组织培训以及执法形象建设作为此次考评的重点。8月份下发了《关于开展2012年全省交通运输行政执法评议考核检查工作的通知》。各设区市交通运输局,省公路局、省港航局、省运管局、省公路路政总队从6月至7月对本地区、本系统、本单位行政执法评议考核工作组织了全面检查,并将检查结果进行了通报。在各单位自查及各系统组织检查的基础上,省厅于8月20日至8月27日组织了两个检查组,对全省各设区市交通运输局、厅直属各有关执法单位共15个单位的行政执法工作进行了全面的评议考核和打分,对考核中发现的问题进行了现场反馈。

8. 切实做好行政复议和行政调解工作。一是发挥行政复议化解交通运输行政执法争议的主渠道作用。一方面健全了工作机制,明确专人负责交通运输行政复议办理工作。另一方面积极主动开展实地调查,2012年共受理了4件行政复议案件;接待群众来访52起,收到群众关于行政执法投诉6件,均做到了件件有落实,事事有回音。二是建立健全行政调解工作机制。制定了推进全省交通运输系统行政调解工作的实施意见。厅成立了分管领导任组长,法制工作机构牵头、相关业务处室和厅直属各单位分管领导为成员的行政调解领导机构。

(聂小萍)

【江西3家单位和4名个人荣获全国交通运输依法行政先进集体和个人】 9月25日,交通运输部召开全国交通运输法制工作会议,对全国交通运输系统依法行政先进集体和先进个人予以表彰。其中省公路路政管理总队、宜春市公路管理局路政执法支队和省潜航管理局3家单位荣获2011—2012年度全国交通运输依法行政先进集体荣誉称号,聂小萍、袁建设、杨毅林和陈琳4位同志荣获2011~2012年度全国交通运输依法行政先进个人荣誉称号。

(厅法规处)

【省运管局组织开展全省道路运输法律法规知识竞赛】 2012年11月,省运管局组织开展全省道路运输法律法规知识竞赛。经过设区市初赛和笔试,最后进入决赛的是来自10个设区市的12支代表队。决赛共分为六个环节,即个人必答题、团体必答题、抢答题、风险题、互选题,并穿插进行了观众互动题。最后,经过激烈的角逐,抚州东乡县运管所夺得本次比赛团体一等奖,萍乡市运管处2队、景德镇市运管处1队荣获团体二等奖,上饶玉山县运管所、宜春市运政稽查支队、南昌市运管处荣获团体三等奖。同时,经现场投票评选,玉山县运管所许海鹏荣膺最佳男选手,东乡县运管所章素云荣膺最佳女选手,南昌市运管处曹昀荣获最具智慧奖,九江市运政稽查支队朱团荣获最具风采奖。

(黄　辉)

【《江西省水路交通管理条例》征求意见座谈会在省港航局召开】 8月28日,《江西省水路交通管理条例》征求意见座谈会在省港航局召开。来自省编办、省发改委、省住建厅、省国防科工办、省工商局、省农业厅、省公安厅等省直部门有关同志参加征求意见座谈会。

与会省直部门的代表结合本单位情况,从不同角度对《条例》(征求意见稿)提出了修改意见和建议。条例起草小组对其讨论情况进行认真的梳理研究,充分吸纳各方面的合理化建议,进一步修改完善条例草案,将于9月初将条例草案上报省政府。

积极推动《江西省水路交通管理条例》立法进程,是省交通运输厅2012年和今后一段时间的一项重点工作。为确保条例立法工作顺利进行,省厅成立了立法工作领导小组及条例起草小组,着制定立法工作方案,开展条例草案调研、起草和征求意见诸项工作,并积极与省人大、省政府法制办等有关部门沟通协调。

(刘宝生　倪　磊　陈明中)

【省港航局举行法律知识考试】 12月18日,省港航局举行2012年度法律知识考试。省局机关各处室科及科以下干部、职工参加了此次考试。此次考试以闭卷方式进行,考试内容为2012年全省重点普及的"六法一条例"(即刑事诉讼法、行政强制法、国家赔偿法、仲裁法、个人所得税法、野生动物保护法、江西省义务教育条例)与《公共机构节能条例》《江西省公共机构节能管理办法》。

(黄文平　陈明中)

【省港航局组织《中华人民共和国行政强制法》知识考试】 8月10日,省港航局组织局机关各业务处室干部进行《中华人民共和国行政强制法》知识考试。

考试采取闭卷、书面答题的方式,内容主要包括《中华人民共和国行政强制法》的立法目的、内涵意义、原则及行政强制种类、设定范围权限、案例实践等,参与考试的干部、职工认真答题,考场秩序井然。通过此次考试,加深了全体行政执法人员对该法相关规定的理解。

(谢明轩　陈明中)

【省港航局举办海事行政执法乙级督察人员培训班】 12月24日至25日,省港航局在南昌举办全省海事行政执法乙级督察人员培训班,34名海事行政执法人员参加了培训。本次培训的主要内容为海事督察实务、海事执法实务以及案卷评查实务,并就如何开展和加强海事行政执法监督工作展开讨论。

(谢明轩　刘燕萍　陈明中)

【南昌市运管处执法案卷评查中获得好成绩】 南昌市运管处大力推进依法行政,坚持严格执法、文明执法。2012年,该处在上级法制部门组织的行政执法案卷评查中获得好成绩。其中,由南昌市政府法制办组织的南昌市行政执法案卷评查,南昌市运管处在行政处罚、行政许可各有两宗案卷被评为优秀案卷。"南昌县新华联运有限公司不按批准的客运站点停靠案"从全市各行政执法部门121宗行政处罚案卷中脱颖而出,被评为"2011年南昌市优秀行政处罚案卷"第二名。由江西省交通运输厅召开的全省交通运输行政执法案卷评查会上,该处"江西广甸宝晟汽车销售服务有限公司一类整车维修行政许可案卷"荣获全省交通运输十佳行政执法优秀案卷第一名。该处“江西金领机动车驾驶员培训有限公司二级普通机动车驾驶员培训行政许可案卷”及“江西升益工贸有限公司一类整车维修行政许可案卷”获得南昌市法制办组织开展的行政执法案卷评查“优秀行政执法案卷”的荣誉。

（南昌市运管处）

【九江市交通运输局行政执法文书获奖】 2012年，九江市交通运输局按照《中华人民共和国行政强制法》的要求，结合省交通运输厅《中华人民共和国行政强制法》文书范本和市政府法制办强制法文书标准，对照交通运输行政执法案卷进行了调整和修改，并经市政府法制办审定下发执行，并在工作中发现问题及时修改，确保了行政执法文书的规范性，全年共办理4025起行政处罚案件，无一错案。2012年九江市选送的行政执法案卷，在省厅行政执法评议考核中获得“江西省交通运输十佳案卷”。在市直单位行政执法案卷评选中，行政处罚案卷获得市直单位一等奖、二等奖、三等奖各1卷。

（九江市交通运输局）

【吉安市规范运政执法行为】 坚持执法人员全部持证上岗，近300名运管人员参加了省局举办的执法人员培训。遵照省局的统一布置，举办了运管所法规知识竞赛。按照市政府工作部署，市交通运管、公安交警、城管部门从4月1日起联合开展吉安中心城区客运市场专项整治行动，查处非法经营行为（黑车）13起，出租车异地经营行为10起，班线车不规范经营行为11起，教育放行出租车违法行为为86起，班线车违法行为23起。

（吉安市运管局）

【萍乡市交通运输局对17个行政执法单位强化监督】 6月底，萍乡市交通运输局对全系统内17个行政执法单位进行行政执法工作评议考核。通过评查执法活动、查阅文件资料等方式，检查了各单位的制度建设、行政处罚、行政许可、行政复议应诉、执法监督、行政强制法的培训学习、执法队伍规范化建设等情况，全面评议了各单位行使行政执法职权、履行法定义务的情况。评议过程中，对发现的未严格按照有关交通运输法律、法规、规章作出的不当行政行为予以了纠正。经评定，17个交通运输行政执法单位中得分最高的98分，安源区交通运输局在县区交通行政主管部门中排第一；萍乡市运管处在局直属执法机构中排第一；市运管处上栗所、客运所在全市基层（站、所）执法机构中并列第一。

（晏卫东）

【萍乡市交通运输局评析执法案卷】 7月11日至12日，萍乡市交通运输局召开全市交通运输行政执法案卷评析会，通过案卷评析规范案卷制作，提升交通运输行政执法水平。萍乡市交通运输局直属各行政执法单位分管领导和具体执法工作负责人、各县区交通运输局路政大队队长、各运管所分管副所长和运政监察队队长等一线执法骨干参加了执法案卷评析会。会上，大家对照交通运输行政许可案卷、行政处罚案卷评查标准，对各单位提交的41件执法案卷（其中许可案卷16件、处罚案卷25件），从执法主体、执法程序、适应法律条文、文书填写、归卷建档等方面进行了评析。经过互查初评和业务骨干、法律专家、法制工作人员等成立的案卷评查小组复评，会议评定出了10件最佳案卷。为了使参会的执法人员在案卷评析中提高执法水平，萍乡市交通运输局还专门邀请萍乡市政府法制办相关业务科室对案卷进行了点评，并解答执法人员提出的有关执法问题。

（晏卫东）

【萍乡市交通运输局行政执法案卷获省市十佳优秀案卷】 近年来，通过大力督导与检查推进，萍乡市交通运输系统执法人员制作法律文书的水平普遍提高，2012年萍乡市运管处客运所一宗客运班线许可的行政许可案卷获全市十佳行政执法优秀案卷，芦溪运管所一宗擅自改装已取得道路运输证的车辆的行政处罚案卷和上栗运管所一宗无危货从业资格从事危货运输的行政处罚案卷均获全省交通运输十佳行政执法优秀案卷。

（晏卫东）

【萍乡市交通运输局加强行政执法形象建设】 萍乡市交通运输局按照交通运输部和省交通运输厅加强交通运输行政执法形象建设的工作部署，在全市推进交通运输行政执法形象建设工作，利用2年时间实现行政执法形象“四个统一”,即统一执法标志和标识,统一执法证件,统一执法服饰,统一执法场所外观。2012年12月前按照交通运输部确定的服装标识样式,实现全市交通运输行政执法队伍制式服装统一;年底换发交通运输部制发的新IC卡执法证件;年底市运管处各单位按照“四统一”的标准建设成全省标准化的运管机构。2013年3月前全市各级交通运输行政执法机构实现场所外观标识的统一。通过推进执法形象建设,切实加强执法队伍作风建设,促进执法队伍的正规化、规范化、专业化、标准化建设,打造一支政治坚定、素质优良、纪律严明、行为规范、廉洁高效的交通运输行政执法队伍。

(晏卫东)

交通战备

【概况】 2012年,全省交通战备工作认真贯彻落实上级指示要求,在国防交通基础设施建设、专业保障队伍建设、交通动员准备、交通战备信息化和训练基地建设、现代化建设等方面取得新成效。

1. 国防交通基础设施建设。2012年,全省争取国防公路项目9个。争取部队进出口道路项目1个。

2. 国防交通专业保障队伍建设。3月31日,组织召开交通专业保障队伍整组工作会议,新组建各类交通专业保障队伍21支。根据国家交战办的统一部署要求,初步确定省公路工程保障大队和省公路运输一大队直属中队作为全省交通保障重点队伍。组织45人次参加国家交战办组织的交通战备专题研究班、业务骨干培训班和交通运输部组织的“交通战备钢桥架设技术培训班”,增强了交通战备干部和专业保障队伍骨干的履职水平。

3. 国防交通动员准备工作。一是组织开展民用运力资源登记统计工作。组织各设区市交战办、省港航管理局、省公路运输管理局对民用车辆分9个类别、对内河船舶分25条子信息进行登记统计资料汇总,为修订完善民用运力动员预案准备基础数据。运用《国防交通信息管理系统》更新上报了国防交通基础信息。二是加强国防交通物资储备管理工作。按要求完成仓库名称、物资器材标识的规范工作,及时举行战备仓库授牌仪式。根据国家交战办千分制考核标准,加强物资储备仓库、器材的标准化、制度化管理。

4. 交通战备信息化建设。根据国家、南京军区交战办的部署,省交战办积极与省专用通信局、厅信息中心协调,完成国防信息专网——红网的机房建设、网络通道建设和终端设置安装,并已与国家、南京军区交战办等47个省级以上交通战备部门联通,进行涉密信息的传输、交换,开通了高清视频会议系统,建立以指挥平台为依托的应用体系。信息网络通道建设和网络安全保密工作经国家交战办、中南海电信局联合检查组现场检查,被评为先进单位。运用战备基础数据库等辅助决策系统,提高了交通战备工作自动化和信息化水平。9月初,完成联通至军方的交通监控专网接入工作。委托天津军事交通学院制作国防信息专网江西子网站,目前已完成总体框架架设并上线试运行。

5. 交通战备演练。9月4日至10月中旬,组织参加南京军区交战办组织的交通战备网上综合演练。省交战办协调省通信管理局(信动办)、省军区后勤部战勤处、省高速交警支队及时完成了演练所需信息通道接入工作,确定参演人员。依托军地信息网络资源,按照战时交通保障组织指挥程序,综合演练交通保障组织指挥、快速动员、交通管制、应急保障等行动,集中展示交通战备信息系统“军地信息适时共享、保障过程适时可视、保障行动适时可控”等功能。

6. 交通战备学术理论研究。组织开展交通战备现代化建设等8个方面理论研究。在中国国防交协、南京战区国防交协及其他国防交通刊物发表论文、通讯报道31篇(国家级刊物发表论文2篇,通讯报道3篇;军区级刊物发表论文12篇,通讯报道14篇)。在国家交战办组织的交通战备践行“平时服务、及时应急、战时应战”总要求建设成果交流研讨活动中,省交战办撰写的《加快交通基础设施建设增强军队战略投送能力》一文获三等奖。

7. 省级交通战备应急指挥中心和交通战备训练基地建设。2011年9月,国家交战办在兰州召开了“两项建设”现场会,2012年又下发两项建设《参考规范》,要求“十二五”期间,各省都要完成省级交通战备应急指挥中心建设和交通战备训练基地建设。

(1)省级交通战备应急指挥中心建设进展情况。通过积极协调,及时纳入江西交通监控指挥中心一体化建设,交通战备信息化专项投入达400万元,预计2013年底投入使用。

(2)省级交通战备训练基地建设进展情况。在年初召开的全省交通战备工作会议上作出部署,随后进行调研。初步确定依托高速公路抚州管理中心(计划实施搬迁)进行建设。

8. 建立江西省交通建设贯彻国防要求联席会议制度。12月份,省政府办公厅正式下发通知,建立江西省交通建设贯彻国防要求联席会议制度,明确该制度第一召集人为原省委常委、常务副省长凌成兴同志,召集人为原副省长洪礼和同志,省发改委、省军区后勤部、省工信委、省财政厅、省交通运输厅、省国资委、南昌铁路局、民航江西监管等9个单位为联席会议制度成员单位。

(饶品涵)

【宜春市交通战备工作亮点突出】 2012年11月,宜春市交战办被国家国动委评为"'十一五'以来交通战备工作先进单位",是全省唯一获此殊荣的单位。"十一五"规划以来,该市国防交通设施加快改善,仅前两年,就已争取并实施国防公路建设项目3个,国家投资5590万元,并已落实2013年项目2个,国家计划投资7058万元。此外,在交通动员准备、应急交通保障、抢险救灾等工作中,多次得到上级交战办、国动委的表彰和肯定。

(晏小宜)

【宜丰县交通战备办完善各种预案】 宜丰县交通战备办在全面掌握辖区交通运力、公路底数的基础上,根据可能担负的应急应战任务,结合各职能部门的编制、运输潜力,按照系统配套、科学合理的原则,制订统一、衔接、配套、可操作性强的立体多路运输方案,以及与之相配套的应急交通民用运力,多种形式组织应用训练,实施动态管理,逐一采集人员信息,将其去向、住址、联系电话等信息存入数据库,实行定人、定位、定岗,并建立热线联系。

(漆志勇)

【铜鼓县交通战备工作扎实】 铜鼓县交通战备,根据本县工作的实际,扎实推进交通战备工作。一是在充分考虑各种突发情况,多方征求意见,充分建立运力征调动态管理数据库,强调现场快速征调运力的基础上,进一步完善《防洪抢险应急预案》《公路交通突发公共事件应急预案》。二是认真贯彻执行上级交通战备工作方针、政策,制定县交通保障队伍的组织计划、组织指导战备演练和专业队伍建设。三是以科学发展观为指导,按照应急作战有保证、规模作战动员有基础,服务经济社会发展有作为的目标,突出组织机构建设、专业队伍整训、法制制度完善和工作程序规范,加强交通战备工作正规化建设,配合县人武部搞好交通运输调查和交通战备潜力调查等。做到遇突发事件能拉得出、用得上,快速反应,随时能完成上级部门交给的战备任务。

(黄祖芳)

【上高县交通运输局提高民兵队伍素质】 县交通运输局民兵预备役组织由交通运输局机关、运管所、交管站、宜汽上高分公司、公路分局5个单位组成,共有道路抢修分队人员110名。一是注重抓好民兵的学习培训,定期组织民兵学习国防法、国防交通条例、军事设施保护法、防空法,学习有计划、有笔记、有专栏。二是坚持平战结合,积极开展车辆维修、道桥抢修、交通驾驶、道路运输保障演练,进行岗位练兵,比技术、比干劲、比效率、比贡献,提高民兵操作技能,使每个民兵掌握过硬的操作技术。三是狠抓军事化训练,实行半军事化管理。该局每年都组织民兵进行军事化训练,并邀请县中队的警官担任教练,练步伐、练队列,通过军事化训练,使每个民兵增强集体荣誉观念,养成雷厉风行、办事干练的工作作风。四是积极开展"文明班组""文明示范标兵""文明窗口"的创建活动,掀起比学赶帮超的热潮。同时还开展便民服务活动,积极为群众排忧解难,同时推行咨询服务、上门服务、限时服务、延时服务等一系列服务活动,全年先后为群众解决各类难题12件,得到群众好评。

(潘泓羽)

【抚州市交通运输局被评为全市国防动员先进单位】 2012年,抚州交通战备继续以转变军交运输保障能力为主线,在国防交通基础设施建设、国防交通专业队伍建设、交通战备正规化建设等方面取得新成效,被抚州市国防动员委员会评为“全市国防动员先进单位”。

(陈根玲)

【上饶市完成国防交通专业队伍整组】 根据南京军区和省交通战备办公室的工作部署,结合实际情况,完成了全市国防交通专业保障队伍整组任务,在12个县(市、区)交通运输局、市公路局、石油公司、铜矿和社会个体(挂靠运输公司)车辆中,编组了公路运输二大队二中队。

(上饶市交通运输局交战办)

社会管理综合治理

【概况】 2012年,省厅加强和创新社会管理综合治理工作,有效维护全省交通运输行业的和谐稳定局面,为全省科学发展、进位赶超、绿色崛起提供有效的交通运输保障。

1. 层层落实综治责任制。重点抓好综治责任落实。厅党政主要领导与厅直各综治责任单位党政主要负责同志、厅机关各处室主要负责人签订年度综治目标管理责任状,严格落实领导责任制和“一岗双责”责任制。厅属各单位层层签订目标管理责任状,下达综治责任目标任务。抓好组织建设和机构更名。省厅及所属各单位及时调整完善了综治领导小组更名,建立健全相应组织机构,按照省综治委的要求完善综治办建设,配齐人员、设备。厅直管综治责任单位共有63个。

2. 不断提升综治维稳工作能力。着力加强综治队伍建设,主要采取了两大措施。一是确保综治工作有人做,要求各单位根据工作需要配齐专(兼)职综治干部,加强综治队伍建设,实现重点区域人防措施的全面覆盖。全厅各级综治组织机构1536个,矛盾纠纷排查调处组织1484个,综治专职干部782人、兼职干部11820人;专职治安巡防队伍828个、治安巡防队员3976人;专业保安队伍290个、保安队员1768人;群防群治队员7930人;平安建设志愿者9428人;看楼护院队伍1086个、看楼护院队员5346人。二是着力提升综治干部的业务能力。9月25日—27日,组织全省交通运输系统综治干部250余人进行为期3天的培训。厅直单位也结合自身实际,按照综治干部培训不少于3天的要求广泛开展培训活动,共培训10578人次。在综治宣传月活动中,综治干部积极参加消防知识专题培训讲座、综治安全知识竞赛、应急演练等,有力地提升了综治干部的工作能力和水平。

加强综治工作规范化建设。2012年,厅全面修订相关工作制度,完善综治工作措施,建立健全日常工作台账。厅直各综治单位综治办均实现了“六有”,即:有人员、有办公室、有设施、有制度、有经费、有档案,共投入综治工作经费3887万元。各单位加强对重点要害部位、重点人群、流动人口和出租屋等的管理,搞好登记、检查,未出现影响社会治安和稳定的刑事、治安案件。

加强物防技防措施建设。一是落实物防措施。各单位在办公楼、职工住宅小区等地方均安装各类必要的物防设备设施,机要室和财务室落实铁门、铁窗、保险柜。消防器材总量达25851个,并注重物防设施的日常维护,保证维护经费开支。二是落实技防措施,全厅各类防盗监控设备达3166套,同时,全力推进以“省交通运输应急指挥中心”为中枢的智能交通建设,充分利用交通通信专网、高速公路智能交通管理与控制系统、GPS监控平台、水上监控系统、呼叫中心(96122)系统、交广电台直播系统等各种资源,为全省交通运输行业积极预防和应对自然灾害、安全事故、治安事件等突发情况提供科技保障,并与省应急指挥中心及省公安厅等有关司法机关联通,实现对突发事件的综合指挥与管理。

3. 全面搞好综治维稳各项工作。把握关键环节和重点时段,针对一些易引发不稳定因素的关键环节,全厅上下统一思想,提前预判,稳妥决策,积极主动地把矛盾消除在萌芽状态。妥善预防和处置了3起因交通工程建设征地拆迁、工程及劳务合同、环境保护等引发的矛盾纠纷,有效预防因企业改制、事业单位改革可能引发的矛盾纠纷,妥善处置2起因客运班线引发的矛盾纠纷。重点抓好“春运”、“两会”期间、重要节假日、钓鱼岛事件、中共十八大召开期间的维稳工作。

4. 努力化解行业矛盾纠纷。认真开展行业矛盾纠纷排查工作。8月底至9月初,由厅党政主要领导亲自部署，对所有厅属单位进行一次全面的社会稳定风险评估排查。厅直各单位从交通工程建设、高速公路运营管理、道路运输管理、水上运输、海事管理等不同领域全面排查各类可能影响和谐稳定的潜在风险。据统计，全年全系统共排查并化解各类矛盾纠纷802起，发现并消除内部安全隐患2138起，整治内部治安隐患672个。

开展农民工工资支付保障专项改革。把工程建设与综治维稳工作有机结合起来，把解决拖欠农民工工资问题作为大事来抓，逐步实施农民工工资的委托支付制、保证金制、工资优先制、工资支付公告制，与企业信用等级评价挂钩等措施，将农民工档案管理与流动人口管理有效结合起来。20个在建项目因拖欠农民工工资问题的上访事件大量减少。昌樟改扩建工程项目创新预防农民工工资拖欠的各项措施得到了省综治办领导的充分肯定，并作为社会管理工作创新亮点，总结提炼经验，向省委省政府和中央综治办汇报。

5. 努力探索综治维稳新举措。努力向社会公众提供优质交通运输服务。为适应全省新型工业化、新型城镇化、农村现代化建设的新要求，厅积极构建涵盖公路水路安全、畅通、便捷、绿色的综合交通运输体系，保障和改善民生。此外，省厅还以城乡客运公交化试点为切入点，以城际公交试点为突破口，努力构建安全可靠的农村客运网络和城市公共交通网络。

深入开展公路水路安全联防工作。新形势下，社会管理工作面临很多新情况、新问题。对于交通运输行业来说，综治维稳工作不再局限于履行好传统意义上的综治职责，还要更多的考虑与其他厅局委进行安全联防，确保行业和谐稳定，实现可持续发展。为此，根据中央和省综治委护路护线专项组的统一部署，强化了全省公路水路安全联防工作，并印发了“平安公路”“平安车站”“平安航道”“平安港口”等四个平安建设方案，与相关厅局委密切合作，共同保障交通运输平安和谐，确保人民群众生命财产安全。

（胡晋谊）

交通建设管理

【概况】 2012年，基本建设管理部门围绕厅年初提出的工作目标和任务，团结拼搏，扎实工作，较好地完成了各项任务。

1. 交通建设基本情况。随着2012年祁浮、奉铜、赣崇、大广高速龙扬段、德上、抚吉（抚州枢纽互通至吉安赣江特大桥桥头以南段）、吉莲六条高速公路建成通车，全省高速公路通车总里程突破4000千米，达4258.2千米。全省“三纵四横”高速公路主骨架基本建成，承东启西、贯通南北、便捷通达、快速高效的综合交通大格局初步形成。

江西在建的公路重点建设项目有井睦、吉莲、九江长江大桥、赣崇、德上、抚吉、大广高速龙扬段七条高速公路，总里程556千米，在建的水运重点建设项目有赣江石虎塘航电枢纽工程、龙头岗综合码头工程；新开工项目有寻全、九江绕城、昌樟改扩建、昌九扩建工程通远试验段、万宜5条高速公路，总里程291.6千米。

2012年9月，景鹰高速公路项目顺利通过了交通运输部组织的竣工验收，验收结果优良，得到了部公路局李华局长为组长的交通运输部专家组的一致好评。已交工试运营的鹰瑞、石吉、彭湖3条高速公路竣工验收准备工作也在按计划顺利进行。

2. 交通建设管理情况。深入开展建设管理标准化和“平安工地”建设活动。为使建设管理标准化活动成为高速公路建设过程中的一种常态化管理，根据厅部署，于9月在九江长江大桥项目召开新开工项目标准化活动现场推进会，并要求各新开工重点工程建设项目构建以建设项目为载体，以规范建设管理为目标，以落实建设各方责任为手段,根据《江西省高速公路项目标准化管理指南》及《江西省高速公路施工质量控制要点》制定和修改项目招标文件,把管理标准化纳入项目管理合同,将贯彻落实标准化施工及首件工程分析制情况作为施工单位考核的重要指标。

近年来全省交通建设安全生产形势虽然总体平稳,未发生重大安全事故,但高速公路建设大都转入山岭重丘区,桥隧比高,施工难度大,安全风险高,安全形势不容乐观。2012 年以来,会同省交通工程质量监督站以开展"平安工地"建设活动为重点,切实加强了安全生产管理。

召开专题调度会议推进重点工作。根据项目建设不同时期的工作重点及建设过程中质量、安全、进度、资金方面出现的问题和隐患,多次参加厅领导组织、召开的项目管理专题会议,对出现的问题进行分析、整改,对相关工作进行布置和落实。8 月 21 日在赣崇项目办召开在建高速公路建设项目推进会。10 月 14 日,就近期武吉高速公路、昌金等七条高速公路尾工审计发现的问题,召开在建、新建设项目项目审计专题座谈会,邀请省审计厅有关部门就如何规范高速公路建设管理规定及项目建设审计进行了讲解。10 月 26 日召开桥梁隧道安全风险评估工作推进专题会,总结全省桥梁隧道安全风险评估工作开展情况,研究加快该项工作推进的相应措施。

规范招投标工作,保证招投标活动"公开、公平、公正"。一是建立公共资源网上交易系统。通过实施网上电子化招投标,进一步加强了行政监督,有效较低了从业单位围标串标和弄虚作假的可能性。监督部门结合网上和现场两种监督形式可实现对招投标活动各环节和全部内容的监督;网上电子化招投标还减少了投标人之间、投标人与招标人之间的信息互通,大幅提升围标串标的难度;同时系统企业信息库中各从业单位的资格及业绩等信息在网上公布,接受社会监督,被举报弄虚作假者将按省厅发布的信用管理暂行办法进行处罚。二是建立投标保证金收退系统,提高投标保证金金额。同时通过提高投标保证金的金额,可以增加参与围标的投标人的现金筹措难度,在一定程度上遏制了围标现象。三是创新开评标办法。主体工程资格审查阶段投标人仅按工程类别报名,招标阶段通过抽签等方式确定所投具体标段,使得潜在投标人不知道自己在该类别内所投的具体标段。在通过资格审查后,合格的投标人通过抽签等方式随机确定所在类别内的具体标段,这样可以有效降低围标串标的可能性,提高围标串标的难度。四是认真开展招投标活动中违规问题查处工作,依法依规对在投标中弄虚作假或恶意举报的单位或个人予以相应惩处,2012 年会同监察室督促寻全、德上项目办对寻全高速公路 B5 标、德上高速公路绿化招标涉嫌围标、串标情况进行了调查,经上述两项目办组织评标委员会重新评审,最终寻全高速公路 B5 标、德上高速公路绿化工程重新招标。五是在省监察厅的统一部署下,实现了高速公路主体工程网上招标及投标保证金的网上统一收退。

4. 交通建设市场管理。2012 年,交通建设市场监管在继续做好一般日常工作的同时,重点对市场诚信体系进行调整完善:一是依托省公共资源交易系统的建设,开展从业单位备案登记工作,目前已有 356 家一级以上公路施工企业在省交易系统中完成备案登记,审核登记的信息覆盖企业基本情况、资质、人员、业绩、财务、荣誉等。二是开展对信用评价规则的系统调整完善工作,在总结现有信用评价工作中存在问题的基础上,初步形成了信用评价工作调整方案。

5. 制度建设情况。完成起草《江西省公路工程施工分包管理实施细则》《江西省高速公路项目建设单位考核评价办法》《江西省高速公路管理标准化考核办法》,结合新的法律法规和网上电子化招投标,完善修改《江西省交通建设市场从业单位信用管理暂行办法》《江西省交通基本建设省直评标专家管理细则》。

(朱　晗)

【省交通质监站深入开展管理标准化活动】 该站认真履行全省高速公路建设管理标准化活动领导小组办公室职责,抓好源头,引领示范,强化考核,推动管理标准化活动深入开展。

1. 审核监理、施工招标文件。对昌樟改扩建、万宜等 4 个新开工高速公路项目施工和监理招标文件,进行全面审核、修改,将管理标准化活动和部、省近年出台的质量安全管理规范性文件要求纳入招标文件,把好合同源头关,为新开工项目活动深入开展奠定制度基础。

2. 修订完善《施工质量控制要点》。在全面总结梳理活动开展以来的成功经验和好的工法的基础上,对《质量控制要点》进行补充完善,新增机电工程、交通安全设施工程篇。

3. 发挥典型示范引领作用。配合省厅在赣崇项目召开在建项目推进会,在九江二桥项目召开新开工项目现场观摩会,通过典型示范,学先进找差距,帮助项目参建单位准确把握活动的实质内涵。

4. 强力推动工法开发。制定《施工工法开发方案》下达各重点项目标准化工法开发任务,并将完成情况与活动考评挂钩。目前完成工法开发应用50余项。其中,九江二桥项目通过12项省级工法评审,着手申报3项国家级工法。全省施工标准化走出了一条“求同存异,推广统一”的良性发展道路。

5. 继续打造好“活动简报”宣传平台。共编印《管理标准化简报》12期,发放4000余份,及时宣传各项目活动开展的好经验、好做法,总结推广悬臂挂篮施工安全防护标准、高标号混凝土材料水洗、外包式混凝土防撞墙、施工移动模架现浇箱梁施工等12项成熟工法。

6. 加强活动考核评比。督促各项目主管单位、建设单位加强对活动开展情况的过程指导、检查和考核,建立健全了活动考核激励机制。至年底,该站组织完成对14个项目活动开展情况的检查考核,并打分排名,奖优罚劣,推进活动进一步深入开展。

2012年管理标准化活动取得阶段性成果,有效缓解工期压力,提高投资效益,降低质量安全风险,质量通病得到有效治理。

(胡金明)

【省交通质监站创新监督模式】 该站针对工作中的薄弱环节和突出问题,创新监督模式,增强履职能力。一是创新监督机制。各项目监督组根据监督情况,定期梳理出履约情况相对较好和质量安全行为不规范问题相对突出的单位,采用发文至法人单位或约见法人代表等方式,告知其在江西省承揽项目的质量安全动态和省质监站下步将采取的处罚措施,以引起其高度重视,及时加强施工力量和资金投入,提高履约能力。借鉴主体工程监督的成功经验,加强对绿化、声屏障、服务区污水处理等环保工程督查,有效提升环保监督工作。及时以图文并茂的形式进行督查反馈,狠抓存在问题的整改落实。召集聘请省内专家对机电工程进行督查,既提升自身业务水平,又强化机电工程质量监管。二是创新监督手段。推行“飞行检测”,强化对原材料的随机抽检,为质量监督提供科学准确的检测数据支撑;针对隧道初期支护偷工减料这一监管薄弱环节,在加强督查破坏性检查的同时,通过要求现场监理机构每天以短信的方式告知每循环初期支护锚杆质量和数量检查验收情况,落实监理责任,有效遏制隧道初期支护偷工减料行为。

(胡金明)

【省交通设计研究院有限责任公司经济效益保持良好态势】 2012年,省内高速公路开工项目数量和总里程明显减少,邻省的建设形势也不乐观。为应对严峻的局面,省交通设计研究院领导班子年初就进行专题研究,提出“强化省内地方项目市场力度”的经营策略,及时出台《勘察设计业务经营管理办法》,以树立全员经营理念为导向,构建院、分院(所)两级经营主体框架及其激励机制,提高分院(所)自揽项目承包费用的比重。为把经营工作切实落到实处,明确院生产经营处与生产部门的责任对象,并将省内各县(区)分配给了各生产部门对口经营。该措施的实施,明显地提高了生产部门主动经营的积极性。

全年完成高速公路工可项目总里程82千米;初步设计项目总里程290千米。基本完成高速公路施工图设计项目(九江绕城、昌九拓宽试验段、寻乌至全南、兴国至赣县和都昌至九江一期)总里程183千米。基本完成城市主干道施工图设计(南昌九龙大道)9.8千米。完成高速公路咨询审查项目总里程218千米。

2012年,院承揽安徽淮北S101一级公路设计50千米,实现省外项目合同额1100万元;承揽赞比亚4座桥梁设计,实现国外项目合同额80万元。进行了昌九高速拓宽试验段10千米老路的检测,为该院首次高速公路检测业务。

继续做好在建项目的施工服务工作,全年派出常驻设计代表62人、非常驻设计代表102人,全方位及时主动地提供技术服务。院业务领导亦经常深入工地现场解决问题,将优良的质量意识延伸到工程建设的全过程。 (张晓菁)

【九江市县级交通质监机构全部成立】 2012年10月,九江县交通工程质监站成立,标志着九江市12个县级质监机构全部成立。各县质监机构的成立,将充分发挥县站的地域优势,保证质量监督、鉴定工作有序开展,切实形成上下协调、控制有序、覆盖全面的质量监督机制,从而确保全市交通工程的建设质量。

(九江市交通运输局)

【九江市召开交通工程质量监督业务培训会】 11月19日至20日,九江市交通工程质量监督业务培训会在星子召开。各县(市、区)交通工程质量监督站业务人员、部分县分管质监工作领导共计30余人参加培训学习。本次培训主要内容有交通工程质量监督法律法规、公路工程质量检验评定标准、实验检测管理办法以及公路、水运工程的交竣工验收办法等。培训结束后组织考核,并对通过考核的学员颁发交通工程质量监督培训证书,作为市质监所对县级质监站考核和质监人员上岗依据。

(九江市交通运输局)

【景德镇市交通工程质量监督站开展"平安工地"建设活动】 2月16日,为全面加强交通工程建设领域安全生产工作,景德镇市交通工程质量监督站全体人员就分赴全市各在建工地,宣传安全施工的重要性,布置落实安全施工的各项措施,掀起2012年"平安工地"建设活动第一轮高潮。

在2011年实现安全生产"零事故"的基础上,该站继续全方位深入开展"平安工地"建设活动,派出3个督查组不定期地对施工工地进行安全突查,要求各个工地严格做到两个提高和五个加强。两个提高即不断提高项目各级管理人员安全技术和管理水平,不断提高项目职工安全生产知识水平和自我防护能力;五个加强即加强项目安全管理,加强职业健康安全经费投入,加强职工安全意识和职业健康教育,加强班组安全建设,加强隐患排查治理。

(立 民)

【萍乡市交通运输局开展项目建设"百日大会战"】 2012年,全市交通运输系统紧紧围绕建"一二三四五"的目标任务,即实现一个突破:萍洪高速项目复工实现突破;确保两路完工:确保吉莲高速、芦万武公路建成通车;完善三级路网:建设改造县道50千米、乡道100千米、村道200千米;开工四类车站:开工建设高铁枢纽站,扩建长运城北汽车站,实施公交城西站异地搬迁,启动建设农村综合服务站;完成五项指标:50%的公交车辆更新为燃气环保客车,行政村通客运班车率达到100%,农村公路管养率达到100%,交通工程质量监督覆盖率达到100%,上级下达的计划任务完成率达到100%。为了确保在12月底前全面完成"一二三四五"的任务目标,为全市的城市转型提供更为有力的交通服务,10月,萍乡市交通运输局决定对上述建设项目开展"百日大会战",明确时间、严格质量、落实责任,要求各单位、各部门倒排计划,细化任务,认真掌握实际进展情况,严格按质量规范要求,切实落实各项措施,高标准、严要求,实行领导挂点、部门负责制,做到每项工作任务都有一个挂点领导、一个工作班子、一个解决措施,切实推进项目建设。对工作不力、进展缓慢的单位和部门将严肃追责,并兑现奖惩。为此,成立了以局党委书记、局长任组长,局党委委员任副组长,局属各单位和科室主要负责人为成员的领导小组,并确定局领导小组每月召开一次工作推进会,调度和推进各项工作,局党委委员每周对分管线上的工作进一次调度,确保"百日大会战"深入开展。

(晏卫东)

【鹰潭市交通运输局设立重点项目办公室】 经研究决定设立鹰潭市交通运输局重点项目建设办公室(简称重点办)。凡市交通运输局负责组织、协调、建设、管理的列入省、市、省交通运输厅的重点交通基础设施建设项目或上级交办的重大建设项目均由局重点办负责。重点办主要工作职责为:负责交通重点工程项目的总体计划、规划和前期工作、招投标、项目的计划实施、工程质量、工程进度的管理和监督;负责组织实施重点项目的稽查督导工作,及时汇总重点工作的有关资料,定期汇报项目进展情况,编制项目简报;组织和参与项目的竣工验收工作。

(鹰潭市交通运输局)

【抚州市交通工程质量监督工作扎实】 2012年,

抚州市交通工程质量监督站认真履行政府监督职能，切实贯彻执行《中华人民共和国招投标法》、交通运输部《建设市场管理办法》和《江西省招投标条例》，全面加强交通建设市场招投标活动的监督管理，进一步规范招投标行为。全年完成农村公路建设监督任务247千米，高速公路连接线30千米，渡改桥一座698米，重建桥梁2座436米，已验收工程全部为优良以上。

（陈根玲）

【吉安市人民政府加强“十二五”时期农村公路管理养护】 2012年11月24日市人民政府下发了《关于加强“十二五”农村公路管理养护工作的意见》，该意见对农村公路管理养护机构的职责和机构设置进行了明确，市级机构为市县乡公路管理处为副县级参照公务员法管理单位，县级机构名称统一为农村公路管理所，乡镇可在相关站所挂农村公路养护管理站牌子，县级农村公路管理机构的管理模式、经费来源参照市县乡公路管理处执行，乡镇农村公路养护管理站所需人员由县（市、区）农村公路管理所派出。同时还明确了农村养护资金的投入渠道，养护工程费由县级财政每年按一定比例安排大中修和水毁经费，用于农村公路养护工程，日常养护经费，由县（市、区）财政在成品油价格燃油税中央转移支付中支付，县道不低于5000元/千米·年、乡道不低于1600元/千米·年、村道不低于600元/千米·年，不足部分由各县（市、区）财政预算安排，并随着农村公路里程增加、技术标准提高和地方财力增长，逐步增加养护资金。市本级采取以奖代补方式，按上述标准的10%予以补贴，并每年列入财政预算，在成品油价格和税费改革税收返还基数中列支出。在意见中还对建立常态化、规范化农村公路管理养护运行机制进行了明确，“十二五”期间全市将通过建立和完善农村公路管理养护制度，严格农村公路管理养护工作目标管理考核，积极推进农村公路养护市场化，建立农村公路管理养护基础数据库，加强农村公路路政管理，建立以县乡为主的农村公路应急保障体系等措施，逐步形成农村公路管理规范化、常态化，基本实现全市农村“有路必养”的目标。

（刘文权）

【吉安市建立道班验收标准】 为了做好道班验收工作，吉安市县乡公路管理处起草了《吉安市农村公路县道道班建设验收办法》，凡是经市交通运输局规划、批准建设的新（改）建农村公路县道道班工程均属验收范围，在《道班验收办法》中明确了验收应具备的条件和提供的资料以及验收方式，4月份、9月份分别组织对全市新建和改造道班进行了验收。

（刘文权）

【吉安市交通运输局组织全市县乡道危桥（小桥）认定】 为消除农村公路安全隐患，市交通运输局组织人员对全市县乡道危桥（小桥）进行认定，自2009年以来吉安市县乡道危桥（小桥）建设项目共计认定验收89座1211.9延米，其中新建桥梁77座1048.9延米，改造加固桥梁12座163延米。

（刘文权）

【吉安市开展农村公路管理养护年活动】 根据省厅工作部署，吉安市于1月底下发《吉安市农村公路管理养护年活动实施方案》，全面启动农村公路管理养护年活动，11月中下旬，吉安市县乡公路管理处分两片组织县（市、区）公路站长对各地农村公路管理养护年活动情况进行督查，据统计，全市13个县（市、区）制订了实施方案，并进入组织实施阶段。12月上旬，吉安市县乡公路管理处又按照省公路局部署及时将农村公路管理养护年活动阶段性总结报送省公路局。为营造全市广大农村公路工作者学知识、赶先进的氛围，7月份该处还组织开展全市公路知识竞赛，共评选一、二、三等奖各一名，优秀奖三名。

（刘文权）

【吉安市推进基层农村公路管理养护体制机制改革】 为了贯彻落实好市政府《关于加强“十二五”全市农村公路管理养护工作的意见》，市县乡公路管理处及时起草了《关于贯彻落实市政府吉府发〔2011〕14号文件加强农村公路管理养护工作的实施意见》，提出了贯彻落实的有关要求，对农村公路管理养护体制改革、资金来源渠道、运行机制、养护计划和生产管理、路政管理、绩效考核体系落实进行明确，为县（市、区）加快推进农村公路管理养护体制改革提出指导性工作意见。全市各县已出台本县(市、区)《关于加强“十二五”农村公路管理养护的实施意见》,将农村公路管理机构统一更名为农村公路管理所,明确其工作职责,其中:峡江县将农村公路所纳入副科级参照公务员法管理事业单位,乡镇政府成立农村公路养护管理站与乡镇村建站合办公;青原区将青原区公路管理站与青原区公路工程质量监督站合并为青原区农村公路管理所,为副科级全额拨款事业单位,同时在每个乡镇成立农村公路养护管理站;吉州区将区公路管理站更名为区农村公路管理所,并经编办批准纳入全额拨款事业单位管理,更名后单位级别和编制保持不变,各乡镇(白塘街道)公路办统一更名为农村公路管理站。吉安县、泰和县、万安县也于近日分别召开县政府常务会议进行研究,原则通过本地的贯彻实施意见。

(刘文权)

【东乡县规范农村公路建设管理】 一是在立项程序上,要求申报修路的村先召开村民代表大会,通过“一事一议”方法确定修路计划,明确筹资方案,并成立理事会,然后再向交通部门写出书面申请报告。二是资金筹措根据该县公路建设市场的基准价格规定,除国家补助部分外,建设资金采取乡、村自筹为主,沿线群众出一点为辅,充分发动本地企业、能人大户捐助,按“谁受益,谁投资”“多受益,多投资”的原则进行,并要求在公路开工之前,由村委会以项目业主的名义,将所有自筹配套资金存入指定的银行,做到专账专款专用。三是充分发挥全社会建设农村公路的积极性,努力拓宽配套资金筹措渠道,在向上争取资金上下工夫,积极争取以奖代补资金尽早到位、足额到位。对上级补助资金的农村公路建设项目,严格执行交通部《农村公路建设资金使用监督管理办法》和《江西省农村公路建设资金管理规定》,实行专户储存、专款专用,同时强化农村公路建设补助资金监管,不截留、不挤占或挪用,将兑现资金足额用于农村公路建设。四是对每一个农村公路建设项目无论大小,按照省、市、县对施工招投标有关规定执行,确保招投标的公开、公平、公正,严把资质审查关,明确招投标基本要求,规范基本程序。

(占建伟)

【东乡加强农村公路管理养护】 2012年,东乡县交通运输局积极探索农村公路养护管理办法,进一步落实农村公路养护管理责任制,不断加强公路养护管理工作。一是加大宣传力度,提高爱路护路意识。利用电视台宣传《中华人民共和国公路法》《江西省公路路政管理条例》等法律法规,在公路挡墙书写永久性宣传标语28幅,横幅16条,发放宣传单册10000余份。县政府出台《东乡县农村公路养护管理实施细则》和《东乡县农村公路养护管理考评细则(暂行)》,建立健全县、乡、村三级养护管理体系:县交通局设立管理机构,专门负责农村公路养护业务培训、技术指导、监督考核、养护资金拨付等工作,乡镇作为乡、村公路养护责任主体进行直接管理,行政村作为受益人组织村民实施村道公路养护工作。三是完善考核体系,落实养护责任。县政府出台《东乡县农村公路养护管理考评细则(暂行)》,对农村公路养护实行百分制考核。农村公路养护管理推行“五定”质量挂钩责任制:定养护线路和里程,定养护人员,定养护经费,定养护标准,定考核办法。强化农村公路养护目标管理考核,每半年考核兑现奖罚一次,年终进行一次全县农村公路养护质量综合检查评定。各乡镇具体落实养护具体措施,各行政村结合各自实际制定村道养护管理办法或护路公约,落实养护人员的责任。四是实施安保工程,确保道路运输安全。在瑶圩至虎形山等路段增设公路标志标牌30余个,警示标志160套,路基缺口警示桩136处,危桥设置警示标志28套,及时消除安全隐患,有效地保障了农村公路安全畅通。六是对辖区内危桥建立危桥档案,对县、乡、村道上的危桥落实责任单位、责任人员和技术人员。

(占建伟)

【上饶市质监局狠抓工程建设质量】 2012年,上饶市交通工程质监局紧紧围绕“四路一桥”项目,切实加强工程建设质量监督力度和抽检频率,并做到工程质量与施工现场安全同步监督,全年安排质量监督检查达130余人次。全市受监项目967.32千米,其中重点工程德上高速三清山枫林连接线8.09千米、上武高速铅山连接线10.15千米、万年疏港公路4.71千米、德昌高速德兴、余干与万年连接线3条、23.33千米;市养公路17条、

265.135千米；县通乡437.6千米，2011年县乡道升级改造项目102.4千米；2011年农林场公路115.9千米；其他农村公路1330.8千米（含往年遗留）。全年共组织重点工程、渡改桥、市养公路等项目综合督查、专项检查等1000余人次，共计下发质量安全整改文件10份，质量抽查意见书43份，安全隐患整改通知26份，质量安全管理性文件6份，抽检样品数据629组。总计完成交工检测项目13个、12.68千米，桥梁28座，农村公路候车亭项目70个。二级以上公路鉴定合格率达100%，农村公路合格率比往年有所提升。

（陈均培　郑小英）

【万年公路养护主打生态与环保牌】 万年公路分局以公路养护与管理为载体，强化生态环保理念，在公路养护与管理中大打生态环保牌，有力地巩固公路文明创建成果，取得较好的经济和社会效益。近年来，该局加强公路路面小修养护工作，着力解决路面灰土扬尘问题。把管养公路划段专养，实行严格的量化管理责任制，奖罚与月兑现，所养护的公路路面始终保持无灰土、杂物等，减少环境污染。同时，加强路政巡查工作，及时查处挖掘公路用地不法行为和清除各类路面路肩堆积物，保障公路安全畅通；加强公路路肩养护，解决水土流失，购买专用割草机对路肩、边坡草皮进行修剪。对因雨水冲刷的水沟填平后移植草皮，既美观大方又环保，保障了路基的稳定；加强行道树的养护与管理，解决公路美化、绿化问题。该局每年都要组织养护人员对路侧的行道树进行修剪，清除遮挡公路标志标牌的树枝，年终对干线公路两侧行道树进行刷白，既美观又解决冬季树木防虫等问题。

（万年公路分局）

【德兴建成城乡“1小时交通圈”】 江西省高速公路网规划中18条地方加密高速公路之一的德上高速于12月31日全线通车。德兴高速的建成把德兴纳入上饶“2小时经济圈”，由封闭的山城转变成为区域性交通枢纽。

近年来，德兴紧紧抓住京福高铁、德昌高速贯穿辖区的机遇，设置了2个火车站和5个高速互通路口。同时，该市还把建设重点转向城乡交通建设，争取项目资金1.6亿元，完成72千米农村公路建设、13座桥梁的建设；先后投资2.4亿元实施德九线、坑湖线、店河线、新东线及德昌高速公路新营出口挂线等“四线一挂”工程，实现城乡“1小时交通”。在城区，开通了城乡公交，将公交线延伸到泗洲、香屯、新营等城郊乡镇。

（陈均培）

高速公路管理

【概况】 2012年，省高速公路集团全体员工砥砺奋进，圆满完成年度目标任务，全省高速公路事业呈现蒸蒸日上的良好态势。

一、全力推进江西高速公路建设。2012年，集团承担的项目共有13个，高速公路建设里程达862千米。集团掀起大会战的高潮，攻坚克难，统筹推进，实现了突破4000千米的跨越。

1. 年内建成500千米高速公路。祁浮、奉铜、德上、吉莲、抚吉5个项目顺利通车，全省高速公路通车里程达到4260千米，名列全国第八，打通了20个出省大通道，高速路网贯通全省98个县（市、区），“国高网”江西境内“三纵四横”主骨架全面建成。续建、开工八大项目，九江新长江大桥项目顺利实现主桥合龙，2013年建成通车。

2. 全面推进管理标准化。认真落实《管理标准化指南》，深入推行管理行为、工地建设、项目施工的标准化，保证了工程质量。九江大桥项目成为全国标准化建设典型示范项目。德上等项目被交通运输部评为“平安工地示范单位”。科技创新水平全面提升，全年成功立项17个课题，奉铜项目在省内率先全线采用气象检测与交通信息实时提示系统,吉莲项目首次在国内高速公路服务区建设中实施光伏发电及微电网工程,九江大桥项目攻克复杂条件下超重吊箱下水与吊装下沉等难题,梁板蒸气养生等新技术、新工艺在项目建设中得到了广泛应用。

二、加大融资筹资力度。面对资金需求大、融资难度大的形势,集团深挖收费潜力,勇闯资本市场,创造年度筹资总额近400亿元的崭新纪录。

1. 收费总额突破80亿元。严格落实收费公路专项清理、绿通车辆免费和重大节假日小型客车免费等政策,坚持应收不漏、应免不收,在全年减免通行费9.96亿元的情况下,收费额再创新高,达到83.2亿元,同比增长6.44%。一是堵漏保收。加大打击逃费力度,开展冲岗逃费专项整治、绿通车辆大排查、收费联合稽查等活动,有效打击违法违规行为,维护收费秩序。全年共查处逃费车辆2.64万起,追缴通行费626万元。二是营销增收。大力推行收费营销策略,通过完善标志标牌、主动走访客货运企业、利用媒体发布信息等措施,广泛宣传路网优势,引导车辆通行,营销策略初见成效,通行费增长明显。

2. 融资总额突破300亿元。在国家宏观经济政策收紧、各地银行信贷规模紧缩的大环境下,集团开拓思路、主动作为,全年累计融资304亿元,融资总量、创新融资规模均居全省第一,保障了项目建设资金需求。一是夯实融资基础,完成了省属14条收费还贷高速公路的资产移交,依靠财务结算中心归集整合资金,维持"AAA"信用等级,为扩大融资规模、降低融资成本打下了坚实基础。二是拓宽融资来源,积极推行"北上广战略"和"总部战备",直接对接北京、上海、广东等金融发达地区,直接对接30余家知名金融机构总部,成功引进中石油、平安银行、新加坡星展银行等战略合作伙伴,省外资金占全年融资总额50%以上。三是创新融资方式,通过银行贷款、国际物流贷款筹资126亿元,通过发行定向工具、委托债权投资计划、企业债券、短期融资券等方式创新融资178亿元,创新融资品种居同行业前列,融资成本为同行业最低。

3. 附属产业产值突破16亿元。积极拓展经营领域、涉足多个行业,实现了附属产业多元化发展。恒泰花苑项目主体结构全面完成,西海项目主体工程基本完成,铜鼓和奉新项目主体工程完成80%。设立了景泰旅行社,铜鼓温泉度假酒店项目有序推进,西海景泰酒店顺利开业。在完成广告公司股权改造的基础上,推进省属高速公路广告资源整合,实现了统一经营管理。

三、擦亮江西服务窗口。紧紧围绕方便公众出行,积极履行公共服务职能,打造了安全畅通、便捷绿色的通行环境,高速公路成为服务百姓的优质通道。

1. 突出收费服务品牌。继续深化收费窗口规范化服务,提升服务水平、突出服务特色,鹰西女子收费站、"映山红"等品牌更加深入人心,"向阳花""春风"等新品牌不断涌现。快捷服务赢口碑,全面推行站长带班和预约服务制,在车流量较大的收费站增设复式收费点,实行客、货车分道行驶,确保了收费道口通行方便快捷。开展岗位大练兵、大比武活动,举办收费服务技能大赛,组织文明礼仪培训,推进仪容仪表、手势动作、文明用语的规范化、职业化,展现了富有江西特色的收费服务形象。设立便民服务亭、爱心流动服务车,进一步拓展综合援助、信息咨询、临时休息等服务项目。

2. 改善高速公路路况路貌。强化道路养护,优化行车环境,投入4.5亿元,抓好日常养护和预防性养护,重点处治了昌金、泰赣、温沙等路段的路面病害,道路优良率达98%以上。继续巩固"一大四小"绿化成果,有针对性地开展了绿化补植,对高速公路沿线、互通、隧道广场进行美化、亮化,加强绿化日常管护,打造了景婺黄、昌金、泰井等一批绿色景观带。

3. 打造服务区名片。在三年整治的基础上,经过持续改造、提升,服务区面貌进一步改观。启动了投资1.6亿元的龙虎山服务区新建工程,完成了黎川、婺源服务区一期改造工程,实施了武吉、鹰瑞、梨温、景鹰等高速公路16对服务区完善工程,进一步提升了硬件水平和外部形象。积极开展"地域文化、特色经营"活动,打造了一批以红色文化、瓷文化等为主题的特色服务区;全面推行"同城同价"经营理念,引入了李先生餐饮、江南小厨、五芳斋等一批知名品牌,提升了效益,年营业额突破2亿元。以开展"百姓满意服务区"评选活动为契机,加大便民、惠民力度,设立司乘人员休息室,免费提供常备药品、路况查询、旅游指南等服务。

四、创造和谐稳定局面。坚持以人为本、关注民生，全力夯实基层基础，着力优化内部管理，大力弘扬文明新风，创造和谐稳定的大好局面，助推江西高速的持续发展。

1. 搞好基层单位基础建设。结合奉铜、赣崇等新路的开通，优化区域管理格局，深化大所制改革，与原管理模式相比，全年少设置 6 个路段机构、16 个所级机构，降低运营成本，提高管理效率。继续深化所站规范化建设，投入 2500 万元，进一步改善所站办公条件、生活环境、文体设施。

2. 强化企业内部管理。一是内部管理规范有序。进一步健全管控体系，推进以职代会、企务公开为重点的民主管理，完善公司法人治理结构，抓好子公司“三会”管理和经营业绩考核，规范法律事务处理流程；进一步推动信息化建设，推广应用人力资源信息系统，启动 OA 办公系统升级和视频会议系统建设，推进养护数据中心建设。二是安全应急扎实有效。开展“安全生产月”活动，做好安全隐患排查整治，全年处置安全隐患 238 处，进一步夯实了安全基础，保障中共十八大等重要时期的安全稳定；推进应急储备基地建设，新建一万多平方米储备仓库，购置 1100 多台（套）机械设备、2000 多吨融雪材料，各类应急物资储备总量达到一万多吨，12 个应急基地初具规模，进一步提升应急水平。

3. 营造文明和谐氛围。制定《企业文化建设实施纲要》，深入推进文化建设和宣贯活动，集团被评为全省企业文化建设示范单位；结合迎接中共十八大、高速公路突破 4000 千米等主题，组织“感知江西高速”系列采访宣传，开展了摄影比赛、运动会等文体活动，并在全国、全省多项比赛中获得佳绩。广泛开展文明单位、青年文明号等创建活动，集团总部及 44 个下属单位成功创建省级文明单位，全年荣获省部级以上荣誉 80 余项、省直（市厅）级荣誉 200 余项。组织廉政文化“进机关、进基层、进工地”巡展巡播活动，完善风险岗位廉能管理机制，推进工程建设领域突出问题专项治理。

（陈　菁）

【省厅领导到畅行公司服务区检查指导】 12 月 5 日，省交通运输厅党委书记朱希到畅行公司高速公路服务区检查指导工作。

朱希一行先后来到温沙高速临川服务区，鹰瑞高速南城、南丰、广昌等服务区，查看了各服务区公共卫生间、便利店、餐厅、特色小吃等功能区域。就继续做好服务区的各项运营管理工作，朱希要求，一是必须始终坚持“物管领先，经营跟进”的运营方针。要实现从整体环境到服务质量的更大提升，让服务区真正成为群众满意、服务一流的高速驿站。二是加强服务区特色化经营工作。在服务种类上，力求做到形式多样，创出特色，满足顾客日益多元化的需求；在服务品质上，要精益求精，创出品牌，树立好江西高速公路服务区的优质形象。

（罗时春）

【省厅领导深入德昌高速瑞洪站检查指导品牌建设】 9 月 21 日下午，省交通运输厅厅长马志武深入德昌高速瑞洪女子收费站察看站容站貌和品牌建设。马志武先后察看了瑞洪收费站院区、员工宿舍和食堂等地。他对瑞洪收费站院区改造和前期改建工程给予充分肯定。马志武十分关心员工的工作和生活情况，与员工进行了亲切的交谈，对该站员工热情大方、文明服务给予了高度评价。针对瑞洪收费站品牌建设，马志武指出，瑞洪收费站不仅要在外部“硬件”上下工夫，完善各项设施，而且要在内部“软件”上谋发展，以服务多元化、特色化、品牌化为目标，大力倡导文明服务、温馨服务，着力打造高速公路上的巾帼品牌。

（金　玉　陈佳国　朱宫萍）

【省厅领导检查指导窗口形象建设】 5 月 20 日，省交通运输厅厅长马志武深入梨温高速鹰潭西收费站检查指导窗口形象建设情况。马志武参观了鹰潭西收费站文化宣传走廊，详细了解员工的工作和生活情况，对鹰潭西收费站积极推行“4 + 1 服务体系”及服务管理理念表示肯定。就鹰潭西收费站窗口形象建设，马志武强调，要积极开拓创新，形成一种和谐大气的良性发展状态，成为人才培养的基地，成为文化输出的基地。在江西交通窗口形象建设如火如荼的进程中，鹰潭西收费站要充分发挥榜样作用，为江西交通事业的跨越式发展做出应有贡献。

（刘洁云　冯晓辉）

【赣粤高速股份公司被评为江西“最具影响力企业”】 3月21日,第一届江西企业影响力调研评价结果媒体发布会暨江西最具影响力企业颁奖典礼在南昌举行,赣粤高速股份公司荣获第一届“江西最具影响力企业”。

此次调研评价活动由江西省生产力学会、国家统计局江西调查总队联合开展。活动覆盖江西省各地区、各行业、各经济类型,各种规模的独立法人企业或企业集团。评价指标涵盖企业2009至2011年度主营业务收入、年实现利润、年纳税额、资产总额、固定资产投资、研究开发投入、净资产收益率、自主创新、营业收入、行业位次、品牌战略成果等核心指标,同时考虑节能减排、安全生产、参与公益、信用记录、企业知名度等辅助指标。

为确保此次调研评价活动结果客观、公正、权威,江西省生产力学会、国家统计局江西调查总队专门抽调了多位调查统计专家、经济学学者组成专家组,负责调查程序研究、问卷考核指标设计及对所有调查企业进行定量指标分析和定性指标分析。活动先后对全省500个行业优秀企业进行了问卷调查,并获取了368个企业填报的有效调查数据。经最后综合评价,赣粤高速、江西铜业、江铃集团等36家企业被授予第一届“江西最具影响力”企业称号。

(王卫娥)

【省高速集团发行首期30亿元短期融资券】 2月13日,省高速集团2012年度第一期短期融资券成功发行。本期短期融资券票面年利率为4.68%,发行成本较同期借款基准利率降低近30%,为同级别发行主体同级别债项中最低成本。此次短期融资券的注册金额为40亿元,其中第一期发行30亿元,注册与发行规模迄今为止为江西省最大。自2005年在省内首次使用短期融资券融资以来,集团累计发行短期融资券11期共筹措资金118.5亿元。融资规模和发行期数居省内第一。

省高速集团克服国内宏观货币政策持续紧缩、高速公路行业融资压力巨大等诸多困难,成功注册与发行短期融资券,不但有利于拓宽公司融资渠道、优化融资结构、降低融资成本,而且有利于提升集团在资本市场的知名度,为未来集团融资奠定良好基础,为集团项目建设提供了有力的资金保障。

近年来,省高速集团不断创新融资方式,通过短期融资券、分离交易可转债、企业债、私募债等债务融资工具筹集155.5亿元,直接融资占融资总额比例超过30%,融资成本远低于银行贷款。特别是2011年以来,省高速集团克服了融资环境恶劣、建设任务重、融资基础薄弱等困难,积极调整融资战略,夯实融资基础,改善融资环境,在融资渠道方面实现四大创新。一是获取中国建设银行总行理财池信托资金,成为省内首家获得总行资金池直贷企业;二是引进进出口银行,成为国内第二家(内地首家)利用进出口贷款建设高速公路的企业,塑造国内金融领域首个“国际物流”概念;三是经过三年准备,成为首批发行“非公开定向债务融资工具”的地方企业;四是完成昆仑信托融资,发行国内首家高速公路应收款信托。

(蒋晓密)

【江西建设126条ETC车道】 2012年,江西再建126条ETC车道,ETC系统将覆盖全部新建高速公路。

江西2012年全力做好ETC车道建设及赣通卡宣传推广工作,实现与浙江、湖南、湖北等周边省份的ETC联网、提高高速公路通行能力;严厉整治偷逃通行费行为,将计重收费整车称重试点“绿色通道”车辆检测试点列为专项课题进行研究。

新建成的高速公路各个收费站计划至少建设一进一出两条ETC车道,新建高速公路ETC车道总计将达60条左右。此外,在现有的3600千米高速公路上,计划再建60余条ETC车道,包括昌九高速公路、景德镇至婺源高速公路、寻乌至瑞金高速公路、上饶至武夷山高速公路等。江西ETC已实现与沪苏皖闽联网。预计到2015年,江西全省ETC车道数量将达500条左右,开通ETC车道的收费站覆盖率将达95%。

(黄 金 周绍芹)

【全省交通系统内首次利用国际信用证融资】 近日,江西高速集团首次成功利用国际信用证融资。首张国际信用证融资利率在参考国际Libor价格的基础上增加各银行竞争性报价,最终利率低于3%,融资成本较同期借款基准利率大幅降低近60%,为同类国际信用证中最低水平。

本次国际信用证融资,创造了近年来江西交通系统内首次利用境外债务融资工具的纪录,迈出了集团“走出去”引入境外低成本资金的第一步,未来集团将继续拓展海外融资渠道,进一步发挥财务为集团创造价值的优势。

国际信用证是有条件保证付款的证书,是国际贸易活动中的一种结算方式,一般由进口商向银行申请后传递至出口商,出口商根据信用证发货,银行在对相关单据审查一致无误后对进口商付款。

(邹洪华)

【畅行公司荣获2012年全国交通运输行业诚信建设十佳示范单位】 在由中国交通企业管理协会联合多家单位主办的2012年全国交通运输企业诚信建设评选活动中,畅行公司荣获“2012年全国交通运输行业诚信建设十佳示范单位”,系江西省唯一获此表彰的企业。

畅行公司自成立以来,始终将公益性、社会责任和窗口形象放在首位,将诚信作为企业发展的基石,作为最基本的价值取向,作为最重要的支撑,秉承“畅行天下、驿站如家”“温馨驿站、用心服务”“诚信品牌、服务至上”的宗旨,以诚信管理企业,走诚信经营之路,全力打造一流服务驿站。

(陈林凤)

【奉新至铜鼓高速公路项目银团贷款签约仪式在南昌举行】 1月12日,赣粤高速与国家开发银行、中国农业银行、交通银行和中国邮政储蓄银行《奉新至铜鼓高速公路项目银团贷款》签约仪式在南昌隆重举行。

为支持奉铜高速公路建设,国家开发银行将与中国农业银行、交通银行、中国邮政储蓄银行一道,向奉铜高速公路项目提供45亿元人民币的银团贷款。这将为奉铜高速项目建设的快速高效推进奠定雄厚的资金基础。此次银团贷款合同的签订,标志着赣粤高速与四家银行全面合作进一步深化。

(王卫娥)

【省高速集团与国家开发银行江西省分行签订规划合作协议】 5月15日上午,省人民政府与国家开发银行高层联席会议暨开发性金融合作签约仪式在南昌举行,副省长谢茹出席签约仪式,国家开发银行副行长高坚,省政府顾问、党组成员熊盛文,省发改委副主任陈一星,国家开发银行江西省分行行长朱力群、副行长杨五星,省交通运输厅巡视员孙茂刚,省高速集团总经理谢来发出席联席会和签约仪式。谢来发代表省高速集团与国家开发银行江西省分行签订规划合作协议。

按照协议内容,省高速集团与国家开发银行将结合双方投融资优势,建立新型的全方位深度规划合作的战略伙伴关系。双方将在企业战略规划、投融资安排、重大事项等方面开展合作,从而达到双方共同繁荣、共同发展的目的。

此次银企合作将为助推省高速集团融资工作的开展奠定良好基础。

(蒋晓密 夏睿德)

【省高速集团发行第二期10亿元短期融资券】 7月13日,省高速集团2012年度第二期短期融资券成功发行。本期短期融资券票面年利率为3.66%,发行成本较同期借款基准利率降低近40%,融资成本大幅低于近期同行业企业,为同行业2011年以来发行利率最低水平。

自首次使用短期融资券融资以来,省高速集团累计发行短期融资券12期共筹措资金128.5亿元。截至目前,省高速集团使用短期融资券融资规模和发行期数均居省内第一。

此次发行短期融资券,省高速集团审时度势,密切关注央行货币政策动态,选择在央行两次降息后果断发行,从而大幅降低了发行利率;同时集团高度重视信用等级对发行利率的重大影响,以良好的财务状况获得2012年度AAA评级,这是此次成功以低利率发行短期融资券的又一重要基础。

(邹洪华)

【省高速集团12亿元企业债券获批】 9月17日,省高速集团12亿元企业债券顺利通过国家发改委审批,这是集团成立以来首次采用企业债券融资方式。

自省高速集团利用短期融资券、定向工具、可转换债券、公司债券、企业债券等债务融资工具融资以来,集团在债券市场已累计注册219.5亿元,累计发行177.5亿元,使用债券进行融资的规模和发行期数均居江西省第一。

下一步,省高速集团将继续利用AAA高等级信用优势,积极研究企业债券发行窗口,争取高效率、低成本地完成发行任务,为项目建设提供有力资金保障。

(邹洪华)

【省厅领导指导"映山红"高速服务品牌推介活动】 4月26日上午,省交通运输厅厅长马志武莅临井冈山所举办的"映山红"高速服务伴你行便民服务活动现场,亲切看望正在开展志愿服务的"映山红"收费站的志愿者。

在活动现场,马志武与"映山红"收费站姑娘们亲切握手,还认真翻看"映山红"高速服务品牌宣传折页,详细了解品牌创建情况,对泰和管理中心创新品牌推介载体、认真开展假日便民活动的做法给予肯定。马志武勉励大家做好"三个服务",把井冈山精神融入收费服务中,拓展服务内容,提高业务水平,提升服务质量,真心实意地为过往司乘排忧解难,不断提高"映山红"品牌的影响力和美誉度。

(温荣生 徐 华)

【全省高速公路"百姓满意服务区"评选活动启动】 5月7日,由省文明办和省交通运输厅共同举办的全省高速公路"百姓满意服务区"评选活动正式启动。省交通运输厅党委书记程受锭出席启动仪式,省文明办主任张天清致辞,省交通运输厅副厅长万明讲话,省高速集团总经理谢来发主持仪式并宣布活动正式启动,省高速集团副总经理颜杏生以及中石化江西分公司分管领导、全省高速公路运营管理单位负责人参加仪式。

这次评选活动是提升高速公路服务水平的重要举措,是践行高速公路以人为本、为民服务宗旨的重要载体,是展示江西省文明、优质形象的重要窗口,是加强社会主义精神文明建设、弘扬新时期雷锋精神的重要平台,对推动高速公路服务区健康发展、对提升江西交通运输形象具有重要而深远的意义。

(张永康 夏睿德 葛铖曦)

【江西高速公路"映山红杯"收费服务技能展示大赛在昌举行】 9月7日,江西高速公路"映山红杯"收费服务技能展示大赛在南昌举行,省交通运输厅巡视员孙茂刚观看了比赛并讲话,省高速集团党委书记李素华、总经理谢来发和集团领导等观看了比赛。

本次大赛共有全省高速公路12支参赛队伍的24名选手参加。比赛分形象礼仪展示、业务能力竞答、才艺特长表演三个环节进行。经过一天紧张的角逐,最终来自宜春管理中心的黄丽、泰和管理中心的王小晴、赣州管理中心的刘艺等12名选手被评为收费服务形象大使,泰和管理中心、抚州管理中心、梨温公司、九景管理处、万年管理中心、宜春管理中心获得优秀团队奖,赣州管理中心、昌樟管理处、昌泰公司、上高管理中心、景德镇管理中心、昌九管理处获得优秀组织奖,另外,泰和管理中心还被授予特别贡献奖。

(夏睿德)

【全国高速公路服务区品牌建设与商业模式座谈会在南昌召开】 9月13—14日,由中国公路学会高速公路服务区工作委员会主办、江西赣粤高速公路股份有限公司协办的2012年全国高速公路服务区品牌建设与商业模式座谈会在南昌召开。中国公路学会副秘书长巨荣云,省高速集团党委委员、赣粤高速党委书记、董事长黄铮出席会议并讲话。来自全国20个省、市、自治区服务区管理单位的近60名代表参加会议。

近年来,江西高速公路服务区贯彻落实省委、省政府提出的"一年争取全省达标、两年争取全国一流、三年争取全球典范"的整治目标,全面落实保洁、保通、保绿、保亮、保安、保形象的"六保"要求,通过新建、改扩建和集中整治等举措,规范服务行为,提升服务水平,服务区功能配套、外观形象发生了翻天覆地的变化,涌现出了峡江、吉安、庐山、三清山等一大批功能齐全、设施先进、环境优美、全国一流的园林景观式高速公路服务区,得到了社会各界的一致好评。

巨荣云在座谈会上指出,服务区品牌建设与商业模式座谈会对服务区的研究和发展具有启发意义,进一步深化了服务区品牌文化的研究,理论到实践的转换推动了服务区的服务能力和品质,服务区工作委员会的平台功能得到进一步发挥。黄铮在座谈会上介绍了赣粤高速所辖服务区的建设经营管理情况。

（王卫娥　李　欣）

【沪昆高速龙虎山中心服务区开工建设】　9月19日上午，沪昆高速龙虎山中心服务区开工新闻发布会在鹰潭市举行。省交通运输厅厅长马志武出席会议并宣布项目开工，鹰潭市市长钟志生、副市长李力等领导出席会议。沪昆高速公路（江西梨温段）龙虎山中心服务区建设工程项目为江西省重点工程项目，经省发改委批复同意建设。该项目位于余江县中童镇，沪昆高速公路K619处。项目总用地面积约20公顷，建筑总面积约1.8万平方米。总投资规模约1.61亿元，计划2013年年底前建成投入使用。

（江西公路开发公司）

【景鹰高速浮梁管理处开展车辆逃费专项整治活动】　浮梁管理处在8月至10月开展了为期三个月的车辆偷逃费专项整治活动。在专项活动中，管理处高度重视、精心组织、周密部署，把活动当做2013年的一项重要工作来抓。活动开展期间，该处成立以处站领导为成员的专项整顿工作领导小组，加大堵漏增收工作的稽查力度，并加强对一线员工收费业务知识的培训力度，专门邀请交警授课，向收费员传授假证假牌识别的方法。同时进一步加强绿通车辆的查验力度，对每辆车都进行仔细登记，并将每辆车的信息进行存档。在为期90天的专项整顿工作中，管理处创下万年管理中心的多项第一：一是打逃总金额第一；二是查获偷逃费车辆总数第一，共查获逃费车151辆；三是挽回单辆车辆最大逃费金额。

（冯传琦）

【梨温高速赣浙处百日收费整治活动做到“四个到位”】　赣浙处采取“四到位”扎实开展百日堵漏增收活动。一是动员到位。该处及时召开动员大会，成立活动领导小组，并结合自身工作实际制定百日收费整治活动实施方案。二是措施到位。针对该处绿通车辆多、免费金额高、夜间查验难等特点，该处加大对查验人员业务培训，以学习讨论会、班务会及座谈会等方式共享打假经验，并从各班组挑选业务精、打假能力强人员进行协助验货；加大夜间查处力度，要求验货人员认真贯彻实施“一单、两人、三点”验货要求；加强数据比对、分析，对假绿通、各类逃费车辆做好路径跟踪，并建立偷逃车辆数据库。三是服务到位。要求收费员全方位使用文明礼貌用语，坚持做好手势服务、微笑服务。四是安全到位。在查验绿通车辆过程中要求验货人员身穿反光背心，严禁吸烟，并在车辆尾部摆放安全锥，确保查验过程中人身安全。

（杨　霞）

【景鹰高速赣皖收费站日通行费首破百万元】新年伊始，景鹰高速浮梁管理处赣皖收费站传出捷报，1月16日，该站日通行费征收额突破百万元大关，达到107.69万元，其中出口流量为2418辆，入口流量为3930辆，绿通车720辆。创下了自开通营运以来日收费额、日通行流量的历史新高。景鹰赣皖收费站地处江西北部的深山之中，与安徽安景高速对接，被称为江西高速的“北大门”。收费站所处地理位置偏僻，出行不便，交通量不大。自2009年开通以来，尽管人员不断变换，但收费站全体员工凭着对高速公路事业的一腔热忱，立足岗位、无私奉献。

（胡清兰）

【政企合作打造德昌高速瑞洪收费站】　5月24日上午，瑞洪收费站创建工作协调会在瑞洪站召开，余干县县长胡伟、县公安局、规划局、林业局、国土局、交通局、瑞洪镇负责人，万年管理中心总经理陈立新、纪委书记陈爱平、总经理助理李刚等参加会议。双方就瑞洪特色收费站品牌创建问题进行了座谈。会议认为，瑞洪收费站的品牌创建和瑞洪镇旅游业的发展具有互相促进作用。双方就瑞洪收费站建设进行密切协商和深入探讨，在瑞洪收费站建设、安全维护、品牌创建等问题上达成了一致意见。双方承诺共同努力把瑞洪收费站打造成为优质品牌收费站，把瑞洪镇打造成为和谐旅游休闲度假区。瑞洪收费站是万年管理中心沿线18个收费站中唯一一个女子收费站。

（金　玉　陈碧娟　陈佳园）

【万年管理中心创新理念增效益】　万年管理中心积极转变经营理念，将现代企业营销理念与中心日常经营管理有机结合，通过制定车流引导方案，取得了良好的经济效益和社会效益。方案分省内和省外两部分。省内部分主要是加强景婺黄高速德兴、婺源枢纽互通交通标志牌,东外环高速昌东、墨溪陈家、南邑北枢纽互通交通标志牌及南昌市区引导车辆行驶德昌高速标志牌的完善,并宣传引导济南、南京、合肥、安庆至福州、厦门、广州、深圳等城市南来北往车辆行驶景鹰高速。省外部分主要是加强与 G56 杭徽公司、徽杭公司、安徽池州管理处、G50 池州至芜湖高速、G421 芜湖至南京高速管理单位沟通协调,并协商完善相应路段交通引导标志牌,此项工程已于 4 月底完工。目前,德昌高速公路车流量由开通初期的日均 2272 辆次增加到现在的 4041 辆次,景鹰高速公路车流量由上年的日均 4706 辆次增加到现在的 5072 辆次。

(杨世清)

【景鹰高速万年站配合公安抓获罪犯】 6 月 13 同,万年收费站积极配合余干县公安局成功抓获诈骗犯罪人员。根据公安部门情况通报,当天下午两辆犯罪人员驾驶车辆将从万年收费站上高速,该站按照抓捕行动部署,安排一辆公安车辆在入口车道埋伏,另一辆在收费广场边停靠。当日 16 时 10 分,罪犯驾驶车辆进入 03 入口道领卡,公安车辆一前一后堵住罪犯车辆实施抓捕行动,多名罪犯被成功抓获。抓捕同时,该站关闭该入口道,紧急启用备用入口车道,保证收费工作正常运转。

(张学武)

【江西恒辉物业公司获江西省交通系统物业管理国家二级资质】 11 月 2 日,恒辉物业公司获得国家物业服务企业二级资质,成为全省交通系统拥有物业管理服务二级资质的单位。恒辉物业公司主要负责沪昆高速江西梨温段、济广高速江西景鹰段、杭瑞高速和沪昆高速之间的横向地方加密江西德昌段沿线服务区、加油站、广告媒体、通讯管道的经营管理以及总公司红谷滩新办公大楼、麻丘综合楼等办公楼的物业出租与物业服务。自 2002 年 3 月成立。恒辉物业公司获得国家物业服务企业二级资质,标志着物业管理水平已跻身于江西省先进物业管理企业行列。

(王梅芳)

【梨温高速鹰潭东站获全国交通行业优秀质量管理小组称号】 梨温高速鹰潭东收费站 QC 小组和课题"提高监控图像清晰度"被中国交通企业管理协会和交通行业优秀企业管理成果评审委员会评为全国交通行业 2012 年度优秀质量管理小组及成果。该站 QC 小组成立于 2006 年,自 2010 年至今,该站连续三年获此称号。

(万柏林)

【梨温高速鹰潭西站获"全国质量信得过班组"称号】 在九江召开的"全国交通行业 QC 小组活动经验交流暨表彰会"获悉,梨温高速鹰潭西收费站被评为 2012 年度"全国质量信得过班组",该站凭 QC 成果"提高特情车辆服务满意度"再度荣获"国优"。2010 年,鹰潭西收费站一项 QC 成果"创立服务 4 + 1 服务体系"获"国优"称号,首次被评为"全国质量信得过班组"。

(冯 艳)

公路交通管理

治理车辆超限超载

【概况】 2012年,全省治超工作按照国家九部委联合召开的全国治超电视电话会议精神,以及交通运输部《关于进一步加强违法超限超载车辆治理工作的通知》要求,通过采取有效措施,进一步加大源头和路面治理力度,稳步推进治理工作,治超取得了阶段性成果。

治超工作的成效。一是治理成果得到巩固。目前严重违法超限车辆所占比例已控制在5%以内。二是交通安全形势进一步好转。2012年1月1日至12月31日,全省共发生道路交通事故3102起、造成1399人死亡、3394人受伤,与上年同比分别下降了7.43%、7.1%、13.15%。三是保证物资运输市场稳定。保障鲜活农产品、重点物质和人民生活必需品的及时运输,道路运输市场价格稳定,市场秩序呈现良性发展态势。四是公路设施进一步得到有效保护。全省干线公路路况明显改善,公路基础设施完好率与治理前相比明显提高。

主要工作措施

1. 强化路面治理工作。2012年3月1日取消省交通运输厅所属的12个普通公路收费站点收费后,使得一些路段车货总重超过55吨的非法超限超载车辆因缺乏监管又上路过桥,严重损坏了公路设施。为进一步强化全省公路路网监管,治超办按照省政府领导"重新、从严布局"的批示精神,在原《江西省普通公路超限超载车辆检查站布局初步规划方案》的基础上对全省治超检查站进行了重新规划,并报省政府同意,下发了《江西省公路超限超载车辆检查站布局规划方案》。同时,部分设区市政府通过增设固定治超检测点,有效防止了车辆绕道逃避治超检查,以及车货总重超过55吨的违法超限超载车辆上路过桥,保护公路桥梁安全。各级交通、公安部门进一步加大对超限超载车辆的联合查处力度,继续按照全国统一的超限超载认定标准,坚持在治超站点共同对超限超载车辆进行集中整治,坚持对超限超载车辆实施卸载、消除违法状态后才予放行,有效遏制了车辆违法运输。2012年,全省累计检查车辆367351辆,处罚46248辆,除车主自行转运外,检查站卸载货物约93465吨。

2. 推行交通运输行政执法形象建设。严格按照交通运输部提出的行政执法形象"四个统一"有关要求,厅治超办编印了《江西省公路治理超限超载车辆检查站标准化建设指南》,要求全省治超站硬件建设必须达到六个统一,即:统一标准的办公场所、统一外观的办公楼、统一式样的执法大厅、统一设计的检测区、统一设置的治超标志、统一形式的公开、公示栏;软件管理达到七个统一,即:落实统一的管理制度、贯彻统一的执法理念、坚持统一的执法程序、使用统一的执法文书、运用统一的信息系统、树立统一的执法形象、健全统一的监督机制。并于11月,在宜春丰城治超站召开现场会,进一步推进治超站规范化建设工作和行政执法形象"四个统一"工作。

3. 进一步规范执法行为。2012年,厅治超办加强全省治超执法检查工作,分三次组织有关人员到各治超检查站进行明察暗访,发现问题及时予以纠正。各地严格执行治超工作"五不准"和"十条禁令",规范制作执法文书,严格执行《江西省交通行政处罚自由裁量权标准》,并按规定使用省财政厅统一监制的票据;对查处的违法超限超载车辆严格按照有关要求,依照有关程序进行卸载处理。同时,各治超站还根据有关情况组织人员对卸载后将货物装回原车的行为进行打击。

4. 强化治超信息化建设。按照《江西省交通信息化系统建设工程》的有关要求,进一步加快推进全省治超站信息系统升级改造工作,完善了

“部、省、站”三级治超管理系统联网工作。同时，加强信息监测，密切关注运力、运价和市场动态，掌握蔬菜、粮油、煤炭等批发供应市场价格波动情况，按照《全国治理车辆超限超载信息管理工作制度》有关要求，做好信息的收集、整理、审核、汇总和上报工作。

5. 强化执法队伍素质建设。加强对治超执法人员的教育培训，通过举办两期治超执法培训班，组织执法人员学习治超相关法律、法规、规章和政策。同时，积极倡导执法人员树立为民服务意识，使治超工作得到广大车主、货主和群众的广泛理解和支持，减少相关投诉，树立良好的治超执法形象。

6. 积极开展集中整治干部作风突出问题活动。2 月以来，厅治超办按照省厅的总体部署和要求，积极开展集中整治干部作风突出问题活动，使集中整治干部作风突出问题活动取得实效。并且通过提出“依法治超、以人为本、严格执法、文明服务”16 字执法理念，各治超站推出强化便民利民服务举措，增强执法人员民本意识、责任意识和服务意识。各设区市治超办和治超站开展了一系列改进干部作风、提升治超发展的特色活动，健全了站务公开制，充分利用治超业务办公系统、治超信息管理系统和电子显示屏等，提高治超执法办事效率，有效推进全省治超工作深入开展。

当前治超工作存在的问题：一是短途、区域间运输超限超载仍然严重，短途驳载和绕道逃避治超执法检查的车辆时有发生，治理困难。二是治超长效机制有待完善。主要是源头治理工作尚未真正到位，治超机构未落实，治超工作人员不到位，有的站场站设施至今还未建完。三是治理力度有所下降。绕道逃避检查导致检查站通过的车辆减少，以及长时间高强度的路面执法，引发一些执法人员的疲劳和畏难情绪。部分治超站点的执法人员没到位工作，联合执法力度减弱。四是有的地方聚众拒不接受检查、堵塞交通、强行闯卡、带车绕行甚至暴力抗法等问题仍然存在。五是一些地方只罚款、不实施卸载的现象还比较严重，并且极少数执法人员态度蛮横，刁难群众问题尚未纠正。

今后要继续按照国家对治超工作的部署和要求，针对治超工作过程中出现的新情况和新问题，及时总结、研究基本经验和内在规律，加快推进治超长效机制建设，进一步巩固和扩大治理成果。

（万海飙）

【江西省下发治超执法流动稽查办法】 省公路管理局于 6 月 13 日，带领南昌、宜春、上饶、萍乡市局路政科室负责人对浙江衢州、安徽池州两地治超工作进行调研，并形成调研报告和《江西省治超执法流动稽查办法（初稿）》，经局务会讨论通过后，已经行文下发。

（王 建）

【新岗山治超站工作取得实效】 新岗山治超站紧紧围绕“保护路桥安全无损、保障公路畅通无阻”目标，把超限超载作为治理重点，无论刮风下雨、严冬酷暑，全体治超干部群众始终 24 小时坚守治超岗位，以站为家。2012 年，共检测车辆 20131 车次，其中违法超限超载车辆 2412 辆，卸载 6332.2 吨，有效遏制自浙江方向驶入江西的重型车辆，保护了辖内公路桥梁的安全。

（陈均培）

道路运输管理

【概况】 2012 年，全省各级运管部门坚持稳中求进、好中求快，较好地完成了各项目标任务。

1. 道路运输生产稳步增长。到 2012 年底，全省营运汽车拥有量达到 32.2 万辆。其中营运客车 1.9 万辆、49.2 万座位，同比分别增长 2.2%、5.8%，营运载货汽车 30.3 万辆、182.2 万吨位，同比分别增长 11.8%、26.8%，吨位数增长快于车辆数增长，充分说明全省货运车辆朝着大吨位、大型化方向发展；全省公路运输累计完成客运量 7.8 亿人、旅客周转量 371.9 亿人千米、货运量 11.4 亿吨、货物周转 2559.8 亿吨千米，同比分别增长 7.07%，9.09%，15.6%，和 23.85%，四大指标在综合运输体系中所占比重分别为 92%、38.1%、90.5%、74.7%，显示公路运输在综合运输体系中继续保持主导地位。全省城市公共汽电车 9,849 辆（10,899 标台），完成城市公交客运量 14.8 亿人次，同比分别增长 7.7%（8.9%）、4%；出租汽车 16,219 辆，完成出租汽车客运量 6.5 亿人次，同比均增长 5.5%；道路运输从业人员 75.4 万人，同比增长 9.7%，其中持证上岗人员 66.6 万人，同比增长 12.0%，为社会提供新的就业岗位6.7万个。

2. 提升运输服务保障能力。圆满完成春运、“十一”黄金周等重点时段旅客运输，确保煤、粮、油、矿等重点物资运输。重新核定和规范1221条到期市际客运班线的途径线路标识，并完成考核评估。实施公交优先战略，对设区市人民政府2010年度和2011年度贯彻落实优先发展城市公共交通战略的情况进行首次联合考核。景德镇市城市客运管理体制也得到了理顺，其管理职能已移交至市交通运输局，实现全省设区市层面城市客运管理体制的全部统一。统筹城乡客运发展。开展扩大城乡道路客运一体化试点工作，行政村班车通达率为91.4%。推进甩挂运输试点，萍乡市达金物流有限公司、江西三志物流有限公司和江西昌荣物流有限公司列入国家第二批公路甩挂运输试点项目。编制了江西“十二五”道路运输发展规划、农村客运网络化建设规划、新增驾校发展规划和综合性能检测机构布局规划。组建全省机动车维修检测专家库。开展全省维修企业服务规范达标创建工作，全省共106家企业达标。组织全国机动车检测维修职称考试。大力发展运输辅助业，全年完成维修业务量333.8万辆次，培训机动车驾驶员62.5万人次。

3. 推进基础设施建设。全年站场建设累计完成投资4.8亿元，同比增长145%。严格站场项目建设管理，开展项目进度督查工作。以省政府名义在宜春召开全省推进农村公路建管养运一体化发展现场会，明确创新加快项目建设的措施方法，推动农村公路综合服务站的项目建设，2011年50个试点项目、2012年57个试点项目，已开工73个。大力推进了综合运输一体化平台建设，开展了客运、货运、旅游集散等枢纽站场项目前期工作，有效推动项目建设，全年开展南昌综合客运枢纽、吉安河西物流园区、井冈山旅游客运站等15个项目的前期工作，其中6个项目已通过发改部门审批立项；宜春客运总站、抚州客运综合枢纽站、南昌综合客运枢纽、宜春汽车客运东站、井冈山经开区综合物流园区、赣州综合物流园区等项目已开工建设。完成遂川等6个罗霄山脉连片扶贫县级站前期工作，其中3个项目批准立项。

4. 加大运输市场监管力度继续。在班线客运管理方面，制定年度道路客运班线发展计划和客运班线经营权招投标实施细则和《江西省道路客运班线经营权无偿使用合同》《省际、市际旅游包车客运经营权无偿使用合同》，实行“招标准入、期限经营、合同规范、信誉考核、依法退出”的市场运行机制，促进公平竞争，实现优胜劣汰；坚持日常管理和专项整治相结合的原则，对省际客运班线和800千米以上长途客运班线进行全面清理整顿，在全省开展旅游包车客运安全专项整治行动，加强对省际客运和长途客运的监控监管力度，安全生产状况评估和长途客车的“四选一”管理模式在全国得到推广；在车辆管理方面，进一步加强车辆燃料消耗量核查工作，杜绝燃料消耗量不达标车型进入道路运输市场；在从业人员管理上，按照培训社会化和资格管理集中化的原则，将从业资格准入管理集中到一个部门，实行统一归口，同时率先在全国开展道路运输从业资格考试试点工作，11个设区市都建成专业知识应用能力考点和无纸化理论考点，全部实现无纸化考试，承办了全国道路运输从业资格座谈会和全国驾培工作会议，江西的典型经验得到交通运输部的充分肯定并在大会上进行交流发言；在规范市场秩序方面，加强与公安交警等部门的协作机制，连续开展代号为“先锋、重剑”的一系列打非治违活动，开展汽车客运站达标整治活动和危险货物运输的治理整顿，对全省高速服务区汽车维修企业进行整治，运输市场秩序逐步规范和好转；在配套规章制度建设上，先后制定出台规范性文件14件，有力地促进道路运输市场准入、考核、监管、退出机制的形成和完善。

5. 提高安全监管和应急保障能力。始终把安全工作作为最大的民生问题，严格按照交通运输部制定的相关行业标准规范“两客一危”车辆卫星定位系统政府监管平台和企业监控平台的建设和管理，加强车辆动态监管和客运站源头管理，落实道路客运安全告知等制度。制定《江西省道路运输安全隐患排查治理制度》《江西省道路运输卫星定位系统动态监控管理办法》、《江西省长途客车安全管理工作手册》《江西省汽车客运站视频监控系统管理办法(试行)》，编辑出台《江西省道路运输安全管理工作实用手册》。加强安全生产教育培训，推进行业安全文化建设。深入开展“道路客运安全年”“安全隐患排查整治”等专项整治行动，保持对道路运输安全高压严管态势。2012年，全省营运客车共发生通路交通事故22

起,其中:一次死亡1～2人事故17起,一次死亡3人以上9人以下的事故5起,事故总起数与上年相比下降21.4%。事故共造成死亡45人,受伤93人,死亡人数与上年同期相比下降30.8%,受伤人数下降17.7%。加强道路运输应急保障体系建设,按照交通运输部的要求,根据省厅统一部署,组建首支省级道路运输应急保障车队。

(梁富明)

【交通运输部领导到景检查春运】 1月11日,交通运输部党组副书记、副部长翁孟勇,交通运输部安全监督司副司长翁垒、道路运输司副司长刘春等交通运输部春运检查组一行7人,在省交通运输厅厅长马志武等陪同下,到景德镇市检查春节运输工作。景德镇市委书记邓保生,市委常委、市纪委书记梅亦,市委常委、副市长黄康明,市人大常委会副主任、市委秘书长余振泰及市交通运输局领导陪同检查。

检查中,翁孟勇一行先后实地察看了德(兴)(南)昌高速公路、杭(州)瑞(丽)高速公路景德镇至婺源段车辆通行状况、安保设施维护、收费站点运转等情况,现场检查了景德镇汽车站运输组织、运力调度、安全防范、站场管理等运输规范和景德镇长运公司GPS营运客车监控中心的工作情况,亲切慰问春运一线的干部职工,嘱咐大家把安全放在首位,把旅客放在心上,为社会提供安全、优质的运输服务。在听取相关工作汇报后,翁孟勇对景德镇市春运工作给予充分肯定,认为景德镇市政府高度重视,切实加强组织领导,强化安全监管,各运输部门科学调度,实现了运输有序、安全平稳的良好开局。他指出,各级交通运输主管部门要切实加强对春运工作的组织领导,做到指挥调度有力,确保旅客顺利出行、按时到达;做到监督管理有力,确保"三不进站、五不出站"、车辆安全例检、"三危品"查堵等制度得到落实;做到服务保障有力,确保运输网络畅通。翁孟勇强调,公路、水路、民航等运输方式要加强协调配合,形成分工科学、互为补充的运输组织格局,打造高效运转的综合运输体系;公路运输在做好自身运输组织工作的同时,要承担兜底运输任务,及时疏运其他运输方式滞留的旅客,共同完成春运这场"大考"。

(涂　强)

【省公路运输管理局规范道路运输市场秩序】 该局以《江西省道路运输条例》正式实施为契机,制定了配套的《江西省道路运输条例条文释义》《江西省城市公共汽车客运经营服务规范》等规范性文件26件,与省公安交警总队联合制定《关于加强机动车驾驶员培训和考试质量监督管理有关工作的通知》,特别针对长期以来全省城市客运管理法律法规缺失、行业监管乏力的情况,制定出台许可规范、服务规范、质量信誉考核办法等一系列规章制度,从而形成规范运输市场秩序的制度体系。二是制定印发了《道路运输行政许可工作规范手册》和《道路运输行政处罚执法手册》,规范执法行为和执法程序。举办道路运输行政执法人员和从业人员资格培训班,共培训一线运政执法人员543人、出租车在岗驾驶员1.5万人、合格教练员2230人。加强执法检查,出动运政稽查人员6万人次,查处违章车辆4000辆次。三是对事关百姓生命财产安全的道路运输安全生产工作,实行高压严管态势。先后开展四次大规模的安全生产督导检查活动,召开一次安全生产紧急视频会议,培训企业安全管理人员500余名;印发《江西省客运安全隐患治理专项行动实施方案》,共排查企业366家,排查隐患1295起,整改1287起,整改率达99%。组织开展对390辆凌晨2点至5点运行的卧铺客车进行排查整治。全省公安交警、交通运管和安全监督部门建立起联勤联动机制,加强对运输企业的安全监督力度和安全生产主体责任的落实。深入开展安全生产年、安全生产月、安全生产知识咨询日、"安全在我手中,争当百名优秀驾驶员"等专题活动。

(省公路运输管理局)

【峡江货运税收首破亿元】 峡江县货运税收首次突破亿元大关,达10319.47万元,同比增长154.2%,成为全省为数不多的货运税收超亿元的县(市)之一。峡江县是一个以农业为主的人口小县,交通条件便利,区位优势明显。从2000年,随着县内第一家民营货运企业昌荣物流公司的成立,全县货运企业如雨后春笋般涌现,逐渐成为县域经济的一大支柱产业。为促进货运税收扩容增量,该县积极引导货运业走集约化、规模化经营之路,于2011年3月组建江西长鸿汽贸公司,成为全县货运纳税大户。实行灵活的税收政策,全县自开票纳税货运企业达25家,占总数的42.6名,保证货运税收应收尽收。同时,严格兑现货运税收返奖,对乡镇完成核定基数内货运税收任务的一律实行奖励,超收部分实行重奖,以调动乡镇抓运产业、促税收增长的主动性和积极性,不断做大货运税收"蛋糕"。

(龚江林 谢文军)

【省运管局开展到期市际客运班线考核】 2012年,全省共有1200余条客运班线到期。为进一步规范道路客运班线许可,建立健全客运市场退出机制,合理配置客运班线资源,省运管局制定《省际、市际到期客运班线考核管理规定(试行)》。该规定对省际、市际客运班线的考核主体及要求、考核程序及方法、考核内容及标准等方面进行规范,是客运班线管理工作的一种创新。

此外,随着道路路网的不断发展和完善,客运班线途径线路原标识(途径地名)易混淆,致使客运班线经营者选择道路随意性较大,引发市场矛盾。在2012年市际客运班线到期之际,对全省道路市际客运班线途径线路,按照无缝衔接、线路唯一等原则重新进行了规范,途径线路全部填写为高速公路、国省道代码。

(章华平)

【省运管局规范旅游包车客运经营行为】 2012年9月,根据交通运输部《道路旅客运输及客运站管理规定》,结合江西实际,制定并出台了江西省《省际、市际旅游包车客运经营许可及运力新增、更新工作规范(试行)》,对申请旅游包车客运经营许可、旅游包车客运运力新增和更新的管理作了进一步细化和规范。

(龙星航)

【省运管局出台运管人员驻站管理办法】 为加强源头管理,提升行业管理部门服务力度。省运管局出台了《江西省道路运输管理机构驻客运站监督管理规定(试行)》,详细明确了驻站运管人员的职责和义务,对规范客运站经营和提升运管机构驻站监管能力起到了非常积极的作用。

(蔡 洁)

【全省开展客运站服务达标专项整治活动】 2012年6月开始,在全省范围内开展了客运站服务达标专项整治活动。针对客运站秩序较乱、站容站貌较差、服务质量不高、经营行为不规范等状况,省运管局及各设区市均成立了专项整治工作领导小组,制定下发客运站达标整治方案,经历宣传发动、自查自纠、检查整改、总结验收四个阶段,对全省107个一、二级车站进行检查,检查内容包括硬件条件、服务标准、安全状态等方面,全部进行打分登记,对不合格一定限期整改,整改仍不合格的,作站级降级处理。

(蔡 洁)

【江西三家企业入选全国公路甩挂运输第二批试点】 2012年4月全国甩挂运输试点项目推进会议确定萍乡市达金物流有限公司、江西三志物流有限公司、江西昌荣物流有限公司成为全国公路甩挂运输第二批试点项目。10月全国公路甩挂运输第二批试点项目工作会议在深圳召开,交通运输部、国家发展改革委、财政部有关司以及来自30个省(区、市)交通运输主管部门、道路运输管理机构、试点企业的200余名代表出席。会议向甩挂运输第二批试点企业代表进行授牌。目前,江西省甩挂运输3个试点项目已经全面启动。

(周秋华)

【省运管局开展道路危货运输专项督查】 省运管局下发《关于开展全省道路危险货物运输市场检查工作的通知》,4月15至10月31日,在全省范围内开展道路危险货物运输市场整治工作。11初,由局领导带队,分成6个组,督查危货运输企业是否健全安全生产管理制度;是否有符合要求的专用车辆及设备;从业人员是否符合要求;运输合同是否由公司签订,运输计划是否实行公司统一调度;是否定期开展从业人员安全教育;督查危货运输行政许可档案按一户一档及一车一档的原则是否规范;对存在重大运输安全隐患的企业的整改情况。此次整治活动中,全省共吊销危货企业10家,整改22家,注销154危货车辆,查处违规行为16起。

(周秋华)

【全省启动道路货运市场运价水平监测】 为加强道路货运市场监测,定期向社会公告道路货运市场运价水平、平均利润率等重要信息,作为承托运双方进行议价的重要依据,促进合理运输价格形成,省运管局决定自2013年1月1日起开展江西省道路货物运输市场价格与成本监测的工作,监测工作由省运管局组织实施,具体工作由省道路运输协会承担,有关信息的对外发布由省道路运输协会组织进行。并印发了《江西省道路货物运输市场价格与成本监测方案(试行)》。结合各地货运发展的实际,经2012年度全省道路货运工作会议充分讨论,明确江西省道路货物运输市场价格与成本监测指标和样本企业数量,要求各地认真选好样本企业,要对样本企业进行日常跟踪指导,并督促企业按时报送情况。

(周秋华)

城市客运管理

【概况】 2012年底,全省拥有城市公共汽电车运营车辆9849辆,计10899标台,同比增长7.7%和8.9%,运营线路976条,线路总长度17222千米,同比增长7.8%和4.8%,客运量147502.2万人次,同比增长4%,营运里程79413.22万千米。公交专用道44.7千米。公共汽车客运经营业户112户,从业人员20191人。

进一步推进公交优先战略落实。2012年5月14日至24日,省交通运输厅、发改委、财政厅、公安厅、住建厅、国土厅、人保厅等七厅委代表省政府对全省各设区市人民政府2010年度、2011年度落实优先发展城市公共交通情况开展首次考核,并下发《考核通报》。此次考核促进有力地推动了各级政府对公交优先发展的重视,全省公交的发展。

进一步促进公交优先发展经济政策的贯彻落实。一是积极主动做好与国税部门的衔接与沟通,以江西省国家税务局、江西省交通运输厅的名义及时转发《国家税务总局、交通运输部关于城市公交企业购置公共汽电车辆免征车辆购置税有关问题的通知》,建立企业名录,为企业在“十二五”期间,做好车辆购置免征车辆购置税的审核工作。二是主动加强与财政部门的联系,落实好对城市公共交通企业的成品油价格补贴政策,确保补贴资金及时足额到位。三是以南昌市为试点,推进公交企业成本规制的建立工作。2012年6月南昌市政府已正式出台《关于同意南昌市公交客运服务成本规制方案(试行)的批复》,并已向全省城市公交管理部门转发,予以参考借鉴。

进一步完善配套制度的建设。围绕《省道路运输条例》的实施,为更好地指导各地开展城市公交客运经营企业质量信誉考核,对质量信誉考核评分标准进行进一步细化和修订,并制定了企业质量信誉考核标准档案标准文本,使考核工作做到规范化、标准化。同时,完成《城市公共汽车客运经营管理实用手册》的编印,为行业管理和企业经营发展提供较好的政策、标准依据参考。

通过省公交协会,在全省公交企业开展了“打造公交优秀、创建精品示范线”的活动。以打造“文明公交、平安公交、时尚公交、温馨公交”为目标,做到以优秀促进优先,从而全面提升全省公交行业的服务水平和服务品质。目前,已有南昌、赣州等公交企业在城区推出10条公交精品服务示范线,其中南昌2路和22路并获得全国城市公共交通优质服务线路,在行业中起到很好的示范作用。

(游国侯)

【省运管局五项举措推进和谐劳动关系】 一是印发了《江西省出租汽车行业和谐劳动关系创建活动实施方案》,对活动内容进行了分部门细化与落实,明确各部门、各企业的任务。二是推动出租汽车企业实行“公司化经营、员工制管理”经营模式,南昌、萍乡、赣州在新投运力中落实了这一要求,明确规定企业必须与驾驶员签订劳动合同,缴纳养老保险、医疗保险和工伤保险等。三是倡导规模化经营,九江市以出租车辆200辆、抚州市以出租车辆50辆为最低限整合出租企业,赣州市以二合一方式将全市13家企业整合为6家,全省出租汽车企业规模化、集约化经营程度及抗风险能力明显提高。四是统一规范经营合同管理,印发了三类经营合同模板。五是保障收入。江西省11个设区市已有10个设区市落实了新增运力无偿使用政策,部分地市原有偿使用的经营权到期后也改为无偿使用。全省11个设区市、部分县(市)建立实施了油价联动机制,赣州市开展运价调整工作,调高出租车等候计费标准,保障了企业和从业人员的合理收入。 (游国侯)

【全省城乡客运一体化试点工作初见成效】 在总结城乡客运一体化工作经验的基础上，省运管局扩大城乡客运一体化试点工作范围，从实际出发，探索城乡道路客运一体化发展模式和推进路径；分步推进，不搞“齐步走”和“一刀切”。2012年10月10日，江西省人民政府在丰城市召开全省推进农村公路建管养运一体化发展现场会，总结推广丰城市城乡客运一体化发展先进经验，研究部署推进全省城乡客运一体化发展工作。樟树市于2012年12月实现了城乡客运一体化全覆盖，樟树市财政每年安排1100万元左右补贴资金，保障城乡客运低票价运行，平均票价下降56%。其中距樟树市区最远的乡镇为黎墟，距市区60千米，原来班线票价为13元，现在票价为3元，票价下降达77%。这是继丰城市之后，江西又一个县级市实现城乡客运一体化全覆盖。

（游国侯）

【省运管局三项机制筑牢“安全防护网”】 省运管局从制度建设入手，打造安全监督防护网。一是建立道路旅客运输企业安全状况评估制度，引导运输企业聘请具有法定资质的安全评估机构对客运企业的安全生产状况进行评估；二是与省交警总队建立公路客运安全管理协作机制，定期与省交警总队组织整治行动、安全例会、信息共享等活动；三是建立班线客运和旅客客运企业安全准入和退出机制，逐项逐条审查企业安全生产制度，逐线逐车审查超速超载违法记录，对不符合安全生产条件或安全生产条件还不完善需要整改的企业建议不予许可或缩短其许可年限。同时，根据“道路客运安全生产年”工作内容和要求，针对当前道路运输安全监管的薄弱环节，及时修订了一批安全生产制度，总结为“一预案、两手册、四办法”，即《江西省道路运输突发事件应急预案》《江西省长途客车安全管理工作手册》《江西省道路运输安全管理实用手册》《江西省公路运输管理局安全生产约谈办法》《江西省汽车客运站视频监控管理办法》《江西省道路运输安全隐患排查办法》《江西省道路运输卫星定位车辆监控管理办法》，从应急管理、安全隐患排查、长途客车安全管理、动态监控、客运站源头监管等关键环节强化管理。

（易晓荣）

【省运管局组织开展长途客车安全隐患集中排查整治活动】 为深刻吸取8.26延安客运重特大事故教训，根据交通运输部的工作要求，及时启动长途客车安全隐患集中排查整治专项行动。下发《江西省长途客车安全隐患集中排查整治工作方案》，要求本次长途客车安全隐患集中排查整治，务必要做到四个100%：一是长途客车排查要彻底，排查率要到达100%；二是停车休息方案制订要科学，满足工作方案要求要达100%；三是停车休息方案审核要彻底，停车休息方案通过率要达100%；四是监督检查要彻底，每月对长途客车落实停车休息方案抽查覆盖率要达100%。据统计，全省共审查长途客车593辆，其中通过调整发班时间，凌晨2时到达目的地的419辆，占审查车辆总数的70.7%；采用凌晨2时至5时停车运行方案的167辆，占审查车辆总数的28.2%；此外还有采用驾驶员接驳运输的1辆，报停或转为机动运力的6辆。同时，根据各地市上报的长途客车停车休息方案，省运管局还编制《长途客车安全管理工作手册》，初步实现了长途客车台账式监管的模式，大大加强长途客车的安全监督力度。

（易晓荣）

【省运管局切实做好旅游包车客运安全管理】 省运管局采取多项措施强化旅游包车的安全监管。一是组织开展旅游包车专项整治，联合公安、安监、旅游等部门，组织开展旅游包车安全隐患集中排查整治，要求各级运管机构按照各自职责，对辖区内的旅游客运企业的车辆及其驾驶人进行了一次彻底的清理整顿，及时发现和查处存在的安全隐患和违法经营行为。二是加大对旅游包车的管理，进一步完善和规范旅游包车审批制度，严把旅游包车的安全准入条件，严禁发放加盖公章的空白包车牌证，严查擅自变更旅游行驶路线违法行为，同时要求各级运管部门定期对所辖道路旅游包车企业的安全生产管理状况进行监督检查，保障旅游包车客运市场安全。（易晓荣）

【省运管局抓好《道路旅客运输企业安全管理规范》贯彻落实】 为使全省各级运管部门、旅客运输企业及时了解、落实《道路旅客运输企业安全管理规范》，省运管局采取有力措施，推动“管理规范”的贯彻落实工作。一是要抓好宣贯学习。

按照交通运输部的安排部署,省运管局组织市、县运管机构、三级及以下运输企业安全负责人、安全部门具体负责人对“管理规范”进行宣贯培训,全省共四百余人参加培训。二是要督促企业对照整改。督促道路客运企业对照“管理规范”,认真进行自查,逐条逐款落实整改,进一步完善安全生产管理体系。三是要强化监督检查。各级运管机构经常联合公安、安全监管部门,对本辖区内客运企业落实“管理规范”的情况进行排查,帮助企业查找问题和薄弱环节,确保“管理规范”的各项要求落到实处。四是要根据“规范”的要求,省运管局将“管理规范”列入运输企业安全生产状况评估内容,并在省际、市际班线到期审核等环节对企业安全生产制度建立及落实情况进行量化考核,增强企业落实“管理规范”的自觉性。

(易晓荣)

【全省运政稽查开展“先锋”、“重剑”行动】 2012年省运管局积极组织全省运政稽查力量,开展了代号为“先锋”“重剑”等的一系列运政稽查行动。据不完全统计,年内全省共出动运政稽查力量102331人次,查处各类案件13523起,其中非法营运案2961起、旅游包车违法经营案2765起、无从业资格证案2251起、班车串线案1891起、非法改装案2124起等。2012年春运期间,省运管局与省交警总队实施联动协查,对15部伪造营运证件的深圳籍大巴车进行全省通缉,最终有两部大客车被交警在高速公路服务区成功查获,依法对每车实施4万元的行政处罚,并执行到位。针对群众反映较多的城市黑车多,以及出租汽车乱拼客、打车难、不打表、异地经营等问题,3月,组织开展“先锋”4号行动,并以南昌市作为试点区域,以全省运政执法培训班在南昌召开为契机,分批分期、不定时组织参训学员在南昌市城区范围内开展交叉执法活动,在全省“先锋”运政稽查行动中起到了表率作用。8—10月,组织开展了“重剑”1号行动,对多次不规范经营、存在安全隐患的南昌江轮旅游客运公司和江西江山旅游客运公司进行了限期整改,对赣A28823实施停业整顿,对赣AB7157予以撤销许可;对存在严重安全隐患、超员112%的都昌至汕头班线车辆停业整顿三个月,以督促其完成公司化改造,完善车辆动态监控措施,落实企业安全主体责任。(黄 辉)

【全省完成新兵运输】 新兵道路运输主要是在新兵铁路、民航运输前的新兵集中运输工作。全省各级交通运输主管部门和道路客运企业根据《征兵工作条例》的规定和省征兵领导小组的要求,在遵循“安全、准时、准确、有序”的原则下,经过共同努力,全省共投入客车600余辆,运行近2000车次,分批次运送新兵18900人,共完成新兵运输量达3.6万人次,全部安全准确送达,圆满完成了2012年度冬季征兵的全省新兵道路运输。

(罗珍华)

【全省开展道路运输行业“夺杯争先”活动】 省运管局成立道路运输管理“夺杯争先”活动领导小组,印发了《2012年度道路运输管理“夺杯争先”活动考评标准》和《2012年度道路运输管理“夺杯争先”活动考评办法》,召开了省运管局“夺杯争先”活动考核领导小组及其办公室会议,对“夺杯争先”活动的考评工作作出了具体部署安排。经过七个阶段的严格考评,共评出全省道路运输管理“夺杯争先”活动的运政执法(吉水县运管所)、客运管理(广昌县运管所)、货运管理(南昌市青云谱区运管所)、站场管理(九江市运管局城区分局)、公交管理(赣州市城市客运管理处)、出租汽车管理(赣州市城市客运管理处)、统计管理(新干县运管所)、基础设施建设(宜丰县运管局)、车技维修管理(萍乡市运管处直属所)、安全监督管理(九江市运管局庐山区分局)、驾驶培训管理(宜春市袁州区运管所)和信息化管理(吉水县运管所)十二个优胜单位。

(罗珍华)

【南昌市集中开展客运站场秩序整治专项行动】

针对南昌长途汽车总站停止营运之后,市内现存四大客运站场周边仍有不少违章经营行为发生,南昌市运管处、南昌市客管处和南昌市公安局直属分局经研究决定于4月23日开始开展为期两个月的南昌市集中开展客运站场秩序整治专项行动。三家整治单位依据各自职能,联合对站场周边存在的违法及违章行为进行整治,重点是对站场周边的黑车、客运班车站外经营、出租车违规经营进行打击。整治工作将以站场为单位,采取集中与分散相结合、驻站稽查与流动稽查相配合的方式,在充分做好调查摸底的基础上,有针对性地在重点整治区域和重点整治时段内开展持续性的专项整治工作，并通过整治探索建立南昌道路客运市场的长效监管机制。

全市共检查道路运输企业70家，出动道路执法人员13000人次，查扣涉嫌非法经营的黑车35辆，查处涉及违法经营行为358起，责令整改43起，停产整顿6起，经济处罚65.77万元。城市客运企业28家，出动稽查人员共计200余人次，查处非法营运共计58起，经济处罚18.6万元，检查车辆200余辆次。路面检查出租汽车遵章运营，实现路检车辆11800余辆次，查处违章634辆次，停运整顿123辆次。驾驶员违规再教育人数达431人次。

（杨龙桂）

【南昌市严肃查处教练员违反“五条禁令”行为】 南昌市运管处根据举报，经调查核实，江西省春迅实业有限公司驾驶员培训中心的教练员王XX多次收取学员提前考试费和“过关费”，严重违反教练员“五条禁令”，在社会和行业中造成了非常恶劣的影响。为规范教练员教学行为维护学员的合法权益，遏制教练员违法乱纪现象的滋生，净化驾培市场、规范驾校经营行为，该处决定对教练员王XX进行停止执教并列入黑名单的处理，上报省运管局注销其教练员证，同时对江西省春迅实业有限公司驾驶员培训中心进行相应的处理。

（南昌市运管处）

【景德镇市开展“打非治违”专项行动】 5月初，景德镇市交通运输局开展集中“打非治违”专项行动，该局充分利用“安全隐患排查治理”“安全生产年”“道路客运安全年”“平安工地”“交通运输企业安全生产标准化建设”等安全生产专项活动载体，在为期4个月的集中整治中，采取坚持企业自查自纠与督促检查相结合、全面排查与重点整治相结合的办法，督促企业全面开展自查自纠工作，及时治理纠正非法违规行为，对非法生产经营建设和经停产整顿仍未达到要求的，一律关闭取缔；对非法生产经营建设的有关单位和责任人，一律按规定上限予以经济处罚；对存在非法生产经营建设的单位，一律责令停产整顿，并严格落实监管措施；对触犯法律的有关单位和人员，一律依法严格追究法律责任，切实消除安全隐患。

至8月底此次“打非治违”专项行动结束时，共查扣非法从事道路旅客运输车辆11辆(次)、非法从事出租汽车服务的车辆27辆(次)，查处营运车辆超载超员行为9辆(次)、非危险化学品运输车辆从事危险化学品运输车辆3辆(次)。

（涂　强）

【景德镇市开展汽车流通行业消费者评议活动】 9月24日，景德镇市消费者协会、市公路运输管理处联合召开景德镇市汽车流通行业消费者评议活动暨座谈会，正式启动市汽车流通行业消费者评议活动。

随着汽车消费的蓬勃发展，消费纠纷也日益增多。景德镇市消费者协会2012年1月至8月共受理消费者有关汽车消费投诉12件、提供汽车消费电话咨询服务35件。此次消费者评议活动主要围绕价格收费、公平交易、信息披露、争议解决、消费者个人信息保护等5个方面进行。同时还设计了多个参与渠道，一是问卷调查，二是网上问卷调查，三是开通热线电话调查，四是信件或电子邮件调查。

（王成国）

【景德镇市推广应用车辆行驶电子信息记读仪】 11月20日，为切实加强道路运输营运车辆的安全监督管理，有效预防道路交通事故，维护安全、畅通、和谐的交通秩序，景德镇市交通运输局、市公安局联合召开景德镇市安装应用车辆行驶电子信息记读仪部署会，要求全市“两客一危”(指行驶三级及以上公路的道路客运班车、道路旅游客运班车、道路危险货物运输车辆)在2013年全部安装到位并投入使用。

（涂　强）

【景德镇市三部门整治城市客运市场秩序】 自7月1日起，景德镇市交通运输局、公安局、城市管理行政执法局联合开展为期6个月的全市城市客运市场综合整治行动。此次综合整治行动，以全面清除从事非法营运的轿车、客车、驻点营运的异地出租汽车和其他非法客运车辆，严禁残疾人代步车非法载客营运，打击有组织的非法营运团伙，查处公共汽车乱停乱靠、到站不停、中途逐客、擅自改变线路等交通违法行为，查处出租汽车无故拒载、擅自拼客、不按计价器收费等违规经营行为为重点整治内容;以城区汽车站、火车站、医院、学校、市场超市、酒店、宾馆周边和城乡结合部等为重点整治区域。整治行动分宣传教育、集中整治、巩固成果3个阶段渐次推开。此次综合整治行动共查处出租汽车无故拒载、擅自拼客、不按计价器收费等违规经营行为为79辆(次)、驻点营运的异地出租汽车7辆(次),查扣残疾人代步车29辆,收缴计价器、空车灯33套。

(涂　强)

【九江市加大营运车辆和公交车更新力度】 2012年,九江市更新为中高级客车(含旅游车)160辆,新增大吨位货车400余辆,新购38辆环保公交车投入营运,更新跨县以上班线客车、旅游客车共180余辆。经测算,实现综合节能效益0.82万吨标准煤。

(九江市交通运输局)

【九江市运管局规范出租车管理】 2012年,市运管局重点加强对“二包”出租车及驾驶员管理,规定一辆出租车只允许三名驾驶员,并与所属公司签订劳动合同,报出租车行业协会备案;推行出租车月度回场检验制度,并将出租车行驶里程、油耗列为检验内容、全市出租车回场检验率达90%以上:采用三种颜色的《服务资格证》对市区3600名驾驶从业人员进行服务等级划分,建立驾驶员诚信计分抄告制度和“曝光”制;开展“创文明城市、做文明使者”活动;严查出租车拒载、不打表收费、拼客、绕道等情况,火车站广场、汽车站出租车经营秩序明显好转。

(九江市交通运输局)

【九江市开展液货危险品运输企业清理整顿】 根据省港航管理局《全省长江水系省际液货危险品运输企业清理整顿专项行动实施方案》的要求,2011年12月1日至2012年4月20日,九江市港航管理局认真组织开展长江水系省际液货危险品运输企业清理整顿专项行动检查。九江市现有中国石化集团江西九江石油分公司、星子县新池航运公司、星子县神灵航运公司、九江振兴轮船有限公司和永修县航运有限公司等五家液货危险品运输企业,共有危险品营运船舶45艘,其中油船42艘,化学品船3艘,84224总吨,13.36万载重吨。在检查过程中,九江市港航管理局向中国石化集团江西九江石油分公司、星子县神灵航运公司下达停业整改通知书,并按照相关规定责令限期整改,实施跟踪管理,确保整改到位。

(九江市交通运输局)

【新余市交通运输局加强客车管理】 10月17日,新余市交通运输局围绕创建省级文明城市工作总要求,多措并举大力推进创文工作。交通系统点多面广,该局针对这个特点,多次召开各重点单位负责人会议,宣传创建文明城市的重要性、必要性,把全系统人员的力量凝聚到创建工作上来。同时,在所有的汽车站以及公交站台、公交车辆都张贴创建文明城市标语,343辆安装LED显示屏的出租车全部播出创建文明城市标语,其余出租车在后挡风玻璃张贴创建文明城市标语。与此同时,自6月底以来,新余市运管处为积极配合该市创建省级文明城市活动,对全市531辆出租汽车开展了规范经营行为、文明服务创建活动专项整治。在新余市委市、政府的大力支持下,市公交公司于6月和9月分别购买了20辆油气混合动力公交车。这40辆LNG(液化天然气)公交车的投入使用,标志着该市城市公交事业在改善城市空气质量、建设文明城市、构建和谐社会、营造绿色家园等方面又向前迈进了一大步。

(吴晓敏)

【九江市公交集团公司开展“营运秩序百日整治”活动】 12月16日,九江市公交集团公司“公交营运秩序专项整治”活动正式启动,活动主要围绕违反交通法规、违反公交营运服务规范、违反劳动纪律的行为等三个方面的内容开始整治,活动将持续100天,旨在通过整治,提高公交营运服务水平,为市民提供更加优质的公交出行服务。

(九江市交通运输局)

【九江25路公交女子车队荣获省“工人先锋号”称号】 4月28日,九江市庆祝“五一”劳动节暨表彰大会在白水明珠会议中心举行。市委书记钟利贵、副书记冯静等领导出席会议。会上,九江市公交集团公司25路女子车队荣获江西省“工人先锋号”荣誉,受到大会表彰。 (九江市交通运输局)

【赣州市城客处一周查处76起出租车违规运营】 从5月11日起,赣州市交通、公安交警等部门组成联合执法队伍,集中整治中心城区出租车市场。7天来,执法人员共上路检查出租汽车2314辆次,查处出租车违规案件76起,其中营运证件不齐全43起,未按秩序排队承运乘客16起,不按计价器显示金额收费3起,异地经营8起,拼客1起,非法营运1起,不正常使用车载终端监控设备4起。

(杨有发)

【赣州市中心城区开展集中打击非法营运车辆行动】 5月18日晚,赣州市中心城区打击非法营运车辆专项整治行动正式启动。当晚,市交通、公安、城管、交警等部门组成的联合执法组,开展了打击非法营运车辆专项整治行动,现场查处了1辆非法从事营运车辆,并对10余辆可疑非法经营车辆进行了政策宣传和现场驱离。针对前段时间市民反映中心城区出租车违规现象反弹严重,赣州中心城区出租汽车行业专项整治活动领导小组研究制定了整治工作方案,从5月10日开始,联合执法组重点对中心城区出租汽车不打表、拒载、异地经营、非法拼客、不按规定使用GPS监控设备以及“黑车”非法营运等行为开展为期3个月的集中整治。截至5月19日,共现场检查出租汽车2509辆次,查处违规行为77起,结案54起。

(戴 明)

【赣州市运管处等被国家评为“道路客运安全年”成绩突出单位】 根据国家交通运输部、公安部、安全监管总局联合下发的交运发〔2013〕319号文件,赣州市公路运输管理处、江西新世纪汽运集团有限公司在2012年度开展的“道路客运安全年”活动中,被评为成绩突出单位。

(李发淳)

【赣州市运管处建立道路运输驾驶员黑名单制度】 为进一步加强道路运输驾驶员管理,规范道路运输驾驶员从业行为,根据有关法规规章,赣州运管处决定对全市道路运输驾驶员建立黑名单制度,并将定期在其门户网站公布黑名单,要求各道路运输企业不得聘用列入黑名单的驾驶员。道路运输驾驶员有以下五种违法行为的,将被列入黑名单:(一)从事道路运输经营活动,发生重大以上道路交通事故,且负同等责任的;(二)经营性道路运输驾驶员超限、超载运输的;(三)超越从业资格证件核定范围,从事道路运输活动的;(四)驾驶未取得《道路运输证》的危险货物车辆,从事道路危险货物运输的;(五)使用失效、伪造、变造、被吊销等无效道路运输驾驶员从业资格证件从事道路运输经营的。

(皮 峻)

【吉安市强力抓好基础设施建设】 一是综合客运枢纽建设取得重大突破。在交通运输部、省交通运输厅、省公路运输管理局支持下,吉安市纳入全国公路运输枢纽城市,按照综合运输“零换乘”、“无缝衔接”的理念,规划了吉安综合客运枢纽站和井冈山市旅客集散中心两个综合客运枢纽站,以及吉州客运站、青原客运站、井开区客运站三个综合客运换乘中心。井冈山市旅客集散中心已通过省发改委、交通运输厅立项并动工建设。二是货运与物流基础设施建设成效明显。积极响应省和市关于振兴物流产业的指导意见,全市规划了以井开区物流中心为龙头,吉州区、青原区、泰和县、吉水县、吉安县、新干县、峡江县物流园为节点的八大现代物流园建设。其中四个物流园纳入了国家公路运输枢纽规划,其余纳入了全省物流发展规划,目前八个物流园建设已全面启动建设。在建设过程中,市运管处积极引导开展物流论证、完善物流功能,引导项目在选址布局、功能定位和设施安排上,逐步推动其向现代仓储、加工配送、信息服务等物流服务功能拓展,建成后将构建结构优化、生态先进、服务功能较为完善、集聚效应初步显现的物流服务体系。三是乡镇农村公路综合服务站建设项目基本完成,新干神政桥综合服务站、遂川新江综合服务站、万安沙坪综合服务站建设目前基本完成。

(吉安市交通运输局)

【吉安市推进城市客运管理】 一是办理了中心城区公交企业和公交线路的经营许可。中心城区现有公交车辆234辆,经营公交线路29条,其中:城区公交线路11条(含吉安县)、城乡公交线路16条、城际公交线路2条,营运里程486千米。二是审核新增公交车48辆、农村班车60辆、出租车11辆。三是中心城区组织开展了第7届高考爱心车队活动,300 多辆出租车参与了免费接送考生爱心活动。四是开展 2012 年度城区内城市客运汽车出租行业“青年雷锋岗”评比工作,评出 30 名出租汽车驾驶员和 20 名公交车驾驶员为“青年雷锋岗”称号。五是建立完善出租汽车失物招领平台,驾驶员共交来失物 44 件,确认并返还失主 32 件。六是完成对中心城区 2011 年燃油补贴,其中出租车 393 辆,金额 786.48 万元,农村客运车辆 73 辆,金额 276.29 万元,公交车车辆 293 辆(308.9 标台),金额 1440.70 万元。

(吉安市运管处)

【吉安市首批出租车“党员先锋岗”授牌】 2012 年 9 月 21 日,吉安市首批出租车“党员先锋岗”授牌仪式在市运管处举行,副市长王大胜参加仪式并为 11 位获得“党员先锋岗”的出租车驾驶员授牌,这标志着吉安市出租汽车中出现了一批标杆式群体。这 11 辆出租车将挂上“党员先锋岗”的标识,引领和带动吉安市整个出租车行业进一步提高服务水平,营造遵章行驶、安全运营的行业经营氛围。

(吉安市运管处)

【宜春市实行高速公路客运车辆强制休息制度】 为防止长途客车上高速公路引发重特大交通事故,该市出台强硬措施,要求所有上高速的客车遵循安全第一的原则,建立高速公路客运车辆强制休息制度,杜绝凌晨 2 点至 5 点期间运行。该市规定自 9 月 1 日起,市交通运输局党组成员将带队到各县(市区)的客运企业、危货企业、小运企业进行全面安全排查,市运管局自 9 月份开始,对所有客运企业驾乘人员进行一次安全教育培训,企业对所有凌晨 2 点至 5 点在道路上运行的车辆,采取强制休息的措施,全部调整运营时间,杜绝车辆在此期间段运行,企业将派出人员,通过 GPS 监控等方式,对 5 个县(市)客运公司落实情况进行检查,发现没有执行到位的,公司将采取措施对正在运行车辆实行停运;对于涉及外省运营班线,主动与对方进行沟通交流,以取得对方及乘客的理解与支持,在全市范围内的企业、车站等地进行广泛宣传,并悬挂标语、横幅等,以便使广大乘客理解和支持。

(吴泽水)

【宜春市交通运输局抓好新增客运出租车经营权招投标】 12 月 13 日全市新增 100 辆客运出租车经营权开标,此次新增出租车经营权采取服务质量为主、结合有偿使用公开招标。市公交公司、市国资公司、市汽运股份有限公司、龙达物流公司等 4 家企业报名入围。有关专家对 4 家投标企业的服务质量、财务状况和具体承诺等进行评标,经过预审和专家评委打分结果,最终宜春市公交公司以第一名中标,获得新增辆客运出租车的经营权。市政府、纪委对新增客运出租车招标工作非常重视,从本次招标工作的审批手续、编制标书、招标信息、专家抽取、评(开)标现场进行了全程监督,公平、公正、公开原则贯穿招投标全过程。新增客运出租车将实施经营权、车辆产权合一的公司化经营模式,改变旧的挂靠经营模式,开启该市客运出租车行业发展的新篇章。

(柳承启)

【宜春市运管局提升出租车行业服务质量】 市运管局实行领导带班督查工作机制,在火车站、深燃公司加气点等出租车交通流量大的区域驻点,对出租车卫生状况和服务质量进行检查。要求出租车驾驶员做到“五不准”,即:不准拉客喊客、不准拒载旅客、不准载客不打表、不准车内卫生不整洁、不准乱停乱靠。对违反要求的视情扣证整改或扣车停业进行学习教育。全年共查处出租车车容车貌不合格和服务质量不到位现象 600 余起,交通运输行业卫生状况和服务质量明显改观。

(李 烜 邹方强)

【宜春市出台中心城区客运出租汽车管理方法】 经市政府第五次常务会研究同意,市政府制订《中心城区客运出租汽车管理办法》。凡从事出租车客运经营实行出租汽车经营者资格许可、驾驶员客运资格许可制度。无计价器或有计价器不使用的,驾驶员不出具车费发票的,乘客有权拒绝付车费,并向宜春市道路运输管理机构投诉。凡在宜春中心城区规划范围内经营出租汽车客运业务的经营者及其从业人员和出租车汽车驾驶员,须遵守此办法。市交通运输主管部门负责组织宜春中心城区出租汽车行业的监督管理 T 作,其所属的市道路运输管理机构负责本办法的组织实施。发改委、公安、城乡规划建设、城管、工商、税务、物价、质量技术监督、财政等部门,应当按照各自职责协同做好出租汽车行业的管理工作。该办法对中心城区客运出租车的经验许可、营运管理、监督检查、法律责任等方面都作出相应的规定。

（杜鹏程）

【抚州市区出租车实行燃油附加费与成品油价格联动机制】 从5月10日起,抚州市区出租车实行燃油附加费与成品油价格联动机制,在目前的燃油价格下,市民乘坐出租车将加收燃油附加费1元/车次。随着近年来燃油价格的节节攀升,造成出租车运输成本偏高,车主经营压力日渐增大。根据省发改委有关通知,经市政府同意,从5月10日起,抚州市中心城区出租车实行燃油附加费与成品油价格联动机制。当93号汽油价格在7.11~8.5元/升时,加收燃油附加费1元/车次,当93号汽油价格在7.1元/升时,取消燃油附加费。当93号汽油价格在8.51~10元/升时,加收燃油附加费2元/车次,当93号汽车价格回落到7.11~8.5元/升时,燃油附加费降至1元/车次。当93号汽油价格超出10元/升时,另行研究。

（陈根玲）

【抚州市开展公共交通行业脏乱差专项整治活动】 抚州市运管处从3月1日起到3月31日,开展了一次为期一个月的市城区公交车、出租车环境卫生专项整治活动,杜绝公共交通行业出现脏乱差现象。

活动首先规范出租车、公交车的车体卫生,其次规范车辆车体形象。重点整治车体浮土、有泥,车内不整洁、有异味,坐套不干净、有污渍或破损等现象。此外,还将对公交车的坐椅及公交站台的站棚、站牌不清洁等进行整治。抚州市运管处每天上路检查,对卫生不达标、“脏、乱、差”等现象严重的,采取强制措施,责令整改,拒不整改或整改后仍不合格的,勒令司机停业下岗参加从业人员培训。同时,全面开展驾驶员经营行为和职业道德、文明行车等方面的宣传工作,充分发挥行业自律管理以及社会舆论的监督作用,积极引导驾驶员牢固树立文明服务的意识。与此同时,还着力规范市区的客运市场,重点整治未经批准擅自从事城市客运的残疾人车、无牌证车、无证件的三轮电动车等违法行为。（张　敏）

【抚州市驾校年培训能力达8万人次】 针对近年采私家车数量大幅增加,抚州市交通运输部门以提高培训质量、保障学员合法权益为目标,强化市场监管力度,促进驾培市场健康良性发展。对新增驾校的立项审批更为严格,并坚持“优先培育和鼓励发展一级驾校,全面规范和适度发展二级驾校,严格控制和逐步淘汰三级驾校”的指导原则,鼓励驾校提档升级,使全市驾校步入了规范教学、注重培训质量的良性发展轨道,真正培训出合格的驾驶员而非“马路杀手”。全市机动车驾驶员培训工作快速发展,服务能力不断增强。至2012年底,全市共有驾校23所,其中一级驾校7所,二级驾校15所,三级驾校1所;教练车1056辆,年培训能力达8万人次,较好地满足了社会培训需求。与五年前相比,抚州市汽车驾驶员培训行业结构明显改善,一、二级驾校的比例分别提高了20%和6%。

（陈根玲）

【抚州市启动运政稽查“先锋”行动】 按照泛长三角地区道路运输稽查联席会议要求,2012年泛长三角地区春运联动稽查工作由上海交通行政执法总队轮值牵头,浙江、江苏、江西、安徽、福建、山东、河南八省(市)运政稽查部门开展联合行动。在省局的统一布置下,抚州市运管处从2012年1月4日开始到3月30日,全市运管机构组织120名执法人员集中开展“打黑车、查违法、迎两会、护春运、保安全、保畅通、维秩序、优环境”道路运输行政执法活动暨全市运政稽查“先锋”行动。

（邹　琨）

【崇仁县提高道路运输保障能力】 2012年崇仁县认真执行机动车维修企业质量信誉考核标准,加强道路运输车辆的技术管理,进一步规范业户经营行为。至2012底,全县机动车维修业户86户,二类维修企业3户、三类维修企业70户、摩托车修理13户,其中三类维修企业比上年增加3户。检测车辆2024辆,其中危货和载客车辆检测率达100%,普货车检测1769辆。根据全县发展实际,在巩固二类维修市场的同时,稳步推进三类维修企业发展,基本形成门类齐全、功能完备、专业化较强的汽车维修检测市场,为运输安全和满足运输需求提供维修和检测保障。（余家军）

【南城县成立物流供应链协会】 南城物流供应链协会由从事物流与供应链管理的企业以及汽车运输行业相关人员组成的,履行自我教育、自我管理、自我服务职责,具有独立法人地位的群众团体。协会接受县交通局的行业管理、业务指导和县商业局的监督管理。

协会于2012年10月5日在南城隆重成立。该协会拥有全国各地协会会员50余家,该协会的成立将打造南城物流人之间的沟通平台,成为政府有关部门与企业之间的桥梁纽带,重振南城县"江南汽车运输大县"的雄风。

(王素红)

【上饶市整治城区客运市场环境】 上饶市客管处加强与交警、城管部门沟通协调,建立联动机制,加大对中心城区非法客运的打击力度,全年共投入人力1300多人次,财力达8万多元。共查处非法客运车辆219辆,非法摩的108辆,非法电动三轮车89辆,非法营运人力车三轮车167辆。使城区客运市场秩序有了根本性改观。加强对出租、公交行业运营行为的日常监管,针对消费者投诉和群众反映的、存在问题较多的出租车、公交车拒载、甩客及出租车不打表等违规行为,结合服务质量开展专项整治,共检查出租车976辆次,查处违法违规出租车194辆,其中未按计价器显示金额收取费用78辆,异地经营15辆,不按规定悬挂服务卡84辆,未安装防护栏17辆。对存在违规经营的企业、个人,依照相关法律法规进行教育、处罚。

(陈均培 王 涛)

【上饶中心城区一周查处784辆次非法客运车辆】 8月21日至27日,由市公安交警、城管、交通客管、交通整治办四部门组成的联合执法队,对中心城区的人力三轮车、电瓶载客三轮车、非法"摩的"、非法载客的残疾人代步车等各类非法客运车辆开展整治,市容环境有了明显的改善。

在一星期的整治活动中,120名执法人员分成东南西北四个片区,拿着宣传资料沿街沿户发放给市民或整治对象,累计发收1万份。同时,城区商业中心电子屏也反复滚动播放政府通告和致市民的一封信,让整治工作深入人心。

对非法客运车辆车主,执法人员毫不手软、坚决依法处置。共查处车辆784辆次,其中切割拆除三轮车动力装置295辆,查扣非法客运车辆84辆,查处其他交通违法行为105起。

(徐承志)

【上饶市完成"船舶营业运输证"审查】 上饶市港航局强化水运市场的依法监管责任,对12家水运企业、210艘运输船舶按《国内船舶运输经营资质管理规定》进行重新审查、评估,全部定为合格,并换发新版"船舶营业运输证"。对5个港换发"港口经营许可证",实现了持证上岗目标,建立起竞争有序的港航运输市场秩序。

(陈均培 吴立新)

【上饶市道路运输保持良好势头】 2012年,上饶市拥有营运客车4893辆、89158座,拥有营运货车47396辆、332168吨位,全市完成公路客运量16111万人次、客运周转量429800万人千米,与上年同期比增长5.8%、5.24%;完成公路货运量17385万吨、货运周转量3012156万吨千米,与上年同期比增长18%、24%。全年共培训汽车驾驶员101045人,与上年同期比增长21.7%。全市道路运输及服务业经济总收入109.36亿元、完成税收5.18亿元,与上年同期比增长25%,23.04%。全市道路运输安全形势继续保持良好态势,实现了连续71个月无道路运输安全重大事故。

(陈均培)

【上饶市刑拘暴力抗法者】 2012年2月26日,市城区交通秩序集中整治火车站整治组执法人员一行五人对一辆车牌为赣ES7156涉嫌非法营运车辆进行依法检查,当执法人员在完成调查取证程序、依法开具车辆暂扣凭证、准备暂扣当事人车辆时,司机召集10多人赶到现场,将执法人员及车辆重重围住,对执法中队长汪林辉大打出手。经医院初步诊断,汪林辉身上多处挫伤,额上缝了五针,轻度脑震荡,送住院治疗。

从事非法营运的驾驶员拒绝接受执法人员执法检查、暴力阻碍执法的行为,危及执法人员的人身安全,严重影响执法工作的正常开展。案发后,市交通秩序整治小组领导高度重视,由公安机关组织专案组对此案进行调取摄像资料、搜集证据,并依法拘留了犯罪嫌疑人。

（王 涛）

路政管理

【全省开展公路路政大练兵大比武活动】 为认真贯彻落实交通运输部《关于加强交通运输行政执法形象建设指导方案》和《路政文明执法管理工作规范》精神，进一步规范全省交通运输行政执法行为，统一全省交通运输行政执法形象，提升执法水平，省厅7月30曰下发了《江西省公路路政大练兵大比武活动方案》，在全国率先开展为期四个月的"内强素质、外树形象"的全省公路路政大练兵大比武活动。活动的主要内容有：理论知识学习、业务技能训练以及队列、交通手势操训练。理论知识包括政治理论、法律知识以及路政基本业务知识；业务技能训练有现场处理、车辆驾操、计算机应用、案卷制作、应急处置等技能训练；队列、交通手势操训练包括单兵、集体队列和交通指挥手势操的学习和训练。此次活动的目标是：通过练兵比武活动的开展着力打造一支素质优良、行为规范、纪律严明、作风过硬的路政执法铁军。通过竞赛的方式促进活动各项内容的开展，活动开展4个月来，全省公路路政执法人员通过不懈努力和刻苦训练，在执法水平、业务技能、工作效率等方面有明显提高，达到了推进机关效能建设、规范路政管理、提高队伍素质的目的，充分展示了全省交通运输行政执法队伍"内强素质、外树形象"的精神风貌。在12月10日举行的汇报演练中，汇报演练人员以昂扬的斗志、精湛的技能、顽强的作风、严整的仪容，充分展示了新时期江西公路路政队伍"素质优良、行为规范、纪律严明、作风过硬"的精神风貌，受到在场的省领导和交通运输部政策法规司领导的高度赞扬。

（李 明）

【省交通运输厅加强交通运输行政执法证件管理】 为规范交通运输行政执法人员的执法资格，提高执法人员的整体素质和执法水平，省交通运输厅规定获取交通运输行政执法证件的资格与条件、证件管理措施、证件年审制度、证件暂扣及吊销制度。通过加强证件管理，努力提升全省交通运输行政执法人员的执法水平。新的交通运输行政执法人员和执法证件管理系统建设2013年已全部完成，全省交通运输系统从2013年1月1日起，正式启用新式IC卡交通运输行政执法证。

（李 明）

【省路政总队开展超限运输车辆专项整治活动】

为确保全省境内高速公路的安全畅通，进一步加强载运不可解体物品外廓尺寸超限车辆的管理，依据《中华人民共和国公路法》《公路安全保护条例》《江西省公路路政管理条例》《超限运输车辆行驶公路管理规定》等法律法规的规定，江西省公路路政管理总队将对行驶在高速公路上载运不可解体物品的外廓尺寸超限运输车辆开展专项整治活动。

近年来，全省高速公路通车里程的不断延伸，拉近了江西与周边各省的距离，促进了经济社会的快速发展。但是，随着经济社会的快速发展、高速公路通车里程的不断延伸、车流量的不断增大，以及部分货运司机、车主受利益驱动，外廓尺寸超限运输车辆行驶高速公路的现象越来越突出，所带来的安全隐患和危害与日俱增，外廓尺寸超限运输车辆专项整治显得愈发迫切。外廓尺寸超限运输车辆行驶高速公路的危害主要体现为：车货超高会与各类跨越高速公路的桥梁、线缆发生碰撞；车货超宽要占用两个车道，极易与同向行驶的车辆发生刮擦，引发交通事故。

（省路政总队）

【省公路管理局举办全省公路系统行政执法培训班】 2012年4月27日至28日，省公路管理局在江西省交通干部学院举办2012年度全省公路系统行政执法培训班，特邀请交通运输部干部管理学院张柱庭教授主讲。本次培训内容为《中华人民共和国行政强制法》《公路安全保护条例》在公路路政管理工作中的具体运用。各设区市公路局分管领导、路政部门负责人、业务骨干，基层单位执法业务骨干共200人参加了培训。

（王 建）

【省公路管理局开展全省公路系统行政执法评议考核】 省公路管理局在7月份开展了全省公路

系统行政执法评议考核工作,并接受省交通运输厅对省局行政执法工作的评议考核。通过省交通运输厅考评,九江市公路局、景德镇市公路局的行政执法案卷荣获省交通运输厅十佳执法案卷荣誉称号,并报交通部参加全国交通运输优秀执法案卷评比。

(王 建)

【全省公路系统统一交通运输行政执法证件、服装和标志标识】 按照省交通运输厅部署,根据交通运输部下发的《执法标志标识》《服饰、面料规范》《交通执法机构场所外观标识》统一标准,全省公路系统已经在11月底之前按要求完成了交通运输行政执法证件、执法工作服装和执法标志标识的统一工作。

(王 建)

【全省公路系统路政大练兵大比武在宜春举行】 11月30日,全省公路系统路政大练兵大比武在宜春举行。省交通运输厅、宜春市政府、省公路管理局等单位领导亲临现场观摩。来自全省11个设区市公路局的参赛代表队共150余人参加了竞赛。

经过激烈竞赛,宜春市公路局夺得综合知识竞赛第一名,抚州、赣州市公路局荣获第二名,九江、南昌荣获第三名。景德镇市公路局夺业务技能竞赛第一名,赣州、上饶公路局荣获第二名,宜春、抚州、吉安荣获第三名。获得综合知识竞赛优胜队将代表省公路局参加省交通运输厅举行的决赛。

为贯彻落实《公路安全保护条例》《路政文明执法管理工作规范》,加强全省公路路政队伍建设,全面提升路政文明执法水平,打造江西公路路政执法铁军,从2012年8月起,江西省交通运输厅组织在全省公路路政开展为期120天,以理论知识学习、业务技能和军事化训练为主要内容的大练兵大比武活动。活动分为预赛和决赛,预赛分别由省公路局、省公路路政总队自行组织。此次省公路局分赛场活动共分综合知识竞赛和业务技能两大类,其中综合知识竞赛包括业务知识竞赛和现场抢答,业务技能竞赛包括车辆驾驶和事故现场勘察竞赛。

(王 建)

【省公路局组织全省公路路政大练兵大比武(分赛场)综合知识、业务技能竞赛】 根据省交通运输厅部署,2012年11月29日—30日,省公路局组织在宜春市委党校举办了全省公路路政大练兵大比武(分赛场)综合知识、业务技能竞赛工作。

(王 建)

【南昌市公路局树立路政执法新形象】 2012年,该局认真贯彻实施江西省交通行政处罚自由裁量权适用规则和细化标准,深入推行行政执法责任制和行政执法公示制。继续开展标准化路政大队创建达标工作,加强软件建设,提高执法服务水平,全年共查处建筑控制区违章建筑14处194.5平方米,清理堆积物1939处6277立方米,查处损坏公路及设施案件52起,查处违章埋设杆4处102根,清理公路用地内菜地30平方米、摆摊设点5处、非公路标志71块、打谷晒场849平方米,共收取公路及设施赔款232549.5元,查处率99.95%,结案率98.26%。继续开展治理车辆超限超载工作,有效维护公路安全通行,2012年累计检测车辆8265辆,查处超限车辆411辆,卸载10662.24吨,罚款1096100元。同时,开展法制培训、业务培训和经常性案卷评查,提高路政执法人员的业务素质和执法水平,有两个许可案卷被市法制办评为优秀案卷,一份选送省法制办参评,还有一个许可案卷被省厅评为二等奖。

(南昌市公路局)

【南昌市公路局开展路政岗位大练兵大比武活动】 2012年,南昌市公路管理局投入20多万元,根据省厅、省局关于公路路政系统大练兵大比武活动方案和竞赛比武方案通知要求,针对大练兵大比武内容,进行了为期一周的集中强化训练,开展了以案例模拟制作一套规范的路政执法文书、路政模拟案件现场办理、车辆驾操、交通手势操和队列训练,路政管理综合知识学习竞赛为主要内容的训练,并且在省厅、省局组织的竞赛中,取得了综合知识竞赛和队列、交通手势操竞赛五个三等奖的好成绩。

(南昌市公路局)

【抚州市公路局直属分局推行公路养护巡察制】 4月8日,抚州市公路局直属分局推行公路养护巡察制度，明确养护生产工作责任，确保公路养护承包责任制落实到位。

该局将养护公司、路政大队等部门组成巡察组，定期或不定期方式对各管养道班、路段，养路职工是否按制度出工、出勤、休假及生产作业；是否按规定穿戴安全服、帽；是否完成养护公司下达月度生产计划。

（王　琛）

【全省开展重点干线路域环境综合整治】 6 月，江西省公路管理局组织开展 105 国道、旅游公路和省界出口公路路域环境综合整治活动。重点以 105 国道、旅游公路和省界出口的公路用地及建筑控制区为整治范围，主要包括八个方面：1. 依法拆除公路、公路用地及公路建筑控制区内违法修建的建筑物、地面构筑物、非公路标志；2. 依法依规拆除并更换未按国家标准设置或设置不规范、不合理的公路交通标志；3. 整治公路及公路用地范围内乱堆乱放、集市贸易、摆摊设点、打场晒粮、乱停乱放车辆、加水洗车、占道经营等违法行为，以及抛洒、滴漏等污染路面的违法行为，切实解决公路"脏、乱、差"问题；4. 整治非法占用、挖掘公路及附属设施行为；5. 整治擅自设置或不符合国家标准的平交道口，整治宅路不分行为；6. 整治公路两侧行道树和绿化带，清理死树干枝、补植绿化带的断垄缺行，美化公路环境；7. 整治非法架设、埋设的管线等设施，以及其他影响公路安全畅通或影响公路景观的非法设施；8. 增设展示江西人文、景观和文明公路安全保护宣传的标志。

（省公路管理局）

【景德镇市春运期间未发生公路"三乱"行为】 春运期间，景德镇市交通运输局认真开展治理公路"三乱"工作，通过"四强化四确保"措施，全市境内未发生一起公路"三乱"行为，为确保春运"安全、优质、满意、舒适"目标的圆满实现提供了良好保障。

（李青松）

【丰城市交通运输局加强路政管理】 丰城市境内有新梅一级公路、南站二级公路和县道、乡道等各等级公路，车辆通行多，运输繁忙。市交通运输局坚持抓好路政大队队伍建设，确保队伍的战斗力；全力协助并搞好协调工作，初步建立路、警、地一体化的管理机制，保障公路畅通，维护公路产路权，积极抓好养护施工安全监管工作，确保无一起施工安全责任事故发生。全年共发生损坏公路路产权共 170 多件，造成路产损失 18 多万元，结案 165 件，收回路产损失赔偿费 18 万元，上路巡查 700 多次，清除路障 80 余处，纠正各类路政违章 160 余件，依法审批临时（特殊）占用、设置广告标牌等路政许可 3 件。一是加强执法队伍建设。市局定期组织路政人员学习公路法律法规知识、路政管理业务知识，以及实际操作技能，严格执行《市交通运输局劳动纪律管理办法》。二是广泛宣传公路法律法规。市局组织人员在公路两侧沿线 1 千米范围内的居民及各单位进行广泛宣传，组织路政人员在沿线的村庄、路口、街道、单位张贴宣传单，发放宣传资料 1500 张。三是强化管理，热情服务。加强路政巡查工作，严格坚持执行一日两次的路政巡查制度，保证巡查时间、巡查质量。全年巡查中发现并及时组织人员清除路面障碍物等 80 余处，保障路产设施的完好和道路的安全畅通。四是加强依法治路，保障公路畅通。市交通运输局路政大队始终坚持文明执法、严格执法。在日常巡逻中一旦发现路政侵权案件，坚持先宣传、劝其主动消除侵权行为所带来的不良影响。

（丰城市交通运输局）

【抚州路政支队举行高速应急车道保畅模拟演练】 10 月 9 日，抚州高速路政支队举行了一场高速公路应急车道管理模拟演练。演练现场模拟高速公路出现事故后，伤者被困，路过的司乘人员有的驻足观看，有的又急于往前超车，导致半边高速公路不通，应急车道被堵，救援车辆无法及时到达。情况危急，路政、交警、养护等单位立即启动应急预案，在路政、养护单位的协助下，占用应急车道的车辆在交警指挥下进行有序后退，空出一条路让救援车辆到达事故现场进行施救。因组织有序、程序到位，整个演练仅十分钟便达到了最佳救援效果。

（陈根玲）

【抚州路政管理支队组织军训】 7 月 24 日，抚州市公路局路政管理支队执法人员顶着炎炎烈日，进行严格的军事训练。参加军训的路政执法人员共计30人。军训主要是通过进行一系列基本动作和队列训练，进一步提升该路政执法人员文明执法、规范执法、严格执法的整体水平。

（许春燕）

【湘东区交通运输局加强路政管理】　2012年，湘东区交通运输局着力打击乱挖乱建、乱占乱堆等损毁公路、影响公路通行安全的违法行为，全区公路管理覆盖率和巡查率达到95%以上，处理路政案件20余起，对5起较严重路政违法事件进行了处罚，继续保持全区所有公路无“三乱”成果，确保公路安全畅通。

（湘东区交通运输局）

【莲花县交通运输局加强路政管理】　2012年，莲花县交通运输局公路站路政监察大队实行处罚与教育相结合，做到公开、公正、文明执法。一是进一步加大公路法律法规宣传力度，发放宣传资料1500余份，增强群众爱路护路意识；二是加大路政执法力度，打击各种侵犯路产路权的违规行为。全年共办理路政处罚案件15起，拆除违章建筑14处847平方米，清除障碍物6200立方米，清除非法标志广告牌16块，查处超载车辆156余辆次，卸载货物530吨。

（莲花县交通运输局）

【上栗县启动交通建设年仪式】　5月3日，上栗县举行交通建设年启动仪式。省交通运输厅厅长马志武，萍乡市委书记刘和平及省公路局有关领导出席。

上栗县委、县政府决定将2012年定为“交通建设年”，决定用3年时间，积极发动县、乡、村干部群众，各个乡镇形成主战场，打一场公路建设的大会战，基本形成城乡一体、内外畅通的现代交通网络。交通建设年期间，全县交通建设总投入4.8亿元，完成和启动县级交通建设重点项目及国省道干线公路改造75千米，县乡公路改造60.63千米、农村公路路网连通工程249.7千米。到2014年底，基本形成县城内主干线公路“四纵六横”、县城至周边城市1小时及县城至各中心镇30分钟的交通运输网络。

（上栗县交通运输局）

【萍乡市公路局开展国省干线公路路域环境综合整治】　该局全年开展路域环境集中整治行动17次，共查处公路建筑控制区内违法建筑5处，清理路面堆积物742处、7178立方米，拆除非公路标志牌397块，整改搭接道口16处，查处路政案件222件，查处率100%，结案率达98.5%以上。站点治超与流动治超相结合，全年检查疑似超限超载车辆53690辆，查处超限车辆2544辆，车辆超限率控制在5%以内，有效维护了路产路完整。

（萍乡市公路局）

【景德镇市五部门联合治理公路“三乱”】　6月18日，景德镇市交通运输局、市公安局、市纠正行业不正之风办公室、市农业局和市林业局等五部门联合开展治理公路“三乱”工作。

该项工作任务和目标，一是认真贯彻落实交通运输部、国家发展改革委、财政部、监察部、国务院纠风办《关于开展收费公路专项清理工作的通知》要求，做好清理整顿道路站点工作，坚决撤销已还清贷款、收费期满、收费站间距不符合规定等不合法的收费站点，切实解决执法部门在治理车辆超载超限中，只收费罚款，不纠正违章的问题。二是严格规范执检执收行为，未经市政府批准，任何部门和单位都不准上路设站、收费和罚款，不得以任何名义下达收费、罚款指标，采取措施，切实解决各部门多家上路以及以罚代纠、以罚代管、重复罚款等问题。三是积极探索从源头上预防和治理公路“三乱”的有效机制和措施，坚持标本兼治、综合治理，健全对公路“三乱”的监督制约机制，积极探索预防和治理公路“三乱”问题的根本方法和措施。

（李青松）

【贵溪市清理占道修车成效显著】　贵溪市运管所以保障道路畅通，预防交事故为出发点，整治占道维修点26个。

过去，贵溪市区10条主干路两侧的一些维修厂点占道修车，既破坏市容，污染环境，又妨碍交通和扰民，市民意见很大。经市运管所与城管、公安、工商部门协调，成立了联合清理队伍，在充分做好宣传工作的基础上，按有关规定进行严格的清理工作。贵溪市运管所采取了既严格清理又给业户找出路的做法，先后开发了六个机动车维修市场,为占道修车业户提供了经营场所,使清理工作顺利进行。在被清理的26个维修厂点中,已有6户迁到指定的市场内经营,5户自行迁往允许经营的地方,其余业户也按要求整改了作业环境,待达到标准重新申请审批。

贵溪市运管所正再接再厉,进行13条次干路的清理工作。

(戴丽萍)

交通安全管理与应急处置

【概况】 2012年,全省交通运输系统各级单位深化"安全生产年"、"道路客运安全年"、"打非治违"、"双基"建设等活动,通过一系列扎实有效的工作,保持了全省交通运输安全形势的平稳。具体表现为"一个全面下降、二个持续稳定、三个连续保持"。一个全面下降是全省道路运输、水上交通、交通重点工程建设安全事故造成的死亡人数全面下降。二个持续稳定是在中共十八大等重点时段安全形势持续稳定,各个法定节假日安全形势持续稳定。三个连续保持是水上交通事故死亡人数连续四年控制在个位数,连续两年控制在5人以下;道路旅客运输事故死亡人数连续六年控制在100人以内,连续两年未发生10人及以上重特大道路旅客运输死亡事故;省安委会下达省交通运输厅的水上交通和交通重点工程建设两项安全考核控制指标,连续多年被控制在考核范围内。

水上交通事故造成的死亡人数下降。2012年全省共发生水上交通事故9起,死亡2人,沉船8艘,直接经济损失700万元。事故死亡人数同比2011年下降了33%,仅占2012年省安委会下达的水上交通安全考核控制指标的25%。全年未发生渡运和远洋运输事故。

道路旅客运输各项安全指标全面下降。2012年全省共发生道路旅客运输事故22起,死亡45人,受伤93人,与2011年同比分别下降21.4%、30.8%、17.7%。

全省交通重点工程建设各项安全指标全面下降。2012年全省重点工程建设项目共发生安全生产事故3起,死亡2人,与2011年同比分别下降75%和83.3%。事故造成死亡人数仅占省委会下达的重点工程建设安全考核控制指标的12.5%。

2012年主要抓了六个方面工作。

1. 强化重点时段安全管理。为保障中共十八大前夕及十八大期间全省交通运输秩序的安全稳定,根据省厅的统一部署,交通运输系统各级单位积极作为,迅速部署和落实各项安全工作。7月,全省11个设区市交通运输局之间开展了安全生产交叉检查;8月,各级交通运输部门进行安全生产自查自纠;9月25日厅党政主要领导主持召开全省交通运输安全专题电视电话会议,对安全生产工作进行再部署,组成由厅领导带队的8个检查组对全省交通运输安全生产工作进行督导检查。以长途客运安全管理、水上客货运输安全管理、高速公路桥隧安全管理、交通重点工程施工安全为重点全面开展安全隐患排查整治,取得实效。

积极落实长途客运车辆凌晨2时至5时停车休息措施。对全省所有跨省及800千米以上长途客运班线逐线逐车清理排查,对在凌晨2点前不能到达目的地的593辆长途客车,明确四项安全行车方案,督促客运企业合理安排班次予以落实。一是419辆长途客车,通过企业自行调整发车时间,确保车辆在凌晨2时前到达目的地;二是167辆长途客车运行线路较长、具备驾驶员落地休息条件,实行凌晨2时至5时停运休息;三是1辆长途客车运行线路较长又不具备驾驶员落地休息条件,实现换车接驳运输;四是6辆长途客车进行了报停或转为机动运力。

2. 卓效预控处置突发事件。2012年汛期,立足保安全、防大汛、抗大灾,积极开展预防预控。突出"三早",即早部署、早准备、早检查。做到

“四落实”,一是落实应急预案制定,做到事事有预案,事事有安排,一旦发生突发事件,能及时根据预案组织疏散、抢修、保通,做到响应及时、措施得力、工作有序;二是落实隐患排查整改,切实开展防汛自查,及时消除隐患;三是落实应急物资储备,落实防汛应急保障队伍,储备运输车184辆、机械设备143台、麻(草)袋20余万个、安全锥6万个、标志牌2650块、砂石2560立方米、木桩4300根等,63支应急保障队伍处于随时待命状态。四是落实防汛工作责任,健全了防汛组织网络,实行专人专班负责、领导分片包干责任制,确保责任到人。保障了汛期期间全省交通运输安全秩序的稳定。此外,成功处置了九江长江大桥公路桥钢梁裂缝事件。

3. 创新交通安全管理方式。编制完成了《江西省交通运输安全生产和应急体系“十二五”发展规划》。在大力宣贯落实《国务院关于坚持科学发展安全发展促进安全生产形势持续稳定好转的意见》,强化落实安全生产“两个主体”责任的同时,以创新理念开展安全管理。做到了“三个创新”:一是创新安全应急管理制度。制定出台了《江西省交通运输厅交通运输突发事件信息处理程序》《江西省交通运输厅安全生产约谈办法》《江西省汽车客运站视频监控管理办法》《江西省道路运输卫星定位系统监控管理办法》《江西省高速公路恶劣天气应急管制办法》等一系列安全应急管理制度。二是创新安全应急管理方法。省厅组建了交通运输安全应急专家组,为事故调查、突发事件处置、监督检查、隐患排查治理、安全生产决策咨询等提供技术支撑。编制印发了《江西省交通运输安全应急知识手册—制度篇》口袋书,将相关法律法规、管理制度,以问答的方式并配有简明诙谐的漫画插图予以诠释。三是创新安全监督检查方式。各级交通运输部门在以往明察的基础上,将“飞行”检查、暗访等检查方式常态化。

4. 扎实开展安全生产年活动。以“打非治违”专项行动为契机,深化交通运输安全隐患排查治理。以道路客运安全年活动为抓手,针对旅客运输、旅游客运企业,以客运安全隐患排查为重点,以落实“一带、一速、一平台、一防护”措施为内容,开展了“重剑行动”专项整治活动。重点查处了客运车辆违法违规经营,超速、超载、疲劳驾驶和扰乱运输市场秩序行为。出动检查组952个、执法人员8200余人次,检查客运企业2135家、客运车辆23368台次,查处非法经营2113起、查扣非法营运车辆230余台,纠正各类违法违规经营行为5560余次,责令42家企业停业整顿。

深化水上交通专项整治。一是开展了为期3个月的客渡船舶安全专项检查活动,检查渡船630艘次,客船、旅游船、旅游竹筏260艘次,查处并责令整改各类船舶缺陷187项。二是开展了船舶配员与船员证书专项检查,检查船舶11806艘次,查处违章113艘次。三是开展了船舶超载治理整治活动,检查船舶2.8万余艘次,查处超载运输船舶9605艘次,减载黄沙42.3万吨,纠正标志标识不规范船舶121艘次。四是严厉打击各类水路运输非法经营行为,出动检查组1200个、执法人员8300余人次,检查港航企业和个体经营者1651家,查处非法违法经营行为3290起,责令整改3159起,停产停业整顿115起(处),处理责任人员26人次。

深化交通工程建设领域专项整治。突出开展了工程建设领域预防施工起重机械和支架脚手架等坍塌事故专项整治工作。加强了施工起重机械、支架脚手架使用过程和搭设拆除过程的安全监管,严把模板、支架脚手架管材质量关和搭设拆除专项施工验收关。同时在全省15条在建高速公路项目推进桥隧施工安全风险评估,九江长江公路大桥、昌樟高速改扩建药湖特大高架桥等6个项目被交通运输部作为试点项目。其次加强督促检查,出动安全督查组857个、人员3200余人次,检查企业(工地)2500余处,查处了违法行为43起,一般违规行为625起,全部处理整改到位。同时加强“平安工地”活动创建,九江长江公路大桥项目、抚吉高速公路项目和德上高速公路项目B1合同段、赣崇高速公路项目A9合同段由交通运输部提名公示为“示范工程”和“示范工地”。

深化公路危桥险路专项治理。一是开展了全省老旧危桥全面排查治理活动,全省共排查桥梁25075座,排查出四类危桥3323座12.1万延米,五类危桥2201座7.2万延米,建立了隐患桥梁台账,投入2.4亿元资金对77座危桥实行分阶段治理。二是加大了公路改造和安保工程投入,全省完成国省道公路升级改造384千米、路面改造等大中修1551千米,完成农村公路改造6300千米,安保工程1644.4千米、灾害防治141.3千米。三是加大了对车货总重超过55吨的车辆查处力度。据不完全统计,2012年全省累计查处超限车1.23万辆,累计卸货2.74万吨。

5. 以标准化提升交通运输安全管理。2012年在全省积极推动交通运输企业安全生产标准化建设工作。先后制定印发了交通运输企业安全生产标准化考评管理办法、达标考评指标以及与其相配套的标准化考评发证、考评机构管理、考评员管理三个实施细则。分别于8月和12月,组织了针对交通运输管理部门、交通运输企业的两期安全生产标准化建设培训,培训人员180余名。

进一步强化了应急基础建设。一是高速公路应急储备基地现已建成3个;“三位一体”普通国省干线公路养护中心现已建成9个;“六位一体”乡镇农村公路综合服务站现已建成37个。二是积极推进全省乡镇渡口标准化建设,在2011年13道渡口开展标准化建设的基础上,2012年又投入506万元对32道乡镇渡口实行标准化建设改造。三是为进一步巩固全省渡口渡船安全专项整治成效,又再次落实1500多万元资金对全省乡镇渡船进行维修保养。四是投入750万元,完成两套交通移动应急通信指挥平台建设。

6. 提升队伍能力素质建设。通过“安全生产月”活动,营造了交通运输安全知识宣传、学习氛围。活动期间,举办了全省交通运输职工“安康杯”安全卫生知识网上答题竞赛,共36个单位、5678名职工参加了竞赛活动。选送了32篇论文参加第七届井冈山安全发展网上论坛论文评选。全省各级交通运输部门采用多种形式,对交通运输安全知识进行宣传和培训教育,有针对性的组织了不同领域、不同科目的应急演练活动30余次。其中,2012江西年省水上处置突发事件应急演练,有效整合了海事、公安、港航、环保、卫生、消防以及部队的救助力量资源,检验了处置水上突发事件的组织、协调、指挥和应急反应能力。

(刘 晔)

【省运管部门采取四种方案避开事故高发时间】 省运管部门提出4种方案,力争使长途卧铺车避开凌晨2时至5时这一事故高发时段。调整发班班次时间。对运行里程较短的长途客车,企业可通过调整发班班次时间,进行源头管理,确保车辆在凌晨2时前到达目的地;驾驶人落地休息。对运行线路较长但具备驾驶人落地休息条件的,企业可在运行线路中途设置驾驶人落地休息中转站,在中转站更换驾驶人,保证驾驶人有充足的休息时间;换车接驳运输。对运行线路较长又不具备驾驶人落地休息条件的,在确保运输安全和服务质量的基础上,企业可在客运站、高速公路服务区等地方设置接驳点,实现换车接驳运输;凌晨2时至5时停运。在上述三种方案均无法落实的情况下,企业应在高速公路服务区、普通公路客运站等地方,建立并落实凌晨2时至5时停车落地休息制度,明确停车落地休息的具体措施和司乘人员的职责,做好停车落地休息的后勤保障措施。

省运管部门对所有卧铺客车及运行里程达800千米及以上非卧铺客车进行全面排查整治。具体方案为:9月9日至9月20日,省运管部门重点排查长途客车安全性能是否完好,应急出口是否通畅,铺位设置是否符合国家标准要求,车内安全锤、灭火器配置是否完备,车辆技术性能、类型等级是否符合线路运行条件等。9月20日至10月30日,江西省各级运管机构将对运输企业、驾驶人落地休息中转站、接驳点、GPS监控中心等地进行监督检查,发现有违规车辆将予以停运。

(张永康 涂 琳)

【省高速公路联网中心为旅客安全便捷出行提供保障】 该中心在2012年春运中,一是加强三大系统的维护管理,确保设备及数据安全。春运前对高速公路联网三大系统安全进行一次全面检查,排查隐患。二是提高应急处置能力,保障高速公路收费正常有序。要求各路段做好高速公路收费应急设备和人员的准备工作,备足备品备件。确保收费应急设备到位,人员到位,紧急情况能够反应迅速,处理及时。同时,ETC收费车道各收费站安排专(兼)职人值守,确保发生收费异常情况时及时处理,保障收费道口畅通。三是提高服务质量,凸显赣通卡以人为本的社会理念。各客服处要做好客户服务工作。四是配合相关部门狠抓高速公路联网监控工作。中心坚持“安全第一、预防为主”的方针,严格落实值班和领导带班制度,实行领导24小时带班,春运办安排双人24小时应急值班。遇突发事件及时上报,确保政令及时畅通。加大监控力度,特别是对主要干线道路、各主线收费站、重要城市周边收费站进行重点监控,做好春运期间高速公路联网监控工作,及时上报、发布路况信息。

(余绪金)

【省交通质监站推动平安工地建设常态化】 该站在平安工地建设活动中抓常态强基础,安全监管不断加强。2012 年全省公路水运工程项目共发生生产安全事故 3 起,死亡 3 人。与上年相比,事故起数下降了 75%,死亡人数下降了 83.3%,保持了平稳的安全生产态势。

1. 实现平安工地建设常态化。一是安全理念逐步强化。质量安全管理“五个一”制度等管理制度及理念得到有效推广。各项目积极采用先进理念和施工工艺,有效降低了施工作业风险。九江大桥推行“首件安全防护设施示范制”“先验收安全防护设施后开工”“安全生产责任连带责任”“关键部位配件强制报废”等安全制度和措施。二是安全制度体系建设不断完善。在已有制度体系的基础上,初拟了江西省公路水运“工程安全生产条件审查管理办法”、“危险性较大分部分项工程安全专项施工方案管理办法”等相关文件,代交通运输部拟定了《施工企业项目负责人施工现场带班生产暂行办法》,多次派员赴部质监局参与对《“平安工地”达标考核评价办法》的修改完善工作。依据江西省《“平安工地”建设达标验收考评标准》实施定期考核,并将结果纳入信用评价体系,与市场准入和招投标挂钩,建立“施工现场”与“建设市场”的联动机制。抚吉项目和德上高速公路 B1 合同段被分别列为第二批部级“示范工程”和“示范工地”。

2. 开展施工风险评估工作。2012 年交通运输部将江西省九江二桥、昌樟改扩建项目药湖特大高架桥、井睦项目井冈山隧道、寻全项目高云山(一)隧道等 6 个工程,列为全国桥隧施工安全风险评估试点工程。

该站代厅制定了《桥隧施工风险评估工作方案》,拓展了风险评估的范围、内容与方法,所有在建高速公路项目都严格按照部风险评估制度,开展了桥隧施工风险评估工作,做到“须评皆评”、“应评不漏”。其中,井睦高速井冈山隧道建立了长大隧道建管数字化系统,实时反馈施工中地质、水文、设计、施工管理等信息,初步实现了风险评估动态预控。

3. 排查治理施工安全隐患。一是认真开展 3 个专项行动。按照交通运输部和省厅的统一部署,认真开展了“预防施工起重机械和支架脚手架等坍塌事故专项整治”“安全生产年”“打非治违”等专项行动,深入开展施工安全隐患排查治理,强化跟踪安全隐患的整改验收销号工作,切实做到整改措施、责任、资金、时限和预案“五到位”。二是认真组织应急演练。全年统筹布置了安全应急演练 8 次,组织了井冈山隧道塌方事故应急救援演练。

4. 加强安全“双基”工作。一是注重培训教材的研编。根据项目试用情况和建议,将近年来事故案例收集归类,对《江西省交通建设一线作业人员岗前安全培训教材》进行了修改补充。二是加强安全教育培训。完成 3 期共 446 名监理工程师施工安全生产、环境保护和 4 期共 547 名施工企业“三类人员培训”。

(胡金明)

【江西长运首次利用 3G 视频进行安全监管】 2012 年春运开始前,江西长运股份有限公司参加春运的车辆全部通过春运安全检测;公司对参加春运的 970 名驾驶员全部进行资质审核,对所有驾驶员进行春运前的培训,签订安全责任书;对站场、车辆的消防、安全设施进行一次全面检查,对监控中心、GPS 系统也进行一次全面的排查、检修。该公司首次利用车载 3G 视频对驾驶员进行动态监督。

(江西长运)

【景德镇市交通运输局连续四年获全市安全生产先进单位】 2 月 21 日,在景德镇市政府召开的全市工交系统工作会议上,景德镇市交通运输局再次荣获全市安全生产工作先进单位,这是继 2008 年以来该局连续 4 年荣获该殊荣。

(李青松)

【景德镇市着力建设安全生产隐患排查治理体系】 5 月下旬,景德镇市交通运输局制定并下发《景德镇市交通运输安全生产隐患排查治理体系工作方案》,力争用 2 年半时间,在全市基本建立先进适用的交通运输安全生产隐患排查治理体系，把握安全生产事故防范预防工作的主动权。

该局在安全生产隐患排查治理体系建设中，把建立并完善《安全生产事故隐患排查治理制度》作为建设安全生产隐患排查治理体系工作的重要内容，认真组织摸底调查，掌握生产经营单位基本情况，逐步建立交通运输安全生产隐患排查、登记、检测、监控、挂牌、督办、整改、评价、销号、上报、统计、检查和考核等制度，推动安全生产标准化工作，用安全生产标准规范交通运输企业安全生产行为，使生产各环节符合有关安全生产法律法规和标准规范，促进全市交通运输安全生产形势的持续稳定好转。

该局的安全生产隐患排查治理体系建设分宣传发动、调查摸底、自查自报、巩固提高四个阶段进行，于2014年年底完成。

（涂　强）

【景德镇市建立“安全生产约谈办法”制度】 为进一步加强交通运输行业安全生产监督管理工作，严格安全生产责任追究，促进安全生产主体责任的落实。2月21日，景德镇市交通运输局继2011年8月1日在全市具有独立法人资格，具体从事道路水路运输、城市客运和公路水运工程施工等生产经营建设活动的交通运输企业中首次实施《安全生产标准化建设》后，在全市率先建立《安全生产约谈办法》制度。

该《办法》规定，全市公路、水路生产运输或交通运输建设施工领域，出现下列情况时，该局将对相关企事业单位负责人进行安全生产诫勉谈话：未按规定落实国家或部、省、市有关安全生产工作部署的；市局及市局以上相关部门挂牌督办的安全隐患，未在规定期限内完成整改或采取相关措施的；发生重大及以上安全生产事故，存在漏报、谎报或瞒报的；三个月内发生两次及以上重大安全生产事故或连续发生多起较大安全生产事故并造成较大损失或影响的；发生特别重大安全生产事故的。

该办法还规定，约谈方式分为集体约谈和个别约谈。被约谈单位需在约谈结束后10个工作日内将整改方案以书面形式上报，并及时报告整改方案执行情况；无故不参加约谈或未认真落实约谈要求的，将被通报批评；因约谈事项未落实或落实不到位而引发安全事故的，被约谈单位及相关人员将被追责。

（李青松）

【新余市驾校从培训源头杜绝“马路杀手”】 从2012年9月15日开始，新余市所有驾校都启用学时记录系统，对学员进行打卡考勤。学员报名时将采集指纹，并获得一张IC卡，之后凭借这张卡到驾校进行学习，道路运输管理部门凭此对学员学车信息进行实时监控，从而有效保证学员实驾操作时间，从根本上规范随意缩短学时的行为。新余市共有机动车驾驶培训机构11家，年培训能力超过2万人。在以往的驾驶员培训中，道路运输管理部门无法对驾校的培训过程进行全面监管，对于培训过程中出现的车辆超员、学时不足、重考试轻培训等不规范现象不能完全杜绝。安装指纹打卡机后，学员练了多长时间就是多长时间，想缩短学时、弄虚作假就不容易。这样充分保证了学员的权利，减少了以往学员对培训机构的投诉。

（艾　欢　谢　丹）

【赣州高速公司深入剖析“9·16”在建隧道塌方事故】 9月16日晚11时左右，赣州高速公司在建的大广高速象形1#隧道左线距洞口20米处，发生一起塌方事故，致使16名施工人员被困隧道内。9月18日19时50分，在省市领导的关怀和指挥下，经过44小时争分夺秒的日夜施救，16名被困施工人员全部成功获救。9月20日、24日，赣州高速公司分别召开党委会暨领导班子扩大会和周例会，要求公司上下对该事故进行深刻反思，举一反三，全力以赴进一步做好当前安全生产工作；总结经验教训，进一步提升应急处置和项目管理的能力水平。会议通报了该事故发生的经过和抢险救援情况，分析了事故发生原因，对进一步做好安全生产工作进行了部署，传达了上级领导对此事故的指示精神。

（赖锦洪）

【宜春市公交公司多管齐下抓好安全生产】 市公交公司结合行业特点和城市客运企业的实际，多管齐下狠抓安全生产，实现“以客为主、安全为先、方便有序、服务满意”的工作目标，保持公司安全生产形势良好的态势。一是“百日安全竞赛”活动常态化。为巩固安全生产的良好态势，坚持在春运前后继续开展“百日安全竞赛”活动，事故率较上年同期下降22.45%，有效地提高管理人员和生产一线驾驶员、修理工的安全责任意识，预防和减少各种交通事故的发生，切实提高营运质量和效率，实现零死亡客伤事故。二是车辆例检工作日常化。公司每天出车前和收班后都对所有营运车辆制动、转向、灯光等安全部件经常性普查，凡是查出不合格、检测不符合标准的车辆，限期修改，强制维修，坚决不带“病”行车。三是法定节假日站点维秩固定化。春节、“五一”、端午、“十一”等黄金周安排行政管理人员到贸易广场、火车站、明月山等各主要站点维持乘车秩序，确保乘车安全。四是安全绩效挂钩激励化。公司进一步完善安全管理制度，全面落实责任，层层经济挂钩，重奖重罚。一方面，所有班子领导和与安全有关的中层干部实行安全责任经济挂钩，缴纳安全风险保证金；另一方面驾驶员百千米安全工资由4元提升为9元．并为安全驾驶员和安全标兵每月发放特殊工资50元或100元。

（何　清）

【抚州市交通安全形势保持稳定】 抚州市交通运输部门坚持以开展“安全生产年”活动为载体，坚持“一岗双责”和源头监管，通过树立“三种意识”（政治意识、细节意识、危机意识）、落实“三方责任”（领导责任、部门监管责任、企业主体责任）、实施“四大工程”（道路运输安全工程、农村公路安保工程、交通建设平安工程、渡运零事故工程），深入开展“安全生产年”“道路客运安全年”“平安工地”等活动，启动交通运输企业安全生产标准化建设，积极推进渡口标准化管理，开展“打非治违”等安全整治活动，强化重点时段、重点领域的隐患排查，确保了全市公路桥梁、道路运输和渡运安全，水上安全实现连续28年无伤亡事故。

（陈根玲）

【宜黄开展公路桥梁安全隐患排查整治】 2012年8月10日至8月14日，宜黄县组织各乡镇、安监局、交通局、公路分局等相关单位对全县公路桥梁进行一次安全隐患大排查。此次排查以县级公路和乡村公路上的桥梁及危桥为重点，并对桥梁安全隐患进行整治。共排查公路桥梁安全隐患50余条，对存在安全隐患的危桥设立警示标志，实行封闭；对五类桥明确专人看管，做好记录，设立标志，修建临时绕行便道，设置绕行路线等保障措施；对三、四类桥梁逐桥建立档案。为保障桥梁安全，交通公路部门将针对检查出的问题及时采取整治措施，进一步加强桥梁的日常检查工作，同时加强治超工作力度，加强公路监督和巡查，杜绝超限超重车辆上桥行驶，确保桥梁安全。

（李华荣）

【崇仁加大运输监管力度】 2012年，该县进一步强化道路运输安全监管，认真履行“三关一监督”职责，强化隐患排查整治，防范安全事故发生。认真抓好源头监管，严格执行“三不进站六不出站”规定；加强货运企业和货物集散地等源头管理，建立质量信誉考核档案；强化危险货物运输市场的监管，落实危货运输安全责任制。狠抓流动稽查，加强对运输车辆的动态监管；加大对“黑车”等非法营运车辆的打击力度，采取重点地段、重点时间加大对“黑车”非法营运的查处，不断规范市场秩序。全年重点监管4家客运企业和3家危货企业，排查隐患50余次，发现问题29项，下发整改通知书21份，整改率达100%。同时查处“黑”出租、“黑”面的违法车辆20台次，实现辖区内道路运输无较大事故，较好地保障了运输安全和客运市场的正常秩序及稳定。

（余家军）

【上饶市做好农村公路应急保障】 3至8月，特别是8月份受“苏拉”和“海葵”二次台风的影响，上饶市遭遇特大暴雨袭击，加上多次的强降雨，致使全市农村公路严重受损。在重灾面前，交通运输特别是农村公路应急救援工作得到充分的体验。各地根据应急预案，全力以赴做好灾后公路抢修工作。共计投入人工18387个工日，水泥3229吨、砂石847600立方米，编织袋201023个，机械设备18508台班，共投入抢修经费4229.23万元；确保了农村公路安全畅通。

（上饶市交通运输局运安科）

水路交通安全监管

【概况】 2012年,省地方海事局继续强化水上交通安全监督管理,通过开展客渡船舶安全专项检查、船舶配员和船员证书专项检查、“三无”船舶专项整治、“四客一危”船舶现场监管等系列举措,实现了全省水上交通安全形势的总体稳定。全年共发生一般及以上水上交通事故9起,沉船8艘,死亡2人,事故死亡人数控制在个位数,水上交通安全环境持续改善。

抓好重点时段水上交通安全监管工作。春运、“两会”和节假日期间各级海事部门实行领导带班和24小时值班制度,并组织多个督查组深入主要渡口、重点码头、水上旅游风景区等重点水域,对所有从事旅客运输的客渡船舶全面进行安全技术检查,确保客渡运船舶安全适航。同时加大重点水域安全巡航密度和对“四客一危”船舶现场监管力度,对客运船舶一律实行现场签证,严禁超载。经各级海事机构严防死守,确保重点时段全省水上交通安全生产形势稳定。

开展客渡船舶安全专项检查活动。按照部海事局要求,2月20日至5月20日,在全省范围内开展了为期3个月的客渡船舶安全专项检查活动。共检查渡船630艘次,客船、旅游船113艘,旅游竹筏147艘,查处各类船舶缺陷187项,跟踪检查船舶96艘次,通过检查,进一步消除客渡船舶安全隐患,保障客渡船舶航行安全。

继续做好船舶超载治理工作。各基层海事采取上、中、下游联动的形式,对超载船舶,严格按照船舶核定载重线予以卸载,并按有关规定进行处罚。截至年底,共检查船舶27505艘次,查处超载运输船舶9605艘次,减载黄沙42.3万吨,纠正标志标识不规范船舶121艘次。

继续开展“三无”船舶治理、船舶配员和船员证书专项检查工作。在船舶配员与船员证书检查工作中,共检查船舶11806艘次,发现并查处违章113艘次。

开展“打非治违”专项行动。各级海事采取督促检查、跟踪督办、责任追究等多种措施手段,督促、指导港航系统各单位依法依规开展“打非治违”专项行动。其间,共派出检查或督查组971个,出动行政执法人员5146人次,检查港航企业和个体经营者1283家(次);查处各类非法生产、建设、经营及其他违法行为1995起(次),责令港航生产经营者进行整改2176起(次),实施停产停业整顿100起,关闭取缔港航生产经营15起(处),实施经济处罚105.4万元,处理责任人员21人次。经过5个月的集中“打非治违”专项整治,全省重大港航生产事故得到有效防范和遏制。

推进渡口标准化改造工作。对32个渡口实施标准化改造,已做好相关资料审核,共补贴渡口改造资金506万元。

组织开展安全生产月活动。根据部、省厅关于开展“安全生产月”活动的部署,海事部门共制作水上交通安全宣传图片4000张、印制宣传标语5000条、购买(复制)主题宣传教育光碟200张,悬挂宣传横幅213条,制作安全宣传展板183块,发放各种宣传手册、宣传单等11592张(册),张贴宣传标语2049张,举办各类培训班44班,共培训人员633人次,走访港航企业207家,组织开展了57场(次)应急演练活动。

加强船员管理,严把船员从业关。2012年以来,全省各级船员考试发证机关依据《中华人民共和国内河船舶船员适任考试和发证规则》等规定,认真组织开展了船员基本安全培训考试、船员适任培训考试和油船、高速船、危险化学品船舶船员特殊培训考试。截至12月底,全省有1100人参加了各类船员培训考试,其中,基本安全培训考试300人,适任培训考试500人,特殊培训考试300人。

认真做好辖区内航运企业安全管理体系审核工作。根据2012年交通运输部审核中心审核业务部主任集体办公会议精神,全面启用航运公司安全管理体系审核通用项目标准应用;建立航运公司安全管理体系运行情况评价指标体系;开展对航运公司安全管理体系日常监督检查工作。本年末,全省已实施国内安全管理体系的航运公司共有10家,其中南昌市2家,宜春市5家,抚州市3家,纳入体系内的船舶共有114艘。本年度共实施10次公司审核,其中1次临审,4次初审,4次年审,1次换证;船舶审核共计79艘次,其中临时审核36艘次,初次审核30艘次,中间审核3艘次,换证审核9艘次。审核工作业务量与上年同期相比增长24%。

组织开展水上突发事件应急演练。9月17日省地方海事局联合省水上搜救中心在鄱阳湖星子县水域成功地举行了“2012江西省水上处置突发事件应急演练”。这次演练是一次规格高、规模大、针对性强、多部门参加的联合演练，是对本省处置水上突发事件应急反应能力和搜救能力的综合检验。通过演练，全面提升了处置水上突发事件的组织、协调、指挥、救援和应急反应能力，有效整合了海事、消防、公安、环保、卫生等专业救援力量的资源，检验和完善了《江西省处置水上突发事件应急救援预案》，锻炼了应急救援队伍，积累了水上人命救助、船舶消防灭火、船舶救助、水上污染控制和清除等方面的实战经验，促进了社会和各相关部门的安全环保责任意识。

（罗淑青）

【国务院安委会督查鄱阳湖区水上交通安全】 9月19日下午，以铁道部副部长胡亚东为组长的国务院安委会督导组到湖口，督查渡口渡船安全和鄱阳湖公路大桥、铜九铁路鄱阳湖特大桥通航安全工作。省安全生产监督管理局局长张桃生、九江市委常委、副市长熊永强陪同。

督查组乘赣海巡612艇督查了西门渡口渡运安全及鄱阳湖公路大桥、铜九铁路鄱阳湖特大桥通航安全情况，听取了鄱阳湖区安全监管情况汇报及九江市地方海事局近年来水上安全监管工作和航道养护建设情况汇报。胡亚东充分肯定了九江市地方海事局多年来在水上交通安全监管方面取得的成效，对湖区安全有序的通航环境表示满意，他要求执法人员要提高政治觉悟，秉承高度责任感和使命感，认真履职，继续确保湖区水上交通安全和大桥通航安全。

（夏　露　黄海源）

【李盛霖到江西检查指导交通安全】 9月13日上午，交通运输部安委会主任李盛霖、国家海事局常务副局长陈爱平一行在江西省副省长洪礼和，省厅党委书记朱希，省府副秘书长王水平，省厅总工程师胡钊芳，九江市政府副市长陈和民，省港航局局长于钦民，省运管局局长梁必康等陪同下莅临九江督察交通运输安全工作。

在浔期间，李盛霖实地了解鄱阳湖水上搜救中心建设情况以及安全管理、救援工作，实地检查了庐山西海水域情况，对江西近期的水上安全工作表示肯定。李盛霖强调，要进一步贯彻落实8月28日全国交通安全紧急电视电话会议精神，决不放松隐患排查整治工作，进一步查处薄弱环节，采取扎实措施，尽最大努力排查隐患。渡口渡运方面，要重视并重点抓好企业安全生产主体和地方政府综合管理责任的落实，加大安全生产投入，积极修订完善渡运安全管理和安全监管制度体系。

（航　宣　蒋艳华）

【省政府应急办调研水路交通应急管理】 7月25日，省政府应急办一行深入省港航局，调研水路交通应急管理工作。并先后察看了赣江（南昌—星子）航道、鄱阳湖搜救分中心、九江市地方海事局、省水上搜救中心。对全省水路交通应急管理工作给予了充分肯定，并认为省局高度重视应急管理工作，机制体制健全，工作扎实，预案到位，成效喜人。

针对下一步工作，省应急办调研组要求，进一步增强做好应急工作的紧迫感、责任感，继续加强应急值守、信息报送、综合协调等各方面工作，突出工作重点，整合各方资源，形成工作合力，推进应急管理工作科学化、规范化、制度化建设，切实提高基层应急管理工作水平。

（许海远　陈明中）

【交通运输部检查组到省港航局检查防汛】 5月31日，交通运输部原安全总监刘功臣带队检查指导江西省港航局防汛及安全生产工作。部检查组一行乘坐江西海事指挥船察看了赣江航道，详细了解江西港航系统的防汛和安全管理工作，对其安全监管和防汛工作表示肯定。检查组要求，要结合实际加强落实防汛设备、物资的管理，保持设备完好和防汛物资储备，保证在关键时刻运得出、用得上。

（许海远）

【江西处置水上突发事件应急演练在鄱阳湖举行】 9月17日，由省交通运输厅、九江市政府主办，省地方海事局、省水上搜救中心承办的“2012年江西省处置水上突发事件应急演练”在鄱阳湖星子水域举行。省交通运输厅、九江市人民政府，省港航局及有关单位领导同志到现场观摩演习。

演练包括人员救助、消防灭火、船舶救援、污染控制等四个科目内容。参加演练的海事、公安、港航、环保、卫生系统和航务军代处等多家单位，共出动上百余人、30艘船舶及相关辅助装备。

上午11时，应急演练拉开序幕。一艘载有20人的非法载客船横越航道与一艘航行中的军用运油船发生碰撞，致使客船进水失控，乘客落水，运油船泄漏并冒烟，险情随之发生。

省水上搜救中心值班室接警后，即向省厅、省府应急办、中国海上搜救中心报告，迅速启动应急预案，协调鄱阳湖搜救分中心，九江市地方海事局、水上公安、水上消防大队，星子县卫生局、环保局等部门前往救援。同时通知航务军事代表处，指定“海巡612号”号为现场指挥船，协调现场救援应急反应行动。

各部门救援力量陆续赶到事故现场。先期到达的海巡艇和公安艇迅速展开搜救，20名落水人员全部脱险，其中1名重伤船员经紧急处置后及时转送医院。此时运油船前油舱冒烟起火，船员发出火警，并使用船载灭火器自救，但无法有效控制火势。“海巡621号”迅速派出海事人员登油船灭火。火情得到控制，火势完全扑灭。

随后，配有卫星导航、水下声音测深仪、高压消防水枪及进口轻装潜水设备等一系列水上先进搜救器材，集起重、抛锚、拖带、消防、潜水作业为一体的多功能水上搜救船舶——“江鹰号”赶到事故水域，2名潜水员下水查找船体受损部位进行封堵。同时，对前货舱进行抽水。在确定非法客船无沉没危险续将其拖至安全水域。

在溢油污染水域，3艘道政船进行现场勘察评估、采样、回收和布控，有效地控制溢油扩散漂移；环保人员用吸油毡、消油剂清理水面油层。至此综合应急演练的全部科目顺利完成。

（许海远　曾万荣）

【南昌海事与武警总队举行联合防汛演习】 5月19日下午，南昌市地方海事局与武警江西总队在南昌市南昌大桥上游300米水域开展防汛应急救援演习。

副省长、省防汛总指挥姚木根，武警江西总队总队长陈宏举、政委唐晓，省水利厅厅长孙晓山、副厅长罗小云，省海事局局长于钦民，南昌市委常委周关等省、市领导亲临现场全程观看。武警、海事联合演习，既各司其职又相互配合，武警总队水上支队出动320名武警官兵及冲锋舟、挂机艇、巡逻艇、交通艇、登陆艇等各类艇共计51艘，进行人员及船舶救助；南昌市地方海事局出动30名海事人员及海巡、道政执法船艇共计8艘，进行应急航道封锁、水上交通管制。精彩的救援和惊险的场景获得在场人员的掌声，经双方人员协同作战共同努力，圆满完成了演习任务。

演习结束后，姚木根代表省政府、省防汛抗旱指挥部，对演习表示肯定。希望各防汛单位密切配合，不断发扬顽强拼搏、连续作战、不怕牺牲的精神，时刻牢记全心全意为人民服务的宗旨，时刻牢记全省人民的重托，居安思危、常备不懈，齐心协力、同舟共济，坚决打赢抗洪抢险这场硬仗。

（黄旭东　纪彩霞　黄海源）

【新余市仙女湖区开展应急演练】 7月3日上午，仙女湖区交通运输局、安监局、旅游局、仙女湖游船公司联合消防大队、地方海事处共同开展水上交通遇险应急救援演练。演练模拟在仙女湖因风浪有游客掉入水中，指挥部接到事故报告后迅速启动应急预案，各应急小组紧急集合，救援船在10分钟内赶赴事故现场，组织实施事故水域水上交通管制和现场救援，安全救出落水人员。

（龚青林）

【新余市仙女湖区交通运输局消除安全隐患】 9月11日，为确保仙女湖景区交通安全，仙女湖交通运输局开展安全检查，全力消除安全隐患。在水上交通安全方面，该局排查了仙女湖游船公司的所有游船，对排查出的问题，及时下发停航通知书，做到防患于未然。同时，筹资10000余元对有渗漏的洋田渡船进行维修并更换柴油机。在道路交通方面，启动公路安保工程，对辖区内农村公路的警示标志、所有桥梁进行了立体排查，对3处滑坡和一处路基、涵洞坍塌，分别作了相应维修整治，杜绝事故隐患，并投资40多万元，在各险段增加了波形护栏1500米，标志标牌40余套，梗阻带60米。在交通运输行业方面，打击超载超速行为，开展危险品运输整治，共排查出6起一般安全生产隐患，并进行全面整治。（龚青林）

【赣州海事成功消除一起趸船失控险情】 6月24日9时许,停靠章江浮桥下游右岸约200米处一艘趸船尾系固钢丝绳被洪水冲断,严重危及下游多座桥梁安全。赣州市地方海事局获悉这一险情后,迅速组织人员派出2艘救援船赶赴现场。顶推趸船靠岸,并新添两条长70米钢丝绳进行加固,使之趸船脱险,隐患消除,避免了一起因失控而可能引发撞桥事故。

(江英才)

【广东海事局和江西省地方海事局启动"结对子"活动】 6月8日,广东海事局、江西省地方海事局"结对子"联席会及签约仪式暨船艇援赠仪式在南昌举行。省交通运输厅副厅长万明、广东海事局局长梁建伟、党组书记陈毕伍、江西省地方海事局局长于钦民、党委书记严允等出席联席会及签约仪式。

联席会上,赣粤海事部门分别就两省海事工作情况进行了简要介绍。双方一致认为,在"结对子"活动中,两家单位互帮互学、双向交流、共同发展,有利于共同促进双方水上交通安全监管水平的提高。双方在海事、船检业务人员培训、水上交通安全监管、提升水上安全应急处置能力、信息化管理、技术装备和建立领导定期互访机制等方面进行了商讨。广东海事局表示,今后将在加强对江西海事人员的业务培训方面给予帮扶和支持,进一步提升江西海事发展的软实力。江西省地方海事局表示,广东是沿海航运大省,海事管理经验丰富、监管手段先进、队伍素质较高。江西省地方海事局将认真学习借鉴广东海事局的先进理念和管理方法,不断提升全省水上交通安全监管能力和水平,通过"结对子"活动的深入开展,努力实现优势互补、共同进步。

(倪　磊　黄海源)

【上饶海事局保障中华龙舟大赛顺利举行】 5月4日至5日,2012中华龙舟大赛(鄱阳站)在鄱阳湖国家湿地公园乌金叉水域举行。来自中国、马来西亚等16支国内外龙舟队(男队12支,女队4支)参加了比赛,中央电视台体育频道对大赛进行了全程直播。

按照大赛组委会的统一部署,上饶市地方海事局主要担任赛区水域水上交通安全和应急保障等方面工作。该局经过精心研究,统筹部署,采取了下列措施:召开专题会议,明确任务和目标、工作程序方法和注意事项;鄱阳县地方海事处主要领导、分管领导参与现场指挥,抽调精干人员组成安保队伍,有效保障现场管理和应急处置能力;设置指挥船1艘,外围警戒防控艇2艘,应急处理及救援艇4艘,根据赛事时间安排、水域环境、现场变化等情况及时调整船艇位置,以便快速反应及时处理突发事件;提前利用手机短信平台等方式,广泛宣传和告知水域管控要求,防止无关船舶擅自进入管控水域。

此次活动中,上饶海事共执行水上安保任务3次,出动工作人员46人次,发送管控有关短信1500余条,排查水上险情3起,从而保证了比赛顺利举行。

(焦培忠　官绍坤)

水路交通管理

水路运政管理

【概况】 2012年,全省水路运政管理部门认真履行水运行业管理职责,提升行业管理能力,不断改善水运服务环境,寓管理于服务之中,促进了全省船舶运力向大型化发展。截至年底,参加本年度核查的营运船舶共计2682艘、2079199载重吨、9136客位、2312TElJ、1130127千瓦。其中拖推船2艘、275千瓦;货船2087艘、1762089载重吨、514826千瓦;客船364艘、11220客位、14646千瓦;高速客船3艘、135客位、713千瓦;化学品船127艘、93525载重吨、32270千瓦;油船70艘、171330载重吨、53523千瓦;集装箱船29艘、2312箱位、52255载重吨、12462千瓦。与上年比较,船舶艘数减少115艘,减幅为4.1%,船舶载重吨净增187762吨,增幅为9.9%,船舶平均吨位由2011年的676吨增加到775吨,增幅为14.6%。水运管理部门大力引导和推动水运企业资源整合,鼓励支持水运企业做大做强,提高企业市场竞争能力和抗风险能力。全省原有省际内河水路液货危险品运输企业30家,由于部分企业规模偏小,安全生产基础条件不够理想,抗风险能力较弱,依据“扶优减弱”原则,挑选了资质条件好、有发展潜力的5家企业作为重点扶持对象,通过兼并收购省内7家弱小液货危险品运输企业来做大做强。经长航局批准,对5家重点扶持企业增加了长江上游液货危险品运输航线,给予了新增运力额度,为这些企业的持续发展奠定基础。

根据交通运输部和长航局的要求,省港航管理局制定印发《江西省水运企业诚信评价办法》。诚信评价办法主要包括安全诚信和经营诚信2个大项10个小项,主要内容涉及企业资质、人员配备、制度建设、依法经营及同行评价等方面。通过评价结果对被评价企业进行相应管理,从而达到行业调控、维护市场秩序的目的。从7月份起,省港航管理局在全省组织开展水运企业诚信评价工作。经各设区市港航管理部门初审,省水运企业诚信评价小组复审,报省港航管理局批准,“江西东港航运有限公司”和“湖口恒驰物流有限公司”被评为“江西省AAA级诚信水运企业”。现在诚信评价工作已形成制度,每年将评审公布一次,为全省水运企业诚信经营、规范经营行为起到积极推动作用。

针对当前国内外水运市场持续低迷现状,省港航管理局于年底召集各设区市港航管理部门负责人在九江召开了“全省港航信息交流会议”,对水运形势及特点进行了分析,提出了应对措施,并制定印发了《江西省水运企业联系制度》,选择具有代表性的12家水运企业作为对口联系企业,采取领导定期走访、企业定期报送统计资料、组织召开座谈会等方式加强与水运企业的联系,以利收集有关信息资料,掌握企业诉求,及时帮助企业解决困难和问题,提高企业抗风险能力,积极引导水运企业健康平稳有序发展。

(涂春如　罗淑青)

【江西湖口检查站定期对鄱阳湖船舶流量进行观测】 2012年江西湖口水路交通综合检查站由人工观测鄱阳湖的运输船舶进出流量转为视频观测统计,更为科学地掌握了湖区船舶运输流量。2012年第一次观测期为6月14—20日,观测到上行(进湖)船舶1352艘,日均193艘,下行(出湖)船舶1320艘,日均188艘,观测期间日均通过量382艘;第二次观测期在9月18—24日,观测到上行船舶1219艘,日均174艘,下行船舶1195艘,日均171艘,观测期间日均通过量345艘。据2007年以来的观测结果显示:日均通过最高年是2007年,日均通过量808艘,2008年最少,为271艘,2009年以后日均通过量都在350艘左右。6

年来日均进出鄱阳湖的船舶通过量为345艘。

(九江市交通运输局)

【岛际和农村水路客运油价格补助资金发放到位】　自7月2日起,全省954艘持有效水路运输许可证的经营者或持有效船舶营业运输证的农村水路客运船舶以及经县级人民政府批准符合标准的渡口渡运船舶,将陆续到当地县级财政部门领到2011年度岛际和农村水路客运成品油价格补助专项资金,全省补助金额为1817万元。其中,第一批958万元(渡运671万元,客运287万元)、第二批859万元(渡运601万元,客运258万元)。资金补贴标准系采用当次批次补贴资金总额除以年度燃油消耗总量计算,第一批补贴标准为渡运为930元/吨、客运为937.3元/吨;2011年第二批补贴标准为渡运为1052.5元/吨、客运为1080元/吨。

(熊　芬　刘　祥)

【万吨级近海散货船建成下水】　元月10日上午,由九江市船舶检验局执行建造检验的本省最大的11500吨近海散货船,在江西华东船业有限公司船坞顺利下水,填补了省内船检建造检验万吨级船舶的一项空白。

该船设计先进,性能优良。全船总长128米,型宽21.60米,型深9.40米,为江海直达船舶,设计图纸由江西省船舶检验局审批。为了保证该船的顺利下水,九江市船舶检验局在时间紧、任务重的情况下,认真做到对该船的每一个环节进行仔细检查,确保了下水前每一个项目均检验合格。

(刘庆忠　黄海源)

【水路运输企业发展大吨位、标准化船型】　2012年,全省通过年度核查的水路运输经营业户共340户,较上年增加46户,增幅为15.7%。其中企业129户,较上年减少26户,减幅为16.8%;个体经营户211户,较上年增加72户(主要为省内个体户增加),增幅为51.8%。全省营运船舶共2682艘(比上年减少115艘,减幅为4.1%)、2079199载重吨(比上年增加187762载重吨,增幅为9.9%)、9136客位(比上年减少2201客位,减幅为19.4%)、2312箱位(比上增加1086箱位,增幅为88.6%)、1130127千瓦(比上年增加483629千瓦,增幅为74.8%)。其中货船减少103艘、载重吨增加130270吨;客船(包含高速客船)增加2艘、18客位;化学品船减少17艘、载重吨增加474;油船减少3艘、载重吨增加28464;集装箱船增加9艘、1086箱位、23454载重吨。

本年度,省港航管理局继续加快推进老旧船舶拆解工作,鼓励企业逐步发展大吨位、标准化船型,本省船舶平均吨位由上年的676吨增至775吨,增幅为14.6%。依照“扶优扶强、减弱减小”的原则,积极推进全省液货危险品运输企业资源整合工作,引导和鼓励企业采取并购、联盟、重组、优化组合等方式实行经营资源整合,成功实现7家弱小液货危险品水运企业被本省重点扶持发展企业兼并收购,促成全省危险品船舶重点发展企业拥有的标准化船舶比例不断提高。

(吴萃萃)

【九江赣运政趸601号建成投入使用】　赣运政趸601号船长65.5米,宽15米,型深2.3米,总高16米,排水量1069.2吨。该船由都昌造船总公司建造,2008年12月28日放样开工,2011年11月15日,经九江地方海事局检验合格,移泊湖口交船。2012年4月,湖区视频监控安装调试成功,标志着该船全部建成,并投入使用。该船可以全天候监控鄱阳湖主要采区的运输现场,是鄱阳湖区规模最大、造价最高、设备最好的趸船,作为江西湖口水路交通综合检查站工作生活用船,靠泊在鄱阳湖口石钟山上游。

(九江市交通运输局)

【景德镇市整治非法采砂行为】　自5月13日起,景德镇市政府开展为期3个月的昌江河道非法采砂淘金集中整治行动。

集中整治开始前,景德镇市政府向昌江渡峰坑水文站至鲇鱼山船闸段航道内所有采砂业主下达限期停止采砂或清淤疏浚作业的“通告”,要求所有船只在5月16日前全部撤离并靠岸封存。

“通告”发出后,仍有部分采砂业主受利益驱使,继续昼夜采砂淘金。为确保昌江行洪安全,维护航道通航功能,景德镇市政府立即实施集中整治行为。此次集中整治共出动执法人员615人(次)、执法车(船)380辆(艘),销毁采砂船2艘、采砂淘金机械设备10台(套),扣押运砂车辆6辆、挖掘机2辆，教育处罚非法采砂淘金业主16人。

（涂　强）

【吉安市完成港口经营业户资质核查】 为全面提高港口企业的经营资质水平，给港口经营创造一个良好有序的竞争环境，按照江西省港航管理局《关于开展2012年全省港口经营资质核查工作的通知》要求，吉安市港口经营业户核查工作于7月底顺利完成。重点核查了港口经营设施和设备运行情况及企业的安全人员持证情况以及港口安全生产方面的情况。经核查吉安市有18家企业已取得港口经营许可，其中国有企业4家，个体13家，股份制企业1家，合格率100%。

（吉安市港航管理处）

【吉安市港航管理处完成水路运输业核查】 按照江西省港航管理局《关于开展全省水路运输（服务）业年度核查工作的通知要求》，吉安市港航管理处于2月1日至4月30日开展了水路运输（服务）业核查工作，通过加强宣传、认真审核资料，掌握工作进度，督促县所及相关水运企业及时通知船主按时回港参加船舶年审，按时完成了水运核查工作。据统计，全市完成在经营的水运企业（业户）核查40家，其中：水运企业20家、个体运输业户20家；运输船舶321艘、194841吨位、444客位，57496.9千瓦，核查率100%。

（吉安市港航管理处）

【宜春市完成2012年度水运及港口核查】 2月1日至4月30日，宜春市集中开展水路运输业及服务业年度核查工作；4月1日至6月30日开展港口作业核查工作。核查对象为已经取得船舶营业运输证的船舶、取得水路运输许可证的运输企业、取得港口经营许可证或危险货物港口作业认可证的港口作业企业及业户。核查内容主要是管理人员的配备、船舶运力、船舶档案、安全管理制度的落实、相关证照等方面规定。明确对未落实安全管理责任、“挂而不管”的船舶不发证。2012年全市核查水运企业15家、核查水路运输服务业企业1家；核查已办证的营运船舶535艘669502吨位，核查率100%；核查港口经营业户110户，核查率100%。通过核查，建立“一船一档”及港口码头资料库，为全市港航管理提供信息资料。（张小平）

【宜春市港航系统开展“打非治违”专项行动】 从5月至9月，全市集中开展港航安全生产“打非治违”专项行动。重点内容是无证或证件无效的非法经营、船舶超载或非法载客、“三违”操作行为、隐患整治不到位等违法行为。水上执法人员深入码头、渡口、通航水域、河道采运砂场、造船厂、水运企业、工程建设现场，检查宜春市水域的船舶、船员、船舶所有人、经营单位及建设单位，重点是赣江流域的樟树、丰城市的乡镇船舶。按照“四个一律”要求，通过摸排1000多艘船舶，发现无经营许可、证照不全或过期、超许可范围等非法从事水运经营的船舶存在，对“打非治违”排查的非法生产经营隐患当场要求整顿，对整顿仍达不要求的进行处罚和取缔。

（张小平）

船舶检验

【概况】 2012年，全省各级船检机构以规范船检、严把船检质量关和强化服务、提高船检工作效率为中心，加大对船检软硬件投入和验船师的业务培训力度，及时更新船舶检验工作流程和升级相关软件，不断完善“江西省船舶检验质量管理信息系统VIMS5.03”船检质量信息管理，为推进全省水运事业发展提供了安全运输保障。

按照交通运输部海事局工作部署，省船检局在全省范围内实施船舶吨位丈量统一管理的新模式，全面开展船舶吨位丈量网上复核专项活动。及时更新船舶检验工作流程和相关软件，启用新版船舶吨位丈量管理系统，对新建船舶、转入船舶等实施吨位丈量复核工作，审核发放船舶吨位丈量新版临时证书。拟订船舶吨位丈量复核发证工作程序、档案管理办法等10项制度，并形成《江西省船舶安全技术分中心制度汇编》。江西省船舶安全技术分中心资质认定通过部海事局审核。

根据部海事局《船舶自动识别系统安装专项检查》要求，认真做好进入长江水域机动船舶自动识别系统（AIS）航行设备的安装检验工作，为提高广大船主安装AIS设备的积极性，省港航局抽调精兵强将，从设备的发放、到现场讲解安装连接、架设天线、调试、操作演示、证书数据变更、船舶电台标识码(MMSI)等逐一落实到每一艘船。截至年底,进入长江水域的机动船舶(南昌地区265艘,九江地区322艘)全部安装了AIS设备。

继续推进老旧船舶拆解工作。省船检局严格执行《长江干线船舶拆改施工现场监督办法》,截至12月底,全省共核准批准拆解老旧船舶117艘,已完成拆解71艘,落实补贴资金1353万元。同时为推动船舶技术进步,积极向船东推荐绿色节能船型,以提高水路运输竞争能力,提升船舶环保水平。

本年度,全省各级船检机构共检验船舶3969艘(其中海船78艘,内河船舶3891艘),2625764总吨(其中海船849374总吨,内河船舶1776390总吨)。累计登记的船舶为:海船76艘,137873总吨,主机功率64676千瓦(其中油船13艘,31101总吨,主机功率16669千瓦;其他机动船舶59艘,105046总吨,主机功率48007千瓦;非机动船舶4艘,1726总吨)。内河船舶7724艘,1826071总吨,主机功率786802千瓦,25176客位。其中:机动船舶6715艘,1692141总吨,主机功率785502千瓦,23575客位,非机动船899艘,132629总吨,1601客位。挂桨机船110艘,1301总吨,主机功率1300千瓦。机动船舶中:高速客船44艘,453总吨,主机功率4159千瓦,853客位;客渡船舶861艘,7816总吨,主机功率9423千瓦,14449客位;其他客船341艘,10456总吨,主机功率16499千瓦,8273客位;油船94艘,22903总吨,主机功率14270千瓦;散装化学品船178艘,61917总吨,主机功率36165千瓦;其他船舶5197艘,1588596总吨,主机功率。704986千瓦。非机动船舶中:客船899艘,132629总吨,1601客位;油船110艘,24947总吨;其他船舶692艘,97583总吨。此外,审核通过各类船舶图纸92套(艘);审核并授予船检登记号79艘。

(罗淑青)

【南昌船舶交易中心开业半年业绩可喜】 依照交通运输部《船舶交易管理规定》,江西省成立首家船舶交易中心——江西省昌胜船舶服务有限公司于2012年6月1日正式营运以来,遵循诚实信用、平等互利、公平竞争的原则,组织营运船舶的交易。截至年底,共交易船舶106艘次、63787船舶总吨、92244船舶载重吨,船舶交易金额达8478.66万元。

(艾小莲)

【九江市首批老旧船舶拆解船东获政府补贴资金】 2012年上半年,九江市港航管理局综合采取技术、经济、行政等手段,加快全市船舶运力更新,鼓励现有老旧船舶退出航运市场。九江市已审批同意拆解的老旧船舶26艘,首批10艘老旧船舶在同方江新造船有限公司和都昌造船总厂有限公司分别完成拆解。6月6曰,首批船舶拆解152.6万元补贴资金已全额发放到船民手中。

(孟宪中　潘东明)

【部海事局到江西对船舶安全技术分中心的筹建评估验收】 5月31日,交通运输部海事局船舶安全技术中心资质评估验收组一行三人,对江西省港航局船舶安全技术分中心的筹建情况以及相关软、硬件配备情况进行评估验收工作。

省港航局汇报了分中心前期筹备工作情况、船舶吨位丈量复核业务流程与相关工作制度情况。验收组对照材料审查记录,结合港航局关于成立船舶安全技术分中心的申报材料,就机构设置、管理制度、人员配备、办公用房、办公设备、车辆、技术装备和安全防护、吨位丈量软件使用情况及网络等方面进行检查评估。在现场审核验收中,验收组还实地查看了办公场所、分中心审图室和档案资料室,并抽查了船舶吨位丈量复核管理系统的实操能力,查阅了签发的临时船舶吨位证书档案工作。在听取汇报和现场审查验收后,验收组对中心的筹备工作给予充分肯定,对存在的有关问题进行反馈,要求分中心继续贯彻落实部局的有关文件精神,加快业务流程的梳理,缩短新业务的磨合期,将船检业务管理工作与船舶吨位丈量统一管理工作进行有效衔接,确保船舶安全技术分中心工作顺利开展。

(廖慧清　黄海源)

【抚州市地方海事局做好长江干线老旧船舶拆解】 自全省长江干线船型标准化船舶拆解工作启动以来,抚州市地方海事局积极动员,广泛宣传,全面摸清拆解船舶数量,优化服务环境,促进辖区老旧船舶拆解工作顺利开展。2012年4月26日,首艘"赣抚州货0416"的抚州籍船舶在江西造船有限公司成功拆解。

该局通过船检管理系统梳理出满足拆解年限的适用船舶船名录，并通过电话向船东宣传国家相关政策，为船东算“经济账”，动员符合条件的船舶早日回港申请拆解。同时提供“一站式”服务，一次性告知船东船舶拆解前应准备的资料，船东在办理船舶拆解各项手续和船舶拆解中无须向海事港航部门及其工作人员承担或缴纳任何费用。另外，与相关职能部门沟通协调，力促拆解补贴资金及时到位。

（杨伟欣）

港口管理

【全省港口经营资质核查工作顺利完成】 省港航局从4月1日开始，对全省港口经营业户经营资质情况开展年度核查。各设区市港口行政管理部门按照省局要求，通过各种方式告知并指导港口经营人按时上报经营资质年度核查材料，并采取实地检查与材料审查相结合的方式，确保了核查工作如期顺利完成。至8月上旬，经过核查，全省共有306户港口经营业户的经营资质符合规定的要求，其中，普通货物港口经营业户274户，危险货物港口经营业户29户，港口旅客运输服务经营业户3户。

（孙　慧　陈明中）

【九江市港口局为入赣成品油开启“安全快速通道”】 为满足国庆节假日期间江西成品油市场的需求，9月21日开始，九江市港口管理局“三大举措”开启成品油入赣安全快速通道。一是水路联合执法，确保港区、油区安全。节前，市港口局、长航公安、消防、海事局、航道局联合在九江油品港区进行拉网式排查，对不符油品、危品作业条件的隐患立即要求整改到位。二是港企联动，深入码头前沿督导动态监管，进行港口危货作业人员资质的再核查，再培训。三是监管服务关口前移，做好港口突发事件预案。把许可办公前移到码头、船头，优先油品船舶靠泊，随时到港随时查验，随时许可作业。严格领导带班和24小时值班制度，做好港口突发事件的应急准备，保障入赣成品油安全、高速、畅通。

（方　武　黄海源）

【省港航局举办危险品货物运输岸上人员培训班】 9月23日，省港航局在九江举办第九期危险品货物运输岸上人员培训班。来自全省各设区市港口从事危险品货物运输的管理人员和一线作业人员共80余人参加了培训。副局长乔文典出席开班仪式并作了讲话，阐述培训的目的和意义。参训人员系统地学习了《国际海运危险货物规则》和水路危险货物运输管理相关的法律法规并通过了考试。通过培训，进一步提高了从业人员素质，规范了全省港货运输的港口作业安全生产管理工作。

（张　浔　黄海源）

【省内最大船舶舾装码头工程项目档案通过验收】 10月30日，江州联合造船有限公司舾装作业码头及配套工程项目档案顺利通过了九江市港口管理局组织的水运建设项目档案的专项验收。

该工程是省重大建设项目，总投资为6233万元，2009年2月开工建设，2010年10月竣工。项目作业码头全长360米，宽20米，可同时满足5万吨级敞货船舶和一艘两万吨级散货船靠泊进行舾装作业，码头后方设1条引桥与陆域连接，引桥长54米，宽10米。九江市港口局依据部《水运建设项目文件材料立卷归档管理办法》等规定，组成项目档案专项验收组。验收组通过听汇报，提问题，看资料，逐卷检查档案的方式，进行了实地检查，认为该项目档案文件材料收集和归档基本符合相关规定，档案管理规范有序，符合相关标准，经过审议同意通过专项验收。

（李金玲　黄海源）

【百余家港口企业负责人参加安全生产标准化培训班】 9月，九江市港口管理局和市安全生产监督管理局，共同举办了2012年宣传贯彻安全生产标准化实施细则的培训班。全市百余家港口企业主要负责人和安全管理人员共计140余人参加了培训。

培训班聘请了具有丰富港口生产经营管理经验的专家，对学员进行港口作业安全、《危险化学品建设项目安全监督管理办法》、港口机械设备的安全使用、港口库场安全管理、港口作业安全操作规程及港口常见事故伤害预防等方面的培训。此次培训结合港口生产特点,强化港口安全生产专业知识的教育,突出实用性和可操作性。

(刘国保　黄海源)

【九江港航管理部门加大水路运输和港口经营资质核查力度】 2012 年,九江市应参加年度核查水路运输企业 82 家,实际通过核查 50 家,限期整改 27 家,申请注销的 5 家未参加核查。应核营运船舶 606 艘,493643 载重吨。实际通过核查 548 艘,限期整改 58 艘;客运船舶应核查 128 艘、4886 客位,实际通过核查 88 艘、4134 客位,限期整改 40 艘;全市水路运输服务业应核查 38 家,实际通过核查 36 家,限期整改 2 家。核查港口企业 42 家,其中危货装卸企业 6 家。对 10 家未参加年审核查的港口企业,港航部门及时下达整改通知。

(九江市交通运输局)

【九江市召开环鄱阳湖港口发展概念规划汇报会】 2012 年 4 月 13 日,九江市环鄱阳湖港口发展概念规划汇报会在九江召开。环鄱阳湖港口群总体规划的编制,是适应九江的经济发展、策应鄱阳湖生态经济建设的需要,是九江港总体规划的延伸和补充,相关县市区和政府部门,一要进一步提高认识,统一思想,肩负起环鄱阳湖港口群规划编制的历史责任。二要立足当前,着眼长远,适度超前。统筹规划,合理开发鄱阳湖的货运及旅游资源,将环鄱阳湖港口群规划编制成为引领鄱阳湖港口建设的纲领性文件。三要密切配合,通力协作。各县区政府、市直相关部门要高度重视,积极配合编制单位,尽早完成环鄱阳湖港口群规划编制任务。

(九江市交通运输局)

规费征收

【概况】 2012 年初省政府出台了《关于开展鄱阳湖综合整治、坚决保护“一湖清水”的意见》,对湖区采砂提出“三个减少”(减少作业区、减少作业时间、减少船舶数量)和对赣江南昌段加大非法采砂整治力度等举措。面临诸多不利因素影响,各级稽征部门与时俱进,求真务实,通过强化征管手段,加大稽查力度,抓好源头管控等系列措施,促成总的规费收入同比有所增长,并迈上了一个新的台阶。全年各项港航规费征收总额为 30542.72 万元,同比增长 4.86%,超额完成目标计划 22.18%。其中海事规费收入 10499.04 万元,同比下降 2.75%,超额完成目标计划 16.66%;港口规费收入 20043.68 万元,同比增长 9.34%,超额完成目标计划 25.27%。

规范管理,狠抓落实。年初征费任务下达后,各稽征部门在征费工作中诸多不确定因素而感到压力大的情形下,将压力变为动力,把不利因素化为有利条件,采取了下列举措:一是结合本辖区水域费源的实际情况,认真分析,采取对策,以“重宣传、树形象、抓任务”为工作主线,充分体现“严、细、实”的工作特点,积极推进征管工作开展,做到早部署、早安排、早落实、早行动,确保了省港航管理局下达的征费目标实现;二是将严格征管、规范管理、依法稽查、依规征费、廉洁征收、服务船民、言行文明等要求贯穿征费工作的全过程,确保规费征管工作切实到位;三是扎实抓好源头管控,加大对边远及封闭河段短途运输船舶的稽征工作等手段,增强堵漏查补力度,提高收费到位率,有效遏制漏收现象;四是采用海事与港航联合执法征管优势互补办法,通过联合执法,使得九江、上饶、南昌等辖区水域规费漏收现象大为减少,不仅到位率高,且降低成本、成果显著。

(罗淑青)

渡运管理

【省厅对新建县渡口标准化建设情况进行督查】 5 月 28 日下午,省交通运输厅检查组在南昌市交通局、省港航局海事处、新建县交通局及联圩镇有关人员的陪同下,对新建县樵舍镇港下渡口标准化建设试点情况及汛期渡运安全进行了实地督查。

在港下渡口现场,检查组认真了解渡口实际渡运情况和渡口上下水域通航环境状况,要求当地县、乡(镇)政府渡口主管部门、水上交通安全监管部门一定要尽职尽责，履职到位，确保汛期渡运安全。

在港下渡口标准化建设情况座谈会上，当地渡管部门对港下渡口标准化建设进展情况进行了全面介绍，提出了标准化建设设想和当前遇到的困难。检查组指出，渡口标准化建设项目工程作为一项惠及百姓日常出行的民生工程，当地政府部门要加大对两岸老百姓渡口标准化建设的宣传力度，做好群众思想工作，稳步推进渡口标准化建设试点工作；相关部门一定要严格按照省厅渡口标准化建设实施方案的要求，狠抓施工质量，保证不出事故，确保工程验收合格。最后，检查组希望南昌市在全省渡口标准化建设试点工作中做出精品工程，创标准样板渡口，以推动渡口标准化建设工作顺利进行。

（冯雪辉　黄海源）

【景德镇市撤销最后一个公路汽车渡口】 1月11日上午，随着浮梁县“中洲一车田”（县道X084）公路上的郑坑大桥正式建成通车，景德镇市最后一个公路汽车渡口一浮梁县兴田乡黄金山汽车渡口完成历史使命，予以撤销。

据《景德镇交通志》记载：“新中国成立后，市区先后在樟树坑、福港、清溪、张培山、吕蒙等5个地方设立公路渡口，到1985年末，市区仍有4处渡口。”黄金山渡系民间渡口，地处浮梁县兴田乡张培山村，于1978年建设“车田一赵家”公路时改为公路汽车渡口。

2005年，位于黄金山渡口附近的浮梁县兴田乡潭口村郑坑大桥列入交通部固定资产投资车购税计划，并于2008年1月正式开工建设，2011年12月竣工通车。郑坑大桥全长186.02米，宽7米，总投资480万元。郑坑大桥通车后，原需依靠渡船来往于昌江河两岸的行人、车辆，可通过该大桥安全便捷通行，极大地方便了人民群众的生产生活。为此，在撤销郑坑渡口的同时，黄金山汽车渡口一并撤销。

（徐小明）

【分宜县渡口28年无事故】 分宜县十分重视渡口安全管理，全县渡口实现28年无事故，安全渡运1152万人次。该县把水上交通列入领导岗位责任制范围，作为年终目标考核内容之一。县交通运输局充分发挥职能作用，对全县10处渡口与渡船进行检验、丈量、核发船舶证。28年来，年年做到了一月一检查、一季一通报制度。特别是节假日、墟日，都坚持派安全监督员到渡口纠正违章，制止超载。并通过多方筹集资金360多万元，定期更新渡船30艘，修建10处渡口码头、10个风雨安全亭，受到了群众欢迎。

（林奇生）

【鹰潭市渡管所开展春运期间渡运安全大检查】 为确保春运期间渡运安全，2月1日至3日，市渡管所组织有关人员对全市渡口渡船开展了安全大检查。主要检查渡船的船舶证书、渡工证件、消防、救生设施和渡口设施等，并对渡工进行渡运基本安全知识测试，使其充分认识到安全驾驶的重要性。执法人员对此次检查中存在安全隐患的个别渡口渡船责令立即纠正，限期整改，同时叮嘱渡口管理人员和渡工要注意旅客上下渡船的安全，勤检查救生设备并使其处于适用状态；要求渡工务必严格遵守规定谨慎驾驶，在渡运高峰期要严格控制好旅客的人数，严禁超载。

（周洁华）

【泰和县地方海事处辖区22年无安全事故】 泰和县地方海事处切实履行岗位职责，时刻不忘责任意识，一丝不苟做好水上交通安全监管、航道养护、道政管理各项工作，创造了辖区内赣江航道及全县民间渡口连续22年平安畅通记录。

该县境内有蜀江、牛吼河、云亭河、仙槎河等支流及大中型水库渡口15处，管护责任重大。泰和县地方海事处克服工作人员少、管护工作压力大的困难，始终把渡运安全工作放在重中之重。在开学、节假日、汛期等重要时期，该处都派出人员到现场监管。20多年来，辖区内未发生过因航标设置不当或人为破坏设施、工作失职造成航道堵塞以及水上交通事故、人员伤亡或经济赔偿情况，连年被省交通运输厅、省港航局以及吉安分局授予先进集体、船舶安全竞赛优胜奖等称号。

（康昭金）

【宜春市农村渡运实现25年无死亡事故】 该市地处赣江中下游，大江大河多，渡口多，安全管理难度大。各级政府对渡运安全管理高度重视，作为惠民工程,列入重要议事日程,加强领导,制订举措,全力抓好渡运安全,农村渡运实现25年无死亡事故。一是实行三长负责制。对农村渡运安全管理采取县(市区)领导包乡(镇),乡镇领导包村,村干部包渡口的办法,实行县(市区)长、乡镇长和村长负责制,层层签订责任状,做到领导、机构、人员、工作、制度、责任、经费七落实,年终进行评比表彰。二是大造舆论。利用会议、报纸、广播、电视、标语、政府网、办培训班、开展安全月活动等形式大力宣传渡运安全重要性,大讲安全事故造成危害,强化安全教育。三是坚持制度。坚持和制订未经批准不准设渡口,没有驾驶证人员不准从事渡运,渡船不准超载,驾驶人员不准酒后和疲劳驾驶等规章制度,用制度管人、管安全。四是加强督查。做到渡工每日自查1次,乡村每旬检查1次,县(市区)每月排查一次,重大节日和重要会议期间,跟踪督查,开展查认识,查设备,查制度,查隐患,发现问题及时整改到位。五是加大经费投入。各县(市区)把渡运经费支出列入财政预算,确保渡工工资、码头建设、渡船更新、安全设备购置等合理开支。

(吴泽水)

【抚州市渡运安全连续28年无事故】 2012年,随着渡改桥工程的不断推进,抚州市共有渡口35个、93艘渡船。抚州市交通运输局和地方海事局严格落实安全责任制,对全区渡口进行分片管理,定人定责,层层签订水上交通安全责任书,落实安全责任。结合渡口渡船标准化改造工作,全面完成了现有渡口渡船的调查摸底工作。通过对临川区周渡渡口和金溪县煌汰渡口标准试点,有效推动了全市渡口标准化建设,带动了渡口安全管理规范化。同时强化现场监管,对辖区水域进行常态化安全巡查,并采取“定渡口、定渡船、定渡工、定载客量、定管理制度”的“五定措施”,坚决禁止辖区内的农用船、自用船、三无船、老旧船、渔船非法载客。各县区加大了渡运安全宣传教育培训力度,充分利用报刊、宣传手册、短信平台等各种有效宣传手段,宣传水上交通安全法律法规。全市水上安全各项管理措施落到实处,实现了抚州渡运连续28年安全无事故目标。

(陈根玲)

【上饶市撤销农村渡口62处】 上饶市2007~2011年完成总长度为11053延米47座改渡建桥项目。总投资为52708万元。47座桥梁的建成,全市撤销民间渡口61处和余干县河埠公路汽车渡1处。

(陈均培)

【鄱阳县渡工和渡船获专项经费补助】 6月15日,鄱阳县县长办公会议纪要(58期)正式明确:县政府对43名渡工每月补贴200元,37个渡口每个5000元维护经费,已登记在册44艘存在较大安全隐患的船舶维修经费按县、乡各50%的比例承担。

渡工收入偏低和渡船质量偏差是长期以来困扰鄱阳渡运安全的两大问题。鄱阳县地方海事处通过研讨,找准切入点,抓住机遇,多次向县政府建议适当增加渡船维修经费和渡工补助等事宜。此次鄱阳县政府对增加渡运补贴经费比较大,对稳定该县渡工队伍、保障渡船适航提供了有力的支持。

(焦培忠　官绍坤)

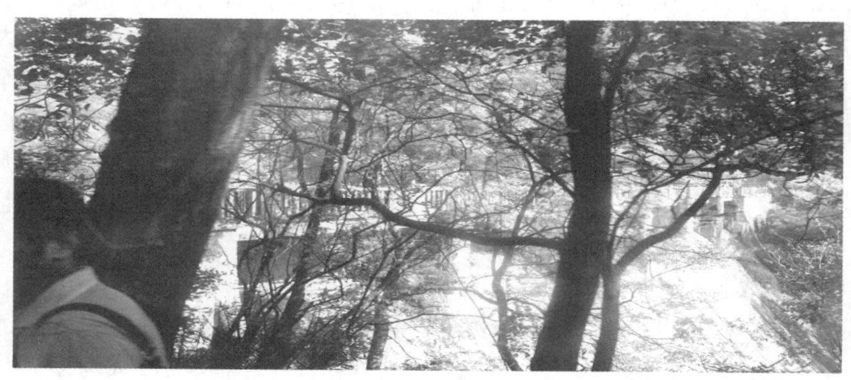

党群工作

党建工作

【概况】 2012年,省交通运输厅紧紧围绕交通运输改革和发展这个中心,突出工作重点,创新工作方式,切实加强党的思想建设、组织建设、作风建设、制度建设和反腐倡廉建设,为推动全省交通运输事业实现科学发展、绿色发展和安全发展作出了积极的贡献。

2012年,省交通运输厅获得省部级荣誉称号7个,全省春运工作先进单位2个,省工人先锋号2个,省青年文明号25个,省直青年文明号16个;全国五一劳动奖章1人,省五一劳动奖章1人、省五一劳动奖状1人。省交通运输厅先后被评为"全省开展发展提升年活动先进单位""全省社会治安综合治理工作目标管理先进单位""全省公共机构节能先进单位""全省七个系统国有企业改革先进单位""全国交通系统保密工作先进单位"。省交通运输厅直属机关党委被评为十个省直创先争优活动先进单位之一。

1. 在抓好思想政治理论学习上下工夫,党员干部的理论素养和综合素质得到新提高。省交通运输厅始终把理论武装工作作为强化基层中共思想建设的重要内容,坚持常抓不懈。是以中心组理论学习为带动,扎实开展科学理论武装工作。二是以学习宣传贯彻中共十八大精神为重点,扎实开展科学理论武装工作。中共十八大召开前,及早谋划中共十八大精神的学习宣传贯彻工作,厅党委把这一内容列入2012年中心组理论学习计划的重要内容,要求各单位积极开展"喜迎十八大,交通建新功"主题实践系列活动,并将活动开展情况纳入年度党建工作目标管理考核内容。三是以提高广大党员干部理论素养和综合素质为目的,扎实开展科学理论武装工作。截至2012年年底,厅直属机关党委先后举办了2期入党积极分子培训班,1期新党员培训班,2期加强和创新社会管理培训班和1期厅直单位学习贯彻中共十八大精神理论骨干培训班,培训共计880人次,完成省直机关工委党校调学任务19人次。

2. 在探索建立创先争优活动长效化常态化机制上动脑筋,融入中心和服务大局的能力得到新提升。在创先争优活动中,按照中央和省委的部署,厅直各级党组织围绕交通运输中心工作和重点任务,紧密结合自身实际,扎实推进创先争优活动的深入开展,有400余个党组织和6300多名党员参与到活动中来,较好实现了"推动科学发展、促进社会和谐、服务人民群众、加强基层组织"的活动目标。"七一"前夕,召开了创先争优活动表彰大会,对12个先进单位,106名优秀共产党员和30名优秀党务工作者进行了表彰。

一是立足本职,承诺践诺。2012年,通过广泛开展"建设富裕和谐秀美江西,创先争优向党的十八大献礼"主题实践活动和"富民兴赣我先行"党员承诺、"党员亮牌示范"等活动,进一步丰富了2012年公开承诺内涵,积极引导广大党员干部立足本职岗位,对标定位,承诺践诺,为实现交通运输科学发展多作贡献。二是联系基层、服务群众。原有创先争优党员领导干部联系点制度基础上,省交通运输厅进一步明确规定各级领导班子成员要按干部管理权限和所分管单位及部门特点,选取1至2个基层党支部作为基层党建工作联系点,结对帮扶1至2名困难职工。要求党员领导干部要以普通党员身份参加联系点党支部活动,虚心听取干部职工意见建议,每人每年安排不少于7个工作日在联系点蹲点工作,并须撰写10篇以上民情日记,为基层单位或职工群众办1件以上好事实事,给联系点党支部至少上一次以上党课或作专题报告,并建立民情工作档案。省高速路政机关分批安排机关干部深入基层一线,在扎根驻点3个月期间,干部与基层职工同吃同住同执勤,自2011年3月以来共派出机关干部多达112人,形成调研报告和民情日记74篇。2012年4月以来,省交通运输厅通过召开座谈会、走访服务对象、组织开展评议、发放调查问卷等形式问计于民、问需于民、问策于民,召开座谈会近10场、被邀请服务对象300余人次,共发放问卷1974份,回收1789份,收集意见建议140条。全厅推荐了6篇民情日记和6件惠民实事参加省直工委举办的"百篇优秀民情日记、百件惠民实事"评选活动。三是优化服务、提升形象。精简下放行政审批事项34项,委托12项,保留行政审批22项,非行政许可审批事项精简3项,保留10项,优化简化了群众办事程序,提高了办事效率,节省了办事成本;对网上审批、网上交易等相关平台优化再造,实现了交通工程公共资源网上交易系统的顺利运行;大力拓展交通服务热线、短信平台、路况信息发布等公众信息服务功能,进一步完善了公众出行辅助查询系统;在行政大厅、收费站、服务区、执法单位等交通运输窗口单位大力推行电子政务、预约服务、上门服务、延时服务等便民措施,大力倡导文明服务、标准服务、诚信服务、廉洁服务和人性化服务,广泛开展"学雷锋、树新风"和"三亮三比三争三评"等活动,打造了一批"雷锋式个人""雷锋式组织""雷锋式窗口",推出了"映山红""心悦客家""鹰西女子收费站"等服务品牌,充分展示了服务规范、形象良好的行业形象。四是健全制度、巩固效果。深入总结近两年来省交通运输厅开展创先争优活动的新鲜经验,把行之有效、务实管用、得到群众认可、能够广泛推广的好经验好做法提炼为制度规范,推动创先争优常态化、长效化。

3. 在开展"基层组织建设年"活动上求实效,党组织自身建设取得新突破。一是抓基层、打基础,着力提升党建工作科学化水平。根据"条例"规定的基本原则和程序要求,于2012年6月底召开了中共江西省交通运输厅直属机关第一次代表大会,选举产生了新一届机关党委和机关纪委。督促直属单位各级党组织及时按"条例"规定进行换届选举。调整和优化了各单位的领导班子结构,认真开好各级领导班子民主生活会,进一步增进了各级领导班子的团结,形成了共谋发展的强大合力。二是抓到底、全覆盖,扎实抓好基层党组织分类定级和晋位升级工作。省交通运输厅通过基层党组织自评、上级党组织考评、党员群众测评、厅直机关党委会集体研究评定的方式,在厅直434个基层党组织中确定了先进基层党组织383个、较好基层党组织44个、一般基层党组织7个、较差基层党组织0个。被定级为"较好"或"一般"的51个党组织按照巩固先进、推动一般、整顿后进的要求,针对自身薄弱环节,结合实际,按照晋位升级的要求,认真制定了涵盖支部概况、存在问题、整改措施、推进计划等内容的整改提高方案,并向党员群众承诺公示,经厅直单位党组织审核把关后报厅直机关党委备案,厅直机关党委每月不少于一次对其整改落实情况进行检查督促,定期组织整改效果评价。三是抓规范、显特色,扎实推进基层党建工作项目化发展。经审核,厅直机关党委公布确认了8个具有实施价值的子项目，严格执行“一个项目、一名领导、一套制度、一本台账”的要求，落实领办、承办、督办责任，定期以召开现场会、交流观查阅台账等形式，对实施中的项目进行跟踪指导检查。四是拓平台、建阵地，不断增强基层党建活力。同时加大了先进典型的选树和培育力度，营造学先进、当先进、超先进的良好氛围。在全厅各级党组织中开展了勇夺“为民服务十面先锋旗”、在广大党员队伍中开展了争做“为民服务十颗模范星”、在各窗口单位开展了创建“为民服务十佳示范岗”活动。

4. 在推动交通运输行业文化建设上做文章，精神文明创建和群团工作取得新成效。实际工作中，省交通运输厅注重在交通运输各项工作和各个领域中融入行业特色文化元素，把加强行业精神文明建设作为提升交通文化软实力的重要抓手。

（李　丹）

【省交通运输厅召开创先争优推进会】 3月15日，省交通运输厅召开“四比四创、四比四争”（即在基层党组织中开展比学习，创建学习型党组织；比发展，创建干事创业组织；比团结，创建协调统一组织；比作风，创建务实高效组织。“四比四争”即在党员中开展比学习，争当勤学善思模范；比工作，争当敬业实干模范；比作风，争当务实清廉模范；比奉献，争当克己奉公模范）活动总结暨创先争优推进会。厅党委书记程受锭出席会议并讲话，厅长马志武出席会议，副厅长万明主持会议，副厅长孙茂刚宣读《江西省交通运输厅党委深入开展“下基层访民情、转作风办实事、作表率创一流”，主题实践活动实施方案》，厅领导许润龙、成松、胡钊芳出席会议。省高速集团党委副书记、纪委书记魏炳彦在会上代表集团作创先争优活动经验交流发言。

程受锭指出，2011年，全厅各级党组织按照中央、省委和厅党委的统一部署，始终把深入开展创先争优活动作为推动交通运输科学发展的强大动力，以开展“四比四创、四比四争”主题实践活动为重要抓手，精心组织，扎实推进，广大党员积极踊跃参与，活动开展有声有色、成效明显。程受锭强调，要明确任务，突出重点，扎实推进创先争优活动深入开展。要自觉按照中央和省委的决策部署，紧密结合中心工作，把“下基层访民情、转作风办实事、作表率创一流”主题活动抓好抓实，掀起新的活动高潮。一是以推动交通运输科学发展为根本深化创先争优活动，二是以实践为民服务为宗旨深化创先争优活动，三是以推进学雷锋常态化为契机深化创先争优活动，四是以加强组织建设为基础深化创先争优活动，五是以加强作风建设为抓手深化创先争优活动，六是以建立长效机制为重点深化创先争优活动。程受锭要求，要加强领导，精心组织，确保创先争优活动取得良好成效。各级党组织一定要高度重视，做到领导力度不减、活动标准不降、工作措施不松。一是要落实领导责任。二是要加大推进力度。三是要把好工作节奏。四是要加强舆论宣传。

（陈志光　雷声猛）

【省交通运输厅直单位学习中共十八大精神培训班开班】 12月25日，厅直属单位学习中共十八大精神培训班在省交通干部学院开班。省直机关工委书记陈永华作了题为《学习中共十八大精神，加强党的建设》专题讲座。

该次培训为期2天，培训以学习中共十八大精神、党的建设及中共十八大党章修正案等为主要内容，邀请了省直机关工委党校、江西财经大学等从事党建工作的专家学者授课。厅直各单位党办主任、中心组学习秘书（宣传骨干）共计50余人参加培训。

（钟恢万）

【全省公路系统以各种形式庆祝中共十八大召开】 中国共产党第十八次党代表会议于11月8日隆重召开。江西省公路系统近百家单位都以各种形式庆祝中共十八大召开，衷心表达公路职工对中国共产党的无比热爱和忠诚。各地市区的公路干部群众，开展反复收视、学习十八大报告、研讨江西公路的发展前景、喜庆十八大歌咏比赛、网上发帖、微薄寄语、劳动技能竞赛、座谈会、帮扶会、走访慰问需要帮助的人等等一系列活动，随着参加各种庆祝活动的人次不断增加，大大增强了人们对祖国的未来充满信心。

（省公路局办公室）

【省港航局召开第一次党代会】 6月29日，中共江西省港航管理局第一次代表大会在南昌召开。省交通运输厅副厅长万明出席会议并讲话。万明指出,省港航局自2009年正式组建成立以来,局党委坚持以科学发展观为指导,解放思想,开拓进取,各项事业取得显著成绩,充分说明港航部门各级党组织是有号召力、凝聚力和战斗力的,全体共产党员、干部职工是奋发向上、积极进取的。并强调,在今后的工作中,省港航局各级党组织要以奋发有为的精神,全力推进全省水运事业大发展、大繁荣。在加快转变水运发展方式上有所作为,在优化水运结构上有所作为,在提升行业管理和服务水平上有所作为;要以求真务实的精神,努力建设一支扛得起重任、经得住考验的领导班子和干部队伍。塑造风清气正的领导团队,打造高素质的干部队伍;要以改革创新的精神,精心构建有活力、有凝聚力、有战斗力的基层党组织。要注重活力建设,注重凝聚力建设,注重基层基础建设;要以与时俱进的精神,全面树立健康文明、富有魅力的行业形象。倡导科学、健康、文明的生活方式,推进港航文化建设。

港航局党委书记严允在报告中用五个"紧紧围绕"对过去几年工作进行了回顾,即:紧紧围绕服务经济社会发展这个中心,港航各项事业得到新发展;紧紧围绕提高执政能力这个关键,领导班子和干部队伍建设得到新加强;紧紧围绕固本强基这个重点,基层党建工作得至新提升;紧紧围绕弘扬优良作风这个传统,党风廉政建设得到新推进;紧紧围绕开展"学树创建"活动这个载体,精神文明建设得到新深化。就当前和今后一个时期的主要工作,严允强调,一是加强思想建设,不断提高领导班子和党员干部思想政治水平。二是加强组织建设,切实发挥基层党组织战斗堡垒作用和党员先锋模范作用。三是加强党风廉政建设,不断提升港航干部队伍形象。四是加强行业文明创建,不断增强港航事业发展的软实力。

该次大会是省港航局组建以来召开的第一届党代会,会议经过投票表决,选举产生了中共江西省港航管理局第一届委员会委员12名,中共江西省港航管理局第一届纪律检查委员会委员9名。

(倪　磊　黄海源)

【部船检处、省船检局共建"四型海事"签约仪式在南昌举行】 12月14日,交通运输部海事局船检处党支部、江西省船检局党委结对共建"四型海事"签约仪式在省港航局17楼会议室举行。部海事局船检处处长徐新中,部海事局直属机关党委书记谢笑红,省局党委委员、调研员熊慎文在签约仪式上讲话,徐新中、熊慎文代表共建双方在协议书上签字。

徐新中认为船检结对共建"四型海事"活动,是贯彻落实中共十八大精神,深入实践科学发展观的有效途径。活动将安排党员思想交流、船检业务培训、帮助解决疑难问题、提供技术支持等内容,目的是促进船舶检验部门进一步提高履职、监管、服务、管理的能力和水平。

谢笑红介绍了部海事局提出"学习型、责任型、服务型、创新型"四型海事的背景和意义,希望部海事局船检处在结对共建活动中,着力帮助各地基层船检解决一实际疑难,这也是建设"四型海事"的具体要求。谢笑红相信通过部海事局船检处和江西船检部门的共同努力,船检结对共建活动一定会结出丰硕成果。

熊慎文指出,与部海事局船检处结对共建,是江西船检的一件大事,要以此为契机,争取部海事局船检处的政策帮助和技术支持,抓住机遇,破解难题,重点解决江西省"三无"船舶检验发证和柴油—LNG双燃料动力船舶动力船舶的试点及推广问题,努力推动江西省船检事业迈上新的台阶。

(李　明　倪　磊　陈明中)

【省公路运输管理局党委召开第一次党员大会】 7月3日,中共江西省公路运输管理局第一次党员大会在激昂的国歌声中拉开了序幕。省交通运输厅副厅长邓经国出席大会并作重要讲话,省运管局党委书记王江军作工作报告,局长梁必康主持会议。局领导以及机关全体党员、局属各党支部书记、副书记等参加会议。

会上,与会党员认真听取并审议通过了中共江西省公路运输管理局委员会的工作报告,审查通过了中共江西省公路运输管理局纪律检查委员会的工作报告和关于党费收缴、管理和使用情况报告。并按照选举办法规定,选举产生了中共江西省公路运输管理局第一届委员会委员7名、中共江西省公路运输管理局第一届纪律检查委员会委员9名,圆满完成了各项议程。

省公路运输管理局新组建以来,局党委在省

厅党委的正确领导下，坚持以科学发展观为指导，带领全局党员干部职工，锐意进取，创新突破，努力克服改革发展中的各种困难，各项工作取得了较好的成绩。一是党的建设不断加强。做到加强组织建设、抓好理论学习、加强制度建设、积极开展创先争优活动和加强干部队伍建设。二是行业发展步伐加快。全省道路运输系统党员干部充分发挥表率作用，努力践行“三个服务”，使服务保障能力实现新提升、市场监管水平有了新提高、从业资格考试工作获得新成果、安全管理推出新举措、信息化建设取得新成效。三是廉政建设成效明显。坚持狠抓党风廉政建设和反腐败工作，建立健全了具有道路运输特色的教育、制度、监督、惩治和预防腐败体系，有力地保证了运管工作的廉洁高效。四是行业形象稳步提升。通过加大行业文明建设、工作力度，深化行业文化建设，加强机关作风建设等举措，行业形象在稳步提升。

（朱　熹）

【省运管局加强组织建设】　2012 年，省运管局以开展“基层组织建设年”活动为抓手，不断加强组织建设，增强党组织的生机和活力。一是筹备召开了中共江西省公路运输管理局第一次党员大会，选举产生了新一届江西省公路运输管理局党委会和纪律检查委员会，为进一步推动党建工作科学发展奠定了坚实的组织基础。二是继续深入开展创先争优活动，认真开展“下基层访民情、转作风办实事、作表率创一流”主题实践活动，积极组织参加“为民服务争星夺旗创示范”评选活动，做好了基层党组织分类定级和整改提高晋位升级工作。在省厅创先争优表彰大会上，省运管局党委被表彰为“创先争优先进单位”。三是以加强基层党组织规范化建设为抓手，不断建立健全基层党建工作制度体系、组织体系和保障体系。切实落实“三会一课”、民主评议党员、党员党性定期分析、党员领导干部坚持过双重组织生活等各项党内制度，坚持民主集中制，制定出台了《“三重一大”事项集体决策制度实施办法》。四是坚持党群共建，统筹抓好群团工作。健全了工会、团委等群团组织，配齐、配好工会、团委干部，切实加强群团组织自身建设。

（朱　熹）

【省运管局加强党员干部教育培训】　2012 年，局党委进一步加大了干部教育培训力度，依托全省视频会议系统举办“道路运输知识大讲坛”，邀请部、省专家、学者和教授为全省运管干部职工集中授课，至今已开办 9 期，内容涉及政治、经济、文化、历史和行业政策法律法规。通过“请名师、进名校”，联合办学的方式，在中国人民大学举办一期“江西省道路运输管理高级研修班”，组织省局班子成员、设区市运管处、运输企业和局机关处室主要负责人员参加学习；在交通运输部干部管理学院举办了一期“江西省道路运输干部培训班”，加强对运管基层一线干部、业务骨干的培训。通过这种分层次、分步骤，有针对性的学习培训，参加学习的干部职工普遍反映开阔了眼界、借鉴了经验、增长了见识，促进了自身管理能力和水平的提高。

（朱　熹）

【省交通干院召开第一次党员大会】　10 月 10 日，省交通干部学院召开第一次党员大会。副厅长、厅直机关党委书记万明出席大会并讲话；厅机关有关处室负责人出席会议。受上一届党委委托，省交通干部学院党委书记李国峰在大会上作工作报告，报告以“围绕中心服务大局建设全国省级交通运输行业一流教育培训基地”为主题。一是加强思想建设，党员干部政治理论水平不断提高。二是围绕中心抓好党的工作，党组织推动科学发展的能力不断强化。三是着力抓好组织建设，党组织的凝聚力和战斗力不断增强。四是重视党委自身建设，领导班子工作水平不断提升。五是健全惩防体系，党风廉政建设不断加强。六是改进宣传工作，促进精神文明建设，构建和谐校园工作不断深化。七是积极发挥工会作用，工会工作不断改进等七个方面总结了学院党的工作。报告同时对面临的新情况、新问题和新挑战进行了简要分析，并指出了 2012 年和今后一个时期要着重抓好的七项工作。

与会人员认真听取、审议并通过了学院党委工作报告，一致通过了《中共江西省交通干部学院第一次党员大会选举办法》，并依据这一办法，选举李国峰、吴克绍、刘晓兰为新一届党委委员。全院 31 名正式党员参加会议，学院民主党派人士和入党积极分子列席大会。

（钟恢万）

【江西公路开发总公司中心组专题学习中共十八大精神】 11月19日下午，江西公路开发总公司党委中心组召开集中学习会，专题学习中共十八大精神。该司党委书记傅春华主持会议并讲话。该司在家领导及总公司机关中层干部参加学习会。会议学习了胡锦涛在中共十八大上作的题为《坚定不移沿着中国特色社会主义道路前进为全面建成小康社会而奋斗》的报告。会议强调，学习宣传贯彻中共十八大精神是当前各级党组织重中之重的任务。学习宣传贯彻的成效如何，直接关系到能否将广大党员干部的思想认识统一到中共十八大精神上来，直接关系、到能否将中共十八大精神转化为促进总公司科学发展的具体措施，直接关系到能否进一步提高党建水平，建设一支素质过硬、作风优良的党员干部队伍，为全面推进总公司科学发展提供坚强保证。会议要求，总公司广人党员干部要统一思想，充分认识学习宣传贯彻中共十八大精神的重大意义；要联系实际，认真贯彻落实中共十八大精神；要加强领导，切实把学习贯彻工作落到实处，形成层层抓学习、抓宣传、抓贯彻、抓落实的工作格局。会上，与会人员通过连日来的自学，在集中学习中纷纷发言，交流了学习中共十八大精神的初步体会和心得。

（缪德良　陈碧娟）

【中共南昌市交通运输局直属机关委员会成立】 根据南昌市贯彻《中国共产党党和国家机关基层组织工作条例》实施办法，2012年9月24日，中共南昌市直属机关工作委员会批复，同意成立中共南昌市交通运输局直属机关委员会和局直属机关纪律检查委员会，隶属市直机关工委管理。中共南昌市交通运输局直属机关委员会下设中共江西长运集团有限公司委员会等12个基层党委、中共南昌市公路运输管理处总支部委员会等6个党总支、中共南昌市城市客运管理处支部委员会等95个党支部，撤销市交通局原机关党总支。按照实施办法的要求，中共南昌市交通运输局直属机关委员会同时接受中共南昌市交通运输局委员会的指导。

2012年11月30日下午，中共南昌市交通运输局直属机关委员会第一次党员代表大会召开，局系统共107名党员代表参加了大会。大会采用无记名投票差额选举的方式，选举产生第一届中共南昌市交通运输局直属机关党委9名委员和第一届中共南昌市交通运输局直属机关纪委委员5名。局直属机关党委设1名专职副书记。

（余晓歌　周国祥）

【景德镇市交通运输局四项措施加强和改进党的基层组织建设】 5月初，景德镇市交通运输局采取四项措施，切实加强和改进党的基层组织建设。一是建立健全基层党建工作责任制。成立市交通运输局党建工作领导小组并建立议事规则和工作制度，加强工作协调，整合管理党建资源，形成工作合力。同时要求系统各级党组织把党的基层组织建设工作提上重要议事日程，明确各单位党组织负责人为党建工作第一责任人，带头深入基层调研党建工作，帮助基层解决实际问题，确保党的基层组织建设工作取得实效。二是推进基层党建工作项目化发展。按照提高党的建设科学化水平的要求，以抓经济工作的理念抓党建，将项目管理的手段和方法引入党建工作，着力推进一批探索创新型项目，引导基层党组织在组织设置、活动载体、制度机制等方面改革创新，努力破解一批基层党建工作的共性难题；着力推进一批典型示范型项目，将经过探索实践确有亮点、初见成效的项目，放到更大范围示范推广；着力推进一批制度推广型项目，及时把成效显著、经验成型的好做法上升为制度在全系统推广实施，推进基层党建工作项目化发展。三是健全基层党建工作保障激励制度。加大基层党组织活动经费保障力度，确保高质量地完成党建工作各项目标任务。要求系统各单位按有关文件规定提取年度党建工作经费，严格执行到位，并争取逐年有所增加，使党建工作开展有活力、机制有激励。四是强化基层党建工作考核检查。建立健全基层党建工作目标管理和考核检查机制，局党委每年与系统各单位党委（支部）签订党建工作目标责任书，把抓基层党建工作情况作为领导班子建设的重要内容。定期召开系统党建工作例会，交流党建工作经验、分析党建工作问题，部署党建工作目标。强化对基层党建工作的督导检查，对工作做得好的，及时给予肯定；对工作不力的，及时指出并帮助解决问题。

（郭晓初　涂　强）

【景德镇市交通运输局推行系统基层党建工作项

目化管理】 自5月起，景德镇市交通运输局党委对系统基层党建工作实行项目化管理，旨在进一步增强各级党组织的改革创新意识，以新的思想观念、思维方式、工作方法推进党建工作的综合性创新，切实解决当前党建工作中的一些热点难点问题，努力使各项工作在创新中提高，更多地培育工作亮点和工作特色。

该局推行的党建工作项目化管理，规定系统各基层党组织根据党建工作的热点难点问题，每年初研究确定1个以上党建工作项目。项目选择注重紧密结合本单位、本部门的中心工作，紧密结合基层党组织的工作实际和承载能力；注重党建活动阵地、信息网络、服务体系等基础载体，既按照党的建设的工作规律设计相对规范的项目体系，又尊重基层组织创造性的设计，通过项目化运作逐步形成品牌；注重党建工作的系统性，做到项目的阶段性、长远性、操作性相结合，实现长短项目合理搭配，全面铺开与重点突破相统一，达到整体连贯、局部推进，重点推介、全面带动。项目立项时应广泛开展可行性研究，明确项目建设的时间、步骤、建设内容、推进方式、组织措施、预期目标等，同时制订项目实施计划书。

为确保党建工作项目化管理取得明显成效，该局党委设置了2012年交通运输系统基层党建工作的4个必备项目，要求系统各级党组织必须完成。这4个必备项目是，开展“亮身份、树形象、转作风、促发展”主题活动，推动机关党建工作切实走在前、作表率；推行“三建三许”工作机制，落实党建责任制；开展“和谐发展心连心”活动，建立健全党风激励关怀机制；建立“百姓档案”访民情、解民忧。同时，鼓励各级党组织还可根据本单位实际自行创新项目。

（涂　强）

【景德镇长运有限公司新一届党委成立】 6月2日，中国共产党江西景德镇长运有限公司第二届党员大会召开。大会按照《党章》和《中国共产党基层组织选举工作暂行条例》的规定，经过党员们的充分酝酿和民主选举，产生了中国共产党江西景德镇长运有限公司第二届委员会和纪律检查委员会。会议全面总结回顾了公司第一届党员大会召开近10年来党的建设工作的基本经验，认真分析了企业生产经营面临的形势，安排部署2012年和今后一个时期党的建设、思想政治工作和精神文明建设的任务。同日，中共江西景德镇长运有限公司第二届党委会召开第一次全体会议，新当选的公司党委会委员周国顺、熊德彬、孙钟盛、周刚毅、范东炜参加会议，会议选举周国顺为第二届公司党委会书记，熊德彬为副书记。会议还对新一届公司党委会委员进行了分工。同日，中共江西景德镇长运有限公司第二届纪律检查委员会召开第一次全体会议，新当选的公司纪律检查委员会委员孙钟盛、张顺发、叶萌参加会议，会议选举孙钟盛为第二届公司纪律检查委员会书记。会议还对新一届公司纪律检查委员会委员进行了分工。

（张顺发）

【景德镇市交通运输局做好党建工作社区帮扶显成效】 为更好实施和谐社区建设规划，进一步帮助和改进基层党组织建设，景德镇市交通运输局专门成立社区帮扶小组，实行领导负责制，在珠山区周路口街道牌楼里社区开展与社区居委会结对共建工作。自2010年至2012年的三年帮扶期间，该局坚持把党建工作与社区帮扶工作紧密结合起来，本着“真诚、真心、真情”来帮助社区居委会“解忧、解难、解愁”，积极开展基层党建和社区帮扶工作，有针对性地帮助社区解决实际困难和问题，受到了社区居民的热烈欢迎和一致好评。

（汪娟娟）

【上栗运管所争当运管文化建设先锋】 上栗运管所争当“行业贴心人”的做法受到省效能办和省交通运输厅通报表扬后，在2012年萍乡市创先争优活动表彰大会上又被萍乡市委授予“全市深入开展创先争优活动先进基层党组织”荣誉称号。该所在干部职工中广泛开展“每天学习1个字、每天自学1小时、每月看1本好书、每月组织1次考试、每人提一条合理化建议”的“五个一”活动，倡导“说普通话、写规范字、做文明人”，从仪容仪表、公务用语、待人接物等方面进行规范，把履行服务职责、提升运管形象的业户联系制度与创建人民群众满意的服务窗口结合起来，把落实好市运管处制定的各项工作规范与创建人民群众满意的执法单位结合起来，推动上栗道路运输行业的发展和行业文化的进步。

（李襟远）

【芦溪县交通运输局认真开展党建工作】 芦溪县交通运输局认真开展党建工作,通过加强思想、政治、组织、作风三大建设工作,充分发挥基层党组织作用。继续深入开展创先争优活动,认真开展组织生活,坚持三会一课制度,创先争优活动氛围浓厚。2012 年确定预备党员 1 名,入党积极分子 5 名。以开展"整作风、提效能、优环境"活动为契机,创新举措,机关作风明显好转。推行首问责任制、限期办结制,落实便民措施,提高办事效率,政风行风满意度测评排名居全区部门前列。

(芦溪县交通运输局)

【九江市交通运输局组织机关全体党员接受传统教育】 "七一"期间,局机关组织 40 余名党员赴延安革命圣地接受传统教育,参加活动的党员深刻认识到,延安精神既是自力更生、艰苦奋斗的创业精神和全心全意为人民服务的精神,也是坚持实事求是、不断开拓创新精神。使全体党员进一步增强了为人民服务意识,也取得了良好教育效果。

(九江市交通运输局)

【新余市交通运输局组织观看影片《忠诚与背叛》】 6 月 8 日,新余市交通运输局党委组织全体党员观看影片《忠诚与背叛》,影片融政治性、艺术性及观赏性为一体,真实再现了中国共产党成立初期为维护党的纯洁性而付出的艰苦卓绝的努力。

(邓清华)

【鹰潭市交通运输局加强基层组织建设】 2012 年,鹰潭市交通运输局根据《关于市交通运输局机关党建标准化项目建设实施方案》,局属各级党组织按照推行队伍建设标准化、运行机制标准化、阵地建设标准化、工作流程标准化、活动组织标准化、工作制度标准化的要求,积极主动地抓好基层组织建设。市港航管理处党支部率先抓好党建标准化项目建设,按照强基础、促规范的目标,局属基层党组织基础更加扎实,工作更加规范,作用更加显现。开展创先争优活动以来,组织 12 名入党申请人员参加入党积极分子培训,全市交通运输系统青年要求加入党组织热情高涨,进一步激发了基层组织建设的活力。

(鹰潭市交通运输局)

【鹰潭市市港航处支部换届选举】 2012 年 10 月 15 日,市港航处党支部换届选举大会,共有 10 名有选举权的党员参加此次选举,符合法定人数。

会上,上一届支部书记舒政红代表本届支部委员作了支部工作报告,提请全体党员讨论、听取意见、通过报告。报告回顾了近年来支部的具体工作以及取得的显著成绩,肯定了各位党员在各自岗位、各项工作中的先锋模范作用,同时对下一届支部工作提出了要求。之后,清点党员人数、确认党员选举权、公布候选人名单、投票选举、开票计票,顺利完成了支部换届选举,产生了新一届支部委员会。新一届支部委员会由五位人员组成,并召开了第一次支部委员会,选举产生了党支部书记。会后,支部将本次换届选举结果向市交通运输局党委进行了上报。

党支部换届选举是港航处党建工作的一件大事,新当选的支部书记舒政红表示,新一届支委会将继续发挥模范带头作用,团结与引领全体干部职工,为全市港航事业的发展作出新的贡献。

(周洁华)

【赣州市公路运输系统喜迎十八大】 11 月 8 日上午,赣州市公路运输系统各级党组织认真组织广大党员、干部、职工观看中共十八大开幕式,并认真地进行了讨论。表示:要在中共十八大精神鼓舞下,继续以"永远热爱党、永远跟党走"的主题教育活动为动力,进一步抓紧落实好"十二五"期间赣南苏区交通运输振兴发展工作。加快国家公路运输枢纽建设项目的进度,推动城乡公共交通运输发展。到 2015 年末,已通公路并符合客车安全运行条件的行政村客车通达率达到 100%,农村客运运力全面更新为符合国家标准的车辆,其中中级客车达 40%。形成以县(市、区)为中心,以乡(镇)为节点,辐射行政村的农村客运班线网络,农村客运网络明显优化,安全管理和服务水平明显提高。全市农村客运公司化经营达到 100%,对驾驶员实行"五统一"管理,即统一招聘、培训、考试、统一发放工资,统一考核、统一奖惩、统一调度,农村客运集约化、规模化经营水平和抗风险能力进一步提高。客运企业管理制度健全,管理措施到位。在兼顾农村经济的发展和农民群众的经济能力以及方便农民群众安全、便捷出行的前提下,尽量做到让利于民,确保经济效益和社会效益双丰收。全市将建设农村客运站180个,客运站乡镇覆盖率达70%以上,农村客运站投入使用率达90%。建设候车亭2562个,行政村候车亭覆盖率达100%。

(李发淳)

【赣州高速公路公司党委积极发展一线党员】 赣州高速公路公司党委在党员发展工作中抓紧培养运营保畅一线的收费员、系管、票管、机电员工和项目管理一线的现场工程师、征迁管理员入党,努力使一线普通员工党员数占员工总数的比例在整体上有较人幅度提高,努力保持一线、班组、项目工地新发展党员的质量。2011年,12个基层党支部在一线共发展新党员6名,确定发展对象4名,培养入党积极分子22名,使基层党员人数达到78名,达到现有党员总人数107名的近73%。该公司党委的主要做法为:在遵守党章规定,保证质量、坚持程序的基础上,对生产一线的班组长、服务标兵、技术能手个人自愿提出申请的,支部可直接列为入党积极分子,并在定党员发展计划和培养对象时做到了"三倾斜",即对从事生产一线的先进员工倾斜,向生产一线的技术能手、业务骨干倾斜,向生产一线没有党员的班组倾斜;采取"定责任制"明确党委、支部和党员对发展党员的具体责任,由各支部指定党员对一线员工开展结对帮扶,实行专人联系、定期了解入党积极分子的思想动态,积极培养和引导一线员工向党组织靠拢。同时,将一线党员发展工作与公司党委党建目标考核挂钩,与支部百分制考核挂钩,要求各党(总)支部结合公司实际,拿出加快一线党员发展的具体措施,促进一线党员发展,确保取得实效。

(赖锦洪 袁 涛)

【吉安市交通运输局召开推进党建暨干部作风整治工作会议】 2012年8月31日,吉安市交通运输局召开推进党建暨干部作风整治工作会议,局属各单位副科级干部及公交公司、中心城区出租车行业党组织负责人、局机关全体干部职工参加会议。

会议指出,从全市、市局组织的明察暗访及7月份全市环境监测反映的情况来看,该局工作作风仍存在不少问题,机关工作纪律松散,少数干部职工上班时间不在岗、玩游戏及个别领导干部不遵守财经纪律、脱离权利制约等。针对这些问题会议明确了具体的整改措施:一是落实"三重一大"集体决策制,实行"一把手"四个(人事、财务、工程建设、物资采购)不直接分管;二是认真落实党风廉政考核制,实行"一把手"述职述廉;三是进一步规范执法行为,提高执法水平,将9月定为上门服务月和宣传月。四是切实遵守机关上下班工作纪律管理规定,严肃工作纪律。2012年,该局把党建工作与解决干部作风、交通运输行业方面存在的突出问题结合起来,进一步加强基层组织建设,改进干部作风建设,党员的先进性和党组织的战斗力得到更好发挥。下一步,必须把干部队伍思想作风教育放在更加突出的位置,切实抓好"保持党的先进性教育",端正思想、严于律己,强化责任意识;必须把党建工作与加强政风行风建设紧密结合起来,确保实现"基层组织年创评目标",切实做好政风行风建设工作;必须把党风廉政与干部作风整治的各项工作任务落到实处,切实强化党的宗旨意识、廉政意识和纪律意识教育,切实强化制度建设,解决以权谋私、群众反映强烈的问题。

会议对上半年交通运输工作进行了总结,深入分析了该局上半年工作存在的问题和不足,重点部署了下半年交通运输工作。会议要求各单位要抓紧时间,坚定信心、排难而进,以时不我待的精神完成好下半年的工作,以积极进取的精神完成好全年的各项工作任务,以优异的工作成绩迎接党的十八大胜利召开。

(刘 畅)

【吉安市县乡公路处组织全体干部职工学习中共十八大报告】 2012年11月30日,市公路处组织处全体干部职工学习中共十八大报告,并对当前工作进行了布置。干部职工一致认为,中共十八大是中国在改革阶段召开的一次十分重要的会议,胡锦涛的报告客观全面,实事求是,高屋建瓴,内涵丰富,顺应时代潮流,符合党心民心,是继往开来,鼓舞人心,催人奋进的报告,是顺应时代发展的纲领性文件。干部职工一致表示要认真学习和深刻领会中共十八大报告的精神实质,把思想和行动统一到中共十八大精神上来,深入贯彻落实科学发展观,继续解放思想,坚持改革开放,推动科学发展,促进社会和谐,为加快建成小康社会作出积极贡献。作为负责全市农村公路建设养护的管理机构,要进一步团结合作,积极引导县(市、区)做好农村公路的建设、养护和管理工作,同时要抓好2012年的工作任务,以实际行动贯彻落实中共十八大。

(刘文权)

【吉安市交通运输局机关党委正式成立】 2012年12月20日,吉安市交通运输局召开局机关党委成立大会,选举产生了第一届机关党委委员会,赵夫发等6名人员当选为机关党委委员,这标志着该局机关党委正式成立,党组织建设得到进一步健全。会议要求,全局上下要以机关党委成立为契机认真抓好学习宣传贯彻中共十八大精神工作,把思想和认识统一到中共十八大精神上来,切实加强基层党组织建设,努力提高党的建设科学化水平;机关党委委员要努力提高自身素质,认真履职,充分发挥机关党委的表率作用,努力为全市交通运输事业的发展多作贡献。

(刘　畅)

【宜春市交通运输局加强党组织建设】 2012年,市局机关党委以群众满意为标准,以创先争优为动力,抓学习、强队伍、办实事、树作风,充分发挥党组织战斗堡垒作用和党员先锋模范带头作用,加强党组织建设,增强党组织的战斗堡垒作用。一是为适应新形势下党建工作需要,5月份成立宜春市交通局机关委员会,为进一步推动党组织统筹管理打下良好基础。二是切实做好选举党代表和支部换届选举工作。按照市直机关工委要求,局机关党委召开全体党员会议,经过酝酿讨论,确定局机关党委推荐省出席中共十八大代表候选人名单。三是对局老干部支部进行支委换届工作。四是研究通过并指导市公交公司党总支进行换届选举。五是补充新党员,不断增强基层党组织战斗力。全年局机关党委批准入党积极分子2人,确定发展对象3人,预备党员转正4人。六是加强党费管理,及时按标准收缴党费,及时上报党员花名册、各类统计报表等。

(易　为)

【樟树市交通运输局党委评为宜春市创先争优先进基层党组织】 2012年,市交通运输局深入开展创先争优活动,发挥党员旗帜表率作用,要求所有党员干部职工在"争"字上做文章,在自己职责和岗位上当模范、作表率,争做优秀共产党员,并把创先争优活动与当前的中心工作紧密结合,二者兼顾,取得实效。局党委以创先争优为抓手,注重为民办好事,办实事,把创先争优工作和民生工程结合起来,发挥党员先锋模范作用,心系群众,扎实工作。由于成绩突出,该局党委被宜春市委评为宜春市创先争优先进基层党组织。

(刘　鹏)

【宜春市交通运输局狠抓党组中心组理论学习】 2012年,市交通运输局党组中心组围绕"建设学习型机关,争做学习型干部"这一主题,坚持学以致用,充分发挥党组中心组理论学习示范带动作用,营造抓学习、促工作的良好氛围,为实现局党组年初提出的总体要求提供强有力的政治保证,为推动全市交通运输工作科学发展奠定坚实的思想基础,全年安排中心组理论学习6次。时间12天,其中集中学习讨论时间6天,自学时间6天,做到每月确保一次,出勤率95%以上,每个中心组成员都做了大量的学习笔记,结合分管的业务工作写心得体会。做到人员、时间、内容、效果的"四落实"。一是领导带头好。局主要领导认真履行第一责任人职责,亲自部署学习任务,亲门审定学习计划,亲自主持中心组学习、亲自督促中心组成员学习,带头开展自学和参加集中学习,带头做学习笔记、心得体会,带动和推动中心组及机关的理论学习。二是学习方法活。集中学习和个人自学相结合;理论学习结合工作实际列出讨论专题,每次突出一个重点、集中一个主题、解决一个实际问题,提高学习效果;深入学习和调查研究相结合。三是示范带动强。市局充分发挥中心组理论学习的带头作用。一些重要的学习内容中心组与局机关中层以上干部甚至是全体职工一起学;四是学习效果实。始终坚持理论联系实际这个根本,自始至终把理论学习的落脚点放在提高认识、推进工作、学以致用、增强学习效果上。正确处理好学习与工作的关系,做到工学兼顾;正确处理好自学与集中研讨的关系,做到学议结合;正确处理好带头学与带动学的关系,做到两者并重。

(晏小宜)

【奉新分局党员启动“先锋创绩”活动】 1月5日,奉新公路分局党员启动“先锋创绩”活动。开展这一活动,就是对党员义务明细化,先进要求具体化,考核评价公开化,从而为提高党员的党性意识,责任意识和先进意识,进一步增强基层党组织的创造力、凝聚力、战斗力,为推进科学发展、进位赶超、绿色崛起提供坚强的组织保证。党员“先锋创绩”工作按照“年初定承诺,半年一申报,年终一总评”的方式进行,主要包括党员“述绩”、群众“评绩”、公开“亮绩”、支部“考绩”、组织“用绩”五个环节。

(龚付生　陈建湘)

【宜春市公路管理局党委获全国、全省创先争优先进基层党组织称号】 6月28日,在人民大会堂召开的全国创先争优表彰大会上,中组部对在全国创先争优活动中涌现出的先进基层党组织、优秀共产党员和先进县(市、区、旗)进行了表彰,宜春市公路管理局党委位列其中,被中组部授予“全国创先争优先进基层党组织”称号,全国公路系统仅有两个单位获此殊荣。6月30日,在江西全省纪念建党91周年暨创先争优表彰会上,该局党委又获得了“全省创先争优先进基层党组织”荣誉称号。

(省公路局办公室)

【上饶市交通运输局认真学习贯彻中共十八大精神】 2012年11月22同,市交通运输局党组召开会议,专题研究部署学习宣传贯彻中共十八大精神工作。市局党组书记、局长吴步高主持会议并讲话,局领导徐泽民等11人参加会议。会议认真学习贯彻了中共十八大精神和市委三届三次全体(扩大)会议精神,就全局各级党组织学习宣传贯彻十八大精神进行安排部署。

会议指出,学习宣传贯彻好中共十八大精神,是当前和今后一个时期首要的政治任务,也是一项带有根本性的长期任务。全局各级党组织和广人党员干部群众一定要充分认识中共十八大的历史地位和重大意义,迅速掀起学习十八大、宣传十八大、贯彻十八大的热潮,把全局党员干部群众的思想和认识统一到十八大精神上来,把全局党员干部职工的智慧和力量凝聚到实现十八大所确定的目标任务上来。

吴步高要求,各单位、各部门要结合贯彻落实中共十八大精神,认真抓好当前交通运输各项工作。一要突出抓好交通项目建设,确保德上高速公路、农村公路综合服务站、农村公路安保工程、渡改桥扫尾工程等项目建设快速推进。二要突出抓好民生保障工程,确保市中心城市公交经营体制改革取得新突破。三要突出抓好交通行业管理,确保运输保障、工程质监、农村公路养护管理取得新成效。四要突出抓好安全稳定,确保行业安全形势稳定。五要突出抓好党风廉政和干部作风建设,确保行业自身建设取得新业绩。六要突出抓好思路创新,谋划好明年的各项工作。

吴步高强调,各单位要加强领导、精心组织宣传中共十八大精神。一要制定宣传方案,加强组织协调,推动中共十八人精神进车站、进码头、进服务区、进机关。二要充分利用上饶交通信息网站(内刊)、黑板报、宣传栏、阅报审、新闻媒体等载体,加大中共十八大精神的社会宣传力度。三要发挥党组织理论学习中心组的作用,切实抓好科级以上领导干部的学习。各级党员领导干部要带头学习,带头宣讲,带头贯彻,副科以上的领导干部均要写一篇学习心得体会文章。四要加强学习引导,采用集中学与自学相结合的方式,组织开展专题报告、辅导讲座、座谈会等活动,引导本单位的党员干部职工进行深入学习。五要认真组织征订《十八大报告单行本》《中国共产党章程》《(十八大报告)辅导读本》等中共十八大学习材料,做到每名党员人手一册。

(局办公室)

纪检监察工作

【概况】 2012年,全省交通运输系统各级纪检监察部门坚持标本兼治、综合治理、惩防并举、注重预防的方针,坚持突出交通运输特色,以推进惩防体系建设为主线,以交通基础设施建设领域廉政工作和交通运输行业纠风工作为重点,强化监督检查,加强作风建设,着力解决反腐倡廉建设中群众反映强烈的突出问题,党风廉政建设和反腐败工作取得了新的成效。

1. 坚持教育为先,进一步提高干部职工廉洁自律意识。一是以多样化形式丰富反腐倡廉宣传教育。加大宣传力度,积极在省纪委和驻部纪检组网站、刊物上宣传省交通运输厅反腐倡廉建设的经验、做法,全年累计发表各类信息20篇。二是以示范点建设引领廉政文化深度推进。《中国交通报》在头版头条对省交通运输厅开展廉政文化建设情况进行了题为《江西交通廉政文化净心提力》的报道。截至2012年年底,全省交通运输系统已建有廉政文化建设点383个。三是以课题研究的方法破解工作中的难点。厅纪委组织开展了《交通运输系统风险岗位廉能管理研究》和《科级干部涉案问题剖析》等课题研究,有力破解了工作中的难点。

2. 坚持突出重点,进一步深化工程建设专项治理活动。一是加强领导,加大重点工程建设项目政治监察派驻力度。完善重点工程建设项目政监处派驻制度,明确了50千米以上项目由党委书记兼任纪委书记及政监处处长,其他项目由党委副书记兼任纪委书记及政监处处长的要求,规范了派驻程序。二是完善制度,不断建立和健全工程建设及招投标相关规定。继续落实公共资源交易进入交易中心的要求,全系统招投标活动全部进入交易中心进行。完善"十二公开",制度,修订并重新印发了信息公开指导目录,建设并上网运行了"江西省交通运输厅工程建设领域项目信息和信用信息公开共享专栏",进一步面向社会全面公开项目运行情况。三是科技支撑,强力推进公共资源网上交易系统建设工作。创新监督方式,实现了网上监督同步进行。九江绕城项目、万载至宜春项目和昌樟改扩建项目招投标活动已实行电子化招标,招标金额达68亿元。四是强化监管,全面开展工程建设项目监督检查。省厅交通工程招投标监督小组对招投标行为严格把关,发现并处理了隧道转包出让资质和绿化招标围标串标等问题,以维护招投标行为公平公正。五是重点突破,认真进行挂靠借用资质投标、违规出借资质问题专项清理工作。全系统共排查工程建设项目351个,参建单位961家,先后处理了13起挂靠借用资质投标、违规出借资质的企业或个人,并组织有建设资质的企业法人代表签订了《严格遵守行业管理规定承诺书》。

3. 坚持纠风治乱,进一步规范交通运输市场秩序。2012年开展厅级明察暗访活动7次,受理涉及物流领域乱收费和公路"三乱"问题的投诉24起,纠正基层运管所、路政部门违规执法案件各1起,查处清障施救引起的乱收费2起。一是收费通行"关注高"的问题平稳推进。开展了收费公路专项清理,2012年将省管一级公路的12个收费站全部撤销,并将于2013年底前停止市、县政府还贷一级公路和境内经营性收费公路收费,实现全省普通公路免费通行,预计每年减少社会负担超过11亿元。国庆期间实行高速公路小型客车免费通行政策,免收353.51万辆次高速公路小型客车通行费,工作推进平稳。二是运政执法"老大难"的问题重拳治理。全省共出动运政稽查力量67352人次,查处各类案件8303起,其中非法营运案3088起、无从业资格证案2036起、班车串线案836起、非法改装案1569起。有效遏制了全省各地黑车经营、出租车违规等行为。三是清障施救"反映多"的问题逐步规范。进一步完善了清障施救管理暂行办法、准入及退出管理制度、履约保证金管理办法、服务监督卡使用规定、公示制度、设备配备标准等10余项管理制度,印制了清障施救管理工作手册,发放清障施救服务监督卡11万余张。四是水运行风"难规范"的问题得到改进。省港航管理局建立健全水上运输治理长效机制,派出督查组对部分乱作为情况进行了暗访督查,对督查中发现的问题进行反馈并提出明确的整改要求,共排查各类水运、港航企业267家次,查出一般问题130个,全部整改到位。

4. 坚持从严治党,进一步查处交通运输违纪违法行为。2012年厅纪检监察机关共接受群众来信来访电话举报194件(次),其中检控类34件(次),受理初核线索12件,立案12件,比上年增加9%,共处分违纪人员20人,比上年增加33%。继续查处工程建设领域腐败案件,全年有5名干部受到查处。同时,严查失职渎职案件,针对发现的问题,对某项目办相关责任人员立案调查,涉及处级干部9名,并给予了相应的纪律处分。

5. 坚持风险防控,进一步完善惩治和预防腐败体系。按照省纪委、省监察厅的统一部署,省厅开展了新一轮风险岗位廉能管理工作,进一步规范和监督权力运行。针对廉政风险点和评估的风险等级,采取自上而下和自下而上相结合的方式,围绕管人、管钱、管物、管事和管工程、管项目等重点岗位，清理职权 83 项，查找岗位廉能风险点 223 个，制作了职权运行流程图和岗位职责。通过清理职权、查找岗位廉能风险、评定风险等级、制作职权运行流程图、制订岗位职责、实施风险岗位预警等措施，将领导机关权力运行全部纳入廉能管理范围，使风险岗位廉能管理工作水平得到进一步提升，推进了交通运输系统惩治和预防腐败体系的发展。

（李青峰）

【2012 年度全省交通运输系统纪检监察工作先进集体和先进个人名单】

一、先进集体（19 个）

1. 纪检监察工作先进集体（10 个）

省公路管理局
省港航管理局
省公路运输管理局
省高速公路投资集团公司
省公路路政管理总队
赣崇项目办
省港航管理局赣州分局
省高速集团景德镇管理中心
省高速集团宜春管理中心
鹰潭高速路政管理支队

2. 纠风工作先进集体（4 个）

赣州市交通运输局
抚州市交通运输局
宜春市公路管理局
上饶市公路管理局

3. 办案工作先进集体（3 个）

省港航管理局监察室
省高速公路投资集团公司监察室
省公路路政管理总队监察室

4. 信息工作先进集体（2 个）

省高速集团泰和管理中心
交通工程咨询监理中心

二、先进个人（65 名）

1. 纪检监察工作先进个人（54 名）

杨露璐　省公路管理局监察室副主任科员
文　兵　省交通工程集团公司纪委书记
张换水　省公路工程监理公司党支部书记
傅　瑾　江西路通科技有限公司副科级纪检员
沈纪青　省港航管理局监察室主任
万小红　省港航管理局主任科员
余林生　省港航管理局界牌航电枢纽管理处正科纪检员
徐士林　省航道工程局党委副书记兼纪委书记
汪　莹　省港航管理局南昌分局科员
陈贞明　省港航管理局九江分局监察室主任
姚月琴　省港航管理局上饶分局副科纪检员
杨桂生　省港航管理局抚州分局纪委书记
严敏杰　省港航管理局吉安分局纪检干事
黄　强　省公路运输管理局监察室主任
陈　坚　省公路运输管理局监察室副主任
陈志庭　省高速公路投资集团公司监察室主任
罗慧俐　省高速公路投资集团公司监察室副主任
郭云浩　省高速公路投资集团公司监察室督查室经理
骆莉萍　江西公路开发总公司监察室副科级纪检员
李云婷　赣粤公司监察室主任
郭建华　省高速集团赣州管理中心监察室主任
付小宁　省高速集团抚州管理中心监察室副科级纪检员
胡　娟　省高速集团宜春管理中心监察室副科级纪检员
张礼林　省高速集团泰和管理中心党委副书记、纪委书
郑　蕾　省高速集团景德镇管理中心监察室副主任
方文涛　省高速集团上高管理中心监察室纪检员
曾　伟　梨温高速公路公司广丰收费站站长
刘伯庭　省高速集团万年管理中心监察室干事
罗青波　省高速集团万年管理中心职员
黄　鹃　省交通工程质量监督站办公室副主任
郭　萍　省高速公路联网管理中心综合科副科长
周军省　高速联网中心鹰潭分中心主任兼支部书记
李振宇　厅规划办综合科副科长
余明华　厅外经办正科级纪检员
赵德旺　省交通干部学院监察室主任
傅藻清　省交通设计研究院有限责任公司副

科级纪检员
徐青华 省交通设计研究院有限责任公司桥隧所书记
李晓东 省交通科学研究院专职纪检员
范 薇 江西远洋运输公司监察室主任
黄 舒 江西国际集装箱码头有限责任公司党支部书记
潘建群 江西中远国际货运有限公司党支部书记
陈 峻 九江长江大桥公路桥管理局纪委书记
杨 蕾 九江长江大桥公路桥管理局监察室副主任
黄绿光 交通工程咨询监理中心党委副书记、纪委书记
袁 明 厅信息中心专职纪检员
谭志敏 省公路路政管理总队监察室科员
陈 辉 南昌高速路政管理支队一大队支部书记
廖惠勤 赣州高速路政支队纪委书记
占伟景 德镇高速路政支队纪委书记
姜华荣 吉莲项目办政监处副处长
郑鸿英 德上项目办党委副书记、政监处长
何 敏 抚吉项目办党委副书记、政监处长
李 旷 驻省交通运输厅监察室副主任、正处级纪检员
李青峰 驻省交通运输厅监察室主任科员

2. 纠风工作先进个人(6名)
卢春媚 萍乡市交通运输局监察室主任
华河辉 抚州市交通运输局党委副书记
钟莉萍 吉安市公路管理局监察室副主任、正科级纪检员
刘冬生 景德镇市公路管理局监察室主任
曾福庆 新余市公路管理局纪委副书记、监察室主任
段盛华 省高速集团景德镇管理中心职员

3. 办案工作先进个人(3名)
李 智 交通职业技术学院监察室副主任
周 君 省交通设计研究院有限责任公司政治监察处干事
章春华 省高速集团万年管理中心德兴管理处副科级纪检员

4. 纪检监察信息工作先进个人(2名)
高 波 省交通工程质量监督站副科级纪检员
郑 慧 厅规划办科员

(厅纪委监察室)

【省交通运输厅加强机关效能建设】 2012年,省交通运输厅坚持作风整治,加强交通运输系统机关效能建设。一是加强组织领导。认真开展集中整治影响发展环境的干部作风突出问题活动,建立活动领导及工作机构,制订实施方案,召开动员会议,确保组织领导到位。二是增强活动氛围。积极整合有效资源,形成强大的舆论宣传工作合力,为活动开展营造浓厚的氛围。三是注重特色创新。省厅开展“下基层访民情、转作风办实事、作表率创一流”主题实践活动,省高速公路投资集团公司开展“百姓满意服务区”评选活动,省公路路政管理总队开展全省路政系统大练兵大比武活动,均取得明显成效。四是狠抓整改落实。积极参与“百千万”内设机构测评活动,认真开展问卷调查,着力解决群众反映的热点难点问题。共发放问卷1974份,回收1789份,收集意见建议59条。针对查摆的问题,全部整改到位。五是改进工作作风。出台了禁酒令,下发了元旦春节期间严格遵守廉洁自律规定的有关通知,拟制了《江西省交通运输厅改进工作作风、密切联系群众“九规范”》,提出了规范考察调研、规范联系群众和规范各项会议等九类规范,细化了中央和省委的相关规定。

此外,省交通运输厅还坚持固本强基,进一步加强纪检监察队伍建设。针对基层纪检监察干部工作任务重、业务要求高的特点,举办2期基层纪检监察干部业务培训班,培训260余人。各级纪检监察机关开展以借代训活动,通过上借的方式对下属单位纪检监察干部讲行轮训。

(李青峰)

【省交通运输厅做客政风行风热线节目】 1月4日,省交通运输厅总工程师胡钊芳率省公路局、省港航局、省运管局、省高速投资集团、省路政总队和厅机关有关处室负责人员做客江西人民广播电台《政风行风热线》节目,就进一步加强交通运输系统政风行风建设,如何做好春运应急保障,提升交通运输服务水平,接听了广大群众的热线电话。

胡钊芳在节目中介绍了2011年省交通运输厅加强政风行风建设所做的六个方面工作:一是

高速公路通车里程超过3600千米；二是国省干线公路养护管理成效显著；三是农村公路建设实现新进展，基本完成农村公路建设8000千米；四是综合运输体系建设取得良好开局；五是交通运输服务和保障能力不断增强；六是行业发展、行业监管和自身建设水平明显提升。

在50分钟的热线节目时间里，听众通过热线电话纷纷提出自己宝贵的意见和建议，有关负责人员就加强交通运输系统政风行风建设、公路建设养护、收费管理、路政管理、行业规划、应急处置、安全保畅等问题一一做了解答。胡钊芳最后表示，将及时归纳整理听众朋友的意见和建议，然后提交有关部门或相关单位妥善处理，确保在最短时间内给听众一个满意的答复。

（李青峰）

【全省交通运输系统纠风工作会在昌召开】 5月25日，全省交通运输系统纠风工作会议在南昌召开，会议传达贯彻了全国交通运输系统纠风工作会议、全省纠风工作会议精神，总结2011年纠风工作，部署2012年纠风任务。省交通运输厅副厅长万明出席会议并讲话，厅纪委书记成松主持会议。

万明指出，做好新时期交通运输纠风工作，建设风清气正的现代交通运输行业，直接关系交通运输行业能否真正实现科学发展安全发展。要按照以人为本、执政为民的总要求，着力解决全省交通运输行业损害群众利益的突出问题，进一步做好以下五项工作。一是进一步规范清障施救工作，规范清障施救监督管理和单位建设。二是进一步规范水上执法工作，加强水上执法工作规范研究和水上执法人员管理。三是进一步开展治超工作规范化建设，加强对执法人员培训，强化对治超站点的监管，加大治超工作力度。四是进一步做好收费公路专项清理工作，严格执行国家法律，规范收费行为，促进物流车辆便利通行。五是进一步纠正各类损害群众利益行为，坚决纠正城市“黑车”及出租车违规行为，纠正运政执法不规范问题，继续深化清理行业协会和市场中介组织工作。

对做好2012年的纠风工作，万明强调，一是明确责任抓落实，尽快制定纠风工作实施方案，完善纠风工作领导体制和工作机制，明确责任分工，确保任务落实。二是突出重点抓落实，进一步规范各项工作。三是监督检查抓落实，从实际出发，抓住工作的主要任务和薄弱环节，认真开展随机抽查和明察暗访，对有令不行、有禁不止的，要一查到底。四是着眼长效抓落实，坚持纠建并举、惩防并重，将交通运输系统纠风工作进一步深入推动，为建设富裕和谐秀美江西营造良好交通运输环境，以优异成绩迎接中共十八大胜利召开。

会上，南昌市交通运输局等七个单位做了经验交流汇报。

（李青峰）

【交通运输部纪检组组长李建波到江西检查指导工作】 6月6日，交通运输部纪检组组长李建波到江西昌樟高速昌西南收费所和南昌市地方海事处检查指导政务公开及廉政建设工作。江西省交通运输厅党委书记程受锭、厅长马志武、副厅长万明、纪委书记成松以及省港航管理局局长于钦民、党委书记严允等先后或全程陪同。在昌西收费所，李建波一行到所办公楼、赣粤高速培训学校以及收费广场等地，仔细了解所务公开、廉政建设、企业文化建设、文明服务等情况，并观看了微笑昌樟服务品牌演示。在收费广场，李建波亲切慰问了正在值班的收费员，询问了ETC车道和绿色通道的使用情况，以及节假日、恶劣天气保畅通工作情况。李建波表示，昌西南所以微笑昌樟服务品牌为抓手，提高服务质量；以所务公开为抓手，强化内部管理；以企业文化建设为抓手，营造积极健康向上的工作氛围；以鼓励干部职工学习为抓手，加强队伍建设，反映了江西交通运输人干事创业的热情，不断创新的工作思路和良好的精神面貌。李建波强调，交通运输事业站在了科学发展、安全发展的新起点，人民群众对交通运输优质服务要求越来越高，要进一步强化服务意识，用不断改进、不断提高的服务，擦亮为群众服务的窗口；要不断强化内部管理，保持交通运输生产一线的安全稳定；要不断加强行业廉政建设，保持行业持续健康发展。

在南昌市地方海事处，李建波一行登上海事指挥船，察看了港航、海事合署办公情况，了解了船检、征费以及海事部门党风廉政建设情况。李建波指出，江西水运基础薄，在经过多年的艰苦奋斗后，水运工作打开了新局面，工作成绩值得肯定。李建波强调,交通运输行业范围广、任务重、责任大,科学发展的精气神一刻都不能散,要始终保持干事创业的热情;安全稳定的责任链一刻都不能断,要狠抓安全生产责任落实,明确企业主体责任和政府部门的监管责任,要把监管落实到平时,绷紧安全生产这根弦;反腐倡廉的保险绳一刻都不能松,要加强执法领域队伍建设、廉政管理,确保执法公正。

(李青峰)

【省交通运输厅举行党风廉政知识竞赛活动】 为引导全厅广大党员干部牢固树立正确的世界观、人生观、价值观,进一步掌握党风廉政建设法律、法规基本知识,加强保持党的纯洁性教育、理想信念教育、党性党风党纪教育和从业道德教育,深入推进具有交通运输行业特色的廉政文化建设,6月15日,省交通运输厅组织开展党风廉政知识竞赛活动。

整个竞赛分初赛、决赛两个阶段进行。6月15日举行的初赛采取集中笔试方式进行,共32个代表队96名选手参加,最后以每队综合成绩取10支代表队进入决赛。7月10日的决赛采取现场竞答的方式进行,题型为个人必答题、团队共答题、抢答题和风险题,每个代表队派3名队员参赛,竞赛组委会聘请3名仲裁人员组成仲裁组进行现场监督,确保竞赛活动公平公正。竞赛的内容主要包括《中国共产党党章》《中国共产党纪律处分条例》《中国共产党党内监督条例》《中国共产党党员领导干部廉洁从政若干准则》《中华人民共和国行政监察法》《中华人民共和国招投标法》等党纪政纪条规,及近5年来中央、省、厅党风廉政建设的有关规定。

廉政知识竞赛初赛受到了各单位的高度重视,各位参赛选手沉着应对,认真作答。初赛结束后,省高速集团赣州管理中心等10支队伍进入决赛,刘红军等10名当参赛选手人选优秀个人。

(涂　琳)

【省交通运输厅召开纪检监察工作座谈会】 7月2日,省交通运输厅召开纪检监察工作座谈会,总结交流2012年上半年工作情况,研究部署下半年工作任务。驻厅纪检组组长、厅纪委书记成松出席会议并讲话。在谈到下半年重点推进的几项工作时,成松指出,一要加强廉政教育,搞好廉政宣传月活动,进一步推进廉政示范点建设。二要进一步完善惩防体系建设的功能与效力。三要进一步推进工程建设领域专项治理工作。四要进一步加强纠风和办案工作,保持惩治腐败的高压态势。五要进一步推进进基层所站党风廉政建设。六要进一步加强纪检监察干部队伍建设。成松强调,做好下半年工作,一要提高认识,强化责任,保持良好的工作状态。二要开拓进取,勇于探索,进一步提高创新能力。要更新观念,加强学习,深入调研,加强实践,善于总结,完善机制,推动全省交通运输化党风廉政建设工作深入开展。三要严格要求,严格管理,不断改进工作作风。

(李青峰)

【省交通运输厅组织领导干部参观反腐倡廉教育馆】 7月,省交遭运输厅党委书记朱希、厅长马志武、其他在家厅领导及厅直属各单位、昌铜项目办、厅机关各处室副处级以上领导干部先后来到江西南昌党风廉政教育基地,参观反腐倡廉教育馆,接受廉政教育。

该馆由英烈楷模厅、忏悔警示厅、视野成果厅和廉洁教育厅等4个厅组成,各个展厅分别用视频、投影和3D特效等手法,集中展示了近年来全国以及江西反腐败工作的重要举措和取得的成效,深刻揭示了腐败犯罪的社会危害性,演绎了贪腐分子放松世界观、权力观、事业观改造,导致私欲膨胀,腐化堕落,最终跌入犯罪深渊的悲剧人生,让人警钟长鸣。通过参观,参观者深化了对腐败现象的认识,坚定了反腐败斗争的信心,增强了廉洁自律、拒腐防变的自觉性。

参观者纷纷表示,要坚持不懈加强党性修养和党性锻炼,严格执行廉洁内律各项规定,筑牢拒腐防变的思想道德防线,常修为政之德、常怀律己之心、常思贪欲之害,做到立党为公、执政为民,恪尽职守、勤政廉政,实现好、维护好、发展好最广大人民根本利益,永葆共产党人政治本色。

(驻省交通运输厅监察室)

【省委副书记、省纪委书记尚勇检查指导九江新长江大桥建设】 8月13日晚,省委副书记、省纪委书记尚勇到九江新长江大桥南塔施工现场检查指导工作,并代表省委、省政府向日夜坚守奋战在一线的全体建设者表示亲切慰问和衷心感谢。

尚勇认真听取大桥建设情况汇报，并对大桥建设所取得的成绩给予了充分肯定。尚勇强调，当前全省已进入后汛期，但长江仍处主汛期，长江九江段是防汛的重中之重，要认真贯彻落实苏荣书记、鹿心社省长关于做好当前防汛抗洪工作的重要指示要求，坚决克服松懈和麻痹思想，绷紧防大汛、抗大洪这根弦，认真做好各项防汛准备工作，全力推进九江新长江大桥建设。

尚勇强调，项目参建者既要在防汛上提高警惕、做到有备无患，又要充分利用晴好天气，科学组织施工，抓紧推进项目建设，以优异成绩迎接中共十八大胜利召开。

（曾　晨）

【省交通运输厅召开网上招投标廉政监管工作研讨会】 为深入推进厅属重点工程建设项目网上招投标工作开展，总结和交流网上招投标廉政监管工作的做法和经验，10 月 19 日，省交通运输厅召开网上招投标廉政监管工作研讨会。厅纪委书记、驻厅纪检检组组长成松到会并讲话，驻厅监察室负责人通报了全厅重点工程建设项目网上招投标廉政监管工作情况，厅属部分在建项目办政治监察处处长介绍了该单位开展网上招投标工作情况。

成松在讲话中指出，通过召开网上招投标廉政监管工作研讨会，参会者交流了网上招投标廉政监管工作的经验和做法，探讨了网上招投标工作的特点、优势、存在的问题及解决对策，提出了一些较好的想法和建议，会议取得了预期的成效。从参会者的发言看，各项目办政监处处长的工作责任心很强，网上招投标工作成绩较为明显。

针对下一步工作，成松要求，一是要充分认识网上招投标标工作的重要意义，统一思想，坚定不移地推进网上招投标工作。二是重点工程建设项目办纪检监察干部要履行职责，不辱使命。三是要更加注重讲究工作方法，使廉政监管工作更有成效。作为项目办政监处处长，一方面，要加强学习，通过加强学习，深入工作实际，进一步摸索重点工程建设项目廉政监管方法，形成工作经验。另一方面，要正确处理好与项目办行政领导、与施工单位和与其他监督机关的关系，进一步加强对重点工程建设项目的廉政监管。

（李青峰）

【全省交通运输系统举行廉政文化建设现场会】 11 月 15 日～16 日，全省交通运输系统廉政文化建设现场会在宜春市举行，会议前，来自全省各地交通运输系统的参会代表参观了 4 个廉政文化建设现场。全省交通运输系统力争用 3 到 5 年的时间，逐步建成集科学廉政理论、多样廉政活动、完备廉政制度，与社会主义市场经济相适应、与社会主义法律规范相协调、与中华民族传统美德相承接、与行业文明充分结合的廉政文化体系。

近年来，全省交通运输厅每年在全系统开展了廉政宣传教育月活动，倡导健康文明的生活方式，营造“健康为本、坚持运动、快乐工作、文明生活”的良好氛围。而 2012 年，省交通运输厅又大力推进全省交通文明运输系统廉政文化建设示范点命名表彰活动，明确了廉政文化建设示范点创建标准，考核命名了全省交通运输系统首批廉政文化建设示范点。

“交通运输具有‘联系千家万户、服务亿万群众’的服务属性。2011 年，全国新增公路通车里程 7. 14 千米，其中高速公路 1. 10 千米，新改建农村公路 19 万千米。截至 2011 年年底，全国高速公路通车里程达到 8. 5 万千米。”省交通运输厅党委委员、驻厅纪检组组长、纪委书记成松在现场会上介绍说，这种没有地域疆界的交通网络，这种得天独厚的先天优势，使交通运输廉政文化具备了开放性的显著特点。

成松说，交通运输廉政文化相对于其他行业文化，受众面更广，传播更为迅捷，借助四通八达的交通设施网络，包括星罗棋布的高速公路、国省道、车站、港口以及车船等流动窗口，把触角伸向各个地区和人群。因此，加强交通运输系统廉政文化建设，将积极影响教育广大交通运输系统干部职工，并通过提供优良的交通出行服务辐射到社会各界，不断提升交通运输行业的知名度和信誉度，树立起交通运输行业清正廉洁的良好的形象，促进交通运输行业的健康、持续、和谐发展。

（张永康）

【省交通运输厅召开领导作风“假、浮、蛮”集中自查专题会】 11 月 19 日，省交通运输厅召开领导作风“假、浮、蛮”集中自查专题会。厅领导朱希、马志武、万明、许润龙、邓经国、成松、胡钊芳、孙茂刚出席并进行自查、剖析。

专题会上，厅领导班子采取“自己找、相互提、大家评”等方法，以实事求是的态度，紧紧围绕五个方面的自查内容，结合工作实际，深入开展批评与自我批评，认真查找并切实解决领导作风方面存在的“假、浮、蛮”突出问题。

会后，厅领导提交了个人书面总结报告。厅机关各处室负责人参加会议。

（涂　琳　曾　伟）

【作风整治破难题】 2012年，省交通运输厅在干部作风整治活动开展过程中，紧紧围绕活动总体要求，制订了实施方案和活动任务分工表，针对方案中提出的5个方面24种突出问题，明确了相关责任，由责任处室负责落实牵头重点工作的内外衔接、联络、协调、督促、组织、实施等工作，相关部门积极配否。省交通运输厅将办实事、做好事、解难事作为检验活动成效的重要标准，坚持边教育、边检查、边整改的原则，着力解决影响交通运输行业发展的突出问题，着力提升服务能力，着力转变工作作风。通过采取自查、互查、上下帮查、面向社会开门查和召开领导作风“假、浮、蛮”方面突出问题自查整改工作会、专题民主生活会等形式，开门纳谏，广开言路，广泛征求该单位、该部门以及社会各界的意见建议，特别是重点征询了服务对象的意见建议，收集意见建议150条，经过梳理后的问题共有55条。针对深入查摆出来的在优化环境、服务发展的各项工作以及思想、作风等方面存在的突出问题，逐一剖析原因，及时制定整改措施，明确整改任务，落实责任部门和整改时限，并将整改情况及时向群众公布，接受群众监督。尤其对社会反映强烈的交通系统执法、公路收费、行政处罚等焦点问题进行深刻剖析，做到不避重就轻、避实就虚，抓住根本、抓住要害，力求整改到位。加强对各单位、各部门的明察暗访，对个别单位和人员存在的服务意识不强、工作态度不严谨以及违反工作纪律等现象予以严肃查处。

（厅直属机关党委）

【筑牢廉政建设思想防线】 2012年，省交通运输厅加强党员领导干部教育、管理、监督，切实把以人为本、执政为民贯彻落实到党风廉政建设和反腐败工作中，不断增强广大党员干部廉洁意识。建立健全了党风廉政建设责任制，加强了廉政宣传教育。深入开展党风廉政教育宣传月活动，举办廉政知识竞赛活动，制定出台了《江西省交通运输厅禁酒令》，严禁干部职工工作时间和执行公务时饮酒。组织厅机关干部和厅直单位党员领导干部参加警示教育活动，观看反腐题材电影，召开廉政文化建设现场会，进一步筑牢领导干部防腐拒变思想防线，强化纪检干部业务能力培养。健全完善了廉政防控体系，进一步堵塞体制机制漏洞。积极推进工程建设专项治理和“阳光反腐年”活动。

（厅直属机关党委）

【省公路管理局集中整治干部作风问题】 2月2日，省公路管理局召开集中整治影响发展环境的干部作风突出问题活动动员大会，贯彻落实省厅关于开展影响发展环境的干部作风突出问题集中整治活动会议精神，全面部署省公路局开展集中整治活动。省交通运输厅党委委员、省公路局党委书记曹先扬作重要讲话，局长任东红作动员讲话，副局长邹竹民主持会议，局党委副书记、纪委书记娄鸿雁宣读《江西省公路管理局开展影响发展环境的干部作风突出问题集中整治活动实施方案》。局领导5人出席，局机关各处室负责人，局直属各单位的党政主要领导、纪委书记、行办主任、监察室主任、专职纪检员50余人参加了会议。

开展集中整治影响发展环境的干部作风突出问题，是根据省委、省政府、省交通运输厅部署，旨在通过开展集中整治，切实解决当前干部工作作风中的“庸、懒、散”，领导作风中的“假、浮、蛮”，为政不廉的“私、奢、贪”，行政审批中的低效率，公路行业及从业人员乱作为等5个方面、24种突出问题。公路系统集中整治活动从1月开始，12月底结束，分学习动员、自查自纠、督查整改和总结提高四个阶段进行。

（省公路局办公室）

【省港航局举行“廉政宣传教育月”知识考试】 8月13日，省港航局组织开展了“廉政宣传教育月”暨干部作风整治知识考试。局机关、省水上搜救中心及后勤服务中心工作人员共100余人参加了考试。在家的局领导均参加考试。此次考试涵盖《中国共产党党章》《中国共产党纪律处分条例》《中国共产党党内监督条例》《中国共产党党员领导干部廉洁从政若干准则》《中华人民共和国行政监察法》《中华人民共和国招投标法》等党纪政纪条规和干部作风整治活动相关内容，题型分填空题、选择题、判断题和简答题4种形式。通过此次考试，不仅全面检查参考人员对廉政知识和干部作风整治知识的掌握程度，而且为进一步做好党风廉政建设，提高干部、职工的廉政意识，纯洁党的组织，加强党性修养，严肃党的纪律、夯实干部作风整治活动等方面奠定了良好的思想基础。

（龚　平　陈明中）

【省厅检查组到南昌航道处考核验收廉政文化示范点】　11月8日，由省高速集团党委副书记、纪委书记魏炳彦率队的省交通运输厅廉政文化示范点考核验收工作组一行4人，在省港航局党委委员、纪委书记李建华及省局监察室、南昌分局等有关负责人陪同下，对南昌航道处创建廉政文化示范点进行考核验收。

考核组认真听取了南昌航道处廉政文化建设工作情况汇报，实地查看了廉政文化宣传栏、廉政文化长廊、阅览室和电化教育室等廉政文化阵地，详细查阅了各类软件资料，对南昌航道处廉政文化创建工作所取得的成绩给予了充分肯定和高度赞扬。同时要求，港航廉政文化建设在进一步植根群众、创新载体的基础上，要继续发挥示范表率作用，大力推广先进典型经验，推动廉政文化建设向纵深发展，把廉政文化建设融入到港航管理工作之中，为港航系统的科学发展营造风清气正的环境氛围。

（汪　莹　陈明中）

【省运管局扎实开展集中整治干部作风活动】
2012年，省管局围绕集中整治干部作风、创优发展环境工作为中心，服务全省道路运输发展大局。根据省委、省政府《关于加强干部作风建设进一步优化发展环境若干问题的决定》和《全省集中整治影响发展环境的干部作风突出问题活动实施方案》要求，省运管局扎实开展集中整治活动。一是抓好学习宣传。通过召开动员大会、开设网上专栏，制作《学习手册》、编发活动简报、依托全省运管视频系统开办道路运输业务知识大讲坛等方式加强宣传教育，共编发了39期活动简报，上报153条宣传信息，举办讲座8期。二是抓好意见收集。向社会各界发放社会问卷调查表400份，收集意见和建议73条，开展自查自纠剖析，收集党员自查自纠剖析表59份、非党员自查自纠剖析表17份，民主评议党员表54份。三是抓好落实整改。对收集到的意见和建议进行深刻挖掘，认真查摆，归纳汇总，明确整改期限、责任部门，制定整改方案，落实整改任务分工，制定整改措施并逐一落实到位。

（宫　斌）

【省运管局着力培育和树立廉政文化建设示范点】　2012年，省运管局在省厅关于加强廉政文化建设的安排部署下，结合全省道路运输行业的特点，要求各设区市道路管理和城市客运管理机构培育和树立了一批特色鲜明的廉政文化建设示范点，通过以点带面的方式，发挥较好的示范引导作用，推进各项工作稳步提高。经省运管局推选和交通运输厅的考核，吉安县道路运输管理所、萍乡市公路运输管理处被省厅命名表彰为全省交通运输系统第一批廉政文化建设示范点，推动了全省道路运输系统的廉政文化建设。

（宫　斌）

【省交通设计研究院有限责任公司举办《预防职务犯罪讲座》廉政道德课】　8月21日，省交通设计研究院有限责任公司邀请青云谱区检察院程俊科长为该院职工上一堂名为《预防职务犯罪讲座》廉政道德课。全院中层以上干部，管理科室全体人员，各党支部纪检委员参加听课。

讲座就预防职务犯罪的相关情况做了详细的介绍，并结合2010年以来发生的职务犯罪典型案例，进行深入浅出的分析，以案释法。同时列举省检察机关查办的国家机关干部、政府工作人员职务犯罪案件，系统分析职务犯罪的犯罪心理、原因和形式，介绍了预防方法，以期警示和教育广大干部职工遵纪守法，廉洁奉公。

（李亚琼）

【省交通设计院研究有限责任公司举办廉政书画展】　7月2日下午，省交通设计研究院有限责任公司纪委和人事部门对新提拔的9名科级干部进行任前集中廉政谈话后，并组织参观了院纪委举办的廉政书画展。该院廉政教育活动月由此拉开帷幕。廉政书画展为期两周,通知院各党支部、各部门积极组织参观。该次书画展共征集到书画作品68件,其中书法作品50幅,绘画作品18幅,所有作品均出自该院离退休老职工及部分在职职工之手,内容以反腐倡廉为主,主要目的是宣传弘扬廉政文化,促进各级党组织和广大党员干部自我管理、自我净化、自我提高,始终保持思想纯洁、队伍纯洁、作风纯洁、清正廉洁,为加快推进院多元化发展和长治久安提供坚强保证,同时也丰富了该院职工业余文化生活。

(李亚琼)

【省交通设计研究院有限责任公司组织干部作风整治整改工作专项督查】 9月21日,省交通设计研究院有限责任公司纪委召开干部作风整治工作、岗位风险廉能管理工作推进会,该院干部作风整治办对等部作风整治整改工作进行了专项督查。9月24日,干部作风整治办工作人员,按照院干部作风整治整改方案提出的整改内容,对有关责任部门逐个上门进行了督办。9月26日,干部作风整治办针对职工提出的"建议认真落实该院禁止上班上网聊天、看电影、购物、玩游戏、炒股票的规定"的问题,组织专项检查,对在老院上班的各部门采取了公开检查的方式,在新院上班的部门采取了暗访的形式。从检查情况看,未发现有上班上网聊天、看电影、购物、玩游戏、炒股票等违反规定的现象。从督办的情况来看,多项整改内容已基本整改到位,还有少部分整改内容正在整改之中。

(傅藻清)

【省交通设计研究院有限责任公司组织开展纪检监察干部职业道德规范讨论】 5月11日,省交通设计研究院有限责任公司召开纪委扩大会议,组织开展纪检监察干部职业道德规范讨论。参加会议的有院纪委委员和各党支部纪检委员。会上,院纪委委员、各党支部纪检委员围绕纪检监察干部职业道德规范话题,争相发言,讨论氛围热烈。对纪检监察干部的职业道德规范有了更深刻的了解,认为纪检监察干部的职业道德有以下9条:①对党忠诚;②理想信念坚定;③坚持原则、敢于斗争;④善于学习、勤奋工作;⑤深入调查研究,工作实事求是;⑥秉公执纪;⑦不为名、不为利、甘于奉献;⑧作风正派;⑨廉洁自律。会议还就如何进一步做好基层纪检监察工作进行了讨论。院纪委书记提出要求:一要提高认识,充分认识开展纪检监察干部职业道德规范讨论的重大意义。二要积极参与到活动中去,树立纪检干部的良好形象。三要与作风整治活动紧密结合起来,切实提高实效。四要做到忠于职守、刚正不阿、勤奋学习、廉洁奉公、秉公执纪。

(傅藻清)

【省交通设计研究院有限责任公司上门征求服务对象和职工群众的意见】 为认其搞好干部作风突出问题整治活动,找准干部作风中存在的突出问题,为下步整改工作打好基础,4月上旬至5月上旬,省交通设计研究院有限责任公司党委书记、分管领导和纪委领导带领作风整治办工作人员深入到赣崇、抚吉和井睦线等高速公路工地走访业主和该院在工地服务的设计代表和监理人员,了解情况,征求意见。院作风整治办工作人员到院属各部门上门征求意见。共收到意见和建议26条。该院作风整治办对收集到的意见和建议进行了梳理,制订了整改措施。

(傅藻清)

【江西公路开发总公司以"三个先进"着力构建廉政体系】 2012年,公路开发总公司纪委坚持标本兼治、综合治理、惩防并举、注重预防的方针,不断加强廉政文化建设。拓展从源头上预防腐败的工作领域,努力形成了教育引导、制度约束和监督制衡的合力,扎实有效地开展党风廉政建设和反腐败工作,为全面完成公司各项工作任务提供了有力的政治保障。一是以先进的廉政思想为核心,着力构建廉政文化的"大宣教"格局。用先进的廉政思想武装干部员工头脑,从思想上对广大干部员工进行教育,增强干部员工的廉洁自律意识;认真安排部署廉政文化"大宣教"工作,制订了廉政文化宣教工作年度计划,开展了一系列的宣教活动,廉政宣传工作有声有色;充分运用总公司新的OA办公系统,建立了党风廉政建设工作的宣传教育和学习交流平台。二是以先进的廉政理念为统领,着力构建廉政文化体系。年初,公路开发总公司纪委将廉政文化建设纳入整体发展战略，加大廉政文化建设力度，着力构建廉政文化体系。提出了廉政文化作为党风廉政建设教育的一种方式，必须注重其文化含量和文化效应的要求，每项活动都精心策划和设计，让人喜闻乐见。三是以先进的廉政制度为基础，着力构建惩治和预防腐败体系。加强了反腐倡廉制度建设，梳理、修订、完善了一系列廉政制度，建立长效机制；深入基层，认真开展了反腐倡廉论文调研活动；对照制度监督检查，有效遏制重大事项实施过程中腐败现象的发生。

（王志华　骆莉萍）

【江西公路开发总公司廉政教育专题讲座有效果】 7月13日上午，公路开发总公司邀请江西省纪委常委李泉新作廉政教育讲座。讲座由总公司党委书记主持。当天上午，李泉新作题为《加强党性修养，树立和弘扬优良作风，筑牢拒腐防变的思想道德防线》近3个小时的精彩讲座。李泉新通过深入浅出地剖析江西省腐败案件，剖析了腐败堕落的典型案例及产生的根源，深刻阐述筑牢拒腐防变思想道德防线的重要性，谆谆告诫党员干部要常修为政之德，常思贪欲之害，常怀律己之心。李泉新从典型案例中总结出6个方面的经验教训，要求广大党员干部筑牢拒腐防变思想道德防线。一是要坚定理想信念，不能丧失灵魂。二是要坚持执政为民，不能淡忘责任。三是要严格自律，绝不能放纵欲望。四是要防微杜渐，绝不能轻视小节。五是要坚持原则，不能为情所累。六是要自觉接受监督，不能为所欲为。讲座主题鲜明、立意深远、论述精辟，事例具体、内容丰富，具有很强的政治性、思想性和指导性。总公司各单位领导班子，总公司副科级以上干部，总公司机关及恒辉公司全体员工，计200余人聆听报告。总公司干部员工听后纷纷表示，收获很多，启迪很大，强化了党风廉政建设认识，提高了贯彻落实党风廉政建设的积极性和自觉性。

（缪德良）

【景德镇市交通运输局积极开展道德领域突出问题】 8月初，景德镇市交通运输局党委根据市文明委的统一部署，在全市交通运输系统开展道德领域突出问题专项教育治理活动。

专项教育治理活动突出抓好同人民群众生活关联度高、社会关心关注度高的交通运输行业、执法窗口和车站、码头三大领域的教育治理，重点解决诚信缺失和公德失范问题，以建设优美环境、提供优质服务、建立优良秩序为目标，以“文明交通行动”“学雷锋、树新风”“我推荐，我评议身边好人”“作风整治”及开设“道德讲堂”等活动为抓手，大力整治制公共交通运输行业不文明、执法窗131服务质量差、车站、码头等公共场所环境脏乱差等现象，加强宣传教育和管理整治，增强干部群众诚信意识、公德意识、责任意识和文明意识。在运输、窗口、码头等服务行业，查找存在的诚信缺失和公德缺失问题，采取有效措施予以解决。加强教育和管理，引导人们谦恭有礼、文明友善。

为确保活动顺利开展和取得实效，该局党委制定四项措施加以推进，一是开展集中宣传教育，增强诚信意识和公德意识。多渠道多层次多手段向群众开展诚信教育和公德教育，使干部群众成为道德建设的参与者、维护者、践行者。二是组织公共运输、执法部门、窗口服务行业的所有单位和公共场所的管理部门，自查诚信缺失和公德失范两方面存在的问题，分析产生原因，切实纠正行业不正之风，大力营造恪守诚信的社会环境。三是进行道德评议，选树先进典型。四是强力整治突出问题，推动建立长效管理。把教育治理活动与行风政风建设有机结合起来，健全规章制度，落实监管责任，堵塞管理漏洞，形成长效机制。

（涂　强）

【凌长松因受贿被开除党籍】 10月29日，中共景德镇市纪律检查委员会作出决定，给予原景德镇市交通局党委书记、局长凌长松开除党籍的处分。

凌长松，男，1957年2月出生，汉族，江西省浮梁县人，1981年参加工作，1985年1月加入中国共产党。2007年9月至2010年4月间，任景德镇市交通局党委书记、局长。2010年1月，凌长松因涉嫌严重违纪违法问题由司法机关采取强制措施。2012年3月19口，景德镇市中级人民法院〔2011〕景刑二抗终字第8号判决书认定凌长松受贿1.7万元，但考虑其有立功表现，因此判处其免予刑事处罚。凌长松在担任市交通局党委书记、局长期间，利用职务上的便利，为他人谋取利益，收受他人现金人民币1.7万元，其行为已构成受贿。鉴于其有立功表现，中共景德镇市纪律检查委员会依据《中国共产党纪律处分条例》第四十一条、第八十五条之规定，经常委会研究，并报景德镇市委批准，决定给予凌长松开除党籍处分，撤销其正县级职级，收缴违纪款1.7万元人民币上缴市财政。

（涂　强）

【景德镇市交通运输局组织观看《忠诚与背叛》】 8月24日下午，景德镇市交通运输局组织系统党员干部共110人观看重大革命历史题材故事片《忠诚与背叛》。影片真实地展示了1927年中共五大在武汉召开期间创立中央监察委员会这一重大历史事件，再现了王何波，杨匏安等纪检战线先驱的革命事迹。为更好地发挥影片的教育激励作用，景德镇市交通运输局把组织观看与集中整治影响发展环境的干部作风突出问题活动结合起来，通过座谈、讨论、写观看感等形式让系统党员干部思想上有很大的震动。观看者纷纷表示，要坚定理想信念，廉洁从政；要正视工作中存在的突出问题，改进工作作风；要坚定反腐倡廉建设的决心和信心，振奋交通运输精神，促进交通运输各项事业的发展。

（吴小红）

【景德镇市交通运输局开展党纪政纪条规教育月活动】 8月，景德镇市交通运输局党委在全系统组织开展党纪政纪条规教育月活动。

活动期间，该局党委先后举办党员干部廉政知识讲座，加强廉政准则、公务员法等法律法规的学习；组织110名党员干部观看了重大历史题材教育片《忠诚和背叛》，传看警示教育片《苏共亡党亡国十年祭》；组织副县级以上领导干部党纪政纪知识测试；组织党员干部认真查找各自岗位廉政风险点，并制定相应的防范措施。通过系列教育活动，系统党员干部的党性观念得到进一步加强，党纪政纪条规知识得到进一步熟知，依法行政、廉洁自律能力得到进一步提高。

（吴小红）

【萍乡市交通运输局“三个并重”落实全年廉政工作任务】 2012年，萍乡市交通运输局反腐倡廉建设工作本着“科学统筹，善谋实干”的方针，坚持“三个并重”，大力推进反腐倡廉建设各项工作任务落实，努力争创一流的工作业绩，被评为2012年度“全市落实党风廉政建设责任制暨推进惩防体系建设工作先进单位”。一是坚持履行职责与服务大局并重，以正确的理念推进工作落实。进一步树立政治意识、大局意识，自觉地把反腐倡廉建设置于交通运输工作大局中来谋划，紧贴交通运输的中心任务来开展，融入交通运输的整体进程中来推进。坚持在参与中服务，在服务中监督，自觉做到反腐倡廉建设与交通运输中心工作目标上同向，行动上同步。二是坚持整体推进与重点突破并重，以全局的眼光推进工作落实。加强组织领导，充分发挥纪检监察机关或相应人员的组织协调职能，坚持“系统抓、重点抓”，形成推进工作落实的合力。坚持“点上深化、线上延伸、面上拓展、项目带动”的工作思路狠抓工作落实，找准切入点，抓住关键点，在点上予以突破、在面上予以推广，做到推出典型、形成经验，以点带面、整体推进，不断提升工作整体水平。三是坚持巩固成果与开拓创新并重，以创新的方法推进工作落实。按照发展中完善、巩固中深化、创新中提高的要求狠抓反腐倡廉工作落实，努力实现争先进位的目标。以改革的精神、宽广的视野、创新的思路、发展的办法推进反腐倡廉教育、制度、监督、惩处、纠风各项工作，打造特色亮点，努力开创反腐倡廉建设新局面。针对反腐倡廉建设中的难点问题，深入开展调查研究，找出问题症结，从体制机制上探索有效解决问题的新途径新办法，并按照先易后难的方式稳步推进，攻坚克难，力求工作实现新突破。

（卢春媚　廖嵘峰）

【萍乡市交通运输局严把“三个关口”确保廉洁过节】 为确保2012年春节期间全市交通运输系统和谐稳定廉洁地开展工作，萍乡市交通运输局专题下文，就节日期间的廉洁自律工作提出要求，进一步做好预防腐败工作。一是严把教育关口，确保思想到位。该局积极组织开展节日期间的廉洁自律教育，重点组织干部职工认真学习中央、省、市关于加强党风廉政建设和廉洁自律有关规定的文件，强化干部职工在节日期间的廉洁自律意识，筑牢拒腐防变的思想道德防线，养成廉洁文明、健康朴实过节的理念。突出加强对重点对象、重点岗位人员廉洁从业的宣传教育，营造崇尚廉洁、反对奢侈浪费等不正之风的良好氛围。二是严把制度关口，确保工作到位。该局党委要求全市交通运输系统党员干部职工认真落实廉洁从政有关规定和省纪委《关于2012年元旦春节期间切实加强廉洁自律和厉行节约工作的通知》，大力弘扬艰苦奋斗作风，本着节俭的原则安排好节日期间的活动，自觉抵制不良风气。在全系统干部职工中严格执行省纪委提出的“五个一律不准”和市纪委“六条禁令”。同时，要求机关各科室、局属各单位切实执行好党政机关厉行节约控制标准，大力倡导勤俭节约，文明过节的风尚，抵制奢侈浪费等不良风气。做到“五个一律不准”：一律不准搞形式主义的评比、表彰、检查、验收及达标等活动，减少、简化各类茶话会和联欢会；一律不准下级单位向上级单位赠送土特产品和其他礼品；一律不准利用过节巧立名目突击花钱，以各种名义违规发放津贴、补贴奖金和实物；一律不准用公款购买、发放各种代币购物券（卡）；一律不准用公款相互走访、相互宴请、游山玩水和进行高消费娱乐活动。三是严把监督关口，确保措施到位。该局党委要求局机关和局属各单位负责人要严格按照党风廉政建设责任制的要求，认真履行“一岗双责”，切实负起责任，以身作则，身体力行，带头落实廉洁自律有关规定，带头践行“五个一律不准”，采取有效措施，管好分管的单位及人员。局纪委要切实履行职责，加强监督检查，对检查和群众投诉举报中发现的问题及时查处，情节严重并造成恶劣影响的，将追究有关领导的责任。

（卢春媚　廖嵘峰）

【萍乡市交通运输局开展新一轮的廉能管理工作】 2012年，按照萍乡市纪委的统一部署，萍乡市交通运输局开展了新一轮的廉能管理工作，进一步规范和监督权力运行。以萍乡市公路运输管理处和萍乡市公共交通总公司为重点联系单位，做到“敢查、善查、真查、细查”，认真完成分岗确权、分险设防、分级监管以及分类处置各阶段工作任务，清理职权29项，查找岗位廉能风险点543个，制作了职权运行流程图和岗位职责。同时积极推行风险岗位廉能管理网上平台建设，通过网络平台流程控制和程序监控，将机关权力运行全部纳入廉能管理范围，确保风险预警有效、处置有力，实现廉能管理的常态化、规范化、科学化，促进服务效率不断提高，交通运输环境风清气正，队伍素质明显改善。在此基础上，坚持把狠抓制度落实作为“惩防体系建设制度完善年”活动的重要环节，以推行OA网上办公系统为切入点，全面健全完善了“三重一大”决策、行政自由裁量权基准、政治业务学习、工作日记、工作人员去向牌管理、月工作计划和调度、机关车辆管理、公务接待、财务管理、考核考评、党务和政务公开、风险岗位廉能预警、首问责任等多项规章制度，形成《制度汇编手册》，切实做到用制度管权、管人、管事。通过阳光公开、明察暗访、电子监察、群众监督等手段，加强对制度执行情况的监督检查和跟踪反馈，提高制度执行实际效力。

（卢春媚）

【萍乡市交通运输局以“四优”为目标全方位提升廉能管理绩效】 2012年，萍乡市交通运输局结合全市交通运输系统责任重、任务多的情况，以“整作风、提效能、优环境”主题活动为抓手，以进一步开展风险岗位廉能管理工作为核心，进一步丰富廉政建设内容，提出了“四优”工作目标。一是作风优良。以开展“整作风、提效能、优环境”主题活动为契机，针对工作作风中的“庸、懒、散”、管理作风中的“假、浮、蛮”和从业不廉的“私、贪、奢”，行政审批中的低效率，行政执法不规范，中介机构和行业协会及其从业人员乱作为，通过学习教育、查摆问题和督促整改等措施，切实转变干部在工作作风、管理作风、廉洁从业三个方面的风气，提升服务质量和水平，优化发展环境，助推科学发展，以优良作风促发展，优质服务树形象。二是程序优化。以风险廉能防控成果为依托，围绕关键环节、重点领域、主要节点，对工作程序进行再梳理，优化办事程序，减免冗长环节，以有效简化的工作流程促进工作效率提高。针对工作落实方面，要求各单位、各科室围绕自身的工作目标，制定任务完成计划表，明确具体负责人员、完结时间，提出相应工作要求。三是服务优效。继续推进行政执法规范化建设，严格规范执法行为、严格规范案件管理、严格规范执法制度建设。积极推进执法行为规范化、执法站所标准化、执法手段信息化建设，努力建设一支“政治坚定、素质优良、纪律严明、行为规范、廉洁高效”的正规化执法队伍。积极开展以“阳光行政、阳光审批、阳光执法、阳光服务、阳光管理”为核心的“阳光交通”行动,优化服务理念,努力推动交通行政执法工作再上新台阶。四是干部优秀。以创先争优活动为促进,在干部职工中坚持正面教育,大力宣传先进典型事迹,营造人人创先争优良好氛围,保护干部干事创业、培养干部创新,加强干部廉洁,推行“廉政告知”制度和“廉政提醒”制,落实党风廉政建设责任制,锻造一支“想干事、能干事、干好事、不出事”的干部队伍。

(卢春媚　廖嵘峰)

【萍乡市交通运输局认真开展警示教育月活动】根据萍乡市纪委统一部署,为增强全市交通运输系统全体党员干部职工廉洁从政意识,筑牢拒腐防变的思想防线,萍乡市交通运输局9月份在全市交通运输系统全体党员干部职工中开展了以“增强廉政意识、保持党性纯洁”为主题的警示教育月活动。针对这次警示教育活动政治性强、教育面广,时间紧、任务重的特点,局党委对该次活动进行了统筹兼顾,科学合理的安排,做到“九个一”:召开了一次专题党委会,贯彻落实市文件精神,全面部署警示教育月活动各项工作;制定并下发了《关于印发(开展“增强廉政意识、保持党性纯洁”警示教育月活动实施方案)的通知》,明确了警示教育活动工作的指导思想、活动时间、活动内容等,确保警示教育活动落到实处;召开动员会进行广泛动员部署,使警示教育活动入脑入心;该局党委书记、局长作了警示教育辅导报告,剖析了交通系统腐败问题滋生的深层基因,强调要从10个方面筑牢拒腐防变的思想道德防线;组织党员干部到上饶等地参加革命传统教育活动,参观红色景点,重温“入党誓词”;集中学习《中国共产党领导干部廉洁从政准则》《中国共产党党内监督条例》《中国共产党纪律处分条例》等,切实提高党员干部拒腐防变能力;组织党员干部观看了警示教育片《贪欲使他走向深渊》,以案为鉴,以案说法;查找廉能风险点,制定具体的防控和整改措施;联系自身思想实际、岗位职责和廉能风险点防控,党员干部共撰写了60篇廉洁从政心得体会文章。

(卢春媚　廖嵘峰)

【萍乡市交通运输局角色转变建设廉洁交通】2012年,萍乡市交通运输局积极实现角色转换,不再作交通项目业主,而是以交通工程项目管理者身份,通过严把交通工程质量关,狠抓诚信体系建设,打造了一支“干好事、会共事、不出事”的交通队伍。一是严格执行“三关一监督”制度,贯彻安全责任制,落实企业安全主体责任,强化各层面、各环节的安全管理责任,以铁的手腕、铁的面孔、铁的标准,强化安全监督。严格实行挂牌督办、整改销号制度,坚决遏制重特大事故发生,确保交通安全平稳可控。积极开展平安创建活动,强化工程建设隐患排查,切实抓好质量安全隐患的排查整治。全市交通运输行业无重大事故。二是实行重点工程纪检监察派驻制,大力推行农村公路监察巡查工作制度,强化日常监察,提升交通工程建设质量。三是加大交通工程建设领域突出问题专项治理工作力度,健全交通工程诚信体系建设,着力解决交通工程建设中挂靠借用资质投标、违规出借资质问题,维护交通工程建设招标投标秩序,促进交通工程建设市场健康发展。

(廖嵘峰)

【萍乡市交通运输局风险岗位廉能管理见成效】2012年,萍乡市交通运输局从明确工作职责、确立风险重点、规范工作流程、完善工作制度入手,风险’岗位廉能管理工作取得初步成效。该局坚持党员干部率先垂范和上下联动做好风险岗位廉能管理工作,动员部署廉政风险防控工作。领导干部在“找、防、控”各环节发挥示范引领作用,坚持教育、制度、监管三管齐下做好风险岗位廉能管理工作,进一步建立形成符合交通运输特点的廉政风险教育机制。坚持联系工作实际做好风险岗位廉能管理工作,突出查找“管人、管钱、管物”几个关键岗位的廉政风险点。注重将风险岗位廉能管理工作与业务工作紧密结合,将长远目标与阶段性目标结合,把纪委行政监察的职能融入到具体业务工作、制度流程的监督中,使纪检监察工作与业务工作双促进,双提高。

(卢春媚)

【萍乡市交通运输局多措并举加强队伍建设】2012年,萍乡市交通运输局以“整作风、提效能、优环境”活动为契机,全面加强队伍作风建设,促进各项工作进一步走上规范化、程序化的轨道,树立了交通运输队伍的良好社会形象。一是强化制度建设。该局从年初开始即把制度建设作为头等大事来抓，以推行 OA 网上办公系统为切入点，全面健全完善了“三重一大”决策、行政自由裁量权基准、政治业务学习、财务管理、考核考评、党务和政务公开、风险岗位廉能预警等多项规章制度，形成《制度汇编手册》，切实做到用制度管权、管人、管事。二是强化廉能管理。该局立足交通运输工作实际，进一步推进风险岗位廉能管理工作，进一步梳理岗位职责，优化业务流程，对存在的廉能风险点进行认真排查，全系统干部职工对各自岗位存在的风险点表现形式以及该如何防范了然于胸，有效提升了工作效能、降低了廉政风险。三是强化内外监督。该局坚持接受社会监督与强化内部监督并举，使干部职工时时处处都置身于监督之中。在外部通过聘请监督员、召开座谈会、走访管理和服务对象、问卷调查、网站征集、公布热线电话等多种形式，收集各渠道的监督信息，并及时采取切实措施进行相应处置；在内部充分发挥纪检监察职能作用，加强对所属各单位及人员贯彻执行各项制度情况的监督检查，对违反制度的人和事按规定进行处理，并予以通报。

（卢春媚　廖嵘峰）

【萍乡市交通运输局力求高效务实作风积极为基层办实事好事】 2012 年，萍乡市交通运输局始终把为人民群众办实事好事作为交通运输工作的根本宗旨，竭尽全力为老百姓创造更好更便捷的出行条件，使交通运输工作更好地满足人民群众的新要求新期待。同时，该局把切实解决干部职工最关心、最直接、最现实的问题摆在日常工作的重要位置，尽可能地在现有基础上为干部职工提供更好的工作条件和更多的帮助。一是继续推进农村路网建设，不断加大县、乡、村道升级改造力度，加快农村公路危桥改造和改渡建桥进度，积极为老百姓多修路、修好路。二是继续狠抓农村公路管养，不断采取有效措施夯实农村公路养护基础和成效，努力提升管养水平，积极为老百姓养好路。三是加快农村客运网络化建设速度，合理规划农村客运站和候车亭建设，努力完成农村客运场站建设任务，积极为老百姓提供更好的出行条件。四是继续稳妥推进“公交进郊、微巴进村”工程，逐步落实农村公交布点，提高“村村通客运”有效通达里程，促进农村客运网络与城市公交网络的有机衔接，努力实现行政村客运通车率达到 100% 的目标，积极为老百姓的出行提供更多的便捷。五是积极采纳提高干部职工福利待遇的合理化建议，并且加强食堂和机关大院管理，确保干部职工的工作生活条件得到进一步改善。另外，每年由局承担经费组织机关干部职工进行一次全面体检，确保干部职工不但有更好的工作条件，也保持健康的体魄。六是通过组织干部职工到红色教育基地接受传统教育并贯彻落实星期五学习制度等举措，切实加大对干部职工的思想教育力度，不断提升干部队伍的思想政治素质和服务水平。七是在工作之余积极组织基层干部职工开展户外运动、摄影书法展览、全民健身运动会等集体活动，不断丰富干部职工的业余文化生活，增强单位的凝聚力和团队精神，使干部职工保持一种蓬勃向上的生活态度。

（陈孝法）

【九江市交通运输局严格领导班子考核考察】 2012 年 7 月底至 8 月初，九江市交通运输局党委派出 5 个考察组，对运管局及其下属单位、港航局及其下属单位、公路所、质监所等单位的领导班子及其成员进行考核考察，考察对象涵盖了系统内所有的正科、副科级干部，考察内容为德、能、勤、绩、廉及执行财务纪律等情况，考察程序为考察对象述职、民主测评、个别谈话。考察工作结束后，局党委听取了各组考核考察情况汇报。

（九江市交通运输局）

【鹰潭市交通运输局开展“三访三评”活动】 2012 年，鹰潭市交通运输局认真开展“三访三评”活动。一访是拜访客商企业。组织干部职工拜访交通运输物流企业，向客商详细介绍交通运输局的工作职能，入企听诉求，征求客商对交通工作的建议和意见。二访是走访工作服务对象。组织局整治办、公路、运管等职能站所，下到基层，走进客运维修企业、养路队，走访司乘人员，听取了解工作中存在的不足和问题。三访是查访基层单位。掌握其工作动态，发现好的典型，查处违纪行为。“三评”：一评是评议工作。采取所站股室互评、召开各界人士征询意见座谈会、发放征询意见表，公开测评等方式，对交通各项工作进行评议；二评是评查问题。对照《干部作风整治活动实施方案》中影响发展环境的干部作风五个方面19种突出问题,采取干部职工个人自评自查方式,查摆各自存在的问题;三评是评选典型。通过明察暗访、所站股室互评、社会征询意见和争先创优活动,总结好的作法,发现挖掘典型事例。通过"三访三评"自查自纠工作增进了沟通与了解,提高了服务意识;对内抓制度、促规范,抓公开、促廉洁、促提升,转变了干部队伍工作作风;对外加强协作,推动工作目标任务完成,干部队伍大局意识明显增强。

(鹰潭市交通运输局)

【赣州市交通运输系统反腐倡廉教育成效明显】 2012年,赣州市交通运输局党委和纪委先后9次组织全体党员干部观看警示教育片和宣传教育片、集中学习39次;聘请市纪委领导为局机关干部职工和局属单位领导进行《中国共产党党员领导干部廉洁从政若干准则》的讲座。开展对科级干部的培训。深入贯彻落实学习中央新颁布《关于实行党风廉政建设责任制的规定》和市纪委三届九次会议的精神,深入开展反腐倡廉教育活动,推进廉能风险防控机制建设,统筹推进交通运输系统教育、制度、监督、改革、纠风、惩治等各项反腐倡廉工作,全面落实交通运输系统党风廉政建设责任制,市交通运输局党委于8月9~20日分三期对局机关、局属单位的194名科级干部进行党风廉政建设和反腐倡廉教育培训。严格执行党纪政纪。协助市交通运输局党委领导班子及班子成员认真学习中央、省市换届纪律,严格执行"严肃换届纪律",市交通运输局班子成员换届风清气正,正确对待个人进退留转。未发现违反换届纪律现象。

(驻局监察室)

【赣州市交通运输局党委建立完善了规章制度并得到有效贯彻落实】 2012年,赣州市交通运输局党委和纪委进一步完善了《赣州市交通运输局贯彻落实"三重一大"实施办法》;制定印发了《中共赣州市交通运输局关于重申有关事项必须实行报备的通知》,重申了6项重人事项必须实行报备。加强了选人用人的监督,市交通局党委会讨论任免干部实行无记名票决制。对新提拔的科级干部实行岗前培训,任前廉政谈话,考试合格后才能任职。加强了对国有企业的监督。企业的基础设施建设、新购设备都能在纪检监察的监督下,进行公开招投标,做到公平、公正、透明。制定完善并贯彻执行了《赣州市交通运输系统科级干部报告个人有关婚丧喜庆事宜的办法》。是年,局机关、局属单位副科级以上干部的婚丧喜庆事宜都能按规定进行报告。积极开展清理"三公"经费活动。做到了"三公经费"公开透明,公务接待做到使用本地酒水。加强了对领导干部廉政情况的监督检查,对班子成员进行了民主测评,有效推进领导干部廉洁从政规定的落实。

(驻局监察室)

【赣州市交通运输局畅通投诉渠道,认真查办案件】 2012年,驻市交通运输局纪检监察部门,在专项治理等活动中,都能将举报电话在交通信息网上和办公场所向社会公布,并在交通信息网上开设了"发展提升年活动""惩防体建系设""廉能风险防控机制建设""纪检监察"等专栏,公布投诉电话、电子信箱等。2012年收到上级批转件3件,举报2件,受刑事处罚1人,开除党籍公职1人。对每件信访件都及时深入调查了解核实,做到了件件有着落,件件有回音。收缴上解自查自纠自缴违纪款5.4万元。

(驻局监察室)

【赣州市交通工程质量监督站重视廉政建设】 2012年,该站高度重视党风廉政建设,严格执行党风廉政建设责任制,将党风廉政建设和反腐败工作主要任务进行分解,落实了"一岗双责"机制,实行层层抓落实,做到与业务工作一起部署、一起落实、一起检查、一起考核,真正把党风廉政建设贯穿全站工作始终。该站还按照市交通运输局的统一布置,加强干部作风建设,确保创建作风建设模范单位暨单位集中整治影响发展环境的干部作风突出问题活动取得实效。全年未发生一起投诉、违纪情况,真正做到了在监督工作中优质服务文明执法。在全站营造了积极向上,风清气正的良好工作氛围。

(李发淳)

【赣州市公路管理局举办加强机关廉政教育专题

报告会】 6月8日下午，赣州市公路管理局机关举办专题报告会，邀请市纪委常委、廉政办主任邱礼斌到会作“贯彻落实中共十八大精神，切实加强反腐倡廉建设”专题辅导报告。局机关全体干部参加了学习。邱礼斌多年从事党风廉政建设理论研究，理论功底扎实，实践经验丰富。邱礼斌从中共十八大以来中央一系列活动中释放的反腐工作信号入手，以谈心的方式，结合自身多年的工作体会，引用赣南地区的一些重大腐败案例，从经济学原理、社会分配制度、世界其他国家的反腐历程等角度深入浅出地进行分析，对新时期全国反腐倡廉形势和任务进行了全面解读，为市公路管理局机关干部职工奉献了一顿精彩的廉政教育大餐。邱礼斌提出，作为一名国家公职人员，特别是党员领导干部，要充分认识全国反腐败工作的重要性和紧迫性，正确看待当前反腐倡廉的新形势，坚定信心，坚定信念，强化法纪观念，正确对待权力和物质利益，讲操守，重品行，保持警钟长鸣，筑牢拒腐防变的坚强防线。报告结束后，赣州市公路管理局局长罗宗祺强调，公路系统涉及工程建设任务繁重，资金量大，社会关注度高，要求系统干部职工充分认识反腐倡廉的重要性和紧迫性，不断增强反腐倡廉的自觉性和坚定性，要用苏区精神激励自己，从自身做起，努力做一个品德高尚、情趣健康、爱岗敬业、廉洁正直的好干部，为赣南苏区振兴发展做出不懈努力。

（魏林菁）

【宜春市交通运输局扎实开展党风廉政责任体系建设】 市交通运输局按照党风廉政建设责任制的要求向全市交通运输系统印发《宜春市交通运输部门2012年党风廉政建设暨推进惩防体系建设责任书》。一是认真落实领导责任。党委（党组）要把党风廉政建设和反腐败工作纳入年度工作计划，通盘考虑，协调推进。认真执行《关于实行党风廉政建设责任制规定》，党委（党组）及科室主要负责同志要履行好第一责任人的政治职责，对管辖范围内的党风廉政建设和反腐败工作负总责，要敢抓敢管，不当老好人，管好班子、带好队伍，切实做到重要工作亲自部署、重大问题亲自过问、重点环节亲自协调、重要案件亲自督办。其他班子成员也要按照“一岗双责”的要求和“谁主管、谁负责”的原则，做好职责范围内的党风廉政建设和反腐败工作，确保分管单位人员不发生违纪违法案件。二是扎实推进惩防体系建设。认真贯彻落实中央《建立健全惩治和预防腐败体系2008—2012年工作规划》，全面落实反腐倡廉工作的各项任务，加强廉政风险防控机制建设，搞好党风廉政教育，积极抓好工程建设领域源头治理，巩固治理公路、水路“三乱”成果，推进廉政文化建设，全面实行风险岗位廉能管理，防止决策失误、权力失控、行为失范。三是切实抓好干部作风。认真开展集中整治影响发展环境的干部作风突出问题活动，切实解决工作作风方面的庸、懒、散，领导作风方面的假、浮、蛮，为政不廉方面的私、奢、贪，以及行政审批低效率和交通行政执法不规范等问题。以树立“五种形象”和“十要十戒”为主线，进一步改进作风，查找思想作风方面的问题和差距，认真进行整改，自觉接受社会监督，塑造交通部门新形象。大兴求真务实之风，继续深入贯彻落实市委求真务实“十八条”。认真执行《中国共产党党员领导干部廉洁从政若干准则》，全面落实《关于领导干部报告个人有关事项的规定》，严格执行财务管理制度、审计制度和机关日常管理制度，对接待费、车辆使用、水、电、电话等日常支出实行总量控制，杜绝各种不合理开支。实行政务、事务、党务公开。加强对专项资金和行政审批事项的监管，杜绝不廉洁问题的发生。五是严肃查办违纪案件。经常检查分析本单位党风廉政建设情况，对管辖范围内出现的违纪案件旗帜鲜明地予以查处。认真落实责任追究制度，对抓反腐倡廉建设不力，工作不到位，出现严重违纪行为的单位，以及有案不报、压案不查的，要严格按照党风廉政建设责任制的规定，追究有关领导的责任。

（梁益海　邹方强）

【宜春市公路局“十个一”深化廉政文化建设】 宜春市公路局以廉政文化“六进”活动为抓手，有计划、有组织、创造性地开展廉政文化建设，并着力抓好10个方面的工作，切实提高职工群众对党风廉政建设和反腐败斗争的满意度。一是精心落实好办公电脑廉政屏保安装活动。组织人员精心制作了一个涵盖廉政漫画、廉政警句格言、廉政载体活动、廉政风景画的廉政屏保，在全局干部职工的办公电脑上进行安装，使职工时刻能感受廉政文化的熏陶。二是精心办好宜路清廉网。创建了宜路清廉网,实时更新全局的廉政文化建设活动,上传廉政学习资料,方便职工学习。三是创建好了一个职工书屋。在机关办公楼腾出一间40余平方米的办公室,添置了报架、书架和2000余册各类书籍。既丰富了职工的精神文化生活,营造了团队学习氛围,让干部职工共享廉政文化成果。四是办好了一批廉政文化宣传展板。利用现有的市级廉政文化示范点奉新、靖安、上高、宜丰公路分局的影响力,在全局开展廉政文化宣传展板制作活动,并在机关、庭院等醒目位置安装,让职工在衣、食、住、行过程中时时处处感受到廉政效果。五是出好了一本"清正廉明"公路廉政画册,发放到全局各单位机关干部职工手中,增强职工对廉政文化的认识。六是布设好一个办公桌签。收集机关干部职工的岗位廉政承诺,将廉政桌签实时摆放职工办公桌前。七是营造一种廉政氛围。利用搬迁新办公楼的机会,在机关办公大厅内增设了一个廉政屏风,使干部职工一出大门就能感受到廉政之风的吹拂。八是打造一个廉政文化建设亮点。借助廉政文化进工地活动这个平台,在市政道路环城南路项目办布设了廉政文化石、爱莲亭、赏竹园、廉廓等,让一线施工作业人员感受廉政文化的影响。九是开展好廉政警示教育。配备了廉政影音角,购置了廉政警示专题片,实时组织干部职工观看正反廉政警示教育片。十是拍好一部廉政文化专题片,增强了廉政教育的影响力。

(戴宪华)

【抚州市运管处奏响"五步曲"狠抓廉政建设】为切实加强党风廉政建设,着力推进从源头上预防腐败长效机制,全面推动党风廉政建设工作上台阶,抚州市运管处以唱好"五步曲"为切入点狠抓廉政建设。

狠抓廉政教育。利用宣传栏、报纸、抚州运政网等载体加强廉政教育,教育党员领导干部要树立正确的人生观、价值观、世界观、权力观、地位观和利益观,牢记立党为公、执政为民的服务理念。狠抓制度建设。完善各项规章制度并认真落实,做到以制度规范人和事,从源头上加强对权力的制约和监督,逐步建立内容科学、程序严密的反腐倡廉制度体系,为党风廉政建设工作提供制度保障。狠抓监督检查。把内部监督、法律监督、社会监督、群众监督有机结合起来,对重大决策、重要事项等情况及时公开,形成"事事有规矩、处处有监督"的反腐败倡廉工作机制,做到权力运行和监督管理并存。狠抓创新途径。通过各种有效形式和创新载体,深入推进廉政文化"进单位、进科室、进大厅、进窗口"。以贯彻落实《中国共产党党员领导干部廉洁从政若干准则》为重点,营造氛围,注重效果。狠抓队伍建设。按照"政治坚定、公正清廉、纪律严明、业务精通、作风优良"的要求,加强全体干职工的自身素质建设、能力建设和作风建设。

(张　敏)

【上饶市运管处五举措推进廉政文化进机关】2012年,上饶市运管处认真研究和探索新形势下机关廉政文化的建设方式和特点,紧密联系工作实际,不断创新形式和载体,努力推进廉政文化进机关活动成效不断巩固和深化。一是教育倡廉。在民主专题会、干部专题学习和理论培训等多种形式,并请市委党校、市纪检委、市检察院等专家对处机关工作人员进行了核心价值观教育、理想信念、从政道德教育和公务员职业道德教育、党的优良传统和作风教育、党纪条规和法律法规教育,牢固地树立了立党为公、执政为民的服务理念,切实维护为民、务实、清廉的机关形象。二是制度保廉。建立和完善行之有效的勤政廉政管理制度,强化责任意识,建立长效机制,规范从政行为,用制度和纪律管权用人,做到权为民所用、情为民所系、利为民所谋。三是警示醒廉。采取观看典型案例警示教育片,组织机关工作人员参观市反腐倡廉教育基地,在处办公大楼醒目位置悬挂廉政标语和警示牌等形式,大力营造廉荣腐耻的工作氛围,时刻警醒大家廉洁从政、勤政为民。四是学习思廉。健全机关学习制度,以个人自学为主,组织机关人员每年至少读三篇个人修养、先进典型和廉政勤政等方面的文章、人物传记、通讯报道,不定期组织观看勤政廉政先进典型专题片,并要求每人联系自身实际工作特点写一篇有质量的"思廉"心得体会。五是谈心促廉。按照分级管理、分级负责的原则,逐步建立以任前谈话、诫勉谈话、警醒教育为主要形式的预警促廉机制;并形成了谈心制度,促进了机关和谐奋进、廉洁为民的良好氛围。

(殷国祥)

【上饶市交通运输局开展廉政教育月活动】 7月1~31日，上饶市交通运输局开展为期一个月的廉政教育月活动。目的是以廉政教育月活动为载体，学习党的光辉历史和勤政廉政先进典型事迹，进一步营造尊廉崇洁的浓厚氛围，促使广大党员干部模范遵守廉政准则，增进爱党之情、常怀忧党之心、恪尽兴党之责，弘扬光荣传统，加强廉政风险防范，自觉抵制不正之风，形成奋力干事、干净成事的良好局面，为推动全市交通运输经济又好又快发展提供更加有力的保证。活动期间举办了系统内180余名党员干部参加的党风廉政知识书面考试；组织了党员干部观看《廉政中国》系列电教片和电影《忠诚与背叛》；开展了廉政文化进机关活动，并有3个单位接受了市级和市直机关廉政文化建设示范点验收。

（王淑琴）

精神文明

【概况】 2012年，省交通运输厅深化行业文化创建活动。大力开展"学树建创"活动，着力推进交通运输行业精神文明建设不断发展。进一步深化江西交通发展理念的内涵，在全省交通运输系统继续实施"六项工程"，着力打造"五个交通"。即实施交通服务设施文明优质工程，实施交通"窗口"单位满意服务工程，实施客运市场规范工程，实施文明出行宣传教育工程，实施交通系统机关务实高效工程，实施交通行政执法素质形象工程。提升发展理念，打造创新交通；推进效能建设，打造活力交通；强化拒腐防变，打造廉政交通；深化"学树建创"活动，打造文明交通；高度关注民生，打造和谐交通。突出抓好职工艺术团、老干部合唱团、摄影协会等群众文化团体建设，办好行业网站、行业报刊、宣传栏、岗亭之声等宣传阵地，打造一批文化亮点。群众性精神文明创建活动持续深入，促进交通精神文明蓬勃发展，充分发挥精神文明建设的影响力和感召力。紧扣服务这一特点和要求，结合行业实际，在全省交通运输系统创造性地开展一系列有新意、有特点、有成效的活动。

（厅宣传处）

【交通文明窗口】 2012年，江西交通部门结合行业实际，在全省交通运输系统开展"百姓满意服务区"评选、"优化环境服务创业"等一系列活动，创造性地开展一系列有新意、有特点、有成效的活动。在全省公路通行费收费窗口推行规范化服务；以保洁、保通、保绿、保亮、保安、保形象"六保"为重点，高速公路服务区整治取得显著成效。深入持久地组织开展文明行业、文明单位、文明样板路、文明示范窗口、高速公路文明畅通通道、青年文明号和巾帼建功文明岗等文明创建活动。通过深化文化创建，涌现出梨温高速鹰西女子收费站、赣州车站"温暖伴君行"、昌樟高速"微笑服务"、井冈山"映山红"收费班组等特色品牌。

（厅宣传处）

【精神文明建设结硕果】 2008~2012年，江西交通运输行业共有422个单位被评为省级文明单位，平均约占全省受表彰总数的12.5%，是全省受表彰单位最多的行业之一。2011—2012年，全厅获得国家级荣誉称号8个，被评为十二届全国职工职业道德建设标兵单位1个，全国五一劳动奖章1人，全国模范劳动关系和谐企业1个，全国模范道班1个，全国模范养路工3人，全国杰出青年文明号1个；全厅获得省部级荣誉称号24个，省交通运输厅先后被评为"全省开展发展提升年活动先进单位""全省社会治安综合治理工作目标管理先进单位""全省公共机构节能先进单位""全省七个系统国有企业改革先进单位"。在江西省第十三届文明单位评选中，省交通运输系统122个单位候选，约占全省表彰总数的12.3%。

（厅宣传处）

【重大成就宣传取得新成效】 2012年，各级交通部门普遍重视交通成就的总结和报道，成就宣传有广度、有深度、有力度。

围绕中共十八大召开、中国共产党建党90周年等重大活动，推出系列专栏、专题、专稿，通过多体裁、多角度的宣传报道和今昔对比，全面盘点了交通运输系统改革发展中积累的典型成就、成功经验，鲜活生动地展示了江西交通事业的发展轨迹和辉煌成就。

围绕干线公路养护管理、高速公路开工或通车、高速公路服务区整治、"一大四小"绿化、农村公路建设和改渡建桥、黄金水道和内河航运建设、春运交通运输保障、行业文化建设等重点工作,以及创先争优、发展提升年、集中整治影响发展环境的干部作风突出问题等专题活动,各单位宣传部门精心组织、精心策划,进行了全面、立体的宣传,取得了良好的社会反响,形成了强大的舆论氛围和声势,有力推动了交通运输中心工作。

(厅宣传处)

【深入开展行业文明创建活动】 2012年,省交通运输厅在交通基础设施建设领域,以工程质量、科技创新、文明施工等为主要内容,开展了技能比武、创品牌树丰碑等活动;在交通运输执法部门,以公正、廉洁、文明为主要标准,开展了“执法为民、服务亲民”“文明执法示范岗”等活动;在交通运输企业和窗口服务行业,以诚信建设为重点,开展了“优质服务在窗口、诚信建设看交通”“文明示范窗口”等活动,评选打造了一批内涵丰富、特点突出、辐射带动力强的江西交通文化品牌。

(厅直机关党委)

【积极打造交通运输文化品牌】 2012年,省交通运输厅创新行业文化理念,突出抓好职工艺术团、老干部合唱团、摄影协会等群众文化团体建设。江西交通职工摄影、美术、书法比赛等活动已成长效机制,在全省形成独具特色的品牌,涌现出一批在省内外颇具影响的职工摄影家、书画家。通过经常性的开展多种形式的文艺汇演、摄影采风等活动,突出行业主题,弘扬交通运输文化,争当交通运输文化建设的排头兵,争当交通运输行业文明建设的主力军,成为交通运输职工健康生活的引导者,成为交通运输文化建设的亮丽风景。

(厅直机关党委)

【大力倡导健康文明生活方式】 2012年,为使广大干部职工的思想道德素质、科学文化素质和身心健康水平与现代交通运输大发展相适应、与建设富裕和谐秀美江西相适应,厅直机关党委出台了《江西省交通运输厅关于大力倡导健康文明生活方式的指导意见》,以建设文明和谐新交通为目标,以“健康生活、快乐工作、坚持运动、文明行为”为原则,向干部职工广泛宣传健康文明生活知识,提倡人与人之间建立健康文明和谐关系,体验文明健康生活理念,倡导文明餐饮,杜绝铺张浪费,真正把科学、健康、文明生活方式的理念融人到生活、工作和交际礼仪中,强化文明意识,转变行为方式,提高干部职工生活品位,促进人与社会和谐发展,不断提升行业文明程度,推动交通运输事业又好又快发展。

(厅直机关党委)

【广泛开展文化体育活动】 2012年,省交通运输厅办了“喜迎十八大,交通建新功”配乐诗文朗诵比赛,组织了全省交通运输系统全民健身运动会、“交通杯”职工篮球赛、羽毛球赛等体育活动。组织干部职工参加了省直机关工委举办的“强健体魄促效能”登山活动。组队参加省第三届工人运动会,获得奖牌40枚,其中金牌17枚,银牌14枚,铜牌9枚,在系统组参赛单位中列团体总分第一,省交通运输厅获第三届工人运动会优秀组织奖和体育道德风尚奖,塑造了交通人团结向上、敢于拼搏、勇争一流的精神风貌。

(厅直属机关党委)

【粤、赣两省海事机构举行“结对子”工作座谈会】 12月12~14日,江西省地方海事局局长于钦民、党委书记严允、党委委员兼调研员刘贤明率局有关处室负责人到广东海事局开展工作回访。12日,双方在广州召开“结对子”工作座谈会。广东海事局局长梁建伟、党组书记陈毕伍等出席会议。按照交通运输部和部海事局的部署要求,从2012年起,广东海事局与江西省地方海事局正式成为“结对子”单位。一年来,双方在“结对子”工作中,不断深化交流与合作,结对共建工作取得明显成效。座谈会上,双方分别介绍了各自工作情况,重点就渡口渡船安全监管、内河船员管理、船舶检验及海事信息化建设等方面进行交流探讨。同时,就相关工作交换了意见,达成了初步共识。广东海事局表示将秉承“全国海事一家人”理念,认真落实“结对子”协议各项工作,一如既往地支持江西省地方海事局的发展建设,促进江西省海事事业又好又快发展。江西省地方海事局向广东海事局给予江西省地方海事局的帮扶和支持表示感谢,并将继续学习广东海事局先进的管理理念和管理手段,提高江西水上交通安全监管水平。进一步加强与广东海事局各层级间的交流合作,提升两省海事“结对子”活动质量，力争使此项工作走在全国海事系统的前列。

（许海远　曾万荣　陈明中）

【省港航设计院获省级、省直“青年文明号”荣誉称号】 11月22日，省局党委副书记熊海清率局党办、人事处有关人员莅临港航设计院，为该院颁发省级和省直“青年文明号”双重荣誉奖牌。省港航设计院按照“抓市场、提质量、精队伍、树形象、创效益、促发展”的工作思路，在圆满完成业务工作的同时，注重企业文化品牌建设，通过全院职工共同努力，继2008—2009年度获省直“青年文明号”荣誉称号之后，再获“2010～2011年度省级青年文明号”和“2010～2011年度省直青年文明号”的双殊荣。授牌仪式上，熊海清对该院获得省级和省直“青年文明号”称号给予祝贺，并希望该院每一位成员要倍加珍惜荣誉，时刻以一名先进青年的标准严格要求自己，团结进取，永葆“青年文明号”称号。

面对来之不易的荣誉，该院负责人表示，将在上级部门领导的关心和厚爱下，再接再厉，充分发挥模范带头作用，继续推进“青年文明号”建设，为江西港航事业的发展作出新的贡献。

（熊美红　廖昌霞　陈明中）

【庆祝全省高速公路通车4000千米慰问演出在南昌举行】 12月26日晚，由省交通运输厅主办、省高速集团承办的庆祝全省高速公路通车4000千米慰问演出在南昌举行。

省政府副省长洪礼和，省政府副秘书长王水平，在家的厅领导朱希、马志武、万明、许润龙、邓经国、成松、胡钊芳，省高速集团领导李素华、谢来发和全省高速公路建设、管养一线劳模代表一同观看了慰问演出。

整场晚会分为5个部分，既凸显江西高速公路特色，又富有时代气息。《高速路上的好声音》、《阳光路上》、《岗亭下的我们》等一批节目集中反映了江西交通运输人积极向上、奋发进取的精神风貌。

（张永康　涂序东　雷声猛）

【省航道工程局举办“立足本职岗位，弘扬雷锋精神”主题演讲比赛】 8月16日，省航道工程局工会、团委共同举办了“立足本职岗位，弘扬雷锋精神”主题演讲比赛。比赛过程中，选手们紧紧围绕“立足本职岗位，弘扬雷锋精神”这一主题，从弘扬雷锋精神、立足本职岗位创先争优比奉献、传承优良传统等不同角度，讴歌雷锋精神，学习时代楷模。参赛选手演讲精神饱满，激情昂扬，充分展示了良好的精神风貌。此次比赛是该局“学雷锋”主题系列活动的重要组成部分，将激励干部职工在各自的工作岗位上掀起新一轮学雷锋、比奉献、创业绩活动高潮，积极投身到航道工程建设事业的实践中去，推动学雷锋活动的深入开展。

（涂小英　陈明中）

【省运管局机关及行业文明创建活动双头并进】 2012年，省运管局在继续抓好局机关文明单位创建活动的基础上，以行业核心价值体系为根本，拓宽领域，丰富内容，有效地促进了道路运输行业文明创建活动的开展。一是继续深入开展机关创建省市区级文明单位活动。2012年，省运管局被表彰为第八届省直文明单位，该局组织干部职工进行了无偿献血，献血总量4600毫升，“五一”节前在徐坊客运站开展“温馨旅程”汽车站志愿服务活动，“六一”爱心助学扶贫联系点井冈山市东上乡坳背村儿童，全局干部职工自愿捐款7200元，慈善一日捐捐款5100元等，展现了省运管局干部职工的良好形象。同时，认真落实“定点扶贫”工作。制定了《江西省公路运输管理局扶贫井冈山市东上乡坳背村三年工作规划和年度工作计划》，局长带队深入扶贫村走访慰问贫困户，落实河堤建设等资金，将井冈山市东上乡坳背村通往湖南省茶陵的断头路列入全省“十二五”公路建设规划等。二是推进全行业积极开展“学树建创”活动。认真组织开展了“春运农民工平安返乡安全优质服务劳动竞赛”活动，在城市公交和出租汽车行业开展了“公交服务精品线路”文明创建、高考爱心车队、出租汽车行业和谐劳动关系创建等一系列活动，提振了道路运输行业的“精气神”。省运管局也被交通运输部、中国海员建设工会表彰为“2012年春运农民工平安返乡（岗）安全优质服务竞赛先进集体”。同时，省运管局与江西电台综合新闻广播、鄱阳湖之声联合举行了“善行天下·学雷锋车队”城市客运文明创建活动，联合大江网开展了全省驾培行业“百优教练员”评选活动等,进一步实现了行业管理和文明创建工作的“双推进、双加强”。

(朱 熹)

【“善行天下学雷锋车队”城市客运文明创建活动启动】 3月5日,在嘹亮的《学习雷锋好榜样》歌声中,由江西省公路运输管理局与江西电台综合新闻广播、鄱阳湖之声联合推出的“善行天下·学雷锋车队”城市客运文明创建活动启动仪式拉开了序幕。

省公路运输管理局党委书记王江军出席启动仪式并致辞,省广播电影电视局副巡视员陈峰、省运管局局长梁必康、省交通运输厅运输处负责人出席活动,江西人民广播电台副台长邓季芳致辞,省运管局副局长刘伯康主持启动仪式,省运管局广播电台总编室、省交通运输厅宣传处、南昌市交通运输局、南昌市城客处、江西长运、南昌公交等单位负责人出席启动仪式并为“善行天下·学雷锋车队”的参会代表车辆贴上了标志贴,系上了寓意“平安归来、温暖他人”的黄丝带。

启动仪式上,全国劳模、南昌市公交总公司2路车司机喻春梅、江西省五一劳动奖章获得者、江西大众出租有限公司司机文飞分别代表全省公交车队、全省出租车车队宣读了活动承诺书,一致承诺学习并践行雷锋精神,做到规范驾驶、文明服务,帮助他人、快乐自己。

该次活动的目的是在全省公交车、出租公司出租车中倡导安全出行、文明礼让、关爱互助、拾金不昧、救死扶伤、见义勇为等新时代雷锋精神,呼吁每一个人争做现代活雷锋,帮助有困难的人,同时也让帮助别人的人得到全社会的尊重,感受给予他人帮助的快乐,推动社会文明建设、共同构筑和谐、秀美、富裕江西。

(朱 熹)

【省高速集团创造文明和谐氛围】 2012年,省高速集团坚持以人为本、关注民生,全力夯实基层基础,着力优化内部管理,大力弘扬文明新风,营造了生动活泼的氛围。制定了《企业文化建设实施纲要》,深入推进文化建设和宣贯活动,集团被评为全省企业文化建设示范单位;结合迎接党的十八大、高速公路突破4000千米等主题,组织了“感知江西高速”系列采访宣传,开展了摄影比赛、运动会等文体活动,并在全国、全省多项比赛中获得佳绩。营造了争创一流的氛围。广泛开展文明单位、青年文明号等创建活动,集团总部及44个下属单位成功创建省级文明单位,全年荣获省部级以上荣誉80余项、省直(市厅)级荣誉200余项。营造了风清气正的氛围。组织廉政文化“进机关、进基层、进工地”巡展巡播活动,完善风险岗位廉能管理机制,推进工程建设领域突出问题专项治理,开展集中整治干部作风突出问题活动,稳固了廉洁从业、干净干事的良好局面。

(省高速集团)

【省厅领导赴梨温高速调研精神文明建设】 4月12日,省交通运输厅副厅长万明赴梨温高速公路就交通运输系统基层党建、精神文明建设等工作进行调研,并与鹰潭市委常委、宣传部长周世敏一同为鹰潭管理处“全国文明单位”揭牌。厅宣传处负责人等陪同调研。

当日上午,省交通运输厅、鹰潭市委宣传部在鹰潭管理处隆重举行全国文明单位授牌仪式。万明、周世敏为鹰潭管理处荣获全国文明单位揭牌。下午,万明一行又马不停蹄地先后参观梨温高速鹰西收费站、梨温公司机关,就交通运输系统基层党建、精神文明建设等工作进行调研。在鹰西收费站,万明先后参观了该站文化长廊、职工健身房、荣誉陈列室、礼仪化妆间。万明与该站员工进行座谈,仔细询问该站职工工作、日常生活和业余文化开展情况。在听取该站负责人关于鹰西站建站情况、服务举措及工作汇报后,看到鹰西收费站干部职工言行举止透出的自信精神面貌时,万明用“感到欣慰”一语来充分肯定鹰西站的工作并认为该站各项工作有创新、有突破,职工队伍素质好、战斗力强。万明指出,鹰潭西收费站起步早,发展快,用心多,带动了江西高速收费站的发展,是江西高速的一面鲜艳的巾帼旗帜,为全省交通形象增添了光彩。就牢固树立这面标杆旗帜并发挥作用,万明提出三点要求,一是提升职工自身素质。职工素质是立站之本,也是提高窗口形象的重要举措,要注重内心修养,切忌浮躁,保持创新进取的势头。二是提升品牌内涵。要借助专业团队的力量,集思广益,群策群力,专题设计,树立文明交通新形象。鹰潭西站不仅限于“女子”站,更应发挥女性的细致、温柔、爱心等美德,让鹰西站立足江西,走出江西,成为全国交通行业的亮点。三是提升管理水平。要建立与工作业绩挂钩的奖惩机制,让员工感受到温暖和动力,最大限度体现个人自身价值和组织的认可,留住人才,激励人才,让鹰潭西站成为优秀人才的孵化基地、培养摇篮。

(缪德良　黄广华　胡　丹　程　巍)

【江西公路开发总公司荣获全省“五一”劳动奖状】 4月27日上午,公路开发总公司在省总工会召开的江西省庆“五一”暨创先争优推进工会基层组织建设年大会上荣获“五一”劳动奖状,成为全省获得此项荣誉的17个先进集体之一。2003年以来,总公司始终坚持以“三个代表”重要思想为指导,深入学习实践科学发展观,认真贯彻落实中共十七届五中、六中全会精神,在省交通运输厅和高速集团的正确领导下,开拓进取,对外坚持提升企业实力和企业形象,在推动全省重点项目建设、拉动地方经济增长、提高社会服务能力等方面取得了丰硕成果;对内坚持创新企业管理,公司文明创建工作稳步提升,综治安全工作防治并举,企业环境不断优化,为优化全省社会投资环境做出了积极贡献,树立了服务江西和谐富裕秀美建设的交通新形象。

(魏　翔)

【梨温高速青年龚胜入选江西首批“希望之星”】 1月18日,江西“希望之星”成长计划新闻发布会在南昌举行,省高速集团公路开发总公司梨温高速进贤收费站青年龚胜受邀参加新闻发布会,并收到了“希望之星”,成长爱心计划基金。江西“希望之星”成长计划是共青团组织为发挥先进典型的示范引导作用而开展的一项活动,主要是对在见义勇为、爱岗敬业、助人为乐等方面获得省级及以上表彰,或受到社会广泛关注的江西籍(或在江西工作、生活的)先进青少年及其子女进行扶持。首批受扶持的“希望之星”包括江西“最勇敢小女生”夏娟、见义勇为青年龚胜等18人。龚胜在2009年11月14日前往南昌县广福镇广福村探望父亲的途中,突遇3名因玩耍不慎落水的小孩,奋不顾身跳入水中进行施救,将落水小孩交给闻讯赶来的家长后又悄然离开。龚胜见义勇为的事迹媒体获悉后竞相报道和转载,经网民评议推荐,入选中国文明网好人榜,并被评为省直“百优青年”,展现了当代青年的优秀品质和良好风貌。

(巫过房　付文明)

【江西公路开发总公司人人学雷锋做先锋】 江西公路开发总公司,弘扬雷锋精神,树立青年风貌,凝聚青年力量,服务公司发展,2月23日,在省高速集团团委领导下,总公司团委依托下属各级团组织及熊文清班组、雷锋班组等青年志愿者组织,全面启动学雷锋活动,形成了覆盖总公司34个收费站、10对服务区的活动网。该公司学雷锋启动活动共有223人参与,活动悬挂横幅60余条,活动的广泛开展在公司上下形成了人人学雷锋、个个做先锋的良好氛围,同时,总公司通过开通团委微博、制作活动板报、印制宣传画等形式,发布活动文字和图片,扩大了舆论阵地,宣扬了雷锋精神,展现了总公司广大团员青年服务公司、奉献社会的良好形象。

(付文明)

【景鹰高速谌菊辉荣获第一届“省直机关青年五四奖章”】 5月30日下午,在省直机关团委召开的学习贯彻纪念建团90周年大会精神暨第一届省直机关青年五四奖章表彰会议上传来喜讯,景鹰高速鄱阳收费站收费班长谌菊辉荣获第一届“省直机关青年五四奖章”。这是省交通运输厅唯一获此殊荣的职工。自2月份评选活动启动以来,景鹰高速鄱阳收费站团支部根据评选要求,积极推荐为本职工作作出突出贡献的优秀青年,推荐的候选人谌菊辉最终在100余人的激烈竞争中脱颖而出。谌菊辉以谨慎勤恳、刻苦学习的工作态度和乐于奉献、敢于担当、精于岗位的精神获取此荣誉。

(柳　静)

【江西公路开发总公司报告先进事迹激发员工奉献精神】 9月18~20日,公路开发总公司分别在机关、梨温公司和万年管理中心举行三场题为“立足岗位作贡献,学习先进创一流”的先进事迹巡回报告会。报告成员都是收费和养护一线的普通员工,讲述“熊文清班组”、赣皖“螺丝钉班组”等六个先进事迹。报告会上,6位来自梨温公司、万年管理中心和养护公司的报告团成员结合亲身经历,用朴实的语言和深切的感受,讲述了发生在高速公路收费养护一线岗位的一个个感人故事,赞扬了"熊文清班组"、鹰西收费站、赣浙处"亿元收费员"刘建丰、赣皖"螺丝钉班组"、退伍班长谌菊辉、养护公司"刘泉林班组"六个先进典型。报告团成员时而娓娓道来,讲述一个个平凡的故事;时而声情并茂,演绎出一幅幅生动的画面;时而抑扬顿挫,勾勒出一组组鲜活的身影;时而慷慨激昂,描绘出一道道美丽风景。听众们聚精会神,认真的倾听、仔细的思考,被一个个平凡的故事所感动,对那些甘于平凡却无私奉献的一线班组和员工又有了全新的认识,并一次次地用掌声表示崇高的敬意。在三场巡回报告会上,总公司还就廉政文化作品征集评选活动中的获奖作品进行了展览。

(魏　翔　程　魏　张学武)

【省厅领导考察"巾帼鹰西"品牌创建工作】 10月20日上午,省交通运输厅厅长马志武深入梨温高速鹰潭西收费站考察"巾帼鹰西"品牌创建工作。省交通运输厅办公室主任谢元银、基建处处长钱志民,公路开发总公司负责人、梨温公司负责人等陪同。马志武一行观看了"巾帼鹰西"品牌创建宣传片,听取了收费站负责人对品牌传承和定位、品牌理念和内涵、品牌形象和推广的汇报。马志武对该站在创新服务、队伍建设等方面取得的成绩给予充分肯定,对"巾帼鹰西"服务品牌和"传播文明、传递温馨"服务理念给予了高度评价。勉励该站立足行业特点,保持自身优势,不断提升文明和温馨的品牌形象,把"巾帼鹰西"打造成有代表性、有竞争力、可持续发展的江西高速公路服务品牌。

(蒋佳芮)

【梨温高速在建设富裕和谐秀美江西中打造"文化路"】 梨温高速自2003年开通运营以来,融入文管理于科学发展之中,融生态文化于铸路之中,10年来求实发展之路,是不断探索现代企业管理的思想解放之路,是不断建设富裕和谐秀美江西的奋勇争先之路。一是力保畅通,舰矩与方圆之问演绎"制度文化"。"人便其行、货畅其流",是梨温公词的工作方向,确保畅通,则是公司的工作目标。没有规矩,不成方圆,梨温高速管理层认为:规矩是制度,方圆是管理文化,在管理上积极推行"把路放在心上,把心放在路上"。二是力倾建园,高速高效之间种养"生态文化"。公司为司乘人员倾力打造生态路,为职工打造生态园,进而把梨温高速建成鄱阳湖生念经济圈内的"生态文化高速路"。在打造赏心悦目行车环境的同时,梨温公司将"生念园"建设融入到行业形象与精神文明建设中,把各收费站庭园打造成梨温高速人的田园家乡。三是力促和谐,道德与思想之间构筑"服务文化"。路,因人义内涵富有而精彩。从高速公路中酝酿出"中国骄傲"熊文清、"中国好人"龚胜,到收费员为孕妇接生、高速红十字志愿者救助晕厥司机等,层出不穷地发生在梨温高速上的好人好事,聚焦成一种品牌效应。持续的公共服务活动,持续的"感恩"教育、深入推进思想工作进班组、优秀班组进社会,以典型引路的思想政治工作,不断提升团队道德水准和服务水平。在赣鄱大地力促和谐,在建设富裕和谐秀美江西中推进"文化路",作为荣获96项省部级以上荣誉的高速管理企业,梨温公司抓住文化因素,导入管理内涵,让高速文明之花一路芬芳随行。

(魏和仁　黄广华　胡　丹)

【景德镇市公交公司创建工作行动快措施实】 7月3日,全市精神文明建设工作总结表彰暨创建全国文明卫生环保模范城市动员大会召开后,景德镇市公共交通公司迅速行动,对照《景德镇市创建江西省第四届文明城市工作责任表》中"实地考察"项目第4类"公共交通"的8项工作内容及要求,逐项进行整改完善,一是筹集近30万元资金购置1套智能公交车辆清洗机,实现公交车清洗自动化,为保持车容车貌整洁提供了便利条件;二是分期分批整修老旧公交车辆,更换公交车上破损的座椅,修补公交车破损的车厢底板、侧板,装配缺损的车窗玻璃,对车容车貌较旧的公交车辆予以整车罩漆等,一个月来已整改公交车辆50余辆;三是安排新近购置的装配车载电视设备的空调公交车于本月下旬上线运营,进一步提升公交出行舒适度;四是组织公交车驾驶员及基层管理人员分期分批接受包括安全行车知识、公交服务规范等内容在内的岗位轮训,切实提高员工安全意识及服务技能；五是坚持管理人员上线上站疏导候车及上、下车秩序，稽查公交车违章运行情况，确保公交车辆安全运行。

（涂　强）

【景德镇市三龙治超站蝉联“全国青年文明号”称号】 4月28日，景德镇市车辆超限超载治理领导小组办公室举行三龙车辆超限超载检查站蝉联“全国青年文明号”授牌仪式。自2004年6月20日与全国同步启动车辆超限超载工作以来，景德镇市三龙治超站在建立和健全各项岗位制度的同时，大力推行政务公开、阳光操作，把创建“青年文明号”与爱岗敬业、热情服务、立足本职工作相结合，以创建交通运输行业文明示范窗口为目标，积极开展创建文明示范窗口活动，创新活动载体，组织开展创建“人民群众满意的执法单位”和“人民群众满意的服务窗口”活动，推行“三个一”“四不让”“五服务”“六个点”工作法。“三个一”，即“说好每一句话，待好每一个服务对象，做好每一项工作”；“四不让”，即“不让工作在我手中延误，不让服务对象在我面前受冷落，不让优质服务在我岗位打折扣，不让治超形象在我这里受影响”；“五服务”，即“优质服务，承诺服务，预约服务，提示服务，延时服务”；“六个点”，即“服务热情一点，思路创新一点，执法灵活一点，作风扎实一点，工作勤奋一点，效率提高一点”。三龙治超站以扎实的工作作风，规范的执法行为，创新的工作机制，良好的文明形象，昼夜奋战在治超工作最前沿，各项工作取得了显著成效，多次荣获省交通运输厅“文明示范窗口”，省、市交通系统“先进单位”“先进集体”荣誉称号，2004年获市级“文明单位”、市级“青年文明号”，2006年获省级“青年文明号”、市级“执法案卷检查评比一等奖”，2008年获全国“青年文明号”、“全国交通行政执法责任制示范单位”等殊荣。

（涂　强）

【萍乡市安源区交通运输局加强公路管养共创文明城市】 2012年，为全面落实全市创建文明城市活动要求，切实抓好路面养护工作，给广大群众出行提供干净、舒适、便捷的通行环境，安源区交通运输局采取强有效措施确保辖区内省道干线公路安全畅通。该局要求养护保洁人员坚守工作一线，加强路面养护，发扬不怕吃苦，敢于奋斗的精神，对路面、路肩、边沟进行认真清扫、修整，及时处治路面病害，做到路面无杂物、无积水、无污染，路肩边沟无高草、无垃圾；加强对桥面及边坡保洁，及时清扫桥面积水和杂物，确保过往车辆安全通行。同时，该局通过强化“建管养共同抓”的措施，全面加强安保设施的维修养护，要求路政大队在开展日常巡查过程中，注重对安全标志、标线、护栏、等设施进行巡视，确保所有安保设施齐全规范，为建设和谐安源贡献一份力量。

（安源区交通运输局）

【萍乡市上栗运管所获市级“文明单位”称号】 2012年，上栗运管所双管齐下，一手抓道路运输行业管理，一手抓精神文明建设。通过全所人员的共同努力，上栗运管所被萍乡市委市政府授予创先争优活动“先进基层党组织”、市级“五好”基层党组织，并连续七届荣获市级“文明单位”，同时还获得了上栗县机关效能提升年活动和创业创新服务年活动“先进单位”、“支持上栗经济发展优质服务奖”，以及十佳群众满意单位等荣誉称号。

（上栗运管所）

【九江市交通运输系统文明创建成效显著】 2012年10月，九江市交通运输系统积极推荐局属单位参加市工委举办的“十大雷锋号示范岗。十大雷锋式优秀公仆”评选活动，公交集团25路女子车队于2012年12月荣获十大雷锋号示范岗荣誉称号。参加“喜迎十八大争创新业绩”演讲比赛，运输局干部吕蓓蓓荣获二等奖。港航局星子分局女职工周芸获“优秀好儿女”“优秀好儿媳”称号。

（九江市交通运输局）

【九江市地方海事局荣获全国海（水）上搜救先进集体称号】 2012年5月，交通运输部发文授予九江市地方海事局2010年度全国海（水）上搜救先进集体荣誉称号。

进入新世纪以来，九江市地方海事局水上搜救工作取得较好成绩，曾参加多起船舶遇险救援行动，成功救起多名落水人员。

（夏　露）

【九江港航分局荣获“全国交通运输行政执法评议考核优秀单位”称号】 4月17日,在交通运输部办公厅通报的2011年全国交通运输行政执法评议考核结果中,九江港航分局荣获“2011年全国交通运输行政执法评议考核优秀单位”。九江港航分局在全面推行依法行政基础上,有效改进执法模式,着力抓好班子建设和执法队伍建设,注重建立完善执法配套制度,深化行政许可审批制度改革,加强行政执法监督检查,加强执法规范化建设,不断强化管理职能和服务水平,打造了一支“政治坚定、素质优良、纪律严明、行为规范、廉洁高效”的正规化行政执法队伍,树立了良好的港航形象。

(余杏云 陈明中)

【九江市地方海事局服务工程建设获赞誉】 1月15日,九江地质工程勘察院为九江市地方海事局送“排忧解难保驾护航”的锦旗,对其为鄱阳湖特大桥勘探工程保驾护航表示感谢,对海事执法人员优质、高效服务给予了高度赞扬。鄱阳湖特大桥初步勘探工程位于都昌县老爷庙水域,自2011年12月5日开始施工,比原计划提前10天完工。由于该施工水域气象条件恶劣、通航环境复杂,给工程施工及水上安全保障工作带来了一定压力。为保障工程顺利进行,九江市地方海事局派出6名执法人员、2艘海巡艇对施工现场实施24小时旁站式安全监管,为工程施工提供了全面、及时、有效的安全保障。

(向昌宇 方 斌)

【新余长运有限公司助力省级文明城市创建】 按照新余市委、市政府争创省级文明城市的工作部署,新余长运公司积极投入人力、物力、财力,全面整治站容站貌、车容车貌,努力打造良好的卫生环境,为争创省级文明城市贡献一份力量。8月9日,新余长运公司召开创建文明城市动员大会,对创建工作作出具体安排,同时对服务质量提出相应要求,要求责任单位积极落实到位。公司总经理带领相关分管领导和职能部门人员到城东汽车站、城南汽车站检查环境卫生状况,并对要改进的地方马上积极改进,该拆除的地方立即拆除。同时利用电视、显示屏、广播、墙报、黑板报、横幅等载体大力宣传创建工作,号召全体干部职工要全力以赴,为新余市创建省级文明城市做出应有贡献。

(廖晓宇 赖红霞)

【新余长运深入开展“学雷锋、树新风”活动】 3月,新余长运公司认真贯彻《全国交通运输行业深入开展学雷锋活动实施方案》,以“立足岗位、争先创优”为载体,深入开展“学雷锋、树新风”活动。活动要求公司上下以雷锋精神为榜样,大力倡导干一行、爱一行、专一行、精一行的思想理念,结合当前正在开展的“五比五创”争先创优活动(比素质提升、创学习型组织,比团队协作、创和谐班组,比文明诚信、创星级示范,比服务效能、创满意单位,比工作业绩、创一流形象),将雷锋精神传播到每个单位、每条班线、每位员工,激励广大党员干部职工立足岗位,人人争做“活雷锋”,以此促进各项工作上台阶,服务质量上水平,从而彰显行业文明,实现一流企业形象的目标。

(郭 辉)

【新余市仙女湖区精心扮靓服务之窗】 2012年,仙女湖区交通局多措并举,使为民服务创先争优活动在加强队伍建设、推动中心工作、解决实际问题方面取得实实在在的成效。该局始终坚持把带给人民群众方便与实惠作为衡量活动为成效的主要标准,注重把“为民服务创先争优"的要求落实到每个工作细节,切实增强活动的针对性和有效性。集中整治影响发展环境的干部作风突出问题,深入查摆问题,深刻剖析根源,对照标准找差距,转变作风抓落实。作为直接面对人民群众的窗口——办证中心,开展“四最服务承诺",即:“最少的等待时间、最好的服务态度、最佳的问题解决、最甜的声音微笑”服务活动,明确标准,接受评议。同时,每周派一名局领导受理办证中心接待相关业务,听取意见,为群众办实事、解难题。

(徐保平)

【鹰潭市交通运输局文明创建结硕果】 2012年,鹰潭市交通运输局结合交通实际,为市民出行提供优质服务,局党委会提出了开展星级出租车、文明示范车、优秀驾驶员的评选活动,充分发挥模范带头作用,选出了一批车况良好,文明服务、驾驶员技术硬的星级出租车、文明示范车、优秀驾驶员,全市交通运输系统涌现了“拾金不昧”的高青太,“助人为乐”的艾贵荣,感动鹰潭十佳新人物姜卫平,受到社会各界的一致好评。

2012 年度,市交通运输局获市委、市政府表彰,被评为全市发展提升年活动先进单位。2012 年,市渡管所被评为江西省“十一五”期间农村渡口改渡建桥工作先进单位。2012 年,市交通运输局被省交通运输厅授予 2011 年度全省交通运输系统目标管理先进单位荣誉称号;被市综治委授予 2011 年度全市社会治安综合治理先进单位荣誉称号。

(鹰潭市交通运输局)

【吉安港航分局办证服务中心获省级“青年文明号”称号】 12 月 24 日,吉安港航分局举行省级“青年文明号”授牌仪式,省局党委副书记熊海清出席授牌仪式并为该局颁发省级“青年文明号”奖牌和荣誉证书。

进入新世纪以来,吉安港航分局办证服务中心按照“群众利益无小事”的服务理念,坚持业务工作和队伍建设两手抓,紧紧抓住“青年文明号”这一重要载体,加强机关效能建设,深化服务措施,推出一系列人性化服务新举措,打造窗口服务品牌,推行文明服务和社会服务承诺制度,倾力推行“首问责任制”、一次性告知制和一系列便民措施,主动走出去,请进来,深入港口、码头,为船员送服务上门,努力为船员办实事、好事,受到了广大船员和航运企业的好评。

(李华志　陈萌中)

【宜春市公路局“七个一”推进“三珍”主题教育活动】 2012 年,宜春市公路局启动“三珍”主题教育活动,旨在通过活动使广大党员干部珍重事业,珍惜岗位,珍爱家人,自觉增强政治意识、责任意,纯洁党性、爱护声誉,廉洁干事,引导党员干部特别是领导干部立党为公、执政为民,严格自律、勤廉从政,确保“公路科学发展,干部健康成长”。

“三珍”珍重事业,珍惜岗位,珍爱家人)主题教育活动期间,宜春市公路局将重点做好七篇文章:一是开展一次专题学习讨论会,要求全系统 800 余名党员写出 1 篇以上学习讨论文章;二是开展一次“现身说法”警示教育活动,组织两级班子成员 100 余人分期分批参观赣西监狱,让违法违纪干部现身教育党员领导干部;三是开展一次革命传统“红色教育”,重温革命誓词,参观革命圣地,增强活动的吸引力;四是开展一次领导干部廉政党课活动,并对优秀党课进行表彰;五是召开一次“廉内助”座谈会,唱好家庭守廉经;六是开展一次“优秀勤廉标兵”评选表彰活动,营造风清气正的干部创业氛围;七是开展廉政文化示范点创建活动,力争全系统廉政文化示范点达到 50% 以上。

(戴宪华)

【省内外媒体聚焦奉新公路先进文化】 2012 年,奉新公路分局落实中共十七届六中全会关于“实现社会主义文化大发展、大繁荣”的决定精神,努力不懈地打造先进的公路文化,并取得了初步效果。《中国交通报》《中国公路文化》《信息日报》《江西交通》《江西公路》《赣西晚报》等省内外报刊聚焦奉新公路分局打造的先进公路文化。

5 月 21 日的《中国交通报》在文化专版里,以“不住城里住乡下,发挥余热为老家”为题的人物通讯,报道了该分局古稀老人宋心元为传承科技文化,2009 年至今义务挑起筹建宋应星陈列馆的事迹。4 月 23 日的《信息日报》也以“筹建宋应星纪念馆,他不要报酬”的通讯,弘扬了宋心元全身心投入宋应星纪念馆布馆的动态。

聚焦廉政文化。该分局打造的“七上五进"廉政文化,享誉江西省公路系统。2011 年 10 月,省公路局在该分局召开了全省公路系统廉政文化现场会。2012 年《江西交通》出版的第 5 期发表了该分局打造 8 条廉政文化长廊的消息。

聚焦公路文化。2012 年 4 月 27 日,《奉新公路》迎来了创刊 10 周年的大喜日子。该刊坚持一月一期,已办 120 期。《江西交通》《江西公路》《奉新通讯》及奉新电视台等媒体先后进行报道。

聚焦集报文化。该分局成立了全国公路系统最早的集报小组,有一家庭藏报馆被评为“二星级”中国集报之家。《江西公路》在 2012 年 2 月份出版的该期杂志《公路文苑》栏目、3 月 16 日出版的《赣西晚报》在《老龄》栏目及《中国公路文化》(2012 年第 5 期)《艺苑》栏目中均图文并茂地介绍了中国报协集报分会理事、江西报友联谊会副秘书长、《江西报友》内刊主编、该分局老年党支书龚付生从投稿到剪报再到集报乃至研报、办刊,并即将由龚付生牵头承办江西(奉新)报展的事迹。

(帅德平)

【袁州区交通运输局认真做好精神文明建设】2012年,区交通局积极深入开展精神文明建设活动,深入贯彻科学发展观,大力加强思想道德、民主法制和法律教育,发扬爱国主义、集体主义和社会主义艰苦创业精神,不断提高交通系统性精神文明建设活动水平。1. 健全领导机构。为确保精神文明建设活动顺利进行,成立由党委书记为组长,党组成员为副组长,下属各党支部书记为成员的领导小组。2. 抓好重点建设方面。一是重点抓好"窗口"服务建设。深入开展职业道德、依法行政教育,切实纠正不正之风,突出"和谐、优质、规范、诚信",树立起行业的良好形象。二是抓好文明单位建设。广泛开展文明职工、文明家庭、文明楼院、文明站所、文明路段等活动。交通运输系统创区级以上文明单位2个。三是抓好学习先进典型活动。在系统内形成学先进、赶先进、人人争当先进的良好氛围。经过一年来的建设活动,局属各单位进一步提高认识,从我做起,从现在做起,从点滴做起,立足岗位,营造出一级带一级、一级促一级、层层抓落实的浓厚氛围,推动交通系统文明建设踏上一个新台阶。

(李　庆)

【抚州市交通运输局开展文明创建活动】 2012年,抚州市交通运输局党委高度重视党建工作,采取上廉政党课、收看电教片等方式,对党员干部进行理想信念教育、党性党风教育和廉洁从政教育,各级党员领导干部廉洁意识进一步增强;认真落实责任制,坚持"三重一大"事项集体研究决策等制度,认真梳理职权,公开权力运行流程,抓好电子监察系统建设,开展阳光政务,交通特色惩防体系进一步健全。一年来,抚州市交通运输局始终坚持两手抓,一手抓好交通运输发展,一手抓好行业文明建设,扎实开展了文明行业、文明单位、文明窗口等各种文明创建活动,行业文明程度进一步提高。抚州市交通运输局继续保持省级文明单位称号,并先后荣获全省交通系统"纠风工作先进单位""信息宣传先进单位""抚吉高速工程建设先进单位",获得全市"安全生产工作先进单位""国防动员工作先进单位""对口支援目标考评先进集体""项目建设百日大会战优秀组织单位奖"等荣誉称号。

(陈根玲)

【抚州市运管处全体干职工学雷锋树新风】2012年是雷锋牺牲50周年,为学习和弘扬雷锋精神,使雷锋精神融入时代生活,走进百姓心灵,引领社会风尚。3月4日,抚州市运管处积极组织机关干部职工走上街头开展"弘扬雷锋精神,普及志愿服务,建设幸福抚州"的文明交通劝导志愿服务活动。

早上8:30,该处全体志愿者早早地来到市城区主干道公交站台"上岗"了。志愿者手戴志愿者服务红袖章,在各公交站点纠正劝导市民文明排队、主动让座、爱护车内设施和卫生等文明乘车规范。在劝导过程中,志愿者不仅及时制止了一些市民不文明的交通行为,还耐心对当事人进行了教育引导,并帮助有困难的市民安全过马路。志愿者的示范行动和礼貌服务得到了过往行人的理解和配合,进一步弘扬了雷锋"无私奉献"的志愿精神。

通过一天的文明劝导行动,志愿者深刻体会到文明出行、奉献爱心的重要性,只要每个市民能够从我做起,从自己身边的小事做起,只要人人都献出一点爱,世界将变成美好的人间,雷锋精神将永远发扬光大。

(张　敏)

【抚州长运特色企业文化逐步形成】 2012年,抚州长运公司把企业文化建设与生产经营相结合,以员工喜闻乐见的方式营造健康、文明、和谐的文化氛围,以竞赛的方式营造积极、主动、快乐的劳动氛围,取得了较好的效果。通过举办"七·一诗歌朗诵会"、与市交通局联合举办学雷锋活动、由公司领导主讲"企业文化专题讲座"、举办"公文写作比赛"、举行"庆5·1",登山活动,以及开展以"我与抚州长运"为主题的征文等一系列活动,员工的归属感、凝聚力得到了加强,具有抚州长运特色的企业文化正在逐步形成。

(抚州长运公司)

【抚州高速路政全省比武获第一】 在12月18

赣州市交通运输局

南下大通道——赣定高速

腾飞中的赣州航空事业

2012 年，赣州市交通运输大力贯彻落实《国务院关于支持赣南等原中央苏区振兴发展的若干意见》和党的十八大精神，为加快交通基础设施建设步伐，进一步推动赣南苏区交通运输事业振兴发展和跨越发展的进程做出重要贡献。

高速公路建设。基本完成年初确定的各项目标任务。其中龙杨和赣崇两条作为实现江西省高速公路通车里程突破 4000 千米目标的攻坚项目，顺利建成通车；寻全高速公路如期开工建设，工程施工正快速推进；兴国至赣州高速公路前期工作有序推进，征地拆迁工作已启动。全年我市高速公路建设计划完成投资 70 亿元。是年，赣州境内高速公路通车里程为 958.26 千米。

中心城区公交事业蓬勃发展

国省道公路建设。赣州市公路管理局管养市养公路 2639.891 千米 /2 条，桥梁 881 座，隧道 4 道，按行政等级分，其中国道 4 条，计 930.753 千米；省道 14 条，计 1099.724 千米；县道 31 条，计 543.567 千米；乡道 8 条，讲 15.319 千米；专用 5 条，计 50.528 千米。

县乡（村）公路建设。全年共完成农村公路建设 1500 千米，改造危桥 120 座。向上争取农村公路建设规模 1765 千米，向上争取补助资金 2.5 亿元。同比分别增长 16.7%、12%。全力支持全市农村危旧土坯房改造，为集中新建点安排农村公路建设 166 千米，提供资金 1598 万元。经过市局多方努力争取，市政府在财力紧张的情况下，给各县（市、区）新增拨付了 6000 万元农村公路建设历年旧欠，占旧欠总额的 30%，并承诺逐年还清，从而极大缓解各县（市、区）农会公路建设资金难题，真正做到取信于民。

收费窗口党员示范

2012 年，全市公路通车总里程达 28171.009 千米。

赣州绕城高速路段

抚州至吉安

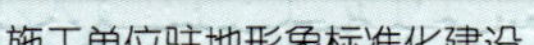
施工单位驻地形象标准化建设

抚吉高速赣江大桥施工

抚州至吉安高速公路建设项目紧紧围绕创建规范施工示范工程的要求，求真务实，统筹规划，精心组织，精心施工，以工程质量为核心，以规范管理为抓手，以科技攻关为动力，以廉政建设为保障，大力推进工程建设，圆满完成了预定目标任务，2012 年 12 月底全线建成通车。

抚州至吉安高速公路项目（简称“抚吉高速公路项目”）是江西省 18 条加密高速公路之一，远期规划为连接海峡西岸经济区的大通道。它连接江西省中部地区两个重要的地级市抚州市和吉安市，东连福州至银川国家高速公路，西接樟树至吉安地方加密高速公路，途经抚州市临川区、金巢开发区、崇仁县、宜黄县、乐安县、吉安市永丰县、吉水县、吉州区两市八县（区），路线全长 179.188 千米，概算总投资 94.55 亿元。

标准化路基

抚吉高速公路项目的建设彻底改了变江西中部腹地无高速公路的局面，并成为中西部地区与东部沿海发达地区联络的又一快速通道，是对江西省高速公路网的重要补充，为促进江西在中部地区崛起起到了极其重要的作用。

抚吉高速公路项目管理的中心思路是“以规范化施工促进度、保质量”，项目办紧紧围绕“着力打造规范施工示范路”这个目标，确立了“以规范施工促工程进展，以工程进度体现规范施工，以路面工程促路基工程”和“向设备要生产力、向科技要质量、向管理要安全”的项目建设总体思路。在这个总体思路的统领下，认真总结和吸收省

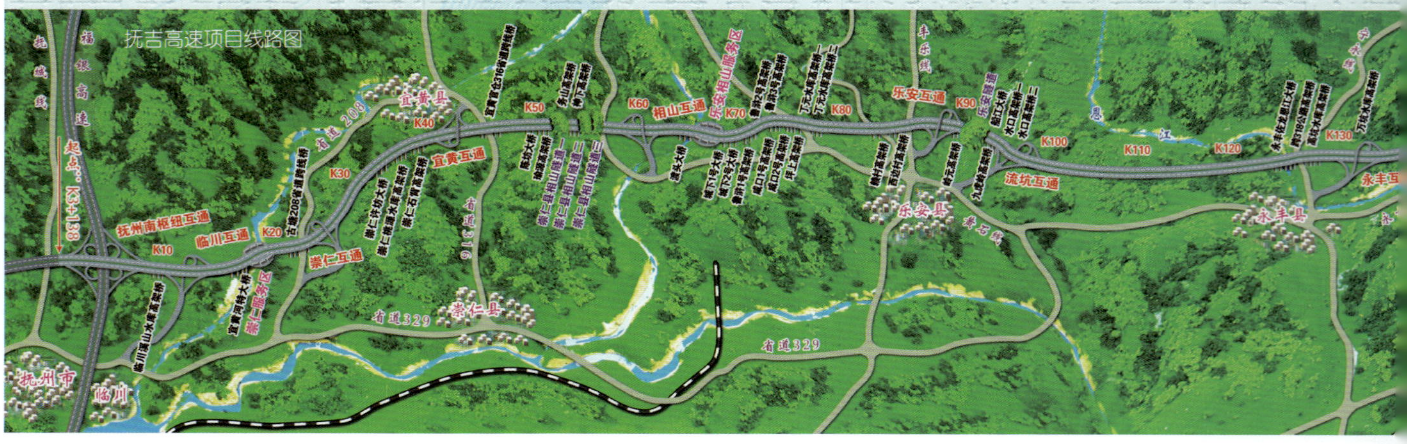

高速公路

抚吉高速公路文峰山隧道

隧道标准化施工

内外高速公路建设管理的实践经验，结合本项目的实际情况和特点，采取了一系列针对性强、操作性强的工作措施，并狠抓落实，抓出成效，基本达到了“标准成为习惯，习惯符合标准，结果达到标准”的目标要求，全线施工有序开展，快速推进，质量可控。

通过全体建设人员的共同努力，抚吉高速项目办优质高效地完成了省委、省政府下达的各项任务目标，又好又快地把抚吉高速公路建设成为了“工程质量更优、外观形象更美、生态环境更佳、依法管理更严、安全廉洁更好”的规范施工示范路。

赣江特大桥钢平台

沥拌站标准化建设

台背夯实

抚吉高速公路

赣 州   

特大桥施工

特大桥雄姿

路面摊铺施工

夜间施工

赣州至崇义高速公路是厦门至成都国家高速公路（厦蓉线）的组成部分，也是江西省“三纵四横”高速公路主骨架规划中第四横的重要组成部分。

赣崇高速项目具有“难、险、高、大、杂、多”六大特点，难（即施工困难）：一是高填深挖路段多，最大填高达51米，最大挖深为56米，最大填挖相对高差近100米；二是岩层破碎，红砂岩、岩溶、淤泥、高液限粉土分布广；三是工期跨雨季较多，雨季施工时间占总工期的2/3；四是薄壁墩多达500个（其中墩高超过40米的高墩有169个，分布在25座桥梁中。险（即地势险要）：全线地处赣南山岭重丘区，从崇义县城附近起到湖南交界处地势险要、峭壁千仞，地貌特征复杂，地形起伏较大，自古有“湘赣咽喉”之称。在施工难度和地形复杂方面，在江西全省高速公路建设史上实属罕见，可以形象的比作江西省的“青藏公路”。高（即桥隧比高）：全线桥隧比39%，崇义县境内部分路段桥隧比接近80%，全线平均1.25千米就有一座桥，7.29千米就有一座隧道，是目前全省在建项目或已建成项目桥隧比最高的项目之一。大（即工程量大）：全线共设桥梁21.4千米/69座；全线共设隧道12.96千米/12座。全线梁片约6000片；桥梁下部高墩多，薄壁墩500个；全线浇注混凝土233万立方米、使用钢筋22万吨、水泥104万吨。杂（即地形复杂）：全线共2次跨上犹

樟树下大桥

全长 4085 米的尖峰岭隧道

江、21 次跨崇义河、19 次跨赣丰公路、6 次改赣丰公路，给打开多个作业面和扫除施工盲点带来困难。多（即控制点多）：尖峰岭隧道特长隧道 4085 米 /1 座；大跨径刚构桥梁有 4 座，其中茶滩三大桥、车前坝大桥、崇义一桥主跨均为 80 米、崇义二桥主跨为 100 米。

赣崇高速项目工程概算总造价 68.95 亿元，平均每千米概算造价 7824 万元。由江西省交通运输厅与赣州市政府按 6：4 比例共同出资建设，双方派员组建项目建设办公室进行现场管理。项目位于厦蓉高速江西境内的最西端，全长 88.129 千米，2012 年 12 月底建成通车。

路基土石方施工

隧道施工

路面碾压

赣崇高速公路

吉安至莲花

受到部督查组表扬的 A5 标上鹿禾水河大桥的深水薄壁高墩

路基采用三次线控法施工，采用大功率压路机碾压，得到部督查组肯定

受到部督查组表扬的 B5 标钟家山隧道

吉安至莲花高速公路是国家“7918”高速公路网的第15横，也是江西省高速公路主骨架网的第3横，全长106.661千米，投资52.5亿元，途经吉安市的泰和、吉安、永新县和萍乡市的莲花县等2个设区市4个县16个乡镇。项目通过大打路基工程歼灭战、路面备料突击战、路面摊铺和钟家山隧道施工攻坚战，累计完成路基土石方2031.32万立方米，摊铺沥青混凝土上油面层226.5万平方米；建成大桥 29 座，中小桥 45座，总长15458 米，互通分离式立交3座；建成隧道3座，总长3760米；完成防护工程16.6万立方米，排水工程26.7万立方米。

吉莲项目是省交通运输厅确定的全省高速公路建设实行标准化管理的示范项目。项目办全力推进管理标准化、施工精细化，大力开展创建“典型示范合同段”活动，召开路基、桥梁、隧道等现场观摩会多达15次；推广应用“四新”，共引进新技术、新工艺、新设备各3项，改进工艺10余项，如路基采用“三次线控法”施工；桥梁钢筋笼制作使用“水平胎架法”，梁板预应力张拉采用智能张拉仪；隧道洞口首次在全省高速公路隧道工程建设中采用“零仰坡”进洞法；首次在国内高速公路服务区建立光伏发电及微电网示范工程；率先在全省高速公路建设中全路段设置及时提示和风光互补两大系统，首次在全省高速公路路面备料碎石加工时采用布袋除尘器除尘。项目于2010年8月9日奠基，2012年12月底建成通车。

高 速 公 路

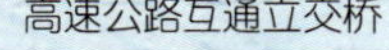

高速公路互通立交桥

率先在全省高速公路中全路段设置及时提示和风光互补两大系统

九江长江

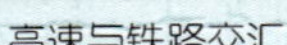
高速与铁路交汇

互通枢纽

九江长江公路大桥是2004年7月国家发改委规划确定的70座跨长江公路通道之一，是“7918”国家高速公路网规划中福州至银川主线的重要组成部分，也是江西省建设的第一座具有世界领先水平的跨长江高速公路桥梁。本项目建成后，对于缓解长江过江交通压力、完善赣鄂两省高速公路网络、加强长江两岸经济社会联系、加快沿江经济带开发建设等都具有非常重要的意义。

项目起于昌九高速公路七里湖路段，终点接黄小高速公路小池收费站北侧，全长25.19千米，总概算投资约44.78亿元，建设工期48个月，自2009年9月27日开工建设，项目于2013年10月28日建成通车。全线主要由南岸引道工程、跨江大桥、北岸引道工程三部分组成，设有七里湖枢纽、九江西互通和湖北境内的分路互通，其中跨江大桥和南岸引道工程由江西省投资建设，长17.004千米，概算投资约37.61亿元；主桥为全长8462米、主跨跨径818米的双塔混合梁斜拉桥，居“世界第六，国内第四，江西第一”。

九江长江公路大桥项目办在省交通运输厅和沿线地方政府的关心和支持下，紧紧围绕“创一流管理，树一流形象，建一流大桥，育一流人才”的建设目标，坚持贯彻“围绕重点，把握细节，依托科技，打造特色，追求卓越”的建设理念，始终秉承“精心、精细、严谨、严格”的行为准则，大力推行标准化管理，持续提升混凝土质量，项目取得了良好成绩，得到了省、部等各级领导的充分肯定。2011年4月6日，交通运输部副部长冯正霖视察大桥建设时赞叹：“施工队伍选得好、标准化效果好、项目开局良好”。时任省委常委、常务副省长凌成兴多次来到大桥工地视察，2011年6月再次深入南塔施工现场时表扬：“施工进度理想、项目管理好、质量特别好、外观十分美观”。

连接线互通

引桥互通绿化

晚霞

大桥雄姿

主塔施工

八里湖特大桥

建设中的姚坞高架

德兴东枢纽

德上高速建成通车

建成通车的德上高速

德兴至上饶高速公路位于江西省东北部，主线全长61.222千米，项目概算为47.917亿元，2010年8月9日召开开工新闻发布会，于2012年12月建成通车，是江西省高速公路通车里程突破4000千米的关键项目之一。线路始于德兴市花桥镇、途经德兴市龙头山乡、玉山县怀玉乡、樟村镇、临湖镇、必姆镇、下塘乡，终于上饶市信州区沙溪镇共三个县（市、区）8个乡镇。是江西省规划高速公路网的重要组成部分，也是德兴至南昌高速公路和上海至昆明高速公路之间的竖向地方加密高速公路。与沈阳至海口国家高速公路宁德至上饶联络线武夷山（赣闽界）至上饶高速公路组合形成了纵贯上饶市的一条快速通道。它的建设对完善全省高速公路网、改善江西省特别是上饶市路网结构，盘活沿线地方经济建设具有重要意义；对构筑旅游快速交通网，推动江西省旅游业发展，带动三清山、婺源周边旅游资源的开发利用，促进区域经济的快速发展具有举足轻重的意义。

项目途经地区山高坡陡，沟壑纵横，属山岭重丘区，被称为江西的“天路”，全线共有桥梁78座，隧道9座，土方量达1030万立方米，50米以上高墩桥梁共8座，最高墩有81.6米，为全省第二；高填深挖路段多，土石方集中，边坡最高达9级，最大填挖高度达80余米；桥隧比达40.73%，是江西省迄今为止唯一一个桥隧比超过40%的项目；仅施工便道就达300千米；项目途经大茅山、三清山、怀玉山、大茅山等环境敏感点，环保要求高，施工难度前所未有。项目办按照省委、省政府、省交通运输厅的要求，认真总结和汲取

蟠龙高架

高速公路

古井头高架

特大桥雄姿

省内外高速公路建设管理的经验，针对本项目特殊的地形地貌特点和极端天气的实际情况，采取有效措施，扎实推动管理标准化活动，使得一大批新工艺、新技术和新科技得到应用。项目办制订了一系列管理制度和活动方案，建立了规范、统一的标准，为提升项目管理水平和今后的项目建设积累了宝贵的经验。

项目建设者在建设过程中秉承“德行天下、上求卓越”的理念和追求，以“开明的工作方法，严明的工作纪律，过硬的工作作风，明确的工作责任，端正的工作态度”，使建成后的德上高速公路成为“质量优良、环境优美、和谐自然”的发展之路、文明之路、富民之路，为江西省深入贯彻落实科学发展观，推动跨越式发展，为建设美丽中国、秀美江西的可持续发展贡献自己的力量。

美观的附属工程

汪村高架

规范的路基施工

路面摊铺施工

汪村高架

德上高速

竹海翠旺

跨江特大桥

南昌至铜鼓高速公路为江西省高速公路网18条地方加密高速公路之一，是中部地区与东部沿海发达地区的快速通道即杭州—德兴市—南昌—铜鼓县—浏阳市—长沙—益阳—重庆中的一段。西接湖南的浏阳（湘赣界）至花垣（湘渝界）高速公路，东接德兴至南昌高速公路，与德兴至南昌高速公路的组合形成了横贯江西的又一条便捷的快速通道，它的建设对于降低沪昆高速公路的运输压力，促进沿海经济发达地区和中部地区的经济联络交流起到了十分重要的作用，被纳入交通运输部组织的《中部地区崛起公路水路交通发展规划》。

该项目的实施不仅是建设中部地区高速公路及江西省的高速公路网的需要，同时也是对国家高速公路网有利的补充。它的建设缩短了项目沿线地区各县区与南昌市的时空距离，有利于这些地区的经济发展，改善区域交通运输条件，缓解区域交通压力，对于提升省会城市南昌的辐射、带动作用，对于提升鄱阳湖生态经济区建设的发展优势，从而进一步发挥江西的生态优势，加速江西的工业化、城市化进程均具有十分重要的意义。

七重门

该项目起点位于新建县望城镇青西村，顺接规划中的南昌城西快速路（连接生米大桥），与南昌西外环高速公路相交，途经新建、安义、奉新、靖安、宜丰，终于和湖南浏阳交界的铜鼓县铁树坳。路线全长190.9千米，其中新建里程170.3千米，与已建成的武吉高速公路共线约20.6千米，投资87亿元。该项目分两期建设，南昌至奉新段2009年7月16日开工建设，2011年12月28日建成通车，奉新至铜鼓段2010年8月9日开工建设，2012年10月28日建成通车。

南昌西枢纽

空中航拍高速风光

带溪互通

铜鼓隧道

高架桥

日出东方

标准化梁场建设

路面水稳层摊铺

标准化小构预制成品展示

井冈山厦坪至睦村

井睦高速互通

跨铁路线特大桥

井睦高速地标——“江西高速”雕塑

井冈山厦坪至睦村（赣湘界）高速公路是国家高速公路网规划G1517莆田至炎陵高速公路在江西境内的一段。路线起始于泰井高速厦坪枢纽互通，终点与湖南炎睦高速对接。项目于2013年10月28日建成通车，项目建成后，又增添一条江西出省大通道，构筑成赣南苏区、井冈山和湖南炎帝陵、衡山等风景区的旅游快速通道。同时，对策应鄱阳湖生态经济圈建设和“振兴苏区”战略，改善革命老区的交通状况，发展井冈山红色旅游产业，促进区域经济发展，都具有十分重要意义。

井睦高速公路全线位于井冈山市，沿线生态植被好、自然风景美、人文特色浓，是全国重要的革命教育圣地。因此，项目建设备受省委、省政府、交通运输部和省交通运输厅、高速集团等领导的关注和厚爱，省委副书记尚勇、原常务副省长凌成兴、交通运输部总工程师周海涛等在视察施工现场时，特别叮嘱和要求全体参建人员要大力弘扬井冈山精神，按照质量优、形象美、生态佳、安全严、廉洁好的目标，把井睦高速建成致富路、幸福路、生态路、崛起路和江西红色旅游品牌路。

在项目筹备阶段，通过大量的调研论证，本着探索项目管理机制体制改革创新的理念，经江西省人民政府批准同意，井睦项目成为了全省首次采用设计施工总承包模式建设的高速公路和中国首次试行项

（赣湘界）高速公路

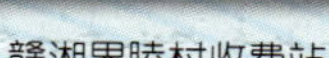
赣湘界睦村收费站

井冈山隧道出口

目管理与工程监理合并管理模式的建设项目。开创了项目建设管理新模式，探索形成了项目业主＋监管一体（PMC）＋设计施工总承包（DB）的全新现代工程管理方式。

经过两年多的实践和探索，新模式集约化、高效率的优势得到充分体现。作为江西高速公路建设管理机制体制改革的新探索，井睦高速“合二为一”的新模式得到了国家交通运输部的充分肯定，全国多个省市先后来项目学习借鉴，已作为中国交通建设监理协会推荐的中国监理企业转型升级重要新途径和监理行业改革发展新方向。

井睦高速公路

隧道内景

南昌至上栗

省政府召开新闻发布会宣布昌栗高速公路开工

省高速集团党委书记王江军到项目办调研

土建主体（路基）工程施工合同签约仪式

南昌至上栗高速公路东接南昌西外环高速、西连萍洪高速与湖南浏阳对接，是赣西地区第三条高速大通道，项目途经南昌市红谷滩新区、新建县、宜春市高安市、上高县、宜丰县、万载县、袁州区及萍乡市上栗县，共3个地级市8个县（市、区），路线全长223.090千米，投资估算约为114.2亿元。全线按双向四车道高速公路标准建设，设计行车速度100千米/小时；路基设计宽度26米，采用沥青混凝土路面；汽车荷载等级为公路—Ⅰ级；全线路基土石方约4179万立方，防护排水工程66.5万立方米；主线设桥梁144座，总长17233米；主线上跨分离立交63座，涵洞通道826道；全线共设15个互通，其中枢纽互通4个，单喇叭互通11个；新建服务区5个。设计洪水频率：特大桥1/300，其它桥涵和路基1/100。

南昌至上栗高速公路的建设，对打造南昌核心增长极、增强南昌辐射功能、提升高安、上高、万载、上栗等赣西地区县域经济发展，促进沿线旅游资源开发具有重要意义；也是完善我省高速公路路网，实现2015年全省高速公路通车里程突破5000千米目标的跨越式里程碑。

在省交通运输厅、省高速集团的关心和支持下，昌栗项目办统筹规划，精心组织，科学安排，从提高项目管理水平、明确项目管理职责、规范项目管理流程入手，决心建立一支责权统一、职责明确、科学高效、执行有力的项目管理团队，实现项目“质量、安全、进度、投资、廉政”的管理目标。

混凝土拌合站

蜿蜒崎岖的施工便道

预制圆管涵施工

高速公路

昌栗项目办召开质量安全工作会议

项目办组织参建单位集体廉政教育

在管理上，昌栗项目办力求做到“注重过程、把握细节、控制环节、重视结果”，重点突出四大管理特色。一是打造既分工明确又相互协作的核心管理团队。二是打造相互监督、责权统一的制衡机制。三是打造人与自然协调统一的生态环保型高速公路。四是打造务实、合作、和谐的项目建设新氛围。

通过紧锣密鼓的前期筹备，项目办于2013年9月启动土建主体（路基）工程施工和监理招投标工作，来自省内外近200家国家特级、一级施工企业报名参与角逐。2013年10月28日，省政府召开新闻发布会宣布昌栗项目开工后，中标的26家施工单位、7家监理单位和1家第三方检测单位按照招标文件的要求进驻施工现场，积极开展和谐征迁、驻地建设、抢修便道和便桥、路基清表、开挖基坑、修筑涵洞等工作，迅速掀起了施工热潮……

雄关漫道真如铁，而今迈步从头越。昌栗项目一班人坚持以党的“十八大”和十八届三中全会精神为指导，认真贯彻落实科学发展观，在省委、省政府、省交通运输厅及省高速集团的正确领导下，将努力把本项目打造成“质量安全文明路、规范管理样板路、绿色生态环保路、亮点突出特色路、群众满意和谐路、发展经济致富路”的六路精品工程，为全省“发展升级、小康提速、绿色崛起、实干兴赣”，建设富裕和谐秀美江西作出新的更大贡献。

路基挖方施工

路基施工台阶开挖

时任省委常委、常务副省长凌成兴及厅党委书记、厅长朱希视察万宜高速梁板大循环智能压浆系统

省交通运输厅党委书记、厅长朱希和副厅长王昭春视察万宜高速

万载至宜春高速公路位于宜春市境内，是沟通沪昆高速与万载县的一条地方加密线。路线起点位于万载县马步乡，接省道万载至上栗公路，途经万载县马步乡、袁州区柏木乡、三阳镇、袁州工业园、湖田镇等 1 县 1 区 5 个乡镇，与沪昆高速公路昌金段相接后终于明月山机场路 A 线，项目总长约 34 千米，概算投资总额为 19.87 亿元。全线采用双向四车道高速公路标准，路基宽 21.5 米，设计行车速度 80 千米 / 小时。全线土石方总量为 351 万立方米，共设大桥 13 座，分离式立交 5 座、涵洞通道 55 道。

统一制作的桥梁锥坡

据初步统计，万载县至宜春高速公路万载段工程建设规模为：路基土石方 87 万立方米，中小桥 6 座，隧道 1 座约 500 米，在马步乡宝石村设单喇叭互通道口 1 个，共需征用土地约 900 亩、拆迁各类建筑物 19270 平方米、拆迁电力线杆 90 根、电讯线杆 350 根。该项目的启动，是全省 100 个县（市、区）实现“县县通高速公路”的收官项目，它标志着万载县公路等级将得到进一步提升，路网布局更趋完善。

寨下高架桥架通

副厅长王昭春和省重点办副主任傅江斌视察万宜高速

宜春市常务副市长谢来发视察万宜高速

标准化小构预制场

钢波纹管施工

严岭 2 号隧道贯通

路面标准化施工

标准化拌和站

平坦如砥的路床

省委副书记尚勇在省交通运输厅党委书记、厅长朱希等陪同下视察九绕高速

省交通运输厅党委委员、总工程师胡钊芳视察九绕项目

九江绕城高速公路起于庐山区新港镇终于星子县华林镇，北接九景高速，南接待建的都九高速。路线全长46.664千米，项目投资概算31.3亿元。

在两个项目实施过程中，项目办优化资源配置，坚持科学管理、实行统筹调度，确保了两个项目高速高效实施。主要克服了四大压力，即克服了征拆协调压力、工期进度压力、质量管控压力和资金保障压力，项目建设主要有四大亮点：

一是征迁协调快：项目办通过主动排忧、加强协调、跟踪服务，有力排除了两个项目拆迁面积大、征地协调难的障碍。目前，九绕项目征地拆迁工作基本完成，其中完成土地征用314.8公顷，房屋拆迁124387平方米，迁移坟墓7345穴，电力杆线525根；都九项目（星子至九江段）顺利完成土地征用134.7公顷，房屋拆迁9933平方米，迁移坟墓2118穴，电力杆线99根。实现了九绕与九景、都九与昌九高速的安全交叉施工作业，高效的征拆协调工作为两个项目的顺利实施和高效推进争取了时间、创造了条件。

省交通运输厅纪委在九绕项目进行廉政工作调研

二是工程进展顺：两个项目均在开工时间不长、有效天气不多的情况下，克服了桥梁多、地质复杂、严重缺土的施工难点，在保障路基顺利推进的同时，全面攻克了四大控制性工程，即九绕项目鄱阳湖区3座大桥：鞋山湖特大桥（1208米）、丁家咀大桥（968米）、青山湖特大桥（1369米），抢在雨季丰水期来临前全部完成了桥梁下部构造；都九项目（星子至九江段）温泉隧道工程（1715米），预计年底可顺利掘

九江绕城高速公路鸟瞰图

高 速 公 路

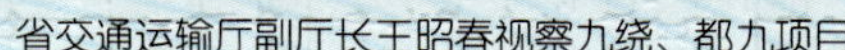

省交通运输厅副厅长王昭春视察九绕、都九项目

项目办主任旷小林国庆期间到工地检查工作、慰问工人

进500米（双幅），为实现工期目标奠定良好基础。

三是外观质量好：以管理标准化为抓手，实行合同约束、流程操作、全程考核，在抓管理标准化实施过程中，注重路基分层填筑、涵洞防水、台北回填等施工细节，对混凝土外观质量实行等级评定，实行A级奖励，C级返工处理并处罚的规定。路基形象和砼外观质量较业主以往所承建的项目有一个较大提升，得到了运输省厅领导和质量监督站的充分肯定和一致好评。

四是廉政氛围浓：通过勤抓教育敲警钟，利用节假日期间向全体参建人员发送廉政短信1400多条次，印发廉政慰问信100多封。征集“廉政心语”20多条。播放廉政电教片20多次，做到常教育、常提醒，警钟常鸣。严抓监督常警醒，对重要变更、工程招标实行全过程监督，实现了“零投诉”。狠抓治理保廉洁。通过开展领导干部插手工程项目建设谋取私利及收送"红包’专项治理活动，树立了风清气正的廉政氛围。

厅质监站对九绕项目进行质量抽检

九绕高速A5标白鹿洞大桥单幅贯通

A2标下部构造4月中旬全部完成

九绕高速边坡绿化

A7标周家湾分离立交桥全幅架通

南昌至樟树高速

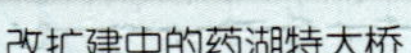
改扩建中的药湖特大桥

第一片大梁架设

南昌至樟树高速公路是国家高速公路网中的上海至昆明国家高速公路的有机组成部分，是江西省连接周边省份、加强对外联系，对接长珠闽、融入全球化的跨省高速公路运输大通道的咽喉要道，在路网中具有显要的地位。

随着地区经济的快速发展，昌樟高速公路交通量逐年增长，为了提高昌樟高速公路服务水平，进一步适应和促进社会经济发展，迫切需要对其进行改扩建。

昌樟高速公路改扩建项目起于南昌市新建县生米镇附近的昌西南枢纽互通南端，与南昌西环线高速相接，南下经生米、厚田，设9.1千米药湖特大桥，跨越锦江及流湖、药湖低洼涝区，继续南下经丰城，在梅林及胡家坊两次上跨丰城支线铁路，采用桥梁跨越肖江后，经经楼、临江，终于樟树市昌傅镇樟树枢纽互通赣州端，与樟吉高速公路相接，路线全长86.545千米，批复概算约61.53亿元。

民工工资管理

跨越的主要河流：锦江、肖江河；交叉的主要公路及铁路：S321、S228、丰城支线铁路；主要控制点：起点昌西南枢纽、厚田、药湖、梅林、胡家坊和终点樟树枢纽。

南昌至樟树高速公路改扩建工程主线采取“两侧整体拼接为主＋局部分离”的方式进行整体扩建，即药湖特大桥段和肖江大桥路段采用局部分离新建（药湖特大桥段路基宽16.75米，肖江大桥段路基宽20.75米），其余扩建路段为8车道整体式路基宽度42米。

昌樟改扩建项目鸟瞰图

土方施工

交通维护

钢筋绑扎

现场观摩会

应急演练

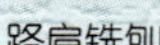

路肩铣刨

夜以继日

跨线桥架设

肖江大桥左幅架通

寻全项目办组织到安远检察院接受警示教育

寻全高速廉政工作会议

邱屋围高架桥完成第一片梁的架设

磨形1号桥全幅贯通

寻全高速公路项目是江西省规划高速公路网18条地方加密线之一，也是国务院《关于支持赣南等原中央苏区振兴发展的若干意见》中重点支持的建设项目。

项目概算总投资87.13亿元，平均每千米造价7764.5万元。项目途经寻乌、安远、信丰3个县12个乡镇，与大广、济广高速公路相接，路线全长112.104千米，采用双向四车道高速公路标准建设，设计时速80千米，路基宽度21.5米。

项目施工组织难度居全省前列，主要表现为“一高、两大、三多”：桥隧比高（35.08%）；土石方工程量巨大（平均每千米土石高达30万方）；隧道群庞大（总长16279米/20座，高云山（一）隧道是本项目的控制性工程，隧道长3367.5米）；高墩桥梁多（40米以上高墩桥25座，最大桥高75.5米）；高填深挖路段多（高填路基15.8千米/127处，边部最大填高61.2米，深挖路基15.6千米/139处，最大挖深58.7米，填挖相对高差达100米）；沿线果园多（征用果园3360.88亩，占总征地面积的32%）。

项目由赣州市人民政府和江西省交通运输厅按55%：45%比例出资共同建设。全线共划分18个路基标、3个路面标、6

邱屋围高架桥左幅顺利架通

高 速 公 路

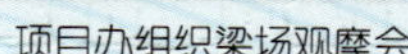
项目办组织梁场观摩会

下边坡人字骨架植草护坡

个监理标、6个绿化标，项目于2012年10月开工建设，初步计划于2014年底建成通车。

截止2013年底，路基土石方工程、涵洞通道、桥梁桩基与下部构造已基本完成，桥梁上部构造有序铺开（全幅架通桥梁17座，单幅架通6座）、隧道工程掘进完成76.4%（单洞贯通5座，双洞贯通11座）、附属工程有序推进（绿化工程已全面施工，房建、机电、交安工程正在施工招标）。

横西坑一号桥高墩作业平台及四周安全防护

高云山一号隧道建设

高墩施工

隧道三级围岩全断面开挖

施工单位项目经理部功能划分合理，设有篮球场、宣传栏等

昌九高速公路改

省交通运输厅党委书记、厅长朱希察看项目建设情况

省交通运输厅总工程师胡钊芳察看程家畈大桥梁场建设情况

昌九高速公路，作为江西第一条高速公路，为助推江西经济发展做出了极为突出的贡献。然而，随着地区经济的快速发展，区域交通流量增长迅猛，道路通行能力已远远不能满足时代发展的需要，特别是通远铁门坎路段，先天性技术缺陷（长大纵坡、路基宽仅 18 米），在冰雪、霜冻、大雾等极端天气影响下，极易导致“肠梗阻”现象，对其进行改扩建显得尤为紧迫和必要。

赣粤公司领导班子察看调研项目建设情况

昌九高速公路改扩建通远试验段建设项目全长 10.426 千米（K86+640 ~ K96+666），由双向 4 车道扩建为双向 8 车道，设计时速 100 千米，整体路基宽 41 米，采取“左幅分离新建、右幅利用老路改造”方式进行改扩建。起点位于九江县马回岭茶林场，终点位于九瑞枢纽互通南端分汇流点。项目主要含隧道 2 个、大桥 1 座、互通 1 处，项目工期为 2012 年 9 月至 2015 年 2 月，项目概算 7.78 亿元。

该项目地处庐山西麓、长江南岸、鄱湖之滨，是国家高速公路网福银高速公路的有机组成部分，是江西省“三纵四横”公路网主骨架的重要路段，是纵贯南北、承东启西的主干通道，是对接长珠闽、融入全球化的跨省公路运输咽喉要道。项目的开工建设，对

省交通工程质检站检查现场

安全知识竞赛

扩建通远试验段

赣粤公司总经理谭生光察看项目建设情况

省高速集团党委副书记、纪委书记魏炳彦察看项目建设情况

促进鄱阳湖生态经济区建设和沿江开发，对助推中部崛起，促进江西经济腾飞具有十分重要的战略意义。该项目是江西省首次对现有高速公路进行大规模改扩建，是高速公路建设领域的一个新课题，必将为日后全省高速公路改扩建积累经验，提供借鉴，也必将在很大程度上缓解昌九大动脉的通行压力，造福八方百姓。

标准化施工测试

桥梁墩柱混泥土外观现场会

预制梁钢筋严格按照规范制作

通远 2 号隧道贯通仪式

隧道二衬施工

程家畈大桥施工

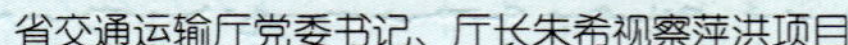
省交通运输厅党委书记、厅长朱希视察萍洪项目

萍乡市委书记刘和平视察萍洪项目

萍乡至洪口界高速公路位于江西省萍乡市境内，是国家高速公路网中沪昆高速和泉南高速公路的重要联络线，是江西通往湖南的又一出省通道。路线起于萍乡市国家经济开发区叶家坳村与320国道相接，经安源区青山镇，上栗县长平乡、上栗镇、金山镇，终点位于穿越赣湘交界金山镇洪口界，与湖南省长沙至浏阳高速公路相接，路线全长33.796千米。

萍洪项目办揭牌仪式

萍洪项目于2006年10月26日正式开工建设，因故项目于2007年10月全线停工。在省委、省政府的亲切关怀下，2012年11月16日，经中国国际经济贸易仲裁委员会裁决，江西省发改委批准，项目法人变更为江西省高速公路投资集团有限责任公司。2012年12月14日，江西省交通运输厅成立江西省交通运输厅萍乡至洪口界高速公路建设项目办公室，接手萍洪高速公路建设工作。从此，拉开了萍洪项目复工建设的序幕。

萍洪项目建设工期为24个月，项目于2013年4月开工建设，提前3个月完成项目复工建设，计划2014年12月竣工通车。该项目建设实施分为三个阶段：第一阶段为2013年4月至2013年12月，共计275个日历天。第一阶段是项目的开局，是项目建设能否按期完成的基础和关键。第二阶段为2014年1月至2014年6月，共计181个日历天。第二阶段是项目施工的攻坚阶段。第三阶段为2014年7月至2014年12月，共计184个日历天。第三阶段是项目建设的收尾阶段，要全面完成各项施工作业。

萍洪项目总体目标是：按照省委省政府提出的“工程质量更优、外观形象更美、生态环境更佳、依法管理更严、安全廉洁更好”的要求，努力把萍洪高速公路项目建设成为管理标准化活动示范项目。

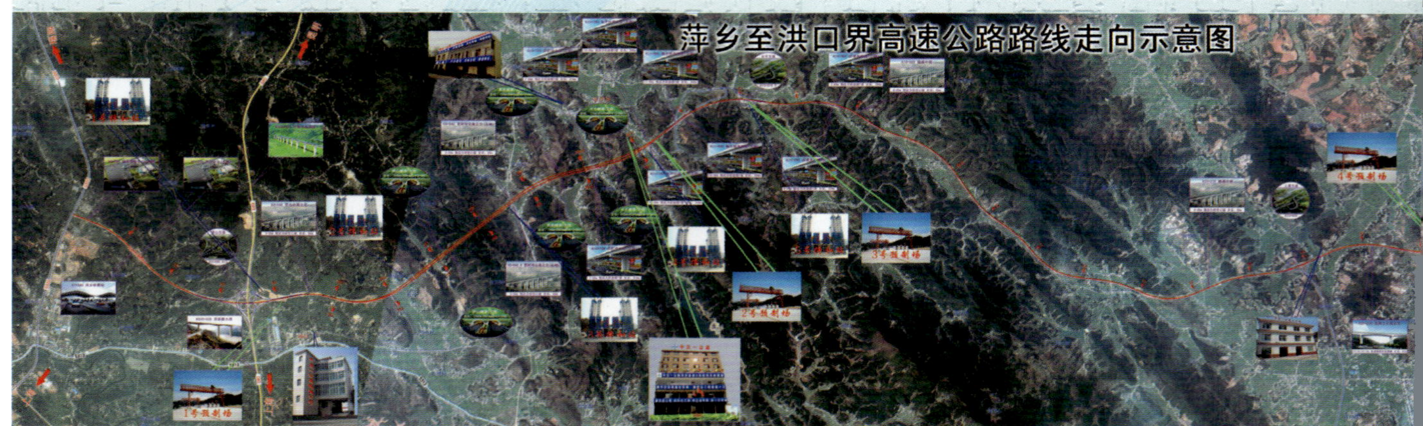

项目办召开劳动竞赛动员大会

协调安全处召开第一次安全例会

路基准化填筑施工观摩会

协调安全处召开第一次安全例会

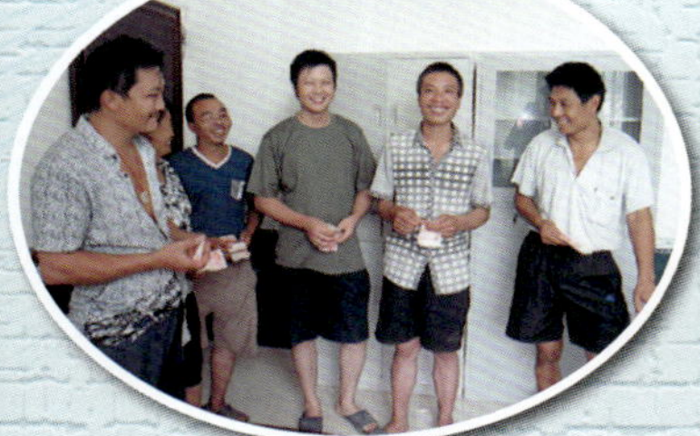

及时将工资发放到农民工手中

首个承台浇筑顺利完成

长平分离立交架设首片 30 米预应力砼 T 梁

首次路基交验

肖家湾高架桥薄壁墩施工完成

瑞金至寻乌

建成通车的瑞寻高速公路

首个实现架通的司背一桥

瑞金至寻乌高速公路全长123.956千米，建设工期24个月，概算总投资60.49亿元。该建设项目路线经过赣州市的瑞金市、会昌县、寻乌县两县一市，设计速度每小时100千米，整体式路基宽26米，路面采用沥青混凝土路面，全线主要工程量：路基土石方2489.5万立方米，大、中桥59座，总长13072.8米；涵洞通道488道；隧道5座，单洞总长9731米；互通立交4处；分离立交18处。瑞寻高速公路是国家“7918”高速公路规划网中的重要组成部分，是江西“三纵四横”高速公路主骨架第一纵在江西境内的最后一段，与已经通车的鹰瑞高速公路一起形成江西东部又一条南北大通道。

路面摊铺施工

瑞寻项目办下设A、B两个管理部，相应设有A、B段监理代表处，分别管理3个驻地办。该项目办内设6个职能处室，分别为工程技术处、合约管理处、行政综合处、征拆协调处、财务审计处和政治监察处。按照项目总体安排，项目建设分3个阶段：第一阶段从2010年1月至10月；第二阶段从2010年11月至2011年5月；第三阶段从2011年6月至2011年12月。

瑞寻高速公路建设项目办紧紧围绕省领导提出的“工程质量更优，外观形象更美，生态环境更佳，依法管理更严，安全廉洁更好”的建设目标，坚持“好”字优先，“快”字为本，突出重点、狠抓管理，通过全体建设者的共同努力，于2011年12月底建成通车。

在工程建设中，瑞寻项目一是围绕质量创优目标，通过“首

羊子岩湘水大桥

高 速 公 路

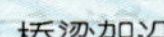
桥梁架设

特大桥施工

件工程认可制"，建立健全明晰的责任机制，抓好现场管理，严控质量关口。二是紧扣目标任务，统筹规划工期，灵活制定施工策略，分析重点、难点，抓好关键工程，运用奖优惩劣机制，强力推进工程进度。三是营造安全施工环境，在保障措施上下工夫，从项目办、各施工单位都层层建立健全了安全生产管理机构，实行"一岗双责"责任制，抓好现场的安全管理，加强安全生产制度、措施、经费的落实。四是做到警钟长鸣，在廉政建设上下功夫，通过严抓招投标、工程变更、计量支付等环节，强化对从业者的廉政教育，加大廉政建设监管力度，有效防止工程建设中的腐败问题。五是强调和谐理念，在科学发展上下工夫。项目办从开工之初就坚持"最小限度破坏，最大程度恢复"的原则，在施工中要求各施工单位尽量减少对自然景观和植被的破坏，尽快恢复施工中破坏的水系和路系，对容易发生滑坡、水土流失的部位采取护坡、拦坝、植草皮、砌挡墙等措施，防止水土污染。

忙碌的土方施工

建设中的瑞寻高速

建成通车的瑞寻高速公路

石城至吉安

石吉高速公路特大桥

石吉高速公路建成通车

2010年9月16日，石城至吉安高速公路建成通车。石吉高速公路是国家“7918”高速公路网规划中的第十五横泉州至南宁高速公路江西境内的东段，也是江西省高速公路“三纵四横”主骨架中的第三横。路线起始于赣州市石城县东南约10千米处的赣闽省界五里亭，途经赣州市宁都县、兴国县、吉安市泰和县等26个乡镇，终于泰和县以北约11千米处的石山乡，全长190.7千米。工程概算总投资约103亿元。

工程起点处与泉州至南宁高速公路福建境内永安至宁化段相接；在宁都与在建的济南至广州高速公路江西境内鹰潭至瑞金段交汇，在终点处又与大庆至广州高速公路江西境内樟树至吉安段交汇，并与计划建设中的西段吉安至莲花高速公路相连。

建设石吉高速公路，对于完善国家高速公路网和区域高速公路网建设意义重大；对于构筑江西省高速公路主骨架、完善江西公路网建设意义重大；对于加强沿海地区与内陆中西部地区的经济联系，改善革命老区落后的交通状况，带动沿线红色旅游资源的开发利用，促进区域经济快速发展意义重大；对于加速江西省实施“对接长珠闽、连接港澳台、融入全球化”的大开放主战略和强化江西承东启西、连南应北的交通枢纽作用意义重大。

路基检测符合设计标准，一次验收合格

石吉高速公路鸟瞰图

高速公路

石吉高速公路

泰和赣江特大桥

沥青混凝土摊铺

特大桥施工

建成通车的石吉高速公路

彭泽至湖口

景观环境优美的彭湖高速公路

2010 年 9 月 16 日，彭泽至湖口高速公路建成通车。彭湖高速公路始于彭泽县赣皖界鹰尖山（牛矶），途经彭泽县浪溪镇、太泊湖开发区、黄花镇、黄岭乡、芙蓉农场、芙蓉墩镇、太平关乡，湖口县大垄乡、张青乡、马影镇，终于九景高速公路 K28+780 处(与九景高速衔接处)。系沿长江南岸高速公路通道,江西至安徽的出省主通道,也是《促进中部地区崛起公路水路交通发展规划纲要》《江西省 2020 年高速公路网》规划项目和彭泽核电站配套项目。该项目的实施，对贯彻落实江西中部崛起和九江沿江开发战略，构建长江南岸高速公路通道，促进江西沿江经济的发展，促进赣皖地区整体开发开放及配合彭泽核电站的建设具有重大意义。

省委、省政府高度重视彭湖高速公路项目建设，省长吴新雄等省领导亲临施工现场视察，指导工程建设。彭湖项目办紧紧围绕省委常委、常务副省长凌成兴提出的“工程质量更优、外观形象更美、生态环境更佳、依法管理更严、安全廉政更好”的建设目标，以理念创新为先导，在省内实现“三个”率先，并创新“四项”管理举措，高效完成了各项目标任务，为将彭湖高速公路建成一条科技、生态、环保的高速公路奠定了坚实的基础。

率先在省内实施油面料碎石加工水洗工艺：加工后的碎石 0.075 毫米以下粉尘含量减少近 70%，碎石粘附性指标明显提高，为提高路面质量控制、延长沥青混凝土路面使用寿命效果明显，同时其经济效益和节能减排效益明显。

率先在省内实施路基沉降观测：针对彭湖高速地处滨湖地带，过湿土及软弱地基较多特点，委托江西华东交通大学成立专门路基沉降观测组，掌握路基沉降在施工期间及运营期间的影响。

彭湖高速公路项目办在全省交通行业中率先实行农民工电子档案管理：为依法维护农民工权益提供了强有力保障，保障了农民工的合法权利，至今农民工工资零投诉。

该项目办创新环保景观理念：委托上海同济大学进行全线景观规划优化设计，引入交通运输部科学研究院环保中心对项目实行全过程环保咨询和管理，率先提出了两步清表的新理念，对弃土进行二次利用。

与此同时，创新台背回填举措：建立了结构物台背回填施工四方责任机制和四方现场验收签认制度，严格选择

彭湖高速效果图

高　速　公　路

建成通车的彭湖高速公路

雪天施工

台背回填材料，完善台背回填施工工艺。并采取以下新举措：

一是创新路面施工模式：振动成型、立模摊铺，最大程度的减少基层反射裂缝，提高基层密实程度，减少层间水冲刷影响。

二是创新质量控制管理：引入“首件工程合格制”和业主第三方“飞行检验机制”，立足于“首件示范，全线推广”的原则，抓住全线首件工程确定施工工艺、质量标准，委托同济大学采用不定时、不定人、不通知的方式进行飞行检测，保证了施工质量。

战高温

立模摊铺

夜间施工

土方作业

江西交通建设工程监理所

世行专家检查瑞赣高速公路项目

设计院领导与上武项目获奖劳模、先进合影

利用多媒体演示召开监理工作会议

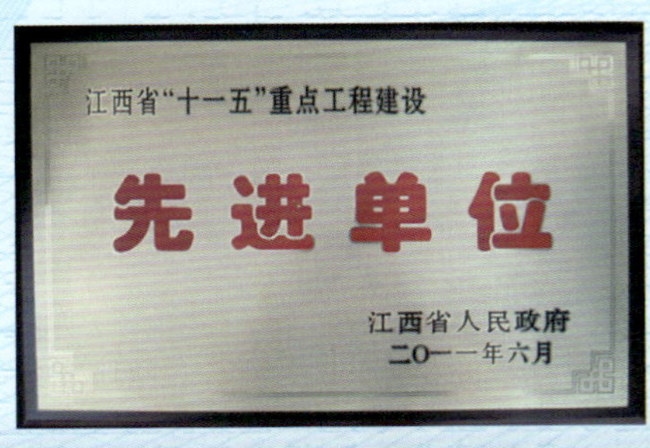

"十一五"重点工程先进单位

江西交通建设工程监理所，成立于1994年5月，隶属于江西省交通设计研究院有限责任公司，是具有交通部公路工程甲级监理资质的专门从事交通建设工程监理服务的独立法人机构，能在全国范围内从事一、二、三类公路工程、桥梁工程、隧道工程项目的监理业务。2007年通过ISO9001:2000质量体系认证，同年获得交通部公路工程试验检测综合乙级资质。

监理所实行所长负责制，配有副所长、总工程师、总经济师、总会计师，下设综合部、生产经营部、中心试验室。机构设置合理，职责分明，精炼高效。项目管理实行二级管理、三级责任制体制。成立以来，完成高速公路等主要工程施工监理服务28项，里程超过1000千米，监理业务涉及了省内外诸多交通工程重点项目和部分地方工程项目。在所监理的工程项目中，企业始终坚持"干一项工程、创一块牌子、锻炼一支队伍、闯一方市场"的企业精神，严格遵守"严格监理、热情服务、顾客满意、持续改进"的质量方针，赢得了业主单位的好评，产生了良好的经济效益和社会效益，培养了一批具有丰富的监理、设计、施工经验的优秀人才队伍。共有7个项目获得江西省高速公路建设领导小组授予的项目"先进单位"称号、9个项目获得"先进集体"称号、20人次获"劳动模范"、91人次获"先进生产工作者"。2005、2011年获得江西省人民政府授予的"江西省'十五'、'十一五'重点工程建设先进单位"称号。

监理所的赣州绕城高速路段

日举行的全省高速路政系统大练兵大比武竞赛中,抚州高速路政支队获业务技术竞赛第1名,综合知识竞赛第3名,队列和交通手势操竞赛第3名,综合排名位居各参赛队之首。

此次大练兵大比武竞赛共有11个高速路政支队和1个治超联队参加,竞赛内容包括笔试答题、现场知识竞答、现场展示案卷制作、事故现场勘查、车辆驾操、队列交通手势操等。

2012年以来,抚州高速路政支队强化"练为先、练为战、练为用"的理念,不断加强组织建设、队伍建设,路政人员的信息化应用水平、执法规范化水平有较大提升。

(陈根玲)

【抚州市公路局年度全市目标管理考评中成效显著】 2012年,抚州市公路局获市直单位跑项争资攻坚战(三类)、招商引资工作(三等奖)二项先进单位;市公路局党委书记王晓鹏获市直单位招商引资工作先进个人。抚州市公路局在市委、市政府的领导和省厅、省局的关心支持下,坚持以科学发展观为统领,牢牢把握"稳中求进"的总基调,积极抢抓政策机遇,着力破解发展难题,努力提高管理效能,圆满完成了年度各项目标任务,保持了良好发展态势。一是项目建设实现了重大突破。是年,共开工建设项目17个,总里程352.9千米,其中,9个公路升级改造项目、8个公路养护大中修项目,是该局公路发展史上建设项目最多、里程最长、投资最大、效果最为明显的一年。二是跑项争资实现了重大突破。共争取到22个项目立项,获当地政府配套项目建设资金7685.7万元,属规模空前。三是企业发展实现了重大突破。其中,赣东路桥获得全国"五一劳动奖状",被中国建筑业协会评为国家AAA级信用企业,进入全省建筑行业50强;赣东公路设计院获得甲级勘察、甲级设计"双甲"资质。

(刘文华)

【抚州市20名优秀文明交通驾驶员和志愿者获奖】 12月2日,是全国首个"全国交通安全日",当天上午,抚州市区18名机动车驾驶人与东华理工大学2名志愿者被抚州市文明交通行动计划领导小组分别授于"抚州市第二届优秀文明交通驾驶人"和"抚州市第二届优秀文明交通志愿者"荣誉称号。本次表彰的20名文明驾驶人与志愿者都是践行文明交通行为规范、倡导文明交通的市民。

(陈根玲)

【广昌荣获全省"十佳文明交通县(市区)"】 6月7日,广昌县被省政府有关部门授予"江西省群众满意度十佳文明交通县(市区)"称号,也是抚州市唯一获此殊荣的县城。此次评选活动主要围绕"路面秩序"、"安全设施"、"安全状况"、"整治成效"等四个方面进行民意调查和测评。

该县高度重视文明交通行动计划的实施,采取多种形式开展文明交通行动计划。县精神文明办公室、县交警大队多次联手开展了一系列看得见、收效明的文明交通活动,打造了一个"关注文明、关注安全"的良好平台。该县各级政府均成立了道路交通安全工作领导小组,形成了道路交通安全管理条块结合的网络,组建了一支129人的义务交通宣传员队伍,创建了12个交通安全示范村。为了把文明交通安全知识告知每一个人,该县先后启动了"珍爱生命、文明出行""文明交通青年志愿行动"、"子女护卫队"、"我要安全、我讲安全"等一系列活动,并在全县发放"致乡镇干部一封信、致在校学生一封信、致企业员工一封信、致学生家长一封信",以此来扩大宣传教育面。与此同时,该县还将交通安全宣传教育纳入"平安广昌"创建目标的考核内容,在县电视台专门开辟了"关爱生命、平安出行"等交通安全栏目、定期或不定期的开展交通安全宣传。

该县不断加大投入,政府在原投入400余万元兴建交通信号灯的同时,仍然挤出资金100余万元用于完善道路交通标识标牌,安装完善平交路口减速带等交通安全基石设施。该县还不断完善了县公交公司、出租车公司管理,改善县城城区交通环境。针对一些交通违法行突出的问题,该县交警部门先后开展了"超速超员","酒后驾车""疲劳驾驶"、"校车"、"摩托车"、"三轮拐的"、"农村三车"、"危险品运输车"等多种专项整治活动,先后查处交通违法行为1600余起。

(陈根玲)

【上饶港航分局办证服务中心获省直"青年文明号"称号】 凭着过硬的业务和热情的服务态度,

深受办证群众好评的上饶港航分局办证服务中心获省直“青年文明号”的荣誉称号。12 月 31 日，上饶港航分局党委为其举行了省直“青年文明号”授牌仪式并颁发奖牌。

该办证服务中心自设立以来，始终以组织开展“青年文明号”创建活动为载体，以“服务人民、奉献社会”为宗旨，以“青春献港航，文明建功业”为主题，以“工作规范化、办事程序化、管理制度化、服务标准化”为目标。立足本职岗位，转变工作职能，强化优质服务，有效地调动了青年干部、职工的工作积极性、主动性和创造性，有力地推动了港航事业的健康持续发展。

（程婷婷　何　敏　高　超　陈明中）

【婺源公路分局荣获全国交通运输行业文明单位称号】 全国交通运输行业文明单位评选活动中，婺源公路分局被授予 2010～2011 年度全国交通运输行业文明单位。该分局在文明建设创建工作中，坚持以科学发展观为指导，以构建“和谐公路”，打造特色公路文化为目标，弘扬团结创新、务实奉献的江西公路精神，大力推进公路文化建设和文明单位创建，为公路建设事业提供了强有力的组织思想保证。特别是近几年分局上下齐心协力、团结拼搏、攻坚克难，勇于而对全省干线公路养护体制改革带来的困难、机遇和挑战，在艰难困境中走出了一条自我发展壮大的道路。三年间，积极筹措公路建养资金 3000 余万元，改建、大中修公路里程达 100 余千米。尤其是在 2010—2011 年迎接交通运输部全围干线公路检查工作中，投入 2000 余万元，对婺源县境内重点干线公路省道婺桃线、大二线进行了大中修，全面提升了干线公路服务水平，得到了社会各界的好评，为地方的交通建设发展提供了坚强的保证。该分局先后被省厅、局表彰为先进集体、上饶市“抓养护迎国检”先进单位，年终千分制综合考核连续多年名列全市前茅。

（陈均培　袁小平）

【上饶道路运输行业文明创建活动捷报频传】 2012 年，上饶市道路运输行业在文明创建活动中捷报频传，硕果累累。铅山运管所党支部获“全省创先争优先进基层党组织”荣誉称号，上饶新华龙物流公司获评国家 4A 级物流企业殊荣，上饶汽运集团荣获中国道路运输 2012 年“百强诚信”企业称号，是全市唯一一家获国家 4A 级物流企业。市运管局携手市道协在全市道路运输行业范围内大张旗鼓举办了三届表彰文明汽车客运站、文明班线、文明班车、诚信维修企业、诚信驾校、十佳公交车、十佳文明出租车和“十佳执法标兵”、“十佳业务标兵”等先进单位和个人的活动，有力提高全市道路运输行业服务质量，树立典型，全面推动了道路运输业健康、稳定、和谐发展。2012 年 3 月 23 日，铅山县龙腾客运有限公司司机博朝林捡到三万元现金寻访失主的拾金不昧事迹，在铅山广为流传，市运管局以文件的形式下发了《关于在全市道路运输行业开展向博朝林同志学习活动的通知》，号召全市道路运输开展向博朝林学习。

（陈均培）

【弋阳举办“最短”竣工典礼】 12 月 21 日上午，弋阳县举办了一场别开生面的竣工典礼，整个仪式只用了一分钟，只说了一句话。出席仪式的项目部工作人员、施工单位工人、涉事单位干部职工，个个精神抖擞、激情满怀，在寒风细雨中，大家手拉着唯一一条横幅，大声地跟着主持人一起高喊：“我宣布，弋阳县龟峰大道正式通车！”投资 2.7 亿元、双向 6 车道的龟峰大道竣工通车，这是该县实施“一城三区、三区联动”城市发展战略的重点工程，于 2011 年 12 月 21 日开工建设，截至 2012 年 11 月底如期实现全线通车。龟峰大道的建成，对拉开弋阳城市框架，改善城市交通，提升城市品位，有着重要意义。

（陈均培）

工会工作

【概况】 2012 年，全省交通基层工会以科学发展观为统领，以宣传实践中国特色社会主义工会发展道路为主题，以开展“面对面、心贴心、实打实服务职工在基层”活动为主线，进一步加大劳动竞赛力度，进一步加大厂务公开力度，进一步加大扶贫帮困力度，进一步加大提升职工素质力度，进一步加大工会自身建设力度，为建设富裕和谐秀美江西发挥主力军作用，以优异成绩向党的十八大献礼。

1. 以劳动竞赛为抓手，发挥工人阶级主力军作用。一是围绕中心工作，开展各种形式劳动竞赛活动。组织全省各汽运公司工会，围绕春运工作，以安全、优质、高效为目标，开展了“春运农民工平安返乡（岗）安全优质服务竞赛”活动；各设区市公路局积极开展雨季公路养护竞赛活动；2012年国庆假期全国实行首个重大节假日小型客车高速公路免费通行，高速集团精心组织，积极开展各种形式的服务竞赛。二是围绕安全生产，开展“安康杯”竞赛活动。开展了“全省交通运输职工‘安康杯’安全卫生知识网上答题竞赛”，有6763名职工参加了竞赛。三是承办“2012赣粤杯”全省高速公路服务区和厅直单位职工食堂烹饪技艺技能比赛。

2. 以“面对面、心贴心、实打实服务职工在基层”活动为载体，增强工会组织的活力。一是深入交通基层单位走访调研。召开座谈会50余场，共收集职工意见建议63条，调研问卷6000余份，个案访谈22人。二是开展“送温暖”和“金秋助学”活动。元旦、春节期间，交通工会筹集资金48万元，组成“送温暖”小组分赴各地，重点走访困难劳模和困难职工家庭82户；对患大病的困难职工进行了专项帮扶医疗救助，开展“金秋助学”活动，交通工会资助困难职工应届大学生子女10人。三是开展职工互助保障工作。各级工会为职工办理了省总工会的“特种重病团体互助医疗保险”“团体人身意外伤害互助保险”“安宁险”等，完成了省总工会下达的参保任务24.96万元。四是开展普通公路养护职工生产生活状况调研。五是召开汽运行业出租车企业组建工会座谈会。

3. 以维权工作为切入点，促进劳动关系和谐稳定。一是接受省第七次厂务公开民主管理检查。省检查组一行听取了省交通运输厅厂务公开领导小组和省高速集团工会工作汇报，查阅了相关工作资料，先后察看了省高速集团、昌樟管理处企务公开网、昌西南收费所所务公开栏、职工书屋等。检查组在赴上饶市检查途中，抽查了鹰西收费站。调研检查组对省厅和交通基层单位的厂务公开民主管理工作给予了充分肯定和高度评价。二是妥善处理了舆情通报和来信来访。

4. 以劳模先进为引领，弘扬工人阶级先进性。一是开展评选先进活动。二是做好关爱劳模工作。组织21名省部级以上劳模赴全国总工会北戴河基地疗休养；发放省级以上劳模“三金”共计25.5万元。

5. 以提升职工素质为目标，发展工人阶级先进性。一是推进“职工书屋”建设工作。二是推进“模范职工小家”创建活动。推荐了8个集体为全国公路交通系统“模范职工小家”。三是组团参加省第四届全民健身运动会暨省第三届工人运动会，获团体总分第一名。参加交通运输部举办的第十六届交通运输杯“山西交通运输杯”桥牌赛，获团体赛第五名、公开双人赛第一名。四是组织“喜迎十八大，交通建新功”配乐诗文朗诵比赛。共有15个单位、19个节目、100余名选手参加了比赛。

6. 以“创先争优”为契机，加强工会自身建设。一是完成工会经费上解任务。二是组织开展女职工“建功立业”和“素质提升”活动。三是提升工会干部素质。举办第二期交通基层工会通讯员培训班、和财务工作暨经审工作培训班；选送20名交通基层工会干部参加上级工会举办的培训班。四是完善工会网站。2012年初“江西省交通工会”网正式开通，制定了网站管理办法和通讯员奖励制度。

（高　梅）

【“2012赣粤杯”全省高速公路服务区和厅直单位职工食堂烹饪技艺技能比赛成功举办】 由江西省交通运输厅主办，江西省交通工会、省高速集团赣粤公司、省烹饪餐饮饭店行业协会协办的“2012赣粤杯”全省高速公路服务区和厅直单位职工食堂烹饪技艺技能比赛，6月19日至20日在南昌溪霞举行，共有26个交通基层单位，50余名选手参加。省交通运输厅副厅长万明为获奖单位和个人颁奖并在闭幕式上讲话，厅总工程师胡钊芳在开幕式上讲话。

经过两天紧张角逐，有18个单位分别获得服务区组和职工食堂组团体一、二、三等奖和优秀奖，有10名参赛选手分别获得优秀菜品奖和优秀面点奖，有5个菜谱评为优胜菜谱。

（高　梅）

【省交通工会举办“面对面、心贴心、实打实，服务

职工在基层”活动主题演讲比赛】 9月24日交通工会举办“喜迎十八大、建功在交通”全省交通基层工会“面对面、心贴心、实打实,服务职工在基层活动”主题演讲比赛。来自15个基层单位的20名选手参加了比赛,经过紧张激烈的比赛,最终角逐出一等奖2名,二等奖4名,三等奖7名,优秀奖7名,优秀组织奖5个。

(高　梅)

【省交通工会开展普通公路养护职工生产生活状况调研】 为贯彻落实中国海员建设工会的工作部署,全面了解掌握全省普通公路养护职工生产生活状况,11月份,交通工会成立了专题调研组,采取抽查的形式,赴3个设区市公路局共10个道班,与106名养护职工“零距离”沟通,通过召开座谈会、发放调查问卷形式,对一线公路养护职工的工资收入、社会保障、思想状况等多方面情况进行了调查,掌握了全省普通公路一线养护职工的生产生活状况,撰写了调研报告上报中国海员建设工会。公路各基层工会积极开展调研,共收集问卷600余份,撰写了调研报告10篇。

(高　梅)

【省交通工会举行奖励省级“职工书屋”赠书仪式】 5月11日,江西省交通工会奖励省级“职工书屋”赠书仪式在南昌举行。此次赠书面向48家省级“职工书屋”,每家获赠价值2500元的书籍,共计12万余元。2012年,全省交通运输系统新增了2个全国“职工书屋”、29个省级“职工书屋”。截至2012年底,全省交通系统共有全国“职工书屋”22家、省级“职工书屋”84家。

(高　梅)

【全省公路系统第二届“清风杯”羽毛球比赛顺利闭幕】 7月16日上午11时,为期3天的全省公路系统第二届“清风杯”羽毛球比赛在宜春市体育馆顺利落下帷幕。省公路局党委负责人出席闭幕式并讲话,宜春市纪委、宜春市公路局、南昌市公路局党委负责人出席,闭幕式由宜春市公路局党委负责人主持。

此次比赛由省公路局主办,宜春市公路局协办,大赛共设置团体、男单和领导干部组男子单打三个项目,其中团体赛分为混合双打、男子双打、女子双打、男子单打、女子单打进行。7月14日,来自全省公路系统的19支代表队(含领导干部组)140名运动员参加了比赛,经过激烈角逐,最终宜春市公路管理局,鹰潭市公路管理局,省公路管理局,省公路机械工程局,赣州市公路管理局,景德镇市公路管理局,吉安市公路局,九江市公路管理局获得团体前八名。

(邹　军)

【省港航局举办第九套广播体操骨干培训班】 4月5日~10日,省港航局举办《第九套广播体操》培训班,来自局属各单位及南昌市港航管理处20余位文体骨干参加了培训。第九套全国广播体操场以“科学简便、普及实用、因地制宜、健身趣味”为原则,融入健美、舞蹈等动作,姿势优美,动作活泼,身体活动幅度大,更加注重对锻炼者良好身体姿态以及身体灵活性和协调性培训,对提高机体各关节灵敏性,增强大肌肉群力量,促进循环系统、呼吸系统和精神传导系统功能改善具有积极作用,具有较高的艺术性和健身性。

该次培训通过集中示范(规范动作演示)、分组互助练习和汇报表演相结合等形式,让参训职工充分领略第九套全国广播体操的魅力。参加培训的职工学习态度积极,热情高,练习主动,对于复杂动作再三揣摩和反复练习,使自己的动作更加标准、流畅和美观,为下一步在全省港航系统推广工间操和全省第九套体操比赛打下良好基础。

(熊　芬　陈明中)

【省港航局荣获广播体操通讯赛全国机关组二等奖】 为在全国推广第九套广播体操,国家体育总局举办了中华人民共和国第九套广播体操通讯赛。6月15日,在江西选拔赛上,省港航局代表队36名队员的表演赢得了现场观众和体育局领导的好评,省体育局进行现场全程录制,推荐选送参加全国总决赛。经过专家组评审报国家体育总局审定,省港航局代表省交通运输厅荣获全国机关组二等奖。

此次参加全国总决赛各省、直辖市的单位有90个,其中机关组32个,企事业单位32个,大专院校26个。

(李新平　倪　磊)

【省港航局机关干部、职工开展户外登山活动】 4月14日，省港航局为测试机关干部、职工身体素质，组织开展了一次机关干部、职工户外登山活动。该次登山路线从梅岭前进村牌楼出发，徒步至省委梅岭招待所，规定60分钟内走完全程为合格。9时20分左右，登山活动正式开始，登山者你追我赶，拾级而上，队伍绵延数百米。1小时后，登山者纷纷抵达终点，测试全部合格。户外登山是一项锻炼身体、增强体魄、提高体力与耐力的运动。通过这次活动，既充分体现了全局机关干部、职工的战斗力和凝聚力，也全面展现了港航人勇往直前，创先争优的精神风貌。

（倪 磊 陈明中）

【省港航局组织新春拔河比赛】 元月31日上午，省港航局组织机关及南昌市港航管理处干部职工开展了新春拔河比赛活动。比赛首先由省局机关代表队和南昌市港航管理处代表队分为男女两个组进行，经过一番激烈的角逐，省局机关男女代表队分别获得了比赛的胜利。随后，省局机关还按处室划分为4个代表队，采取淘汰赛制，分别决出一、二、三名。此次活动，丰富了干部职工节日文体生活，进一步增进了同事之间团结互助的精神，增强了单位的凝聚力和战斗力。

（倪 磊）

【省运管局工会切实做好服务职工工作】 2012年，省运管局工会按照省交通工会及局党委的部署和要求，扎实开展“面心实”活动，服务大局，服务职工群众，各项工作稳步推进。第一，职工队伍状况在一线掌握。为把“面心实”活动具体化，该局工会广泛开展了“走基层、听呼声、解难题、融感情”走访调研活动。活动期间，各级工会干部深入一线，广泛听取了职工意见和建议，了解职工生活情况，并进行了问卷调查。发放20份问卷，对该单位工会工作认为满意的有18人，基本满意的2人，收到干部职工意见和建议5条次，为下一步成果转化阶段的工作提供了基础情况和资料。第二，工会维权帮扶在一线实施。通过“送温暖”等一系列活动，为职工办实事、办好事。2012年，省运管局“两节”期间1.57∶1配套上级党委、工会下拨送温暖资金。在组织局机关和离退休全体职工健康体检中，鉴于职工出差等因素未能进行体检的，在往年统一组织体检的基本上，为截止到规定时间未体检的职工统一办理了健康卡，随时可自行前往进行体检。此外，局工会统一为职工购买特种重病团体互助医疗保险、团体人身意外伤害互助保险，为女职工购买了安宁保险，为职工提供了风险保障，提升工会凝聚力。第三，构建和谐关系在一线推进。积极开展各项活动，丰富职工文化生活，使工会在统一思想、增强凝聚力方面的作用进一步得到充分发挥。认真开展了“春运农民工平安返乡安全优质服务劳动竞赛”活动，省运管局被交通运输部、中国海员建设工会表彰为“2012年春运农民工平安返乡（岗）安全优质服务竞赛先进集体”；积极组织全局干部职工参与“安康杯”安全卫生知识竞赛，该局工会获得了“优秀组织奖”；认真做好了代表省厅参加江西省第三届工人运动会扑克牌比赛事宜，获得了团体第七名，为交通体育代表团争得了分数。同时，积极组织干部职工参加“全省高速公路通车突破4000千米庆典”合唱，开展了羽毛球、乒乓球比赛等活动，引导干部职工树立健康生活新理念，倡导健康生活，提振了干部职工“精气神”。

（朱 熹）

【梨温高速与兄弟单位联合举办迎新春晚会】 元月11日晚19点30分，由梨温高速赣浙收费处、玉山管理处、高速交警三支队二大队、上饶高速路政四大队、梨园木材检查站、梨园治超站6家单位联合举办的2012年“平安高速和谐之春”迎春晚会在玉山县皇朝大酒店隆重举行。公路开发总公司、梨温公司有关领导及各主办单位的党政主要领导、员工代表共计300余人参加迎春晚会。晚会以贺新春、迎龙年为主题，分相声、小品、劲歌爵士舞、葫芦丝器乐演奏、大合唱等项目，充满欢快与喜庆。除自编自导紧密贴近工作、生活的作品外，国粹京剧、方言相声等节目，也是此次晚会的一大特色与亮点。晚会期间，还穿插了互动游戏和抽奖环节，更是将晚会气氛推向高潮。参加晚会的干部职工脸上洋溢着开心的微笑，纷纷表示晚会的举办让参加者深感温暖，也为高速公路系统的广大干部职工增进彼此交流和沟通、加强各单位（部门）协作提供良好的平台，在2012年将携手并进，为高速事业发展再作更大贡献。

（陈培文）

【江西公路开发总公司举行第三届职工运动会】 12月5日,江西公路开发总公司第三届职工运动会在南昌市八一体育场隆重开幕,运动会历时半个多月。全体参赛运动员团结向上,不畏强手,勇于胜利。本届职工运动会有20支代表队共300余名运动员和26名裁判员参加。本次比赛共设拔河、篮球、羽毛球、乒乓球、跳绳、呼啦圈、田径7大项29个小项比赛,其中个人项目26项,团体赛3项。来自总公司19个代表队的400名运动健儿在拔河、篮球、羽毛球、乒乓球、跳绳、呼啦圈、田径七项比赛中展开了激烈的争夺。比赛决出了各项比赛的前6名。经过激烈的角逐、顽强拼搏,梨温公司机关以117分获得团体总分第一名,余江管理处和杨梅岭管理处分获团体总分二、三名。

(陈碧娟)

【省交通设计研究院有限责任公司全心全意为职工谋福祉】 2012年,省交通设计研究院有限责任公司进一步全心全意为职工谋福利、办实事。连续第四年提高了职工的固定工资,发放了社会管理综合治理先进奖。在基本医疗保险和大病医疗保险的基础上,为全院职工增投了单位补充医疗保险。该院抓住企业改革的契机,积极向省直有关部门申请,为2003年改企之前入院的住房面积不足的职工争取货币补贴政策,此申请于2012年年底得到有关部门的批复。2012年年底全省高速公路通车里程突破4000千米,根据省交通运输厅的文件精神,院对有贡献的全体人员进行奖励。院继续对获得各类注册执业资格的专业技术人员发放奖金及执业资格津贴;继续发放职工法定休假期坚持工作的加班工资;继续按新增长的工资基数标准办理职工的企业年金;继续实行中午工作餐制;继续组织全院职工到专业的体检医院进行健康检查。2012年院组织了最后一批职工(含离退休职工)赴港澳疗养,从而,圆满实现了九年前制定的目标,使2011年以前进院的职工赴港澳疗养达到了全覆盖。

该院继续关心离退休职工的生活,积极为老人们排忧解难,组织老人们进行健康有益的文体活动。院为职工办理的单位补充医疗保险的待遇,积极向离退休职工倾斜;按照事业编和企业编两种不同的退休身份,对老人们分别发放了生活补贴和年节慰问金。让离退休职工感受到组织的温暖,使老人们老有所养,老有所依,老有所乐。

(朱 革)

【出租汽车行业"普通话"大赛顺利闭幕】 为促进行业服务规范,提升驾驶员服务水平,丰富出租汽车驾驶员业余生活,活跃行业营运气氛,从8月底开始,南昌市城市客运管理处联合江西广播电台FM98.5频率"绿色之声",在全市出租汽车行业开展"驾驶员普通话"大赛活动。并对其中优秀的90件作品进行为期三周的展播。经过1个多月的激烈角逐,12名优秀的参赛选手脱颖而出,跻身决赛。

9月29日决赛开始,12位选手依次上台演讲。选手们的激情勃发,带动着现场的人们为选手们呐喊助威,整场比赛气氛也随之进入了高潮。选手们有的脱稿演讲,有的持稿叙述,有的挥舞着拳脚,有的弹起了吉他。3号选手肖芬以一首《的士之歌》歌曲词,叙述出出租汽车从业人员的心声,肖芬那时而高昂时而平缓的声音,仿佛把人们带入了出租车司机一天的辛勤工作当中去。7号胡国云的声音得到了评委们的一致好评。最后,肖芬、胡国云分别得到了第一第二的好名次,并且被聘为江西广播电台FM98.5频率"绿色之声"特约主持人。

(南昌市客管处)

【萍乡市交通运输局喜获全市第九套广播体操比赛一等奖】 6月14日上午,江西省第四届全民健身运动会萍乡赛事启动仪式暨全市职工第九套广播体操展示大赛在萍乡市体育馆隆重举行。由萍乡市交通运输局主要领导、萍乡市公路运输管理处干部职工组成的队伍代表市交通运输系统参加了比赛。经过激烈的角逐,萍乡市交通运输系统代表队荣获一等奖。

(李禚远)

【莲花县交通运输局工会工作有特色】 2012年,莲花县交通运输局扎实推进工会工作。一是努力提升职工整体素质。结合该局党委年初制订的干部职工学习计划,积极组织职工参加该单位的政治、业务学习,积极引导职工学科学、学法律、学技术,通过参加各类业务培训、学历进修。二是维护广大职工的合法权益。该局工会要求工会干部针对职工关心的热点、难点问题，进行调查研究，倾听职工呼声，积极反映职工的意愿和要求。从关心女职工的身心健康出发，增加了女职工体检项目，并健全女职工健康档案。三是继续开展“送温暖，献爱心”活动，打响工会“送温暖”工作品牌。

（李襟远）

【余江县交通运输局全心全意帮助老职工】 2011年9月省政府有关为城镇大（小）集体企业职工办理社会养老保险政策颁布后，该局决定借此东风，决心尽一切努力为航运公司职工办理社会养老保险。为能查找到83岁的范志刚老人的职工身份证明材料，局办公室主任胡正良硬是在航运公司破旧的老办公房里翻箱倒柜，翻阅档案材料2个小时，才查找到足以证明职工身份的材料，范志刚老人感激涕零；一位多年在上海经商的职工，得到通知后，便用快递从上海函寄身份证、户口复印证以及相片。办理工作历时三个月，所有照相费、身份证、户口等资料复印费等都是该局支付；该局还投入3.2万元工作经费，筹集社保资金近600万元。圆满完成了包括航运公司家属工等在内215人的社会养老保险工作的办理。为这些人解决了老有所养，消除了后顾之忧，为全面和谐稳定打下了坚实的基础。

（汪有根）

【赣州管理中心举行“全国五一劳动奖状”揭牌仪式】 12月13日上午，赣州管理中心举行“全国五一劳动奖状”揭牌仪式。省高速集团总经理谢来发出席仪式并揭牌，省交通工会主席刘盖群出席并讲话，省高速集团有关部门负责人员以及赣州中心班子成员、所属各单位负责人员及员工代表50余人参加了仪式。

揭牌仪式上，刘盖群代表省交通工会表示祝贺。并希望赣州管理中心以此为契机，深入学习贯彻中共十八大精神，再接再厉，为江西交通运输事业发展作出更大的贡献。2012年“五一”期间，省高速集团赣州管理中心被中华全国总工会授予“全国五一劳动奖状”荣誉称号，这也是江西交通运输系统2012年唯一获此殊荣的单位。

（陶光辉　江黎丽）

【赣州市地方海事局护航端午龙舟赛】 6月23日是端午节，央视四套《客家足迹行》栏目组走进赣州，现场拍摄端午龙舟赛事。赣州市地方海事局两艘快艇，在赣州中心城区章江浮桥至章江大桥、西河人行桥至西河大桥两处水域，为龙舟赛和采访组拍摄保驾护航。当日赛场大雨磅礴，观看群众和工作人员多，为保证赛事和拍摄顺利进行，海事局8名工作人员对两处水域的整个赛事实行了全程监控，跟随龙舟来回往返，配合央视工作人员随船拍摄，圆满完成了端午龙舟赛和《客家足迹行》栏目组采访拍摄的安保工作。

（刘亦红　李宪邻）

【袁州区交通运输局工会工作上新台阶】 该局工会坚持依法治会，加强自身建设，开展丰富多彩的文体活动，激发全局职工的工作热情，引导职工团结进取，开拓创新，充分发挥工会作用。一是组织学习活动，提高全局职工的政治素养和技能。工会从强化学习、廉洁自律、做好服务整体工作入手，本着“外树形象，内求质量”的宗旨，协助局党组组织职工加强政治和业务学习。二是组织开展多样活动，增强全局凝聚力。积极组织广大干部职工开展各种文体活动，如开展“三八”妇女节系列活动，组织干部职工参加区工会组织的拔河比赛、象棋比赛，在丰富职工业余生活的同时，进一步促进职工感情交流，加强团结，增强凝聚力。三是积极开展扶贫帮困和送温暖活动。本着“急职工所急，想职工所想，把工会建成温暖的职工之家”的理念，关心职工，切实帮助职工解决生产生活中遇到的实际困难。切实做到：上门慰问患病住院职工8人次；制订补助方案帮扶困难职工；春节等假日期间走访慰问特困户11户和优抚对象2户。共发慰问金12200元，为困难户送上一份温情。

（李　庆）

【抚州出租车企业全部建立工会组织】 2012年5月20日，抚州市出租汽车企业工会宣告成立，至此，市本级7家出租车公司均有了自己的工会组织，共吸纳651名出租车司机入会。市本级和县（区）出租汽车企业共有17家（均已建立工会组织），全部为民营企业，共有出租汽车885辆，从业人员1256人。

（陈根玲）

【抚州市交通运输局荣获市直机关群众歌咏比赛二等奖】 遵照抚州市委、市政府的要求,抚州市交通运输局积极组织干部职工参加市直机关“唱响正气歌、建设幸福抚州”群众歌咏活动。经过两个多月的精心排练,在4月23日晚的比赛中,由120人组成的抚州市交通运输局代表队一举获得“唱响正气歌、建设幸福抚州"群众歌咏比赛二等奖。

(陈根玲)

【抚州港航分局举办红色经典诗歌朗诵会】 为迎接中国共产党建党91周年、喜迎中共十八大,6月29日,抚州港航分局举办了一场红色革命诗词朗诵会。朗诵红色经典诗歌,讴歌中国共产党所取得的丰功伟绩,表达对伟大祖国的无比热爱,激励和鼓舞干部职工发扬优良传统,同心同德、奋发进取,共同走向美好明天。

(黄造昌)

共青团工作

【概况】 2012年,江西省交通运输厅直属机关各级团组织坚持以科学发展观为指导,以中共十八召开和纪念建团90周年为契机,紧扣全省交通运输改革发展稳定大局,全面履行四项基本职能,深入开展学雷锋活动和青年志愿者服务,广泛开展青年文明号创建,加强了团的自身建设,服务中心取得新进展,服务青年取得新成效,为推动江西交通运输事业科学发展、进位赶超、绿色崛起作出了积极贡献。

强化理论武装,坚定理想信念。开展“学党史、知党情、跟党走”系列主题教育活动,认真学习宣传贯彻中共十八大精神和纪念建团90周年大会精神,通过交流、研讨和培训,注重基层、注重普遍性,使学习宣传工作影响到广大青年。

围绕中心工作,深化创先争优。结合厅党委开展“下基层访民情、转作风办实事、作表率创一流”主题实践活动,发挥青年文明号集体等先锋模范作用,引导广大团员青年下基层“接地气”、察民情办实事、抓基层打基础,做一流工作,创一流业绩。“五四”期间,厅直团委表彰了10个先进基层团组织、27名优秀共青团员、24名优秀共青团干部。共有27个青年集体获省级青年文明号、16个青年集体获省直青年文明号,厅直青年龚胜入选江西“希望之星”成长计划、谌菊辉荣获第一届“省直机关青年五四奖章”。

注重活动牵引,激发青春活力。以中共十八大和纪念建团90周年为契机,结合实际和自有特色品牌,通过演讲、征文等形式,引导团员青年坚定不移地跟党走。注重发挥青年在文化建设中的创造性,广泛开展喜闻乐见的群众性青年文体活动。厅直团委举办青年趣味运动会,省运管局团委开展“庆五四、缅先烈、勇攀登、展风采”主题团日活动,省高速集团团委开展学团史、读团章、看团报、上团网、唱团歌、戴团徽、举团旗、上团课、过团日、重温入团誓词“十个一”系列活动、举办“喜迎十八大,实现新发展”配乐诗文朗诵比赛和书画摄影比赛,省交通设计院团委组织团员青年开展革命传统教育等。

开展志愿活动,主动服务群众。结合行业特色,深入开展学雷锋活动,厅直团委走进扶贫村小学开展了团队共建活动,省港航局团委开展关爱孤独症儿童活动,省运管局团委在客运站开展“温馨旅程”志愿服务活动、在扶贫联系点井冈山市东上乡坳背村开展儿童关爱行动,省高速集团团委在服务区设立江西高速爱心服务站、组织1900余名团员青年开展了以“学雷锋做先锋”为主题的服务过往司乘、帮扶孤寡老人、关爱贫困学子等形式多样的学雷锋志愿服务活动,省交通设计院团委开展捐资助学活动等。

注重人文关怀,加强心理疏导。加强和改进新形势下青年干部职工思想政治工作,坚持教育为先,引导青年干部职工牢固树立正确的世界观、人生观和价值观,增强政治意识、责任意识和大局意识。积极探索将新媒体运用到共青团工作中,厅直团委建立“江西交通团建”QQ群,省高速集团团委设立共青团微博群、微博影响力跻身全省共青团系统前十位,以青年喜闻乐见的形式加强与青年的联系沟通,及时掌握青年干部职工的思想动态和存在的问题,积极帮助和协助解决青年干部职工关心关注的热点难点问题。

(厅直团委)

【团省委领导调研指导高速公路共青团工作】 7

月11日上午，团省委主持工作的党组副书记、副书记曾萍和团省委副书记廖良生深入省高速集团调研指导高速公路青年文明号创建、青年志愿者服务等工作。

在泰和管理中心井冈山收费站，曾萍、廖良生考察开展青年文明号创建的工作情况，了解“映山红”品牌建设、救助车主用户爱心基金和24小时客户平台的运作情况；在昌泰公司，曾萍、廖良生察看了昌泰信息中心监控大厅，详细了解昌泰公司综合援助体系以及“昌泰之声”广播站工作流程，仔细查阅昌泰公司综合援助等团青工作的相关资料。

曾萍充分肯定省高速集团的共青团工作，曾萍指出，省高速集团结合行业特点创造性地、长期地坚持开展学雷锋、青年志愿者和青年文明号活动，团青工作基础扎实，综合援助服务品牌非常有特色。曾萍要求，省高速集团各级团组织一是要进一步加强学习型团组织建设，引导团员青年多读书、读好书，争做知识型青年。二是要进一步加强团的有形化建设，引导团员青年立足岗位创先争优，亮身份、亮承诺、做表率。三是要进一步弘扬雷锋精神，总结推广昌泰公司青年志愿者综合援助服务品牌，引导团员青年坚持开展“学雷锋、做先锋”青年志愿者服务、开展青年文明号创建，在服务过往司乘人员中展示青春风采，喜迎中共十八大胜利召开。

（厅直团委）

2012年江西省交通运输厅直属单位团组织领导一览

表28

单位	团委书记
省公路局	刘旭东
省港航局	陈长荣（团委副书记）
省运管局	朱　熹（团委副书记）
省高速公路投资集团有限责任公司	巫过房（团委副书记）
江西交通职业技术学院	宋俊铭
省交通工程质监站	蒲　华（团总支书记）
省高速公路联网管理中心	宋　晔（团支部书记）
省交通设计研究院有限责任公司	陈飞华
江西远洋运输公司	张　廷
省交通科研院	邵　琦（团总支副书记）
厅信息中心	王妧妧（负责团友部工作）
厅规划办	邓　强

【厅直团委走进扶贫村小学开展团队共建活动】 为动员广大团员青年在扶贫开发工作中做出积极贡献，9月21日，省交通运输厅直属机关团委组织团员青年赴信丰县油山镇坑口村小学开展团队共建活动。

在上午举行的“大手拉小手，爱心助成长”捐赠仪式上，厅直机关团委及省高速集团赣州管理中心为坑口小学捐赠图书300册，资助3000元帮扶15名贫困学生。团员青年积极体验小学教育教学活动，为坑口四年级学生带去一堂生动的音乐课。在轻快的电子琴声中，团员青年指导学生们学习舞蹈动作、学习歌谱歌曲。在“师生”共同努力下，孩子们载歌载舞的表演赢得了“满堂彩”。

下午，厅直团委干部还与学校教师进行亲切座谈，送去中秋国庆双节祝福。在倾听教师们坚守村教育、默默无闻的精彩事迹后，团委干部们纷纷向向老师们致以崇高敬意，并表示向教师们学习,爱岗敬业,在平凡的岗位上做出不平凡的业绩来。

(厅直团委)

【厅直团委举办青年趣味运动会】 11月23日,厅直团委举办2012年青年趣味运动会,推动全民健身运动深入开展,倡导健康文明生活方式,丰富团员青年文体生活,以实际行动贯彻落实中共十八大精神。副厅长万明宣布运动会开幕并讲话。

万明对趣味运动会的形式表示肯定并指出,趣味运动会寓运动于游戏中,大家欢聚一堂,共同进行比赛、学习和交流,既锻炼身体,增强体质,更重要的是通过运动会凝聚了团队精神,展示了集体的力量。今后,青年要积极倡导健康文明生活方式,以健康为本,快乐工作,坚持运动,文明生活,形成"运动、健康、快乐、高效"的工作生活理念。活动期间,万明还饶有兴致地参加了厅直机关队滚雪球比赛项目。

该次比赛共有来自厅机关及直属单位8支队伍共110余名运动员参加。运动会分团队形象展示和趣味体育竞赛两大环节进行。团队形象展示环节,各队以新颖多样的造型动作和趣味十足的表达方式向评委和观众展示了本队精神理念、参赛口号和队旗队歌。体育竞赛共设骑"马"飞镖、滚雪球、顺流而下、蚂蚁搬家等4个团体比赛项目。比赛集趣味和挑战于一体,各队参赛队员发挥聪明才智,发扬团结奋进精神,赛出了风格,赛出了友谊,充分展示了团员青年的春春活力和精神风貌。经过紧张激烈地角逐,江西交通职业技术学院、省高速集团、厅机关3支代表队分别获得比赛一至三名,其他5支代表队获得鼓励奖。

(厅直团委)

【交通运输系统27个青年集体获2010~2011年度省级青年文明号】 南昌县向塘交通运输管理站、江西省公众出行交通服务热线"96122"、江西省公路工程检测中心、江西省公路机械工程局第三分公司、九江市公路管理局庐山公路分局路政大队、江西省公路管理局交通工程公司、江西省公路科研设计院、江西省高速集团万年管理中心乐平收费站、江西省高速集团赣粤高速鄱阳收费所、江西省高速集团赣粤高速昌泰公司峡江收费所、江西省高速集团赣粤高速温厚收费所、江西省高速集团赣粤高速田塘收费所、江西省高速集团泰和管理中心井冈山机场管理所、江西省高速集团宜春管理中心湘东管理所、江西赣粤高速公路工程有限责任公司、江西嘉和工程咨询监理有限公司、江西天驰高速科技发展有限公司、江西省高速集团万年管理中心万年收费站、江西省高速集团赣州管理中心赣州北管理所、江西省高速集团抚州管理中心南丰管理所、江西省高速集团景德镇管理中心养护中心、江西省高速集团上高管理中心修水管理所、省港航管理局吉安分局办证服务中心、省港航设计院、江西省交通运输技术创新中心、江西省高速集团抚州管理中心南新管理所、江西省高速集团万年管理中心桥隧管理处。以上27个青年集体获2010~2011年度省级青年文明号。

(厅直团委)

【交通运输系统16个青年集体获2010~2011年度省直青年文明号】 江西省高速集团赣粤高速胡家坊收费所、江西省高速集团赣粤高速九景高速公路信息中心、江西省高速集团赣粤高速服务区管理中心石钟山分中心、江西省高速集团赣州管理中心石城北管理所、江西省高速集团赣州管理中心瑞金省界管理所、江西省高速集团赣州管理中心瑞金南管理所、江西省高速集团赣州管理中心会昌北管理所、江西省高速集团抚州管理中心南新养护工区、江西省高速集团抚州管理中心工程队、江西省高速集团抚州管理中心温圳东管理所、江西省高速集团抚州管理中心南新管理所、江西省高速集团畅行公司庐山服务区、江西省高速集团赣粤高速服务区管理中心峡江分中心、中交二公局九江长江公路大桥B1合同段项目部、江西省港航设计院、江西省港航管理局上饶分局行政办证中心。以上16个青年集体获2010~2011年度省直青年文明号。

(厅直团委)

【梨温高速青年龚胜入选江西"希望之星"成长计划】 1月18日,江西"希望之星"成长计划新闻发布会在南昌举行,省高速集团公路开发总公司梨温高速进贤收费站青年龚胜受邀参加新闻发布会,并收到了"希望之星"成长爱心计划基金。

龚胜在2009年11月14日前往南昌县广福

镇广福村探望父亲的途中，突遇3名因玩耍不慎落水的小孩，奋不顾身跳入水中进行施救，将落水小孩交给闻讯赶来的家长后又悄然离开。龚胜见义勇为的事迹媒体获悉后竞相报道和转载，经网民评议推荐，入选中国文明网好人榜，并被评为省直“百优青年”，展现了当代青年的优秀品质和良好风貌。

江西“希望乏星”成长计划是共青团组织为发挥先进典型的示范引导作用而开展的一项活动，主要是对在见义勇为、爱岗敬业、助人为乐等方面获得省级及以上表彰，或受到社会广泛关注的江西籍（或在江西工作、生活的）先进青少年及其子女进行扶持，首批受扶持的“希望之星”有18人。

（厅直团委）

【江西交通职业技术学院戏剧节目获全国第三届大学生艺术展演二等奖】 2月，江西交通职业技术学院选送的戏剧作品《选择》喜获全国第三届大学生艺术展演会二等奖。全国大学生艺术展演是教育部举办的全国性大学生艺术比赛，每三年举办一次，是全国截至2012年年底最高、规模最大、影响最广的大学生艺术盛会。

（厅直团委）

【省高速集团团委广泛开展“学雷锋、做先锋”活动】 2012年3月，省高速集团团委组织1900余名团员青年以“学雷锋、做先锋”为主题，以青年志愿服务为载体，广泛深入地开展服务过往司乘、帮扶孤寡老人、关爱贫困学子等形式多样的学雷锋活动，从收费岗亭到服务区，从敬老院到希望小学，到处活跃着江西高速青年学雷锋的身影。

（厅直团委）

【省高速集团召开纪念中国共青团成立90周年暨“五四”表彰大会】 5月4日下午，省高速集团纪念中国共青团成立90周年暨“五四”表彰大会在南昌召开，大会表彰了江西高速“学雷锋十佳标兵”、2010～2011年度创先争优先进团组织、优秀团员和优秀团干部。赣州管理中心赣州北所团支部、宜春管理中心李番番分别代表创先争优先进团组织和学雷锋十佳标兵在大会上作了典型发言。“五四”期间，省高速集团各级团组织还通过学团史、读团章、看团报、上团网、唱团歌、戴团徽、举国旗、上团课、过团日、重温入团誓词“十个一”活动，纪念中国共青团成立90周年，进一步增强了广大团员青年的团员意识。

（厅直团委）

【首个江西高速爱心服务站在庐山服务区挂牌】 为进一步推劫青年志愿者服务和学雷锋活动常态化开展，切实为司乘人员提供优质、满意、便捷的服务，努力建设“百姓满意服务区”，8月1日，首个江西高速爱心服务站挂牌暨青年志愿者“爱心服务清凉行动”在庐山服务区举行。

在服务区设立的“江西高速爱心服务站”主要提供以下服务：24小时热水供应，提供针线包，提供全国交通地图，手机充电服务，零钞兑换服务，提供为客人自带食品加热服务，提供广播呼叫、轮椅使用服务，应急药品服务，提供自动擦鞋服务，简易车辆维修工具，提供汽车挡风玻璃擦洗工具等，提电筒、雨伞、水桶、油桶等，提供路网、路况信息及气象咨询服务，提供服务区周边旅游景点、地方特产咨询服务等。

在高速公路服务区设立“江西高速爱心服务站”，是江西省高速集团深入开展青年志愿者和学雷锋活动的重要举措，是提升高速公路窗口为民服务水平的有效载体。江西省高速集团各级团组织将立足自身实际，整合服务资源，积极推进“江西高速爱心服务站"建设，精心打造服务车主用户的大窗口，充分展示富裕和谐秀美江西新形象。

【江西交通职业技术学院参加江西省第二届大学生电视歌舞大赛获佳绩】 由省委教青工委、省教育厅主办的江西省第二届大学生电视歌舞大赛9月25～27日在南昌举行，江西交通职业技术学院精心编排的4个歌舞节目分别参加了该次大赛4个单元的激烈角逐，均获得优秀成绩。其中，表演唱《那一片红》获得声乐类声乐演唱第一名，合唱《我的中国心》获得声乐类大合唱三等奖，群舞《花季》获得舞蹈类群舞表演三等奖，舞蹈《心翼》获得舞蹈类舞蹈表演三等奖。

（厅直团委）

**【省高速集团团委微博影响力跻身全省共青团系

统前十位】 10月22日,共青团江西省委发布《江西共青团系统省、市两级主要官方微博影响力评估》报告,省高速集团团委微博进入前十位,名列第八。赣粤高速团委名列五十位。

2012年,微博对青年影响日益广泛和深刻。省高速集团团委积极适应微博发展带来的新情况、新挑战,印发了《关于在共青组织广泛运用微博开展工作的实意见》,开通了江西省高速集团团委微空间(网址:http://e.t.qq.com/jxgsgqt)和130余个基层团组织微博,设立了江西省高速集团团委微博发布厅(网址:http://z.t.qq.tom/zt2012/jxgsgqtwbfbt/indcx.htm),努力把微博打造成共青团联系、服务、引导青年的新途径、新载体。省高速集团各级团组织结合自身工作实际,立足青年特点,借助微博平台加强了宣传和互动,展示了江西高速的良好形象和团员青年的青春风采,多次受到团省委主要领导的高度关注和充分肯定,得到网友们的赞赏。

(厅直团委)

【共青团中央授予"映山红"服务品牌优秀项目奖】 12月,从共青团中央传来喜讯,"映山红"服务品牌被共青团中央和中国青年志愿者协会联合授予第九届中国青年志愿者优秀项目奖。全省仅两个项目获此殊荣。

泰和管理中心自2009年初启动服务品牌建设以来,培训选拔近200名青年志愿者,并引导青年志愿者立足岗位坚持开展志愿活动:第一,构建全程无忧服务体系。注册"映山红"高速公路服务品牌商标,引导志愿者按照"真诚服务,全程无忧"的服务理念,利用微博、网站、服务热线和交通广播等为司乘提供信息服务;成立"映山红"客服平台,开通了24小时志愿服务热线,开行"映山红"流动志愿服务车,设立"映山红"爱心基金,为车主用户提供救援服务;开展星级收费站创建,安排志愿者发放服务手册、服务联系卡等,为司乘提供车队预约等热情周到的快捷服务。第二,变收费员为"服务员"。设置了"映山红"志愿服务亭,免费提供上网、手机充电、开水、应急药品、车辆维修工具等便民服务,并利用节假日定期开展大型志愿活动,接受司乘的咨询,发放服务手册、服务联系卡、安全行车提示卡等,打造服务车主的大窗口。第三,坚持定期开展学雷锋志愿活动。逢年过节走访敬老院、孤儿院,长期捐助贫困学生,为当地村民修建长水泥道路,服务新农村建设,并利用红歌广播站、红色文化墙、红色文化宣讲队,义务宣传井冈山精神。

(厅直团委)

【省港航局团委举办"五四杯"歌唱比赛】 4月28日,省港航局团委组织机关及局属南昌地区单位团员青年在象山森林公园举办了"五四杯"歌唱比赛。一曲曲饱含青春激情的歌曲在这里被深情演绎,选手们用青春歌唱友情、歌唱爱情,每一首动听的歌曲都诠释着港航青年对生活的热爱、对理想的追求和对未来的憧憬。此次活动,展现了港航团员青年的青春风采、朝气蓬勃的精神风貌,加强了团员青年们间的交流,提高了团组织的向心力和凝聚力。

(倪　磊)

【省运管局依托党建带团建彰显团组织活力】 2012年,在局党委、厅团委的正确领导下,省运管局团委紧紧围绕中心、服务大局,团结和带领广大团员青年开展一系列丰富多彩的主题实践活动。一是加强思想引领,引导凝聚团员青年。省运管局团委坚持把理想信念教育放在首位,以纪念五四运动92周年为契机,开展"庆五四、缅先烈、勇攀登、展风采"主题团日活动,组织17名团员青年与萍乡运管各团支部书记共同参观安源纪念馆、秋收起义纪念广场,回顾历史,缅怀先烈,坚定信念;举办登武功山比赛,强健体魄,振奋精神,营造奋勇争先,积极向上的浓厚氛围。二是深化志愿服务,创新团员文化活动。积极动员团员青年参与学雷锋志愿服务活动。5名团员青年义务献血1400毫升;"五一"前夕,10余名青年志愿者深入南昌徐坊客运站开展"温馨旅程"志愿服务活动,为旅客提供信息咨询、道路指引、人群疏导、拎拿行李等志愿服务。三是牵手扶贫帮困,抓好团建服务党建。"六一"前夕,省运管局团委组织开展局扶贫联系点井冈山市东上乡坳背村儿童关爱行动,动员全局干部职工积极踊跃捐款献爱心。儿童节当日,与扶贫工作组一起前往坳背村,为全村儿童赠送了装满10多种学习、文体用品的爱心书包,并向坳背村孤儿和残疾儿童送上了慰问金。

(朱　熹)

【省高速集团召开纪念中国共青团成立 90 周年暨五四表彰大会】 5 月 4 日下午，省高速集团纪念中国共青团成立 90 周年暨“五四”表彰大会在南昌召开，集团党委副书记、纪委书记魏炳彦等出席大会并讲话。集团直属团委（支部）书记、路段管理单位团委书记、受表彰的先进集体（个人）和团员青年代表近 150 人参加了大会。

魏炳彦首先代表集团党委，向奋战在集团各个岗位的广大共青团干部、青年工作者和团员青年致以节日的问候，向受到表彰的先进集体和先进个人表示热烈的祝贺，向为江西高速公路改革发展稳定作出贡献的团员青年表示诚挚的感谢，并充分肯定了共青团的工作，魏炳彦指出，青年职工是推动集团科学发展的重要力量，共青团和青年工作在集团改革发展稳定中发挥了重要作用。魏炳彦希望，一是继承光荣传统，在坚定不移跟党走的奋斗中凝聚新力量。要加强理想信念、形势任务和职业道德教育，始终保持正确的政治方向。二是围绕党政中心，在勇挑重担促发展的实践中作出新贡献。要找准与党政工作大局相适应、相结合的切入点，带领青年在完成重点难点任务中攻坚克难、在开展创新创效实践中展现作为、在加强企业文化建设中发挥作用。三是夯实基层基础，在加强共青团自身的建设中开创新局面。要深入总结梳理企业共青团事业发展的宝贵经验和基本规律，牢牢把握实现“两个全体青年”的工作目标、认真落实深化基层党建带团建的工作任务、认真贯彻加强团组织有形化建设的工作要求。

大会开始前，公路开发公司、赣粤高速、抚州管理中心团员青年代表还进行了拉歌比赛，使现场的气氛更加活泼热烈。大会表彰了江西高速“学雷锋十佳标兵”、2010～2011 年度创先争优先进团组织、优秀团员和优秀团干部。赣州管理中心赣州北所团支部、宜春管理中心李番番分别代表创先争优先进团组织和学雷锋十佳标兵在大会上作了典型发言。大会号召，集团各级团组织和广大青年要在集团党委的正确领导下，以时代的召唤弘扬企业精神，以飘扬的团旗凝聚青春力量，上下同心，携手并肩，与祖国共奋进，与集团同发展，以永跟党走的信念、永做先锋的追求、开拓创新的精神、求真务实的努力，在推进“四大定位”战略、实现集团科学发展的伟大实践中创造更加辉煌的青春业绩。（吴　佳）

【萍乡市交通运输局共青团组织开展“赏花海、争环境、扬新风”活动】 为传承雷锋精神、弘扬时代新风，4 月 7 日，萍乡市交通运输局团委联合莲花县交通运输局组织局机关全体人员、下属单位负责人员对景区的白色垃圾进行清理。

（李襟远）

【九江市港口管理局“五四”青年节活动丰富多彩】 5 月 4 日，九江市港口管理局团总支组织团员青年开展了“弘扬‘五四’精神、彰显青春风采、建功港口发展”主题团日活动。

活动围绕“走访港口企业、感受建设成就、服务沿江开发”、“学雷锋、展青春、建新功”座谈会，户外踏青等三个环节进行。团员青年们参观湖口港区龙达化纤码头、蓝天玻璃公共码头，深切感受到九江沿江港口建设的发展变化，同时对港口企业生产经营中存在的困难和问题有了一定的了解。在“学雷锋、展青春、建新功”座谈会上，团员青年联系实际，畅谈体会，对促进九江沿江港口发展和港口行政管理工作提出了自己的意见建议。同时表示，一定立足岗位，忠诚履职，无私奉献，为九江港口事业作出自己应有的贡献，在推进九江沿江开放开发中发挥团员青年的先锋作用。

（柯瑞华）

【鹰潭港航分局举办青年团员歌咏活动】 5 月 2 日，为迎接“五四”青年节，展现青年的精神风貌，鹰潭港航分局团委举办“永远跟党走”为主题的歌咏活动。参赛的青年干部职工，结合港航日新月异发展的大好形势，自选歌曲，利用工作之余的时间排练，通过自己的理解和感悟，用演唱的方式描绘出一幅幅动情的画面和未来的蓝图。歌咏活动的举办，展示了该局青年干部职工良好的精神风貌，丰富了职工的文体生活，进一步增进了同事之间的感情，增强了单位的凝聚力和战斗力。

（童斯达）

【宜春市公交公司活跃青年职工文体生活】 “五四”青年节，市公交公司组织公司 30 岁以下青年职工举行一次猜谜、两人三脚游戏活动，既活跃青年职工文化休育生活，又增强企业凝聚力。猜谜场上笑语连连，大家努力发挥奇思妙想，纷揭谜底。两人三脚游戏最为有趣，按随机抽取相邻的号码两个人组成一组,用布条将参赛组两人相邻腿绑住,随着裁判员的一场令下,努力协调奔向20米远的椅子,再绕过椅子返回起点,用时最少的为胜方;既考验参赛者的平衡能力,又考验两者之间的协作能力;到场职工大声地为参赛者们加油,场上不时传来阵阵欢呼声,比赛最终决出第一、二名各一组,第三名两组,并为获胜组分别颁发了奖金。

(晏慧锋)

【袁州区交通运输局夯实团建工作】 2012年,该局团委紧紧围绕交通中心工作,以"注重民生、服务百姓、提升交通形象"为目标,全力抓好团建。一是深化思想政治建设,夯实团员青年的理论基础。开展"解放思想、转变作风、助推发展"主题实践活动,通过强化学习、技能竞赛、服务民众、考核评比等多种方式,切实改进工作作风,提高工作效能,以党建带团建推进交通各项事业发展;开展"学党史、知党情、跟党走"主题教育活动,积极参与局党委开展的各项活动,充分发挥团员青年的战斗堡垒助手作用。二是推进科技文化建设,提升团员青年的技能水平。开展争创"青年岗位能手"活动,重点围绕交通系统改革、建设、管理的新要求,促进青年服务创新、管理创新、技术创新,积极发挥生力军作用;开展各种技能竞赛,为广大青年成长成才搭建平台,引导青年学知识、钻技术、练技能,加强青年技能人才队伍建设,推进交通创强服务。三是完善制度改革建设,提高团委工作组织能力。一方面积极争取局党委及下属单位对团委工作的支持,按照"服务大局、服务行业、服务青年"的工作原则,不断创新和完善团的各项制度建设,探索构建服务广大团员青年的组织、引导和教育体系。另一方面坚持"党有号召、团有行动",结合交通系统实际,不断提高局团委服务中心工作的能力,切实承担起凝聚青年、引导青年、服务青年的职责,积极组织和引导团员青年参与交通建设,发挥青年员工的突击队作用。该局团委不断提高共青团组织服务局中心工作、服务青年、服务基层的能力水平,不断提升团员青年规范执法、文明从业的工作本领,为全区交通行业的发展做出积极贡献。

(李　庆)

【抚州赣东路桥组织学习总书记胡锦涛在中国共青团成立90周年大会的讲话】 5月4日下午3点30分,纪念中国共产主义青年团成立90周年大会在北京人民大会堂隆重召开。赣东路桥公司共青团积极组织全体团干部和团员青年,在会议室二楼观看直播盛况。

大会结束后,公司共青团迅速组织召开青年团干座谈会。团干纷纷表示,纪念大会的盛况空前,振奋人心,总书记胡锦涛的讲话对青年一代提出殷切期望和具体要求。该公司青年团干们表示,站在纪念建团90周年这一新起点上,要把学习讲话精神融入到赣东路桥公司共青团组织开展的"技术人员技能竞赛""激发青春活力创先争优""我身边的公路人"征文等重点活动中,不断提高团组织的覆盖面和凝聚力,进一步加强共青团工作和活动对青年的影响力和吸引力,为建设幸福和谐抚州作出新贡献,以优异成绩迎接党的十八大。

(刘　媛　封亚妹)

【赣东路桥喜获"全省五四红旗团支部(总支)"荣誉称号】 5月4日,江西赣东路桥建设集团被江西省共青团授予"全省五四红旗团支部(总支)"荣誉称号。"我们赣东路桥年轻人多,只有把团支部建设搞活,年轻人才有成长的舞台。"公司团支部书记李华介绍说。进入新世纪以来,该公司团支部充分发挥基层团组织作用,调动年轻人好学上进积极性,切实搞活团支部建设,搭建展示青年风采、激励年轻人成长的舞台。一是活化机制促活力。二是加强培训强素质。三是立足岗位创实绩。四是丰富载体活文化。

(刘　媛　李　华)

老龄工作

【概况】 2012年,省交通运输厅离退休干部管理处在厅党委、行政的领导下,开拓进取,勤奋工作,较好地完成了各项工作,较好地维护了全厅老干部队伍的平安和稳定。一是被省委组织部、省委老干部局、省社保厅评为"全省老干部工作先进集体"。二是认真落实老干部的政治待遇。通过举行形势报告会、走访慰问、组织生活、参加省委和厅宣传贯彻中共十八大精神等重要会议和重大活动、安排暑期疗养和考察等形式，让老人们了解交通发展状况，分享交通发展成果。三是全面落实老干部生活待遇，为老人们办实事做好事，做好厅机关老干部的日常管理和服务。确保老干部医药费、生活补助、福利物品的及时报销和发放；重新装修厅大院老干部活动室，消除安全隐患，并更新了一批室内活动设施；陪同厅党政主要领导走访慰问老人们30余次。四是较好地发挥了离退休党支部的战斗堡垒和离退休党员的先锋模范作用。坚持每月不间断组织政治学习，扎实开展创先争优活动，深入开展学习贯彻中共十八大精神主题活动，知识竞赛等，被厅党委评为先进基层党组织。五是依托厅老年体协组织了各种有益于身心健康的文体活动，积极开展和参与各项老年体育表演和赛事20余次，丰富老人们晚年生活，并获得多项好成绩。

同时，全面落实老人的生活待遇，为老人们办好事做实事，需帮助解决实际问题和困难。一是随着厅机关老干部人数逐年增加，部分老干部已进入“双高”期，厅离退休干部处管理责任加大。处里在编只有2人，借用人员1人，人手严重缺乏，急需配备或借用至少1名人手。此外，截至2012年年底厅机关副厅级以上离退休干部16人，人数还在扩大，按照省委老干部局要求，每3个厅级干部需配备车辆1台，也需增配至少1台车辆。二是厅机关有30多位老干部居住在朝阳锦城小区，需要在小区或附近解决专用活动室。同时，厅发放实物福利时，需请后勤服务中心送至小区，以便老干部方便领取。三是厅机关老干部待遇较好，但部分厅直单位差距较大，老干部工作经费不足。高投集团截至2012年年底已有142名退休干部，但尚未建设专门管理和工作机构，建议其建立专门的老干部工作机构，配备专职工作人员。

（胡建强）

【省交通运输厅离退休干部工作情况】

（一）主要职责和离退休干部情况。

厅离退休干部管理处成立于1987年，现在职2人，主要职责6项：一是认真贯彻落实党和国家有关离退休干部的方针、政策和规定，并结合厅实际情况，制定具体实施办法。二是负责对厅直单位离退休干部工作的指导和督促检查。三是负责厅机关离退休干部党支部的日常工作和政治理论学习，做好离退休干部的思想政治工作。四是负责厅机关离退休干部的参观考察、休养、用车、医疗保健、走访慰问和文体活动等工作。五是管理和使用好厅机关离退休干部的活动经费。六是承办厅领导交办的其他事项。

全厅现有离退休干部1439人，其中享受正副厅级待遇32人；离休干部66人，离休干部中享受副厅级待遇14人。

厅机关现有离退休人员83人，其中离休干部7人，退休干部68人，工人8人；享受正厅级待遇4人，正师级待遇1人，副厅级待遇11人。

（二）近五年工作回顾。

2008～2012年，在厅党委的高度重视和大力支持下，厅离退休干部管理处坚持以老干部满意为工作标准，强化管理，认真落实老干部待遇，努力探索新时期老干部工作新思路、新途径，以扎实的工作作风做好老干部各项服务工作，较好地维护了全厅老干部队伍的平安和稳定。多次评为全省老干部工作先进单位、省老年体协先进单位、全省老干部宣传工作先进单位。2012年初，厅离退休干部管理处又被省委组织部、省委老干部局、省社保厅评为“全省老干部工作先进集体”。主要做了以下几项工作：

1. 健全机构，完善制度，进一步加大老干部工作领导力度。5年来，全厅离退休干部呈现人数众多、层次差距大、居住分散、部分老干部已进入“双高”期的特点，厅从加强组织建设，健全管理机制着手，进一步加强了对老干部工作的领导，做好“四个保证”：一是领导有保证。厅党委把老干部工作纳入重要议事日程，经常过问老干部待遇落实情况，及时研究解决老干部工作中的重大问题。每年春节，厅主要领导以举办交通形势报告会的形式慰问厅机关全体老同志及厅直各单位副厅级以上的离退休干部和全厅的老红军遗属；其他节日也会安排走访慰问。2011年开始，厅在经费预算中列支50万元，用于确保老干部正常经费开支，2012年增加到70万元。二是组织有保证。根据工作需要调整充实了厅直各级老干部工作机构。全厅及直属单位共有老干部工作部门18个，配备了专（兼）职干部45人。省公路管理局、省公路运输管理局、省港航管理局在机构调整时均增设了老干部处(副处级)。三是工作制度有保证。厅机关建立健全了一系列老干部工作制度,就老干部的学习、活动、通报、健康疗养、考察、走访慰问、用车等工作作了明确规定,5年来一直落实很好。厅属各单位也相应地制定了专项制度,老干部工作走上了制度化、规范化的轨道。四是活动场所有保证。全厅共建有老干部活动室10个、门球场3个、健身房5个、健身器材47件,拥有乒乓球室、台球室、棋牌室、阅览室、电视室等,总面积1186平方米,为厅机关老干部配备专车4台,为老干部活动创造了较好的条件。

2. 落实待遇,全力保障,充分体现对老干部的人文关怀。认真贯彻"政治上关心、生活上从优"的方针,坚持及时向老干部通报情况,提供信息,认真落实老干部的政治待遇。一是不定期召开离退休党员座谈会,向老人们求经取宝,积极为老人们提供发挥余热机会,听取老人们对交通发展的意见和建议。2008~2012年,收到老人们意见和建议100余条。二是每月组织老干部开展政治学习和组织生活,让老人们了解发展状况,分享发展成果。学习省委和厅党委重要文件;组织老干部听报告;参加省内重要会议和重大活动;每年组织1~2次参观考察高速公路;每年组织1次健康疗养。同时,全面落实老人门的生活待遇,为老人们办实事做好事,帮助解决实际问题和困难。一是以优质服务,切实做好老干部工作。认真听取老人们提出的问题和要求,对老干部生活中的困难和问题按规定及时认真办理,给予明确答复,及时解决。做到来信来访事事有回音,件件有着落,对不符合政策规定或一时难以办到的事情,向老人们解释清楚,做好思想工作,努力做到让厅党委放心,让老干部们满意。5年来,全厅老干部从未发生过集体上访和投诉事件,老干部子女也未发现违纪违法事情。二是完善和落实医疗费保障机制。本着"保证治疗、因病施治、合理用药、节约开支、防止浪费"的原则,解决处理好老干部看病、审核、报销等环节,确保离休干部医疗费按规定实报实销,退休干部医药费也按规定及时得到了报销。三是按照老干部政策要求,确保各项费用及时发放到位。如离休干部公用、特需经费、护理费、防暑降温费、取暖费、退休干部活动经费、电话费、老干部遗孀的生活补助费、丧葬费、抚恤金等。四是坚持走访慰问老干部制度。在重阳节、春节等重大节日,逢老人们过生日、生病住院、家中有重大事情等,厅党政主要领导都亲自携带礼品走访、看望慰问老干部生活,送去党的温暖。重大节日必访、特殊情况随访已经形成了制度。

3. 积极引导,创先争优,扎实推进老干部思想政治和党支部"两项建设"。全厅共有离退休干部党支部9个,离退休干部党员770人。在厅党委领导下,各支部积极组织引导老人们在推动科学发展、促进社会和谐稳定中创先争优,争创五好支部,争当五好党员,较好地发挥了党支部的战斗堡垒和党员的先锋模范作用。一是加强支部班子建设,建立健全工作机制。各支部由素质过硬、作风扎实、乐于奉献的老党员组成支部班子,根据老人们的年龄特点和需求,组织开展各项活动,增强了支部的号召力、凝聚力与向心力。二是扎实开展老干部党支部创先争优活动,争创五好支部。按照厅机关党委的部署和安排,扎实开展创先争优活动。三是强化政治理论学习。厅机关老干部党支部自1987年成立以来,坚持每月18日为支部集中学习日,26年未曾间断。四是开展"五好党员"(政治学习好、贡献余热好、参加社会活动好,科学健身好和遵纪守法好)评选活动,充分发挥党员余热。涌现出一大批好人好事。厅机关和厅直单位离退休党支部5年来多次被省委干部局、厅机关党委评为先进党支部。

4. 加大投入,有序组织,丰富老干部各项文体活动。为让离退休老人们晚年生活过得丰富多彩、厅离退休干部管理处筹措经费,依托厅老年体协,组织各种有益于身心健康的文体活动。组建了8支门球队、18个钓鱼小组和1个交通老年合唱团,充分展示了全省交通系统老干部的精神风貌。一是每逢元旦、"五一"、"十一"、重阳和春节等,都组织棋牌、飞镖、套环等比赛活动;每年举办二次全省交通系统门球大赛,每个季度举办一次全厅门球比赛;每年组织数次全厅钓鱼比赛。三是积极参与并承办省内举办的门球、桥牌等各项老年体育表演、赛事和文艺汇演,多次获得了名次和较好成绩。

(胡建强)

【全省交通运输系统第十五届老年门球赛在萍乡举办】 2012年11月,由省交通运输老年体协和省厅离退休干部管理处主办、萍乡市公路管理局协办的全省交通运输系统第十五届老年门球赛在萍乡举行。全省交通运输系统共有11个代表队、近100名老年运动员参赛。经过激烈角逐,最终,萍乡市公路管理局代表队、新余市交通运输局代表队、省交通运输厅机关代表队分获前三名。

（张　翼）

【省港航局举办迎新春离退休人员棋牌比赛】 元月10日,省港航局老年体协在老干部活动中心举办了迎新春离退休人员棋牌比赛,近70名离退休老干部齐聚一堂,以牌会友,互相切磋棋牌技艺。比赛项目分别为扑克、麻将、象棋、跳棋四类。在比赛现场,老年朋友们遵循重在参与、重在健康、重在快乐、重在交流的老年人体育比赛宗旨,展示精湛的棋牌技艺,经过一天的激烈角逐,产生了一等奖六名,二等奖六名,三等奖九名,其余为参与奖。

（高玉茹）

【省运管局加强离退休干部党支部建设】 2012年,为充分发挥离退休干部党员干部的重要作用,使离退休干部党支部的思想、组织、制度建设得到全面加强,省运管局坚持“三会一课”制度,每月组织离退休党员过好组织生活;经常组织召开支委扩大会和支部、老年体协联席会议,共同研究讨论离退休干部党的建设、老年人利益诉求及体协工作等;开展“创先争优”活动。离退休干部党支部连续第7次被省厅党委授予先进基层党组织,党小组长刘银茂被省交通运输厅党委授予优秀共产党员称号,党小组长张以金和离休干部赵玉异分别被省运管局党委授予优秀党务工作者和优秀共产党员称号。

（章　艳）

【宜春市交通运输局重视老干部工作】 2012年,该局领导重视老干部工作,做到思想有位子,领导有分管,工作有举措、经费有保障。服务有专干,使老干部工作扎扎实实开展,被省、市评为老干部工作先进单位。一是组织政治理论学习,每月28日由局里专干与离退休老干部党支部支委一起,组织老干部认真学习党的重大决议,重大会议文件和方针政策,通过学习上级有关会议精神,做到边学习边讨论,理论联系实际,不断提高老人们政法理论水平和思想觉悟,坚持写学习笔记,许多老干部全年写心得体会2万字以上。二是组织体育比赛,每月组织一次离退休老干部参加象棋、扑克、麻将、打乒乓球等项目比赛,获胜者给予适当奖励,还组织全市交通运输门球赛,老年门球邀请赛和参加全省交通运输系统老年门球赛。通过比赛,既活跃老人们生活,又增强老人们体质。三是组织旅游。11月6～12日,组织10名身体健康自愿参加老干部赴海南旅游,游览风景区、参观港口、高速公路等交通基础设施建设。4月组织到白马春游。通过旅游参观,许多老人们感悟说:“想不到祖国变化这样大,交通运输发展如此之快”。四是组织慰问。重阳、春节、老干部生日、患病住院等,局领导或派人上门慰问和探望,离退休干部从内心感谢领导。五是组织召开座谈会。春节、重阳节等局里召开离退休干部座谈会,由局领导通报市交通运输工作情况,听取与会人员对工作的意见和建议,许多老人们为局里做好精神文明建设,作风建设和交通运输发展,为局领导科学决策,发挥较好作用。

（吴泽水）

【第16届宜春市交通运输部门老年门球赛在奉新举行】 18日,由宜春市交通运输局主办,奉新县交通运输局承办的全市交通运输部门第16届老年门球赛在奉新县举办。市区、袁州区、樟树市、靖安县、奉新县、高安市、上高县和万载县8支代表队参加比赛,参加运动员、教练员和裁判员达90余人,参赛运动员年龄最大的80余岁,年龄最小的55岁,全部来自全区交通运输部门离退休干部职工。经过2天激烈比赛,奉新县交通运输局代表队获得第一名,市局代表队获第二名,樟树、高安市交通运输局代表队分获三、四名,上高县交通运输局代表队获道德风尚奖。为比赛取得好成绩,许多运动员、不顾年老体弱,发扬团结拼搏和连续作战精神,利用早、中、晚休息时间到球场上练球,许多看比赛的群众被老干部在比赛中敢打敢冲、奋力拼搏精神所感动。通过比赛,广大运动员感悟说,感谢市局领导为老友提供见面,畅谈友情的机会,对交流提高球艺有着重大作用,丧示今后要多练球,为提高全市交通运输部门老年门球水平而努力。市局对这次比赛非常重视,进行专题研究,制订比赛方案,局领导专程到奉新看望运动员、教练和裁判员,观看比赛。

(吴泽水)

【抚州交通运输局组织机关离退休人员赴三峡、重庆参观学习】 2012年10月13日至17日,抚州市交通运输局组织机关离退休人员24人赴三峡、重庆参观学习。其间,老人们参观了世界第一大水电枢纽工程三峡大坝,领略了小三峡、白帝城、丰都鬼城等长江三峡的秀美风光,前往爱国主义教育基地渣滓洞、白公馆重温历史,缅怀革命先烈。

经过短短的5天行程,无论是祖国大好河山的壮丽秀美,让人赏心悦目,还是英烈们感人的爱国情操,使人壮怀激烈,所到之处,均叫老人们感慨颇多,纷纷表示要更加热爱祖国,珍惜千千万万革命先烈用鲜血和生命换来今天幸福美好的生活,继续关心支持抚州交通运输事业,在有生之年为全市交通运输事业的改革发展发挥自己的余热。

(陈根玲)

【宜黄县交通运输局多项措施并举关爱离退休人员】 2012年,宜黄县交通运输局把机关离退休人员老有所乐、老有所养、老有所靠的问题,作为年度工作的重要内容列入议事日程。组织机关退休人员到县城工业园区、新城区、卓王塔、新贸易广场、曹山寺、仙洞等景点步行游览,参观全县各乡、镇、村公路全部改建成的硬质公路,目睹全县人民幸福指数大大提高实况和改革发展的最新成果。并包车送离退休人员从县城—黄陂—新丰—棠阴全县绕一圈,参观考察了宜黄公路、桥梁建设,还到黄陂大捷、草台冈、江背村老区和所有渡口全部建桥代渡地方参观,使机关离退休人员大开眼界,感慨万千。与此同时,积极组织老人们参加县里老年人"健步万里行"、"七一"红歌比赛、门球比赛、乒乓球、棋牌比赛、钓鱼比赛和腰鼓二胡、健身球等活动。通过组织机关离退休人员参加这些积极健康的活动,为老人们的晚年生活增添了丰富内容,增强了老人们的心身健康。

(李华荣)

扶贫救灾工作

【概况】 根据省委、省政府《关于开展第二轮"党旗引领致富路,携手共建新农村"定点包扶贫困村工作的通知》(赣办字〔2011〕50号),省交通运输厅负责定点包扶信丰县油山镇坑口村。经认真调研和精心组织,规划三年内投入资金817.5万元(其中厅里自筹460.5万元,争取相关部门支持357万元),帮扶项目35个,涉及村党建、基础设施建设、产业帮扶、新农村建设、技术培训和劳动力转移等各方面。2012年,厅驻村扶贫工作组认真指导村两委落实"四议两公开"(即:村党支部提议、村"两委"会商议、党员大会审议、村民代表会议或村民会议决议,决议公开、实施结果公开)、"四定两监督"(即:定职责、定目标、定考核、定奖惩,乡镇党委监督、党员群众监督)和九项工作制度(即:"三会一课"制度、民主评议党员干部制度、民主生活会制度、党员联户制度、党内选举制度、发展党员制度、党费收缴和管理制度、"五好村党支部"标准、"五好党员"标准);落实扶贫项目16个,资金332.1万元;培训315名劳力,占全村796名在家劳力的40%;对贫困线以下户的慰问帮扶率达100%;帮助58名贫困户成功脱贫,占全村232户贫困户的25%,超额完成了年度各项扶贫目标任务,赢得了全村老表和驻村单位干部职工的广泛赞誉。

(郭 昌 张建新)

【领导高位推进,靠前指挥协调】 2012年,厅党政高度重视,将扶贫工作列入党委重要议事日程,及时调整了以厅党委书记、厅长为组长,分管副厅长为副组长的厅扶贫领导小组,领导小组办公室设在厅组织人事处;选派了2名熟悉农村工作、年富力强的中青年干部组成驻村扶贫工作组,为定点包扶工作提供了强有力的组织保障。厅党政主要领导先后5次召集扶贫领导小组成员召开会议,研究定点包扶工作。时任厅党委委员曹先扬,时任厅党委书记程受锭,时任厅党委委员、副厅长邓经国,厅巡视员孙茂刚,厅党委委员、纪委书记成松等厅级领导先后8人次到坑口村视察指导工作。厅长马志武等厅领导亲自向省直有关部门(单位)为坑口村争取建设项目资金。厅组织人事处、党办、规划处、财审处、宣传处等厅机关处室及厅直有关单位约20余名处级领导和20余名科级及以下干部,也先后到村里支持帮助扶贫工作。从而,极大地推进了坑口村各项扶贫工作。

(郭　昌　张建新)

【工作组深入调研,务实绸缪规划】 2012年,进驻坑口村后,工作组注重发掘基层群众的首创精神,专程走访省交通运输厅上一轮从事定点包扶工作的6位人员及包扶的信丰县万隆乡石店村,走访毗邻坑口村的广东省南雄市油山镇黄地村,了解发达省份有关扶贫的一些做法和经验;认真细致地开展实地调查摸底,反复走访全村21个村民小组(包括最偏远的观音山小组),到达老表家中和田间地头,了解到坑口村地处偏远,村部离县城32千米,交通十分不便,观音山小组只有狭窄险峻的羊肠小路,龙潭下、扇迳、田螺庵、陈坑、曹里、山塘里等小组只有机耕道可通达,全村贫困人口789人,约占村总人数的25%,比一些中小行政村的全村总人数还要多,人口受教育程度普遍较低,党员数量较少,年龄结构偏大,村里山多地少,人均耕地仅0.042公顷,脐橙为村里的主打产业,但产品外运难、成本高,产业结构单一,抗风险能力较低,无村办经济,属典型的"空壳村"。通过与普通农户、贫困户和特困户沟通,虚心请教致富能手、种(养)殖大户、党员和教师,以及在油山镇政府、村部和全村每个村民小组召开座谈会,扶贫干部对村里的人文地理和主要困难了然于胸。适时邀请专家论证和把脉,努力找准村民贫困的原因,探讨脱贫致富的出路,立足交通运输行业特点和行业优势,理清扶贫工作思路,广泛征求村民、专家、能人和县乡村三级干部的意见,遴选出35个优势开发性扶贫项目和救助性扶贫事项,指导和扶持村里党员、干部和能人积极开展"三培两带两服务",拟订出《省交通运输厅定点包扶坑口村三年扶贫工作规划》和《2012年扶贫工作计划》,提交厅扶贫领导小组专题会议审议通过。提出了"336"民心工程规划,即:在3年内,实施基层组织建设工程、基础设施建设工程和村域经济建设工程等三大工程,扶助坑口村实现6个明显变化的目标,即:村两委班子和党员队伍的凝聚力、战斗力、先锋模范带头作用明显增强,交通运输状况和群众出行条件明显改善,村域农、林、畜、副产业明显壮大,村民生产生活条件和幸福指数明显提升,村民自我发展和增收致富能力明显提高,各项农村社区管理工作明显强化,进而实现"全村农民整体脱贫致富、群众满意率高、把红色的坑口村建成赣粤边界上一个金色亮点"的总体目标。

(郭　昌　张建新)

【重点改善基础设施,及时跟进项目资金】 2012年,工作组与村、镇及县直有关部门一道,齐心协力,精打细算,强化项目实施管理,细化施工管理要求,严格依法依规程办事,确保了项目质优价廉,力争惠及面更广,发挥效益更佳。

1. 严格项目管理。及时在村部和扶贫项目现场公示和更新相关信息和举报电话,接受村民监督。多次邀请专业技术人员带上设备现场核验工程量,在招标或邀标前认真审定报名各施工单位的资质和施工业绩,制订并实施"当面报价、当面开标、当面定标"的公开透明竞标方案,在当地纪检部门全程监督下选定了项目施工单位。在施工过程中,及时邀请县有关部门专家到现场督查工程质量,对发现不到位的问题及时要求施工单位整改,组织村干部、村民共同参与工程质量监督,有效地保障了各项工程又快又好的建设。

2. 科学组织实施。首年计划16个项目资金足额到位,针对工程施工受雨季、农忙等时段限制的特点,精心组织各项目的施工,认真督促抓好各项工程的施工进度。其中黄坑口至曹里公路硬化、养蜂场首期、黄坑口渠道衬砌、车杉渠道衬砌、坑营渠道衬砌、车角湾水陂加固、红色油山宣讲团和慰问助学8个项目已完成并开始发挥良好效益;坑口村宣传文体活动中心、信池线至山塘里通组公路、信池线至黄屋通组公路、杉山下和象子头小组饮水工程、象子头桥梁、赣粤边特委机关旧址外围改造6个项目已开工;坑口小学食堂及农村教师周转房建设工程、村卫生服务中心2个项目陆续开工。同时,全力推进新农村建设。工作组自筹资金32万余元,积极协助油山镇政府抓好对坑口村坑口圩、杉山下、象子头三个小组的新农村建设,修建安全饮水工程2处,清淤河道及两岸垃圾,新建垃圾池4个,清理水沟及阶檐4300米,改水、改厕100户,改路1700米。

(郭 昌 张建新)

【访贫问苦,开展“输血扶贫活动”】 2012年,工作组开展访贫问苦和助学活动10次,捐赠各类物资和发放慰问金共计7万余元,帮扶贫困户232户共789人,结对助学4人。

1. 适时开展一些访贫问苦活动。2012年元旦、春节前夕,时任厅扶贫领导小组组长、党委委员曹先扬深入坑口村,对全村44户特困户、五保户、老党员进行了走访慰问,发放慰问金8800元;工作组认真开展日常走访工作,到达全村232户贫困线以下每个农户,在慰问的同时,更加注重了解致贫原因,共商脱贫良策。

2. 积极开展系列助学活动。11月1日,厅党委委员、纪委书记成松代表省厅向坑口小学捐赠5000元爱心助学款。工作组也适时开展了系列助学活动,代表省厅向4名贫困学子开展了助学活动,捐赠助学金9000元;为解决坑口小学师生生活、教学中的实际困难,工作组积极与有关单位沟通协调,结合“六一”儿童节和教师节等,组织开展爱心捐赠系列活动,共向坑口小学捐赠了校园广播系统1套、电冰箱1台、电脑1台、打印机1台、电视机2台、食堂电蒸饭设备1套、少儿读物300册、书包及文具等学习用品200套,向15名贫困学生捐赠爱心助学金3000元,向老师们送上了慰问品,并选送了坑口小学10名优秀儿童赴赣州市参加“六一参观学习和社会实践活动”。

3. 积极开展系列公益活动。3月13~14日,由厅党委委员、副厅长、厅直机关党委书记万明带队,组织厅机关23名党员干部职工赴坑口村,开展以“关爱农村自然生态暨保护母亲河”为主题的“学雷锋志愿服务活动”。

(郭 昌 张建新)

【扎实开展扶贫工作】 2012年,省交通运输厅与省电力公司、省农业开发办、省人口和计划生育委员会等部门(单位)达成了一系列惠民扶贫合作事项:省交通运输厅将省电力公司的定点包扶贫困村(广昌县驿前镇姚西村)一条2.6千米的村通组农村公路硬化工程列入全省2012年农村公路建设项目补助资金计划,落实项目资金26万元;省电力公司将省交通运输厅定点包扶贫困村(信丰县油山镇坑口村)列入全省2013年农网改造升级工程项目计划,新建10千伏线路1.5千米、两个台区低压线路1.8千米,改造5个台区低压线路3.4千米,计划投资66万元。截至2012年年底,厅驻村扶贫工作组正全力访民情、解民难、聚民心,组织推进各项目的具体实施,投入460.5万元,为扶贫点争取资金支持800余万元,完成和启动15个扶贫项目,其中有些项目已经完成并给村民们带来了许多便利和实惠,受到了广大村民和驻村单位干部职工的普遍好评。

深入开展共驻共建工作,为南昌市绳金塔街办耶稣堂社区解决经费8000元和电脑、打印机等办公设备。建立了“江西交通贫困大、中专学生助学基金”,资助贫困大、中专学生上学。为厅机关全体干部职工办理了职工互济互助保险。通过无偿献血、慈善一日捐等方式,支持公益事业,奉献交通爱心。

(厅直属机关党委)

【厅纪委书记成松考察厅对口扶贫点工作】 11月1日,省交通运输厅纪委书记成松来到信丰县油山镇坑口村考察定点包村扶贫工作,并代表厅党委向坑口小学捐赠“爱心助学”款。

成松一行先后深入油山镇坑口小学、黄坑口渠道衬砌工程、坑口村村部及养蜂场等扶贫项目进行实地考察。在随后召开的座谈会上,成松认真听取了扶贫工作组和当地政府相关情况汇报。村民代表说,自从扶贫工作组来了以后,村里不但通了水泥路,还对村民进行脐橙种植、养蜂等培训,带领村民走上致富道路,十分感谢省交通运输厅对坑口村的帮助。对驻点工作组的工作,成松表示满意。

对下一步的扶贫工作,成松要求,要充分认识扶贫工作的必要性和重要意义。2012年是厅定点包扶坑口村扶贫工作《三年扶贫规划》的第一年,驻点负责人员要高度重视,切实推进。要科学规划,认真落实扶贫项目。加强市、县、镇、村的沟通,合理谋划,深入研究,以最好的方案、最好的项目落实,切实造福人民。要逐个研究解决在扶贫工作中遇到的难题,一如既往把扶贫工作延续下去。要做好跟踪服务对接工作,进一步把扶贫工作做好、做实,真正让老百姓得到实惠。

(柯义昌)

【定点包扶贫困村工作获得高度评价】 12月21日，根据省委组织部、省扶贫和移民办公室《关于对2011—2012年度省直单位定点包扶贫困村工作进行检查的通知》（赣扶贫字〔2012〕65号）要求，赣州市扶贫和移民办公室副主任罗开莲率赣州市委组织部、市扶贫和移民办公室联合检查组，从组织领导、包扶村党组织建设、包扶村整村推进产业开发、包扶村新农村建设、包扶村社会和谐稳定，包扶工作满意度测评、包扶工作加分项目等7个方面，对省交通运输厅的定点包扶信丰县油山镇坑口村工作情况进行了年度检查考核。检查考核结束后，联合检查组对该厅的定点包扶工作给予了充分肯定和高度评价。

（郭　昌　张建新）

【江西公路开发总公司捐资20万元新建学校】 江西公路开发总公司大力落实扶贫政策，做好定点扶贫工作，先后共捐助20万元用于对口扶贫挂点村玉山县陶源村的学校建设。8月27日下午，由该公司出资援建的玉山县石城小学举行竣工仪式暨开学典礼。石城小学始建于1940年，位于陶源村上陶自然村，截至2012年年底有近73年的历史。历尽沧桑的校舍在风吹雨打中已成为危房，严重影响学校的教学工作和学生们的安全，为了让学生能有安全的环境学习，该公司决定出资重建石城小学。经规划设计，学校占地面积400平方米，校舍面积156平方米，建设工程于7月10日开工，经过一个余月的紧张施工和布置，学校面貌焕然一新，8月22日所有修建工程已全部完工，同时该公司为学校添置了新教学用品和新课桌，配备了现代教学所需的教学设备。该公司为建设学校和购置教学设备共捐资20万元，为当地做了一件实实在在的好事，得到当地老表的交口称赞。

（黄红燕）

【南昌市交通运输局组织无偿献血活动】 在得知南昌市血液储备量短缺的情况后，2012年9月20日上午，南昌市交通运输局组织局系统干部职工参加无偿献血活动，共130余人踊跃报名参加献血，用实际行动表达对社会的关爱之心。

献血现场井然有序。献血干部职工积极配合医务人员，严格遵守献血秩序，认真完成填表、体检、抽血等程序。局机关杨若涛已多次参加献血活动并说：“作为一名公务人员，我觉得用我的鲜血给那些需要帮助的人带来健康，是件非常有意义和快乐的事情。”献身者都是从繁忙的工作中赶到献血现场，很多干部职工参加完献血后，来不及休息就回到各自的工作岗位中去。此次献血活动共有60人采集各型血浆18800CC，其中，一次献血400CC的有29人，300CC的10人，200CC的21人。

（颜家坤）

【景德镇市交通运输局确定新一轮包村帮扶工作任务】 6月7日，根据《关于开展第六轮（2012—2014年）“城乡共建1+5”和谐发展心连心部门包村帮扶工作的通知》安排，市交通运输局对口包村帮扶浮梁县蛟潭镇建胜村。为确保新一轮帮扶工作取得实效，该局党委经与建胜村两委班子多次座谈讨论和研究，目前确定以加强村级班子建设、促进村级经济发展、全力推进民心工程、切实指导新农村建设为主要任务的帮扶目标。

在为期3年的帮扶中，市交通运输局充分运用交通运输行业优势，积极商请协调市相有关部门，帮助解决群众生产生活中出现的困难，全力加强农村基础设施建设，努力改善群众生产生活条件。一是帮助建胜村尽快完成新建办公楼配套设施，力争村委会于2012年6月底迁进新楼办公。二是积极争取计划和筹措各方资金，用3年时间改造硬化黄岭—南田岭4.3千米和建溪组—西涧潭组3.5千米公路。三是争取相关部门的政策、资金支持，解决建胜村所辖建溪自然村路灯安装、村民饮水、文化室兴建、村庄道路硬化等问题。四是争取上级有关水利建设资金的扶持，对该村重点病险山塘、水渠、水堰进行维修，防止病险灾害，提高农业生产综合水平，为农民粮食丰产和增收打下坚实基础。五是帮助该村围绕浯溪口水利枢纽工程建设，形成新型服务行业和旅游观光产业等，把建胜村建成具有乡村气息和现代水利工程融为一体的特色村落。六是指导该村制订新一轮村庄规划，搞好村庄绿化、亮化、净化、美化建设，逐步实现“生产发展、生活宽裕、乡风文明、村容整洁、管理民主”的新农村建设目标。

（涂　强）

【景德镇市交通运输局包村帮扶办实事】 7月20日上午,浮梁县蛟潭镇建胜村新建办公楼前的广场上彩旗飘扬,人声鼎沸,歌声阵阵,数百位村民自发前来祝贺该村新建办公楼落成暨黄岭至南田岭水泥路通车。

新建成通车的黄岭至南田岭水泥路介于黄岭村小组和南田岭村小组之间,全长4.3千米,是建胜村的一条通自然村的公路。该路在铺水泥路前,路面坑坑洼洼,村民是晴天一身灰,雨天一身泥。新建的建胜村委会办公楼坐落于浯溪口水利枢纽工程进场道路边,占地面积达2000平方米,处在村委会沿线村组的中心地段,交通便捷,办公楼内便民服务中心、党员活动室、计生服务室、老年活动室等一应俱全,村民办事十分方便。

自被景德镇市委确定为全市第六轮(2012～2014年)“城乡共建1+5”、和谐发展心连心部门包村帮扶浮梁县蛟潭镇建胜村的责任部门以来,景德镇市交通运输局想方设法为建胜村的发展办实事办好事,在梳理出社会主义新农村建设中急需解决的各种问题之后,派出专门的帮扶小组跑项目跑资金,为建胜村的发展不遗余力,已累计协调各类资金近百万元,办实事8件,受到全体村民的好评。

(涂　强)

【萍乡市公交总公司“金秋助学”暖人心】 2012年,萍乡市公交总公司在市总工会、交通运输局工会的大力协助下,开展“金秋助学"活动。活动中,建立困难职工档案,并确定结对帮扶助学1人,助学四年,每年补助助学资金5000元。同时对第一批考取一本、二本线的7名困难职工子女,每人补助助学资金3000元,对第二批考取专科线的5名困难职工子女,每人补助助学金1000元。真正做到为职工排忧解难,千方百计解决困难家庭子女上学难的问题,并把“金秋助学”工程作为与职工沟通的纽带,温暖了员工和莘莘学子的心。

(李襟远)

【九江市交通运输局村建帮扶工作获先进】 2012年,九江市交通运输局帮扶扶星子县廖花镇翻身村,主要领导先后四次深入扶贫点,分管领导13次到村调研,对该村逐户走访,座谈了解,摸清情况,协助抓村级班子建设,制定帮扶措施,投入资金53.9万元,改善办公条件,修建乡村公路,扶助养殖业和粮油加工业发展。

(九江市交通运输局)

【九江港航局城郊分局开展“助残日”走访慰问活动】 5月20日是“全国助残日”。是日,九江市港航管理局城郊分局的干部职工走访了九江市特殊教育学校,向残疾学生表示节日的慰问和祝愿并送去学习文具及生活用品。学校老师介绍了学生们的学习和身体康复情况。港航局的干部职工还学习一些简单的手语,与学生们一起互动,参与游戏、作画、打羽毛球、乒乓球等活动。

(申　静)

【赣州市运管处干部职工学习《若干意见》】 7月11日,赣州市运管处组织全体干部职工认真学习《国务院关于支持赣南等原中央苏区振兴发展的若干意见》(以下简称《若干意见》),钟世衡副处长主持学习会并宣讲了《若干意见》精神。处领导要求:全处干部职工要迅速行动起来,学深学透《若干意见》,广泛宣传动员,强化组织实施,落实工作责任,切实增强使广大干部职工的责任感和使命感,要把大力弘扬以“坚定信念、求真务实、一心为民、清正廉洁、艰苦奋斗、争创一流、无私奉献”为主要内涵的苏区精神,与当前正在开展的集中整治影响干部作风突出问题活动工作相结合起来,把各项工作要求落到实处。通过学习,全体干部职工对国务院下发的《若干意见》的重大意义有了更深刻的认识和理解,每个人都要通过学习《若干意见》,撰写个人的心得体会。干部职工认为,《若干意见》的出台,是党中央国务院对原中央苏区人民的关怀,是赣州发展史上又一个重要的里程碑。广大干部职工纷纷表示,在今后的工作中干好本职工作,履行好职责,充分发扬艰苦奋斗作风,振奋精神、不等不靠,齐心协力、真抓实干,以顺利推动赣南苏区振兴发展为契机,为赣州道路运输事业实现跨越式发展作出新的贡献。

(李发淳)

【宜春市交通运输局倾力开展定点扶持省级贫困村工作】 2012年,市交通运输局按照市委、市政府和市扶贫办关于农村扶贫开发工作的部署与要求,紧紧围绕建设幸福宜春的目标,大力帮扶袁州区飞剑潭乡下段村开展脱贫致富工作,圆满完成预定工作任务,脱贫致富工作取得初步成效。一是调查研究到位。按照市委、市政府部署,迅速安排相关科室开展调查研究工作,4 月 24 日在下段村召开局领导现场办公会,就开展帮扶工作进行专题研究,确定帮扶举措,并明确责任人。二是组织机构到位。成立帮扶领导小组和办公室,制定《宜春市交通运输局挂点帮扶工作组工作制度》,明确工作组职责。三是工作方案到位。制定《宜春市交通运输局定点扶持袁州区飞剑潭乡下段村工作方案》和《袁州区飞剑潭乡下段村 2011 ~ 2015 年经济社会发展规划》,明确工作目标和工作方法,《经济社会发展规划》被市扶贫办作为先进经验推广。四是工作落实到位。安排通村组公路计划 2. 1 千米,项目资金 16. 8 万元,硬化瓦园、陂山通组公路,修通上安组与天台镇鲁槎村张家组之间的 300 米断头路;安排资金 10 万元,在村小学、陂山组、新民组路口兴建农村客运候车亭 3 个,当地群众的出行条件有效改善。为下段村小学添置体育健身器材 7 件,新建农家书屋 1 个,村公共文化设施得到改善,还在局经费十分紧张的情况下,挤出专款 5 万元作为村办公场所和文化建设资金。通过"结对帮扶,共奔小康"主题党日活动,组织局机关和下属单位副科级以上干部 56 人,采取科级干部帮扶 1 户,县级干部帮扶 2 户的方式,深入下段村 69 户困难村民家中,宣传中共十八大精神,谋划脱贫致富路子,送上帮扶资金,此次帮扶活动共送现金 1. 38 万元,受到村民的热烈欢迎。2012 年,下段村实现农业总产值 270 万元,比上年增加 20 万元:集体经济收入 3 万元,比上年增收 1 万元;村民人均收入 1500 元,比上年增加 120 元。村书记被袁州区党委授予优秀党支部书记,3 名村干部被飞剑潭乡党委评为优秀共产党员。

(邹方强)

【抚州市交通运输局积极开展"五民一建"活动】 11 月 24 日,为深入贯彻落实中共十八大精神,抚州市交通运输局从实际出发,积极开展"五民一建"活动,真正做到"群众身有干部、干部心里有群众",实现"交民友、畅民意、办民事、帮民富、聚民心,建设幸福家园"。局领导班子成员根据工作分工,联系新农村建设、综治维稳、包村扶贫、少数民族等基层联系点开展调查研究,指导具体工作,解决实际问题,并就联系点发现的热点难点问题向当地党组织提出意见和建议,让党员满意、群众满意,努力把联系点建成示范点。同时,以扶贫村和新农村建设点为重点,由局领导带队,成立 3 人以上工作组两个,机关工作组和运管处工作组,港航处派员参加局机关工作组。包村工作组要深入农村,了解民情,参加包村工作会议,与群众同吃、同住、同劳动。包村工作组尽心尽责,切实抓好各项帮扶工作的落实,每月到村不少于 20 天,机关干部每月到所联系的群众家中走访不少于 3 次。

(抚州市交通运输局)

文史工作

【《江西省志·交通运输志》编纂工作布置会暨培训班召开】 7 月 16 日上午,《江西省志·交通运输志》(1991—2010)编纂工作布置会暨培训班在庐山风景区庐池宾馆召开,省交通厅直属各单位、厅机关各处室、各设区市交通运输局及公路局相关领导和编纂人员参加了会议,省地方志办副主任周慧等 6 人应邀赴会,参会人员 110 人。交通运输厅办公室主任谢元银主持会议,副厅长万明出席会议并讲话。省地方志办公室副主任周慧在会上讲话并讲课。万明在讲话中首先肯定了省交通运输厅第一轮修志成果,并对第二轮续志工作提出了殷切希望和具体要求。厅史志办副主任邓振胜宣读了省交通运输运输志编纂工作方案,宜春市交通运输局和上饶市交通运输局交流了第一轮修志的做法和体会。

会议强调,全省交通系统各部门、各单位要切实认清续修交通运输志的必要性和重要性。续修交通运输志是落实省政府工作部署的必然要求,是贯彻依法修志的职责所在,是记录交通运输发展、传承交通运输文化的重要途径,是促进交通运输事业科学发展的有效手段。各编纂工作小组要从长远的角度认识到编史修志的重大意义,切实增强编纂工作的责任感和使命感。会议要求,续修志工作要坚持"四大原则",即坚持正确方向,坚持“千秋大业,质量第一”,坚持务实高效,坚持继承传统,创新发展。同时强调,要从四个方面加强续修志工作的组织保障:一是要加强组织领导,修志工作成效如何,编纂任务能否完成,领导到位是关键,责任、措施落实是保障;二是要加强队伍建设,采取在职调用、兼职任用、返聘留用等方法,选择修志工作人员,要加强培训,不断增强修志能力,提高业务水平;三是要加强协调合作,各单位、各部门要各司其职,各负其责,密切配合,通力合作;四是要加强督促检查,要认真履行各自责任,加强业务指导和检查督促。定期通报工作进展情况,确保编纂工作有条不紊推进。

会议结束时,谢元银根据此次会议传达的精神,对续修志工作提出了两点要求:一是认真传达部署,二是抓好落实。统筹安排好工作,共同把续志编好编出精品。

会后,用一天半时间举办了修志培训班,由省方志办和省交通运输厅史志办有关人员分别讲解了《方志基础知识与志稿编纂》《第二轮省志编纂过程中应当注意的问题》《交通志的编写》等主题。

(巢强花)

【江西公路廉政文化丛书出版发行】 12月17日,由省公路管理局组织编撰的江西公路廉政文化丛书出版发行。

该套丛书选取了近年来反腐倡廉理论研究成果、摄影书画作品、文学艺术作品和音乐作品,包括《镜鉴》《公道》《规矩》《清风》《廉韵》六篇。《镜鉴》篇分为九章,通过故事、漫画、案例等讲述廉政历史,力求总结兴衰成败的教训,用以指导廉政文化建设实践。《公道》篇收录了全省公路系统22篇反腐倡廉理论研究文章,字字句句凝聚了廉政文化建设者的辛勤劳动和智慧力量。《规矩》篇收录了招标投标、工程管理、党风廉政和纪检监察等各类工程建设领域制度57件,对于推进公路系统制度建设有重要意义。《清风》和《廉韵》篇则是江西公路职工书画摄影和音乐作品选集,力求用书画影像资料和音乐阐释新时期江西公路人健康生主动性和自觉性,巩固发展廉政文化示范点建设成果,加强廉政文化建设交流,逐步形成点面结合、上下互动的新局面。

(省公路运输管理局监察室)

【环保大型纪录片摄制到牌航电枢纽采风】 4月19日下午,2012年中国环境大型纪录片《鄱阳湖:谁为大美保驾护航》采编摄制组一行在鹰潭市政府相关单位的陪同下,到界牌航电枢纽进行采访和拍摄。此次采拍,摄入信江优美风光和界牌航电枢纽工程外景,反映界牌航电枢纽积极发挥枢纽综合效用,服务地方防汛抗旱,美化城市环境,促推地方经济社会发展,展示江西港航航电枢纽的良好形象。

大型环境专题纪录片《鄱阳湖:谁为大美保驾护航》由央视网环保频道和江西省水利厅联合制作,共分五集,第一、二集已在国内众多网络媒体视频播出。该片从曾经的醉美鄱阳湖开篇,反映鄱阳湖的历史和现状、目前存在的问题,揭示鄱阳湖对于中国水资源安全、生态安全、粮食安全、公共卫生安全等的保障作用和保护鄱阳湖生态环境的重大意义,多角度论证说明建设鄱阳湖水利枢纽的迫切性、必要性和建设理念的科学性。

(李建国 陈明中)

【全国交通监理行业文化建设研讨会在昌召开】 4月16日,第二届全国交通监理行业文化建设研讨会在南昌召开。江西省交通运输厅党委书记程受锭出席,副厅长邓经国致辞,中交建设监理协会常务副理事长谭占海讲话,厅党委办公室主任熊华武,集团副总经理王昭春出席会议。邓经国在致辞中简要介绍了江西省情和交通运输发展情况。邓经国指出,江西的交通行业文化建设也在交通事业大发震中取得了骄人的成绩。邓经国要求,江西交通监理企业要抓住这个难得的机会,认真学习借鉴兄弟省市监理同行的宝贵经验,把江西监理文化建设推向一个新的高潮,推动江西监理事业快速、健康、持续、和谐发展。

会上,江西高速集团就监理企业文化建设进行了经验介绍,井睦项目办作了“二合一”模式在江西的实践专题报告。

(邱志清)

【庆祝全省高速公路通车里程突破4000千米暨第五届赣粤高速杯摄影艺术展览开幕】 12月17日,“和谐交通秀美赣鄱”庆祝全省高速公路通车里程突破4000千米暨江西省第五届“赣粤高速杯”摄影艺术展览在南昌开幕。

省交通运输厅党委书记朱希、省文联党组书记汪天行、省交通运输厅副厅长万明、省交通运输厅纪委书记成松、省高速集团党委书记李素华、省高速集团总经理谢来发、省文联副主席鄢平原、省摄影家协会主席徐渊明及省高速集团党委委员、赣粤高速党委书记、董事长黄铮出席开幕式并为获奖作者颁奖。省交通运输厅有关单位、部门负责人员和全省各地摄影爱好者、获奖作者近200人参加开幕式。

本次展览共收到全省广大摄影工作者和摄影爱好者应征作品1285幅(组),从中评出入展作品200幅(组)。参赛作品紧紧围绕"和谐高速秀美赣鄱"这一主题,从不同侧面、多个角度,充分反映了江西高速公路的辉煌成就,热火朝天的建设场面和高速公路建设者、管理者追求一流、团结奋进、拼搏向上的精神面貌。

(王卫娥)

【泰和管理中心井冈山管理所喜获"全国职工书屋"示范点称号】 9月18日,"全国职工书屋"示范点授牌仪式暨全国总工会"职工书屋"赠书活动在泰和管理中心井冈山收费站隆重举行。中华全国总工会宣教部副部长胡家康、全国工会职工书屋建设领导小组副组长、中国工人出版社社长、总编辑李庆堂为喜获"全国职工书屋"示范点的井冈山管理所授牌。江西省总工会党组成员、副主席吴海平,吉安市委常委、总工会主席彭涉晗等领导出席活动。参加第二期全国工会职工书屋管理人员交流培训班近50人,在省高速集团党委委员、工会主席周振华,泰和管理中心相关领导的陪同下参加了活动。

授牌仪式上,胡家康代表中华全国总工会向荣获"全国职工书屋"示范点称号的井冈山管理所全体人员表示热烈祝贺。并对井冈山管理所工会在推进企业文化建设所取得的成效给予了充分肯定,胡家康指出,井冈山管理所在提高员工素质、丰富职工业余文化生活上,做了大量卓有成效的工作。希望井冈山管理所以"全国职工书屋"示范点挂牌为新起点,深入总结"职工书屋"建设成功经验,稳步推进"职工书屋"建设,努力把"职工书屋"办成内聚人心、外树形象的企业文化标志性品牌。仪式上,还举行了全国总工会"职工书屋"赠书活动。全国总工会现场将价值3万余元1千余册的图书赠送给井冈山管理所员工,以扩充"全国职工书屋"示范点的藏书量。

(魏　敏)

【景德镇市交通运输局赴赣州市学习检查文物史料征集工作】 根据省交通运输厅的统一安排,景德镇市交通运输局分管领导率史志办工作人员,会同省交通运输厅办公室、省路政总队相关人员,于3月26日~28日赴赣州市交通运输局学习检查文物史料征集工作。

其间,学习检查组现场察看了赣州市客家迁徙码头、建春门浮桥、赣州大桥、新世纪大桥等不可移动文物,查看了赣州市交通运输局文物史料征集工作领导机构、实施方案、征集线索、征集统计表格等文字(图片)资料,并与该局相关工作人员推进文物史料征集工作进行座谈交流,共同向省交通运输厅提出三点建议和意见,一是应制定有偿征集方案或明确征集补偿原则标准,以利于大型或有研究(映证)价值的文物史料的征集;二是将有代表性的不可移动文物按一定比例制作成模型,或按原样进行复制,以增强展品的可观赏性;三是将重点文物史料或重点历史事件制作或集声、光、电于一体的场景,用现代科技手段还原历史。

(涂　强)

【景德镇市交通运输局四项措施推进续志工作】 6月1日,景德镇市续志编修启动工作大会召开后,景德镇市交通运输局立即采取四项措施推进续志工作。

一是成立续志工作领导小组,明确续志工作机构,抽调专门人员组成纂写队伍;二是制定《景德镇市志》(交通运输志)续志工作方案,确定续志工作目标、时间步骤和任务节点;三是编印《交通运输志》编目大纲,完成志书的框架设计;四是广泛收集整理1986年至2010年间的涉及全市交通运输发展变迁的文字、音像、实物资料。至5月20日,已收集续志资料近20万字,并开始部分篇章的撰写。

(涂　强)

【吉安市交通运输局举办公文处理条例培训班】 2012年7月13日,吉安市交通运输局在新干县举办了“党政机关公文处理工作条例培训班”,来自各县(市、区)交通运输局、局属单位办公室主任及文秘人员共40余人参加了此次培训。市局党委书记鲍建军出席会议并讲话,市局副局长黄坚勇为与会人员授课。黄坚勇结合公文处理工作实际和基本要求,就如何提高公文处理水平和质量、进一步加强公文格式规范化管理,从新条例的内容、新条例与旧条例的异同点,公文的种类及适用、公文的格式和组成部分等七个方面,作了深入浅出的讲解。

此次培训主要是针对中办、国办新印发的《党政机关公文处理工作条例》,旨在进一步规范全市交通运输系统公文处理工作。与会人员表示,通过此次专题培训,将有效地提高公文处理能力,受益匪浅。

(刘　畅)

【《宜春市交通运输年鉴》编纂工作做到“四有”】 2008~2012年,宜春市交通运输局连续4年组织编纂出版《宜春市交通运输年鉴》文字达50万~60万字,全面、真实、客观记述全市交通运输建设和发展历程,充分反映交通运输科学发展取得辉煌成就。通过4年编辑实践,不断探索,年鉴内容一年比一年全,质量一年比一年好,方法一年比一年创新,体系一年比一年规范,为各级交通运输部门领导工作科学决策,为交通运输人学习业务知识提供一本有价值的资料工具书,助推全市交通运输文化建设和建设大交通、发展大物流发挥比较好的作用。一是有年鉴编纂委员会。全市各级交通运输部门,成立主要领导任主任委员、分管领导任副主任委员、所属单位和机关科室负责人为成员的交通运输年鉴编纂委员会,下设办公室,配备主任、副主任。实行统一领导、统一组织、统一部署、统一篇目、统一考评。二是有一支编辑队伍。全市各级交通运输部门,选调政治素质好、懂业务、事业性强,又有一定文字功底从事年鉴编辑,资料收集人员达100余人,形成领导带头,任务到人,交通人参与,编辑网络全覆盖。通过年鉴编辑,提高广大干部写作水平和自身素质。三是有好的编纂工作方法。坚持把年鉴编纂工作纳入各级交通运输部门议事日程和工作考评范围。坚持开展督查并编写督查通报,坚持实行激励机制,评定先进,坚持以短会形式,开展编辑人员业务培训等。使年鉴常编年常新。四是有经费保障。市、县(市区)交通运输部门年鉴编辑人员工资补贴、办公费、电话费、差旅费、资料费、稿费、印刷等合理经费开支给予保障。2012年市交通运输局交通年鉴编纂经费达10余万元。

(吴泽水)

【宜春市交通运输文物史料征集工作获省厅表扬】 自省交通运输厅开展征集江西交通运输发展文物史料工作以来,市局积极响应,制定交通运输文物史料征集工作方案,理清全市交通运输发展历史状况、重大历史事件等,提出文物史料征集思路和线索,有序地、开展征集工作。全市交通部门成立文物史料征集工作领导小组18个,下发文件24个,抽调征集人员349人,截至2011年12月23日,全市已征集登记文物史料达700余件。省厅在《关于进一步做好交通运输文物史料征集工作的通知》(赣交办字〔2012〕12号)文件中,点名表扬该市的文物史料征集工作。文件指出:宜春市交通运输局工作推进较好并取得一定成果。对文物史料征集工作高度重视,作为市、县交通运输部门一把手工程来抓,抽调专门人员成立市、县两级征集办公室,广泛宣传动员,层层抓任务、责任落实,做到十日一调度、一月一通报,并实行一定奖励措施,充分调动广大干部职工参与征集工作的积极性,形成党政主要领导负总责、分管领导具体抓、专人负责抓、交通职工积极参与的良好工作局面。同时,该局还加强与县、乡政府的联系与协调,推进交通运输文物史料征集工作由部门行为向政府行为、社会行为转变,该市袁州区政府为此向各乡镇政府下发《关于认真做好我区交通运输发展文物史料征集工作的通知》。为此,省厅对宜春市交通运输局文物史料征集工作予以表扬,并已在年度目标管理考评中给予加分。

(晏小宜)

【抚州市公路局重视文物史料工作】 2012年,抚州市公路局在公路建、养、管业务工作任务重、人手缺的情况下,安排专人从事文物史料工作。截至7月5日,该局征集上报了领导视察、抚州公路、古旧桥梁、古旧办公楼等大量照片;征集到60年代的回砂器、雨具及90年代的刮砂耙、平路耙等公路养护用具实物,为省交通运输博物馆建设作出较大贡献。

该局还积极开展公路史料编纂,2012年上报了2005~2012年《江西交通年鉴》抚州公路资料、1999~2011年《大事记述》,完成了《中国路谱》、1949~2005年《战备公路简史》抚州公路资料以及《抚州公路分局发展史》、《抚州市公路局续志》。6月28日,省公路局下发《关于交通公路文物史料征集工作情况的通报》(赣路办字〔2012〕27号),对抚州市公路局等单位的文物史料征集工作进行通报表彰。

(李水生)

【抚州市交通志鉴编撰工作成绩斐然】 抚州市交通运输局于1984年10月成立交通史志编纂委员会及其办公室。嗣后,该局历任党政班子均把此项工作列入交通行业精神文明建设的重要内容狠抓落实,从机构建立到人员配置,从办公场所到经费保障,都给予了大力支持。县(区)交通运输部门也都按照要求建立健全了交通志鉴编撰机构和队伍,保质保量完成了志鉴资料收集上报任务。全市交通史志机构成立28年来,虽然编纂人员变换较大,但交通史志编纂工作从未间断,编纂队伍始终保持稳定,编纂范围日益拓展,一代又一代编撰人员辛勤工作,默默耕耘,翔实记录着抚州交通运输改革发展的脉络,续写着抚州交通运输文化建设史上绚烂的篇章。截至2012年年底,全市交通运输部门共编写出交通志12部,其中县(区)交通志6部,161.5万字,交通年鉴16部169.1万字,资料汇编1部65万字,大型画册1部0.63万字。

(陈根玲)

【上饶征集省交通博物馆馆藏文史资料工作如期完成】 上饶市交通运输局在征集省交通博物馆馆藏文史资料过程中,作为一把手工程,落实分管领导、责任科室和责任人。召开专题会议两次,在上饶市、余干、万年、鄱阳等县分别召开离退休职工座谈会6次,对交通系统内外进行广泛的宣传和动员;同时采取外地学习、内部摸底、信息提示、查阅各县(市、区)博物馆资料、深入现场、督查等办法,充分利用现代科学手段采集有价值的信息600余条,通过甄别、筛选,归集为人物、历史地图、道路、路亭、古桥、隧道、运输工具、码头、车站、史料、出版物、证书等14类,共128件,作为拟选馆藏文史资料于6月底上报省交通运输厅征集交通博物馆馆藏文史资料办公室。

(陈均培)

【上饶市《江西省志·交通运输志》(1991~2010)史料征集工作会议召开】 8月30日上午,《江西省志·交通运输志》(1991~2010)上饶交通运输史料征集工作会议召开。市交通运输局党组成员、副局长赖勇出席会议并讲话。各县(市、区)交通运输局和局属各单位分管领导、志鉴主撰共40余人参加了会议。会议学习传达了省交通运输厅副厅长万明在《江西省志·交通运输志》(1991~2010)编纂工作布置会上的讲话精神。对史料征集工作的具体任务、时间节点和史料征集的注意事项等进行了布置。赖勇就进一步做好史料征集工作提出了明确要求。一要充分认识续修交通运输志工作的重要意义;二要切实加强对史料征集工作的组织保障;三要抓好工作进度,确保史料征集工作按时完成。赖勇要求各单位一定要认真领会此次会议精神,齐心协力,密切配合,高质量完成此次史料征集任务。

(刘辉金)

市、县交通运输

南 昌 市

2012年,南昌市公路通车里程达到10852.47千米,比上年增加371.39千米。其中,南昌至奉新、德兴至南昌高速公路通车,全市高速公路里程增加78.59千米,达到341.75千米;国道260.24千米;省道109.18千米;县道1228.01米,乡道1154.57千米,村道7527.21千米,专用道71.41千米。道路旅客运输业户316户,道路货物运输业户12761万户,道路运输相关业务经营业户1548户,从业人员13.5万余人。营运载客汽车2450辆,客位6.91万座。公路客运线507条,其中,省内371条,跨省113条,高速班线23条;营运载货汽车4.65万辆,运力18.67万吨。全年旅客发送量9003万人次,客运周转量为74.21亿人千米,同比分别增长3.0%和2.0%;完成道路货运量8510万吨,货运周转量261.61亿吨千米,分别增长12.0%和31.0%;城市客运拥有公交线路174条,公交车3137辆,年客运量5.96亿人次,比上年增加0.48万人次,增长0.87%。出租车企业29家,出租汽车5153辆。

全市有航道461.8千米,主航道为Ⅲ级;南昌港码头98座,105个泊位,总延长5738米;1000吨级的船舶可以常年驶入南昌港。有各类营运船舶274艘、40.56万载重吨。至年底,水路货运量715.80万吨,比上年增长4.7%;货运周转量完成10.82亿吨千米,比上年下降7.2%。水路客运继续全面停航。完成港口吞吐量2120万吨,增长35%;其中集装箱吞吐量61690标箱,增长21%。从业人数近2万人。

城市客运拥有公交线路　条,公交车3137辆,年客运量5.96亿人次,比上年增加0.48亿人次,增长0.87%。出租车企业29家,出租汽车5153辆。

南昌铁路局管辖江西省境内线路营业里程2697.2千米,车站174个。全局机车配属1215台,增加和谐型大功率电力机车92台,电力牵引比重占71%,动车组达到65组;客车配属2895辆,增加空调客车407辆,空调客车比重占80.1%。铺设无缝线路541.9千米。全局完成旅客发送量1.17亿人次,比上年增加777.4万人次,增长7%;货物发送量9310.5万吨,比上年减少395.5万吨,下降4.1%;运输收入176.24亿元,比上年增长2.8%。南昌境内干线铁路总长超250千米,均为复线电气化,在用车站11个。南昌铁路枢纽西外环线成为货运列车主通道,南昌至九江城际铁路基本承担区间客运任务。南昌站是一等客运站,是国内重要客流中心之一,日均接发图定列车109对,其中始发客车56对(动车组21对),通过客车53对。全年完成旅客发送量2074.1万人次,比上年下降1.5%;运输收入19.3亿元,比上年增长0.7%。

南昌昌北国际机场是省内最大的民航机场,完成机场第二期扩建改造,可起降大型客机,新的航站楼竣工投入使用。开辟有飞往北京、上海、广州、成都、深圳、香港、台北等多个城市和地区及韩国首尔国际航线。2012年旅客吞吐量首次突破600万人次,完成旅客吞吐量602万人次、航班起降54987架次,货邮吞吐量3.72万吨,分别同比增长12.5%、10.1%、8.4%,继2011年后,昌北机场本年度再次新增旅客超百万人次。

2012年是南昌市交通运输行业实现“稳定、团结、发展”的起始之年。全市交通运输系统紧紧围绕建设鄱阳湖生态经济区、打造南昌核心增长极两个关键点,按照构建“高效便捷、融通共享的立体化大交通”和“全国重要的综合交通枢纽”的规划要求,以开展“保稳定、讲团结、优管理、促发展”主题教育活动为抓手,牢牢把握稳中求进总基调,奋力拼搏,奋发向上,不断提高交通运输“三个服务”的能力和水平,交通运输工作迈上了一个新台阶。

一是坚持不懈履行交通运输职能　以大局为重,主动适应经济社会发展的需要,按照“人便于行,货畅其流,服务群众,奉献社会”的根本职责,把规划、建设、管理、队伍作为交通运输发展的四大基石,构建长效工作机制,建立日常工作目标管理体系、重大项目跟踪服务机制、强化交通运输服务保障能力。开通了南昌至进贤公交班线,南昌城区至各县(区)全部开通公交,实现“四县五区”公交线路的全覆盖。乡镇公交通达率100%,行政村公交通达率达到85%以上,城乡客运一体化得到有力推进。

二是坚持不懈推进基础设施建设　全年完成农村交通基础设施投资2.2亿元,新建新修农村公路503.7千米,完成危桥改造3座,升级改造县乡公路3.1千米,新建农村标准化渡口2个,建成农村客运站2个、候车亭291个;李渡农村公路综合服务站主体工程已完工,其他5个服务站已得到省厅批复。在重点项目建设上,江西长运综合物流中心已于6月18日正式开工,已基本完成主体工程;南昌龙头岗综合码头一期工程于11月初开工建设;南昌综合客运枢纽、南昌西站客运枢纽、龙头岗综合枢纽物流基地、白水湖件杂货码头均已完成征地、设计、报批等程序,办理报建手续。瑶北互通立交工程已完成各项手续和招投标,2013年择期开工。

三是坚持不懈加强行业监督管理　组织开展了整治站场周边客运市场、旅游客运市场和打击非法营运的“先锋”和“重剑”行动及“春节”“黄金周”期间的重点领域和重点区域的联合执法,有效打击了违法违规营运行为,维护了运输市场正常秩序。出台了《关于促进城市公共交通健康发展的实施意见》和《关于完善出租汽车经营权管理的实施意见》,制定了对出租车企业和司机管理考核的两个“办法”,并于1月1日起开始试行。创新水上运输管理办法,成立船舶交易中心,规范船舶买卖交易行为,为航运企业和船民提供船舶交易签证、评估等服务,营造“公开、公平、公正”的交易环境;组建地方港航协会,搭建政府与企业联系的桥梁。实行行政审批规范化服务,精简审批事项,减少审批程序,缩短审批时间,全年受理审批事项7738件,办结率100%。强化企业安全生产主体责任和行业管理部门责任,全面加强道路客货运输车辆安全管理,全年未发生重特大道路运输、水上运输交通安全事故。

(周国祥　李东昇)

南 昌 县

2012年，南昌县全年完成交通基础设施建设总投资6687万元（其中农村公路建设投资4811万元，客运站及候车亭建设投资439万元，县道危桥改造投资668万元，渡改桥建设投资769万元），争取上级补贴资金4851.04万元。完成道路客运量12113万人次，较上年同比增长25.4%；完成旅客周转量309398万人千米，同比增长30%；完成道路货运量1902万吨，同比增长21.5%；完成货物周转量438162万吨千米，同比增长30.23%；完成货运周转量469101.8万吨千米，同比增长30.2%，超过县考核指标的2.2%；2012年运输产值达82.05亿元，同比增长52.36%；完成运输营业税入库4.8亿元，同比增长52.38%。

交通设施建设稳步推进 完成通乡公路建设15.5千米；完成农村公路连通工程68.7千米，并通过检测验收；争取到2012年度农村公路连通工程计划项目129.4千米；编制完成南昌县“十二五”期间农村公路连通工程建设项目库；完成2013年度农村公路新建独立桥梁和市级单补新建农村公路桥梁计划的申报工作。27座市级危桥改造项目中的二干桥、富山桥、龙头山桥、兴农桥、黄家桥等5座已经完工；县级危桥新武大桥、姚湾桥、新坊一小桥、新坊二小桥和新坊跨线桥等5座危桥已完工；有关乡镇积极推进52座乡村公路桥梁改造。富山、渡头、蚕桑所、南新客运站竣工验收，新联、泾口、塔城客货运站正在筹备阶段；完成178个候车亭建设；成功申报向塘、塔城、八一、泾口4个农村公路综合服务站。渡改桥建设总长度3825米、总投资1.7亿元的9个改渡建桥项目已全部完工。

运输保障能力不断提高 一是城乡客运发展有新举措。黄马、塔城公交班线顺利开通，在全省率先实现所有乡镇通公交；开展了昌南新城市民公交出行需求征求意见大型活动，散发“昌南新城市民公交出行需求问卷调查表”1500余份，针对市民意见，经与南昌市公交四公司协商，提出的昌南新城公交优化调整方案得到县委主要领导同意并组织实施。二是运输保障能力有新提升。全县拥有道路运输经营业户2017家，其中货运企业198家，货运个体经营业户1760家，同比新增道路经营业户265家；全县客、货运车辆9904辆，其中客运车辆708辆；货运车辆9196辆，34178.5吨位；道路运输从业人员16092人。全县公交、客运线路82条（直达快线3条），其中：公交运营线路74条，公路客运（县际、县内）运营线路8条；日运行车辆708辆，日发班次4205班，日均运送旅客约32.36万人。全县18个乡镇、开发区、新区公交通达率100%，建制村通达率100%。

行业管理力度不断加强 建立健全农村道路和桥梁安全巡查工作机制，把经常性检查、定期检查及特殊时期突击检查作为农路管养的重点来抓。组织对全县农村公路桥梁进行全面排查，共填写检查记录79份，下发整改通知书7份，并对检查情况及整改落实情况进行了通报；加强农村公路管理与养护，积极开展农村公路管理养护年活动，探索农村公路管理养护新机制，完善了《南昌县农村公路管理养护实施细则（草案）》，与此同时，积极争取养护资金，争取到县财政每年安排农村公路养护补贴资金79万元，安排县道桥梁日常养护30万元。积极开展春运工作，共下达隐患整改通知书15份，查处违章班线客车17起，被市春运办公室授予“春运工作”先进单位；经常性开展昌南客运站周边环境整治等专项行动，消除昌南客运站周边有碍客运市场秩序的各种不利因素，实现车进站、人归点的规范管理和长效管理机制。开展水运市场专项整治，查处违规船舶78艘；规范水运市场经营行为，通过联合整治，取缔非法开采砂场206个；开展春运安全专项整治和港口安全隐患排查活动，共散发安全宣传传单1000余张、查处并纠正港口作业安全生产隐患20余起，下发整改通知书3份，责令停业整改企业1家；加强渡口和渡运安全监管，每月定期协同市地方海事部门督查渡口、渡船安全渡运情况，共纠正违章渡运行为8起，下发违章整改通知书8份，并督促整改到位。通过加强行业安全监管，全年实现安全生产零事故。

新　建　县

2012年新建县交通运输局稳中求进，开拓思维，交通运输各项工作取得较好的成绩，获得市交通运输系统"先进单位"。

全面完成渡改桥工作　联圩（丰乐）大桥连接新建县联圩乡和南昌县南新乡，跨赣江北支官港河，桥长457米，宽9米，引道长22米，为双柱式桥墩，肋式桥台，桩基础，总造价1452万元。2009年9月开始招投标，于2012年10月通车。

随着该桥引道工程的建成和该桥通车，新建县6个渡改桥项目全部完成，撤销22个渡口，方便湖区群众的出行，消除渡运安全隐患。

稳步推进农村公路建设　一是按三级公路标准，投资1000多万元对松湖石岗至抗援10千米道路进行升级改造，于8月通车。二是完成了流湖温泉城东大道建设，其中，县道璜北线迁改1.84千米，按城市道路设计，二级公路路面施工，总投资1075万元，继续组织南大道及东大道延伸工程，为县旅游经济的发展提供坚实的保障。三是组织实施总投资约1700万元的东岗桥至厚田长8千米公路建设。四是启动总投资约820万元的，通往溪霞风景区4.1千米道路改造项目。五是揭家加油站至金桥（4.875千米，投资约2216万元）、金桥至铁河（长12.748千米，投资约5400万元）二级公路改造已开标，正在组织征地拆迁工作，预计2013年年底完工。六是协调推进了105国道至机场、高速至樵舍公路改造，均已交付使用。七是完成了总投资约2400万元的昌邑至联圩12千米道路改造项目立项报批工作。八是协调推进市管道路105国道改道、西圳线、乐饭线和石抗线的改造工作。

加快危桥改造步伐　完成巷口一桥（投资190余万元，3月份）、义渡大桥（总投资160余万元，9月份）危桥改造，巷口二桥危桥改造施工图设计已报市局设审，并协助樵舍镇重建了樵舍峰桥，协助石岗镇实施石岗大桥的危桥加固工程，正在实施巷口二桥加固工程的有关前期准备工作。

规范渡口码头的运行　一是严格按照省交通运输厅对标准化码头建设做到"一条船、一个风雨亭、一个码头和一套监控设备"的要求，将联圩镇港下渡口码头打造成标准化码头，该项目总投资60万元，于2013年1月完工。二是撤销南矶乡战备圩、松湖镇仙亭、石岗镇上坪、石岗镇罗家、象山镇官塘、联圩镇丰乐等6个渡口，取缔非法渡运，消除了渡运安全隐患，确保人民群众生命财产安全。

全力推进港区建设　一是继续开展樵舍龙头岗码头建设的前期工作，该项目总投资5.8亿元，11月3日举行开工典礼。二是协调江西长运物流园（龙头岗码头配套工程）建设的相关工作，三是协调推进樵舍货运码头的建设。

进　贤　县

2012年进贤县对交通运输基础设施建设投资力度增创新高，规模发展前所未有。一批重点重大交通项目相继开工建设，且进展速度较快，交通民生工程同步推进，亮点纷呈。三阳至长山公路改造工程，全长48千米，该工程路面硬化、改造升级等任务全面完成，年底竣工通车，完成总投资1.1亿元。福银高速李渡开口互通工程，投资0.4亿元，年底完成工程立项、施工图设计、施工方案和开工建设前的各项准备工作。2013年上半年开工建设。G320绕城和昌进一级公路建设工程，总长30.5千米（其中G320绕城长18.5千米，昌进长12千米），项目总投资7.43亿元，年底完成立项、施工图设计等，做好开工前的准备工作。县城汽车南站迁移工程，投资0.7亿元，占地2.66公顷，年底完成征地、拆迁及通路工作任务。12座渡改桥全面完工；农村公路完成104千米水泥路面硬化；农村公路养护全面启动，其中2600千米里程得到有效的维护，实现好路率达90%；完成11座危桥改造，总长400延米；农村公路候车亭建设完成90个；完成4个乡镇客运站和2个交通综合服务站建设，其中李渡交通综合服务站项目列入省示范工程、样板工程。

交通运输量持续增长　2012年全县客货运输量继续保持较快增长，其中公路完成客运量1123.8万人次，旅客周转量3.95亿人千米，完成货运量277万吨，货物周转量6.94亿吨千米，比

2011 年分别增长 7.2%、8.7%、11.3%、12.9%。全县运力更新换代的力度在加大:2012 年新增客运车辆 120 辆、货运车辆 170 辆,其中城市公交新增 63 辆、的士新增 25 辆,农村班车 31 辆;新增公交线路 2 条,开通了进贤至南昌的公交班线。城乡客运一体化得到有力推进,交通运输服务能力大幅提升。

行业管理突出新特色 一是创新公交运行体制。该县协助南昌公交总公司统一收购县城至南昌的客运线路和运力,实行公交公车公营管理,取得良好的效果,助推县域经济及社会各项事业快速发展。二是建立部门联动机制。年初,建立健全交通运输部门内部联动协调机制,形成部门之间相互协调、相互配合、整治联动、齐抓共管的监管体系。三是建立权力公开透明运行机制。全系统上下建立网络电子化办公体系,在网上公开办事程序和处罚依据、处罚标准及处罚结果,确保行政执法阳光透明。四是创建交通行政执法"四统一"新风貌。严格按照省市交通运输部门的要求,在全系统执法领域内大力推进执法标志标识、执法证件、执法服装和执法场所"四统一"工作,交通行政执法面貌焕然一新。开展多次"利剑"行动,对"黑车"违法营运,农村客运班车窜线,城市公交和的士违规经营等进行集中整治,全年共查处"黑车"21 辆,公交、的士和农村客运班车违规违章共 97 起,查处各类交通安全隐患 57 起,整改 51 起,跟踪整改 6 起,改善运输市场环境,净化客运市场秩序。

安 义 县

2012 年安义县在交通建设中做好"八个推进":

龙安大道一期工程快速推进 连接安义县城与昌铜高速的龙安大道一期工程全面完成征地拆迁工作、路基土方工程、中桥主体工程和涵、管、暗桥,基本完成路面垫层、水稳层,开始管网及路灯等配套设施施工。

县公交枢纽站建设全面推进 县委、县政府将工程纳入 2012 年重大推进项目,确定由市公交总公司投资建设的公交枢纽站建设已正式启动,工程建设规模为 2.4 公顷,总投资 3000 万元,工期为 2012 ~2013 年,报建手续办理全面完成,进入施工单位招投标,即将正式开工建设。

客运站筹建积极推进 为策应县城重心东移,完善城市功能,提升县城品味,经报请县政府批准,通过社会融资方式,确定由安义顺来城市客运出租有限公司投资建设安义客运站。现已落实项目建设用地 2 公顷,在南安一级公路南侧,泓泰公司对面,公交枢纽站西侧,按照城市二级汽车站标准,建设一个集发车、停车、维修、商贸服务为一体的现代综合性客运站。已落实建站协议,正在积极筹建,按建设法定程序推进报建手续。

农村公路综合服务站稳步推进 计划在万埠镇试点建设农村公路综合服务站已通过省工可评审,完成规划设计,落实建站用地约 0.66 公顷,相关配套资金也已基本筹措到位,已开工建设。

乡镇客运站场筹建强力推进 通过完善相关手续,东阳客运站正在抓紧施工第三层。

二个危桥(万前线翅膀洼桥、东阳榨下桥)改造项目加快推进,施工单位已全面进场;黄洲龙头岗桥、南昌菜园等危桥改造项目,同步推进工可、初步设计,并上报市局批复。

农村公路建设扎实推进 该县把握农村公路建设"打通断头路、拓宽瓶颈路、改造破旧路、连接村际路"的原则,按照规范标准及要求,积极主动超前开展前期准备工作,高效有序地与省市和乡镇村对接,多争取到省市农村公路建设计划。其中,稳步推进 2011 年已立项的 40.2 千米国改通自然村水泥路项目开工建设,有条不紊地推进 2012 年农村公路建设计划的相关报批手续和工程招投标,加速已下达计划的实施进度,抓好历年未实施项目的扫尾,高标准建设各项目工程。对乡镇有积极性、配套资金筹集有着落的 7 条乡道升级改造项目,本着先急后缓、先主后次的原则,建设急需改造的万埠至前岸、黄洲至七房等 3 条计 7 千米乡道升级改造项目,已通过市局向上申报立项计划,完成工可评审,待批复后即可着手实施。现已全面完成东阳至塘口 2.6 千米农村公路大中修改造工程交工使用。黄洲大桥引道工程省市立项计划年底前已下达并全面完成。

农村公路安保工程快速推进 县交通运输局投资 56 万元,对万青线、刘乌线等 15.04 千米县道进行安保建设。通过积极向上级交通部门争取计划，完成工可评审及施工设计批复，通过公开招投标，全面完成路基护柱、钢护栏，完善减速板、警示牌、指示牌等交通安全标志，年底交工使用，进一步保障沿线群众安全出行。

湾 里 区

重大重点项目建设有序推进 一是如期完成219路公交车首末站迁移工作。由于原219路公交车首末站车辆进出、调头、停放均在十字路口、红绿灯下进行，存在重大道路运输安全隐患。经过区交通运输局努力，4月18日起，219路公交车首末站迁至招贤北路（招贤镇湾里村鹿聚自然村前），在湾里公交枢纽站正式投入使用前作为219路公交车临时首末站。同时，将南昌开往湾里方向的219路公交车线路局部调整。二是湾里一小至团山旅游公路改建工程主体工程完工。湾里一小至团山旅游公路改建工程全长11.317千米，按四级公路标准建设，设计速度为20千米/小时，路基宽6.5米，沥青砼路面6米，总投资6561万元。该工程于2011年9月1日正式开工建设，2012年10月10日完成主体工程建设，12月下旬竣工通车。三是梅岭旅游环行公路改建工程主体工程完工。梅岭旅游环行公路（东源段、堎上段）改建工程，全长1.586千米（其中，东源段1.238千米，堎上段0.348千米），按三级公路标准建设，路基宽8.5米，沥青砼路面宽7米，总投资1358.0245万元。该工程于2012年6月20日正式开工建设，9月23日完成主体工程建设，12月中旬竣工通车。四是区政府常务会议研究通过《湾里区农村公路养护管理实施办法》。

交通基础设施建设稳步推进 2012年湾里区共投入资金764.45万元，实施农村公路建设和其他交通基础设施维护：一是完成农村公路连通工程建设。2012年完成项目建设16个，里程27.4千米，投资685万元。二是完成乔东公路水毁修复工程。修复破损水泥砼路面16.12平方米，浆砌片石挡土墙墙身269.28立方米，墙基77.33立方米，回填土方101.88立方米，工程总造价17.66万元。三是启动太珂公路防排水综合整治养护工程。工程造价为25.79万元，2012年10月10日召开小型工程邀标会。四是及时组织抢修农村公路水毁，共投入资金36万元，对17条36.3千米农村公路进行抢修，确保全区农村公路安全、畅通。

道路运输生产持续快速增长 一是道路运输企业平稳增长。全区道路运输企业（业户）240户，比上年（224户）增加11户，增长7.14%。二是运输企业从业人员稳步增长。全区道路运输企业从业人员1600人，比上年（1500人）增加100人，增长6.67%。三是货物运输车辆快速增长。货物运输车辆1100辆，比上年（915辆）增加185辆，增长20.22%；总吨位7400吨，比上年（5910吨）增加1490吨，增长25.21%。四是客货运输量快速增长。完成道路客运量39.76万人，比上年增加1.76万人，增长4.63%；完成客运周转量861万人千米，比上年增加215万人千米，增长33.28%；完成道路货运量206万吨，比上年增加44万吨，增长27.16%；完成货物周转量22960万吨千米，比上年增加4460万吨千米，增长24.11%。

青云谱区

完善交通基础设施建设 青云谱区农村公路总里程46.295千米，其中青云谱至罗家、青云谱至象湖等线路20余千米，路面建设宽度18米，公路两侧设有绿化带，与南昌市城市道路主干道无缝对接。2012年8月至12月，该区完成城南至万溪段的农村公路改造工程，共1.8千米，路面建设宽度7米，共投入资金600万元。全区村级道路增加3千米。

安全管理到位，执法理念提升 一是在全区交通运输行业中开展安全生产大排查和打击非法营运行为专项行动。成立青云谱区维护道路运输行业稳定工作小组，共排查运输车辆20余辆，企业6家，并全部整改到位。二是配合市运管部门查处“三无”非法营运车辆11辆，有效地维护运输市场的正常秩序。三是从1月份起，开展“作风大转变、效能大提速、环境大优化”集中整治工作，作力解决工作作风上的“庸、懒、散”问题。树立执法理念，加强执法观念，为全区交通事业发展提供坚强的机制保障,受到广大运输业户的好评。截至12月底,青云谱共有24家运输公司,运输业户444个,共有营运车辆1262辆,总吨位3363吨。2012年年审车辆894辆,新增车辆252辆,新增吨位633吨。

加强行业建设和精神文明建设 一是进一步规范道路货运企业经营管理行为,打造诚信、安全、优质的行业风气,在全区范围内开展2011年度道路货运企业质量信誉考核工作。有2家运输企业被评为省运管局AAA级企业。二是积极参与全省道路运输系统“夺杯争先”(2012年度货运管理优胜杯)活动并取得优异成绩,促进全区道路运输行业的健康发展。

南昌经济技术开发区

2012年,南昌经济技术开发区设一镇二处和26个行政村,全部实现公路路面硬化的“村村通”工程,公路初步形成以国道为主干,县乡道为主体,村道为基础,贯穿南北西东的公路交通网络。

2012年,该区列入2011年农村公路连接计划的4条公路4.9千米,包括西外线至上雷(0.9千米)、采石场至水库(1.5千米)、蛟万线至槐树(0.3千米)、马家至烂泥坑(2.2千米)已完成。2012年公路民生工程项目启动8项,包括北山村安置房公路项目(1千米)、中联小学公路项目(0.4千米)、双岭村进村公路项目(2千米)、青岚小学路(1.5千米)、高坊村公路(1.1千米)、上风景上山公路(1.8千米)。至年底已完成公路改造里程6.1千米,投入改造资金244万元。

以省市交通运输部门开展的农村公路管理养护年活动为契机,该区交通办公室先后投入168.5万元资金,并且争取省、市补助资金120余万元共计288.5万元对全区农村公路进行大、中修和日常养护工作。

区交通办联合区交警大队等职能部门先后在江西财大、江西农大等十所大中专院校及庐山南大道、枫林大道等区内重点路段和车站进行“五车”专项整治。数月来,先后开展集中整治行动60余次,出动执法人员480余人次,检查车辆200台次,查处各类非法营运车辆50辆,进一步规范该区道路旅客运输市场秩序。

景德镇市

2012年,景德镇市交通运输系统紧紧围绕“全力以赴打好陶瓷产业、航空产业、旅游服务业”三张主牌的战略部署,以项目建设为抓手,以改善民生为根本,以集中整治干部工作作风为动力,以加强行业管理、深化文明创建为两翼,着力构筑畅通、高效、安全、绿色交通运输体系,努力实现人便于行、货畅其流,为建设繁荣和谐魅力瓷都提供高品质的运输服务。

交通建设项目顺利推进 为祁(门)浮(梁)高速公路工程建设营造良好施工环境,保证项目的顺利实施。该项目于8月28日建成通车,全市高速公路总里程达到180.88千米。为争取直接服务于航空产业发展的飞虹大桥及飞虹大道项目尽早开工建设,按照2月29日召开的市政府专题会议的部署,迅速成立领导小组及工程建设项目部,先后完成桥址及路线地勘、可行性研究报告编制、项目用地红线划定,通航、环评、水保、防洪、压矿、地质灾害等专项报告评审,项目工可已通过评估,所有前期工作全部完成。为支持物流园区建设而实施的杭(州)瑞(丽)高速公路景德镇西(罗家滩)收费站西迁工程项目前期工作有序推进,先后完成新站建设用地红线划定、新站项目建议书及新收费大棚设计方案编制等前期工作,项目工可通过评估,所有前期工作全部完成。景德镇港综合码头项目先后完成水下地勘、预可行性研究报告编制、初步设计审查论证等前期工作。由景德镇长运公司分三年实施的占地13.3公顷、投资5亿元的景德镇长运物流园于9月28日动工兴建。作为景德镇市首个完全由企业自主投资建设的大型物流园项目,该项目建成后,将形成年完成货运量约700万吨的能力,集物流管理、信息传递、联合库存、海关检疫、市场交易、维修检测和餐饮住宿等多功能为一体,成为景德镇市重要的生产要素集散地和陶瓷、汽车、农副产品等第三方物流服务商,可为全市经济发展提供强有力的物流保障。经多方积极工作,争取到农村公路建设计划201.4千米,其中县道升级改造项目74千米、农村客运网络连通新建公路项目41千米、路面改造项目78.1千米、路面拓宽项目8.3千米。至年底,201.4千米农村公路建设改造计划全面完成。列入全省2011年首批农村公路综合服务站试点范围的乐平市众埠站、浮梁县蛟潭站、昌江区鲇鱼山站3个项目先后完工,2012年新增的浮梁县鹅湖站完成主体工程。

道路运输经济稳步增长 全年全市道路运输(不含公共交通及出租汽车)完成客运量1773万人(次)、旅客周转量85395万人千米、货运量1980万吨、货物周转量298266万吨千米,同比分别增长0.97%、4.49%、14.78%和25.64%。交通运输骨干企业生产经营取得喜人业绩,景德镇汽车运输集团(公司)全年实现营业收入4051.6万元、利润102.36万元,同比分别增长1.6%和9%;景德镇长运公司全年实现营业收入17330.79万元、利润1859.62万元,上缴税金1090.63万元,同比分别增长25.83%、15.01%和13.55%。景德镇市公共交通公司继2011年年底一批新空调公交车投入运营后,又一批共27辆装有车载电视的新空调公交车于7月26日投入运营;新增新都民营陶瓷园至多晶硅的高新区等多条公交线路,并延伸1路、4路等多条公交路线,得到市民好评;全年完成营运里程2470万千米、79万趟(次),实现营业收入5625万元,同比分别增长2.1%、1.7%和1.3%。

抗洪抢险应急保障有力 "8·10"特大洪涝灾害发生后,交通运输系统迅速启动应急预案,果断应对,建立纵向和横向的信息沟通协调机制,及时通报长途班线和城市公交、出租车出行信息;积极配合市政府做好火车站滞留旅客疏散工作,调集大客车53辆,疏散滞留在景市的7趟列车上的旅客近6000人;协调高速公路管理部门为运送抢险救灾人员及物资车辆免费并优先通行;指挥调度运送转移重要物资60余吨。

交通运输行业管理不断强化 积极开展水上运输反"三无"船舶、治理水上"三乱"活动,全市水上运输未发生安全责任事故。扎实做好以农村渡改桥项目和农村公路建设项目为重点的工程质量监督工作,在加强监督检查的同时,对在建项目施工现场安全及安全生产管理制度、安全生产责任制度、安全生产教育培训制度等各项制度的建立情况进行检查,保证监督不走过场。强化对县(市、区)农村公路建设项目补贴资金的下拨、管理和使用进行追踪检查,确保建设资金的使用安全。全市城市客运市场秩序集中整治行动取得明显成效,取缔"瓷都手驾"等代步车非法载客营运及出租汽车违规经营行为61车(次)。

(涂　强)

乐　平　市

乐平市交通运输全体干部职工坚持"以人为本,科学发展,构建和谐交通"的发展理念,按照全市交通发展目标规划,坚持"经济发展,交通先行,项目拉动,服务社会"的服务宗旨,紧紧围绕交通服务国民经济和社会发展全局,服务社会主义新农村建设,服务人民群众安全便捷出行"三个服务"的宗旨,在公路建管养、运输行业管理、安全生产等方面取得了可喜成绩。

交通建设成效显著 大力推进重点工程建设,自3月份成立外环道路建设工程项目部以来,各相关部门全力推进项目前期工作。大力推进民生工程,完成年度84.4千米农村公路计划项目改造立项以及3.5千米国有林场项目计划改造立项工作。完成县通乡油路吴古线、西渡线工程项目,众篁线项目工程建设。扎实推进农村客运网络化建设,完成10个农村候车亭和2个客运站的工程建设计划,众埠农村公路综合服务站建设工程基本完工。完成县道升级改造项目镇杨线、东界线、观鸣线、车共线、梅枧线、官洪线及客运网络化项目镇渔公路、岩景公路、共许公路项目立项工作;松文线(界文线)列入红色旅游项目;完成礼众线、洺湾线,工可评审,设计图纸评审工作;完成官庄至许村20.06千米、省道S205改线12.737千米项目工可编制。大力推进公路养护工作,重点对全市破损严重的县道进行大中修,并且与各乡镇、养路队签订养护合同;组织实施危桥、险段的改造工作及水毁讯息上报修复工作;健全公路养护体系,公路养护工作覆盖率达100%,危桥管理工作责任落实率达100%;完成新秧战备公路水泥混凝土路面,上金线、西渡线、车库线、洺流线、礼众线、松文线、界文线、镇杨线、东界线路面和桥涵维修。完成塔科线何家桥重建工程。完成景鹰高速连接线、官洺线、西渡线,标线、减速带、标志的增设项目;组织实施塔科线下徐桥、山下桥,东界线朱家一桥、朱家二桥,双田镇范家桥重建工程。

交通运输行业建设平衡提升 运输市场秩序日渐规范,开展城区维修行业洗车市场整治,对已办理洗车及车辆美容经营许可手续的24家业户签订创建责任状;对9家不具备条件的洗车、汽车美容和维修业主进行整治,下发限期整改通知单,取缔1家非法经营业户,为城区机动车维修行业的规范经营打下了基础。认真抓好运输行业市场管理,对全市道路运输企业开展年度质量信誉考核,完成5家客运企业、6家客运站、23家维修企业、1家公交和出租企业及水运企业的年度质量信誉考核,对1300余名道路运输驾驶员进行年度信誉考核,为交通运输的监管工作打下良好的基础。强化车辆技术管理,全年办理营运车辆年度技术等级评定2800余辆和客运班线审验216台次;建立新车档案438件,办理车辆过户245户。扎实推动信息化建设,积极推广GPS系统在道路旅客运输及危货运输企业中的应用与管理,全市3家道路旅客运输企业和4家危货运输企业的GPS系统应用情况良好,车辆在线率都在95%以上,平台在线率也达到95%以上,年车辆缴费率达85%以上,全市所属客运车辆、危货车辆GPS安装率达100%。大力发展农村客运事业,完成乐平至睦乐的农村客运班线的改造,极大方便沿线村民出行。加强日常监管,规范市场秩序,严厉查处道路客货运输、城市公交和出租车非法营运行为,全年累计查处非法营运车辆175辆次,规范了运输市场行为。

交通企业生产经营稳中有进 乐平市汽车运输公司通过积极努力,新增流芳至德兴、沿沟至德兴、乐平至永嘉客运班线;新增危货车辆3辆,实现公司全年营业收入同比增长30%。乐平市新世纪客运有限公司全年完成客运量126万人(次)、客运周转量1050万人千米,同比分别增长5%和6%,实现营收75万余元,上缴税金20余万,安全行驶里程420万千米。全市运输船舶载重运力总吨位达17275吨,总功率6688.86千瓦。全年完成规费征收19.5万元,货运量47.45万吨,运输周转量18203万吨千米。

(鲍礼琴)

浮 梁 县

2012年,浮梁县交通运输系统坚持以科学发展观为指导,牢固树立以人为本的发展理念,以“建设富裕文明生态和谐幸福新浮梁”为动力,以服务经济发展、服务社会民生、构建和谐交通为出发点,强抓机遇,加大投入、加快建设,着力推进交通运输建设事业的新发展。

祁浮高速公路建成通车 祁(门)浮(梁)高速公路是继杭(州)瑞(丽)、济(南)广(州)高速公路之后,又一条经过浮梁县境的高速公路。该项目位于浮梁县西湖乡境内,路线全长15.655千米,总投资6.32亿元。项目按双向四车道高速公路标准设计建设,路基宽24.5米,计算行车速度80千米/小时,全线设桥梁13座、互通式立交2处(其中枢纽式互通1处)。全线征用土地114.1公顷,拆迁房屋8317平方米,拆迁棚房、猪、牛栏等2700平方米。该工程于2010年8月正式开工建设,2012年8月28日竣工通车。

农村公路建设 全年完成农村公路建设项目立项89.4千米、县道升级改造项目1条1.7千米、农村公路客运网络连通工程60.1千米,其中新建工程5条20.5千米、路面改造项目5条31.7千米、路面拓宽项目7.9千米,总投资7137万元。

寺前至白绛岭公路项目建设 寺前至白绛岭公路项目是连接浮梁县瑶里镇至婺源旅游景区的一条县乡旅游公路,全长12.5千米,总投资3708万元,全线按三级公路标准设计建设。经过一年的紧张建设,该项目已完成路基、涵洞工程,完成

5.5千米路面单边铺设和三座中小桥的基础、桥台、梁片预制。

程家山至盛莲塘公路项目开工建设 浮梁县程家山至盛莲塘(新四军瑶里改编及程家山旧址)公路项目是红色旅游公路项目。项目全长6.4千米,总投资1350万元,按三级公路标准建设。在完成环评、水保、工可评审等前期准备工作的基础上于,项目12月11日进行工程招投标,12月底开工建设。

蛟潭农村公路综合服务站建成 蛟潭农村公路综合服务站项目占地0.733公顷,土建面积1100平方米,总投资360万元。该项目于11月中旬全面竣工。

大力实施危桥改造项目 浮梁县交通运输局将王港大桥、湘湖北安大桥、西湖小屋畈桥、庄湾大桥等4座危桥维修加固工程列入2012年实施的重点项目之一,总投资592万元。为确保危桥维修加固工程项目顺利实施,浮梁县交通运输局多方筹措资金,强化调度管理,狠抓工程质量。至年底,4座危桥维修加固工程均先后完成桥梁下部结构的修复。

全力抢修水毁公路 针对"6·25"特大暴雨和"8·10"海葵台风对交通基础设施带来的严重灾情,浮梁县交通运输局及时启动应急预案,组织工程技术人员全力抢修,筹措资金332.6万元修复水毁路基192千米、路面91千米、桥梁690延长米/11座,涵洞1158延长米/102道、挡土墙3.25万立方米,保障了农村公路安全畅通,水毁修复率达98%。

农村公路养护 在抓好172.991千米县道的日常养护工作的基础上,开展农村公路养护管理示范活动,实施蛟潭至坑头、柳家湾至塔前、荞麦岭至北安、建溪至大阪上4条50千米县道养护示范路工程,以试点促典型来带动全县农村公路养护管理工作。同时,实施全县第一批农村通客运班车蛟坑公路18千米安保工程,并投入40余万元对三大公路、创业公路、煌峰桥、东安小学桥进行修复。

(郑卫华)

昌 江 区

2012年,全年完成交通基础设施建设总投资1114万元,新(改)建农村公路40.5千米,桥梁2座,农村公路综合服务站1座。为增强发展后劲,促进昌江区交通运输事业的持续稳定发展,昌江区交通运输局于上半年完成了联村至丽阳村县道升级改造、206国道至鲇鱼山县道升级改造、梨树园至青塘县道升级改造、义城至新206国道客运网络化连通工程、小港嘴至天宝桥客运网络化连通工程、仓下至科山客运网络化连通工程等6个项目的工可设计和项目申报工作,6个项目建设总里程达32.6千米。

昌江区丽阳乡县道升级改造 10月,昌江区丽阳乡县道升级改造工程竣工通车。该工程起点为丽阳乡丽阳村,终点连接新206国道,全长3.2千米,道路建设等级按三级公路标准建设。路基宽7.5米,路面宽6.5米,项目总投资400万元。

昌江区鲇鱼山镇农村公路综合服务站 12月,昌江区鲇鱼山镇农村公路综合服务站项目完工。该服务站是江西省第一批乡镇农村公路综合服务站省级试点项目,选址在昌江区鲇鱼山镇,占地0.67公顷,房屋建筑面积1300平方米,总投资300万元。

丽阳乡丽阳村至联村公交车 昌江区加快农村客运网络化的建设步伐,先后修建一批客运站、候车亭,开通多条通村客运公交线路,既方便了农村村民的出行,也促进了农村的经济发展。为解决边远地区村民的出行难,昌江区委、区政府将延伸公交线路至联村列入2012年为民办实事之一,区交通运输管理部门积极协调沟通,终于促成该公交班线于年内顺利开通。

(洪 涛)

萍　乡　市

2012 年,萍乡市交通运输局突出交通基础设施建设和重点项目协调,全面强化行业管理,进一步培育健康有序的道路运输市场,大力加强安全监管,狠抓廉政建设、队伍建设和文明创建,努力构建安全、畅通、便捷、绿色的一体化现代综合交通运输体系,较好地完成了各项交通运输工作任务。

完善路网规划,进一步优化路网结构。规划建设“78910”的干线路网,即“七纵八横九条连接线及一个环”,实现萍乡市每个乡镇均有干线公路通过、主要旅游景点均有干线公路相连、主要工业园区(基地)均有干线公路相通。同时,对铁路、站场等进行了规划,储备了一批项目。积极响应萍乡市“东融西接”战略,积极开展与长株潭地区的路网对接,提出对接长株潭城际铁路及南环高速的设想,实现萍乡与长株潭地区的无缝对接。2012 年争取交通战备公路项目(上栗至六市、上栗至宣风)2 个,完成申报农村公路县道升级及客运网络化建设项目 110 千米,争取农村公路改造计划 575.5 千米,争取农村综合服务站 4 个。

重点项目和基础项目建设顺利。萍洪高速项目复工进展快速。吉莲高速公路建成通车。萍莲高速公路项目进行前期工作。南昌至上栗高速公路工程可行性研究启动。319 国道上栗至东峰界段 6.7 千米路面完成改造并正式通车。芦万武公路沥青路面完成铺设并通车。上栗至六市战备公路项目开工建设,上栗至宣风战备公路项目完成工可编报。16 座改渡建桥任务全部完成。完成农村公路路面改造 220 千米、通乡水毁重建项目 34.5 千米、通村水毁重建项目 54 千米。完成县道升级改造项目(三级公路)15 千米。完成客运网络公路建设(三级公路)路基 25 千米、路面 4 千米。农村公路管养纵深推进,“有路必养"目标基本覆盖全市所有农村公路。开建旅游集散中心汽车站和 3 个农村综合服务站;2012 年获批的 4 个农村综合服务站已全部动工,完成 5 个农村客运站建设任务。高铁枢纽站完成开工前期准备工作。市长运北站改造工程和公交城西站场项目做好开工准备工作。

道路运输行业稳定发展。道路运输客运量、旅客周转量、货运量、货物周转量实现增长。道路客运和危货运输继续保持稳定发展,货运物流业跨越式发展,除上栗(江西)烟花鞭炮物流中心继续担当全省物流业龙头企业之外,芦溪县又引进一家全国性大型物流公司进驻。机动车维修行业继续保持快速发展势头。

较好地理顺行业管理体制。新组建城市客运监管机构,全面规范城市客运管理工作,城市客运管理瓶颈逐步获得破解。市公交总公司申报的“智能调度系统在城市公交中的应用”项目,被评为交通运输部 2012 年度交通运输节能减排专项资金第一批支持项目,获得了节能减排以奖代补资金 162 万元,这在萍乡尚属首次。

依法行政,注重服务。健全完善行政许可审批制度,加强对行政许可审批事项的监督管理,提升服务水平,加强行政执法监督,优化发展环境,全年共受理并办结行政审批 3700 余件,实现“依法行政、科学发展、提高效能、服务项目”的年度目标。

交通运输安全生产形势总体稳定。水路运输连续保持 31 年无事故,公路建设工程质量监督取得实质性强化,全年未发生交通建设工程责任事故,未出现因道路、桥梁建设质量问题而发生交通事故的情况。

安　源　区

安源区交通运输局充分抓住国家大力发展交通基础设施建设这一契机,以加快交通基础设施建设为重点,在“通、畅、网”建设上做足做活安源交通发展大文章,初步实现城乡一体化的网络体系。建设干线公路29.8千米,完成7.3千米的高速公路建设,打通对“长株潭”东西两大动脉的交通快速通道。完成320国道安源段11.9千米改造协调工作,拉通3.1千米的安源红色文化旅游景区公路。在全市率先实现“村村通”公路并做到“村村通”公交,至2012年年底,安源区“组组通”完成98%、“户户通”完成85%。获得萍乡市“2012年度交通运输工作目标管理先进单位”、“全市公路养护管理先进集体”。

湘 东 区

2012年,湘东区交通运输工作紧紧围绕湘东区委、区政府“一二三五”的目标思路,立足服务瓷都加速崛起、服务新农村建设、服务人民群众安全便捷出行,攻坚克难搞建设,创新机制强管理,服务全局保畅通,努力实现交通运输工作大投入、大建设、大提升,为全区经济社会发展提供了有力保障。2012年全年完成概算投资3.6亿元,其中,农村公路连通工程128.9千米,投资2961万元。水毁公路项目改造,划9.2千米,投资1019.2万元。全年公路养护投入计276万元,完成大中修5.6千米,完成投资380万元。改造加固危桥8座,完成投资164万元,另有危桥改造项目2座,完成投资228万元。下达县道改造项目计划34.8千米,计划投资4905万元。安装养护路段责任牌100块计4.5万元。陈广线、铁路专用线等重点项目投资计2.6亿元。进一步完善“十二五”交通运输规划和农村客运网络化建设规划的编制,全区公路等级和网络化程度再次得到提升。荣获全省农村“改渡建桥”工作先进单位、全市农村“改渡建桥”工作先进单位、“2012年萍乡市交通运输局目标管理达标单位”、“全市档案工作先进单位”、2012年度区政府部门目标管理考评二等奖、“2012年全区社会管理综合治理目标管理工作先进单位”、“2012年全区宣传思想工作先进单位”。

芦 溪 县

2012年芦溪县交通运输局以深入学习实践科学发展观为统领,以项目建设为抓手,提出了“十二方面,三十六字”工作思路和具体部署,切实加大重点工程建设力度,大力推进交通基础设施建设,着力强化养护管理,提升行业管理和服务水平,凝心聚力,真抓实干,确保全年交通工作目标任务的圆满完成。2012年全县辖区内公路总里程为1705.93千米,其中省道71.468千米、县道80.274千米、乡道256.005千米,村道1298.183千米;按公路技术等级分:二级公路50.495千米、三级公路31.974千米、四级公路1126.388千米、等外公路497.073千米。在册公路养护里程达1333.4千米,桥梁150座,全县行政村通水泥(油)路率达100%。320国道、浙赣电气化铁路、沪昆高速公路、杭南长客运专线等一批重点工程项目穿境而过,全县公路建设已形成以高等级铁路、高速公路、国省道为骨架,县、乡公路为辐射,各级公路联网的交通新格局。

上 栗 县

2012年以来,上栗县交通运输局根据上栗道路现状和未来发展需要,围绕“建设大交通、促进大发展,建设上栗现代化立体交通”的奋斗目标,启动了交通建设年活动。着力完善“四纵六横”道路主框架,扎实开展“三讲三促”“整作风、提效能、优环境”等主题活动,狠抓党风廉政建设,规范行业管理,强化内部管理,整体推进交通运输事业发展。是年,上栗县交通运输局被省铁路建设办公室征地拆迁办公室表彰为全省先进单位;被萍乡市交通运输局表彰为“2012年度交通运输工作目标管理先进单位”和“2012年度全市交通运输安全工作和安全生产先进单位”,被萍乡市委、市政府评为全市文明单位和全市“整作风、提效能、优环境"工作先进单位。

莲 花 县

2012 年,莲花县交通运输局以科学发展观为统领,认真贯彻落实县委、县政府的重大决策和工作思路以及上级交通部门安排的工作任务,紧扣“建、管、养、运”四项基本职能,紧抓交通基础设施建设这个重点,狠抓公路(桥梁)建设,强化行业管理,加大公路养护,抓紧安全生产,扎实推进交通事业全面协调持续发展,全县交通建设取得新成绩。吉莲公路改造项目、泉南高速公路莲花段、安成大道建设顺利推进。全年完成农村公路建设 78 千米,推进了自然村特别是新农村建设点自然村通水泥路进程。继续推进坊楼农村公路综合服务站建设和湖上农村公路综合服务站前期工作,坊楼农村公路综合服务站主体建设完工。完成县内出租车行业的改革重组,实行出租汽车公车公营,消除了困扰多年的供需矛盾和社会不安定因素。开通县城公交,告别县城无公交车的历史。

九 江 市

2012 年,交通工作紧扣“两区互动,强工兴城”发展战略,突出服务发展、保障民生两大功能,扎实工作、不断进取,推进交通运输重点、难点、热点工作,交通运输全面建设有了新的发展。

全年完成交通基础设施建设投资 8 亿元;完成农村公路建设 1014 公里,农村公路综合服务站主体完工 5 个;实现交通运输企业综合收入和港航规费征收总额 6.8 亿元,其中长运集团公司综合收入 4.9 亿元,实现税利 2600 万元;公交集团公司综合收入 7100 万元,上缴税金 239 万元;港航规费征收 1.2 亿元;全市拥有公路营运车辆 46493 辆,其中客车 3097 辆、载货汽车 38158 辆,完成客运量 11147 万人,货运量 9839 万吨;全市拥有船舶 652 艘,全年新增运力 4.61 万吨,船舶运力达到 57.5 万载重吨,水路完成货运量 1354 万吨,以上硬性指标全部达到或超过年初市政府下达的任务。

夯实交通基础设施建设 完成农村公路建设 1014 公里,新增 847 个自然村组通水泥路,完成危桥改造 7 座,安保工程 28.8 公里,彭泽马当等 5 个农村综合客运服务站主体完工,乡镇通班车率 100%,行政村通班车率 91.6%。完成德安新汽车站建设。公交综合服务场站功能进一步完善,市水运信息服务交易中心综合楼的土建工程交付验收。在有效推进建设进度的同时,进一步加强工程质量监管,交通质监检测完工项目 363 个项目,质量合格率达到 95.1%。

加强运输市场监管服务 全年道路运输开展联合执法 15 次,查扣各类违规违章 1074 辆次;水路运输出动执法人员 3917 人次,检查船舶 10726 艘次。建立市区出租车从业人员服务等级制、驾驶员诚信计分抄告制,放宽三款出租车车型。城区公交新增 3 条线路,更新 36 辆新型环保公交车,完成营运里程 2237 万公里,民营公交企业收购基本完成。开通农村客运班线 377 条,投入客运车辆 1238 辆,日发班次 5302 班,农村出行条件进一步改善。

交通运输保障成效明显 全市拥有公路营运汽车 46493 辆(客车 3097 辆、载货汽车 38158 辆、其他车辆 5238 辆),完成公路客运量 11147 万人、公路旅客周转量 437163 万人公里,完成公路货运量 9839 万吨、公路货运周转量 2089139 万吨公里;拥有营运船舶 652 艘 57.5 万载重吨(新增 84 艘 8.5 万载重吨),完成水路客运量 38340 人次,完成水路货运量 1310 万吨,水路货运周转量 1100628 万吨公里。庐山机场开通至北京、上海、广州、成都、厦门 5 条航线,“十字”网络布局基本形成,全年民航起降航班 1280 架次,完成旅客吞吐量73000人次,货邮300吨。

交通运输安全稳定 牢固树立安全责任意识,构建安全生产责任体系,落实安全生产主体、监管责任,严把运输市场准入关、营运车船技术状况关和营运从业人员资格关,严格执行“三不进站、六不出站”和长途客车凌晨2点至5点停车休息制度,建立常态化的安全生产隐患排查治理体系。开展“综治宣传月”活动,建立信访维稳调解机制,全年处理信访件33件,化解重复访案件5起,处理市委、市政府民声直通车交办件28件,群众来信、来电、来访和市效能办的督办函等30件。交通运输安全平稳,形势稳定。

破解出租车管理难题 出租车选型工作方式在全省、全市产生积极效果,出租车车型由一款增加到三款(二款中档、一款高档),彻底打破了单一车型的局面。选型过程中,坚持公平、公正、公开原则,充分遵从群众意愿,邀请出租车车主、出租车驾驶员、人大代表、政协委员、市民代表共2000余人参加票选,结果当场公布,此方式赢得了市民、社会、政府的肯定。加强对“二包”车辆(转包车辆)及驾驶员的管理,规定一辆出租车只允许配备三名驾驶员,并与所属公司签订劳动合同,报出租车行业协会备案;对市区3600名驾驶从业人员进行服务等级划分,按照等级发放三种颜色的“服务资格证”,鼓励出租车从业人员提高服务能力和水平;建立驾驶员诚信计分抄告制度和曝光制,严查出租车拒载、不打表收费、拼客、绕道等情况,重点区域如火车站广场、汽车站的出租车经营秩序有一定好转。

民航发展成效突出 现有4条航线,每周起降44班次,实现九江—北京、九江—厦门每天1班,新开通成都—九江—上海浦东航线,新航线构成了九江东西南北“十字”网络布局,为最终形成“米”字形航线网络奠定了基础。2012年成立了九江市民航管理局,剥离机场经营权、确定航线航班补贴资金、完善相关设施、制订切实可行的发展规划,庐山机场起降航班1280架次,实现旅客吞吐量73000人次,货邮300吨。

改善公交管理服务 更新公交车辆36辆(全部为国内大金龙、大宇通等一线品牌),新车所占比例达到80%以上。投资220万元筹建的智能公交调度系统正式启用,对于提高公交准点率和运营速度,提供了科学保障。投资180万元在庐山大道公交总站,建设一座具有收银、洗车、加油、停车和保养维修的综合性能停车场,解决了150辆公交车的夜间停放问题,让公交车“睡马路”现象成为历史。进一步加强对民营公交的收购工作,实现公车公营,现已完成民营公交车辆收购任务96.27%。全年新增延伸公交线路9条,客运量达到9252.6万人次,老年人、残疾人和军人等免费乘坐公交达2306.45万人次。

修 水 县

2012年修水县交通运输以打造“畅通交通、平安交通、绿色交通”为目标,致力于交通基础设施建设,从严规范运输行业管理和安全监管,全力推进物流产业发展,强化干部队伍作风建设,有序推进各项中心工作,全面完成市交通局和县委县政府下达的各项工作任务。

一、公路建设

农村客运网络化建设连通工程 该工程全长37.3千米,其中:新建11.9千米、路面改造17.9千米、路面拓宽7.5千米;三级公路19.2千米、四级公路18.1千米;总投资3244万元。

县道升级改造项目 大椿至杨津公路,全长11.7千米,按照三级公路标准建设,路基宽7.5米、路面宽6.5米。总投资1170万元。大桥至余段至龙门公路,全长7.0千米,按照三级公路标准建设,路基宽7.5米、路面宽6.5米,总投资700万元。复原乡政府至界牌至铜鼓港口公路,全长1.2千米,按照三级公路标准建设,路基宽7.5米、路面宽6.5米,总投资120万元。

通自然村公路建设共53.8千米,按四级公路标准建设,路基宽5.0~6.0米、路面宽3.5~4.5米,总投资1463.1万元。

二、桥渡隧建设

危桥改造2座:征村桥长105米、宽8.0米,设计标准为公路二级,总投资380万元,其中国家投资168万元、自筹资金212万元;塔桥长105米、宽10米,按公路二级标准建设,总投资464万元。

新建独立桥13座:宁州镇西坪大桥长145米宽12米、渣津镇渣津大桥长145米宽12米、马坳镇黄溪大桥长126米宽9.0米、庙岭乡上坪大桥长126米宽7.5米、全丰镇全龙大桥长111米宽6.5米、黄坳乡陈家中桥长51米宽6.5米、黄坳乡长源里中桥长46米宽10.0米、杭口镇雷岭中桥长85米宽7.5米、渣津镇莲花桥长94米宽8.0米、渣津镇湖沙桥长50米宽8.0米、新湾乡下蓬中桥长74米宽6.5米、全丰镇黄沙段桥长57米宽6.5米、白岭镇洞景桥长65米宽7.0米1175.1延米。设计标准为公路二级,公路总投资3252万元。

三、物流园建设

达星物流商贸城项目位于江西省修水县良塘新区芦良西大道(柯龙线)南侧、良塘大道东侧,项目占地9.4公顷,建筑面积11.2万平方米,总投资2.08亿元,由江西达星置业有限公司投资开发及运营管理。项目分为仓储展示区、物流运输区、商务办公区、集中停车区、汽车修理区、配套服务区等六大功能区。达星物流商贸城以市场信息为基础、以产品配送为主业、以现代仓储为配套、以多式联运为手段、以商品交易为依托,形成五位一体的专业物流体系。涉及业务范围包括商务办公、产品展示、信息交流、物流运输、货物仓储、集中停车、汽车修理、配套服务等。目前一期2万多平方米物流配送中心建设完成并启动运营,信息中心硬件建设完成。二期2万多平方米仓储配货等项目已建成即将投入使用,大型汽修配及办公项目工地建设推进有序,进展迅速。

四、站场码头建设

2012年全面建成公交车站,规范了154个公交站台的公交线路标识、站牌,极大改善城乡居民交通环境。该公交站位于良塘新区,和汽车总站、出租车站融为一体,实行旅客无缝转接。启动渣津等7个农村公路综合服务站建设,其中渣津站完成主体工程建设。

完成建设白岭农村公路综合服务站,杭口农村公路综合服务站,何市农村公路综合服务站,太阳升农村公路综合服务站,山口农村公路综合服务站,大桥农村公路综合服务站。

五、公路养护

修水县国土总面积4504平方千米,是江西省面积最大的县,至2012年年底农村公路养护总里程298.73千米,全年大中修公路6.3千米,投入资金290万元,日常养护投入经费126万元,改建公路8.2千米。实施安保工程28.8千米,设置波形护栏、防撞墙及防护墩,总投资565万元,其中国家资金115万元、自筹资金450万元。

六、道路运输

修水县道路旅客运输有班线客运、出租车、公交车三种客运方式,有客运公司1个,公交公司1个,出租车公司2个。为强化市场管理,全县所有客运班车和出租车都配装有GPS定位系统,实行全程监控。对客运车辆强化进站管理,严查县内沿途揽客经营,客运班线规范,经营秩序明显提高。2012年完成客运量685万人,旅客周转量60610万人公里,货运量650万吨,货物周转量69350万吨公里。

武　宁　县

2012年,武宁县交通运输紧紧围绕县域经济社会发展和改善民生,突出重点项目建设、行业监管和运输服务,提升交通网络化水平、公共运输服务水平、交通运输保障水平和全面协调发展水平,以项目建设为引擎,以整风提效为动力,较好地实现了年初既定的阶段性目标,交通项目建设大步迈进。

一、公路建设

宋水线宋溪至窑墩公路改造工程　是新城区连接永武高速公路大动脉的一条快速通道。起点于永武高速公路宋溪互通,横跨修河,终点接窑墩桥,全长约5.88千米,按城市快速主干道一级公路标准设计建设,路幅宽24米,双向4车道,行车速度60千米/小时,工程估算总造价2.4亿元。沿线共有桥梁3座,其中,西海大桥南起窑墩岛,横跨庐山西海,北接宋溪岛屿,全长1049米,共26跨260片预应力T梁构成,桥梁宽24.5米,分左右幅设计,工程概算1.4亿元,是当前我县境内规模最大的跨修河大桥。项目于2011年10月8日开工建设,2012年底可简易通车,计划2013年6月份全面完成并竣工通车。

巾口至南义二级公路　起点于瑞昌市南义镇,途经武宁县官莲、巾口两乡,与永武高速巾口互通相连接,全长16千米,其中武宁境内10.895千米,采用二级公路标准建设,项目于3月8日正

式开工建设,10 月 18 日顺利建成通车,用时仅 7 个余月。

宋溪至巾口公路 起点于宋溪镇境内省道柯龙线 K304 公里桩处,终点与永武高速公路巾口连接线连接,全长 14.27 千米(含红岩潭大桥 800 米),其中宋溪境内 9.22 千米,巾口乡境内 4.25 千米。该路按三级公路标准设计,项目于 2010 年 10 月动工建设,2012 年 10 月建成通车,做到了路面工程和路肩、绿化、标线等附属工程同步设计、同步施工、一步到位。

县道升级改造工程 2012 年武宁县启动船滩至东林、船滩至上汤 2 个县道升级改造项目,其中船东线起点位于船滩,终于东林乡,途经山头、茶畲,全长 15 千米,按三级公路标准设计;船上线起点位于船滩,终于上汤乡,途经白沙,石溪,全长 11.8 千米,按三级公路标准设计。该两个项目于 2012 年 4 月完成招投标工作,分 3 个标段施工,A1 标由广西华南建设集团有限公司施工,总造价 665 万,A2 标由江西中联建设集团公司施工,总造价 1178 万,A3 标华泰建设工程有限公司施工,总造价 848 万,2013 年 9 月完工,年内完成路基和桥涵工程施工。

二、桥梁建设

启动新建独立中桥项目 1 个、危桥改造项目 2 个,完成续建独立中桥项目 1 个。具体为:独立中桥清江乡新人段桥、独立中桥源口林场大坡段桥、危桥改造项目船滩镇观音阁桥、危桥改造项目石门楼镇马山桥。

三、站场码头建设

澧溪农村公路综合服务站沙田新区旅游码头项目位于县城长水大道和新区窑墩路交叉临庐山西海外湖,规划面积 7.7 公顷,投资总额不包括土地约 6000 万元(规划牌上为 2.5 亿元)。项目主要建设停泊码头、票务中心、咨询服务中心、商业中心、候船大厅、观景平台、景观雕塑等内容。该码头建成后,将成为连接新老城区、内外湖区的一个重要枢纽和标志性景观,成为集休闲、娱乐、购物为一体的亲水型、生态型、高品位的接待载体,对庐山西海和县城的旅游开发起到积极的促进作用。项目预计年接待下湖游客 50 万人次,于 2012 年 4 月 27 日开工,2013 年 7 月份竣工。

游客集散中心 项目选址于武宁县宋溪镇迎宾大道以西,临庐山西海的两座半岛上,规划面积 350 亩,投资总额约 2.5 亿元。项目建设主要内容有:①旅游停泊码头;②旅游车停车场;③旅游集散中心广场;④旅游汽运公司场地;⑤旅游商品市场;⑥游客食宿中心及其他配套设施建设。该中心建成后,将是武宁旅游发展的基础性项目,成为集旅游集散、游艇停泊、导游服务、产品展示、旅游购物、住宿餐饮、休闲娱乐等功能于一体的大型接待载体,功能涵盖吃、住、行、游、购、娱等旅游各个方面。项目预计年接待下湖游客 200 万人次,实现旅游经济总收入 14 亿元。项目于 2012 年 4 月份开工,预计 2014 年 12 月竣工。年内项目已经完成了 15.56 公顷项目区内的土地、房屋征收和坟墓迁移工作(其余的 11.33 公顷土地是县林业局的国有土地);一期的 6.67 公顷土地平整于 9 月中旬结束,二期 58 万立方米土岩方工程量已经完成了 90% 以上。

四、公路养护

武宁县国土总面积 3506.6 平方千米,居全省第四,辖 19 个乡镇,1 个工业园,1 个街道办。至 2012 年底农村公路养护总里程 2176.336 千米,其中县道 16 条 295.5 千米,乡道 47 条 379.2 千米,村道 836 条 1501.7 千米。全县有县道养路队 15 个,专业从事县道养护人员 67 人,从事乡村公路养护人数 735 人。

建立“县道县管,乡道乡管,村道村管”三级管理体系。根据农村公路权重,武宁县把全县农村公路划分为四类:一类县道,二类乡镇连通公路,三类通行政村公路,四类通自然村公路。将正常养护补助标准分别提高至 5000 元/千米·年,1000 元/千米·年,700 元/千米·年,350 元/千米·年,全年共计投入养护经费(补贴)238.2 万元。

五、公路绿化、公路水毁防治和公路突发事件处理

深入开展“一大四小”工程,采取购买树苗及山上自取树苗相结合的办法,投入 270 余万元,绿化了农村公路 683 千米,使县乡公路绿化率达 100%,乡村公路绿化率达 63%。

武宁县制订《公路交通突发公共事件应急预案》,建立公路交通应急监控点 336 个,各监控点保持 24 小时联络畅通,发现问题及时通报,及时组织修复。2012 年上半年,暴雨频繁,全县农村公路共发生路基损毁 93424 立方米/91 千米,路面损毁 3510 平方米/78 千米,涵洞 36 道,挡墙

1390立方米/14处,塌方31182立方米/164处,县交通运输局立即启动应急预案,投入应急资金,第一时间及时进行处置,有力地保证农村公路安全畅通。

六、道路运输

武宁县道路旅客运输有班线客运、出租车、公交车三种客运方式运作,其中客运公司1个,公交出租车公司1个,农村客运站7个,候车亭98个。现有客车157辆,客运线路99条,有公交车22辆,出租车71辆,货运企业29家,货运车辆3919辆。2012年客运量123万人,年货运量972万吨。

七、水路运输

全年县内水路运输新增船舶运力4318吨,全县水路运输总运力规模达46355吨;水路旅客运输为5.3万人次,客运周转量133.2万人/千米;水路货运量68万吨,货运周转量7552万吨/千米,港口砂石出口量达80万吨。

瑞 昌 市

2012年,瑞昌市交通运输致力于交通基础设施、农村场站建设、交通运输管理,着力交通战备建设,为瑞昌市经济社会发展发挥了积极的作用,较好地完成年初的各项任务。

一、公路建设

南义至巾口公路县道升级改造 南巾公路(瑞昌段)4.7千米二级公路升级改造,起于南义集镇,终于瑞昌市与武宁交界处。工程总投资约3300万元,其中瑞昌市政府负责征地、拆迁、路基土石方等约2000万元,公路局负责路面、桥涵、防护等约1300万元。于2012年3月开工建设,10月建成通车。

南阳公路二级公路升级改造 起于九瑞高速南阳连接线,终于南阳乡集镇,全长2.67千米,按双向二车道二级公路标准建设,路基顶宽12.0米,行车道宽度9.0米,两侧绿化带各3米。工程于2012年4月开工建设,12月底主体道路已建成通车。工程总投资约2000万元,由瑞昌市政府投资。

省道婺桃线瑞昌至南义段拓宽改造工程 起点南环路,终点桂林桥,全长3千米。工程于2012年5月开工,行车道主体工程12月完工,工程总投资3200万元,由瑞昌市政府投资。

县道改造 大德—大坳(乐园段)10.5千米三级公路升级改造,水泥混凝土路面6.5万平方米,投资达950万元,投资方式为车购税和自筹资金。

连通工程项目建设 项目100个57.025千米,其中新农村公路项目建设54个20.5千米,按四级公路标准建设,总投资为460万元,投资方式为车购税和燃油税转移支付。

水毁重修工程 水毁三级公路重修工程瑞昌—南林1千米,高丰至塘山4千米建设,总投资330万元,投资方式为车购税150万元,其余资金自筹。

二、站场建设

武蛟农村公路综合服务站 是省交通运输厅2011年批准建设50个试点项目之一,占地0.67公顷,于6月正式动工建设,主体工程建筑面积993平方米,11月完工,完成投资122.5万元。

三、危桥改造项目建设

桂林光明桥 桥梁长度85米,桥梁宽度6米,设计荷载为公路-2级,设计洪水频率1/100,抗震设防等级为6度。上部为5~16米预应力混凝土空心板,下部采用桩柱式桥墩及桩基接台帽式桥台。投资200万元,投资方式为车购税。

夏坂三眼桥 桥梁长度51.04米,桥梁宽度8米,设计荷载为公路-2级,设计洪水频率1/100。上部为3~13米钢筋混凝土空心板,下部采用核扩基柱式桥墩及U台配扩大基础。投资173万元,投资方式为车购税。

四、交通运输管理

道路运输及管理 全市客运线路66条,客运车辆506辆,客运量750万人,客运周转量32033万人千米。客运站12个,票价为0.21元/千米。货运车辆2381辆,货运量910万吨,货运周转量63800万吨千米。完成对全市11家客运企业,2家客运站,3家危货企业,17家普货企业,24家维修企业进行了2011年度质量信誉考核。对3所已具备升级条件的驾校提出一级资质升级报告,对3所驾校各提出相关整改意见,加大对驾培市场进行清理整治,严厉打击"黑校"、校外设校、校外设点等违法行为,查处"黑校"、校外设点等违法行为9起。

水路运输 客运渡船2艘,599客位,主要经营码头镇至武穴普通客运,客运量为11.1万人。货船24艘,20209载重吨,主要经营码头镇至武汉、码头镇至南昌、码头镇至彭泽等长江中下游及其支流省际普通货船运输,货运量为70.4万吨,运价大概为每吨20元不等。

都 昌 县

2012年,都昌县交通运输坚持以中共十八大召开为动力,以科学发展观为统领,以狠抓项目建设为重点,上下一心,攻坚克难,创造了都昌公路建设史上投资最大,速度最快,标准最高,受益面最广"四个之最",较好地完成了年初制定的工作任务。

一、公路建设

2012年都昌县配套总投资4.2亿元,改建干线公路8条,105千米:①都中公路。全长44.23千米,总投资3.6亿元,其中县配套1.53亿元,为二级水泥公路。②杭七公路。全长10.53千米,总投资920万元,其中县配套212万元,为三级水泥路。③蔡大公路。全长13.36千米,总投资1200万元,县配套380万元,为三级水泥路。④三阳公路。总投资268万元,县配套208万元,为三级水泥路。⑤春桥至朱栏桥公路。全长5.6千米,总投资400万元,县政府配套320万元,为三级水泥路。⑥老爷庙公路。全长7.5千米,总投资920万元,县政府配套60万元。⑦春流公路。全长2.0千米,总投资300万元,县配套220万元,为三级水泥路。⑧望晓源公路。全长17.5千米,总投资2083万元,县配套676万元,为四级水泥路。投资1792.5万元,新建村级公路67条,59.5千米,均为四级水泥路。

全年新建公路桥梁11座,其中大桥2座,中桥5座,小桥4座,均位于改建的都中公路上。全年日常养护里程169.946千米(县乡道)。绿化里程24.988千米,大中修里程45.938千米。

二、道路运输

全年客运量204万人次,客运周转量8976万人/千米;全年货运量203万吨,货运周转量30450万吨/千米;全年共有客运线路130条,其中省际班线14条,市际18条,县际24条,县内74条;客运站5个,其中二级站1个,五级站4个。

三、水路运输

全年货运量278000万吨,货运周转量62452200吨千米,港口吞吐量4004694吨,其中出口3726694吨,进口278000吨(出口货物基本上是河沙,进口货物主要为砂石、水泥)。

湖 口 县

2012年,湖口县交通运输在农村公路建设、基础设施建设、运输市场监管等方面取得了一些成效,为促进湖口县经济社会发展做出了一定的贡献,也较好地完成了年初制定的工作目标任务。

一、公路建设

县道升级改造工程 2012年,湖口县将县道升级改造工程项目列入十件民生实事之一,投入了3000万元的建设配套资金。县道升级改造项目共有5个,分别是流舜公路、泗垅公路、海青公路、均付公路和均桥高速连接线,总里程约22千米,占全县县道总里程的26%,5条公路均按三级公路以上技术标准设计,与公路改造配套,沿线还将有8座桥涵得到维修、加固和改造。项目建成可解决全县8个乡镇13万群众出行难问题,同时对道路安全隐患的排除,乡镇集镇环境的优化,都将得到重要作用。

流泗至大垅公路 起点在流泗镇连接牛湖路,终点位于大垅集镇供销社门口。按照三级公路标准设计,全长5.8千米,总投资约700余万元。2012年7月初动工,于2012年11月底全面完工。

湖口流芳至舜德公路 全长6.123千米,起点为流芳凤桥,终点为舜德街道,总造价660余万元,2012年年底已全面完工。

湖口段明冲至牛角湖公路 位于凰村乡,起点段明冲,终点原县砖瓦厂,是凰村乡向阳村通往金砂湾工业园的重要通道。该项目按国家三级公路标准进行设计,长2.5千米,路基宽8.5米,总投资约300余万元,10月初开工建设,2012年12月已全面竣工通车。

二、桥渡隧建设

湖口县流芳桥 于2012年2月22日正式破土动工重建。全长34.04米,宽8.5米,总投资约150余万元,工程于2012年9月完成。

湖口马影门港桥 湖口马影门港桥于1967年修建,老桥为宽6米、跨径6米,2009年市级路桥专家鉴定为危桥,同时由于桥面狭窄,交通阻塞时有发生,严重危及过往车辆及行人的交通安全。2012年县政府决定重建,用了33天时间完成了从基础开挖到主体工程全面完工,12月18日,湖口马影门港桥桥面梁板现浇合拢,马影门港桥主体工程基本完成。

湖口西门渡口 2011年湖口县通过省厅立项,对西门渡口标准化项目进行改造,新建候船亭二个,面积约120平方米,并对部分码头进行了水泥硬化,总投资约65万元。

三、车站、港口、码头建设

湖口县汽车总站 位于景湖公路与盛源南路交汇处,是集客运、修理、公交、出租服务为一体的综合汽车总站,也是湖口县十大惠民工程之一。该车站占地4.1公顷,项目总投资6000万元,主站房建筑面积5000平方米,修理厂厂房建筑面积2500平方米,汽车配件门市部建筑面积10000平方米,停车场面积28000平方米,分客运、汽车修理两大经营区域。于2011年12月中旬建成并全面投入运营。该汽车总站日发班次800个,运送旅客16000人次,有效地整合了湖口县的交通资源,极大地方便来湖口投资的客商和旅客的集散,有力地服务于湖口经济的快速发展。

湖口县农村综合服务站 位于湖口县文桥集镇,临近省道景湖路,距离县城11千米,按照四级站标准设计,占地面积5500平方米,建筑面积1500平方米,楼层为3层,总投资约500余万元。是农村公路建、管、养、运等“六位一体”的重要载体,是人、车、路的主要结合点。

四、公路养护

“十一五”期间,湖口县农村公路建设的突飞猛进,农村公路的管理及养护工作相对滞后。2012年湖口县交通运输局按照“有路必养、养必优良;有路必管、管必到位”的目标,于2月份成立了公路养护机构,抽调专人负责组建农村公路养护队伍,建立健全了农村公路管理养护各项规章制度、技术规范与标准体系。“十一五”(2006~2010)期间,湖口县有9个养路队人员36人,养护里程(县、乡、村)合计880.966千米,应有大型自卸车8台、压路机2台、挖掘机2台、装载机4台等机械设备。

彭 泽 县

2012年,彭泽县交通运输局大力推进农村公路建设,深化农村公路建、管、养一体化发展,推进农村综合服务站建设,强化运输市场监管,取得了较好的长效,促进了全年工作的完成。

一、公路建设

彭湖沿江大道(彭泽段) 彭湖沿江大道是九江市政府2012年十大基础设施工程之一,彭泽段全长13.337千米,按二级公路标准修建,设计时速每小时60千米,路基宽15米,水泥路面12米,由湖南第三建筑工程有限公司建设,总投资2.2亿元,该路于2012年5月份开工建设,12月底竣工通车。

连通工程项目 全年完成连通工程项目106个89.9千米,按四级公路标准建设,总投资1798万元。

马当农村公路综合服务站 位于马当集镇规划区内,占地面积8000平方米,建筑面积1441.79平方米(其中:综合服务楼面积1248.79平方米,车辆维修和养护设备仓库193平方米)。马当农村公路综合服务站于2012年4月17日开工建设,同年12月底竣工。

二、公路养护

根据2005年全国农村公路专项调查和2009年补充调查,全县农村公路通车里程为1566千米(不含县公路局管养的公路里程),其中:县道120千米、乡道276千米、村道1170千米;全县有县道养护队4个,专业从事县道养护人员44人,乡村公路养护人数328人。

严格落实“建即有养,养必到位”要求,通过完善管养机制,采取有效措施,农村公路日常养护取得明显效果。2007年,经县委批准同意,彭泽县农村公路养护中心正式批准成立,落实了人员编制,明确了职责职权,落实了养护工内行人员,同时建立了“县道县管、乡道乡管、村道村管”三级管理体系,正常养护补助标准分别是:县道2000元/千米·年、乡道1000元/千米·年、村道500元/千米·年,全年共投入养护经费138万元。

全年公路养护投资138万元,完成27条396千米县、乡公路养护任务,挖补坑槽10700平方米,小修5.72千米,中修3.2千米,安装减速带180米,全县县乡公路好路率明显上升。

三、公路绿化、公路水毁防治

按照"一大四小"工程,投入资金30万元,绿化农村公路县道25.199千米。

公路水毁防治制定了《公路交通突发公共事件应急预案》,建立公路交通应急机制,发现问题及时组织抢修,2012年,全县农村公路共发生路基损毁27000立方米/27千米,路面损毁8500平方米/13.5千米,涵洞1160道。灾情发生后,县交通运输局立即启动应急预案,投入应急资金及进进行抢修,确保了农村公路安全畅通。

四、道路运输

彭泽县现有客货运公司3个,公交出租车公司1个,农村客运站11个,候车亭36个,现有客车45辆,客运班线12条,公交车辆47辆,出租车52辆,货运企业32家,货运车辆5298辆,2012年客运量110万人次,货运量850万吨。

五、水路运输

全年彭泽县内水路运输新增船舶运力13461吨,水路运输总运力规模达49831吨,水路旅客运输为6.2万人次,客运周转量125万人/千米,水路货运量320万吨,货运周转量400万吨/千米,港口砂石出口量达200万吨。

永　修　县

2012年永修县交通运输主攻重点工程,着力基础设施建设,加强运输市场监管,取得一定的成绩,为永修县经济社会发展发挥一定的作用,也全面完成了年初的工作任务。

一、公路建设

开元大道一级公路,里程3.5千米,投资1.2亿元,由县财政及贷款实现,2012年12月30日完工。

修河二桥一级公路,里程1.3千米(其中桥长810米),投资1.6亿元,由县财政及贷款实现。2012年12月8日开工,建设期为22个月,是永修县县城范围内第二座公路桥,项目建设单位:永修县交通运输局。

桐万线新祺周至马口段三级公路,里程4.6千米,投资387万元,中央预算及县配套筹措资金,2012年6月17日完工。

农村通组公路四级公路,里程105千米,投资2612万元,中央预算及县配套筹措资金,2012年12月30日完工。

二、桥渡隧建设

西津大桥里程0.9千米(其中桥长636米),投资1568万元,由省、市改渡建桥补助及县、乡配套,2012年10月完工,项目建设单位艾城镇人民政府。

湖陂大桥里程0.5千米(其中桥长426米),投资925万元,资金来源为省、市改渡建桥补助及县、乡配套,2012年8月完工,2012年12月办理交工验收手续。项目建设单位永修县交通运输局。

三、公路绿化及水毁防治

2012年实施桐万线(县道)公路绿化20千米,实施公路水毁防治5千米,即吴罗线大湖池段(县道)。

全年永修县交通运输局完成公路养护里程1500.697千米,公路大修5千米,吴罗线大湖池段(县道),公路中修19千米,吴罗线三角、马口段(县道)。

四、厂场建设

2012年实施农村客运区间站1处,燕山客运站,为五级农村客运站,总投资52万元,质量完好,通过县、市两级验收,资金来源为上级拨款与地方配套相结合。该站于2012年8月底全面竣工。

五、运输

全年永修县查处非法经营小客车38辆,清理汽车维修业户24家,查处非法经营6家。全县共有客运企业5家,危货企业5家,1个二级客运车站,1个三级客运车站,5个区间客运车站,21家汽车维修厂家,1所驾校。

全年完成水路货运量422.9万吨,货运周转量352129万吨千米,实现营收55070万元。

德 安 县

2012年,德安县交通运输紧紧围绕县域经济社会发展和改善民生,突出重点项目建设、行业监管和运输服务,提升交通网络化水平、公共运输服务水平、交通运输保障水平和全面协调发展水平,以项目建设为引擎,以整风提效为动力,大干快上,较好地实现了年初既定的阶段性目标,交通项目建设大步迈进,

一、公路、桥梁、站场建设

2.7千米公路改造工程 起点于县工业园西区105国道高速路口,终点至德白线起点,全长约2.7千米,工程估算总造价2099万元。沿线共有桥梁2座,项目于2012年9月20日开工建设,计划2013年10月份全面完成并竣工通车。

105国道(德安段)公路改造工程 该路起点于德安与星子交界处,全长17.4千米,全线总投资3亿元,共征收土地82.3公顷,项目于2010年7月17日正式开工建设,预计2013年12月31日顺利建成通车。

聂桥至车桥县道升级改造工程 起于聂桥镇,终于车桥镇,总造价约2300万,其中中央投资884万元,于2012年5月开工,预计2013年10月全线完工通车。

大溪畈至小溪山客运网络改造工程 起于林泉乡境内乡道港后线K1+800千米桩处,终于小溪山村委会,全长3.8千米。总投资约500万元,上级补助76万元。该项目于2012年10月动工建设,预计2013年8月建成通车。

乡道升级改造工程 共启动南田至曙光、港口至宝泉2个乡道升级改造项目,其中南曙线起于曙光村,终于郭村,全长3千米。该项目于2012年10月开工,预计2013年6月完工,总造价约238万元。港宝线起于老屋徐家,终于罗家湾路口,全长1.2千米,该项目于2012年11月开工,预计2013年6月完工,总造价约103万元。

连通工程项目建设 完成连通工程项目79个56.6千米,按四级公路标准建设,总投资1698万元,投资方式为车购税和燃油税转移支付及地方配套。

共安大桥 位于德安县城,跨越德安京九铁路及昌九城际铁路(共九股),是连接德安与共青的重要通道,大桥全长1059.09米,引道工程303.87米,工程总投资1.6亿元,于2010年10月开工,2012年10月竣工通车。

车桥镇农村客运汽车站 该项目位于车桥镇境内,于2012年10月动工,为五级农村客运站,总投资40万元,其中上级补助30万元,建筑面积210平方米,总用地面积0.1公顷。于2013年3月正式投入使用。

二、公路养护绿化

至2012年底全县农村公路养护里程860.5千米,其中县道8条112.3千米,乡道36条215.2千米,村道554条533千米。全县有从事县道养护人员23人,从事乡村公路养护人数103人。

深入开展“农村公路管理养护年”活动,严格落实“建即有养、养必到位”要求,通过完善管养机制,采取有效措施,农村公路日常养护效果明显,县道常年好路率达90%以上,乡村道常年好路率达70%以上。一是组织机构正规化。明确了职责职权,配齐了县乡公路养护工作人员,同时建立“县道县管,乡道乡管,村道村管”三级管理体系;二是日常管理精细化。推行“精管细养”模式,重新修订《农村公路养护考核细则》,对管理养护项目进行细化,对考评细则进行量化,使日常管理更加到位,全年共计投入养护经费(补贴)13余万元。

投入资金32万元,共修复县道受损路面3.6千米,各乡村积极筹措资金修复受损道路面12千米,路基8千米,挡墙7处520立方米,涵洞3道。

三、道路运输

德安县道路旅客运输有班线客运、出租车、公交车三种客运方式运作,有客运公司1个,公交出租车公司2个,农村客运站5个,候车亭108个。现有客车146辆,客运线路23条,有公交车18辆,出租车100辆,货运企业2家,货运车辆20辆。

星 子 县

2012年,星子县交通运输认真践行科学发展

观,积极响应县委、县政府旅游强县、强工兴城的目标,大力推进交通基础建设和行业管理,为全县经济和社会的快速发展营造了良好的交通环境。

一、公路建设

2012年,全年共投入交通建设资金3993万元,完成全县农村公路建设68.15千米,投资258万元建设蓼花农村公路综合服务站1个,新建农村候车亭21个。在配套资金非常紧张的情况下,投资2090万元完成12.1千米大蓼线农村公路改造升级任务。按农村三级公路标准,投资440万元完成博阳河大桥苏共连接线水泥路面的硬化3.5千米。

大蓼线升级改造项目 大蓼线位于星子县南部,该项目总投资1663.8万元,为三级公路改造工程,全长12.1千米,道路红线宽9米,其中车行道6.5米。项目建设于2012年2月开工,2012年12月底全面竣工通车。

共青博阳河大桥至星子公路连接线工程 是共青博阳河大桥连接星子苏家当乡的连接线。公路全长3.5千米,设计等级标准为三级公路,路基宽8.5米,路面宽7.0米,工程总投资900万元,于2008年8月1日正式动工,2009年8月完成路基、桥梁、涵洞等基础工作。2012年2月进行招标,2012年8月20日完工,9月6日竣工通车。

蓼花农村公路综合服务站 是全省第一批50个农村公路综合服务站试点。该项目位于蓼花镇集镇北(归横公路西),占地5116.9平方米,总建筑面积1366.35平方米,包括综合服务区、车辆作业区、养护生产区、附属生产区等基础设施。项目总投资为258万元。截止2012年底,已完成100万元的主体工程建设,预计2013年6月可竣工投入使用。

二、公路管养

新制订《农村公路管理养护办法》,5月投入60多万元先后对温华线和南华线水毁路段进行抢修。全年上路巡查率达到70%,下发整改通知书70多份,清理非法占道10处,拆除水文局违法建筑(水文观测台)一座,拆除违法设置广告两处,查处超限运输车辆50多台次,有效地维护辖区公路的路产路权,确保了安全和畅通。

三、道路运输管理

以创建中国旅游示范县和“四城同创”活动为目标,对全县客运车辆进行一次彻底清查,老旧车辆全部退出市场。此外是通过广泛的调查和研究,出台《开通县城至东林大佛景区公交线路的可行性实施方案》。12月8日星子县金鹏巴士有限公司开通了星子至武汉的公路客运班线。2012年全县共有省际客运班线1条,营运车辆1辆;县际班线14条,营运车辆65辆;市级2条,车辆15辆,城市公交24辆,新增公交1辆。全年更新出租车16台,统一型号为东风起亚赛拉图。年完成客运量278万人次,客运周转量10640万人次/千米。完成“五一”“十一”黄金周和春运的旅客运送任务,其间共投入车辆152辆,发送182400班次,及时、安全运送旅客60万人次。

九　江　县

2012年,九江县交通运输以交通基础设施建设、客运市场管理、安全稳定等为着力点,促进交通运输工作的发展,较好地完成全年的工作任务。

一、公路建设

2012年,九江县完成公路建设总里程85千米,总投资2834.5万元,其中中央投资919.1万元,地方投资1915.4万元。

105国道至李家凹客运网络工程 起于105国道终点至马回岭蛟田村李家凹,全长2.2千米按四级公路标准设计,路基宽6米,路面宽4.5米,水泥路面,总投资99万元(中央投资44万元,地方自筹55万元),投资方式上级补助和地方自筹,项目于当年完工。

农、林、场连通工程项目建设 完成连通工程项目5个13.4千米,总投资为325.5万元(中央投资232.5万元,地方自筹93万元);按三级公路标准建设项目1个4.1千米,总投资为328万元。

连通工程项目建设 完成连通工程项目56个54.2千米,按四级公路标准建设,总投资1626万元。计划外项目提前实施14个,计15.2千米,自筹资金456万元。

二、桥梁建设

2012年,九江县交通运输局克服地质情况复杂,溶洞处理难度大等困难,完成毛沟、西窑河、汤家埠、红丝渡、关山等5座渡改桥工程,并全面竣工。7月,省交通运输厅对以上五座大桥进行全桥结构静载试验,8 月底市质检站进行了交工检测,11 月组织交工验收。

三、站场码头建设

2012 年九江县共有客运班线车 117 辆,城市出租车 52 辆,城市公交 24 辆,2013 年计划修建农村候车亭 20 个、乡镇客运站 1 个。全县有农村候车亭 70 个、乡镇客运站 7 个,基本做到设置合理、功能齐全,农村客运市场秩序得到规范管理,所有农村班线车统一进站,统一售票,统一经营管理。

九江县有渡口 23 个,渡船 20 艘。1 月由省厅投资 200 万元,县财政配套 290 万元,将江新洲 8 车渡船更新为 12 车渡船并投入使用;2 月九江县航运公司自筹资金 168 万元,将原限载 238 客位载人渡船更新扩容为 388 客位并投入运行。启用新船不但增加了运力运量,解决快速通行的问题,更有效地提高了渡运安全系数。2 月县交通运输局投资 5000 元对城门十六千米渡口上下通道进行路面水泥硬化。

四、公路养护

全年共养护公路里程 997 千米,其中县道 124 千米,乡道 180 千米,村道 693 千米。养护投入资金 649 万元,其中修复水毁道路 6.7 千米,投入资金 510 万。

五、水上安全管理

九江县召开水上交通安全专门会议 2 次,主办宣传栏 5 期,发放渡口渡运安全方面资料 110 份,宣传标语 6 条,拉横幅 2 条,下发专门文件 9 份,共派出人员检查 14 批次,检查渡船 260 艘次,检查违章 10 次,现场纠正 8 次,2 次跟踪整改。

庐　山　区

2012 年,庐山区交通运输紧贴区委、区政府"决战'两大平台',促进'三区'互动,加快城乡一体化,建设经济强区"的战略部署,在支持配合重大项目建设,交通基础设施建设和探索农村公路管养及维护路产路权及水上安全监管等方面取得较好的成绩。

一、重大项目建设

九江绕城高速公路项目　是规划中的江西高速公路五条环线之一,也是连接国家高速公路网中杭瑞和福银高速公路之间的地方加密高速公路。途经庐山区新港镇、虞家河乡、姑塘镇、威家镇、海会镇等地,经星子县终点与规划建设的都九高速公路相连,路线总长约 46.96 千米,涉及庐山区 23.5 千米。在庐山区需征用土地 2412 亩,拆迁房屋 7 万平方米。

昌九高速扩建项目　由原双向四车道扩建为双向八车道,途径庐山区赛阳镇,与九江县相连,扩建路线总长 10.426 千米,项目总投资 8.16 亿元。涉及庐山区里程 3.36 千米,庐山区赛阳镇路段征用土地 8.65 公顷,拆迁房屋 950 平方米。

九湖路改造项目　根据市政府加快沿江基础设施建设,从速构建沿江西横三纵交通格局的沿江开发战略,决定对九湖路进行改造。九湖路本次改建项目全长 10 千米,涉及庐山区 7.25 千米,九湖路改建项目起于浔阳区,终于庐山区新港镇高速路口,总投资 1139 万元,投资金额由市政府和浔阳区,庐山区政府按 7:3 比列负担。

九江城东铁路货场项目　是城东港区重要基础设施项目,庐山区交通运输局作为项目申报责任单位,在区委、区政府的高度重视下,区交通运输局与南昌铁路局总师室、运输处、货运处、多经处、地铁办等部门协调 120 次以上,就勘察设计、工程可研、项目评审等出具相关意见,成功与江西京九物流有限责任公司签订《委托经营协议书》,明确项目建设模式,推进城东港区铁路货场建设项目。

二、公路建设

2012 年庐山区交通运输局全面完成"农村公路通自然村"28 千米建设,总投资 862.7 万元,向上争取资金 224 万元,超额完成区委、区政府下达的民生工程建设任务。

三、公路养护

2012 年庐山区农村公路达到 499.95 千米,其中县道 20.05 千米,乡道 134.117 千米,村道 345.677 千米。

庐山管理局

2012 年,是庐山交通运输事业稳步发展的一年。

一、公路建设

西线景区公路改造项目 西线景区公路原路面为混凝土路面,因年久失修,部分路段出现路基沉陷,路面出现龟裂、断板、错合等现象。2012年,管理局对西线景区公路(仙人洞至南山园门)进行了改造,全长2.63千米,按旅游景区公路标准设计建设,将原混凝土路面改造为沥青混凝土路面,路幅宽6.5~7米,双向2车道,设计行车速度20千米/小时,工程总造价1200万元,由庐山财政旅游基础设施经费中支出。项目于2012年5月5日开工建设,2012年7月15日竣工通车。

建成区路面改造工程 由于庐山建成区内大林沟路、窑洼路、汉口峡路、河东路、环湖路、大林路等6条支干道年久失修,部分路段出现路基沉陷,路面破损严重,严重影响庐山旅游交通和旅游形象,管理局对以上6条沥青道路进行了全面升级改造,总长6.2千米,平均路幅宽6米,工程总造价2100万元,由庐山财政负担。项目于2012年6月2日开工建设,2012年7月5日竣工,大大改善庐山交通环境。

香山路改造项目 庐山香山路是河南路的连接线,是庐山重要的主干道。因年久失修,路面破损严重,且多处弯道过急,坡度过陡,管理局对该路进行全面改造,全长1.2千米,路面为沥青混凝土路面,平均路幅宽6米,工程总造价600万元,由庐山财政负担。项目于2012年3月开工建设,2012年6月竣工通车。

仰天坪道路维修改造工程 庐山仰天坪道路起点为含鄱路与人大休养所路口,终点为仰天坪度假区,道路全长2.593千米,工程预算总造价为610万元。该工程分两个阶段进行,第一阶段进行路基部分的施工,2012年12月15日开工,2013年4月底完成,路基工程造价为280万元;待仰天坪区域的项目建设基本完成后,再进行第二阶段路面的施工。

九江绕城高速公路新建项目 九江绕城高速公路新建项目是2012年全省四个交通重点工程之一,路线总长46.96千米,涉及庐山1000米,该项目在庐山范围内共需征用土地6.67公顷。

南昌至九江高速公路通远试验段改扩建项目 昌九高速扩建项目对于完善江西“三纵四横”高速路网,提升高速公路畅通水平,具有重要意义,该项目主要设计标准由原双向四车道扩建为双向八车道,扩建路线总长约10.426千米,途经庐山通远等地,项目总投资8.16亿元,该项目在管理局范围共需要征用土地200多亩,我局抽调骨干力量,全力做好庐山范围内征地拆迁以及协调工作,确保项目顺利推进。

完成连通工程项目3个2.5千米,总投资87.5万元,分别为庐山石门涧路至水电厂1.3千米、庐山天后宫至马尾水0.7千米和莲东公路至莲花禅院0.5千米,投资方式为车购税和地方自筹。

二、公路养护

辖区内有各类公路74条152.1千米;按行政等级分:省道1条49千米,县道1条3千米,乡道31条63.2千米,村道45条36.9千米。省道49千米由庐山公路分局管养。庐山管养的公路103.1千米,由于庐山农村公路的管养是在山下“两厂一所”,划归庐山后,2008年年底才由庐山区划归庐山管养,因此,没有中央转移支付补助资金。同时,庐山也无技术力量成立养护中心,公路养护工作滞后。目前,养护主要是日常养护为主,由公路沿线村庄承担,无专业养护队伍和人员。

三、道路运输

道路运输 2012年庐山的道路运输市场的客运量共计132万人,货运量1.1万吨。道路旅客运输有班线客运、出租车、旅游车、公交车四种客运模式。庐山有道路运输班线线路5条,分别是庐山—沙河,票价15元;庐山—九江,票价15元;庐山—南昌,票价50元;庐山—德安,票价25元;庐山—武汉,票价90元,共有班线车辆27台。庐山出租车公司1家,目前运营的庐山出租车共有30台,车型全部更新为北京现代。庐山公交公司1家,公交车10台,主要满足居民出行和居住在九江职工上下班的需求。

旅游运输 庐山从事旅游客运的共有2家,一家为庐山旅游观光车公司,共有旅游客车186台,主要在庐山核心景区专营,观光车票价为80元/位,共设站点27个。旅游观光车自2009年运行以来,旅游观光车运行平稳,取得了良好的社会效益和经济效益,解决近400个就业岗位。该项目对于保护庐山的生态环境,改善庐山的旅游形象、旅游环境和品位,进一步提升旅游交通服务水平,确保景区内交通安全、有序和便捷,实现庐山

的可持续发展有着重要的意义;一家为庐山旅游汽车运输责任有限公司,共有旅游客车32台。

共青城市

2012年是共青市重点项目的攻坚之年,迎来了中共十八大胜利召开,共青城市交通运输局积极贯彻九江市交通运输局和共青城市委、市政府的指导精神,引进先进工作方式,按时保量完成了各项工作,圆满完成各项任务。

一、重点项目建设

燕坊至滩溪段(江益至恒丰)公路升级改造立项 该公路总里程8.8千米,现有路面宽5米,于2005年改造硬化。2009年,由于昌九城际铁路的施工建设和车辆严重超载,设计等级相对较低等因素影响,路面出现大面积损毁,破损程度85%以上。共青城市交通运输局多次对该路段进行修补并向铁路部门索赔。为彻底解决沿路群众出行难的问题,特申报该段公路的升级改造立项,省厅现已对该项目立项批复,目前处于工程设计阶段。改造后路面宽6.5米,将从根本上解决燕坊至滩溪段公路沿路居民出行不便及运输困难的问题。

县道升级省道项目 共青城市交通运输局积极向省交通厅申报了县道升级省道项目。该项目从105国道德安段陈家桥处连接金湖镇经共青城区通向永修恒丰连接105国道,在共青城市辖区内共有48千米里程,升级为省道后,公路等级由原来的四级公路升为二级公路,公路管养资金由省政府财政支持。

农村公路综合服务站 积极向共青城市政府申报了农村公路综合服务站项目。该项目选址于江益镇荷塘村,占地面积0.67公顷,总投资260万元。2013年共青城市将着手筹建该项目。

二、农村公路管理养护

2012年,共青城市交通运输局积极探索新形势下做好养护工作的新办法,加强对管养人员的技术培训,定期组织人员对各个路段进行检查,查漏补缺,发现问题及时处理,做到“预防为主,防范先行”,对农村公路重点路段进行全方位养护,全年共养护路面1500平方米。对部分公跨铁桥进行修补,建成示警桩14个,防护墩136个,护栏1.2千米,整治危险路段8处。同时,争取九江市交通运输局的支持,充分利用燃油税转移支付,对破损严重路段进行了修补,清除了道路两旁杂草5100余米,为新建农村公路安装减速带33米,警告标志牌11块,贴膜2片,确保辖区内公路安全、通畅。

大厦至东城,大修,改造1.9千米,投入700万元,已完工。邹家岭至立下垅,大修,改造0.4千米,投入10万元,已完工。甘露信用社至共青水闸,小修,改造5.8千米,投入3万元,已完工。

三、公路绿化、水毁防治、突发事件及处理

2012年共青城市积极向上级部门争取资金,水毁防治工作共投入资金5万元;公路标准化面积达6亩,投入资金4.8万元。由于各项措施实施成效显著,共青城市辖区内无重大事故发生。

新　余　市

2012年,新余市交通运输投资建设快速推进,运输生产持续增长,养护运营跃上新台阶,行业管理实现新提升,年初确定的主要目标任务超额完成,多项指标创历史新高,新余交通运输工作保持平稳较快发展态势。

交通基础设施建设。全年完成农村公路建设156.575千米,完成投资7348.38万元;完成农村公路新建桥梁项目3座,完成投资670万元;完成2011年公路水毁重建项目4个,共13.8千米,完成投资798.6万元;完成2011年农村公路危桥改造项目4个，完成投资851万元；完成2009年新增通乡油路项目7个，共78.7千米，完成投资2.1亿元。2012年省厅已批复新余市2个乡镇（分宜县双林镇、渝水区水北镇）农村公路综合服务站，正在做施工前期准备工作，将在2013年完成建设任务。积极协调县（区）、管委会抓好赣西中心物流园区等重点物流项目建设。赣西中心物流园区累计完成项目总投资近30亿元，其中2012年完成投资25亿元。物流信息平台，累计完成投资280万元，2012年完成投资150万元，发展企业会员200余家，信息采集和信息交易量稳步增长。2012年底成立了新余市物流协会，发展会员单位59家。新余港（袁河开发）项目水资源分析论证于2012年11月30日进行专家评审并获得通过。完成了仙女湖区河下镇洋田渡口的标准化建设工作。已完成设计编制单位的招投标工作，进入设计编制阶段。

交通运输生产。截至2012年年底，全市有营运客车329辆，城市（际、乡）公交362辆，出租车636辆；货运车辆36921辆、吨位数392655吨，同比分别增长13.7%、11%。全年完成道路客运量1780万人次、旅客周转量65904万人千米、货运量10903万吨、货物周转量2047531万吨千米，同比分别增长1%、1.1%、14.39%和16.3%；水路客运量35.6万人次、旅客周转量711万人千米，货运量82.4万吨、货物周转量255.63万吨千米，同比分别增长0.6%和0.7%。春运期间共投放道路旅客运力（含公交车）1365辆，运送旅客569.879万人次，其中道路客运97.71万人次、公交客运472.16万人次，同比分别增长3.57%和2.56%；水路运输共投入游船12艘、715客位，运送游客0.81万人次，同比增长52.8%。全年推进的交通运输节能减排项目五个方面，共计48个子项目。市公交公司和分宜分别购置了40辆和32辆新能源公交汽车；孔目江管委会购置了12辆电动观光旅游车；驾培行业油改电教练车工作已全面启动，已更换8辆。新余长运有限公司天然气加气站建设项目已完成并投入营运。市客货运车辆GPS监控中心建设已进入实施阶段。

交通行业管理。一是严格执行质量监督程序，严把交通建设市场质量关。重点对樟排线水西段、环城南路、清宜公路西延段、经开大道等市属重点工程组织多次质量巡查、专项督查和综合督查。完成对2011年农村公路建设项目（共158.6千米）进行交工检测和潭隅大桥、桥口大桥的交工检测工作，全市交通工程质量监督覆盖率达100%。二是严把运营车辆准入关，加大全市道路运输系统燃油消耗核查工作力度。全年完成2523辆新增车辆、636辆过户车辆的燃料消耗量核查，严把燃料消耗量核查关口，杜绝不达标车辆进入道路运输市场。三是强化道路运输市场监管，维护市场经营秩序。在全市范围内开展了打击非法违法道路运输生产经营的“先锋”和“重剑”专项行动，共检查企业72户，检查车辆1158辆，查处违规营运117起，处理非法营运案件28起。四是严把道路运输市场从业资格培训考试关。举办道路客货运输驾驶员从业资格考试20期，考试合格2361人（客运979人、货运669人、客货713人）；举办危险货物运输驾驶员从业资格考试3期，考试合格81人。五是认真贯彻实施运输企业及道路客运站质量信誉考核制度。对全市9所机动车驾驶员培训学校进行考核，其中：AAA级企业2所、AA级企业6所、A级企业1所，1所驾校新许可未参加考核；对全市68家二类以上（含二类）维修企业进行逐家的现场考核评审，其中：一类维修企业19家、二类维修企业49家，实现全市一、二类维修企业质量信誉考核率达100%；对全市25家客运企业、二级以上汽车客运站进行了安全生产工作规范考核。

交通运输安全生产。年初召开了全市交通运输系统安全生产工作会议，落实了安全生产责任，签订了安全生产责任状。重点加强了道路客运、危货运输和水上运输市场的安全监督管理，强化安全生产意识。全市道路和水上未发生一起较大责任事故，交通运输安全生产形势稳定。水上安全生产连续26年责任事故为零。

（简少华　邓清华）

分　宜　县

2012年，分宜县交通运输创新思路，转变作风，健全机制，不断提升工作执行力，积极推进交通基础设施建设，大力整顿交通运输市场，全面推进行政执法体制改革，有力促进了各项交通工作开展。

交通基础设施建设。投资6000万元,全力做好清宜公路(分宜段)改建工作,实现了市委市政府国庆前通车目标。沪昆高速公路分宜互通改造建设完成了前期立项的规划编制和专家评审工作,以及项目的工可编制和专家评审工作,争取年内项目开工建设。完成农村公路建设41.5千米,完成投资1500多万元;列养公路和农村公路养护完成投资31万元。双林镇农村公路综合服务站,正在做施工建设,将在2013年投入使用。督促完成水毁公路抢修工作及统计上报工作,对危桥险段道路及时进行排查治理。钤山镇下坊桥已建成通车;完成2011年水毁项目泉丘至建陂公路路面大中修工程的验收准备工作。

交通运输生产。全县现有客运班线76条,营运客车127辆,公交车75辆,出租车105辆。2012年,新增农村客运班线4条,新增客车4台,完成投资110万元,实现了"村村通客车"目标。开通了电厂至分宜公交班线、分宜至凤阳、分宜至湖泽、分宜至水北公交线路四条,新增公交车19辆,完成投资485万元,实现城乡运输一体化突破。更新出租车54辆,占总数的51.4%,完成投资1020.6万元,实现运输生产平稳增长。发展各类物流企业15家,达国家AAA级物流资质企业1家,AA级1家。

交通运输安全生产。对客运、危运企业、客运站场、乡镇渡口、在建工程及机动车维修企业展开了4次全面的安全生产检查,及时纠正安全隐患21处,有效地消除了安全隐患,为运输市场安全运作提供了保障,实现了连续28年渡口"零"事故。

(分宜县交通运输局)

渝　水　区

2012年,渝水区交通运输以交通基础设施建设为中心,扎实推进交通重点项目和农村公路建设,突出抓好交通运输行业管理,全面加强水上渡运和道路运输安全监管,各项工作稳步推进,协调发展,为全区经济社会发展提供强有力的交通支撑。

交通基础设施建设。霞江大道建设全面完成,余新公路建设全面开工,欧东线战备公路前期准备工作有序展开,农村水泥路建设稳步推进,全年争取通自然村公路建设项目50.3千米、县道升级改造建设项目2.2千米(罗坊镇水芳线山田段)、农村客运网络化所需的连通工程项目及新建项目5.1千米、农村公路新建独立桥梁建设项目3座、国有林场通乡水泥路建设项目10.5千米,国有农场通行政村水泥路建设项目1.2千米,农村公路综合服务站项目1个,争取补助资金共计1461.8万元;改渡建桥工程基本完成;仙女湖大道西延段、樟排线改造、环城南路、杭南长高铁、滨江路等省、市重点项目征地拆迁和建设协调工作顺利推进。

交通运输生产。全年新增货运企业23家,新增货运车辆2264辆,新增运力吨位21643.5吨,全区货运企业总数达107家,货运车辆总数11418辆,总吨位98770.9吨。截至2012年年底,全区共拥有客运公司3个,城乡公交公司3个,个体客运业户2户,拥有客运车辆125辆(其中农村客运车辆37辆,城乡公交车88辆),班线48条,日发班次476班;拥有乡镇客运站9个,客运招呼站187个,拥有一类维修企业5家,二类维修企业19家,三类维修企业81家;拥有二类汽车驾驶培训学校2家。完成客运量837.13万人次,客运周转量18285.05万人千米,完成货运量1351.79万吨,货运周转量40369.84万吨千米。

交通运输安全生产。以落实责任为切入点,切实强化道路运输、路桥施工和水上渡运安全监管,重点加强春节、汛期等重点时段和敏感时期交通安全检查,加强源头管理,及时排查和整改安全隐患,落实安全防范措施。积极开展道路运输安全整治,全年共下发各类整改通知书、告知单33份,共检查车辆5800余辆次,查处违章经营行为530辆次,纠正违章280余辆次。全年未发生一次死亡3人以上交通责任事故。按期组织渡管人员及渡工业务知识培训,水上交通连续26年实现安全渡运。

(渝水区交通运输局)

仙女湖区

2012年,仙女湖区交通运输局坚持以科学发展观为指导,紧紧围绕全区中心工作,以求真务实的工作态度,以真诚服务的工作理念,团结一致,奋力拼搏,全面完成全年各项工作任务。

农村公路建设。全年完成农村公路建设计划6千米,完成水毁公路金九线建设项目3.2千米;完成公路路网改造河良线、哲划线安保工程包括护栏、警示标志设施建设等项目改造;黄田至湖尾及环湖路至凤凰湾办事处两条农村公路网络化建设项目已申报立项,争取资金60万元;钤阳湖旅游公路项目19.8千米已申报立项。加大危桥改造力度,向上级交通运输主管部门申报3座危桥改造计划。

重点工程建设。完成新余客运西站建设任务,完成投资10500万元,规划总用地面积28168.69平方米,车位43座;完成仙女湖大道西延段工程,该工程5月23日完成了垫层交验,10月18日竣工通车,总投资5200万元(其中征地拆迁费2100万元、路基工程投资约3100万元),共完成路基工程总长5099.8米。

交通运输行业管理。强化巡查考核规范日常养护行为,结合养护工作的要求,该区制定和完善了《仙女湖环湖观光旅游路养护考核办法》,紧紧抓住日常养护工作标准不放松,不断完善养护管理机制,以养护为中心,全面提高路况质量,加大养护管理的奖罚力度,使各项制度得到有效落实。在仙女湖环湖观光旅游路各险段增加了波型防护栏1500米、警示、标牌49块,广角镜4块,减速带3处共18米,同时对仙女湖环湖路北段,进行绿化,打造环湖路绿色长廊。为确保环湖公路安全有序,禁止了货车通行,对景区及周边地区施工单位,对确实要行进的车辆,发放临时通行证,实行严格管理。根据仙女湖区《"十二五"农村客运网络规划》,申报两条农村客运网络线路建设同农村公路建设有机结合起来,坚持以乡镇等级客运站为依托,以候车亭为节点,以农村公路为纽带,逐步建立通达、快捷、有序的农村客运网络。规范维修市场,在不断加强维修行业管理工作同时,以规范二类维修企业的经营行为重点,严厉打击不按二维操作规程进行维护的违章行为,有力地促进了维修市场的规范化工作进程。

交通运输生产。全区现有营运货车13615辆,吨位223423吨;同时货运车辆结构得到优化,大吨位货车数量有所增加,8吨以上货车已发展到8450辆;2012年,全区新增货运车辆1506辆、转出488辆;完成营运车辆年度审验及技术等级评定11359辆。完成洋田渡口申报标准化渡口建设;投资10余万元强化对全区3艘渡船进行了全面维修,杜绝了事故隐患。争取农村渡运柴油补贴17.8万元,全部按要求补贴到位。游船公司新增"龙凤号"游船1艘,增加运力120客位。认真做好春运、"五一"、"十一"等节假日旅客运输工作,满足城乡居民出行需求。

(仙女湖区交通运输局)

高　新　区

2012年,新余高新区交通运输局在区党工委、管委会"以工业化为主线,以大开放为主战略"发展思路指引下,坚持以科学发展观为指导,紧紧围绕全年交通运输工作目标,扎实推进基础设施建设,强化交通运输行业管理,提升交通运输服务水平,全面完成了各项工作任务。

交通基础设施建设。樟排线一期3282米公路改造建成通车,完成投资1.1亿元,二期2200米已完成征地、拆迁工作;新余至新干公路货运通道6.01千米已完成土方4万立方米;完成农村公路建设8千米,完成投资160万元;完成安保公路建设11千米,完成投资44万元;完成桥梁建设3座,累计完成投资2600万元。12月,渡改桥项目桥口大桥建设完工,桥长260延米,完成投资1亿元,至此全区渡改桥建设全面完成。

道路运输行业管理。一是加强管控,推动道路运输市场有序发展。对全区15家道路货物运输经营业户年度质量信誉考核,考核率100%;客运公司1家,考核率100%;审验客车13辆,审验率100%。积极培育货运市场,加快现代物流业发展和货运规模化进程。加强维修市场整治,每月对维修市场进行检查,抓好了维修企业的源头管理。还组织维修企业从业人员参加业务培训,提高其业务技能和服务质量。二是预防为主,道路运输安全形势稳定。年初与有关企业、客运企业签订安全生产责任书16份,切实突出企业安全生产责任主体地位,督促企业进一步健全完善安全生产规章制度,在日常工作中,重点查漏洞、抓落实,对发现的安全隐患认真分析,及时处理,对全区运输企业安全生产达标进行了升级摸底,登记造册。认真扎实开展本地区本部门安全排查整治工作,坚决做到不留死角、不留隐患。加强应急队伍建设,制定了全区性交通应急处置预案和应急责任人网络图,确保应急保障工作的积极应对和处置。

(高新区交通运输局)

孔目江区

2012年,孔目江区交通运输局以加快发展、富民强区的目标为中心,紧抓农村公路建设、交通运输管理、杭南长高铁征地拆迁三个重点,做好道路新建养护、客(货)运管理、交通运输安全生产等工作,较好地实现了年初目标,取得一定实效。

交通基础设施建设。全年完成农村公路计划10.5千米,完成投资262.5万元。辖区内战备公路6.8千米,已开工建设;欧里镇白梅桥建成通车,完成投资140万元;投资100多万元,对辖区分宜湖泽至观巢南布段、欧里至昌坊连接线沥青路面改造、欧里至带元村委路面塌陷进行重点修复。杭南长高铁第二次验工计价资料已通过验收,省高铁办下拨资金266万元。

交通运输市场管理。一是严厉打击运输市场非法经营活动和违规经营活动;二是加强客运市场的管理;三是严把营运人员从业资格关;四是开展了机动车维修市场的整顿;五是做好客运车辆的更新工作。

交通运输安全生产。一是从加强乘客运输源头管理入手,严把“三关一监督”,安排人员在客运站轮流值班,检查客运经营业户的从业资格、营运证、二级维护及技术性能检测等手续,查堵无牌无证经营,对不符合要求的车辆,取消运营资格,不予进站排班,坚决杜绝“病车”上路。同时加大路检路查力度,将工作重点放在欧新线上,同时向农村延伸,确保了道路运输安全。二是牢固树立“安全为主、预防第一”的思想,紧紧围绕“公路畅通”这一主要环节,定期对管辖范围内的路面进行巡查,对易出现交通堵塞和有安全隐患的路段提前采取安全防范措施,确保公路安全畅通。在交通事故“黑点”增设相应的警示标志、标牌以及护桩、安全墩个,有效降低因道路线形和路面状况造成的交通事故的发生。三是从整顿客运市场秩序入手,运用广播、横幅、板报等多种手段,广泛宣传安全常识,积极配合运管、公安部门加大“三品”和车辆技术安全检查工作的力度,做好车站、车场等重要场所的防火、防盗等工作。

(孔目江区交通运输局)

鹰　潭　市

2012年是国家“十二五”规划的第二年,也是夯实基础、实施攻坚的重要一年。在这一年中,鹰潭的交通运输事业也取得了令人瞩目的成就。

一、按照市委、市政府“主攻项目,决战三区、凸现特色、实现跨越”的总体要求,交通基础设施建设再上一个新台阶。2012年,农村公路建设再创佳绩,完成农村公路309.4千米,完成投资12064.25万元,新增通水泥路自然村139个,行政村通达率、通畅率达到100%。

沪昆高速龙虎山中心服务区正式开工,上清至饶桥旅游公路建设项目全面推进。在站场建设方面,按照省厅的部署,推进了农村公路综合服务站试点，完成了鹰南公交枢纽站，极大地改善了人民的出行和乘车条件。农村公路渡改桥工程是近几年来一直连续不断的大工程项目，“十一五”期间共争取到省厅农村改渡建桥项目 27 个，到 2011 年年底已全面完成。2012 年，贵溪流口大桥进展顺利，余江塔洲大桥按时竣工，还有贵溪冷水大桥危桥重建也竣工通车，实现了区域交通环境的大改观，大跨越。

二、运输市场稳定有序发展。2012 年全市完成客运量 5290 万人、客运周转量 85580 万人千米、货运量 5910 万吨、货物周转量 1569815 万吨千米。二是稳步开展道路运输行业质量信誉考核工作。分别对 5 家客运企业、1 家客运站、5 家城客企业、6 家危货企业、7 家驾校、41 家维修企业进行了质量信誉考核，考核率均达 100%，优良率达 80%。

三、城乡客运网络化、数字化工程初具规模。在贯彻市委、市政府公交优先发展战略、积极推进城乡客运一体化建设中，新建了一批乡镇客运站，顺利开通了鹰潭至贵溪、余江、龙虎山三条城际公交线路，新开通的信江 1 路、信江 2 路、市区至农校的 19 路公交车，为配合“一江两岸”提供了保障。

四、交通行业管理有新的突破。2012 年，全系统着重抓了运输市场结构调整，招商引资，引进 12 家物流企业计 510 辆车，折合资金约 1.8 亿元。同时，整治“黑车”、规范市场，促进运输服务业的发展。为了防止公路“三乱”反弹，在加强交通安全监管方面，坚持“安全第一、预防为主”的方针，全面落实各级安全生产责任，加强安全知识培训和宣传教育工作，认真开展了交通客货运输、危货运输、乡镇船舶“三项专项整顿”活动，对全市所有运输企业和施工企业进行了安全生产评估；对道路危货运输企业资质、车辆技术状况、从业人员资格、企业安全生产制度和应急预案等方面进行专项检查，对查出的安全生产隐患，下达限期整改通知书，落实了整改措施。加强了公路重点路段的养护和危桥加固维修，加强了建设养护中的安全施工、文明施工，确保了公路、水路安全畅通。

贵　溪　市

2012 年来，交通运输局在市委、市政府的正确领导下和上级交通运输部门的业务指导下，各项工作顺利完成。

交通基础工程建设成效显著。一是水毁修复工程：龚店至资溪、贵溪至冷水挡土墙等修复工程的前期准备工作已完成，即将进行招投标工作，2013 年 3 月全面竣工；文坊至西排水毁修复工作（二期），全长 22 千米，2013 年 11 月底全面竣工。其次续建通乡油路项目：塘湾至上祝公路改造，全长 2 千米，12 月底全面竣工；下张至李源公路改造，全长 5.9 千米，12 月底全面竣工。

农村公路实现建管养运创新。首先，编制了全市农村公路管理养护保洁工作方案，制定了养护计划，争取农村公路养护分成资金较往年有所增加。制定了实施细则，把养护保洁目标细化分解到各乡镇，使养护保洁工作稳步推进。其次，配合省厅做好乡（镇）农村公路综合服务站建设试点工作，贵溪市文坊镇高质量地在规定时限内完成了工作，目前该站招投标等前期工作已完成。

交通运输生产平稳发展。2012 年全市拥有客车 112 辆、出租车 138 辆，拥有货车 1933 辆，实际完成客运量 848 万人，客运周转量 13487 万人千米，完成公路货运量 514 万吨，货物周转量 66087 万吨千米。

客运市场管理有序。通过加大对班线客车安全隐患的检查力度、打击非法营运的力度、客运安全的宣传力度等手段，使全市客运班车运营安全措施到位，市场秩序明显改观。在整顿和规范道路运输市场秩序中，共查处非法营运车辆 717 辆，其中三轮车 113 辆（含残疾三轮车），摩的 535 辆，黑车 69 辆。纠正违章行为 148 起。在 2012 年的年审工作中年审率达到了 100%。圆满完成了 2012 年的车辆年检工作。

引进江西长运公司进驻贵溪市客运市场。为彻底改变目前该市客运企业小、散、弱，客运车辆脏、乱、差等顽疾，在市委、市政府的正确领导下，积极寻找解决办法，经与江西长运公司长达半年的协调、谈判。顺利完成协谈文本，并于 11 月顺利完成签约,新客运公司“贵溪长运公司”注册完毕。

余 江 县

到2012年底,县交通运输局管理的农村公路(不含县公路局的县道)有县道5条,共计74.144千米;乡道96条,共计316.788千米;村道703条,共计787.036千米;合计1137.968千米。其中,水泥路871.361千米,沙路266.607千米。2006年硬化水泥路76.4千米,2007年硬化水泥路109.8千米,2008年硬化水泥路96.3千米,2009年硬化水泥路55.6千米,2010年硬化水泥路47.3千米,2011年硬化水泥路35.5千米。

全县共有客运车辆(在册登记)129辆,货运车辆5966辆;农用车322辆,出租车41辆,公交车24辆;物流企业141家,车辆5644辆,132078吨位。今年共审批、引进物流企业35家,车辆1986辆,28800吨位。

班线共计32条,有汽车站13个:余江汽车站、锦江站、潢溪站、马荃站、黄庄站、洪湖站、高公寨站、中童站、杨溪站、邓埠站、刘垦站、画桥站、春涛汽车站。

全县共有浮桥2座(上渡头浮桥、孟津门浮桥,都属于桥渡并用),其中上渡头浮桥由县桥渡所直接管理,孟津门浮桥由锦江镇管理。渡口9个,渡船10艘。其中锦江镇3个(孟津门渡口、炭埠渡口、黎浦渡口);潢溪2个(上渡头渡口、潢溪渡口),春涛乡2个(院埠渡口、山脑渡口);中童2个(瑶池渡口、祝家渡口)。

公路建设与养护。按照2012年农村公路改造计划,完成了潢溪农村公路综合服务站前期申报和招投标工作并已正式开工;完成张公桥新建桥梁和金家桥危桥改造工程;严毕线县道公路升级改造前期野外数据采集工作及“实施方案”的编写已经完成,现正准备招投标。沪昆高速龙虎山服务区在县境内的征地、拆迁顺利完成,目前该工程正在建设当中。

运输市场。春运期间,全县共出动客运车辆108部,全部运政人员参与春运值班,查处危险品40余次,查处违规车辆50余辆,基本实现了“和谐春运、平安春运、幸福春运”的要求。

根据运输市场的需要,积极培育新的运力运量,2012年,全县完成公路运输客运量732万人次,客运周转量13176万人千米,货运量62152万吨,货物周转量357120万吨千米。

高速公路绿化工程。余江县境内现有景鹰高速、梨温高速、鹰瑞高速三条高速公路通过。自今年2月份以来,该县深入贯彻省委、省政府“生态立省、绿色崛起”战略,扎实推进造林绿化“一大四小”工程建设,按照“树有高度、林有厚度、四季有景”的要求,做好景鹰高速、梨温高速、鹰瑞高速余江段的绿化提升,按照“做精品、创亮点”的要求,重点抓好梨温高速互通至鹰南出口9千米的绿化提升,着力打造鹰瑞高速10.5千米通道绿化,同时抓好县城东拓的城区绿化余江段绿化,全面开展“森林十创”活动,全面完成1.63万亩提升绿化任务。

从2012年起,省交通运输厅在全省范围内选择确定50个乡镇(其中鹰潭市3个)农村公路综合服务站建设作为省级试点,余江县潢溪镇农村公路综合服务站被列入省级建设试点。近年来,县积极探索面向乡镇的农村公路建、管、养、运新型管理服务模式,切实将农村公路打造成惠民、便民的致富发展路。

龙虎山风景名胜区

2012年,景区交通运输局求真务实,与时俱进,开拓创新,较好地完成了各项工作,有力推动了景区交通事业的发展。

加快推进景区旅游综合开发建设。一是完成排衙石道路延伸工程前期工作,11月中旬招投标结束,11月底动工建设,2013年5月竣工通车;二是完成仙城路工程前期工作,11月底完成招投标工作,12月初动工建设,2013年5月竣工通车;三是完成仙女岩码头建设工程前期工作,已动工建设,确保2013年“五一”黄金周交付使用。

加快景区旅游交通基础设施建设。一是5月底完成桂洲至圣井旅游公路第一标段(城门至圣井)工程建设,第二标段(圣井至大脚岭)于10月底竣工并通过验收,第三标段(圣井山至大脚岭延伸段）于10月动工建设，力争2013年4月底竣工通车；二是启动建设汉浦大桥危桥重建工程，已基本完成大桥主体工程，2012年12月竣工通车；三是完成桂洲渡改桥可研性报告，省厅已立项批复，待景区总体规划出台并结合上清至饶桥旅游战备公路走向确定桥位，由设计院做初步设计上报省厅批复项目补助资金后，启动实施建设；四是动工建设上清农村公路综合服务站，已基本完成主体工程，2013年1月竣工验收；五是完成黄家桥折旧建新桥工程建设；六是完成龙虎山姜家桥申报立项和图纸设计工作。上述项目的建设，在项目申报及项目实施过程中，严格规范操作，加强工程建设管理，严把工程质量关，严格落实施工环节中的安全生产措施，及时协调处理和解决施工中存在的问题，确保各项工程顺利进行。

加快农村公路建设步伐。农村公路是直接联系广大人民群众的公路，是造福广大农民兄弟的致富路、小康路、民心路，加快农村公路建设步伐，提高路况质量，是今后建设小康社会和新农村建设的必然要求。2012年，景区完成了龚资线至蒋家等4条农村公路水泥路面硬化建设，共6.5千米。

拟建的桂洲大桥位于龙虎山上清镇境内，跨信江支流泸溪河，该项目的建设将解决两岸群众生产、生活需求，对完善区域农村公路网络、充分发挥公路交通作用具有十分重要的意义。

赣　州　市

2012年，赣州市交通运输大力贯彻落实《国务院关于支持赣南等原中央苏区振兴发展的若干意见》和中共十八大精神，为加快交通基础设施建设步伐，进一步推动赣南苏区交通运输事业振兴发展和跨越发展的进程做出重要贡献。

高速公路建设。基本完成年初确定的各项目标任务。其中龙杨和赣崇两条作为实现我省高速公路通车里程突破4000千米目标的攻坚项目，顺利建成通车；寻全高速公路如期开工建设，工程施工正快速推进；兴国至赣州高速公路前期工作有序推进，征地拆迁工作已启动。全年赣州市高速公路建设计划完成投资70亿元。是年，赣州境内高速公路通车里程为958.26千米。

国省道公路建设。赣州市公路管理局管养市养公路2639.891千米/62条，桥梁881座，隧道4道，按行政等级分，其中国道4条，计930.753千米；省道14条，计1099.724千米；县道31条，计543.567千米；乡道8条，计15.319千米；专用5条，计50.528千米。

县乡（村）公路建设。全年共完成农村公路建设1500千米，改造危桥120座。向上争取农村公路建设规模1765千米，向上争取补助资金2.5亿元，同比分别增长16.7%、12%。全力支持全市农村危旧土坯房改造，为集中新建点安排农村公路建设166千米，提供资金1598万元。经过市局多方努力争取，市政府在财力紧张的情况下，给各县（市、区）新增拨付了6000万元农村公路建设历年旧欠，占旧欠总额的30%，并承诺逐年还清，从而极大缓解各县（市、区）农村公路建设资金难题，真正做到取信于民。

是年，全市公路通车总里程达28171.009千米。

公路运输管理与生产。全市营运车辆达到53201辆，其中客运车辆3062辆，货运车辆50139辆。2012年全市完成客运量9153万人，旅客周转量789525万人千米，货运量17253万吨，货运周转量2312541万吨千米，同比分别增长12.81%，25.1%，8.82%，30.66%。客货运输量分别占全社会运输量的89.3%和75.2%，在综合运输体系中的地位和作用明显增强。全市拥有跨县以上班线567条，日发班次2058班。其中高速直达班线118条，日发班次160班；拥有农村客运车辆1463辆，716条班线，日发班次5790班；拥有高三级客车17辆，高二级客车158辆，高一级客车643辆,中级客车987辆。

水路运输管理与生产。全市运输船舶429艘,其中客船91艘,客位2521个;货船338艘,载重吨位52703吨。全年共实现港口吞吐量1305万吨,其中:出口7.8万吨,进口1297.2万吨;货运量1305.1万吨,其中包括沿海28万吨,货运周转量49587万吨千米,客运量129.8万人,客运周转量945万人千米。

现代物流。赣州市现代物流产业发展工作取得较大进展,实现五大新突破:一是规模以上物流企业发展有新突破,首次突破50家,达54家;二是物流基础设施建设有新突破,赣州综合物流园区已开工建设,累计完成投资23.5亿元;三是社会物流统计工作有新突破,在全省率先组织开展全市社会物流统计工作;四是物流业标准化试点工作有新突破,10家物流企业参与国家标准化试点;五是区域性物流交流与合作有新突破,在南康市首次举办全国性物流行业高峰论坛。是年,我市物流业增加值首次突破百亿大关,物流业增加值达106.79亿元,比上年增长16.5%,占GDP比重7.12%。根据物流业“十二五”发展目标,“十二五”期末物流业要实现增加值突破100亿元,占GDP的比重达6%以上,两项关键目标提前实现。

铁路、民航、海事。赣龙铁路加快了扩能改造,建设昌吉赣铁路客运专线,规划研究赣州至深圳铁路客运专线和赣州至韶关铁路复线,打通赣州至珠三角、粤东沿海、厦漳泉地区的快速铁路通道,加快赣井铁路前期工作,加强赣州至湖南、广东、福建等周边省份铁路运输通道的规划研究,提升赣州在全国铁路网中的地位和作用。改造扩建赣州黄金机场,研究建设航空口岸。适时将赣州黄金机场列为两岸空中直航航点。加快了赣江航道建设,结合梯级开发实现赣州—吉安—峡江三级通航,加快建设赣州港。

(李发淳)

章贡区

2012年,章贡区内有公路197条总长380.667千米,其中:国道2条计42.8千米;省道2条24.86千米;县道3条计24.585千米;乡道14条计61.621千米;村道176条计226.801千米。

区交通运输局认真贯彻落实《国务院关于支持赣南等原中央苏区振兴发展的若干意见》精神,按照年初编制且获得区政府批准《2012—2020年章贡区交通运输振兴发展规划》实施。年内,投入801.8896万元完成农村公路改造36个项目计37.17千米,其中:投入235.8745万元完成民生工程水泥路项目11个计9千米,投入371.5万元完成村组水泥路项目27个计11.3千米,投入194.5151万元完成新修沙土路项目18个计16.87千米。7月初,水东镇、水西镇、沙石镇和沙河镇正式成立农村公路养护队,章贡区成立农村公路应急小分队。是年加大对农村公路管理养护的投入,专项资金由每年100万元增至为200万元。拥有营运车辆7035辆,其中:货车5683辆,出租汽车896辆,公交汽车456辆,设有43条线路。

区交通运输局积极抓好区辖内的道路运输、汽车维修、危货运输、汽车驾培等监管工作和协助市交通运输局对中心城区的公交、出租汽车等城市客运以及县区际客运的监管工作,对于维护客货运输市场秩序、遏制交通事故的发生起到积极作用。

继续推进物流业发展,引进新增货运车辆475辆计2454吨。引进新增市级规模以上物流企业1家。年内为国家创增物流税收1979万元,比上年净增896万元,保持持续平稳发展势头。

(章贡区交通运输局)

赣县

2012年,赣县交通运输局坚持以邓小平理论、“三个代表”重要思想和科学发展观为指导,以赣南苏区振兴发展和“三送”工作为抓手,紧紧围绕全年工作目标,解放思想、改革创新、凝聚力量、攻坚克难,积极地推进交通运输各项工作发展。重点抓好了赣县苏区振兴发展交通基础设施项目编制工作,积极做好了兴国至赣县高速公路等省市重点项目的推进工作,认真组织实施了全县2012年农村公路建设、危桥改造等民生工程,全县交通运输环境进一步改善，为赣县加快融入中心城区奠定了坚实的基础。2012年，赣县交通运输局被市交通运输局评为“交通运输安全生产工作先进单位”“物流产业发展先进县”“交通运输工作目标考核先进单位”，被县委、县人民政府评为“绩效考核”“苏区振兴发展”“新型城镇化”“民生工程”“党建”“机关效能”“三送”工作先进单位。

（赣县交通运输局）

上 犹 县

至2012年年底，全县境内通车总里程2173.15千米，2012年度全县公路建设投资规模约14200万元（未含高速公路建设相关投资）。

公路建设。赣崇高速公路、迎宾大道、金山大桥建成通车。2012年12月31日，赣崇高速上犹段建成通车，结束了上犹县域无高速公路的历史。赣崇高速公路全长22.75千米，总投资约16.73亿元。迎宾大道建设工程主体工程全面完成，路线全长10.04千米，路面宽24米，双向4车道，起点从赣丰线的黄埠至中稍路段，建设总投资为17300万元。金山大桥2011年11月开工建设，累计完成投资1294万元，年底建成通车。

黄沙坑经双宵至黄埠公路。路线长99.719千米，投资额约32781万元，申请国家补助资金10676.2万元，建设工期初定为24个月。该公路县城至油石段改造工程自年初开工建设以来，完成60%的工程量，完成投资2000万元；油石至社溪二级公路改造项目正式启动，施工图完成评审，完成85%征地拆迁任务；社溪经双宵至黄沙坑路段完成施工图评审。

龙市至大余（S230）上犹双溪至平富段。升级改造工程已完成工程可行性研究报告，并通过专家评审。该项目拟按二级公路等级升级改造，路面结构类型为沥青砼路面。

梅水至陡水二级公路改造。已完成工程造价预算审核、征地拆迁工作；九曲河公路路基已成型，共完成路基工程的99%，涵洞工程量的68.6%，防护工程的95%。

三中至南河湖公路。已完成了三中至黄塘段施工图设计工作，启动了工程招投标前期准备工作。黄塘至南河湖段初步设计基本完成。

上犹县西互通出口连接线工程。线路总长度约5千米，规划道路宽度为46米，双向六车道。至2012年底，完成工程可行性研究报告，并通过专家评审。

运输市场基本情况。全县客运站场4个，营运车辆拥有量为1432辆，其中营运货车1360辆，比2011年增长1%，营运客车126辆（班车72辆，公交车19辆，出租车35辆），全年完成客运量208.07万人，客运周转量29129.92万人千米，同比略有下降。完成货运量272.381万吨，货运周转量17034.738万吨千米，同比均下降9%。水上运输客运船只30艘，完成客运量37.3万人，客运周转量373万人千米。货运船只59艘，货运量49.7万吨，货运周转量497万吨千米。

全县实际拥有客运班车72辆（2012年更新14辆），2667客位。公共汽车19辆，321客位。出租车35辆，140客位。水上客运船只30艘，客运座位494座。载货汽车有普通载货汽车930辆，2524吨位，其他载货汽车1186辆，511吨位，新增载货车辆115辆，吨位499吨。

全县从事道路旅客运输经营业户共有7家，其中从事班车客运6家，从事出租车客运1家，县内公交车客运1家。从事道路货物运输经营企业4家，从事机动车驾驶员培训的学校4家。从事机动车维修企业92家（其中二类维修企业4家，三类维修企业88家），汽车综合性能检测站1家。

道路客运路线52条，平均日发班次130班，其中小于400千米有112班，大于等于400小于800千米18班。跨省线路18条，日发班18次，跨县线路13条，日发班43次，县内线路20条，日发班69次。客运班车通达乡（镇）14个。

交通运输市场健康发展。2012年，全县交通运输管理工作以群众满意和优化发展环境为目标，以民生为本，强化队伍建设，强化行业监管，优化行业服务，我县交通运输市场健康发展，便民服务能力进一步提升。

大力发展农村客运班线，班车通达率100%，通班车村121个，全县行政村（符合通行条件的）客车通达率达96.15%。

加快交通便民基础设施的建设，全年建成30个农村候车亭，营前农村公路综合服务站开工建设,社溪、寺下两综合服务站前期工作进展顺利。

(上犹县交通运输局)

崇 义 县

崇义县地处赣、粤、湘三省交界处,位于江西西南边陲,东与南康市接壤,南与大余县和广东仁化县相交,西与湖南省汝城县、桂东县毗邻,北与上犹县交界,总面积2206.27平方千米。

赣崇高速崇义段建成通车 为充分发挥赣崇高速公路对崇义的辐射带动功能,拉大城市框架,提升城市品位,增强通行能力,崇义县决定投资3700万元对赣崇高速崇义互通连接线实施拓宽建设。该项目规模为2.033千米。

农村公路建设稳步推进 2011年以来,圆满完成通村公路建设,全县124个行政村100%通水泥公路;投资近3亿元的县城至龙勾公路、绕城公路及城北大道升级改造工程全面完工投入使用。2012年主要实施农村客运连通工程和通组公路水泥路面改造,督促各乡镇抢抓秋冬施工黄金季节加紧实施通组公路改造,已完成36个项目64千米。在县举办第二届生态旅游文化节前,圆满完成县城—阳岭公路路面升级改造11.8千米,进一步优化了阳岭景区环境,提升了全县旅游品位。支持配合县重点工程道路建设,对关田工业园、过埠工业园、文昌塔、杰坝至树木园、土坯房改造点的道路实施勘测设计和质量监管。

4月、6月连续普降暴雨至大暴雨,全县大部县乡公路和村、组公路不同程度受灾,损坏农村公路80千米,大小塌方127处2万立方米。面对灾情,我局迅速启动应急预案,畅通信息,快速反应,确保人员机械快速到位,以最快的速度清理塌方,确保在最短的时间内恢复通行。在思顺乡上峙村"4·28"山体滑坡灾情发生后,为解决该乡齐云山村、新地村及齐云山国家级自然保护区人民群众出行问题,筹集近40万元资金,安排工程机械和人员,紧急抢通了18.7千米的应急通道。

部分县乡公路,因长期承受大型载重车辆碾压,超负荷运行,部分路段出现报板开裂或下沉。安排资金67.2万元,对关田至聂都、龙峰至古亭、古亭至文英、黄背至上堡、文英至乐洞等公路进行了水泥路面修复,保持了道路正常安全运行。同时,对因建赣崇高速公路而受损的县乡村公路,进行了调查摸底,道路修复预算资金1900多万元,目前省赣崇高速项目办已作出指示,派员对损毁公路进行复核,后续工作将加紧进行,争取尽快补偿修复到位。

水上运输安全管理 随着该县生态旅游业的不断发展,我县水上交通运输的地位将越来越凸显。目前投入运营的船只有6艘,其中4艘旅游船分别为水口码头2艘、石门子码头1艘、杰坝长潭码头1艘,过埠码头两艘机渡船。该局注重加强水上运输安全监管,在春运、两会、五一、清明、端午、中秋、国庆等重大节假日期间安排干部职工轮流值班,对水口、过埠等码头实施现场监管;对全县水运企业进行核查,办理了年审及换证工作;从瑞金选调了4条优质渡船以更换木质船用于库区客运。

(崇义县交通运输局)

南 康 市

南康市交通迅速发展,铁路、公路、航空齐头并进,区位优势明显。公路南北方向有大广高速路纵贯;东西方向有夏蓉高速路(2012年底建成通车)、省道赣丰线横穿;东南方向有赣韶高速路、绕城高速105国道、323国道、赣南大道斜穿而过。在对接、融入赣州中心城区方面,有大广高速路、赣韶高速路、105国道、赣南大道4条大道可直通赣州市区。有京九铁路、赣韶铁路穿境而过,坐落在该市凤岗镇的赣州机场,至赣州市区15千米,至南康市区20千米。并在南康横市、太窝建设农村公路综合服务站。该市境内包括县、乡、村道在内共有公路2228.002千米,其中高速公路135.753千米;全市境内铁路64.556千米。

2012年,全年重点工程2个,在建2个,完成投资4772万元;完成144个农村公路建设项目,完成投资3415万元;完成危桥维修加固、重建项目80个,完成投资687万元。全年累计完成交通固定资产投资9003万元。道路水路运输生产平稳、安全、有序、畅通,根据统计2012年有327辆客车投入运输。其中出租车24辆,共运送旅客

11500万人次，旅客周转量5000.3万人千米；载货汽车4544辆，货运量1200.05万吨，货物周转量88689万吨千米，其他机动车辆2543辆，货运量1280.06万吨，货物周转量35690万吨千米。

交通基础设施建设 县、乡、村公路建设 今年全市完成通村组水泥路建设项目96条，100%完成建设任务，完成投资3584万元；完成危桥改造项目80个，完成投资687万元。

国省道建设。2012年7月G105线中修，打板修复1701平方米。2012年8月社唐线油砂封面18900平方米。2012年10月G105线砼路面改沥青路面10.6千米开工建设。社唐线店前桥2012年11月拆除重建。

公路养护与管理。2012年该市县道实现平均好路率83.5 %，乡道实现平均好路率68.3 %，较同期有所提高。为巩固“一大四小”工程建设成果，进一步搞好公路绿化工作，全市完成植树3600棵，路树成活率和保存率均较高。据统计，全市完成公路绿化种植里程86多千米。横市、赤土养路队完成桥梁维修10座；整修路肩25千米，中修打板2070平方米。

赣崇高速公路项目。于2010年12月开工建设，赣崇高速公路在我市境内全长13.8千米，该项目在我市境内总投资规模5.4亿元。

铁路建设 赣韶铁路是由赣韶铁路有限公司建设，中铁二十五局承建，项目于2009年8月开工建设，在全市境内总投资9.48亿元。赣韶铁路途径我市东山、龙回、浮石三个乡镇(街办)13个行政村，南康境内主线长约19.78千米，疏解线6.276千米。2012年主要做以下几项工作。一是协调解决因赣韶铁路暂停施工给当地带来的影响；二是协调处理铁路施工临时用地的续租和复垦的问题；三是与项目业主、设计单位沟通，及时解决施工损坏的水利设施、乡村道路等问题，以确保铁路施工顺利和当地村民的合法权益及社会稳定。

道路水路运输生产 2012年南康市道路水路运输生产坚持突出践行科学发展观，解放思想、勇于开拓，坚持把严格执法和热情服务相结合，进一步规范运输市场秩序，优化发展环境，取得了显著的工作成效。根据统计2012年有232辆客车投入运输，其中出租车24辆，总共完成运送旅客1032.20万人次，旅客周转量61684.80万人千米；载货汽车2514辆，货运量606.06万吨，货物周转量78787.80万吨千米，其他机动车2543辆，货运量943.62万吨，货物周转量23590.50万吨千米。

(南康市交通运输局)

大 余 县

大余县地处江西省西南边缘，大庾岭北麓，章江上游，公路通车总里程892.18千米，其中农村公路767.98千米。

交通基础设施建设稳步发展。2012年认真做好323国道黄龙至县城路段拓宽工程建设工作。已完成农村通村、组公路建设77.8千米、完成康大高速公路大余收费站至323国道连接线道路拓宽工作、完成新建独立桥梁新城镇下鹅湾桥建设、葛坳至浮江公路水毁重建工作。

道路运输行业管理开创新局面。2012年货车拥有量2534辆、5910吨位，完成货运量268万吨、货物周转量33438万吨千米；客车拥有量90辆，2793客位，客运量完成159万人，旅客周转量15505万人千米。2012年春运期间运送旅客70536人次，旅客周转量12640.72万人千米。新开通3条农村客运班线，乡镇通班车率达100%；新建14个农村客运候车亭，全县105个行政村有96个村通了班车，行政村通班车率达91%，大大改善了人民群众的乘车环境。利用大余县有固定车辆检测站的有利条件，将审验、复审、车检相结合，开展营运证审验和班线复审，保证了运输车辆的技术安全，客车审验率100%；货车审验率92%。物流体系建设工作成效显著：物流运输服务业13家，其中双佳汽运公司资产总额1985万元，现有车辆163辆，总载重量1478吨，危险品运输企业3个(分别归属荡坪、下垄、漂塘钨业有限公司，仅限内部运输)。

安全生产形势平稳有序。严格落实安全责任，狠抓安全基础工作，采取有效措施保证各项安全制度的落实，杜绝了安全责任事故的发生；严格落实安检责任、切实加强“三不进站、六不出站”管理，进一步完善特殊天气条件下道路安全运营应急预案，加大对道路管理，加大巡查力度，完善工作措施,及时检查和排除事故隐患,预防重大交通事故发生,把事故解决在萌芽状态,确保道路畅通,2012 年全系统未发生一起安全责任事故。

(大余县交通运输局)

信 丰 县

2012 年全县发挥交通、区位、资源优势,实施"对接长珠闽,建设新信丰"发展战略,不断扩大对外开放,与长珠闽、东盟地区尤其是与珠三角的交往与合作日益紧密。

推进项目促提升,稳步实施重点工程建设。一是信池线(城区段)改建工程。二是站前大道综合改造工程。三是 105 国道升级改造。四是西黄铁路桥重建。五是桃江大桥重建工程。抓好工程建设的前期工作,同时争取省、市交通运输部门将该桥列入了危桥改造项目计划。

把握重点抓项目,全面推进农村公路建管养运一体化。一是公路项目争取进展顺利。2012 年的县道升级改造项目 16.4 千米,危桥改造项目 4 座(桃江大桥、西黄跨铁桥、猪牯岭桥、大阿卜塘下桥)452.02 米。截至年底,市交通运输局已下达客运网络化建设连通工程 6.7 千米,县道升级改造项目 16.4 千米的项目计划。信丰局全年上报农村通组公路建设计划 82 千米待批复。

二是农村公路养护上水平。在农村公路管理和养护方面,结合考核情况及时下拨农村公路养护资金。根据公路养护的实际情况和养护里程,及时下拨县道养护资金约 35 万元、各乡镇农村公路养护资金约 21 万元,全县农村公路得到及时和全面的养护。针对 2012 年的雨水较多,对农村公路带来了很大的损害的情况,为保障道路安全畅通,共投入约 180 万元抢修全县水毁公路。

三是农村公路综合服务站建设速度最快。根据省、市交通运输部门的统一部署,该县安西镇农村公路综合服务站是列入全省计划指标之一,占地约 7000 平方米,建设面积约 2900 平方米。

强化调度抓协调,促进"十一五"项目的扫尾工作。一是投入了大量的人力、财力和物力抓好乡际公路连通工程建设。全县乡际公路共有 11 条计 268.4 千米。县政府高度重视乡际公路连通工程建设,通过召开协调会、现场调度会等形式,使各部门密切配合,形成合力落实工程建设任务。特别是在县财政紧张的情况下,又安排专项资金 330 万元(2011 年 12 月已下拨 300 万元)支持乡际公路建设,截至年底已完成硬化里程计 249.8 千米。二是协调抓好渡改桥项目的竣工验收。2010 年,我县必须完成 6 座渡改桥工作任务,县政府按照"一桥一领导、一桥一技术骨干"的要求,强化督察调度,各工程于 2011 年底全面完成主体工程。为抓好项目的竣工验收,县政府督促交通运输局主动协助施工单位准备好竣工的有关资料并报送市交通工程质量监督站。截至年底,龙虎口、大江、水西 3 座大桥已完成竣工验收,杨家大桥即将完成,双溪口、河口正在办理中。

(信丰县交通运输局)

龙 南 县

2012 年以来,龙南县交通运输积极谋划,突出重点,抓住关键,采取措施,各项工作取得较好成效,为今年乃至今后的发展奠定良好基础。

交通基础设施建设。一是交通项目建设。大广高速龙南段 2012 年 12 月 31 日已顺利实现通车。三南大道工程,工可已经呈报省公路管理局,省发改委已批复项目建议书;九连山区乡站已进入施工阶段;武当农村公路综合服务站,省交通运输厅已下达批复,正实施征地。二是农村公路建设。2012 年共完成建设农村公路 39.8 千米,实施了危桥改造项目 2 座;积极争取 2012 年农村公路项目建设计划 79 千米,现组织实施前各项准备工作,争取县道升级改造渡头至杨村公路 27.5 千米,客运网络连通工程青潭迳至上围公路 3.64 千米项目计划,正组织工程实施前各项工作;

公路养护。一、农村公路养护。县交通运输局坚持对农村公路养护实施严格的量化管理、考惩制度,深入开展"示范路"创建活动,共投入 12.6 万元实施水毁抢修工程,清理塌方 5415 平方米,挡土墙 131.35 立方米,修复路面 1.4 千米,特别是及时完成横黄线至黄牛石公路虾公塘段严重山体滑坡清理工作。切实保障我县农村公路的安全畅通。二、国、省道公路养护。突出抓好公路养护规范化：一是深化预防性养护。坚持科学养护和预防性养护。二是加大桥涵养护力度。每月进行一次桥梁经常性检查记录。配备了桥梁工程师，完善了各项制度，在上半年对养护境内的桥涵、路基边坡进行了一次拉网式安全大检查，上报管养境内桥梁病害照片及修复计划。按时上报了四、五类桥梁情况，安排专人对危险桥涵进行动态监测。2012 年，分别对境内管养的东江桥、金莲桥等 8 座桥梁病害进行修复。

道路运输生产。2012 年全县营运车辆拥有量已达 2717 辆，其中营运客车已达 115 辆 2714 座，公交车共 20 辆，出租车增至 74 辆，危货车辆 26 辆，全县现有客运企业 6 家，营运线路共 39 条。城区内机动车维修企业 64 家，驾驶员培训学校 3 家，危险品运输企业 1 家。2012 年全县共完成旅客客运量达 349 万人，旅客周转量 23861 万人千米，货运量达 775 万吨，货运周转量 98370 万吨千米，已通客车行政村 85 个，行政村通客车率 90.5%，经过发展，很大程度便捷了我县城乡公共交通，方便了群众出行；加快推进物流产业，我县里仁、东江、杨村三个物流配送中心项目的规划用地已上报省、市物流主管部门备案，物流中心、无水港、综合物流园区已列入市 40 个物流重大项目，全县规模以上物流企业已增至三家，物流运输企业和货运站（场）达 34 家，营运车辆税收收入 1091 万元。

公交事业。根据龙府办批〔2012〕29 号文，城市公共客运交通管理站由城市管理局移交给交通运输局管理。2012 年，公交站根据城市发展和市民出行的需求，新增三条公交线路：4 路环城公交线、5 路县城——大罗工业、6 路县城——新圳、富康工业园。同时不断完善公交基础设施建设，在迎宾大道、城区环城线路段新建公交亭 35 个，极大地方便了市民的出行候车要求。

（龙南县交通运输局）

全 南 县

全南县位于江西省最南端，素有江西“南大门”之称。截至 2012 年年底，全县公路总里程 716.76 千米。大广高速龙杨段建成通车，结束了全南县无高速的历史，龙小线、全吊线、樟排线三条公路仍然是该县通往广东省、对接珠江三角洲经济圈的重要交通通道。全县 9 个乡（镇）均实现通水泥或油路，86 个行政村全部通水泥路，通畅率 100%。全县有 316 个村民小组、208 个自然村不通公路。

公路建设　2012 年，在县委、县政府的高度重视和大力推动下，寻茅线全南县绕城一级公路工程施工图设计已批复，现已开展征地拆迁工作；大广高速全南段 3.1 千米于 2012 年 12 月 28 日全面建成通车；上汶线上屋场至陂头桥 7.5 千米升级改造工程开工建设，全良线汶坑至吊兰寨公路 8.5 千米改建工程主体工程全面完成。全年累计完成 56 千米农村公路改造任务。

县道养护总里程达 96.7 千米，乡村道养护总里程达 564 千米。投资 50 多万元进行道路隐患整治。

交通运政管理　新开通 13 条乡镇至村的每日班或圩日班客运班线，方便了群众出行。开展了客运市场整治专项行动，严厉打击非法营运行动，排查车辆 200 余辆，暂扣非法营运车辆 3 辆，进一步净化了全南县道路运输市场。新发展二类资质维修企业（小型汽车）4 家，新培育二级资质驾校 1 家。

2012 年交通安全工作继续以强化道路运输安全管理为重点，坚持“安全第一，预防为主”的方针，认真抓好交通安全生产工作。全年道路交通和公路建设安全事故为零。

（全南县交通运输局）

定 南 县

定南县地处江西南部，区位交通优越。赣粤高速、京九铁路、定广公路等交通大动脉经此入粤；优越的交通，使定南成为对接粤港澳的第一门户和排头兵。

重点项目建设。2012 年，全长 13.8 千米、投资约 2500 万元的 S226 小定线定南县城至定老城段改建工程于今年 3 月份开工，9 月份完工。全长 7.8 千米、投资约 2500 万元的定南至细坳三级公路改建工程的路基工程已基本完成，桥涵工程已完成80%,现正进行路基及桥梁施工,完成投资额约1000万元。全长47.8千米、投资约7000万元的S226小定线小江至定南县城段改建工程已于10月份开工建设,现正在积极抢抓施工进度,预计农历年前路面可铺设到迳脑。

2012年建成农村公路里程86.5千米。其中新增农村客运网络项目4个,完成四级公路8.5千米,通自然村公路工程项目建设里程78千米,全县行政村通水泥路率达100%,全县农村公路里程127.3207千米。

公路运输。2012年,全县拥有营运货运车辆989辆,3289个吨位;营运客车86辆,3168个客位。全县镇通班车率100%,符合通行条件的行政村通班车率97%。

辖区内有机动车维修企业112家,其中二类维修企业4家;普通货运企业1家,其中规模以上企业1家。危险品运输企业1家,驾驶员培训学校3家。各项数据显示,该县道路运输各项指标稳步增长,道路运输整体形势呈健康发展态势。

稳步推进场站设施建设。客运站建设:岿美山汽车站已经竣工;占地0.67公顷的天九农村公路综合服务站正在施工;老城农村公路综合服务站正在进行坟墓搬迁和施工准备工作;岭北农村公路综合服务站正在进行征地工作。

道路运输管理。从抓源头、重打击、严规范入手,采取有力措施,扎实有效地开展了整顿和规范道路运输市场秩序工作,全年共受理电话投诉10起、信访批件3起,各类违章案件查处27起,道路运输市场秩序得到了明显好转。认真做好2012年度道路运输从业人员的诚信考核工作,全年共考核道路运输从业人员850人。从业者的经营行为进一步规范,道路运输业健康有序发展,运输服务质量有所提高。

(定南县交通运输局)

安　远　县

2012年,安远县交通运输工作围绕做实民生一条主线,突出争资争项和高速公路建设两个重点,抓好干部作风建设、县乡道路改造、交通运输安全保障三项基础工作为总体工作思路,抓机遇、抓实干,抓重点、抓效能、抓提升,较好地完成了年度各项交通工作任务。

夯实基础设施,加快发展步伐

1. *争资争项有"跨"度*　该局2012年争资争项工作取得了历史性突破,全年共争项交通运输建设项目资金9472.7万元,比2011年度争取资金1372万元增加8100.7万元,增长590.43%。其中S219小垒至龙布段公路20千米直接提升为国道(5200万元)、S223车头至县城段20千米(2250万元)、县城至高云山公路县道升级改造15.6千米(624万元)、车头龙头桥等四座中桥(192万元)、通村组水泥路82千米(820万元)、农村公路客运网络化项目10.9千米(218万元)、水头桥68.4万元、版石客运站建设100万元。

2. *重点突破有"高"度*　一是高速公路建设开局良好。圆满完成寻全高速公路途径安远41千米的征迁工作,完成赣州至三百山高速公路及乐安—宁都—于都—安远三百山高速公路争项目材料等前期工作。二是两条省道建设拉开帷幕。小垒至龙布段公路国道改建项目,现施工图设计已批复,争取年底开始征地工作及招标工作,预计2013年初可开工建设。车头迳子口至安远县城段公路省道改建项目,两阶段施工图设计已批复,长20千米,预算总投资15429.8万元。

3. *路桥建设有"密"度*　2012年度通村组水泥路计划为82千米,总投资2050万元,现已完工34.8千米,力争春节前全部完工。2012年度新建独立中桥车头龙头桥、孔田橙乡桥、龙布夹江口桥、浮槎社坝桥。目前车头龙头桥已于9月动工建设,已完成基础开挖,正在浇注桥墩和桥台,预计2013年5月份可完工。孔田橙乡桥正在做招标工作,预计2013年12月中旬可动工建设;2012年该县的危桥改造有14座,现已完成7座。

抓实行业管理,确保一路畅通

1. *运输管理有"宽"度*　一方面该局致力于农村客运基础设施,今年新增乡(镇)农村客运站点4个和农村公路综合服务站1个,春节前可全部投入使用。2012年全县乡(镇)客运通达率达100%,行政村通达率达97.2%;全县有56辆客运车安装了GPS卫星定位系统,2012年完成客运量198.2万人次,客运周转量2832万人千米,分别比上年增长了5%和2%。一方面坚持把发展运输生产力作为交通服务的基础,以加强物流体系建设为载体，以建设便捷、安全、高效、舒适、环保的运输机制为重点，将物流体系与农产品流通相结合，与工业园工相结合，逐步走向物流一体化。2012 年，4 家物流企业上缴税收将突破 1000 万元，比上年增长 78%；完成货运量 189 万吨，货运周转量 3473 万吨千米，分别比上年增长 5% 和 4%。

2. *养护管理有"热"度* 一是该县实行了新的养护机制，变几十年的临时聘用养护工人的方式为公路养护承包责任制，大大地提高了日常养护管理质量，并对养护质量进行考核、评分和承包费的及时发放。二是水毁工作抢修及时，全面完成春季雨水期间公路突击抢修工作，先期投入抢险抢修资金为 4，84509 元，完成农村公路路面中修 33.108 千米，保证了道路安全畅通。同时加大县道公路巡查力度，通过巡查和接举报的形式，制止、清理占道违章 66 多起次，公路路政案件立案 6 起，已结案 5 起，有效保障了县道的安全畅通。三是对全县的公路养护承包人进行了养护技能和质量的培训 4 次，全面提升公路养护能力，同时为全体养护承包人(18 人)解除后顾之忧，参加了意外人身保险。

(安远县交通运输局)

寻 乌 县

2012 年，寻乌县交通运输局围绕县委、县政府提出的实施"六大战略"、建设"四个新寻乌"目标，不断探索交通运输发展新思路，把服务全县经济发展作为工作出发点和落脚点，认真开展实施《2012 年县委工作要点》和《县政府工作报告》确定的工作任务。以重点项目建设为抓手，不断加强农村公路管理和养护工作，完善公路路网结构，加大交通现代服务业推进力度，全面提高行业管理水平，寻乌交通运输事业得到全面发展，营造良好的交通运输发展环境。到 2012 年末全县公路总里程达 1153.882 千米，农村公路总里程 1016.75 千米；全县运输站点 8 个，其中县级汽车客运站 1 个，区乡级客运站 7 个；全县共有客货运输车辆 625 辆，其中客运车辆 71 辆 1944 客位，公交车 20 辆 380 客位，出租车 30 辆 120 客位，货运车辆 504 辆 2604 吨位；2012 年客运量 161 万人，客运周转量 14886 万人千米，货运量 676.5 万吨，货运周转量 38325 万吨千米。

(寻乌县交通运输局)

于 都 县

2012 年为实现"十二五"时期交通运输工作目标打下了坚实基础。

交通建设项目工程进展情况

渡改桥项目："十一五"省下达渡改桥建设任务 5487.04 延米/17 座，年底将完成扫尾工作，全部竣工。争取计划外项目桥坑大桥已完成 10 根桩基础。

危桥改造项目：续建 2011 年计划项目黄麟、高石下、大田 3 座桥，黄麟大桥已于 2012 年 5 月底前全面完工；高石下桥已完成下部构造、预制空心板 17 片、吊装 15 片，预计 2012 年年底前全面完工。

红军大桥桥面修复工程：11 月 28 日已对大桥进行封闭施工，确保在 2013 年 1 月 20 日完工通车。

物流建设项目。华海物流中心项目已完成土地平整及一期 1600 平方米仓储房建设并投入使用；赣州鸿顺物流中心项目完成 95% 的土地平整，全年完成投资 1860 万元，规划设计图已送县规划部门审批；于都县综合物流园区项目已纳入赣南苏区振兴发展规划项目库，并已完成项目选址工作。

交通运输系统行业监管工作

春运。2012 年春运期间，该县共投入营运客车 386 辆，其中正常运力 285 辆，启用机动运力 51 辆，调配对开省及省内运力 50 辆，保证了春运期间旅客出行需求，春运 40 天全县公路客运共运送旅客 49.8 万人次，完成客运周转量 9839 万人千米，同比增长 6%。

路政管理和养护。全年来共清除路障 38 处，拆除临时厂棚 1 处，拆除非公路标牌 15 块，制止违法建房 6 处。查处路政处罚案件 8 起，办理行政许可案件 4 起；加大了农村公路维修和危桥排查力度，清除塌方 67369 立方米/79 处，并对东流水桥等4座危桥设置了限载限高警示牌,在危险路段、桥梁等路段设置标志标牌100余对。

港航管理工作。水上运输安全监管有力,水上经营业户办证率稳步提升,港航管理各项工作走在了全市的前列。全年共办理港口经营许可证56家,办证率达到92%,办理临时港口岸线使用审批手续37户;长征源旅游码头项目已向上级申报立项并已被打包列入赣州市红色旅游码头建设项目。

(于都县交通运输局)

兴 国 县

2012年兴国县的交通事业和其他各项事业一样,不断取得新的发展和长足进步,初步形成了县际公路四通八达,县乡村公路畅通无阻,铁路公路长短互补的良好交通环境。国家铁路大动脉——京九双轨铁路贯穿县境南北,兴国境内长达50余千米,设有四级站3个,三级客站1个,三级货站1个。全县公路通车里程达2223.87千米。厦门至成都的319国道和泉南高速公路双双由东向北穿越县境,西北与赣粤高速公路105国道相连接,东、南分别与206、323国道交会,县内兴赣(州)、兴宁(都)、兴永(丰)、兴万(安)等沟通邻县的骨干公路(均达四级以上)四通八达,客货运输十分方便快捷。境内县乡主干道已全部硬化路面。境内所有的行政村通了水泥公路通了班车。2012年年底县内7个渡口,除鼎龙乡库区高井渡口外已全部完成撤渡建桥。

统筹交通工程建设。2012年,兴国县交通运输局围绕苏区振兴发展和新一轮扶贫开发,突出抓拉动力强的交通项目建设这一重点,展开了新一轮的交通基础设施建设,全年完成总投资约1.9亿元。

长2千米,总投资1700万元的毛泽东农村调查纪念园至开发区新区大道和投资1856万元的新开岭至兴莲官田兵工厂旧址17.8千米公路等县重点工程已竣工。

长14.1千米,总投资3.9亿元的319国道兴国城区段及其安置区和长2.649千米、总投资7453万元的苏区大道等重点工程进展顺利。

总投资约60亿元的兴赣高速及两个互通一级连接线正在施工图设计,进入准开工阶段。

长4.48千米,总投资4730万元的省道S223石镇线六渡至隆下段建设项目和长12.6千米、总投资1.386亿元的S323际大线忠田至大坑段建设项目已完成招投标,正在实施开工前的征收房屋土地丈量登记工作。

长9.5千米,总投资5100万元的兴国东互通至梅窖三僚旅游公路改善项目进入开工前的征收房屋土地丈量登记工作。

长0.83千米,总投资120万元的茶园大道竣工,长56延米、投资80万元的罗坑桥和长5.2千米、总投资443万元的富足至黄田公路已开工。共完成投资231万元,其中茶园大道120万元、罗坑桥20万元、富足至黄田公路91万元。

长7.6千米,总投资862万元的G319至园岭林场油返砂公路完成投资234万元。

长3千米,总投资270万元的茅坪至大乌山客运网络连通工程和长13.8千米、总投资414万元的少数民族村公路全部竣工。

完成投资2676.2万元,改造建设108.1千米通组公路,超政府工作报告目标任务8.1千米。

道路运输生产持续增长。全年共完成客运量464.1万人、客运周转量36670万人千米,与上年同期相比0.9%、1%;货运量609万吨、货运周转量辆44808万吨千米,分别较去年增长了0.5%和0.6%。汽车站实现营收3290万元,同比增长8.94%;汽运公司实现营收28.66万元,同比增长9.3%。新增普货运输车辆43辆计140.8吨、物流企业3家、一级驾校1所、三类以上维修企业(业户)7家、摩托车维修3家。

交通运输服务能力增强。投放客车运力236辆,累计运送旅客60万人次,圆满、平安完成了2012年春运旅客运输任务;组织42辆车发班124个班次接送各乡镇南下务工人员;抽调各客运企业73辆客车,安全运送2600余名师生按时参加高考及监考;保障了兵员运输、中考学生接送、县“两会”及党代会代表委员参会的交通运输;全力保障了低温雨雪冰冻灾害道路交通;汽车站投入资金20余万元,大力改造设施设备,整饰站容站貌,加强人员素质能力培训,促进安全生产标准化,验票、车辆安检、报班、车辆出站等环节均实现电脑化管理,被评为“群众满意客运站”。

(兴国县交通运输局)

瑞　金　市

2012年，瑞金市交通运输坚持以科学发展观为指导，围绕瑞金振兴发展这条工作主线，紧密结合交通工作实际认真研究部署，积极探索全面提高交通服务经济建设能力的对策，夯实交通基础，抓实项目攻坚，圆满完成年度工作目标任务。

认真履职，强化监管，夯实交通基础

加强农村公路建设。共争取农村公路改造计划里程123.51千米，其中新农村主干道路硬化计划里程33.41千米、少数民族村组公路计划里程5.1千米、通组公路计划里程85千米。已完成农村公路改造任务86.5千米，其中通组公路项目65千米、少数民族村组公路1千米、新农村主干道路硬化20.5千米，其他项目仍在建设中，预计年底可全面完工，完成项目总投资2470万元。

抓好农村公路日常养护管理。全年共使用养护资金260余万元，加强了农村公路日常管理养护，其中：安排100余万元用于11条县道公路养护，下拨160余万元到各乡镇用于乡村道路管理养护。重点加强雨季期间养护管理，对云石山至万田公路麻地岽路段、瑞林至下坝公路等水毁工程和壬田至日东公路、洗心至柏坑路段等破损路面进行及时修复，保障了公路安全通畅，

启动瑞林农村公路综合服务站建设。瑞林农村公路综合服务站是我局争取的第一个集农村公路建、管、养、运于一体的综合性客运站项目，具有农村客运、货运、运政、路政、公路建设与养护综合管理服务功能，规则总面积0.79公顷。项目中标价214.1692万元。目前，已完成主体建筑基础土方约2.5万立方米，力争春节前完工。

完成渡改桥建设扫尾工程。抓好了瑞林镇王坑口大桥主体工程和武阳镇中赖大桥、龙江大桥的完善扫尾工程，基本完成渡改桥施工任务，实现了撤渡建桥的目标任务。

加大道路运输行业管理力度

2012年，瑞金市完成公路客运量539万人，客运周转量44646万人千米，货运量478万吨，货物周转量45000万吨千米，更新客车11辆、座位241座；累计检查各类车辆2098辆次，纠正各类违章行为508起，查处非法营运“黑车”25辆次，擅自改装货运车30余辆次，受理并处置各类投诉举报10余起；考核营运驾驶员2618人，培训驾驶员7600余人。截至2012年，全市客车拥有总量达227辆、货车2521辆，建成农村客运站4个，客运候车亭81个，拥有驾校6所，其中一类1所、二类5所。

强化港航运输管理职能

2012年，累计完成砂石货物吞吐量33万吨，周转量146.3万吨千米。截至2012年，在册砂场17个，采砂船17艘，运砂船舶31艘。全年未发生一起水上安全生产事故。

围绕中心，服务大局，抓实项目攻坚

推进项目建设，抓实项目攻坚。一是启动了冈面至九堡路段20千米公路改建工程。该项目3月份完成公开招投标，中标价2415.3719万元，4月1日正式开工建设。目前完成全线路基土石方、桥涵和路面垫层施工任务，预计投资900万元，力争2013年5月建成通车。二是完成了省长联系点洁源村3千米道路改造工程。该项目6月份完成公开招投标，中标价262.7745万元，7月10日开工建设，11月20日建成通车。三是完成了叶坪景区遥旺桥工程。该桥长92.08米，3月份完成公开招投标，中标价179.8152万元，8月22日竣工通车。同时，该桥连接线道路1.465千米拓宽改造工程于11月份完成公开招投标，中标价115.7189万元，已开工建设，力争春节前完工。四是推进商贸物流园片区项目建设。2012年，市局牵头实施了商贸物流园片区3个项目建设，其中：商贸物流园项目完成项目用地47公顷征地协议签订工作，核实园区拆迁户99户，制定了房屋拆迁补偿安置方案，开展了安置区选址规划，搬迁坟墓1170座、还剩21座未迁；海关商检大楼（查验场）已向上申报争取立项；深燃天然气站已编制天然气利用工程可行性研究报告，正在评审。

（瑞金市交通运输局）

会　昌　县

会昌县位于江西东南部，武夷山余脉西麓，南岭余脉北端，赣江支流贡江上游；北纬25°55′之间，东经115°29′～116°02′。隶属赣州市政府。

全县有大小河流319条,乡、贡、濂、澄、绵江为全县五大河流。河流总长1726千米,河网密度为每平方千米0.64千米。东南邻福建武平,南接寻乌,西南比邻安远,西北连于都,东北靠瑞金。南北长85千米,东西宽56千米,总面积2722.17平方千米。2012年全县设19个乡镇,256个行政村。

2012年,县交通运输局围绕县党代会精神为主线,以开展集中整治干部作风活动为契机,紧密结合县交通运输工作实际,积极探索全面提高交通运输服务经济建设能力的对策,进一步加快交通运输建设步伐,促进交通运输产业化升级,为加快推动县域经济新一轮跨越式发展提供便捷、畅通、安全、高效的现代交通运输网络和公平、开放、竞争、有序的现代交通运输环境,开创了现代综合交通运输体系新格局。

(会昌县交通运输局)

石 城 县

截至2012年年底,全县公路总里程达到1341.328千米;其中入册公路1341.328千米,按行政等级分有高速公路26.530千米,国道60.724千米,省道19.842千米,县道231.003千米,乡道103.166千米,村道905.435千米,通水泥(油)路882.844千米。境内公路密度为百平方千米84.82千米。是年全县公路路况得到很大的改善,通达等级有了很大的提高,按技术等级划分,拥有高速公路26.53千米,占公路总里程的2%;二级公路60.724千米,占公路总里程的4.5%;三级公路6.597千米,占公路总里程的0.5%;四级公路786.458千米,占公路总里程的58.6%;等外公路435.488千米,占公路总里程的32.5%。全县有公路桥梁314(278)座计14050.500(9068.74)延米,其中大桥33(19)座计7099.600(2931.84)延米;中桥83(72)座计4103.000(3543)延米;小桥198(187)座计2847.900(2593.9)延米。县内100%的乡(镇)、村通水泥(油)路。是年全县有客运车辆115辆,其中班线客车84辆2125座,公共汽车6辆计127座,客运出租车25辆计125座,货运车辆1143辆计2081吨,其中载货汽车663辆计1621吨,其他载货机动车460吨计460吨。

农村公路建设取得新业绩

公路建设稳步推进。一是扎实推进县乡公路改造。开工建设龙岗至大由、丹阳至横江公路,其中龙岗至大由完成土石方2万余立方米,完成高背桥基础浇筑,涵洞100米;丹阳至横江公路完成路基土石方5000余立方米,涵洞20米。二是完成燕首至宁石亭公路路面维修工程。工程于5月初开工,7月完工,完成投资近200万元。三是做好县城至长江段一级公路、东环路、城南大道改造工程协管工作。四是农村公路建设进展顺利。年内争取上级计划84千米,比上年翻了一番;目前,路基改造大部分已启动,完成路面浇筑50.1千米,完成投资2183万元。

农村公路管养得到加强。争取县人大开展农村公路调研,并形成意见报告,为该县农村公路管养办法提供政策基础。同时扎实完成水毁公路抢修。2012年3月以来,该县多次遭受暴雨袭击,造成我县中断公路100余处,冲毁路基414349立方米,直接经济损失4428.7万元,灾情发生后,迅速组织相关人员进行抢修,共计投入修复资金1000万元,确保了公路畅通。

(石城县交通运输局)

宁 都 县

宁都全县公路通车总里程已达到2553.148千米,其中高速公路91.935千米;国道(319线)81.558千米,省道五条(石宁线、新宁线、宋水线、蛇永线、际大线)267.513千米,县道11条278.438千米,乡道80条716.297千米,村道1117.407千米。全县24个乡镇299个行政村都通了水泥公路,通畅率为100%;全县所有渡口都已经实施渡改桥,撤销了所有乡村渡口。

交通基础设施建设

该县积极围绕“推进城市交通项目,主攻大通道,建设县乡路,拉通网络路,对接边际路,完善农村、工业区、旅游区公路,大力实施危桥改造”的工作思路,加大了交通基础设施投资建设力度。1. 完成了城市交通重点项目登峰大道北段拓宽改造工程,全长1.8千米,宽55米,沥青混凝土路面,总投资3500万元;完成了省道S216至反围剿纪念馆公路建设,全长2千米,按一级公路标准建设,完成投资1500万元;完成了县道固村王坊至辽屋坪公路建设,该项目全长20.9千米,按四级公路标准,路基宽6.5米,水泥路面宽5.0米,完成投资1000万元;启动省道S319蛇永线蛇形排至黄陂段改造建设,该项目全长26千米,按二级公路标准,路基宽12米,路面宽9米,两侧各1.5米硬路肩,新修路基90%以上已经建完,扩建路基段,路基二侧已基本填筑完成,涵洞施工已90%完工。桥梁桩基施工基本完成,正开始下部结构施工,完成投资3000万元;启动了黄陂至小布公路建设,全长13.6千米,路基宽12米,路面宽9米,现路基施工已基本完成;启动了省道S222宋水线洛口至来源段(洛口至广昌公路),全长17.2千米改造建设,按三级公路标准,已完成路基工程,完成投资600万元;启动了省道S323宁石亭至赖坊公路改建项目,全长38.147千米,拟按二级公路标准建设,路基宽12米,路面宽9米,现已完成施工图设计。2. 开工了县道改建项目安福至连陂公路改建,该项目全长8.2千米,按三级公路标准,总投资1300万元;启动了县城至会同至湛田、洛口南岭至719矿等县道改造项目,即将进行招投标。3. 完成村组农村公路硬化项目110千米,完成投资3000万元。4. 启动城市交通重点项目公交停车场建设,目前已经完成征地拆迁,拟建项目于城东新庄板鸭厂附近,占地约100亩,总投资约2200万元;启动了石上综合服务站建设,项目位于石上大桥与临宁线交汇处以南600米处,占地面积1公顷,现已完成征地拆迁,预计投资300万元。5. 完成了小布树陂桥、黄陂杨依大桥、长胜果子园大桥、对坊营上桥等危桥改造项目,还对161座乡村公路中小危桥实施了重建,对94座中小危桥进行了维修,共投资1500万元。

农村公路养护

公路养护水平进一步提升。一是农村公路养护体制改革成果不断巩固,养护公司进一步完善了公司化管理措施,更新了设备配置,加强养护工人技能培训,大大提高了养护工作质量,提升了公路养护水平。二是确保了农村公路水毁及时抢修。2012年该局调动参与抢险干部600余人,出动机械200台次,安排抢修资金150万元,确保了县乡公路畅通。三是加大了安保设施投入,安排资金15万元对农村公路弯多路险、事故多发路段设置警示牌、减速带、防撞墩等设施,减少事故的发生。

(宁都县交通运输局)

吉 安 市

2012年,吉安市交通运输主要工作成绩体现为:积极配合高速公路建设,确保吉莲高速、井睦高速、抚吉高速赣江大桥以东顺利建成通车;全力推进城市交通项目建设,完成高速公路吉安南、吉安北收费站棚改建;积极推进农村公路建设,全年完成662千米农村公路建设任务;强化危桥改造和安保工程建设,年内完成改造危桥10座和实施农村公路安全保障工程87千米;开通吉泰走廊吉州至吉水公交线路;全力推进水上项目建设,完成吉安港石溪头货运码头和新干港河西综合码头配套建设;全力推进物流业建设,规划布局和加快启动全市"一中心、六园区"现代物流园基础设施建设;强化道路运输安全监管,扎实推动道路运输企业落实安全生产主体责任;做好维稳工作,切实维护好全市交通运输行业和谐稳定。

高速公路建设实现县县通。2012年吉安市境内在建高速公路3条218千米,吉安市交通运输局积极做好协调服务工作,为高速公路建设营造良好的施工环境。全年完成投资20.3亿元,新增高速公路里程162千米(其中,吉莲高速92千米、抚吉高速70千米),全市高速公路里程达531千米,占全省高速公路总里程的13.3%,实现了县县通高速。一是建成泉南高速公路吉安至莲花段,该项目总投资40亿元,总里程92千米,年底建成通车。二是基本建成抚吉高速公路吉安段,该项目总投资27亿元,总里程83千米,年底赣江大桥以东70千米建成通车。三是顺利推进泰井高速公路厦坪至睦村段建设,该项目总投资33亿元,总里程43.3千米,完成投资9.9亿元,累计完成投资19.4亿元,占总投资的58.8%,年底可完成路基工程,预计2013年10月份建成通车。上述三条高速公路建成后,吉安市"一纵二横二联络"的高速公路网主骨架将基本形成。

农村公路建设取得新进展。2012年是农村公路建设向纵深方向发展和管理体制改革、调整的重要一年。一是在市政府《关于加强"十二五"全市农村公路管理养护工作的意见》后,全市各地正在加快推进农村公路管理养护体制改革,各县(市、区)提出了具体工作实施意见,为改革提供了坚实的政策依据。二是制定下发了《吉安市农村公路管理养护年活动实施方案》,全面启动了农村公路管理养护年活动,农村公路养护质量有了明显提高。三是顺利推进农村公路建设,完成投资2.9亿元,建成662千米农村公路,农村公路网络得到进一步加密和优化。

积极推进交通三项重点工程建设。一是推进公交总站建设,该项目总投资4600万元,目前基本完成装修,计划明年投入使用。二是推进吉安南、吉安北收费站棚改造,该工程总投资2000万元,于12月17日顺利竣工。三是推进农村公路综合服务站建设,吉安市"十二五"期间拟规划建设农村公路综合服务站39个,已批复15个,已建成4个,完成投资419万元。

顺利开通吉泰走廊公交线路。积极开展对吉泰走廊内现有客运班线所属公司、经营业主的摸底调查工作,多次协调并督促江西长运拿出了吉泰走廊开通公交的股份制改造方案,经过高位推动、多方联动、上下互动,于9月6日顺利开通了吉州至吉水公交线路,吉州至泰和公交线路改造工作已全面启动,2013年开通该线路,吉泰走廊公交一体化改造全面完成。

港口码头建设稳步推进。截至2012年年底,新干港河西综合码头堆场护坡及码头前沿赣江堤坝护坡工程和供电、配电间工程已完工,达到试营运条件。吉安港石溪头货运码头完成了围墙、值班室的建设及验收工作;破解了码头进港道路建设障碍。

物流园区建设速度明显加快。随着市委、市政府对物流业发展的高度重视,"一中心、六园区"建设快速推进,各园区前期工作基本完成,基本进入基础设施建设阶段,其中吉安县、泰和县进度较快,完成了一期基础设施建设,有效促进全市货运物流税收的快速增长。此外,井冈山客运集散中心建设项目年内完成工程基础建设。

交通运输市场进一步规范。一是圆满完成春运工作。春运期间,全市日均投放客运班车1809辆,日均开行客运班次3620次,组织春运加班(包车)5225班次,疏运旅客483.7万人,客运量同比增加4.7%,做到了安全、快捷、有序,实现了道路运输生产和运输安全的"双丰收"。二是有效开展了客运市场整治。2011年2月28~29日,中心城区出租车集体停运两天,吉安市交通运输局积极应对,出台了一系列政策,对司机朋友的诉求给予圆满解决。从4月起该局联合交警、城管部门联合开展专项整治活动,以群众反映的热点问题为着力点,重点打击"黑车"非法营运、客运市场混乱现象,从而规范运输市场秩序,提高运输服务质量。期间共查处非法经营行为(黑车)13起,出租车异地经营行为10起,班线车不规范经营行为11起,教育放行出租车违法行为86起,班线车违法行为23起,经过整治吉安市客运市场更加规范有序。

吉　州　区

2012年吉州区交通运输局锐意进取,求真务实,攻坚克难,各项任务圆满完成,取得了好成绩。一是交通基础设施建设加速推进,完成县道升级改造项目西四乡联网公路21.3千米;乡道升级公路项目吉福路至袁塘公路2.8千米建设;农村客运网络公路项目4个、6.4千米建设;连通工程项目共计50千米建设;兴桥农村公路综合服务站项目综合楼主体工程,田心桥、下湾桥、振道兴桥3座农村公路危桥改造项目全面开工。二是农村公路管理养护体制改革顺利完成,公路养护进入全市先进行列，获全市交通系统公路养护工作先进单位。制定下发《吉州区关于加强“十二五”全区农村公路管理养护工作实施意见》，吉州区公路管理站更名为吉州区农村公路管理所，完成了在乡镇设立农村公路养护管理站的试点工作。落实了农村公路养护巡查、考核等制度，重点管养农村公路每周进行一次巡查、每月对养路队的管养工作进行一次考核。三是省市重点项目建设工程强力推进，完成抚吉高速公路拆迁工作；朱北公路建设已完成清表2万平方米、清淤1.5万立方米、路基填方12.99万立方米完成90%以上、地下管道2300米、碎石备料1.2万立方米；完成拆迁房评估工作，协助有关乡镇和部门拆迁40余户，近万平方米，征地1000余亩；河西综合物流园区公路货运枢纽项目已经省发改委批准立项，完成项目资金申请编制初稿，项目初步设计已经省发改委评审，报国家交通运输部立项。四是招商引资工作成效明显，引进江西固宇建材有限公司、吉安市天天物流有限公司、吉州区弘毅科技有限公司，上锋物流有限公司，奔瑞汽车运输公司落户吉州。

青　原　区

2012年，青原区交通运输局锐意进取，开拓创新，在交通基础设施建设、农村公路养护管理、物流业发展等工作中取得较好的成绩。

交通基础设施建设。(1)青原区至东固二期改建工程项目：该公路起于青原区东固乡，终于青原区新圩镇，全长约39.1千米，按二级公路改造，沥青砼路面，项目总投资1.6亿元，项目于2012年1月开工建设，已完成投资9500万元，计划2013年8月底完工。(2)青原区105国道改道项目。该项目属于105国道吉安中心城区改道即永和连心大桥项目位于青原区内一段，路线全长11.4千米，投资约3.6亿元，项目于2012年5月份开工建设，预计2013年10月底完成油面通车。截至2012年年底，完成全线道路征地50公顷；完成拆迁安置地征地11.5公顷；全线杆线迁移及房屋拆迁工作已全部完成；路基挖方完成70.9%；填方完成60.5%。

农村公路建设。2012年，完成龙民桥（黄沙桥）危桥重建工程；少数民族通村公路和通自然村公路63.9千米的改造；县道升级及农村客运网络化连通工程上级下达建设工程项目计划24.2千米，年底已完成施工图设计。村公路养护管理。一是积极推进农村公路管理养护体制改革。2012年8月份，青原区政府正式出台了《关于加强“十二五”全区农村公路管理养护工作的实施意见》，明确了全区农村公路管理养护体制改革的总体目标和工作重点，将青原区公路管理站和公路工程质量监督站合并组建为青原区农村公路管理所，并设立了文陂、富田两个农村公路管养站。2012年8月30日，青原区农村公路管理所正式挂牌成立。二是建立稳定的农村公路养护资金来源渠道。按照区政府文件规定，青原区财政建立了以公共财政投入为主的农村公路养护资金筹措主渠道，农村公路管理所人员工资福利和正常工作经费列入区级财政预算，养护工程费、日常养护费正在争取财政支持。建立健全资金使用管理制度，实行专户专储、专款专用，规范养护资金的申请、拨付、使用管理等行为，加强资金管理使用的检查、监督、考核。三是日常养护管理方面，2012年青原区交通运输局加大了养护巡查力度，在县、乡、村公路的平交道路、弯道、陡坡、沿河段、高路堤段、视距不良段以及学校、集镇、居民集中居住点等重要路段完善了示警柱、标示牌、减速带、标线等安保设施；对农村公路桥梁进行四次安全隐患排查，共排查出四、五类桥梁6座，并及时采取安全措施，及时消除安全隐患。汛期，由于青原区遭受强降雨，区内农村公路、桥梁损毁严重，该局立即组织人员赶赴受灾较重区域，指导镇政府及时恢复和采取安全措施，保持公路畅通。全年共投入养护资金约190万元。

现代（商贸）物流园。2012年6月19日区政府与广东鑫昌物流有限公司签订了园区开发协议；9月份，园区45.5公顷土地已签订了18公顷土地征用协议，项目计划2013年9底开工建设，2012年底完成一期主体工程的30%。

井　冈　山

2012年，井冈山交通运输局加快发展交通基础设施建设,加强公路管理养护、行业管理、运输生产、行业文明建设等各项工作,取得较好成绩。

交通基础设施新发展。(1)公路建设。2012年年底全面完成通村组公路建设任务,建设里程50千米,上级补助资金500万元。①井冈山迎宾馆添建工程新修公路于9月份竣工通车。②大陇至源头公路扩建工程已初步落实省交通运输厅计划外项目资金1000万元,截至2012年年底已完成土石方开挖量15万方,防护8000立方米,形象进度50%。③茅坪至团山公路"四改三"工程于2012年12月份全面竣工通车,完成土石方开挖8万立方米,完成沥青砼路面5.1千米。④茅坪绕城公路改造工程、古城工业园区道路全面开工,总投资约1500万元(2)公路养护。一是明确了管理养护主题及职责;即按照"县道县养、乡道乡养、村道村养"的原则,明确养护主体。二是明确了养护内容和养护质量标准。三是明确了养护资金来源及管理,即日常养护费由财政预算安排,中央转移支付安排和乡(镇)村筹措等方式解决;养护工程费由省厅按照每年县道7000元/千米,乡道3500元/千米,村道1000元/千米标准统筹安排。修复上大线、双荆线、鹅茅线、小大线等重点线路路面损坏31200平方米,路基2800平方米,涵洞30道,挡土墙5457平方米,边沟5280米,清理坍塌8900平方米,确保了各条线路安全畅通。四是明确了养护检查的具体内容和考核评比办法及奖罚办法。

道路运输行业新发展。2012年井冈山市客运线路共36条,其中:省际线路11条、市际线路6条、县际线路6条、县(市)内线路13条。货运业得到进一步优化和发展,老旧差等技术性能落后的车辆逐步淘汰,全市货车已达到1327辆,计5042吨。全年货运量289万吨,货运周转量60571万吨千米。新增一类危险货物运输企业一家。旅游客运服务水平大大提高。通过调整运输组织和优化运力结构,全年更新和新增了大型高级旅游客车共38辆、班线客车9辆,全年共完成客运量217万人,客运周转量8662万人千米。

井冈山市旅游客运站开工建设。井冈山市旅游客运集散中心,经井冈山市相关部门的综合调研评估,2012年10月17日江西省发展和改革委员会以赣发改交通字〔2012〕2256号批复。①建设规模与主要技术标准。井冈山旅游客运站按一级汽车客运站标准建设。②新建站房总建筑面积7520平方米。其中:白银湖客运站5290平方米(主站房4510平方米,辅助用房780平方米);火车站客运分站2230平方米(主站房1830平方米,辅助用房400平方米)。③新建场地设施3470平方米。其中:白银湖客运站场地设施26800平方米(站前广场3100平方米、停车场20700平方米、发车位3000平方米);火车站客运分站场地设施7900平方米(站前广场1050平方米、停车场6000平方米、发车位850平方米)。④项目预算总投资及资金来源。一是向上级交通运输部争取专项资金补助;二是不足部分由井冈山市政府配套解决。目前正在紧锣密鼓地开展该项目的前期工作。

吉 安 县

2012年,吉安县交通运输局紧紧围绕"全市领先、全省争先、建设科学发展示范县"这一目标,进一步促进结构调整,创新管理模式,维护行业稳定,实现了持续、健康、快速发展。

交通基础设施建设稳步推进。一是抓好永和连心大桥建设工作。目前完成水下桩基190多根,承台20个,墩身20个,现已完成投资约1.35亿元。二是续建项目有序推进。永和至泰山公路路线长5.6千米,于2012年4月开工建设,目前正在进行路面工程施工。敦厚至锦源公路(改线段)路线长1.35千米,于2012年2月开工建设,7月份已完工。张巷至锦源公路12.3千米,安塘至洞川公路2.3千米,大栗至源头公路4.3千米均已完工。三是积极争取,已完成103.9千米的农村公路勘察设计任务,其中县乡道已开工项目19.4千米,现已完成面层5千米,水稳层8.5千米;通过与当地镇村的共同努力,累计完成通自然村公路硬化建设里程69.1千米已全部开工,现已完成50千米的建设任务。四是加强公路养护与绿化。全县把1728千米水泥路纳入全县性管理轨道,93%重点管护线路实现了绿化。辖区内公路养护管理工作取得显著成效,县道年末好路率92%,乡道养护率达100%,预计年末良好路面率90%,并健全了县、乡、村养护人员档案。

运输行业取得新发展。(1)公路运输企业:

拥有客运企业2家，二类以上汽修企业13家，拥有出租车公司1个，出租车50辆，拥有货运企业24家(其中危货3家，驾校2家)。(2)公路运输站点：拥有客运站5个，三级站1个；农村客运站4个，农村客运招呼站110个，客运线路46条，其中省际3条，市际1条，县际1条，县内41条。(3)公路运输工具：拥有客车95辆，2022座位；拥有货车2801辆，9477吨位。(4)公路运输量：客运量362万人次，旅客周转量16161万人千米；货运量324万吨，货运周转量82020万吨千米。

交通运输行业管理日趋规范。一是严格落实质量监督责任制，质监人员实行驻地监工，把质监工作关口前移，重点加强了对工程材料质量、机械设备和施工工序的现场监督。2012年，对全县118千米的新建农村公路施工进行了有效的质量监督活动，农村公路建设质量上了新台阶。二是农村公路管理所设立了路政执法股，开展了路政执法人员法律法规、业务知识培训。2012年路政执法队伍上路巡查160余次，清除路障100余处，查处各类路政案件20件、结案10件。圆满完成了全县境内公路法律、法规的宣传工作，受宣传的职能部门10余个、群众1000余人，张贴、发放宣传资料共计600余份，公路上悬挂标语30余幅，确保了每个行政村不少于1张。三是进一步规范行业管理，全年审验营运客车93辆，审验营运货车2600余辆，新办营运证313辆。加大对非法营运“黑车”的打击力度，全年共查处各类违章车辆80余辆，为运输市场创造了有序竞争的良好环境。以此同时，按照“安全优质、平稳有序、客货兼顾”的原则，全力抓好春运工作，春节期间共发客班车1584班次，运送旅客10万人次，保障了广大旅客安全、便利、快捷、有序出行。四是切实加强对辖区内的江河岸线规划和使用管理，加大码头、水路运输企业、水路运输服务企业的生产经营行为、经营秩序、安全生产、服务质量的监督管理，及时协调各水运企业。五是贯彻落实“安全第一，预防为主”的方针，围绕“八个抓好”和“八个确保到位”的工作要求，坚持平时督查和适时开展专项整治活动相结合，实现了民间渡口和工程施工的安全稳定。

新　干　县

2012年，新干县交通运输局“十二五”规划内容为主要目标、以服务经济、服务民生、服务发展为工作中心，锐意进取，扎实推进交通建设、管理、服务工作，各项工作取得较好的成效。

交通基础设施建设。全年共完成交通运输基础设施投资2.9亿元，其中包括工业固定资产投资1176.99万元。完成县乡公路建设94.9千米，完成农村综合服务站项目1个。(1)农村公路建设。2012年，新干县农村公路计划项目82个，完成农村公路建设94.9千米。农村公路养护管理。一是创新养护管理模式。创新管理方式，于3月中旬始首推公开招投标方式，择优选择农村公路养护承揽人，并实行公路养护合同制管理，开创吉安市农村公路养护管理工作先河，进一步提升了农村公路的养护水平。二是加强路政管理监察。派出路政人员以治理重点路段、撤除违章建筑为重点，采取定期与不定期方式进行路政巡查整治，着力改善了通行环境，开展路政专项整治活动，及时清理公路上乱堆放物、占道晒谷等现象，查处损坏公路案件、制止或纠正违章建筑等案件多起；定期组织路政人员进行执法培训，提升整体执法水平。三是加大路况巡查力度。共组织人员修补沥青路面坑槽4300平方米、填补沙石料387立方，清理边沟29000米，修复桥涵2座，平整路肩37千米，加设安全警示桩20根，里程桩10块，养护公示牌2块，对王新线院山桥等14座危桥新设安全警示标志；修复桥涵2座，新增桥梁栏杆5座；增设安全警示桩73根，砌筑挡土墙130立方米、新增防护墙50米，整治乱堆乱放180余起，散发宣传单1000余份。四是抓好公路绿化建设。各管养县道上已基本达到“有路必有树，两侧树成荫”效果。

重点工程项目建设。(1)余新公路工程项目。该项目分两个标段，分别于8月3日、8月13日相继开工。截至2012年10月18日，已基本完成路基清表、施工人员、机械及材料准备等前期工作。(2)临江至新干战备公路项目。该项目已于9月24日开工，现已铺筑水稳9千米。即将开始油面铺筑,计划今年完成连接线至三湖镇莲湖段19.19千米路面施工任务,其余部分明年开工建设并竣工通车。(3)赣江新干航电枢纽工程项目。该项目建议书已经得到国家发改委批复,省发改委已将项目工程可行性研究报告上报国家发改委待批复,并建议将原“永泰航电枢纽工程”项目名称更名为“赣江新干航电枢纽工程”。工程设计单位正在进行项目初步设计工作。

农村公路综合服务站建设。神政桥乡农村公路综合服务站是全省首批50个农村综合服务站项目试点工程之一,也是该县首座农村公路综合服务站。该项目顺利完成了征地拆迁、土地平整、建设规划审批工作,于7月9日完成工程招投标,7月12日正式破土动工。

永　丰　县

2012年,更新发展理念、创新发展模式、调整建设思路,实现由任务推动向职能推动、由任务牵引向能力牵引的转变,各项目标任务按照时间节点胜利完成,推动交通运输工作再上新台阶。

农村公路改造项目顺利实施。全年完成127.2千米,其中少数民族村组公路项目48.5千米、通自然村公路50.3千米、乡道升级改造和客运网络化连通工程项目28.4千米;完成恩江镇紫云山危桥改造项目1个;县北物流园全面竣工;全县新增货车79辆、挂车11辆、农用车196辆,至年底实有货车2327辆,实现物流税收5347万元,完成货运量241万吨,货运周转量64698万吨千米;新增更新客车10辆,达159辆,客运班线115条(其中县内班线90条)、日发客车589班次,行政村通客车率达98%;完成客运量250万人次,客运周转量14051万人千米;管养县道年末实现优良路297.6千米,好路率86%;抚吉高速公路永丰境内全面通车,抚吉高速永丰连接线竣工通车。

深入开展农村公路管理养护年活动。一是全面落实养护人员。县道由专业人员牵头带班,按人平养护3.5千米的标准落实养护人员,乡道按人平养护4千米的标准落实养护人员。二是完善农村公路养护检查制度。实行月检季评,确保重点养护公路好路率不低于85%,严格考核兑现。三是加强对农村公路桥梁的管养。完善农村公路桥梁档案,明确桥梁养护管理的责任单位和人员,认真做好危桥改造申报立项工作和年度维护安排,建立公路、桥梁定期巡查制度,发现问题及时处理,杜绝事故的发生。

道路运输行业新发展。全县新增货车79辆、挂车11辆、农用车196辆,至年底实有货车2327辆,实现物流税收5347万元,完成货运量241万吨,货运周转量64698万吨千米;新增更新客车10辆,达159辆,客运班线115条(其中县内班线90条)、日发客车589班次,行政村通客车率达98%;完成客运量250万人次,客运周转量14051万人千米。实现县城沿省道至乡镇农村客运班线公交化运行模式。全面推进农村客运网络化建设,稳步推进城乡客运一体化进程,改善运力结构,提高服务水平。提高通达率和通班率,对未开通班车的行政村采取开行隔日班、赶圩班、绕行、延伸线路、新增线路等方式提高通达率,扩大农村客运班线覆盖面。新增更新客车10辆,实现县城沿省道至乡镇农村客运班线公交化运行模式,辖区内行政村客车通达率达到98%。现有客运车辆159辆、客运班线115条(其中县内班线90条)、日发客车589班次、日均客运量6656人次,

峡　江　县

2012年,峡江县交通运输局进一步细化目标,强化责任,硬化措施,狠抓工作落实,各项工作稳步推进,取得了较好的成绩。

交通基础设施建设进展顺利。一是做好了峡江县城至高速公路连接线“二改一”工程的前期各项工作。该项目总长21.8千米,预计总投资为3亿元。二是抓好了仁和至界埠8千米三级水泥路改造,总投资1000万元。三是抓好仁和农村公路综合服务站建设。四是县道升级改造戈坪至白沙项目,该项目总长10.2千米,项目正在建设中。五是完成农村客运网络化连通工程1个,即罗田镇店前至代尔2.4千米,总投资120万元;完成通自然村公路建设项目11个13.25千米,总投资530万元;完成峡江水利枢纽工程移民搬迁点公路建设项目13个42千米,总投资1680万元;完

成少数民族村公路建设项目4个9.4千米,总投资376万元;完成新农村建设点外接公路建设项目24个12千米,总投资240万元。六是完成危桥改造项目1个,即水边湖洲桥拆除重建工程,新桥全长88米,总投资205万元。

货运物流实现强劲增长。一是优化硬件环境。峡江现代物流中心项目列入了省重大调度项目,经省国土厅通过一期建设预审面积23.3公顷,2012年主要做好招商工作;公路、铁路物流商务大厦完成了招投标,确定了施工单位,已开工建设;水运物流商务大厦完成了规划选址;二手车交易市场主体工程基本完工,年底有望投入使用;占地23.3公顷的物流商务区项目建设正在进行土方工程;招商物流集团全国货运总部建设基本落实。二是扶持企业发展。各涉运部门在提供服务、简化办事程序、办证收费、向上级部门协调等方面都尽量做到最优,受到各货运物流企业主的一致好评。2012年,全县共投入货运物流业发展资金13799.9万元,其中县联社放贷资金2513万元,县直单位和乡镇帮扶1287.9万元,公司自筹资金6090万元,司机自筹资金3881万元,为全县车辆更新换代提供了资金保障。全县有11个乡镇和47个县直帮扶单位完成或超额完成了资金及车辆帮扶任务。三是发展货运运力。全县新购货车466辆6742吨,货车总量达到了3725辆48797吨;新增货运物流企业13家,货运物流企业总数达82家,其中自开票纳税企业总数达31家。目前,全县10吨以上的重型化、多轴式、厢体型大货车得到进一步扩充,运力结构进一步优化,保持在货运总量的90%以上,运力在市内仍保持首位。四是抓好物流税收征管。全县实现货运物流产业税收14878.87万元,与上年同期相比增长44%。

道路运输规范有序。一是抓好了道路春节运输工作,圆满完成了为期40天的春运任务。春运期间共投入营运客车74辆1648座位,准备应急运力17辆391座位,增开加班车、包车21车次,安全运输旅客15.51万人次,同比增长7.8%;投入公交车10辆320座位,完成客运量22.89万人次,同比增长5.9%;投入出租车30辆120座位,完成客运量8.56万人次,同比增长6.7%;投入渡船4艘230客位,平稳渡运乘客5.6人次,同比增长4.3%。二是抓好了公路客运企业、城市客运企业、汽车客运站、营运客车、货运企业、汽修企业、驾培学校及教练员的质量信誉考核,考核率达100%。三是继续完善了已建农村客运站配套设施,抓好了客运站、候车亭的维护和管理,维护客运市场正常秩序。

吉 水 县

2012年,吉水县交通运输局在县委、县政府和市交通运输部门的正确领导下,围绕年度目标任务,求真务实,奋力拼搏,切实抓好了各项工作的落实。

交通基础设施建设。(1)农村公路建设。2012年吉水县向上争取农村公路建设项目计划160.1千米。续建2011年县道升级改造项目18.83千米,截至2012年年底,通自然村公路项目开工建设76千米,完工里程57千米。(2)公路养护绿化进一步加强。制定了农村公路养护方案,落实了人员及经费,加强了日常养护及雨季养护;坚持定期巡查制度,及时抢修水毁路段,组织了联合除草清沟等规模养护,抓好样板路建设等。今年共清沟180千米(双边),除草220千米(双边),抢修水毁路面2800平方米,装运沙石料620立方米,清理塌方及路面堆积物1500立方米,补植湿地松3000株,投入水毁经费约12,投入绿化3万元。大力实施列养公路安保工程,投入资金96万元,在大东山公路设置了不锈钢护栏、凸透镜、减速带、标志牌、中心标线、防护墩等安保设施。

重点工程项目建设。抚吉高速吉水南互通拓宽工程建设。抚吉高速吉水段征地拆迁工作已完成,2012年抓好了抚吉高速吉水南互通连接线拓宽工程建设。拓宽工程项目现完成路基95%,12月26日已经全线竣工。

交通行业管理工作。一是抓好春运期间的客货运输组织工作,圆满完成了为期40天的春运任务。春运期间,日投放运力135辆3349座,安全运送旅客52.3万人次,与上年同期相比增长4%,未发生客运交通安全责任事故。二是大力开展道路运输市场秩序整治工作,加强了客运票价、公交客运、出租车市场、危货运输市场、汽车维修市场等专项整治活动,扎实开展了“打非治违”工作,加大了驾培市场监管,取得了良好的效果。三是狠抓了安全管理。继续深化“安全生产年”活动和“客运隐患整治专项行动”。以杜绝重特大安全生产责任事故为重点,以预防和遏制安全生产事故为目标,落实了安全生产各项规章制度。

货运物流业发展。2012 年以来,全县新增货运车辆 601 辆 6059 吨位,货运车辆总数达 9401 辆。新增货运物流企业 2 家,现共有 33 家。货运物流实现地方税收达 11468 万元,与上年同期相比增长 122%。

泰　和　县

2012 年,泰和县交通运输局紧紧围绕建设“实力泰和、魅力泰和、活力泰和”目标,各项工作都保持了良好发展态势,谱写了交通运输事业发展的新篇章。

交通基础建设再上新台阶。2012 年泰和县交通基础设施建设总投资 4100 余万元,全县农村公路基础设施建设共组织实施了农村客运网络化项目 4 项,计 13.3 千米;通自然村公路项目 91 项,计 69.1 千米。其中,农村客运网络化新建项目朱木至西坑公路 1.7 千米已完成路基;宁溪至枧头公路 2.7 千米、黎富至录竹公路 2.4 千米已完成施工图设计,正准备招投标;文永线至石虎塘公路 6.5 千米目前已完成施工图设计,正在进行招标前的准备工作;通自然村公路目前已完成 52 项计 41.6 千米,占计划的 60.2%,完成路基 69.1 千米,占计划的 100%;危桥改造项目灌溪桥(72.84 延米)。

认真做好农村公路养护工作加强日常养护管理,全年清理枫边至沙村、沙村至浪川、敖城至三峰、文陂至永昌等公路塌方 11300 余立方米,增设防撞墩 540 多个,防撞柱 200 多根,安装反光镜 25 面,警示牌 1527 块,安装橡胶减速垄 2317 米,铸铁减速垄 415.5 米,加宽硬化路面 280 米,沥青补板 800 平方米,开展了公路桥梁安全检查,创建了万合至石山文明样板路。

重点项目建设稳步推进。石吉高速公路 58.254 千米正在进行地方损毁道路修复等扫尾工作;吉莲高速公路 5.971 千米进展顺利,于 2012 年 12 月 28 日实现通车;石吉高速泰和北出口连接线处至黄冈 105 国道 10.5 千米二改一工程已进入工可和设计规划阶段;泰和石虎塘航电枢纽工程已完成防护堤 43 千米,导排渠 56 千米,工程已具备挡水、排水、通航等条件,目前正在进行机组调试安装及完善地方配套设施建设。

物流业新发展。2012 年该县把促进物流业发展作为转变发展方式、加快发展现代交通运输业的重要途径和切入点,对全县交通物流企业在政策、资金等方面给予优先和重点倾斜,全县货运业得到进一步发展,全年新增货运(物流)企业 5 家,新增货运车辆 559 辆,同比分别增长了 12% 和 15%,全县货运车辆已达 4822 辆,计 21466 吨位,全年完成货运税收约 5000 万元。同时,以货运物流业的发展为突破带动全局招商引资走上新台阶,全年预计完成工业企业税收 350 万元,占目标任务的 100%;外汇进资 418055 万元,占任务的 119%。

万　安　县

2012 年,万安县交通运输局圆满完成了各项工作任务,取得了以下几项工作成绩:

农村公路建设。2012 年,全县实施农村水泥路项目 65 个 81.9 千米,总投资 2967 万元。其中中央车购税农村公路路网改善工程(少数民族通组公路)15 个 25.6 千米,总投资 768 万元;农村公路通自然村项目 23 个 40 千米,总投资 1547 万元;成品油税费改革中央转移支付公路项目 27 个 16.3 千米,总投资 652 万元。

农村公路管养。2012 年农村公路养护管理注重在责任落实、检查考核、资金保障、体制改革四个方面下工夫抓落实。责任落实上,根据“县道县养、乡道乡养、村道村养”的分级养护原则,分别按县道 3.5 千米/人、乡道村道 4 千米/人标准落实养护人员。检查考核上,县道及重点考核乡道每月一次检查,半年一次考评,一般乡、村道每季度一次抽查,半年一次考核,年终考评结果作为拨付养护补助资金的依据。资金保障上,按养护里程及标准编制养护经费和养护工程费预算,由县财政下达预算文件予以保障。体制改革上，争取县政府出台了《关于加强“十二五”农村公路管理养护的实施意见》(万府发〔2012〕8号)，明确将县公路管理站更名为县农村公路管理所，由自收自支事业单位改为全额拨款事业单位，仍为副科级单位，设立4个乡镇农村公路综合服务站(沙坪、罗塘、枧头、宝山)承担全县农村公路管养、运政、路政、客货运管理职责。

货运物流发展。一是货运物流业税收大幅增长。引进福建客商与县航运公司合作发展水上货运业，上缴税收787万元，县江南汽车运输有限公司上缴税收718万元，税收总额比上年增长64.12%。二是货运物流发展环境优化。县政府制定下发《万安县加快发展货运物流业实施意见》(万府办字〔2012〕75号)，从加强组织领导、加大扶持力度、创优发展环境、优化信用环境、实行激励制度等五个方面促进货运物流业发展。三是物流中心建设列入日程。县委办、县政府办印发《西港物流中心规划建设工作协调会议纪要》(万办字〔2012〕159号)，明确提出建设西港物流中心。

道路运输发展。2012年，全县货运车辆1756辆5587吨，比上年增加284辆2013吨，增长率分别为19.2%、56.3%。客运车辆79辆，其中高级客车26辆、中级客车18辆，高、中级客车占比达55.6%。行政村通班车率91%。完成货运量490万吨，货运周转量229893万吨/千米，客运量217万人，客运周转量10162万人/千米。

遂　川　县

2012年，遂川县交通运输局按照交通发展目标规划，以改善城乡道路交通环境为目标，精心组织，周密部署，着力谋划该县交通运输事业发展，取得了显著成效。

农村公路建设。2012年共争取农村公路建设计划93.5千米，其中县道升级改造7千米，客运网络连通工程30.3千米，通自然村公路建设56.2千米，总投资累计6000万元(其中中央投资1772.5万元，地方配套4227.5万元)。同时，争取了大广高速遂川连接线“二改一”工程列入国道改造计划，可争取国家补助资金5400万元。

重点工程建设。(1)大广高速公路遂川连接线“二改一”工程按期开工并进展顺利。该项目自5月份开工以来，目前正在进行路基、桥涵施工，已完成路基土石方的65%，桥梁70%，预计在年底可完成砂石垫层通车。(2)总长36千米，总投资360万元的南村至仙溪公路安保工程和久营公路大汾至戴家埔段安保工程均已完成，竣工验收，投入使用。(3)泉江桥、龙泉桥“两桥”拓宽改造工程已完成前期工作，并于10月10日开工，目前正在进行桥梁桩基施工，截至11月底，已完成桩基灌注28根，已完成桥梁桩基任务的58%。

行业管理。一是抓好了重要节假日运输管理工作，2012年圆满完成了春运、“五一”、“十一”等重要节日的旅客运输工作任务，没有发生一起重大交通事故，确保了道路旅客运输安全、快捷、有序。二是抓好运输市场管理，集中开展“打非治违”专项整治活动，有效维护了客运市场的经营秩序。

物流产业发展。一是制定出台了发展物流产业相关政策及实施意见，完成了速通物流中心的建设任务；二是圆满完成了县委、县政府下达的1.2万吨运力、1亿元税收任务；三是新建物流企业10家，物流企业已达到41家；四是加强了对物流人才的培训。2012年先后在5月份和10月份专门聘请了国内知名物流专家对全县物流人员进行培训。

城乡客运发展。①抓好农村客运发展。在对全县农村客运网络调研的基础上，合理增加农村客运的班线、班次，提高班车班次的正点率，解决了广大群众“乘车难”问题。②大力发展城乡公交，优化公交运行线路，完善公交设施，并在年初开通了县城至于田村口、泉江里口的公交班线，逐步推进了城乡客运一体化。③继续做好出租汽车的管理。为确保出租车营运安全，运管部门依照法规对出租车公司更新14辆舒适型新车，并对在运车辆安装监控设备，加强监控管理。

安　福　县

2012年，安福县交通运输局圆满完成了各项

工作任务,取得了以下几项工作成绩:

重点项目建设方面。枫林桥新建、老桥改造加固工程:项目投资1900万元,于5月30日动工建设,2013年2月中旬完成桥梁主体工程建设、老桥加固开工,整个工程于2013年5月份完工。北华山大道延伸工程:项目投资1200万元,道路工程全面建设完工。泱塘至石陂2.253千米二级公路改造工程:项目投资690万元,路基工程已完成,正加紧进行路面施工,12月竣工。县道赤谷至马石公路“四改三”工程:项目投资1500万元,工程2013年2月底全面完工。分文铁路桥拓宽工程:项目投资1500万元,工程于2013年2月底建成通车。

农村公路交通施工建设方面。省、市主管部门下达乡农村公路建设计划任务为76.05千米,其中,农林垦区项目12.4千米已开工建设12.4千米;农村客运网络联通项目6.9千米,已完成建设里程6.9千米,建设投资210万元;通自然村组水泥路项目49.65千米,现已完成建设里程38千米,开工建设11.65千米。新建农村公路桥梁3座,其中彭坊乡高枧桥,山庄乡伊溪中桥已建设完工,金田乡钦村桥开工建设,合计完成建设投资313万元。

农村公路养护方面。认真抓好农村公路日常养护管理。创建竹洋线洲湖至洋门段21千米农村公路标准化建设样板公路。所有县道健全了农村公路养护路线公示制度,设置了公示牌,明确了养护路线、养护责任人、养护人员及联系电话。年内共抢修盖板涵、小桥17处,砼路面维修13620平方米,清理坍塌土石方49500立方米,砌筑挡土墙250立方米。清理县道路肩和边沟150千米。全年投入县乡公路养护资金115.7万元,其中县道日常养护使用资金51万元,县乡公路养护工程使用资金43万元,文三旅游公路养护使用资金6.7万元,县道路肩和边沟治理使用资金15万元,保障了各线公路晴雨畅通。

交通运输经济建设方面。截至11月底,全县共有营运车3004辆,同比增长14.4%,其中客车198辆5231座,同比增长2%,年内更新客车10辆174座,新增客车7辆259座;公交车34辆1244座;出租车65辆,年内更新28辆。全县共有客运班线100条,营运总里程10737.5千米。行政村通客车率达88.5%。完成客运量356万人次,较去年增加10万人次,客运周转量12816万人千米,同比增长1.47%。货车2707辆10921.8吨,同比增长15.7%,年内新增312辆2471.61吨,完成货运量408万吨,同比增长9%,货运周转量116080万吨千米,同比增长39.7%。

物流产业发展。截至11月底,全县共有物流企业33家(2011年新增物流企业7家),共有运力10921.8吨,2012年新增2471.61吨,与上年年底相比增长29.29%,物流产业新增税收7159万元,同比增长170.6%,提前完成了县政府下达的6000万元目标任务,预计到12月底物流税收可达到7500万元。

永新县

2012年,永新县交通运输局圆满完成了各项工作任务,取得了以下几项工作成绩:

公路建设。(1)吉莲高速公路永新连接线(将军大道)全长9.927千米,一期工程4.8千米路基土石方已全部完成,雨水、污水管道施工已基本完成,机动车道已完成沥青砼下面层铺设,绿化填土已完成28万立方米。二期工程5.127千米,路基土石方已完成95%,桥涵工程和雨水管道已全部完成,污水管道完成50%,溶江大桥主体工程基本完工,只剩搭板未完成;机动车主干道垫层完成通车。(2)319国道园区段改造及跨铁路桥319国道茅坪工业园区段全长3.02千米,跨铁路桥1座97米,路基土石方桥涵及雨、污水管道已全部完成,12月完成路面垫层通车,跨铁路桥完成桩基础施工。

农村公路建设。2012年通自然村公路建设计划项目63个计58.6千米、危桥改造项目里田合田桥1座、新建中桥3座即石口桥、乌石桥、高市桥。由于省、市交通部门2012年10月至11月中旬才陆续下达项目建设计划,多数项目在计划下达前就已完成或正在施工,部分项目完成开工前的各项准备工作。

客货运发展。完成农村客运公车公营改造工作,由新成立的江西永新长运交通有限公司收购全县农村客运班车74辆,涉及班线21条。实行公司统一经营管理,严格执行规定票价。并新购公交车30台,全部投入西路片6条班线实行城乡公交一体化运行。2012年春运期间共投入客运车辆139辆,输送旅客44.3万人次,完成客运周转量3128万人千米。全年完成客运量465万人次,客运周转量22069万人千米。

宜 春 市

全市交通运输部门以科学发展观为指导,围绕目标抓落实,稳中求进促发展,团结拼搏,扎实工作,再添新佳绩。全市交通运输工作在省厅组织的目标考评中名列第一,市局连续七年被评为综合先进单位。

一、交通运输基础设施建设进一步推进。奉铜高速公路于2012年10月28日如期建成通车,万宜高速和昌樟高速公路改扩建于7月28日正式开工建设。宜春明月机场已建成,已投入试运行。杭长高速铁路宜春段投资1.68亿元的宜春汽车客运总站和宜春新火车站正在加速建设。建农村公路792条,全长821.5千米,超额完成年初目标59%,国家补助资金1.68亿元。建农村公路大桥23座,全长1869延米,水毁农村公路重建公路大桥4座,全长404延米。建农村公路安保工程165千米,建设"六位一体"功能农村公路综合服务站11个,建筑面积15000平方米,投资5500万元,建乡镇汽车客运站5个,建筑面积1500平方米,投资350万元,农村候车亭15个,建筑面积500平方米,投资100万元。解决公交场站建设用地两块共5.13公顷,财政贴息新购高档公交车50辆,高安港货运码头,袁州区飞剑潭、铜鼓县大段库区客运码头竣工投入使用。

二、交通运输生产进一步发展。全年共完成客运量8284万人,旅客周转量40.6亿人千米,同比分别增长9.6%、9.9%,全年实现无一例重大服务质量事故,无一起旅客滞留车站现象。新增货运企业8家,新增营运货车14131辆、14.2万吨;全市拥有营运货车53000辆,总吨位51万吨;全年完成货运量1.3亿吨,货物周转量376亿吨千米,同比分别增长19.65%和20.1%,拥有客运船舶1173艘,吨位74.2万吨,同比分别增长1.4%和2.9%。全年完成水路运输货运量2151.2万吨,货运周转量302337吨千米,港口吞吐量1841万吨。

三、交通运输安全生产进一步稳定。全面完成月亮文化节、花博会和樟树药材交流会等交通运输保障任务,实现零差错、投诉、零安全事故。进一步健全完善应急预案体系和应急组织体系,应急能力进一步增强。以强化源头管理,预防和减少安全事故为目标,加强安全监管,全面落实安全生产主体责任,加强安全隐患排查和治理,加强对重点区域、重点部门、重点车船、重点时期的安全监管,全年交通运输安全形势总体比较平衡,水路运输、交通工程建设保持零事故,农村渡运连续25年无死亡事故,道路客运未发生一次死亡3人以上事故。

四、交通运输软实力进一步提升。党建工作常抓常新。以职工论坛为重要载体,以网站专栏为主要平台,理论学习常抓不懈。积极开展影响发展环境的干部作风突出问题整治活动,改进干部作风,加强干部队伍素质教育,提升干部职工服务水平。进一步开展工程建设领域突出问题专项治理工作。进一步加强党风廉政建设责任制的落实,全市未出现公路、水路"三乱"现象,未发生重大群体性事件和赴省进京上访问题。交通年鉴、精神文明建设、综合治理、"三进四民"活动、联系新农村点等各项工作扎实有效推进。

(晏小宜)

袁 州 区

区交通运输围绕全区经济社会总目标,以科学发展观为指导,求真务实,奋力拼搏,建设大交通,发展大物流,全面完成全年各项工作任务。

交通基础设施建设迈上新台阶　宜春明月山机场已基本建成,已进行试升。万宜高速公路已动工建设,投资1.68亿元的宜春汽车客运站正在建设。新建农村水泥公路157.5千米,其中新建车购税县乡道路改造工程项目2个,里程24.6千米,完成投资4365万元;中央预算内投资项目3个,里程8.3千米,投资747万元;农村公路路网改善工程项目5个,里程10.2千米,投资761.6万元;通自然村公路项目107个,里程114.4千米,投资2664.5万元。农村危桥改造项目3个,275延米,投资597万元;完成农村公路安保工程1个,处置隐患里程14千米,投资112万元。新建农村候车亭项目20个,投资60万元;新建农村公路综合服务站建设项目1个,投资210万元。宜慈公路建设已完成前期工作,工程投资6亿元,建设里程67.8千米。

道路运输实现新突破。拥有营运客车268辆,同比增长3%,全年完成客运量1231万人次,完成客运周转量30414万人千米,同比分别增长3.5%和增长2.8%。拥有营运货车5419辆,同比增长4%,全年完成道路货运量2109万吨,完成货运周转量106021万吨千米,同比分别增长2.5%和增长3.1%。机动车维修企业276家,同比增加13家,汽车驾校15所,同比增加2所。

交通安全生产取得新发展。坚持“安全第一、预防为主、综合治理”的工作方针,突出重点、标本兼治,强化组织领导,健全责任体系,制定安全生产管理方案,层层签订安全生产责任状,形成主要领导负总责,分管领导具体抓,专干全力抓,一级抓一级,层层落实工作机制。从抓道路运输整治入手,深入排查整改安全隐患30处,大力开展安全生产月活动,进行安全教育培训479人次,提高广大司乘人员安全意识。做到“三不进站”“五不出站”。加强对辖区内所有企业的GPS监控进行排查,对四类危桥限载通行,特别是在节假日、重要活动日及恶劣天气日,局安全人员到现场指挥监督;投资80万元修建码头和购置救生圈等设施,由于举措有力,全年实现道路客运无重大责任事故,农村渡运无事故,农村公路和桥梁无垮塌伤亡事故。

(李　庆)

樟 树 市

市交通运输以科学发展观为指导,围绕建设综合交通工作目标,拧成合力,团结发力,新举措,新发展,全面完成交通运输各项任务,助推全市经济社会发展。

交通运输基础设施建设持续推进。昌樟高速公路樟树段改扩建工程项目,于11月15日开工建设,全长30.435千米昌樟高速公路樟树连接线(仁和大道),由二级公路改为一级公路,全长6800千米,工程总投资1.57亿万元,工程已竣工。樟树赣江四特公路大桥,跨越赣江,全长1989千米,工程投资5.5亿元,已建成通车。建农村水泥公路50条,全长49.62千米,工程投资697.9万元。建农村公路安保工程项目3个,全长57千米,工程投资996万元。建农村公路桥梁2座,全长89延米,工程投资180万元。建农村综合服务站1个,建筑面积730平方米,工程投资200余万元。临江镇皮家、张家山街办的新春桥、鹿江街办禾埠桥和黄土岗镇的太平桥等4座农村公路桥梁正抓紧施工建设。

交通运输生产持续发展。全市道路货运企业52家,同比增加19家,拥有营运货车5817辆,新增营运货车504辆,吨位3069吨,同比分别增长10%和11%。全年完成道路客运量529万人次,旅客周转量21833万人千米,同比分别增长31%和15%,完成道路货运量1909万吨,货物周转量338249万吨千米,同比分别增长8%和9%。拥有营运船舶139艘,吨位43290吨,运力同比分别增长167%。完成水路货运量166.4万吨,货物周转量19496万吨千米,货物周转量同比增长7%。机动车维修企业比上年增加2家,汽车驾校增加1所。一个国家投资、企业融资、群众筹资和招商引资办物流园区和现代物流业正在该市兴起。(杨　波)

丰 城 市

市交通运输紧紧围绕“领先中西部、百强再进位”的目标，完善发展思路，创新发展举措，突出重点、统筹兼顾，全面和超额完成全年的各项目标任务，为促进全市经济社会发展作出重大贡献。

交通基础设施有序推进。全年投资2.15亿元，新建提升县乡道48千米，村组水泥公路252千米和农村公路桥梁13座，全长790.1延米。孙渡至资源循环利用产业基地段提升改造工程全线提前建成竣工通车；完成新梅一级公路大中修工程；丰厚一级公路已开工建设，锦江公路特大桥和同田公路中桥完成桩基浇筑工作，完成全线路基土方80万方，占工程量的34%和小桥涵盖板10道，占工程量的30%；昌樟高速丰城段提前完成征地、房屋、坟地和杆线等拆迁任务，温泉公路建设已全部完成路基土方100万立方米和全线碎石基层与桥涵下部构造工作。在全省率先实现农村公路“建管养运”一体化综合服务全覆盖总体目标：建农村公路综合服务站2个，建筑面积2650平方米，投资1000万元；正在建设的4个，建筑面积9800平方米，投资2000万元；新建7个港湾式农村候车亭，建筑面积174.7平方米，投资106万元资金，省政府在该市召开全省农村公路综合服务站建设现场会议，推广建站经验。

交通运输生产有序发展。全市道路新增货运企业36家，新增货车1204辆，吨位9056吨，全市拥有营运货车4647辆43208吨；营运客车219辆，座位5475座，出租车200辆。年完成客运量969.7万人次，客运周转量36850.6万人千米，同比分别增长8.4%和8.4%；完成出租客运量756万人次，出租客运周转量2587.5万人千米；完成货运量952.5万吨，货运周转量45720万吨千米，同比分别增长4.9%和4.9%；新增维修企业11家。行政村客车通达率达到92%。营运船舶526艘，吨位655019吨，年完成港口货物吞吐量1542.1474万吨；全年水运货物运量达1815.5万吨，货物周转量达323185万吨千米，同比分别增长9.4%和1.2%；新增水路运输企业一家，总计达到12家。

交通运输行业管理有序提升。对全市城市公交、城乡公交、出租车、电动三轮车和蹬士等公共交通进行集中整治，使全市客运市场管理更规范更有序，全面提升公共交通服务水平和服务质量。全年共检查2800多辆次，查处违章经营的出租车61辆次，处理非法营运车辆365辆次，拆除私自加装电机的蹬士80余部。同时还相继开展了机动车维修行业专项整治和驾驶员培训机构专项整治工作。

（皮晓荣）

靖 安 县

县交通局围绕县委县政府“1286”目标，坚持以科学发展观为指导，以建设惠民工程为重点，真抓实干，奋勇争先，抓发展、抓管理、抓服务，全面完成各项交通运输工作任务。

公路建设新突破。昌铜高速公路靖安连接线全长8.6千米，县投资4400余万元打造亮化工程，安装悬壁式标志牌26块，直立式标志牌63块，标线13904平方米，凸起震荡标线2661平方米，道路两侧的反光标志2030套，太阳能黄闪灯29组。种植各类乔灌木5.3万余株，色块小苗350万株，铺种草皮15万平方米，人行道铺设5000平方米，安砌路沿石2.9万米，安装双臂路灯、景观灯398盏。新建农村水泥公路46条，全长83.8千米，工程投资1600余万元。正在建设农村公路桥梁2座，全长153延米，进一步改善农村公路交通运输条件。

道路运输新发展。全县货运企业已达32家，新增5家，拥有货运车辆1020辆，吨位16460吨，同比分别增长13.1%和7.7%；完成客运量54.7万人，客运周转量6935.2万人千米，同比分别增长6.2%和4.6%；完成货运量159万吨，货运周转量32579.6万吨千米，同比分别增长12.2%和13.7%；县城第一次开通公交车11辆，设站47个公交站点。改写该县无公交站历史。

交通运输安全有稳定。坚持“安全第一，预防为主，综合治理”的方针，把交通运输生产稳定发展作为惠民工程，加强领导，制订举措，做到认识，领导、人员、责任、工作、制度、经费六到位，层层签订责任状,一级抓一级,层层抓落实工作机制,抓管理、抓制度、抓督查、抓教育、抓隐患、抓整改,大力开展“安全月”活动,全年实现农村渡运无伤亡事故,道路客运无重大责任事故和交通运输工程建设无质量安全责任事故。

(刘 斌)

奉 新 县

以“幸福路桥”建设为抓手,积极策应“生态立县、幸福奉新”决策,协力同心,推动奉铜高速公路奉新段建设顺利竣工通车。奉铜高速公路奉新段在该县境内长约47千米,10月28日,全线正式竣工通车,奉新各项事业的发展由此进入“高速”时代。克难而上,全力推进天工大道工程建设,不断取得新进展。徐家中桥、舒家小桥已竣工通车。九百公路(全长30千米)已完成测量、设计、红线放样和征地拆迁。冯石线(冯田—宋埠—石鼻)19千米、奉高线(沿里—高安)7千米安保工程建设已竣工。新建农村水泥公路40千米已全部完成。

以“幸福站亭”建设为着力点,全力提升居民出行幸福指数。建农村公路综合服务站1个,建筑面积1481平方米,投资415万元。在全县客运车辆中全面安装使用GPS监控系统、SD卡车载录像机,全面强化对车辆运行的监控。

全面提升“幸福交通”管理水平。强化运输市场管理,推动道路运输业稳健均衡发展。共查处和纠正各类违法运营行为98起。认真做好对交通运输企业的服务和扶持工作,全县拥有道路客运车辆142辆,计2364座,道路运输企业共安全运输旅客361.74万人次,客运周转量14846.45万人千米,同比分别增长2%和1.5%,新增货车376辆,计4293吨,完成货运192.49万吨,实现货运周转量34590.39万吨千米,同比分别增长4.99%和5.5%。全县拥有营运货车1509辆,计16273吨。强化公路治超管理,确保全县公路安全通畅。该局采取有效措施加强公路治超工作。道路运输车辆超限超载运输现象得到初步遏制,县内干线公路车辆超载率明显下降。强化行业队伍建设,打造高素质战斗团队。通过集中整治影响发展环境的干部作风突出问题活动的开展,努力实现交通运输发展与干部队伍建设、行业形象协调并进,按照交通运输部和上级交通主管部门的要求,投资15万元用于完善和更换交通运输行政执法服装和装备,推动交通行政执法队伍和行为的正规化、规范化、专业化、标准化建设。同时,强化完善日常管理体制和机制,加大投入和工作力度,确保全县交通系统的安全稳定,全年没有出现一起重大安全责任事故,也没有出现越级上访事件和群体性事件。

(魏振宇)

高 安 市

市交通运输局紧紧围绕市委市政府“争创全省十强市,打造实力、宜居、特色、活力、幸福高安”为目标,以“建设大交通,促进大发展”为主题,牢固树立“大局意识、责任意识、发展意识、服务意识”的工作理念,抢抓发展机遇,增强发展活力,提升发展水平,各项工作亮点纷呈。

加强基础设施建设,交通条件持续改善。建农村水泥公路63条,里程120.7千米,总投资2363.5万元,改造农村公路危桥2座115延米,投资157万元;改建农村客运站2个,投资90万元;建农村公路综合服务站1个,占地面积0.65公顷,投资460万元,建设农村候车亭5个,建筑面积50平方米,投资25万元。建高邮、祥符等河沙货运码头5个,投资80多万元。正在建设货运码头1个,占地面积0.67公顷,投资100万元。

推进重点工程建设,交通路网持续完善 完成昌樟高速改扩建工程高安段征地拆迁工作,征地面积28.57公顷,拆迁房屋35栋5500平方米,填塞水井15口,迁移坟墓260座、电杆87根、电力(讯)线17600米、输水管道760米,埋置通信光缆100米。基本确定南昌——上栗高速公路市境内走向。完成市区西环路公路大桥、东环路公路桥工程建设前期工作。

强化行业监督管理,运输生产持续发展 全市有货运企业398家,营运货车保有量20556辆,其中新增营运货运车辆4144辆吨位4.8万吨,新振兴投资有限公司、江西桃源公司、高安新瑞运输有限公司获 AAAA 物流资质。完成公路货运量 406.3 万吨，货运周转量 512209.8 万吨千米，同比分别增长 5%、5.3%；完成公路客运量 536 万人，客运周转量 129800 万人千米，同比分别增长 3.8%、6.2%。有省际普通货船 1 艘 700 载重吨 368 千瓦，短途砂石运输船 278 艘 10258 载重吨 9393.6 千瓦，游艇 6 艘 44 载客位 202.15 千瓦，个体沙石吊装码头 114 个。完成水路货物运输量 77.5 万吨，货物周转量 775 万吨/千米，同比分别增长分别 4.6% 和 4.6%；完成水路客运量 3550 人，客运周转量 12426 人/千米，同比分别增长 5% 和 5%。

（周世祥）

上　高　县

县交通运输紧紧围绕全县“挺进第一方阵、建设中等城市”战略目标，全力实施“三大战役、一大行动”活动，交通运输事业呈现新的更快的发展强劲势头，全面完成交通运输各项任务。

公路交通通行能力进一步提升。全年完成农村公路建设项目 65 个，里程 86.6 千米，完成工程投资 3000 余万元，全县自然村农村水泥公路硬化率达 60% 以上；完成农村公路危桥改造 2 座，全长 110 延米，完成工程投资 240 万元；完成端溪桥、江口中桥危桥改造扫尾工程；完成农村公路水毁抢修工程 27 个，工程投资 1042 万元；完成上八线 10.96 千米、上蒙线 11.2 千米路基建设。

交通运输保障能力进一步提升。全年新增货运企业 7 家，物流企业 4 家，驾培学校 2 家，二类维修企业 1 家。全县有货运企业 27 家，客运企业 3 家，维修企业 130 家，机动车驾驶员培训学校 6 家；新增营运车辆 650 辆，新增公交客车 40 辆，更新出租车 21 辆。全县拥有营运车辆 2419 辆，客车 242 辆，出租车 141 辆；全县有 21 个沙场、21 艘挖沙船、42 艘采沙运输船纳入了行业管理。至 12 月底，完成道路客运量 690 万人次，客运周转量 3588 万人千米，同比分别增长 6%、7%；完成道路货运量 710 万吨，货物周转量 39890 万吨千米，同比增长 5%、6%。

跑项争资工作实现新突破。多次到省市争取农村公路建设项目和农村公路综合服务站项目，争取农村公路建设项目 39 个，泗溪、徐家渡 2 个农村公路综合服务站建设项目，1 个乡镇客运站建设项目。积极向省厅争取南昌至上栗高速上高段设立互通、服务区等建设项目，效果明显。全年争取各级支持交通项目资金共 2974 万。

（潘泓羽）

宜　丰　县

县交通运输紧扣交通运输“建、管、养、运”四项基本职能，以加快建设、提升服务、保障安全为重点，有力促进交通运输基础设施建设、城乡客运网络建设等各项工作。

奉铜高速公路建设强力推进。奉铜高速公路于 10 月 28 日建成通车。县辖 26.96 千米，投资 10.79 亿元。

省道、县乡道升级改造。潭山至斜港公路（院前至斜港段）、官山旅游公路改建工程（院前至东河段）和石市栏桥危桥改造工程相继于 10 月建成。黄檗祖师塔公路拓宽改造工程于 4 月建成，棠上公路（高家段、西刘段）于 10 月完成路基验收后移交公路分局进行路面施工。320 国道新连接线路面工程进展顺利，12 月完成垫层和水稳下基层，水稳上基层完成 12 千米（占工程量的 75%），下油面层完成 6 千米（占工程量的 40%）。宜杨公路荷舍至棠浦段路基改建工程目前完成土方工程的 90%，完成桥涵工程 70%，路基垫层完成 55%，年底可全面完成路基改造；棠浦至村前段于 11 月开工，预计明年上半年可完成路基改造。宝成东大道 12 月完成土方工程 30%，涵管工程完成 35%。宜上公路改建工程、棠浦公路桥等。

农村公路建养进展顺利。国有农林场建水泥公路改造 15.8 千米，新建农村断头路、连通路、新农村建设点公路及农村组级水泥公路 60 千米。天宝松溪危桥重建，石市栏桥危桥重建项目竣工。组织技术人员对县本级管养的公路桥梁再次进行排查，对存在安全隐患的桥梁进行了拍照和数据登记，安排人员进行养护重点监管。修复水毁公路、桥梁，累计清理各类塌方 210 处 5000 多立方米,修复桥梁2座、水泥公路2.6千米、各类护坡30处、500余米。

城乡客运基础建设进展顺利。黄岗综合服务站主楼已封顶,春节前建成。完成38个行政村候车亭建设,车上集镇长廊式候车亭以其新颖的设计为当地基础设施建设增添了一道绚丽风景。

发展货运产业进展顺利。新增营运车辆1417辆20368吨位。全县货运企业61家,货运车辆4486辆,58877个吨位,同比分别增长30%以上。

(漆志勇)

铜 鼓 县

县交通运输局围绕建设综合交通为目标,坚持科学发展观为指导,以集中整治影响发展环境干部思想作风建设活动为契机,以重点工程为抓手,扎实推进全县交通运输事业跨越式发展。

交通基础设施建设有新跨越。昌铜高速公路铜鼓县境内57.173千米,10月28日竣工通车,总投资36亿元。昌铜高速公路铜鼓连接线一级公路竣工,全长2.297千米,工程总投资8200万元。新建连接线公路大桥2座竣工,全长170延米,工程总投资1200万元。新建农村水泥公路26条,里程33.3千米,工程投资1798万元,三滩至三溪县乡改造已竣工,大段至古桥路段路基工程正在建设。全县共有乡村公路559.6千米,均得到硬化。村级道路逐步得到升级改造,村级公路中,四级公路总长139.07千米,占村道总里程57%。铜鼓汽车服务广场一期工程竣工,建筑面积1.8万平方米,三都农村公路综合服务站申报工作已完成。大段库区客运码头建设正在进行,工程总投资80万元,可容纳200人候船。新建农村候车亭15个,建筑面积255平方米,总投资15万元,进一步改善全县的交通运输条件。

交通运输有新发展。全县有35个货运中心,同比增加13家,有货车1829辆,比上年增加371辆,总吨位15873吨,同比增长12.6%;全年完成道路货运量53万吨、货物周转量16324万吨千米,同比分别增长11.6%和12.3%。全县机动车维修企业72家,同比增长20%。新开通村班线3班,行政村通客车比例达到90.5%。新增客车2辆,更新客车6辆,大段库已完成水路客运量80000余人,同比增长222.2%。

交通运输安全生产有新成就。认真落实道路交通运输安全生产措施,坚持"预防为主、安全第一"的方针,加强节假日、汛期期间、十八大期间安全隐患排查,强化整改措施,狠抓整改落实。督促汽车站全面落实"三不进站、六不出站"规定,加强运政GPS平台监控,加大打非治违力度,与城管局、交警大队组成集中整治行动小组,在主要路段集中整治非法违法行为。共查处违法违章车辆46辆、非法摩的6辆,非法经营行为得到了有效遏制。加强安全知识培训,全年对渡工进行了2期业务和安全知识培训。加强渡船安全督查,添置渡船安全设施。由于安全生产举措到位,全县实现客运无重大责任事故,交通基础设施施工安全无事故和渡运连续25年"零"事故的好成绩。

(黄祖芳 李 燕)

万 载 县

县交通运输紧紧围绕"建设幸福万载"为目标,以科学发展为指导,以民生工程建设为重点,团结拼搏,奋力创先,建设大交通,发展大物流,全面完成各项交通运输任务,助推全县经济又好又快发展。

注重惠民工程建设。万宜高速公路(万载段)里程8.4千米,工程投资5亿元。南昌—上栗高速公路万载段工程建设项目已启动,该县走向已确定,建设工程正在勘察设计。县、乡道升级公路改造已完成里程6.9千米,投资241.5万元。修建通乡水毁公路建设项目1个,全长5.5千米,工程投资165万元。建设连通公路工程项目19个,全长23.2千米。完成投资675万元;在建的农村综合服务站一个,占地1公顷,工程投资516万元。新建农村候车亭7个,建筑面积154个平方米,投资9.1万元。

注重道路运输发展。新增开农村客运线班线11条,行政村客运通车率达到93%;新增货运公司25家,公司总数达88家;新增营运货车3881辆、吨位45168个吨,同比分别增长55%和58%;

完成道路客运量355万人次，客运周转量14128万人千米，同比分别增长0.8%和0.49%；完成道路货运量3047万吨，货运周转量302304万吨千米，同比分别增长17%和17%。机动车维修企业48家，汽车驾校10所。

注重交通运输安全稳定。安全生产事关维稳大事，该局把安全生产作为重要惠民工程，工作重中之重，常抓不懈，从整顿交通运输秩序入手，加大管理、工作力度，抓制度、抓教育、抓督查、抓整改，做到领导、举措、人员、责任、经费五到位，一级抓一级，层层抓落实。全年实现道路客运无重特大责任事故，农村渡运无事故和交通运输基础设施建设无质量事故。

（陈世铭）

抚　州　市

2012年，抚州市交通运输系统坚持以科学发展观为指导，围绕抚州市委市政府决策部署和2012年度目标任务，齐心协力，奋发有为，圆满完成了各项工作任务，在推进全市交通运输事业科学发展、安全发展、和谐发展的道路上迈出了新的步伐。

基础设施建设再上新台阶。在高速公路建设方面，抚吉高速公路建成通车，结束了崇仁、宜黄、乐安无高速公路的历史，全市11个县区实现了县县通高速。经过多方不懈努力，金溪至抚州、资溪花山界至里木高速公路获得动工兴建，前期工作已基本完成；福银高速抚北出口及连接线，获得正式立项，并获得资金支持。与此同时，抚州还争取到了南昌至宁都、东乡至昌傅、广昌至船顶隘高速公路建设项目，并列入全省规划。在农村公路建设方面，完成农村水泥路建设787千米、改渡建桥项目3个1910延米、危桥改造2座300延米，新建乡镇客运站5个。农村公路综合服务站和标准化渡口试点工作进展顺利，基本完成标准化渡口建设2个、农村公路综合服务站4个。抚州长途客运中心开工建设。

运输服务能力得到新提升。圆满完成了春节、“十一”黄金周等重点时段的旅客运输任务。全年完成客运量4600万人次、客运周转量28亿人千米、货运量1.2亿吨、货运周转量387亿吨千米，分别较上年增长3.2%、2.6%、21%和20%。新开通农村客运班线2条，新增客车7辆，行政村通车率达90%。在全市范围内开展客货运输企业、客运站、机动车维修企业及驾校质量信誉考核，开展“先锋”“重剑”等活动，有力打击了违规经营行为，运输市场秩序进一步好转。

城市客运呈现新面貌。出台《抚州市出租汽车管理办法》，完成第三轮出租车经营权过渡，新增出租车运力80辆，并按照“四统一”要求，全部完成了车身喷色、语音提示、智能计价器的安装。认真落实公交优先发展战略，新增（更新）环保公交车66辆，城区公交保有量达到277标台。实行公车公营经营模式，服务水平大幅提升。开展以打击“黑的”为主要内容的“百日专项治理”，有力维护了行业稳定。

安全发展取得新成效。以开展“安全生产年”活动为载体，坚持“一岗双责”和源头监管，通过树立“三种意识”（政治意识、细节意识、危机意识）、落实“三方责任”（领导责任、部门监管责任、企业主体责任）、实施“四大工程”（道路运输安全工程、农村公路安保工程、交通建设平安工程、渡运零事故工程），深入开展“安全生产年”“道路客运安全年”“平安工地”等活动，启动交通运输企业安全生产标准化建设，积极推进渡口标准化管理，开展“打非治违”等安全整治活动，强化重点时段、重点领域的隐患排查，确保了全市公路桥梁、道路运输和渡运安全，水上安全实现连续28年无伤亡事故。

交通科教迈出新步伐。一是淘汰老旧、高耗能、高排放的客运车辆28辆、公交车11辆、船舶2艘，节能减排和绿色发展向前推进。二是依托运政视频监控指挥中心,建立客运、货运、维修、驾培、运政稽查、票据管理数据库,实现了网络化管理的纵向连通,运输行业信息化程度明显提高。全市客运企业、旅游企业、危货企业均安装了GPS。三是全面实行道路客货运输从业资格证无纸化考试,启用机动车驾驶培训IC卡定位计时管理系统,机动车驾驶员培训质量明显提升。

重点工程建设取得新成绩。四个市重点工程顺利推进,赣东大道北延伸段等7条市政道路改建全部竣工,抚州客运枢纽站、名仕农贸市场已开在建,市公交枢纽站完成了规划设计方案,现已开始征地拆迁。

(抚州市交通运输局)

临　川　区

2012年全区交通运输坚持科学发展观,紧紧围绕年初的工作目标,求真务实、开拓创新,各项工作进展顺利,在跑项争资、重点工程建设、农村公路及交通行业管理等方面取得突破性进展。

交通工程项目稳步实施。一是较好地完成了上级下达的民生工程项目。2012年,区政府安排该局新建农村公路95千米,新建国有林场农村公路10千米,实际完成农村公路155千米,占任务数的163%;完成荣山垦殖场公路10千米,占任务数的100%。二是农村公路建设计划全面完成。2012年,省、市交通部门下达该局区乡公路改造9.2千米,实际完成19.3千米(黄桐线);通自然村公路计划55千米,实际完成145千米;危桥改造计划3座计151延米和独立桥项目2座计161延米已全面完成。荣山客运站完工主体工程,云山、罗针客运站正在紧锣密鼓规划设计之中。

运输市场管理规范有序。一是精心组织春运工作,圆满完成运输任务,制定了春运方案,并认真组织实施,制定了应急运力方案。春运期间,共投入营运车辆388台,座位8926座,发放各类临牌、包车牌417块,完成客运量80.2万人次,无重特大责任事故,无重大服务质量事件。二是认真抓好道路运输企业质量信誉考核工作,积极引导企业向经营集约化、管理规范化、作业程序化方面发展,规范道路运输市场秩序和保障道路运输安全。三是积极开展道路运输治理整顿工作。严厉打击无证经营、非法营运、超限超载超员运输等违法运输经营,在2012年度我局共查处各类违法营运案件498起,保障了人民群众和合法经营者的合法权益,维护了本辖区良好的运输环境及秩序。全区拥有客车416辆,9520座,年完成客运量920万人,客运周转量95660万人千米。拥有货车3809辆,28602吨,年完成货运量996万吨,货运周转量19120万吨千米。

重点工程建设进展顺利。一是抓好抚吉高速主线的征地拆迁协调工作,确保了抚吉高速公路建设及其临川区连接线工程的顺利进行。二是上顿渡大桥重建完成90%桩基及墩柱,12月底前完成制作盖梁、梁板工作。三是抚北互通温泉风景区连接线相关前期工作按计划进行,于2012年12月底动工建设。四是抚北大桥至抚北园区道路改造2012年底动工兴建。

(临川区交通运输局)

东　乡　县

2012年东乡县交通运输紧紧围绕"坚持三个为主、实施四大工程、建设五个东乡"的总体思路,结合交通运输工作实际,加大交通基础设施建设力度,强化交通运输行业管理,全县交通运输事业继续保持又好又快发展的良好势头。

民生项目顺利推进,取得实效。一是完成2013~2015年农村路网建设规划。对全县公路、桥梁进行了调查摸底,出台农村畅通工程建设计划实施意见。二是县乡道路网等级全面提升。共投入资金1000余万元实施农村公路建设计划38.5千米,其中实施县乡道升级改造建设项目4条计10千米(东杏线4.3千米、瑶徐线3.7千米、占圩至荫岭1千米、珀玕至北庄1千米),连通工程28条计28.5千米。三是强力推进"安保工程"建设。投入资金67万元在瑶圩至虎形山等路段增设公路标志标牌90余个,及时消除安全隐患,为人民群众出行安全提供了有效保障。四是客运站场建设步伐加快。客运站建设项目杨桥已竣工、黎圩在建;农村公路综合服务站建设项目瑶圩乡已基本完工、圩上桥镇在进行项目前期工作。五是项目申报进展顺利。申报县乡道升级改造建设项目计划 13.6 千米，中央苏区项目规划 727.762 千米（其中县道 36.659 千米、乡道 45.698 千米、连通工程 645.405 千米），危桥改建项目 58 座。六是东抚高速公路规划。经与市局沟通并多次赶赴南昌与省厅及分管领导汇报，省厅初步同意将东乡至宜春昌傅高速公路（抚州至东乡是其中一段）纳入省 2020 年高速公路规划修编。

建养并重，确保公路安全畅通。2012 年县局管养公路总里程 1471 千米，其中县道 170 千米、乡道 230 千米、村道 1071 千米。为了切实加强公路管养力度，提高公路养护质量，该局以开展"公路养护管理年"活动为契机，加大公路路政巡查力度，清理路障 150 余处，拆除非公路标牌 12 块，巩固"民心工程"成果。根据管养公路的实际情况，制定了切实可行的工作目标，责任到人，层层落实。针对汛期的来临，对全县农村公路和危桥进行了全面的排查，挖补水泥路面坑槽 800 平方米，处理路基沉陷 320 平方米，清理塌方 500 立方米，开挖边沟、截水沟 770 立方米，增设边沟涵 190 米，清理草灌 21 千米。同时加大养护资金投入，改善道路基础设施，提高道路通行能力，社会效益明显，实现农村公路"畅、洁、绿、美"。

（东乡县交通运输局）

南　城　县

2012 年，南城县交通运输紧扣发展现代交通运输业、建成赣东南重要交通枢纽和抚州现代物流中心这一目标，开拓奋进，克难攻坚，全面完成了年初既定的各项目标任务，有力地支撑了南城的赶超发展。

交通基础设施建设持续加快。1. 农村公路建设深入推进。截至年底，已立项的上唐至包坊的县道升级改造工程和龙湖小竺至浔溪大竺等 3 个计划的客运网络化工程主体工程，以及新增的 47 个通自然村公路改造项目基本完工，城王线公路安保设施建设已竣工，水口桥水毁工程已完成桥梁下部构造、明年 6 月可竣工。路东至睦安等 2 个计划总里程 21.8 千米的县道升级改造项目、2 个计划里程 6.3 千米农村客运网络化项目以及 4 座危桥改造项目也获得了上级交通部门的立项批复。2. 渡改桥建设快速推进。周家堡大桥自 2012 年 7 月 4 日正式开工快速推进，完成项目投资 3000 万元，明年 10 月可竣工通车。3. 运输站场建设稳步推进。积极贯彻落实全省丰城站场建设会议精神，加速以乡（镇）公路综合服务站为重点的运输站场建设。2012 年年底，路东公路综合服务站建设已完成规划设计，力争明年基本建成。

此外，省道丰德线杨林渡大桥至洪门段的升级改造正抓紧施工。随着这些建设项目的相继竣工，该县以铁路、高速公路和国省道干线公路为骨架、以农村公路为脉络，内畅外联、四通八达的交通网越发畅通，区位优势越发凸显。

行业管理持续加强。城乡客运一体化不断深入。2012 年，共新增城市公交车 2 辆，更新客车 2 辆、城市公交车 18 辆、出租车 100 辆。年底，全县跨省（市）县际班线达 15 条、拥有客车 47 辆，92% 的行政村通班车、拥有农村客车 107 辆，城市公交 32 辆、出租车 100 辆，人们的生产生活更加方便快捷。

农村公路管养日益加强。继续选拔专业人员从事县道管养，加大考核与检查力度，并督促乡（镇）加强乡村公路的管养。同时，强化雨季汛期、夏季高温、雨雪冰冻时期下的公路和桥梁巡查，及时发现和修复水毁病害公路，确保农村公路的畅通。共修复水毁公路路基 25 万立方米，重建公路危桥 6 座，新建涵洞 95 道、挡土墙 5600 立方米，公路植绿 120 千米，全县农村公路好路率达 92.6%，全县公路更加畅、洁、绿、美。

专项整治常态有效。先后组织开展了道路客运、道路危险化学品运输、机动车维修市场、驾培市场、客运站（场）等专项整治和交通"打非治违"专项行动，尤其对县城"摩的"、黑的等非法营运持续保持着打击取缔的高压态势，正本清源、治乱打非，取得了阶段性成效。仅整治期间，收缴"摩的"48 辆、"黑的"8 辆，取缔非法驾校报名点 2 处，查处非法教练车 1 台，纠正各类违规经营行为 13 起，进一步规范了交通运输从业行为，整肃了县城交通运营秩序，促进了全县交通运输市场的健康发展。

（南城县交通运输局）

南丰县

2012年,南丰县交通运输“打造三宜一中心,建设幸福新桔都”的战略目标,开拓进取、扎实工作,全县交通运输各项工作取得了较大的发展。

交通基础设施建设进展顺利。1. 努力加强交通基础设施建设。2012年,该县遭受到百年未遇的特大洪灾,严重地损毁了农村桥梁,道路等基础设施。全县倒塌桥梁22座418延米,损毁公路8.7千米,公路塌方2万立方米。灾害发生后,为恢复交通和灾区重建,积极主动到省、市业务部门跑项目,争资金,经过努力,该县有6座30米以上桥梁通过省危桥改造立项工可,另有5座县道桥梁完成重建设计。全县共争取各项水毁救灾资金300多万元,有力地支持全县水毁基础设施建设。此外想方设法抓好公路的升级改造,全县2012年度县乡道路网升级改造有南丰至沙岗、东坪至西坪(东坪乡路段)、白舍至洽村(紫霄镇路段)、南城至中和(白舍镇路段)等路段通过省厅县道升级改造项目立项。

着力推进农村客运站建设工作。该县把农村客运站、养护站、物流站三站合一建设作为今明两年的重点工作,加快推进客运城乡一体化步伐。一方面加大站场建设力度。为了既尽快完成建站任务,又努力提高建站标准。将洽湾站列入该县火车客运综合站项目,由县里负责提供2万平方米的建设用地和配套资金。将白舍站列入全县旅游客运综合服务站的范围,拟在高速公路与昌厦公路交叉接口建设占地0.67公顷的白舍农村综合服务站。2012年,兴建白舍农村综合服务站,并对太和服务站进行升级,全县客运站网络布局将更加合理。另一方面,以客运站为载体,稳妥推进乡镇为中心的二级班线网络建设,努力为县至乡镇班线公交化管理探索路子。

交通行业管理开创新局面。一是圆满完成春运工作任务。2012年春运,全县共投入客车195辆,2979座(含出租车60辆),组织加班450趟次,运送旅客18546人次,包车43趟次,运送旅客1205人。在整个春运期间共完成旅客运输336409人次,客运量比去年同期增长6.2%,客运周转量14213.8324万人千米。二是客运市场不断规范。2012年该局四个稽查组共查处违章车辆109次、查处“摩的”62辆次、查处“黑车”11辆次,查处农用车、三轮车载客9辆次。经过整顿,该县客运市场秩序有了明显的改观。三是汽车维修市场不断好转。在做好宣传工作的同时多次召开业户会议,派出工作人员深入到企业指导检查工作,严厉查处只收费不维修的现象,严格检查各项制度落实情况,对维修质量投诉案件立即查处,并利用媒体进行曝光。2012年重点打击和取缔了一批无证无照和超范围、超类别及占道经营的维修点,维修质量得到了明显提高,维修质量投诉案件与去年同期相比下降了88%以上。

(南丰县交通运输局)

金溪县

2012年,以科学发展观为统领,以机关作风建设为抓手,以项目建设为重点,凝心聚力、迎难攻坚,扎实有效地开展各项工作,顺利完成了各项工作目标任务。

抚金高速公路建设。抚金高速在县境内长21千米,为确保项目建设顺利实施,着重做好高速公路建设的协调服务工作,年底已顺利完成高速走向、环评、设计、规划征询、放样验线等前期工作。

农村公路建设。在上级农村公路建设指标下达锐减的情况下,该县还是争取并提前完成53.4千米通组计划,其中2012年通自然村农村公路34.5千米、2012年成品油价格和税费改革转移支付资金通自然村公路建设项目18.9千米。争取到农村公路升级改造计划5.5千米,其中金溪至里源的乡道升级改造2千米,黎圩至竺由(石门段)县道升级改造3.5千米。

客运网络化设施建设。2012年,加大了客运网络化建设力度,完成首批全省乡镇农村公路综合服务站—陆坊站的申报、工可、立项、勘测、预算、招(投)标及建设工作,年底竣工并交付验。同时还完成了琉璃、黄通客运站建设和县城区9个公交站台(牌)整修工作。

重点项目建设。2012年,加大疏山北路拓宽改造工程、璜汰渡口标准化建设工程、青泥引桥工程及农村公路建设项目工程的监管力度,落实一项目一班子领导挂点、一工程一技术员蹲点(包片),常调度重落实,勤排查严整改,要求施工单位要争分夺秒抢进度,一丝不苟抓质量,万无一失保安全,确保项目施工进度和质量。县重点工程疏山北路拓宽改造工程、青泥引桥、农村公路建设工程全部竣工,璜汰渡口标准化建设按期完成任务。

公路运输管理工作。一是开展为期100天的全县安全客运市场整治活动,重点打击黑的、摩的等扰乱客运市场的违法经营行为,共出动执法人员268人次,执法车辆110辆次,查扣违法车辆500余辆次,有力维护了客运市场的正常秩序。二是进一步加强交通运输企业的监管,对全县28户道路经营业户和4356名驾驶员的从业资格进行了年度质量信誉考核,1989辆营运车辆进行了安全性能检测和年度审验,配合县政协完成公交经营管理调研,并向政府提交了《下轮公交经营方案》。三是加强了站场管理,对客运车站、公交站台、渡口等人员集中的客运站场加强了源头管理,切实落实相关站场管理规定,并更新老旧客车18辆、公交车10辆,维修渡船2艘,杜绝了交通安全隐患。顺利完成两会、中共十八大及重大节假日的交通运输任务。全年完成客运量460万人、旅客周转量22700万人千米,货运量445万人、货物周转量126402万吨千米。未发生人员滞留,无重、特大事故发生,无人员伤亡。四是加强路政、运政、港监等日常交通执法管理,全年共出动交通执法人员468人次,执法车辆328辆次,纠正各类违章违法行为1028次,排除交通安全隐患28处。

(金溪县交通运输局)

崇　仁　县

2012年,崇仁交通以科学发展观为指导,以建设幸福崇仁为目标,齐心协力,扎实苦干,交通运输工作实现新突破,有力地促进崇仁经济社会的发展。

交通基础设施建设。2012年全年交通基础设施建设投资完成7832.33万元,其中公路建设投资完成7482.33余万元。抚吉高速公路县境内段建成通车,结束了县境内无高速公路的历史。实施了抚吉高速公路崇仁连接线、里崇线改造、生态公园环路等3个市级重点和1个县级重点公路建设项目—东城路1.4千米改造工程。农村公路完成14.9千米。马鞍汤溪温泉旅游公路2.54千米并建设完工。沙堤至罗陂岗8千米的水毁公路修复和崇丰线1千米维修工程完成。

2012年,崇仁县桥梁建设主要是孙坊邹家渡改桥、三山乡的三山桥、桃源乡的贯下桥和石庄乡村头桥。邹家渡改桥建设质量、进度均按设计要求进行,三山桥工程完工并通车,贯下桥和村头桥均完成招投标并开始建设。

2012年,崇仁县按照2011年10月省交通运输厅在全省启动农村公路综合服务站建设试点工作要求,积极响应,申报“崇仁县河上农村公路综合服务站建设试点项目”获批。通过以点带面,争取在2~3年的时间内推进全县农村公路建管养运一体化服务发展。同时,项目所在乡镇区域内的县、乡、村公路,也将获得按照每年每千米县道7000元、乡道3500元、村道1000元标准的养护工程省级补助资金。

公路运输。2012年,崇仁县公路运输以强化道路运输市场监督管理为重点,狠抓道路运输生产安全,积极引导运输企业规范营运和做强做大,服务水平不断提高,客货运输取得新突破。

全年完成道路客运量218万人,旅客周转量2200万人千米。货物运输企业有新发展。全县货物运输企业达63家,新增3家,其中普货运输企业60家,新增2家;危货运输企业3家,新增1家。全年新增货运车辆106辆,当年转出车辆27辆。货物运输企业的车辆主要是以箱式车、牵引车、挂车为主,其中箱式车37辆、牵引车403辆、挂车510辆。危货运输主要是以罐式和平板车为主,其中罐式22辆、平板车29辆。

运输工具更新步伐加快,运力结构进一步优化。2012年年底,全县共拥有营运汽车2623辆,总吨位26852.3吨,比上年多3009.672吨,增长12.62%。其中普通货运汽车2368辆、增长30.97%,吨位25858.187吨、增长8.45%;危货汽车64辆,吨位994.11吨。营运载客汽车191辆,其中大型客车24辆,中型客车71辆,出租汽车

63 辆,公共汽车 33 辆,总座数 3337 座。出租车更新 50 辆,其他车辆均已按期更新。

(崇仁县交通运输局)

广 昌 县

2012 年,县交通运输工作坚持以交通基础设施建设为中心,扎实推进重点工程项目和农村交通基础设施建设,突出抓好交通行业管理,着力推进交通依法行政,着力改革创新,着力构建和谐交通,努力实现全县交通各项工作全面协调发展。

重点工程建设稳步推进。1. 顺化大桥重建项目全长 206 米,宽 23 米,自 2012 年 4 月破土动工,年底完成钢便桥、桩基、墩台等工程,工程质量达到设计要求,全年完成工程投资 1450 余万元,占总工程量的 40%。2. 鹰瑞高速公路出口扩建、绿化、亮化、人行道、路面硬化工程项目进展顺利,五项工程于 2011 年 9 月开工建设,2012 年 3 月份全面完工,并投入使用,完成投资 751 万元。3. 河东雁塔钢便桥及临时便道工程,计 600 米,总投资约 140 万元,于 9 月投入使用。4. 观前桥项目,全长 39 米,宽 7 米,投资 45 万元,于 12 月开工建设,年底全面完工。5. 驿前姚西、赤水龙水和盱江桥头景区工程,总投资约 186 万元,其中姚西景区工程投资 80 万元、桥头景区工程投资 30 万元、龙水景区工程投资 76 万元。于 4 月份完成设计,并相继开工建设,年底全部竣工。

县、乡、村公路建设向纵深发展。1. 完成农村公路建设工程项目 46 条计 54.8 千米,完成投资 1644 万元。其中 2012 年新农村建设水泥路项目 5 条,共 5 千米,投资 150 万元,通自然村 9 条,共 12.3 千米,投资 369 万元。新增农村公路项目 37 条,共 42.5 千米,总投资 1275 万元。2. 县乡道改造及通自然村项目快速推进。完成县乡道升级项目 3 条,共 14.3 千米,投资 715 万元。分别为昌厦公路—头陂公路工程,长 5 千米,投资约 250 万元;高洲—双港公路工程,长 3.6 千米,投资约 180 万元;广昌至盱江林场专用公路工程,长 5.7 千米,投资约 285 万元。通自然村水泥硬化项目累计完成 38 个项目,计 50.1 千米,投资 1522 万元。3. 安保建设、危桥改造及水毁修复工程进展顺利。上级下达该县群养农村公路安保工程计划实施 2 段、里程 4.9 千米,完成投资 16 万元。同时,该局还完成县道危桥改造项目 5 座/93 米,总投资 253 万元,涵洞 4 道,投资 33 万元。修复的有挡土墙 115.5 米/16 处、桥梁 62.5 延米/2 座、涵洞 35 米/6 道,累计投入修复资金 70 万元。

公路养护力度不断加大。落实养护责任制,各乡镇、场严格按照养护要求,认真选择养护人员,行使养护职权。2012 年增设改建排水涵洞 50 余道,组织各乡镇养路工人清除中小塌方 10 余处、清除土石 300 余立方米,公路桥梁新增各种安全标志 60 多处,雨季防洪进行全程巡视。并对全县 18 座危桥进行了定期检查,实行分片挂钩负责制,分成两个小组,每 15 天检查一次,把桥梁安全隐患消除在萌芽状态,确保了全县农村公路的安全畅通。

行业管理进一步规范。加强运输企业、维修企业的管理。积极引导运输企业更新高等级、节能、环保车型。运管所于 6 月至 9 月,与县交警、安监等部门联合在全县开展了“打非治违”专项整治工作。共进行了 16 次联合集中行动,出动执法人员 80 余人次,拔除“钉子户”黑车 6 辆,查处票贩子 2 人,货车载客 7 起,分流超载旅客 200 余人;查堵“三品”20 件,纠正违法经营行为 60 余次;并查处 3 辆黑教练车,4 名“黑教练”,并取缔了 2 所“黑驾校”。有效遏制了违法违章案件的发展势头,推进了运输市场的健康有序发展。更新客运车辆 6 辆,30 座、新增货车 604 辆,7051 吨。全年完成客运量 419 万人,客运周转量 9301 万人千米;完成货运量 545 万吨,货运周转量 129744 万吨千米。截至 12 月底,全县道路运输经营业户有 783 户,其中普通货物运输业户 738 户,危险货物运输业户 7 户,旅客运输业户 8 户,汽车租赁业户 1 户,汽车维修业户 29 户。营运车辆共计 3841 辆,其中,营运客车 98 辆,共 2301 座;出租车 30 辆,共 150 座;公交车 14 辆;危险货物运输车辆 88 辆,共 882 吨;普通货物运输车辆 3612 辆,共 30208 吨。全县道路运输经济运行态势良好,各项指标全面增长,为该县经济持续、快速、健康发展提供了有力的运输保障。

(广昌县交通运输局)

宜　黄　县

2012年以科学发展观为主题，以转变发展方式为主线，以构建和谐社会为目标，围绕县域经济发展战略，切实抓好交通项目建设，努力提升行业服务水平，较好地完成了各项工作任务。

交通基础设施建设。1. 积极做好抚吉高速公路建设的协调服务工作。抚吉高速公路在宜黄境内主线长10.55千米，征用土地113.3公顷，投资7亿元，建设工期为22个月，于2012年底通车。

抚吉高速公路宜黄连接线工程，为抚吉高速公路宜黄互通至县城的一条交通干道，长6.954千米，公路等级为一级；另设支线从互通收费站至源口村，通往曹山寺，公路等级为二级，全线路长1.946千米。2012年2月17日开工，2012年底建设成，工程投资1.2亿元。

2. 农村公路建设稳步推进。全县累计投资约2.2亿元，实现了全县乡、村通水泥路的目标，620个自然村通了水泥路。农村公路总里程达1207.3千米。截至12月底，全县共硬化路面600千米，约占总里程的50%。一是加快县道升级改造步伐。完成桃陂至673储备处4.4千米，棠阴至南源12千米正在设计，中港至溪岭10千米已完成设计。二是乡道升级，完成上门至寨上2.7千米设计。三是完成村组公路23千米，其中桥头至程家巷1千米；二都至上际1.9千米；茶坪至樟树下0.7千米；城源至蛇源1千米；黄陂镇至西源村10千米；源口二桥至元坳上3千米；梨溪至下狮溪5.4千米。

3. 桥梁建设同步进行。全年新建大桥1座，即凤冈镇水北大桥，2011年开工，2012年7月竣工。桥长217米，引道长573.52米，桥面宽15.5米，总投资1000万元。危桥改造2座，即廖坊关与党口桥。廖坊关桥全长33米，桥宽7米，造价90万元，2012年10月15日开工。党口桥桥长62米，宽7米，总造价158万元，2012年7月下旬开工，年底已完成上部空心板梁工程，正在桥面铺装。

4. 渡口、港口、渡改桥建设按计划进行。2012年该县除观音山渡、河东五组渡、背风嵊渡之外的渡口均已撤渡建桥，共完成12个渡改桥项目。观音山渡口标准化建设项目申报获省厅批准立项。

5. 站场(厂)房屋建设取得新成效。宜黄县城新客运站于2008年11月动工兴建，占地面积108万平方米，造价2000万元。新客运站分为车站和综合大楼两部分，车站高三层，综合大楼高九层。2012年12月工程竣工。

运输生产安全有序。一年来，该县的公路运输企业发展较快。全县拥有客运企业6家。即：抚州长运股份汽车运输有限公司宜黄分公司，有客车21辆；众友汽车运输有限公司，有客车3辆；宜黄县宝运汽车运输有限公司，有客车32辆；宜黄赣南汽车运输有限公司，有客车1辆；宜黄玖运汽车运输有限公司，有客车14辆；宜黄港久汽车有限公司，有客车11辆；共计客车82辆。年客运量142.5万人，客运周转量4404万人千米，乡镇通客车率100%，138个行政村有120个行政村已通班车，占行政村总数的86.9%。拥有货物运输企业54家，共有货车1037辆。综合货物运输能力达到106万吨/年。拥有城市公交公司一个，公交车辆21辆，392座位，开辟公交车线路5条，线路里程85.5千米，年客运量达20万人次。拥有出租汽车50辆，大大方便了群众出行，群众乘车难问题基本得到解决。

（宜黄县交通运输局）

乐　安　县

2012年，乐安县交通运输建设“五个乐安”目标，求真务实，开拓进取，实现了全县交通运输各项工作协调发展，较好地完成了年度各项工作任务。

突出工作重点跑项目。2012年，争取到万崇至湖坪红色旅游公路项目8.4千米，每千米补助资金130万元；县城至南村公路升级改造项目22.5千米；农村公路建设计划69.8千米；湖溪马蹄潭危桥改造项目1个；农村公路综合服务站项目1个；争取到抚吉高速公路乐安互通连接线补助资金1200万元；争取厚莲线乐安段由省道升级为国道;协助县里争取南昌—丰城—乐安—永丰—宁都的高速公路项目。

确保工程质量抓实施。2011年下达该县61.4千米建设计划项目全部开工建设,且已竣工。县重点工程项目新长运汽车站建设顺利推进,确保了年底基本完工。乐安互通连接线工程稳步推进,路基21米宽沥青路面工程已全面完成,与抚吉高速公路主干线实现全面通车,乐安互通连接线第二期拓展和绿化亮化工程已全面启动。

确保交通安全抓养护。认真落实农村公路管理养护各项制度,聘请了30名养护工负责县道和省道县管的日常养护工作,同时,多方筹集30万元资金,用于道路安保设施的建设,确保了道路交通安全,受到了广大人民群众的好评。

强化运输市场优环境。截至2012年底,全县乡镇客运站已达7个,候车亭95个。全县乡镇、行政村通客车通达率分别达到100%和94%。全县维修厂家二类6家,三类52家,与2011年相同。全县客运车辆121辆,检测率达100%;货运车辆175辆,检测率96%。2012年,全县客运量120万人,客运周转量13864万人千米;货运量88万吨,货运周转量14263万吨千米。全县共有专业搬运装卸工人95人,装卸量126万吨,比上年稍有减少。

(乐安县交通运输局)

资　溪　县

2012年是实施“十二五”规划承上启下的重要一年,也是全县县域经济发展“三大战役”突破年。采取切实有力措施,扎实工作,努力完成目标任务,取得了一定的成绩。

农村公路建设。1. 农村公路。2012年完成了农村公路22.3千米,实现了18个村小组通水泥路。截至2012年,该县村小组通水泥路率达到82%,位于全市前列。

2. 危桥改造项目。梅园洲大桥重建工程全面完成,桥长124米,桥面净宽4.5米;高阜务农桥竣工通车,桥长36米,桥面净宽5米。

3. 通乡项目。东源—港东通乡项目B标段5.5千米重新启动,已于2012年10份正式开工建设,年底全面完成。

4. 独立桥项目。2012年该局向省厅争取了3座独立桥建设计划,总长226延米,分别为嵩市镇高陂独立桥36米,高阜镇高阜泸溪桥85米,马头山镇走马洲独立桥96米。至12月底,走马洲独立桥已完成了下部结构的施工,高阜泸溪桥正在加紧施工当中,高陂独立桥已完成和施工图设计评审。预计三个项目将在2013年雨季前完成。

5. 主要县道路面维修。为保证生态旅游节期间的交通畅通,对抚草线、昌初线、杨坊至马头山线路面的破损情况进行了实地的调查,完成了山地自行车越野赛道的测量设计和施工管理,确保赛道提前完成。共计投资130多万元。

6. 农村公路养护。加强对主要县道抚草线、昌初线、杨坊至马头山线的日常养护,同时做好了雨季的雨季巡查和水毁抢修,坚持雨季24小时值班和雨季巡查,做到及时发现和修复公路水毁,共投入机械台班260多小时,经费7万多元做好了2012年主要县道的水毁抢修工程,确保了公路的安全畅通。同时将法水旅游公路和昌坪旅游公路列入了日常养护管理,确保了旅游公路的安全畅通。

重点项目建设。1. 高速公路。资溪花山界至里木高速公路,全长39千米,投资27亿元,2009年1月15日批准立项。2012年11月县成立高速公路征地与房屋征收协调工作领导小组,开始公路征地与房屋征收和其他前期工作,力争早日动工建设。

2. 九龙湖旅游公路。总投资4000万元,2010年7月开工,2012年年底,隧道已经贯通,二衬已完成492米,洞口挡土墙完成土石方260立方米、完成投资2600余万元。

交通运输管理。1. 圆满完成“春节”“五一”“端午节”“国庆节”旅客运输工作。开展“客运安全年”活动,在公安、安监、运输企业和有关部门的共同努力下,节假日期间共投入道路运输客运车辆5080班/次,运输旅客68800人/次,日平均发127班/次,日平均发送旅客1720人/次。全县无一起道路交通事故发生,实现了春运等假日安全运输工作目标。全县拥有客运企业5个,客车64辆,货运企业31个,货车1537辆。2012年共完成客运量124.7万人,周转量748万人千米;完成货运量674万吨，货运周转量134800万吨千米。拥有公交车辆4台、线路4条、站台64个、人员7人。年完成客运量175581人、周转量1053486人千米。拥有出租车辆32辆，年完成客运量47.2万人。

2. 加强运输行业市场监管，优化运输环境。一是加强客货运输源头管理，认真做好客货运输源头治超工作，认真开展汽车客运站经营行为专项整治活动。二是强化流动稽查，加强客货运输车辆跟踪管理，用好GPS定位系统全程跟踪，实行动态监督，确保了客货运输安全。

（资溪县交通运输局）

黎 川 县

2012年，紧紧围绕全县工作大局和年度工作目标，抢抓机遇，大力实施交通重点工程和农村公路建设，强化行业管理，优化发展环境，各项工作都取得了较好成绩。

主要目标任务。1. 农村公路建设。完成通村小组公路建设项目31个35.4千米，完成新农村建设点公路建设项目43个15千米，完成水毁桥梁建设60座1209延米，另外，完成桃宜线水毁项目建设和陈家村水毁项目建设，西城水毁路面维修工程开工建设。2. 农村客运站场建设。完成厚村、湖坊两个乡镇五级客运站建设，新建农村候车亭15个，熊村综合服务站主体工程封顶。3. 道路运输。圆满完成2012年“春运”任务，全年完成客运量157万人次、客运周转量12661万人千米、货运量284万吨、货运周转量79804万吨千米，全县道路运输各项工作继续保持快速发展的势头。

加快交通基础设施项目建设。一是抢抓国务院出台关于加大赣南等原中央苏区振兴若干意见政策机遇，积极争取国家、省部委对该县交通基础设施建设的项目支持。配合县委、县政府做好振兴赣南等原中央苏区交通基础设施调研，积极向国家、省交通运输厅争取项目扶助，已争取省交通运输厅安排全县通村小组计划50千米、旅游公路建设项目14千米，铁道部支持向莆铁路黎川站开站。至年底，通村小组计划和旅游公路项目计划在批复之中，向莆铁路黎川站建站项目已开始前期项目研究。二是积极争取农村公路客运网络化连通工程项目3个15.4千米，农村公路通自然村公路项目72个46.8千米。三是认真抓好去年遗留工程扫尾，完成遗留工程公路建设项，全面完成农村公路水毁桥梁建设，德胜集团黄土坑桥和杨林洲大桥开工建设并竣工，熊村综合服务站主体建筑楼封顶。

提升道路运输服务水平。一是强化公路客运规范化管理，积极落实省运管局出台的多项客运管理制度举措，着力抓好汽车客运中心规范化建设。二是继续加强和完善客运市场宏观调控措施，把调控运力和线路、保持运力和运量基本平衡、严防客运运力盲目投放作为客运发展的重点。积极调控运力结构，全县中、高级客车占营运客车总量比例为40.5%（客车总数79辆1449座，其中：高级7辆259座，中级25辆567座），出租车45辆225座。三是落实城乡客运管理一系列举措，推进公交优先发展，开展了城客诚信考核和文明创建工作，整合优化城乡客运资源，努力实现道路客运公共服务均等化。四是严格危货准入和市场监管，确保危货运输安全有序。五是充分利用各种优惠政策和采取鼓励扶持措施，大力促进货运市场发展，营运货车总数达1542辆12844个吨位。

（黎川县交通运输局）

上 饶 市

2012年,上饶市交通运输系统紧密围绕建设宜居宜业宜游现代化区域中心城市的目标,开拓创新,奋力拼搏,全力推进交通项目建设,狠抓行业管理,着力推进交通运输事业改革和发展,较好地完成各项工作任务,取得明显成效。

一、交通运输生产指标保持新增长

加大交通项目资金筹措力度,争取燃油税费转移支付资金8140万元(其中农用车2400万元,摩托车2140万元,通行费3600万元)。争取农村公路项目国省补助资金3.18亿元(其中:县道升级4895万元、乡道升级改造745万元、农村客运网络化连通工程3919万元、自然村公路建设5837万元)。规范上武高速公路收费运营管理,全年收取通行费收入1256万元,该市实际分得收入1026万元。积极争取落实了上武高速公路上饶银行贷款资金1.5亿元。完成交通固定资产投资32.85亿元,其中高速公路16.43亿元,国省干线公路7.8亿元,其他交通重点项目1.72亿元,农村公路及渡改桥6.79亿元,综合服务站0.11亿元。

全市拥有营运客车4893辆、89158座,较上年同比分别增长3.4%、4.15%;拥有营运货车49536辆、316949吨位,与2011年同期比分别增长8.18%、5.1%。全市完成公路客运量16012万人次、客运周转量448075万人千米、货运量16893万吨、货运周转量3134373万吨千米,较上年同比分别增长5.22%、9.72%、14.66%和28.18%。培训汽车驾驶员101045人,较上年同比增长21.7%。全市道路运输及服务业经济总收入109.36亿元、完成税收5.18亿元,较上年同比分别增长25%、23.04%。全市道路运输所有经济指标总量均列全省前三位。

全市完成水路客运量77.8万人、旅客周转量1860万人千米、货运量635.6万吨、货物周转量151040万吨千米,较上年同比分别增长1.6%、1.5%、28%和26.4%。完成水运规费征收1860万元,其中市本级660万元,各县(市、区)港航所1200余万元。

二、交通基础设施建设实现新突破

一是交通重点项目建设全面加快。德上高速公路项目于12月底全面建成通车,境内高速公路总里程已达617千米。项目累计完成投资39.2亿元,占计划81%,年度完成投资15.74亿元。上武高速公路分水关隧道机电工程全面完成,并与福建方同步贯通实行省界收费。德上高速三清山互通连接线工程5月份开工建设,已完成投资7600万元。沪昆高速公路新增西互通项目10月份开工建设,已完成投资9200万元。万年港综合码头工程一标段水工工程已完成项目投资额1263万元,占总投资额的83.5%;二标段道路堆场、大型土石方完成821万元,占总投资额的31.9%。

二是农村交通项目建设。1. 农村公路及渡改桥。农村公路建设共硬化农村公路970千米,完成投资59925万元。建成农村渡改桥项目7座/2638.3米,完成投资2946万元。2. 农村公路综合服务站。列入全省第一批试点的5个项目进展良好,万年县汪家站、横峰县岑阳站、铅山县石塘站、婺源县中云站主体工程均已封顶,正进行装修,余干县乌泥站主体已完工。3. 危桥改造及独立桥梁。完成危桥改造7座/406延米,完成投资额744万元;完成独立大、中桥5座/353延米,完成投资404万元。4. 安保工程。完成项目6个,计122千米,完成投资976万元。

三是国防公路建设。婺源灵岩洞至瑶里(婺源段)项目已完成路基工程。上饶军械库至旭鹅尚义桥公路项目已完成路基和路面水稳层施工。铅山汪二至鹅湖公路已按期开工建设。

三、交通运输体制机制改革创新取得新成效

推进市中心城市公交改革和发展。一是设立市中心城市公交发展专项资金。决定从2012年开始,每年市本级安排500万元,信州区、上饶县各安排400万元,开发区安排200万元,作为专项资金用于发展城市公交事业。二是编制完成市中心城市公交发展专项规划，提出了公交引领城市发展战略、公交优先发展战略、建立快速公交系统三大发展战略；并分别从近期和中远期两阶段提出公交发展目标，对公共交通线网、车辆及信息化发展、场站等进行全面规划。三是全面启动城市公交改革。按照"公交公益"的原则，全面整合市中心城市现有公交资源，建立"一城一公交、国有国营"的经营体制模式，促进市中心城市公交事业持续健康发展。

四、加强交通运输行业管理

着力源头管理，全面提高道路运输保障能力。一是扎实开展了"道路客运安全年"活动、客运和危货企业治理整顿活动、"打非治违"、汽车租赁业专项整治工作等专项整治活动。二是建立健全道路运输车辆动态监管制度，加强和改进旅游包车客运安全管理。三是严把车辆技术关，进一步完善和细化客运站安全管理制度。查获黑车60余辆。四是督促全市驾校1300辆教练车安装指纹IC卡计时工作，落实建立了全市客车驾驶员黑名单制度。

加大城市公共客运管理力度。一是积极参与市政府组织的中心城市各项交通秩序整治活动，共查处非法客运车辆219辆，非法摩的108辆，非法电动三轮车89辆，非法营运人力车三轮车167辆，使城区客运市场秩序有了根本性改观，提升城市形象。二是逐步取缔客运人力三轮车。对违法违规和不符合规定条件的，取缔经营资格，让人力三轮车逐步退出城区客运市场，已取缔了5个经营资格（指标）。三是深挖发展潜能，全面提高水路运输保障水平。加强水运企业和营运船舶经营资质监管工作，特别对液货危险品运输、旅客运输加大了经营资质动态管理和抽查力度，对辖区内的港口经营企业和各水路运输企业的经营资质进行了核查，对不符合经营资质条件的3家港口经营企业和2家水路运输企业进行了整改，核（排）查率达98%。四是创新发展理念，推进农村公路建管养运一体化建设。以全省农村公路综合服务站建设试点为契机，加快建立以农村公路建、管、养、运、服务与应急处置为一体的即"六位一体"的农村公路发展新模式，促进农村公路由"建设型"向"服务型"转变。

（上饶市交通运输局）

信　州　区

道路运输行业持续发展　2012年，信州区共拥有道路旅客运输经营业户14户，货物运输经营业户2366户，货车8280辆，79247吨位，吨位数比去年同期增长2.2%；公路货运量完成1252万吨，比上年同期增长29.78%，货物周转量完成124622万吨千米，比上年同期增长124.87%。机动车维修业户121户；汽车综合性能检测1户；驾校6户。客车340辆，11669座，客位数比去年同期增长3.7%，公路运输累计完成客运量912万人次，比上年同期增长7.42%，旅客周转量78119万人千米，比上年同期增长55.79%。全区物流产业税收累计完成1.64亿元，同比增幅27.13%（其中局完成5416.89万元）。全区自开票纳税人资格企业累计已达到34家，新引进物流企业累计22家，其中交通局7家，完成财税5671.14万元。引进赣东北汽车园项目，总投资10亿元，投资方为浙江禾众汽车企业管理集团有限公司，已落户在三江片区；引进总投资5000万元的浙江永康客商，已注册为上饶市饶丰物流有限公司；总投资为3000万元的内蒙古兴安盟客商，已注册为上饶市天宇物流有限公司。

农村公路建管养齐头并进。以构建"通畅、安全、舒适"的农村公路网络为目标，通过雇佣、承包以及创建"党员示范路"等多种方式，有效促进农村公路建设养护工作的开展。2012年完成自然村通达项目27.4千米，新农村进村主干道16.25千米；全年完成县道养护60.611千米，乡道养护70.57千米，村道养护160.528千米，增设减速带200余米，路面维修近2000平方米，水毁抢修公路10.8千米，并增设养护责任牌、安全标志等等。

交通重点工程进展有序。一是赣东北汽车园项目已通过省发改委立项备案，首批13.3公顷用地已批复到位，项目整体33.33公顷用地已完成市、区两级预审，和茅家岭街道就征地协议问题积极协商。二是省道大二线（广丰—上饶火车站）改线项目已批复，土地征用和失地农民社保已完成报批手续。广丰县境内土地征用已结束，已进入房屋拆迁和工程招投标阶段,信州区境内征地拆迁工作已经启动。三是德上高速信州区境内现正着手接水接路、灌溉水塘的恢复以及督促施工单位爆破施工过程中对受损村民房屋进行协调补偿工作。

(信州区交通运输局)

上 饶 县

交通基础设施建设。2012 年,上饶县交通建设项目有:国有林场项目 7 个 34.9 千米,1045 万元;县乡道升级改造项目 3 个 47.9 千米,2200 万元;客运网络连通工程项目 4 个 21.6 千米,648 万元;通自然村公路项目 49 个 70.9 千米,709 万元;少数民族项目 4 个 12.9 千米,193.5 万元;新建桥梁和危桥改造项目 5 个,286.9 万元;农村综合服务站项目 2 个,200 万元;以及专项资金等总计 6244.9 万元。其中农村公路项目资金 5828.9 万元,是 2011 年的农村公路项目资金 1409.9 万元的 4.13 倍。

公路养护。为了转变全县农村公路重建轻养的局面,依托上饶县天勤公路养护公司,抽调 8 名人员专门负责全县的公路养护与管理,严格落实公路养护责任制,完善考核评比办法,强化管理措施。制定了农村公路养护年活动方案,建立了长效机制,重点做好了县养公路的养护管理。投入 106 万元对八都至沿岭、皂头至周家及花厅、五府山等水毁公路和桥梁进行维修和整理,清理边沟和绿化工作。公路植树 16.6 千米,全县共完成农村公路绿化 66.8 千米。

运输行业管理。一是全力保障春运安全。2012 年春运,按照"安全、优质、畅通、有序"的总体要求,精心组织,科学调配,合理安排,通力合作。168 辆客车通过检测合格,并投放市场参加春运,确保春运无旅客滞留,无安全事故的发生。二是加强运政执法。为切实维护道路运输市场秩序,保障合法经营,成立四个运政执法队伍。在运政执法中严格按照《中华人民共和国道路运输条例》依法行政,共取缔黑车 15 辆;纠正违章运输行为 260 起。同时,协调有关部门加强对公路"三乱"的监管,使全县治理公路"三乱"工作保持了良好的态势。三是拥有营运客车 168 辆,470 座,完成客运量 235 万人,客运周转量 5640 万人千米,比上年增长 8%。拥有营运货车 6250 辆、吨位 6 万吨,完成货运量 3260 万吨,货运周转量 254932 万吨千米,比上年增长 9%。

路政工作。为打造"安全、畅通"的出行环境,进一步保护农村公路路产路权,采取了五项措施强力推进农村公路路政管理工作,一是加强公路法规宣传力度。二是抓好路政管理人员的业务培训。三是加强路政巡查。对全县农村公路开展经常性路政巡查,专门查处各类路政违法案件,下发路政管理责令整改告知书 180 份,现场整改 160 起,清理路障 200 余千米,严厉查处违章超限运输 280 起,收取公路赔偿金 30.625 万元,收缴罚没款 1.39 万元,配合县打非办收缴罚没款 10.5 万元,路政案件查处率达到 98%,办结率达 100%。办理路政许可的 2 起。还定期向乡镇、公路沿线村通报路政管理工作情况。四是对农村公路管理实行综合治理:与国土部门对公路两侧建设用地实行联合审批;与交警部门对影响交通安全的行为实行联合执法,对损坏公路路产路权行为协同处理;与当地法院建立工作联系制度,重点路政案件及时申请人民法院强制执行。全县路政监察工作形成良好局面。

(上饶县交通运输局)

广 丰 县

基础设施和重点工程建设。1. 完成 2011 年 20.45 千米农村公路及 14 座改渡建桥管理与验收等工作;完成全县 150 个新农村建设点的 32.666 千米出口公路的电子地图测设;完成泉波镇张村中桥等 3 座危桥维修加固工作;完成大石—湖里新建二级公路工程设计等 8 个项目的招标工作。2. 迎宾大道工程于 9 月底全面开工建设,目前已完成投资 1100 万元。3. 在 2012 年全省 57 个农村公路综合服务站试点中该县争取到铜钹山和五都镇 2 个建设指标。至 11 月,两个综合服务站的土地征用、图纸设计、项目批复和工程预算已经完成,铜钹山镇农村公路综合服务站挖土填方、围墙工程已全面开工。

道路运输管理。一是圆满完成了春运工作。2012年春运期间共投入营运客车342台，其中外调运力83台，完成客运量1162300人次，企业营收达2650万元，与上年相比上升了5%，确保了公路运输无“三乱”，连续保持了九年无道路旅客运输安全责任事故和死亡人数为零的纪录。二是开展了对农村接送学生的非法营运客车、货车、三轮车、农用车等“黑校车”的集中整治活动。三是规范道路运输市场秩序，有效防范和坚决遏制重特大事故发生。该县运管所结合道路运输安全生产月、“打非治违”专项整治和打击“黑校车”专项整治等活动，加强驻站（场）管理和路上不定线不定点稽查。共查处非法经营车辆200多台次，其他各种违章车辆620多台次。有力地打击了非法营运及各类违章势头，消除了安全隐患。

公路管养。1. 养护工程管理。清理了上广一级公路水沟8.2千米，整修路基3.585千米，路面沥青冷补216.89平方米，桥面粉刷223.9米；对玉十线全线路面进行整修，路面修复共1668.2平方米；对河金公路进行路面修复。施工中对工程质量进度进行全过程跟踪监理，并做好试模的抽检工作，工程合格率达100%。2. 桥涵管理工作。完成了护栏刷漆119平方米，粉刷钢管扶手230.8米，防撞墙刷漆158平方米，栏杆柱刷漆81.2平方米，伸缩缝钢筋砼维修66.44米，钢管护栏更换25米。3. 2012年汛期，广丰县公路水毁严重，尤其是铜钹山旅游公路出现了重大水毁情况，该县共抢修水毁路基57427.39立方米，维修现浇浆砌路基178.35平方米，修复排水沟423.35米，安装排水涵管100米，及时恢复了坍塌路基，确保了铜钹山旅游公路的畅通和良好路况。4. 坚持路政巡查。一年来，路政大队在巡查中共查处违法建围墙10处计680米，制止违法建房5处计860平方米，取缔路边集贸市场6处，清除路阻路障50余处，拆除临时厂棚6处，拆除非公路标牌58块，查处路政案件3起，结案率为98%，有效地维护了该县公路路产、路权，确保了县乡道路安全畅通。

（广丰县交通运输局）

玉　山　县

农村公路建设。2012年，玉山县交通运输局农村公路建设总投资达4.02339亿元，争取上级资金5126.7万元。具体为：①县道升级改造项目23千米，投资6622万元，其中部车购税投资920万元，现已逐步开始实施路基工程；②乡道升级改造项目1.9千米，投资171万元，其中中央投资47.5万元，现已完成1.3千米路面建设，今年年底全面完工；③完成客运网络化公路改造项目5千米，投资401万元，其中部车购税投资100万元；④完成自然村连通公路68.5千米，投资2037.9万元，其中部车购税投资558.2万元；⑤完成国有农林场公路10.8千米，总投资756万元，其中部车购税投资270万元；⑥危桥改造项目1个，投资550万元，其中部车购税投资249万元，已于9月19日竣工通车；⑦新建独立中桥项目3个，总投资496万元，其中部车购税投资122万元，毛家中桥已建成通车，桥溪桥、黄金坝桥已完成施工图设计。6月份以来，该县连降特大暴雨，农村公路路基、路面、挡土墙、桥梁等均受到重大损毁，给沿线农民群众生产生活带来极大不便，造成水毁损失达5427.21万元。有多条农村公路中断交通，其中省道S203公路（童坊至陇首段）、县道X655仙岩至霞峰公路抢修了两个月才恢复交通，乡道桑园至后阳公路因下溪山桥被全部冲毁，村道青口至周源水库因青口桥被全部冲毁，预计要到2013年两条公路才能恢复交通，其他公路水毁工程已恢复交通，对暂时不能修复的危桥已采取了限制或禁止车辆通行措施。目前已投入抢修资金1000余万元。同时，该局组织人员对全县有关省、县、乡、村道公路进行了一次全面的安全隐患排查，共排查各类桥梁249座，核定属五类桥梁46座，经估算对这46座五类桥梁进行修复、改造或重建需投入资金4342万元。其间，排查发现，大部分农村公路安全设施缺损较为严重，山区公路路段尤为严重，亟须完善。经统计，有关省道、县道公路共需安装标志牌838块、设置减速带572米、设置防护栏63000米、完善里程碑169块，估算投资达1237万元。

承建的重点工程项目建设进展顺利。德上高速公路童坊至玉峰7月18日开工,该项目建设总里程18千米,总投资2.92亿元,预计2014年建成通车。三清大道西延工程482米新建项目路面已全面完工,绿化、亮化工程基本完工,项目总投资926万元。会花线十里山大桥重建工程于2012年9月19日竣工通车。

公路运输行业和谐稳定发展。一是圆满完成春运工作任务。共发送加班车639辆次,包车44辆次,累计发送车辆达9101辆次,运输旅客约60.31万人次。二是扎实做好运政基础工作。自5月份开始,对全县道路客货运企业、营运客车、汽车站、机动车维修企业、机动车驾驶员培训学校进行了质量信誉考核。共审验客车181辆,货车1228辆,年审率分别达100%和92%。

(玉山县交通运输局)

德 兴 市

2012年,德兴市完成客运量334万人次、客运周转量29581万人/千米、货运量308万吨、货运周转量29581万吨/千米。出租车第二期经营权已定由上汽运公司经营,新车已投放市场营运;10月新购置的8台公交车已到位,完成投资180余万元,现代化公交车候车亭采取招商形式正在建设,144个候车亭已基本完成,投资约350万元。花桥客运站已建成,完成投资100万元。

农村公路建设与养护。完成新农村和自然村公路34项46千米,农客网公路改造1条4千米,通林场公路5项22.9千米,总投资3645万元。县道升级改造的绕余线徐家坊至余家墩段项目,路基改造基本完成,完成投资100万元;浮昭线直源至昭林段(2.8千米)项目已于12月竣工,完成投资139.9万元。改造县道总里程9.7千米,总投资为1174.9万元。开工建设浮昭线的洪家桥、蒋家畈桥和歧黄线歧家桥等三座危桥,总长172延米,总投资430万元。黄家大桥、新村大桥、施家大桥已进入招投标阶段,三桥合计430延米,总投资约1200万元。新东线新营至古井头,全长35.3565千米(主线31.4594千米,两条挂线3.9千米),其中34.1565千米公路按二级公路标准建设,1.2千米公路(高速挂线与新东线连接段)按一级公路建设,总投资约1.5亿元。目前,征地搬迁已基本完成,完成23.5千米油路面下面层,水稳基层27千米,大中桥基础8个。抓好德上高速公路建设协调工作。解决A2标供电高压电杆迁移、高速互通红线用地、龙关山乡龙头村沙场纠纷、A1标花桥昭林村村民饮用水等问题,保障了德上高速公路在德兴境内良好的施工环境。做好南外环、火车站至高速路口、火车站至畈大公路的前期工作,工程可行性研究报告都已完成,正在积极组织向上报批等工作。

加大农村公路的管养力度。对农村公路的养护情况及时督查,对排查出公路安全隐患的立即组织人力、物力、财力进行修复。制作安装公路警示牌26块,保障通行安全。对安全隐患较大的张村乡瑶畈、张村、龙头山乡路田、银城街道办新南居、吊钟等路段进行了维修,共修筑挡土墙3处,重建路面2千米、涵管16道,完成投资118万元。对百湖线兰村段拓宽,完成投资35万元。建设龙头山农村公路综合服务站投资300万元,现征地工作已完成,将启动建设。花桥客运站已竣工,实现投资约100万元。

(德兴市交通运输局)

婺 源 县

2012年婺源进一步抓好交通基础设施建设,完善公路交通网络。全年进行县乡道升级改造和客运网络化项目工可11个,其中10个通过工可评审。全年实施公路建设项目80个204.55千米,投资5200万元。全年累计完成固定资产投资6000余万元,完成路基改造152千米,路面硬化126千米。自行车道旅游公路,全长120千米,投资5780余万元。车田至油岭、钟吕至言坑、油岭桥等路基、桥梁工程相继开工建设,路基改造已完成64千米。段莘至浙源公路,长28.5千米,投资8900余万元。路基改造工程基本完成,正实施垫层铺筑;7座桥梁3座完成主体工程,另4座桥梁完成下部构造,确保2013年3月中旬完成路面水稳层铺设。清华横坑口至沱川公路,长14.655千米,路基工程已完成,桥涵工程正在加紧施工当中，预计2013年5月完成路面硬化工程。外环线公路（大二线），长10.11千米，投资2.2亿元，目前路基放样和征地拆迁基本完成，正实施招投标工作前期工作。景德镇瑶里至婺源灵岩洞公路，建设里程9.5千米，投资3040余万元。目前公路断头路新建路基全部打通，路基改造完成6千米。

公路养护不断加强，积极推进养护公司实体运作，着力提高县乡道养护水平，全年县乡公路养护好路率达86%。针对年初阴雨低温天气持续的情况，今年受汛期和“海葵”台风影响，婺源县两次遭遇特大暴雨侵袭，农村公路严重受损，直接经济损失达1.2亿元。灾情发生后，该局积极开展抗灾自救工作。9月下旬，县人大代表视察组实地查看沱川、大鄣山、赋春等受灾较为严重的乡镇公路水毁工程施工现场，并召开公路水毁修复工作座谈会，有力促进了公路水毁工程修复进度。筹集200万元救灾资金已拨付各乡镇财政所和工地，为确保公路水毁工程的修复作出了不懈的努力。7月中云农村公路综合服务站开工建设，投资360余万元。主体工程已顺利完成，同时及时启动清华综合服务站项目前期工作。

依法行政，规范管理，提高交通运输行业管理水平。一是春节运输圆满完成。为确保旅客走得了、走得好，共投放客车计226辆，总客位数5390座，完成客运量共计110万人次，未发生客运行车事故和旅客滞留现象。二是运输市场规范有序。春运期间打击外地非法营运客车15辆，非法售票点4处，县汽车站票房收入较上年增长5%。局稽查大队实施集中整治非法营运，查处违规车辆29辆（次），有效遏制非法营运蔓延势头。三是农村客运持续延伸。年内新开增乡村客运班线7条，建成李坑小桥流水候车厅2座，提高了客运班车覆盖面。大力推进农村客运公司化经营，95%农村客运班线已实行公司化经营。全县客运车辆年审率100%，出租车年审率100%，货运车辆年审率95%。

安全生产常抓不懈。该县对水上渡运安全工作健全检查和重点督查机制，每季度全面检查一次，重点时段督查四次；抓好已撤渡口（玉坦、石枧、金村、虹冲）的善后工作，以杜绝安全隐患。加强公路施工现场安全管理，对万田庄至香屯等在建公路项目加强督查，发现安全隐患及时整改。投资近100万元在农村公路危险路段安装安全标志牌140块、限速带103米，不锈钢矩形指示牌30.6平方米；在浙源至吴楚分源公路的陡坡临崖路段安装波形护栏700余米；投入近两万元对万香线实施水毁修复，及时消除公路安全隐患。

（婺源县交通运输局）

鄱　阳　县

交通重点工程稳步推进　县乡村公路在建项目:2012年县道升级改造16.3千米，加上2011年度尚未完成的22.7千米，合计39千米，完成县道杨莲线21千米，乡道响桥线5.1千米改造任务，县道洪玉线10.6千米已完成路基改造。村村通公路的欠账可望三年内全部消化，2012年已完成遗留项目50千米。全县通自然村公路计划93.8千米，已完成60千米。完成响水滩中桥危桥改造。渡改桥项目交工和扫尾工作，在省道石宁线游城至县城段25千米主线改建工程完成后，又将全路段29处共计3252平方米县、乡、村级道路交叉接口全部进行硬化接顺。省道德三线延伸线（鄱莲快速通道）公路新建，起于县城鄱阳湖大道，经鄱阳镇、团林乡、双港镇，终于莲湖大桥，全长14.6千米，按二级公路标准设计，估算总造价5444万元，于11月29日启动征地放线工作。

交通行业管理扎实推进　一是公路养护与路政管理。全年共完成公路养护管理投资950万元。先后实施了县道枫新线与省道德三线接头1千米维修，洲头咀大桥引道加固、县道太官线枫树下桥重建、康东线三十里康至团林新乡政府6000平方米破损路面维修、滑金线土箕垅至金家11000平方米重建和维修，福莲线汪家坂2－1.0米涵洞重建等工程，有力保障了该县农村公路的安全畅通。2012年还排查农村公路桥梁91座，经初步认定达到四、五类的桥梁41座，对每座桥梁的隐患情况现场登记造册，并逐步启动维修。二是公路运输管理工作。具有农村公路建、管、养、运等一体的综合服务站项目，根据乡镇积极性，申报侯家岗综合服务站，手续正在办理中。三是道路运输管理。春运期间，全县共投入运力474辆，加班、包车553辆次；安全输送旅客52万人次；其间未发生一起重特大安全事故和旅客滞留事件。2012 年全年全县完成道路客运量 765 万人次,客运周转量 38760 万人千米,货运量 1115 万吨,货运周转量 71436 万吨千米。新增营运货车 345 辆(1780 吨位),2012 年新建候车亭 19 个。

(鄱阳县交通运输局)

余 干 县

2012 年,全县交通建设共实施 7 项重点工程。一是长 24 千米、路面宽 7 米,投资为 5487 万元的康山旅游公路于 9 月底完成了招标代理工作。二是长 3.608 千米,宽 50 米,一级公路标准,双向六车道,投资约 12682 万元的外环东路于 7 月 19 日正式开工建设。目前已平整路基 2200 米,完成路基土方 28 万立方米。三是长 10.2 千米、路面宽 5 米、投资 600 万元的合水至三溪公路已于 9 月初建成通车。四是长 1462 米、投资 3200 万元的河埠信江大桥于 9 月 16 日建成通车。五是长 9.83 千米、路面宽 5 米,投资 410 万元的柴店至高峰、塔眉塘至高古岭公路于 9 月 24 日完成工程招投标程序,10 月 15 日开工建设。12 月底建成通车。六是主桥长 280 米、引道长 276 米,投资 844 万元的邱家墩大桥,已浇注桩基约 28 根,立柱 18 根,承台 2 个,盖梁 7 个,台帽 2 个,栏板 9 片。

运输市场日益规范。一是道路运输市场井然有序。春运期间,全县投入营运客车 395 辆,输送旅客 369507 人次,日均发班 263 班次,客运周转 2.95 万人/千米。开展了打非治违、治超、查处“黑车”等专项整治活动,有效地维护了运输市场秩序的稳定。二是水上交通安全持续稳定。坚持日常监督和定期专项整治,加强了对重点时段、重点地区和重点场所的安全监管,严格遵守“谁检查、谁签字、谁负责”的检查责任制,连续 25 年无交通安全事故。

2012 年工作。一是一批事关经济社会全局的交通重点工程相继开工和竣工。合水至三溪公路工程和河埠信江大桥工程建成通车;外环东路、康山旅游公路、柴店至高峰、塔眉塘至高古岭公路、邱家墩大桥、马背嘴二桥等工程建设累计投入近 4 亿元。二是在行业管理上,围绕管理与服务两大核心主题,通过创新管理手段,优化服务功能,不断深化道路运输市场管理。省市县际班线客车 GPS 有效在线率稳定在 98% 左右,危货运输车辆在线率达到 100%;完善了信息化监管网络,实行全天候监管。三是通过对水陆运输市场的规范化管理,2012 年未发生一起重特大道路交通安全事故。通过对渡工资质和船舶技术管理和动态监督,民间渡运水上安全连续 25 年无事故;通过全过程管理和过硬的监管措施,交通工程建设领域实现了零死亡的目标。

(余干县交通运输局)

万 年 县

交通基础设施。1. 万年港综合码头水工工程 11 月底全部完工;道路堆场大型土石方工程完成水稳层 4.5 万立方米,水泥面层完成 4500 平方米,已完成总工程量的 60%。2. 万年港疏港公路全长 4.71 千米,一级公路兼顾城市道路标准,总投资为 7586.19 万元,建设工期 1 年。2012 年 9 月分 A、B 两个标段开工建设,已完成挖方 12 万立方米,填方 2 万余立方米,3 座中桥桥台开挖平整,桥梁预制场地建设全部完成,两个标段共完成投资 3600 万元。3. 完成石镇中洲大桥新建。4. 投资 1436.9 万元,完成对县道石垱线、峡珠线 28.955 千米的公路升级改造。5. 汪家农村公路综合服务站,征地 0.73 公顷,投资 635 万元,综合楼主体工程完工;青云站征地 0.74 公顷,投资 355 万元,属第二批试点站。6. 长 4.7 千米,投资 2000 万元的县城东环公路于 5 月建成通车。

建管养并重。一是治超治限力度加大。针对城乡道路交通秩序、超载超限运输行为和“黑车”非法营运现象,进行了多次整治。9 月份开展了治超治限专项行动,共出动交通执法人员 1600 人次,打击黑车 50 余辆,取缔非法驾培点 4 处,查处超员客车 20 余辆,有效净化了出租及驾培市场秩序。运政稽查队伍始终保持对治超的高压态势,加大对超限超载车辆的打击和检查力度,查处超限车辆 15 辆次,卸货 200 余吨;打击非法、违法、证件不全、无证经营、改装车辆 300 余辆,处罚无证从业人员 30 人,及时消除安全隐患 18 起,有力维护了货运市场秩序。二是公路路政大队共排除大小路障72余起,下发乱建乱搭、侵占损害公路违章通知书12次,清除公路建筑控制区乱建乱搭2起,制止纠正非法侵占公路用地制作广告牌、埋设电线电缆杆设施妨碍公路安全6起,责令恢复路面、边沟4起,整治查纠违法超限、污染路面车辆70余件。三是县、乡、村三级公路养护主体责任清晰,全县农村公路养护管理走上制度化、规范化。投入公路养护资金160万元,修复水毁路段3千米,安装标志、标牌67块,设置减速带3处;修建路宅排水沟836米;投资78万元对县级路损毁路面进行拓宽改造和修补,配宽路肩43千米;年初成立了汪家乡农村公路综合服务站,配备了4名管理人员,10名养护工专职负责连接线养护和管理。2012年共查处交通事故破坏路面20余起,损坏护栏40块共100多米,打击制止超载、超限、货物扬散110起,教育处理车主100余人,拆除非法广告牌13块,保障了连接线安全畅通。

交通运输保障。一是优化客运车辆结构。全县拥有中高级客车38辆,长途汽车站146辆营运车辆,其中一级以上有11辆;客运线路公司化2条共6辆;城区共拥有出租车40辆,公交车18辆,公交线路4条,停靠站点4个,较好地解决了城区公共交通需求。二是全年完成客运量269万人次,完成旅客周转量22180人万千米,全县共有货运物流企业43家,货运车辆1214台。全年完成货运量339吨,完成货物周转量23815吨万千米。三是完成水路货运量135.83万吨,货运周转量7116.85万吨千米。

(万年县交通运输局)

弋　阳　县

重点项目进展有序。一是双流线公路改建工程,全长16.5千米,按三级公路标准改造,投资2100万元。二是圭峰大道(文星路)改建工程前期工作已签订了设计(含测量、地勘)、环保、水保方案及评审、工程代理等合同;监理招标正在公示期间;完成了初步设计,并进行了专家评审。

农村公路建养顺利。2012年,国有农林场乡镇级及行政村级居民点沥青(水泥)路建设项目7个,13.7千米,总投资918万元,国有农林场项目完成工可、施工图设计;车购税农村公路路网改善工程建设计划项目1个,8.43千米,投资148万元;农村公路通自然村项目34个,里程36.6千米,投资807.1万元(其中:成品油价格和税费改革转移支付资金项目17个,12.9千米,工可批复项目17个,里程23.7千米)。

为了确保公路安全畅通,一是认真抓好省道干线公路水毁抢险保通;二是强化农村公路养护工作,构建了养护长效机制,按照春季重点整治路面病害,夏季加强边沟等排水设施的清淤和路面坑槽搓板整平保畅通,秋季全面恢复路况,冬季清雪除冰保安全的原则,精心组织,抢晴天,战雨雪天,对所管养的农村公路进行了全覆盖养护。2012年,对农村公路94个平交路口,详细记录了道路名称、路段位置、主要隐患和现状,并对重要路段设置了233块平交路口、弯道、村庄,延续弯道等交通安全标志警示牌。全年投入186万元对所管养的县、乡、村公路进行了抢修和日常养护,公路绿化里程24千米,把"建设是发展,养护管理也是发展"理念做到实处,提高了公路交通安全的通行能力。

道路、水路运输管理。加强客、货运市场日常监管。全县现有客运车辆325辆,全年完成客运量480万人,客运周转量25149万人千米;货运公司60家,货运车辆2092辆,总吨位19321吨,承担全社会货物运输。全年完成货运量652万吨,货运周转量71186万吨千米。为81辆营运车辆安装GPS,对危险品运输车辆严格按照《道路危险货物运输管理规定》,严厉打击无危险货物运输标记的违法行为。同时,加大了治超站限力度,清理公路堆积物30余起,检查违法违规车辆263台,暂扣非法营运车辆40台。按照"建、管、养、运"一体化协调发展思路,制定和完善了农村客运站场建设规划和年度计划,以漆工镇为试点,以点带面,申报客运网络化连通工程项目2个,6.6千米,总投资352万元。

全县拥有渡船5艘、旅游船舶6艘,为了进一步加强水上交通安全,港航管理部门重点检查了"四客一危"船舶及渡船的安全技术资质和从业人员资格。加强辖区内渡船和旅游船舶的安全自我监管。2012年,各渡口、旅游景区安全责任签订到位,船舶二证一线一须知、消防设备齐全,救生设备整改到位,重大节假日对重点区域24小时派人值班,把事故苗头消灭在萌芽状态之中。

(弋阳县交通运输局)

横　峰　县

重点项目建设。虹桥西路西延一期路面硬化工程如期完成,司铺—牛桥公路按期稳步实施,岑阳农村公路综合服务站项目主体已完成,正进行附属工程施工。

有序推进农村公路建设。年初将县下达100千米建设任务具体分解到各乡镇,并督促各乡镇抓紧实施;市局下达通村公路计划51.1千米,已完成40千米。

公路养护。1. 深入开展农村公路养护管理年活动,成立活动领导小组。实行一把手负总责,主管副职具体抓,严格落实领导责任制。2. 公路站成立乡村公路养护队伍,指定专人具体负责管辖乡镇的农村公路养护管理工作,以养护质量制约养护经费。3. 实施“农村公路养护示范乡(镇)”“示范路”活动,以点带面,典型引路,纵深推进全县农村公路管理养护体制改革。4. 确保雨季公路安全畅通。2012年,投资32万元对龙门畈乡冲毁的何家桥进行重建,施工单位已进场施工。投资3万余元对县道葛新公路危险路段浆砌挡土墙,县道坑清线部分路段路基抢修。县道好路率为82%,乡道好路率为78%。

运输行业管理进一步规范。一是开展公交、出租、客运文明优质服务活动,评选文明驾驶员,提升客运服务水平。二是加强市场监管,维护市场秩序。交通监管中队坚持重点稽查和常态化巡查相结合,严厉打击非营运车参与营运和对道路运输市场秩序整治。同时,积极开展车辆超限超载治理工作。三是进一步加强公交出租车行业管理。强化公交出租行业监管,提升服务质量,改善乘车环境。开展出租汽车服务质量专项整治,规范中心城区出租车客运经营行为,重点打击不打表、拒载等违规违章行为,共检查出租车35辆,其中未按规定使用计价器14辆,无从业资格证驾驶出租车2人。四是城区公交候车亭进行升级改造,对原破损老式的候车亭拆除,新安装公交候车亭18个。五是依托政府对道路运输产业的优惠政策,积极调研物流货运产业的发展。2012年,完成公路客运量340万人次、客运周转量19815万人千米、公路货运量322万吨、货运周转量35302万吨千米。

(横峰县交通运输局)

铅　山　县

2012年是铅山县旅游公路建设的重要之年,涉及全县旅游公路建设项目共有7个,116.4千米,总投资3.57亿元。其中立项5个:车盘至篁村段10.3千米,补助资金515万元;上武高速至石塘二级公路5千米,投资3500万元,已争取补助资金1250万元;上分线至鹅湖书院二级公路2千米,投资600万元,争取补助资金60万元;上武高速至北武夷山景区三级公路10.2千米,投资2400万元,争取补助资金510万元;永平至葛仙山景区三级公路(永平至葛仙山乡14千米),投资2965万元;紫溪至葛仙山、辛弃疾文化公园杨梅山公路正在争取项目扶助。完成农村进村主干道公路建设30.8千米,投资243万元;港东至天柱山公路伦潭—天柱山段改建,投资606万元;乡道杨兰线东湖至康家段3.1千米改造,投资160万元。按照省厅提出的“打基础、建平台、管长远、建管养运”四位一体多功能建设要求,石塘农村公路综合服务站正在建设,项目占地5500平方米,建筑面积1100平方米,总投资399万元,主体工程已封顶;县城至上武高速公路鹅湖互通连接线工程,全长10.154千米(含一座书院大桥340米),路基宽度为32米,沥青混凝土路面。概算总投资23226万元。

农村公路养护。按照“机构健全、制度完善、保障到位、督查评比”的养护机制,全面推进农村公路养护正规化、科学化、常态化建设。一是财政预算支出276万元用于农村公路养护,县道按5000元/千米·年、乡道2500元/千米·年、村道1200元/千米·年的标准给予补助。乡镇对列入全县农村公路年度养护计划的乡道、村道,分别按1000元/千米·年、500元/千米·年的标准予以配套。确保农村公路养护资金专款专用、发挥最大效益,充分调动了县、乡农村公路养护的积极性。二是县局成立了养护公司,各乡镇成立了农村公路养护站,全县共聘请养护工人184人,其中乡、村道养护工人146人,县道养护工人38人。三是全年共清理塌土30000立方米、水沟700千米、涵洞500道、杂草2100千米,培育路肩220千米,清除公路滞水220余处,埋设警示标志牌14块,急转弯标志牌14块,增设临时标志、标牌40块,修建临时便道5处,养护责任公示牌24块,完成泗江线断头路270米的水泥路面硬化;完成了港上线朱村段800米路面的大修。完成了陈老线石涵段沙石路面3.2千米的大修,并对县道5座桥梁的栏杆进行了维修;完成了虹五线公路虹桥段、陈老线杨村段、彭车线沙坂段等路面2.8千米的大修,投入抢修资金120余万元;对台风“苏拉”造成水毁严重的县道紫桐线、陈老线进行了突击抢修,修复路基缺口50000立方米,挡墙5000立方米、边沟2500米、路面15000平方米;开展了公路绿化,种植湿地松6000余棵。按照“畅、洁、绿、美、安、优”的养护管理目标,开展“文明示范路”创建活动,分别评出县、乡、村道的文明示范路达28.8千米、28.4千米、80千米,有力推进了全县农村公路管养水平的提升。

(铅山县交通运输局)

上饶经济开发区

沪昆高速上饶经济开发区互通工程开工建设　工程项目位于上饶经济技术开发区董团乡中魏村,与沪昆高速K529+416处相接,设五进七出收费站一座,收费站管理用房一处,沪昆高速与马鞍山大道分离立交一处。连接线长3.755千米,按一级公路标准建设,项目总投资3.9亿元。

该工程项目于今年8月28日正式开工建设。目前项目路基土石方完成31万方,12根桥梁桩基,已完成11根,9道涵洞已完成6道,完成投资额约7300余万元,预计2013年年底正式投入运营。该项目的建成有利于发展上饶城市交通,有利于加快上饶城市化进程,有利于加快上饶工业化进程。

渡改桥方面建设进展顺利　上饶经济技术开发区渡改桥项目马鞍山大桥和红石大桥均已完成架梁工作,已进入桥面铺装及附属设施建设阶段。分别完成投资2078万元、1914万元。开发区共拨付施工单位工程款合计2208万元。争取省补助资金603.5万元。积极协调上饶县、铅山县对岸引道建设,目前马鞍山大桥对岸引道上饶县已完成建设;红石大桥对岸引道铅山县至今尚未动建,开发区将督促施工单位尽快施工。

加大农村公路养护方面力度　2012年,全区完成农村公路硬化23.3千米,投入资金700余万元,按2万元一千米的标准补助。实行“县道县管、乡道乡管、村道村管”,由开发区市政工程有限公司具体承担县道的日常管理和养护工作,具体拟订农村公路养护计划并按照批准的计划组织实施,组织养护工程的招标投标和发包工作,对养护质量进行检查验收,负责路产路权保护。

龙大路是开发区辖区内仅有的一条县道,1997年改造,随着开发区经济发展,道路运输超负荷严重,路面、桥涵受损严重。年初,开发区管委会及时组织人员对龙大路路面损坏情况进行全面调查,按7000元/千米的年养护经费标准,下拨14.7万元用于龙大路养护专用资金;并在国庆期间对所有路面破损严重的地段进行了维修,现已完成修复工作。同时积极申报龙大路升级改造项目,获省、市交通主管部门支持。开发区管委会考虑龙大路现状及周边群众的要求,已于今年初结合市政道路建设实施龙大路湖州尾至董团村段,目前已完成路基土石方工程。

完成改造马鞍山国防战备公路主项程序　马鞍山国防战备公路北接上分公路至某海军部队国防战备公路,全长约17千米,按二级公路标准,宽12米。结合全区市政道路远泉大道和马鞍山大道建设,总投资8700万元,其中国家补助1800万元。目前项目前期各项审批手续已完成并上报省发改委和省交通厅。

(上饶经济开发区交通运输局)

三清山风景区

德上高速公路三清山连接线建设进展顺利　德上高速公路三清山连接线建设项目作为景区一

号工程,集中人力、物力、财力,实现了“四个到位”,截至12月底,已累计完成路基土石方60余万立方米;枫林隧道左洞开挖、初支200米,右洞仰坡喷护及护洪已完成;五岗岭隧道中导洞开挖、初支60米;东社大桥开挖桩基8根,三关中桥灌注桩基12根,新安中桥桩基灌注全部完成,盖板涵、圆管涵完成16道。红枫大道项目于9月下旬开工建设,对软基进行了换填,对金丝吊桥基础重新进行了勘测,各项工作正在有序推进。玉坑至坪溪桥段老路改造工程累计完成路基土石方13万余立方米,挡土墙1万余立方米,管涵13道。

农村公路项目投资创新高　三清山管委会交通运输局积极与省、市交通运输部门对接,及时汇报辖区公路建设计划,积极争取交通建设资金。截至11月底,累计争取公路建设资金1358.8万元。其中德上高速三清山互通至枫林服务区旅游公路680万元,乡道升级改造项目(枫林至三关庙)117.8万元,通自然村公路项目84万元,燃油税转移支付资金33万元,少数民族通自然村公路24万元,水毁公路补助资金10万元,林区公路410万元。

(三清山风景区交通运输局)

交通统计资料

2012 年全省交通主要统计指标

表 29

指标名称	计算单位	2012 年	2011 年	2012 年为 2011 年%或增减
一、公路、水路与国民经济的关系				
1、生产总值与公路、水路货运量				
生产总值(按当年价格计算)	亿元	12949	11703	110.64
全社会公路货运量	万吨	113703	98358	115.60
全社会水路货运量	万吨	7931	7447	106.49
每万元国内生产总值的全社会公路货运量	吨	8.78	8.40	0.38
每万元国内生产总值的全社会水路货运量	吨	0.61	0.64	-0.02
2. 全省人口与公路、水路客运量				
全省人口数	万人	4504	4488	100.35
全社会公路客运量	万人	77650	72527	107.06
全社会水路客运量	万人	255	251	101.59
全省平均每人乘汽车数	次	17.24	16.16	1.08
全省平均每人乘轮船数	次	0.06	0.06	—
二、全省公路里程	千米	150595	146632	102.70

续表 29

指标名称	计算单位	2012 年	2011 年	2012 年为 2011 年%或增减
1. 按技术等级分				
(1)等级公路	千米	120332	114463	105.13
高速公路	千米	4229	3603	117.37
一级公路	千米	1543	1428	108.05
二级公路	千米	9540	9464	100.80
三级公路	千米	9497	6867	138.30
四级公路	千米	95523	93100	102.60
(2)等外公路	千米	30263	32169	94.08
等级公路占总里程比重	%	79.90	78.06	1.84
#二级以上公路	%	10.17	9.89	0.28
等外公路占总里程比重	%	20.10	21.94	-1.84
2. 按路面类型分				
有铺装路面里程	千米	105944	98466	107.59
其中:沥青混凝土	千米	9907	8965	110.51
其中:水泥混凝土	千米	96037	89501	107.30
简易铺装路面里程	千米	6486	7366	88.05
未铺装路面里程	千米	38166	40799	93.55
铺装路面里程(含简易)占总里程比重	%	74.66	72.18	2.48
3. 按行政等级分;				
国道公路	千米	6199	5946	104.25
省道公路	千米	9103	8727	104.31
县道公路	千米	20600	20590	100.05
乡道公路	千米	29294	29187	100.37
专用公路	千米	668	667	100.15
村道公路	千米	84733	81514	103.95
4. 公路养护里程	千米	145140	141477	102.59
5. 公路绿化里程	千米	85173	82348	103.43
三、全省公路桥梁、隧道				
1. 全省公路桥梁总计	座	25075	24324	103.09
	延米	1249987	1124883	111.12
其中:特大桥	座	47	42	111.90
	延米	86891	80173	108.38
其中:大桥	座	2550	2174	117.30
	延米	592923	495257	119.72

续表 29

指标名称	计算单位	2012 年	2011 年	2012 年为 2011 年%或增减
2. 全省隧道	处	220	176	125.00
	米	195127	152000	128.37
四、公路密度及通达情况				
公路密度　以国土面积算	千米/百平方千米	90.23	87.86	2.37
以人口数量算	千米/万人	33.55	32.89	0.66
全省通公路的乡镇比重	%	100.00	100.00	
全省通公路的行政村比重	%	100.00	100.00	
五、全省内河航道通航里程	千米	5716	5716	
1. 等级航道	千米	2427	2427	
一级航道	千米	156	156	—
二级航道	千米	—	—	—
三级航道	千米	342	342	—
四级航道	千米	87	87	—
五级航道	千米	240	240	—
六级航道	千米	443	443	—
七级航道	千米	1160	1160	—
2. 等外航道	千米	3289	3289	—
等级航道所占比重	%	42.46	42.46	
六、港口				
港口个数	个	59	59	—
泊位个数	个	1796	1803	99.61
码头长度	米	67126	67080	100.07
七、汽车站场				
汽车客运站(等级站)	个	874	869	100.58
客运班线	条	6907	6845	100.91
八、民用汽车拥有量	辆	2116862	1814205	116.68
其中:客车	辆	1527264	1229294	124.24
货车	辆	470113	467559	100.55
九、营业性运输汽车拥有量	辆	322099	289550	111.24
其中:客车	辆	18953	18604	101.88
货车	辆	303146	270946	111.88
十、民用运输船舶拥有量				
艘数	艘	4190	4164	100.62
净载重量	吨位	2266471	2099879	107.93

续表 29

指标名称	计算单位	2012 年	2011 年	2012 年为 2011 年%或增减
载客量	客位	10967	11614	94.43
标准箱位	TEU	2663	1788	148.94
功率	千瓦	714384	669059	106.77
十一、运输量				
1. 全社会货运量	万吨	127020	111575	113.84
(1)铁路	万吨	5384	5769	93.33
(2)公路	万吨	113703	98358	115.60
(3)水路	万吨	7931	7447	106.50
(4)民航	万吨	1.5	1.4	107.14
公路运输在各种运输方式中所占比重	%	89.52	88.15	1.36
水路运输在各种运输方式中所占比重	%	6.24	6.67	-0.43
2. 全社会货物周转量	亿吨千米	3448.96	3004.02	114.81
(1)铁路	亿吨千米	681.75	733.77	92.91
(2)公路	亿吨千米	2559.78	2066.83	123.85
(3)水路	亿吨千米	207.26	203.27	101.96
(4)民航	亿吨千米	0.17	0.16	106.25
公路运输在各种运输方式中所占比重	%	74.22	68.80	5.42
水路运输在各种运输方式中所占比重	%	6.01	6.77	-0.76
3. 全社会客运量	万人	84459	79138	106.72
(1)铁路	万人	6335	6152	102.97
(2)公路	万人	77650	72527	107.06
(3)水路	万人	255	251	101.59
(4)民航	万人	219	208	105.29
公路运输在各种运输方式中所占比重	%	91.94	91.65	0.29
水路运输在各种运输方式中所占比重	%	0.30	0.32	-0.02
4. 全社会旅客周转量	亿人千米	979.85	962.56	101.80
(1)铁路	亿人千米	584.06	600.18	97.31
(2)公路	亿人千米	371.89	340.90	109.09
(3)水路	亿人千米	0.32	0.30	106.67
(4)民航	亿人千米	23.58	21.18	111.33
公路运输在各种运输方式中所占比重	%	37.95	35.42	2.54
水路运输在各种运输方式中所占比重	%	0.03	0.03	—
十二、城市(县城)客运				
1. 城市(县城)公共汽车运营车数	辆	9849	9144	107.71

续表 29

指标名称	计算单位	2012 年	2011 年	2012 年为 2011 年% 或增减
	标台	10899	10009	107.92
2. 城市(县城)出租车运营车数	辆	16219	15369	105.53
3. 城市(县城)公共交通客运量	万人次	212099	203082	104.44
其中:公共汽车	万人次	147502	141873	103.97
出租汽车	万人次	64526	61150	105.52
十三、内河港口吞吐量				
1. 货物吞吐量	万吨	25270.8	23556.5	107.28
其中:外贸	万吨	190.7	178.7	106.72
2. 集装箱吞吐量	万 TEU	22.6	20.4	110.78
3. 旅客吞吐量	万人	458.7	475.7	96.43
其中:离港	万人	228.9	230.1	99.48
十四、固定资产投资完成额	亿元	353.61	345.93	102.22

注:1、国内生产总值增长速度按可比价格计算。

2012 年全省公路里程(按技术等级分)

表 30　　单位:千米

地区	总计	等级公路						等外公路
		合计	高速公路	一级	二级	三级	四级	
全省合计	150595	120332	4229	1428	9464	6867	93100	32169
南昌市	10580	8829	69	107	623	452	7579	1750
景德镇市	4396	3751	—	43	342	378	2988	645
萍乡市	6756	5293	—	51	372	273	4596	1463
九江市	18538	13292	48	184	879	1213	10968	5246
新余市	4189	3242	—	43	319	333	2547	948
鹰潭市	3925	3006	—	40	130	465	2371	919
赣州市	27625	2189I	412	261	1813	1239	18166	5733
吉安市	21189	19228	—	177	1613	1267	16171	1961
宜春市	17407	13155	—	243	1463	1221	10229	4251
抚州市	13466	11054	—	172	568	1126	9188	2412
上饶市	18876	13941	53	221	1419	1530	10718	4935
省高速集团公司	3648	3648	3648	—	—	—	—	—

说明:因小数点取舍,故分项之和与总数略有差异

2012 年全省公路里程(按路面类型分)

表 31

单位:千米

地区	总计	路面类型			晴雨通车	绿化里程	养护里程
		有铺装路面(高级)	简易铺装路面(次高级)	未铺装路面(中级、低级、无路面)			
全省合计	150595	105945	6486	38166	143784	85173	145140
南昌市	10580	8694	51	1834	10352	5440	10325
景德镇市	4396	2988	777	631	4323	2347	4332
萍乡市	6757	5373	264	1120	6749	3489	6752
九江市	18538	10954	993	6590	17534	9045	17805
新余市	4190	3106	175	909	4071	2501	4096
鹰潭市	3925	2734	4	1187	3924	2514	3925
赣州市	27625	20493	562	6570	25744	15140	26038
吉安市	21189	14537	1267	5385	20070	14411	20230
宜春市	17406	11126	1133	5147	16712	9496	17251
抚州市	13467	9557	457	3453	13233	7880	13274
上饶市	18876	12735	802	5339	17424	9387	17463
省高速集团公司	3648	3648	—	—	3648	3523	3648

说明:因小数点取舍,故分项之和与总数略有差异

2012 年全省公路里程(按行政等级分)

表 32

单位:千米

地区	合计	国道公路	省道公路	县道公路	乡道公路	专用公路	村道公路
全省合计	150595	6199	9103	20600	29294	668	84733
南昌市	10580	301	137	1232	1168	71	7670
景德镇市	4396	132	259	821	1041	5	2138
萍乡市	6756	203	403	599	1014	16	4522
九江市	18538	294	844	2116	3635	15	11635
新余市	4189	—	207	545	1394	11	2032
鹰潭市	3925	110	35	489	915	19	2356
赣州市	27625	1242	1581	4424	4441	235	15701
吉安市	21189	425	1232	3022	4417	103	11990
宜春市	17407	256	1080	2305	4507	25	9234
抚州市	13466	359	1032	2172	3466	55	6382
上饶市	18876	242	1287	2875	3294	105	11072
省高速集团公司	3,648	2634	1006	—	—	8	—

说明:因小数点取舍,故分项之和与总数略有差异

2012 年全省公路桥梁(按使用年限分)

表 33

地区	合计		永久生		半永久性		临时性		总计中:危桥	
	数量(座)	长度(米)	数量(座)	长度(米)	数量(座)	长度(米)	数量(座)	长度(米)	数量(座)	长度(米)
全省合计	25075	1249987	23060	1206781	1798	38024	217	5182	5524	192953
南昌市	1171	42710	1153	42402	18	369	—	—	200	7849
景德镇市	622	28477	607	27999	15	478	—	—	65	3891
萍乡市	773	26690	773	26690	—	—	—	—	178	7155
九江市	2513	81335	2131	75095	331	4866	51	1373	917	20848
新余市	568	16608	490	15477	77	1119	1	12	185	4536
鹰潭市	759	28390	651	26326	101	1925	7	139	212	5882
赣州市	5439	221727	5121	214314	257	5962	61	1451	1117	47239
吉安市	3643	110158	3121	98381	455	10393	67	1384	709	24839
宜春市	2257	87821	2082	82803	165	4637	10	381	501	23152
抚州市	1783	64927	1612	60850	164	3948	7	129	663	20766
上饶市	2850	115726	2622	111085	215	4327	13	313	777	26795
省高速集团公司	2697	425358	2697	425358	—	—	—	—	—	—

说明:因小数点取舍,故分项之和与总数略有差异

2012 年全省公路营运车辆拥有量

表 34

地区	一、汽车合计(辆)	1、载客汽车		2、载货汽车		(1)普通载货汽车		(2)专用载货汽车		二、其他机动车		三、轮胎式拖拉机	
		辆	客位	辆	吨位	辆	吨位	辆	吨位	辆	吨位	辆	吨位
全省合计	322099	18953	492156	303146	1821929	289766	1649413	13380	172516	79149	85396	707	904
南昌市	48939	2450	69132	46489	186707	45557	176933	932	9774	3212	2991	—	—
景德镇市	11210	608	17425	10602	44276	10408	41562	194	2714	109	149	55	107
萍乡市	18385	1067	24778	17318	71009	16577	62633	741	8376	10624	9934	—	—
九江市	35966	3170	78568	32796	170922	31255	152190	1541	18732	9123	10443	—	—
新余市	20677	324	8376	20353	133601	19980	129903	373	3698	3406	2366	—	—
鹰潭市	9335	461	10892	8874	71789	8678	69184	196	2605	1169	1169	—	—
赣州市	37840	3062	82938	34778	111466	34018	101616	760	9850	15219	15447	—	—
吉安市	26142	1845	52894	24297	148392	20688	102853	3609	45539	15567	16653	255	357
宜春市	48371	1610	47473	46761	434999	43615	386508	3146	48491	2286	3199	—	—
抚州市	28376	1504	31322	26872	203284	25606	186719	1266	16565	7738	8998	273	273
上饶市	36858	2852	68358	34006	245484	33384	239312	622	6172	10696	14047	124	167

2012 年全省水路运输工具拥有量

表 35

指标	轮驳船总计					一、机动船				
	艘数(艘)	净载重量(吨位)	载客量(客位)	集装箱位(TEU)	功率(千瓦)	艘数(艘)	净载重量(吨位)	载客量(客位)	集装箱位(TEU)	功率(千瓦)
全省总计	4190	2266471	10967	2663	714384	4156	2251231	10967	2591	714384
南昌市	280	407388	296	2282	111836	274	405688	296	2282	111836
景德镇市	173	19022	—	—	6686	173	19022	—	—	6686
九江市	674	543510	4731	108	176797	625	531810	4731	108	176797
新余市	61	3010	2039	—	4766	61	3010	2039		4766
鹰潭市	202	7583	—	—	3561	202	7583	—	—	3561
赣州市	429	52303	2521	—	23097	429	52303	2521	—	23097
吉安市	531	194841	544	—	57497	531	194841	544	—	57497
宜春市	1178	771047	44	75	224502	1178	771047	44	75	224502
抚州市	150	130467	—	—	44927	150	130467	—	—	44927
上饶市	537	123700	792	198	55179	528	121860	792	126	54179
远洋公司	2	13600	—	—	5536	2	13600	—	—	5536

2012 年全省水路运输工具拥有量

续表 35

指标	1. 客轮			2. 货轮				3. 拖船		二、驳船		
	艘数(艘)	载客量(客位)	功率(千瓦)	艘数(艘)	净载重量(吨位)	集装箱位TEU	功率(千瓦)	艘数(艘)	功率(千瓦)	艘数(艘)	净载重量(吨位)	集装箱位(TEU)
全省总计	330	10967	17542	3817	2251231	2591	694993	9	1849	34	15240	72
南昌市	3	296	997	265	405688	2282	109958	6	881	6	1700	—
景德镇市	—	—	—	173	19022	—	6686	—	—	—	—	—
九江市	125	4731	7321	500	531810	108	168888	1	588	21	11700	—
新余市	58	2039	3374	3	3010		1392	—	—	—	—	—
鹰潭市	—	—	—	202	7583	—	3561	—	—	—	—	—
赣州市	91	2521	2570	338	52303	—	20527	—	—	—	—	—
吉安市	12	544	674	519	194841	—	56823	—	—	—	—	—
宜春市	6	44	202	1172	771047	75	224300	—	—	—	—	—
抚州市	—	—	—	150	130467		44927	—	—	—	—	—
上饶市	35	792	2404	493	121860	126	52395	2	380	7	1840	72
远洋公司	—	—	—	2	13600		5536	—	—	—	—	—

2012 年全社会各种运输方式客、货运输量

表 36

运输方式	运量		周转量	
	绝对数(万吨、人)	构成(%)	绝对数(亿吨、人千米)	构成(%)
一、客运总计	84459	100.00	979.85	100.00
1. 铁路	6335	7.50	584.06	59.61
2. 公路	77650	91.94	371.89	37.95
3. 水路	255	0.30	0.32	0.03
4. 民航	219	0.26	23.58	2.41
二、货运总计	127020	100.00	3448.96	100.00
1. 铁路	5384	4.24	681.75	19.77
2. 公路	113703	89.52	2559.78	74.22
3. 水路	7931	6.24	207.26	6.01
4. 民航	1.5	0.00	0.17	0.00

2012 年全省公路旅客运输量

表 37

地区	客运量(万人)		旅客周转量(万人千米)	
	合计	汽车	合计	汽车
全省合计	77650	77650	3718895	3718895
南昌市	9003	9003	742109	742109
景德镇市	1773	1773	85395	85395
萍乡市	6819	6819	172791	172791
九江市	11147	11147	437163	437163
新余市	1816	1816	65904	65904
鹰潭市	5204	5204	94169	94169
赣州市	9153	9153	789525	789525
吉安市	3860	3860	194655	194655
宜春市	8264	8264	407556	407556
抚州市	4599	4599	281553	281553
上饶市	16012	16012	448075	448075

2012 年全省水路客货运输量

表 38

地区	客运量(万人)	旅客周转量(万人千米)	货运量(万吨)	货物周转量(万吨千米)
全省合计	254.8	3169	7930.6	2072641
南昌市	—	—	715.8	108248
景德镇市	—	—	212.7	1349
九江市	38.0	44	1310.1	1100628
新余市	35.7	71	11.7	6837
鹰潭市	—	—	177.8	1138
赣州市	129.8	945	1305.1	49587
吉安市	9.3	231	1197.6	177340
宜春市	—	—	2251.3	302338
抚州市	—	—	97.9	118056
上饶市	42.0	838	635.6	151040
远洋公司	—	—	15.00	56080

2012 年全省公路货物运输量

表 39

地区	货运量(万吨)				货物周转量(万吨千米)			
	合计	汽车	其他机动车	轮胎式拖拉机	合计	汽车	其他机动车	轮胎式拖拉机
全省合计	113703	94770	18680	253	25597786	24875808	715887	6091
南昌市	8510	7702	792	16	2616075	2593131	22729	215
景德镇市	1980	1920	36	24	298266	297197	645	424
萍乡市	9831	6879	2952	—	1051992	1004620	47372	—
九江市	9819	9500	319	—	2089139	2081153	7986	—
新余市	1092I	10036	885	—	2041890	2010533	31357	—
鹰潭市	5808	4599	1209	—	1518357	1500090	18267	—
赣州市	17253	12755	4498	—	2312541	2070234	242307	—
吉安市	7945	5860	1989	96	2903709	2827904	74210	1595
宜春市	12989	12652	337	—	3759761	3676698	83063	—
抚州市	11754	8716	3014	24	3871683	3794797	76178	708
上饶市	16893	14151	2649	93	3134373	3019451	111773	3149

2012 年港口吞吐量(按港口分)

表 40

港口	货物吞吐量							旅客吞吐量		利用自然岸坡完成船舶货物装卸量(万吨)
	合计(万吨)	外贸	# 出港	外贸	集装箱			总计(万人)	出港	
					箱数(万 TEU)	重量(万吨)	货量			
全省总计	25270.8	190.7	17079.3	142.1	22.6	256.1	210.9	458.7	228.9	731.3
九江港	4827.4	142.1	12624.0	104.4	16.0	176.4	144.4	62.0	31.4	—
都昌	1443.8	—	1416.0	—	—	—	—	—	—	—
星子	517.1	—	516.5	—	—	—	—	—	—	—
庐山区	4028.6	—	3888.7	—	—	—	—	—	—	—
湖口	531.1	—	519.1	—	—	—	—	25.5	12.8	—
修水	36.1	—	36.1	—	—	—	—	0.5	0.3	36.1
武宁	90.8	—	90.8	—	—	—	—	4.1	2.1	10.3
永修	4665.8	—	4665.8	—	—	—	—	24.9	12.4	—
赣州	314.2	—	7.9	—	—	—	—	3.2	1.6	—
崇义	7.0	—	—	—	—	—	—	15.4	7.7	—
上犹	35.8	—	—	—	—	—	—	43.6	21.8	—
寻乌	10.0	—	—	—	—	—	—	—	—	—
龙南	50.0	—	—	—	—	—	—	—	—	—
信丰	120.0	—	—	—	—	—	—	—	—	—
南康	102.0	—	—	—	—	—	—	—	—	—
石城	125.0	—	—	—	—	—	—	—	—	—
瑞金	51.0	—	—	—	—	—	—	0.6	0.3	
会昌	61.0	—	—	—	—	—	—	6.6	3.3	
宁都	128.0	—	—	—	—	—	—	—	—	—
于都	145.0	—	—	—	—	—	—	—	—	—
兴国	57.0	—	—	—	—	—	—	—	—	—
赣县	99.0	—	—	—	—	—	—	60.4	30.2	—
万安	109.0	—	—	—	—	—	—	8.0	4.1	—
泰和	195.0	—	—	—	—	—	—	—	—	—
吉安	180.6	—	0.6	—	—	—	—	—	—	—
吉水	121.0	—	1.0	—	—	—	—	1.3	0.7	—
峡江	86.7	—	—	—	—	—	—	—	—	—
新干	329.1	—	—	—	—	—	—	—	—	—
吉安县	123.2	—	0.2	—	—	—	—	—	—	—
永丰	60.0	—	—	—	—	—	—	—	—	—
樟树	135.1	—	5.1	—	—	—	—	—	—	—

续表 40

港口	货物吞吐量							旅客吞吐量		利用自然岸坡完成船舶货物装卸量(万吨)
	合计(万吨)		#		集装箱			总计(万人)	出港	
		外贸	出港	外贸	箱数(万 TEU)	重量(万吨)	货量			
丰城	1542.1	—	1206.5	—	—	—	—	—	—	—
高安	77.5	—	—	—	—	—	—	0.4	0.2	—
上高	17.9	—	—	—	—	—	—	—	—	—
袁州	6.0	—	—	—	—	—	—	—	—	—
万载	17.6	—	—	—	—	—	—	—	—	—
宜丰	12.0	—	—	—	—	—	—	—	—	—
奉新	32.8	—	—	—	—	—	—	—	—	—
新余	64.7	—	—	—	—	—	—	71.4	35.7	—
分宜	17.7	—	—	—	—	—	—	—	—	—
临川	333.0	—	—	—	—	—	—	—	—	—
南城	109.0	—	—	—	—	—	—	—	—	—
金溪	82.9	—	—	—	—	—	—	—	—	—
南昌县	286.1	—	286.1	—	—	—	—	—	—	21.5
南昌	1865.0	48.6	732.0	37.7	6.6	79.7	66.5	—	—	447.0
进贤县	117.0	—	—	—	—	—	—	—	—	30.0
玉山	1.7	—	—	—	—	—	—	3.7	1.8	2.7
上饶县	13.4	—	—	—	—	—	—	—	—	7.6
铅山	36.9	—	—	—	—	—	—	—	—	16.6
横峰	3.6	—	—	—	—	—	—	—	—	1.6
弋阳	70.5	—	—	—	—	—	—	17.0	8.5	29.1
余干	862.2	—	736.3	—	—	—	—	—	—	40.4
万年	97.1	—	19.7	—	—	—	1.6	0.8	20.9	
鄱阳	408.3	—	249.0	—	—	—	—	19.9	8.9	67.6
鹰潭	177.8	—	—	—	—	88.6	44.3			
景德镇	154.8	—	—	—	—	—	—	—	—	—
乐平	77.9		77.9	—	—	—	—	—	—	—

人物　先进集体

人物简介

万文利　女，1966年生，江西南昌县人，硕士学位，江西省交通设计研究院有限责任公司第二设计分院副院长，高级工程师，全国五一巾帼标兵。

她于1987年7月由华东地质学院毕业后，在江西省水利水电总公司参加工作。1995年调入省交通设计院，为该行业的业务骨干。先后参与赣粤高速公路、南昌市东外环高速公路等工程可行性研究报告的编写工作。成为泰井高速公路、泉州至南宁国家高速公路吉安至莲花段等工程可行性研究项目的负责人。并担任济南至广州国家高速公路景德镇至鹰潭D段、大庆至广州国家高速公路武宁至吉安B段工程勘察设计项目主任工程师，以及萍乡至洪口界、南昌市西外环、德兴至南昌、兴国至赣县等高速公路的勘察设计项目负责人。2006年江西规划建设的高速公路进行不同投资方式试点，萍乡至洪口界高速公路成为全省第一条采用BOT方式建设的高速公路项目。万文利担任该项目的负责人。她针对此项目运作模式不同、设计周期短、全线桥隧比例高，所经上栗县等地区为典型的灰岩岩溶地质，地下遍布溶洞、煤矿采空区和废弃的小煤窑，路线走廊带烟花爆竹厂密布，线路勘察隐藏着很大安全隐患等实况,冒着稍有不慎就可能掉入洞沟,带来生命危险的风险,克服重重困难,连续2个多月带领同事们不分昼夜工作,翻山越岭实地布控,选线、准确收集各种原始资料,合理选择并确定了一条最经济的路线方案,圆满完成了初步设计和施工图设计任务。据此,上栗县人民政府专程到省交通设计院向万文利致谢,送给她奖金2万元和写着“科学设计、辛勤劳动”的锦旗,这在该院建院史上尚属首次。2009年,她担任全长达205千米的德兴至南昌高速公路勘察设计总项目组组长。设计工作时间紧、任务重,地形地质复杂多变,勘察设计难度极大。为了选出最优的路线方案,她带领项目组成员冒着酷暑走遍了沿途的山岭沟壑,反复进行踏勘调查,了解沿线的地形地物,经过反复比选、多次优化,确保推荐的路线方案满足“安全、舒适、环保、经济”的设计新理念要求。与此同时,她率领项目组全体成员吃住在工地,狠抓项目进度,白天收集资料,晚上及时整理,严把质量关,确保数据准确。经过大家的共同努力,按时完成了施工图设计任务,确保该项目于2009年7月16日如期动工建设。2009年7月至2011年,她担任全长205千米的德兴至南昌高速公路项目建设办公室设计代表处处长期间,面对从赣东北山区至鄱阳湖平原水网区,地形地质条件复杂,施工过程中问题较多等重重困难,急业主之所急、想业主之所想,在施工的两年时间里奔忙于工地和设计院之间,以最短的时间、最好的办法解决一系列施工难题,为确保德昌高速公路2011年9月16日如期建成通车作出了积极贡献。

万文利多年来积极工作,成绩显著,先后荣获国家级优秀工程咨询成果二等奖1项、江西省优秀工程咨询成果一等奖1项、二等奖2项;江西省优秀工程设计一等奖3项。曾多次被省交通设计院评为“双文明”建设先进工作者;2006年被评为江西省交通系统劳动模范;2003年、2008年被评为江西省交通厅巾帼建功标兵;2010年被评为江西省“巾帼建功”标兵;2013年3月,被中华全国总工会授予“全国五一巾帼标兵”称号。她的先进事迹《江西交通年鉴》2011年版已作过介绍。

(朱　革)

左江岚　女,1961年10出生,黑龙江省依安县人,大学文化,中共党员,九江长江大桥公路桥管理局工会副主席,全国五一巾帼标兵。

1994年到九江长江大桥局工作,先后担任该单位桥南所副所长、监控中心主任,2011年7月起任局工会副主席至今。

多年来,她始终把提高自身综合素质作为为人生追求的目标。一是十分注重政治理论学习,认真学习“三个代表”重要思想和科学发展观,以及党的路线、方针、政策和中共十八大精神,学习时事政治。坚持理论联系实际,保持共产党员的先进性,时时处处发挥表率、模范作用。二是始终峰持刻苦自学管理知识。曾参加全国成人自学会计专业7门单科考试成绩合格。1998年开始,她考入中央党校江西分校深造,每次考试考核成绩优异,成为优秀学员,并取得专科、本科学历。三是十分注重业务技能学习,提高指导工作的能力。她勤奋好学、精益求精,始终坚持自己订阅相关业务和管理方面的书刊,参加有关的讲座和远程教育学习;参加全国、全省专业技能培训,虚心请教同行专家,完成了自身角色的转变,成了业务精湛的行家里手。

她勇于创新,争创一流业绩。在监控中心工作时,团结带领中心干部职工,不满足于按质按量完成上级下达的工作任务,立足岗位,努力创建文明服务窗口,塑造交通人良好形象。她培养训练出了一支素质高、作风良、能力强的专业队伍。监控中心成立伊始,一无技术人员,二无管理经验。左江岚从我做起,带头学习业务知识,强化操作人员技能培训,使监控中心干部职工在短时间内熟悉掌握了监控操作技术。并摸索总结了一整套管理规章制度,坚持以制度管人,按规章制度办事。她以文明服务为座右铭,从自己做起,引导和率领员工始终做到“八个一点”,即语言甜一点,微笑多一点,声音轻一点,业务熟一点,遇事忍一点,反应快一点,效率高一点。与此同时,主持制订了监控系统维护保养规则,切实做到分工明确,各项责任落实到人,提高工作效率。并完善和修订了监控收费考核办法的补充规定,加大了监控考核计分工作力度。在贯彻执行监控收费百分比考核工作中，求真务实，敢于坚持原则，敢于打破人情面子关，对违规违纪的收费员、监控员，严格执行百分比考核办法，取消其月奖和季奖，使该局各项规章制度得以贯彻实施。其所在中心多次代表江西交通部门接受安徽、湖南、湖北等省同行的参观、学习，被同行和专家称为“在江西交通系统硬件堪称一流，管理也是一流”的单位。2006 年被九江市妇联授予“巾帼文明岗”称号；2007 年被评为江西省第七届“巾帼文明岗”；2008 年被评为“江西省女职工建功立业活动先进集体”和交通运输部“巾帼文明岗”；同年，被中华妇女联合会授予“全国巾帼文明岗”和“全国三八红旗集体”称号。

2011 年 7 月，她调任主持工作的局工会副主席后，团结带领全局工会干部和会员，紧紧围绕大桥中心工作，认真履行工会组织的“维护、建设、参与、教育”四项职能，加强职工教育，切实维护职工权益。在她的努力下，为全体职工争取特种重病团队互助、团体人身意外伤害互助、女职工幸福（含男工配偶）等三种保险，解决了职工的后顾之忧。与此同时，精心组织活动，丰富干部职工业余生活。积极组织篮球、羽毛球、乒乓球、拔河、棋牌等体育比赛，她多次组织形式多样的文艺活动，参加省交通系统和九江市文艺会演并获奖。她时时刻刻关心干部职工的工作、生活和学习，处处将干部职工的冷暖挂在心头。

多年来，左江岚工作勤勤恳恳，尽职尽责，模范遵纪守法，处处起模范表率作用。她曾多次冒着人身遭受攻击的危险，坚决查处极个别违规收费行为和贪污票款的收费员；多次配合省、市和外地公安部门破获车辆盗窃案、杀人驾车逃跑等大案要案，受到公安、交警部门一致好评和各级组织的赞许。曾先后 6 次被九江长江大桥公路桥管理局评为先进工作者；2005 年，被省妇联授予“江西省三八红旗手”称号；2006 年被省交通厅评为先进工作者；2007 年被省总工会评为江西省女职工建功立业标兵；同年，被中华全国妇女联欢会授予“全国巾帼建功标兵”称号；2013 年 3 月，被中华全国总工会评为全国五一巾帼标兵。

（万　鹏）

周志军　男，1973 年 9 月出生，江西省武宁县人，初中文化，九江市公路管理局武宁分局巷口道班班长，江西省五一劳动奖章获得者。

1994 年 12 月参加工作，从事公路养护。先后在武宁公路段扬州、黄段等 6 个养路队管养公路。2001 年起，先后担任武宁公路分局金水、南皋和巷口道班班长。他历来以路为业，以道班为家，爱岗敬业，以一流的成绩奉献社会。特别是 2006 年调巷口道班后，至 2012 年的日日夜夜里，为养护好、管理好 316 国道武宁境内段呕心沥血，把战胜困难当做磨炼自己的极好机会，以“扎根边界线，守护北大门，养护好大通道”激励自己，教育职工。他率领道班全体员工横下一条心，迎着困难上，长年以勤巡路，勤奋养路，责任到人。抓晴天、抢雨天，做好排水、补坑槽、路面修复养护等各项工作。由于桥涵病害太多、路面抗灾能力太差，往往桥涵、路面修好又坏，坏了又补，因此，工作量十分繁重。在养路经费不足的情况下，他和员工们一道自采砂石、自行备料，以比其他路段多付出几倍的艰辛劳动，确保这条超龄最长、路况最差的老油路质量稳步提高。2009 年上级公路主管部门决定将 329 国道改造成二级水泥路，并要求将江西出口路段建成一流示范路。巷口道班在原管养公路任务不变的情况下，又增加、接管了原来由金水道班管养的公路任务。不仅工作量加大一倍，而且刚建成的水泥路各种配套设施、路肩、水沟等均需重新整理。他不负众望，和员工们抓质量、抢速度。经过 3 年的艰苦努力，按照“标准示范路”的标准，把巷口道班管养的公路建设成了完全达标的标准示范路。

周志军不仅公路管养好，而且道班建设也很好。巷口道班地处偏远山区，房屋已使用 30 多年简陋破旧，吃住和用水用电都有困难。面对十分艰苦的生活环境，他充分发挥自力更生的精神，依靠团队的集体智慧和力量，在建好道班的同时，发动群众利用空余时间开荒种菜，养猪养鸡，开办职工食堂，安装卫星接收电视。充分利用山区条件自采砂石、砍柴、种地，自采砂石每年多达 5000 余立方。通过发展“三产”补贴食堂，改善职工生活，增加职工收入，把巷口道班建设成职工倍感温暖的温馨之家。与此同时，他和他的员工们热情为司乘人员购买配件、修理车辆、多次救助摩托车、汽车事故人员。对周边村民热心相助,献出一片人间关爱。多年来为村民办好事、做实事,分忧解难。照料五保户孙爱娇日常生活长达8年之久,资助1名贫困失学儿童重圆读书梦,受到人民群众的广泛赞誉。

周志军在平凡的岗位上,做出了不平凡的业绩,受到各级组织的好评和表彰。年年被单位和上级组织评为先进生产(工作)者;2008年,被武宁县评为全县首届劳动模范;2010年,被武宁县授予"生产标兵"称号;2013年4月,荣获江西省五一劳动奖章。

(武宁县交通运输局)

王　斌　男,1975年3月出生,江西省吉水县人,大专文化,中共党员,吉安市公路管理局吉水公路分局乌江道班班长,江西省五一劳动奖章获得者。

王斌出身养路之家,父亲、哥哥都是吉水公路分局的养路工人。受父兄的熏陶,他从小爱上了养路事业。1997年早月,王斌由江西省交通学校毕业后,便全身心地扑在公路养护事业上。先后在白沙镇南坪、螺田镇和乌江镇道班当普通养路工人。自2000年起担任螺田道班班长。16年来,他不论烈日酷暑,还是雨雪风霜,总是天天坚持出满勤、干满点,脏活、重活抢着干;无论是当普通工人,还是当班长都成为吃大苦、耐大劳的"排头兵""领头雁"。他每天天刚亮,就早早地一个人先出工,晚上天黑了仍坚持巡路、察看路况。王斌善于思考、善于管理。尤其是担任道班班长后,他从改革入手,通过创新管理方式方法,根据分局下达的各项措施和指标任务和所辖路段的不同情况,与每一位职工划段分级承包,责任到人,有力地调动了职工工作积极性、主动性和创造性。多年来,王斌以改革为动力,建立健全公路养护机制,完善各项规章制度,依靠团队的智慧和力量,一次又一次出色完成了组织交予的艰巨任务,取得了许许多多的优异成绩。其主持道班所管养的沙子路一直是全分局的标杆路,成了全局最好、最出色的沙子路。2012年年初,道班所管养的永吉线K17+150~K21+600路段因交通量大、路龄长等原因,路面破损严重,并出现较大病害,修复工作量和劳动强度大、施工工艺非常麻烦。王斌率领道班员工,抓晴天、抢雨天,精益求精,很快便修好了被同行称之为"很难管、很怕养、难达标"的"麻烦"路。王斌主持的乌江道班所养护的公路也总是要比别的公路好。2012年该道班按照打造样板路的标准,将厚莲线七月里湾路段管养成了全市的样板路,并成为同年10月在吉水县召开的吉安市公路系统"抓路容、保路况、促管理"劳动竞赛活劫现场会现场查看的公路养护样板路。

王斌常说:"说一千道一万,不如自己做给别人看。"他以身作则,凡要求别人做到的事,总是自己首先做到。有一次,在安装水泥搅拌机时,不慎扭伤了腰,痛得他坐立不安。经县医院检查,确诊为腰椎间盘突出,要住院治疗。他仅住院2天,便带病回到养路队坚持上班,全身心地投入了公路养护工作。王斌"心理装着员工,唯独没有他自己",全心全意为队友着想。周玉华和游秀连是道班仅有的两名女职工,王斌历来把她们当成亲姐妹,总是带着队友们抢重活干,把相对较轻的路面清扫工作让给她们,而当她们遇到清扫工作量大、任务重时,他又带着员工抽空帮她清扫路面。2012年上半年,职工张云胜的妻子将生小孩,他给予特殊照顾,让其尽早回家照顾家庭。多年来,王斌为改善职工生活、减轻员工负担,带领职工大力发展道班院内"三种一养"。已开挖荒地10多亩种菜种果,开挖鱼塘养鱼养鸭。2012年,乌江道班养鸡60多只,养猪6头,蔬菜实现自给自足,仅此一项全年就为每个职工平均创造福利金额达2600余元。

王斌出色的工作,受到各级组织和广大职工的赞赏。曾先后连续7年被吉安市公路管理局评为全市公路系防先进工作者;2012年6月,被吉安市授予"吉安市为人民服务十佳标兵"称号;2011年被江西省交通运输厅评为"十一五公路养护与管理先进个人";2013年1月被省公路局评为2011~2012年度十佳养护标兵;2013年4月,荣获江西省五一劳动奖章。

(许金秀　王福海)

俞祖旺　男，1962年11月出生，江西省上饶市人，大学文化，中共党员，上饶市公路管理局万年分局局长，江西省五一劳动奖章获得者。

1982年10月，俞祖旺参加工作后，一直投身于交通运输事业。曾先后参与320国道、梨温高速公路、灵罗一级公路、上乐公路等15个工程项目、总里程达280千米的公路建设，这些工程竣工后全部被评为优良工程，他自己也成了高级工程师。2002年，他被调任弋阳公路段段长后，率领广大干部职工开拓创新，奋发进取，取得了许多令人瞩目的成就。2010年，他被调任上饶市公路管理局万年分局局长。赴任伊始，他面对该局摊子大、人员多、包袱重、历史遗留问题多等重重困难，在深入调查研究、广泛听取广大干部职工的建议和意见的基础上，确立了“抢抓机遇上项目，提质升级求突破，科学管理要水平，拓宽路子增效益”的发展思路。为彻底改变该局2009年被上饶市公路局评比工作中列为倒数第一的落后状况，他坚持以改革为动力，以强化制度建设入手，强化内部管理。制定了依法行政、路产路权保护、文明服务、接受社会监督规范等一系列规章制度。实施2年多来，有效遏制了公路“三乱”，共清除各种路障874起，制止违规建筑及摊棚点131处，清除违法违规埋没杆线10起，查处破坏公路案件23起，路产路权得到了有效保护，行政许可正确率达100%，路政查处率达100%。2010年，为彻底甩掉以往该局的落后帽，做好“迎国检”工作，制定了阶段性考核评比、检查通报和严格奖惩兑现制度，果断决定逐步提高兑现金额在日常保养费用中的比例。开展“迎国检、展亮点、创佳绩”和“争做保洁标兵、灌缝标兵、补坑能手”等内容的劳动竞赛与养护技术大比武以及“比真诚、比形象、比奉献活动”充分调动广大职工的积极性、创造性，攻坚克难解决存在问题，高标准、高质量、高速度地圆满完成了“迎国检”的各项任务。该局在上饶市公路管理局组织的全市历次“迎国检”工作考评中一直名列前茅，被评为全市迎国检先进单位。

俞祖旺为快促推全县大交通建设，攻破阻碍分局发展的项目不足、资金短缺和技术等问题，坚持以工程建设为抓手，抢抓机遇上项目，争取省市支持，打破资金短缺“颈瓶”。他不计其数的跑省市，先后争取到大中修公路项目7个，累计争取支持资金4700万元。截至2012年该局公路建设总投资达1.3亿元，完成道路建设达138千米。2012年，万年分局又争取到罗锦线、万青线、洪老线路面大修工程项目，落实大修资金5000万元和260线天成桥、石挡线五星桥、罗锦线万年大桥维修加固资金500万元。面对长期困扰公路建设中的一些技术难题，俞祖旺提出和运用应用松弛理论，即将应力应变累计叠加通过结构的变化改变为应力应变分散，创造性地提出了大粒径水泥稳定碎石基层，有效克服了传统的水泥路面板强度问题。与此同时，他创造性地提出和运用浮力理论，改变了传统的水泥混凝土抗折强度设计思路和方法，在不添加任何外加剂的情况下，提高抗折强度10%以上，节约水泥用量12%左右。仅在206国道水泥混凝土路面使用中便节约水泥300余吨，节约工程建设资金45万余元。该局在经济效益和社会效益显著提升的基础上，一举解决了遗留多年未解决的职工住房公积金、一线职工购买保险和拖欠3年之久的工程款等历史遗留问题，并为58名困难职工发放补助金10万元，营造了一个和谐稳定的良好发展环境。

俞祖旺工作上是榜样，作风上是旗帜。他常说：“我们是党的干部，公仆意识不能丢，廉洁奉公不能忘”。多年来，他以身示范，在夜以继日的忘我工作的同时，模范执行党的方针政策，带头贯彻落实风廉政建设各项规定，吃请不去、送礼不收，严格管住、管好家人与身边的人，注重抓好招投标及工程建设全程的反腐倡廉监管工作。全心全意为社会和广大职工做好事、办实事，受到各级组织和广大干部职工的赞许。2010年，其主持的万年公路分局被上饶市公路管理局评为先进单位。同年，被评为第十二届江西省职工职业道德建设优胜单位；2011年，被评为上饶市公路局迎国检先进单位、通讯报道先进单位、廉政建设先进单位。俞祖旺自己也曾多次被江西省公路管理局和上饶市公路管理局分别评为省、市公路系统先进工作者、劳动模范；并被有关部门评为公路系统优秀共产党员、十佳管理标兵；2012年，荣获上饶市五一劳动奖章；2012～2013年，被上饶市公路管理局评为劳动模范;2013 年 4 月,荣获江西省五一劳动奖章。

(陈均培)

刘伟胜 男,1968 年9 出生,江西省于都县人,大学文化,中共党员,赣州高速公路有限责任公司总经理助理、大广高速公路龙杨项目办主任,教授级高级工程师,江西省五一劳动奖章获得者。

1987 年 7 月,江西省交通学校毕业后,在交通运输行业工作。工作之余,刻苦钻研技术业务,考入同济大学深造,取得大学本科学历。2011 年 12 月,被破格晋升为教授级高级程师。自 1992 年 9 月起,先后担任赣州公路分局赣南公路勘察设计院助理工程师测设所所长、赣定高速公路前线指挥部工程处长、总工办主任,赣州市绕城高速项目办任总经理助理兼项目办主任,以及江西省寻全高速公路公司常务副总经理兼项目办主任。2012 年 2 月起至今一直担任赣州高速公路有限责任公司总经理助理、副总工程师与大广龙高速公路龙扬项目办主任。

刘伟胜恪尽职守、爱岗敬业。在 2010 年全省高速公路通车里程突破 3000 千米与 2012 年全省高速公路通车里程突 4000 千米的大决战中,勇挑重担,攻坚克难。2012 年 2 月初,他接任龙杨项目办主任,紧紧围绕龙杨段项目年底建成通车的总体目标,针对影响工程建设项目的问题全面谋划。首先从争取各方支持入于,破解影响工程进度的环境、安全和资金难题方面的难题。多次与市、县征迁部门联系沟通,并提请省、市领导就征迁遗留问题开展现场办公,从而有效解决龙南管理中心征地和 B6 标、B7 标社官树等征迁遗留问题;为解决项目办劳安处人员少与项目安全管理难度大的矛盾,他亲自督促抓好安令技术交底等规章和制度的落实,增强施工人员自我安全防范能力,强化施工现场安全管理。并请求公司安监办派员定期和不定期驻守项目办,协同抓好各施工单位的安全监管工作;项目办没有独立财务机构,他便积极争取并得到相关监审、财务等部门至项目办现场蹲点、办公,使资金拨付及时到位,缓解施工单位资金压力,并得到了施工单位上级公司技术、人员、设备、资金等方面的全力支持与配合。他以改革为突破口,围绕龙杨项目建设的重点、难点、热点问题和工程进度均衡不一现象,创新工作机制、管理体制,紧抓关键,科学组织,灵活调度,多项举措并举、讲求实效。先后建立并实行项目办班子成员“1+1”挂点帮扶责任制。采取由一位班子成员挂点帮扶一个进度相对滞后的标段,靠前指挥调度,主动及时解决问题,做到挂点领导、管理工程师、高驻办、项目经理部密切配合,齐心协力,推进关键、滞后工程实现节点目标,加快工程建设速度,取得明显成效。如原来进度相对滞后的 A1、A4、B1 等标段施工进度均达到预期目标。与此同时,他针对进度相对落后的标段还采取适时约见单位法人代表,建立倒排工期计划,明确施工人员、设备投入要求,签订《承诺书》《目标责任状》等措施,分标段确定关键工程完成节点时间和目标任务。并在全线广泛开展“全力冲刺 100 天,攻坚克难保目标”、“拼搏四个月,实现总目标”劳动竞赛活动,充分调动全线施工单位和广大工程建设者的主动性、积极性和创造性,在全线形成了你追我赶、争相竞比的施工氛围。如 B1 标在 2012 年 3 月份前,属全线最被动、最落后的单位之一,通过劳动竞赛活动,攻坚克难,抢抓时间,全力以赴,奋起直追,在路基剩余工期的最后 3 个月,实现各节点目标任务的如期完成,分别获得 4、5、6 月份检查考评三连冠和第二阶段评比第一名。为确保工程质量与进度,他以身作则,做员工表率,带领项目办员工驻守一线,以身作则,率先垂范,经常性加班加点至深夜、凌晨,围绕各阶段节点目标计划,深入工地现场,及时解决施工技术难题。针对 B3、B7 标隧道偏压严重、围岩破碎失稳等技术疑难,多次组织专家亲临现场踏勘,并召开专题技术研讨会,开展技术攻关,制定了处治方案;他通过多次组织商讨论证 B7 标九连山隧道进口段Ⅴ级围岩区段施工工艺后,确定了采用双侧壁导坑法,保证了隧道结构安全,有效解决了软弱圈岩段的施工技术难题。在他和他的团队共同努力下,经过广大工程建者的顽强拼搏,龙杨项目在前期工程进展落后 4 个月的情况下,工程建设快速跨入“快车道”,提前 13 天实现了项目的试运营通车,得到省、市各级领导的充分肯定,龙杨建设项目受到省人民政府的通令嘉奖。

20多年来，刘伟胜全身心地扑在交通建设事业上，在绕城、寻全、龙杨等高速公路项目建设中，奉献青春年华和力量，屡次出色完成各项任务，并为江西2010年全省高速公路通车里程突破3000千米、2012年突破4000千米作出了积极贡献，多次受到省、市有关部门及其所在单位的表彰。2007年12月，被赣州市科学技术协会评为赣州市优秀科技工作者；2008年12月，被江西省科学技术协会授予“江西省第五届科学技术协会优秀科技工作者”称号；2008～2010年，被赣州市人民政府评为赣州市重点工程建设先进个人；2010年9月，被江西省高速公路建设领导小组授予“赣州绕城高速公路工程建设劳动模范”称号；2012年12月，被江西省人民政府评为大广高速公路龙杨段项目建设先进个人；2013年4月，荣获江西省五一劳动奖章。

（赣州市高速公路公司）

邓江维　男，1973年出生，江西省萍乡市人，大学文化，中共党员，江西省高速公路投资集团有限责任公司江西畅行高速公路服务区开发经营有限公司综合行政部经理，江西省五一劳动奖章获得者。

1991年11月参加工作。开始在萍乡市公路管理局曾任科员，2004年9月起任省公路管理局昌金管理处湘东收费所副所长，2006年1月调省高速公路投资集团抚州管理中心任收费所所长，2011年11月，调江西畅行高速公路服务区工作至今。

邓江维多年来在积极工作的同时，加强自修。他常常坚持刻苦学习到深夜，广泛阅读有关服务区经营管理的书籍，不断吸收消化国内外服务区运营管理的先进理念。并先后考人交通部电视中专上饶分校、江西省委党校、北京交通大学远程与继续教育学院学习，取得了大学本科学历。他注重学以致用，理论联系实际，使用自身素质、技能本领不断得到提高。尤其是在建章立制，管理科学方面，先后制定了《畅行公司战略发展规划》，《接待管理办法》《会议管理办法》《办公用品管理制度》等多项管理制度，使各项工作规范化、制度化、科学化。并将其转化为推进各项工作的核心理念、基本原则，逐步形成和实现了从“人管人”向“靠制度管人管事”转变。

他主持的综合行政部，是公司综合协调性强、涉及面广的办事机构。他在率领综合行政部全体员工面对纷繁复杂的综合行政工作中，始终坚持以人为本，以“把一件平凡的事做好就是不平凡；把每一件简单的事做好就是不简单；涉及公司和部门职责的工作不分大小都要高标准、高质量的做得完美”为座右铭，引导部门员工从大局出发，从点滴做起，精益求精，恪尽职守。

多年来，他按照“规范、从严、精细”管理要求，创新管理理念、拓展工作思路、方法与手段，讲求工作时效和实效。如围绕公司信息化建设需要，他积极牵头组织员工大干快上，已完成了公司OA系统、收银系统、商业系统信息网络建设，并推出和完成了智能型“畅行卡”在庐山服务区试行，实现高速公路服务区从“信息孤岛”到“智慧型（数学＋信息）服务区”的转变，开创了全省信息化管理的首个高速公路服务区。

他爱岗敬业，以高度的政治责任感和主人翁精神从事工作。不计时间、报酬，不讲分内分外；凡事率先垂范，带头做好做实。人们称他为不知疲倦的“大忙人”。在他的带领下，部门员工责任意识强、工作效率高、实干精神足，整个团队心往一处想、劲往一处使，一心一意干事业，齐心协力谋发展，部门的各项工作跨人发展的“快车道”，受到领导和广大干部职工的赞扬，多次被江西省高速公路投资集团有限责任公司江西畅行高速公路服务区开发经营公司评为先进集体。

他本人也成为本单位的一面旗帜，受到各级组织的表彰。2004年被江西省高速公路建设领导小组评为“先进生产（工作）者”；2011年被江西省高速集团评为“党风廉政工作先进工作者”；2012年被江西省交通运输厅评为“优秀共产党员”；2013年被江西省高速集团评为“劳动模范”；同年4月，荣获江西省五一劳动奖章。

（郭　睿）

戴耀华　男，1967年10月出生，江西省宜丰县人，大学文化，中共党员、江西省宜春市公路管理局铜鼓分局局长，江西省五一劳动奖章获得者。

1991 年 7 月,戴耀华自江西省工业大学道路桥梁专业毕业后,一直投身交通运输事业。他从技术员岗位做起,经过刻苦自修和实践磨砺,逐步成长为一名高级工程师和政治坚定、技术过硬、管理有方的优秀工程项目管理者。曾先后担任省重点公路建设项目高胡一级公路项目办、昌金高速公路迎国检 20 千米大修工程与宜春市公路局承接的公路项目办公室常务副主任、主任。1997 年 9 月起,先后担任铜鼓分局总工程师、副局长、局长。

铜鼓地处赣西北僻远山区,交通运输靠的是公路。戴耀华以"建好、养好、管好每一条路,服务地方社会经济发展"为己任,以强烈的公仆意识、大局意识、责任意识和高度的责任感、事业心从事工作。长期无怨无悔地与员工们一道在崇山峻岭中野外露天作业,抓质量、抢工期,常常日夜坚守在工地,起早摸黑,忘我工作在一线。他几十年如一日地做好项目开工前各标段施工方案制订、审核、技术交底和阶段性考核办法等工作。工程动工后,他高度重视每道工序的规范化施工,认真督查工程监理与施工工艺落实情况,仔细查看施工单位的内业资料,切实抓好事前、事中控制,及时做好事后的各项有关工作。其所主管的工程质量好、进度快、成本低。他以"严格、规范、勤奋"著称,勇于改革创新,开拓市场、转变经营模式,建立健全中层干部及科室、道班目标考核制,全面深化公路养护市场化改革,细化绩效考核、奖勤罚懒方案,广泛开展劳动竞赛,充分调动广大职工的积极性和创造性和团队的集体智慧和力量,屡次战胜冰雪、强降雨等自然灾害对公路造成的严重破坏,保证了铜鼓公路"人便于行、物畅其流"。2012 年,在该局承担的宜春环城南路 A1 标段项目、修万线 7.7 千米大中修工程项目、大感桥危桥改造工程项目相继开工后,他"严字当头,安全质量第一",实施精细化管理,优质高效地完成了 3000 余万元的大中修改造工程任务。他注重路政执法规范建设,实施"阳光执法""和谐执法""科学执法",使该局路产路权保护、超限超载治理、道路安全畅通工作面貌焕然一新,取得了"两个文明一道抓、两个效益一道上"的一系列丰硕成果。

几十年来,戴耀华以路为家、以路为业,以路为伴、全身心地扑在公路建、管、养事业上,为交通运输事业无私奉献着自己青春年华和力量。其主持的宜春市公路管理局铜鼓分局,连续多年安全生产工作零事故,并连续六届被中共江西省委、省人民政府授予"江西省文明单位"称号,他本人已多次受到各级组织的表彰。2009 年,被宜春市人民政府评为高胡一级公路建设工作先进个人;2011 年,被宜春市人民政府评为全市安全生产工作先进个人;2013 年 4 月,荣获江西省五一劳动奖章。

(谌金荣)

魏　敏　女,1975 年 5 月出生,江西省景德镇市人,大专学历,中共党员,景德镇长运有限公司汽车东站站长,江西省五一巾帼标兵获得者。

1992 年 12 月,时年 17 岁的魏敏参加工作后,一直在交通运输行业从事服务工作。她从最底层车站服务员做起,在全心全意为旅客和司乘人员提供一流服务的同时,刻苦钻研业务,不断提升综合素质,很快便成为本单位政治素质过硬、工作成绩突出的行家里手,并逐步走上领导岗位。

她以勤奋工作,忘我劳动著称。2010 年春运期间,时任景德镇汽车站值班站长的魏敏,在当好站长的同时,每天从清晨六点起便到高客班车检票口顶班,总是工作到晚上九点多钟最后一班车发出才下班,由于连续超负荷工作,她最终病倒在车站,仍坚持一线工作,每天晚上下班后才去医院门诊打点滴。2011 年 1 月,魏敏调任景德镇汽车东站站长。她在深入调查研究,熟悉和掌握该站经营状况后,重新制定了车站的经营方针和策略,强化经营管理,全面贯彻落实客运车辆"三不进站,六不出站"制度,服务质量得到不断提升。她以身作则,率先垂范,总是每天天不亮就赶到车站,一天三餐都在车站,没有作息时间,没有休息日。充分调动员工的积极性和创造性,取得了该站春运无旅客投诉事件、无安全责任事故、春运营收同比增长17.9%的好成绩。与此同时，自她担任景德镇汽车东站站长以来，车站连续超额完成公司下达的经济指标，营收年均递增29%，客运量年均递增11%，连年超额完成公司下达的计划目标任务。

魏敏多次受到各级组织的表彰。2008年被景德镇市委、市政府评为全市双创活动先进个人；2011年被交通运输部授予"全国农民工运输先进个人"称号；2013年3月，被江西省总工会评为江西省五一巾帼标兵。

（伍红琳）

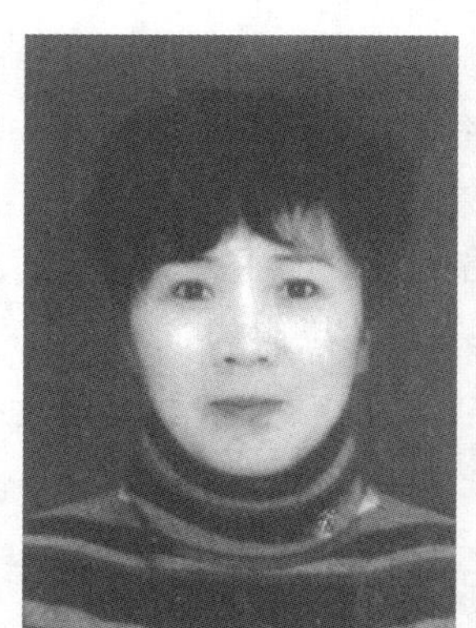

蒲秋月　女，1960年8月出生，江西省抚州市人，大学文化，中共党员，江西省高速公路投资集团有限责任公司抚州管理中心工会副主席，江西省五一巾帼标兵。

自2005年以来，蒲秋月一直担任抚州管理中心工会副主席。她坚持刻苦学习党的路线、方针、政策和业务知识，学以致用、指导实践，已探索、和总结出一套行之有效、具有本行业、本单位特色的工会工作经验和方法，推进工会工作不断向前发展。

多年来，她始终以工会为家，全身心地扑在事业上。围绕抚州管理中心（前身为江西省公路管理局温沙管理处）主业，组织广大干部职工积极参加"六比六看""三优一天使""五项十佳标兵""星级收费员""文明窗口服务展示表演赛""向阳花品牌创建"等建功立业活动和"本行我第一"岗位大练兵、大比武等劳动竞赛活动，为抚州管理中心圆满完成工作任务营造了"比、学、赶、帮、超"的良好氛围。为充分调动了广大女工的积极性和创造性，在岗位练兵和每项劳动竞赛活动中，她特别注重发挥女职工在窗口服务中的作用，鼓励女职工踊跃报名参加收费、文秘、驾驶员、票管、养护、厨师等岗位大练兵、大比武活动，深入开展文明服务，争创"巾帼建功"先进单位。每年该管理中心女职工参加劳动竞赛、技术比武均达756人次，其中，有42人在技术大比武中成绩优异，另外还有78人参加了提升素质活动，确保了该管理中心"巾帼建功"活动落到位实处。仅2012年，就有2个单位获省级"巾帼文明岗"，4个单位获市级"巾帼文明岗"，还有1人被评为"江西省三八"红旗手。

蒲秋月坚持以人为本，积极做好扶贫帮困工市作，不断完善扶贫帮困机制，协助组织解决干部职工关心的热点难点问题。动员与组织干部职工广泛开展"送温暖"、"送清凉"、生活救助、重病帮助、爱心捐献、节日慰问等活动，努力把大事办成、好事办好、实事办实、小事办妥。已为19名困难职工建立健全动态帮扶档案，为1060名职工办理了特种重病团体互助保险，为困难职工筹集送温暖经费2.1万元，发放日常慰问职工款1.6万元，并为陈沪生筹集爱心捐款55820元。她以"工会是女职工利益的保护者和权益的维护者，是女职工引以信赖温暖的家，维护好女职工合法权益是义不容辞的职责"为座右铭，每年职工代表大会，她都亲自监督各单位参会代表中的女职工人数是否达到法定比例和女职工代表提交的提案受理。她为女职工办理了安宁互助保险，组织开展了女职工疾病普查和防治工作，指导相关部门及时为每一位女职工发放卫生费。已累计为全线400余名女职工投入"安宁互助"保险2.5万元，慰问女职工100余人次，为女职工筹集帮扶款7.3万元，帮助新考入大学的困难女工子女申请"金秋助学"金2000元，并组织全管理中心干部职工为困难女职工捐款4.5万元。该中心女工工作卓有成效、成绩斐然，已获得国家级荣誉4项，省部级荣誉16项，其中，创建国家级巾帼文明岗1个、省级巾帼文明岗4个、省五一巾帼建功标兵岗1个。

2008年，抚州管理中心工会被授予"全国交通建设系统工会工作先进集体"称号；并连续多年被上级工会评为工会工作先进单位。蒲秋月本人也多次受到各级组织的表彰。2009年，被江西省公路管理局评为先进工会工作者；2010年，被南昌市妇联授予"巾帼建功标兵"称号；2011年，被江西省高速公路投资集团有限责任公司评为先进工会工作者；2013年3月，被江西省总工会评为江西省五一巾帼标兵。

（吴晓飞）

黄　娟　女，1976年10月出生，江西省南昌市人，大学文化，中共党员，江西省交通工程质量监督站办公室副主任，高级会计师，江西省巾帼

建功标兵。

1995 年 7 月,她由安徽省财贸学院毕业后,投身交通运输事业。开始在省交通工程管理局工作,2001 年调江西省交通工程质量监督站从事财务与办公室管理工作。多年来,她始终在积极做好本职工作的同时,十分注重自修,努力学习政治理论与业务知识,取得高级会计师职称后,又通过全国注册会计师考试,不仅获得了全国注册会计师资格,而且成为中国注册会计师协会非执业会员。

她做财务工作是行家里手,当办公室副主任也很出色。主动协助主任组织员工加强理论学习,并结合工作实际,开展有关关法律法规、文明创建、创先争优、干部作风整治、公文处理和礼仪接待等专题学习,加强员工业务技能培训。她总结出一套正确处理"四种关系"和"争当四员"的方式方法(到位不越位、超前不抢前、献策不决策、出力不出名和当好参谋员、协调员、服务员和督察员),并充分发挥团队的集体智慧和力量,把办公室办成了承上启下、联系左右、协调各方的桥梁和纽带与综合职能部门。多年来,她兼做该单位党务、综合治理、节能、宣传、文明创建、工会、共青团等工作,总是自我加压,放弃节假日休息时间,平时加班加点是常态,工作不分分内分外,在平凡的工作中默默无私地奉献着自己的青春年华和力量,受到组织和广大干部职工的一致好评。

黄娟曾多次被江西省交通工程质量监督站评为先进工作者;2 次被江西省交通运输厅评为全省交通运输系统优秀共青团干部;2013 年 3 月 15 日,被江西省总工会授予"江西省巾帼建功标兵"称号。

(江西省交通工程质量监督站)

刘　雯　女,1958 年 11 月出生,山东省日照市人,中共党员,大专文化,江西赣粤高速公路公司九景高速公路信息中心主任,江西省巾帼建功标兵。

1993 年 12 月,刘雯被调入交通运输行业工作。先后担任收费站收费员、收费站负责人、站长、党支部副书记。2007 年 1 月起任赣粤公司九景信息中心副主任、主任,2009 年 6 月起主持信息中心工作。她不辞辛苦,不畏艰难,勇于开拓,雷厉风行,从来没有上班与下班、工作日与休息日之分。工作中每日坚持"三必看":一是中心每天的费收日报必看,通过对比数据的分析,掌握九景路每天的运作状况,了解路段车流量情况;二是监控录像必看,了解各所站劳动纪律,及时发现问题和解决问题;三是一线员工必看,及时掌握员工的工作状态,了解他们的心声。率领中心员工齐心协力改革创新,开通了九景服务热线,建立了中心网门、"九景之声"广播。她倡导"六要三多"即员工为群众与司乘人员服务始终要换位思考,工作要文明热心、监督稽核要细心、接警求助要耐心、微笑服务要奠心、听取意见要虚心;做到给所站员工、车主用户多一分温馨、多一点宽容、多些耐心的服务理念,大力推进了创品牌塑形象的工作进程。2008 年年初,一场罕见的低温雨雪冰冻灾害导致高速公路交通受阻。刘雯天天在临信息中心监控室坐镇指挥,日夜坚守,遇有紧急情况,立即处理。此外,还亲自带领员工奔赴高速公路,铲冰除雪、铺草挚、撒盐,帮助过往司乘人员。其间,她母亲在南昌住院,医院多次下达病危通知单。家人催刘雯速回,刘雯在安慰母亲、做好家人工作的同时,依然坚持抗灾一线,直至夺取抗灾的最后胜利。刘雯对自己几乎苛刻,可对员工却一片深情。始终把员工当亲人,切实为员工排忧解难,体贴入微,为员工解决了一系列困难和问题,用火一样的热情温暖了员工的心。

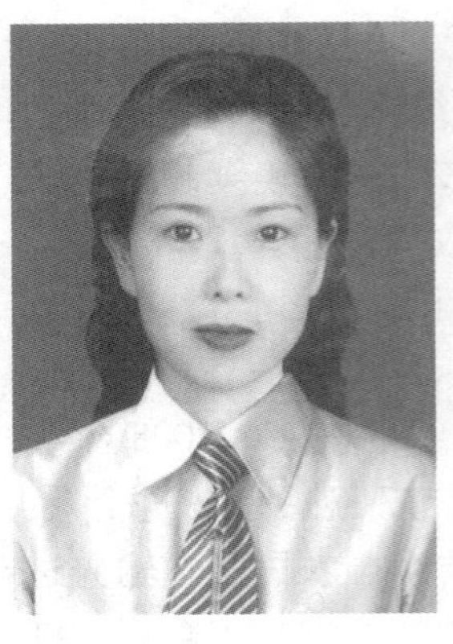

经过刘雯和她的团队共同努力,九景高速公路信息中心建设成了业务素质一流、社会责任意识强、为人民群众安全、便捷出行服务屡建新功的优秀集体。多年来,在传递高速公路信息、交通指挥、紧急救援、上传下达和保障人民生命、国家财产安全等作出了重要贡献。曾先后被有关部门评为国家级"巾帼文明岗""全国五一巾标兵岗",并被省、市先后授予"江西省文明单位""九江市三八红旗集体""九江市青年文明号""九江市工人先锋号”等称号。

刘雯在平凡的岗位上作出了不平凡的贡献，受到各级组织和广大人民群众的广泛赞誉。曾于1995年、1996年、1997年、2003年先后被江西省高等级公路管局评为先进工作者；1998年、2001年被省高管局评为优秀共产党员；2008年、2010年被江西赣粤高速公路公司评为优秀管理者；2009年被赣粤公司评为优秀贴心人；2010年被江西省妇联评为“第八届江西省巾帼建功”标兵；2011年被九江市总工会评为“九江市女职工建功立业标兵”；2012年5月，被赣粤公司评为“2012年度春运保畅工作先进个人”称号；2012年4月26日，被江西省总工会评为“2012年江西省职工经济技术创新活动组织工作先进个人”；同年4月20日被九江市总工会授予“五一巾帼标兵”；同年5月21日被九江市妇联授予“九江市第八届巾帼建功标兵”称号；2013年3月19日，被江西省妇女联合会评为江西省巾帼建功标兵。

（郭　兰）

2012年度全省交通运输系统先进个人

全国五一巾帼标兵

（全国总工会2013年3月表彰）

万文利　江西省交通设计研究院有限责任公司第二设计分院副院长
左江岚　江西省九江长江大桥公路桥管理局工会副主席

2011～2012年度国家优质工程奖先进个人

潘伟辉　江西省交通设计研究院有限责任公司

全国公路交通系统金桥奖获得者

谢泓（女）　江西省高速公路投资集团有限责任公司工会副主席
吴卫新　江西省公路工程序监理公司副经理兼工会主席
钟小洪　江西省赣州市公路管理局直属分局副局长兼工会主席
吴仉华　江西赣东路桥建设集团有限公司总经理
占　梁　江西省景德镇长运有限公司总经理
郭寄鹏　江西省宜春市公路管理局局长、党委书记
郭银凤（女）　江西省上饶市公路管理局弋阳分局副局长兼工会主席
叶站清　江西省鹰潭市公路管理局贵溪分局杨家道班班长

全国交通运输系统第十三届金锚奖获得者

姜志德　江西远洋运输公司副总经理
张伦喜　江西省港航管理局上饶分局工人

全国交通建设优秀监理工程师

周小勇　江西交通咨询公司
黄小明　江西交通咨询公司
卢和远　赣州诚正公路工程监理有限公司
许小明　赣州诚正公路工程监理有限公司

李裕洪 江西省公路工程监理公司
康明铨 江西省公路工程监理公司

2010～2011 年度全国交通运输行业文明职工标兵

(交通运输部 2012 年发布)

龚 胜 江西公路开发总公司梨温高速公路公司进贤收费站长收费班长
白国志 江西省景德镇市公路管理局浮梁分局道班班长
魏祥朝 江西省萍乡市公路管理局芦溪分局路面维修中心主任
叶祖庆 江西省公路路政管理总队赣州高速公路路政管理支队一大队副大队长
刘圣卿 江西省高速公路联网中心科员

2011～2012 年全国交通运输行业节能减排先进个人

(《中国交通报》2013 年 6 月 17 日公布)

王 秦(女) 江西省交通运输厅科技教育处科员
王任东 江西省南昌市交通运输局综合运输处处长
王兴智 江西长运股份有限公司副总工程师
郭 辉 江西省萍乡市交通运输局节能办主任

全国 2012 年度春运农民工平安返乡(岗)安全优质服务竞赛先进个人

(交通运输部、中国海员建设工会 2012 年 3 月表彰)

吕任华 江西省公路运输管理局法规稽查处处长

2011 年度全国交通运输系统海(水)上搜救先进个人

(交通运输部办公厅 2012 年发布)

简志军 江西省宜春市地方海事局
严卫鸿 江西省南昌市地方海事处

全国出租汽车行业和谐劳动关系创建先进个人

张港继 江西省莲花县交通运输局局长

中国好人榜入围获得者

何文海 萍乡市交通运输局运管处

江西省五一劳动奖章获得者

(江西省总工会 2013 年 4 月表彰)

龚 东 江西省南昌市公共交通总公司五分公司三车队驾驶员
周志军 江西省九江市公路管理局武宁分局巷口道班班长
戴耀华 江西省宜春市公路管理局铜鼓分局局长
刘文森 长江航运公安局九江分局九江派出所民警
俞祖旺 江西省上饶市公路管理局万年分局局长
王 斌 江西省吉安市公路管理局吉水分局乌江养路队队长

刘伟胜　江西省赣州高速公路有限责任公司总经理助理
邓江维　江西畅行高速公路服务区开发经营有限公司综合行政部经理
罗　伟　中国东方航空公司股份有限公司江西分公司高级工程师
邹永春　中铁大桥局赣龙铁路 GJ—2 标工程指挥部工程师
欧阳天高　江西省邮政公司党组书记、总经理

江西省五一巾帼标兵

（江西省总工会 2013 年 4 月表彰）

魏　敏　江西省景德镇长运有限公司汽车东站站长
薄秋月　江西省高速公路投资集团有限责任公司抚州管理中心工会副主席

江西省五一巾帼建功标兵

（江西省妇联 2013 年 3 月 19 日表彰）

黄　娟　江西省交通工程质量监督站办公室副主任、高级会计师
刘　雯　江西赣粤高速公路股份有限公司九景信息中心主任
刘世伟　昌河飞机工业（集团）有限责任公司党委副书记

江西省职工经济技术创新活动组织工作先进个人

胡国华　江西省景德镇长运有限公司工人
陈雪梅　江西省赣州市公共交通总公司纪检书记、工会主席
俞文生　江西赣粤高速公路股份有限公司项目管理部部长
陈　国　江西省交通设计研究院有限责任公司交通地理信息研究所副所长
卢金波　江西邮政速递物流有限公司南昌分公司工会干事
施文新　中国东方航空公司股份有限公司江西分公司飞机维修部车间主任

2010～2011 年度全国交通运输行业精神文明建设先进工作者

（交通运输部 2012 年发）

刘　健　江西赣粤高速公路股份有限公司昌北收费所党支部书记

江西省交通运输系统纠风工作先进个人

卢春媚　萍乡市交通运输局

2012 年度全省交通运输系统先进集体

全国文明单位

（全国文明委 2012 年 3 月表彰）

江西省上饶市公路管理局广丰分局

全国五一巾帼标兵岗

（全国总工会2013年3月表彰）

江西长运股份有限公司徐家坊客运站李红服务组
江西省新余市公路管理局分宜分局机械物资管理站冷补车间
江西省高速公路投资集团有限责任公司景德镇管理中心景德镇北管理所
江西省高速集团赣粤高速公路股份有限责任公司九景管理处彭泽收费所

2010～2011年度全国交通运输行业文明单位

（交通运输部2012年发布）

江西公路开发总公司
南昌市公路管理局
江西省港航管理局九江分局
江西交通职业技术学院
上饶市公路管理局婺源分局

2011年度全国交通运输系统海(水)上搜救先进单位

（交通运输部办公厅2012年发布）

江西省地方海事局

2010～2011年度全国交通运输行业文明示范窗口

（交通运输部2012年发布）

江西省高速公路投资集团有限责任公司宜春管理中心宜春管理所宜春收费站
江西畅行高速公路服务区开发经营有限公司庐山服务区
江西省公路路政管理总队赣州高速公路路政管理支队一大队
江西省仙女湖地方海事处

全国2012年春运农民工平安返乡(岗)安全优质服务竞赛先进集体

（交通运输、中国海员建设工会表彰）

江西省公路运输管理局

2011年度全国科协系统先进集体

（人力资源和社会保障部、中国科协2012年表彰）

江西省公路学会

2011～2012年度全国交通运输行业节能减排先进集体

（中国交通报2013年6月17日公布）

江西省交通运输厅科技教育处

2011～2012年度全国交通运输行业节能减排先进企业

（中国交通报2013年6月17日公布）

江西省高速公路投资集团有限责任公司
江西长运集团有限公司
江西省宜春市公共交通公司

2011年年“全国省级学会之星”称号获得者

（中国科协《学会》杂志2012年第一期公布）

江西省公路学会

2011年度全国交通建设系统先进工会

（中国海员建设工会全国委员会2012年发布）

江西省港航管理局路港工程局工会

2011年度全国水运系统安全优秀船舶

（中国海员建设工会全国委员会2012年发布）

江西远洋运输公司“瑞金”轮
江西省港航管理局赣州分局赣海巡106号
江西省鄱阳县地方海事处安全巡查执法大队海巡401号
江西省港航管理局航道工程“江洪”号

2011年年全国安全优秀班组

（中国海员建设工会全国委员会2012年发布）

江西国际集装箱码头门机生产组
江西省港航管理局南昌分局航道处赣道政0010号班组

2011～2012年度国家优质工程银奖获得单位

江西省交通设计研究院有限责任公司

全国工会职工书屋示范点

江西省高速集团泰和管理中心井冈山管理所
江西省高速集团赣粤公司昌九管理处昌北收费所

全国公路交通系统模范职工小家

江西交通通信总站“96122”公众出行交通服务热线
江西畅行高速公路服务区开发经营有限公司庐山中心服务区
江西省高速公路投资集团有限责任公司景德镇管理中心江湾管理所
江西省新余市公路管理局渝水分局下村道班
江西省铅山县交通系统工会委员会
江西省景德镇市公路管理局浮梁公路分局黄泥头道班

江西省公路管理局公路科研设计院二所
江西交通工程咨询监理中心工会机关分会

全国城市公共交通十佳优质服务车队拟表彰单位

(交通运输部2012年2月19日发布)

江西省南昌市公共交通总公司2/22路车队

江西省五一巾帼标兵岗

(江西省总工会2013年3月表彰)

江西省九江长运股份有限公司九江长途汽车站安检组
江西省公路管理局交通通信站“96122”江西省公众出行交通服务热线
江西省赣州市公路管理局全南分局陈君华道班

江西省巾帼文明岗

(江西省妇联2013年3月19日表彰)

江西省昌泰高速公路有限责任公司峡江收费所

江西省“十二五”期间安全生产先进单位

(2012年发布)

江西省港航管理局

江西省“科学发展、进位赶超、绿色崛起”主题教育活动先进单位

江西省交通运输厅

2011年度全省公共机构节能先进单位

(2012年9月13日发布)

江西省交通运输厅

2012年度江西省先进省级学会

江西省公路学会

江西省工人先锋号

江西省新余市公共交通有限公司601线路
江西省昌泰高速公路有限责任公司泰和收费所
江西省赣州康大高速公路有限责任公司梅关收费所
江西长运股份有限公司徐家坊客运站李红服务组
江西省公路管理局交通通信站96122江西省公众出行交通服务热线

江西省职工经济技术创新活动先进集体

江西省高速公路投资集团有限责任公司景德镇管理中心婺源管理所
江西省赣州市公共交通总公司

江西赣粤高速公路股份有限公司沥青再生技术研究团队

江西省2012年度春运工作先进单位

（省政府春运工作领导小组2012年3月表彰）

江西省公路运输管理局

江西省萍乡市运管处

江西省省级职工书屋(31个)

1. 江西省九江长途运输集团有限公司湖口公司
2. 江西省公路科研设计院
3. 江西省交通工程集团公司
4. 江西省公路桥梁工程局
5. 江西省九江长途运输集团有限公司武宁公司
6. 江西省九江长途运输集团有限公司彭泽公司
7. 景德镇公路管理局乐平分局
8. 上饶市公路管理局铅山分局
9. 上饶市公路管理局上饶分局
10. 上饶市公路管理局横峰分局
11. 江西省高速公路投资集团有限责任公司公路开发公司养护公司
12. 江西省高速公路投资集团有限责任公司赣粤公司
13. 江西省高速公路投资集团有限责任公司交通咨询公司
14. 江西省高速公路投资集团有限责任公司赣州管理中心瑞金南管理所
15. 江西省高速公路投资集团有限责任公司抚州管理中心南城管理所
16. 江西省高速公路投资集团有限责任公司景德镇管理中心宜春管理所
17. 江西省高速公路投资集团有限责任公司泰和管理中心机场管理所
18. 江西省高速公路投资集团有限责任公司景德镇管理中心三清山管理所新岗山收费站
19. 江西省高速公路投资集团有限责任公司上高管理中心上菁管理所
20. 江西省高速公路投资集团有限责任公司畅行公司泰和东中心服务区
21. 江西省高速公路投资集团有限责任公司江西赣粤工程公司
22. 江西省高速公路投资集团有限责任公司嘉和公司
23. 江西省高速公路投资集团有限责任公司天驰公司
24. 江西省高速公路投资集团有限责任公司梨温公司东乡管理处
25. 江西省高速公路投资集团有限责任公司万年管理中心泾口管理处瑞洪收费站
26. 江西省高速公路投资集团有限责任公司昌樟管理处胡家坊收费所
27. 江西省高速公路投资集团有限责任公司九景管理处桥隧管理所
28. 江西省高速公路投资集团有限责任公司昌泰公司吉安县收费所
29. 江西省高速公路投资集团有限责任公司物资有限公司
30. 赣州市公路管理局直属分局
31. 赣州市公路管理局江西联兴公路工程有限公司

江西省交通运输系统目标管理先进单位(15个)

1. 江西省宜春市交通运输局
2. 江西省上饶市交通运输局

3. 江西省南昌市交通运输局
4. 江西省吉安市交通运输局
5. 江西省萍乡市交通运输局
6. 江西省高速公路投资集团有限责任公司
7. 江西省公路运输管理局
8. 江西省交通运输厅规划办
9. 江西省公路管理局
10. 江西省交通工程质量监督站
11. 江西省港航管理局
12. 江西省公路路政管理总队
13. 江西交通职业技术学院
14. 江西省交通设计研究院有限责任公司
15. 江西省高速公路联网管理中心

江西省交通运输系统安全生产工作先进单位(8个)

1. 江西省景德镇市交通运输局
2. 江西省宜春市交通运输局
3. 江西省南昌市交通运输局
4. 江西省赣州市交通运输局
5. 江西省新余市交通运输局
6. 江西省港航管理局
7. 江西省公路运输管理局
8. 江西远洋运输公司

“江西省和谐劳动关系企业”称号获得者

江西抚州长运有限公司

2012年度省交通运输厅厅直单位取得高级专业技术职务任职资格人员

2012年度厅直单位取得高级专业技术职务任职资格人员一览

表41

姓名	取得专业技术资格名称	所在单位
司徒丽新	高级工程师	江西省天驰高速科技发展有限公司
喻以钒	高级工程师	江西省高速公路物资有限公司
许　兵	高级工程师	江西省嘉和工程咨询监理有限公司
赵国刚	高级工程师	江西省交通厅高速集团泰和管理中心
胡兵生	高级工程师	江西省交通厅高速集团宜春管理中心
熊水平	高级工程师	江西公路开发总公司
袁晓晴	高级工程师	江西省交通科学研究院
习小华	高级工程师	江西省交通科学研究院
陈　瑜	高级工程师	江西省港航管理局
刘彬兵	高级工程师	江西省交通运输厅信息中心
万　磊	高级工程师	江西省公路局交通通信总站
沈　剑	高级工程师	江西省公路局交通通信总站
刘　静	高级工程师	江西省交通厅高速集团赣粤高速
钟　平	高级工程师	江西省交通运输厅信息中心
黄国建	高级工程师	江西省港航管理局
黄文印	高级工程师	江西省港航管理局
周昌华	高级工程师	江西省港航管理局
肖金波	高级工程师	江西省港航管理局
吴乾川	高级工程师	江西省港航管理局
刘江舟	高级工程师	江西省港航管理局
朱木锋	高级工程师	江西省交通工程质量监督站
张　恒	高级工程师	江西省公路桥梁工程监理咨询中心
谢　艳	高职副教授	江西交通职业技术学院
帅　俐	高级会计师	江西省公路桥梁工程局
祝　红	高级会计师	江西省嘉和工程咨询监理有限公司
卢春霞	高级会计师	江西省路政总队上饶高速路政管理支队
饶美珍	高级会计师	江西省公路机械工程局
邓　沁	高级会计师	江西省交通设计研究院有限责任公司

续表 41

姓名	取得专业技术资格名称	所在单位
谢　琴	高级会计师	江西省高速集团赣粤高速昌九管理处
徐　云	高级会计师	江西省高速公路投资集团公司
蒋晓密	高级会计师	江西省高速公路投资集团公司
汤新建	高级经济师	江西省高速公路投资集团有限责任公司
蒋春华	高级经济师	江西公路开发总公司
谢建国	高级经济师	江西省交通工程集团公司
罗志平	高级经济师	江西省高速集团赣粤高速昌九管理处
柳　波	高级经济师	江西省公路桥梁工程监理咨询中心
王　蓉	高级经济师	江西省交通厅高速集团物资公司
毛辉俐	高级经济师	江西省公路桥梁工程监理咨询中心
曾德正	高级经济师	江西省路政总队吉安高速路政管理支队
童小鲁	高级工程师	江西省高速公路投资集团公司
嵇其伟	高级工程师	江西省交通设计研究院有限责任公司
杨礼生	教授级高级工程师	江西省港航管理局
万文利	教授级高级工程师	江西省交通设计研究院有限责任公司
李丕仁	教授级高级工程师	江西省交通设计研究院有限责任公司
王　伟	教授级高级工程师	江西省交通设计研究院有限责任公司
陈　国	教授级高级工程师	江西省交通设计研究院有限责任公司
徐远明	教授级高级工程师	江西省交通工程质量监督站
张春晓	教授级高级工程师	江西交通职业技术学院
刘维文	教授级高级工程师	江西省交通运输厅规划办公室
徐华兴	教授级高级工程师	江西省交通运输厅规划办公室
陈　强	教授级高级工程师	江西省交通运输厅规划办公室
杨全新	教授级高级工程师	江西省高速公路投资集团公司
邹友泉	教授级高级工程师	江西省高速公路投资集团公司赣粤高速
廖永璧	高级工程师	江西交通咨询公司
杨志峰	高级工程师	江西交通咨询公司
张小英	高级工程师	江西交通咨询公司
徐继光	高级工程师	江西交通咨询公司
黄文红	高级工程师	江西交通咨询公司
郭红强	高级工程师	江西交通咨询公司
邹　晖	高级工程师	江西交通咨询公司
吴美军	高级工程师	江西交通咨询公司
郑会康	高级工程师	江西交通咨询公司
陶　琳	高级工程师	江西交通咨询公司

续表 41

姓名	取得专业技术资格名称	所在单位
秦文奎	高级工程师	江西省交通设计研究院有限责任公司
漆　敏	高级工程师	江西省交通设计研究院有限责任公司
何丕元	高级工程师	江西省交通设计研究院有限责任公司
邓劲松	高级工程师	江西省交通设计研究院有限责任公司
陈　颖	高级工程师	江西省交通设计研究院有限责任公司
吴海荣	高级工程师	江西省交通设计研究院有限责任公司
吴纪才	高级工程师	江西省交通设计研究院有限责任公司
魏　涛	高级工程师	江西省交通设计研究院有限责任公司
叶希明	高级工程师	江西省交通设计研究院有限责任公司
胡金明	高级工程师	江西省交通工程质量监督站
李　玮	高级工程师	江西交通职业技术学院
晏志辉	高级工程师	江西省交通工程集团公司
赖瑞澄	高级工程师	江西省公路机械工程局
蔡恒意	高级工程师	江西省公路机械工程局
吴先金	高级工程师	江西省公路机械工程局
邓小刚	高级工程师	江西省公路桥梁工程局
赖西生	高级工程师	江西省公路桥梁工程局
邓长平	高级工程师	江西省高速集团赣州管理中心赣县管理所
樊友庆	高级工程师	江西省高速集团赣州管理中心
江　平	高级工程师	江西省高速集团赣州管理中心
李秋平	高级工程师	江西省高速公路投资集团公司
万　颖	高级工程师	江西省交通厅高速集团赣粤工程公司
贺建平	高级工程师	江西省交通厅高速集团赣粤高速

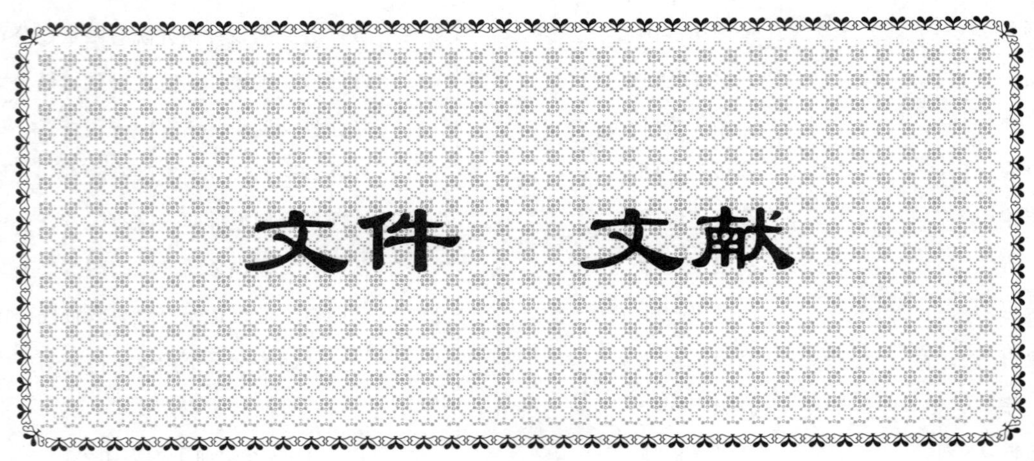

关于修改《道路货物运输及站场管理规定》的决定

(中华人民共和国交通运输部令 2012 年第 1 号)

《关于修改〈道路货物运输及站场管理规定〉的决定》已于 2012 年 2 月 21 日经第 2 次部务会议通过,现予公布,自公布之日施行。

部长 李盛霖

二〇一二年三月十四日

交通运输部决定将《道路货物运输及站场管理规定》(交通运输部令 2009 年第 3 号)第六十一条修改为:“道路货物运输经营者违反本规定的,县级以上道路运输管理机构在作出行政处罚决定的过程中,可以按照行政处罚法的规定将其违法证据先行登记保存。作出行政处罚决定后,道路货物运输经营者拒不履行的,作出行政处罚决定的道路运输管理机构可以将其拒不履行行政处罚决定的事实通知违法车辆车籍所在地道路运输管理机构,作为能否通过车辆年度审验和决定质量信誉考核结果的重要依据。”

本决定自公布之日施行。

《道路货物运输及站场管理规定》根据本决定作相应修正,重新公布。

道路货物运输及站场管理规定

（2005年6月16日交通部发布，根据2008年7月23日交通运输部《关于修改〈道路货物运输及站场管理规定〉的决定》第一次修正 根据2009年4月20日交通运输部《关于修改〈道路货物运输及站场管理规定〉的决定》第二次修正 根据2012年3月14日交通运输部《关于修改〈道路货物运输及站场管理规定〉的决定》第三次修正）

第一章　总　　则

第一条　为规范道路货物运输和道路货物运输站（场）经营活动，维护道路货物运输市场秩序，保障道路货物运输安全，保护道路货物运输和道路货物运输站（场）有关各方当事人的合法权益，根据《中华人民共和国道路运输条例》及有关法律、行政法规的规定，制定本规定。

第二条　从事道路货物运输经营和道路货物运输站（场）经营的，应当遵守本规定。

本规定所称道路货物运输经营，是指为社会提供公共服务、具有商业性质的道路货物运输活动。道路货物运输包括道路普通货运、道路货物专用运输、道路大型物件运输和道路危险货物运输。

本规定所称道路货物专用运输，是指使用集装箱、冷藏保鲜设备、罐式容器等专用车辆进行的货物运输。

本规定所称道路货物运输站（场）（以下简称"货运站"），是指以场地设施为依托，为社会提供有偿服务的具有仓储、保管、配载、信息服务、装卸、理货等功能的综合货运站（场）、零担货运站、集装箱中转站、物流中心等经营场所。

第三条　道路货物运输和货运站经营者应当依法经营，诚实信用，公平竞争。

道路货物运输管理应当公平、公正、公开和便民。

第四条　鼓励道路货物运输实行集约化、网络化经营。鼓励采用集装箱、封闭厢式车和多轴重型车运输。

第五条　交通运输部主管全国道路货物运输和货运站管理工作。

县级以上地方人民政府交通运输主管部门负责组织领导本行政区域的道路货物运输和货运站管理工作。

县级以上道路运输管理机构具体实施本行政区域的道路货物运输和货运站管理工作。

第二章　经营许可

第六条　申请从事道路货物运输经营的，应当具备下列条件：

（一）有与其经营业务相适应并经检测合格的运输车辆：

1. 车辆技术要求：

（1）车辆技术性能应当符合国家标准《营运车辆综合性能要求和检验方法》（GB18565）的要求；

（2）车辆外廓尺寸、轴荷和载质量应当符合国家标准《道路车辆外廓尺寸、轴荷及质量限值》（GB1589）的要求。

2. 车辆其他要求：

（1）从事大型物件运输经营的，应当具有与所运输大型物件相适应的超重型车组；

（2）从事冷藏保鲜、罐式容器等专用运输的，应当具有与运输货物相适应的专用容器、设备、设施，并固定在专用车辆上；

（3）从事集装箱运输的，车辆还应当有固定集装箱的转锁装置。

（二）有符合规定条件的驾驶人员：

1. 取得与驾驶车辆相应的机动车驾驶证；

2. 年龄不超过60周岁；

3. 经设区的市级道路运输管理机构对有关道路货物运输法规、机动车维修和货物及装载保管基本知识考试合格，并取得从业资格证。

(三)有健全的安全生产管理制度,包括安全生产责任制度、安全生产业务操作规程、安全生产监督检查制度、驾驶员和车辆安全生产管理制度等。

第七条 申请从事货运站经营的,应当具备下列条件:

(一)有与其经营规模相适应的货运站房、生产调度办公室、信息管理中心、仓库、仓储库棚、场地和道路等设施,并经有关部门组织的工程竣工验收合格;

(二)有与其经营规模相适应的安全、消防、装卸、通讯、计量等设备;

(三)有与其经营规模、经营类别相适应的管理人员和专业技术人员;

(四)有健全的业务操作规程和安全生产管理制度。

第八条 申请从事道路货物运输经营的,应当向县级道路运输管理机构提出申请,并提供以下材料:

(一)《道路货物运输经营申请表》(见附件1);

(二)负责人身份证明,经办人的身份证明和委托书;

(三)机动车辆行驶证、车辆检测合格证明复印件;拟投入运输车辆的承诺书,承诺书应当包括车辆数量、类型、技术性能、投入时间等内容;

(四)聘用或者拟聘用驾驶员的机动车驾驶证、从业资格证及其复印件;

(五)安全生产管理制度文本;

(六)法律、法规规定的其他材料。

第九条 申请从事货运站经营的,应当向县级道路运输管理机构提出申请,并提供以下材料:

(一)《道路货物运输站(场)经营申请表》(见附件2);

(二)负责人身份证明,经办人的身份证明和委托书;

(三)经营道路货运站的土地、房屋的合法证明;

(四)货运站竣工验收证明;

(五)与业务相适应的专业人员和管理人员的身份证明、专业证书;

(六)业务操作规程和安全生产管理制度文本。

第十条 道路运输管理机构应当按照《中华人民共和国道路运输条例》、《交通行政许可实施程序规定》和本规定规范的程序实施道路货物运输经营和货运站经营的行政许可。

第十一条 道路运输管理机构对道路货运经营申请予以受理的,应当自受理之日起20日内作出许可或者不予许可的决定;道路运输管理机构对货运站经营申请予以受理的,应当自受理之日起15日内作出许可或不予许可的决定。

第十二条 道路运输管理机构对符合法定条件的道路货物运输经营申请作出准予行政许可决定的,应当出具《道路货物运输经营行政许可决定书》(见附件3),明确许可事项。在10日内向被许可人颁发《道路运输经营许可证》,在《道路运输经营许可证》上注明经营范围。

道路运输管理机构对符合法定条件的货运站经营申请作出准予行政许可决定的,应当出具《道路货物运输站(场)经营行政许可决定书》(见附件4),明确许可事项。在10日内向被许可人颁发《道路运输经营许可证》,在《道路运输经营许可证》上注明经营范围。

对道路货物运输和货运站经营不予许可的,应当向申请人出具《不予交通行政许可决定书》。

第十三条 被许可人应当按照承诺书的要求投入运输车辆。购置车辆或者已有车辆经道路运输管理机构核实并符合条件的,道路运输管理机构向投入运输的车辆配发《道路运输证》。

第十四条 道路货物运输经营者和货运站经营者应当持《道路运输经营许可证》依法向工商行政管理机关办理有关登记手续。

第十五条 道路货物运输经营者设立子公司的,应当向设立地的道路运输管理机构申请经营许可;设立分公司的,应当向设立地的道路运输管理机构报备。

第十六条 从事货运代理(代办)等货运相关服务的经营者,应当依法到工商行政管理机关办理有关登记手续,并持有关登记证件到设立地的道路运输管理机构备案。

第十七条 道路货物运输和货运站经营者需要终止经营的,应当在终止经营之日30日前告知原许可的道路运输管理机构,并办理有关注销手续。

第十八条 道路货物运输经营者变更许可事

项、扩大经营范围的,按本章有关许可规定办理。

道路货物运输和货运站经营者变更名称、地址等,应当向作出原许可决定的道路运输管理机构备案。

第三章　货运车辆管理

第十九条　道路货物运输经营者应当建立车辆技术管理制度,按照国家规定的技术规范对货运车辆进行定期维护,确保货运车辆技术状况良好。

货运车辆的维护作业项目和程序应当按照国家标准《汽车维护、检测、诊断技术规范》(GB18344)等有关技术标准的规定执行。

严禁任何单位和个人为道路货物运输经营者指定车辆维护企业;车辆二级维护执行情况不得作为路检路查项目。

第二十条　道路货物运输经营者应当定期进行货运车辆检测,车辆检测结合车辆定期审验的频率一并进行。

道路货物运输经营者在规定时间内,到符合国家相关标准的机动车综合性能检测机构进行检测。机动车综合性能检测机构按照国家标准《营运车辆综合性能要求和检验方法》(GB18565)和《道路车辆外廓尺寸、轴荷及质量限值》(GB1589)的规定进行检测,出具全国统一式样的检测报告。并依据检测结果,对照行业标准《营运车辆技术等级划分和评定要求》(JT/T198)评定车辆技术等级。货运车辆技术等级分为一级、二级和三级。

车籍所在地县级以上道路运输管理机构应当将车辆技术等级在《道路运输证》上标明。

第二十一条　县级以上道路运输管理机构应当定期对货运车辆进行审验,每年审验一次。

审验内容包括车辆技术档案、车辆结构及尺寸变动情况和违章记录等。

审验符合要求的,道路运输管理机构在《道路运输证》审验记录中注明;不符合要求的,应当责令限期改正或者办理变更手续。

第二十二条　机动车综合性能检测机构应当使用符合标准的设施、设备,严格按照国家有关营运车辆技术检测标准对货运车辆进行检测,对出具的车辆检测报告负责,并对已检测车辆建立检测档案。

第二十三条　禁止使用报废的、擅自改装的、拼装的、检测不合格的和其他不符合国家规定的车辆从事道路货物运输经营。

第二十四条　道路货物运输经营者和县级以上道路运输管理机构应当分别建立货运车辆技术档案和管理档案,并妥善保管。对相关内容的记载应当及时、完整和准确,不得随意更改。

道路货物运输经营者车辆技术档案主要内容为:车辆基本情况、主要部件更换情况、修理和二级维护记录(含出厂合格证)、技术等级评定记录、车辆变更记录、行驶里程记录、交通事故记录等。

道路运输管理机构管理档案主要内容为:车辆基本情况、二级维护和检测情况、技术等级记录、车辆变更记录、交通事故记录等。

道路货物运输车辆办理过户变更手续时,道路货物运输经营者应当将货运车辆技术档案完整移交。县级以上道路运输管理机构对经营者车辆技术档案建立情况实施监督管理。

第二十五条　道路货物运输经营者对达到国家规定的报废标准或者经检测不符合国家强制性标准要求的货运车辆,应当及时交回《道路运输证》,不得继续从事道路货物运输经营。

第四章　货运经营管理

第二十六条　道路货物运输经营者应当按照《道路运输经营许可证》核定的经营范围从事货物运输经营,不得转让、出租道路运输经营许可证件。

第二十七条　道路货物运输经营者应当对从业人员进行经常性的安全、职业道德教育和业务知识、操作规程培训。

第二十八条　道路货物运输经营者应当按照国家有关规定在其重型货运车辆、牵引车上安装、使用行驶记录仪,并采取有效措施,防止驾驶人员连续驾驶时间超过4个小时。

第二十九条　道路货物运输经营者应当要求其聘用的车辆驾驶员随车携带《道路运输证》。

《道路运输证》不得转让、出租、涂改、伪造。

第三十条　道路货物运输经营者应当聘用持有从业资格证的驾驶人员。

第三十一条　营运驾驶员应当驾驶与其从业资格类别相符的车辆。驾驶营运车辆时,应当随身携带从业资格证。

第三十二条 运输的货物应当符合货运车辆核定的载质量,载物的长、宽、高不得违反装载要求。禁止货运车辆违反国家有关规定超限、超载运输。

禁止使用货运车辆运输旅客。

第三十三条 道路货物运输经营者运输大型物件,应当制定道路运输组织方案。涉及超限运输的应当按照交通部颁布的《超限运输车辆行驶公路管理规定》办理相应的审批手续。

第三十四条 从事大型物件运输的车辆,应当按照规定装置统一的标志和悬挂标志旗;夜间行驶和停车休息时应当设置标志灯。

第三十五条 道路货物运输经营者不得运输法律、行政法规禁止运输的货物。

道路货物运输经营者在受理法律、行政法规规定限运、凭证运输的货物时,应当查验并确认有关手续齐全有效后方可运输。

货物托运人应当按照有关法律、行政法规的规定办理限运、凭证运输手续。

第三十六条 道路货物运输经营者不得采取不正当手段招揽货物、垄断货源。不得阻碍其他货运经营者开展正常的运输经营活动。

道路货物运输经营者应当采取有效措施,防止货物变质、腐烂、短少或者损失。

第三十七条 道路货物运输经营者和货物托运人应当按照《合同法》的要求,订立道路货物运输合同。

道路货物运输可以采用交通部颁布的《汽车货物运输规则》所推荐的道路货物运单签订运输合同。

第三十八条 国家鼓励实行封闭式运输。道路货物运输经营者应当采取有效的措施,防止货物脱落、扬撒等情况发生。

第三十九条 道路货物运输经营者应当制定有关交通事故、自然灾害、公共卫生以及其他突发公共事件的道路运输应急预案。应急预案应当包括报告程序、应急指挥、应急车辆和设备的储备以及处置措施等内容。

第四十条 发生交通事故、自然灾害、公共卫生以及其他突发公共事件,道路货物运输经营者应当服从县级以上人民政府或者有关部门的统一调度、指挥。

第四十一条 道路货物运输经营者应当严格遵守国家有关价格法律、法规和规章的规定,不得恶意压价竞争。

第五章 货运站经营管理

第四十二条 货运站经营者应当按照经营许可证核定的许可事项经营,不得随意改变货运站用途和服务功能。

第四十三条 货运站经营者应当依法加强安全管理,完善安全生产条件,健全和落实安全生产责任制。

货运站经营者应当对出站车辆进行安全检查,防止超载车辆或者未经安全检查的车辆出站,保证安全生产。

第四十四条 货运站经营者应当按照货物的性质、保管要求进行分类存放,危险货物应当单独存放,保证货物完好无损。

第四十五条 货物运输包装应当按照国家规定的货物运输包装标准作业,包装物和包装技术、质量要符合运输要求。

第四十六条 货运站经营者应当按照规定的业务操作规程进行货物的搬运装卸。搬运装卸作业应当轻装、轻卸,堆放整齐,防止混杂、撒漏、破损,严禁有毒、易污染物品与食品混装。

第四十七条 货运站经营者应当严格执行价格规定,在经营场所公布收费项目和收费标准。严禁乱收费。

第四十八条 进入货运站经营的经营业户及车辆,经营手续必须齐全。

货运站经营者应当公平对待使用货运站的道路货物运输经营者,禁止无证经营的车辆进站从事经营活动,无正当理由不得拒绝道路货物运输经营者进站从事经营活动。

第四十九条 货运站经营者不得垄断货源、抢装货物、扣押货物。

第五十条 货运站要保持清洁卫生,各项服务标志醒目。

第五十一条 货运站经营者经营配载服务应当坚持自愿原则,提供的货源信息和运力信息应当真实、准确。

第五十二条 货运站经营者不得超限、超载配货,不得为无道路运输经营许可证或证照不全者提供服务;不得违反国家有关规定,为运输车辆装卸国家禁运、限运的物品。

第五十三条　货运站经营者应当制定有关突发公共事件的应急预案。应急预案应当包括报告程序、应急指挥、应急车辆和设备的储备以及处置措施等内容。

第五十四条　货运站经营者应当建立和完善各类台账和档案，并按要求报送有关信息。

第六章　监督检查

第五十五条　道路运输管理机构应当加强对道路货物运输经营和货运站经营活动的监督检查。

道路运输管理机构工作人员应当严格按照职责权限和法定程序进行监督检查。

第五十六条　道路运输管理机构及其工作人员应当重点在货运站、货物集散地对道路货物运输、货运站经营活动实施监督检查。此外，根据管理需要，可以在公路路口实施监督检查，但不得随意拦截正常行驶的道路运输车辆，不得双向拦截车辆进行检查。

第五十七条　道路运输管理机构的工作人员实施监督检查时，应当有2名以上人员参加，并向当事人出示交通部统一制式的交通行政执法证件。

第五十八条　道路运输管理机构的工作人员可以向被检查单位和个人了解情况，查阅和复制有关材料。但是，应当保守被调查单位和个人的商业秘密。

被监督检查的单位和个人应当接受道路运输管理机构及其工作人员依法实施的监督检查，如实提供有关情况或者资料。

第五十九条　道路运输管理人员在货运站、货物集散地实施监督检查过程中，发现货运车辆有超载行为的，应当立即予以制止，装载符合标准后方可放行。

第六十条　道路货物运输经营者在许可的道路运输管理机构管辖区域外违法从事经营活动的，违法行为发生地的道路运输管理机构应当依法将当事人的违法事实、处罚结果记录到《道路运输证》上，并抄告作出道路运输经营许可的道路运输管理机构。

第六十一条　道路货物运输经营者违反本规定的，县级以上道路运输管理机构在作出行政处罚决定的过程中，可以按照行政处罚法的规定将其违法证据先行登记保存。作出行政处罚决定后，道路货物运输经营者拒不履行的，作出行政处罚决定的道路运输管理机构可以将其拒不履行行政处罚决定的事实通知违法车辆车籍所在地道路运输管理机构，作为能否通过车辆年度审验和决定质量信誉考核结果的重要依据。

第六十二条　道路运输管理机构的工作人员在实施道路运输监督检查过程中，对没有《道路运输证》又无法当场提供其他有效证明的货运车辆可以予以暂扣，并出具《道路运输车辆暂扣凭证》(见附件5)。对暂扣车辆应当妥善保管，不得使用，不得收取或者变相收取保管费用。

违法当事人应当在暂扣凭证规定时间内到指定地点接受处理。逾期不接受处理的，道路运输管理机构可依法作出处罚决定，并将处罚决定书送达当事人。当事人无正当理由逾期不履行处罚决定的，道路运输管理机构可申请人民法院强制执行。

第七章　法律责任

第六十三条　违反本规定，有下列行为之一的，由县级以上道路运输管理机构责令停止经营；有违法所得的，没收违法所得，处违法所得2倍以上10倍以下的罚款；没有违法所得或者违法所得不足2万元的，处3万元以上10万元以下的罚款；构成犯罪的，依法追究刑事责任：

(一)未取得道路货物运输经营许可，擅自从事道路货物运输经营的；

(二)使用失效、伪造、变造、被注销等无效的道路运输经营许可证件从事道路货物运输经营的；

(三)超越许可的事项，从事道路货物运输经营的。

第六十四条　违反本规定，道路货物运输和货运站经营者非法转让、出租道路运输经营许可证件的，由县级以上道路运输管理机构责令停止违法行为，收缴有关证件，处2000元以上1万元以下的罚款；有违法所得的，没收违法所得。

第六十五条　违反本规定，取得道路货物运输经营许可的道路货物运输经营者使用无道路运输证的车辆参加货物运输的，由县级以上道路运输管理机构责令改正，处3000元以上1万元以下的罚款。

违反本规定,道路货物运输经营者不按照规定携带《道路运输证》的,由县级以上道路运输管理机构责令改正,处警告或者20元以上200元以下的罚款。

第六十六条 违反本规定,道路货物运输经营者、货运站经营者已不具备开业要求的有关安全条件、存在重大运输安全隐患的,由县级以上道路运输管理机构限期责令改正;在规定时间内不能按要求改正且情节严重的,由原许可机关吊销《道路运输经营许可证》或者吊销其相应的经营范围。

第六十七条 违反本规定,道路货物运输经营者有下列情形之一的,由县级以上道路运输管理机构责令改正,处1000元以上3000元以下的罚款;情节严重的,由原许可机关吊销道路运输经营许可证或者吊销其相应的经营范围:

(一)强行招揽货物的;

(二)没有采取必要措施防止货物脱落、扬撒的。

第六十八条 违反本规定,道路货物运输经营者不按规定维护和检测运输车辆的,由县级以上道路运输管理机构责令改正,处1000元以上5000元以下的罚款。

第六十九条 违反本规定,道路货物运输经营者使用擅自改装或者擅自改装已取得《道路运输证》的车辆的,由县级以上道路运输管理机构责令改正,处5000元以上2万元以下的罚款。

第七十条 违反本规定,有下列行为之一的,由县级以上道路运输管理机构责令停止经营;有违法所得的,没收违法所得,处违法所得2倍以上10倍以下的罚款;没有违法所得或者违法所得不足1万元的,处2万元以上5万元以下的罚款;构成犯罪的,依法追究刑事责任:

(一)未取得货运站经营许可,擅自从事货运站经营的;

(二)使用失效、伪造、变造、被注销等无效的道路运输经营许可证件从事货运站经营的;

(三)超越许可的事项,从事货运站经营的。

第七十一条 违反本规定,机动车综合性能检测机构不按国家有关技术规范进行检测、未经检测出具检测结果或者不如实出具检测结果的,由县级以上道路运输管理机构责令改正,没收违法所得,违法所得在5000元以上的,并处违法所得2倍以上5倍以下的罚款;没有违法所得或者违法所得不足5000元的,处5000元以上2万元以下的罚款;构成犯罪的,依法追究刑事责任。

第七十二条 违反本规定,货运站经营者对超限、超载车辆配载,放行出站的,由县级以上道路运输管理机构责令改正,处1万元以上3万元以下的罚款。

第七十三条 违反本规定,货运站经营者擅自改变道路运输站(场)的用途和服务功能,由县级以上道路运输管理机构责令改正;拒不改正的,处3000元的罚款;有违法所得的,没收违法所得。

第七十四条 违反本规定,有下列行为之一的,由县级以上道路运输管理机构责令限期整改,整改不合格的,予以通报:

(一)没有建立货运车辆技术档案的;

(二)没有按照国家有关规定在货运车辆上安装行驶记录仪的;

(三)大型物件运输车辆不按规定悬挂、标明运输标志的;

(四)发生公共突发性事件,不接受当地政府统一调度安排的;

(五)因配载造成超限、超载的;

(六)运输没有限运证明物资的;

(七)未查验禁运、限运物资证明,配载禁运、限运物资的。

第七十五条 道路运输管理机构的工作人员违反本规定,有下列情形之一的,依法给予相应的行政处分;构成犯罪的,依法追究刑事责任:

(一)不依照本规定规定的条件、程序和期限实施行政许可的;

(二)参与或者变相参与道路货物运输和货运站经营的;

(三)发现违法行为不及时查处的;

(四)违反规定拦截、检查正常行驶的道路运输车辆的;

(五)违法扣留运输车辆、《道路运输证》的;

(六)索取、收受他人财物,或者谋取其他利益的;

(七)其他违法行为。

第八章 附 则

第七十六条 道路货物运输经营者从事国际

道路货物运输经营、危险货物运输活动，除一般行为规范适用本规定外，有关从业条件等特殊要求应当适用交通部制定的国际道路运输管理规定、道路危险货物运输管理规定。

第七十七条 中外合资、中外合作、独资形式投资道路货物运输和货运站经营业务的，按照《外商投资道路运输业管理规定》办理。

第七十八条 道路运输管理机构依照规定发放道路货物运输经营许可证件和《道路运输证》，可以收取工本费。工本费的具体收费标准由省级人民政府财政、价格主管部门会同同级交通运输主管部门核定。

第七十九条 本规定自2005年8月1日起施行。交通部1993年5月19日发布的《道路货物运输业户开业技术经济条件（试行）》（交运发〔1993〕531号）、1996年12月2日发布的《道路零担货物运输管理办法》（交公路发〔1996〕1039号）、1997年5月22日发布的《道路货物运单使用和管理办法》（交通部令1997年第4号）、2001年4月5日发布的《道路货物运输企业经营资质管理规定（试行）》（交公路发〔2001〕154号）同时废止。

关于修改《道路旅客运输及客运站管理规定》的决定

（中华人民共和国交通运输部令 2012年第2号）

《关于修改〈道路旅客运输及客运站管理规定〉的决定》已于2012年2月21日经第2次部务会议通过，现予公布，自公布之日施行。

部长 李盛霖

二〇一二年三月十四日

交通运输部决定将《道路旅客运输及客运站管理规定》（交通运输部令2009年第4号）第八十二条修改为："客运经营者违反本规定的，县级以上道路运输管理机构在作出行政处罚决定的过程中，可以按照行政处罚法的规定将其违法证据先行登记保存。作出行政处罚决定后，客运经营者拒不履行的，作出行政处罚决定的道路运输管理机构可以将其拒不履行行政处罚决定的事实通知违法车辆车籍所在地道路运输管理机构，作为能否通过车辆年度审验和决定质量信誉考核结果的重要依据。"

本决定自公布之日施行。

《道路旅客运输及客运站管理规定》根据本决定作相应修正，重新公布。

道路旅客运输及客运站管理规定

（2005年7月12日交通部发布根据2008年7月23日交通运输部《关于修改〈道路旅客运输及客运站管理规定〉的决定》第一次修正 根据2009年4月20日交通运输部《关于修改〈道路旅客运输及客运站管理规定〉的决定》第二次修正 根据2012年3月14日交通运输部《关于修改〈道

路旅客运输及客运站管理规定〉的决定》第三次修正)

第一章　总　　则

第一条　为规范道路旅客运输及道路旅客运输站经营活动,维护道路旅客运输市场秩序,保障道路旅客运输安全,保护旅客和经营者的合法权益,依据《中华人民共和国道路运输条例》及有关法律、行政法规的规定,制定本规定。

第二条　从事道路旅客运输(以下简称道路客运)经营以及道路旅客运输站(以下简称客运站)经营的,应当遵守本规定。

第三条　本规定所称道路客运经营,是指用客车运送旅客、为社会公众提供服务、具有商业性质的道路客运活动,包括班车(加班车)客运、包车客运、旅游客运。

(一)班车客运是指营运客车在城乡道路上按照固定的线路、时间、站点、班次运行的一种客运方式,包括直达班车客运和普通班车客运。加班车客运是班车客运的一种补充形式,在客运班车不能满足需要或者无法正常运营时,临时增加或者调配客车按客运班车的线路、站点运行的方式。

(二)包车客运是指以运送团体旅客为目的,将客车包租给用户安排使用,提供驾驶劳务,按照约定的起始地、目的地和路线行驶,按行驶里程或者包用时间计费并统一支付费用的一种客运方式。

(三)旅游客运是指以运送旅游观光的旅客为目的,在旅游景区内运营或者其线路至少有一端在旅游景区(点)的一种客运方式。

本规定所称客运站经营,是指以站场设施为依托,为道路客运经营者和旅客提供有关运输服务的经营活动。

第四条　道路客运和客运站管理应当坚持以人为本、安全第一的宗旨,遵循公平、公正、公开、便民的原则,打破地区封锁和垄断,促进道路运输市场的统一、开放、竞争、有序,满足广大人民群众的出行需求。

道路客运及客运站经营者应当依法经营,诚实信用,公平竞争,优质服务。

第五条　国家实行道路客运企业等级评定制度和质量信誉考核制度,鼓励道路客运经营者实行规模化、集约化、公司化经营,禁止挂靠经营。

第六条　交通运输部主管全国道路客运及客运站管理工作。

县级以上地方人民政府交通运输主管部门负责组织领导本行政区域的道路客运及客运站管理工作。

县级以上道路运输管理机构负责具体实施道路客运及客运站管理工作。

第二章　经营许可

第七条　班车客运的线路根据经营区域和营运线路长度分为以下四种类型:

一类客运班线:地区所在地与地区所在地之间的客运班线或者营运线路长度在800千米以上的客运班线。

二类客运班线:地区所在地与县之间的客运班线。

三类客运班线:非毗邻县之间的客运班线。

四类客运班线:毗邻县之间的客运班线或者县境内的客运班线。

本规定所称地区所在地,是指设区的市、州、盟人民政府所在城市市区;本规定所称县,包括县、旗、县级市和设区的市、州、盟下辖乡镇的区。

县城城区与地区所在地城市市区相连或者重叠的,按起讫客运站所在地确定班线起讫点所属的行政区域。

第八条　包车客运按照其经营区域分为省际包车客运和省内包车客运,省内包车客运分为市际包车客运、县际包车客运和县内包车客运。

第九条　旅游客运按照营运方式分为定线旅游客运和非定线旅游客运。

定线旅游客运按照班车客运管理,非定线旅游客运按照包车客运管理。

第十条　申请从事道路客运经营的,应当具备下列条件:

(一)有与其经营业务相适应并经检测合格的客车:

1. 客车技术要求:

(1)技术性能符合国家标准《营运车辆综合性能要求和检验方法》(GB18565)的要求;

(2)外廓尺寸、轴荷及质量符合国家标准《道路车辆外廓尺寸、轴荷及质量限值》(GB1589)的要求；

（3）从事高速公路客运或者营运线路长度在800千米以上的客运车辆，其技术等级应当达到行业标准《营运车辆技术等级划分和评定要求》（JT/T198）规定的一级技术等级；营运线路长度在400千米以上的客运车辆，其技术等级应当达到二级以上；其他客运车辆的技术等级应当达到三级以上。

本规定所称高速公路客运，是指营运线路中高速公路里程在200千米以上或者高速公路里程占总里程70%以上的道路客运。

2. 客车类型等级要求：

从事高速公路客运、旅游客运和营运线路长度在800千米以上的客运车辆，其车辆类型等级应当达到行业标准《营运客车类型划分及等级评定》（JT/T325）规定的中级以上。

3. 客车数量要求：

（1）经营一类客运班线的班车客运经营者应当自有营运客车100辆以上、客位3000个以上，其中高级客车在30辆以上、客位900个以上；或者自有高级营运客车40辆以上、客位1200个以上；

（2）经营二类客运班线的班车客运经营者应当自有营运客车50辆以上、客位1500个以上，其中中高级客车在15辆以上、客位450个以上；或者自有高级营运客车20辆以上、客位600个以上；

（3）经营三类客运班线的班车客运经营者应当自有营运客车10辆以上、客位200个以上；

（4）经营四类客运班线的班车客运经营者应当自有营运客车1辆以上；

（5）经营省际包车客运的经营者，应当自有中高级营运客车20辆以上、客位600个以上；

（6）经营省内包车客运的经营者，应当自有营运客车5辆以上、客位100个以上。

（二）从事客运经营的驾驶人员，应当符合下列条件：

1. 取得相应的机动车驾驶证；

2. 年龄不超过60周岁；

3. 3年内无重大以上交通责任事故记录；

4. 经设区的市级道路运输管理机构对有关客运法规、机动车维修和旅客急救基本知识考试合格而取得相应从业资格证。

本规定所称交通责任事故，是指驾驶人员负同等或者以上责任的交通事故。

（三）有健全的安全生产管理制度，包括安全生产操作规程、安全生产责任制、安全生产监督检查、驾驶人员和车辆安全生产管理的制度。

（四）申请从事道路客运班线经营，还应当有明确的线路和站点方案。

第十一条　申请从事客运站经营的，应当具备下列条件：

（一）客运站经有关部门组织的工程竣工验收合格，并且经道路运输管理机构组织的站级验收合格；

（二）有与业务量相适应的专业人员和管理人员；

（三）有相应的设备、设施，具体要求按照行业标准《汽车客运站级别划分及建设要求》（JT/T200）的规定执行；

（四）有健全的业务操作规程和安全管理制度，包括服务规范、安全生产操作规程、车辆发车前例检制度、安全生产责任制、危险品查堵、安全生产监督检查的制度。

第十二条　申请从事道路客运经营的，应当按照下列规定提出申请：

（一）从事县级行政区域内客运经营的，向县级道路运输管理机构提出申请；

（二）从事省、自治区、直辖市行政区域内跨2个县级以上行政区域客运经营的，向其共同的上一级道路运输管理机构提出申请；

（三）从事跨省、自治区、直辖市行政区域客运经营的，向所在地的省、自治区、直辖市道路运输管理机构提出申请。

第十三条　申请从事客运站经营的，应当向所在地县级道路运输管理机构提出申请。

第十四条　申请从事道路客运经营的，应当提供下列材料：

（一）申请开业的相关材料：

1.《道路旅客运输经营申请表》（见附件1）；

2. 企业章程文本；

3. 投资人、负责人身份证明及其复印件，经办人的身份证明及其复印件和委托书；

4. 安全生产管理制度文本；

5. 拟投入车辆承诺书，包括客车数量、类型及等级、技术等级、座位数以及客车外廓长、宽、高等。如果拟投入客车属于已购置或者现有的,应当提供行驶证、车辆技术等级证书(车辆技术检测合格证)、客车等级评定证明及其复印件;

6. 已聘用或者拟聘用驾驶人员的驾驶证和从业资格证及其复印件,公安部门出具的 3 年内无重大以上交通责任事故的证明。

(二)同时申请道路客运班线经营的,还应当提供下列材料:

1.《道路旅客运输班线经营申请表》(见附件 2);

2. 可行性报告,包括申请客运班线客流状况调查、运营方案、效益分析以及可能对其他相关经营者产生的影响等;

3. 进站方案。已与起讫点客运站和停靠站签订进站意向书的,应当提供进站意向书;

4. 运输服务质量承诺书。

第十五条 已获得相应道路班车客运经营许可的经营者,申请新增客运班线时,除提供第十四条第(二)项规定的材料外,还应当提供下列材料:

(一)《道路运输经营许可证》复印件;

(二)与所申请客运班线类型相适应的企业自有营运客车的行驶证、《道路运输证》复印件;

(三)拟投入车辆承诺书,包括客车数量、类型及等级、技术等级、座位数以及客车外廓长、宽、高等。如果拟投入客车属于已购置或者现有的,应当提供行驶证、车辆技术等级证书(车辆技术检测合格证)、客车等级评定证明及其复印件;

(四)拟聘用驾驶人员的驾驶证和从业资格证及其复印件,公安部门出具的 3 年内无重大以上交通责任事故的证明;

(五)经办人的身份证明及其复印件,所在单位的工作证明或者委托书。

第十六条 申请从事客运站经营的,应当提供下列材料:

(一)《道路旅客运输站经营申请表》(见附件 3);

(二)客运站竣工验收证明和站级验收证明;

(三)拟招聘的专业人员、管理人员的身份证明和专业证书及其复印件;

(四)负责人身份证明及其复印件,经办人的身份证明及其复印件和委托书;

(五)业务操作规程和安全管理制度文本。

第十七条 县级以上道路运输管理机构应当定期向社会公布本行政区域内的客运运力投放、客运线路布局、主要客流流向和流量等情况。

道路运输管理机构在审查客运申请时,应当考虑客运市场的供求状况、普遍服务和方便群众等因素。

第十八条 道路运输管理机构应当按照《中华人民共和国道路运输条例》和《交通行政许可实施程序规定》以及本规定规范的程序实施道路客运经营、道路客运班线经营和客运站经营的行政许可。

第十九条 道路运输管理机构对道路客运经营申请、道路客运班线经营申请予以受理的,应当自受理之日起 20 日内作出许可或者不予许可的决定;道路运输管理机构对客运站经营申请予以受理的,应当自受理之日起 15 日内作出许可或者不予许可的决定。

道路运输管理机构对符合法定条件的道路客运经营申请作出准予行政许可决定的,应当出具《道路客运经营行政许可决定书》(见附件 4),明确许可事项,许可事项为经营范围、车辆数量及要求、客运班线类型;并在 10 日内向被许可人发放《道路运输经营许可证》,并告知被许可人所在地道路运输管理机构。

道路运输管理机构对符合法定条件的道路客运班线经营申请作出准予行政许可决定的,应当出具《道路客运班线经营行政许可决定书》(见附件 5),明确许可事项,许可事项为经营主体、班车类别、起讫地及起讫站点、途经路线及停靠站点、日发班次、车辆数量及要求、经营期限;并在 10 日内向被许可人发放《道路客运班线经营许可证明》(见附件 8),告知班线起讫地道路运输管理机构;属于跨省客运班线的,应当将《道路客运班线经营行政许可决定书》抄告途经上下旅客的和终到的省级道路运输管理机构。

道路运输管理机构对符合法定条件的客运站经营申请作出准予行政许可决定的,应当出具《道路旅客运输站经营行政许可决定书》(见附件 6),并明确许可事项,许可事项为经营者名称、站场地址、站场级别和经营范围;并在 10 日内向被许可人发放《道路运输经营许可证》。

道路运输管理机构对不符合法定条件的申请作出不予行政许可决定的,应当向申请人出具

《不予交通行政许可决定书》。

第二十条　受理跨省客运班线经营申请的省级道路运输管理机构，应当在受理申请后7日内发征求意见函并附《道路旅客运输班线经营申请表》传真给途经上下旅客的和目的地省级道路运输管理机构征求意见；相关省级道路运输管理机构应当在10日内将意见传真给受理申请的省级道路运输管理机构，不予同意的，应当依法注明理由，逾期不予答复的，视为同意。

相关省级道路运输管理机构对跨省客运班线经营申请持不同意见且协商不成的，由受理申请的省级道路运输管理机构通过其隶属的省级交通运输主管部门将各方书面意见和相关材料报交通运输部决定，并书面通知申请人。交通运输部应当自受理之日起20日内作出决定，并书面通知相关省级交通运输主管部门，由受理申请的省级道路运输管理机构按本规定第十九条、第二十二条的规定为申请人办理有关手续。

第二十一条　被许可人应当持《道路运输经营许可证》依法向工商行政管理机关办理登记手续。

第二十二条　被许可人应当按确定的时间落实拟投入车辆承诺书。道路运输管理机构已核实被许可人落实了拟投入车辆承诺书且车辆符合许可要求后，应当为投入运输的客车配发《道路运输证》；属于客运班车的，应当同时配发班车客运标志牌（见附件7）。正式班车客运标志牌尚未制作完毕的，应当先配发临时客运标志牌。

第二十三条　已取得相应道路班车客运经营许可的经营者需要增加客运班线的，应当按本规定第十二条的规定进行申请。

第二十四条　向不同级别的道路运输管理机构申请道路运输经营的，应当由最高一级道路运输管理机构核发《道路运输经营许可证》，并注明各级道路运输管理机构许可的经营范围，下级道路运输管理机构不再核发《道路运输经营许可证》。下级道路运输管理机构已向被许可人发放《道路运输经营许可证》的，上级道路运输管理机构应当按上述要求予以换发。

第二十五条　中外合资、中外合作、外商独资形式投资道路客运和客运站经营的，应当同时遵守《外商投资道路运输业管理规定》。

第二十六条　道路客运经营者设立子公司的，应当按规定向设立地道路运输管理机构申请经营许可；设立分公司的，应当向设立地道路运输管理机构报备。

第二十七条　对同一客运班线有3个以上申请人的，或者根据实际情况需要，道路运输管理机构可采取服务质量招投标的方式实施道路客运班线经营许可。

相关省级道路运输管理机构协商确定通过服务质量招投标方式，实施跨省客运班线经营许可的，可采取联合招标、各自分别招标等方式进行。一省不实行招投标的，不影响另外一省进行招投标。

道路旅客运输班线经营权服务质量招投标管理办法另行制定。

第二十八条　在道路客运班线经营许可过程中，任何单位和个人不得以对等投放运力等不正当理由拒绝、阻挠实施客运班线经营许可。

第二十九条　客运经营者、客运站经营者需要变更许可事项或者终止经营的，应当向原许可机关提出申请，按本章有关规定办理。

客运班线的经营主体、起讫地和日发班次变更和客运站经营主体、站址变更按照重新许可办理。

客运经营者和客运站经营者在取得全部经营许可证件后无正当理由超过180天不投入运营或者运营后连续180天以上停运的，视为自动终止经营。

第三十条　客运班线的经营期限由省级道路运输管理机构按《中华人民共和国道路运输条例》的有关规定确定。

第三十一条　客运班线经营者在经营期限内暂停、终止班线经营，应当提前30日向原许可机关申请。经营期限届满，需要延续客运班线经营的，应当在届满前60日提出申请。原许可机关应当依据本章有关规定作出许可或者不予许可的决定。予以许可的，重新办理有关手续。

客运经营者终止经营，应当在终止经营后10日内，将相关的《道路运输经营许可证》和《道路运输证》、客运标志牌交回原发放机关。

第三十二条　客运站经营者终止经营的，应当提前30日告知原许可机关和进站经营者。原许可机关发现关闭客运站可能对社会公众利益造成重大影响的，应当采取措施对进站车辆进行分流,并向社会公告。客运站经营者应当在终止经营后10日内将《道路运输经营许可证》交回原发放机关。

第三十三条　客运经营者在客运班线经营期限届满后申请延续经营,符合下列条件的,应当予以优先许可:

(一)经营者符合本规定第十条规定;

(二)经营者在经营该客运班线过程中,无特大运输安全责任事故;

(三)经营者在经营该客运班线过程中,无情节恶劣的服务质量事件;

(四)经营者在经营该客运班线过程中,无严重违法经营行为;

(五)按规定履行了普遍服务的义务。

第三章　客运车辆管理

第三十四条　客运经营者应当依据国家有关技术规范对客运车辆进行定期维护,确保客运车辆技术状况良好。

客运车辆的维护作业项目和程序应当按照国家标准《汽车维护、检测、诊断技术规范》(GB18344)等有关技术标准的规定执行。

严禁任何单位和个人为客运经营者指定车辆维护企业;车辆二级维护执行情况不得作为道路运输管理机构的路检路查项目。

第三十五条　客运经营者应当定期进行客运车辆检测,车辆检测结合车辆定期审验的频率一并进行。

客运经营者在规定时间内,到符合国家相关标准的机动车综合性能检测机构进行检测。机动车综合性能检测机构按照国家标准《营运车辆综合性能要求和检验方法》(GB18565)和《道路车辆外廓尺寸、轴荷及质量限值》(GB1589)的规定进行检测,出具全国统一式样的检测报告,并依据检测结果,对照行业标准《营运车辆技术等级划分和评定要求》(JT/T198)进行车辆技术等级评定。客运车辆技术等级分为一级、二级和三级。

车籍所在地县级以上道路运输管理机构应当将车辆技术等级在《道路运输证》上标明。

第三十六条　机动车综合性能检测机构应当使用符合国家和行业标准的设施、设备,严格按照国家和行业有关营运车辆技术检测标准对客运车辆进行检测,如实出具车辆检测报告,并建立车辆检测档案。

第三十七条　县级以上道路运输管理机构应当定期对客运车辆进行审验,每年审验一次。审验内容包括:

(一)车辆违章记录;

(二)车辆技术档案;

(三)车辆结构、尺寸变动情况;

(四)按规定安装、使用符合国家标准的行车记录仪情况;

(五)客运经营者为客运车辆投保承运人责任险情况。

审验符合要求的,道路运输管理机构在《道路运输证》审验记录栏中注明;不符合要求的,应当责令限期改正或者办理变更手续。

第三十八条　鼓励使用配置下置行李舱的客车从事道路客运。没有下置行李舱或者行李舱容积不能满足需求的客运车辆,可在客车车厢内设立专门的行李堆放区,但行李堆放区和乘客区必须隔离,并采取相应的安全措施。严禁行李堆放区内载客。

第三十九条　营运客车类型等级评定由县级以上道路运输管理机构依据行业标准《营运客车类型划分及等级评定》(JT/T325)和交通部颁布的《营运客车类型划分及等级评定规则》的要求实施。

第四十条　禁止使用报废的、擅自改装的、拼装的、检测不合格的客车以及其他不符合国家规定的车辆从事道路客运经营。

第四十一条　客运经营者和县级以上道路运输管理机构应当分别建立客运车辆技术档案和管理档案,并妥善保管。对相关内容的记载应当及时、完整和准确,不得随意更改。

客运经营者车辆技术档案主要内容应当包括:车辆基本情况、主要部件更换情况、修理和二级维护记录(含出厂合格证)、技术等级评定记录、类型及等级评定记录、车辆变更记录、行驶里程记录、交通事故记录等。

道路运输管理机构车辆管理档案主要内容应当包括:车辆基本情况、二级维护和检测记录、技术等级评定记录、类型及等级评定记录、车辆变更记录、交通事故记录等。

第四十二条　客运车辆办理过户变更手续时,客运经营者应当将车辆技术档案完整移交。

县级以上道路运输管理机构应当对经营者车辆技术档案的建立情况实施监督管理。

第四十三条　客运经营者对达到国家规定的报废标准或者经检测不符合国家强制性标准要求的客运车辆，应当及时交回《道路运输证》，不得继续从事客运经营。

第四章　客运经营管理

第四十四条　客运经营者应当按照道路运输管理机构决定的许可事项从事客运经营活动，不得转让、出租道路运输经营许可证件。

第四十五条　道路客运企业的全资或者绝对控股的经营道路客运的子公司，其自有营运客车在10辆以上或者自有中高级营运客车5辆以上时，可按照其母公司取得的经营许可从事客运经营活动。

本条所称绝对控股是指母公司控制子公司实际资产51%以上。

第四十六条　道路客运班线属于国家所有的公共资源。班线客运经营者取得经营许可后，应当向公众提供连续运输服务，不得擅自暂停、终止或者转让班线运输。

第四十七条　客运班车应当按照许可的线路、班次、站点运行，在规定的途经站点进站上下旅客，无正当理由不得改变行驶线路，不得站外上客或者沿途揽客。

经许可机关同意，在农村客运班线上运营的班车可采取区域经营、循环运行、设置临时发车点等灵活的方式运营。

本规定所称农村客运班线，是指县内或者毗邻县间至少有一端在乡村的客运班线。

第四十八条　客运经营者不得强迫旅客乘车，不得中途将旅客交给他人运输或者甩客，不得敲诈旅客，不得擅自更换客运车辆，不得阻碍其他经营者的正常经营活动。

第四十九条　严禁客运车辆超载运行，在载客人数已满的情况下，允许再搭乘不超过核定载客人数10%的免票儿童。

客运车辆不得违反规定载货。

第五十条　客运经营者应当遵守有关运价规定，使用规定的票证，不得乱涨价、恶意压价、乱收费。

第五十一条　客运经营者应当在客运车辆外部的适当位置喷印企业名称或者标识，在车厢内显著位置公示道路运输管理机构监督电话、票价和里程表。

第五十二条　客运经营者应当为旅客提供良好的乘车环境，确保车辆设备、设施齐全有效，保持车辆清洁、卫生，并采取必要的措施防止在运输过程中发生侵害旅客人身、财产安全的违法行为。

当运输过程中发生侵害旅客人身、财产安全的治安违法行为时，客运经营者在自身能力许可的情况下，应当及时向公安机关报告并配合公安机关及时终止治安违法行为。

客运经营者不得在客运车辆上从事播放淫秽录像等不健康的活动。

第五十三条　客运经营者应当为旅客投保承运人责任险。

第五十四条　客运经营者在运输过程中造成旅客人身伤亡，行李毁损、灭失，当事人对赔偿数额有约定的，依照其约定；没有约定的，参照国家有关港口间海上旅客运输和铁路旅客运输赔偿责任限额的规定办理。

第五十五条　客运经营者应当加强对从业人员的安全、职业道德教育和业务知识、操作规程培训。并采取有效措施，防止驾驶人员连续驾驶时间超过4个小时。

客运车辆驾驶人员应当遵守道路运输法规和道路运输驾驶员操作规程，安全驾驶，文明服务。

第五十六条　客运经营者应当制定突发公共事件的道路运输应急预案。应急预案应当包括报告程序、应急指挥、应急车辆和设备的储备以及处置措施等内容。

发生突发公共事件时，客运经营者应当服从县级及以上人民政府或者有关部门的统一调度、指挥。

第五十七条　客运经营者应当建立和完善各类台账和档案，并按要求及时报送有关资料和信息。

第五十八条　旅客应当持有效客票乘车，遵守乘车秩序，文明礼貌，携带免票儿童的乘客应当在购票时声明。不得携带国家规定的危险物品及其他禁止携带的物品乘车。

第五十九条　客运车辆驾驶人员应当随车携带《道路运输证》、从业资格证等有关证件，在规定位置放置客运标志牌。客运班车驾驶人员还应当随车携带《道路客运班线经营许可证明》。

第六十条 遇有下列情况之一,客运车辆可凭临时客运标志牌运行:

(一)原有正班车已经满载,需要开行加班车的;

(二)因车辆抛锚、维护等原因,需要接驳或者顶班的;

(三)正式班车客运标志牌正在制作或者不慎灭失,等待领取的。

第六十一条 凭临时客运标志牌运营的客车应当按正班车的线路和站点运行。属于加班或者顶班的,还应当持有始发站签章并注明事由的当班行车路单;班车客运标志牌正在制作或者灭失的,还应当持有该条班线的《道路客运班线经营许可证明》或者《道路客运班线经营行政许可决定书》的复印件。

第六十二条 客运包车应当凭车籍所在地县级以上道路运输管理机构核发的包车客运标志牌,按照约定的时间、起始地、目的地和线路运行,并持有包车票或者包车合同,不得按班车模式定点定线运营,不得招揽包车合同外的旅客乘车。

客运包车除执行道路运输管理机构下达的紧急包车任务外,其线路一端应当在车籍所在地。

单程的去程包车回程载客时,应当向回程客源所在地县级以上道路运输管理机构备案。

非定线旅游客车可持注明客运事项的旅游客票或者旅游合同取代包车票或者包车合同。

第六十三条 省际临时客运标志牌(见附件9)、省际包车客运标志牌(见附件10)由省级道路运输管理机构按照交通部的统一式样印制,交由当地县以上道路运输管理机构向客运经营者核发。省际包车客运标志牌和加班车、顶班车、接驳车使用的省际临时客运标志牌在一个运次所需的时间内有效,因班车客运标志牌正在制作或者灭失而使用的省际临时客运标志牌有效期不得超过30天。

省内临时客运标志牌、省内包车客运标志牌样式及管理要求由各省级交通运输主管部门自行规定。

第六十四条 在春运、旅游"黄金周"或者发生突发事件等客流高峰期运力不足时,道路运输管理机构可临时调用车辆技术等级不低于三级的营运客车和社会非营运客车开行包车或者加班车。非营运客车凭县级以上道路运输管理机构开具的证明运行。

第五章 客运站经营

第六十五条 客运站经营者应当按照道路运输管理机构决定的许可事项从事客运站经营活动,不得转让、出租客运站经营许可证件,不得改变客运站用途和服务功能。

客运站经营者应当维护好各种设施、设备,保持其正常使用。

第六十六条 客运站经营者和进站发车的客运经营者应当依法自愿签订服务合同,双方按合同的规定履行各自的权利和义务。

客运站经营者应当按月和客运经营者结算运费。

第六十七条 客运站经营者应当依法加强安全管理,完善安全生产条件,健全和落实安全生产责任制。

客运站经营者应当对出站客车进行安全检查,采取措施防止危险品进站上车,按照车辆核定载客限额售票,严禁超载车辆或者未经安全检查的车辆出站,保证安全生产。

第六十八条 客运站经营者应当禁止无证经营的车辆进站从事经营活动,无正当理由不得拒绝合法客运车辆进站经营。

客运站经营者应当坚持公平、公正原则,合理安排发车时间,公平售票。

客运经营者在发车时间安排上发生纠纷,客运站经营者协调无效时,由当地县级以上道路运输管理机构裁定。

第六十九条 客运站经营者应当公布进站客车的班车类别、客车类型等级、运输线路、起讫停靠站点、班次、发车时间、票价等信息,调度车辆进站发车,疏导旅客,维持秩序。

第七十条 进站客运经营者应当在发车30分钟前备齐相关证件进站等待发车,不得误班、脱班、停班。进站客运经营者不按时派车辆应班,1小时以内视为误班,1小时以上视为脱班。但因车辆维修、肇事、丢失或者交通堵塞等特殊原因不能按时应班、并且已提前告知客运站经营者的除外。

进站客运经营者因故不能发班的,应当提前1日告知客运站经营者,双方要协商调度车辆顶班。

对无故停班达3日以上的进站班车，客运站经营者应当报告当地道路运输管理机构。

第七十一条　客运站经营者应当设置旅客购票、候车、乘车指示、行李寄存和托运、公共卫生等服务设施，向旅客提供安全、便捷、优质的服务，加强宣传，保持站场卫生、清洁。

在客运站从事客运站经营以外的其他经营活动时，应当遵守相应的法律、行政法规的规定。

第七十二条　客运站经营者应当严格执行价格管理规定，在经营场所公示收费项目和标准，严禁乱收费。

第七十三条　客运站经营者应当按规定的业务操作规程装卸、储存、保管行包。

第七十四条　客运站经营者应当制定公共突发事件应急预案。应急预案应当包括报告程序、应急指挥、应急设备的储备以及处置措施等内容。

第七十五条　客运站经营者应当建立和完善各类台账和档案，并按要求报送有关信息。

第六章　监督检查

第七十六条　道路运输管理机构应当加强对道路客运和客运站经营活动的监督检查。

道路运输管理机构工作人员应当严格按照法定职责权限和程序进行监督检查。

第七十七条　道路运输管理机构及其工作人员应当重点在客运站、旅客集散地对道路客运、客运站经营活动实施监督检查。此外，根据管理需要，可以在公路路口实施监督检查，但不得随意拦截正常行驶的道路运输车辆，不得双向拦截车辆进行检查。

第七十八条　道路运输管理机构的工作人员实施监督检查时，应当有2名以上人员参加，并向当事人出示交通部统一制式的交通行政执法证件。

第七十九条　道路运输管理机构的工作人员可以向被检查单位和个人了解情况，查阅和复制有关材料。但应当保守被调查单位和个人的商业秘密。

被监督检查的单位和个人应当接受道路运输管理机构及其工作人员依法实施的监督检查，如实提供有关资料或者说明情况。

第八十条　道路运输管理机构的工作人员在实施道路运输监督检查过程中，发现客运车辆有超载行为的，应当立即予以制止，并采取相应措施安排旅客改乘。

第八十一条　客运经营者在许可的道路运输管理机构管辖区域外违法从事经营活动的，违法行为发生地的道路运输管理机构应当依法将当事人的违法事实、处罚结果记录到《道路运输证》上，并抄告作出道路客运经营许可的道路运输管理机构。

第八十二条　客运经营者违反本规定的，县级以上道路运输管理机构在作出行政处罚决定的过程中，可以按照行政处罚法的规定将其违法证据先行登记保存。作出行政处罚决定后，客运经营者拒不履行的，作出行政处罚决定的道路运输管理机构可以将其拒不履行行政处罚决定的事实通知违法车辆车籍所在地道路运输管理机构，作为能否通过车辆年度审验和决定质量信誉考核结果的重要依据。

第八十三条　道路运输管理机构的工作人员在实施道路运输监督检查过程中，对没有《道路运输证》又无法当场提供其他有效证明的客运车辆可以予以暂扣，并出具《道路运输车辆暂扣凭证》（见附件12）。对暂扣车辆应当妥善保管，不得使用，不得收取或者变相收取保管费用。

违法当事人应当在暂扣凭证规定的时间内到指定地点接受处理。逾期不接受处理的，道路运输管理机构可依法作出处罚决定，并将处罚决定书送达当事人。当事人无正当理由逾期不履行处罚决定的，道路运输管理机构可申请人民法院强制执行。

第七章　法律责任

第八十四条　违反本规定，有下列行为之一的，由县级以上道路运输管理机构责令停止经营；有违法所得的，没收违法所得，处违法所得2倍以上10倍以下的罚款；没有违法所得或者违法所得不足2万元的，处3万元以上10万元以下的罚款；构成犯罪的，依法追究刑事责任：

（一）未取得道路客运经营许可，擅自从事道路客运经营的；

（二）未取得道路客运班线经营许可，擅自从事班车客运经营的；

（三）使用失效、伪造、变造、被注销等无效的

道路客运许可证件从事道路客运经营的;

(四)超越许可事项,从事道路客运经营的。

第八十五条 违反本规定,有下列行为之一的,由县级以上道路运输管理机构责令停止经营;有违法所得的,没收违法所得,处违法所得2倍以上10倍以下的罚款;没有违法所得或者违法所得不足1万元的,处2万元以上5万元以下的罚款;构成犯罪的,依法追究刑事责任:

(一)未取得客运站经营许可,擅自从事客运站经营的;

(二)使用失效、伪造、变造、被注销等无效的客运站许可证件从事客运站经营的;

(三)超越许可事项,从事客运站经营的。

第八十六条 违反本规定,客运经营者、客运站经营者非法转让、出租道路运输经营许可证件的,由县级以上道路运输管理机构责令停止违法行为,收缴有关证件,处2000元以上1万元以下的罚款;有违法所得的,没收违法所得。

第八十七条 违反本规定,客运经营者有下列行为之一,由县级以上道路运输管理机构责令限期投保;拒不投保的,由原许可机关吊销《道路运输经营许可证》或者吊销相应的经营范围:

(一)未为旅客投保承运人责任险的;

(二)未按最低投保限额投保的;

(三)投保的承运人责任险已过期,未继续投保的。

第八十八条 违反本规定,取得客运经营许可的客运经营者使用无《道路运输证》的车辆参加客运经营的,由县级以上道路运输管理机构责令改正,处3000元以上1万元以下的罚款。

违反本规定,客运经营者不按照规定携带《道路运输证》的,由县级以上道路运输管理机构责令改正,处警告或者20元以上200元以下的罚款。

第八十九条 违反本规定,客运经营者(含国际道路客运经营者)、客运站经营者及客运相关服务经营者不按规定使用道路运输业专用票证或者转让、倒卖、伪造道路运输业专用票证的,由县级以上道路运输管理机构责令改正,处1000元以上3000元以下的罚款。

第九十条 违反本规定,客运经营者有下列情形之一的,由县级以上道路运输管理机构责令改正,处1000元以上3000元以下的罚款;情节严重的,由原许可机关吊销《道路运输经营许可证》或者吊销相应的经营范围:

(一)客运班车不按批准的客运站点停靠或者不按规定的线路、班次行驶的;

(二)加班车、顶班车、接驳车无正当理由不按原正班车的线路、站点、班次行驶的;

(三)客运包车不按约定的起始地、目的地和线路行驶的;

(四)以欺骗、暴力等手段招揽旅客的;

(五)在旅客运输途中擅自变更运输车辆或者将旅客移交他人运输的;

(六)未报告原许可机关,擅自终止道路客运经营的。

第九十一条 违反本规定,客运经营者、客运站经营者已不具备开业要求的有关安全条件、存在重大运输安全隐患的,由县级以上道路运输管理机构责令限期改正;在规定时间内不能按要求改正且情节严重的,由原许可机关吊销《道路运输经营许可证》或者吊销相应的经营范围。

第九十二条 违反本规定,客运经营者不按规定维护和检测客运车辆的,由县级以上道路运输管理机构责令改正,处1000元以上5000元以下的罚款。

第九十三条 违反本规定,客运经营者使用擅自改装或者擅自改装已取得《道路运输证》的客运车辆的,由县级以上道路运输管理机构责令改正,处5000元以上2万元以下的罚款。

第九十四条 违反本规定,机动车综合性能检测机构不按照国家有关技术规范进行检测、未经检测出具检测结果或者不如实出具检测结果的,由县级以上道路运输管理机构责令改正,没收违法所得,违法所得在5000元以上的,并处违法所得2倍以上5倍以下的罚款;没有违法所得或者违法所得不足5000元的,处5000元以上2万元以下的罚款;构成犯罪的,依法追究刑事责任。

第九十五条 违反本规定,客运站经营者有下列情形之一的,由县级以上道路运输管理机构责令改正,处1万元以上3万元以下的罚款:

(一)允许无经营许可证件的车辆进站从事经营活动的;

(二)允许超载车辆出站的;

(三)允许未经安全检查或者安全检查不合格的车辆发车的;

（四）无正当理由拒绝客运车辆进站从事经营活动的。

第九十六条　违反本规定，客运站经营者有下列情形之一的，由县级以上道路运输管理机构责令改正；拒不改正的，处3000元的罚款；有违法所得的，没收违法所得：

（一）擅自改变客运站的用途和服务功能的；

（二）不公布运输线路、起讫停靠站点、班次、发车时间、票价的。

第九十七条　道路运输管理机构工作人员违反本规定，有下列情形之一的，依法给予行政处分；构成犯罪的，依法追究刑事责任：

（一）不依照规定的条件、程序和期限实施行政许可的；

（二）参与或者变相参与道路客运经营以及客运站经营的；

（三）发现违法行为不及时查处的；

（四）违反规定拦截、检查正常行驶的运输车辆的；

（五）违法扣留运输车辆、《道路运输证》的；

（六）索取、收受他人财物，或者谋取其他利益的；

（七）其他违法行为。

第八章　附　　则

第九十八条　出租汽车客运、城市公共汽车客运管理根据国务院的有关规定执行。

第九十九条　客运经营者从事国际道路旅客运输经营活动，除一般行为规范适用本规定外，有关从业条件等特殊要求应当适用交通运输部制定的国际道路运输管理规定。

第一百条　道路运输管理机构依照本规定发放的道路运输经营许可证件和《道路运输证》，可以收取工本费。工本费的具体收费标准由省、自治区、直辖市人民政府财政、价格主管部门会同同级交通运输主管部门核定。

第一百零一条　本规定自2005年8月1日起施行。交通部1995年9月6日发布的《省际道路旅客运输管理办法》（交公路发〔1995〕828号）、1998年11月26日发布的《高速公路旅客运输管理规定》（交通部令1998年第8号）、1995年5月9日发布的《汽车客运站管理规定》（交通部令1995年第2号）、2000年4月27日发布的《道路旅客运输企业经营资质管理规定（试行）》（交公路发〔2000〕225号）、1993年5月19日发布的《道路旅客运输业户开业技术经济条件（试行）》（交运发〔1993〕531号）同时废止。

关于修改《内河交通事故调查处理规定》的决定

（中华人民共和国交通运输部令　2012年第3号）

《关于修改〈内河交通事故调查处理规定〉的决定》已于2012年2月21日经第2次部务会议通过，现予公布，自公布之日施行。

部长　李盛霖

二〇一二年三月十四日

交通运输部决定将《内河交通事故调查处理规定》（交通部令2006年第12号）第二十一条第（五）项修改为：“对事故当事船舶、浮动设施、有关设备以及人员的各类证书、文书、日志、记录簿等相关违法证据可以依法先行登记保存；”

本决定自公布之日施行。

《内河交通事故调查处理规定》根据本决定作相应修正,重新公布。

中华人民共和国内河交通事故调查处理规定

(2006 年 12 月 4 日交通部发布根据 2012 年 3 月 14 日交通运输部《关于修改〈内河交通事故调查处理规定〉的决定》修正)

第一章 总 则

第一条 为加强内河交通安全管理,规范内河交通事故调查处理行为,根据《中华人民共和国内河交通安全管理条例》,制定本规定。

第二条 本规定适用于船舶、浮动设施在中华人民共和国内河通航水域内发生的交通事故的调查处理。但是渔船之间、军事船舶之间发生的交通事故以及渔船、军事船舶单方交通事故的调查处理不适用本规定。

第三条 本规定所称内河交通事故是指船舶、浮动设施在内河通航水域内航行、停泊、作业过程中发生的下列事件:

(一)碰撞、触碰或者浪损;

(二)触礁或者搁浅;

(三)火灾或者爆炸;

(四)沉没(包括自沉);

(五)影响适航性能的机件或者重要属具的损坏或者灭失;

(六)其他引起财产损失或者人身伤亡的交通事件。

第四条 内河交通事故的调查处理由各级海事管理机构负责实施。

第五条 内河交通事故按照人员伤亡和直接经济损失情况,分为小事故、一般事故、大事故、重大事故和特大事故。小事故、一般事故、大事故、重大事故的具体标准按照交通部颁布的《水上交通事故统计办法》的有关规定执行。

第六条 内河交通事故的调查处理,应当遵守相关法律、行政法规的规定。特大事故的具体标准和调查处理按照国务院有关规定执行。

第二章 报 告

第七条 船舶、浮动设施发生内河交通事故,必须立即采取一切有效手段向事故发生地的海事管理机构报告。报告的主要内容包括:船舶、浮动设施的名称,事故发生的时间和地点,事故发生时水域的水文、气象、通航环境情况,船舶、浮动设施的损害情况,船员、旅客的伤亡情况,水域环境的污染情况以及事故简要经过等内容。

海事管理机构接到事故报告后,应当做好记录。接到事故报告的海事管理机构不是事故发生地的,应当及时通知事故发生地的海事管理机构,并告知当事人。

第八条 船舶、浮动设施发生内河交通事故,除应当按第七条规定进行报告外,还必须在事故发生后 24 小时内向事故发生地的海事管理机构提交《内河交通事故报告书》和必要的证书、文书资料。

引航员在引领船舶的过程中发生内河交通事故的,引航员也必须按前款规定提交有关材料。

特殊情况下,不能按上述规定的时间提交材料的,经海事管理机构同意,可以适当延迟。

第九条 《内河交通事故报告书》应当包括下列内容:

(一)船舶、浮动设施概况(包括其名称、主要技术数据、证书、船员及所载旅客、货物等);

(二)船舶、浮动设施所属公司情况(包括其所有人、经营人或者管理人的名称、地址、联系电话等);

(三)事故发生的时间和地点;

(四)事故发生时水域的水文、气象、通航环境情况；

（五）船舶、浮动设施的损害情况；

（六）船员、旅客的伤亡情况；

（七）水域环境的污染情况；

（八）事故发生的详细经过（碰撞事故应当附相对运动示意图）；

（九）船舶、浮动设施沉没的，其沉没概位；

（十）与事故有关的其他情况。

第十条　《内河交通事故报告书》内容必须真实，不得隐瞒事实或者提供虚假情况。

第三章　管　　辖

第十一条　内河交通事故由事故发生地的海事管理机构负责调查处理。

船舶、浮动设施发生事故后驶往事故发生地以外水域的，该水域海事管理机构应当协助事故发生地海事管理机构进行调查处理。

不影响船舶适航性能的小事故，经事故发生地的海事管理机构同意，可由船舶第一到达地的海事管理机构进行调查处理。

第十二条　内河交通事故管辖权限不明的，由最先接到事故报告的海事管理机构负责调查处理，并在管辖权限确定后向有管辖权的海事管理机构移送，同时通知当事人。

第十三条　对内河交通事故管辖权有争议的，由各方共同的上级海事管理机构指定管辖。

第十四条　一次死亡和失踪10人及以上的内河交通事故由中华人民共和国海事局负责组织调查处理。其他内河交通事故的调查权限由各直属海事管理机构或者省级地方海事管理机构确定，报中华人民共和国海事局备案。

根据调查的需要，上级海事管理机构可以直接调查处理由下级海事管理机构管辖的事故。

第四章　调　　查

第十五条　船舶、浮动设施发生内河交通事故，有关船舶、浮动设施、单位和人员必须严格保护事故现场。除因抢险等紧急原因外，未经海事管理机构调查人员的现场勘查，任何人不得移动现场物件。

第十六条　海事管理机构接到内河交通事故报告后，应当立即派员前往现场调查、取证，并对事故进行审查，认为确属内河交通事故的，应当立案。

对于经审查尚不能确定是否属于内河交通事故的，海事管理机构应当先予立案调查。经调查确认不属于内河交通事故的，应当予以撤销。

第十七条　调查人员执行调查任务时，应当出示证明其身份的行政执法证件。

执行调查任务的人员不得少于两人。

第十八条　海事管理机构进行调查和取证，应当全面、客观、公正。

当事人有权依法申请与本次交通事故有利害关系或者有其他关系、可能影响事故调查处理客观、公正的调查人员回避。

第十九条　发生内河交通事故的船舶、浮动设施及相关单位和人员应当接受和配合海事管理机构的调查、取证。有关人员应当如实陈述事故的有关情况和提供有关证据，不得谎报情况或者隐匿、毁灭证据。

其他知道事故情况的人也应当主动向海事管理机构提供有关情况和证据。

调查和取证工作需要其他海事管理机构协助、配合的，有关海事管理机构应当予以协助、配合。

第二十条　根据事故调查的需要，海事管理机构可以责令事故所涉及的船舶到指定地点接受调查。当事船舶在不危及自身安全的情况下，未经海事管理机构批准，不得驶离指定地点。

海事管理机构应当尽量避免对船舶造成不适当延误。船舶到指定地点接受调查的期限自船舶到达指定地点后起算，不得超过72小时；因特殊情况，期限届满不能结束调查的，经上一级海事管理机构批准可以适当延期，但延期不得超过72小时。

第二十一条　根据调查工作的需要，海事管理机构可以行使下列权力：

（一）勘查事故现场，搜集有关证据；

（二）询问当事人及其他有关人员并要求其提供书面材料和证明；

（三）要求当事人提供各种原始文书、航行资料、技术资料或者其影印件；

（四）检查船舶、浮动设施及有关设备、人员的证书，核实事故发生前船舶的适航状况、浮动设施及有关设备的技术状态、船舶的配员情况以及船员的适任状况等；

(五)对事故当事船舶、浮动设施、有关设备以及人员的各类证书、文书、日志、记录簿等相关违法证据可以依法先行登记保存;

(六)核查事故所导致的财产损失和人身伤亡情况。

海事管理机构在进行调查取证时,可以采用录音、录像、照相等法律、法规允许的调查手段。

第二十二条 调查人员勘查事故现场,应当制作现场勘查笔录。

勘查笔录制作完毕,应当由当事人在勘查笔录上签名。

当事人不在现场或者无能力签名的,应当由见证人签名。

无见证人或者当事人、见证人拒绝签名的,调查人员应当在勘查笔录上注明。

第二十三条 调查人员进行询问调查时,应当如实记录询问人的问话和被询问人的陈述。询问笔录上所列项目,应当按规定填写齐全。

询问笔录制作完毕,应当由被询问人核对或者向其宣读,如记录有差错或者遗漏,应当允许被询问人更正或者补充。

询问笔录经被询问人核对无误后,应当由其签名,拒绝签名的,调查人员应当在询问笔录上注明。

调查人员、翻译人员应当在询问笔录上签名。

第二十四条 调查人员进行询问调查,有权禁止他人旁听。

第二十五条 海事管理机构根据调查工作需要,可依法对事故当事船舶、浮动设施及有关设备进行检验、鉴定或者对有关人员进行测试,并取得书面检验、鉴定或者测试报告作为调查取得的证据。

对事故当事船舶、浮动设施及有关设备进行过检验或者鉴定的人员,不得在本次事故中作为检验、鉴定人员予以聘用。

第二十六条 有关单位、人员对事故所导致的财产损失应当如实向海事管理机构备案登记。

海事管理机构认为损失结果可能失实的,可以聘请有关专业机构进行认定。

第二十七条 海事管理机构应当在立案之日起3个月内完成事故调查、取证;期限届满不能完成的,经上一级海事管理机构批准可以延长3个月。事故调查必须经过沉船、沉物打捞、探摸,或者需要等待有关当事人员核实情况的,应当从有关工作完成之日起3个月内完成事故调查、取证。

第二十八条 事故调查、取证结束,应当通知当事人,并及时返还或者启封所扣留、封存的各类证书、文书、日志、记录簿等。

第二十九条 事故调查、取证结束后,海事管理机构应当制作《内河交通事故调查报告》。

《内河交通事故调查报告》应当包括下列内容:

(一)船舶、浮动设施概况(包括其名称、主要技术数据、证书、船员及所载旅客、货物等);

(二)船舶、浮动设施所属公司情况(包括其所有人、经营人或者管理人的名称、地址等);

(三)事故发生的时间和地点;

(四)事故发生时水域的水文、气象、通航环境情况;

(五)事故搜救情况;

(六)事故损失情况;

(七)事故经过;

(八)事故原因分析;

(九)事故当事人责任认定;

(十)安全管理建议;

(十一)其他有关情况。

经海事管理机构认定的案情简单、事实清楚、因果关系明确的小事故,海事管理机构可以简化调查程序。简化调查程序的具体规定由中华人民共和国海事局另行制定。

第三十条 为使有关各方吸取事故教训,避免类似事故的再次发生,海事管理机构应当依照规定的程序将查明的事故情况和原因向社会公开。

第三十一条 任何与事故有关的新证据被提出或者发现时,海事管理机构应当予以充分评估。该证据可能对事故原因和结论产生实质性影响的,应当对事故进行重新调查。

上级海事管理机构有权对原因不清、责任不明的已结案事故要求原调查的海事管理机构重新调查。重新调查适用本章规定的有关程序。

第三十二条 任何单位和个人不得干涉、阻挠海事管理机构依法对内河交通事故进行调查。

第五章 处 理

第三十三条 海事管理机构应当在内河交通

事故调查、取证结束后30日内作出《事故调查结论》,并书面告知当事船舶、浮动设施的所有人或者经营人。

第三十四条　《事故调查结论》应当包括以下内容:

(一)事故概况(包括事故简要经过、损失情况等);

(二)事故原因(事实与分析);

(三)事故当事人责任认定;

(四)安全管理建议;

(五)其他有关情况。

第三十五条　对内河交通事故发生负有责任的单位和人员,有关主管机关应当依据有关法律、法规和规章给予行政处罚。涉嫌构成犯罪的,移送司法机关处理。

行政处罚涉及外国籍船员的,应当将其违法行为通报外国有关主管机关。

第三十六条　根据内河交通事故发生的原因,海事管理机构可责令有关船舶、浮动设施的所有人、经营人或者管理人对其所属船舶、浮动设施加强安全管理。有关船舶、浮动设施的所有人、经营人或者管理人应当积极配合,认真落实。对拒不加强管理或者在期限内达不到安全要求的,海事管理机构有权采取责令其停航、停止作业等强制措施。

第三十七条　海事管理机构工作人员违反本规定,玩忽职守、滥用职权、徇私舞弊的,由其所在单位依法给予行政处分;构成犯罪的,由司法机关依法追究刑事责任。

第六章　附　　则

第三十八条　因内河交通事故造成水域环境污染事故的,对水域环境污染事故的调查、处理按照我国有关环境保护的法律、法规和有关规定执行。

第三十九条　本规定自2007年1月1日起施行。交通部1993年3月24日发布的《中华人民共和国内河交通事故调查处理规则》(交通部令1993年第1号)同时废止。

关于修改《船舶载运危险货物安全监督管理规定》的决定

(中华人民共和国交通运输部令　2012年第4号)

《关于修改〈船舶载运危险货物安全监督管理规定〉的决定》已于2012年2月21日经第2次部务会议通过,现予公布,自公布之日施行。

部长　李盛霖

二〇一二年三月十四日

交通运输部决定将《船舶载运危险货物安全监督管理规定》(交通部令2003年第10号)第九条第二款修改为“对报告进入船舶交通管理(VTS)中心控制水域的载运危险货物的船舶,海事管理机构应当进行标注和跟踪,发现违规航行、停泊、作业的,或者认为可能影响其他船舶安全的,海事管理机构应当及时发出警告,必要时依法采取相应的措施。”

第三十三条第一款修改为:“海事管理机构依法对载运危险货物的船舶实施监督检查,对违法的船舶、船员依法采取相应的措施。”

本决定自公布之日施行。

《船舶载运危险货物安全监督管理规定》根据本决定作相应修正,重新公布。

中华人民共和国船舶载运危险货物安全监督管理规定

(2003 年 11 月 30 日交通部发布根据 2012 年 3 月 14 日交通运输部《关于修改〈船舶载运危险货物安全监督管理规定〉的决定》修正)

第一章 总 则

第一条 为加强船舶载运危险货物监督管理,保障水上人命、财产安全,防止船舶污染环境,依据《中华人民共和国海上交通安全法》、《中华人民共和国海洋环境保护法》、《中华人民共和国港口法》、《中华人民共和国内河交通安全管理条例》、《中华人民共和国危险化学品安全管理条例》和有关国际公约的规定,制定本规定。

第二条 本规定适用于船舶在中华人民共和国管辖水域载运危险货物的活动。

第三条 交通部主管全国船舶载运危险货物的安全管理工作。中华人民共和国海事局负责船舶载运危险货物的安全监督管理工作。

交通部直属和地方人民政府交通主管部门所属的各级海事管理机构依照有关法律、法规和本规定,具体负责本辖区船舶载运危险货物的安全监督管理工作。

第四条 船舶载运危险货物,必须符合国家安全生产、水上交通安全、防治船舶污染的规定,保证船舶人员和财产的安全,防止对环境、资源以及其他船舶和设施造成损害。

第五条 禁止利用内河以及其他封闭水域等航运渠道运输剧毒化学品以及交通部规定禁止运输的其他危险化学品。

禁止在普通货物中夹带危险货物,不得将危险货物匿报或者报为普通货物。

禁止未取得危险货物适装证书的船舶以及超过交通部规定船龄的船舶载运危险货物。

第二章 通航安全和防污染管理

第六条 载运危险货物的船舶在中国管辖水域航行、停泊、作业,应当遵守交通部公布的以及海事管理机构在其职权范围内依法公布的水上交通安全和防治船舶污染的规定。

对在中国管辖水域航行、停泊、作业的载运危险货物的船舶,海事管理机构应当进行监督。

第七条 载运危险货物的船舶应当选择符合安全要求的通航环境航行、停泊、作业,并顾及在附近航行、停泊、作业的其他船舶以及港口和近岸设施的安全,防止污染环境。海事管理机构规定危险货物船舶专用航道、航路的,载运危险货物的船舶应当遵守规定航行。

载运危险货物的船舶通过狭窄或者拥挤的航道、航路,或者在气候、风浪比较恶劣的条件下航行、停泊、作业,应当加强瞭望,谨慎操作,采取相应的安全、防污措施。必要时,还应当落实辅助船舶待命防护等应急预防措施,或者向海事管理机构请求导航或者护航。

载运爆炸品、放射性物品、有机过氧化物、闪点 28℃以下易燃液体和液化气的船,不得与其他驳船混合编队拖带。

对操作能力受限制的载运危险货物的船舶,海事管理机构应当疏导交通,必要时可实行相应的交通管制。

第八条 载运危险货物的船舶在航行、停泊、作业时应当按规定显示信号。

其他船舶与载运危险货物的船舶相遇,应当注意按照航行和避碰规则的规定,尽早采取相应的行动。

第九条 在船舶交通管理(VTS)中心控制的水域,船舶应当按照规定向交通管理(VTS)中心报告,并接受该中心海事执法人员的指令。

对报告进入船舶交通管理(VTS)中心控制水

域的载运危险货物的船舶，海事管理机构应当进行标注和跟踪，发现违规航行、停泊、作业的，或者认为可能影响其他船舶安全的，海事管理机构应当及时发出警告，必要时依法采取相应的措施。

船舶交通管理（VTS）中心应当为向其报告的载运危险货物的船舶提供相应的水上交通安全信息服务。

第十条　在实行船舶定线制的水域，载运危险货物的船舶应当遵守船舶定线制规定，并使用规定的通航分道航行。

在实行船位报告制的水域，载运危险货物的船舶应当按照海事管理机构的规定，加入船位报告系统。

第十一条　载运危险货物的船舶从事水上过驳作业，应当符合国家水上交通安全和防止船舶污染环境的管理规定和技术规范，选择缓流、避风、水深、底质等条件较好的水域，尽量远离人口密集区、船舶通航密集区、航道、重要的民用目标或者设施、军用水域，制定安全和防治污染的措施和应急计划并保证有效实施。

第十二条　载运危险货物的船舶在港口水域内从事危险货物过驳作业，应当根据交通部有关规定向港口行政管理部门提出申请。港口行政管理部门在审批时，应当就船舶过驳作业的水域征得海事管理机构的同意。

载运散装液体危险性货物的船舶在港口水域外从事海上危险货物过驳作业，应当由船舶或者其所有人、经营人或者管理人依法向海事管理机构申请批准。

船舶从事水上危险货物过驳作业的水域，由海事管理机构发布航行警告或者航行通告予以公布。

第十三条　申请从事港口水域外海上危险货物单航次过驳作业的，申请人应当提前24小时向海事管理机构提出申请；申请在港口水域外特定海域从事多航次危险货物过驳作业的，申请人应当提前7日向海事管理机构提出书面申请。

船舶提交上述申请，应当申明船舶的名称、国籍、吨位，船舶所有人或者其经营人或者管理人、船员名单，危险货物的名称、编号、数量，过驳的时间、地点等，并附表明其业已符合本规定第十一条规定的相应材料。

海事管理机构收到齐备、合格的申请材料后，对单航次作业的船舶，应当在24小时内做出批准或者不批准的决定；对在特定水域多航次作业的船舶，应当在7日内做出批准或者不批准的决定。海事管理机构经审核，对申请材料显示船舶及其设备、船员、作业活动及安全和环保措施、作业水域等符合国家水上交通安全和防治船舶污染环境的管理规定和技术规范的，应当予以批准并及时通知申请人。对未予批准的，应当说明理由。

第十四条　载运危险货物的船舶排放压载水、洗舱水，排放其他残余物或者残余物与水的混合物，应当按照国家有关规定进行排放。

禁止船舶在海事管理机构依法设定并公告的禁止排放水域内，向水体排放任何禁排物品。

第十五条　载运危险货物的船舶发生水上险情、交通事故、非法排放事件，应当按照规定向海事管理机构报告，并及时启动应急计划和采取应急措施，防止损害、危害的扩大。

海事管理机构接到报告后，应当启动相应的应急救助计划，支援当事船舶尽量控制并消除损害、危害的态势和影响。

第三章　船舶管理

第十六条　从事危险货物运输的船舶所有人或者其经营人或者管理人，应当根据国家水上交通安全和防治船舶污染环境的管理规定，建立和实施船舶安全营运和防污染管理体系。

第十七条　载运危险货物的船舶，其船体、构造、设备、性能和布置等方面应当符合国家船舶检验的法律、行政法规、规章和技术规范的规定，国际航行船舶还应当符合有关国际公约的规定，具备相应的适航、适装条件，经中华人民共和国海事局认可的船舶检验机构检验合格，取得相应的检验证书和文书，并保持良好状态。

载运危险货物的船用集装箱、船用刚性中型散装容器和船用可移动罐柜，应当经中华人民共和国海事局认可的船舶检验机构检验合格后，方可在船上使用。

第十八条　曾装运过危险货物的未清洁的船用载货空容器，应当作为盛装有危险货物的容器处理，但经采取足够措施消除了危险性的除外。

第十九条　载运危险货物的船舶应当制定保证水上人命、财产安全和防治船舶污染环境的措施，编制应对水上交通事故、危险货物泄漏事故的应急预案以及船舶溢油应急计划,配备相应的应急救护、消防和人员防护等设备及器材,并保证落实和有效实施。

第二十条 载运危险货物的船舶应当按照国家有关船舶安全、防污染的强制保险规定,参加相应的保险,并取得规定的保险文书或者财务担保证明。

载运危险货物的国际航行船舶,按照有关国际公约的规定,凭相应的保险文书或者财务担保证明,由海事管理机构出具表明其业已办理符合国际公约规定的船舶保险的证明文件。

第二十一条 船舶载运危险货物,应当符合有关危险货物积载、隔离和运输的安全技术规范,并只能承运船舶检验机构签发的适装证书中所载明的货种。

国际航行船舶应当按照《国际海运危险货物规定》,国内航行船舶应当按照《水路危险货物运输规定》,对承载的危险货物进行正确分类和积载,保障危险货物在船上装载期间的安全。

对不符合国际、国内有关危险货物包装和安全积载规定的,船舶应当拒绝受载、承运。

第二十二条 船舶进行洗(清)舱、驱气或者置换,应当选择安全水域,远离通航密集区、船舶定线制区、禁航区、航道、渡口、客轮码头、危险货物码头、军用码头、船闸、大型桥梁、水下通道以及重要的沿岸保护目标,并在作业之前报海事管理机构核准,核准程序和手续按本规定第十三条关于单航次海上危险货物过驳作业的规定执行。

船舶从事本条第一款所述作业活动期间,不得检修和使用雷达、无线电发报机、卫星船站;不得进行明火、拷铲及其他易产生火花的作业;不得使用供应船、车进行加油、加水作业。

第四章 申报管理

第二十三条 船舶载运危险货物进、出港口,或者在港口过境停留,应当在进、出港口之前提前24小时,直接或者通过代理人向海事管理机构办理申报手续,经海事管理机构批准后,方可进、出港口。国际航行船舶,还应当按照国务院颁布的《国际航行船舶进出中华人民共和国口岸检查办法》第六条规定的时间提前预报告。

定船舶、定航线、定货种的船舶可以办理定期申报手续。定期申报期限不超过一个月。

船舶载运尚未在《危险货物品名表》(国家标准GB12268)或者国际海事组织制定的《国际海运危险货物规则》内列明但具有危险物质性质的货物,应当按照载运危险货物的管理规定办理进、出港口申报。海事管理机构接到报告后,应当及时将上述信息通报港口所在地的港口行政管理部门。

办理申报手续可以采用电子数据处理(EDP)或者电子数据交换(EDI)的方式。

第二十四条 载运危险货物的船舶办理进、出港口申报手续,申报内容应至少包括:船名、预计进出港口的时间以及所载危险货物的正确名称、编号、类别、数量、特性、包装、装载位置等,并提供船舶持有安全适航、适装、适运、防污染证书或者文书的情况。

对于装有危险货物的集装箱,船舶需提供集装箱装箱检查员签名确认的《集装箱装箱证明书》。

对于易燃、易爆、易腐蚀、剧毒、放射性、感染性、污染危害性等危险品,船舶应当在申报时附具相应的危险货物安全技术说明书、安全作业注意事项、人员防护、应急急救和泄漏处置措施等资料。

第二十五条 海事管理机构收到船舶载运危险货物进、出港口的申报后,应当在24小时内做出批准或者不批准船舶进、出港口的决定。

对于申报资料明确显示船舶处于安全适航、适装状态以及所载危险货物属于安全状态的,海事管理机构应当批准船舶进、出港口。对有下列情形之一的,海事管理机构应当禁止船舶进、出港口:

(一)船舶未按规定办理申报手续;

(二)申报显示船舶未持有有效的安全适航、适装证书和防污染证书,或者货物未达到安全适运要求或者单证不全;

(三)按规定尚需国家有关主管部门或者进出口国家的主管机关同意后方能载运进、出口的货物,在未办理完有关手续之前;

(四)船舶所载危险货物系国家法律、行政法规禁止通过水路运输的;

(五)本港尚不具备相应的安全航行、停泊、作业条件或者相应的应急、防污染、保安等措施的;

（六）交通部规定不允许船舶进出港口的其他情形。

第二十六条　船舶载运需经国家其他有关主管部门批准的危险货物，或者载运需经两国或者多国有关主管部门批准的危险货物，应在装货前取得相应的批准文书并向海事管理机构备案。

第二十七条　船舶从境外载运有害废料进口，国内收货单位应事先向预定抵达港的海事管理机构提交书面报告并附送出口国政府准许其迁移以及我国政府有关部门批准其进口的书面材料，提供承运的单位、船名、船舶国籍和呼号以及航行计划和预计抵达时间等情况。

船舶出口有害废弃物，托运人应提交我国政府有关部门批准其出口，以及最终目的地国家政府准许其进口的书面材料。

第二十八条　核动力船舶、载运放射性危险货物的船舶以及5万总吨以上的油轮、散装化学品船、散装液化气船从境外驶向我国领海的，不论其是否挂靠中国港口，均应当在驶入中国领海之前，向中国船位报告中心通报：船名、危险货物的名称、装载数量、预计驶入的时间和概位、挂靠中国的第一个港口或者声明过境。挂靠中国港口的，还应当按照本规定第二十三条的规定申报。

第五章　人员管理

第二十九条　载运危险货物船舶的船员，应当持有海事管理机构颁发的适任证书和相应的培训合格证，熟悉所在船舶载运危险货物安全知识和操作规程。

第三十条　载运危险货物船舶的船员应当事先了解所运危险货物的危险性和危害性及安全预防措施，掌握安全载运的相关知识。发生事故时，应遵循应急预案，采取相应的行动。

第三十一条　从事原油洗舱作业的指挥人员，应当按照规定参加原油洗舱的特殊培训，具备船舶安全与防污染知识和专业操作技能，经海事管理机构考试、评估，取得合格证书后，方可上岗作业。

第三十二条　按照本规定办理船舶申报手续的人员，应当熟悉船舶载运危险货物的申报程序和相关要求。

第六章　法律责任

第三十三条　海事管理机构依法对载运危险货物的船舶实施监督检查，对违法的船舶、船员依法采取相应的措施。

海事管理机构发现载运危险货物的船舶存在安全或者污染隐患的，应当责令立即消除或者限期消除隐患；有关单位和个人不立即消除或者逾期不消除的，海事管理机构可以采取责令其临时停航、停止作业，禁止进港、离港，责令驶往指定水域，强制卸载，滞留船舶等强制性措施。

对有下列情形之一的，海事管理机构应当责令当事船舶立即纠正或者限期改正：

（一）经核实申报内容与实际情况不符的；

（二）擅自在非指定泊位或者水域装卸危险货物的；

（三）船舶或者其设备不符合安全、防污染要求的；

（四）危险货物的积载和隔离不符合规定的；

（五）船舶的安全、防污染措施和应急计划不符合规定的；

（六）船员不符合载运危险货物的船舶的适任资格的。

本规定第二十八条所述船舶违反国家水上交通安全和防治船舶污染环境的法律、行政法规以及《联合国海洋法公约》有关规定的，海事管理机构有权禁止其进入中国领海、内水、港口，或者责令其离开或者驶向指定地点。

第三十四条　载运危险货物的船舶违反本规定以及国家水上交通安全、防治船舶污染环境的规定，应当予以行政处罚的，由海事管理机构按照有关法律、行政法规和交通部公布的有关海事行政处罚的规定给予相应的处罚。

涉嫌构成犯罪的，由海事管理机构依法移送国家司法机关。

第三十五条　海事管理机构的工作人员有滥用职权、徇私舞弊、玩忽职守等严重失职行为的，由其所在单位或者上级机关给予行政处分；情节严重构成犯罪的，由司法机关依法追究刑事责任。

第七章　附　　则

第三十六条　本规定所称“危险货物”，系指具有爆炸、易燃、毒害、腐蚀、放射性、污染危害性等特性，在船舶载运过程中，容易造成人身伤害、财产损失或者环境污染而需要特别防护的物品。

第三十七条　本规定自2004年1月1日生

效。1981 年交通部颁布的《船舶装载危险货物监督管理规定》(〔81〕交港监字 2060 号)同时废止。

关于修改《长江干线船舶港务费征收办法》的决定

(中华人民共和国交通运输部令 2012 年第 5 号)

《关于修改〈长江干线船舶港务费征收办法〉的决定》已于 2012 年 2 月 21 日经第 2 次部务会议通过,并商国家发展和改革委员会和财政部同意,现予公布,自公布之日施行。

部长 李盛霖

二○一二年五月三日

交通运输部决定将《长江干线船舶港务费征收办法》(交通部、国家计委、财政部交财发〔1997〕93 号文发布)第十二条第二款修改为:"对偷缴、抗缴船舶港务费的,征稽机构有权追缴费款、不予办理船舶出港手续,并可依据《中华人民共和国内河交通安全管理条例》,视情节轻重,给予处罚。"

本决定自公布之日施行。

《长江干线船舶港务费征收办法》根据本决定作相应修改,重新公布。

长江干线船舶港务费征收办法

(1997 年 2 月 12 日交通部、国家计委、财政部交财发〔1997〕93 号文发布 根据 2012 年 5 月 3 日交通运输部《关于修改〈长江干线船舶港务费征收办法〉的决定》修正)

第一条 为加强长江干线船舶港务费(以下简称船舶港务费)征收工作,维护水上交通安全管理,根据《中华人民共和国内河交通安全管理条例》的有关规定,制定本办法。

第二条 凡进出长江干线港口从事国内航线运输和经营性作业的船舶均应按本办法缴纳船舶港务费。

第三条 交通部长江港航监督局及其设置的船舶港务费征稽机构(以下简称征稽机构)具体负责其管辖范围内船舶港务费的征收、征稽工作。

第四条 船舶港务费作为预算外资金,按照《国务院关于加强预算外资金管理的决定》(国发〔1996〕29 号)的规定,实行收支两条线管理,严禁任何单位和个人截留、坐支、挪用。

第五条 船舶每进港或出港一次,分别征收进口或出口船舶港务费每净吨(马力)0.55 元。

第六条 船舶港务费以船舶净吨(无净吨按总吨,无总吨按载重吨,无载重吨按 500 吨计)或马力为计费单位,不满 1 吨或 1 马力,按 1 吨或 1 马力计。

非机动船舶以船舶净吨计费;机动船以船舶净吨或马力,两者择大计费;拖驳船队以驳船净吨计费。

第七条　在中途港口停靠的客轮、客货轮，以船舶净吨的1/30，按规定费率计征；在中途港口停靠的货轮（含驳船船队），以中途装卸的货物吨数或加减集装箱（含空箱）的箱数（40英尺标准箱按20吨计，20英尺标准箱按10吨计），按规定费率计征。

从事经营性水上、水下施工、作业的工程船，每进港或出港一次，分别按规定费率计征。泥驳船和耙吸船每三十天（不足三十天按三十天计）计为进、出港各一次，按规定费率计征。

挖沙船、汽车、火车轮渡每3天（不足3天按3天计）计为进、出港各一次，按规定费率计征。

第八条　下列船舶免征船舶港务费：

（一）执行国防、公安、消防、海关、水上监督、防洪、抢险任务和测量、水文、检疫、医疗、环保、科学勘察、体育活动、长江干线航道整治、维护的船舶以及无进出港口行为的港口作业船舶；

（二）避难、遇难和施救船舶；

（三）换拖不换驳的驳船（重新办理托运者除外）；

（四）城（镇）区内营运的对江客轮渡。

前款规定免征船舶港务费的船舶，如改变用途从事港区间经营业务，也应按规定交纳船舶港务费。

第九条　船舶应在进、出港口时，按规定标准一次付清船舶港务费。

征稽机构可与船舶所有人或经营人商定缴费方式，也可实行定额包干计征，并签定缴费协议。

征稽机构可委托有关单位代征船舶港务费，并签定代征协议。

第十条　征收部门执收时，必须按国家规定使用财政部统一制发的行政事业性收费专用票据。具体办法由财政部商交通部另行制定。

第十一条　船方必须接受征稽机构的稽查，主动提供、报告与缴纳船舶港务费有关的船名、数量、吨位（功率）、起讫港、中途停靠港及中途装卸货物的吨数或加减集装箱等凭据、资料。

第十二条　对违反本办法逾期不缴纳船舶港务费的，征稽机构除追缴费款外，并应从结算的次日起，按日核收应缴船舶港务费5‰的滞纳金。

对偷缴、抗缴船舶港务费的，征稽机构有权追缴费款、不予办理船舶出港手续，并可依据《中华人民共和国内河交通安全管理条例》，视情节轻重，给予处罚。

第十三条　缴费人对征稽机构作出的行政处罚决定如有异议，可依法申请复议，或直接向人民法院提起诉讼。缴费人在法定的期限内既不申请复议又不履行行政处罚决定的，征稽机构可依《中华人民共和国交通安全管理违章处罚规定》强制执行或者申请人民法院强制执行。

第十四条　对围攻、污辱以及殴打执行公务的征稽人员的当事人和主要责任人，违反治安管理规定的，由公安部门依法处理；触犯刑律的，追究其刑事责任。

第十五条　征稽人员在执行公务时，应主动出示交通部长江港航监督局制作的“长江港航监督局船舶港务费征稽证”，做到文明执法，礼貌待人。

第十六条　本办法所称“长江干线港口”是指重庆、涪陵、万县、巴东、宜昌、枝城、荆沙、监利、城陵矶、洪湖、武汉、黄石、武穴、九江、安庆、池州、铜陵、芜湖、马鞍山、南京、镇江、高港、江阴、张家港、南通港和所辖站、点及企、事业单位的自建、使用、租用的码头、泊位及用于过驳的生产锚地。

第十七条　进出长江港口航行国际航线的船舶和长江国际旅客旅游船的船舶港务费的征收按《交通部港口费收规则（外贸部分）》执行。其中，长江国际旅客旅游船的船舶港务费的征收每进出港口各港只计收一次。

第十八条　本办法由交通部、国家计划委员会、财政部负责解释。交通部长江港航监督局可根据本办法制定实施细则报交通部备案。

第十九条　本办法自1997年3月1日起实施，交通部发布的有关长江干线港口船舶港务费的规章、规范性文件与本办法不一致的，均以本办法为准。

港口岸线使用审批管理办法

(中华人民共和国交通运输部、国家发展和改革委员会令 2012年第6号)

《港口岸线使用审批管理办法》已经交通运输部2011年第12次部务会议审议通过,现予公布,自2012年7月1日起施行。

交通运输部部长 李盛霖

国家发展和改革委员会主任 张 平

二〇一二年五月二十二日

第一条 为了规范港口岸线使用审批管理,保障港口岸线资源的合理开发与利用,保护当事人的合法权益,根据《中华人民共和国港口法》和有关法律、法规,制定本办法。

第二条 在港口总体规划区内建设码头等港口设施使用港口岸线,应当按照本办法开展岸线使用审批。

第三条 港口岸线的开发利用应当符合港口规划,坚持深水深用、节约高效、合理利用、有序开发的原则。

第四条 交通运输部主管全国的港口岸线工作,会同国家发展改革委具体实施对港口深水岸线的使用审批工作。

县级以上地方人民政府港口行政管理部门按照本办法和省级人民政府规定的职责,具体实施港口岸线使用审批的相关工作。

第五条 本办法所称港口岸线,含维持港口设施正常运营所需的相关水域和陆域。

港口岸线分为港口深水岸线和非深水岸线。港口深水岸线和非深水岸线划分标准及范围由交通运输部另行制定并公布。

第六条 需要使用港口岸线的建设项目,应当在报送项目申请报告或者可行性研究报告前,向港口所在地港口行政管理部门提出港口岸线使用申请,申请材料包括:

(一)港口岸线使用申请表;

(二)申请人情况及相关证明材料;

(三)建设项目工程可行性研究报告或者项目申请报告;

(四)海事、航道部门关于建设项目的意见;

(五)法律、法规规定的其他材料。

前款规定的港口岸线使用申请表样式,由交通运输部统一规定。

第七条 港口所在地港口行政管理部门收到申请材料后,对申请材料符合法定形式的,应当当场受理;对申请材料不齐全或者不符合法定形式的,应当当场或者在五个工作日内一次告知申请人需要补正的全部内容。

第八条 使用港口深水岸线的,港口所在地港口行政管理部门收到申请后,应当对申请使用的岸线进行现场核查,核实申请材料,转报至省级港口行政管理部门。

省级港口行政管理部门收到港口岸线使用申请材料后,应当组织专家评审,并征求省级发展改革部门意见后,提出初审意见,连同申请材料报交通运输部。

交通运输部收到申请材料和初审意见后,进行审查,会同国家发展改革委作出批准或者不予批准的决定。

第九条 申请使用港口深水岸线的,港口所在地港口行政管理部门和省级人民政府港口行政管理部门应当在收到港口岸线使用申请材料后二十个工作日内完成现场核查、初审和转报工作。

交通运输部应当在收到港口岸线使用申请材料后二十个工作日内完成审查,并会同国家发展改革委作出审批决定。二十个工作日内不能办结的,经负责人批准,可以延长十个工作日。岸线使用专家评审所需时间不计算在期限内。

第十条 港口岸线使用申请审查、专家评审的主要内容包括:

(一)建设项目是否符合产业政策和港口规

划；

（二）建设项目的必要性分析；

（三）工程可行性研究报告或者项目申请报告提出的岸线使用方案是否符合国家技术标准和规范；

（四）岸线使用方案的合理性分析；

（五）岸线使用方案是否满足航道、通航安全的相关要求；

（六）法律、法规和国家规定的其他要求。

第十一条 由国务院或者国家发展改革委审批、核准的港口建设项目，向国家发展改革委报送可行性研究报告或者项目申请报告时，应当同时抄报交通运输部。交通运输部对港口建设项目提出行业意见时，一并提出岸线使用意见。

由国务院或者国家发展改革委审批、核准的其他建设项目，在港口总体规划区内建设港口设施，使用港口深水岸线的，国家发展改革委在审批、核准之前，征求交通运输部关于建设项目使用港口岸线的意见。

本条第一款、第二款所指建设项目，不再另行办理使用港口岸线的审批手续。

第十二条 港口岸线使用审批机关审查决定批准港口岸线使用申请的，应当出具港口岸线使用批准文件。

审批机关决定不予批准使用港口岸线的，应当书面告知申请人，并且说明理由。

第十三条 使用港口岸线的港口设施项目未取得港口岸线使用批准文件或者交通运输部关于使用港口岸线的意见，不予批准港口设施项目初步设计和施工许可。

第十四条 被批准使用港口深水岸线的建设项目，应当在建设项目取得审批、核准文件后的十个工作日内，持港口岸线使用批准文件和建设项目审批、核准文件向交通运输部领取港口岸线使用证。

港口岸线使用证应当包括以下内容：

（一）岸线使用人；

（二）项目主要建设内容；

（三）岸线的范围和用途；

（四）有效期限；

（五）其他事项与要求。

本条所指港口岸线使用证由交通运输部统一制定。

第十五条 港口行政管理部门应当及时在相关政府网站发布港口岸线使用批准情况的信息。

第十六条 批准使用港口岸线的建设项目，应当在取得岸线批准文件之日起两年内开工建设。逾期未开工建设，批准文件失效，已经领取港口岸线使用证的应当予以注销。

批准文件失效后，如继续建设该项目需要使用港口岸线，应当重新办理港口岸线使用审批手续。

第十七条 港口岸线使用证的有效期不超过五十年。超过期限继续使用的，港口岸线使用人应当在期限届满三个月前向原批准机关提出申请。

第十八条 批准使用港口岸线或者取得港口岸线使用证后，如因企业更名或者控股权转移导致岸线实际使用人发生改变，或者改变批准的岸线用途，应当按照本办法规定的程序报原批准机关审批。

第十九条 有下列情形之一的，港口行政管理部门应当依法办理港口岸线使用证的注销手续：

（一）有效期届满未延期的；

（二）项目法人依法终止，不再使用港口岸线的；

（三）因港口规划调整，建设项目所使用的岸线不再作为港口岸线的。

第二十条 港口岸线使用审批机关及其工作人员滥用职权、玩忽职守、徇私舞弊的，由有关行政主管部门予以行政处分；构成犯罪的，由司法机关依法追究刑事责任。

第二十一条 港口岸线使用申请人隐瞒有关情况或者提供虚假材料申请岸线使用许可的，不予受理或者不予许可。港口岸线申请人以欺骗、贿赂等不正当手段取得港口岸线使用许可的，应当予以撤销。

第二十二条 未按本办法规定取得使用港口岸线的批准，擅自使用岸线的，由县级以上地方人民政府或者港口行政管理部门依照《港口法》第四十五条的规定予以处罚。

第二十三条 本办法自 2012 年 7 月 1 日起施行。

江西省交通运输厅改进工作作风、密切联系群众“九规范”

为认真学习贯彻中央政治局关于改进工作作风、密切联系群众的八项规定，坚决克服形式主义、官僚主义，以优良的党风带动政风民风，为建设富裕和谐秀美江西提供更加坚强的交通运输保障，根据省委办公厅、省政府办公厅《关于改进工作作风、密切联系群众的若干规定》(赣办发〔2012〕15号)要求，现就全厅各级领导干部改进工作作风、密切联系群众作出如下规定：

一、规范考察调研

1. 完善领导干部调查研究制度。厅领导每年要结合中心工作、重大问题进行专题调研。专题调研活动要形成工作报告，调研报告要认真剖析问题，要提出解决问题的具体措施，要公开内容、运用成果，形成经验推广。

2. 围绕考察调研主题，合理安排考察点，既要到工作形势好的单位去总结经验，更要到问题较多、矛盾尖锐的单位去同干部群众商量解决问题。

3. 不得弄虚作假，不得对考察调研点进行临时应景布置，不得影响和干扰职工、群众反映真实情况。

4. 轻车简从，一般安排集体乘车。厅领导到基层考察调研原则上随行人员不得超过2人，厅直单位陪同领导不超过1人，主要领导可以不参加陪同。

5. 厅党政主要领导在基层考察调研期间，可安排以被调研单位名义召开的小型工作汇报会，或安排同被调研单位主要领导和相关人员交流意见；其他厅领导在基层考察调研，不安排以被调研单位名义召开的汇报会，可安排被调研单位相关部门座谈会。

6. 考察调研单位各级领导一律不得到车站、高速公路出口和辖区边界迎送，不得组织人员献花和列队迎送，不得在考察点或住地临时铺设地毯、摆放花草，不得以任何形式悬挂或显示欢迎标语和放鞭炮。

7. 不得将厅领导在基层考察调研的照片张贴在各类宣传栏、展示栏。

8. 厅领导到基层调研，不得派路政执法车及其他专车开道，不得封道，不得影响基层单位正常工作。

二、规范联系群众

9. 健全领导干部定期接访和信访包案制度。每年每名厅领导至少要进行1次群众来信来访接待工作。

10. 完善领导干部挂点联系制度。厅领导挂点工作由厅组织人事处作出安排，每名厅领导每年挂点一个基层单位，次年进行轮换。

11. 挂点工作要安排在基层所站或困难单位，挂点的厅领导每季度至少要有2个工作日深入挂点单位联系工作。

12. 领导干部挂点工作，年度要进行总结。总结内容由挂点领导审定，并在班子会上汇报，同时向挂点单位公开。

13. 推进厅机关干部下基层常态化。大力推进机关干部到扶贫点和定点扶贫县进行岗位轮换扶贫工作。

三、规范各项会议

14. 严格控制会议数量，要尽量少开会、开短会。能通过文电、网络或其他方式部署工作的不再召开会议，会议内容相同或相近的应合并套开，大力推行网络和视频会议。

15. 除有相关规定外，厅机关各处室工作例会每年不得超过2次，会议一律安排在厅机关召开；厅直属二级单位召开本系统年度工作会议，每年不超过1次。原则上厅领导不参加二级单位会议。

16. 压缩会议规模。以厅党委、厅行政名义召开的全厅性会议，由厅党委办公室、厅办公室统筹安排。部署专项工作和部门召开的工作会议一般不设主席台,确需设立的,只安排讲话领导和主持人就座。

17. 会场内外布置要简洁大方,不摆放香烟、水果、鲜花,不制作背景板和专门的宣传资料。

18. 除年度工作会议外,一般会期不能超过1天,会议期间一律不得饮酒和集体会餐,不发纪念品、土特产和生活用品。

四、规范各类活动

19. 严格控制各类剪彩、奠基活动和庆祝会、纪念会、表彰会、研讨会、晚会及各类论坛的举办。未经批准,不得以机关单位成立、工程奠基或者竣工等名义举办庆典活动。禁止举办以各种名义向基层(组织)、企业、群众收费、摊派、拉赞助的活动;严格控制以公路、桥梁等重点民生工程名义举办庆典活动。

20. 除厅统一安排外,厅领导不得出席与自己分管工作不相关的活动,不得出席各类节庆活动和一般事务性活动,不得在活动中挂名任职、发贺信贺电,题词、剪彩等。不得收受举办单位赠送的礼金、礼品、纪念品和各种有价证券、支付凭证。

21. 对经审核批准举办的活动,必须本着勤俭节约的原则,严禁使用财政性资金邀请各类明星参加活动。不得燃放烟花爆竹、举办剪彩仪式,不得发放纪念品和生活用品。

22. 厅属上下级单位之间、各兄弟单位之间不相互走访拜年;不得举办或组织各种“轮流做东”的联谊性活动。

五、规范文件简报

23. 减少发文数量,法律法规已有明确规定的一律不再发文,现行文件规定仍然适用的不再重复发文,没有实质内容、可发可不发的文件一律不发。

24. 厅领导在会议上的讲话已印发会议材料的,以及讲话主要精神已公开发布或作新闻报道的一般不再发文,在纪念活动、考察调研、学习座谈会上的讲话一般不印发。

25. 厅党委办公室、厅办公室关于成立议事协调机构的通知一般发至厅直属二级单位,其成员调整由议事协调机构按成员单位范围自行发文。

26. 控制发文规格,能以厅党委办公室、厅办公室名义发文的不以厅党委、厅行政名义发文,一家发文能解决问题的不联合发文,属于部门职责的工作一律由部门发文。

27. 压缩公文篇幅,不讲空话、套话,做到文风清新、文字精练、意尽文止。

28. 对现有简报从严控制,进行清理压缩,该停的停、能并的并。厅直属二级行业主管单位和各重点工程建设项目办原则上只保留1种简报,编印应本着工作必需、节俭实用的原则,其他单位一律不得编印纸质简报、内刊,提倡推广电子简报。

29. 已有网站的单位,可上网的文件和简报一律上网,积极推广电子公文,逐步实现文件和简报资料的网络传输和网上办理。

30. 由厅组织的重要活动、重大事件新闻报道,由厅宣传处按照省委有关规定统一安排报道。

六、规范公务接待

31. 强化公务接待预算管理,严格填报、审核、报销三个环节,厅财审处每年对厅直属各单位公务接待费用进行检查、审计。

32. 严格执行公务消费各项规定,必须使用公务卡强制结算。

33. 厅领导机关和厅直属各单位的领导机关到基层调研,一律不得接受宴请。各单位一律不得安排宴请。

34. 住宿安排在定点接待单位,不得安排住高档宾馆和套房,一般安排标准间,不得额外配发生活用品、水果香烟。

35. 内部公务接待一律不上烟酒,用餐尽量安排在职工食堂,无职工食堂的推行自助餐,严格控制陪餐人员,人数不能超过3名。餐饮以当地家常菜为主,不上高档菜肴。

36. 公务接待不得安排专场文娱活动,不得到营业性娱乐、健身场所公款消费。

七、规范公务用车

37. 严禁超编制、超标准配备公务用车,除建设工程指挥管理机构外,领导干部不得配备越野专车,机关处室不得配备专用车辆。

38. 严格购车申报制度,严禁为公务用车增加高档配置或豪华内饰。

39. 建立健全公务用车管理台账,严格执行用车申请制度,厅机关公务车辆一律由厅后勤服务中心统一调度使用。领导干部一律不得驾驶公车。

40. 禁止公车私用,工作时间以外和节假日期间公务车辆严格执行封停制度,封停车辆统一停放在单位指定位置。

八、规范外出出访

41. 严格执行外出公务活动审核审批制度,所有外出参观学习考察,都应明确目的,控制人数,严格规定时间、往返路线和经费数额。

42. 严格落实请销假制度,厅领导外出,须经厅主要领导批准;厅机关处室领导外出,须经分管领导批准,跨省外出须经厅主要领导批准;机关干部外出须经处室领导批准,跨省外出须经分管领导批准。

43. 严格控制厅领导、机关干部出访活动。因公出国(境)考察访问,要有实质性的内容、明确的工作任务和目标,不得把出国(境)考察访问视作待遇,轮流照顾安排。严格限制一般性学习考察,杜绝无实质性任务、照顾性出访和重复出访。因私出国(境),要报厅组织人事处,经主要领导批准。

44. 外出人员要严格按照规定等级乘坐交通工具,厅领导出差一般按飞机普通舱或经济舱、轮船二等舱、火车软席标准乘坐交通工具;其他领导干部出差一般按飞机普通舱或经济舱、轮船三等舱、火车硬席(全列软席列车软席)标准乘坐交通工具。乘坐飞机要从严控制,出差路途较远或出差任务紧急的,经单位分管领导批准方可乘坐飞机。

九、规范监督检查

45. 厅党委办公室、厅办公室每年年底要对贯彻执行本规定情况进行1次检查,要通报执行情况,对违反规定的要严肃处理。

46. 厅每年综合性检查考评不得超过1次,各单位、各部门监督检查能合并的要尽量合并。

47. 开展综合性检查要报厅党政主要领导批准,开展单项工作检查要报分管厅领导批准。检查结束后,要形成工作报告报分管厅领导,检查结果要在一定范围内通报。

48. 各单位、各部门迎接检查一律不挂欢迎横幅、不上香烟水果、不精装迎检材料,不得准备土特产及礼品。

编者注:此文件录自中共江西省交通运输厅委员会《关于印发〈江西省交通运输厅改正工作作风、密切联系群众“九规范”〉》的通知(赣交党字〔2013〕12号文件)

2012 年度交通运输文件、文献名称辑录

1. 关于修改《道路货物运输及站场管理规定》的决定（中华人民共和国交通运输部令　2012 年第 1 号）

2. 关于修改《道路旅客运输及客运站管理规定》的决定（中华人民共和国交通运输部令　2012 年第 2 号）

3. 关于修改《内河交通事故调查处理规定》的决定（中华人民共和国交通运输部令　2012 年第 3 号）

4. 关于修改《船舶载运危险货物安全监督管理规定》的决定（中华人民共和国交通运输部令　2012 年第 4 号）

5. 关于修改《长江干线船舶港务费征收办法》的决定（中华人民共和国交通运输部令　2012 年第 5 号）

6.《港口岸线使用审批管理办法》（中华人民共和国交通运输部、国家发展和改革委员会令　2012 年第 6 号）

7. 关于做好道路货运站（场）质量信誉考核工作的通知（江西省公路运输管理局　赣运客货字〔2012〕7 号）

8. 关于印发《江西省交通运输厅政进工作作风、密切联系群众“九规范”》的通知（赣交党字〔2013〕12 号）

9. 关于印发《省际、市际到期客运班线考核管理规定（试行）》的通知（江西省公路运输管理局　赣运客货字〔2012〕11 号）

10. 关于印发《省际、市际旅游包车客运经营许可及运力新增、更新工作规范（试行）》的通知（江西省公路运输管理局　赣运客货字〔2012〕20 号）

11. 关于印发《江西省道路旅客运输班线经营权招标投标暂行办法实施细则》的通知（江西省公路运输管理局　赣运客货字〔2012〕16 号）

12. 关于印发《江西省省际、市际客运班线年度发展计划编制和实施暂行办法》的通知（江西省公路运输管理局　赣运客货字〔2012〕24 号）

13. 关于加强已实行有偿出让出租汽车客运经营权管理的指导意见（江西省公路运输管理局　赣运城客字〔2012〕30 号）

14. 关于印发《江西省汽车租赁许可规范》的通知（江西省公路运输管理局　赣运城客字〔2012〕20 号）

15. 关于印发《江西省农村道路客运服务规范（试行）》的通知（江西省公路运输管理局　赣运城客字〔2012〕30 号）

16. 关于印发《江西省机动车驾驶培训教练员管理办法（试行）》的通知（江西省公路运输管理局　赣运驾培字〔2012〕34 号）

17. 关于印发《江西省道路客货运输驾驶员从业资格考试考务工作规范（试行）》的通知（江西省公路运输管理局　赣运从业资格字〔2012〕12 号）

18. 关于加强道路旅客运输企业安全生产评估的通知（江西省公路运输管理局　赣运安监字〔2012〕13 号）

19. 关于印发《江西省道路运输突发事件应急预案》的通知（江西省公路运输管理局　赣运安监字〔2012〕18 号）

20. 关于印发《江西省汽车客运站视频监控管理办法（试行）》的通知（江西省公路运输管理局　赣运安监字〔2012〕17 号）

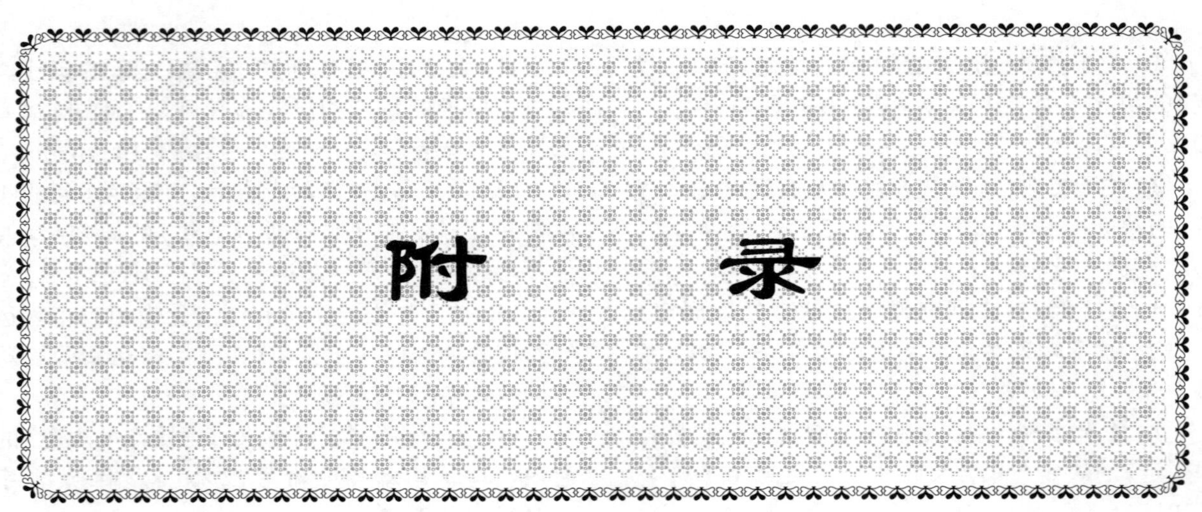

铁 路

【概况】 南昌铁路局管辖赣闽两省全部铁路及湘鄂两省部分铁路。具体线路分界站(点):京九线北端(蔡山站)K1277+000处与武汉铁路局分界,京九线南端(定南站)K2008+200处与广州铁路集团公司分界;沪昆线东端(新塘边站)K502+200处与上海铁路局分界,沪昆线西端(株洲站)K1102+000处与广州铁路集团公司分界;皖赣线(倒湖站)K342+500处与上海铁路局分界;武九线(西河村站)K185+809处与武汉铁路局分界;合九线(孔垄站)K278+871处与上海铁路局分界;漳龙线(琥市站)K143+037处与广州铁路集团公司分界;铜九线(香隅站)K164+000处与上海铁路局分界;杭深线(苍南站),K664+589处与上海铁路局分界。

截至2012年年底,南昌铁路局铁路营业里程5166.3千米(江西2697.2千米、福建2255.1千米、湖南184.8千米、湖北29.2千米)。其中,国家铁路营业里程3810.0千米(江西2543.1千米、福建1052.8千米、湖南184.8千米、湖北29.2千米),合资铁路营业里程1356.3千米(江西154.0千米、福建1202.3千米)。线路总延展里程10240.8千米,比上年增加373千米,增长3.8%;复线里程2230.5千米,复线率为43.2%,同比增长4.5%;电气化里程3413.1千米,电气化率66.1%,同比增长1.5%;国家铁路正线无缝线路里程4328.6千米(比上年增加123.5千米),无缝化率74.9%;时速120千米及以上线路营业里程2545.4千米;时速160千米及以上线路营业里程1186.0千米;时速200千米及以上线路营业里程1104.1千米;时速250千米线路营业里程570.2千米。

2012年,南昌铁路局增加动车组11组,实际拥有65组;机车配属1215台,增加和谐型大功率电力机车92台,电力牵引比重占71%;客车配属2895辆,增加空调客车407辆,空调客车比重占80.1%。铺设无缝线路541.9千米。下达科研开发经费506万元,科研攻关项目54项。车辆5T和GSM—R无线网络、CTC调度集中、CTCS一2列控系统等先进设备设施覆盖面扩大。全年完成17个基建大中型项目投资计划482.44亿元(含合资项目),完成计划率100%;铁路沿线绿化里程2841千米,比上年增加224千米。至年底,全局车站392个(江西省境内174个、福建省境内203个、湖南省境内13个、湖北省境内2个)。

截至2012年年底,南昌铁路局从业人员97693名。其中,运输业从业者81744人。在册职工88390人(其中运输业职工74967人)。年内,举办各类脱产培训班618期,培训干部1.31万人次、职工1.69万人次。晋升工人技师446人、高级技师60人。全局技师、高级技师分别有4090人和299人。

按多元化经营收入计算,全局从业人员劳动生产率完成36.74万元/人,比上年增长18.5%;按实物量计算,铁路运输业从业人员劳动生产率完成214万换算吨千米/人,比上年下降6.1%。

(刘 仁)

【铁路运输收入完成176.24亿元】 2012年,南昌铁路局实际运输收入176.24亿元,比上年增收4.74亿元,增长2.8%。其中,客票收入96.39亿元,同比增收6.18亿元(增长6.9%);货物运费50亿元,同比减收1.05亿元,下降2.1%;其他收入17.06亿元,同比增收6792.7万元,增长4.1%;建设基金12.79亿元,同比减收1.07亿元,下降7.7%。

截至2012年年底,南昌昌铁路局非运输企业(法人企业)48家,完成营业收入162.92亿元,比上年增加52.05亿元,增长47.0%;多元化经营平均从业人数9208人,比上年减少2348人,下降20.3%,劳动生产率为176.94万元/人,比上年增长83.8%。

(刘 仁)

【铁路发送旅客1.17亿人次】 2012年,南昌铁路局发送旅客达1.17亿人次,比上年增加771.4万人次,增长7%。其中,管内旅客发送7454.6万人次,同比增加670.2万人次,增长9.9%;直通旅客发送4277.1万人次,同比增加102.8万人次,增长2.5%;中转人数2.4万人次,同比减少1.6万人次,下降40.1%。

(刘 仁)

【铁路发送货物9310.5万吨】 2012年,南昌铁路局发送货物9310.5万吨,比上年减少395.5万吨,下降4.1%。其中,管内货物发送6151.1万吨,同比增加72.4万吨,增长1.2%;直通货物发送3159.4万吨,同比减少467.9万吨,下降12.9%。全年换算周转量完成1690.43亿吨千米,完成铁道部下达计划的91.6%,同比下降3.4%。全局日均装车完成4067车,比上年下降4.8%;日均卸空车完成5795车,比上年下降2.4%;货车周转时间完成2.60天,完成年计划的101.0%,比上年压缩0.02天。

重点物资运输有增有减,煤炭完成2330万吨,比上年减少583.6万吨,下降20.0%;粮食完成64.0万吨,同比减少54.7万吨,下降46.1%;化肥完成179.6万吨,同比减少10.5万吨,下降5.5%;石油完成294.0万吨,同比增加13.3万吨,增长4.8%;钢铁完成1077.8万吨,同比减少17.7万吨,下降1.6%;金属矿产完成2349.4万吨,同比增加436.2万吨,增长22.8%。

(刘 仁)

【发展实力增强】 2012年,南昌铁路局增加动车组11组,配属达到65组;机车配属1215台,增加和谐型大功率电力机车92台,电力牵引比重占71%;客车配属2895辆,增加空调客车407辆,空调客车比重占80.1%。铺设无缝线路541千米。车辆5T和GSM—R无线网络、CTC调度集中、CTCS一2列控系统等先进设备设施覆盖面扩大。全年下达科研开发经费506万元,科研攻关项目54项。举办各类脱产培训班618期,培训干部

1.31万人次、职工1.69万人次。晋升工人技师446人、高级技师60人,全局技师、高级技师分别达到4090人和299人。

(刘 仁)

【服务质量提升】 2012年,南昌铁路局开展"服务旅客创先争优"和"货运服务质量年"活动,完善客货服务标准,增强干部职工服务意识,落实便民利民措施;加大投入,改善服务设施,提高站车保洁质量,保证旅客货主基本服务需求;增开动车组15对,提升3对旅客列车等级;在完善电话订票、互联网售票系统的基础上,购置58台自动换票机并推出地级以上城市订送票服务,将车票代售点延伸到181个乡镇,规划建设84个VIP候车服务区,方便旅客购票和出行;实施货运组织改革,推进货运网上受理,严格按"实货制"安排装车,为货主提供方便快捷的运输服务;加强客服中心建设,客服坐席由15个增至32个,人工电话接通率81%,在服务社会、展示形象中赢得旅客货主的认可。

(刘 仁)

【综合能耗降低】 2012年,南昌铁路局单位运输工作量综合能耗4.32吨标煤/百万换算吨千米,比铁道部指标计划4.35降低0.7%。能源消耗73.99万吨标准煤,比上年减少2.53万吨标准煤,下降3.3%。其中,煤炭消耗14225.38吨,同比减少423.47吨,下降2.9%;柴油消耗282519.80吨,同比减少39988.30吨,下降12.4%;电力消耗253957.08万千瓦时,同比增加26991.05万千瓦时,上升11.9%;汽油消耗2250.39吨,同比减少7.37吨,下降0.3%。新鲜水消耗2078.80万吨,同比减少80.58万吨,下降3.7%。

污染物排放量下降。年内,南昌铁路局化学需氧量排放量77.39吨,比铁道部计划减少0.61吨,降低0.8%,比上年减少2.49吨,降低3.1%;二氧化硫排放量135吨,比铁道部计划减少4吨,降低2.9%。

(刘 仁)

【衡茶吉铁路鹅岭隧道贯通】 4月26日,全长10445米的衡茶吉铁路鹅岭隧道贯通。鹅岭隧道位于井冈山下的鹅岭乡,横穿罗霄山脉,是江西境内最长的铁路隧道,也是衡茶吉铁路第一长隧道。隧道为单线行车,设计时速160千米,预留时速200千米。

鹅岭隧道途经8条断层破碎带、3个褶皱带,岩体节理裂隙发育,被列为极高风险隧道。2009年5月开工以来,衡茶吉铁路建设指挥部加强隧道现场管理和过程控制,采用地质雷达、红外探水、超前地质钻孔等科技设备,确保工程的质量和进度,实现工程人身安全零死亡。

衡茶吉铁路是国家中长期铁路网规划的重要组成部分,西起京广线衡阳站、东接吉井线井冈山站,正线长211千米(江西境内49千米)。建成通车后,井冈山至衡阳只需1.5小时。

(刘 仁)

【鹰厦铁路线实现无缝化】 鹰厦铁路于1955年2月开工建设,1958年1月正式营运。线路等级低,维修作业难,多个区段为国内最小的250米半径曲线。鹰厦线无缝化改造始于2005年7月,历经7年,至2012年11月23日,全线彻底告别轨缝。

(刘 仁)

【向莆铁路全线铺通】 2002年11月29日,向莆铁路全线铺通。向莆铁路于2008年10月1日开工,线路全长635.86千米(江西境内245.22千米,福建境内390.64千米)。在4年建设中,先后打通115座隧道,架起247座桥梁。向莆高速铁路的建成,将构成中西部地区至东南沿海大通道,实现港口和铁路资源共享。

2012年11月29日10时18分,最后一组轨排在福州市永泰县境内的高盖山隧道进口处落地,标志着向莆铁路全线铺通。

(刘 仁)

【南昌车站全年发送旅客2074.1万人次】 南昌车站属客运一等站,位于京九线K1444+598处。站房面积19154平方米,候车室8个(含动车组候车室、VIP候车服务区、贵宾室各一个),旅客候车面积7545平方米。站内设35个(售票大厅24个、动车组候车室5个,候车厅二楼2个,出站地道4个)售票窗口,站外(市郊县)设客票代售点119个;配有10台自动售票机、电子引导、票额显示、电子监控等客运服务设施。南昌站分本场和客车整备场。本场采用微机联锁和ZPW—2000自动闭塞设备,有4个站台(2、3站台为高站台),正线、到发线11股,存车线4股;11道为高站台到发线;客车整备场设有整备、检修、存车线30股。

2012年,南昌车站发送旅客2074.1万人次、运输收入19.3亿元,分别同比下降1.5%、增长0.7%。全年完成多元化经营其他业务收入1455.55万元。截至2012年12月31日,实现运输安全970天。

南昌车站坚持“内增动力、外拓市场”的思路,加强运输经营。开展送票进校园、进乡村、进企业、进社区的“四进”活动;加强节假日、黄金周、重要时段等运输,挖潜运能,全年申请增开临客2056列、扩编车辆4191辆,中秋、国庆“两节”运输创下单日客发16.2万人的记录;启动二次商贸开发;推进VIP候车服务区开发,设立6个VIP专属区和高端、普通服务区各1个;拓展客运延伸服务,开发“至尊、贵宾、便捷”三种类别的高端服务项目;严格成本管理,实施“月通报、季考核、年兑现"成本预算执行考核制度,开展水电等大项支出效能监察,全年用水同比减少0.51万吨,较年用水计划节约0.3%;用油同比节约45.5吨,节幅占上年同期用量的7.71%。

2012年,南昌车站获全国“安康杯”劳动竞赛优胜单位、铁道部“文明车站”称号、江西省“加强诚信建设,提升窗口形象”主题实践活动先进单位称号。

(黄海峰 张 旋)

【南昌车务段】 南昌车务段成立于2011年12月1日。管辖范围含京九、沪昆干线,向乐、张塘、张建、丰洛支线,营业里程524.7千米(其中支线213.8千米)。管内在用专用线53条,货物线61条。辖37个车站(货运站29个,客运站12个)以及劳动服务公司年末在册职工1732人,固定资产2.39亿元。段机关位于南昌市青云谱区南莲路668号。

该段自成立以来,经受住“六段合一”(宜春、赣州、上饶车务段及向塘西、原支线综合段部分站和原南昌南车站)的考验,强化“安全不确保、一切等于零”的安全工作理念,在安全管理上突出“严、细、实、爱”(在安全管理上突出“严”、在安全措施上突出“细”、在安全控制上突出“实”、在安全文化上突显“爱”),截至12月31日,实现行车安全4189天。

2012年,车务段干部职工克服施工影响大、干线能力紧、市场竞争激烈等困难,坚持内涵挖潜,提升服务品质,突出抓好“白货”运输、抓好班列开行、抓好内贸运输,取得良好成绩。全年完成运输收入11.14亿元,为年计划98.1%,同比增长6.9%;多元化经营收入1082.6万元,超计划2.6万元。

2012年南昌车务段主要指标完成情况

表42

项目	单位	计划	实际	完成(%)
运输收入	亿元	11.35	11.14	98.1
货物发送量	万吨	1199	984.06	82.1
客运发送	万人	446	451.4	100.7
日装车	辆	535	453	
日卸车	辆		1036	
停时	小时	22.2	22.2	
中时	小时	12.5	9.7	缩短2.8小时

(李建华)

【景德镇火车站春运期间增开临时客车】 为科学合理利用运能,方便省内短途客流节日期间拜年访友及旅游,景德镇火车站自1月23日(正月初一)至1月26日(正月初四)的4天里恢复开行景德镇至南昌的5205/6次旅客列车。该趟旅客列车景德镇站始发时间为7:32分,到达终点南昌站的时间为12:36分。

自1月26日(正月初四)起,景德镇火车站加开景德镇至上海K8420次、景德镇至高崎L8809次临时客车。景德镇至上海K8420次临时客车景德镇站始发时间为15:38,景德镇至高崎L8809次临时客车景德镇站始发时间为11:30;自1月27日(正月初五)起加开景德镇至杭州L533次临时客车,景德镇站始发时间为16:50。至2月16日,上述3趟临时旅客列车停运。

(涂 强)

【景德镇火车站春运期间客运量下降超三成】 为期40天的2012年春运工作于2月16日结束。春运期间,景德镇火车站共发送旅客18.2万人(次),同比下降34%。造成客运量减少三成多的主要原因,一是随着景德镇经济的发展,就业形势看好,部分往年外出务工人员选择在家乡就业或创业;二是人们生活水平提高后追求更加快捷舒适的出行方式,如搭乘民航班机、乘坐高速直达客运班车等;三是私家车的快速增长也分流了部分客源。

(涂 强)

【景德镇市召开九景衢铁路景德镇枢纽设计方案研讨会】 8月17日,景德镇市政府召开《九景衢铁路景德镇枢纽设计方案》研讨会。景德镇市委副书记、市长刘昌林,市委常委、常务副市长于秀明,市政协副主席、市政府秘书长刘朝阳,省发改委党组成员、省铁路建设办公室主任熊燕斌出席研讨会。南昌铁路局、中铁第四勘察设计院有关负责人员参加。

研讨会确定新建景德镇北站的站房面积为12000平方米,线路采用南进北出接入方案,铁轨及站台布局考虑皖赣复线改造、阜(阳)鹰(潭)汕(头)铁路建设需要适当增加规模。九(江)景(德镇)衢(州)铁路西起九江市,与既有武九、京九、合九、铜九铁路衔接,中部通过景德镇市,与既有皖赣铁路和规划建设的阜鹰汕铁路衔接,东至浙江省衢州市,与既有浙赣铁路及规划建设的衢宁铁路衔接,线路全长333.264千米,项目总投资265.56亿元,其中景德镇境内段51.24千米,投资48.3亿元。

(涂 强)

【国务院安委会督查组莅临景德镇市督查安全生产工作】 9月20日至21日,以铁道部副部长胡亚东为组长的国务院安委会督查组莅临景德镇市督查指导安全生产工作。景德镇市委书记邓保生、市长刘昌林会见督查组一行。省安监局局长张桃生,南昌铁路局局长郭竹学,景德镇市委常委、副市长黄康明,江西煤监局副局长李金萍等领导陪同督查。督查组此行督查的重点是:"打非治违"、隐患排查治理、事故调查处理、安全生产标准化建设、安全科技及迎接党的十八大有关安全生产保障措施的制定和落实情况。

在景德镇期间,督查组一行深入昌河飞机工业集团公司、景德镇法兰瓷实业有限公司、景德镇长运有限公司、乐平矿务局等单位,通过查阅相关文件、记录资料和查看企业一线安全生产工作情况等方式进行了现场督查。督查组在充分肯定景德镇市安全生产工作的同时,对景德镇市进一步做好当前特别是中共十八大期间安全生产工作提出了很好的意见和建议。 (涂 强)

【景德镇市政府召开九景衢铁路项目规划建设工作协调会】 10月9日,景德镇市委常委、常务副市长于秀明主持召开九景衢铁路项目规划建设工作协调会。会议听取中铁第四勘察设计院、九景衢铁路公司关于九景衢铁路景德镇枢纽规划设计进展情况介绍,并就存在的问题进行了研究。会议指出,九景衢铁路项目是全市人民企盼多年的重大交通设施项目,项目的启动来之不易,是省委、省政府关心与支持的结果,是全市上下共同努力的结果,各级各部门必须高度重视,全力以赴为项目建设保驾护航。一是认识要到位。项目的规划设计时间紧,要求高。对于项目涉及的各项工作,各相关单位要本着"不能说不行,只能说怎么行"的原则,给予全力支持,决不能影响项目的推进。二是配合要到位。市、县两级要加强建立完善项目协调推进机制,进一步明确责任;要指派熟悉情况的联络员,加强与设计院及项目部的沟通协调。三是监管要到位。按属地管理原则,加强对九景衢铁路景德。镇枢纽沿线的"两违"监管,坚决杜绝出现新的违法用地和违章建筑。四是服务要到位。要严格按照项目推进的时间节点，做好跟踪服务，全力以赴支持项目建设。五是沟通要到位。涉及民生的问题，各级部门要主动对接，做好与项目部的事前沟通；对于群众的合理诉求，项目部在规划建设中要尽可能给予考虑并加以解决。

（涂 强）

【赣州车务段实现安全运输】 2012 年管内有调车作业车站共 18 个，车流主要靠赣州东、吉安站进行解编，月均解体列车 540 列，编组列车 512 列，调车批数 1979 批，调车辆数为 39968 辆；日均解体 18 列，编组 17 列，调车批数 66 批，调车辆数为 1333 辆。

2012 年，该段 5 个专业检查组和 2 个综合检查组不间断的循环检查，加大对现场的动态检查力度，强化现场安全管理、动态作业的检查，并及时将检查情况以《查岗通报》（共发 67 期）的形式下发至班组记名学习；认真开展每日夜间查岗工作，每天安排 2 个夜查组，重点对关键单位、关键时段、关键作业的进行安全监督检查，有效的强化现场作业控制，提高了干部职工的安全风险意识；认真开展月度对规达标检查工作。由各检查组对各单位进行全面覆盖的专业检查，对存在的问题责任单位及时、认真的组织召开专题会进行分析、整改，同时对上月查出的问题进行复查，确保整改消号，形成安全闭环管理。2012 年，路局检查该段问题共 387 件，其中 A 类问题 16 件，B 类问题 147 件；c 类问题 224 件。全段共检查问题 8690 件，其中 A 类 237 件（段查 154 件），B 类 4536 件，C 类 3917 件，整改销号率 100%。截至 2012 年 12 月 31 日实现段运输安全 744 天。

该段不定期组织相关部门对管内施工把关、会议召开等情况突击进行“撒网”式检查，查出的兴国、高兴镇、信丰等站不按规定进行施工把关、把关失职等现象，均按 A 类问题究责，对管理人员履职不到位的升级处理 2 起；同时，做好 T8001/2 次列车开行运输组织工和变压器运输工作，4 月 1 日南昌至赣州开行特快旅客列车 1 对，为确保 T8001/2 次运输安全稳定，段组织技术力量重点对 T8001/2 次车底的存放，并结合赣州站改施工股道运用紧张等实际，制订客车底存放方案以及安全卡控措施；并做好全段增设隔开设备调研工作，组织力量对峡江等 13 个情况严重车站进行认真的调研，并形成增设隔开设备建议的请示，向铁路局报告。2012 年该段共计施工 1901 次，其中 Ⅱ 级施工 3 站次，Ⅲ 级施工 1898 站次（ⅢA 施 23 站次，ⅢB 施工 146 站次，ⅢC 施工 1729 站次）、各级施工中安全办理非正常接发列车作业 124 站次。

该段还在强化调车把关干部履职上下工夫。一是严格执行调车双把关制度。对未设调车信号机或调车信号机故障停用、调车作业压岔等原因，调车信号机不能开放时的处理要求干部互控，严盯现场，及时制止违章现象。二是严格落实调车钩分析制度。每周收集抽查各站的调车录音和钩分析情况，督促各站钩分析定量，明确钩分析重点，确保钩分析质量，下发钩分析检查 41 期通报，通过抽查，检查出调车各类问题 246 件。三是加大调车作业监听检查力度。夜查组、专业检查组利用蹲点守候、电台监听等方式，加大了对现场调车作业推标的检查，通过检查及时对车站相关作业人员存在的问题进行点评，循环巩固提高调车执标水平。一年来，检查组现场检查调车 450 余批，检查指导问题’760 余件，安全调动车辆 47.9 万辆，23748 批，实现调车安全基本平稳。

（甘敬晖 彭元智）

【赣州车务段完成年度计划】 该段在 2012 年共发送旅客 1065.5 万人，较去年同期增长 6.2%；货物发送 192.2 万吨，较去年同期减少 17.0%；运输收入完成 89924 万元，较去年同期增长 3.4%，分别完成铁路局年度计划的 102.1%、83.6%、94.4%。主要做法是：开辟新的经济增长点，积极做好始发车的开行。2012 年“4·1”图路局首趟管内特快列车（T8001/2 次）在该段开行，“7·1”图又增开 2 对旅客列车（深圳～上海南 K2056/5 次，吉安～哈尔滨 K1122/1 次）。为提高新增列车上座率，该段采取了多种营销宣传措施，确保上座率达到 85% 以上，做好了春运、小长假等假日旅客运输组织工作。针对不同节假日的客流特点，认真做好假日旅客运输组织方案，春运期间，该段安全发送旅客 157 万人次，客运收入 11694 万元，实现了“和谐春运、平安春运”的工作目标；积极开展货营销工作，实现增运增收。2012 年在得到路局下浮政策支持下，新增 128 车石灰石到福建省内;吉安发送灰渣到瑞金万年青水泥厂,由于运距短、货物附加值低、汽运价格比铁路便宜、便捷,货主前期采用公路运输。为争取货源,该段多次走访货主及收货单位,通过价格核算制定下调运价方案,2012 年共增运 146 车。

(甘敬晖　彭元智)

【抚州市境内铁路铺轨作业完成】 2012 年,抚州市境内拥有铁路四条计 304.1 千米,其中沪昆路过境东乡县 23 千米,鹰厦铁路过境资溪县 30.3 千米,向乐铁路伸入临川、崇仁、乐安 92.8 千米。向莆铁路过境抚州 158 千米,自 2007 年 11 月 24 日动工以来,各项工程建设正按计划有条不紊地进行,截至 2012 年年底铺轨作业全面完成。

(陈根玲)

【抚州市领导走访铁道部】 3 月 5 日,抚州市委常委、常务副市长陈日武率市发改委等有关单位负责人走访铁道部,就抚州市铁路建设及大唐抚州电厂铁路专用线等事项,拜访铁道郭发展计划司副司长严贺祥,双方进行了协商洽谈。陈日武首先代表抚州市委、市政府感谢铁道部对抚州市铁路建设事业的关心和支持,并简要介绍了抚州市经济社会发展情况。陈日武说,抚州到福州港和湄州湾码头只要 2 个多小时,将会成为江西乃至中西部地区出海的大通道,希望铁道部一如既往地支持抚州相关铁路项目;严贺表示,抚州对铁路建设的渴望已经得到铁道部的高度重视。对鹰梅铁路和衡茶吉东延铁路项目,铁道部将继续予以大力支持;对抚州电厂铁路专用线项目,铁道部正在加大工作力度,积极与有关方面协调处理,尽早批复建设。

(陈根玲)

【铁轨入隧道一洞通两省】 6 月 17 日 15 时许,向莆铁路(江西段)武夷山隧道进口开始施工作业。至此,向莆铁路双线铺轨向南(福建方向)已至武夷山隧道进口,开始进行隧道内整体道床无砟段 500 米长轨铺设,并首次使用新型无砟轨道长轨铺轨机。向莆铁路武夷山隧道全长 14.819 千米,是进出福建、江西的一洞通两省的双线隧道,也是向莆铁路第二长隧道。

(陈根玲)

【南城火车站 10 千伏线路正式运行】 9 月 28 日,220 千伏建昌变电站 10 千伏南城火车站一线和二线正式投入使用,为南城火车站的全面启用奠定了坚实基础。为保证南城火车站的供电可靠性,该县通过多次实地考察分析,研讨多种可行方法,最后规划了用两条由不同母线供电的 10 千伏线路向南城火车站送电的方案。该方案能确保在任意一条线路出现故障的情况下,仍然可以通过另一条线路对火车站进行供电,不会影响火车站的正常工作,最大限度地保证这条重要枢纽的畅通运行。

(陈根玲)

【中铁五局现场督查向莆铁路工程】 4 月 17 日,中铁五局集团公司督导检查小组就探索劳务型架子队专业化新模式,走到向莆铁路工程抚州项目部进行督导检查。

督导组还深入施工工地具体进行了检查。督导检查后,督导组对向莆铁路工程部架子队及劳务队伍建设工作给予了充分肯定;向莆铁路工程部结合实际,有的放矢,管理体制健全,运行状态良好,很有专业化特色,为集团公司做好了试点样板。督导组对向莆项目部架子队及劳务队伍建设工作进行了点评多督导重视,行动迅速,工作扎实,对架子队的构建进行了调整、细化;自建型架子队、班组规范、机制健全,各项管理制度、办法齐全。督导组要求抚州项目部经常对劳务队伍进行清查,发现问题,及时纠正,继续完善劳务队伍的基础资料。同时要结合抚州项目部的特点,探索劳务型架子队在专业化公司组建的新模式,为集团公司专业化公司劳务队伍建设工作当好先行者。

(陈根玲)

【崇仁整治铁路沿线废旧金属收购点】 8 月上旬以来,崇仁县护路办牵共组织公安、工商及铁路沿线乡镇,对铁路沿线两侧(城镇 300 米、乡村 3000 米以内)设置的废旧金属收购点进红了拉网式集中检查和整治,要求废旧金属收购点业主及从业人员严格执行验证登记制度,做到“人、证、物”一致,严禁错登、漏登、少登,严禁违法收购金属物品。

整治活动开展以来,共对 26 家废旧金属收购点进行了检查，对1家无证经营的收购点进行了取缔，对2家违法收购铁路器材的收购点进行了处罚，有效净化了铁路沿线的治安环境。

（陈根玲）

【向莆铁路320国道特大桥架通】 4月24日16时许，中铁五局向莆铁路抚州项目部第二铺架作业队工人准确地操纵着JQ165型架桥机，将最后一片24米T型筒支梁安全、平稳地架在了向莆铁路配套工程——南昌枢纽动走线左线320国道特大桥的第53跨上。这标志着该特大桥胜利架通，同时也宣告向莆铁路抚州北至南昌方872.5孔架梁工程圆满完成。

向莆铁路配套工程之一的南昌铁路枢纽动车线，是连接南昌西站与动车运用所的专用连接线，该线按国家II级铁路设计。320国道是起点为上海，经过浙江、江西、湖南、贵州和云南等省（市），终点为云南瑞丽的国道。南昌铁路枢纽动走线320国道特大桥全长2006.41米，共60跨。架桥工人克服了桥梁坡度大、线路半径小、桥群多、施工干扰大和天气恶劣等困难，安全优质地完成了该桥的架梁任务，并为向莆铁路北头后续工程打下了坚实的基础。

（陈根玲）

【东乡火车站实现安全运输4761天】 2012年，东乡火车站共有停靠列车43列，直达上海、广州、福州、贵阳、扬州、苏州、成都、西安、湛江等全国10多个省市自治区，运输任务繁重。

进入新世纪以来，该火车站始终把安全运输放在首要位置，全面贯彻落实，路局车务段115安全管理机制，贯彻落实车务段的总体工作部署，车站安全工作基础不断夯实，安全工作质量不断提高，车站不断优化工作流程，促进车站向精细管理、精益生产迈进。车站领导始终全面掌握安全工作动态，帮助现场解决安全生产现实问题。专业干部在安全基础管理上下工夫，从严检查、从严管理、从严考核，把安全生产中存在的问题和隐患解决在萌芽之中。单位的安全工作与干部职工薪金直接挂钩，奖优罚劣，也激励了干部职工安全工作意识和安全工作质量不断提升。截至2012年年底，东乡火车站实现安全运输4761天。年发送旅客926026人，发送货物732605吨，超额完成上级下达的运输生产任务。

（占建伟）

【向乐铁路7月停运一个月】 因受向莆铁路施工的影响，南昌至江边村7205次列车从6月30日至7月31日停运，江边村至南昌7206次列车从7月1日至8月1日停运。

（陈根玲）

【杭长高铁抚州东站站前南路建设工程稳步推进】 经过施工人员7个余月的艰苦奋战，位于东乡县的杭长高铁抚州东站站前南路建设工程进展顺利，至11月22日工程已完成路基土石方59498.08立方米，占总量的80%；沥青面层完成109701.04立方米；占总量的40%；涵洞工程已全部完成；雨水、污水管铺设完成80%；两座小桥中的一座已全部完成，另一座小桥桥下部结构完成70%，梁片预制全部完成。截至2012年年底主体工程完工。

杭长高铁是中国“四纵四横”客运网主骨架之一，东起杭州东站，西至新长沙站，线路全长927千米，线路横贯浙、赣、湘三省，途经杭州、南昌、长沙3个省会城市，是一条中国南方地区横贯东西的重要铁路交通大动脉，同时也是兼顾与南北方向快速铁路快速铁路之间转换客流的东西向客运专线，途经抚州市的唯一站点就是抚州东站。建成后，抚州至杭州旅客列车运行时间预计将由目前的约6小时缩短至2小时左右。

杭长高铁抚州东站站前南路建设工程被列为东乡县重点工程，是该县城北新区路网建设的主干道，可有效拓展城区向北发展空间并完善县城城北新区路网。该工程为东西走向，西起东临一级公路，东至站前广场东侧规划道路。路线全长2227米，包括道路、桥梁、给排水、交通和照明等配套工程。工程技术等级为城市一级主干道，设计速度为每小时60千米，道路宽60米，采用沥青混凝土路面，工程计划投资4276万元。

（陈根玲）

【中央投资铁道部执行情况督导组督查向莆铁路建设】 12月22日，中央投资铁道部执行情况督导组对向莆铁路江西段JX—3标段的概况、投资完成及形象进度、中央预算内资金使用、管理制度及措施等情况进行督导检查。

中央投资铁道部执行情况督导组由铁道部建设司、计划司、财务司、审计司、工程建设管理中心、安全质量监督总站等部门领导和专家组成。18 日,督导组一行在南昌铁路局、向莆铁路股份公司、中铁五局等单位负责人陪同下,深入到中铁五局向莆铁路南昌西客站铺轨现场和抚州铺架基地进行检查,听取了中铁五局向莆铁路指挥部的汇报,并查阅了相关内业资料。督导组成员通过察看现场、听取汇报、查检内业资料等,就中央预算内资金使用、管理制度及措施等情况对相关部门提出了指导建议。

2012 年向莆铁路股份公司下达中铁五局向莆铁路 JX—3 标段投资计划 77694 万元,其中,中央投资 15000 万元。截至 2012 年 10 月,完成投资计划 46325 万元,为年计划的 74%;完成中央投资 9633 万元,为年计划的 64.2%。

(陈根玲)

【首列客运火车驶入新抚州北站】 8 月 1 日 13 点 42 分,由南昌开往乐安江边村的 7205 次列车缓缓停靠在新抚州北站,成为向莆铁路抚州北站改造以后停靠的第一趟列车。7 月 31 日下午已有货车首先开通运营。

(陈根玲)

【新抚州北站 7 月 31 日正式启用】 7 月 29 日,南昌铁路局发出电报指出,根据向莆铁路工程总体安排及施工单位申请,向乐线抚州北站、大岗站、区间线路升级改造施工已完工,经验收设计质量合格,符合开通条件,定于 7 月 31 日 18 时开通,比原计划提前一天恢复营运。

抚州北站是抚州市本级唯一建成的火车站,也是向乐铁路上的车站,历史悠久,建于 1961 年 6 月,1965 年 12 月通车。向莆铁路抚州北站位于既有向乐铁路抚州北站位置,设计时把既有抚州站拆除,既有路基按向莆线的标准重新换填施工,重新修建站房、车站正线和到发线股道。新抚州北站工程于 2011 年 6 月开工,原计划 2012 年 8 月 1 日正式开通。新抚州北站站房为线侧平式,钢筋混凝土框架结构,站房主体一层,高 12.43 米,总建筑面积 999 平方米,外墙为石材和玻璃幕墙装饰。主站房主要包含主体结构、建筑装修和机电安装工程。建筑装修工程包括站房建筑装修、各功能区室内装饰装修、室外外墙石材、幕墙装饰;站房机电安装工程包含变配电及照明、给排水及消防、通风空调工程。雨棚主体为悬挑钢架结构,总覆盖面积 2193 平方米。

向莆铁路抚州北车站主要工程量是,拆除既有线路 2.8 千米、道岔 15 组;挖运土方 6.5 万立方米,填方 3.4 万立方米;新建涵洞 42.5 米;铺轨 9.5 千米、铺道岔 23 组、换铺长轨及线路锁定 5 千米、道砟 1.92 万立方米,以及新站房建设和区间、站场信号通信设备升级。工程由中铁五局、中铁十七局、中铁电气化局等单位担负施工任务。在此次改造的同时,大岗站新铺道岔 4 组,抚州北至三江镇车站换铺长轨及线路锁定 22.5 千米,更换桥枕 7391 根,护轨安装 2.29 千米。

7 月 31 日 18 时开通恢复向乐线营运,并启用新抚州北站,办理客货运业务。

(陈根玲)

【南城火车站站前广场工程竣工】 2012 年 12 月底,随着大红的“南城站”三个字矗立在火车站候车大厅楼顶,标志着火车站站前广场工程建设进入“收官"阶段,让该县 30 余万老百姓圆了火车梦。“西汉古邑”四个鎏金大字,麻姑山、洪门醉仙湖风景浮雕及南城历史名人像及其诗句浮雕等的建设,展现了该县 2200 余年的建县历史和丰厚的文化底蕴及其自然风光。

该项目工程是南城县 2012 年城市建设的重点项目之一,占地面积达 80000 平方米,总投资 5000 万元。设计单位为湖北省林业设计院,监理单位为南城县建筑责任有限公司,施工单位为江西省上饶金日市政工程公司。该工程于 2012 年 3 月正式开工建设。

(王素红)

南昌火车站中转列车时刻表

表 43　　2013 年 4 月

车次	车种	区　间	南昌站		终点站	车次	区　间	南昌站		终点站
			到达	开车				到达	开车	
K105	空调快速	北京西—深圳	15:48	16:02	05:02	K106	深圳—北京西	23:19	23:34	16:18
T107	空调特快	北京西—深圳	09:31	09:45	19:45	T108	深圳—北京西	00:25	00:40	14:13
Z133	空调快速	北京西—井冈山	07:14	07:28	10:45	Z134	井冈山—北京西	19:58	20:20	08:30
K571	空调快速	北京西—龙岩	09:44	09:58	19:52	K572	龙岩—北京西	20:38	20:52	13:08
K751/4	空调快速	上海南—平顶山	23:37	23:54	12:01	K752/3	信阳—上海南	22:19	22:32	11:20
K351/4	空调快速	上海南—成都	03:21	03:36	04:31	K352/3	成都—上海南	01:42	01:58	13:59
K11/4	空调快速	上海南—武昌	05:50	06:03	11:45	K13/2	武昌—上海南	21:07	21:21	07:19
K123/2	空调快速	上海南—十堰	00:33	00:48	11:10	K124/1	十堰—上海南	01:01	01:16	11:42
K253/2	空调快速	上海南—宜昌东	01:42	01:59	15:45	K254/1	宜昌东—上海南	02:57	03:12	13:14
K87/6	空调快速	九江—广州	18:54	19:08	07:47	K85/8	广州—九江	07:50	08:06	10:01
T162/59	空调特快	青岛—广州东	01:56	02:13	12:58	T161/0	广州东—青岛	01:54	02:09	20:11
K311/10	空调快速	合肥—广州东	20:09	20:33	09:36	K309/12	广州东—合肥	23:31	23:47	06:11
K304/1	空调快速	连云港东—广州	01:42	01:59	15:45	K302	广州—徐州	10:16	10:38	21:50
K391/90	空调快速	成都—福州	14:39	14:48	05:01	K392/89	福州—成都	23:25	23:40	04:41
K321/0	空调快速	合肥—福州	01:19	01:34	12:34	K322/19	福州—合肥	01:05	01:24	10:14
K523/6	空调快速	汉口—福州	21:15	21:37	10:08	K524/5	福州—汉口	00:04	00:19	05:53
K806/3	空调快速	重庆北—福州	07:42	07:54	19:45	K804/5	福州—重庆北	05:21	05:37	04:56
K32/29	空调快速	洛阳—福州	03:07	03:22	13:30	K30/31	福州—洛阳	02:03	02:19	16:08
1218/5	空调普快	西安—福州	12:42	12:55	23:01	1216/7	福州—西安	21:53	22:13	15:43
K115	空调快速	九江—深圳	16:43	16:59	05:48	K116	深圳—九江	05:28	05:43	07:48
T188/5	空调特快	沈阳北—深圳	18:33	18:53	05:13	T186/7	深圳—沈阳北	06:30	06:45	06:47
K448/5	空调快速	西安—深圳	16:26	16:45	04:50	K446/7	深圳—西安	21:02	21:28	15:17
K1038/9	空调快速	郑州—深圳	09:52	10:08	22:12	K1040/37	深圳—郑州	21:42	21:56	09:20
K555	空调快速	武昌—深圳西	20:27	20:48	09:10	K256	深圳西—武昌	03:06	03:23	09:03
K1622/19	空调快速	天津—深圳东	17:12	17:27	06:28	K1620	深圳东—天津	22:02	22:18	16:06
K255	空调快速	合肥—深圳西	02:08	02:25	15:30	K526	深圳西—合肥	05:36	05:51	13:23
K132/3	空调快速	兰州—深圳西	15:20	15:39	05:46	K134/1	深圳西—兰州	23:02	23:17	07:21
K94/1	空调快速	泰州—深圳东	02:18	02:33	14:17	K92/3	深圳东—泰州	06:02	06:17	22:03
K1270/67	空调快速	重庆北—福州	05:02	05:15	14:58	K1268/9	福州—重庆北	07:12	07:28	05:22
K1127/6	空调快速	杭州—汉口	02:57	03:10	08:58	K1125/8	汉口—杭州	20:50	21:04	05:17
K1191	空调快速	南京—南宁	06:29	06:46	06:15	K1192	南宁—南京	10:32	10:51	20:00
T126/7	空调特快	成都—东莞东	19:18	19:31	05:16	T128/5	东莞东—成都	21:49	22:03	17:25
K530/1	空调快速	成都东—杭州	13:29	13:43	22:02	K529/32	杭州—成都东	06:23	06:36	08:26
K1136/7	空调快速	青岛—南宁	13:47	14:02	17:05	K1338/5	南宁—青岛	22:54	23:09	21:22
K397/6	空调快速	武昌—泉州东	14:57	15:13	09:33	K398/5	泉州东—武昌	11:14	11:34	17:10

续表 43

车次	车种	区 间	南昌站		终点站	车次	区 间	南昌站		终点站
			到达	开车				到达	开车	
K1029	快 速	合肥—东莞东	18:10	18:25	06:22	K1130	东莞东—合肥	02:52	03:00	10:14
K1076/7	空调快速	重庆北—宁波东	12:32	12:42	23:02	K1078/5	宁波东—重庆北	17:37	17:57	14:30
1586/7	空调普快	温州—汉口	01:33	01:46	07:33	1585/8	汉口—温州	19:59	20:14	07:20
K799/8	空调快速	武昌—汕头	18:02	18:18	08:06	K800/797	汕头—武昌	06:45	07:06	11:35
K242/3	空调快速	西安—厦门	14:20	14:41	05:52	K244/1	厦门—西安	11:42	11:54	07:10
K903/2	空调快速	太原—厦门	13:21	13:36	05:40	K904/1	厦门—太原	02:34	02:48	05:36
K742/3	空调快速	郑州—高崎	01:27	01:44	16:02	K744/1	高崎—郑州	11:26	11:41	23:48
K1124/1	空调快速	哈尔滨—海口	08:02	08:23	17:17	K1123/2	海口—哈尔滨	21:20	21:37	08:46
K1094/1	空调快速	成都东—深圳东	16:58	17:20	06:16	K1092/3	深圳东—成都东	08:13	08:33	09:26
K1258/5	空调快速	成都东—温州	21:45	22:15	09:29	K2038/5	温州—成都东	22:37	22:52	21:51
K561	空调快速	阜阳—东莞东	19:33	19:48	07:22	K562	东莞东—阜阳	01:20	01:34	09:49
K1017/20	空调快速	广州东—九江	05:09	05:25	06:55	K1019/8	九江—广州东	15:12	15:32	05:38
Aug - 85	空调普快	杭州—九江	05:15	05:31	07:17	2186	南昌—杭州		21:28	06:50
K491	空调快速	济南—昆明	01:10	01:26	06:05	K492	昆明—济南	16:25	16:42	07:20
K1187/6	空调快速	九江—上海南	17:44	17:59	05:11					

说明:根据有关资料整理,以车站公告为准

(周国祥)

南昌火车站始发列车时刻表(一)

表 44

2013 年 4 月

车次	车种	起终点站	时 刻		车次	起终点站	时 刻		票价(元)	
			开车	终到			开车	终到	硬座	硬卧
Z66	空调特快	南昌—北京西	20:06	07:32	Z65	北京西—南昌	20:00	07:20	—	306.5
Z68	空调特快	南昌—北京西	20:12	07:38	Z67	北京西—南昌	20:06	07:32	173.5	306.5
T168	空调特快	南昌—北京西	19:32	12:55	T167	北京西—南昌	14:55	08:03	189.5	333.5
1454	空调普快	南昌—北京西	17:00	11:10	1453	北京西—南昌	12:09	06:05	152.5	285.5
T147/6	空调特快	南昌—北京	13:11	10:55	T145/8	北京—南昌	12:09	10:39	224	393
D98	动车组	南昌—上海虹桥	14:35	20:58	D97	上海虹桥—南昌	07:40	14:09	237	284.5
D94	动车组	南昌—上海虹桥	08:58	15:44	D93	上海虹桥—南昌	14:49	21:32	237	284.5
D92	动车组	南昌—上海虹桥	08:10	14:26	D91	上海虹桥—南昌	16:12	22:44	237	284.5
K288	空调快速	南昌—上海南	21:08	06:24	K287	上海南—南昌	20:55	06:52	105	190
K2228	快速	南昌—上海南	17:35	04:40	K2227	上海南—南昌	20:40	08:40	60	120
K1187/6	空调快速	九江、南昌—上海南	18:06	05:11	K1185	上海南—南昌	09:05	20:30	105	190
D113/2	动车组	九江、南昌—杭州东	13:18	18:23	D111	杭州东—南昌	18:43	23:46	190.5	228.5
D205/8	动车组	南昌—长沙	07:43	11:13	D207/6	长沙—南昌	11:30	15:04	122.5	147
D117/6	动车组	南昌—长沙	15:26	19:04	D115/8	长沙—南昌	19:34	23:10	122.5	147

续表44

车次	车种	起终点站	时刻		车次	起终点站	时刻		票价(元)	
			开车	终到			开车	终到	硬座	硬卧
T171	空调特快	南昌—广州东	18:40	06:29	T172	广州东—南昌	19:29	07:00	135.5	240.5
K1218/9	空调普快	南昌—宁波东	20:48	10:14	K1220/7	宁波东—南昌	11:25	05:11	119	215
K2208/5	空调普快	南昌—温州	19:02	06:55	K2207/6	温州—南昌	18:30	06:10	86	164
K342/3	空调快速	南昌—青岛	16:48	11:09	K344/1	青岛—南昌	12:37	08:44	189.5	333.5
K787/6	空调快速	南昌—成都东	10:50	13:24	K788/5	成都东—南昌	14:38	17:00	224	401
K790/1	空调快速	南昌—西安	18:48	15:08	K792/89	西安—南昌	16:45	12:25	168	298.5
D3252/3	动车组	南昌—宜昌东	08:44	13:48	D3254/1	宜昌东—南昌	14:10	19:25	195	234
D3256/7	动车组	南昌—宜昌东	15:06	20:14	D3258/5	宜昌东—南昌	09:00	14:45	195	234
D3230	动车组	南昌—汉口	19:08	22:22	D3221	汉口—南昌	08:26	11:41	109.5	131.5
D3246/7	动车组	南昌—汉口	12:07	15:15	D3248/5	汉口—南昌	15:33	18:45	109.5	131.5
K1326/7	空调快速	南昌—苏州	21:30	10:54	K1328/5	苏州—南昌	16:29	05:36	105	190
K432	空调快速	南昌—扬州	15:02	08:25	K434/1	扬州—南昌	12:42	06:16	124	223
K1235	空调快速	南昌—昆明	18:33	22:06	K1236	昆明—南昌	11:40	14:57	217	383
1482/3	空调普快	南昌—包头	09:57	22:15	1484/1	包头—南昌	07:57	17:05	224.5	419.5
1557	空调普快	南昌—南宁	17:13	11:40	1558	南宁—南昌	18:20	16:12	138	261.5
K612/3	空调快速	南昌—连云港东	15:14	08:10	K614/1	连云港东—南昌	18:25	08:33	124	223
K8716/7	空调快速	南昌—福州	20:26	06:15	K8718/5	福州—南昌	20:25	06:39	86	156
K8708/5	空调快速	南昌—厦门	18:10	10:57	K8706/7	厦门—南昌	12:45	05:43	112	200
T8001	空调特快	南昌—赣州	17.53	22.07	T8002	赣州—南昌	07:55	12:09	62.5	114.5
K8703	空调快速	南昌—井冈山	12:38	16:28	K8732	井冈山—南昌	07:26	11:20	46.5	97.5
K8731	空调快速	南昌—井冈山	17:07	20:53	K8704	井冈山—南昌	11:14	15:50	46.5	97.5
K8722	空调快速	南昌—上饶	07:11	10:53	K8721	上饶—南昌	11:50	16:02	40.5	91.5
K8723	空调快速	南昌—瑞金	07:34	14:56	K8724	瑞金—南昌	11:06	18:42	75	
K8727	空调快速	南昌—醴陵	07:05	11:37	K8728	醴陵—南昌	14:22	18:55	50.5	
K8730	空调快速	南昌—景德镇	08:16	13:06	K8729	景德镇—南昌	13:47	18:53	46.5	

说明:根据有关资料整理,以车站公告为准

(周国祥)

南昌火车站始发列车时刻表(二)

表45　　2013年4月

车次	车种	起终点站	时刻		车次	起终点站	时刻		票价(元)	
			开车	终到			开车	终到	硬座	软座
D6342	动车组	南昌—九江	07:00	08:05	D6341	九江—南昌	07:00	07:50	39.5	46.5
D6344	动车组	南昌—九江	08:20	09:25	D6343	九江—南昌	08:55	10:00	39.5	46.5
D6346	动车组	南昌—九江	09:30	10:35	D6345	九江—南昌	09:55	11:00	39.5	46.5

续表45

车次	车种	起终点站	时刻		车次	起终点站	时刻		票价(元)	
			开车	终到			开车	终到	硬座	软座
D6348	动车组	南昌—九江	10:16	11:21	D6347	九江—南昌	11:45	12:50	39.5	46.5
D6350	动车组	南昌—九江	13:15	14:20	D6349	九江—南昌	13:00	14:05	39.5	46.5
D6352	动车组	南昌—九江	14:45	15:50	D6351	九江—南昌	15:00	16:05	39.5	46.5
D6354	动车组	南昌—九江	16:35	17:25	D6353	九江—南昌	15:15	17:20	39.5	46.5
D6356	动车组	南昌—九江	17:42	18:47	D6355	九江—南昌	17:57	19:01	39.5	46.5
D6358	动车组	南昌—九江	19:25	20:30	D6357	九江—南昌	19:12	20:17	39.5	46.5
D6360	动车组	南昌—九江	20:40	21:45	D6359	九江—南昌	20:57	22:02	39.5	46.5
D6392	动车组	南昌—九江	11:25	12:30	D6391	九江—南昌	11:45	12:50	39.5	46.5
5201	普快	南昌—萍乡	14:10	19:10	5202	萍乡—南昌	07:08	11:08	21.5	
5221	空调普快	南昌—萍乡	12:09	16:37	5222	萍乡—南昌	11:09	15:29	38.5	
5204	普快	南昌—玉山	15:55	20:39	5203	玉山—南昌	08:45	13:23	21.5	
5206	普快	南昌—景德镇	16:34	21:10	5205	景德镇—南昌	07:35	12:36	23.5	
7213	普慢	南昌—吉安	16:12	20:43	7214	吉安—南昌	08:00	12:00	15.5	
8551	普慢	南昌—向塘	06:30	07:03	8552	向塘—南昌	19:20	19:50	2	

说明:根据有关资料整理,以车站公告为准　　(周国祥)

南昌铁路西环线列车绕行情况表

表46　　2013年4月

车次	车种	区间	南昌站		终点站	车次	区间	南昌站		终点站
			到达	开车				到达	开车	
K307/6	空调快速	北京西—厦门	绕行西环线			K308/5	厦门—北京西	14:39	14:55	07:05
K923/2	空调快速	汉口—广州东	绕行西环线			K921/4	广州东—汉口	00:11	00:26	07:31
K1281	空调普快	济南—深圳东	01:34	01:51	13:21	K1282	深圳东—济南	绕行西环线		
K668/5	空调快速	沈阳北—福州	绕行西环线			K666/7	福州—沈阳北	18:19	18:35	22:30
K1281	空调普快	济南—深圳东	01:34	01:51	13:21	K1282	深圳东—济南	绕行西环线		
K731/0	空调快速	大同—广州东	绕行西环线			K729/32	广州东—大同	15:51	16:06	16:53
1202/3	普快	信阳—深圳西	绕行西环线		09:16	1204	深圳西—信阳	绕行西环线		
K271	空调快速	上海南—井冈山	绕行西环线		11:10	K272	井冈山—上海南	绕行西环线		11:42
K1515	空调快速	上海南—深圳东	绕行西环线		14:16	K1516	深圳东—上海南	绕行西环线		14:13
K793/6	空调快速	上饶—广州东	绕行西环线		08:16	K795/4	广州东—鹰潭	绕行西环线		06:32
T211	空调特快	上海南—深圳	绕行西环线		06:04	T212	深圳—上海南	绕行西环线		07:58
T101	空调特快	上海南—深圳	绕行西环线		08:23	T102	深圳—上海南	绕行西环线		10:20
K469	空调快速	苏州—赣州	绕行西环线		08:12	K470	赣州—苏州	绕行西环线		04:41
K25	空调快速	南京—深圳	绕行西环线		16:13	K322/19	深圳—南京	绕行西环线		11:15
K2018/9	空调快速	烟台—深圳	绕行西环线		15:33	K2020/7	深圳—烟台	绕行西环线		23:00

说明:因南昌西客站未开通,所有客车均不停靠,直接通过。部分列车单趟停靠南昌站　　(周国祥)

民用航空

【南昌机场2012年旅客吞吐量突破600万人次】 12月30日，南昌昌北国际机场年旅客吞吐量首次突破600万人次，完成旅客吞吐量602万人次、航班起降54987架次，货邮吞吐量3.72万吨，分别同比增长12.5%、10.1%、8.4%，继2011年后，昌北机场本年度再次新增旅客超百万人次。

为开拓市场，江西机场集团公司紧抓夏秋、冬春换季和春运、暑运等时机，走出去，请进来，向目标航空公司营销推介。一系列举措的实施使南昌机场实现航班起降架次、旅客吞吐量在全国机场排名的进位赶超。2012年，南昌昌北国际机场成功引进新航线18条，增开6个空白点城市航班，加密了18个重点城市航班密度。昌北机场首次实现正班航线上宽体客机运营。南昌往返台北航班中华航空空客A330宽体机实现常态化运营，南昌北京航线旺季投入A330宽体机运营。在国际地区航线上，在加密香港、台北、台中航班的同时，机场先后开通了曼谷—南昌旅游包机和南昌—首尔定期旅游航班。

2012年，南昌机场安全服务坚持持续安全理念，推进安全体系建设，强化安全监管，落实安全责任，加强净空治理，提升应急能力，实现了又一个安全年。同时，积极落地“中国服务”，不断提升服务质量，形成蕴含江西文化的“红色服务”品牌。2012年第二季度，南昌机场旅客满意度4.73分，名列全球500万—1500万级机场第二。

（周国祥）

【南昌机场升级为4E级国际机场】 2月7日，南昌昌北国际机场获中国民用航空局《关于颁发南昌昌北国际机场临时使用许可证的批复》〔民航函(2012)137号〕，《机场使用手册》修订版也得到民航局正式批准，标志着南昌机场正式跨入4E级国际机场行列。南昌机场具备保障E类航空器的条件和能力，可起降除A380外所有机型。

为顺利取得4E级机场使用许可证，机场做足前期准备工作，江西机场集团公司多次与民航局、华东地区管理局沟通协调。南昌机场扩建后，机场飞行区指标、可使用最大机型、消防等级、飞行区几何尺寸、物理特性、运行设施、导航设施等都发生了变化。根据民航局《民用机场使用许可规定》（民航局156号令）的要求和规章标准的变化，南昌机场自2010年11月开始就组织对《机场使用手册》内容进行大幅度的更新、补充和完善。经过4次大幅修订后，于2011年4月送民航江西监管局初审、通过华东地区管理局手册文本审查，获得局方监察员签字确认。同年9月，机场飞行区扩建工程通过局方行业验收。机场飞行区各项保障条件已符合4E相关技术标准，机场正式向民航局申报昌北机场使用许可证变更请示。2011年12月15日，机场AlP资料生效，3400米跑道顺利切换，试飞一次性成功。机场已具备E类航空器保障能力。

南昌昌北国际机场临时使用许可证有效期1年。待国家发改委批复机场跑道延长200米后，民航局将颁发昌北机场使用许可证。

（周国祥）

【南昌昌北国际机场成功应对跑道受损突发事件】 2012年7月4日16:20，南昌昌北国际机场工作人员在巡场时发现跑道2800米处道面板角破损、脱落。为保障航班安全起降，机场于17:30临时关闭组织抢修。飞行区管理部工作人员顶着60度高温对破损道面进行全力抢修。江西省机场集团公司总经理万林、党委书记周敏生、副总经理李运昌亲临现场坐镇指挥。由于及时发现、快速反应、妥善处置，期间机场运行安全有序，所有旅客妥善安置，得到民航江西监管局好评。

行动迅速，组织得力。经全力抢修，跑道恢复适用性标准，机场于18:30开放，比预计开放时间提前半小时。

协调联动，热情服务。机场当日航班保障至

次日凌晨4时,为确保旅客尽快出行,航班保障期间,各部门协调联动,各级领导靠前指挥,员工坚守岗位,确保了机场运行安全有序。运控中心全员通宵坚守岗位,实时监听动态信息,及时向各相关单位通报,与航空公司保持联系,做好机组解释工作;飞行区管理部密切关注道面状况,航班结束后再次对跑道进行巡查维护,确保安全万无一失;机场公安局加强现场执勤力量,做好应急处置工作;地服公司增派一线服务人员,及时联系宾馆、车辆,为航延旅客安排住宿、提供餐食,安抚旅客情绪;安检护卫部、民航国旅等单位工作人员坚守岗位通宵为旅客提供安检、票务服务;航站区管理部加强楼内巡视,保持楼内温度舒适。

信息通报,及时准确。按集团公司安全质量信息管理办法,机场第一时间通过电报、网报等方式,及时向民航江西监管局、首都机场集团公司及江西机场集团领导、质量安全部等通报信息。同时与空管、航空公司等各驻场单位保持联系;机场各部门及时沟通,保持信息传递畅通。党群工作部第一时间通过集团公司官方微博向社会公布信息,实时监测网上舆论,消除影响。在全员通力协作下,南昌昌北国际机场成功应对跑道受损突发事件。

(周国祥)

【昌北机场正式启动候机楼出入口防爆检查】根据国家民航局统一部署,2012年6月30日起,南昌昌北国际机场提高机场安检等级至三级,并正式启动候机楼出入口防爆检查,在南昌机场T2航站楼3、4号门设置防爆检查岗位,对所有进入T2航站楼的人员及随身行李物品实施不间断防爆安全检查。

为了落实好出入口防爆检查工作,机场专门制定《南昌昌北国际机场候机楼出入口防爆检查工作实施办法》,明确了防爆检查操作流程。同时在T2航站楼3号门、4号门增设隔离拉带,针对检查需要合理划分检查区域,并在入口显著位置放置提示牌。面对安检人员短缺、现有防爆检查设备不足等困难,机场克服困难,坚持抽调岗位能手和业务骨干执行候机楼出入口的防爆检查任务,前移安全关口,严控安全风险。

同时,机场公安、安检护卫部、消防实行领导24小时在岗值班制度;除值班和在岗人员外,机场公安、安检护卫部、消防等单位备勤人员不低于20%;在机场公共区域增加20%的巡逻力量;加强旅客及开箱包检查率,增派力量加强航空器监护和守护;加强机场控制区工作人员、车辆及物品检查;对进入要害部位的人员和车辆进行人证对照检查、人身检查和车辆检查,对进入要害部位的通道口设置临时防冲撞设施。

(周国祥)

【江西省机场集团公司正式成为ACl会员】2012年是南昌机场正式加入国际机场协会的第一年,也是机场迈入全球旅客吞吐量500万—1500万机场组的第一年。2月份,江西省机场集团公司收到国际机场协会(ACl)的答复函,正式确认江西省机场集团公司自2012年1月1日起成为国际机场协会亚太地区会员,并颁发了会员证书。作为ACI会员,江西省机场集团公司将参加ACI统一组织的服务测评和全球排名。通过应用34项旅客满意度指标进行测评,机场可以系统全面地掌握旅客服务水平,并能与全球180多个机场进行分项对比,准确地找到机场存在的服务短边及与国际先进机场的差距,更好地进行"对症下药"式的持续改进,促进机场旅客服务品质的全面提升。

该公司着力加强南昌机场服务的软性管理,同时重点改进、优化wi—Fi/互联网、登机口信息屏及T1服务设施等硬件短边,让进出南昌机场的旅客更加满意。3月29日至30日,国际机场协会(ACI)指派外籍专家对南昌机场进行了服务测评审计,共对205名出港旅客进行服务质量问卷调查。ACI审计结果显示,南昌机场整体满意度为4.62分,旅客满意度34项平均为4.5分,符合审计调查误差允许范围,验证了南昌机场自2010年以来服务翻身仗所取得的成绩。

5月初,江西省机场集团公司收到国际机场协会(ACI)的正式批复,确认南昌机场顺利通过ACI的服务测评审证。

(周国祥)

【A330首飞南昌台北航线】　2011年,南昌昌北国际机场完成二期扩建,升级为4E级的国际机场,可以起降除A380外所有机型。江西省、南昌市领导高度关注,多次要求要积极引入大机型运营江西航线。江西机场集团公司领导通过前期积极沟通，成功引入中华航空 A330 航班进驻。

南昌与台湾间常态直航包机于 2009 年 9 月开通。随着赣台两地交流的日益密切，南昌台湾返来航空客流呈上升趋势，航线受欢迎程度超出预期。2011 年 11 月 1 日，台湾规模最大的民用航空企业中华航空公司（简称“华航”）正式进军江西市场，分别以 A320、E190 机型执行南昌至台北、台中航班。鉴于往返客源充足，华航决定改由 313 座的 A330 机型运营南昌台北航线。

2012 年 4 月 13 日，华航使用空客 A330 宽体机型执飞南昌—台北航线，这也是南昌昌北国际机场首次在固定航线上运营宽体客机。每周二、五执行。台北飞南昌航班号 C1545，台北起飞时间 15:45，抵达南昌时间 18:20；南昌飞台北航班号 C1546，南昌起飞时间 19:30，抵达台北时间 22:05。加上东航每周一、三、六执行南昌台北航班，南昌台湾航线每周六班。

为做好 A330 航班保障任务，南昌机场多次组织专题协调会确定保障方案，开展专项模拟演练，组织技术人员对航站楼廊桥防偏轮机构进行技术改造，确保航班保障万无一失。同时，为方便旅客快速、顺畅办理值机、安检手续，机场开设六个值机柜台，两个安检通道，把办理值机手续时间提前到飞机起飞前三小时。

此次大飞机的投入运营，将进一步缩减成本提升效率，增加往来便利，形成更加快捷的南昌台湾两地一日工作生活圈，对优化南昌投资环境、促进赣台密切交流合作，尤其是为赣台经贸合作提供新的更好条件，为台资入赣再添动力。

（周国祥）

【赣州机场分公司航空运输稳步发展】　赣州机场分公司通过加密航班、优化航线、降低成本等措施，着力打造赣州至南昌“空中快线”；暑期推出了“我去上大学 2012”优惠套票，满足了广大新生家长的需求；随着赣南苏区振兴发展工作的顺利推进，加密赣州至北京航线，进一步完善了赣南苏区大交通格局，为赣南苏区振兴发展提供了快捷方便的交通保障。

2012 年全年赣州机场运营航线 15 条，通航城市 15 个（北京、深圳、广州、上海、厦门、海口、南昌、成都、福州、贵阳、南宁、合肥、济南、武汉、昆明），平均周航班量 134 架次，进出港平均客座率 69.3%，平均载运率 53.3%。在赣州机场运营的航空公司有东航、南航、四川航、华夏、国航、天津航、幸福航、山东航、祥鹏航、昆明航等。在赣州机场长期发展经验积累基础上，分公司领导班子带领全体干部员工共同努力，实践“赣州模式”，迎来了生产发展快、发展势头好的局面，赢得了行业内外的肯定。2012 年完成旅客吞吐量 601658 人次，起降 7041 架次，货邮吞吐量 4566.7 吨，同比分别增长 16.81%、15.31%、54.91%。

（钟剑霞）

【赣州机场分公司提升服务质量】　2012 年，为改善候机环境，提升服务质量，分公司采取如下举措，一是加装候机楼坐椅扶手和坐垫。二是对服务工作进行流程优化，制作候机楼设施设备巡视单，要求服务员定期进行巡视，以确保候机楼内设备设施工作正常。三是加强自助值机柜台的维护，确保其处于良好运行状态，以减轻人工值机柜台的压力。四是制定“红马甲”志愿服务活动方案并组织实施。五是每天开放 2 条安检通道，一条头等舱、工作人员通道，一条普通旅客通道。及时发布航延信息，提供航延服务，妥善安置旅客，未出现旅客情绪失控而滋事现象。增设停车场引导标志牌，并在候机楼前醒目位置增设禁停标志。

组织开展 2012 年服务测评，第一、二、三、四季度服务测评机场整体满意度分别为 4.69 分、4.60 分、4.41 分、4.73 分。积极稳妥地处理各类旅客抱怨和来信，对提出的问题作了负责任和实事求是的回复，并采取了相应的措施改进服务工作中存在的短边和不足，得到了旅客的理解。

（钟剑霞）

【赣州机场分公司强化安全保障工作】　2012 年，分公司年初签订了 2012 年度安全服务质量目标责任书，并分解落实到各部门。组织召开维护机场安全稳定工作座谈会；开展值班领导安全管理知识培训，建立值班监察制度；外请教员对全员开展防火、灭火知识培训；组织开展安全自评价工作、机坪运行情况评估、安全运行评估，2011 年度安全管理体系（SMS）评审等，评估情况较好；完成硬件改进项目 6 项。

分公司积极落实集团公司安全倒计时活动、

春季运行、各类安全自查工作;加强新进员工入司培训和安全教育,启动岗位手册编制工程,组织开展控制区通行证使用专项整治周活动,“安康杯”知识竞赛。认真开展机场净空专项整治工作,确保机场净空条件良好,赣州市政府组织召开赣州机场净空专项整治领导小组动员会议。分公司强化航空安保工作,确保特殊时期空防安全。增强值班力量,启动空防安全三级响应机制,加强航空安保各类紧急处置预案的学习和演练。

(钟剑霞)

【赣州航空发展服务有限责任公司加密北京、上海航班】 随着赣南苏区振兴发展工作的顺利推进,赣州与首都北京的商务交流日趋频繁、人员往来日益增多,由南方航空公司执飞的“北京:赣州＝深圳”航班因运力有限,经常出现“一票难求”的局面,已很难满足北京、赣州两地的商务及旅游等出行需求,迫切需要加密航班。在赣州市委、市人民政府主要领导的重视关心下,由赣州市委、市人民政府相关领导牵头,赣州航卒发展服务有限责任公司全力跟进下,“北京—赣州”加密航班得到中国民用航空局、民航华北管理局以及中国国际航空公司的大力支持。2012 年 4 月 3O 日,由中国国际航空公司执飞的北京—赣州航班顺利开通。自此,赣州至北京往返航班由先前的每日一班(深圳—赣州—北京)增至每日两班。

为保证赣州、上海两地的旅客出行和商务往来需要,赣州航空在充分做好市场调研的基础上,积极与东航沟通和协调,于 2012 年旺季加密了上海航班,并在冬春航季实现了上海航线零补贴。

(赣州航空发展服务有限责任公司)

【赣州航空发展服务有限责任公司优化南昌、南宁航线】 随着赣州经济社会的不断发展和赣南苏区振兴发展工作的加快推进,赣州与省会南昌的政治联系愈发紧密、人员往来日益增多。为做好赣南苏区振兴发展的政策对接、规划编制与项目落实等工作,满足有关部门来往南昌和赣州的需要,按照市委、市政府关于优化赣州—南昌航线的工作部署,该公司与民航中南局等民航主管部门及东航、天津航空等航空公司沟通和协调,科学谋划航空布局,持续优化南昌航线。2012 该司开通了昆明—赣州—南昌航班,将武汉—南昌—赣州航班由每周 3 班优化为每日 1 班,停飞了贡献率较低的济南—南昌—赣州航班。为确保南昌航线的持续稳定,11 月,又将海口—赣州航线优化、延伸至南昌,继续保持南昌多班。

通过加密航班、优化航线、降低成本等措施,赣州航空着力打造赣州至南昌“空中快线”,继续保持南昌多班,力争让飞机出行成为公商务和市民往返两地的主要出行方式。

在优化南昌航线的同时,赣州航空积极与相关航空公司协调,将成都—赣州—厦门航班由先前的每周四班,增加至每周五班。同时将南宁—赣州航线延伸至福州,既增加了航点,又吸引了过站旅客。航班的加密、航点的增加,将大大提高赣州市航空通达性,加快打造支线航空枢纽的步伐。

(赣州航空发展服务有限责任公司)

【中航工业直升机所无人直升机研发中心奠基】 2 月 23 日,中航工业直升研究机所无人直升机研发中心奠基暨技术协作楼开工典礼举行。景德镇市委副书记、市长刘昌林,市委常委、常务副市长于秀明,市人大常委会副主任、工信委党组书记戴启文,市政协副主席、市政府秘书长刘朝阳等市领导,中航工业直升研究所所长邱光荣等出席仪式。无人直升机研发中心和技术协作楼均坐落于中航工业直升研究所科研设计人楼东侧,临近南河,与该所科研区连成一体,计划于 2012 年底封顶,2013 年上半年交付使用。自 2005 年开始,中航工业直升研究所自筹资金,自主研发无人直升机,在无人直升机研制方面取得了重要成果。2011 年,U8 无人直升机完成高原试飞,并于当年 12 月中旬通过技术鉴定审查,审查组认为 U8 无人直升机达到了研制技术要求规定的技术指标和使用要求,性能优良,技术先进,使用方便,实用性强,市场前景广阔。近年来,该所紧抓国家无人直升机大发展的良好机遇,制定无人直升机产业发展战略,从产品项目、型号规划、技术发展、人力资源及研发手段等方面进行统筹规划,实施公司化运作、专业化整合模式,以做大做强无人直升机产业。

(涂　强)

【景德镇机场春运期间旅客吞吐量增三成】 在为期 40 天的 2012 年春节运输期间,景德镇机场共安全保障航班起降408架次，安全运送旅客43846人(次)，航班起降和旅客吞吐量同比分别增长35.1%和30.3%，均创历年春运新高。

(涂　强)

【江西直升机产业投资管理有限公司创立大会召开】 6月6日，江西直升机产业投资管理有限公司创立大会暨第一次股东大会在景德镇市举行。省国资委党委副书记、副主任陈德勤，景德镇市委常委、副市长、市国资委党委书记黄康明等出席会议。会上宣读了《关于江西直升机产业投资管理有限公司相关人员的任命及高管人员的推荐意见》，股东签署了《江西直升机产业投资管理有限公司出资协议》。

为助推江西省直升机产业又好又快发展，经省委、省政府和省国资委批准，由江西铜业集团公司、景德镇市国资公司、江西省投资集团公司、中国信达资产管理股份有限公司合资成立江西直升机产业投资管理有限公司，首期注册资本为5000万元，其中景德镇市国资公司持股30%。其职能主要是扩大直升机产能，促进直升机产业结构的优化升级，统筹直升机的研发、总装、零部件配套及国际合作等项目建设。景德镇作为全国唯一一座同时具备直升机专业科研机构和规模化生产能力的城市，有着40余年的直升机总装历史，培养了一大批的研发人才，具有较强的航空科技研发基础。江西直升机产业投资管理有限公司落户景德镇市，必将进一步密切省属企业与景德镇市的联系，促进双方共赢发展。

(涂　强)

【AC311直升机通过AEG审查】 6月28日，被誉为“空中小精灵”的两吨级轻型通用直升机AC311顺利通过中国民航局AEG审查，取得型号合格证，这是全国第一个通过AEG审查的直升机产品，表明该款直升机已满足最低安全飞行标准，标志着这款直升机具备投入市场运营条件。

在AC311直升机AEG评审工作中，中航工业直升机研究所和中航工业昌河飞机工业公司共对局方飞行员进行38小时地面理论培训和30小时的飞行培训；完成16项主最低设备清单编制及验证工作，其中试飞验证5项，地面验证2项；编制形成MSG一3分析报告共62份；形成随机文件13册计7000余页；完成357项维修程序核查和验证工作；完成200余项机载设备的运行符合性核查工作。通过开展AEG审查工作，中航工业直升机研究所和中航工业昌河飞机工业公司培养了AEG专业人员，完善了AEG工作体系，初步形成与国际接轨的培训模式，能够有效提高AC311直升机的出勤率，降低维护成本。

该款直升机通过中国民航局AEG审查后，已接到中航技、飞龙公司、陕西通航投资发展有限公司等用户72架订单，其中首架机由北京航翔广告公司购买，国外用户订购2架。预测到2020年，AC311直升机国内外市场需求将达到400~500架。

(涂　强)

【景德镇市划定景德镇机场净空保护区范围】 《景德镇罗家机场净空保护区障碍物限制图》经民航华东地区管理局审批通过，根据《中华人民共和国民用航空法》、《民用机场管理条例》(国务院第553号令)规定，景德镇市政府于7月初划定景德镇机场净空保护区范围：

一、机场净空保护区域景德镇机场净空保护区为机场跑道两端各20千米、机场跑道两侧各10千米的区域内。

二、机场净空保护区域具体保护范围自北向东：彭车畈—金家—先锋尖—猪屎尖—小坑坞；自东向南：岐源坞—中喉咙—岭脚下—陶瓷学院—下街—花儿滩—画眉楼—马咀坞—内柏叶坞—南源坞—大徐岭—高家山；自南向西：源头坞—青山湾收费站—严家新村—刘家村—港下—古田—湾头—木林坞—峡源；自西向北：余家村—上兰村—路下村—蔡家村—索梓源—狗卵尖—竹窠里—英花尖—芦田村—沙帽尖—蛟潭火柴厂—蒋家坞。

三、机场净空保护要求。(一)禁止在依法划定的景德镇机场净空保护区域内从事下列活动：1.修建可能在空中排放大量烟雾、粉尘、火焰、废气而影响飞行安全的建(构)筑物或者设施；2.修建靶场、强烈爆炸物仓库等影响飞行安全的建(构)筑物或者设施；3暂修建不符合机场净空要求的建(构)筑物或者设施；4.设置影响机场目视助航设施使用的灯光、标志或者物体；5.种植影响飞行安全或者影响机场助航设施使用的植物；6.饲养、放飞影响飞行安全的鸟类动物；7.升放无人驾驶自由气球、系留气球等升空物体;8. 焚烧产生大量烟雾污染的秸秆、垃圾、落叶等物质。(二)在距离景德镇机场跑道两侧1千米和两端3千米的范围内,除禁止从事前条所列活动外,还禁止从事下列活动:1. 修建禽类养殖场;2. 放飞风筝;3. 燃放烟花。(三)在距离景德镇机场机场跑道两侧8千米和两端8千米的范围内,不得设置易吸引鸟类及其他动物的露天垃圾场。(四)景德镇机场净空保护区域范围内高压架空输电线路的规划和建设,应当符合国家规定和有关技术标准的要求。

(涂　强)

【景德镇至北京航班加密】 为进一步拉近"瓷都"与"首都"的距离,促进景德镇市及周边地区与北京进行政治、经济、文化交流,充分发挥航空"便捷、舒适、安全"优势,更好地为群众往返京景进行公务、商务以及旅行团队活动提供航班便利,从7月6日开始,景德镇至北京航班在每晚1班的基础上,逢周三、周五、周日新增早班,实现每周三、五、日当天可往返北京。景德镇至北京加密航班具体时刻为:每周三、五、日上午7:25自首都国际机场起飞,9:30到达景德镇机场;10:40景德镇机场起飞,12:45到达首都国际机场。

景德镇至北京往返航班,作为景德镇市的一条重要航线,在景德镇市政府的高度重视和大力支持下,航线稳定,客源不断增加,经营模式也由地方包机转变为航空公司自主经营。该航班的加密,既满足了市场需求,又策应了地方城市发展战略的需要。

(涂　强)

【江西直升机产业投资管理有限公司在景挂牌成立】 9月25日,江西直升机产业投资管理有限公司挂牌仪式在景德镇市举行。副省长洪礼和出席仪式并揭牌。省政府副秘书长王水平,省国有资产监督管理委员会书记、主任李天鸥,景德镇市委书记邓保生,省工信委党组书记李春燕,省工信委主任谢碧联,省商务厅厅长伍再谦,省国防科工办党组书记、主任李贤书,江西铜业集团公司董事长、总经理李贻煌,江西省投资集团公司总经理、党委书记姚迪明,中国信达资产管理股份有限公司江西分公司总经理张文刚,省发改委副巡视员杨毅,省国有资产监督管理委员会副主任李键,景德镇市委常委、常务副市长于秀明,市人大常委会副主任、市委秘书长余振泰,市人大常委会副主任、高新区党工委书记戴启文,副市长张春萍,市政协副主席、市政府秘书长刘朝阳,中航工业昌飞公司董事长、总经理余枫,中航工业直升机所所长邱光荣等出席挂牌仪式。各相关部门负责人参加仪式。

景德镇市委、景德镇市政府以争创国家航空科技城为契机,抓住省委、省政府建设航空制造产业"一基地、三园区"的发展机遇,举全市之力推进航空产业发展,切实抓好景德镇航空科技城的研发创新区、装备制造区、通航产业区三大功能区的建设,努力打造直升机研发基地、生产基地、人才聚集和培训基地,为航空企业提供优质服务,实现航空企业早落户、早开工、早建成。

(涂　强)

【景德镇市举办"罗家2012"反劫机综合演练】 11月29日,按照民航华东地区管理局的安排,景德镇罗家机场,景德镇市公安局、武警支队、消防支队、急救中心、疾控中心等单位,联合举行2012年景德镇"罗家2012"反劫机综合演练。

此次演习课题为,某航空公司飞往景德镇的B7035次航班在飞行途中遭遇3名歹徒劫持机组人员和机上乘客并迫降在景德镇市罗家机场,要求飞机加满燃料企图飞往境外,航班紧急迫降后的应急处置和救援。接到演练指令后,景德镇市应急指挥中心立即启动应急处置预案,各参练等单位联合出动,经过缜密侦查、谈判、狙杀、突入等一系列技战术,最终击毙1名,另2名歹徒被击伤并被控制,成功救出机组人员和乘客,演练取得预期效果。

此次反劫机综合演练的目的,是为了完善景德镇罗家机场反恐怖反劫机、航空器爆炸起火等突发事件的信息传递和应急处置程序,检验机场在政府协助下的反恐怖及应急救援等工作的整体应对能力。

(涂　强)

南昌昌北国际机场航班时刻表(1)

表47 2013年3月

到达地	航班号	机型	南昌始发		返回地始发		班 期	机场
			起飞	到达	起飞	到达		
北京	MU5173/4	空客320	08:10	10:20	11:20	13:35	每日	首都
	CA1582/1	波音738	08:25	10:40	19:15	21:30	每日	
	MU2092/1	空客321	10:45	13:00	07:40	09:55	每日	
	CA1573/4	波音738	11:05	13:20	07:45	10:05	每日	
	MU5187/8	空客320	14:40	16:55	18:05	20:15	每日	
	CA1512/1	波音738	15:05	17:20	11:45	14:05	每日	
	CA1578/7	波音738	18:10	20:25	14:50	17:05	每日	
	MU5175/6	空客320	19:00	21:20	22:35	00:45	每日	
	HU7194/3	B738	22:55	00:55	20:10	22:15	每日	
上海	FM9246/5	波音738	10:20	11:30	08:10	09:30	每日	虹桥
	MU5560/59	空客319	13:00	14:20	15:15	16:30	每日	
	MU5568/7	空客320	16:35	18:00	18:45	20:00	每日	
	SC1180/79	波音737	20:40	22:10	17:50	19:20	每日	
	MU5466/5	空客319	08:00	09:20	10:40	12:10	每日	浦东
	ZH9291/2	空客320	15:40	17:10	18:05	19:35	每日	
	MU5532/1	空客320	19:10	20:40	21:30	23:00	每日	
广州	MU5231/2	空客320	09:00	10:30	11:30	12:55	每日	广州
	CZ3540/39	空客320	10:15	11:40	08:00	09:25	每日	
	CZ3536/5	空客320	13:45	15:15	11:30	12:55	每日	
	MU5255/6	空客320	13:50	15:25	16:20	17:45	每日	
	MU5255/6	空客320	15:00	16:25	07:20	08:55	每日	
	ZH9668/7	空客320	17:30	19:00	14:55	16:25	每日	
	CZ3626/5	空客319	18:30	20:00	20:55	22:20	每日	
	HU7344/3	波音738	20:00	21:30	10:00	11:30	每日	
	ZH9712/1	空客320	21:50	23:25	14:00	15:30	每日	
	CZ3546/5	空客320	22:20	23:50	20:05	21:30	每日	
厦门	MU2257/8	空客320	08:00	09:35	10:40	11:55	2、4、7	高崎
	MU2257/8	空客320	10:00	11:05	12:10	13:25	3、5	
	SC4758/7	波音738	10:15	11:25	08:15	09:30	2、4、6	
	CZ6297/8	空客319	11:20	12:30	13:25	14:25	每日	
	SC4737/8	波音737	12:30	13:40	14:30	15:45	1、3、5、7	
	HU7352/1	波音738	18:40	19:55	07:55	09:10	每日	
	SC4782/1	波音738	20:50	22:00	14:10	15:20	每日	
	MF8208/7	波音737	22:50	23:55	16:00	17:15	每日	
南京	CZ3263/4	波音738	10:30	11:35	12:25	13:30	每日	禄口
	MU2756/5	空客320	14:10	15:10	07:50	08:55	每日	
	MU2890/89	EMB	20:40	21:40	15:00	16:00	每日	

续表47

到达地	航班号	机型	南昌始发		返回地始发		班　期	机场
			起飞	到达	起飞	到达		
重庆	3U8960/59	空客320	14:35	16:20	08:20	09:45	2、4、6	江北
	PN6256/5	空客320	15:15	16:55	13:15	14:45	2、3、6	
	MF8485/6	波音737	16:10	18:00	19:00	20:30	每日	
	SC4710/09	波音738	22:10	00:05	16:05	17:30	每日	
成都	CA4508/7	空客321	10:35	12:40	07:40	09:35	每日	双流
	ZH9379/80	波音738	13:15	15:25	10:35	12:30	每日	
	3U8928/7	空客321	15:20	17:25	08:25	10:20	每日	
西安	MU2281/2	空客320	07:25	08:55	14:25	15:50	2、4、6	咸阳
	MU2239/40	空客320	07:25	08:55	10:25	11:55	1、3、5、7	
	MF8239/40	波音737	08:00	09:40	19:00	20:30	每日	
	HU7650/49	波音738	14:50	16:35	10:35	12:05	5、7	
	SC4781/2	波音738	16:05	17:45	18:30	20:05	每日	
深圳	MF8207/8	波音737	18:05	19:45	20:35	22:00	每日	黄田
	ZH9884/3	空客319	09:30	10:55	07:25	08:50	1、2、4、6	
	CZ3584/3	空客321	10:15	11:50	08:15	09:45	每日	
	MU5261/2	空客320	14:25	15:50	16:50	18:20	每日	
	CZ3618/7	空客320	16:20	17:50	13:55	15:25	每日	
	ZH9292/1	波音738	20:40	22:20	13:10	14:40	每日	
	HU7065/6	波音738	21:00	22:30	07:20	08:50	每日	
	ZH9870/69	波音738	21:45	23:15	19:35	21:00	每日	
福州	3U8959/60	空客320	10:35	11:45	12:35	13:45	2、4、6	长乐
	JD5603/4	空客319	15:00	16:10	17:10	18:25	每日	
	SC4709/10	波音738	18:15	19:25	20:15	21:25	每日	
	MF8486/5	波音737	21:20	22:30	14:10	15:20	每日	
沈阳	HU7343/4	波音737	09:45	12:30	13:40	16:35	1、3、5、7	桃仙
	HU7343/4	波音737	12:20	15:10	16:05	19:00	2、4、6	
	CZ6298/7	空客319	15:25	18:05	07:35	10:30	每日	
贵阳	MU2755/6	空客320	09:40	11:10	12:00	13:25	每日	龙洞堡
	GS6472/1	E190	16:30	18:05	10:40	12:15	每日	
大连	MF8077/8	波音737	08:10	11:30	12:20	15:40	1、2、4、6	周水子
	HU7065/6	波音738	10:00	12:00	17:50	20:00	每日	
哈尔滨	MF8071/2	波音737	08:10	12:30	13:55	18:35	3、5、7	阎家岗
	HU7351/2	波音738	10:00	13:30	14:20	17:50	每日	
兰州	HU7650/49	波音738	14:50	18:25	08:30	12:05	5、7	兰州

续表 47

到达地	航班号	机型	南昌始发		返回地始发		班 期	机场
			起飞	到达	起飞	到达		
武汉	MU2606/5	EMB	20:50	22:05	16:20	17:30	每 日	武汉
三亚	JD5146/5	空客 320	15:25	17:55	07:30	10:00	每 日	凤凰
	3U8766/5	空客 320	22:00	00:30	18:40	21:10	1、3、5、7	
济南	JD5145/6	空客 320	10:45	12:25	13:10	14:45	每 日	遥墙
青岛	MF8077/8	波音 737	08:10	09:50	14:00	15:40	1、2、4、6	流亭
	MF8071/2	波音 737	08:10	09:50	16:50	18:35	3、5、7	
	ZH9667/8	空客 320	10:00	11:40	12:40	14:15	每 日	
	ZH9693/4	空客 320	16:20	18:05	19:20	21:00	每 日	
西宁	MU2281/2	空客 320	07:20	11:40	12:20	15:50	2、4、6	西宁
南宁	CZ3264/3	波音 738	14:20	16:00	08:10	09:40	每 日	吴墟
	GS6523/4	E190	18:20	19:50	12:30	14:00	每 日	
海口	JD5324/3	空客 319	10:40	12:40	08:05	10:00	每 日	美兰
	GS7526/5	E190	11:35	14:40	08:00	10:55	每 日	
	HU7072/1	波音 738	20:40	22:40	18:00	19:55	每 日	
	MU5345/6	空客 320	21:00	22:50	23:40	01:30	每 日	
合肥	JR1526/5	MA6	11:25	12:40	09:35	10:50	1、3、5	骆岗
	JR1526/5	MA6	18:35	19:50	16:45	18:00	2、6	
郑州	GS7464/3	E190	14:20	15:35	12:30	13:40	每 日	新郑
	CZ6984/3	E190	16:00	17:15	13:45	15:00	2、4、6	
天津	GS7464/3	E190	14:20	17:30	10:30	13:40	每 日	滨海
呼和浩特	GS6497/8	ERJ	13:10	16:15	08:55	12:35	每 日	呼和浩特
	GS6520/19	ERJ	15:15	18:10	11:25	14:40	每 日	
	JD5604/3	空客 319	19:05	21:25	12:10	14:20	每 日	
杭 州	GS6471/2	E190	12:55	13:55	14:50	15:50	每 日	杭州
太原	GS6497/8	ERJ	13:10	14:50	10:55	12:35	每 日	武宿
	GS6520/19	ERJ	15:15	16:55	13:00	14:40	每 日	
乌鲁木齐	MF8239/40	波音 737	08:00	14:10	15:10	20:30	每 日	乌鲁木齐
	CZ6983/4	E190	16:00	22:10	09:10	15:00	2、4、6	
鄂尔多斯	SC4738/7	波音 737	16:30	18:50	09:30	11:45	1、3、5、7	鄂尔多斯
赣州	GS7526/5	E190	11:35	12:25	10:15	10:55	每 日	黄金
	MU2605/6	EMB	18:10	18:50	19:30	20:10	每 日	
昆明	MU5469/70	空客 320	07:50	09:55	10:55	13:00	每 日	巫家坝
	MU5728/7	空客 320	11:15	13:30	08:20	10:25	每 日	
	MF8409/10	波音 737	16:55	19:15	20:10	22:10	每 日	
	MU5477/8	空客 319	17:20	19:35	20:35	22:40	每 日	
	3U8824/3	空客 320	21:50	00:05	18:40	20:50	每 日	

续表 47

到达地	航班号	机型	南昌始发		返回地始发		班　期	机场
			起飞	到达	起飞	到达		
柳州	MU2890/89	EMB	16:35	18:05	18:35	20:05	每日	柳州
泉州	MF8410/09	波音 737	22:55	23:55	15:10	16:10	每日	晋江
温州	GS6524/3	E190	14:45	15:50	16:30	17:35	每日	温州
香港	MU5017/8	空客 320	12:45	14:25	15:25	17:00	2、5	香港
台北	CI545/6	空客 330	19:30	22:05	15:45	18:20	2、5	桃园
	CI545/6	波音 738	19:30	22:05	15:45	18:20	3	
	MU2047/8	空客 320	13:45	15:25	16:25	18:05	4	
	MU2047/8	空客 320	08:20	10:00	11:10	12:50	1	
	MU2047/8	空客 320	08:20	10:00	16:20	1805	6	
济州	7C8886/5	波音 738	02:25	6:10	22:40	00:35	2、6	济州

说明:南昌至曼谷、首尔的不定期航班未纳入总表;航班时刻以当日查询情况为准根据资料整理,供参考,以机场公告为准

(周国祥)

索　　引

说　　明

1. 本索引内容为条目主题词及相关人名、地名、单位、文件与事物名称。
2. 词条按汉语拼音首字母顺序排列。
3. 词条后的数字表示所在页码,a代表左栏,b代表右栏。重复出现的词以多个页码表示。
4. 年鉴的特载、专文、文献文件与附录未编入索引。

A

E

F

G

M

N

O

P

Q

R

S

T

V

W

X

Y

Z

江 西 省 航 道 工 程 局

局长 熊南萍

60 米钢质趸船

江西省航道工程局是江西省港航管理局的直属单位之一，是财政拨款的事业单位，拥有机修所和疏浚工程处两个下属单位。其主要职责是承担赣江及鄱阳湖区的航道维护任务，并负责上级交给的海事执法船舶建造和维护、航标和相关器材的生产加工任务。

江西省航道工程局为更好地履行航道维护职能，保障赣江、鄱阳湖水域的航道畅通，该局着力打造一支精干的专业航道维护队伍。在队伍建设上，他们坚持高标准、严要求，强化职工技术、技能培训，不断提高航道维护战线职工队伍业务素质。目前，该局拥有各类专业技术人员 96 人，其中具有中、高级职称的工程技术人员 10 余人，中、高级技术工人 72 人。一支高效的航道维护专业队伍，除了要有高素质的专业技术人才外，还必须要具有性能良好的装备来支撑。为此，在船舶设备管理方面，该局脚踏实地，建立健全设备维修保养责任制，强化机务监督管理，努力抓好船舶维修保养工作，确保设备完好率达到 90% 以上。现在，该局拥有各类挖泥船 6 艘（及其他配套的多种辅助船舶 17 艘。并且，为逐步适应赣江施工条件，保持高效的航道维护水平，航道工程局领导班子正在积极调研、创新思路、整合资源，加大现有设备更新改造力度，全面提升航道维护装备水平。

作为一支航道维护专业队伍，该局与时俱进，在人员素质、装备水平、技术等级和服务效率等各方面都取得了长足的发展，逐步形成了一套科学规范的内部管理机制。与此同时，该局以科学发展观理论武装职工头脑，以可持续发展为中心，整治干部作风，创优发展环境，立足长效机制，以全力做好保通航为己任，为建设和谐平安的水上交通而努力，为江西崛起提供优质服务。通过形式多样，生动活泼的宣传教育活动，使职工从思想上得到教育，在行动上体现成效，在个体上提高素质，表现团队精神，树立良好作风，增强公共服务水平。随着基础设施的完善、投资的不断加入，江西省航道工程局将日益蓬勃发展，以先进的管理、优质的技术、公益性的发展趋势，全面有效地完成保通航任务，为社会服务，创建江西水上事业的美好未来。

绞吸式挖泥船

150T 打捞起重船（省内最大起重能力的起重船）

6.8 米混合高速艇（在“实用新型”及“外观设计”两方面取得国家

600HP 拖轮（港航系统最大马力的拖轮）

江西建设

江西有色建设

赣州高速公司董事长温扬汉、寻全项目办主任刘运来到寻全C3标段施工现场视察，听取项目经理简庆华工作汇报

江西有色建设集团公司董事长林万里到施工现场视察

江西有色建设集团有限公司（江西有色地质探矿工程院）是隶属于江西有色地质勘查局的一家集项目开发与工程建设施工于一体的综合性企业，隶属于江西有色地质勘查局。公司及下属控、参股企业拥有建筑业、地质矿业等多个行业的从业资质，包括公路工程、房屋建筑工程、市政公用工程三个总承包一级资质、地基与基础工程、建筑装修装饰工程、桥梁工程、公路路面工程、公路路基工程、隧道工程、交通工程安全设施专项七个专业承包一级、水利水电工程施工总承包、河湖整治工程专业承包两项二级资质、以及地质勘查工程施工甲级（钻探）、地质灾害治理工程勘查施工甲级、测绘甲级、工程勘察乙级、工程咨询乙级、房地产开发、对外经济合作经营资格等，2001年即通过了质量ISO 9001:2008、环境ISO 14001:2004和职业安全健康GB/T28001:2001三位一体体系认证。

松虎坑3号隧道右线成寻全高速首座千米贯通隧道

公司现有员工1300余人、各类注册执业资格人员近200人、各类工程技术人员近700人，其中中高级职称工程技术人员300余人。公司注册资本20069万，资产总规模10亿元。公司从工程勘察、岩土工程起步，经过二十余年的发展，业务范围已涵盖路桥、市政、工业与民用建筑、房地产开发、水利水电、建筑装修装饰、测绘、地质灾害治理、工程勘察与咨询等多个领域，国内完成了数百项大中型建设工程，国外在尼日尼亚、肯尼亚、斯里兰卡等国家完成了多项公路、水务工程。

江西有色建设集团业已成为一家在全国范围内颇享美誉、国外崭露头角的国家一级建筑施工企业。面对未来，公司将始终坚持以诚信为根本、发展为动力、创新为手段、不断地积累企业的市场信誉和生产实力为保障，充分发扬“不断进取、追求卓越”的企业精神，为企业的做大做强、再攀高峰而不懈努力！

公司承建的上海两港公路大治河桥

集团有限公司

江西有色地勘局纪委书记蓝丽红到C3标段调研

江西有色地勘局团委到C3标看望慰问青年员工

寻全高速公路项目C3标项目经理部2012年8月组建，该标段路线处于赣南地区，总体呈东西走向，项目合同工期20个月，工程总造价3.29亿元。自开建以来，寻全高速C3标段因受施工便道、电力通讯等外部条件制约，一度处于被动落后局面。为彻底扭转落后被动局面，加快建设步伐，提振参建人员信心，重塑江西有色建设集团有限公司形象，任命承担有过多个项目负责人、具有丰富的项目经营、组织、管理、时任公司董事长助理简庆华同志为该项目经理，并重新调整人员机构，确定打通施工便道方案，历时两个多月时间、耗资700余万元，完成了23余千米便道修筑和所有作业点电路的架通，打开了施工“生命线”。经过数月奋战，整个项目建设呈现热火朝天之势，捷报频传，先后贯通了“三隧一桥”，成为第一家千米隧道单洞顺利贯通的标段，并成为寻全高速公路项目建设第一家实现半幅贯通佳绩的标段。

目前，寻全高速公路建设项目正在开展“奋战三个月，全面完成年度各项目标任务”劳动竞赛活动，“倒排工期、精心组织、大干快上，攻坚克难”的施工氛围浓厚，C3标项目经理部参建人员热情高涨，正积极围绕项目任务，保质量、保安全、保进度，为实现项目于2014年6月按时竣工而不断努力。

公司承建的浙江金丽温高速公路连拱隧道

公司承建的樟树市赣江双桥

许屋高架桥架通

寻全高速公路首家主线单幅贯通标段

路基边坡防护

江西省宜春公路建

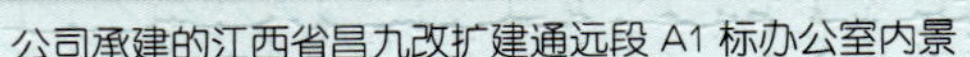
公司承建的江西省昌九改扩建通远段 A1 标办公室内景

公司项目管理部驻地建设

江西省宜春公路建设集团有限公司前身江西省宜春公路桥梁总公司，成立于1994年，是江西省一支重要的路桥工程建设专业队伍，为江西公路特别是宜春公路的建设发展，尤其是1995年实现全区县市通油路和2004年全国第五届农运会在宜春召开作出了突出贡献。1994年根据有关文件规定，同时为进一步适应现代化公路建设与发展的需要，尽快建立起一支现代企业制度管理下的队伍，单位及时更名为“江西省宜春公路桥梁工程有限责任公司”，并于2010年组建了江西省宜春公路建设集团有限公司。公司现有国家公路工程施工总承包一级资质，路基、路面、桥梁工程专业承包一级和隧道工程专业承包二级资质。

随着中国公路建设事业的快速发展，特别是“八五”“九五”期间国家大力投资交通基础设施建设之际，公司在艰苦拼搏的风雨沧桑历程中，抓住机遇、加快发展，在政府和上级主管单位的大力支持下，加大投入，添置了大量适应现代化公路建设的机械设备，引进了一大批懂技术、会管理的各类专业技术人才。2013年，公司有员工2506人，各类技术人员686人;其中高、中级以上职称人员达189人,具有建造师（项目经理）72名。公司还拥有各类机械设备830台（套），原值20499.9余万元，其中有沥青混凝土拌和楼，沥青摊铺机以及各种大型的进口、国产平地机，水泥自动扫平机，架桥机，静碾压路机，振动压路机，装载机，推土机，稳定土厂拌设备等各种公路桥梁工程配套设备。公司可从事各级公路路基、桥梁、附属设施以及城市、机场道路等土木工程建设。通过多年艰苦创业、巩固发展，公司已发展成为一支设备精良、人才密集、管理科学、作风扎实的现代化公路桥梁工程专业施工队伍，并顺利通过了ISO 9001国际质量体系认证、职业健康安全体系认证以及环境管理体系认证。

通远 A1 标路基填筑

近几年来，公司依托雄厚的设备和技术力量，全面按照ISO 9001国际质量标准要求设置机构、配置人员，采用科学的管理模式，规范管理，建立质量保证体系。同时注重引进、消化、借鉴和创新国内外高新工程技术，大胆走质量、效益、信誉三结合发展道路，

A 匝道暗桥基础钢筋安装

路基 K89+633 盲沟基坑开挖

路基 K89+633 盲沟填碎石

设 集 团 有 限 公 司

路基段安全宣传标志标牌

通远 1 隧道用激光断面仪进行断面检测

积极参与省内外重点工程和高等级公路工程的建设，取得了令人瞩目的可喜成绩；施工队伍日益壮大，施工能力和施工水平进一步提高，年最大施工能力已达 15 亿元以上，创造了良好的经济效益的社会声誉。公司先后承建了昌九高速公路、广深高速公路、昌樟高速公路、温厚高速公路、梨温高速公路、昌金高速公路、武吉高速 AP3 标、瑞赣高速 AS9 标、九瑞高速 A1 标、内蒙古阿荣旗至博克图高速 23 合同段、二广高速赛白段 6 标段、吉林珲乌高速松大段 SD01 合同段、湖南省大浏高速第 1 合同段、怀通高速第 29 合同段、宁道高速第 32 合同段、四川广南高速 6 标、乐雅高速 4 标、海南省中线海口至屯昌高速 6 标、河北省邢衡高速 2 标段等省内外重点工程的建设，工程合格率 100%、优良率 90% 以上；年均产值稳步上升（尤其在近三年来，年均产值达 15 亿元），并以优质、高效的成绩和敢打敢拼的精神多次获上级嘉奖。为迎接全国第五届农运会在宜春召开，公司仅用 11 个月时间就同时完成了 320 国道万载至宜春一级公路、宜春市北外环一级公路和宜阳特大桥建设项目，创造了宜春市公路建设史上的“深圳速度”。昌厦一级公路 A10 合同段，上高大桥和三水线公路改造工程还被江西省交通厅公路管理局评为优质工程。由公司科研人员引进的《宜春水泥混凝土路面》的研究课题，经同济大学、上海市政工程研究所等 80 多名专家鉴定，已达到国际上同类项目的研究水平，并获得江西省科学技术进步三等奖。

“雄关漫道真如铁，而今迈步从头越”，面对新的世纪，新的机遇和挑战，公司在昌九高速改扩建工程通远试验段招标中，经过激烈竞争有幸标中 A1 标段（K86+640 ~ K91+800）路基工程，路线全长 5.56 千里，途经九江县马回岭镇、岷山乡、庐山管理区，东临 G105 国道、庐山南互通、通远隧道一。公司始终把“科学管理、科技创新、保证信誉、提高质量”作为发展宗旨，进一步倡导科技，尊重人才；进一步以技术创新作为企业发展的杠杆支点，以实现质量效益的新突破为目标。公司在项目实施过程中注入新的管理理念，在业主、总监办指导下，宜春市政府大力协助支持下，打造公司新的品牌，为振兴经济、发展中国公路交通事业做 出新的更大的贡献。

路基段安全防护设施

隧道工区安全生产

通远 1 隧道掌子面

桥梁钢模

驻地宣传栏

江西省交通工程集

标准化建设的搅拌站

标准化建设的项目经理部驻地

江西省交通工程集团公司系江西省交通基本建设骨干队伍之一，历年省级“AAA”特级信用企业，江西省优秀企业，中国质量万里行质量诚信跟踪荣誉企业。公司注册成立于1997年，注册资本5.1055亿元，具备国家对外承包工程经营资格、公路工程一级施工总承包资质、房地产开发二级企业资质和环境污染治理资质，是ISO 9001:2000质量管理体系、ISO 14000环境管理体系和OHSAS18000职业健康安全体系认证企业。

中标后，集团公司二公司立即调集精兵强将，组建了以余道辉为项目经理、谢劲松为项目总工为首的项目经理部。项目经理部团结一心、奋力拼搏、斗严寒、战酷暑，连创佳绩：驻地建设最快、机械设备进场最早、清表工作动工最先、顺利打响全线土石方施工第一炮、竖起九绕高速第一根墩柱、全线第一个完成单座桥梁的全幅贯通。2013年，九绕A6项目部累计两次获得业主组织的月度劳动竞赛评比第一名，两次第二名，三次第三名，一次阶段评比第三名。在保持进度上优势的同时，项目部狠抓工程质量，二阶段混凝土外观质量“A级”构件达到435个，勇夺九绕项目冠军。

万里鹏程歌正酣，百尺竿头再登楼。项目经理部将继续深化落实公司的管理理念，全面发挥公司品牌优势，将公司的品牌做到业主的心里，力求得到业主的深刻理解和品牌认同，为公司进一步开拓公路市场作出应有的贡献。

省质监站到A6标视察

公司承建的星子万杉大桥

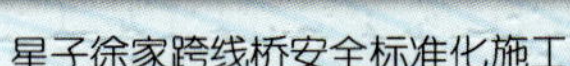
星子徐家跨线桥安全标准化施工

路基土石方标准化施工

大桥施工钢便桥

成功安装第一片梁

桥梁湿接缝防护网

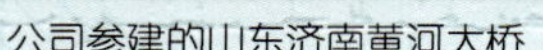
公司参建的山东济南黄河大桥

公司参建的江苏连徐高速公路京杭运河特大桥

中交路桥建设有限公司简称中交路桥，前身为中国公路施工行业首家上市公司——路桥集团国际建设股份有限公司，1999 年 3 月 18 日在北京成立，2000 年 7 月 25 日在上海证券交易所挂牌上市。2012 年 2 月 23 日按照大股东——世界 500 强中国交通建设股份有限公司（简称中国交建）“回归”A 股部署，公司成为中国交建的全资子公司。公司注册资本金 16.8 亿元。截至 2012 年年底，总资产 284.79 亿元，员工总数 4891 名。

中交路桥是 2002 年国内第一批获得公路工程施工总承包特级资质的企业，2012 年又获得公路行业设计甲级资质。公司业务范围涵盖国内外高等级公路、特大型桥梁、市政工程、铁路、隧道、机场、港口等基础设施建设，以及 BOT、投资、物业租赁、智能电子等领域。中交路桥旗下有 5 家施工企业、1 家总承包分公司、7 家 BOT 项目公司、1 家建筑智能集成公司、1 家试验检测公司和 2 家参股公司。中交路桥拥有国内领先的海上施工、公路及铁路施工成套装备，具有雄厚的经营实力和强大的管理能力，在业内外享有盛誉。

公司参建的贵都高速公路

中交路桥坚持品牌发展战略，参建了厦门海沧大桥、上海东海大桥、杭州湾跨海大桥、沪蓉西高速公路四渡河特大桥、上海长江隧桥、舟山连岛工程金塘大桥、佛山东平大桥、杭州钱塘江九桥、青岛海湾大桥、京沪高速铁路、哈大客运专线、印尼马都拉大桥等一大批国内外颇具影响力的特大型重点工程，创造了中国乃至世界桥梁建设史上的诸多“第一”。至 2013 年，公司共获得省部级以上殊荣 36 项，其中“国家科技进步一等奖”1 项、“全国五一劳动奖状”1 项、“中央企业先进集体”1 项、“中国建筑工程鲁班奖”5 项、“中国土木工程詹天佑大奖”6 项、“国家优质工程银质奖”6 项。此外，中交路桥已创下 26 项“中国企业新记录”。

公司参建的杭州湾跨海大桥

设 有 限 公 司

中交路桥万宜高速 A2 标严岭 2 号隧道全幅贯通

中交路桥万宜高速 A2 标党支部慰问当地困难户

中交路桥坚持科技创新战略，不断提升技术创新能力，在桥梁建筑界最具技术含量和施工难度的跨海大桥、悬索桥、斜拉桥、大型钢管拱桥、大跨径刚构桥等领域，拥有一批具有自主知识产权的核心技术。其中，有 15 项关键施工技术获得 19 个国家级和省部级科技进步奖；13 项科技成果通过省部级科技鉴定；拥有国家级工法 7 项，省部级工法 13 项；国家发明专利 10 项，实用新型专利 19 项；软件著作权 15 项。“火箭抛送先导索技术”“强涌潮深水基础施工技术”“加劲梁端钢管连接施工技术”“悬索桥复合式隧道锚碇施工技术”“提篮型系杆拱桥竖转技术”“外海超长桥梁关键技术研究综合应用”等一大批新技术均处于国内外领先水平。

近年来，中交路桥积极探索新的经营模式，培育新的业务增长点，产业链向上下游延伸，并在施工总承包、代建制、BOT、铁路施工、海外市场等领域实现了新的突破。2007 年以来，公司立足自身优势，逐步探索公路项目 BOT+EPC 的运作模式，将资本经营与施工生产有机结合。2013 年，公司已投资了贵都高速、重庆丰涪高速、重庆丰石高速、重庆忠万高速、贵州道安高速、贵黔高速等 6 个 BOT+EPC 项目，权益投资规模已达 416 亿元。同时，公司坚持“走出去”的方针，积极推进海外经营，先后在印度尼西亚、多哥、柬埔寨、安哥拉、坦桑尼亚、加蓬等国家开拓了市场，闯出了品牌，实现了海外业务的稳步发展。

责任创精品，诚信筑丰碑。中交路桥将秉承“恪守诚信、崇尚业绩、注重创新”的核心价值观，践行“路通天下、诚筑未来”的企业使命，不断优化资源配置和产业结构，努力将公司打造成为员工喜爱、客户首选的综合建筑服务商。

荣获月度评比检查第一名

隧道逃生管道演练

严岭 2 号隧道门禁观摩会

消防应急救援演练

中铁十三局集团第

昌九技改项目 AP1 项目经理刘灵青指挥召开施工开工动员大会

黑站安装

中铁十三局集团第一工程有限公司隶属世界500强企业中国铁建，是集设计、施工、科研为一体的国家大型施工企业，前身系组建于1948年8月的铁道兵第三师第十一团，1984年1月1日兵改正为铁道部第十三工程局第一工程处，2002年7月16日改制为中铁十三局集团第一工程有限公司。

公司具有公路工程施工总承包、房屋建筑工程施工总承包、市政公用工程总承包一级资质，水利水电工程施工总承包三级资质，钢结构、桥梁工程、隧道工程、公路路基工程、公路路面工程专业承包一级资质。公司通过了质量、环境和职业健康安全三整合管理体系认证。拥有员工3000余人，其中具有中高级专业技术职务人员470余人；一级建造师80余人；拥有国内外先进的桥梁、隧道、土石方及路面摊铺等各类大型施工机械设备616台（套），机械化施工程度达85%，年施工能力50亿元以上。

昌九技改项目 AP1 标超高段横向排水管验收

公司施工地域遍布全国20多个省、市、自治区。先后参加了沈大、京珠、京张、江珠、石忠、石吉、丹通等30多条高速公路的建设，参加了京九、秦沈、渝怀、京石、沪杭、沪长等20多条铁路及高铁施工，秉承建多项市政、机场、航务、水利水电、工业与民用建筑、城市轨道交通、钢结构及网架等工程。公司尤以桥梁施工为品牌优势，建成20多座特大型桥梁，拥有14台套大型提运架桥梁施工设备，创造了三跨乌江，四越海湾，七跨黄河的辉煌业绩，多座桥梁列为国内乃至世界之最。

公司在经营管理中坚持“以质取信”，以完善的质量管理打造企业的品牌实力。共有30多项工程荣获国家级、省部级以及市级优质工程奖，其中，沈大高速公路改扩建工程、大连市香炉礁

昌九技改项目新老路床高差调查

昌九技改项目 AP1 标底基层施工

昌九技改项目 AP1 标横向排水管验收

一工程有限公司

白站碎石进场

昌九技改项目 AP1 场地扬尘洒水

高价立交桥及大连 30 万吨级进口原油码头水工工程荣获国家优质工程奖；灵武铁路黄河特大桥、京九铁路吉安至定南段、渝怀铁路黄草乌江特大桥、烟大轮渡、牡丹江东四跨江大桥、沪蓉西支井河特大桥工程荣获“中国建筑工程鲁班奖”；京九铁路大桥荣获“全国市政金杯示范工程”；银川河东机场工程荣获“国家民航总局优质工程”；宁夏灵武羊场湾矿区铁路专用线工程荣获“全国煤炭行业优质工程”；余姚市最良江政治工程荣获“中国水利工程优质（大禹）奖”。

公司以科技兴企，取得了丰硕成果。先后有 16 项工法被评定为省部级以上工法，其中有 6 项工法被评定为国家级工法；共有 11 项施工技术获得省部级科技进步奖。公司在桥梁施工领域具有很强的专业竞争优势，逐渐形成了大跨度钢结构、钢管拱桥、斜拉桥、悬索桥等多种结构桥梁的核心技术优势，先后开发了 20 多项居于国内领先水平的桥梁施工技术。

公司连续多年名列“中国建筑业 500 强企业”；荣获中国“AAA 级信用企业”、全国“守合同、重信用企业”、“省级先进企业”、“省行业百强企业”、“省信誉知名企业”。

中铁十三局集团第一工程有限公司愿秉承“诚信创新永恒、精品人品同在”的企业价值观，与社会各界广泛交流，真诚合作，共创更加美好的未来！

路床高程交验

新征场地黑站清表

路床宽度交验

中国中铁五局第一

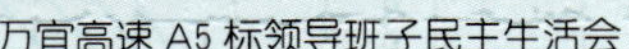
万宜高速 A5 标领导班子民主生活会

公司年度综合考核暨安全质量大检查末次会议

中国中铁五局第一工程有限责任公司是具有铁路、公路、市政工程施工总承包一级，桥梁、隧道、公路路基工程专业承包一级的国家综合性大型施工企业，公司总部设在湖南省长沙市，主要从事铁路、公路、市政、轻轨、地铁、水利水电等土木工程施工，年施工产值在40亿元以上。

公司现有员工3300多人，各类专业技术人员997人，具有高中级技术职称391人，一级建造师89人，固定资产超过3亿元。公司拥有各类国产、进口机械设备680台（套），具有人员配备齐全、设备配套的专业施工队伍418支，其中一类劳务队伍85支，二类劳务队伍333支。

质监站检查

万宜高速 A5 标率先完成全线第一根孔桩灌注

万宜 A5 标召开全线首次现场观摩会

工 程 有 限 责 任 公 司

安全教育培训

万宜高速 A5 标大循环智能压浆观摩会

公司已有 50 多年的光荣历史和优良传统，曾援建过坦桑尼亚、赞比亚、伊拉克、尼泊尔等国外铁路、公路工程建设项目，参加了国内 73 条铁路的新建和改造，特别是在长大隧道施工中具有世界先进施工技术水平：公司在亚洲山岭第一特长铁路隧道——全长 20.05 千米的兰新铁路增建二线乌鞘岭隧道左线出口施工中，采用常规钻爆法单线隧道月单口成洞达 305.18 米，首创国内施工行业新记录。公司先后获得国家级科技进步奖 6 项，获省部级 QC 成果奖 81 项，获全国工程建设优秀 QC 成果奖 2 项，获国家一级工法 1 项、二级工法 3 项。公司通过 ISO 9000 国际质量标准体系 2000 版新证书，实现了质量管理与国际标准接轨。2000 年和 2004 年，公司先后两次荣获“全国优秀施工企业”、“全国用户满意施工企业”荣誉称号。

公司在长期的建设实践中，形成了“竞争、创新、合作、共益”的企业理念和“勇于跨越、追求卓越”的企业精神，确立了“做大做强、规模经营”的发展战略，坚持走持续协调发展之路，坚持依靠科技打造竞争力，以一流的产品、一流的服务、一流的信誉打造一流的企业品牌，用品牌铸就企业新的辉煌。

拌合站标准化建设

路基土石方施工

万宜高速 A5 标浇筑全线第一片梁

静载试验

江西省高速集团专家检查万宜高速项目工作

万宜高速项目办领导视察指导

消防演练

浙江省交通工程建设集团是拥有公路工程总承包特级资质的施工企业，年产值超过60多亿元，是浙江省内规模最大、实力最强的省级交通工程施工企业。

近年来，面对日趋激烈的市场竞争，公司一直以来注重科技投入，转变增长方式，逐步由要素驱动向科技驱动转变。业务不断从省内拓展到省外、海外，经营模式也从单一施工拓展到设计施工总承包、BT等模式。集团公司现有职工4000余人，各类专业技术人员1700余名，其中具有高、中级技术职称的近800人。路面施工设备有5000型拌合楼4套、3000、4000型拌合楼30余套，大型进口摊铺机近30台，压路机近百台。

公司先后参与了杭金衢G60、沪杭G60、杭新景G56、甬金G1512、两龙G25、申嘉湖S12、杭浦G60 、黄衢南G3等浙江省内所有高速公路的施工及江西、湖南、内蒙、甘肃、福建、新疆、黑龙江等多地高等级路面建设，以及刚果（布）国家二号公路路基及沥青路面的施工。承建的路面工程总里程达3200多千米，路面工程质量合格率达100%，优良率达95%以上。沥青混凝土路面施工技术始终处于国

标准化拌合站

程 建 设 集 团

江西省交通质监站检查

公司领导指导工作

内和同行业施工企业领先水平。集团公司注重项目整体策划，组织内部专家组进行现场勘察、方案对比、论证，形成实施性施工组织设计；积极推进项目标准化建设，贯彻落实《高速公路施工标准化技术指南》系列要求，对所有在建项目实施标准化、程序化和精细化管理，并取得了卓越成效。

公司为路面工程的安全生产在资金、人员和管理方面提供了足够的保障，使得路面项目的安全生产工作得到顺利的开展。认真贯彻落实了省交投下发的“安全生产，一岗双责”的责任考核制度。让现场的每一个管理员都参与安全管理，将安全事故的发生率降至最低点。

江西省高速集团专家检查施工现场

标准化路面施工现场

整洁美观的
拌合站堆料场

万宜高速 Ap1 标路面标准化施工

公司万宜高速 AP1 标拌合站建设标准化

江西省公路机械工程局一分公司

省公路机械局局长张诚、一公司经理邱国俊检查指导工作

九江市政府领导检查指导工作

九绕项目办主任旷小林检查指导 A1 标工作

江西省公路机械工程局成立于 1995 年，取得 ISO 9001:2000、ISO14001、GB/T28001 质量、环境、职业健康安全管理体系认证；是国家公路工程施工一级总承包企业，具有路基、路面、桥梁、隧道、交通安全设施专业一级资质，市政工程二级总承包，城市及道路照明二级专业承包，养护工程施工甲级资质，园林绿化三级资质。

江西省公路机械工程局以良好的信誉、雄厚的实力中标九江绕城高速 A1 合同段施工任务后，该局主要领导高度重视，调集一分公司精兵强将迅速组建了以陈晖为经理的项目管理团队，严格按照江西省九江绕城高速公路建设标准化管理指南要求，统筹安排、精心组织、科学规划，高质量做好项目建设的标准化管理工作，不断掀起施工大干高潮。同时，项目部在打造品牌企业形象中，突出强化职工的精品意识，把企业“超越自我 追求卓越”的发展理念作为各项工作的目标追求，紧紧围绕项目业主创“精品工程、典范项目”的管理目标，坚持各项工作高起点、高标准、严要求，并将这一理念融入到项目建设的每一个环节，努力践行标准化施工，在项目基础建设上、管理上、施工过程中处处渗透标准化施工理念，争创“精品工程”，A1 标项目部各项施工任务有序推进，标准化建设成效显著，“使习惯符合标准，使标准成为习惯，使结果实现标准”这一标准化施工理念已深入九绕 A1 标项目部人心，取得了项目建设安全质量、施工进度、环境保护、文明施工等方面的良好成绩，实现了项目的有序高效推进，多次受到业主表彰，2013 年 6 月、7 月蝉联了业主月度劳动竞赛评比第一名，得到了业主和监理单位的高度肯定。

桥梁施工

新港枢纽跨线桥满堂支架